일제하 ‘조선 역사 · 문화’ 관련 기사 목록 1

동아일보 · 조선일보(1930–1940)

일제하 '조선 역사 · 문화' 관련 기사 목록 1

초판 1쇄 발행 2015년 8월 31일

엮은이 이태훈, 정용서, 채관식
펴낸이 윤관백
펴낸곳 도서출판 선인

등 록 제5-77호(1998.11.4)
주 소 서울시 마포구 마포대로4다길 4(마포동 324-1) 곶마루빌딩 1층
전 화 02)718-6252 / 6257
팩 스 02)718-6253
E-mail sunin72@chol.com
Homepage www.suninbook.com

정가 60,000원
ISBN 978-89-5933-916-7 93900

일제하 '조선 역사 · 문화' 관련 기사 목록 1

동아일보 · 조선일보(1930–1940)

이태훈, 정용서, 채관식 엮음

| 발간사 |

본 자료집은 연세대학교 역사문화학과 BK21플러스 '근대한국학전문가 양성 사업팀'이 추진하고 있는 일제강점기 조선 역사, 문화 관련기사 목록화 사업의 첫 번째 성과이다.

잘 알려져 있듯이 일제하 조선학 연구는 근대학문방법에 입각하여 조선의 역사문화적 정체성을 재정립하고, 식민통치에 대응하는 사상문화적 기반을 구축하려 한 시도였다. 여기에는 민족주의계열뿐만 아니라 사회주의자들도 참여하였고, 대상분야 역시 역사, 문학, 민속, 예술, 관습 등 광범한 분야를 포괄하고 있었다. 민족운동의 사상문화적 기반을 마련했을 뿐만 아니라 오늘날 현대한국학의 핵심기반을 구축한 지적성과였다.

그러나 참여인물 및 사상적 지향의 다양성과 관련분야의 광범함은 전체적 연구지형을 파악하기 어렵게 하였다. 이에 본 사업팀은 근대 한국학연구가 한걸음 더 진전되기 위해서는 일제하 조선역사문화 연구자료를 체계적으로 정리하는 작업이 시급하다고 판단하고, 관련자료 데이터베이스를 구축하기로 하였다. 관련자료가 매우 광범한 분야에 걸쳐있어 단계적 작업을 통해 데이터베이스를 구축하기로 하고 우선 첫 번째 작업대상으로 1930년대 동아일보, 조선일보 소재 조선학 관련기사를 선정하였다. 조선학 연구가 가장 활발히 진행된 1930년대의 조선학연구를 주도한 두 매체의 기사들을 정리하는 것이 가장 먼저 필요한 작업이라고 생각했기 때문이다. 본 자료집에 포함된 10,000여 건의 1930년대 동아일보, 조선일보 소재 '조선역사문화' 관련기사목록은 그 결과물이다.

본 자료집은 다음과 같은 내용으로 구성되어 있다. 첫 번째 동아일보, 조선일보 조선학관련기사를 시기별, 저자별 목록으로 정리하였다. 시기적 변화에 따른 기사내용의 변화와 저자별 지향성을 일목요연하게 파악할 수 있도록 하기 위해서이다. 두 번째 목록내용은 게재일시, 수록매체, 기사제목, 저자(게재필자명과 본명), 분류, 기타사항으로 구성하였다. 분류항목은 역사, 문학, 한글, 논설, 사업, 미술, 기행, 철학, 고적, 민속, 철학 등으로 나뉘어

져 있다. 역사, 문학 이외의 다양한 분야들을 모두 망라하도록 노력하였고, 특히 조선학연구와 연관된 운동, 사업, 강좌들도 모두 포함하도록 하였다. 세 번째로 본 목록은 종래 크게 주목하지 않았던 민속, 전설, 야담관련 기사들도 정리하였다. 조선학연구의 기반이 되는 다양한 문화적 정보들도 함께 연구되어야 한다고 생각했기 때문이다.

첫 번째 작업이라 많은 한계가 있지만, 다음 몇 가지 점들을 새롭게 확인할 수 있으리라 생각된다. 첫 번째로 시기에 따른 관심분야와 기사양의 변화이다. 일반적으로 1930년대는 조선학연구가 대폭 활성화 된 것으로 알려져 있지만, 시기별로 상당한 차이가 있었다. 1930년대의 복잡한 정세변화가 영향을 미쳤기 때문이다. 조선학연구의 필자와 주제, 지향점들의 시기별 변화를 확인할 수 있으리라 생각된다(기사 목록의 표 참조). 두 번째는 필자군과 매체의 관계이다. 기존 연구에서 동아일보계열과 조선일보계열로 분류되었던 필자들은 몇몇 한정된 인물에 국한되어 있었다. 본 목록을 통해 각 매체가 포괄하고 있는 다양한 필자군을 확인할 수 있으리라 생각된다. 세 번째로 조선의 문화적 기반을 다룬 다양한 분야들이다. 잘 알려진 역사, 문학, 한글 관련기사들 외에 민속, 미술, 음악 등 다양한 분야에서 조선문화연구는 이뤄지고 있었다. 본 목록을 통해 조선학연구가 포괄하고 있는 폭넓은 연구분야와 문화사적 지평을 확인할 수 있을 것이라 생각한다.

본 사업팀의 조선학관련자료 목록화 작업은 앞으로도 계속될 예정이다. 조선역사문화연구에 대한 광범한 정보와 문제의식들을 체계화하여 '한국학'연구의 작은 토대를 마련할 수 있기를 기대해 본다. 끝으로 목록화 작업은 연세대학교 인문예술대학의 연구지원과 이태훈 조교수, 정용서 연구교수, 채관식 박사생의 공동작업으로 이루어졌다. 또한 배대식 석사생이 입력작업을 도맡아 처리해주었다. 두 번의 방학을 반납하고 목록작업에 헌신해 준 참여연구자들과 물심양면으로 연구작업을 지원해 주신 학교당국에 진심으로 감사의 말씀을 드린다.

연구팀을 대신하여 이태훈

| 목 차 |

제2부 조선일보

일러두기

1. 본서는 1930년 1월 1일부터 1940년 8월 10일까지 발행된 동아일보와 조선일보를 대상으로 하였다. 동아일보는 한국역사정보통합시스템(http://www.koreanhistory.or.kr)과
네이버 뉴스라이브러리(http://newslibrary.naver.com)를 저본으로 하였고
조선일보는 조선일보 아카이브(http://srchdb1.chosun.com/pdf/i_archive)를 저본으로 하였다.

2. 본서는 연도순 목록과 인물명순 목록으로 정리하였다. 배열순서 및 각 항목의 정리방식은 다음과 같다.
 1) 연도순 목록
 · 연도순 목록은 해당 기사가 게재된 원문상의 날짜를 기준으로 배열함
 · 각 항목은 연번, 날짜, 자료저자명(한자), 자료저자명(한글), 본명(한자), 본명(한글), 기사제목, 분류, 비고 순으로 입력함
 2) 인물명순 목록
 · 인물명순 목록은 기명 기사, 사설, 무기명 기사의 순으로 배열함
 · 각 항목은 연번, 자료저자명(한글), 자료저자명(한자), 본명(한글), 본명(한자), 기사제목, 분류, 날짜, 비고 순으로 입력함
 · 기명 기사는 자료 원문에 표기된 저자명의 '가나다순'과 '알파벳순'으로 배열하고 필자가 확인되는 경우 본명을 기재함
 · 사설과 무기명 기사는 기사명의 '가나다순'과 '알파벳순'으로 배열함

3. 본서는 각 기사의 주제를 구분하여 고적, 기행, 논설, 문학, 미술, 민속, 사업, 역사, 음악, 철학, 한글, 한의학, 기타 등의 항목으로 명시하였다. 각 항목별 분류 기준과 수록 내용은 다음과 같다.
 · 고적 : 조선의 유물, 유적 조사와 발굴, 소개에 관한 글

· 기행 : 조선의 지역, 산천, 향토 문화 답사와 설명에 관한 글

· 논설 : 조선의 역사와 문화 연구에 관련된 주장을 담고 있는 글

· 문학 : 조선의 문학 관련 기사와 소설, 전설, 속요 등에 관한 글

· 미술 : 조선의 전통 미술과 공예, 고서화에 관한 글

· 민속 : 조선 고유의 관습, 풍속 관련 정보와 연구, 조사에 관한 글

· 사업 : 조선 역사와 문화의 보급과 진흥, 조선학 운동과 관련한 운동과 사업에 관한 글

· 역사 : 조선의 역사와 문화에 관한 글(단, 역사소설, 전설, 야담류는 문학으로 구분함)

· 음악 : 조선의 아악, 민요, 농악 등 전통 음악에 관한 글

· 철학 : 조선의 사상, 조선학 연구 관련 철학 사조에 관한 글

· 한글 : 한글 문법, 한글 강좌, 한글의 역사, 한글 운동 등에 관한 글

· 한의학 : 한방의학, 동양의학 등 전통의학에 관한 글

· 기타 : 이상의 각 주제로 구분하기 어려운 글

4. 본서의 표기방식은 원전의 표기상태를 그대로 따르는 것을 원칙으로 하였다. 다만 연재기사의 중 원전의 연재횟수 표기에 오류가 있거나 확인되지 않는 회차의 기사가 있을 경우 기사 제목 뒤에 정정된 연재횟수를 함께 기록한 뒤 비고란에 '연재횟수 오기', '*회 미확인', '*회 중복게재' 등으로 표시하였다. 또한 각 기사와 관련하여 추가 정보가 있을 경우에도 비고란에 기록하였다.

5. 편의를 위해 연도순 색인에서는 자료 저자명(한자)을 우선으로 하고 인물명순 색인에서는 자료 저자명(한글)을 우선으로 한다.

—

제1부

동아일보

—

동아일보 '조선 역사문화' 관련 기사 통계 (1930~1940)

연도별 기사 수	
연도	기사 수
1930년	491
1931년	737
1932년	793
1933년	407
1934년	580
1935년	527
1936년	361
1937년	165
1938년	429
1939년	450
1940년	310
총수	5,250

연재횟수 상위 10인	
이름	연재 횟수
정인보	461
이윤재	304
이은상	229
이선근	210
김동인	205
이광수	202
최익한	150
윤백남	126
김태준	117
장도빈	105

주요 주제별 기사 횟수 (중복허용)	
역사	1976
문학	1634
한글	508
기행	494
논설	271
사업	238
철학	168
미술	122
민속	145
고적	80
한의학	22

연도별 주요 분야 기사 횟수 (중복허용)

	역사	문학	한글	논설	사업	미술	기행	철학	고적	민속	한의학
1930년	294	80	61	28	3	11	28	·	·	7	·
1931년	307	214	110	25	20	24	64	13	·	·	·
1932년	241	407	114	12	66	11	81	·	·	·	·
1933년	69	139	92	4	33	9	46	85	5	1	·
1934년	279	62	35	42	74	18	89	1	3	26	·
1935년	195	96	44	67	15	15	64	16	·	20	1
1936년	271	37	7	11	8	10	5	·	3	11	10
1937년	17	95	2	4	1	3	9	24	10	6	·
1938년	107	175	27	8	13	4	8	14	29	43	2
1939년	129	201	10	28	5	11	64	6	30	9	8
1940년	67	128	6	42	·	6	36	9	·	22	1
합계	1,976	1,634	508	271	238	122	494	168	80	145	22

동아일보 조선학 자료 목록

1. 연도순

연번	날짜	자료저자명 (한자)	자료저자명 (한글)	본명 (한자)	본명 (한글)	기사제목	분류	비고
1	1930-01-01	金聲近	김성근	金聲近	김성근	朝鮮文學은어대로(1) 文藝運動에 對한 管見	문학	·
2	1930-01-02	金聲近	김성근	金聲近	김성근	朝鮮文學은어대로(2) 文藝運動에 對한 管見	문학	·
3	1930-01-03	金聲近	김성근	金聲近	김성근	朝鮮文學은어대로(3) 文藝運動에 對한 管見	문학	·
4	1930-01-03	李殷相	이은상	李殷相	이은상	史上의 로만쓰 高麗篇 大良院君(7)	역사	·
5	1930-01-04	金聲近	김성근	金聲近	김성근	朝鮮文學은어대로(4) 文藝運動에 對한 管見	문학	·
6	1930-01-05	金聲近	김성근	金聲近	김성근	朝鮮文學은어대로(5) 文藝運動에 對한 管見	문학	·
7	1930-01-05	李殷相	이은상	李殷相	이은상	史上의 로만쓰 高麗篇 大良院君(8)	역사	·
8	1930-01-06	金聲近	김성근	金聲近	김성근	朝鮮文學은어대로(6) 文藝運動에 對한 管見	문학	·
9	1930-01-06	李允宰	이윤재	李允宰	이윤재	史上의 로만쓰 三國時代 王子鄒牟와 그 駿馬(1)	역사	·
10	1930-01-07	金聲近	김성근	金聲近	김성근	朝鮮文學은어대로(7) 文藝運動에 對한 管見	문학	·
11	1930-01-07	李允宰	이윤재	李允宰	이윤재	史上의 로만쓰 三國時代 王子鄒牟와 그 駿馬(2)	역사	·
12	1930-01-07	林炳哲	임병철	林炳哲	임병철	朝鮮의 契와 農村	민속	·
13	1930-01-08	金聲近	김성근	金聲近	김성근	朝鮮文學은어대로(8) 文藝運動에 對한 管見	문학	·
14	1930-01-08	李允宰	이윤재	李允宰	이윤재	史上의 로만쓰 三國時代 王子鄒牟와 그 駿馬(3)	역사	·
15	1930-01-09	金聲近	김성근	金聲近	김성근	朝鮮文學은어대로(9) 文藝運動에 對한 管見	문학	·
16	1930-01-09	李允宰	이윤재	李允宰	이윤재	史上의 로만쓰 三國時代 王子鄒牟와 그 駿馬(4)	역사	·
17	1930-01-09	林炳哲	임병철	林炳哲	임병철	朝鮮의 契와 農村	민속	·
18	1930-01-10	李允宰	이윤재	李允宰	이윤재	史上의 로만쓰 三國時代 王子鄒牟와 그 駿馬(5)	역사	·
19	1930-01-11	李允宰	이윤재	李允宰	이윤재	史上의 로만쓰 三國時代 王子鄒牟와 그 駿馬(6)	역사	·
20	1930-01-11	林炳哲	임병철	林炳哲	임병철	朝鮮의 契와 農村	민속	·
21	1930-01-11	一讀者	일독자	·	·	KCM氏의 端宗哀史- 讀後感을 읽고(上)	역사	·
22	1930-01-12	李允宰	이윤재	李允宰	이윤재	史上의 로만쓰 三國時代 王子鄒牟와 그 駿馬(7)	역사	·
23	1930-01-12	一讀者	일독자	·	·	KCM氏의 端宗哀史- 讀後感을 읽고(下)	역사	·
24	1930-01-12	崔南善	최남선	崔南善	최남선	朝鮮歷史通俗講話- 는 어떠케쓴것인가	역사	·
25	1930-01-12	林炳哲	임병철	林炳哲	임병철	朝鮮의 契와 農村	민속	·
26	1930-01-14	崔南善	최남선	崔南善	최남선	朝鮮歷史講話(1)	역사	·
27	1930-01-14	李允宰	이윤재	李允宰	이윤재	史上의 로만쓰 三國時代 弗矩內王의 降世(1)	역사	·
28	1930-01-15	李允宰	이윤재	李允宰	이윤재	史上의 로만쓰 三國時代 弗矩內王의 降世(2)	역사	·
29	1930-01-15	崔南善	최남선	崔南善	최남선	朝鮮歷史講話(2)	역사	·
30	1930-01-15	林炳哲	임병철	林炳哲	임병철	朝鮮의 契와 農村	민속	·
31	1930-01-16	李殷相	이은상	李殷相	이은상	史上의 로만쓰 李朝篇 咸興差使(1)	역사	·
32	1930-01-16	林炳哲	임병철	林炳哲	임병철	朝鮮의 契와 農村	민속	·
33	1930-01-16	崔南善	최남선	崔南善	최남선	朝鮮歷史講話(3)	역사	·
34	1930-01-17	李殷相	이은상	李殷相	이은상	史上의 로만쓰 李朝篇 咸興差使(2)	역사	·

연번	날짜	자료저자명(한자)	자료저자명(한글)	본명(한자)	본명(한글)	기사제목	분류	비고
35	1930-01-17	林炳哲	임병철	林炳哲	임병철	朝鮮의 契와 農村	민속	·
36	1930-01-17	崔南善	최남선	崔南善	최남선	朝鮮歷史講話(4)	역사	·
37	1930-01-18	崔南善	최남선	崔南善	최남선	朝鮮歷史講話(5)	역사	·
38	1930-01-18	李殷相	이은상	李殷相	이은상	史上의 로만쓰 李朝篇 咸興差使(3)	역사	·
39	1930-01-19	崔南善	최남선	崔南善	최남선	朝鮮歷史講話(6)	역사	·
40	1930-01-19	李殷相	이은상	李殷相	이은상	史上의 로만쓰 李朝篇 咸興差使(4)	역사	·
41	1930-01-20	崔南善	최남선	崔南善	최남선	朝鮮歷史講話(7)	역사	·
42	1930-01-20	李殷相	이은상	李殷相	이은상	史上의 로만쓰 李朝篇 咸興差使(5)	역사	·
43	1930-01-21	崔南善	최남선	崔南善	최남선	朝鮮歷史講話(8)	역사	·
44	1930-01-21	李殷相	이은상	李殷相	이은상	史上의 로만쓰 李朝篇 咸興差使(6)	역사	·
45	1930-01-22	崔南善	최남선	崔南善	최남선	朝鮮歷史講話(9)	역사	·
46	1930-01-22	李殷相	이은상	李殷相	이은상	史上의 로만쓰 李朝篇 咸興差使(7)	역사	·
47	1930-01-23	崔南善	최남선	崔南善	최남선	朝鮮歷史講話(10)	역사	·
48	1930-01-23	李殷相	이은상	李殷相	이은상	史上의 로만쓰 李朝篇季娘	역사	·
49	1930-01-24	崔南善	최남선	崔南善	최남선	朝鮮歷史講話(11)	역사	·
50	1930-01-24	李殷相	이은상	李殷相	이은상	史上의 로만쓰 李朝篇少年成三問(1)	역사	·
51	1930-01-25	崔南善	최남선	崔南善	최남선	朝鮮歷史講話(12)	역사	·
52	1930-01-25	李殷相	이은상	李殷相	이은상	史上의 로만쓰 李朝篇少年成三問(2)	역사	·
53	1930-01-26	崔南善	최남선	崔南善	최남선	朝鮮歷史講話(13)	역사	·
54	1930-01-26	李殷相	이은상	李殷相	이은상	史上의 로만쓰 李朝篇少年成三問(3)	역사	·
55	1930-01-28	崔南善	최남선	崔南善	최남선	朝鮮歷史講話(14)	역사	·
56	1930-01-28	李殷相	이은상	李殷相	이은상	史上의 로만쓰 李朝篇少年成三問(4)	역사	·
57	1930-01-29	崔南善	최남선	崔南善	최남선	朝鮮歷史講話(15)	역사	·
58	1930-01-29	李殷相	이은상	李殷相	이은상	史上의 로만쓰 李朝篇少年成三問(5)	역사	·
59	1930-01-30	崔南善	최남선	崔南善	최남선	朝鮮歷史講話(16)	역사	·
60	1930-01-30	李殷相	이은상	李殷相	이은상	史上의 로만쓰 李朝篇 讓寧大君과 丁香(1)	역사	·
61	1930-01-31	崔南善	최남선	崔南善	최남선	朝鮮歷史講話(17)	역사	·
62	1930-01-31	李殷相	이은상	李殷相	이은상	史上의 로만쓰 李朝篇 讓寧大君과 丁香(2)	역사	·
63	1930-02-01	崔南善	최남선	崔南善	최남선	朝鮮歷史講話(18)	역사	·
64	1930-02-01	李殷相	이은상	李殷相	이은상	史上의 로만쓰 李朝篇 讓寧大君과 丁香(3)	역사	·
65	1930-02-02	崔南善	최남선	崔南善	최남선	朝鮮歷史講話(19)	역사	·
66	1930-02-02	李殷相	이은상	李殷相	이은상	史上의 로만쓰 李朝篇 讓寧大君과 丁香(4)	역사	·
67	1930-02-03	崔南善	최남선	崔南善	최남선	朝鮮歷史講話(20)	역사	·
68	1930-02-03	李殷相	이은상	李殷相	이은상	史上의 로만쓰 李朝篇 讓寧大君과 丁香(5)	역사	·
69	1930-02-04	崔南善	최남선	崔南善	최남선	朝鮮歷史講話(21)	역사	·
70	1930-02-04	李殷相	이은상	李殷相	이은상	史上의 로만쓰 李朝篇 讓寧大君과 丁香(6)	역사	·
71	1930-02-05	崔南善	최남선	崔南善	최남선	朝鮮歷史講話(22)	역사	·
72	1930-02-05	李殷相	이은상	李殷相	이은상	史上의 로만쓰 李朝篇 安東 權參奉(1)	역사	·
73	1930-02-06	崔南善	최남선	崔南善	최남선	朝鮮歷史講話(23)	역사	·
74	1930-02-06	李殷相	이은상	李殷相	이은상	史上의 로만쓰 李朝篇 安東 權參奉(2)	역사	·
75	1930-02-07	崔南善	최남선	崔南善	최남선	朝鮮歷史講話(24)	역사	·

연번	날짜	자료저자명(한자)	자료저자명(한글)	본명(한자)	본명(한글)	기사제목	분류	비고
76	1930-02-07	李殷相	이은상	李殷相	이은상	史上의 로만쓰 李朝篇 安東 權參奉(3)	역사	·
77	1930-02-08	崔南善	최남선	崔南善	최남선	朝鮮歷史講話(25)	역사	·
78	1930-02-08	李殷相	이은상	李殷相	이은상	史上의 로만쓰 李朝篇 玉簫仙(1)	역사	·
79	1930-02-09	崔南善	최남선	崔南善	최남선	朝鮮歷史講話(26)	역사	·
80	1930-02-09	李殷相	이은상	李殷相	이은상	史上의 로만쓰 李朝篇 玉簫仙(2)	역사	·
81	1930-02-10	李殷相	이은상	李殷相	이은상	史上의 로만쓰 李朝篇 玉簫仙(3)	역사	·
82	1930-02-11	李殷相	이은상	李殷相	이은상	史上의 로만쓰 李朝篇 玉簫仙(4)	역사	·
83	1930-02-13	李殷相	이은상	李殷相	이은상	史上의 로만쓰 李朝篇 玉簫仙(5)	역사	·
84	1930-02-14	崔南善	최남선	崔南善	최남선	朝鮮歷史講話(27)	역사	·
85	1930-02-14	李殷相	이은상	李殷相	이은상	史上의 로만쓰 李朝篇 土亭의 逸事(1)	역사	·
86	1930-02-15	崔南善	최남선	崔南善	최남선	朝鮮歷史講話(28)	역사	·
87	1930-02-15	李殷相	이은상	李殷相	이은상	史上의 로만쓰 李朝篇 土亭의 逸事(2)	역사	·
88	1930-02-16	崔南善	최남선	崔南善	최남선	朝鮮歷史講話(29)	역사	·
89	1930-02-16	李殷相	이은상	李殷相	이은상	史上의 로만쓰 李朝篇 鄭生, 紅桃의 漂浪(1)	역사	·
90	1930-02-18	崔南善	최남선	崔南善	최남선	朝鮮歷史講話(30)	역사	·
91	1930-02-18	李殷相	이은상	李殷相	이은상	史上의 로만쓰 李朝篇 鄭生, 紅桃의 漂浪(2)	역사	·
92	1930-02-19	崔南善	최남선	崔南善	최남선	朝鮮歷史講話(31)	역사	·
93	1930-02-19	李殷相	이은상	李殷相	이은상	史上의 로만쓰 李朝篇 鄭生, 紅桃의 漂浪(3)	역사	·
94	1930-02-20	崔南善	최남선	崔南善	최남선	朝鮮歷史講話(32)	역사	·
95	1930-02-20	李殷相	이은상	李殷相	이은상	史上의 로만쓰 李朝篇 義賊 朴長脚(1)	역사	·
96	1930-02-21	李殷相	이은상	李殷相	이은상	史上의 로만쓰 李朝篇 義賊 朴長脚(2)	역사	·
97	1930-02-22	崔南善	최남선	崔南善	최남선	朝鮮歷史講話(33)	역사	·
98	1930-02-22	李殷相	이은상	李殷相	이은상	史上의 로만쓰 李朝篇 義賊 朴長脚(3)	역사	·
99	1930-02-23	崔南善	최남선	崔南善	최남선	朝鮮歷史講話(34)	역사	·
100	1930-02-23	李殷相	이은상	李殷相	이은상	史上의 로만쓰 李朝篇 義賊 朴長脚(4)	역사	·
101	1930-02-25	崔南善	최남선	崔南善	최남선	朝鮮歷史講話(35)	역사	·
102	1930-02-25	李殷相	이은상	李殷相	이은상	史上의 로만쓰 李朝篇 夫娘(1)	역사	·
103	1930-02-25	李丙燾	이병도	李丙燾	이병도	李朝初期의 儒學(1)	역사	·
104	1930-02-26	崔南善	최남선	崔南善	최남선	朝鮮歷史講話(36)	역사	·
105	1930-02-26	李殷相	이은상	李殷相	이은상	史上의 로만쓰 李朝篇 夫娘(2)	역사	·
106	1930-02-27	崔南善	최남선	崔南善	최남선	朝鮮歷史講話(37)	역사	·
107	1930-02-27	李殷相	이은상	李殷相	이은상	史上의 로만쓰 李朝篇 夫娘(3)	역사	·
108	1930-02-27	李丙燾	이병도	李丙燾	이병도	李朝初期의 儒學(2)	역사	·
109	1930-02-27	·	·	·	·	朝鮮語研究會 創立總會開催 지난 20일에	한글	·
110	1930-02-28	崔南善	최남선	崔南善	최남선	朝鮮歷史講話(38)	역사	·
111	1930-02-28	李殷相	이은상	李殷相	이은상	史上의 로만쓰 李朝篇 夫娘(4)	역사	·
112	1930-02-28	·	·	·	·	新編高等朝鮮語及漢文-讀本改編要望件(1) 中等漢文教員會 提出案	한글	·
113	1930-03-01	李殷相	이은상	李殷相	이은상	史上의 로만쓰 李朝篇 夫娘(5)	역사	·
114	1930-03-01	·	·	·	·	新編高等朝鮮語及漢文-讀本改編要望件(2) 中等漢文教員會 提出案	한글	·

연번	날짜	자료저자명(한자)	자료저자명(한글)	본명(한자)	본명(한글)	기사제목	분류	비고
115	1930-03-01	崔南善	최남선	崔南善	최남선	朝鮮歷史講話(39)	역사	·
116	1930-03-01	李丙燾	이병도	李丙燾	이병도	李朝初期의 儒學(3)	역사	·
117	1930-03-02	李殷相	이은상	李殷相	이은상	史上의 로만쓰 李朝篇 夫娘(6)	역사	·
118	1930-03-02	崔南善	최남선	崔南善	최남선	朝鮮歷史講話(40)	역사	·
119	1930-03-02	李丙燾	이병도	李丙燾	이병도	李朝初期의 儒學(4)	역사	·
120	1930-03-02	·	·	·	·	新編高等朝鮮語及漢文- 讀本改編要望件(3) 中等漢文教員會 提出案	한글	·
121	1930-03-03	李殷相	이은상	李殷相	이은상	史上의 로만쓰 李朝篇夫娘(6)*7회	역사	연재횟수 오기
122	1930-03-03	崔南善	최남선	崔南善	최남선	朝鮮歷史講話(40)	역사	중복게재, 3월 2일 기사와 동일한 내용
123	1930-03-03	李丙燾	이병도	李丙燾	이병도	李朝初期의 儒學(5)	역사	·
124	1930-03-03	·	·	·	·	新編高等朝鮮語及漢文- 讀本改編要望件(3) 中等漢文教員會 提出案	한글	·
125	1930-03-03	李殷相	이은상	李殷相	이은상	史上의 로만쓰 李朝篇 童子 洪次奇(1)	역사	·
126	1930-03-04	崔南善	최남선	崔南善	최남선	朝鮮歷史講話(41)	역사	·
127	1930-03-04	李丙燾	이병도	李丙燾	이병도	李朝初期의 儒學(6)	역사	·
128	1930-03-04	李殷相	이은상	李殷相	이은상	史上의 로만쓰 李朝篇 童子 洪次奇(2)	역사	·
129	1930-03-04	·	·	·	·	新編高等朝鮮語及漢文- 讀本改編要望件(5) 中等漢文教員會 提出案	한글	·
130	1930-03-05	崔南善	최남선	崔南善	최남선	朝鮮歷史講話(42)	역사	·
131	1930-03-05	李丙燾	이병도	李丙燾	이병도	李朝初期의 儒學(7)	역사	·
132	1930-03-05	·	·	·	·	新編高等朝鮮語及漢文- 讀本改編要望件(6) 中等漢文教員會 提出案	한글	·
133	1930-03-05	李殷相	이은상	李殷相	이은상	史上의 로만쓰 李朝篇 童子 洪次奇(3)	역사	·
134	1930-03-06	崔南善	최남선	崔南善	최남선	朝鮮歷史講話(43)	역사	·
135	1930-03-06	李丙燾	이병도	李丙燾	이병도	李朝初期의 儒學(8)	역사	·
136	1930-03-06	·	·	·	·	新編高等朝鮮語及漢文- 讀本改編要望件(7) 中等漢文教員會 提出案	한글	·
137	1930-03-06	李殷相	이은상	李殷相	이은상	史上의 로만쓰 李朝篇 童子 洪次奇(4)	역사	·
138	1930-03-07	崔南善	최남선	崔南善	최남선	朝鮮歷史講話(44)	역사	·
139	1930-03-07	·	·	·	·	新編高等朝鮮語及漢文- 讀本改編要望件(8) 中等漢文教員會 提出案	한글	·
140	1930-03-07	李殷相	이은상	李殷相	이은상	史上의 로만쓰 李朝篇 御史 朴文秀(1)	역사	·
141	1930-03-08	崔南善	최남선	崔南善	최남선	朝鮮歷史講話(45)	역사	·
142	1930-03-08	·	·	·	·	新編高等朝鮮語及漢文- 讀本改編要望件(9) 中等漢文教員會 提出案	한글	·
143	1930-03-08	李殷相	이은상	李殷相	이은상	史上의 로만쓰 李朝篇 御史 朴文秀(2)	역사	·
144	1930-03-08	李丙燾	이병도	李丙燾	이병도	李朝初期의 儒學(9)	역사	·
145	1930-03-09	崔南善	최남선	崔南善	최남선	朝鮮歷史講話(46)	역사	·
146	1930-03-09	·	·	·	·	新編高等朝鮮語及漢文- 讀本改編要望件(完) 中等漢文教員會 提出案	한글	·
147	1930-03-09	李殷相	이은상	李殷相	이은상	史上의 로만쓰 李朝篇 御史 朴文秀(3)	역사	·
148	1930-03-09	李丙燾	이병도	李丙燾	이병도	李朝初期의 儒學(10)	역사	·

연번	날짜	자료저자명(한자)	자료저자명(한글)	본명(한자)	본명(한글)	기사제목	분류	비고
149	1930-03-11	崔南善	최남선	崔南善	최남선	朝鮮歷史講話(47)	역사	·
150	1930-03-11	李殷相	이은상	李殷相	이은상	史上의 로만쓰 李朝篇 金申 夫婦傳(1)	역사	·
151	1930-03-12	崔南善	최남선	崔南善	최남선	朝鮮歷史講話(48)	역사	·
152	1930-03-12	李殷相	이은상	李殷相	이은상	史上의 로만쓰 李朝篇 金申 夫婦傳(2)	역사	·
153	1930-03-13	崔南善	최남선	崔南善	최남선	朝鮮歷史講話(49)	역사	·
154	1930-03-13	李殷相	이은상	李殷相	이은상	史上의 로만쓰 李朝篇 金申 夫婦傳(3)	역사	·
155	1930-03-14	崔南善	최남선	崔南善	최남선	朝鮮歷史講話(50)	역사	·
156	1930-03-14	李殷相	이은상	李殷相	이은상	史上의 로만쓰 李朝篇 任辰亂의 鐵瓠兵(1)	역사	·
157	1930-03-15	崔南善	최남선	崔南善	최남선	朝鮮歷史講話(51)	역사	·
158	1930-03-15	李殷相	이은상	李殷相	이은상	史上의 로만쓰 李朝篇 任辰亂의 鐵瓠兵(2)	역사	·
159	1930-03-15	李丙燾	이병도	李丙燾	이병도	李朝初期의 儒學(11)	역사	·
160	1930-03-15	內藤八十八	내등팔십팔	內藤八十八	내등팔십팔	朝鮮偉人錄(朝鮮文), 도서	역사	·
161	1930-03-16	李殷相	이은상	李殷相	이은상	史上의 로만쓰 李朝篇 任辰亂의 鐵瓠兵(3)	역사	·
162	1930-03-17	李允宰	이윤재	李允宰	이윤재	조선을 지은이들 大聖人 世宗大王(1)	역사	·
163	1930-03-17	李殷相	이은상	李殷相	이은상	史上의 로만쓰 李朝篇 南怡와 妖鬼(1)	역사	·
164	1930-03-18	李允宰	이윤재	李允宰	이윤재	조선을 지은이들 大聖人 世宗大王(2)	역사	·
165	1930-03-18	李丙燾	이병도	李丙燾	이병도	李朝初期의 儒學(12)	역사	·
166	1930-03-18	李殷相	이은상	李殷相	이은상	史上의 로만쓰 李朝篇 南怡와 妖鬼(2)	역사	·
167	1930-03-19	李允宰	이윤재	李允宰	이윤재	조선을 지은이들 大聖人 世宗大王(3)	역사	·
168	1930-03-19	李殷相	이은상	李殷相	이은상	史上의 로만쓰 李朝篇 南怡와 妖鬼(3)	역사	·
169	1930-03-20	李丙燾	이병도	李丙燾	이병도	李朝初期의 儒學(13)	역사	·
170	1930-03-21	李允宰	이윤재	李允宰	이윤재	조선을 지은이들 大聖人 世宗大王(4)	역사	·
171	1930-03-21	李丙燾	이병도	李丙燾	이병도	李朝初期의 儒學(14)	역사	·
172	1930-03-22	李允宰	이윤재	李允宰	이윤재	조선을 지은이들 大聖人 世宗大王(5)	역사	·
173	1930-03-22	懷古堂	회고당	·	·	史上의 로만쓰 李朝篇 柳居士와 倭僧(1)	역사	·
174	1930-03-23	李丙燾	이병도	李丙燾	이병도	李朝初期의 儒學(15)	역사	·
175	1930-03-23	懷古堂	회고당	·	·	史上의 로만쓰 李朝篇 柳居士와 倭僧(2)	역사	·
176	1930-03-24	李允宰	이윤재	李允宰	이윤재	조선을 지은이들 大聖人 世宗大王(6)	역사	·
177	1930-03-24	懷古堂	회고당	·	·	史上의 로만쓰 李朝篇 柳居士와 倭僧(3)	역사	·
178	1930-03-25	李丙燾	이병도	李丙燾	이병도	李朝初期의 儒學(16)	역사	·
179	1930-03-26	懷古堂	회고당	·	·	史上의 로만쓰 李朝篇 木川郡守(1)	역사	·
180	1930-03-26	李丙燾	이병도	李丙燾	이병도	李朝初期의 儒學(17)	역사	·
181	1930-03-26	李允宰	이윤재	李允宰	이윤재	조선을 지은이들 大聖人 世宗大王(7)	역사	·
182	1930-03-27	懷古堂	회고당	·	·	史上의 로만쓰 李朝篇 木川郡守(2)	역사	·
183	1930-03-27	李丙燾	이병도	李丙燾	이병도	李朝初期의 儒學(18)	역사	·
184	1930-03-27	李允宰	이윤재	李允宰	이윤재	조선을 지은이들 大聖人 世宗大王(8)	역사	·
185	1930-03-28	懷古堂	회고당	·	·	史上의 로만쓰 李朝篇 木川郡守(3)	역사	·
186	1930-03-28	李丙燾	이병도	李丙燾	이병도	李朝初期의 儒學(19)	역사	·
187	1930-03-28	李允宰	이윤재	李允宰	이윤재	조선을 지은이들 大聖人 世宗大王(9)	역사	·
188	1930-03-29	懷古堂	회고당	·	·	史上의 로만쓰 李朝篇 木川郡守(4)	역사	·

연번	날짜	자료저자명(한자)	자료저자명(한글)	본명(한자)	본명(한글)	기사제목	분류	비고
189	1930-03-29	李丙燾	이병도	李丙燾	이병도	李朝初期의 儒學(20)	역사	·
190	1930-03-29	李允宰	이윤재	李允宰	이윤재	조선을 지은이들 大聖人 世宗大王(10)	역사	·
191	1930-03-29	金振九	김진구	金振九	김진구	韓末의 不遇志士 金玉均先生의 最後(1)	역사	·
192	1930-03-30	懷古堂	회고당	·	·	史上의 로만쓰 李朝篇 木川郡守(5)	역사	·
193	1930-03-30	李丙燾	이병도	李丙燾	이병도	李朝初期의 儒學(21)	역사	·
194	1930-03-30	李允宰	이윤재	李允宰	이윤재	조선을 지은이들 大聖人 世宗大王(11)	역사	·
195	1930-03-30	金振九	김진구	金振九	김진구	韓末의 不遇志士 金玉均先生의 最後(2)	역사	·
196	1930-04-01	懷古堂	회고당	·	·	史上의 로만쓰 李朝篇 木川郡守(6)	역사	·
197	1930-04-01	李丙燾	이병도	李丙燾	이병도	李朝初期의 儒學(22- 完)	역사	·
198	1930-04-01	李允宰	이윤재	李允宰	이윤재	조선을 지은이들 大聖人 世宗大王(12)	역사	·
199	1930-04-02	李殷相	이은상	李殷相	이은상	史上의 로만쓰 補遺 火鬼된 志鬼(1)	역사	·
200	1930-04-02	李允宰	이윤재	李允宰	이윤재	조선을 지은이들 大聖人 世宗大王(13)	역사	·
201	1930-04-02	鄭寅普	정인보	鄭寅普	정인보	十字廣詁(1)	역사	·
202	1930-04-02	安自山	안자산	安廓	안확	奇絶壯絶하든 朝鮮古代의 體育(1)	역사	·
203	1930-04-03	鄭寅普	정인보	鄭寅普	정인보	十字廣詁(2)	역사	·
204	1930-04-03	安自山	안자산	安廓	안확	奇絶壯絶하든 朝鮮古代의 體育(2)	역사	·
205	1930-04-03	李殷相	이은상	李殷相	이은상	史上의 로만쓰 補遺 火鬼된 志鬼(2)	역사	·
206	1930-04-03	金振九	김진구	金振九	김진구	韓末의 不遇志士 金玉均先生의 最後(3)	역사	·
207	1930-04-05	鄭寅普	정인보	鄭寅普	정인보	十字廣詁(3)	역사	·
208	1930-04-05	安自山	안자산	安廓	안확	奇絶壯絶하든 朝鮮古代의 體育(3)	역사	·
209	1930-04-05	李殷相	이은상	李殷相	이은상	史上의 로만쓰 補遺 黃山戰野의 두 인물(1)	역사	·
210	1930-04-05	李允宰	이윤재	李允宰	이윤재	조선을 지은이들 大聖人 世宗大王(14)	역사	·
211	1930-04-06	鄭寅普	정인보	鄭寅普	정인보	十字廣詁(4)	역사	·
212	1930-04-06	安自山	안자산	安廓	안확	奇絶壯絶하든 朝鮮古代의 體育(4)	역사	·
213	1930-04-06	李殷相	이은상	李殷相	이은상	史上의 로만쓰 補遺 黃山戰野의 두 인물(2)	역사	·
214	1930-04-06	李允宰	이윤재	李允宰	이윤재	조선을 지은이들 大聖人 世宗大王(15)	역사	·
215	1930-04-06	金振九	김진구	金振九	김진구	韓末의 不遇志士 金玉均先生의 最後(4)	역사	·
216	1930-04-07	安自山	안자산	安廓	안확	奇絶壯絶하든 朝鮮古代의 體育(5)	역사	·
217	1930-04-07	金振九	김진구	金振九	김진구	韓末의 不遇志士 金玉均先生의 最後(5)	역사	·
218	1930-04-08	安自山	안자산	安廓	안확	奇絶壯絶하든 朝鮮古代의 體育(6)	역사	·
219	1930-04-08	鄭寅普	정인보	鄭寅普	정인보	十字廣詁(5)	역사	·
220	1930-04-08	李殷相	이은상	李殷相	이은상	史上의 로만쓰 補遺 朴信과 紅粧(1)	역사	·
221	1930-04-09	鄭寅普	정인보	鄭寅普	정인보	十字廣詁(6)	역사	·
222	1930-04-09	李殷相	이은상	李殷相	이은상	史上의 로만쓰 補遺 朴信과 紅粧(2)	역사	·
223	1930-04-10	鄭寅普	정인보	鄭寅普	정인보	十字廣詁(7)	역사	·
224	1930-04-10	李殷相	이은상	李殷相	이은상	史上의 로만쓰 補遺朴信과紅粧(2)*3회	역사	연재횟수 오기
225	1930-04-10	安自山	안자산	安廓	안확	奇絶壯絶하든 朝鮮古代의 體育(7)	역사	·
226	1930-04-11	鄭寅普	정인보	鄭寅普	정인보	十字廣詁(8)	역사	·
227	1930-04-11	安自山	안자산	安廓	안확	奇絶壯絶하든 朝鮮古代의 體育(8)	역사	·
228	1930-04-11	李允宰	이윤재	李允宰	이윤재	조선을 지은이들 大聖人 世宗大王(16)	역사	·
229	1930-04-12	鄭寅普	정인보	鄭寅普	정인보	十字廣詁(9)	역사	·

연번	날짜	자료저자명(한자)	자료저자명(한글)	본명(한자)	본명(한글)	기사제목	분류	비고
230	1930-04-12	李允宰	이윤재	李允宰	이윤재	조선을 지은이들 大聖人 世宗大王(17)	역사	·
231	1930-04-13	李允宰	이윤재	李允宰	이윤재	조선을 지은이들 大聖人 世宗大王(18)	역사	·
232	1930-04-16	安自山	안자산	安廓	안확	朝鮮歌詩의 條理(1)	문학	·
233	1930-04-16	李殷相	이은상	李殷相	이은상	史上의 로만쓰 補遺 李校理 長坤 [燕山君士禍의 一插話](1)	역사	·
234	1930-09-02	李允宰	이윤재	李允宰	이윤재	조선을 지은이들 大聖人 世宗大王(19)	역사	·
235	1930-09-02	鄭寅普	정인보	鄭寅普	정인보	東都雜誌(1)	역사, 기행	·
236	1930-09-02	李殷相	이은상	李殷相	이은상	西山一面論(1)	기행	·
237	1930-09-02	·	·	·	·	朝鮮語文 功勞者 紹介(1)- 創刊10周年 記念事業(朝鮮語研究會)	한글	·
238	1930-09-03	安自山	안자산	安廓	안확	朝鮮歌詩의 條理(2)	문학	·
239	1930-09-03	李允宰	이윤재	李允宰	이윤재	조선을 지은이들 大聖人 世宗大王(20)	역사	·
240	1930-09-03	鄭寅普	정인보	鄭寅普	정인보	東都雜誌(2)	역사, 기행	·
241	1930-09-03	李殷相	이은상	李殷相	이은상	西山一面論(2)	기행	·
242	1930-09-03	·	·	·	·	朝鮮語文 功勞者 紹介(2)- 創刊10周年 記念事業(金枓奉, 崔鉉培)	한글	·
243	1930-09-04	鄭寅普	정인보	鄭寅普	정인보	東都雜誌(3)	역사, 기행	·
244	1930-09-04	李殷相	이은상	李殷相	이은상	西山一面論(3)	기행	·
245	1930-09-04	安自山	안자산	安廓	안확	朝鮮歌詩의 條理(3)	문학	·
246	1930-09-04	·	·	·	·	朝鮮語文 功勞者 紹介(3)- 創刊10周年 記念事業(李常春, 金熙祥)	한글	·
247	1930-09-05	鄭寅普	정인보	鄭寅普	정인보	東都雜誌(4)	역사, 기행	·
248	1930-09-05	李殷相	이은상	李殷相	이은상	西山一面論(4)	기행	·
249	1930-09-05	安自山	안자산	安廓	안확	朝鮮歌詩의 條理(4)	문학	·
250	1930-09-05	·	·	·	·	朝鮮語文 功勞者 紹介(4)- 創刊10周年 記念事業(權悳奎, 李奎昉)	한글	·
251	1930-09-05	李允宰	이윤재	李允宰	이윤재	조선을 지은이들 大聖人 世宗大王(21)	역사	·
252	1930-09-06	鄭寅普	정인보	鄭寅普	정인보	東都雜誌(5)	역사, 기행	·
253	1930-09-06	李殷相	이은상	李殷相	이은상	西山一面論(5)	기행	·
254	1930-09-06	安自山	안자산	安廓	안확	朝鮮歌詩의 條理(5)	문학	·
255	1930-09-06	·	·	·	·	朝鮮語文 功勞者 紹介(5)- 創刊10周年 記念事業(申明均, 李允宰, 朴勝彬)	한글	·
256	1930-09-06	李允宰	이윤재	李允宰	이윤재	조선을 지은이들 大聖人 世宗大王(22)	역사	·
257	1930-09-07	鄭寅普	정인보	鄭寅普	정인보	東都雜誌(6)	역사, 기행	·
258	1930-09-07	李殷相	이은상	李殷相	이은상	西山一面論(6)	기행	·
259	1930-09-07	安自山	안자산	安廓	안확	朝鮮歌詩의 條理(6)	문학	·
260	1930-09-07	李允宰	이윤재	李允宰	이윤재	조선을 지은이들 大聖人 世宗大王(23)	역사	·
261	1930-09-09	鄭寅普	정인보	鄭寅普	정인보	東都雜誌(7)	역사,	·

연번	날짜	자료저자명(한자)	자료저자명(한글)	본명(한자)	본명(한글)	기사제목	분류	비고
							기행	
262	1930-09-09	李殷相	이은상	李殷相	이은상	西山一面論(7)	기행	·
263	1930-09-09	安自山	안자산	安廓	안확	朝鮮歌詩의 條理(7)	문학	·
264	1930-09-10	李允宰	이윤재	李允宰	이윤재	조선을 지은이들 大聖人 世宗大王(24)	역사	·
265	1930-09-10	鄭寅普	정인보	鄭寅普	정인보	東都雜誌(8)	역사, 기행	·
266	1930-09-10	李殷相	이은상	李殷相	이은상	西山一面論(8)	기행	·
267	1930-09-10	安自山	안자산	安廓	안확	朝鮮歌詩의 條理(8)	문학	·
268	1930-09-11	鄭寅普	정인보	鄭寅普	정인보	東都雜誌(9)	역사, 기행	·
269	1930-09-11	安自山	안자산	安廓	안확	朝鮮歌詩의 條理(9)	문학	·
270	1930-09-12	鄭寅普	정인보	鄭寅普	정인보	東都雜誌(10)	역사, 기행	·
271	1930-09-13	鄭寅普	정인보	鄭寅普	정인보	東都雜誌(11)	역사, 기행	·
272	1930-09-13	安自山	안자산	安廓	안확	朝鮮歌詩의 條理(10)	문학	·
273	1930-09-14	鄭寅普	정인보	鄭寅普	정인보	東都雜誌(12)	역사, 기행	·
274	1930-09-14	安自山	안자산	安廓	안확	朝鮮歌詩의 條理(11)	문학	·
275	1930-09-14	李允宰	이윤재	李允宰	이윤재	조선을 지은이들 大聖人 世宗大王(25)	역사	·
276	1930-09-16	鄭寅普	정인보	鄭寅普	정인보	東都雜誌(13)	역사, 기행	·
277	1930-09-16	安自山	안자산	安廓	안확	朝鮮歌詩의 條理(12)	문학	·
278	1930-09-17	鄭寅普	정인보	鄭寅普	정인보	東都雜誌(14)	역사, 기행	·
279	1930-09-17	R記者	R기자	·	·	先生評判記 其一 延專의「骨董品」白南雲教授	논설	·
280	1930-09-18	安自山	안자산	安廓	안확	朝鮮歌詩의 條理(13)	문학	·
281	1930-09-19	鄭寅普	정인보	鄭寅普	정인보	東都雜誌(15)	역사, 기행	·
282	1930-09-19	安自山	안자산	安廓	안확	朝鮮歌詩의 條理(14)	문학	·
283	1930-09-20	鄭寅普	정인보	鄭寅普	정인보	東都雜誌(16)	역사, 기행	·
284	1930-09-21	李允宰	이윤재	李允宰	이윤재	조선을 지은이들 大聖人 世宗大王(26)	역사	·
285	1930-09-23	鄭寅普	정인보	鄭寅普	정인보	東都雜誌(17)	역사, 기행	·
286	1930-09-24	安自山	안자산	安廓	안확	時調의 淵源(1) 朝鮮歌詩의 條理(續)	문학	·
287	1930-09-26	李允宰	이윤재	李允宰	이윤재	조선을 지은이들 大聖人 世宗大王(27)	역사	·
288	1930-09-26	鄭寅普	정인보	鄭寅普	정인보	東都雜誌(18)	역사, 기행	·
289	1930-09-26	安自山	안자산	安廓	안확	時調의 淵源(2) 朝鮮歌詩의 條理(續)	문학	·
290	1930-09-27	李允宰	이윤재	李允宰	이윤재	조선을 지은이들 大聖人 世宗大王(28)	역사	·
291	1930-09-27	鄭寅普	정인보	鄭寅普	정인보	東都雜誌(19)	역사, 기행	·
292	1930-09-27	安自山	안자산	安廓	안확	時調의 淵源(3) 朝鮮歌詩의 條理(續)	문학	·

연번	날짜	자료저자명(한자)	자료저자명(한글)	본명(한자)	본명(한글)	기사제목	분류	비고
293	1930-09-28	鄭寅普	정인보	鄭寅普	정인보	東都雜誌(20)	역사, 기행	·
294	1930-09-28	安自山	안자산	安廓	안확	時調의 淵源(4) 朝鮮歌詩의 條理(續)	문학	·
295	1930-09-30	安自山	안자산	安廓	안확	時調의 淵源(5) 朝鮮歌詩의 條理(續)	문학	·
296	1930-10-01	安自山	안자산	安廓	안확	歌詩의 民族性(1) 朝鮮歌詩의 條理(續)	문학	·
297	1930-10-02	安自山	안자산	安廓	안확	歌詩의 民族性(2) 朝鮮歌詩의 條理(續)	문학	·
298	1930-10-03	李允宰	이윤재	李允宰	이윤재	조선을 지은이들 聖雄 李舜臣(1)	역사	·
299	1930-10-04	李允宰	이윤재	李允宰	이윤재	조선을 지은이들 聖雄 李舜臣(2)	역사	·
300	1930-10-07	李允宰	이윤재	李允宰	이윤재	가온날의 이야기- 이날의 놀이는 신라때부터 시작된 경기와 여흥	역사	·
301	1930-10-08	李允宰	이윤재	李允宰	이윤재	조선을 지은이들 聖雄 李舜臣(3)	역사	·
302	1930-10-09	李允宰	이윤재	李允宰	이윤재	조선을 지은이들 聖雄 李舜臣(4)	역사	·
303	1930-10-10	·	·	·	·	盛況이 期待되는 古書畵 珍藏品展- 17일부터 本社樓上에서	미술	·
304	1930-10-11	春谷	춘곡	高羲東	고희동	書畵協會 제14회 展覽會를 앞두고(承前)	미술	·
305	1930-10-13	李允宰	이윤재	李允宰	이윤재	조선을 지은이들 聖雄 李舜臣(5)	역사	·
306	1930-10-15	李允宰	이윤재	李允宰	이윤재	조선을 지은이들 聖雄 李舜臣(6)	역사	·
307	1930-10-16	李允宰	이윤재	李允宰	이윤재	조선을 지은이들 聖雄 李舜臣(7)	역사	·
308	1930-10-17	李允宰	이윤재	李允宰	이윤재	조선을 지은이들 聖雄 李舜臣(8)	역사	·
309	1930-10-19	李道榮	이도영	李道榮	이도영	古書畵珍藏品展陳列諸作品에對하야	미술	·
310	1930-10-21	李允宰	이윤재	李允宰	이윤재	조선을 지은이들 聖雄 李舜臣(9)	역사	·
311	1930-10-22	李泰俊	이태준	李泰俊	이태준	제14회 書畵協會展을 보고(1)	미술	·
312	1930-10-22	李允宰	이윤재	李允宰	이윤재	조선을 지은이들 聖雄 李舜臣(10)	역사	·
313	1930-10-23	李泰俊	이태준	李泰俊	이태준	제14회 書畵協會展을 보고(2)	미술	·
314	1930-10-25	R記者	R기자	·	·	先生評判記 其一五 「에로」宗의 背敎者 梁柱東敎授	논설	·
315	1930-10-25	李泰俊	이태준	李泰俊	이태준	제14회 書畵協會展을 보고(3)	미술	·
316	1930-10-26	李泰俊	이태준	李泰俊	이태준	제14회 書畵協會展을 보고(4)	미술	·
317	1930-10-28	李允宰	이윤재	李允宰	이윤재	조선을 지은이들 聖雄 李舜臣(11)	역사	·
318	1930-10-28	李泰俊	이태준	李泰俊	이태준	제14회 書畵協會展을 보고(5)	미술	·
319	1930-10-29	李允宰	이윤재	李允宰	이윤재	조선을 지은이들 聖雄 李舜臣(12)	역사	·
320	1930-10-29	李泰俊	이태준	李泰俊	이태준	제14회 書畵協會展을 보고(6)	미술	·
321	1930-10-30	李允宰	이윤재	李允宰	이윤재	조선을 지은이들 聖雄 李舜臣(13)	역사	·
322	1930-10-30	李泰俊	이태준	李泰俊	이태준	제14회 書畵協會展을 보고(7)	미술	·
323	1930-10-31	李允宰	이윤재	李允宰	이윤재	조선을 지은이들 聖雄 李舜臣(14)	역사	·
324	1930-10-31	李泰俊	이태준	李泰俊	이태준	제14회 書畵協會展을 보고(8)	미술	·
325	1930-10-31	金台俊	김태준	金台俊	김태준	朝鮮 小說史(1)	문학	·
326	1930-11-01	金台俊	김태준	金台俊	김태준	朝鮮 小說史(2)	문학	·
327	1930-11-01	李允宰	이윤재	李允宰	이윤재	조선을 지은이들 聖雄 李舜臣(15)	역사	·
328	1930-11-02	金台俊	김태준	金台俊	김태준	朝鮮 小說史(3)	문학	·
329	1930-11-02	李允宰	이윤재	李允宰	이윤재	조선을 지은이들 聖雄 李舜臣(16)	역사	·
330	1930-11-03	李允宰	이윤재	李允宰	이윤재	조선을 지은이들 聖雄 李舜臣(17)	역사	·
331	1930-11-04	金台俊	김태준	金台俊	김태준	朝鮮 小說史(4)	문학	·

연번	날짜	자료저자명(한자)	자료저자명(한글)	본명(한자)	본명(한글)	기사제목	분류	비고
332	1930-11-04	李允宰	이윤재	李允宰	이윤재	조선을 지은이들 聖雄 李舜臣(18)	역사	·
333	1930-11-06	金台俊	김태준	金台俊	김태준	朝鮮 小說史(5)	문학	·
334	1930-11-06	李允宰	이윤재	李允宰	이윤재	조선을 지은이들 聖雄 李舜臣(19)	역사	·
335	1930-11-07	金台俊	김태준	金台俊	김태준	朝鮮 小說史(6)	문학	·
336	1930-11-07	李允宰	이윤재	李允宰	이윤재	조선을 지은이들 聖雄 李舜臣(20)	역사	·
337	1930-11-08	金台俊	김태준	金台俊	김태준	朝鮮 小說史(7)	문학	·
338	1930-11-08	李允宰	이윤재	李允宰	이윤재	조선을 지은이들 聖雄 李舜臣(21)	역사	·
339	1930-11-09	金台俊	김태준	金台俊	김태준	朝鮮 小說史(8)	문학	·
340	1930-11-09	李允宰	이윤재	李允宰	이윤재	조선을 지은이들 聖雄 李舜臣(22)	역사	·
341	1930-11-11	金台俊	김태준	金台俊	김태준	朝鮮 小說史(9)	문학	·
342	1930-11-12	天台山人	천태산인	金台俊	김태준	文學革命後의 中國文藝觀(1)- 過去14年間	문학	·
343	1930-11-13	天台山人	천태산인	金台俊	김태준	文學革命後의 中國文藝觀(2)- 過去14年間	문학	·
344	1930-11-14	天台山人	천태산인	金台俊	김태준	文學革命後의 中國文藝觀(3)- 過去14年間	문학	·
345	1930-11-14	李允宰	이윤재	李允宰	이윤재	조선을 지은이들 聖雄 李舜臣(23)	역사	·
346	1930-11-16	天台山人	천태산인	金台俊	김태준	文學革命後의 中國文藝觀(4)- 過去14年間	문학	·
347	1930-11-16	李允宰	이윤재	李允宰	이윤재	조선을 지은이들 聖雄 李舜臣(24)	역사	·
348	1930-11-17	會寧 一記者	회령 일기자	·	·	朝鮮말의 가난	한글	·
349	1930-11-18	天台山人	천태산인	金台俊	김태준	文學革命後의 中國文藝觀(5)- 過去14年間	문학	·
350	1930-11-18	李允宰	이윤재	李允宰	이윤재	조선을 지은이들 聖雄 李舜臣(25)	역사	·
351	1930-11-19	李允宰	이윤재	李允宰	이윤재	조선을 지은이들 聖雄 李舜臣(26)	역사	·
352	1930-11-19	金允經	김윤경	金允經	김윤경	訓民正音 發布(1)	한글	·
353	1930-11-19	李熙昇	이희승	李熙昇	이희승	新綴字에 關하야 바라는 몇가지(1)	한글	·
354	1930-11-19	·	·	·	·	한글運動의 首唱者 故 周時經氏의 主著 「말의 소리」	한글	·
355	1930-11-19	趙宗玄	조종현	趙宗玄	조종현	童謠 한말, 한글	한글	·
356	1930-11-19	·	·	·	·	한글 質疑欄 新設	한글	·
357	1930-11-19	李允宰	이윤재	李允宰	이윤재	한글 質疑欄	한글	·
358	1930-11-19	·	·	·	·	한글 硏究家諸氏의 感想과 提議- 사백여든넷재돌을맞으며(이하 기사)	한글	·
359	1930-11-19	鄭烈模	정열모	鄭烈模	정열모	한글 硏究家諸氏의 感想과 提議- 사백여든넷재돌을맞으며/ 辭典編纂에 主力하자	한글	·
360	1930-11-19	李常春	이상춘	李常春	이상춘	한글 硏究家諸氏의 感想과 提議- 사백여든넷재돌을맞으며/ 橫書欄을 두엇으면	한글	·
361	1930-11-19	李圭昉	이규방	李圭昉	이규방	한글 硏究家諸氏의 感想과 提議- 사백여든넷재돌을맞으며/ 劃時期的으로 紀念할날	한글	·
362	1930-11-19	李允宰	이윤재	李允宰	이윤재	한글 硏究家諸氏의 感想과 提議- 사백여든넷재돌을맞으며/ 세분에게 치하한다	한글, 사업	·
363	1930-11-19	李秉岐	이병기	李秉岐	이병기	한글 硏究家諸氏의 感想과 提議- 사백여든넷재돌을맞으며/ 新綴字法을 實行하라	한글	·
364	1930-11-19	李克魯	이극로	李克魯	이극로	한글 硏究家諸氏의 感想과 提議- 사백여든넷재돌을맞으며/ 知識과 物質로 援助하라	한글	·
365	1930-11-19	崔鉉培	최현배	崔鉉培	최현배	한글 硏究家諸氏의 感想과 提議- 사백여든넷재돌을맞으며/ 單語標準으로 띠어쓰자	한글	·

연번	날짜	자료저자명(한자)	자료저자명(한글)	본명(한자)	본명(한글)	기사제목	분류	비고
366	1930-11-19	申明均	신명균	申明均	신명균	한글 研究家諸氏의 感想과 提議- 사백여든넷재돌을맞으며/ 文筆家에의 나의 希望	한글	·
367	1930-11-20	李允宰	이윤재	李允宰	이윤재	조선을 지은이들 聖雄 李舜臣(27)	역사	·
368	1930-11-20	金允經	김윤경	金允經	김윤경	訓民正音 發布(2)	한글	·
369	1930-11-20	李熙昇	이희승	李熙昇	이희승	新綴字에 關하야 바라는 몇가지(2)	한글	·
370	1930-11-20	天台山人	천태산인	金台俊	김태준	文學革命後의 中國文藝觀(6)- 過去14年間	문학	·
371	1930-11-21	李允宰	이윤재	李允宰	이윤재	조선을 지은이들 聖雄 李舜臣(28)	역사	·
372	1930-11-21	金允經	김윤경	金允經	김윤경	訓民正音 發布(3)	한글	·
373	1930-11-21	李熙昇	이희승	李熙昇	이희승	新綴字에 關하야 바라는 몇가지(3)	한글	·
374	1930-11-21	·	·	·	·	이글의 存在는 우리의 存在! 한글記念式 盛況	한글	·
375	1930-11-21	·	·	·	·	記念日 作定 陽曆 10월 28일- 음력사용이 불편하다고 席上에서 討議決定	한글	·
376	1930-11-22	李允宰	이윤재	李允宰	이윤재	조선을 지은이들 聖雄 李舜臣(29)	역사	·
377	1930-11-22	金允經	김윤경	金允經	김윤경	訓民正音 發布(4)	한글	·
378	1930-11-22	·	·	·	·	한글 講習會 開催- 시외동막에서 24일부터 沿江 基靑聯合 主催	한글	·
379	1930-11-23	金允經	김윤경	金允經	김윤경	訓民正音 發布(5)	한글	·
380	1930-11-23	李熙昇	이희승	李熙昇	이희승	新綴字에 關하야 바라는 몇가지(4)	한글	·
381	1930-11-23	李允宰	이윤재	李允宰	이윤재	開天節 단군 강탄 4326회의 긔념	사업	·
382	1930-11-25	·	·	·	·	普校教科書教材問題- 改訂의消息을듯고	사업	·
383	1930-11-25	金允經	김윤경	金允經	김윤경	訓民正音 發布(6)	한글	·
384	1930-11-25	天台山人	천태산인	金台俊	김태준	文學革命後의 中國文藝觀(7)- 過去14年間	문학	·
385	1930-11-25	金台俊	김태준	金台俊	김태준	朝鮮 小說史(10)	문학	·
386	1930-11-25	李允宰	이윤재	李允宰	이윤재	조선을 지은이들 聖雄 李舜臣(30)	역사	·
387	1930-11-26	天台山人	천태산인	金台俊	김태준	文學革命後의 中國文藝觀(8)- 過去14年間	문학	·
388	1930-11-26	金台俊	김태준	金台俊	김태준	朝鮮 小說史(11)	문학	·
389	1930-11-26	李熙昇	이희승	李熙昇	이희승	新綴字에關하야바라는몇가지(4)*5회	한글	연재횟수 오기
390	1930-11-26	李允宰	이윤재	李允宰	이윤재	한글 質疑欄	한글	·
391	1930-11-27	天台山人	천태산인	金台俊	김태준	文學革命後의 中國文藝觀(9)- 過去14年間	문학	·
392	1930-11-27	金台俊	김태준	金台俊	김태준	朝鮮 小說史(12)	문학	·
393	1930-11-27	李允宰	이윤재	李允宰	이윤재	조선을 지은이들 聖雄 李舜臣(31)	역사	·
394	1930-11-27	金斗憲	김두헌	金斗憲	김두헌	民族性 研究(1)	논설	·
395	1930-11-27	李允宰	이윤재	李允宰	이윤재	한글 質疑欄	한글	·
396	1930-11-28	天台山人	천태산인	金台俊	김태준	文學革命後의 中國文藝觀(10)- 過去14年間	문학	·
397	1930-11-28	金台俊	김태준	金台俊	김태준	朝鮮 小說史(13)	문학	·
398	1930-11-28	金斗憲	김두헌	金斗憲	김두헌	民族性 研究(2)	논설	·
399	1930-11-28	李允宰	이윤재	李允宰	이윤재	조선을 지은이들 聖雄 李舜臣(32)	역사	·
400	1930-11-29	天台山人	천태산인	金台俊	김태준	文學革命後의 中國文藝觀(11)- 過去14年間	문학	·
401	1930-11-29	金台俊	김태준	金台俊	김태준	朝鮮 小說史(14)	문학	·
402	1930-11-29	李允宰	이윤재	李允宰	이윤재	조선을 지은이들 聖雄 李舜臣(33)	역사	·
403	1930-11-29	李允宰	이윤재	李允宰	이윤재	한글 質疑欄	한글	·
404	1930-11-29	金斗憲	김두헌	金斗憲	김두헌	民族性 研究(3)	논설	·

연번	날짜	자료저자명 (한자)	자료저자명 (한글)	본명 (한자)	본명 (한글)	기사제목	분류	비고
405	1930-11-30	金台俊	김태준	金台俊	김태준	朝鮮 小說史(15)	문학	·
406	1930-11-30	李允宰	이윤재	李允宰	이윤재	조선을 지은이들 聖雄 李舜臣(34)	역사	·
407	1930-11-30	金斗憲	김두헌	金斗憲	김두헌	民族性 研究(4)	논설	·
408	1930-11-30	李允宰	이윤재	李允宰	이윤재	한글 質疑欄	한글	·
409	1930-12-01	鄭寅普	정인보	鄭寅普	정인보	閔綏堂과 韓江石(1)	역사	·
410	1930-12-02	金台俊	김태준	金台俊	김태준	朝鮮 小說史(16)	문학	·
411	1930-12-02	李允宰	이윤재	李允宰	이윤재	조선을 지은이들 聖雄 李舜臣(35)	역사	·
412	1930-12-02	天台山人	천태산인	金台俊	김태준	文學革命後의 中國文藝觀(12)- 過去14年間	문학	·
413	1930-12-02	金斗憲	김두헌	金斗憲	김두헌	民族性 研究(5)	논설	·
414	1930-12-02	李允宰	이윤재	李允宰	이윤재	한글 質疑欄	한글	·
415	1930-12-02	鄭寅普	정인보	鄭寅普	정인보	閔綏堂과 韓江石(2)	역사	·
416	1930-12-03	天台山人	천태산인	金台俊	김태준	文學革命後의 中國文藝觀(13)- 過去14年間	문학	·
417	1930-12-03	金台俊	김태준	金台俊	김태준	朝鮮 小說史(17)	문학	·
418	1930-12-03	李允宰	이윤재	李允宰	이윤재	조선을 지은이들 聖雄 李舜臣(36)	역사	·
419	1930-12-03	金斗憲	김두헌	金斗憲	김두헌	民族性 研究(6)	논설	·
420	1930-12-03	李允宰	이윤재	李允宰	이윤재	한글 質疑欄	한글	·
421	1930-12-03	鄭寅普	정인보	鄭寅普	정인보	閔綏堂과 韓江石(3)	역사	·
422	1930-12-04	金台俊	김태준	金台俊	김태준	朝鮮 小說史(18)	문학	·
423	1930-12-04	李允宰	이윤재	李允宰	이윤재	조선을 지은이들 聖雄 李舜臣(37)	역사	·
424	1930-12-04	金斗憲	김두헌	金斗憲	김두헌	民族性 研究(7)	논설	·
425	1930-12-04	天台山人	천태산인	金台俊	김태준	文學革命後의 中國文藝觀(14)- 過去14年間	문학	·
426	1930-12-05	金台俊	김태준	金台俊	김태준	朝鮮 小說史(19)	문학	·
427	1930-12-05	李允宰	이윤재	李允宰	이윤재	조선을 지은이들 聖雄 李舜臣(38)	역사	·
428	1930-12-05	金斗憲	김두헌	金斗憲	김두헌	民族性 研究(8)	논설	·
429	1930-12-05	天台山人	천태산인	金台俊	김태준	文學革命後의 中國文藝觀(15)- 過去14年間	문학	·
430	1930-12-05	李允宰	이윤재	李允宰	이윤재	한글 質疑欄	한글	·
431	1930-12-06	金台俊	김태준	金台俊	김태준	朝鮮 小說史(20)	문학	·
432	1930-12-06	李允宰	이윤재	李允宰	이윤재	조선을 지은이들 聖雄 李舜臣(39)	역사	·
433	1930-12-06	金斗憲	김두헌	金斗憲	김두헌	民族性 研究(9)	논설	·
434	1930-12-06	天台山人	천태산인	金台俊	김태준	文學革命後의 中國文藝觀(16)- 過去14年間	문학	·
435	1930-12-06	李允宰	이윤재	李允宰	이윤재	한글 質疑欄	한글	·
436	1930-12-07	李允宰	이윤재	李允宰	이윤재	조선을 지은이들 聖雄 李舜臣(40)	역사	·
437	1930-12-07	金斗憲	김두헌	金斗憲	김두헌	民族性 研究(10)	논설	·
438	1930-12-07	天台山人	천태산인	金台俊	김태준	文學革命後의 中國文藝觀(17)- 過去14年間	문학	·
439	1930-12-07	李允宰	이윤재	李允宰	이윤재	한글 質疑欄	한글	·
440	1930-12-08	金台俊	김태준	金台俊	김태준	朝鮮 小說史(21)	문학	·
441	1930-12-08	天台山人	천태산인	金台俊	김태준	文學革命後의 中國文藝觀(18)- 過去14年間	문학	·
442	1930-12-09	金台俊	김태준	金台俊	김태준	朝鮮 小說史(22)	문학	·
443	1930-12-09	金斗憲	김두헌	金斗憲	김두헌	民族性 研究(11)	논설	·
444	1930-12-09	李允宰	이윤재	李允宰	이윤재	조선을 지은이들 聖雄 李舜臣(41)	역사	·
445	1930-12-10	金台俊	김태준	金台俊	김태준	朝鮮 小說史(23)	문학	·

연번	날짜	자료저자명 (한자)	자료저자명 (한글)	본명 (한자)	본명 (한글)	기사제목	분류	비고
446	1930-12-10	金斗憲	김두헌	金斗憲	김두헌	民族性 硏究(12)	논설	·
447	1930-12-10	金在喆	김재철	金在喆	김재철	放浪詩人 金삿갓(1)	역사	·
448	1930-12-10	李允宰	이윤재	李允宰	이윤재	한글 質疑欄	한글	·
449	1930-12-11	金斗憲	김두헌	金斗憲	김두헌	民族性 硏究(13)	논설	·
450	1930-12-11	金在喆	김재철	金在喆	김재철	放浪詩人 金삿갓(2)	역사	·
451	1930-12-12	李允宰	이윤재	李允宰	이윤재	조선을 지은이들 聖雄 李舜臣(42)	역사	·
452	1930-12-12	金台俊	김태준	金台俊	김태준	朝鮮 小說史(24)	문학	·
453	1930-12-13	李允宰	이윤재	李允宰	이윤재	조선을 지은이들 聖雄 李舜臣(43)	역사	·
454	1930-12-13	金台俊	김태준	金台俊	김태준	朝鮮 小說史(25)	문학	·
455	1930-12-13	金斗憲	김두헌	金斗憲	김두헌	民族性 硏究(14)	논설	·
456	1930-12-13	金在喆	김재철	金在喆	김재철	放浪詩人 金삿갓(3)	역사	·
457	1930-12-14	金台俊	김태준	金台俊	김태준	朝鮮 小說史(26)	문학	·
458	1930-12-14	金斗憲	김두헌	金斗憲	김두헌	民族性 硏究(15)	논설	·
459	1930-12-14	金在喆	김재철	金在喆	김재철	放浪詩人 金삿갓(4)	역사	·
460	1930-12-16	金在喆	김재철	金在喆	김재철	放浪詩人 金삿갓(5)	역사	·
461	1930-12-17	金斗憲	김두헌	金斗憲	김두헌	民族性 硏究(16)	논설	·
462	1930-12-17	李允宰	이윤재	李允宰	이윤재	한글 質疑欄	한글	·
463	1930-12-18	金斗憲	김두헌	金斗憲	김두헌	民族性 硏究(17)	논설	·
464	1930-12-18	金台俊	김태준	金台俊	김태준	朝鮮 小說史(27)	문학	·
465	1930-12-19	金斗憲	김두헌	金斗憲	김두헌	民族性 硏究(18)	논설	·
466	1930-12-19	金台俊	김태준	金台俊	김태준	朝鮮 小說史(28)	문학	·
467	1930-12-19	李周衡	이주형	李周衡	이주형	朴魯哲氏의 「上古震域位置考- 濊貊種族分布」를 읽고(1)	역사	·
468	1930-12-19	李允宰	이윤재	李允宰	이윤재	한글 質疑欄	한글	·
469	1930-12-20	金斗憲	김두헌	金斗憲	김두헌	民族性 硏究(19)	논설	·
470	1930-12-20	李周衡	이주형	李周衡	이주형	朴魯哲氏의 「上古震域位置考- 濊貊種族分布」를 읽고(2)	역사	·
471	1930-12-20	李允宰	이윤재	李允宰	이윤재	한글 質疑欄	한글	·
472	1930-12-21	金斗憲	김두헌	金斗憲	김두헌	民族性 硏究(20)	논설	·
473	1930-12-21	李周衡	이주형	李周衡	이주형	朴魯哲氏의 「上古震域位置考- 濊貊種族分布」를 읽고(3)	역사	·
474	1930-12-21	金台俊	김태준	金台俊	김태준	朝鮮 小說史(29)	문학	·
475	1930-12-23	金斗憲	김두헌	金斗憲	김두헌	民族性 硏究(21)- 朝鮮民族性 [1] 東洋主要民族의 特性(續)	논설	·
476	1930-12-23	李周衡	이주형	李周衡	이주형	朴魯哲氏의 「上古震域位置考- 濊貊種族分布」를 읽고(4)	역사	·
477	1930-12-23	李允宰	이윤재	李允宰	이윤재	한글 質疑欄	한글	·
478	1930-12-24	金台俊	김태준	金台俊	김태준	朝鮮 小說史(30)	문학	·
479	1930-12-24	金斗憲	김두헌	金斗憲	김두헌	民族性 硏究(22)- 朝鮮民族性 [2] 東洋主要民族의 特性(續)	논설	·
480	1930-12-24	李周衡	이주형	李周衡	이주형	朴魯哲氏의 「上古震域位置考- 濊貊種族分布」를 읽고(5)	역사	·
481	1930-12-24	李允宰	이윤재	李允宰	이윤재	한글 質疑欄	한글	·

연번	날짜	자료저자명(한자)	자료저자명(한글)	본명(한자)	본명(한글)	기사제목	분류	비고
482	1930-12-25	金台俊	김태준	金台俊	김태준	朝鮮 小說史(31)	문학	·
483	1930-12-25	金斗憲	김두헌	金斗憲	김두헌	民族性 硏究(23)- 朝鮮民族性 [3] 東洋主要民族의 特性(續)	논설	·
484	1930-12-25	李周衡	이주형	李周衡	이주형	朴魯哲氏의 「上古震域位置考- 濊貊種族分布」를 읽고(6)	역사	·
485	1930-12-25	李允宰	이윤재	李允宰	이윤재	한글 質疑欄	한글	·
486	1930-12-27	金斗憲	김두헌	金斗憲	김두헌	民族性 硏究(24)- 朝鮮民族性 [4] 東洋主要民族의 特性(續)	논설	·
487	1930-12-28	金斗憲	김두헌	金斗憲	김두헌	民族性硏究(25)	논설	·
488	1930-12-28	李周衡	이주형	李周衡	이주형	朴魯哲氏의 「上古震域位置考- 濊貊種族分布」를 읽고(7)	역사	·
489	1930-12-28	李允宰	이윤재	李允宰	이윤재	한글 質疑欄	한글	·
490	1930-12-29	金斗憲	김두헌	金斗憲	김두헌	民族性硏究(26)	논설	·
491	1930-12-30	金台俊	김태준	金台俊	김태준	朝鮮 小說史(32)	문학	·
492	1931-01-01	梁柱東	양주동	梁柱東	양주동	回顧 · 展望 · 批判- 文壇諸思潮의縱橫觀(1)	문학	·
493	1931-01-01	朴英熙	박영희	朴英熙	박영희	朝鮮 프로레타리아 藝術運動의 昨今- 特히 1931년을 展望하면서(1)	문학	·
494	1931-01-01	李允宰	이윤재	李允宰	이윤재	史上의 辛未(1)	역사	·
495	1931-01-01	李殷相	이은상	李殷相	이은상	文獻에 보인 羊의故事(上)	역사	·
496	1931-01-01	金聲進	김성진	金聲進	김성진	1930年 文壇活動과 文壇意識의 淸算(1)	문학	·
497	1931-01-01	李殷相	이은상	李殷相	이은상	어린이 조선(1) 大畵聖 率居(1)	역사, 문학	·
498	1931-01-01	薇蘇山人	미소산인	鄭寅普	정인보	羊字解	역사	·
499	1931-01-01	申明均	신명균	申明均	신명균	朝鮮文字의 整理와 統一	한글	·
500	1931-01-01	·	·	·	·	漢字制限程度와 實現할 具體的 方法(1)	한글	·
501	1931-01-02	梁柱東	양주동	梁柱東	양주동	回顧 · 展望 · 批判- 文壇諸思潮의縱橫觀(2)	문학	·
502	1931-01-02	朴英熙	박영희	朴英熙	박영희	朝鮮 프로레타리아 藝術運動의 昨今- 特히 1931년을 展望하면서(2)	문학	·
503	1931-01-02	·	·	·	·	漢字制限程度와 實現할 具體的 方法(1)*2회	한글	연재횟수 오기
504	1931-01-03	梁柱東	양주동	梁柱東	양주동	回顧 · 展望 · 批判-文壇諸思潮의縱橫觀(3)	문학	·
505	1931-01-03	朴英熙	박영희	朴英熙	박영희	朝鮮 프로레타리아 藝術運動의 昨今- 特히 1931년을 展望하면서(3)	문학	·
506	1931-01-03	李允宰	이윤재	李允宰	이윤재	史上의 辛未(2)	역사	·
507	1931-01-03	李殷相	이은상	李殷相	이은상	文獻에 보인 羊의故事(下)	역사	·
508	1931-01-03	金聲進	김성진	金聲進	김성진	1930年 文壇活動과 文壇意識의 淸算(2)	문학	·
509	1931-01-03	李殷相	이은상	李殷相	이은상	어린이 조선(2) 大畵聖 率居(2)	역사, 문학	·
510	1931-01-04	梁柱東	양주동	梁柱東	양주동	民族文學의 現 階段的 意義- 『回顧 · 展望 · 批判』의 續(4)	문학	·
511	1931-01-04	朴英熙	박영희	朴英熙	박영희	朝鮮 프로레타리아 藝術運動의 昨今- 特히 1931년을 展望하면서(4)	문학	·
512	1931-01-04	李允宰	이윤재	李允宰	이윤재	史上의 辛未(3)	역사	·
513	1931-01-04	金聲進	김성진	金聲進	김성진	1930年 文壇活動과 文壇意識의 淸算(3)	문학	·
514	1931-01-04	李殷相	이은상	李殷相	이은상	어린이 조선(3) 石窟속의金庾信	역사,	·

연번	날짜	자료저자명 (한자)	자료저자명 (한글)	본명 (한자)	본명 (한글)	기사제목	분류	비고
							문학	
515	1931-01-05	李允宰	이윤재	李允宰	이윤재	朝鮮古典解題(1) 方便子 柳僖의 諺文誌	역사	·
516	1931-01-05	李光洙	이광수	李光洙	이광수	內外新刊評朝鮮語文字研究	한글	·
517	1931-01-05	李殷相	이은상	李殷相	이은상	어린이 조선(4) 金庾信과三女神(1)	역사, 문학	·
518	1931-01-06	梁柱東	양주동	梁柱東	양주동	民族文學의 現 階段的 意義-『回顧·展望·批判』의 續(5)	문학	·
519	1931-01-07	李允宰	이윤재	李允宰	이윤재	史上의 辛未(4)	역사	·
520	1931-01-07	梁柱東	양주동	梁柱東	양주동	民族文學의 現 階段的 意義-『回顧·展望·批判』의 續(6)	문학	·
521	1931-01-07	李殷相	이은상	李殷相	이은상	어린이 조선(5) 金庾信과三女神(2)	역사, 문학	·
522	1931-01-08	梁柱東	양주동	梁柱東	양주동	民族文學의 現 階段的 意義-『回顧·展望·批判』의 續(7)	문학	·
523	1931-01-08	李殷相	이은상	李殷相	이은상	어린이 조선(6) 花郎斯多含(1)	역사, 문학	·
524	1931-01-09	梁柱東	양주동	梁柱東	양주동	民族文學의 現 階段的 意義-『回顧·展望·批判』의 續(8)	문학	·
525	1931-01-09	李殷相	이은상	李殷相	이은상	어린이 조선(7) 王子 好童(1)	역사, 문학	·
526	1931-01-09	金台俊	김태준	金台俊	김태준	朝鮮 小說史(33)	문학	·
527	1931-01-09	李允宰	이윤재	李允宰	이윤재	한글 質疑欄	한글	·
528	1931-01-10	李殷相	이은상	李殷相	이은상	어린이 조선(8) 王子 好童(2)	역사, 문학	·
529	1931-01-10	金台俊	김태준	金台俊	김태준	朝鮮 小說史(34)	문학	·
530	1931-01-10	李允宰	이윤재	李允宰	이윤재	한글 質疑欄	한글	·
531	1931-01-11	李殷相	이은상	李殷相	이은상	어린이 조선(9) 溫達과 公主(1)	역사, 문학	·
532	1931-01-11	金台俊	김태준	金台俊	김태준	朝鮮 小說史(35)	문학	·
533	1931-01-12	李殷相	이은상	李殷相	이은상	朝鮮古典解題(2) 朝鮮文學의 一資料「佛歌九曲」	역사	·
534	1931-01-13	李殷相	이은상	李殷相	이은상	어린이 조선(10) 溫達과 公主(2)	역사, 문학	·
535	1931-01-13	金台俊	김태준	金台俊	김태준	朝鮮 小說史(36)	문학	·
536	1931-01-14	李殷相	이은상	李殷相	이은상	어린이 조선(11) 溫達과 公主(3)	역사, 문학	·
537	1931-01-14	金台俊	김태준	金台俊	김태준	朝鮮 小說史(37)	문학	·
538	1931-01-15	李殷相	이은상	李殷相	이은상	어린이 조선(12) 道詵國師와 麗太祖의 出生(1)	역사, 문학	·
539	1931-01-15	金台俊	김태준	金台俊	김태준	朝鮮 小說史(38)	문학	·
540	1931-01-15	李允宰	이윤재	李允宰	이윤재	한글 質疑欄	한글	·
541	1931-01-16	李殷相	이은상	李殷相	이은상	어린이 조선(13) 道詵國師와 麗太祖의 出生(2)	역사, 문학	·
542	1931-01-16	金台俊	김태준	金台俊	김태준	朝鮮 小說史(39)	문학	·
543	1931-01-16	李允宰	이윤재	李允宰	이윤재	한글 質疑欄	한글	·
544	1931-01-17	李殷相	이은상	李殷相	이은상	어린이 조선(14) 圃隱의 代書(1)	역사,	·

연번	날짜	자료저자명(한자)	자료저자명(한글)	본명(한자)	본명(한글)	기사제목	분류	비고
							문학	
545	1931-01-17	金台俊	김태준	金台俊	김태준	朝鮮 小說史(40)	문학	·
546	1931-01-17	李允宰	이윤재	李允宰	이윤재	한글 質疑欄	한글	·
547	1931-01-18	李殷相	이은상	李殷相	이은상	어린이 조선(15) 小姐 元洪莊(1)	역사, 문학	·
548	1931-01-18	金台俊	김태준	金台俊	김태준	朝鮮 小說史(41)	문학	·
549	1931-01-19	鄭寅普	정인보	鄭寅普	정인보	朝鮮古典解題(3) 李岱淵 勉伯의 「憼書」(未刊)【近古 社會相研究의 必讀書】	역사	·
550	1931-01-19	李允宰	이윤재	李允宰	이윤재	讀書餘錄 史上警句(1)	역사	·
551	1931-01-20	李允宰	이윤재	李允宰	이윤재	한글 質疑欄	한글	·
552	1931-01-20	李殷相	이은상	李殷相	이은상	어린이 조선(16) 小姐 元洪莊(2)	역사, 문학	·
553	1931-01-21	李殷相	이은상	李殷相	이은상	어린이 조선(17) 小姐 元洪莊(3)	역사, 문학	·
554	1931-01-22	金台俊	김태준	金台俊	김태준	朝鮮 小說史(41)	문학	·
555	1931-01-22	李殷相	이은상	李殷相	이은상	어린이 조선(18) 姊弟의 訟事	역사, 문학	·
556	1931-01-22	李允宰	이윤재	李允宰	이윤재	한글 質疑欄	한글	·
557	1931-01-22	金台俊	김태준	金台俊	김태준	朝鮮 小說史(42)	문학	·
558	1931-01-23	李允宰	이윤재	李允宰	이윤재	한글 質疑欄	한글	·
559	1931-01-23	金台俊	김태준	金台俊	김태준	朝鮮 小說史(43)	문학	·
560	1931-01-23	李殷相	이은상	李殷相	이은상	어린이 조선(19) 野外行酒, 李太祖의 少時插話	역사, 문학	·
561	1931-01-24	金台俊	김태준	金台俊	김태준	朝鮮 小說史(44)	문학	·
562	1931-01-24	李殷相	이은상	李殷相	이은상	어린이 조선(20) 吉再의石鷰歌	역사, 문학	·
563	1931-01-25	金台俊	김태준	金台俊	김태준	朝鮮 小說史(45)	문학	·
564	1931-01-25	李殷相	이은상	李殷相	이은상	어린이 조선(21) 土亭先生이본八歲童李德馨	역사, 문학	·
565	1931-01-25	李允宰	이윤재	李允宰	이윤재	한글 質疑欄	한글	·
566	1931-01-26	鄭寅普	정인보	鄭寅普	정인보	朝鮮古典解題(4) 鄭玄同東愈의「晝永編」	역사	·
567	1931-01-26	忙中閑人	망중한인	·	·	代讀 朝鮮 語文研究- 鄭,崔 兩教授의 論文中에서	한글	·
568	1931-01-27	金台俊	김태준	金台俊	김태준	朝鮮 小說史(46)	문학	·
569	1931-01-27	李殷相	이은상	李殷相	이은상	어린이 조선(22) 新郎兪拓基	역사, 문학	·
570	1931-01-28	金台俊	김태준	金台俊	김태준	朝鮮 小說史(47)	문학	·
571	1931-01-28	李殷相	이은상	李殷相	이은상	어린이 조선(23) 金安國의 頭痛(1)	역사, 문학	·
572	1931-01-28	李允宰	이윤재	李允宰	이윤재	한글 質疑欄	한글	·
573	1931-01-29	金台俊	김태준	金台俊	김태준	朝鮮 小說史(48)	문학	·
574	1931-01-29	李殷相	이은상	李殷相	이은상	어린이 조선(24) 金安國의 頭痛(2)	역사, 문학	·
575	1931-01-29	李允宰	이윤재	李允宰	이윤재	한글 質疑欄	한글	·
576	1931-01-30	金台俊	김태준	金台俊	김태준	朝鮮 小說史(49)	문학	·

연번	날짜	자료저자명(한자)	자료저자명(한글)	본명(한자)	본명(한글)	기사제목	분류	비고
577	1931-01-30	李殷相	이은상	李殷相	이은상	어린이 조선(25) 金安國의 頭痛(3)	역사, 문학	·
578	1931-01-31	李殷相	이은상	李殷相	이은상	어린이 조선(26) 昭顯世子嬪의 揀擇	역사, 문학	·
579	1931-02-01	金台俊	김태준	金台俊	김태준	朝鮮 小說史(50)	문학	·
580	1931-02-01	李殷相	이은상	李殷相	이은상	어린이 조선(27) 益齋英靈과아기李恒福	역사, 문학	·
581	1931-02-02	李允宰	이윤재	李允宰	이윤재	讀書餘錄 史上警句(2)	역사	·
582	1931-02-02	鄭寅普	정인보	鄭寅普	정인보	朝鮮古典解題(5) 李懶隱義鳳의「古今釋林」	역사	·
583	1931-02-03	金台俊	김태준	金台俊	김태준	朝鮮 小說史(51)	문학	·
584	1931-02-03	李殷相	이은상	李殷相	이은상	어린이 조선(28) 外國語의 天才 少年 鄭北窓	역사, 문학	·
585	1931-02-04	金台俊	김태준	金台俊	김태준	朝鮮 小說史(52)	문학	·
586	1931-02-04	李殷相	이은상	李殷相	이은상	어린이 조선(29) 北窓의 휘파람	역사, 문학	·
587	1931-02-04	李允宰	이윤재	李允宰	이윤재	한글 質疑欄	한글	·
588	1931-02-05	金台俊	김태준	金台俊	김태준	朝鮮 小說史(53)	문학	·
589	1931-02-05	李殷相	이은상	李殷相	이은상	어린이 조선(30) 徐居正의 月怪夢	역사, 문학	·
590	1931-02-06	李允宰	이윤재	李允宰	이윤재	한글 質疑欄	한글	·
591	1931-02-06	金台俊	김태준	金台俊	김태준	朝鮮 小說史(54)	문학	·
592	1931-02-06	李殷相	이은상	李殷相	이은상	어린이 조선(31) 尙震과 田父	역사, 문학	·
593	1931-02-07	李允宰	이윤재	李允宰	이윤재	한글 質疑欄	한글	·
594	1931-02-07	金台俊	김태준	金台俊	김태준	朝鮮 小說史(55)	문학	·
595	1931-02-07	李殷相	이은상	李殷相	이은상	어린이 조선(32) 名碁 林娘	역사, 문학	·
596	1931-02-08	李允宰	이윤재	李允宰	이윤재	한글 質疑欄	한글	·
597	1931-02-08	金台俊	김태준	金台俊	김태준	朝鮮 小說史(56)	문학	·
598	1931-02-09	李允宰	이윤재	李允宰	이윤재	讀書餘錄 史上警句(3)	역사	·
599	1931-02-09	鄭寅普	정인보	鄭寅普	정인보	朝鮮古典解題(6) 鄭農圃尙驥의「八道圖」	역사	·
600	1931-02-10	李允宰	이윤재	李允宰	이윤재	한글 質疑欄	한글	·
601	1931-02-10	金台俊	김태준	金台俊	김태준	朝鮮 小說史(57)	문학	·
602	1931-02-11	李允宰	이윤재	李允宰	이윤재	한글 質疑欄	한글	·
603	1931-02-11	金台俊	김태준	金台俊	김태준	朝鮮 小說史(58)	문학	·
604	1931-02-13	金台俊	김태준	金台俊	김태준	朝鮮 小說史(59)	문학	·
605	1931-02-14	李允宰	이윤재	李允宰	이윤재	한글 質疑欄	한글	·
606	1931-02-14	金台俊	김태준	金台俊	김태준	朝鮮 小說史(60)	문학	·
607	1931-02-15	金台俊	김태준	金台俊	김태준	朝鮮 小說史(61)	문학	·
608	1931-02-16	鄭寅普	정인보	鄭寅普	정인보	朝鮮古典解題(7) 金弘任의「三圓館散藁」	역사	·
609	1931-02-16	李允宰	이윤재	李允宰	이윤재	讀書餘錄 史上警句(4)	역사	·
610	1931-02-17	金台俊	김태준	金台俊	김태준	朝鮮 小說史(62)	문학	·
611	1931-02-17	東亞浪人	동아낭인	·	·	韓末祕史 最後16年 遺事(1)	역사	·

연번	날짜	자료저자명 (한자)	자료저자명 (한글)	본명 (한자)	본명 (한글)	기사제목	분류	비고
612	1931-02-18	金台俊	김태준	金台俊	김태준	朝鮮 小說史(63)	문학	·
613	1931-02-18	東亞浪人	동아낭인	·	·	韓末祕史 最後16年 遺事(2)	역사	·
614	1931-02-18	李允宰	이윤재	李允宰	이윤재	한글 質疑欄	한글	·
615	1931-02-19	金台俊	김태준	金台俊	김태준	朝鮮 小說史(64)	문학	·
616	1931-02-20	東亞浪人	동아낭인	·	·	韓末祕史 最後16年 遺事(3)	역사	·
617	1931-02-21	金台俊	김태준	金台俊	김태준	朝鮮 小說史(65)	문학	·
618	1931-02-21	東亞浪人	동아낭인	·	·	韓末祕史 最後16年 遺事(4)	역사	·
619	1931-02-22	金台俊	김태준	金台俊	김태준	朝鮮 小說史(66)	문학	·
620	1931-02-22	東亞浪人	동아낭인	·	·	韓末祕史 最後16年 遺事(5)	역사	·
621	1931-02-22	李允宰	이윤재	李允宰	이윤재	한글 質疑欄	한글	·
622	1931-02-23	李允宰	이윤재	李允宰	이윤재	讀書餘錄 史上警句(5)	역사	·
623	1931-02-23	鄭寅普	정인보	鄭寅普	정인보	朝鮮古典解題(8) 柳西陂僖의「文通」	역사	·
624	1931-02-23	李殷相	이은상	李殷相	이은상	內外新刊評 孫晉泰氏編 朝鮮神歌遺編-朝鮮民族의 古信仰및 古歌謠研究의 好資料	역사	·
625	1931-02-24	金台俊	김태준	金台俊	김태준	朝鮮 小說史(67)	문학	·
626	1931-02-24	東亞浪人	동아낭인	·	·	韓末祕史 最後16年 遺事(6)	역사	·
627	1931-02-24	李允宰	이윤재	李允宰	이윤재	한글 質疑欄	한글	·
628	1931-02-25	金台俊	김태준	金台俊	김태준	朝鮮 小說史(68)	문학	·
629	1931-02-26	李允宰	이윤재	李允宰	이윤재	한글 質疑欄	한글	·
630	1931-02-27	東亞浪人	동아낭인	·	·	韓末祕史 最後16年 遺事(7)	역사	·
631	1931-03-01	李允宰	이윤재	李允宰	이윤재	한글 質疑欄	한글	·
632	1931-03-02	鄭寅普	정인보	鄭寅普	정인보	朝鮮古典解題(9) 鄭霞谷齊斗의「霞谷全書」	역사	·
633	1931-03-02	·	·	·	·	讀書週間 第9週 讀書傾向 最高는 小說	논설	·
634	1931-03-03	東亞浪人	동아낭인	·	·	韓末祕史 最後16年 遺事(8)	역사	·
635	1931-03-04	東亞浪人	동아낭인	·	·	韓末祕史 最後16年 遺事(9)	역사	·
636	1931-03-05	李允宰	이윤재	李允宰	이윤재	한글 質疑欄	한글	·
637	1931-03-06	東亞浪人	동아낭인	·	·	韓末祕史 最後16年 遺事(10)	역사	·
638	1931-03-06	李允宰	이윤재	李允宰	이윤재	한글 質疑欄	한글	·
639	1931-03-09	鄭寅普	정인보	鄭寅普	정인보	朝鮮古典解題(10) 古山子의「大東輿地圖」上	역사	·
640	1931-03-12	李允宰	이윤재	李允宰	이윤재	한글 質疑欄	한글	·
641	1931-03-13	李允宰	이윤재	李允宰	이윤재	한글 質疑欄	한글	·
642	1931-03-14	朴東鎭	박동진	朴東鎭	박동진	우리 住宅에 對하야(1)	논설	·
643	1931-03-15	朴東鎭	박동진	朴東鎭	박동진	우리 住宅에 對하야(2)	논설	·
644	1931-03-16	鄭寅普	정인보	鄭寅普	정인보	朝鮮古典解題(11) 古山子의「大東輿地圖」下	역사	·
645	1931-03-17	朴東鎭	박동진	朴東鎭	박동진	우리 住宅에 對하야(3)	논설	·
646	1931-03-18	朴東鎭	박동진	朴東鎭	박동진	우리 住宅에 對하야(4)	논설	·
647	1931-03-19	朴東鎭	박동진	朴東鎭	박동진	우리 住宅에 對하야(5)	논설	·
648	1931-03-20	東亞浪人	동아낭인	·	·	韓末祕史 最後16年 遺事(11)	역사	·
649	1931-03-20	朴東鎭	박동진	朴東鎭	박동진	우리 住宅에 對하야(6)	논설	·
650	1931-03-20	李允宰	이윤재	李允宰	이윤재	한글 質疑欄	한글	·
651	1931-03-23	鄭寅普	정인보	鄭寅普	정인보	朝鮮古典解題(12) 洪湛軒 大容의「湛軒書」	역사	·

연번	날짜	자료저자명(한자)	자료저자명(한글)	본명(한자)	본명(한글)	기사제목	분류	비고
652	1931-03-24	李允宰	이윤재	李允宰	이윤재	한글 質疑欄	한글	·
653	1931-03-25	朴東鎭	박동진	朴東鎭	박동진	우리 住宅에 對하야(7)	논설	·
654	1931-03-26	朴東鎭	박동진	朴東鎭	박동진	우리 住宅에 對하야(8)	논설	·
655	1931-03-27	朴東鎭	박동진	朴東鎭	박동진	우리 住宅에 對하야(9)	논설	·
656	1931-03-28	朴東鎭	박동진	朴東鎭	박동진	우리 住宅에 對하야(10)	논설	·
657	1931-03-28	東亞浪人	동아낭인	·	·	韓末祕史最後16年遺事(14)*12회	역사	연재횟수 오기
658	1931-03-29	東亞浪人	동아낭인	·	·	韓末祕史 最後16年 遺事(13)	역사	·
659	1931-03-29	李允宰	이윤재	李允宰	이윤재	한글 質疑欄	한글	·
660	1931-03-29	金岸曙	김안서	金億	김억	言語의 純粹를 위하야(1)	문학	·
661	1931-03-29	李軒求	이헌구	李軒求	이헌구	社會學的 藝術批評의 發展(1)	문학	·
662	1931-03-29	朴東鎭	박동진	朴東鎭	박동진	우리 住宅에 對하야(11)	논설	·
663	1931-03-30	鄭寅普	정인보	鄭寅普	정인보	朝鮮古典解題(13) 李椒園 忠翊의 「椒園遺藁」	역사	·
664	1931-03-30	李光洙	이광수	李光洙	이광수	內外新刊評 朝鮮史話集- 李殷相氏의 近著를 讀하고	역사	·
665	1931-03-31	東亞浪人	동아낭인	·	·	韓末祕史 最後16年 遺事(14)	역사	·
666	1931-03-31	金岸曙	김안서	金億	김억	言語의 純粹를 위하야(2)	문학	·
667	1931-03-31	李軒求	이헌구	李軒求	이헌구	社會學的 藝術批評의 發展(2)	문학	·
668	1931-03-31	朴東鎭	박동진	朴東鎭	박동진	우리 住宅에 對하야(12)	논설	·
669	1931-04-01	金岸曙	김안서	金億	김억	言語의 純粹를 위하야(3)	문학	·
670	1931-04-01	李軒求	이헌구	李軒求	이헌구	社會學的 藝術批評의 發展(3)	문학	·
671	1931-04-01	東亞浪人	동아낭인	·	·	韓末祕史 最後16年 遺事(15)	역사	·
672	1931-04-02	金岸曙	김안서	金億	김억	言語의 純粹를 위하야(4)	문학	·
673	1931-04-02	李允宰	이윤재	李允宰	이윤재	한글 質疑欄	한글	·
674	1931-04-02	東亞浪人	동아낭인	·	·	韓末祕史 最後16年 遺事(16)	역사	·
675	1931-04-02	朴東鎭	박동진	朴東鎭	박동진	우리 住宅에 對하야(13)	논설	·
676	1931-04-03	東亞浪人	동아낭인	·	·	韓末祕史 最後16年 遺事(17)	역사	·
677	1931-04-03	朴東鎭	박동진	朴東鎭	박동진	우리 住宅에 對하야(14)	논설	·
678	1931-04-03	金岸曙	김안서	金億	김억	言語의 純粹를 위하야(5)	문학	·
679	1931-04-03	李軒求	이헌구	李軒求	이헌구	社會學的 藝術批評의 發展(4)	문학	·
680	1931-04-04	朴東鎭	박동진	朴東鎭	박동진	우리 住宅에 對하야(15)	논설	·
681	1931-04-04	金岸曙	김안서	金億	김억	言語의 純粹를 위하야(6)	문학	·
682	1931-04-04	李軒求	이헌구	李軒求	이헌구	社會學的 藝術批評의 發展(5)	문학	·
683	1931-04-04	李允宰	이윤재	李允宰	이윤재	한글 質疑欄	한글	·
684	1931-04-05	李軒求	이헌구	李軒求	이헌구	社會學的 藝術批評의 發展(6)	문학	·
685	1931-04-05	朴東鎭	박동진	朴東鎭	박동진	우리 住宅에 對하야(16)	논설	·
686	1931-04-05	李允宰	이윤재	李允宰	이윤재	한글 質疑欄	한글	·
687	1931-04-06	鄭寅普	정인보	鄭寅普	정인보	朝鮮古典解題(14) 李淸潭 重煥의 「擇里志」	역사	·
688	1931-04-07	東亞浪人	동아낭인	·	·	韓末祕史 最後16年 遺事(18)	역사	·
689	1931-04-07	李軒求	이헌구	李軒求	이헌구	社會學的 藝術批評의 發展(7)	문학	·
690	1931-04-07	李允宰	이윤재	李允宰	이윤재	한글 質疑欄	한글	·
691	1931-04-08	東亞浪人	동아낭인	·	·	韓末祕史 最後16年 遺事(19)	역사	·

연번	날짜	자료저자명(한자)	자료저자명(한글)	본명(한자)	본명(한글)	기사제목	분류	비고
692	1931-04-08	李軒求	이헌구	李軒求	이헌구	社會學的 藝術批評의 發展(8)	문학	·
693	1931-04-08	李允宰	이윤재	李允宰	이윤재	한글 質疑欄	한글	·
694	1931-04-10	東亞浪人	동아낭인	·	·	韓末祕史 最後16年 遺事(20)	역사	·
695	1931-04-10	吳鳳彬	오봉빈	吳鳳彬	오봉빈	朝鮮名畵展覽會- 東京 美術館서 끗마치고(上)	미술	·
696	1931-04-10	李允宰	이윤재	李允宰	이윤재	한글 質疑欄	한글	·
697	1931-04-11	東亞浪人	동아낭인	·	·	韓末祕史 最後16年 遺事(21)	역사	·
698	1931-04-11	吳鳳彬	오봉빈	吳鳳彬	오봉빈	朝鮮名畵展覽會- 東京 美術館서 끗마치고(中)	미술	·
699	1931-04-12	吳鳳彬	오봉빈	吳鳳彬	오봉빈	朝鮮名畵展覽會- 東京 美術館서 끗마치고(下)	미술	·
700	1931-04-12	金聲近	김성근	金聲近	김성근	日本文學의 新野- 最近의 一傾向에 對하야(上)	문학	·
701	1931-04-12	·	·	·	·	今朝開場한 東美展 第2回 - 雨中임도不拘, 觀客이 逕至 本社三層樓上	미술	·
702	1931-04-13	鄭寅普	정인보	鄭寅普	정인보	朝鮮古典解題(15) 申旅菴 景濬의「訓民正音韻解」	역사	·
703	1931-04-14	金聲近	김성근	金聲近	김성근	日本文學의 新野- 最近의 一傾向에 對하야(下)	문학	·
704	1931-04-14	東亞浪人	동아낭인	·	·	韓末祕史 最後16年 遺事(22)	역사	·
705	1931-04-14	李應洙	이응수	李應洙	이응수	金삿갓과 金剛山(上)	역사	·
706	1931-04-14	李允宰	이윤재	李允宰	이윤재	한글 質疑欄	한글	·
707	1931-04-15	李應洙	이응수	李應洙	이응수	金삿갓과 金剛山(中)	역사	·
708	1931-04-15	洪得順	홍득순	洪得順	홍득순	第2回 東美展評(1)	미술	·
709	1931-04-15	金在喆	김재철	金在喆	김재철	朝鮮演劇史 三國以前으로부터 現代까지(1)	역사	·
710	1931-04-16	洪得順	홍득순	洪得順	홍득순	第2回 東美展評(2)	미술	·
711	1931-04-16	金在喆	김재철	金在喆	김재철	朝鮮演劇史 三國以前으로부터 現代까지(2)	역사	·
712	1931-04-16	李允宰	이윤재	李允宰	이윤재	한글 質疑欄	한글	·
713	1931-04-17	洪得順	홍득순	洪得順	홍득순	第2回 東美展評(3)	미술	·
714	1931 04 17	金在喆	김재철	金在喆	김재철	朝鮮演劇史 三國以前으로부터 現代까지(3)	역사	·
715	1931-04-17	李允宰	이윤재	李允宰	이윤재	한글 質疑欄	한글	·
716	1931-04-17	東亞浪人	동아낭인	·	·	韓末祕史 最後16年 遺事(23)	역사	·
717	1931-04-18	洪得順	홍득순	洪得順	홍득순	第2回 東美展評(4)	미술	·
718	1931-04-18	金在喆	김재철	金在喆	김재철	朝鮮演劇史 三國以前으로부터 現代까지(4)	역사	·
719	1931-04-18	東亞浪人	동아낭인	·	·	韓末祕史 最後16年 遺事(24)	역사	·
720	1931-04-18	李應洙	이응수	李應洙	이응수	金삿갓과 金剛山(下)	역사	·
721	1931-04-19	洪得順	홍득순	洪得順	홍득순	第2回 東美展評(5)	미술	·
722	1931-04-19	金在喆	김재철	金在喆	김재철	朝鮮演劇史 三國以前으로부터 現代까지(5)	역사	·
723	1931-04-19	·	·	·	·	經濟專門 마친 金春淑孃- 社會學과 家庭經濟學 專攻*	논설	·
724	1931-04-19	東亞浪人	동아낭인	·	·	韓末祕史 最後16年 遺事(25)	역사	·
725	1931-04-20	鄭寅普	정인보	鄭寅普	정인보	朝鮮古典解題(16) 著者未詳한「陰雨備」	역사	·
726	1931-04-21	洪得順	홍득순	洪得順	홍득순	第2回 東美展評(6)	미술	·
727	1931-04-21	金在喆	김재철	金在喆	김재철	朝鮮演劇史 三國以前으로부터 現代까지(6)	역사	·
728	1931-04-22	金在喆	김재철	金在喆	김재철	朝鮮演劇史 三國以前으로부터 現代까지(7)	역사	·
729	1931-04-22	李允宰	이윤재	李允宰	이윤재	한글 質疑欄	한글	·
730	1931-04-22	東亞浪人	동아낭인	·	·	韓末祕史 最後16年 遺事(26)	역사	·

연번	날짜	자료저자명(한자)	자료저자명(한글)	본명(한자)	본명(한글)	기사제목	분류	비고
731	1931-04-23	金在喆	김재철	金在喆	김재철	朝鮮演劇史 三國以前으로부터 現代까지(8)	역사	·
732	1931-04-23	李應洙	이응수	李應洙	이응수	藝術의 原理- 美學과 新奇性問題(1)	철학	·
733	1931-04-23	·	·	·	·	上水道施設大博物館建設- 고적연락유람도로도설계, 開城의今年度施設	사업	·
734	1931-04-23	東亞浪人	동아낭인	·	·	韓末祕史 最後16年 遺事(27)	역사	·
735	1931-04-24	金在喆	김재철	金在喆	김재철	朝鮮演劇史 三國以前으로부터 現代까지(9)	역사	·
736	1931-04-24	李應洙	이응수	李應洙	이응수	藝術의 原理- 美學과 新奇性問題(2)	철학	·
737	1931-04-24	東亞浪人	동아낭인	·	·	韓末祕史 最後16年 遺事(28)	역사	·
738	1931-04-25	金在喆	김재철	金在喆	김재철	朝鮮演劇史 三國以前으로부터 現代까지(10)	역사	·
739	1931-04-25	東亞浪人	동아낭인	·	·	韓末祕史 最後16年 遺事(29)	역사	·
740	1931-04-26	金在喆	김재철	金在喆	김재철	朝鮮演劇史 三國以前으로부터 現代까지(11)	역사	·
741	1931-04-26	李應洙	이응수	李應洙	이응수	藝術의 原理- 美學과 新奇性問題(3)	철학	·
742	1931-04-26	東亞浪人	동아낭인	·	·	韓末祕史 最後16年 遺事(30)	역사	·
743	1931-04-27	鄭寅普	정인보	鄭寅普	정인보	朝鮮古典解題(17) 李圓嶠 匡師의「圓嶠集」	역사	·
744	1931-04-28	金在喆	김재철	金在喆	김재철	朝鮮演劇史 三國以前으로부터 現代까지(12)	역사	·
745	1931-04-28	李應洙	이응수	李應洙	이응수	藝術의 原理- 美學과 新奇性問題(4)	철학	·
746	1931-04-28	東亞浪人	동아낭인	·	·	韓末祕史 最後16年 遺事(31)	역사	·
747	1931-04-29	金在喆	김재철	金在喆	김재철	朝鮮演劇史 三國以前으로부터 現代까지(13)	역사	·
748	1931-04-29	東亞浪人	동아낭인	·	·	韓末祕史 最後16年 遺事(32)	역사	·
749	1931-05-01	金在喆	김재철	金在喆	김재철	朝鮮演劇史 三國以前으로부터 現代까지(14)	역사	·
750	1931-05-01	李應洙	이응수	李應洙	이응수	藝術의 原理- 美學과 新奇性問題(5)	철학	·
751	1931-05-01	東亞浪人	동아낭인	·	·	韓末祕史 最後16年 遺事(33)	역사	·
752	1931-05-02	金在喆	김재철	金在喆	김재철	朝鮮演劇史 三國以前으로부터 現代까지(15)	역사	·
753	1931-05-02	李應洙	이응수	李應洙	이응수	藝術의 原理- 美學과 新奇性問題(6)	철학	·
754	1931-05-03	東亞浪人	동아낭인	·	·	韓末祕史 最後16年 遺事(34)	역사	·
755	1931-05-04	鄭寅普	정인보	鄭寅普	정인보	朝鮮古典解題(18) 李圓嶠匡師의「圓嶠集」	역사	제목오기 洪吉周의 沆瀣叢書를 다루고 있음
756	1931-05-05	金在喆	김재철	金在喆	김재철	朝鮮演劇史 三國以前으로부터 現代까지(16)	역사	·
757	1931-05-05	李應洙	이응수	李應洙	이응수	藝術의 原理- 美學과 新奇性問題(7)	철학	·
758	1931-05-05	·	·	·	·	朝鮮近世史 出版記念會- 5日 四海樓에서	역사	·
759	1931-05-06	金在喆	김재철	金在喆	김재철	朝鮮演劇史 三國以前으로부터 現代까지(17)	역사	·
760	1931-05-06	李應洙	이응수	李應洙	이응수	藝術의 原理- 美學과 新奇性問題(8)	철학	·
761	1931-05-07	金在喆	김재철	金在喆	김재철	朝鮮演劇史 三國以前으로부터 現代까지(18)	역사	·
762	1931-05-07	李應洙	이응수	李應洙	이응수	藝術의 原理- 美學과 新奇性問題(9)	철학	·
763	1931-05-08	東亞浪人	동아낭인	·	·	韓末祕史 最後16年 遺事(35)	역사	·
764	1931-05-08	金在喆	김재철	金在喆	김재철	朝鮮演劇史 三國以前으로부터 現代까지(19)	역사	·
765	1931-05-08	李應洙	이응수	李應洙	이응수	藝術의 原理- 美學과 新奇性問題(10)	철학	·
766	1931-05-08	李允宰	이윤재	李允宰	이윤재	한글 質疑欄	한글	·
767	1931-05-09	金在喆	김재철	金在喆	김재철	朝鮮演劇史 三國以前으로부터 現代까지(20)	역사	·
768	1931-05-09	李應洙	이응수	李應洙	이응수	藝術의 原理- 美學과 新奇性問題(11)	철학	·
769	1931-05-09	李允宰	이윤재	李允宰	이윤재	한글 質疑欄	한글	·

연번	날짜	자료저자명(한자)	자료저자명(한글)	본명(한자)	본명(한글)	기사제목	분류	비고
770	1931-05-10	金在喆	김재철	金在喆	김재철	朝鮮演劇史 三國以前으로부터 現代까지(21)	역사	·
771	1931-05-10	李應洙	이응수	李應洙	이응수	藝術의 原理- 美學과 新奇性問題(12)	철학	·
772	1931-05-10	東亞浪人	동아낭인	·	·	韓末祕史 最後16年 遺事(36)	역사	·
773	1931-05-10	李允宰	이윤재	李允宰	이윤재	한글 質疑欄	한글	·
774	1931-05-11	鄭寅普	정인보	鄭寅普	정인보	朝鮮古典解題(19) 李疎齋頤命의「疎齋集」	역사	·
775	1931-05-11	石城人	석성인	·	·	東藝 李重華氏著「朝鮮의 弓術」	역사	·
776	1931-05-11	咸尙勳	함상훈	咸尙勳	함상훈	李如星氏의 著「愛蘭의 民族運動」- 愛蘭은 英國의 政治的植民地	역사	·
777	1931-05-12	金在喆	김재철	金在喆	김재철	朝鮮演劇史 三國以前으로부터 現代까지(22)	역사	·
778	1931-05-12	朴魯哲	박노철	朴魯哲	박노철	印度古詩槪觀(1)	기타	·
779	1931-05-12	高永煥	고영환	高永煥	고영환	忠武公의 遺物을 拜觀하고(上)	기행	·
780	1931-05-13	金在喆	김재철	金在喆	김재철	朝鮮演劇史 三國以前으로부터 現代까지(23)	역사	·
781	1931-05-13	朴魯哲	박노철	朴魯哲	박노철	印度古詩槪觀(2)	기타	·
782	1931-05-13	高永煥	고영환	高永煥	고영환	忠武公의 遺物을 拜觀하고(中)	기행	·
783	1931-05-13	東亞浪人	동아낭인	·	·	韓末祕史 最後16年 遺事(37)	역사	·
784	1931-05-13	李允宰	이윤재	李允宰	이윤재	한글 質疑欄	한글	·
785	1931-05-14	金在喆	김재철	金在喆	김재철	朝鮮演劇史 三國以前으로부터 現代까지(24)	역사	·
786	1931-05-14	朴魯哲	박노철	朴魯哲	박노철	印度古詩槪觀(3)	기타	·
787	1931-05-14	高永煥	고영환	高永煥	고영환	忠武公의 遺物을 拜觀하고(下)	기행	·
788	1931-05-14	東亞浪人	동아낭인	·	·	韓末祕史 最後16年 遺事(38)	역사	·
789	1931-05-15	李允宰	이윤재	李允宰	이윤재	한글 質疑欄	한글	·
790	1931-05-15	鄭寅普	정인보	鄭寅普	정인보	李忠武公 墓山競賣問題	사업	·
791	1931-05-15	金在喆	김재철	金在喆	김재철	朝鮮演劇史 三國以前으로부터 現代까지(25)	역사	·
792	1931-05-15	朴魯哲	박노철	朴魯哲	박노철	印度古詩槪觀(4)	기타	·
793	1931-05-15	李殷相	이은상	李殷相	이은상	丙亂과 時調- 時調學界의 새文獻「悲歌」紹介를 機會로(1)	역사	·
794	1931-05-15	東亞浪人	동아낭인	·	·	韓末祕史 最後16年 遺事(39)	역사	·
795	1931-05-15	李允宰	이윤재	李允宰	이윤재	한글 質疑欄	한글	·
796	1931-05-16	金在喆	김재철	金在喆	김재철	朝鮮演劇史 三國以前으로부터 現代까지(26)	역사	·
797	1931-05-16	朴魯哲	박노철	朴魯哲	박노철	印度古詩槪觀(5)	기타	·
798	1931-05-16	李殷相	이은상	李殷相	이은상	丙亂과 時調- 時調學界의 새文獻「悲歌」紹介를 機會로(2)	역사	·
799	1931-05-17	·	·	·	·	李忠武公 墓山問題에 對하야	사업	·
800	1931-05-17	·	·	·	·	李忠武公 墓所問題와 社會的反向漸大 各地에서 誠金雲集	사업	·
801	1931-05-17	金在喆	김재철	金在喆	김재철	朝鮮演劇史 三國以前으로부터 現代까지(27)	역사	·
802	1931-05-17	朴魯哲	박노철	朴魯哲	박노철	印度古詩槪觀(6)	기타	·
803	1931-05-17	李殷相	이은상	李殷相	이은상	丙亂과 時調- 時調學界의 새文獻「悲歌」紹介를 機會로(3)	역사	·
804	1931-05-17	李允宰	이윤재	李允宰	이윤재	한글 質疑欄	한글	·
805	1931-05-17	東亞浪人	동아낭인	·	·	韓末祕史 最後16年 遺事(40)	역사	·
806	1931-05-17	朴元根	박원근	朴元根	박원근	讀者評壇- 共同責任, 李忠武公 墓土競賣問題	사업	·

연번	날짜	자료저자명(한자)	자료저자명(한글)	본명(한자)	본명(한글)	기사제목	분류	비고
807	1931-05-17	金商武	김상무	金商武	김상무	讀者評壇- 忠武公墓土를 完璧하라	사업	·
808	1931-05-18	·	·	·	·	李忠武公 墓所問題로 擴大되는 社會的反響- 墓所, 祈堂, 遺蹟 保存善後策講究會	사업	·
809	1931-05-19	·	·	·	·	李忠武公 墓所問題로 擴大되는 社會的反響- 學生職工等 各層의 響應	사업	·
810	1931-05-19	金在喆	김재철	金在喆	김재철	朝鮮演劇史 三國以前으로부터 現代까지(28)	역사	·
811	1931-05-19	朴魯哲	박노철	朴魯哲	박노철	印度古詩概觀(6)*7회	기타	연재횟수 오기
812	1931-05-19	李殷相	이은상	李殷相	이은상	丙亂과 時調- 時調學界의 새文獻「悲歌」紹介를 機會로(4)	역사	·
813	1931-05-19	李允宰	이윤재	李允宰	이윤재	한글 質疑欄	한글	·
814	1931-05-20	·	·	·	·	李忠武公 墓所問題로 擴大되는 社會的反響- 在外同胞도 誠金을 遠送	사업	·
815	1931-05-20	李殷相	이은상	李殷相	이은상	丙亂과 時調- 時調學界의 새文獻「悲歌」紹介를 機會로(5)	역사	·
816	1931-05-20	東亞浪人	동아낭인	·	·	韓末祕史 最後16年 遺事(41)	역사	·
817	1931-05-21	·	·	·	·	李忠武公과 우리	역사	·
818	1931-05-21	·	·	·	·	李忠武公 墓所問題로 擴大되는 社會的反響 追慕의 結晶體誠金遝至	사업	·
819	1931-05-21	李殷相	이은상	李殷相	이은상	丙亂과 時調- 時調學界의 새文獻「悲歌」紹介를 機會로(6)	역사	·
820	1931-05-21	李光洙	이광수	李光洙	이광수	忠武公 遺蹟巡禮(1)	역사, 기행	·
821	1931-05-22	·	·	·	·	李忠武公 墓所問題로 擴大되는 社會的反響 追慕의 結晶體誠金遝至	사업	·
822	1931-05-22	·	·	·	·	傳說의 湖南勝地 廣寒樓 改築竣工- 春香과 夢龍의 속삭인 舊址	사업	·
823	1931-05-22	金在喆	김재철	金在喆	김재철	朝鮮演劇史 三國以前으로부터 現代까지(29)	역사	·
824	1931-05-22	朴魯哲	박노철	朴魯哲	박노철	印度古詩概觀(7)*8회	기타	연재횟수 오기
825	1931-05-22	李允宰	이윤재	李允宰	이윤재	한글 質疑欄	한글	·
826	1931-05-22	東亞浪人	동아낭인	·	·	韓末祕史 最後16年 遺事(42)	역사	·
827	1931-05-23	朴魯哲	박노철	朴魯哲	박노철	印度古詩概觀(8)*9회	기타	연재횟수 오기
828	1931-05-23	李光洙	이광수	李光洙	이광수	忠武公 遺蹟巡禮(2)	역사, 기행	·
829	1931-05-23	·	·	·	·	李忠武公 墓所問題로 擴大되는 社會的反響 追慕의 結晶體誠金遝至	사업	·
830	1931-05-23	李允宰	이윤재	李允宰	이윤재	한글 質疑欄	한글	·
831	1931-05-24	李光洙	이광수	李光洙	이광수	忠武公 遺蹟巡禮(3)	역사, 기행	·
832	1931-05-24	朴頤陽	박이양	朴頤陽	박이양	李忠武公 全書를 읽고	역사	·
833	1931-05-24	李允宰	이윤재	李允宰	이윤재	한글 質疑欄	한글	·
834	1931-05-25	·	·	·	·	李忠武公遺蹟 保存會創立- 當然한 順序	사업	·
835	1931-05-25	李光洙	이광수	李光洙	이광수	忠武公 遺蹟巡禮(4)	역사, 기행	·
836	1931-05-25	·	·	·	·	各方面의 有志會合 遺跡保存會創立	사업	·
837	1931-05-26	李光洙	이광수	李光洙	이광수	忠武公 遺蹟巡禮(5)	역사,	·

연번	날짜	자료저자명 (한자)	자료저자명 (한글)	본명 (한자)	본명 (한글)	기사제목	분류	비고
							기행	
838	1931-05-26	朴頤陽	박이양	朴頤陽	박이양	李忠武公의 遺物(上)	역사, 기행	·
839	1931-05-27	朴頤陽	박이양	朴頤陽	박이양	李忠武公의 遺物(下)	역사, 기행	·
840	1931-05-27	金在喆	김재철	金在喆	김재철	朝鮮演劇史 三國以前으로부터 現代까지(30)	역사	·
841	1931-05-28	李允宰	이윤재	李允宰	이윤재	한글 質疑欄	한글	·
842	1931-05-29	·	·	·	·	古代美術을 通해 米國에 朝鮮紹介-米國國立美術館 朴英燮氏 歸國	미술	·
843	1931-05-31	李光洙	이광수	李光洙	이광수	忠武公 遺蹟巡禮(6)	역사, 기행	·
844	1931-05-31	尹喜淳	윤희순	尹喜淳	윤희순	第10回 朝美展評(1)	미술	·
845	1931-06-02	李光洙	이광수	李光洙	이광수	忠武公 遺蹟巡禮(7)	역사, 기행	·
846	1931-06-02	尹喜淳	윤희순	尹喜淳	윤희순	第10回 朝美展評(2)	미술	·
847	1931-06-03	李光洙	이광수	李光洙	이광수	忠武公 遺蹟巡禮(8)	역사, 기행	·
848	1931-06-03	尹喜淳	윤희순	尹喜淳	윤희순	第10回 朝美展評(3)	미술	·
849	1931-06-04	李光洙	이광수	李光洙	이광수	忠武公 遺蹟巡禮(9)	역사, 기행	·
850	1931-06-05	李光洙	이광수	李光洙	이광수	忠武公 遺蹟巡禮(10)	역사, 기행	·
851	1931-06-05	尹喜淳	윤희순	尹喜淳	윤희순	第10回 朝美展評(4)	미술	·
852	1931-06-06	李光洙	이광수	李光洙	이광수	忠武公 遺蹟巡禮(11)	역사, 기행	·
853	1931-06-06	尹喜淳	윤희순	尹喜淳	윤희순	第10回 朝美展評(4)*5회	미술	연재횟수 오기
854	1931-06-07	李光洙	이광수	李光洙	이광수	忠武公 遺蹟巡禮(12)	역사, 기행	·
855	1931-06-07	尹喜淳	윤희순	尹喜淳	윤희순	第10回 朝美展評(5)*6회	미술	연재횟수 오기
856	1931-06-08	李光洙	이광수	李光洙	이광수	忠武公 遺蹟巡禮(13)	역사, 기행	·
857	1931-06-09	尹喜淳	윤희순	尹喜淳	윤희순	第10回 朝美展評(6)*7회	미술	연재횟수 오기
858	1931-06-10	李光洙	이광수	李光洙	이광수	忠武公 遺蹟巡禮(14)	역사, 기행	·
859	1931-06-11	李光洙	이광수	李光洙	이광수	古今島에서 忠武公 遺蹟巡禮를 마치고	역사, 기행	·
860	1931-06-11	李殷相	이은상	李殷相	이은상	香山遊記(1) 發程	기행	·
861	1931-06-12	李殷相	이은상	李殷相	이은상	香山遊記(2) 幸州城과 臨津江	기행	·
862	1931-06-12	金在喆	김재철	金在喆	김재철	朝鮮演劇史 三國以前으로부터 現代까지(31)	역사	·
863	1931-06-13	李殷相	이은상	李殷相	이은상	香山遊記(3) 北으로 北으로	기행	·
864	1931-06-14	李殷相	이은상	李殷相	이은상	香山遊記(4) 百祥樓와 七佛寺	기행	·
865	1931-06-15	·	·	·	·	忠武公 位土 推還	사업	·
866	1931-06-16	李殷相	이은상	李殷相	이은상	香山遊記(5-1) 初入情趣	기행	·
867	1931-06-17	李殷相	이은상	李殷相	이은상	香山遊記(5-2)	기행	·

연번	날짜	자료저자명(한자)	자료저자명(한글)	본명(한자)	본명(한글)	기사제목	분류	비고
868	1931-06-21	李殷相	이은상	李殷相	이은상	香山遊記(6) 普賢寺의 밤	기행	·
869	1931-06-23	李殷相	이은상	李殷相	이은상	香山遊記(7) 妙香山槪說- 香山巡禮의 準備知識	기행	·
870	1931-06-24	李殷相	이은상	李殷相	이은상	香山遊記(8) 普賢寺 沿革	기행	·
871	1931-06-25	鄭寅普	정인보	鄭寅普	정인보	忠武公 平生에 對한 本傳과 小說	역사	·
872	1931-06-26	春園	춘원	李光洙	이광수	李舜臣(1)	문학	·
873	1931-06-27	·	·	·	·	朝鮮古代 距今800年前 貨幣와 郵票를 南宮檍氏가 寄附	논설	·
874	1931-06-27	春園	춘원	李光洙	이광수	李舜臣(2)	문학	·
875	1931-06-27	李殷相	이은상	李殷相	이은상	香山遊記(9) 大雄殿, 如來塔	기행	·
876	1931-06-28	李殷相	이은상	李殷相	이은상	香山遊記(10) 萬歲樓	기행	·
877	1931-06-28	金在喆	김재철	金在喆	김재철	朝鮮演劇史 三國以前으로부터 現代까지(32)	역사	·
878	1931-06-28	春園	춘원	李光洙	이광수	李舜臣(3)	문학	·
879	1931-06-30	春園	춘원	李光洙	이광수	李舜臣(4)	문학	·
880	1931-07-01	金在喆	김재철	金在喆	김재철	朝鮮演劇史 三國以前으로부터 現代까지(33)	역사	·
881	1931-07-01	春園	춘원	李光洙	이광수	李舜臣(5)	문학	·
882	1931-07-02	金在喆	김재철	金在喆	김재철	朝鮮演劇史 三國以前으로부터 現代까지(34)	역사	·
883	1931-07-02	李殷相	이은상	李殷相	이은상	香山遊記(11) 名僧의 文集	기행	·
884	1931-07-02	東亞浪人	동아낭인	·	·	韓末祕史 最後16年 遺事(43)	역사	·
885	1931-07-02	春園	춘원	李光洙	이광수	李舜臣(6)	문학	·
886	1931-07-03	李殷相	이은상	李殷相	이은상	香山遊記(12) 追慕되는 西山	기행	·
887	1931-07-03	金在喆	김재철	金在喆	김재철	朝鮮演劇史 三國以前으로부터 現代까지(35)	역사	·
888	1931-07-03	春園	춘원	李光洙	이광수	李舜臣(7)	문학	·
889	1931-07-04	李殷相	이은상	李殷相	이은상	香山遊記(13) 安心寺	기행	·
890	1931-07-04	金在喆	김재철	金在喆	김재철	朝鮮演劇史 三國以前으로부터 現代까지(36)	역사	·
891	1931-07-04	春園	춘원	李光洙	이광수	李舜臣(8)	문학	·
892	1931-07-05	李殷相	이은상	李殷相	이은상	香山遊記(14) 龍淵瀑	기행	·
893	1931-07-05	高永煥	고영환	高永煥	고영환	偉人의 遺物을 社會에서 保管하자- 忠武公 遺蹟保存에 際하야(1)	사업	·
894	1931-07-05	春園	춘원	李光洙	이광수	李舜臣(9)	문학	·
895	1931-07-06	鄭寅普	정인보	鄭寅普	정인보	朝鮮古典解題(20) 正祖御定「武藝圖譜通志」	역사	·
896	1931-07-07	李殷相	이은상	李殷相	이은상	香山遊記(15) 引虎臺 上	기행	·
897	1931-07-08	李殷相	이은상	李殷相	이은상	香山遊記(16) 引虎臺 下	기행	·
898	1931-07-08	春園	춘원	李光洙	이광수	李舜臣(10)	문학	·
899	1931-07-09	李殷相	이은상	李殷相	이은상	香山遊記(16) 上院前溪	기행	·
900	1931-07-09	高永煥	고영환	高永煥	고영환	偉人의 遺物을 社會에서 保管하자- 忠武公 遺蹟保存에 際하야(2)	사업	·
901	1931-07-09	春園	춘원	李光洙	이광수	李舜臣(11)	문학	·
902	1931-07-10	金在喆	김재철	金在喆	김재철	朝鮮演劇史 三國以前으로부터 現代까지(37)	역사	·
903	1931-07-10	高永煥	고영환	高永煥	고영환	偉人의 遺物을 社會에서 保管하자- 忠武公 遺蹟保存에 際하야(3)	사업	·
904	1931-07-10	春園	춘원	李光洙	이광수	李舜臣(12)	문학	·
905	1931-07-11	李殷相	이은상	李殷相	이은상	香山遊記(17) 上院菴	기행	·

연번	날짜	자료저자명(한자)	자료저자명(한글)	본명(한자)	본명(한글)	기사제목	분류	비고
906	1931-07-11	春園	춘원	李光洙	이광수	李舜臣(13)	문학	·
907	1931-07-11	金在喆	김재철	金在喆	김재철	朝鮮演劇史 三國以前으로부터 現代까지(38)	역사	·
908	1931-07-12	高永煥	고영환	高永煥	고영환	偉人의 遺物을 社會에서 保管하자- 忠武公 遺蹟保存에 際하야(4)	사업	·
909	1931-07-12	李殷相	이은상	李殷相	이은상	香山遊記(18) 祝聖殿	기행	·
910	1931-07-12	玄相允	현상윤	玄相允	현상윤	洪景來傳(1)	역사	·
911	1931-07-12	春園	춘원	李光洙	이광수	李舜臣(14)	문학	·
912	1931-07-12	金在喆	김재철	金在喆	김재철	朝鮮演劇史 三國以前으로부터 現代까지(39)	역사	·
913	1931-07-14	春園	춘원	李光洙	이광수	李舜臣(15)	문학	·
914	1931-07-15	李殷相	이은상	李殷相	이은상	香山遊記(19) 法王臺	기행	·
915	1931-07-15	春園	춘원	李光洙	이광수	李舜臣(16)	문학	·
916	1931-07-15	金在喆	김재철	金在喆	김재철	朝鮮演劇史 三國以前으로부터 現代까지(40)	역사	·
917	1931-07-16	李殷相	이은상	李殷相	이은상	香山遊記(20) 法王峰	기행	·
918	1931-07-16	春園	춘원	李光洙	이광수	李舜臣(17)	문학	·
919	1931-07-17	金在喆	김재철	金在喆	김재철	朝鮮演劇史 三國以前으로부터 現代까지(41)	역사	·
920	1931-07-17	春園	춘원	李光洙	이광수	李舜臣(18)	문학	·
921	1931-07-18	李殷相	이은상	李殷相	이은상	香山遊記(21) 上院菴 歸宿	기행	·
922	1931-07-18	春園	춘원	李光洙	이광수	李舜臣(19)	문학	·
923	1931-07-18	玄相允	현상윤	玄相允	현상윤	洪景來傳(3)*2회	역사	연재횟수 오기
924	1931-07-19	李殷相	이은상	李殷相	이은상	香山遊記(22) 釋迦舍利塔	기행	·
925	1931-07-19	春園	춘원	李光洙	이광수	李舜臣(20)	문학	·
926	1931-07-19	玄相允	현상윤	玄相允	현상윤	洪景來傳(4)*3회	역사	연재횟수 오기
927	1931-07-19	孫晉泰	손진태	孫晉泰	손진태	다시 處容傳說과 東京에 就하야- 金在喆氏의 駁論에 答함(1)	논설	·
928	1931-07-21	李殷相	이은상	李殷相	이은상	香山遊記(23) 佛影臺	기행	·
929	1931-07-21	春園	춘원	李光洙	이광수	李舜臣(20)*21회	문학	연재횟수 오기
930	1931-07-21	玄相允	현상윤	玄相允	현상윤	洪景來傳(5)*4회	역사	연재횟수 오기
931	1931-07-22	·	·	·	·	高麗時代의 遺物 珍貴寶物 發掘- 5,6백년 전 물건인듯 金浦郡에서 發見	역사	·
932	1931-07-22	玄相允	현상윤	玄相允	현상윤	洪景來傳(6)*5회	역사	연재횟수 오기
933	1931-07-22	孫晉泰	손진태	孫晉泰	손진태	다시 處容傳說과 東京에 就하야- 金在喆氏의 駁論에 答함(2)	논설	·
934	1931-07-22	春園	춘원	李光洙	이광수	李舜臣(22)	문학	·
935	1931-07-23	李殷相	이은상	李殷相	이은상	香山遊記(24) 檀君窟	기행	·
936	1931-07-23	孫晉泰	손진태	孫晉泰	손진태	다시 處容傳說과 東京에 就하야- 金在喆氏의 駁論에 答함(3)	논설	·
937	1931-07-23	玄相允	현상윤	玄相允	현상윤	洪景來傳(7)*6회	역사	연재횟수 오기
938	1931-07-23	春園	춘원	李光洙	이광수	李舜臣(23)	문학	·
939	1931-07-24	李殷相	이은상	李殷相	이은상	香山遊記(25) 歸命歌	기행	·
940	1931-07-24	春園	춘원	李光洙	이광수	李舜臣(24)	문학	·
941	1931-07-25	李殷相	이은상	李殷相	이은상	香山遊記(26) 檀君洞 고사리	기행	·
942	1931-07-25	春園	춘원	李光洙	이광수	李舜臣(25)	문학	·

연번	날짜	자료저자명 (한자)	자료저자명 (한글)	본명 (한자)	본명 (한글)	기사제목	분류	비고
943	1931-07-25	玄相允	현상윤	玄相允	현상윤	洪景來傳(8)*7회	역사	연재횟수 오기
944	1931-07-26	春園	춘원	李光洙	이광수	李舜臣(26)	문학	·
945	1931-07-28	春園	춘원	李光洙	이광수	李舜臣(27)	문학	·
946	1931-07-29	李殷相	이은상	李殷相	이은상	香山遊記(26) 萬瀑洞 降仙臺, 27회	기행	·
947	1931-07-29	玄相允	현상윤	玄相允	현상윤	洪景來傳(9)*8회	역사	연재횟수 오기
948	1931-07-29	春園	춘원	李光洙	이광수	李舜臣(28)	문학	·
949	1931-07-30	春園	춘원	李光洙	이광수	李舜臣(29)	문학	·
950	1931-07-30	李殷相	이은상	李殷相	이은상	香山遊記(28) 金剛山	기행	·
951	1931-07-30	玄相允	현상윤	玄相允	현상윤	洪景來傳(10)*9회	역사	연재횟수 오기
952	1931-07-31	李殷相	이은상	李殷相	이은상	香山遊記(29) 內院廢墟	기행	·
953	1931-07-31	玄相允	현상윤	玄相允	현상윤	洪景來傳(11)*10회	역사	연재횟수 오기
954	1931-08-01	李殷相	이은상	李殷相	이은상	香山遊記(30) 寶蓮臺	기행	·
955	1931-08-01	玄相允	현상윤	玄相允	현상윤	洪景來傳(12)*11회	역사	연재횟수 오기
956	1931-08-01	韓長庚	한장경	韓長庚	한장경	朝鮮農民의 經濟生活史(1)	역사	·
957	1931-08-01	春園	춘원	李光洙	이광수	李舜臣(30)	문학	·
958	1931-08-02	李殷相	이은상	李殷相	이은상	香山遊記(31) 香爐峯	기행	·
959	1931-08-02	玄相允	현상윤	玄相允	현상윤	洪景來傳(13)*12회	역사	연재횟수 오기
960	1931-08-02	韓長庚	한장경	韓長庚	한장경	朝鮮農民의 經濟生活史(2)	역사	·
961	1931-08-02	春園	춘원	李光洙	이광수	李舜臣(31)	문학	·
962	1931-08-04	李允宰	이윤재	李允宰	이윤재	第1回 朝鮮語講習消息(1) 關西方面 第1講 宣川	한글	·
963	1931-08-04	李殷相	이은상	李殷相	이은상	香山遊記(32) 天台洞	기행	·
964	1931-08-04	玄相允	현상윤	玄相允	현상윤	洪景來傳(14)*13회	역사	연재횟수 오기
965	1931-08-04	韓長庚	한장경	韓長庚	한장경	朝鮮農民의 經濟生活史(3)	역사	·
966	1931-08-04	春園	춘원	李光洙	이광수	李舜臣(32)	문학	·
967	1931-08-05	李殷相	이은상	李殷相	이은상	香山遊記(33) 中毘盧菴	기행	·
968	1931-08-05	玄相允	현상윤	玄相允	현상윤	洪景來傳(15)*14회	역사	연재횟수 오기
969	1931-08-05	韓長庚	한장경	韓長庚	한장경	朝鮮農民의 經濟生活史(4)	역사	·
970	1931-08-05	春園	춘원	李光洙	이광수	李舜臣(33)	문학	·
971	1931-08-06	李殷相	이은상	李殷相	이은상	香山遊記(34) 白雲臺	기행	·
972	1931-08-06	玄相允	현상윤	玄相允	현상윤	洪景來傳(16)*15회	역사	연재횟수 오기
973	1931-08-06	韓長庚	한장경	韓長庚	한장경	朝鮮農民의 經濟生活史(5)	역사	·
974	1931-08-07	春園	춘원	李光洙	이광수	李舜臣(34)	문학	·
975	1931-08-07	李殷相	이은상	李殷相	이은상	香山遊記(35) 歸路	기행	·
976	1931-08-07	玄相允	현상윤	玄相允	현상윤	洪景來傳(17)*16회	역사	연재횟수 오기
977	1931-08-07	韓長庚	한장경	韓長庚	한장경	朝鮮農民의 經濟生活史(6)	역사	·
978	1931-08-08	李常春	이상춘	李常春	이상춘	第1回朝鮮語講習消息(1)*2회 關北方面第2講*1강洪原	한글	연재횟수 오기
979	1931-08-08	韓長庚	한장경	韓長庚	한장경	朝鮮農民의 經濟生活史(7)	역사	·
980	1931-08-08	春園	춘원	李光洙	이광수	李舜臣(35)	문학	·
981	1931-08-09	玄相允	현상윤	玄相允	현상윤	洪景來傳(18)*17회	역사	연재횟수 오기
982	1931-08-09	春園	춘원	李光洙	이광수	李舜臣(36)	문학	·

연번	날짜	자료저자명(한자)	자료저자명(한글)	본명(한자)	본명(한글)	기사제목	분류	비고
983	1931-08-10	玄相允	현상윤	玄相允	현상윤	洪景來傳(19)*18회	역사	연재횟수 오기
984	1931-08-10	春園	춘원	李光洙	이광수	李舜臣(37)	문학	·
985	1931-08-11	春園	춘원	李光洙	이광수	李舜臣(38)	문학	·
986	1931-08-12	李允宰	이윤재	李允宰	이윤재	第1回 朝鮮語講習消息(3) 關西方面 第2講 平壤	한글	·
987	1931-08-13	春園	춘원	李光洙	이광수	李舜臣(39)	문학	·
988	1931-08-14	玄相允	현상윤	玄相允	현상윤	洪景來傳(20)*19회	역사	연재횟수 오기
989	1931-08-14	春園	춘원	李光洙	이광수	李舜臣(40)	문학	·
990	1931-08-15	金善琪	김선기	金善琪	김선기	第1回 朝鮮語講習消息(4) 畿湖方面 第1講 安城	한글	·
991	1931-08-15	春園	춘원	李光洙	이광수	李舜臣(41)	문학	·
992	1931-08-16	玄相允	현상윤	玄相允	현상윤	洪景來傳(21)*20회	역사	연재횟수 오기
993	1931-08-16	春園	춘원	李光洙	이광수	李舜臣(42)	문학	·
994	1931-08-16	李常春	이상춘	李常春	이상춘	第1回 朝鮮語講習消息(5) 關北方面 第2講 城津	한글	·
995	1931-08-18	玄相允	현상윤	玄相允	현상윤	洪景來傳(22)*21회	역사	연재횟수 오기
996	1931-08-18	春園	춘원	李光洙	이광수	李舜臣(43)	문학	·
997	1931-08-18	李克魯	이극로	李克魯	이극로	第1回朝鮮語講習消息(6) 海西方面第2講*1강海州	한글	연재횟수 오기
998	1931-08-19	玄相允	현상윤	玄相允	현상윤	洪景來傳(23)*22회	역사	연재횟수 오기
999	1931-08-20	春園	춘원	李光洙	이광수	李舜臣(44)	문학	·
1000	1931-08-20	玄相允	현상윤	玄相允	현상윤	洪景來傳(24)*23회	역사	연재횟수 오기
1001	1931-08-20	李允宰	이윤재	李允宰	이윤재	第3回*1회朝鮮語講習消息(7) 關西方面第3講定州	한글	연재횟수 오기
1002	1931-08-21	東亞日報社	동아일보사	·	·	韓末史料蒐集	역사	·
1003	1931-08-21	金庠基	김상기	金庠基	김상기	東學과 東學亂(1)	역사	·
1004	1931-08-21	春園	춘원	李光洙	이광수	李舜臣(45)	문학	·
1005	1931-08-22	金庠基	김상기	金庠基	김상기	東學과 東學亂(2)	역사	·
1006	1931-08-22	春園	춘원	李光洙	이광수	李舜臣(46)	문학	·
1007	1931-08-23	金庠基	김상기	金庠基	김상기	東學과 東學亂(3)	역사	·
1008	1931-08-23	春園	춘원	李光洙	이광수	李舜臣(47)	문학	·
1009	1931-08-25	金庠基	김상기	金庠基	김상기	東學과 東學亂(4)	역사	·
1010	1931-08-25	李克魯	이극로	李克魯	이극로	第1回 朝鮮語講習消息(8) 海西方面 第2講 信川	한글	·
1011	1931-08-26	金庠基	김상기	金庠基	김상기	東學과 東學亂(5)	역사	·
1012	1931-08-26	春園	춘원	李光洙	이광수	李舜臣(48)	문학	·
1013	1931-08-26	金善琪	김선기	金善琪	김선기	第1回 朝鮮語講習消息(9) 畿湖方面 第2講 太田	한글	·
1014	1931-08-27	金庠基	김상기	金庠基	김상기	東學과 東學亂(6)	역사	·
1015	1931-08-27	春園	춘원	李光洙	이광수	李舜臣(49)	문학	·
1016	1931-08-27	李常春	이상춘	李常春	이상춘	第1回 朝鮮語講習消息(10) 關北方面 第3講 會寧	한글	·
1017	1931-08-28	金庠基	김상기	金庠基	김상기	東學과東學亂(6)*7회	역사	연재횟수 오기
1018	1931-08-28	李允宰	이윤재	李允宰	이윤재	第1回 朝鮮語講習消息(11) 關西方面 第4講 運餉	한글	·
1019	1931-08-30	金庠基	김상기	金庠基	김상기	東學과 東學亂(8)	역사	·
1020	1931-08-30	李克魯	이극로	李克魯	이극로	第1回朝鮮語講習消息(11)*12회 關西方面第5講鎭南浦	한글	연재횟수 오기
1021	1931-09-01	金庠基	김상기	金庠基	김상기	東學과 東學亂(9)	역사	·
1022	1931-09-02	李允宰	이윤재	李允宰	이윤재	第1回朝鮮語講習消息(12)*13회	한글	연재횟수 오기

연번	날짜	자료저자명(한자)	자료저자명(한글)	본명(한자)	본명(한글)	기사제목	분류	비고
						海西方面第3講黃州		
1023	1931-09-02	金庠基	김상기	金庠基	김상기	東學과 東學亂(10)	역사	·
1024	1931-09-03	李常春	이상춘	李常春	이상춘	第1回 朝鮮語講習消息(14) 間島方面 特別講 龍井	한글	·
1025	1931-09-03	金庠基	김상기	金庠基	김상기	東學과 東學亂(11)	역사	·
1026	1931-09-04	金庠基	김상기	金庠基	김상기	東學과 東學亂(12)	역사	·
1027	1931-09-05	春園	춘원	李光洙	이광수	李舜臣(50)	문학	·
1028	1931-09-05	李常春	이상춘	李常春	이상춘	第1回 朝鮮語講習消息(15) 關北方面 第4講 咸興	한글	·
1029	1931-09-05	金庠基	김상기	金庠基	김상기	東學과 東學亂(13)	역사	·
1030	1931-09-06	春園	춘원	李光洙	이광수	李舜臣(51)	문학	·
1031	1931-09-06	金庠基	김상기	金庠基	김상기	東學과 東學亂(14)	역사	·
1032	1931-09-06	柳根錫	유근석	柳根錫	유근석	慶州 古蹟探訪記(1)	기행	·
1033	1931-09-08	金庠基	김상기	金庠基	김상기	東學과 東學亂(15)	역사	·
1034	1931-09-08	柳根錫	유근석	柳根錫	유근석	慶州 古蹟探訪記(2)	기행	·
1035	1931-09-09	春園	춘원	李光洙	이광수	李舜臣(52)	문학	·
1036	1931-09-09	金庠基	김상기	金庠基	김상기	東學과 東學亂(16)	역사	·
1037	1931-09-09	柳根錫	유근석	柳根錫	유근석	慶州 古蹟探訪記(3)	기행	·
1038	1931-09-10	春園	춘원	李光洙	이광수	李舜臣(53)	문학	·
1039	1931-09-11	金庠基	김상기	金庠基	김상기	東學과 東學亂(17)	역사	·
1040	1931-09-11	李允宰	이윤재	李允宰	이윤재	한글 質疑欄	한글	·
1041	1931-09-11	春園	춘원	李光洙	이광수	李舜臣(54)	문학	·
1042	1931-09-12	金庠基	김상기	金庠基	김상기	東學과 東學亂(18)	역사	·
1043	1931-09-12	春園	춘원	李光洙	이광수	李舜臣(55)	문학	·
1044	1931-09-13	金庠基	김상기	金庠基	김상기	東學과 東學亂(19)	역사	·
1045	1931-09-13	春園	춘원	李光洙	이광수	李舜臣(56)	문학	·
1046	1931-09-14	·	·	·	·	讀書層에 보내는 讀書子의 선물- 新凉에 入郊, 燈火를 可親(2)	논설	·
1047	1931-09-14	李允宰	이윤재	李允宰	이윤재	한글 質疑欄	한글	·
1048	1931-09-15	金庠基	김상기	金庠基	김상기	東學과 東學亂(20)	역사	·
1049	1931-09-16	金庠基	김상기	金庠基	김상기	東學과 東學亂(21)	역사	·
1050	1931-09-16	柳根錫	유근석	柳根錫	유근석	慶州 古蹟探訪記(4)	기행	·
1051	1931-09-17	金庠基	김상기	金庠基	김상기	東學과 東學亂(22)	역사	·
1052	1931-09-17	柳根錫	유근석	柳根錫	유근석	慶州紀行(5) 舊 慶州古蹟探訪記	기행	·
1053	1931-09-17	李允宰	이윤재	李允宰	이윤재	한글 質疑欄	한글	·
1054	1931-09-18	柳根錫	유근석	柳根錫	유근석	慶州紀行(6)	기행	·
1055	1931-09-19	金庠基	김상기	金庠基	김상기	東學과 東學亂(23)	역사	·
1056	1931-09-20	金庠基	김상기	金庠基	김상기	東學과 東學亂(24)	역사	·
1057	1931-09-21	李殷相	이은상	李殷相	이은상	讀書奇聞金守溫의臥讀(1)	역사	·
1058	1931-09-22	春園	춘원	李光洙	이광수	李舜臣(57)	문학	·
1059	1931-09-22	金庠基	김상기	金庠基	김상기	東學과 東學亂(25)	역사	·
1060	1931-09-22	李允宰	이윤재	李允宰	이윤재	한글 質疑欄	한글	·
1061	1931-09-23	春園	춘원	李光洙	이광수	李舜臣(58)	문학	·

연번	날짜	자료저자명(한자)	자료저자명(한글)	본명(한자)	본명(한글)	기사제목	분류	비고
1062	1931-09-23	金庠基	김상기	金庠基	김상기	東學과 東學亂(26)	역사	·
1063	1931-09-23	柳根錫	유근석	柳根錫	유근석	慶州紀行(7)	기행	·
1064	1931-09-24	金庠基	김상기	金庠基	김상기	東學과 東學亂(27)	역사	·
1065	1931-09-25	金庠基	김상기	金庠基	김상기	東學과 東學亂(28)	역사	·
1066	1931-09-26	春園	춘원	李光洙	이광수	李舜臣(59)	문학	·
1067	1931-09-26	金庠基	김상기	金庠基	김상기	東學과 東學亂(29)	역사	·
1068	1931-09-26	李允宰	이윤재	李允宰	이윤재	一貫한 피의 歷史 카토릭 布敎百年- 百年聖祭를 臨하야(上)	역사, 종교	·
1069	1931-09-27	春園	춘원	李光洙	이광수	李舜臣(60)	문학	·
1070	1931-09-27	金庠基	김상기	金庠基	김상기	東學과 東學亂(30)	역사	·
1071	1931-09-27	李允宰	이윤재	李允宰	이윤재	一貫한 피의 歷史 카토릭 布敎百年- 百年聖祭를 臨하야(中)	역사, 종교	·
1072	1931-09-29	春園	춘원	李光洙	이광수	李舜臣(61)	문학	·
1073	1931-09-29	金庠基	김상기	金庠基	김상기	東學과 東學亂(31)	역사	·
1074	1931-09-29	李允宰	이윤재	李允宰	이윤재	一貫한 피의 歷史 카토릭 布敎百年- 百年聖祭를 臨하야(下)	역사, 종교	·
1075	1931-09-30	春園	춘원	李光洙	이광수	李舜臣(62)	문학	·
1076	1931-09-30	李允宰	이윤재	李允宰	이윤재	一貫한 피의 歷史 카토릭 布敎百年- 百年聖祭를 臨하야(續)	역사, 종교	·
1077	1931-10-01	春園	춘원	李光洙	이광수	李舜臣(63)	문학	·
1078	1931-10-01	李允宰	이윤재	李允宰	이윤재	仁憲公 姜邯贊 -歿後900年을 除하야-(上)	역사	·
1079	1931-10-01	鄭甲	정갑	鄭甲	정갑	歷史敎育의 意義(上)	역사	·
1080	1931-10-02	李允宰	이윤재	李允宰	이윤재	仁憲公 姜邯贊 -歿後900年을 除하야-(下)	역사	·
1081	1931-10-03	春園	춘원	李光洙	이광수	李舜臣(64)	문학	·
1082	1931-10-03	金庠基	김상기	金庠基	김상기	東學과 東學亂(32)	역사	·
1083	1931-10-03	鄭甲	정갑	鄭甲	정갑	歷史敎育의 意義(中)	역사	·
1084	1931-10-04	春園	춘원	李光洙	이광수	李舜臣(65)	문학	·
1085	1931-10-04	金庠基	김상기	金庠基	김상기	東學과 東學亂(33)	역사	·
1086	1931-10-04	鄭甲	정갑	鄭甲	정갑	歷史敎育의 意義(下)	역사	·
1087	1931-10-06	春園	춘원	李光洙	이광수	李舜臣(66)	문학	·
1088	1931-10-06	金庠基	김상기	金庠基	김상기	東學과 東學亂(34)	역사	·
1089	1931-10-07	春園	춘원	李光洙	이광수	李舜臣(67)	문학	·
1090	1931-10-08	金庠基	김상기	金庠基	김상기	東學과 東學亂(35)	역사	·
1091	1931-10-08	春園	춘원	李光洙	이광수	李舜臣(68)	문학	·
1092	1931-10-09	金庠基	김상기	金庠基	김상기	東學과 東學亂(36) 完	역사	·
1093	1931-10-09	春園	춘원	李光洙	이광수	李舜臣(69)	문학	·
1094	1931-10-10	春園	춘원	李光洙	이광수	李舜臣(70)	문학	·
1095	1931-10-11	春園	춘원	李光洙	이광수	李舜臣(71)	문학	·
1096	1931-10-13	春園	춘원	李光洙	이광수	李舜臣(72)	문학	·
1097	1931-10-14	李允宰	이윤재	李允宰	이윤재	한글 質疑	한글	·
1098	1931-10-14	春園	춘원	李光洙	이광수	李舜臣(73)	문학	·
1099	1931-10-15	春園	춘원	李光洙	이광수	李舜臣(74)	문학	·

연번	날짜	자료저자명(한자)	자료저자명(한글)	본명(한자)	본명(한글)	기사제목	분류	비고
1100	1931-10-16	春園	춘원	李光洙	이광수	李舜臣(75)	문학	·
1101	1931-10-17	社說	사설	·	·	書畵協會展覽會	미술	·
1102	1931-10-17	春園	춘원	李光洙	이광수	李舜臣(76)	문학	·
1103	1931-10-19	李殷相	이은상	李殷相	이은상	讀書奇聞(2) 多讀家 金得臣	역사	·
1104	1931-10-19	天台山人	천태산인	金台俊	김태준	孔子와 戱劇- 陳子展著 「公子與戱劇」을 읽고	문학	·
1105	1931-10-19	洪淳赫	홍순혁	洪淳赫	홍순혁	淺川巧 著「朝鮮의 膳」을 읽고	역사	·
1106	1931-10-20	春園	춘원	李光洙	이광수	李舜臣(77)	문학	·
1107	1931-10-20	高裕燮	고유섭	高裕燮	고유섭	協展觀評(1)	미술	·
1108	1931-10-21	高裕燮	고유섭	高裕燮	고유섭	協展觀評(2)	미술	·
1109	1931-10-22	高裕燮	고유섭	高裕燮	고유섭	協展觀評(3)	미술	·
1110	1931-10-22	李允宰	이윤재	李允宰	이윤재	한글 質疑	한글	·
1111	1931-10-23	高裕燮	고유섭	高裕燮	고유섭	協展觀評(4)	미술	·
1112	1931-10-23	李允宰	이윤재	李允宰	이윤재	한글 質疑	한글	·
1113	1931-10-24	金瑗根	김원근	金瑗根	김원근	朝鮮鑄字考(1)	역사	·
1114	1931-10-24	春園	춘원	李光洙	이광수	李舜臣(78)	문학	·
1115	1931-10-25	李允宰	이윤재	李允宰	이윤재	한글 質疑	한글	·
1116	1931-10-25	金瑗根	김원근	金瑗根	김원근	朝鮮鑄字考(2)	역사	·
1117	1931-10-27	·	·	·	·	朝鮮正樂大會, 28일부터30일까지미나도座에서	논설	·
1118	1931-10-28	社說	사설	·	·	朝鮮智識의 普遍化- 컬럼비아의 朝鮮圖書室計劃을 듯고	미술	·
1119	1931-10-28	金瑗根	김원근	金瑗根	김원근	朝鮮鑄字考(3)	역사	·
1120	1931-10-28	李命七	이명칠	李命七	이명칠	한글 記念日은 陽10月29日(上)	한글	·
1121	1931-10-28	春園	춘원	李光洙	이광수	李舜臣(79)	문학	·
1122	1931-10-29	社說	사설	·	·	한글頒布 486週年	한글	·
1123	1931-10-29	·	·	·	·	한글날 記念(1)/ 漢字制限의 實際的方法	한글	·
1124	1931-10-29	李命七	이명칠	李命七	이명칠	한글날 記念(1)/ 한글 記念日은 陽10月29日(中)	한글	·
1125	1931-10-29	金碩坤	김석곤	金碩坤	김석곤	한글날 記念(1)/ 한글字形에 對한 科學的 一考察(上)	한글	·
1126	1931-10-29	春園	춘원	李光洙	이광수	李舜臣(80)	문학	·
1127	1931-10-30	·	·	·	·	한글날 記念(2)/ 斯界의 權威를 網羅 한글座談會 開催- 漢字制限의 實際的方法	한글	·
1128	1931-10-30	·	·	·	·	한글날 記念(2)/ 斯界의 權威를 網羅 한글座談會 開催- 改正綴字法의 普及方法	한글	·
1129	1931-10-30	李命七	이명칠	李命七	이명칠	한글 記念日은 陽10月29日(下)	한글	·
1130	1931-10-30	金碩坤	김석곤	金碩坤	김석곤	한글字形에 對한 科學的 一考察(下)	한글	·
1131	1931-10-30	春園	춘원	李光洙	이광수	李舜臣(81)	문학	·
1132	1931-10-31	春園	춘원	李光洙	이광수	李舜臣(82)	문학	·
1133	1931-10-31	·	·	·	·	한글날 記念(3)/ 斯界의 權威를 網羅 한글座談會 開催- 橫書의 可否, 可하다면 그 實現方法	한글	·
1134	1931-10-31	·	·	·	·	한글날 記念(3)/ 斯界의 權威를 網羅 한글座談會 開催- 朝鮮語 平易化의 實際的方法	한글	·
1135	1931-10-31	金瑗根	김원근	金瑗根	김원근	朝鮮鑄字考(4)	역사	·
1136	1931-10-31	吉龍鎭	길용진	吉龍鎭	길용진	改正普通學校 朝鮮語讀本에 對하야(1)	한글	·

연번	날짜	자료저자명 (한자)	자료저자명 (한글)	본명 (한자)	본명 (한글)	기사제목	분류	비고
1137	1931-10-31	姜奉吉	강봉길	姜奉吉	강봉길	義血로 꿈인 朝鮮天主敎史(1)	역사, 종교	·
1138	1931-11-01	社說	사설	·	·	漢字撤廢論- 한글 座談會有所感	한글	·
1139	1931-11-01	金瑗根	김원근	金瑗根	김원근	朝鮮鑄字考(5)	역사	·
1140	1931-11-01	吉龍鎭	길용진	吉龍鎭	길용진	改正普通學校 朝鮮語讀本에 對하야(2)	한글	·
1141	1931-11-01	姜奉吉	강봉길	姜奉吉	강봉길	義血로 꾸며진 朝鮮天主敎史(2)	역사, 종교	·
1142	1931-11-01	春園	춘원	李光洙	이광수	李舜臣(83)	문학	·
1143	1931-11-02	李殷相	이은상	李殷相	이은상	讀書奇聞(3) 梁淵의晩學	역사	·
1144	1931-11-03	金瑗根	김원근	金瑗根	김원근	朝鮮鑄字考(6)	역사	·
1145	1931-11-03	姜奉吉	강봉길	姜奉吉	강봉길	義血로 꾸며진 朝鮮天主敎史(3)	역사, 종교	·
1146	1931-11-05	金瑗根	김원근	金瑗根	김원근	朝鮮鑄字考(7)	역사	·
1147	1931-11-05	姜奉吉	강봉길	姜奉吉	강봉길	義血로 꾸며진 朝鮮天主敎史(4)	역사, 종교	·
1148	1931-11-05	吉龍鎭	길용진	吉龍鎭	길용진	改正普通學校 朝鮮語讀本에 對하야(3)	한글	·
1149	1931-11-05	李允宰	이윤재	李允宰	이윤재	한글 質疑	한글	·
1150	1931-11-05	春園	춘원	李光洙	이광수	李舜臣(84)	문학	·
1151	1931-11-06	金瑗根	김원근	金瑗根	김원근	朝鮮鑄字考(8)	역사	·
1152	1931-11-06	姜奉吉	강봉길	姜奉吉	강봉길	義血로 꾸며진 朝鮮天主敎史(5)	역사, 종교	·
1153	1931-11-06	吉龍鎭	길용진	吉龍鎭	길용진	改正普通學校 朝鮮語讀本에 對하야(4)	한글	·
1154	1931-11-07	姜奉吉	강봉길	姜奉吉	강봉길	義血로 꾸며진 朝鮮天主敎史(6)	역사, 종교	·
1155	1931-11-07	吉龍鎭	길용진	吉龍鎭	길용진	改正普通學校 朝鮮語讀本에 對하야(5)	한글	·
1156	1931-11-07	春園	춘원	李光洙	이광수	李舜臣(85)	문학	·
1157	1931-11-08	社說	사설	·	·	娛樂의 健全化 社會化- 民族的 元氣振作의 重大要件	역사	·
1158	1931-11-08	姜奉吉	강봉길	姜奉吉	강봉길	義血로꾸며진朝鮮天主敎史(6)*7회	역사, 종교	연재횟수 오기
1159	1931-11-08	吉龍鎭	길용진	吉龍鎭	길용진	改正普通學校朝鮮語讀本에對하야(7)*6회	한글	연재횟수 오기
1160	1931-11-08	春園	춘원	李光洙	이광수	李舜臣(86)	문학	·
1161	1931-11-09	李殷相	이은상	李殷相	이은상	讀書奇聞(4) 壁穴讀書,金幹의一膝讀書	역사	·
1162	1931-11-10	吉龍鎭	길용진	吉龍鎭	길용진	改正普通學校 朝鮮語讀本에 對하야(8)	한글	·
1163	1931-11-10	春園	춘원	李光洙	이광수	李舜臣(87)	문학	·
1164	1931-11-11	春園	춘원	李光洙	이광수	李舜臣(88)	문학	·
1165	1931-11-12	李允宰	이윤재	李允宰	이윤재	한글 質疑	한글	·
1166	1931-11-12	李允宰	이윤재	李允宰	이윤재	開天節(上)	역사	·
1167	1931-11-12	春園	춘원	李光洙	이광수	李舜臣(89)	문학	·
1168	1931-11-13	社說	사설	·	·	思想善導와 栗谷退溪	철학	·
1169	1931-11-13	李允宰	이윤재	李允宰	이윤재	한글 質疑	한글	·
1170	1931-11-13	李允宰	이윤재	李允宰	이윤재	開天節(下)	역사	·
1171	1931-11-13	·	·	·	·	한글俱樂部 日字變更	논설	·

연번	날짜	자료저자명 (한자)	자료저자명 (한글)	본명 (한자)	본명 (한글)	기사제목	분류	비고
1172	1931-11-13	春園	춘원	李光洙	이광수	李舜臣(90)	문학	·
1173	1931-11-14	吉龍鎭	길용진	吉龍鎭	길용진	改正普通學校 朝鮮語讀本에 對하야(9)	한글	·
1174	1931-11-14	春園	춘원	李光洙	이광수	李舜臣(91)	문학	·
1175	1931-11-15	吉龍鎭	길용진	吉龍鎭	길용진	改正普通學校 朝鮮語讀本에 對하야(10)	한글	·
1176	1931-11-15	春園	춘원	李光洙	이광수	李舜臣(92)	문학	·
1177	1931-11-17	吉龍鎭	길용진	吉龍鎭	길용진	改正普通學校 朝鮮語讀本에 對하야(11)	한글	·
1178	1931-11-17	春園	춘원	李光洙	이광수	李舜臣(93)	문학	·
1179	1931-11-18	吉龍鎭	길용진	吉龍鎭	길용진	改正普通學校 朝鮮語讀本에 對하야(12)	한글	·
1180	1931-11-18	春園	춘원	李光洙	이광수	李舜臣(94)	문학	·
1181	1931-11-19	春園	춘원	李光洙	이광수	李舜臣(95)	문학	·
1182	1931-11-21	春園	춘원	李光洙	이광수	李舜臣(96)	문학	·
1183	1931-11-22	春園	춘원	李光洙	이광수	李舜臣(97)	문학	·
1184	1931-11-26	春園	춘원	李光洙	이광수	李舜臣(98)	문학	·
1185	1931-11-27	春園	춘원	李光洙	이광수	李舜臣(99)	문학	·
1186	1931-11-28	春園	춘원	李光洙	이광수	李舜臣(100)	문학	·
1187	1931-12-02	李允宰	이윤재	李允宰	이윤재	한글質疑	한글	·
1188	1931-12-02	洪淳赫	홍순혁	洪淳赫	홍순혁	咸興鄕校藏本 龍飛御天歌에 對하야(上)	역사	·
1189	1931-12-03	李允宰	이윤재	李允宰	이윤재	한글質疑	한글	·
1190	1931-12-03	金秉坤	김병곤	金秉坤	김병곤	朝鮮女俗小考(1)	역사	·
1191	1931-12-03	洪淳赫	홍순혁	洪淳赫	홍순혁	咸興鄕校藏本 龍飛御天歌에 對하야(中)	역사	·
1192	1931-12-04	李允宰	이윤재	李允宰	이윤재	한글質疑	한글	·
1193	1931-12-04	金秉坤	김병곤	金秉坤	김병곤	朝鮮女俗小考(2)	역사	·
1194	1931-12-05	洪淳赫	홍순혁	洪淳赫	홍순혁	咸興鄕校藏本 龍飛御天歌에 對하야(下)	역사	·
1195	1931-12-05	金秉坤	김병곤	金秉坤	김병곤	朝鮮女俗小考(3)	역사	·
1196	1931-12-06	金秉坤	김병곤	金秉坤	김병곤	朝鮮女俗小考(4)	역사	·
1197	1931-12-08	春園	춘원	李光洙	이광수	李舜臣(101)	문학	·
1198	1931-12-09	春園	춘원	李光洙	이광수	李舜臣(102)	문학	·
1199	1931-12-10	金秉坤	김병곤	金秉坤	김병곤	朝鮮女俗小考(5)	역사	·
1200	1931-12-10	春園	춘원	李光洙	이광수	李舜臣(103)	문학	·
1201	1931-12-11	金秉坤	김병곤	金秉坤	김병곤	朝鮮女俗小考(6)	역사	·
1202	1931-12-11	春園	춘원	李光洙	이광수	李舜臣(104)	문학	·
1203	1931-12-12	金秉坤	김병곤	金秉坤	김병곤	朝鮮女俗小考(7)	역사	·
1204	1931-12-12	春園	춘원	李光洙	이광수	李舜臣(105)	문학	·
1205	1931-12-13	金秉坤	김병곤	金秉坤	김병곤	朝鮮女俗小考(8)	역사	·
1206	1931-12-13	春園	춘원	李光洙	이광수	李舜臣(106)	문학	·
1207	1931-12-13	李殷相	이은상	李殷相	이은상	讀書奇聞(4)*5회 趙憲의苦學	역사	연재횟수 오기
1208	1931-12-15	春園	춘원	李光洙	이광수	李舜臣(107)	문학	·
1209	1931-12-16	春園	춘원	李光洙	이광수	李舜臣(108)	문학	·
1210	1931-12-17	李允宰	이윤재	李允宰	이윤재	한글質疑	한글	·
1211	1931-12-17	金秉坤	김병곤	金秉坤	김병곤	朝鮮女俗小考(9)	역사	·
1212	1931-12-17	春園	춘원	李光洙	이광수	李舜臣(109)	문학	·

연번	날짜	자료저자명(한자)	자료저자명(한글)	본명(한자)	본명(한글)	기사제목	분류	비고
1213	1931-12-18	金秉坤	김병곤	金秉坤	김병곤	朝鮮女俗小考(10)	역사	·
1214	1931-12-18	春園	춘원	李光洙	이광수	李舜臣(110)	문학	·
1215	1931-12-19	金秉坤	김병곤	金秉坤	김병곤	朝鮮女俗小考(10)*11회	역사	연재횟수 오기
1216	1931-12-19	春園	춘원	李光洙	이광수	李舜臣(111)	문학	·
1217	1931-12-20	金秉坤	김병곤	金秉坤	김병곤	朝鮮女俗小考(12)	역사	·
1218	1931-12-20	春園	춘원	李光洙	이광수	李舜臣(112)	문학	·
1219	1931-12-22	金秉坤	김병곤	金秉坤	김병곤	朝鮮女俗小考(13)	역사	·
1220	1931-12-22	春園	춘원	李光洙	이광수	李舜臣(113)	문학	·
1221	1931-12-23	金秉坤	김병곤	金秉坤	김병곤	朝鮮女俗小考(14)	역사	·
1222	1931-12-25	金秉坤	김병곤	金秉坤	김병곤	朝鮮女俗小考(15)	역사	·
1223	1931-12-26	金秉坤	김병곤	金秉坤	김병곤	朝鮮女俗小考(16)	역사	·
1224	1931-12-27	金秉坤	김병곤	金秉坤	김병곤	朝鮮女俗小考(17)	역사	·
1225	1931-12-28	金秉坤	김병곤	金秉坤	김병곤	朝鮮女俗小考(18)	역사	·
1226	1931-12-29	金秉坤	김병곤	金秉坤	김병곤	朝鮮女俗小考(19)	역사	·
1227	1931-12-30	金秉坤	김병곤	金秉坤	김병곤	朝鮮女俗小考(20)	역사	·
1228	1931-12-31	金秉坤	김병곤	金秉坤	김병곤	朝鮮女俗小考(21)	역사	·
1229	1932-01-01	李殷相	이은상	李殷相	이은상	史上의 壬申- 文化史上으로 본 佛敎의 傳來(上)	역사	·
1230	1932-01-01	李允宰	이윤재	李允宰	이윤재	滿洲이야기(1)- 녯날과 오늘	역사	·
1231	1932-01-02	文一平	문일평	文一平	문일평	滿洲와 朝鮮民族- 其間의 歷史的關係(1)	역사	·
1232	1932-01-02	李殷相	이은상	李殷相	이은상	史上의 壬申- 文化史上으로 본 佛敎의 傳來(下)	역사	·
1233	1932-01-03	李殷相	이은상	李殷相	이은상	史上의 壬申- 壬申政治史(1) △薩水大捷…….登州擊陷 △圃隱成人…….李氏革命	역사	·
1234	1932-01-03	文一平	문일평	文一平	문일평	滿洲와 朝鮮民族- 其間의 歷史的關係(2)	역사	·
1235	1932-01-04	李殷相	이은상	李殷相	이은상	史上의 壬申- 壬申政治史(2) △薩水大捷…….登州擊陷 △圃隱成人…….李氏革命	역사	·
1236	1932-01-05	李允宰	이윤재	李允宰	이윤재	滿洲이야기(2)- 옛날과 오늘	역사	·
1237	1932-01-05	李殷相	이은상	李殷相	이은상	史上의 壬申- 壬申政治史(3) △薩水大捷…….登州擊陷 △圃隱成人…….李氏革命	역사	·
1238	1932-01-06	李殷相	이은상	李殷相	이은상	史上의 壬申- 壬申政治史(4) △薩水大捷…….登州擊陷 △圃隱成人…….李氏革命	역사	·
1239	1932-01-07	春園	춘원	李光洙	이광수	李舜臣(114)	문학	·
1240	1932-01-07	李殷相	이은상	李殷相	이은상	史上의 壬申- 壬申政治史(5) △薩水大捷…….登州擊陷 △圃隱成人…….李氏革命	역사	·
1241	1932-01-08	李允宰	이윤재	李允宰	이윤재	滿洲이야기(3)- 옛날과 오늘	역사	·
1242	1932-01-08	春園	춘원	李光洙	이광수	李舜臣(115)	문학	·
1243	1932-01-09	春園	춘원	李光洙	이광수	李舜臣(116)	문학	·
1244	1932-01-10	春園	춘원	李光洙	이광수	李舜臣(117)	문학	·
1245	1932-01-10	李殷相	이은상	李殷相	이은상	史上의 壬申- 壬申政治史(6) △薩水大捷…….登州擊陷	역사	·

연번	날짜	자료저자명(한자)	자료저자명(한글)	본명(한자)	본명(한글)	기사제목	분류	비고
						△圃隱成人…….李氏革命		
1246	1932-01-12	春園	춘원	李光洙	이광수	李舜臣(118)	문학	·
1247	1932-01-13	春園	춘원	李光洙	이광수	李舜臣(119)	문학	·
1248	1932-01-15	春園	춘원	李光洙	이광수	李舜臣(120)	문학	·
1249	1932-01-15	金台俊	김태준	金台俊	김태준	別曲의 硏究(1)	문학	·
1250	1932-01-16	辛東燁	신동엽	辛東燁	신동엽	上古朝鮮 女性地位考(1)	역사	·
1251	1932-01-16	金台俊	김태준	金台俊	김태준	別曲의 硏究(2)	문학	·
1252	1932-01-17	辛東燁	신동엽	辛東燁	신동엽	上古朝鮮 女性地位考(2)	역사	·
1253	1932-01-17	金台俊	김태준	金台俊	김태준	別曲의 硏究(3)	문학	·
1254	1932-01-17	春園	춘원	李光洙	이광수	李舜臣(121)	문학	·
1255	1932-01-19	辛東燁	신동엽	辛東燁	신동엽	上古朝鮮 女性地位考(3)	역사	·
1256	1932-01-19	金台俊	김태준	金台俊	김태준	別曲의 硏究(4)	문학	·
1257	1932-01-19	春園	춘원	李光洙	이광수	李舜臣(122)	문학	·
1258	1932-01-20	辛東燁	신동엽	辛東燁	신동엽	上古朝鮮 女性地位考(4)	역사	·
1259	1932-01-20	金台俊	김태준	金台俊	김태준	別曲의 硏究(5)	문학	·
1260	1932-01-20	春園	춘원	李光洙	이광수	李舜臣(123)	문학	·
1261	1932-01-21	辛東燁	신동엽	辛東燁	신동엽	上古朝鮮 女性地位考(5)	역사	·
1262	1932-01-22	辛東燁	신동엽	辛東燁	신동엽	上古朝鮮 女性地位考(6)	역사	·
1263	1932-01-22	金台俊	김태준	金台俊	김태준	別曲의 硏究(6)	문학	·
1264	1932-01-22	春園	춘원	李光洙	이광수	李舜臣(124)	문학	·
1265	1932-01-23	辛東燁	신동엽	辛東燁	신동엽	上古朝鮮 女性地位考(7)	역사	·
1266	1932-01-23	李秉岐	이병기	李秉岐	이병기	詩調는 革命하자(1)	문학	·
1267	1932-01-23	春園	춘원	李光洙	이광수	李舜臣(125)	문학	·
1268	1932-01-24	辛東燁	신동엽	辛東燁	신동엽	上古朝鮮 女性地位考(8)	역사	·
1269	1932-01-24	李秉岐	이병기	李秉岐	이병기	詩調는 革命하자(2)	문학	·
1270	1932-01-24	春園	춘원	李光洙	이광수	李舜臣(126)	문학	·
1271	1932-01-24	金台俊	김태준	金台俊	김태준	別曲의 硏究(7)	문학	·
1272	1932-01-25	辛東燁	신동엽	辛東燁	신동엽	上古朝鮮 自由愛婚俗考(1)	역사	·
1273	1932-01-25	李秉岐	이병기	李秉岐	이병기	詩調는 革命하자(3)	문학	·
1274	1932-01-25	春園	춘원	李光洙	이광수	李舜臣(127)	문학	·
1275	1932-01-26	金台俊	김태준	金台俊	김태준	別曲의 硏究(8)	문학	·
1276	1932-01-27	辛東燁	신동엽	辛東燁	신동엽	上古朝鮮 自由愛婚俗考(2)	역사	·
1277	1932-01-27	李秉岐	이병기	李秉岐	이병기	詩調는 革命하자(4)	문학	·
1278	1932-01-27	春園	춘원	李光洙	이광수	李舜臣(128)	문학	·
1279	1932-01-27	朴魯哲	박노철	朴魯哲	박노철	高句麗 遺址(1)	역사, 기행	·
1280	1932-01-28	辛東燁	신동엽	辛東燁	신동엽	上古朝鮮 自由愛婚俗考(3)	역사	·
1281	1932-01-28	李秉岐	이병기	李秉岐	이병기	詩調는 革命하자(5)	문학	·
1282	1932-01-28	春園	춘원	李光洙	이광수	李舜臣(129)	문학	·
1283	1932-01-28	朴魯哲	박노철	朴魯哲	박노철	高句麗 遺址(2)	역사, 기행	·

연번	날짜	자료저자명(한자)	자료저자명(한글)	본명(한자)	본명(한글)	기사제목	분류	비고
1284	1932-01-28	金台俊	김태준	金台俊	김태준	別曲의 研究(9)	문학	·
1285	1932-01-29	辛東燁	신동엽	辛東燁	신동엽	上古朝鮮 自由愛婚俗考(4)	역사	·
1286	1932-01-29	李秉岐	이병기	李秉岐	이병기	詩調는 革命하자(6)	문학	·
1287	1932-01-29	朴魯哲	박노철	朴魯哲	박노철	高句麗 遺址(3)	역사, 기행	·
1288	1932-01-29	金台俊	김태준	金台俊	김태준	別曲의 研究(10)	문학	·
1289	1932-01-30	辛東燁	신동엽	辛東燁	신동엽	上古朝鮮 自由愛婚俗考(5)	역사	·
1290	1932-01-30	李秉岐	이병기	李秉岐	이병기	詩調는 革命하자(7)	문학	·
1291	1932-01-30	朴魯哲	박노철	朴魯哲	박노철	高句麗 遺址(4)	역사, 기행	·
1292	1932-01-30	金台俊	김태준	金台俊	김태준	別曲의 研究(11)	문학	·
1293	1932-01-30	春園	춘원	李光洙	이광수	李舜臣(130)	문학	·
1294	1932-01-31	李秉岐	이병기	李秉岐	이병기	詩調는 革命하자(8)	문학	·
1295	1932-01-31	朴魯哲	박노철	朴魯哲	박노철	高句麗 遺址(5)	역사, 기행	·
1296	1932-01-31	金台俊	김태준	金台俊	김태준	別曲의 研究(12)	문학	·
1297	1932-01-31	春園	춘원	李光洙	이광수	李舜臣(131)	문학	·
1298	1932-02-02	辛東燁	신동엽	辛東燁	신동엽	上古朝鮮自由愛婚俗考(7)*6회	역사	연재횟수 오기
1299	1932-02-02	李秉岐	이병기	李秉岐	이병기	詩調는 革命하자(9)	문학	·
1300	1932-02-02	朴魯哲	박노철	朴魯哲	박노철	高句麗 遺址(6)	역사, 기행	·
1301	1932-02-02	金台俊	김태준	金台俊	김태준	別曲의 研究(13)	문학	·
1302	1932-02-02	春園	춘원	李光洙	이광수	李舜臣(132)	문학	·
1303	1932-02-03	辛東燁	신동엽	辛東燁	신동엽	上古朝鮮自由愛婚俗考(8)*7회	역사	연재횟수 오기
1304	1932-02-03	李秉岐	이병기	李秉岐	이병기	詩調는 革命하자(10)	문학	·
1305	1932-02-03	朴魯哲	박노철	朴魯哲	박노철	高句麗 遺址(7)	역사, 기행	·
1306	1932-02-03	春園	춘원	李光洙	이광수	李舜臣(133)	문학	·
1307	1932-02-03	李允宰	이윤재	李允宰	이윤재	한글質疑	한글	·
1308	1932-02-04	辛東燁	신동엽	辛東燁	신동엽	上古朝鮮自由愛婚俗考(9)*8회	역사	연재횟수 오기
1309	1932-02-04	李秉岐	이병기	李秉岐	이병기	詩調는 革命하자(11)	문학	·
1310	1932-02-04	朴魯哲	박노철	朴魯哲	박노철	高句麗 遺址(8)	역사, 기행	·
1311	1932-02-04	春園	춘원	李光洙	이광수	李舜臣(134)	문학	·
1312	1932-02-04	李允宰	이윤재	李允宰	이윤재	한글 質疑	한글	·
1313	1932-02-05	辛東燁	신동엽	辛東燁	신동엽	上古朝鮮自由愛婚俗考(10)*9회	역사	연재횟수 오기
1314	1932-02-05	朴魯哲	박노철	朴魯哲	박노철	高句麗 遺址(9)	역사, 기행	·
1315	1932-02-05	春園	춘원	李光洙	이광수	李舜臣(135)	문학	·
1316	1932-02-05	李允宰	이윤재	李允宰	이윤재	한글質疑	한글	·
1317	1932-02-06	辛東燁	신동엽	辛東燁	신동엽	上古朝鮮自由愛婚俗考(11)*10회	역사	연재횟수 오기
1318	1932-02-06	朴魯哲	박노철	朴魯哲	박노철	高句麗 遺址(10)	역사, 기행	·

연번	날짜	자료저자명(한자)	자료저자명(한글)	본명(한자)	본명(한글)	기사제목	분류	비고
1319	1932-02-06	春園	춘원	李光洙	이광수	李舜臣(136)	문학	·
1320	1932-02-07	朴魯哲	박노철	朴魯哲	박노철	高句麗 遺址(11)	역사, 기행	·
1321	1932-02-07	李允宰	이윤재	李允宰	이윤재	만주와우리(4)- 오늘과 옛날의 이야기	역사	·
1322	1932-02-08	李允宰	이윤재	李允宰	이윤재	만주와우리(5)- 오늘과 옛날의 이야기	역사	·
1323	1932-02-09	春園	춘원	李光洙	이광수	李舜臣(137)	문학	·
1324	1932-02-09	朴魯哲	박노철	朴魯哲	박노철	高句麗 遺址(12)	역사, 기행	·
1325	1932-02-10	春園	춘원	李光洙	이광수	李舜臣(138)	문학	·
1326	1932-02-10	朴魯哲	박노철	朴魯哲	박노철	高句麗 遺址(13)	역사, 기행	·
1327	1932-02-11	春園	춘원	李光洙	이광수	李舜臣(139)	문학	·
1328	1932-02-11	朴魯哲	박노철	朴魯哲	박노철	高句麗 遺址(14)	역사, 기행	·
1329	1932-02-12	李允宰	이윤재	李允宰	이윤재	만주와우리(6)- 오늘과 옛날의 이야기	역사	·
1330	1932-02-13	朴魯哲	박노철	朴魯哲	박노철	高句麗 遺址(15)	역사, 기행	·
1331	1932-02-14	李允宰	이윤재	李允宰	이윤재	만주와우리(7)- 오늘과 옛날의 이야기	역사	·
1332	1932-02-14	朴魯哲	박노철	朴魯哲	박노철	高句麗 遺址(16)	역사, 기행	·
1333	1932-02-14	春園	춘원	李光洙	이광수	李舜臣(140)	문학	·
1334	1932-02-16	朴魯哲	박노철	朴魯哲	박노철	高句麗 遺址(17)	역사, 기행	·
1335	1932-02-16	李允宰	이윤재	李允宰	이윤재	한글 質疑	한글	·
1336	1932-02-17	李允宰	이윤재	李允宰	이윤재	만주와우리(8)- 오늘과 옛날의 이야기	역사	·
1337	1932-02-17	李允宰	이윤재	李允宰	이윤재	한글 質疑	한글	·
1338	1932-02-18	春園	춘원	李光洙	이광수	李舜臣(141)	문학	·
1339	1932-02-18	朴魯哲	박노철	朴魯哲	박노철	高句麗 遺址(18)	역사, 기행	·
1340	1932-02-19	春園	춘원	李光洙	이광수	李舜臣(142)	문학	·
1341	1932-02-19	朴魯哲	박노철	朴魯哲	박노철	高句麗 遺址(19)	역사, 기행	·
1342	1932-02-19	李允宰	이윤재	李允宰	이윤재	만주와우리(9)- 오늘과 옛날의 이야기	역사	·
1343	1932-02-20	春園	춘원	李光洙	이광수	李舜臣(143)	문학	·
1344	1932-02-20	朴魯哲	박노철	朴魯哲	박노철	高句麗 遺址(20)	역사, 기행	·
1345	1932-02-20	李允宰	이윤재	李允宰	이윤재	한글 質疑	한글	·
1346	1932-02-21	春園	춘원	李光洙	이광수	李舜臣(144)	문학	·
1347	1932-02-21	朴魯哲	박노철	朴魯哲	박노철	高句麗 遺址(21)	역사, 기행	·
1348	1932-02-22	李允宰	이윤재	李允宰	이윤재	만주와우리(9)*10회- 오늘과 옛날의 이야기	역사	연재횟수 오기
1349	1932-02-23	李允宰	이윤재	李允宰	이윤재	만주와우리(10)*11회- 오늘과 옛날의 이야기	역사	연재횟수 오기
1350	1932-02-23	李允宰	이윤재	李允宰	이윤재	한글 質疑	한글	·
1351	1932-02-23	春園	춘원	李光洙	이광수	李舜臣(145)	문학	·

연번	날짜	자료저자명 (한자)	자료저자명 (한글)	본명 (한자)	본명 (한글)	기사제목	분류	비고
1352	1932-02-24	春園	춘원	李光洙	이광수	李舜臣(146)	문학	·
1353	1932-02-25	春園	춘원	李光洙	이광수	李舜臣(147)	문학	·
1354	1932-02-26	春園	춘원	李光洙	이광수	李舜臣(148)	문학	·
1355	1932-02-27	朴魯哲	박노철	朴魯哲	박노철	高句麗 遺址(22)	역사, 기행	·
1356	1932-02-27	春園	춘원	李光洙	이광수	李舜臣(149)	문학	·
1357	1932-02-28	春園	춘원	李光洙	이광수	李舜臣(150)	문학	·
1358	1932-03-01	金東仁	김동인	金東仁	김동인	아기네(1)	문학	·
1359	1932-03-01	春園	춘원	李光洙	이광수	李舜臣(151)	문학	·
1360	1932-03-02	金東仁	김동인	金東仁	김동인	아기네(2)	문학	·
1361	1932-03-02	朴魯哲	박노철	朴魯哲	박노철	滿洲遊記- 高句麗遺址(23)	역사, 기행	·
1362	1932-03-02	春園	춘원	李光洙	이광수	李舜臣(152)	문학	·
1363	1932-03-03	金東仁	김동인	金東仁	김동인	아기네(3)	문학	·
1364	1932-03-03	朴魯哲	박노철	朴魯哲	박노철	滿洲遊記- 高句麗遺址(24)	역사, 기행	·
1365	1932-03-03	春園	춘원	李光洙	이광수	李舜臣(153)	문학	·
1366	1932-03-04	金東仁	김동인	金東仁	김동인	아기네(4)	문학	·
1367	1932-03-04	朴魯哲	박노철	朴魯哲	박노철	滿洲遊記- 高句麗遺址(25)	역사, 기행	·
1368	1932-03-04	春園	춘원	李光洙	이광수	李舜臣(154)	문학	·
1369	1932-03-05	金東仁	김동인	金東仁	김동인	아기네(5)	문학	·
1370	1932-03-05	春園	춘원	李光洙	이광수	李舜臣(155)	문학	·
1371	1932-03-05	朴魯哲	박노철	朴魯哲	박노철	滿洲遊記- 高句麗遺址(26)	역사, 기행	·
1372	1932-03-05	李鉀	이갑	李鉀	이갑	綴字法의 理論과 ㅎㅆ의 終聲問題(1)	한글	·
1373	1932-03-06	金東仁	김동인	金東仁	김동인	아기네(6)	문학	·
1374	1932-03-06	春園	춘원	李光洙	이광수	李舜臣(156)	문학	·
1375	1932-03-06	朴魯哲	박노철	朴魯哲	박노철	滿洲遊記- 高句麗遺址(27)	역사, 기행	·
1376	1932-03-06	李鉀	이갑	李鉀	이갑	綴字法의 理論과 ㅎㅆ의 終聲問題(2)	한글	·
1377	1932-03-07	金東仁	김동인	金東仁	김동인	아기네(8)*7회	문학	연재횟수 오기
1378	1932-03-07	朴魯哲	박노철	朴魯哲	박노철	滿洲遊記- 高句麗遺址(28)	역사, 기행	·
1379	1932-03-08	春園	춘원	李光洙	이광수	李舜臣(157)	문학	·
1380	1932-03-08	朴魯哲	박노철	朴魯哲	박노철	滿洲遊記- 高句麗遺址(29)	역사, 기행	·
1381	1932-03-08	李鉀	이갑	李鉀	이갑	綴字法의 理論과 ㅎㅆ의 終聲問題(3)	한글	·
1382	1932-03-09	金東仁	김동인	金東仁	김동인	아기네(9)*8회	문학	연재횟수 오기
1383	1932-03-09	春園	춘원	李光洙	이광수	李舜臣(158)	문학	·
1384	1932-03-09	朴魯哲	박노철	朴魯哲	박노철	滿洲遊記- 高句麗遺址(30)	역사, 기행	·
1385	1932-03-09	李鉀	이갑	李鉀	이갑	綴字法의 理論과 ㅎㅆ의 終聲問題(4)	한글	·

연번	날짜	자료저자명(한자)	자료저자명(한글)	본명(한자)	본명(한글)	기사제목	분류	비고
1386	1932-03-10	金東仁	김동인	金東仁	김동인	아기네(10)*9회	문학	연재횟수 오기
1387	1932-03-10	李軒求	이헌구	李軒求	이헌구	文學遺産에 對한 맑스主義者의 見解(上)	논설	·
1388	1932-03-10	李鉀	이갑	李鉀	이갑	綴字法의 理論과 ㅎㅆ의 終聲問題(5)	한글	·
1389	1932-03-10	春園	춘원	李光洙	이광수	李舜臣(159)	문학	·
1390	1932-03-11	金東仁	김동인	金東仁	김동인	아기네(11)*10회	문학	연재횟수 오기
1391	1932-03-11	李軒求	이헌구	李軒求	이헌구	文學遺産에 對한맑스主義者의見解(上)*中	논설	연재횟수 오기
1392	1932-03-11	春園	춘원	李光洙	이광수	李舜臣(160)	문학	·
1393	1932-03-12	金東仁	김동인	金東仁	김동인	아기네(12)*11회	문학	연재횟수 오기
1394	1932-03-12	李允宰	이윤재	李允宰	이윤재	역사적관계로본만주이야기(11)*12회	역사	연재횟수 오기
1395	1932-03-12	李鉀	이갑	李鉀	이갑	綴字法의 理論과 ㅎㅆ의 終聲問題(6)	한글	·
1396	1932-03-12	春園	춘원	李光洙	이광수	李舜臣(161)	문학	·
1397	1932-03-13	金東仁	김동인	金東仁	김동인	아기네(13)*12회	문학	연재횟수 오기
1398	1932-03-13	李軒求	이헌구	李軒求	이헌구	文學遺産에對한맑스主義者의見解(下)	논설	·
1399	1932-03-13	李鉀	이갑	李鉀	이갑	綴字法의 理論과 ㅎㅆ의 終聲問題(7)	한글	·
1400	1932-03-13	春園	춘원	李光洙	이광수	李舜臣(162)	문학	·
1401	1932-03-14	金東仁	김동인	金東仁	김동인	아기네(14)*13회	문학	연재횟수 오기
1402	1932-03-14	李允宰	이윤재	李允宰	이윤재	역사적관계로본만주이야기(12)*13회	역사	연재횟수 오기
1403	1932-03-15	金東仁	김동인	金東仁	김동인	아기네(14)	문학	·
1404	1932-03-15	春園	춘원	李光洙	이광수	李舜臣(163)	문학	·
1405	1932-03-16	李鉀	이갑	李鉀	이갑	綴字法의 理論과 ㅎㅆ의 終聲問題(8)	한글	·
1406	1932-03-16	春園	춘원	李光洙	이광수	李舜臣(164)	문학	·
1407	1932-03-16	金東仁	김동인	金東仁	김동인	아기네(15)	문학	·
1408	1932-03-17	李鉀	이갑	李鉀	이갑	綴字法의 理論과 ㅎㅆ의 終聲問題(9)	한글	·
1409	1932-03-17	春園	춘원	李光洙	이광수	李舜臣(165)	문학	·
1410	1932-03-17	金東仁	김동인	金東仁	김동인	아기네(16)	문학	·
1411	1932-03-17	李允宰	이윤재	李允宰	이윤재	역사적관계로본만주이야기(13)*14회	역사	연재횟수 오기
1412	1932-03-17	李允宰	이윤재	李允宰	이윤재	한글 質疑	한글	·
1413	1932-03-18	春園	춘원	李光洙	이광수	李舜臣(166)	문학	·
1414	1932-03-18	金東仁	김동인	金東仁	김동인	아기네(17)	문학	·
1415	1932-03-18	李允宰	이윤재	李允宰	이윤재	역사적관계로본만주이야기(14)*15회	역사	연재횟수 오기
1416	1932-03-18	朴魯哲	박노철	朴魯哲	박노철	箕子研究餘草(1)	역사	·
1417	1932-03-19	春園	춘원	李光洙	이광수	李舜臣(167)	문학	·
1418	1932-03-19	金東仁	김동인	金東仁	김동인	아기네(18)	문학	·
1419	1932-03-19	朴魯哲	박노철	朴魯哲	박노철	箕子研究餘草(2)	역사	·
1420	1932-03-20	春園	춘원	李光洙	이광수	李舜臣(168)	문학	·
1421	1932-03-20	金東仁	김동인	金東仁	김동인	아기네(19)	문학	·
1422	1932-03-21	朴魯哲	박노철	朴魯哲	박노철	箕子研究餘草(3)	역사	·
1423	1932-03-21	李允宰	이윤재	李允宰	이윤재	역사적관계로본만주이야기(15)*16회	역사	연재횟수 오기
1424	1932-03-23	春園	춘원	李光洙	이광수	李舜臣(169)	문학	·
1425	1932-03-23	金東仁	김동인	金東仁	김동인	아기네(20)	문학	·
1426	1932-03-23	李允宰	이윤재	李允宰	이윤재	역사적관계로본만주이야기(16)*17회	역사	연재횟수 오기

연번	날짜	자료저자명(한자)	자료저자명(한글)	본명(한자)	본명(한글)	기사제목	분류	비고
1427	1932-03-24	春園	춘원	李光洙	이광수	李舜臣(170)	문학	·
1428	1932-03-24	金東仁	김동인	金東仁	김동인	아기네(21)	문학	·
1429	1932-03-24	李允宰	이윤재	李允宰	이윤재	역사적관계로본만주이야기(17)*18회	역사	연재횟수 오기
1430	1932-03-24	朴魯哲	박노철	朴魯哲	박노철	箕子研究餘草(4)	역사	·
1431	1932-03-25	春園	춘원	李光洙	이광수	李舜臣(171)	문학	·
1432	1932-03-25	金東仁	김동인	金東仁	김동인	아기네(22)	문학	·
1433	1932-03-26	春園	춘원	李光洙	이광수	李舜臣(172)	문학	·
1434	1932-03-26	金東仁	김동인	金東仁	김동인	아기네(23)	문학	·
1435	1932-03-26	李允宰	이윤재	李允宰	이윤재	역사적관계로본만주이야기(18)*19회	역사	연재횟수 오기
1436	1932-03-26	李允宰	이윤재	李允宰	이윤재	한글 質疑	한글	·
1437	1932-03-27	春園	춘원	李光洙	이광수	李舜臣(173)	문학	·
1438	1932-03-27	金東仁	김동인	金東仁	김동인	아기네(24)	문학	·
1439	1932-03-27	朴魯哲	박노철	朴魯哲	박노철	箕子研究餘草(5)	역사	·
1440	1932-03-28	李允宰	이윤재	李允宰	이윤재	역사적관계로본만주이야기(19)*20회	역사	연재횟수 오기
1441	1932-03-29	金東仁	김동인	金東仁	김동인	아기네(25)	문학	·
1442	1932-03-29	朴魯哲	박노철	朴魯哲	박노철	箕子研究餘草(6)	역사	·
1443	1932-03-29	李允宰	이윤재	李允宰	이윤재	역사적관계로본만주이야기(20)*21회	역사	연재횟수 오기
1444	1932-03-30	金東仁	김동인	金東仁	김동인	아기네(26)	문학	·
1445	1932-03-30	李殷相	이은상	李殷相	이은상	時調創作問題(1)- 內容, 用語, 型式等-	문학	·
1446	1932-03-30	春園	춘원	李光洙	이광수	李舜臣(174)	문학	·
1447	1932-03-31	朴魯哲	박노철	朴魯哲	박노철	箕子研究餘草(7)	역사	·
1448	1932-03-31	李允宰	이윤재	李允宰	이윤재	역사적관계로본만주이야기(21)*22회	역사	연재횟수 오기
1449	1932-03-31	金東仁	김동인	金東仁	김동인	아기네(27)	문학	·
1450	1932-03-31	李殷相	이은상	李殷相	이은상	時調創作問題(2)- 內容, 用語, 型式等-	문학	·
1451	1932-03-31	春園	춘원	李光洙	이광수	李舜臣(175)	문학	·
1452	1932-04-01	朴魯哲	박노철	朴魯哲	박노철	箕子研究餘草(8)	역사	·
1453	1932-04-01	李允宰	이윤재	李允宰	이윤재	역사적관계로본만주이야기(22)*23회	역사	연재횟수 오기
1454	1932-04-01	金東仁	김동인	金東仁	김동인	아기네(28)	문학	·
1455	1932-04-01	李殷相	이은상	李殷相	이은상	時調創作問題(3)- 內容, 用語, 型式等-	문학	·
1456	1932-04-01	春園	춘원	李光洙	이광수	李舜臣(176)	문학	·
1457	1932-04-01	李允宰	이윤재	李允宰	이윤재	한글 質疑	한글	·
1458	1932-04-02	朴魯哲	박노철	朴魯哲	박노철	箕子研究餘草(9)	역사	·
1459	1932-04-02	李允宰	이윤재	李允宰	이윤재	역사적관계로본만주이야기(23)*24회	역사	연재횟수 오기
1460	1932-04-02	金東仁	김동인	金東仁	김동인	아기네(29)	문학	·
1461	1932-04-02	李殷相	이은상	李殷相	이은상	時調創作問題(4)- 內容, 用語, 型式等-	문학	·
1462	1932-04-02	春園	춘원	李光洙	이광수	李舜臣(177)	문학	·
1463	1932-04-02	李允宰	이윤재	李允宰	이윤재	한글質疑	한글	·
1464	1932-04-03	朴魯哲	박노철	朴魯哲	박노철	箕子研究餘草(10)	역사	·
1465	1932-04-03	李允宰	이윤재	李允宰	이윤재	역사적관계로본만주이야기(24)*25회	역사	연재횟수 오기
1466	1932-04-03	金東仁	김동인	金東仁	김동인	아기네(30)	문학	·
1467	1932-04-03	李殷相	이은상	李殷相	이은상	時調創作問題(5)- 內容, 用語, 型式等-	문학	·

연번	날짜	자료저자명(한자)	자료저자명(한글)	본명(한자)	본명(한글)	기사제목	분류	비고
1468	1932-04-03	春園	춘원	李光洙	이광수	李舜臣(178)	문학	·
1469	1932-04-03	李允宰	이윤재	李允宰	이윤재	한글 質疑	한글	·
1470	1932-04-04	李殷相	이은상	李殷相	이은상	時調創作問題(6)- 內容, 用語, 型式等-	문학	·
1471	1932-04-04	金東仁	김동인	金東仁	김동인	아기네(31)	문학	·
1472	1932-04-05	·	·	·	·	忠武公影幀- 李象範氏 靈筆로 完成【陰曆 3月 8日에 期하여】牙山顯忠祠에 奉安 할터-	사업	·
1473	1932-04-05	李允宰	이윤재	李允宰	이윤재	역사적관계로본만주이야기(25)*26회	역사	연재횟수 오기
1474	1932-04-05	金東仁	김동인	金東仁	김동인	아기네(32)	문학	·
1475	1932-04-06	李殷相	이은상	李殷相	이은상	時調創作問題(7)- 內容, 用語, 型式等-	문학	·
1476	1932-04-06	朴魯哲	박노철	朴魯哲	박노철	箕子研究餘草(11)	역사	·
1477	1932-04-06	金東仁	김동인	金東仁	김동인	아기네(33)	문학	·
1478	1932-04-07	朴魯哲	박노철	朴魯哲	박노철	箕子研究餘草(12)	역사	·
1479	1932-04-07	金東仁	김동인	金東仁	김동인	아기네(34)	문학	·
1480	1932-04-08	李殷相	이은상	李殷相	이은상	時調創作問題(8)- 內容, 用語, 型式等-	문학	·
1481	1932-04-08	金東仁	김동인	金東仁	김동인	아기네(35)	문학	·
1482	1932-04-09	李殷相	이은상	李殷相	이은상	時調創作問題(9)- 內容, 用語, 型式等-	문학	·
1483	1932-04-09	金東仁	김동인	金東仁	김동인	아기네(36)	문학	·
1484	1932-04-09	李允宰	이윤재	李允宰	이윤재	역사적관계로본만주이야기(26)*27회	역사	연재횟수 오기
1485	1932-04-10	·	·	·	·	顯忠祠 落成式- 陰曆 5月 2日로 延期-【準備關係等 事情으로】	사업	·
1486	1932-04-10	金東仁	김동인	金東仁	김동인	아기네(37)	문학	·
1487	1932-04-11	李殷相	이은상	李殷相	이은상	時調創作問題(10)- 內容, 用語, 型式等-	문학	·
1488	1932-04-11	金東仁	김동인	金東仁	김동인	아기네(38)	문학	·
1489	1932-04-12	李允宰	이윤재	李允宰	이윤재	역사적관계로본만주이야기(28)	역사	·
1490	1932-04-12	金東仁	김동인	金東仁	김동인	아기네(39)	문학	·
1491	1932-04-13	金東仁	김동인	金東仁	김동인	아기네(40)	문학	·
1492	1932-04-14	金東仁	김동인	金東仁	김동인	아기네(41)	문학	·
1493	1932-04-15	張道斌	장도빈	張道斌	장도빈	朝鮮史(1)	역사	·
1494	1932-04-15	金東仁	김동인	金東仁	김동인	아기네(42)	문학	·
1495	1932-04-16	張道斌	장도빈	張道斌	장도빈	朝鮮史(2)	역사	·
1496	1932-04-16	金東仁	김동인	金東仁	김동인	아기네(43)	문학	·
1497	1932-04-17	張道斌	장도빈	張道斌	장도빈	朝鮮史(3)	역사	·
1498	1932-04-17	金東仁	김동인	金東仁	김동인	아기네(44)	문학	·
1499	1932-04-17	李允宰	이윤재	李允宰	이윤재	역사적관계로본만주이야기(29)	역사	·
1500	1932-04-18	張道斌	장도빈	張道斌	장도빈	朝鮮史(4)	역사	·
1501	1932-04-18	金東仁	김동인	金東仁	김동인	아기네(45)	문학	·
1502	1932-04-18	李允宰	이윤재	李允宰	이윤재	역사적관계로본만주이야기(30)	역사	·
1503	1932-04-19	張道斌	장도빈	張道斌	장도빈	朝鮮史(5)	역사	·
1504	1932-04-19	金東仁	김동인	金東仁	김동인	아기네(46)	문학	본문내용 삭제
1505	1932-04-19	李允宰	이윤재	李允宰	이윤재	역사적관계로본만주이야기(31)	역사	·
1506	1932-04-20	張道斌	장도빈	張道斌	장도빈	朝鮮史(5)*6회	역사	연재횟수 오기

연번	날짜	자료저자명(한자)	자료저자명(한글)	본명(한자)	본명(한글)	기사제목	분류	비고
1507	1932-04-21	張道斌	장도빈	張道斌	장도빈	朝鮮史(6)*7회	역사	연재횟수 오기
1508	1932-04-21	金秉坤	김병곤	金秉坤	김병곤	조선편 큰어른 길러낸 어머니의 힘(1)	문학	·
1509	1932-04-21	李允宰	이윤재	李允宰	이윤재	한글 質疑	한글	·
1510	1932-04-22	張道斌	장도빈	張道斌	장도빈	朝鮮史(7)*8회	역사	연재횟수 오기
1511	1932-04-23	張道斌	장도빈	張道斌	장도빈	朝鮮史(8)*9회	역사	연재횟수 오기
1512	1932-04-23	金秉坤	김병곤	金秉坤	김병곤	조선편 어머니의 힘(2)- 동명성제의 어머님(上)	문학	·
1513	1932-04-24	張道斌	장도빈	張道斌	장도빈	朝鮮史(9)*10회	역사	연재횟수 오기
1514	1932-04-24	金秉坤	김병곤	金秉坤	김병곤	조선편 어머니의 힘(3)- 동명성제의 어머님(下)	문학	·
1515	1932-04-24	李允宰	이윤재	李允宰	이윤재	한글 質疑	한글	·
1516	1932-04-25	張道斌	장도빈	張道斌	장도빈	朝鮮史(10)*11회	역사	연재횟수 오기
1517	1932-04-25	金秉坤	김병곤	金秉坤	김병곤	조선편 어머니의 힘(4)- 석탈해의 어머님	문학	·
1518	1932-04-26	·	·	·	·	朝鮮의 始祖 檀君墓 修築 守護閣을 建築하야 永久히 保存코저 發起	사업	·
1519	1932-04-26	金秉坤	김병곤	金秉坤	김병곤	조선편 어머니의 힘(5)- 김유신의 어머님	문학	·
1520	1932-04-28	張道斌	장도빈	張道斌	장도빈	朝鮮史(11)*12회	역사	연재횟수 오기
1521	1932-04-29	張道斌	장도빈	張道斌	장도빈	朝鮮史(12)*13회	역사	연재횟수 오기
1522	1932-05-01	金東仁	김동인	金東仁	김동인	아기네(47)	문학	·
1523	1932-05-02	張道斌	장도빈	張道斌	장도빈	朝鮮史(13)*14회	역사	연재횟수 오기
1524	1932-05-02	金東仁	김동인	金東仁	김동인	아기네(48)	문학	·
1525	1932-05-03	張道斌	장도빈	張道斌	장도빈	朝鮮史(14)*15회	역사	연재횟수 오기
1526	1932-05-03	金東仁	김동인	金東仁	김동인	아기네(49)	문학	·
1527	1932-05-04	張道斌	장도빈	張道斌	장도빈	朝鮮史(14)*16회	역사	연재횟수 오기
1528	1932-05-04	金東仁	김동인	金東仁	김동인	아기네(49)*50회	문학	연재횟수 오기
1529	1932-05-05	金秉坤	김병곤	金秉坤	김병곤	조선편 어머니의 힘(6)- 김유신의 어머님(上)	문학	·
1530	1932-05-05	金東仁	김동인	金東仁	김동인	아기네(50)*51회	문학	연재횟수 오기
1531	1932-05-06	金秉坤	김병곤	金秉坤	김병곤	조선편 어머니의 힘(7)- 김유신의 어머님(下)	문학	·
1532	1932-05-06	金東仁	김동인	金東仁	김동인	아기네(51)*52회	문학	연재횟수 오기
1533	1932-05-06	吳箕永	오기영	吳箕永	오기영	江東 大朴山에 잇는 檀君陵 奉審記(上)	사업	·
1534	1932-05-07	張道斌	장도빈	張道斌	장도빈	朝鮮史(15)*17회	역사	연재횟수 오기
1535	1932-05-07	金秉坤	김병곤	金秉坤	김병곤	조선편 어머니의 힘(8)- 최응의 어머님(上)	문학	·
1536	1932-05-07	金東仁	김동인	金東仁	김동인	아기네(52)*53회	문학	연재횟수 오기
1537	1932-05-08	金秉坤	김병곤	金秉坤	김병곤	조선편 어머니의 힘(9)- 최응의 어머님(下)	문학	·
1538	1932-05-08	金東仁	김동인	金東仁	김동인	아기네(53)*54회	문학	연재횟수 오기
1539	1932-05-10	·	·	·	·	平壤驛 構內이 古墳發掘着手- 所藏品은 果然무엇?	사업	·
1540	1932-05-11	金東仁	김동인	金東仁	김동인	아기네(54)*55회	문학	연재횟수 오기
1541	1932-05-11	吳箕永	오기영	吳箕永	오기영	江東 大朴山에 잇는 檀君陵 奉審記(中)	사업	·
1542	1932-05-11	張道斌	장도빈	張道斌	장도빈	朝鮮史(16)*18회	역사	연재횟수 오기
1543	1932-05-12	吳箕永	오기영	吳箕永	오기영	江東 大朴山에 잇는 檀君陵 奉審記(下)	사업	·
1544	1932-05-13	張道斌	장도빈	張道斌	장도빈	朝鮮史(17)*19회	역사	연재횟수 오기
1545	1932-05-13	金東仁	김동인	金東仁	김동인	아기네(55)*56회	문학	연재횟수 오기
1546	1932-05-14	金東仁	김동인	金東仁	김동인	아기네(56)*57회	문학	연재횟수 오기

연번	날짜	자료저자명(한자)	자료저자명(한글)	본명(한자)	본명(한글)	기사제목	분류	비고
1547	1932-05-15	張道斌	장도빈	張道斌	장도빈	朝鮮史(18)*20회	역사	연재횟수 오기
1548	1932-05-15	金東仁	김동인	金東仁	김동인	아기네(57)*58회	문학	연재횟수 오기
1549	1932-05-15	·	·	·	·	檀君陵 修築 期成會 組織- 오는 20일 명륜당에서 江東郡의 有志會合	사업	·
1550	1932-05-16	張道斌	장도빈	張道斌	장도빈	朝鮮史(19)*21회	역사	연재횟수 오기
1551	1932-05-16	金東仁	김동인	金東仁	김동인	아기네(58)*59회	문학	연재횟수 오기
1552	1932-05-17	張道斌	장도빈	張道斌	장도빈	朝鮮史(20)*22회	역사	연재횟수 오기
1553	1932-05-17	金東仁	김동인	金東仁	김동인	아기네(59)*60회	문학	연재횟수 오기
1554	1932-05-18	張道斌	장도빈	張道斌	장도빈	朝鮮史(21)*23회	역사	연재횟수 오기
1555	1932-05-18	金東仁	김동인	金東仁	김동인	아기네(60)*61회	문학	연재횟수 오기
1556	1932-05-19	金東仁	김동인	金東仁	김동인	아기네(61)*62회	문학	연재횟수 오기
1557	1932-05-20	張道斌	장도빈	張道斌	장도빈	朝鮮史(22)*24회	역사	연재횟수 오기
1558	1932-05-20	金東仁	김동인	金東仁	김동인	아기네(62)*63회	문학	연재횟수 오기
1559	1932-05-21	·	·	·	·	李忠武公遺蹟 閑山島 制勝堂- 本報 統營支局에 依賴 重建誠金이 逐至	사업	·
1560	1932-05-21	張道斌	장도빈	張道斌	장도빈	朝鮮史(23)*25회	역사	연재횟수 오기
1561	1932-05-21	金東仁	김동인	金東仁	김동인	아기네(63)*64회	문학	연재횟수 오기
1562	1932-05-21	金秉坤	김병곤	金秉坤	김병곤	조선편 어머니의 힘(10)- 강감찬의 어머님(上)	문학	·
1563	1932-05-22	張道斌	장도빈	張道斌	장도빈	朝鮮史(24)*26회	역사	연재횟수 오기
1564	1932-05-22	金東仁	김동인	金東仁	김동인	아기네(64)*65회	문학	연재횟수 오기
1565	1932-05-22	金秉坤	김병곤	金秉坤	김병곤	조선편 어머니의 힘(11)- 강감찬의 어머님(下)	문학	·
1566	1932-05-23	張道斌	장도빈	張道斌	장도빈	朝鮮史(25)*27회	역사	연재횟수 오기
1567	1932-05-24	金東仁	김동인	金東仁	김동인	아기네(65)*66회	문학	연재횟수 오기
1568	1932-05-24	金秉坤	김병곤	金秉坤	김병곤	조선편 어머니의 힘(12)- 정문의 어머님(上)	문학	·
1569	1932-05-25	金東仁	김동인	金東仁	김동인	아기네(66)*67회	문학	연재횟수 오기
1570	1932-05-26	金秉坤	김병곤	金秉坤	김병곤	조선편 어머니의 힘(13)- 정문의 어머님(下)	문학	·
1571	1932-05-26	金東仁	김동인	金東仁	김동인	아기네(67)*68회	문학	연재횟수 오기
1572	1932-05-27	金秉坤	김병곤	金秉坤	김병곤	조선편 어머니의 힘(14)- 김부식의 어머님	문학	·
1573	1932-05-27	金東仁	김동인	金東仁	김동인	아기네(68)*69회	문학	연재횟수 오기
1574	1932-05-28	江東 一記者	강동 일기자	·	·	地方論壇/ 檀君陵 修築 期成- 江東人士의 贊助를 促함	사업	·
1575	1932-05-28	金東仁	김동인	金東仁	김동인	아기네(69)*70회	문학	연재횟수 오기
1576	1932-05-28	金秉坤	김병곤	金秉坤	김병곤	조선편 어머니의 힘(15)- 송유의 어머님(上)	문학	·
1577	1932-05-29	金東仁	김동인	金東仁	김동인	아기네(70)*71회	문학	연재횟수 오기
1578	1932-05-29	·	·	·	·	檀君陵修築 守護誠金 逐至	사업	·
1579	1932-05-29	·	·	·	·	현충사/ 萬衆의 血淚로 重建된 顯忠祠. 新祠에 奉安될 忠武公影幀(이하 기사)	사업	·
1580	1932-05-29	·	·	·	·	현충사/ 誠金에 凝結된 追慕의 熱情 上下總意는 遺跡保全	사업	·
1581	1932-05-29	·	·	·	·	현충사/ 位土競賣問題에 發端 激成된 民族的 義憤 貧富와 老幼를 超越하야 發露된 民族的 至情	사업	·
1582	1932-05-29	·	·	·	·	현충사/ 收合된 誠金 一萬七千圓	사업	·
1583	1932-05-29	·	·	·	·	현충사/ 全土에 瀰滿한 偉人追慕熱	사업	·

연번	날짜	자료저자명(한자)	자료저자명(한글)	본명(한자)	본명(한글)	기사제목	분류	비고
1584	1932-05-29	·	·	·	·	현충사/ 公의 遺物은 永久히 保存	사업	·
1585	1932-05-29	·	·	·	·	현충사/ 由緖기픈 牙山舊趾에 顯忠祠 重建落成	사업	·
1586	1932-05-29	·	·	·	·	현충사/ 顯忠祠 建物槪要	사업	·
1587	1932-05-29	·	·	·	·	현충사/ 影幀 奉安式 來6月 5日 個人請牒은 一切廢止 牙山白岩서 擧行	사업	·
1588	1932-05-29	·	·	·	·	현충사/ 李忠武公 遺蹟 保存 誠金 決算表	사업	·
1589	1932-05-29	·	·	·	·	현충사/ 收入과 支出明細	사업	·
1590	1932-05-29	·	·	·	·	현충사/ 各道 團體 及 個人別 收入	사업	·
1591	1932-05-30	金東仁	김동인	金東仁	김동인	아기네(71)*72회	문학	연재횟수 오기
1592	1932-05-31	金秉坤	김병곤	金秉坤	김병곤	조선편 어머니의 힘(16)- 송유의 어머님(中)	문학	·
1593	1932-05-31	金東仁	김동인	金東仁	김동인	아기네(72)*73회	문학	연재횟수 오기
1594	1932-06-01	金秉坤	김병곤	金秉坤	김병곤	조선편 어머니의 힘(17)- 송유의 어머님(下)	문학	·
1595	1932-06-01	金周經	김주경	金周經	김주경	第12回 朝美展 印象記(1)	미술	·
1596	1932-06-01	李允宰	이윤재	李允宰	이윤재	한글 質疑	한글	·
1597	1932-06-01	金東仁	김동인	金東仁	김동인	아기네(73)*74회	문학	연재횟수 오기
1598	1932-06-02	韓赫五	한혁오	韓赫五	한혁오	傳說(1) 李太祖와 馳馬臺- 武術 닥든 靑年時代 龍馬의 가엽슨 죽엄	문학	咸興
1599	1932-06-02	金東仁	김동인	金東仁	김동인	아기네(74)*75회	문학	연재횟수 오기
1600	1932-06-02	金秉坤	김병곤	金秉坤	김병곤	조선편 어머니의 힘(18)- 정몽주의 어머님(上)	문학	·
1601	1932-06-03	社說	사설	·	·	民族的 至情의 結晶- 忠武公 遺蹟의 完保	논설	·
1602	1932-06-03	金秉坤	김병곤	金秉坤	김병곤	傳說(2) 富山城깨트린 앙금할머니- 新羅强軍을 물리친 로파의 교활한 수단	문학	乾川
1603	1932-06-03	金東仁	김동인	金東仁	김동인	아기네(75)*76회	문학	연재횟수 오기
1604	1932-06-03	金秉坤	김병곤	金秉坤	김병곤	조선편 어머니의 힘(19)- 정몽주의 어머님(中)	문학	·
1605	1932-06-04	金東仁	김동인	金東仁	김동인	아기네(76)*77회	문학	연재횟수 오기
1606	1932-06-04	金秉坤	김병곤	金秉坤	김병곤	조선편 어머니의 힘(20)- 정몽주의 어머님(下)	문학	·
1607	1932-06-04	金周經	김주경	金周經	김주경	第12回 朝美展 印象記(2)	미술	·
1608	1932-06-05	·	·	·	·	李忠武公 影幀 奉安式 明日擧行- 顯忠祠 落成式도 同時開催 萬淚血淚의 結晶完成	사업	·
1609	1932-06-05	趙成玟	조성민	趙成玟	조성민	傳說(3) 自足山 굴바위 僧의 登仙- 南怡將軍의 出生과 인연이 기픈 전설	문학	長湖院
1610	1932-06-05	金東仁	김동인	金東仁	김동인	아기네(77)*78회	문학	연재횟수 오기
1611	1932-06-05	金秉坤	김병곤	金秉坤	김병곤	조선편 어머니의 힘(21)- 성간의 어머님	문학	·
1612	1932-06-05	金周經	김주경	金周經	김주경	第12回 朝美展 印象記(3)	미술	·
1613	1932-06-06	社說	사설	·	·	리충무공의 인격- 현충사 락성식 날에	논설	·
1614	1932-06-06	金東仁	김동인	金東仁	김동인	아기네(78)*79회	문학	연재횟수 오기
1615	1932-06-07	·	·	·	·	忠武公 影幀 奉安日 莊重盛大한 諸儀式- 全土各地의 會衆三萬	사업	·
1616	1932-06-07	金東仁	김동인	金東仁	김동인	아기네(79)*80회	문학	연재횟수 오기
1617	1932-06-07	金秉坤	김병곤	金秉坤	김병곤	조선편 어머니의 힘(22)- 남효온의 어머님	문학	·
1618	1932-06-07	金周經	김주경	金周經	김주경	第12回 朝美展 印象記(4)	미술	·
1619	1932-06-09	金東仁	김동인	金東仁	김동인	아기네(80)*81회	문학	연재횟수 오기
1620	1932-06-09	金秉坤	김병곤	金秉坤	김병곤	조선편 어머니의 힘(23)- 정인지의 어머님	문학	·

연번	날짜	자료저자명(한자)	자료저자명(한글)	본명(한자)	본명(한글)	기사제목	분류	비고
1621	1932-06-09	金周經	김주경	金周經	김주경	第12回 朝美展 印象記(5)	미술	·
1622	1932-06-09	閔鳳鎬	민봉호	閔鳳鎬	민봉호	傳說(4) 不遇의 力士 龍吉의 最後- 어여쁜 소저와의 서리마즌 사랑의 싹	문학	信川
1623	1932-06-09	閔鳳鎬	민봉호	閔鳳鎬	민봉호	傳說(5) 不遇의 力士 龍吉의 最後- 어여쁜 소저와의 서리마즌 사랑의 싹	문학	信川
1624	1932-06-09	閔鳳鎬	민봉호	閔鳳鎬	민봉호	傳說(6) 不遇의 力士 龍吉의 最後- 어여쁜 소저와의 서리마즌 사랑의 싹	문학	信川
1625	1932-06-10	金東仁	김동인	金東仁	김동인	아기네(81)*82회	문학	연재횟수 오기
1626	1932-06-10	金秉坤	김병곤	金秉坤	김병곤	조선편 어머니의 힘(24)- 박광우의 어머님	문학	·
1627	1932-06-10	李允宰	이윤재	李允宰	이윤재	한글 質疑	한글	·
1628	1932-06-11	金東仁	김동인	金東仁	김동인	아기네(82)*83회	문학	연재횟수 오기
1629	1932-06-12	金東仁	김동인	金東仁	김동인	아기네(83)*84회	문학	연재횟수 오기
1630	1932-06-14	金東仁	김동인	金東仁	김동인	아기네(84)*85회	문학	연재횟수 오기
1631	1932-06-14	金碩坤	김석곤	金碩坤	김석곤	한글가로쓰기(1)	한글	·
1632	1932-06-15	李元甲	이원갑	李元甲	이원갑	傳說(7) 歷代의 郡守夫人 金猪가 拉去- 金도야지 죽이고 포태산아하니 최치원	문학	鐵山
1633	1932-06-15	金東仁	김동인	金東仁	김동인	아기네(85)*86회	문학	연재횟수 오기
1634	1932-06-15	金碩坤	김석곤	金碩坤	김석곤	한글가로쓰기(2)	한글	·
1635	1932-06-16	丁哲淳	정철순	丁哲淳	정철순	傳說(8) 申夫人의 홀어미城- 절개지키고저 두시간에 축성 /靑孀으로 끝까지 守節	문학	寄稿, 淳昌
1636	1932-06-16	金東仁	김동인	金東仁	김동인	아기네(86)*87회	문학	연재횟수 오기
1637	1932-06-16	金碩坤	김석곤	金碩坤	김석곤	한글가로쓰기(3)	한글	·
1638	1932-06-17	松都生	송도생	·	·	傳說(9) 兩臣殉節한 登槃岩- 나라망함보고 머리깨어 죽어 /高麗末葉의 孫河兩人	문학	寄稿, 開城
1639	1932-06-17	金東仁	김동인	金東仁	김동인	아기네(87)*88회	문학	연재횟수 오기
1640	1932-06-17	金碩坤	김석곤	金碩坤	김석곤	한글가로쓰기(4)	한글	·
1641	1932-06-18	洪千吉	홍천길	洪千吉	홍천길	傳說(10) 花石亭과 宣祖西遷- 화석정 타는 불빛에 림진강 건너 /李栗谷先生의 先見	문학	寄稿, 汶山
1642	1932-06-18	金東仁	김동인	金東仁	김동인	아기네(88)*89회	문학	연재횟수 오기
1643	1932-06-18	金碩坤	김석곤	金碩坤	김석곤	한글가로쓰기(5)	한글	·
1644	1932-06-19	一記生	일기생	·	·	傳說(11) 仙女 앉았던 「선바위」- 도끼로 바위깎자 미인은 승천/ 野慾에 타는 李四郞 自殺	문학	寄稿, 抱川
1645	1932-06-19	金東仁	김동인	金東仁	김동인	아기네(89)*90회	문학	연재횟수 오기
1646	1932-06-19	金碩坤	김석곤	金碩坤	김석곤	한글가로쓰기(6)	한글	·
1647	1932-06-21	金東仁	김동인	金東仁	김동인	아기네(90)*91회	문학	연재횟수 오기
1648	1932-06-22	金載寧	김재영	金載寧	김재영	傳說(12) 龍女와 大井우물- 의조의 마마님(룡녀). 룡궁출입/ 溫鞋陵은 龍女의 鞋塚	문학	寄稿, 開城
1649	1932-06-22	金東仁	김동인	金東仁	김동인	아기네(91)*92회	문학	연재횟수 오기
1650	1932-06-22	金碩坤	김석곤	金碩坤	김석곤	한글가로쓰기(7)	한글	·
1651	1932-06-23	金東仁	김동인	金東仁	김동인	아기네(92)*93회	문학	연재횟수 오기
1652	1932-06-24	高文洙	고문수	高文洙	고문수	傳說(13) 芙蓉樓의 개구리 聲- 쉬지안코 울든 개구리 소리가/ 監司詩 한 篇에 끈허져	문학	寄稿, 載寧
1653	1932-06-24	金東仁	김동인	金東仁	김동인	아기네(93)*94회	문학	연재횟수 오기
1654	1932-06-24	金碩坤	김석곤	金碩坤	김석곤	한글가로쓰기(8)	한글	·

연번	날짜	자료저자명 (한자)	자료저자명 (한글)	본명 (한자)	본명 (한글)	기사제목	분류	비고
1655	1932-06-25	申應和	신응화	申應和	신응화	傳說(14) 朴唯一과 感古堂 박씨 이외에는 살 수 업는 집/ 壬辰亂에 兩王子 亡命	문학	寄稿, 羅南
1656	1932-06-25	金東仁	김동인	金東仁	김동인	아기네(94)*95회	문학	연재횟수 오기
1657	1932-06-26	金東仁	김동인	金東仁	김동인	아기네(95)*96회	문학	연재횟수 오기
1658	1932-06-27	金東仁	김동인	金東仁	김동인	아기네(96)*97회	문학	연재횟수 오기
1659	1932-06-28	金東仁	김동인	金東仁	김동인	아기네(97)*98회	문학	연재횟수 오기
1660	1932-06-28	金碩坤	김석곤	金碩坤	김석곤	한글가로쓰기(9)	한글	·
1661	1932-06-29	張用尙	장용상	張用尙	장용상	傳說(15) 道僧과 애기바위- 살든집이 졸지에 벽해로 변해/ 애기업은 婦女 然卒 化石化	문학	寄稿, 龜城
1662	1932-06-29	金東仁	김동인	金東仁	김동인	아기네(98)*99회	문학	연재횟수 오기
1663	1932-06-29	金碩坤	김석곤	金碩坤	김석곤	한글가로쓰기(10)	한글	·
1664	1932-06-30	崔元洛	최원락	崔元洛	최원락	傳說(16) 地下의 鳴岩이 突出 그 돌로 범상을 만들엇다 靈驗만흔 彌勒佛	문학	寄稿, 論山
1665	1932-07-01	朴炯允	박형윤	朴炯允	박형윤	傳說(17) 裵處女와 眞覺國師 배이방의 딸 처녀의 몸으로/ 車泉의 野瓜먹고 胞胎	문학	寄稿, 和順
1666	1932-07-01	金碩坤	김석곤	金碩坤	김석곤	한글가로쓰기(11)	한글	·
1667	1932-07-01	金東仁	김동인	金東仁	김동인	아기네(99)*100회	문학	연재횟수 오기
1668	1932-07-01	朴炯允	박형윤	朴炯允	박형윤	傳說(18) 裵處女와 眞覺國師 배이방의 딸 처녀의 몸으로/ 車泉의 野瓜먹고 胞胎	문학	寄稿, 和順
1669	1932-07-02	金碩坤	김석곤	金碩坤	김석곤	한글가로쓰기(12)	한글	·
1670	1932-07-02	金東仁	김동인	金東仁	김동인	아기네(100)*101회	문학	연재횟수 오기
1671	1932-07-03	金碩坤	김석곤	金碩坤	김석곤	한글가로쓰기(13)	한글	·
1672	1932-07-04	金東仁	김동인	金東仁	김동인	아기네(101)*102회	문학	연재횟수 오기
1673	1932-07-04	金碩坤	김석곤	金碩坤	김석곤	한글가로쓰기(14)	한글	·
1674	1932-07-05	金東仁	김동인	金東仁	김동인	아기네(102)*103회	문학	연재횟수 오기
1675	1932-07-06	吉龍鎭	길용진	吉龍鎭	길용진	傳說(19) 嶺東勇士와 上院寺 뱀에게 죽을것을 꿩이 살려줘/ 赤岳을 雉岳胞으로 改稱	문학	寄稿, 原州
1676	1932-07-06	金碩坤	김석곤	金碩坤	김석곤	한글가로쓰기(15)	한글	·
1677	1932-07-06	金東仁	김동인	金東仁	김동인	아기네(103)*104회	문학	연재횟수 오기
1678	1932-07-06	吉龍鎭	길용진	吉龍鎭	길용진	傳說(20) 嶺東勇士와 上院寺 뱀에게 죽을것을 꿩이 살려줘/ 赤岳을 雉岳山으로 改稱	문학	寄稿, 原州
1679	1932-07-08	洪千吉	홍천길	洪千吉	홍천길	傳說(21) 女眞征伐한 文肅公 윤관선생과 그때의 가인「웅」/ 坡平山과 熊潭의 哀話	문학	寄稿, 汶山
1680	1932-07-08	金碩坤	김석곤	金碩坤	김석곤	한글가로쓰기(16)	한글	·
1681	1932-07-08	金東仁	김동인	金東仁	김동인	아기네(104)*105회	문학	연재횟수 오기
1682	1932-07-09	玄鎭健	현진건	玄鎭健	현진건	檀君聖跡巡禮	사업	·
1683	1932-07-09	辛東燁	신동엽	辛東燁	신동엽	傳說(22) 熊川海中天子岩- 수달피 색기는 천자 풍수아들은 왕후/ 李太祖와 明太祖의 卜術	문학	寄稿, 東萊
1684	1932-07-09	辛東燁	신동엽	辛東燁	신동엽	傳說(23) 熊川海中天子岩- 수달피 색기는 천자 풍수아들은 왕후/ 李太祖와 明太祖의 卜術	문학	寄稿, 東萊
1685	1932-07-10	金碩坤	김석곤	金碩坤	김석곤	한글가로쓰기(16)*17회	한글	연재횟수 오기

연번	날짜	자료저자명 (한자)	자료저자명 (한글)	본명 (한자)	본명 (한글)	기사제목	분류	비고
1686	1932-07-10	金東仁	김동인	金東仁	김동인	아기네(105)*106회	문학	연재횟수 오기
1687	1932-07-10	李勳求	이훈구	李勳求	이훈구	朝鮮人口, 史的發展의 研究(1)	역사, 논설	·
1688	1932-07-11	金東仁	김동인	金東仁	김동인	아기네(106)*107회	문학	연재횟수 오기
1689	1932-07-12	金東仁	김동인	金東仁	김동인	아기네(107)*108회	문학	연재횟수 오기
1690	1932-07-13	金東仁	김동인	金東仁	김동인	아기네(108)*109회	문학	연재횟수 오기
1691	1932-07-14	金碩坤	김석곤	金碩坤	김석곤	한글가로쓰기(17)*18회	한글	연재횟수 오기
1692	1932-07-14	金東仁	김동인	金東仁	김동인	아기네(109)*110회	문학	연재횟수 오기
1693	1932-07-15	朴大雄	박대웅	朴大雄	박대웅	傳說(24) 卜債九千兩과 金佛 - 9천량으로 점하고 큰돈버리/ 阿彌陀佛十 十萬番	문학	寄稿, 高陽
1694	1932-07-15	金東仁	김동인	金東仁	김동인	아기네(110)*111회	문학	연재횟수 오기
1695	1932-07-16	金碩坤	김석곤	金碩坤	김석곤	한글가로쓰기(18)*19회	한글	연재횟수 오기
1696	1932-07-16	金東仁	김동인	金東仁	김동인	아기네(111)*112회	문학	연재횟수 오기
1697	1932-07-17	成德俊	성덕준	成德俊	성덕준	傳說(24)*25회雲鍾寺와加藤淸正-원앙꿈깨트리든 녹슨종소리/「梨泰院」은元「異胎院」	문학	寄稿,梨泰院,연재횟수 오기
1698	1932-07-17	金碩坤	김석곤	金碩坤	김석곤	한글가로쓰기(19)*20회	한글	연재횟수 오기
1699	1932-07-17	金東仁	김동인	金東仁	김동인	아기네(112)*113회	문학	연재횟수 오기
1700	1932-07-18	金東仁	김동인	金東仁	김동인	아기네(113)*114회	문학	연재횟수 오기
1701	1932-07-19	黃在嬉	황재희	黃在嬉	황재희	傳說(26) 石窟五十里掘鑿 권력에 뺏긴 안해 차즈려고/ 遂安城東의「마십물」	문학	寄稿, 載寧
1702	1932-07-19	金碩坤	김석곤	黃在嬉	황재희	한글가로쓰기(20)*21회	한글	·
1703	1932-07-19	金東仁	김동인	金東仁	김동인	아기네(114)*115회	문학	연재횟수 오기
1704	1932-07-19	李勳求	이훈구	李勳求	이훈구	朝鮮人口, 史的發展의 研究(2)	역사, 논설	·
1705	1932-07-19	黃在嬉	황재희	黃在嬉	황재희	傳說(27) 石窟五十里掘鑿 권력에 뺏긴 안해 차즈려고/ 遂安城東의「마십물」	문학	寄稿, 載寧
1706	1932-07-20	金碩坤	김석곤	金碩坤	김석곤	한글가로쓰기(21)*22회	한글	연재횟수 오기
1707	1932-07-21	黃郁	황욱	黃郁	황욱	各地한글講習	한글	·
1708	1932-07-21	金東仁	김동인	金東仁	김동인	아기네(115)*116회	문학	연재횟수 오기
1709	1932-07-21	李勳求	이훈구	李勳求	이훈구	朝鮮人口, 史的發展의 研究(3)	역사, 논설	·
1710	1932-07-22	金東仁	김동인	金東仁	김동인	아기네(116)*117회	문학	연재횟수 오기
1711	1932-07-23	朱東林	주동림	朱東林	주동림	傳說(28) 秋夕祭와 月餠선사 지금도 그 유풍이 남아 잇다/ 高句麗嶺內의 異民族	문학	寄稿, 惠山
1712	1932-07-23	金東仁	김동인	金東仁	김동인	아기네(117)*118회	문학	연재횟수 오기
1713	1932-07-23	李殷相	이은상	李殷相	이은상	朝鮮의 謠讖(1)	역사, 문학	·
1714	1932-07-23	李勳求	이훈구	李勳求	이훈구	朝鮮人口, 史的發展의 研究(4)	역사, 논설	·
1715	1932-07-23	朱東林	주동림	朱東林	주동림	傳說(29) 秋夕祭와 月餠선사 지금도 그 유풍이 남아 잇다/ 高句麗嶺內의 異民族	문학	寄稿, 惠山
1716	1932-07-24	金東仁	김동인	金東仁	김동인	아기네(118)*119회	문학	연재횟수 오기

연번	날짜	자료저자명(한자)	자료저자명(한글)	본명(한자)	본명(한글)	기사제목	분류	비고
1717	1932-07-24	李殷相	이은상	李殷相	이은상	朝鮮의 謠讖(2)	역사, 문학	·
1718	1932-07-25	金東仁	김동인	金東仁	김동인	아기네(119)*120회	문학	연재횟수 오기
1719	1932-07-26	李殷相	이은상	李殷相	이은상	朝鮮의 謠讖(3)	역사, 문학	·
1720	1932-07-26	金東仁	김동인	金東仁	김동인	아기네(120)*121회	문학	연재횟수 오기
1721	1932-07-26	李勳求	이훈구	李勳求	이훈구	朝鮮人口, 史的發展의 研究(5)	역사, 논설	·
1722	1932-07-27	李殷相	이은상	李殷相	이은상	朝鮮의 謠讖(4)	역사, 문학	·
1723	1932-07-27	金東仁	김동인	金東仁	김동인	아기네(121)*122회	문학	연재횟수 오기
1724	1932-07-28	李殷相	이은상	李殷相	이은상	朝鮮의 謠讖(5)	역사, 문학	·
1725	1932-07-28	金東仁	김동인	金東仁	김동인	아기네(122)*123회	문학	연재횟수 오기
1726	1932-07-28	朴衡	박형	朴衡	박형	傳說(30) 紺岳山南仙屈차저춘풍추우500년에/ 爲國忠魂을위로하다	문학	寄稿, 紺山人
1727	1932-07-29	玄鎭健	현진건	玄鎭健	현진건	檀君聖跡巡禮(1)	역사, 기행	·
1728	1932-07-29	金東仁	김동인	金東仁	김동인	아기네(123)*124회	문학	연재횟수 오기
1729	1932-07-30	玄鎭健	현진건	玄鎭健	현진건	檀君聖跡巡禮(2)	역사, 기행	·
1730	1932-07-30	·	·	·	·	各地한글講習	한글	·
1731	1932-07-30	金時岳	김시악	金時岳	김시악	傳說(31) 嶺南樓下의 阿娘閣 관로의 칼에 마저죽은 아랑/ 筆商府使가 遂復讎	문학	寄稿, 密陽
1732	1932-07-30	李殷相	이은상	李殷相	이은상	朝鮮의 謠讖(6)	역사, 문학	·
1733	1932-07-30	金東仁	김동인	金東仁	김동인	아기네(124)*125회	문학	연재횟수 오기
1734	1932-07-31	玄鎭健	현진건	玄鎭健	현진건	檀君聖跡巡禮(3)	역사, 기행	·
1735	1932-07-31	任一宰	임일재	任一宰	임일재	傳說(32) 戀戀不忘튼 九龍沼 왕자와 사랑을 속삭이든/ 柳氏夫人의 보금자리	문학	寄稿, 奉化
1736	1932-07-31	李殷相	이은상	李殷相	이은상	朝鮮의 謠讖(7)	역사, 문학	·
1737	1932-07-31	金東仁	김동인	金東仁	김동인	아기네(125)*126회	문학	연재횟수 오기
1738	1932-08-01	社說	사설	·	·	朝鮮말, 글과 朝鮮文化- 有志有力人士의 自覺發奮을 促함	역사, 한글	·
1739	1932-08-01	玄鎭健	현진건	玄鎭健	현진건	檀君聖跡巡禮(4)	역사, 기행	·
1740	1932-08-02	玄鎭健	현진건	玄鎭健	현진건	檀君聖跡巡禮(5)	역사, 기행	·
1741	1932-08-02	李龍成	이용성	李龍成	이용성	傳說(33) 金將軍의 悲痛한 最後 처의 무지로 뜻을 이루지 못해/ 主人 일흔 赤土馬 喊聲	문학	寄稿, 沙里院
1742	1932-08-02	金東仁	김동인	金東仁	김동인	아기네(126)*127회	문학	연재횟수 오기
1743	1932-08-02	張道斌	장도빈	張道斌	장도빈	朝鮮史(26)*28회	역사	연재횟수 오기
1744	1932-08-03	梁一泉	양일천	梁一泉	양일천	傳說(34) 掛弓亭과 十層塔 옵바와 누히의 힘 비기는 내기/ 國境 惠山鎭의 一 傳說	문학	寄稿, 惠山鎭

연번	날짜	자료저자명 (한자)	자료저자명 (한글)	본명 (한자)	본명 (한글)	기사제목	분류	비고
1745	1932-08-03	金東仁	김동인	金東仁	김동인	아기네(127)*128회	문학	연재횟수 오기
1746	1932-08-03	張道斌	장도빈	張道斌	장도빈	朝鮮史(27)*29회	역사	연재횟수 오기
1747	1932-08-03	梁一泉	양일천	梁一泉	양일천	傳說(35) 掛弓亭과 十層塔 옵바와 누히의 힘 비기는 내기/ 國境 惠山鎭의 一 傳說	문학	寄稿, 惠山鎭
1748	1932-08-04	金東仁	김동인	金東仁	김동인	아기네(128)*129회	문학	연재횟수 오기
1749	1932-08-04	張道斌	장도빈	張道斌	장도빈	朝鮮史(28)*30회	역사	연재횟수 오기
1750	1932-08-04	玄鎭健	현진건	玄鎭健	현진건	檀君聖跡巡禮(6)	역사, 기행	·
1751	1932-08-04	李殷相	이은상	李殷相	이은상	朝鮮의 謠讖(8)	역사, 문학	·
1752	1932-08-05	·	·	·	·	各地한글講習	한글, 사업	·
1753	1932-08-05	·	·	·	·	第2回 朝鮮語講習會	한글, 사업	·
1754	1932-08-05	全卿苑	전경원	全卿苑	전경원	傳說(36) 乙支將軍과 神劍 꿈에 三두사를 잘라 죽엿다/ 佛谷山中腹의 石室	문학	寄稿, 永柔
1755	1932-08-05	張道斌	장도빈	張道斌	장도빈	朝鮮史(29)*31회	역사	연재횟수 오기
1756	1932-08-05	金東仁	김동인	金東仁	김동인	아기네(129)*130회	문학	연재횟수 오기
1757	1932-08-05	李殷相	이은상	李殷相	이은상	朝鮮의 謠讖(9)	역사, 문학	·
1758	1932-08-06	·	·	·	·	第2回 朝鮮語講習會	한글, 사업	·
1759	1932-08-06	金俊權	김준권	金俊權	김준권	傳說(37) 谿谷이 一時에 碧海 잠룡이 바다를 이루엇다/ 群山 龍塘浦의 來歷	문학	寄稿, 群山
1760	1932-08-06	張道斌	장도빈	張道斌	장도빈	朝鮮史(30)*32회	역사	연재횟수 오기
1761	1932-08-06	金東仁	김동인	金東仁	김동인	아기네(130)*131회	문학	연재횟수 오기
1762	1932-08-06	李殷相	이은상	李殷相	이은상	朝鮮의 謠讖(10)	역사, 문학	·
1763	1932-08-06	玄鎭健	현진건	玄鎭健	현진건	檀君聖跡巡禮(7)	역사, 기행	·
1764	1932-08-07	梁基炳	양기병	梁基炳	양기병	傳說(38) 茂峰山의 吳將軍像 림장군과 용력보기 내기/ 石椎에 敵將매저 落馬	문학	寄稿, 寧邊
1765	1932-08-07	張道斌	장도빈	張道斌	장도빈	朝鮮史(31)*33회	역사	연재횟수 오기
1766	1932-08-07	金東仁	김동인	金東仁	김동인	아기네(131)*132회	문학	연재횟수 오기
1767	1932-08-07	李殷相	이은상	李殷相	이은상	朝鮮의 謠讖(11)	역사, 문학	·
1768	1932-08-07	玄鎭健	현진건	玄鎭健	현진건	檀君聖跡巡禮(8)	역사, 기행	·
1769	1932-08-08	張道斌	장도빈	張道斌	장도빈	朝鮮史(32)*34회	역사	연재횟수 오기
1770	1932-08-08	金東仁	김동인	金東仁	김동인	아기네(132)*133회	문학	연재횟수 오기
1771	1932-08-09	玄鎭健	현진건	玄鎭健	현진건	檀君聖跡巡禮(9)	역사, 기행	·
1772	1932-08-09	金東仁	김동인	金東仁	김동인	아기네(133)*134회	문학	연재횟수 오기
1773	1932-08-09	金昌洙	김창수	金昌洙	김창수	傳說(39) 白馬江上 落花巖 국은을 갑고 정조를 지키기 위해/ 三百宮女 投江 自殺	문학	寄稿, 大田

연번	날짜	자료저자명(한자)	자료저자명(한글)	본명(한자)	본명(한글)	기사제목	분류	비고
1774	1932-08-09	·	·	·	·	各地한글講習	한글, 사업	·
1775	1932-08-10	玄鎭健	현진건	玄鎭健	현진건	檀君聖跡巡禮(10)	역사, 기행	·
1776	1932-08-10	金東仁	김동인	金東仁	김동인	아기네(134)*135회	문학	연재횟수 오기
1777	1932-08-10	金容璇	김용선	金容璇	김용선	傳說(40) 泗沘河畔釣龍臺룡이망한나라를구원하러다/蘇定方의白馬에낙겨	문학	寄稿, 大田
1778	1932-08-10	李允宰	이윤재	李允宰	이윤재	한글巡禮 - 永興에서	한글	·
1779	1932-08-11	張道斌	장도빈	張道斌	장도빈	朝鮮史(33)*35회	역사	연재횟수 오기
1780	1932-08-11	金東仁	김동인	金東仁	김동인	아기네(135)*136회	문학	연재횟수 오기
1781	1932-08-11	金溶洛	김용락	金溶洛	김용락	傳說(41) 屹靈山과 屹靈道士 백운암에서 괴승이 귀를 베혀/ 壬辰兵亂과 車前子草	문학	寄稿, 平康
1782	1932-08-12	玄鎭健	현진건	玄鎭健	현진건	檀君聖跡巡禮(11)	역사, 기행	·
1783	1932-08-12	金東仁	김동인	金東仁	김동인	아기네(136)*137회	문학	연재횟수 오기
1784	1932-08-12	徐鳳	서봉	徐鳳	서봉	傳說(42) 佛谷山麓의 新行坐 병화를 피하여 석굴 차저 갓다가/ 處女와 總角이 奇緣매져	문학	寄稿, 楊州
1785	1932-08-12	張道斌	장도빈	張道斌	장도빈	朝鮮史(34)*36회	역사	연재횟수 오기
1786	1932-08-13	玄鎭健	현진건	玄鎭健	현진건	檀君聖跡巡禮(12)	역사, 기행	·
1787	1932-08-13	李常春	이상춘	李常春	이상춘	한글巡禮- 仁川에서	한글	·
1788	1932-08-13	張道斌	장도빈	張道斌	장도빈	朝鮮史(35)*37회	역사	연재횟수 오기
1789	1932-08-13	金東仁	김동인	金東仁	김동인	떠오르는 해(1)	문학	·
1790	1932-08-14	張道斌	장도빈	張道斌	장도빈	朝鮮史(36)*38회	역사	연재횟수 오기
1791	1932-08-14	金東仁	김동인	金東仁	김동인	떠오르는 해(2)	문학	·
1792	1932-08-15	張道斌	장도빈	張道斌	장도빈	朝鮮史(37)*39회	역사	연재횟수 오기
1793	1932-08-15	金東仁	김동인	金東仁	김동인	떠오르는 해(3)	문학	·
1794	1932-08-15	松汀一記者	송정 일기자	·	·	한글講習 不認可	한글	·
1795	1932-08-16	玄鎭健	현진건	玄鎭健	현진건	檀君聖跡巡禮(13)	역사, 기행	·
1796	1932-08-16	李允宰	이윤재	李允宰	이윤재	한글巡禮- 興南에서	한글	·
1797	1932-08-16	金東仁	김동인	金東仁	김동인	떠오르는 해(4)	문학	·
1798	1932-08-17	李鉀	이갑	李鉀	이갑	한글巡禮- 信川에서(1)	한글	·
1799	1932-08-17	金東仁	김동인	金東仁	김동인	떠오르는 해(5)	문학	·
1800	1932-08-17	張道斌	장도빈	張道斌	장도빈	朝鮮史(38)*40회	역사	연재횟수 오기
1801	1932-08-18	·	·	·	·	第2回 朝鮮語講習會	한글, 사업	·
1802	1932-08-18	李鉀	이갑	李鉀	이갑	한글巡禮- 信川에서(2)	한글	·
1803	1932-08-18	張道斌	장도빈	張道斌	장도빈	朝鮮史(39)*41회	역사	연재횟수 오기
1804	1932-08-19	李鉀	이갑	李鉀	이갑	한글巡禮- 信川에서(3)	한글	·
1805	1932-08-19	張道斌	장도빈	張道斌	장도빈	朝鮮史(40)*42회	역사	연재횟수 오기
1806	1932-08-19	金東仁	김동인	金東仁	김동인	떠오르는 해(6)	문학	·
1807	1932-08-20	李鉀	이갑	李鉀	이갑	한글巡禮- 信川에서(4)完	한글	·

연번	날짜	자료저자명(한자)	자료저자명(한글)	본명(한자)	본명(한글)	기사제목	분류	비고
1808	1932-08-20	金東仁	김동인	金東仁	김동인	떠오르는 해(7)	문학	·
1809	1932-08-21	張道斌	장도빈	張道斌	장도빈	朝鮮史(41)*43회	역사	연재횟수 오기
1810	1932-08-21	金東仁	김동인	金東仁	김동인	떠오르는 해(8)	문학	·
1811	1932-08-21	崔鉉培	최현배	崔鉉培	최현배	한글巡禮- 淸州에서(上)	한글	·
1812	1932-08-23	張道斌	장도빈	張道斌	장도빈	朝鮮史(41)*44회	역사	연재횟수 오기
1813	1932-08-23	金東仁	김동인	金東仁	김동인	떠오르는 해(9)	문학	·
1814	1932-08-23	玄鎭健	현진건	玄鎭健	현진건	檀君聖跡巡禮(14)	역사, 기행	·
1815	1932-08-24	崔鉉培	최현배	崔鉉培	최현배	한글巡禮- 淸州에서(下)	한글	·
1816	1932-08-24	張道斌	장도빈	張道斌	장도빈	朝鮮史(42)*45회	역사	연재횟수 오기
1817	1932-08-24	金東仁	김동인	金東仁	김동인	떠오르는 해(10)	문학	·
1818	1932-08-25	玄鎭健	현진건	玄鎭健	현진건	檀君聖跡巡禮(15)	역사, 기행	·
1819	1932-08-25	李萬珪	이만규	李萬珪	이만규	한글巡禮- 長湖院에서	한글	·
1820	1932-08-25	張道斌	장도빈	張道斌	장도빈	朝鮮史(43)*46회	역사	연재횟수 오기
1821	1932-08-25	金東仁	김동인	金東仁	김동인	떠오르는 해(11)	문학	·
1822	1932-08-26	張道斌	장도빈	張道斌	장도빈	朝鮮史(44)*47회	역사	연재횟수 오기
1823	1932-08-26	金東仁	김동인	金東仁	김동인	떠오르는 해(12)	문학	·
1824	1932-08-27	張道斌	장도빈	張道斌	장도빈	朝鮮史(45)*48회	역사	연재횟수 오기
1825	1932-08-27	金東仁	김동인	金東仁	김동인	떠오르는 해(13)	문학	·
1826	1932-08-27	李允宰	이윤재	李允宰	이윤재	한글巡禮- 淸津에서	한글	·
1827	1932-08-28	張道斌	장도빈	張道斌	장도빈	朝鮮史(46)*49회	역사	연재횟수 오기
1828	1932-08-28	金東仁	김동인	金東仁	김동인	떠오르는 해(14)	문학	·
1829	1932-08-28	李熙昇	이희승	李熙昇	이희승	한글巡禮- 光州에서	한글	·
1830	1932-08-28	玄鎭健	현진건	玄鎭健	현진건	檀君聖跡巡禮(16)	역사, 기행	·
1831	1932-08-30	張道斌	장도빈	張道斌	장도빈	朝鮮史(47)*50회	역사	연재횟수 오기
1832	1932-08-30	金東仁	김동인	金東仁	김동인	떠오르는 해(15)	문학	·
1833	1932-08-30	李熙昇	이희승	李熙昇	이희승	한글巡禮- 光州에서	한글	·
1834	1932-08-31	張道斌	장도빈	張道斌	장도빈	朝鮮史(48)*51회	역사	연재횟수 오기
1835	1932-08-31	金東仁	김동인	金東仁	김동인	떠오르는 해(16)	문학	·
1836	1932-08-31	金允經	김윤경	金允經	김윤경	한글巡禮- 金泉에서	한글	·
1837	1932-09-01	金東仁	김동인	金東仁	김동인	떠오르는 해(17)	문학	·
1838	1932-09-01	崔鉉培	최현배	崔鉉培	최현배	한글巡禮- 槐山에서	한글	·
1839	1932-09-01	玄鎭健	현진건	玄鎭健	현진건	檀君聖跡巡禮(17)	역사, 기행	·
1840	1932-09-02	金東仁	김동인	金東仁	김동인	떠오르는 해(18)	문학	·
1841	1932-09-02	李允宰	이윤재	李允宰	이윤재	한글巡禮-鎭興에서	한글	·
1842	1932-09-02	玄鎭健	현진건	玄鎭健	현진건	檀君聖跡巡禮(18)	역사, 기행	·
1843	1932-09-02	張道斌	장도빈	張道斌	장도빈	朝鮮史(49)*52회	역사	연재횟수 오기
1844	1932-09-02	·	·	·	·	宿年의 問題이든 古蹟 保存會 組織- 식자간에 문제가 또 이러나 實現을 爲해 邁進	사업	·

연번	날짜	자료저자명(한자)	자료저자명(한글)	본명(한자)	본명(한글)	기사제목	분류	비고
1845	1932-09-03	金東仁	김동인	金東仁	김동인	떠오르는 해(19)	문학	·
1846	1932-09-03	崔鉉培	최현배	崔鉉培	최현배	한글巡禮- 水原에서	한글	·
1847	1932-09-03	玄鎭健	현진건	玄鎭健	현진건	檀君聖跡巡禮(19)	역사, 기행	·
1848	1932-09-03	張道斌	장도빈	張道斌	장도빈	朝鮮史(50)*53회	역사	연재횟수 오기
1849	1932-09-04	金東仁	김동인	金東仁	김동인	떠오르는 해(20)	문학	·
1850	1932-09-04	張道斌	장도빈	張道斌	장도빈	朝鮮史(51)*54회	역사	연재횟수 오기
1851	1932-09-05	玄鎭健	현진건	玄鎭健	현진건	檀君聖跡巡禮(20)	역사, 기행	·
1852	1932-09-05	金東仁	김동인	金東仁	김동인	떠오르는 해(20)*21회	문학	연재횟수 오기
1853	1932-09-06	玄鎭健	현진건	玄鎭健	현진건	檀君聖跡巡禮(21)	역사, 기행	·
1854	1932-09-06	張道斌	장도빈	張道斌	장도빈	朝鮮史(52)*55회	역사	연재횟수 오기
1855	1932-09-06	金東仁	김동인	金東仁	김동인	떠오르는 해(22)	문학	·
1856	1932-09-07	玄鎭健	현진건	玄鎭健	현진건	檀君聖跡巡禮(22)	역사, 기행	·
1857	1932-09-07	張道斌	장도빈	張道斌	장도빈	朝鮮史(53)*56회	역사	연재횟수 오기
1858	1932-09-07	金東仁	김동인	金東仁	김동인	떠오르는 해(23)	문학	·
1859	1932-09-07	申明均	신명균	申明均	신명균	한글巡禮- 裡里에서	한글	·
1860	1932-09-08	張道斌	장도빈	張道斌	장도빈	朝鮮史(54)*57회	역사	연재횟수 오기
1861	1932-09-08	金東仁	김동인	金東仁	김동인	떠오르는 해(24)	문학	·
1862	1932-09-08	金允經	김윤경	金允經	김윤경	한글巡禮- 蔚山에서(上)	한글	·
1863	1932-09-09	張道斌	장도빈	張道斌	장도빈	朝鮮史(55)*58회	역사	연재횟수 오기
1864	1932-09-09	金東仁	김동인	金東仁	김동인	떠오르는 해(25)	문학	·
1865	1932-09-09	金允經	김윤경	金允經	김윤경	한글巡禮- 蔚山에서(中)	한글	·
1866	1932-09-09	玄鎭健	현진건	玄鎭健	현진건	檀君聖跡巡禮(23)	역사, 기행	·
1867	1932-09-10	張道斌	장도빈	張道斌	장도빈	朝鮮史(56)*59회	역사	연재횟수 오기
1868	1932-09-10	金東仁	김동인	金東仁	김동인	떠오르는 해(26)	문학	·
1869	1932-09-10	金允經	김윤경	金允經	김윤경	한글巡禮- 蔚山에서(下)	한글	·
1870	1932-09-11	張道斌	장도빈	張道斌	장도빈	朝鮮史(57)*60회	역사	연재횟수 오기
1871	1932-09-11	金東仁	김동인	金東仁	김동인	떠오르는 해(27)	문학	·
1872	1932-09-11	申明均	신명균	申明均	신명균	한글巡禮- 全州에서	한글	·
1873	1932-09-11	玄鎭健	현진건	玄鎭健	현진건	檀君聖跡巡禮(24)	역사, 기행	·
1874	1932-09-12	張道斌	장도빈	張道斌	장도빈	朝鮮史(58)*61회	역사	연재횟수 오기
1875	1932-09-12	金東仁	김동인	金東仁	김동인	떠오르는 해(28)	문학	·
1876	1932-09-12	玄鎭健	현진건	玄鎭健	현진건	檀君聖跡巡禮(25)	역사, 기행	·
1877	1932-09-13	金東仁	김동인	金東仁	김동인	떠오르는 해(29)	문학	·
1878	1932-09-13	玄鎭健	현진건	玄鎭健	현진건	檀君聖跡巡禮(26)	역사, 기행	·
1879	1932-09-13	金奭實	김석실	金奭實	김석실	傳說(43) 林將軍과 義馬의 塚- 마초버는 아이로	문학	寄稿, 三湖

연번	날짜	자료저자명(한자)	자료저자명(한글)	본명(한자)	본명(한글)	기사제목	분류	비고
						적진을 정탐/ 任辰亂때의 ― 功臣		
1880	1932-09-14	張道斌	장도빈	張道斌	장도빈	朝鮮史(59)*62회	역사	연재횟수 오기
1881	1932-09-14	金東仁	김동인	金東仁	김동인	떠오르는 해(30)	문학	·
1882	1932-09-14	崔永斗	최영두	崔永斗	최영두	傳說(44) 高峰山下에 나절陵- 반나절 류진햇다가 결국 자살/ 恭讓王의 最後 審判場	문학	寄稿, 高陽
1883	1932-09-15	張道斌	장도빈	張道斌	장도빈	朝鮮史(60)*63회	역사	연재횟수 오기
1884	1932-09-15	金東仁	김동인	金東仁	김동인	형과 아우(1)	문학	·
1885	1932-09-15	李允宰	이윤재	李允宰	이윤재	한글巡禮- 鏡城에서	한글	五信
1886	1932-09-16	崔永斗	최영두	崔永斗	최영두	傳說(45) 新羅政丞과 軍糧里- 王建과 대적코자 軍糧을 모아/ 楊口 軍糧里의 由來	문학	寄稿, 高陽
1887	1932-09-16	張道斌	장도빈	張道斌	장도빈	朝鮮史(61)*64회	역사	연재횟수 오기
1888	1932-09-16	金東仁	김동인	金東仁	김동인	형과 아우(2)	문학	·
1889	1932-09-16	李允宰	이윤재	李允宰	이윤재	한글巡禮- 鏡城에서	한글	六信
1890	1932-09-17	金又說	김우설	金又說	김우설	傳說(46) 七百義士와 薪島- 전횡이 의사와 자결한 섬이다/ 古昔燕齊가 現今龍川	문학	寄稿, 龍川
1891	1932-09-17	張道斌	장도빈	張道斌	장도빈	朝鮮史(62)*65회	역사	연재횟수 오기
1892	1932-09-17	金東仁	김동인	金東仁	김동인	형과 아우(3)	문학	·
1893	1932-09-17	玄鎭健	현진건	玄鎭健	현진건	檀君聖跡巡禮(27)	역사, 기행	·
1894	1932-09-18	任月岡	임월강	·	·	傳說(47) 淸凉山下의 落花- 「나를본돌」이라하여 「나본돌」로/ 愛國忠誠의 郎君딸하	문학	寄稿, 萬城
1895	1932-09-18	張道斌	장도빈	張道斌	장도빈	朝鮮史(63)*66회	역사	연재횟수 오기
1896	1932-09-18	金東仁	김동인	金東仁	김동인	형과 아우(4)	문학	·
1897	1932-09-19	張道斌	장도빈	張道斌	장도빈	朝鮮史(64)*67회	역사	연재횟수 오기
1898	1932-09-19	金東仁	김동인	金東仁	김동인	형과 아우(5)	문학	·
1899	1932-09-20	玄鎭健	현진건	玄鎭健	현진건	檀君聖跡巡禮(28)	역사, 기행	·
1900	1932-09-20	金元文	김원문	金元文	김원문	傳說(48) 刀磨峰의 雲林池- 퉁소소리에 고기변해 처녀돼/ 雲林先生의 龍宮行	문학	寄稿, 中江鎭
1901	1932-09-20	張道斌	장도빈	張道斌	장도빈	朝鮮史(65)*68회	역사	연재횟수 오기
1902	1932-09-20	金東仁	김동인	金東仁	김동인	형과 아우(6)	문학	·
1903	1932-09-21	玄鎭健	현진건	玄鎭健	현진건	檀君聖跡巡禮(29)	역사, 기행	·
1904	1932-09-22	許埰	허채	許埰	허채	傳說(49) 道師練武하는 바위 도사가 절짓고 공부하든곳/ 龍仁 水晶山의 祕話	문학	寄稿, 龍仁
1905	1932-09-22	金東仁	김동인	金東仁	김동인	형과 아우(7)	문학	·
1906	1932-09-22	社說	사설	·	·	藝術과 文化- 第3回 學生作品 展覽會	미술	·
1907	1932-09-23	鶴浦生	학포생	·	·	傳說(50) 楊蓬萊와 大瀛臺 국도를 더럽힐가봐 샘을옴겨/ 歙谷桑陰 벼루의 傳說	문학	寄稿, 京城
1908	1932-09-23	張道斌	장도빈	張道斌	장도빈	朝鮮史(66)*69회	역사	연재횟수 오기
1909	1932-09-23	金東仁	김동인	金東仁	김동인	형과 아우(8)	문학	·
1910	1932-09-25	李太路	이태로	李太路	이태로	傳說(51) 百濟滅亡과 天間房 천일제 지내고 백제성 함락/ 道僧 만낫든 蘇將軍	문학	寄稿, 玉溝
1911	1932-09-25	張道斌	장도빈	張道斌	장도빈	朝鮮史(66)*70회	역사	연재횟수 오기

연번	날짜	자료저자명(한자)	자료저자명(한글)	본명(한자)	본명(한글)	기사제목	분류	비고
1912	1932-09-26	玄鎭健	현진건	玄鎭健	현진건	檀君聖跡巡禮(30)	역사, 기행	·
1913	1932-09-27	梁一泉	양일천	梁一泉	양일천	傳說(52) 白頭山麓의 白똥보 욕심이 만허 천벌을 바덧다/ 沙石雨下 茂山秘話	문학	寄稿, 惠山鎭
1914	1932-09-27	玄鎭健	현진건	玄鎭健	현진건	檀君聖跡巡禮(31)	역사, 기행	·
1915	1932-09-28	梁一泉	양일천	梁一泉	양일천	傳說(53) 山川祭와 上巳祭 지금도 봄가을 집집이 거행/ 累千年지켜온 甲山百姓	문학	寄稿, 惠山鎭
1916	1932-09-28	金東仁	김동인	金東仁	김동인	빛나는 우물(1)	문학	·
1917	1932-09-29	玄鎭健	현진건	玄鎭健	현진건	檀君聖跡巡禮(32)	역사, 기행	·
1918	1932-09-29	張道斌	장도빈	張道斌	장도빈	傳說(54) 矗石樓下의 義岩 나라를 위하야 자긔 몸 바첫다/ 論介안코 춤추든 淸正	문학	寄稿, 山淸
1919	1932-09-29	金東仁	김동인	金東仁	김동인	빛나는 우물(2)	문학	·
1920	1932-09-30	玄鎭健	현진건	玄鎭健	현진건	檀君聖跡巡禮(33)	역사, 기행	·
1921	1932-09-30	洪千吉	홍천길	洪千吉	홍천길	傳說(55) 池沼에서 玉童子 拾得 길러내서 리조에 중신이돼/ 坡平尹氏의 來歷談	문학	寄稿, 汶山
1922	1932-09-30	金東仁	김동인	金東仁	김동인	빛나는 우물(3)	문학	·
1923	1932-10-01	卜千萬	복천만	卜千萬	복천만	傳說(56) 申能山將軍의 勇氣 고려 태조를 대신하야 죽어/ 金首를 鑄像配享해	문학	寄稿, 南川
1924	1932-10-01	金東仁	김동인	金東仁	김동인	빛나는 우물(4)	문학	·
1925	1932-10-01	·	·	·	·	古書畵 珍藏品展- 明朝10時 開場/ 1日부터 5日間 本社樓上서 陳列點數 100餘	미술	·
1926	1932-10-02	金東仁	김동인	金東仁	김동인	빛나는 우물(5)	문학	·
1927	1932-10-02	玄鎭健	현진건	玄鎭健	현진건	檀君聖跡巡禮(34)	역사, 기행	·
1928	1932-10-03	金東仁	김동인	金東仁	김동인	빛나는 우물(6)	문학	·
1929	1932-10-03	吳鳳彬	오봉빈	吳鳳彬	오봉빈	朝鮮 古書畵 珍藏品 展覽會를 열면서	미술	朝鮮美術館
1930	1932-10-03	·	·	·	·	古書畵展 畵報- 1日부터 5日間 開催/ 午前 10時 午後 6時	미술	·
1931	1932-10-04	玄鎭健	현진건	玄鎭健	현진건	檀君聖跡巡禮(35)	역사, 기행	·
1932	1932-10-04	梁藥泉人	양약천인	·	·	傳說(57) 거북바위와 童子石 룡왕의 따님과 천동의 사랑/ 關西勝地 藥山東臺	문학	寄稿, 寧邊
1933	1932-10-04	吳鳳彬	오봉빈	吳鳳彬	오봉빈	朝鮮 古書畵 珍藏品 展覽會를 열면서(續)	미술	·
1934	1932-10-05	玄鎭健	현진건	玄鎭健	현진건	檀君聖跡巡禮(36)	역사, 기행	·
1935	1932-10-05	金東仁	김동인	金東仁	김동인	骨肉(1)	문학	·
1936	1932-10-06	玄鎭健	현진건	玄鎭健	현진건	檀君聖跡巡禮(37)	역사, 기행	·
1937	1932-10-06	金東仁	김동인	金東仁	김동인	骨肉(2)	문학	·
1938	1932-10-07	玄鎭健	현진건	玄鎭健	현진건	檀君聖跡巡禮(38)	역사, 기행	·
1939	1932-10-07	金東仁	김동인	金東仁	김동인	骨肉(3)	문학	·

연번	날짜	자료저자명 (한자)	자료저자명 (한글)	본명 (한자)	본명 (한글)	기사제목	분류	비고
1940	1932-10-07	金炯日	김형일	金炯日	김형일	傳說(58) 成桂ㅅ골과 李太祖 도사를 맛나 문무를 공부하고/ 雙仙峰에서 스승을 離別	문학	寄稿, 扶安
1941	1932-10-08	金東仁	김동인	金東仁	김동인	骨肉(4)	문학	·
1942	1932-10-08	李炳宣	이병선	李炳宣	이병선	傳說(59) 玉流瀑布와 원효목 백일긔도 들이고 불도를 대각한/ 元曉大師의 修道地	문학	寄稿, 抱川
1943	1932-10-09	玄鎭健	현진건	玄鎭健	현진건	檀君聖跡巡禮(39)	역사, 기행	·
1944	1932-10-09	金東仁	김동인	金東仁	김동인	骨肉(5)	문학	·
1945	1932-10-09	金基○	김기○	金基○	김기○	傳說(60) 許皇后와 婦人堂 돌배를 타고와서 수로왕 맛나/ 岩石이 船體와 同樣	문학	寄稿, 金海
1946	1932-10-10	金東仁	김동인	金東仁	김동인	骨肉(6)	문학	·
1947	1932-10-11	玄鎭健	현진건	玄鎭健	현진건	檀君聖跡巡禮(40)	역사, 기행	·
1948	1932-10-11	金東仁	김동인	金東仁	김동인	骨肉(7)	문학	·
1949	1932-10-11	金昌壽	김창수	金昌壽	김창수	傳說(61) 金將軍과 愛降樓 궝쏘아 마친고 적의 항복바뎌/ 一時는 壽旺樓라 改稱	문학	寄稿, 會寧
1950	1932-10-11	·	·	·	·	朝美展서 分離한 朝鮮 書道 展覽會 - 11日부터 商工奬勵館에서/ 入選作品 80餘點	미술	·
1951	1932-10-12	玄鎭健	현진건	玄鎭健	현진건	檀君聖跡巡禮(41)	역사, 기행	·
1952	1932-10-12	金東仁	김동인	金東仁	김동인	骨肉(8)	문학	·
1953	1932-10-13	許道成	허도성	許道成	허도성	傳說(62) 道德山의 壯士臺 부하장사들을 교련하든곳/ 女眞을 逐하는 尹侍中	문학	寄稿, 端川
1954	1932-10-13	玄鎭健	현진건	玄鎭健	현진건	檀君聖跡巡禮(42)	역사, 기행	·
1955	1932-10-13	金東仁	김동인	金東仁	김동인	骨肉(9)	문학	·
1956	1932-10-13	文一平	문일평	文一平	문일평	朝鮮近代의 外交(1)	역사, 논설	·
1957	1932-10-14	金東仁	김동인	金東仁	김동인	骨肉(10)	문학	·
1958	1932-10-14	文一平	문일평	文一平	문일평	朝鮮近代의 外交(2)	역사, 논설	·
1959	1932-10-14	韓熙南	한희남	韓熙南	한희남	傳說(63) 浩浩亭과 禮別樓 고려말엽에 장수형제 포태/ 凹形과 鼓聲은 古今不變	문학	寄稿, 利原
1960	1932-10-15	金東仁	김동인	金東仁	김동인	骨肉(11)	문학	·
1961	1932-10-15	權大慶	권대경	權大慶	권대경	傳說(64, 完) 西將臺下의 매바위 애매한 루명쓰고 이슬된 리인고/ 寃魂을 慰勞하는 祠堂	문학	寄稿, 高陽
1962	1932-10-16	金東仁	김동인	金東仁	김동인	骨肉(12)	문학	·
1963	1932-10-19	玄鎭健	현진건	玄鎭健	현진건	檀君聖跡巡禮(43)	역사, 기행	·
1964	1932-10-19	金東仁	김동인	金東仁	김동인	말 탄 溫達(1)	문학	·
1965	1932-10-20	玄鎭健	현진건	玄鎭健	현진건	檀君聖跡巡禮(44)	역사, 기행	·
1966	1932-10-20	金東仁	김동인	金東仁	김동인	말 탄 溫達(2)	문학	·
1967	1932-10-21	玄鎭健	현진건	玄鎭健	현진건	檀君聖跡巡禮(45)	역사, 기행	·

연번	날짜	자료저자명(한자)	자료저자명(한글)	본명(한자)	본명(한글)	기사제목	분류	비고
1968	1932-10-21	金東仁	김동인	金東仁	김동인	말 탄 溫達(3)	문학	·
1969	1932-10-22	金東仁	김동인	金東仁	김동인	말 탄 溫達(4)	문학	·
1970	1932-10-23	玄鎭健	현진건	玄鎭健	현진건	檀君聖跡巡禮(46)	역사, 기행	·
1971	1932-10-23	金東仁	김동인	金東仁	김동인	말 탄 溫達(5)	문학	·
1972	1932-10-25	金東仁	김동인	金東仁	김동인	말 탄 溫達(6)	문학	·
1973	1932-10-26	金東仁	김동인	金東仁	김동인	말 탄 溫達(7)	문학	·
1974	1932-10-27	金東仁	김동인	金東仁	김동인	말 탄 溫達(8)	문학	·
1975	1932-10-28	金東仁	김동인	金東仁	김동인	말 탄 溫達(9)	문학	·
1976	1932-10-29	金東仁	김동인	金東仁	김동인	말 탄 溫達(10)	문학	·
1977	1932-10-29	李鉀	이갑	李鉀	이갑	한글날/ 한글運動의 現狀과 展望(上)	한글, 사업	·
1978	1932-10-29	李允宰	이윤재	李允宰	이윤재	한글날/ 한글運動의 回顧(1)	한글, 사업	·
1979	1932-10-29	車無老	차무로	車無老	차무로	한글날/ 「글날」을 쇠자- 새로운 提案 두세가지	한글, 사업	·
1980	1932-10-29	金炳燦	김병찬	金炳燦	김병찬	한글날/ 해(太陽)의 語源	한글, 사업	·
1981	1932-10-29	·	·	·	·	한글날/ 朝鮮語學會 主催로 한글 記念會合- 明日 午後5時半 明月館 本店	한글, 사업	·
1982	1932-10-29	·	·	·	·	한글날/ 한글날 記念으로 한글 講習 開催 本社 奉天支局 主催로 在外同胞의 한글 熱	한글, 사업	·
1983	1932-10-30	金東仁	김동인	金東仁	김동인	말 탄 溫達(11)	문학	·
1984	1932-10-30	李鉀	이갑	李鉀	이갑	한글날/ 한글運動의 現狀과 展望(下)	한글, 사업	·
1985	1932-10-30	李允宰	이윤재	李允宰	이윤재	한글날/ 한글運動의 回顧(2)	한글, 사업	·
1986	1932-10-31	金東仁	김동인	金東仁	김동인	말 탄 溫達(12)	문학	·
1987	1932-11-01	李允宰	이윤재	李允宰	이윤재	한글날/ 한글運動의 回顧(3)	한글, 사업	·
1988	1932-11-01	玄鎭健	현진건	玄鎭健	현진건	檀君聖跡巡禮(47)	역사, 기행	·
1989	1932-11-02	李允宰	이윤재	李允宰	이윤재	한글날/ 한글運動의 回顧(4)	한글, 사업	·
1990	1932-11-02	玄鎭健	현진건	玄鎭健	현진건	檀君聖跡巡禮(48)	역사, 기행	·
1991	1932-11-03	朴鎭衡	박진형	朴鎭衡	박진형	高麗磁器窯跡 探査記(1)	문학	·
1992	1932-11-03	玄鎭健	현진건	玄鎭健	현진건	檀君聖跡巡禮(49)	역사, 기행	·
1993	1932-11-04	玄鎭健	현진건	玄鎭健	현진건	檀君聖跡巡禮(50)	역사, 기행	·
1994	1932-11-05	·	·	·	·	學說다른 研究家 招請 한글 討論會 開催 오는 7일부터 9일까지 三日間 本社 三層에서	한글, 사업	·
1995	1932-11-05	朴鎭衡	박진형	朴鎭衡	박진형	高麗磁器窯跡 探査記(2)	문학	·
1996	1932-11-06	社說	사설	·	·	한글討論會- 整理의 統一을 期하라	한글,	·

연번	날짜	자료저자명(한자)	자료저자명(한글)	본명(한자)	본명(한글)	기사제목	분류	비고
							사업	
1997	1932-11-07	·	·	·	·	明日부터열릴한글討論會- 三日間本社三層서	한글, 사업	·
1998	1932-11-09	玄鎭健	현진건	玄鎭健	현진건	檀君聖跡巡禮(51) 完	역사, 기행	·
1999	1932-11-11	朴鎭衡	박진형	朴鎭衡	박진형	高麗磁器窯跡 探査記(3)	문학	·
2000	1932-11-11	·	·	·	·	한글토론회 속긔록(1)- 第1日 쌍서문제	한글, 사업	·
2001	1932-11-12	朴鎭衡	박진형	朴鎭衡	박진형	高麗磁器窯跡 探査記(4) 完	문학	·
2002	1932-11-12	·	·	·	·	한글토론회 속긔록(2)- 第1日 쌍서문제	한글, 사업	·
2003	1932-11-13	·	·	·	·	한글토론회 속긔록(3)- 第1日 쌍서문제	한글, 사업	·
2004	1932-11-15	·	·	·	·	한글토론회 속긔록(4)- 第1日 쌍서문제	한글, 사업	·
2005	1932-11-16	·	·	·	·	한글토론회 속긔록(5)- 第1日 쌍서문제	한글, 사업	·
2006	1932-11-17	·	·	·	·	한글토론회 속긔록(6)- 第2日 其一 겹바침문제	한글, 사업	·
2007	1932-11-18	·	·	·	·	한글토론회 속긔록(7)- 第2日 其一 겹바침문제	한글, 사업	·
2008	1932-11-19	·	·	·	·	한글토론회 속긔록(8)- 第2日 其一 겹바침문제	한글, 사업	·
2009	1932-11-20	丁奎昶	정규창	丁奎昶	정규창	한글토론회 속긔록(9)- 第2日 其二 ㅎ바침문제, 강연	한글, 사업	·
2010	1932-11-22	李熙昇	이희승	李熙昇	이희승	한글토론회 속긔록(10)- 第2日 其二 ㅎ바침문제, 강연	한글, 사업	·
2011	1932-11-29	·	·	·	·	한글토론회 속긔록(11)- 第2日 其二 ㅎ바침문제	한글, 사업	·
2012	1932-12-02	·	·	·	·	한글토론회 속긔록(12)- 第3日 어미활용문제	한글, 사업	·
2013	1932-12-05	朴勝彬	박승빈	朴勝彬	박승빈	한글토론회 속긔록(13)- 第3日 어미활용문제, 강연	한글, 사업	·
2014	1932-12-06	朴勝彬	박승빈	朴勝彬	박승빈	한글토론회 속긔록(14)- 第3日 어미활용문제, 강연	한글, 사업	·
2015	1932-12-08	崔鉉培	최현배	崔鉉培	최현배	한글토론회 속긔록(15)- 第3日 어미활용문제, 강연	한글, 사업	·
2016	1932-12-11	崔鉉培	최현배	崔鉉培	최현배	한글토론회 속긔록(16)- 第3日 어미활용문제, 강연	한글, 사업	·
2017	1932-12-16	朴勝彬	박승빈	朴勝彬	박승빈	한글토론회 속긔록(17)- 第3日 어미활용문제, 토론	한글, 사업	·
2018	1932-12-17	朴勝彬	박승빈	朴勝彬	박승빈	한글토론회 속긔록(18)- 第3日 어미활용문제, 토론	한글, 사업	·
2019	1932-12-21	崔鉉培	최현배	崔鉉培	최현배	한글토론회 속긔록(19)- 第3日 어미활용문제, 토론	한글, 사업	·
2020	1932-12-23	崔鉉培	최현배	崔鉉培	최현배	한글토론회 속긔록(20)- 第3日 어미활용문제, 토론	한글, 사업	·

연번	날짜	자료저자명(한자)	자료저자명(한글)	본명(한자)	본명(한글)	기사제목	분류	비고
2021	1932-12-25	·	·	·	·	한글토론회 속긔록(21)- 第3日 어미활용문제	한글, 사업	·
2022	1933-01-01	·	·	·	·	朝鮮癸酉史	역사	·
2023	1933-01-01	李殷相	이은상	李殷相	이은상	癸酉와 우리의 偉人(1)	역사	·
2024	1933-01-02	李殷相	이은상	李殷相	이은상	癸酉와 우리의 偉人(2)	역사	·
2025	1933-01-03	李殷相	이은상	李殷相	이은상	癸酉와 우리의 偉人(3)	역사	·
2026	1933-01-05	李殷相	이은상	李殷相	이은상	癸酉와 우리의 偉人(4)	역사	·
2027	1933-01-06	·	·	·	·	文法 聲音을 折衝 한글 統一原案作定	한글	·
2028	1933-01-11	安浩相	안호상	安浩相	안호상	부루노 바우흐- 現代 世界唯一 民族哲學者(1)	철학	·
2029	1933-01-13	安浩相	안호상	安浩相	안호상	부루노 바우흐- 現代 世界唯一 民族哲學者(2)	철학	·
2030	1933-01-13	·	·	·	·	興武王 金庾信 遺跡碑를 건립	사업	·
2031	1933-01-14	安浩相	안호상	安浩相	안호상	부루노 바우흐- 現代 世界唯一 民族哲學者(3)	철학	·
2032	1933-01-14	社說	사설	·	·	朝鮮을 알자- 自己發見의 機緣	논설	·
2033	1933-01-15	安浩相	안호상	安浩相	안호상	부루노 바우흐- 現代 世界唯一 民族哲學者(4)	철학	·
2034	1933-01-16	安浩相	안호상	安浩相	안호상	부루노 바우흐- 現代 世界唯一 民族哲學者(5)	철학	·
2035	1933-01-22	·	·	·	·	檀君의 聖陵- 其他10餘名勝古蹟	사업	·
2036	1933-01-25	·	·	·	·	「圖書館 設立에 貴重한 書籍들」- 긔증을 고맙게 밧는다는 校長 金性洙氏의 談	사업	·
2037	1933-01-25	·	·	·	·	古書 200餘卷 普專에 寄贈- 진귀한 고서를 보전에 긔증 宜寧 安浩相氏 篤行	사업	·
2038	1933-01-26	李允宰	이윤재	李允宰	이윤재	雅樂創定 500年을 除하야(1)	역사, 음악	·
2039	1933-01-27	·	·	·	·	启明俱樂部 15周年 記念	한글	·
2040	1933-01-28	李允宰	이윤재	李允宰	이윤재	雅樂創定 500年을 除하야(2)	역사, 음악	·
2041	1933-01-31	·	·	·	·	創刊爾來의 本報를 仁貞圖書館에 寄贈	사업	·
2042	1933-02-28	朴泰遠	박태원	朴泰遠	박태원	朝鮮口傳民謠集(諺文)	문학	·
2043	1933-03-05	春園	춘원	李光洙	이광수	新刊評- 老松堂日本行錄	문학	·
2044	1933-03-05	李熙昇	이희승	李熙昇	이희승	故 蘆汀 金在喆君- 會報第六號를 追悼號로 보내면서	한글	朝鮮語文學會
2045	1933-04-01	李允宰	이윤재	李允宰	이윤재	한글 綴字法-「新綴字便覽」의 解說(1)	한글	조간
2046	1933-04-01	社說	사설	·	·	한글 철자 13단계	논설, 한글	석간
2047	1933-04-03	李允宰	이윤재	李允宰	이윤재	한글 綴字法-「新綴字便覽」의 解說(2)	한글	·
2048	1933-04-04	李允宰	이윤재	李允宰	이윤재	한글 綴字法-「新綴字便覽」의 解說(3)	한글	·
2049	1933-04-05	·	·	·	·	새철자법 사용은 조선말 통일을 촉진한다- 본보 새철자 쓰는데 대해 [각계 인사의 감상과 희망]	한글	·
2050	1933-04-05	徐鳳勳	서봉훈	徐鳳勳	서봉훈	새철자법/「朝鮮語 敎授에 많은 參考가 돼」- 조선문화에 큰 공헌이 잇다	한글	養正高普
2051	1933-04-05	辛鳳祚	신봉조	辛鳳祚	신봉조	새철자법/ 貴重한 努力- 용단에 경의를	한글	培材高普
2052	1933-04-05	崔永舜/許永鎬	최영순/허영호	崔永舜/許永鎬	최영순, 허영호	새철차법/「多少不滿 잇으나 慶賀할 일이다」	한글	中央佛敎專門學校 學監許永鎬의 오기(4월 6일 정정기사)

연번	날짜	자료저자명(한자)	자료저자명(한글)	본명(한자)	본명(한글)	기사제목	분류	비고
2053	1933-04-05	玄相允	현상윤	玄相允	현상윤	새철자법/ 획이 굵엇으면	한글	中央高普 校長
2054	1933-04-05	兪億兼	유억겸	兪億兼	유억겸	새철자법/ 朝鮮文化事業의 基礎的 百年大計-새롭고 깨끗하고 분명하다	한글	延專 學監
2055	1933-04-05	金允經	김윤경	金允經	김윤경	새철자법	한글	培花女高
2056	1933-04-05	車相찬	차상찬	車相찬	차상찬	새철자법	한글	開闢社
2057	1933-04-05	李 教務主任	이 교무주임	·	·	새철자법	한글	儆新校
2058	1933-04-06	李允宰	이윤재	李允宰	이윤재	한글 綴字法-「新綴字便覽」의 解說(4)	한글	·
2059	1933-04-06	·	·	·	·	새 철자법 사용에 대해 각계 인사의 감상과 히망	한글	·
2060	1933-04-06	丁明鎭	정명진	丁明鎭	정명진	새철자법/「百年大計는 어린이 敎育부터 朝鮮語敎材로 쓴다」	한글	齋洞公普 訓導
2061	1933-04-06	李克魯	이극로	李克魯	이극로	새철자법/「철자법 채용엔물론 찬성입니다」	한글	朝鮮語學會
2062	1933-04-06	申興雨	신흥우	申興雨	신흥우	새철자법/ 精神에 敬意	한글	中央基靑聯合 總務
2063	1933-04-06	張基衡	장기형	張基衡	장기형	새철자법	한글	朝鮮耶蘇敎書會 庶務主任
2064	1933-04-06	金永柱	김영주	金永柱	김영주	새철자법	한글	普成專門學校
2065	1933-04-06	金敬弘	김경홍	金敬弘	김경홍	새철자법	한글	普成高普 校長
2066	1933-04-08	李允宰	이윤재	李允宰	이윤재	한글 綴字法-「新綴字便覽」의 解說(5)	한글	·
2067	1933-04-10	李允宰	이윤재	李允宰	이윤재	한글 綴字法-「新綴字便覽」의 解說(6)	한글	·
2068	1933-04-11	李允宰	이윤재	李允宰	이윤재	한글 綴字法-「新綴字便覽」의 解說(7)	한글	·
2069	1933-04-13	李允宰	이윤재	李允宰	이윤재	한글 綴字法-「新綴字便覽」의 解說(8)	한글	·
2070	1933-04-15	吉星山人	길성산인	李建芳	이건방	朝鮮儒學과 王陽明(1)	철학	동아일보 1939년 6월 25일 이건방 부고 기사에 '조선유학과 왕양명'이 이건방의 저서로 기재되어 있음(한국사데이터베이스 동아일보 기사에서만 확인됨)
2071	1933-04-17	吉星山人	길성산인	李建芳	이건방	朝鮮儒學과 王陽明(2)	철학	·
2072	1933-04-18	吉星山人	길성산인	李建芳	이건방	朝鮮儒學과 王陽明(3)	철학	·
2073	1933-04-26	吉星山人	길성산인	李建芳	이건방	朝鮮儒學과 王陽明(4)	철학	·
2074	1933-04-30	李允宰	이윤재	李允宰	이윤재	한글 綴字法-「新綴字便覽」의 解說(9)	한글	·
2075	1933-04-30	吉星山人	길성산인	李建芳	이건방	朝鮮儒學과 王陽明(5)	철학	·
2076	1933-05-01	李允宰	이윤재	李允宰	이윤재	한글 綴字法-「新綴字便覽」의 解說(10)	한글	·
2077	1933-05-02	李光洙	이광수	李光洙	이광수	偉人의 날- 民族的 偉人의 날도 지키자	사업	·
2078	1933-05-02	·	·	·	·	첫여름 자라는 신록에 싸여 파일놀이 다시성행-등달고 잉어달고 느티떡 먹고	기행	·
2079	1933-05-02	·	·	·	·	조선불교의 자랑	종교, 역사	·
2080	1933-05-02	金泰洽	김태흡	金泰洽	김태흡	亞細亞의 빛- 釋迦世尊 聖誕節을 當하야	종교	覺皇寺
2081	1933-05-02	吉星山人	길성산인	李建芳	이건방	朝鮮儒學과 王陽明(6)	철학	·

연번	날짜	자료저자명(한자)	자료저자명(한글)	본명(한자)	본명(한글)	기사제목	분류	비고
2082	1933-05-02	李允宰	이윤재	李允宰	이윤재	한글 綴字法-「新綴字便覽」의 解說(11)	한글	·
2083	1933-05-02	·	·	·	·	駕洛王史 編纂과 王陵公園을 設置- 전 조선의 김,허 양족이 협력/ 資金1500萬圓 調達	역사, 사업	·
2084	1933-05-03	李允宰	이윤재	李允宰	이윤재	한글 綴字法-「新綴字便覽」의 解說(12)	한글	·
2085	1933-05-03	張道斌	장도빈	張道斌	장도빈	古都 史蹟 探査機(1)	역사, 기행	·
2086	1933-05-04	李允宰	이윤재	李允宰	이윤재	한글 綴字法-「新綴字便覽」의 解說(13)	한글	·
2087	1933-05-04	·	·	·	·	高句麗代(?) 古墳, 順川에 又一基 發見 우리조상의 옛 문화를 자랑/ 壁畫의 丹靑은 尙今燦然	고적	·
2088	1933-05-05	李允宰	이윤재	李允宰	이윤재	한글 綴字法-「新綴字便覽」의 解說(14)	한글	·
2089	1933-05-06	張道斌	장도빈	張道斌	장도빈	古都 史蹟 探査機(2)	역사, 기행	·
2090	1933-05-06	·	·	·	·	朝鮮 美術展覽會- 出品은 前年보담 減少	미술, 사업	·
2091	1933-05-08	李允宰	이윤재	李允宰	이윤재	한글 綴字法-「新綴字便覽」의 解說(15)	한글	·
2092	1933-05-08	李殷相	이은상	李殷相	이은상	春川紀行(1)- 山路로, 山路로	역사, 기행	·
2093	1933-05-09	李允宰	이윤재	李允宰	이윤재	한글 綴字法-「新綴字便覽」의 解說(16)	한글	·
2094	1933-05-10	張道斌	장도빈	張道斌	장도빈	古都 史蹟 探査機(8)*3회	역사, 기행	연재횟수 오기
2095	1933-05-11	李殷相	이은상	李殷相	이은상	春川紀行(2)- 그리든 春川에	역사, 기행	·
2096	1933-05-12	·	·	·	·	考古學上 貴 資料 古墳 2基 發見【平壤 大同面 栗里에서】/ 完全한 副葬品 露顯	고적	·
2097	1933-05-12	·	·	·	·	朝鮮 美術展 特選發表 朝鮮人 畵家는 7氏- 처음으로 특선된 이는 세분/ 紅一點의 李玉順孃	미술, 사업	·
2098	1933-05-13	李殷相	이은상	李殷相	이은상	春川紀行(3)-「봉뫼」에 올라서	역사, 기행	·
2099	1933-05-13	一記者	일기자	·	·	地方論壇- 忠烈祠 享祀問題	사업	統營
2100	1933-05-16	李殷相	이은상	李殷相	이은상	春川紀行(4)- 光明속에 서서	역사, 기행	·
2101	1933-05-18	李允宰	이윤재	李允宰	이윤재	한글 綴字法-「新綴字便覽」의 解說(17)	한글	·
2102	1933-05-18	李殷相	이은상	李殷相	이은상	春川紀行(5)- 祈禱와 誓願	역사, 기행	·
2103	1933-05-19	李允宰	이윤재	李允宰	이윤재	한글 綴字法-「新綴字便覽」의 解說(18)	한글	·
2104	1933-05-19	李殷相	이은상	李殷相	이은상	春川紀行(6)- 昭陽江 물따라	역사, 기행	·
2105	1933-05-21	李允宰	이윤재	李允宰	이윤재	한글 綴字法-「新綴字便覽」의 解說(19)	한글	·
2106	1933-05-22	張道斌	장도빈	張道斌	장도빈	古都 史蹟 探査機(4)	역사, 기행	·
2107	1933-05-23	張道斌	장도빈	張道斌	장도빈	古都 史蹟 探査機(5)	역사, 기행	·
2108	1933-05-24	天摩山人	천마산인	·	·	朝鮮美術展 短評(1)	미술	·
2109	1933-05-25	天摩山人	천마산인	·	·	朝鮮美術展 短評(2)	미술	·
2110	1933-05-25	·	·	·	·	各地 端午노리	민속	·

연번	날짜	자료저자명 (한자)	자료저자명 (한글)	본명 (한자)	본명 (한글)	기사제목	분류	비고
2111	1933-05-26	張道斌	장도빈	張道斌	장도빈	古都 史蹟 探査機(6)- 扶餘篇	역사, 기행	·
2112	1933-05-27	張道斌	장도빈	張道斌	장도빈	古都 史蹟 探査機(7)- 扶餘篇	역사, 기행	·
2113	1933-05-27	天摩山人	천마산인	·	·	朝鮮美術展 短評(3)	미술	·
2114	1933-05-29	張道斌	장도빈	張道斌	장도빈	古都 史蹟 探査機(8)- 扶餘篇	역사, 기행	·
2115	1933-05-29	天摩山人	천마산인	·	·	朝鮮美術展 短評(4)	미술	·
2116	1933-05-30	張道斌	장도빈	張道斌	장도빈	古都 史蹟 探査機(9)- 扶餘篇	역사, 기행	·
2117	1933-05-30	天摩山人	천마산인	·	·	朝鮮美術展 短評(5)	미술	·
2118	1933-05-31	張道斌	장도빈	張道斌	장도빈	古都 史蹟 探査機(10)- 扶餘篇	역사, 기행	·
2119	1933-05-31	李允宰	이윤재	李允宰	이윤재	한글 綴字法-「新綴字便覽」의 解說(20)	한글	·
2120	1933-06-04	·	·	·	·	閑山島上의 一大盛儀 參拜群衆 數萬名- 東海의 滄浪같이 넘치는 人波/ 忠武公 影幀 奉安式	사업	·
2121	1933-06-05	天摩山人	천마산인	·	·	朝鮮美術展 短評(6)	미술	·
2122	1933-06-08	李允宰	이윤재	李允宰	이윤재	한글 綴字法 -「新綴字便覽」의 解說(21)	한글	·
2123	1933-06-08	天摩山人	천마산인	·	·	朝鮮美術展 短評(7)	미술	·
2124	1933-06-09	李允宰	이윤재	李允宰	이윤재	한글 綴字法 -「新綴字便覽」의 解說(22)	한글	·
2125	1933-06-10	張道斌	장도빈	張道斌	장도빈	古都 史蹟 探査機(11)- 扶餘篇	역사, 기행	·
2126	1933-06-10	吉星山人	길성산인	李建芳	이건방	朝鮮儒學과 王陽明(7)	철학	·
2127	1933-06-11	·	·	·	·	閑山島制勝堂重建忠武公影幀奉安式- 山河도歛容 · 奉拜者累萬의大盛儀畵報	사업	사진화보
2128	1933-06-12	張道斌	장도빈	張道斌	장도빈	古都 史蹟 探査機(12)- 扶餘篇	역사, 기행	·
2129	1933-06-19	張道斌	장도빈	張道斌	장도빈	古都 史蹟 探査機(13)- 扶餘篇	역사, 기행	·
2130	1933-06-25	張道斌	장도빈	張道斌	장도빈	古都 史蹟 探査機(13)*14회- 扶餘篇	역사, 기행	연재횟수 오기
2131	1933-06-27	·	·	·	·	各 學校 博物教員 網羅 博物研究會 創立- 于先, 動植物 名簿의 查定부터	고적, 사업	·
2132	1933-06-27	·	·	·	·	渤海 古國遺跡 吉林省에서 發掘	고적	·
2133	1933-06-30	張道斌	장도빈	張道斌	장도빈	古都 史蹟 探査機(14)*15회- 扶餘篇	역사, 기행	연재횟수 오기
2134	1933-07-02	張道斌	장도빈	張道斌	장도빈	古都 史蹟 探査機(15)*16회- 扶餘篇	역사, 기행	연재횟수 오기
2135	1933-07-03	張道斌	장도빈	張道斌	장도빈	古都 史蹟 探査機(16)*17회- 扶餘篇	역사, 기행	연재횟수 오기
2136	1933-07-06	張道斌	장도빈	張道斌	장도빈	古都 史蹟 探査機(1)- 慶州篇	역사, 기행	·
2137	1933-07-07	張道斌	장도빈	張道斌	장도빈	古都 史蹟 探査機(2)- 慶州篇	역사, 기행	·
2138	1933-07-10	張道斌	장도빈	張道斌	장도빈	古都 史蹟 探査機(3)- 慶州篇	역사, 기행	·

연번	날짜	자료저자명(한자)	자료저자명(한글)	본명(한자)	본명(한글)	기사제목	분류	비고
2139	1933-07-12	張道斌	장도빈	張道斌	장도빈	古都 史蹟 探査機(4)- 慶州篇	역사, 기행	·
2140	1933-07-14	張道斌	장도빈	張道斌	장도빈	古都 史蹟 探査機(5)- 慶州篇	역사, 기행	·
2141	1933-07-15	張道斌	장도빈	張道斌	장도빈	古都 史蹟 探査機(6)- 慶州篇	역사, 기행	·
2142	1933-07-16	金斗憲	김두헌	金斗憲	김두헌	朝鮮의 現實과 哲學	철학,논설	·
2143	1933-07-17	張道斌	장도빈	張道斌	장도빈	古都 史蹟 探査機(7)- 慶州篇	역사, 기행	·
2144	1933-07-22	張道斌	장도빈	張道斌	장도빈	古都 史蹟 探査機(8)- 慶州篇	역사, 기행	·
2145	1933-07-23	張道斌	장도빈	張道斌	장도빈	古都 史蹟 探査機(9)- 慶州篇	역사, 기행	·
2146	1933-07-26	張道斌	장도빈	張道斌	장도빈	古都 史蹟 探査機(10)- 慶州篇	역사, 기행	·
2147	1933-07-26	·	·	·	·	朝鮮語 綴字法 統一 討議會 시외 화계사에서 10일간/ 斯界名士 18人會	한글, 사업	·
2148	1933-07-27	·	·	·	·	第3回 學生 啓蒙運動!- 各地隊員消息【其一】/ 千五百 啓蒙隊員 活動 三千里 村村에 글소리 琅琅	한글	·
2149	1933-07-27	張道斌	장도빈	張道斌	장도빈	古都 史蹟 探査機(11)- 慶州篇	역사, 기행	·
2150	1933-07-27	李鉀	이갑	李鉀	이갑	啓蒙隊員에게/ 文盲打破歌의 僻語解說	한글, 사업	·
2151	1933-07-28	玄相允	현상윤	玄相允	현상윤	우리의 自覺과 生活의 新原理(1)	철학	·
2152	1933-07-29	玄相允	현상윤	玄相允	현상윤	우리의 自覺과 生活의 新原理(2)	철학	·
2153	1933-07-29	·	·	·	·	第3回 學生 啓蒙運動!- 各地隊員消息【其二】/ 千五百 啓蒙隊員 活動 三千里 村村에 글소리 琅琅	한글	·
2154	1933-07-30	玄相允	현상윤	玄相允	현상윤	우리의 自覺과 生活의 新原理(3)	철학	·
2155	1933-07-30	·	·	·	·	第3回 學生 啓蒙運動!- 各地隊員消息【其三】/ 千五百 啓蒙隊員 活動 三千里 村村에 글소리 琅琅	한글	·
2156	1933-07-31	張道斌	장도빈	張道斌	장도빈	古都 史蹟 探査機(12)- 慶州篇	역사, 기행	·
2157	1933-08-01	玄相允	현상윤	玄相允	현상윤	우리의 自覺과 生活의 新原理(4)	철학	·
2158	1933-08-01	·	·	·	·	第3回 學生 啓蒙運動!- 各地隊員消息【其四】/ 千五百 啓蒙隊員 活動 三千里 村村에 글소리 琅琅	한글	·
2159	1933-08-01	張道斌	장도빈	張道斌	장도빈	古都 史蹟 探査機(13)- 慶州篇	역사, 기행	·
2160	1933-08-02	玄相允	현상윤	玄相允	현상윤	우리의 自覺과 生活의 新原理(5)	철학	·
2161	1933-08-02	·	·	·	·	第3回 學生 啓蒙運動!- 各地隊員消息【其五】/ 千五百 啓蒙隊員 活動 三千里 村村에 글소리 琅琅	한글	·
2162	1933-08-02	張道斌	장도빈	張道斌	장도빈	古都 史蹟 探査機(14)- 慶州篇	역사, 기행	·
2163	1933-08-03	玄相允	현상윤	玄相允	현상윤	우리의 自覺과 生活의 新原理(6)	철학	·
2164	1933-08-03	·	·	·	·	第3回 學生 啓蒙運動!- 各地隊員消息【其六】/ 千五百 啓蒙隊員 活動 三千里 村村에 글소리 琅琅	한글	·

연번	날짜	자료저자명(한자)	자료저자명(한글)	본명(한자)	본명(한글)	기사제목	분류	비고
2165	1933-08-04	·	·	·	·	第3回 學生 啓蒙運動!- 各地隊員消息【其七】/千五百 啓蒙隊員 活動 三千里 村村에 글소리 琅琅	한글	·
2166	1933-08-04	張道斌	장도빈	張道斌	장도빈	古都 史蹟 探查機(15)- 慶州篇	역사, 기행	·
2167	1933-08-05	·	·	·	·	第3回 學生 啓蒙運動!- 各地隊員消息【其八】/千五百 啓蒙隊員 活動 三千里 村村에 글소리 琅琅	한글	·
2168	1933-08-05	張道斌	장도빈	張道斌	장도빈	古都 史蹟 探查機(16)- 慶州篇	역사, 기행	·
2169	1933-08-06	·	·	·	·	第3回 學生 啓蒙運動!- 各地隊員消息【其九】/千五百 啓蒙隊員 活動 三千里 村村에 글소리 琅琅	한글	·
2170	1933-08-08	張道斌	장도빈	張道斌	장도빈	古都 史蹟 探查機(17, 完)- 慶州篇	역사, 기행	·
2171	1933-08-08	·	·	·	·	第3回 學生 啓蒙運動!- 各地隊員消息【其九】*10회/ 千五百 啓蒙隊員 活動 三千里 村村에 글소리 琅琅	한글	연재횟수 오기
2172	1933-08-09	春園	춘원	李光洙	이광수	滿洲에서(1)	역사, 기행	·
2173	1933-08-10	·	·	·	·	第3回 學生 啓蒙運動!- 各地隊員消息【其十一】/千五百 啓蒙隊員 活動 三千里 村村에 글소리 琅琅	한글	·
2174	1933-08-10	春園	춘원	李光洙	이광수	滿洲에서(2)	역사, 기행	·
2175	1933-08-11	·	·	·	·	朝鮮古蹟 天然物 今後 國家가 管理- 總督府 社會科 立案中/ 古蹟等保存令 施行規則其他 8月中旬 公布	고적, 사업	·
2176	1933-08-12	·	·	·	·	第3回 學生 啓蒙運動!- 各地隊員消息【其九】*12회/ 千五百 啓蒙隊員 活動 三千里 村村에 글소리 琅琅	한글	연재횟수 오기
2177	1933-08-13	·	·	·	·	第3回 學生 啓蒙運動!- 各地隊員消息【其十三】/千五百 啓蒙隊員 活動 三千里 村村에 글소리 琅琅	한글	·
2178	1933-08-15	社說	사설	·	·	三千里 村村에 글소리 琅琅- 눈물겨운 그 至誠	한글, 사업	·
2179	1933-08-17	·	·	·	·	第3回 學生 啓蒙運動!- 各地隊員消息【其十四】/千五百 啓蒙隊員 活動 三千里 村村에 글소리 琅琅	한글	·
2180	1933-08-18	春園	춘원	李光洙	이광수	滿洲에서(3)	역사, 기행	·
2181	1933-08-20	·	·	·	·	第3回 學生 啓蒙運動!- 各地隊員消息【其十五】/千五百 啓蒙隊員 活動 三千里 村村에 글소리 琅琅	한글	·
2182	1933-08-20	春園	춘원	李光洙	이광수	滿洲에서(4)	역사, 기행	·
2183	1933-08-22	·	·	·	·	三國時代 再現 新小說 烽火 尹白南 作 李靑田 畵 25日부터 連載	역사, 문학	·
2184	1933-08-23	·	·	·	·	第3回 學生 啓蒙運動!- 各地隊員消息【其十六】/千五百 啓蒙隊員 活動 三千里 村村에 글소리 琅琅	한글	·
2185	1933-08-23	春園	춘원	李光洙	이광수	滿洲에서(5)	역사, 기행	·
2186	1933-08-24	社說	사설	·	·	普通學校 用語 朝鮮語로 하라- 秋期開學을 맞으며	한글, 사업	·

연번	날짜	자료저자명(한자)	자료저자명(한글)	본명(한자)	본명(한글)	기사제목	분류	비고
2187	1933-08-25	·	·	·	·	第3回 學生 啓蒙運動! - 各地隊員消息【其十七】/千五百 啓蒙隊員 活動 三千里 村村에 글소리 琅琅	한글	·
2188	1933-08-25	尹白南	윤백남	尹白南	윤백남	烽火(1)	문학	·
2189	1933-08-26	·	·	·	·	第3回 學生 啓蒙運動! - 各地隊員消息【其十八】/千五百 啓蒙隊員 活動 三千里 村村에 글소리 琅琅	한글	·
2190	1933-08-26	尹白南	윤백남	尹白南	윤백남	烽火(2)	문학	·
2191	1933-08-29	·	·	·	·	第3回 學生 啓蒙運動! - 各地隊員消息【其十九】/千五百 啓蒙隊員 活動 三千里 村村에 글소리 琅琅	한글	·
2192	1933-08-30	尹白南	윤백남	尹白南	윤백남	烽火(3)	문학	·
2193	1933-08-30	·	·	·	·	第3回 學生 啓蒙運動! - 各地隊員消息【其二十】/千五百 啓蒙隊員 活動 三千里 村村에 글소리 琅琅	한글	·
2194	1933-08-31	·	·	·	·	第3回 學生 啓蒙運動! - 各地隊員消息【其二十一】/千五百 啓蒙隊員 活動 三千里 村村에 글소리 琅琅	한글	·
2195	1933-08-31	尹白南	윤백남	尹白南	윤백남	烽火(4)	문학	·
2196	1933-09-01	丁東奎	정동규	丁東奎	정동규	己未 以後 15年間 朝鮮文讀者의 動態 - 店頭에서 본 讀者傾向의 變遷(上)	한글	·
2197	1933-09-01	李殷相	이은상	李殷相	이은상	兒童讀本 第1課 - 强首先生 이야기	역사, 문학	·
2198	1933-09-01	尹白南	윤백남	尹白南	윤백남	烽火(5)	문학	·
2199	1933-09-02	丁東奎	정동규	丁東奎	정동규	己未 以後 15年間 朝鮮文讀者의 動態 - 店頭에서 본 讀者傾向의 變遷(下)	한글	·
2200	1933-09-02	·	·	·	·	第3回 學生 啓蒙運動! - 各地隊員消息【其二十二】/千五百 啓蒙隊員 活動 三千里 村村에 글소리 琅琅	한글	·
2201	1933-09-02	李殷相	이은상	李殷相	이은상	兒童讀本 第2課 - 仇珍川은 누군가	역사, 문학	·
2202	1933-09-02	尹白南	윤백남	尹白南	윤백남	烽火(6)	문학	·
2203	1933-09-03	李殷相	이은상	李殷相	이은상	兒童讀本第3課-偉大한元曉聖師	역사, 문학	·
2204	1933-09-03	尹白南	윤백남	尹白南	윤백남	烽火(7)	문학	·
2205	1933-09-04	尹白南	윤백남	尹白南	윤백남	烽火(8)	문학	·
2206	1933-09-05	李殷相	이은상	李殷相	이은상	兒童讀本第4課-花娘이란무엇인가	역사, 문학	·
2207	1933-09-05	·	·	·	·	第3回 學生 啓蒙運動! - 各地隊員消息【其二十三】/千五百 啓蒙隊員 活動 三千里 村村에 글소리 琅琅	한글, 사업	·
2208	1933-09-05	尹白南	윤백남	尹白南	윤백남	烽火(9)	문학	·
2209	1933-09-06	·	·	·	·	第3回 學生 啓蒙運動! - 各地隊員消息【其二十四】/千五百 啓蒙隊員 活動 三千里 村村에 글소리 琅琅	한글, 사업	·
2210	1933-09-06	尹白南	윤백남	尹白南	윤백남	烽火(10)	문학	·
2211	1933-09-07	·	·	·	·	第3回 學生 啓蒙運動! - 各地隊員消息【其二十五】/千五百 啓蒙隊員 活動 三千里 村村에 글소리 琅琅	한글, 사업	·
2212	1933-09-07	李殷相	이은상	李殷相	이은상	少年讀本 第5課 - 斯多含의 忠勇	역사, 문학	구 아동독본
2213	1933-09-07	尹白南	윤백남	尹白南	윤백남	烽火(11)	문학	·
2214	1933-09-08	鄭寅普	정인보	鄭寅普	정인보	陽明學演論(1)	철학	·
2215	1933-09-08	·	·	·	·	第3回 學生 啓蒙運動! - 各地隊員消息【其二十六】/	한글,	·

연번	날짜	자료저자명(한자)	자료저자명(한글)	본명(한자)	본명(한글)	기사제목	분류	비고
						千五百 啓蒙隊員 活動 三千里 村村에 글소리 琅琅	사업	
2216	1933-09-08	尹白南	윤백남	尹白南	윤백남	烽火(12)	문학	·
2217	1933-09-09	鄭寅普	정인보	鄭寅普	정인보	陽明學演論(2)	철학	·
2218	1933-09-09	·	·	·	·	第3回 學生 啓蒙運動! - 各地隊員消息【其二十七】/千五百 啓蒙隊員 活動 三千里 村村에 글소리 琅琅	한글, 사업	·
2219	1933-09-09	李殷相	이은상	李殷相	이은상	少年讀本 第6課 - 劍君의 죽엄	역사, 문학	·
2220	1933-09-09	尹白南	윤백남	尹白南	윤백남	烽火(13)	문학	·
2221	1933-09-10	鄭寅普	정인보	鄭寅普	정인보	陽明學演論(3)	철학	·
2222	1933-09-10	李殷相	이은상	李殷相	이은상	少年讀本 第7課 - 月明師의 노래	역사, 문학	·
2223	1933-09-10	尹白南	윤백남	尹白南	윤백남	烽火(14)	문학	·
2224	1933-09-11	尹白南	윤백남	尹白南	윤백남	烽火(15)	문학	·
2225	1933-09-12	鄭寅普	정인보	鄭寅普	정인보	陽明學演論(4)	철학	·
2226	1933-09-12	·	·	·	·	第3回 學生 啓蒙運動! - 各地隊員消息【其二十八】/千五百 啓蒙隊員 活動 三千里 村村에 글소리 琅琅	한글, 사업	·
2227	1933-09-12	尹白南	윤백남	尹白南	윤백남	烽火(16)	문학	·
2228	1933-09-13	尹白南	윤백남	尹白南	윤백남	烽火(17)	문학	·
2229	1933-09-14	尹白南	윤백남	尹白南	윤백남	烽火(18)	문학	·
2230	1933-09-14	鄭寅普	정인보	鄭寅普	정인보	陽明學演論(5)	철학	·
2231	1933-09-15	尹白南	윤백남	尹白南	윤백남	烽火(19)	문학	·
2232	1933-09-15	鄭寅普	정인보	鄭寅普	정인보	陽明學演論(6)	철학	·
2233	1933-09-15	李殷相	이은상	李殷相	이은상	少年讀本 第7課*8회 - 鄕歌란 무엇인가	역사, 문학	연재횟수 오기
2234	1933-09-16	尹白南	윤백남	尹白南	윤백남	烽火(20)	문학	·
2235	1933-09-16	鄭寅普	정인보	鄭寅普	정인보	陽明學演論(7)	철학	·
2236	1933-09-16	·	·	·	·	第3回 學生 啓蒙運動! - 各地隊員消息【其二十九】/千五百 啓蒙隊員 活動 三千里 村村에 글소리 琅琅	한글, 사업	·
2237	1933-09-16	李殷相	이은상	李殷相	이은상	少年讀本第9課-吏讀와薛聰先生	역사, 문학	·
2238	1933-09-17	尹白南	윤백남	尹白南	윤백남	烽火(21)	문학	·
2239	1933-09-17	鄭寅普	정인보	鄭寅普	정인보	陽明學演論(8)	철학	·
2240	1933-09-17	李殷相	이은상	李殷相	이은상	少年讀本第10課-崔孤雲先生이야기	역사, 문학	·
2241	1933-09-18	尹白南	윤백남	尹白南	윤백남	烽火(22)	문학	·
2242	1933-09-19	尹白南	윤백남	尹白南	윤백남	烽火(23)	문학	·
2243	1933-09-19	鄭寅普	정인보	鄭寅普	정인보	陽明學演論(9)	철학	·
2244	1933-09-20	尹白南	윤백남	尹白南	윤백남	烽火(24)	문학	·
2245	1933-09-20	鄭寅普	정인보	鄭寅普	정인보	陽明學演論(10)	철학	·
2246	1933-09-21	尹白南	윤백남	尹白南	윤백남	烽火(25)	문학	·
2247	1933-09-21	鄭寅普	정인보	鄭寅普	정인보	陽明學演論(11)	철학	·
2248	1933-09-21	·	·	·	·	第3回 學生 啓蒙運動! - 各地隊員消息【其三十】/千五百 啓蒙隊員 活動 三千里 村村에 글소리 琅琅	한글, 사업	·

연번	날짜	자료저자명 (한자)	자료저자명 (한글)	본명 (한자)	본명 (한글)	기사제목	분류	비고
2249	1933-09-21	金洸鎭	김광진	金洸鎭	김광진	白南雲教授의 新著「朝鮮社會經濟史」	학술, 역사	·
2250	1933-09-22	尹白南	윤백남	尹白南	윤백남	烽火(26)	문학	·
2251	1933-09-22	鄭寅普	정인보	鄭寅普	정인보	陽明學演論(12)	철학	·
2252	1933-09-22	·	·	·	·	第3回 學生 啓蒙運動! - 各地隊員消息【其三十一】/ 千五百 啓蒙隊員 活動 三千里 村村에 글소리 琅琅	한글, 사업	·
2253	1933-09-23	尹白南	윤백남	尹白南	윤백남	烽火(29)*27회	문학	연재횟수 오기
2254	1933-09-23	鄭寅普	정인보	鄭寅普	정인보	陽明學演論(13)	철학	·
2255	1933-09-24	尹白南	윤백남	尹白南	윤백남	烽火(30)*28회	문학	연재횟수 오기
2256	1933-09-25	尹白南	윤백남	尹白南	윤백남	烽火(29)	문학	·
2257	1933-09-26	尹白南	윤백남	尹白南	윤백남	烽火(30)	문학	·
2258	1933-09-27	鄭寅普	정인보	鄭寅普	정인보	陽明學演論(14)	철학	·
2259	1933-09-27	尹白南	윤백남	尹白南	윤백남	烽火(31)	문학	·
2260	1933-09-28	鄭寅普	정인보	鄭寅普	정인보	陽明學演論(14)*15회	철학	연재횟수 오기
2261	1933-09-28	尹白南	윤백남	尹白南	윤백남	烽火(32)	문학	·
2262	1933-09-29	鄭寅普	정인보	鄭寅普	정인보	陽明學演論(16)	철학	·
2263	1933-09-29	尹白南	윤백남	尹白南	윤백남	烽火(33)	문학	·
2264	1933-09-30	鄭寅普	정인보	鄭寅普	정인보	陽明學演論(17)	철학	·
2265	1933-09-30	尹白南	윤백남	尹白南	윤백남	烽火(34)	문학	·
2266	1933-10-01	鄭寅普	정인보	鄭寅普	정인보	陽明學演論(18)	철학	·
2267	1933-10-01	尹白南	윤백남	尹白南	윤백남	烽火(35)	문학	·
2268	1933-10-02	尹白南	윤백남	尹白南	윤백남	烽火(36)	문학	·
2269	1933-10-03	尹白南	윤백남	尹白南	윤백남	烽火(37)	문학	·
2270	1933-10-03	鄭寅普	정인보	鄭寅普	정인보	陽明學演論(19)	철학	·
2271	1933-10-04	尹白南	윤백남	尹白南	윤백남	烽火(38)	문학	·
2272	1933-10-04	鄭寅普	정인보	鄭寅普	정인보	陽明學演論(20)	철학	·
2273	1933-10-05	尹白南	윤백남	尹白南	윤백남	烽火(39)	문학	·
2274	1933-10-05	鄭寅普	정인보	鄭寅普	정인보	陽明學演論(21)	철학	·
2275	1933-10-06	尹白南	윤백남	尹白南	윤백남	烽火(40)	문학	·
2276	1933-10-06	鄭寅普	정인보	鄭寅普	정인보	陽明學演論(22)	철학	·
2277	1933-10-07	尹白南	윤백남	尹白南	윤백남	烽火(41)	문학	·
2278	1933-10-07	鄭寅普	정인보	鄭寅普	정인보	陽明學演論(23)	철학	·
2279	1933-10-08	鄭寅普	정인보	鄭寅普	정인보	陽明學演論(24)	철학	·
2280	1933-10-08	尹白南	윤백남	尹白南	윤백남	烽火(42)	문학	·
2281	1933-10-09	尹白南	윤백남	尹白南	윤백남	烽火(43)	문학	·
2282	1933-10-10	尹白南	윤백남	尹白南	윤백남	烽火(44)	문학	·
2283	1933-10-11	尹白南	윤백남	尹白南	윤백남	烽火(45)	문학	·
2284	1933-10-11	鄭寅普	정인보	鄭寅普	정인보	陽明學演論(25)	철학	·
2285	1933-10-12	尹白南	윤백남	尹白南	윤백남	烽火(46)	문학	·
2286	1933-10-12	鄭寅普	정인보	鄭寅普	정인보	陽明學演論(26)	철학	·
2287	1933-10-13	鄭寅普	정인보	鄭寅普	정인보	陽明學演論(27)	철학	·

연번	날짜	자료저자명(한자)	자료저자명(한글)	본명(한자)	본명(한글)	기사제목	분류	비고
2288	1933-10-13	尹白南	윤백남	尹白南	윤백남	烽火(47)	문학	·
2289	1933-10-14	尹白南	윤백남	尹白南	윤백남	烽火(48)	문학	·
2290	1933-10-14	鄭寅普	정인보	鄭寅普	정인보	陽明學演論(28)	철학	·
2291	1933-10-15	鄭寅普	정인보	鄭寅普	정인보	陽明學演論(29)	철학	·
2292	1933-10-15	尹白南	윤백남	尹白南	윤백남	烽火(49)	문학	·
2293	1933-10-16	尹白南	윤백남	尹白南	윤백남	烽火(50)	문학	·
2294	1933-10-17	尹白南	윤백남	尹白南	윤백남	烽火(51)	문학	·
2295	1933-10-17	鄭寅普	정인보	鄭寅普	정인보	陽明學演論(30)	철학	·
2296	1933-10-18	尹白南	윤백남	尹白南	윤백남	烽火(52)	문학	·
2297	1933-10-19	尹白南	윤백남	尹白南	윤백남	烽火(53)	문학	·
2298	1933-10-19	鄭寅普	정인보	鄭寅普	정인보	陽明學演論(31)	철학	·
2299	1933-10-20	鄭寅普	정인보	鄭寅普	정인보	陽明學演論(32)	철학	·
2300	1933-10-20	尹白南	윤백남	尹白南	윤백남	烽火(54)	문학	·
2301	1933-10-21	尹白南	윤백남	尹白南	윤백남	烽火(55)	문학	·
2302	1933-10-21	鄭寅普	정인보	鄭寅普	정인보	陽明學演論(33)	철학	·
2303	1933-10-21	·	·	·	·	科學的 한글마춤법 統一案을 完成- 한글記念日에 發表	한글	·
2304	1933-10-22	鄭寅普	정인보	鄭寅普	정인보	陽明學演論(34)	철학	·
2305	1933-10-22	社說	사설	·	·	한글 統一案의 完成을 듣고	논설, 한글	·
2306	1933-10-22	尹白南	윤백남	尹白南	윤백남	烽火(56)	문학	·
2307	1933-10-23	尹白南	윤백남	尹白南	윤백남	烽火(57)	문학	·
2308	1933-10-24	尹白南	윤백남	尹白南	윤백남	烽火(58)	문학	·
2309	1933-10-24	鄭寅普	정인보	鄭寅普	정인보	陽明學演論(35)	철학	·
2310	1933-10-25	尹白南	윤백남	尹白南	윤백남	烽火(59)	문학	·
2311	1933-10-25	鄭寅普	정인보	鄭寅普	정인보	陽明學演論(36)	철학	·
2312	1933-10-26	鄭寅普	정인보	鄭寅普	정인보	陽明學演論(37)	철학	·
2313	1933-10-26	尹白南	윤백남	尹白南	윤백남	烽火(60)	문학	·
2314	1933-10-27	尹白南	윤백남	尹白南	윤백남	烽火(61)	문학	·
2315	1933-10-27	鄭寅普	정인보	鄭寅普	정인보	陽明學演論(38)	철학	·
2316	1933-10-27	·	·	·	·	米國 콜럼비아 大學 朝鮮 圖書館과 그 後援會	사업	·
2317	1933-10-27	鄭寅普	정인보	鄭寅普	정인보	陽明學演論(39)	철학	·
2318	1933-10-28	尹白南	윤백남	尹白南	윤백남	烽火(62)	문학	·
2319	1933-10-29	尹白南	윤백남	尹白南	윤백남	烽火(63)	문학	·
2320	1933-10-29	鄭寅普	정인보	鄭寅普	정인보	陽明學演論(40)	철학	·
2321	1933-10-29	金善琪	김선기	金善琪	김선기	한글의 今昔	한글	·
2322	1933-10-29	李允宰	이윤재	李允宰	이윤재	母語運動의 槪觀(1)	한글	·
2323	1933-10-29	李鉀	이갑	李鉀	이갑	綴字法 統一案 頒布까지의 經過	한글	·
2324	1933-10-29	·	·	·	·	한글頒布記念會	한글	·
2325	1933-10-29	·	·	·	·	統一案 綴字法과 本社 綴字法과의 對照	한글	·
2326	1933-10-30	尹白南	윤백남	尹白南	윤백남	烽火(64)	문학	·

연번	날짜	자료저자명 (한자)	자료저자명 (한글)	본명 (한자)	본명 (한글)	기사제목	분류	비고
2327	1933-10-31	尹白南	윤백남	尹白南	윤백남	烽火(65)	문학	·
2328	1933-10-31	鄭寅普	정인보	鄭寅普	정인보	陽明學演論(41)	철학	·
2329	1933-10-31	李允宰	이윤재	李允宰	이윤재	母語運動의 概觀(2)	한글	·
2330	1933-10-31	·	·	·	·	487年前文字로更生한이날	한글	·
2331	1933-11-01	尹白南	윤백남	尹白南	윤백남	烽火(66)	문학	·
2332	1933-11-01	鄭寅普	정인보	鄭寅普	정인보	陽明學演論(42)	철학	·
2333	1933-11-01	李允宰	이윤재	李允宰	이윤재	母語運動의 概觀(3)	한글	·
2334	1933-11-02	尹白南	윤백남	尹白南	윤백남	烽火(67)	문학	·
2335	1933-11-02	鄭寅普	정인보	鄭寅普	정인보	陽明學演論(43)	철학	·
2336	1933-11-02	李允宰	이윤재	李允宰	이윤재	母語運動의 概觀(4)	한글	·
2337	1933-11-03	尹白南	윤백남	尹白南	윤백남	烽火(68)	문학	·
2338	1933-11-04	尹白南	윤백남	尹白南	윤백남	烽火(69)	문학	·
2339	1933-11-05	尹白南	윤백남	尹白南	윤백남	烽火(70)	문학	·
2340	1933-11-05	鄭寅普	정인보	鄭寅普	정인보	陽明學演論(44)	철학	·
2341	1933-11-06	鄭寅普	정인보	鄭寅普	정인보	陽明學演論(45)	철학	·
2342	1933-11-06	尹白南	윤백남	尹白南	윤백남	烽火(71)	문학	·
2343	1933-11-06	·	·	·	·	30萬圓을 傾注 大圖書館을 設立	사업	·
2344	1933-11-06	·	·	·	·	한글 統一委員 慰勞會 開催	한글	·
2345	1933-11-07	尹白南	윤백남	尹白南	윤백남	烽火(72)	문학	·
2346	1933-11-08	鄭寅普	정인보	鄭寅普	정인보	陽明學演論(45)*46회	철학	연재횟수 오기
2347	1933-11-08	尹白南	윤백남	尹白南	윤백남	烽火(73)	문학	·
2348	1933-11-09	尹白南	윤백남	尹白南	윤백남	烽火(74)	문학	·
2349	1933-11-09	鄭寅普	정인보	鄭寅普	정인보	陽明學演論(47)	철학	·
2350	1933-11-09	·	·	·	·	150餘人이 會合- 한글委員 18人을 慰勞	한글	·
2351	1933-11-10	尹白南	윤백남	尹白南	윤백남	烽火(75)	문학	·
2352	1933-11-10	鄭寅普	정인보	鄭寅普	정인보	陽明學演論(48)	철학	·
2353	1933-11-11	尹白南	윤백남	尹白南	윤백남	烽火(76)	문학	·
2354	1933-11-12	尹白南	윤백남	尹白南	윤백남	烽火(77)	문학	·
2355	1933-11-12	鄭寅普	정인보	鄭寅普	정인보	陽明學演論(49)	철학	·
2356	1933-11-13	尹白南	윤백남	尹白南	윤백남	烽火(78)	문학	·
2357	1933-11-14	尹白南	윤백남	尹白南	윤백남	烽火(79)	문학	·
2358	1933-11-15	尹白南	윤백남	尹白南	윤백남	烽火(80)	문학	·
2359	1933-11-16	尹白南	윤백남	尹白南	윤백남	烽火(81)	문학	·
2360	1933-11-17	尹白南	윤백남	尹白南	윤백남	烽火(82)	문학	·
2361	1933-11-17	鄭寅普	정인보	鄭寅普	정인보	陽明學演論(50)	철학	·
2362	1933-11-18	尹白南	윤백남	尹白南	윤백남	烽火(83)	문학	·
2363	1933-11-19	尹白南	윤백남	尹白南	윤백남	烽火(84)	문학	·
2364	1933-11-20	尹白南	윤백남	尹白南	윤백남	烽火(85)	문학	·
2365	1933-11-21	尹白南	윤백남	尹白南	윤백남	烽火(86)	문학	·
2366	1933-11-21	鄭寅普	정인보	鄭寅普	정인보	陽明學演論(51)	철학	·
2367	1933-11-22	鄭寅普	정인보	鄭寅普	정인보	陽明學演論(52)	철학	·

연번	날짜	자료저자명(한자)	자료저자명(한글)	본명(한자)	본명(한글)	기사제목	분류	비고
2368	1933-11-22	尹白南	윤백남	尹白南	윤백남	烽火(87)	문학	·
2369	1933-11-23	尹白南	윤백남	尹白南	윤백남	烽火(88)	문학	·
2370	1933-11-24	鄭寅普	정인보	鄭寅普	정인보	陽明學演論(53)	철학	·
2371	1933-11-24	尹白南	윤백남	尹白南	윤백남	烽火(89)	문학	·
2372	1933-11-25	尹白南	윤백남	尹白南	윤백남	烽火(90)	문학	·
2373	1933-11-26	尹白南	윤백남	尹白南	윤백남	烽火(91)	문학	·
2374	1933-11-26	鄭寅普	정인보	鄭寅普	정인보	陽明學演論(54)	철학	·
2375	1933-11-27	尹白南	윤백남	尹白南	윤백남	烽火(92)	문학	·
2376	1933-11-28	尹白南	윤백남	尹白南	윤백남	烽火(93)	문학	·
2377	1933-11-29	尹白南	윤백남	尹白南	윤백남	烽火(94)	문학	·
2378	1933-11-30	尹白南	윤백남	尹白南	윤백남	烽火(95)	문학	·
2379	1933-11-30	鄭寅普	정인보	鄭寅普	정인보	陽明學演論(55)	철학	·
2380	1933-12-01	鄭寅普	정인보	鄭寅普	정인보	陽明學演論(56)	철학	·
2381	1933-12-01	尹白南	윤백남	尹白南	윤백남	烽火(96)	문학	·
2382	1933-12-02	尹白南	윤백남	尹白南	윤백남	烽火(97)	문학	·
2383	1933-12-02	鄭寅普	정인보	鄭寅普	정인보	陽明學演論(57)	철학	·
2384	1933-12-03	尹白南	윤백남	尹白南	윤백남	烽火(98)	문학	·
2385	1933-12-04	尹白南	윤백남	尹白南	윤백남	烽火(99)	문학	·
2386	1933-12-05	尹白南	윤백남	尹白南	윤백남	烽火(100)	문학	·
2387	1933-12-05	鄭寅普	정인보	鄭寅普	정인보	陽明學演論(58)	철학	·
2388	1933-12-06	鄭寅普	정인보	鄭寅普	정인보	陽明學演論(59)	철학	·
2389	1933-12-06	·	·	·	·	朝鮮 寶物古蹟名勝 記念物 保存令 發表	사업	·
2390	1933-12-06	尹白南	윤백남	尹白南	윤백남	烽火(101)	문학	·
2391	1933-12-07	尹白南	윤백남	尹白南	윤백남	烽火(102)	문학	·
2392	1933-12-07	鄭寅普	정인보	鄭寅普	정인보	陽明學演論(60)	철학	·
2393	1933-12-07	蒼白子	창백자	·	·	朝鮮人의 經濟的 才能과 風水說(上)	역사	·
2394	1933-12-08	蒼白子	창백자	·	·	朝鮮人의 經濟的 才能과 風水說(中)	역사	·
2395	1933-12-08	尹白南	윤백남	尹白南	윤백남	烽火(103)	문학	·
2396	1933-12-09	鄭寅普	정인보	鄭寅普	정인보	陽明學演論(61)	철학	·
2397	1933-12-09	尹白南	윤백남	尹白南	윤백남	烽火(104)	문학	·
2398	1933-12-09	蒼白子	창백자	·	·	朝鮮人의 經濟的 才能과 風水說(下)	역사	·
2399	1933-12-10	尹白南	윤백남	尹白南	윤백남	烽火(105)	문학	·
2400	1933-12-11	尹白南	윤백남	尹白南	윤백남	烽火(106)	문학	·
2401	1933-12-12	尹白南	윤백남	尹白南	윤백남	烽火(107)	문학	·
2402	1933-12-12	鄭寅普	정인보	鄭寅普	정인보	陽明學演論(61)*62회	철학	연재횟수 오기
2403	1933-12-13	尹白南	윤백남	尹白南	윤백남	烽火(108)	문학	·
2404	1933-12-14	鄭寅普	정인보	鄭寅普	정인보	陽明學演論(63)	철학	·
2405	1933-12-14	尹白南	윤백남	尹白南	윤백남	烽火(109)	문학	·
2406	1933-12-15	尹白南	윤백남	尹白南	윤백남	烽火(110)	문학	·
2407	1933-12-15	鄭寅普	정인보	鄭寅普	정인보	陽明學演論(64)	철학	·
2408	1933-12-16	鄭寅普	정인보	鄭寅普	정인보	陽明學演論(65)	철학	·

연번	날짜	자료저자명(한자)	자료저자명(한글)	본명(한자)	본명(한글)	기사제목	분류	비고
2409	1933-12-16	尹白南	윤백남	尹白南	윤백남	烽火(111)	문학	·
2410	1933-12-17	尹白南	윤백남	尹白南	윤백남	烽火(112)	문학	·
2411	1933-12-17	鄭寅普	정인보	鄭寅普	정인보	陽明學演論(66)	철학	·
2412	1933-12-18	尹白南	윤백남	尹白南	윤백남	烽火(113)	문학	·
2413	1933-12-19	尹白南	윤백남	尹白南	윤백남	烽火(114)	문학	·
2414	1933-12-20	尹白南	윤백남	尹白南	윤백남	烽火(115)	문학	·
2415	1933-12-21	尹白南	윤백남	尹白南	윤백남	烽火(116)	문학	·
2416	1933-12-21	·	·	·	·	한글講習會	사업	·
2417	1933-12-22	尹白南	윤백남	尹白南	윤백남	烽火(117)	문학	·
2418	1933-12-23	尹白南	윤백남	尹白南	윤백남	烽火(118)	문학	·
2419	1933-12-24	尹白南	윤백남	尹白南	윤백남	烽火(119)	문학	·
2420	1933-12-24	·	·	·	·	朝鮮最初의 우리말 世界地圖	사업	·
2421	1933-12-25	·	·	·	·	檀君陵 修築期成 誠金 나날이 遝至	사업	·
2422	1933-12-25	尹白南	윤백남	尹白南	윤백남	烽火(120)	문학	·
2423	1933-12-26	尹白南	윤백남	尹白南	윤백남	烽火(121)	문학	·
2424	1933-12-27	尹白南	윤백남	尹白南	윤백남	烽火(122)	문학	·
2425	1933-12-28	尹白南	윤백남	尹白南	윤백남	烽火(123)	문학	·
2426	1933-12-29	尹白南	윤백남	尹白南	윤백남	烽火(124)	문학	·
2427	1933-12-30	尹白南	윤백남	尹白南	윤백남	烽火(125)	문학	·
2428	1933-12-31	尹白南	윤백남	尹白南	윤백남	烽火(126)	문학	·
2429	1934-01-01	李允宰	이윤재	李允宰	이윤재	甲戌과 朝鮮 -3大事實과 3大人物-(1)	역사	·
2430	1934-01-01	申南澈	신남철	申南澈	신남철	最近 朝鮮研究의 業績과 그 再出發 -朝鮮學은 어떠케 할것인가(1)	논설	·
2431	1934-01-01	李瑄根	이선근	李瑄根	이선근	朝鮮最近世史(1)	역사	·
2432	1934-01-01	李軒求	이헌구	李軒求	이헌구	朝鮮文學은 어대로?(1)	문학	·
2433	1934-01-02	·	·	·	·	扶餘八景	기행	·
2434	1934-01-02	社說	사설	·	·	民族과 文化- 그 完成을 期하라	논설	·
2435	1934-01-02	申南澈	신남철	申南澈	신남철	最近 朝鮮研究의 業績과 그 再出發- 朝鮮學은 어떠케 할것인가(2)	논설	·
2436	1934-01-02	李瑄根	이선근	李瑄根	이선근	朝鮮最近世史(2)	역사	·
2437	1934-01-02	李軒求	이헌구	李軒求	이헌구	朝鮮文學은 어대로?(2)	문학	·
2438	1934-01-02	李允宰	이윤재	李允宰	이윤재	甲戌과 朝鮮 -3大事實과 3大人物-(2)	역사	·
2439	1934-01-02	一記者	일기자	·	·	13道總觀 其8(平北) 文化機關設置 -道民을 代하야	사업	·
2440	1934-01-02	朴英熙	박영희	朴英熙	박영희	最近文藝理論의 新展開와 그 傾向 -社會史的及文學史的 考察(1)	문학	·
2441	1934-01-03	李允宰	이윤재	李允宰	이윤재	甲戌과 朝鮮 -3大事實과 3大人物-(3)	역사	·
2442	1934-01-03	李瑄根	이선근	李瑄根	이선근	朝鮮最近世史(3)	역사	·
2443	1934-01-03	朴英熙	박영희	朴英熙	박영희	最近文藝理論의 新展開와 그 傾向 -社會史的及文學史的 考察(2)	문학	·
2444	1934-01-04	李允宰	이윤재	李允宰	이윤재	甲戌과 朝鮮 -3大事實과 3大人物-(4)	역사	·
2445	1934-01-04	李瑄根	이선근	李瑄根	이선근	朝鮮最近世史(4)	역사	·
2446	1934-01-04	朴英熙	박영희	朴英熙	박영희	最近文藝理論의 新展開와 그 傾向	문학	·

연번	날짜	자료저자명(한자)	자료저자명(한글)	본명(한자)	본명(한글)	기사제목	분류	비고
						-社會史的及文學史的 考察(3)		
2447	1934-01-05	申南澈	신남철	申南澈	신남철	最近 朝鮮研究의 業績과 그 再出發 -朝鮮學은 어떠케 할것인가(3)	논설	·
2448	1934-01-05	李允宰	이윤재	李允宰	이윤재	甲戌과 朝鮮 -3大事實과 3大人物-(5)	역사	·
2449	1934-01-05	李瑄根	이선근	李瑄根	이선근	朝鮮最近世史(5)	역사	·
2450	1934-01-05	李軒求	이헌구	李軒求	이헌구	朝鮮文學은 어대로?(3)	문학	·
2451	1934-01-06	李允宰	이윤재	李允宰	이윤재	甲戌과 朝鮮 -3大事實과 3大人物-(6)	역사	·
2452	1934-01-06	李瑄根	이선근	李瑄根	이선근	朝鮮最近世史(6)	역사	·
2453	1934-01-06	朴英熙	박영희	朴英熙	박영희	最近文藝理論의 新展開와 그 傾向 -社會史的及文學史的 考察(4)	문학	·
2454	1934-01-07	李瑄根	이선근	李瑄根	이선근	朝鮮最近世史(7)	역사	·
2455	1934-01-07	朴英熙	박영희	朴英熙	박영희	最近文藝理論의 新展開와 그 傾向 -社會史的及文學史的 考察(5)	문학	·
2456	1934-01-07	申南澈	신남철	申南澈	신남철	最近 朝鮮研究의 業績과 그 再出發- 朝鮮學은 어떠케 할것인가(4)	논설	·
2457	1934-01-08	朴英熙	박영희	朴英熙	박영희	最近文藝理論의 新展開와 그 傾向 -社會史的及文學史的 考察(5)*6회	문학	연재횟수 오기
2458	1934-01-09	李瑄根	이선근	李瑄根	이선근	朝鮮最近世史(8)- 雲揚號事件과 丙子修好條約(1)	역사	·
2459	1934-01-09	朴英熙	박영희	朴英熙	박영희	最近文藝理論의 新展開와 그 傾向 -社會史的及文學史的 考察(7)	문학	·
2460	1934-01-10	李瑄根	이선근	李瑄根	이선근	朝鮮最近世史(9)- 雲揚號事件과 丙子修好條約(2)	역사	·
2461	1934-01-10	朴英熙	박영희	朴英熙	박영희	最近文藝理論의 新展開와 그 傾向 -社會史的及文學史的 考察(8)	문학	·
2462	1934-01-10	李軒求	이헌구	李軒求	이헌구	朝鮮文學은 어대로?(4)	문학	·
2463	1934-01-11	李瑄根	이선근	李瑄根	이선근	朝鮮最近世史(9)- 雲揚號事件과 丙子修好條約(3)*10회	역사	연재횟수 오기
2464	1934-01-11	朴英熙	박영희	朴英熙	박영희	最近文藝理論의 新展開와 그 傾向 -社會史的及文學史的 考察(9)	문학	·
2465	1934-01-11	李軒求	이헌구	李軒求	이헌구	朝鮮文學은 어대로?(5)	문학	·
2466	1934-01-12	李軒求	이헌구	李軒求	이헌구	朝鮮文學은 어대로?(6)	문학	·
2467	1934-01-12	李瑄根	이선근	李瑄根	이선근	朝鮮最近世史(11)- 雲揚號事件과 丙子修好條約(4)	역사	·
2468	1934-01-13	李瑄根	이선근	李瑄根	이선근	朝鮮最近世史(12)- 雲揚號事件과 丙子修好條約(5)	역사	·
2469	1934-01-14	李瑄根	이선근	李瑄根	이선근	朝鮮最近世史(13)- 雲揚號事件과 丙子修好條約(6)	역사	·
2470	1934-01-14	金正實	김정실	金正實	김정실	民刑法改正草案檢討(1)- 朝鮮慣習法을通하야-	역사, 민속	·
2471	1934-01-16	李瑄根	이선근	李瑄根	이선근	朝鮮最近世史(14)- 雲揚號事件과 丙子修好條約(7)	역사	·
2472	1934-01-16	金正實	김정실	金正實	김정실	民刑法改正草案檢討(2)- 朝鮮慣習法을通하야-	역사, 민속	·
2473	1934-01-17	李瑄根	이선근	李瑄根	이선근	朝鮮最近世史(15)- 雲揚號事件과 丙子修好條約(8)	역사	·
2474	1934-01-17	金正實	김정실	金正實	김정실	改正民刑法草案檢討(3)- 庶子入家와私生子名稱廢止-	역사, 민속	구 민형법 개정초안검토
2475	1934-01-18	李瑄根	이선근	李瑄根	이선근	朝鮮最近世史(16)- 雲揚號事件과 丙子修好條約(9)	역사	·
2476	1934-01-18	金正實	김정실	金正實	김정실	改正民刑法草案檢討(4)- 養子制度擴大-	역사, 민속	구 민형법 개정초안검토

연번	날짜	자료저자명 (한자)	자료저자명 (한글)	본명 (한자)	본명 (한글)	기사제목	분류	비고
2477	1934-01-19	李瑄根	이선근	李瑄根	이선근	朝鮮最近世史(17)- 雲揚號事件과 丙子修好條約(10)	역사	·
2478	1934-01-19	金正實	김정실	金正實	김정실	改正民刑法草案檢討(5)- 家族制度의3難-	역사, 민속	구 민형법 개정초안검토
2479	1934-01-19	黃郁	황욱	黃郁	황욱	1933年度 朝鮮文化運動 總評(1)	논설	·
2480	1934-01-20	·	·	·	·	檀君陵修築誠金(期成委員會 接受分)	사업	·
2481	1934-01-20	李瑄根	이선근	李瑄根	이선근	朝鮮最近世史(18)- 雲揚號事件과 丙子修好條約(11)	역사	·
2482	1934-01-20	黃郁	황욱	黃郁	황욱	1933年度 朝鮮文化運動 總評(2)	논설	·
2483	1934-01-20	金正實	김정실	金正實	김정실	改正民刑法草案檢討(6)- 家族制度의3難-	역사, 민속	구 민형법 개정초안검토
2484	1934-01-21	·	·	·	·	檀君陵修築誠金(今日本社 接受分)	사업	·
2485	1934-01-21	李瑄根	이선근	李瑄根	이선근	朝鮮最近世史(19)- 雲揚號事件과 丙子修好條約(12)	역사	·
2486	1934-01-21	黃郁	황욱	黃郁	황욱	1933年度 朝鮮文化運動 總評(3)	논설	·
2487	1934-01-21	金正實	김정실	金正實	김정실	改正民刑法草案檢討(8)*7회- 家族制度, 戶主權喪失-	역사, 민속	연재횟수 오기
2488	1934-01-22	社說	사설	·	·	文壇과 社會- 理解와 接近이 必要	논설	·
2489	1934-01-23	李瑄根	이선근	李瑄根	이선근	朝鮮最近世史(20)- 壬午軍亂 前後(1)	역사	·
2490	1934-01-23	黃郁	황욱	黃郁	황욱	1933年度 朝鮮文化運動 總評(4)	논설	·
2491	1934-01-23	金正實	김정실	金正實	김정실	改正民刑法草案檢討(9)*8회- 長子相續主義의弊害-	역사, 민속	연재횟수 오기
2492	1934-01-24	李瑄根	이선근	李瑄根	이선근	朝鮮最近世史(21)- 壬午軍亂 前後(2)	역사	·
2493	1934-01-24	黃郁	황욱	黃郁	황욱	1933年度 朝鮮文化運動 總評(5)	논설	·
2494	1934-01-25	李瑄根	이선근	李瑄根	이선근	朝鮮最近世史(22)- 壬午軍亂 前後(3)	역사	·
2495	1934-01-25	金正實	김정실	金正實	김정실	改正民刑法草案檢討(10)- 相續制度,不徹底한改正案-	역사, 민속	·
2496	1934-01-26	李瑄根	이선근	李瑄根	이선근	朝鮮最近世史(23)- 壬午軍亂 前後(4)	역사	·
2497	1934-01-26	金正實	김정실	金正實	김정실	改正民刑法草案檢討(11)- 相續制度,胎兒의利益保護-	역사, 민속	·
2498	1934-01-27	李瑄根	이선근	李瑄根	이선근	朝鮮最近世史(24)- 壬午軍亂 前後(5)	역사	·
2499	1934-01-27	金八峰	김팔봉	金基鎭	김기진	文藝時評(1)- 朴君은 무엇을 말햇나	문학	·
2500	1934-01-28	李瑄根	이선근	李瑄根	이선근	朝鮮最近世史(25)- 壬午軍亂 前後(6)	역사	·
2501	1934-01-28	金八峰	김팔봉	金基鎭	김기진	文藝時評(2)- 藝術自身을 喪失하엿든가(1)	문학	·
2502	1934-01-30	李瑄根	이선근	李瑄根	이선근	朝鮮最近世史(26)- 壬午軍亂 前後(7)	역사	·
2503	1934-01-30	金八峰	김팔봉	金基鎭	김기진	文藝時評(3)- 藝術自身을 喪失하엿든가(2)	문학	·
2504	1934-01-31	社說	사설	·	·	發明과 朝鮮- 숨은天才를 發揮하라	논설	·
2505	1934-01-31	李瑄根	이선근	李瑄根	이선근	朝鮮最近世史(27)- 壬午軍亂 前後(8)	역사	·
2506	1934-01-31	金八峰	김팔봉	金基鎭	김기진	文藝時評(4)- 創作家는 무엇에서 失敗하야 왓든가	문학	·
2507	1934-02-01	李瑄根	이선근	李瑄根	이선근	朝鮮最近世史(28)- 壬午軍亂 前後(9)	역사	·
2508	1934-02-01	金八峰	김팔봉	金基鎭	김기진	文藝時評(5)- 프로文學의 性格/ 이데오로기는 攪亂者이엇던가	문학	·
2509	1934-02-02	李瑄根	이선근	李瑄根	이선근	朝鮮最近世史(29)- 壬午軍亂 前後(10)	역사	·
2510	1934-02-02	金八峰	김팔봉	金基鎭	김기진	文藝時評(6)-「카프」의 過誤의 根底	문학	·

연번	날짜	자료저자명 (한자)	자료저자명 (한글)	본명 (한자)	본명 (한글)	기사제목	분류	비고
2511	1934-02-02	金正實	김정실	金正實	김정실	改正民刑法 草案檢討(12)- 婚姻制度 妻의 擴張能力-	역사, 민속	·
2512	1934-02-03	李瑄根	이선근	李瑄根	이선근	朝鮮最近世史(30)- 壬午軍亂 前後(11)	역사	·
2513	1934-02-04	·	·	·	·	檀君陵修築誠金(期成委員會 接受分)	사업	·
2514	1934-02-04	李瑄根	이선근	李瑄根	이선근	朝鮮最近世史(31)- 壬午軍亂 前後(12)	역사	·
2515	1934-02-04	金八峰	김팔봉	金基鎭	김기진	文藝時評(7)- 粉紅빛 文學에의 길	문학	·
2516	1934-02-04	金正實	김정실	金正實	김정실	改正民刑法 草案檢討(13)- 婚姻制度, 妻의 擴張能力-	역사, 민속	·
2517	1934-02-05	社說	사설	·	·	現實文學과朝鮮文壇- 陣營을再編成하고獨自的指標를세우라	논설	·
2518	1934-02-06	金八峰	김팔봉	金基鎭	김기진	文藝時評(8, 完)- 다리없는땐서의 舞踏	문학	·
2519	1934-02-07	李瑄根	이선근	李瑄根	이선근	朝鮮最近世史(32)- 壬午軍亂 前後(13)	역사	·
2520	1934-02-07	尹鼓鐘	윤고종	尹鼓鐘	윤고종	文學遺産問題와 海外文學派의 任務(上)	문학	·
2521	1934-02-08	李瑄根	이선근	李瑄根	이선근	朝鮮最近世史(33)- 壬午軍亂 前後(14)	역사	·
2522	1934-02-08	尹鼓鐘	윤고종	尹鼓鐘	윤고종	文學遺産問題와 海外文學派의 任務(下)	문학	·
2523	1934-02-09	·	·	·	·	檀君陵修築誠金(委員會 接受分)	사업	·
2524	1934-02-09	朴英熙	박영희	朴英熙	박영희	問題相異點의 再吟味- 金八峯군의 文藝時評에 答함(1)	문학	·
2525	1934-02-09	李瑄根	이선근	李瑄根	이선근	朝鮮最近世史(34)- 壬午軍亂 前後(15)	역사	·
2526	1934-02-10	朴英熙	박영희	朴英熙	박영희	問題相異點의 再吟味- 金八峯군의 文藝時評에 答함(2)	문학	·
2527	1934-02-10	李瑄根	이선근	李瑄根	이선근	朝鮮最近世史(35)- 壬午軍亂 前後(16)	역사	·
2528	1934-02-11	朴英熙	박영희	朴英熙	박영희	問題相異點의 再吟味- 金八峯군의 文藝時評에 答함(3)	문학	·
2529	1934-02-11	李瑄根	이선근	李瑄根	이선근	朝鮮最近世史(36)- 壬午軍亂 前後(17)	역사	·
2530	1934-02-13	李瑄根	이선근	李瑄根	이선근	朝鮮最近世史(37)- 壬午軍亂 前後(18)	역사	·
2531	1934-02-14	朴英熙	박영희	朴英熙	박영희	問題相異點의 再吟味- 金八峯군의 文藝時評에 答함(4)	문학	·
2532	1934-02-14	李瑄根	이선근	李瑄根	이선근	朝鮮最近世史(38)- 壬午軍亂 前後(19)	역사	·
2533	1934-02-15	李瑄根	이선근	李瑄根	이선근	朝鮮最近世史(39)- 壬午軍亂 前後(20)	역사	·
2534	1934-02-16	朴英熙	박영희	朴英熙	박영희	問題相異點의 再吟味- 金八峯군의 文藝時評에 答함(5)	문학	·
2535	1934-02-16	李瑄根	이선근	李瑄根	이선근	朝鮮最近世史(40)- 壬午軍亂 前後(21)	역사	·
2536	1934-02-17	李瑄根	이선근	李瑄根	이선근	朝鮮最近世史(41)- 壬午軍亂 前後(22)	역사	·
2537	1934-02-18	李瑄根	이선근	李瑄根	이선근	朝鮮最近世史(42)- 壬午軍亂 前後(23)	역사	·
2538	1934-02-20	·	·	·	·	檀君陵修築誠金(17日 本社 接受分)	사업	·
2539	1934-02-20	李瑄根	이선근	李瑄根	이선근	朝鮮最近世史(43)- 甲申政變과 그 影響(1)	역사	·
2540	1934-02-21	李瑄根	이선근	李瑄根	이선근	朝鮮最近世史(44)- 甲申政變과 그 影響(2)	역사	·
2541	1934-02-23	李瑄根	이선근	李瑄根	이선근	朝鮮最近世史(45)- 甲申政變과 그 影響(3)	역사	·
2542	1934-02-24	李瑄根	이선근	李瑄根	이선근	朝鮮最近世史(46)- 甲申政變과 그 影響(4)	역사	·
2543	1934-02-25	李瑄根	이선근	李瑄根	이선근	朝鮮最近世史(47)- 甲申政變과 그 影響(5)	역사	·
2544	1934-02-27	李瑄根	이선근	李瑄根	이선근	朝鮮最近世史(48)- 甲申政變과 그 影響(6)	역사	·
2545	1934-02-27	徐斗銖	서두수	徐斗銖	서두수	朝鮮歌謠集成- 讀過漫語	음악	·

연번	날짜	자료저자명(한자)	자료저자명(한글)	본명(한자)	본명(한글)	기사제목	분류	비고
2546	1934-02-28	李瑄根	이선근	李瑄根	이선근	朝鮮最近世史(49)- 甲申政變과 그 影響(6)*7회	역사	연재횟수 오기
2547	1934-02-28	金八峰	김팔봉	金基鎭	김기진	今春의 文壇的收穫- 新人諸氏의 創作에 대하야(1)	문학	·
2548	1934-03-01	李瑄根	이선근	李瑄根	이선근	朝鮮最近世史(50)- 甲申政變과 그 影響(7)*8회	역사	연재횟수 오기
2549	1934-03-01	金八峰	김팔봉	金基鎭	김기진	今春의 文壇的收穫- 新人諸氏의 創作에 대하야(2)	문학	·
2550	1934-03-02	李瑄根	이선근	李瑄根	이선근	朝鮮最近世史(51)- 甲申政變과 그 影響(8)*9회	역사	연재횟수 오기
2551	1934-03-02	金八峰	김팔봉	金基鎭	김기진	今春의 文壇的收穫- 新人諸氏의 創作에 대하야(3)	문학	·
2552	1934-03-03	李瑄根	이선근	李瑄根	이선근	朝鮮最近世史(52)- 甲申政變과 그 影響(9)*10회	역사	연재횟수 오기
2553	1934-03-04	李瑄根	이선근	李瑄根	이선근	朝鮮最近世史(53)- 甲申政變과 그 影響(10)*11회	역사	연재횟수 오기
2554	1934-03-06	李瑄根	이선근	李瑄根	이선근	朝鮮最近世史(54)- 甲申政變과 그 影響(11)*12회	역사	연재횟수 오기
2555	1934-03-07	李瑄根	이선근	李瑄根	이선근	朝鮮最近世史(55)- 甲申政變과 그 影響(12)*13회	역사	연재횟수 오기
2556	1934-03-07	盧東圭	노동규	盧東圭	노동규	城大法文學部發刊『朝鮮社會經濟史』- 研究論集을 讀함(上)	역사, 논설	·
2557	1934-03-08	盧東圭	노동규	盧東圭	노동규	城大法文學部發刊『朝鮮社會經濟史』- 研究論集을 讀함(中)	역사, 논설	·
2558	1934-03-09	李瑄根	이선근	李瑄根	이선근	朝鮮最近世史(56)- 甲申政變과 그 影響(13)*14회	역사	연재횟수 오기
2559	1934-03-09	盧東圭	노동규	盧東圭	노동규	城大法文學部發刊『朝鮮社會經濟史』- 研究論集을 讀함(下)	역사, 논설	·
2560	1934-03-10	李瑄根	이선근	李瑄根	이선근	朝鮮最近世史(57)- 甲申政變과 그 影響(14)*15회	역사	연재횟수 오기
2561	1934-03-10	盧東圭	노동규	盧東圭	노동규	城大法文學部發刊『朝鮮社會經濟史』- 研究論集을 讀함(終)	역사, 논설	·
2562	1934-03-11	李瑄根	이선근	李瑄根	이선근	朝鮮最近世史(58)- 甲申政變과 그 影響(15)*16회	역사	연재횟수 오기
2563	1934-03-13	李瑄根	이선근	李瑄根	이선근	朝鮮最近世史(59)- 甲申政變과 그 影響(16)*17회	역사	연재횟수 오기
2564	1934-03-14	李瑄根	이선근	李瑄根	이선근	朝鮮最近世史(60)- 甲申政變과 그 影響(17)*18회	역사	연재횟수 오기
2565	1934-03-14	·	·	·	·	朝鮮野史- 全集으로 網羅	문학	·
2566	1934-03-15	李瑄根	이선근	李瑄根	이선근	朝鮮最近世史(61)- 甲申政變과 그 影響(18)*19회	역사	연재횟수 오기
2567	1934-03-16	李瑄根	이선근	李瑄根	이선근	朝鮮最近世史(62)- 甲申政變과 그 影響(19)*20회	역사	연재횟수 오기
2568	1934-03-16	廣告	광고	·	·	朝鮮野史全集	문학	·
2569	1934-03-17	李瑄根	이선근	李瑄根	이선근	朝鮮最近世史(63)- 甲申政變과 그 影響(20)*21회	역사	연재횟수 오기
2570	1934-03-18	李瑄根	이선근	李瑄根	이선근	朝鮮最近世史(64)- 甲申政變과 그 影響(21)*22회	역사	연재횟수 오기
2571	1934-03-19	李瑄根	이선근	李瑄根	이선근	朝鮮最近世史(65)- 甲申政變과 그 影響(22)*23회	역사	연재횟수 오기
2572	1934-03-21	李瑄根	이선근	李瑄根	이선근	朝鮮最近世史(66)- 甲申政變과 그 影響(23)*24회	역사	연재횟수 오기
2573	1934-03-23	李瑄根	이선근	李瑄根	이선근	朝鮮最近世史(67)- 甲申政變과 그 影響(24)*25회	역사	연재횟수 오기
2574	1934-03-23	·	·	·	·	婦女子만을 爲하야 한글綴字法 講習 -雜誌 "新家庭"의 첫 試驗-/ 明日부터 本社講堂에서	한글, 사업	·
2575	1934-03-24	李瑄根	이선근	李瑄根	이선근	朝鮮最近世史(68)- 甲申政變과 그 影響(25)*26회	역사	연재횟수 오기
2576	1934-03-25	李瑄根	이선근	李瑄根	이선근	朝鮮最近世史(69)- 甲申政變과 그 影響(26)*27회	역사	연재횟수 오기
2577	1934-03-27	李瑄根	이선근	李瑄根	이선근	朝鮮最近世史(70)- 甲申政變과 그 影響(27)*28회	역사	연재횟수 오기
2578	1934-03-28	李瑄根	이선근	李瑄根	이선근	朝鮮最近世史(71)- 甲申政變과 그 影響(28)*29회	역사	연재횟수 오기
2579	1934-03-29	李瑄根	이선근	李瑄根	이선근	朝鮮最近世史(72)- 甲申政變과 그 影響(29)*30회	역사	연재횟수 오기
2580	1934-03-30	李瑄根	이선근	李瑄根	이선근	朝鮮最近世史(73)- 甲申政變과 그 影響(30)*31회	역사	연재횟수 오기
2581	1934-03-30	宋錫夏	송석하	宋錫夏	송석하	民俗藝術의 紹介에 對하야- 金浦農民舞踊東京派遣을 契機로(1)	민속	·
2582	1934-03-31	宋錫夏	송석하	宋錫夏	송석하	民俗藝術의 紹介에 對하야-	민속	·

연번	날짜	자료저자명(한자)	자료저자명(한글)	본명(한자)	본명(한글)	기사제목	분류	비고
						金浦農民舞踊東京派遣을 契機로(2)		
2583	1934-03-31	·	·	·	·	檀君陵修築誠金(29日 委員會 接受分)	사업	·
2584	1934-04-01	宋錫夏	송석하	宋錫夏	송석하	民俗藝術의 紹介에 對하야- 金浦農民舞踊東京派遣을 契機로(3)	민속	·
2585	1934-04-01	劉昌宣	유창선	劉昌宣	유창선	白衣考(1)	민속	·
2586	1934-04-02	劉昌宣	유창선	劉昌宣	유창선	白衣考(2)	민속	·
2587	1934-04-03	劉昌宣	유창선	劉昌宣	유창선	白衣考(3)	민속	·
2588	1934-04-05	李瑄根	이선근	李瑄根	이선근	朝鮮最近世史(74)- 甲申政變과 그 影響(31)*32회	역사	연재횟수 오기
2589	1934-04-05	劉昌宣	유창선	劉昌宣	유창선	白衣考(4)	민속	·
2590	1934-04-06	李瑄根	이선근	李瑄根	이선근	朝鮮最近世史(75)- 甲申政變과 그 影響(32)*33회	역사	연재횟수 오기
2591	1934-04-07	李瑄根	이선근	李瑄根	이선근	朝鮮最近世史(76)- 甲申政變과 그 影響(33)*34회	역사	연재횟수 오기
2592	1934-04-08	李瑄根	이선근	李瑄根	이선근	朝鮮最近世史(77)- 甲申政變과 그 影響(34)*35회	역사	연재횟수 오기
2593	1934-04-10	李瑄根	이선근	李瑄根	이선근	朝鮮最近世史(78)- 甲申政變과 그 影響(35)*36회	역사	연재횟수 오기
2594	1934-04-10	·	·	·	·	異域에서 빛나는 朝鮮의 文筆- 杭州에서 岳飛廟重修記 發見	문학	·
2595	1934-04-11	李瑄根	이선근	李瑄根	이선근	朝鮮最近世史(79)- 甲申政變과 그 影響(36)*37회	역사	연재횟수 오기
2596	1934-04-12	李瑄根	이선근	李瑄根	이선근	朝鮮最近世史(80)- 甲申政變과 그 影響(37)*38회	역사	연재횟수 오기
2597	1934-04-13	李瑄根	이선근	李瑄根	이선근	朝鮮最近世史(81)- 甲申政變과 그 影響(38)*39회	역사	연재횟수 오기
2598	1934-04-13	·	·	·	·	檀君陵修築誠金(8日 委員會 接受分)	사업	·
2599	1934-04-15	李瑄根	이선근	李瑄根	이선근	朝鮮最近世史(82)- 甲申政變과 그 影響(39)*40회	역사	연재횟수 오기
2600	1934-04-17	李瑄根	이선근	李瑄根	이선근	朝鮮最近世史(83)- 甲申政變과 그 影響(40)*41회	역사	연재횟수 오기
2601	1934-04-18	李瑄根	이선근	李瑄根	이선근	朝鮮最近世史(84)- 甲申政變과 그 影響(41)*42회	역사	연재횟수 오기
2602	1934-04-20	·	·	·	·	檀君陵修築誠金(18日 委員會 接受分)	사업	·
2603	1934-04-20	李瑄根	이선근	李瑄根	이선근	朝鮮最近世史(85)- 甲申政變과 그 影響(42)*43회	역사	연재횟수 오기
2604	1934-04-21	李瑄根	이선근	李瑄根	이선근	朝鮮最近世史(86)- 甲申政變과 그 影響(43)*44회	역사	연재횟수 오기
2605	1934-04-22	社說	사설	·	·	朝鮮文化認識의 國際化- 外國學徒들에게 檄함	논설	·
2606	1934-04-22	李瑄根	이선근	李瑄根	이선근	朝鮮最近世史(87)- 甲申政變과 그 影響(44)*45회	역사	연재횟수 오기
2607	1934-04-23	李瑄根	이선근	李瑄根	이선근	朝鮮最近世史(88)- 甲申政變과 그 影響(45)*46회	역사	연재횟수 오기
2608	1934-04-23	尹鼓鐘	윤고종	尹鼓鐘	윤고종	文壇時評(1)- 文藝復興과朝鮮	문학	·
2609	1934-04-25	李瑄根	이선근	李瑄根	이선근	朝鮮最近世史(89)- 甲申政變과 그 影響(46)*47회	역사	연재횟수 오기
2610	1934-04-26	李瑄根	이선근	李瑄根	이선근	朝鮮最近世史(90)- 甲申政變과 그 影響(47)*48회	역사	연재횟수 오기
2611	1934-04-27	李瑄根	이선근	李瑄根	이선근	朝鮮最近世史(91)- 甲申政變과 그 影響(48)*49회	역사	연재횟수 오기
2612	1934-04-29	李瑄根	이선근	李瑄根	이선근	朝鮮最近世史(92)- 甲申政變과 그 影響(49)*50회	역사	연재횟수 오기
2613	1934-04-30	李瑄根	이선근	李瑄根	이선근	朝鮮最近世史(93)- 甲申政變과 그 影響(50)*51회	역사	연재횟수 오기
2614	1934-05-02	李瑄根	이선근	李瑄根	이선근	朝鮮最近世史(94)- 甲申政變과 그 影響(51)*52회	역사	연재횟수 오기
2615	1934-05-03	·	·	·	·	國寶252點 萬歲에 保存을 決定/ 寶物210, 古蹟21, 天然物21點	고적	·
2616	1934-05-03	李瑄根	이선근	李瑄根	이선근	朝鮮最近世史(95)- 甲申政變과 그 影響(52)**53회	역사	연재횟수 오기
2617	1934-05-04	李瑄根	이선근	李瑄根	이선근	朝鮮最近世史(96)- 甲申政變과 그 影響(53)*54회	역사	연재횟수 오기
2618	1934-05-04	韓生	한생	·	·	咸興의 古蹟과 傳說(1)	문학	咸興
2619	1934-05-04	·	·	·	·	古蹟保存會서 指定한 寶物- 總選擇 252點中	고적	·

연번	날짜	자료저자명(한자)	자료저자명(한글)	본명(한자)	본명(한글)	기사제목	분류	비고
						各道의 寶物과 古蹟		
2620	1934-05-05	李瑄根	이선근	李瑄根	이선근	朝鮮最近世史(97)- 甲申政變과 그 影響(54)*55회	역사	연재횟수 오기
2621	1934-05-05	韓生	한생	·	·	咸興의 古蹟과 傳說(2)	문학	咸興
2622	1934-05-06	李瑄根	이선근	李瑄根	이선근	朝鮮最近世史(98)- 甲申政變과그影響(55)*56회	역사	연재횟수 오기
2623	1934-05-06	韓生	한생	·	·	咸興의 古蹟과 傳說(3)	문학	咸興
2624	1934-05-08	·	·	·	·	古朝鮮渤海國 遺跡을 發掘- 第2回로 東大 原田 敎授가 作業, 兵隊護衛 밑에서 2日間	고적	·
2625	1934-05-08	李瑄根	이선근	李瑄根	이선근	朝鮮最近世史(99)- 甲申政變과 그 影響(56)*57회	역사	연재횟수 오기
2626	1934-05-08	韓生	한생	·	·	咸興의 古蹟과 傳說(4)	문학	咸興
2627	1934-05-09	李瑄根	이선근	李瑄根	이선근	朝鮮最近世史(100)- 甲申政變과 그 影響(57)*58회	역사	연재횟수 오기
2628	1934-05-09	韓生	한생	·	·	咸興의 古蹟과 傳說(5)	문학	咸興
2629	1934-05-10	·	·	·	·	朝鮮硏武館 主催로 한글講習會 開催- 5月14日부터 1週日동안, 本社學藝部 後援으로	한글, 사업	·
2630	1934-05-10	韓生	한생	·	·	咸興의 古蹟과 傳說(6)	문학	咸興
2631	1934-05-11	李瑄根	이선근	李瑄根	이선근	朝鮮最近世史(101)- 甲申政變과 그 影響(58)*59회	역사	연재횟수 오기
2632	1934-05-12	韓生	한생	·	·	咸興의 古蹟과 傳說(7)	문학	咸興
2633	1934-05-12	李瑄根	이선근	李瑄根	이선근	朝鮮最近世史(102)- 甲申政變과 그 影響(59)*60회	역사	연재횟수 오기
2634	1934-05-13	李瑄根	이선근	李瑄根	이선근	朝鮮最近世史(103)- 甲申政變과 그 影響(60)*61회	역사	연재횟수 오기
2635	1934-05-14	社說	사설	·	·	朝鮮에 要求하는 文學- 明日의 作家에게	문학	·
2636	1934-05-14	韓生	한생	·	·	咸興의古蹟과傳說(7)*8회	문학	咸興, 연재횟수 오기
2637	1934-05-15	李瑄根	이선근	李瑄根	이선근	朝鮮最近世史(104)- 甲申政變과 그 影響(61)*62회	역사	연재횟수 오기
2638	1934-05-16	李瑄根	이선근	李瑄根	이선근	朝鮮最近世史(105)- 甲申政變과 그 影響(62)*63회	역사	연재횟수 오기
2639	1934-05-18	李瑄根	이선근	李瑄根	이선근	朝鮮最近世史(106)- 甲申政變과 그 影響(63)*64회	역사	연재횟수 오기
2640	1934-05-19	李瑄根	이선근	李瑄根	이선근	朝鮮最近世史(107)- 甲申政變과 그 影響(64)*65회	역사	연재횟수 오기
2641	1934-05-20	李瑄根	이선근	李瑄根	이선근	朝鮮最近世史(108)- 甲申政變과 그 影響(65)*66회	역사	연재횟수 오기
2642	1934-05-20	權相老	권상로	權相老	권상로	佛誕2500年(上)	종교	·
2643	1934-05-20	·	·	·	·	檀君陵修築誠金(17日 委員會 接受分)	사업	·
2644	1934-05-22	李瑄根	이선근	李瑄根	이선근	朝鮮最近世史(109)- 甲申政變과 그 影響(66)*67회	역사	연재횟수 오기
2645	1934-05-22	權相老	권상로	權相老	권상로	佛誕2500年(中)	종교	·
2646	1934-05-23	李瑄根	이선근	李瑄根	이선근	朝鮮最近世史(110)- 甲申政變과 그 影響(67, 完)*68회	역사	연재횟수 오기
2647	1934-05-23	權相老	권상로	權相老	권상로	佛誕2500年(下)	종교	·
2648	1934-05-24	李殷相	이은상	李殷相	이은상	文墨行脚- 第1信 新綠의 古墟로	문학, 기행	·
2649	1934-05-25	李殷相	이은상	李殷相	이은상	文墨同道- 第2信 西關600里	문학, 기행	·
2650	1934-05-26	李殷相	이은상	李殷相	이은상	文墨同道- 第3信 玄岩山乙支墓	문학, 기행	·
2651	1934-05-27	李殷相	이은상	李殷相	이은상	文墨同道- 第4信 江西의 形勝	문학, 기행	·
2652	1934-05-29	李殷相	이은상	李殷相	이은상	文墨同道- 第5信 高句麗 古墳	문학, 기행	·

연번	날짜	자료저자명(한자)	자료저자명(한글)	본명(한자)	본명(한글)	기사제목	분류	비고
2653	1934-05-29	·	·	·	·	本社主催 第4回 啓蒙運動	한글, 사업	·
2654	1934-05-30	金管	김관	金管	김관	民謠音樂의 諸問題- 朝鮮音樂에 關한 覺書-(上)	음악	·
2655	1934-05-30	李殷相	이은상	李殷相	이은상	文墨同道- 第6信 襄毅公 忠烈祠	문학, 기행	·
2656	1934-05-31	李殷相	이은상	李殷相	이은상	文墨同道- 第7信 古黃龍國	문학, 기행	·
2657	1934-06-01	金管	김관	金管	김관	民謠音樂의 諸問題- 朝鮮音樂에 關한 覺書-(下)	음악	·
2658	1934-06-01	李殷相	이은상	李殷相	이은상	文墨同道- 第8信 落照의 西海	문학, 기행	·
2659	1934-06-03	李殷相	이은상	李殷相	이은상	文墨同道- 最終信 歸路書懷	문학, 기행	·
2660	1934-06-05	張赫宙	장혁주	張赫宙	장혁주	不滅의 朝鮮語와 朝鮮文學의 將來	문학, 논설	·
2661	1934-06-05	李瑄根	이선근	李瑄根	이선근	朝鮮最近世史(111)- 歐米列强과의 外交關係(1)	역사	·
2662	1934-06-07	李瑄根	이선근	李瑄根	이선근	朝鮮最近世史(112)- 歐米列强과의 外交關係(2)	역사	·
2663	1934-06-08	李瑄根	이선근	李瑄根	이선근	朝鮮最近世史(113)- 歐米列强과의 外交關係(3)	역사	·
2664	1934-06-09	李瑄根	이선근	李瑄根	이선근	朝鮮最近世史(114)- 歐米列强과의 外交關係(4)	역사	·
2665	1934-06-10	李瑄根	이선근	李瑄根	이선근	朝鮮最近世史(115)- 歐米列强과의 外交關係(5)	역사	·
2666	1934-06-12	李瑄根	이선근	李瑄根	이선근	朝鮮最近世史(116)- 歐米列强과의 外交關係(6)	역사	·
2667	1934-06-13	李瑄根	이선근	李瑄根	이선근	朝鮮最近世史(117)- 歐米列强과의 外交關係(7)	역사	·
2668	1934-06-13	金斗憲	김두헌	金斗憲	김두헌	自覺의 時代는 왓다 朝鮮魂을 確把하자	철학, 논설	·
2669	1934-06-14	李瑄根	이선근	李瑄根	이선근	朝鮮最近世史(118)- 歐米列强과의 外交關係(8)	역사	·
2670	1934-06-15	李瑄根	이선근	李瑄根	이선근	朝鮮最近世史(119)- 歐米列强과의 外交關係(9)	역사	·
2671	1934-06-16	·	·	·	·	한글책 計數法冊 60萬卷 備置- 이 文盲退治의 武器를 가지고 坊坊曲曲으로 나가라	한글, 사업	·
2672	1934-06-16	·	·	·	·	民族文化運動의 大炬火 第4回 夏期學生啓蒙運動	한글, 사업	·
2673	1934-06-16	李瑄根	이선근	李瑄根	이선근	朝鮮最近世史(120)- 歐米列强과의 外交關係(10)	역사	·
2674	1934-06-16	·	·	·	·	民族文化運動의 一大炬火 本社主催 第4回 夏期啓蒙運動. 隊員과 活動地帶	한글, 사업	·
2675	1934-06-17	滄浪散人	창랑산인	·	·	朝鮮, 中國書畵의 特色- 所藏家및 出品者로서 一言(上)	미술	·
2676	1934-06-17	李瑄根	이선근	李瑄根	이선근	朝鮮最近世史(121)- 歐米列强과의 外交關係(11)	역사	·
2677	1934-06-17	·	·	·	·	배우자 가르키자 다함께, 本社主催 第4回 夏期學生啓蒙運動	한글, 사업	·
2678	1934-06-18	·	·	·	·	文盲退治의 巨塔을 쌓자 다함께 參加하라 啓蒙運動에	한글, 사업	·
2679	1934-06-19	·	·	·	·	啓蒙의 炬火를 들고 나가자 文盲의 闇野로	한글, 사업	·
2680	1934-06-19	滄浪散人	창랑산인	·	·	朝鮮, 中國書畵의 特色- 所藏家및 出品者로서 一言(下)	미술	·
2681	1934-06-20	·	·	·	·	啓蒙의 炬火를 들고 나가자 文盲의 闇野로, 內外의 各學校가 呼應	한글, 사업	·

연번	날짜	자료저자명(한자)	자료저자명(한글)	본명(한자)	본명(한글)	기사제목	분류	비고
2682	1934-06-20	·	·	·	·	本社 學藝部 主催 古書畵展을 앞두고	미술	·
2683	1934-06-21	滄浪散人	창랑산인	·	·	本社 學藝部 主催 古書畵展을 앞두고 收藏家의 古今	역사	·
2684	1934-06-21	李瑄根	이선근	李瑄根	이선근	朝鮮最近世史(122)- 歐米列强과의 外交關係(12)	역사	·
2685	1934-06-21	·	·	·	·	啓蒙의 炬火를 높이들고 나가자 어두운 農村으로 猛進하자, 參加한 文盲退治의 先鋒	한글, 사업	·
2686	1934-06-22	社說	사설	·	·	古書畵展을 열면서	미술, 사업	·
2687	1934-06-22	·	·	·	·	朝鮮, 中國 名作古書畵展, 千古不朽의 神品巨作 今日부터 一般에 公開	미술, 사업	·
2688	1934-06-22	·	·	·	·	陳列될 名品巨作 -總數270餘點-	미술, 사업	·
2689	1934-06-23	李瑄根	이선근	李瑄根	이선근	朝鮮最近世史(123)- 歐米列强과의 外交關係(13)	역사	·
2690	1934-06-23	·	·	·	·	本社 學藝部 主催 古書畵展 陳列名作	역사	·
2691	1934-06-23	·	·	·	·	光明의 新朝鮮建設에 5萬 朝鮮建設 兒들아 動員하라	한글, 사업	·
2692	1934-06-24	李瑄根	이선근	李瑄根	이선근	朝鮮最近世史(124)- 歐米列强과의 外交關係(14)	역사	·
2693	1934-06-24	·	·	·	·	光明의 新朝鮮建設에 5萬 朝鮮建設 兒들아 動員하라	한글, 사업	·
2694	1934-06-25	·	·	·	·	光明의 新朝鮮建設에 5萬 朝鮮建設 兒들아 動員하라	한글, 사업	·
2695	1934-06-25	·	·	·	·	朝鮮, 中國 名作 古書畵展 連日大盛況으로 公開	미술, 사업	·
2696	1934-06-26	社說	사설	·	·	朝鮮基督教 50年- 앞으로 期待가 더 크다	종교	·
2697	1934-06-26	·	·	·	·	啓蒙文化運動 第一線에- 68校, 精銳2073名 參加-	한글, 사업	·
2698	1934-06-26	李瑄根	이선근	李瑄根	이선근	朝鮮最近世史(125)- 歐米列强과의 外交關係(15)	역사	·
2699	1934-06-26	·	·	·	·	朝鮮教育界恩人 故 金祺中先生 銅像 建立- 有志와 門人의 誠金遝至로 除幕式도 不遠에 擧行	사업, 인물	·
2700	1934-06-26	鷺山	노산	李殷相	이은상	第2回 文墨同道- 赤壁遊(1)	문학, 기행	·
2701	1934-06-27	李瑄根	이선근	李瑄根	이선근	朝鮮最近世史(126)- 歐米列强과의 外交關係(16)	역사	·
2702	1934-06-27	·	·	·	·	啓蒙文化運動 第一線에- 72校, 精銳2202名 動員-	한글, 사업	·
2703	1934-06-27	鷺山	노산	李殷相	이은상	第2回 文墨同道- 赤壁遊(2)	문학, 기행	·
2704	1934-06-28	李瑄根	이선근	李瑄根	이선근	朝鮮最近世史(127)- 歐米列强과의 外交關係(17)	역사	·
2705	1934-06-28	·	·	·	·	啓蒙文化運動 第一線에 -75校, 精銳2302名 動員-	한글, 사업	·
2706	1934-06-28	鷺山	노산	李殷相	이은상	第2回 文墨同道- 赤壁遊(3)	문학, 기행	·
2707	1934-06-28	·	·	·	·	書畵展 陳列名作- 金正喜의 隷書 好古研經	미술, 사업	·
2708	1934-06-29	·	·	·	·	進軍의 나팔소리 높다 啓蒙의 勇士들아 일어나라	한글, 사업	·
2709	1934-06-29	鷺山	노산	李殷相	이은상	第2回 文墨同道- 赤壁遊(4)	문학,	·

연번	날짜	자료저자명 (한자)	자료저자명 (한글)	본명 (한자)	본명 (한글)	기사제목	분류	비고
							기행	
2710	1934-06-29	李瑄根	이선근	李瑄根	이선근	朝鮮最近世史(128)- 歐米列强과의 外交關係(18)	역사	·
2711	1934-06-30	社說	사설	·	·	啓蒙隊動員令- 가라1500萬 文盲同胞에게로	한글, 사업	·
2712	1934-06-30	·	·	·	·	進軍準備를 整齊한 2400 勇士들아	한글, 사업	·
2713	1934-06-30	鷺山	노산	李殷相	이은상	第2回文墨同道- 赤壁遊(4)*5회	문학, 기행	연재횟수 오기
2714	1934-06-30	李瑄根	이선근	李瑄根	이선근	朝鮮最近世史(129)- 歐米列强과의 外交關係(19)	역사	·
2715	1934-07-01	李瑄根	이선근	李瑄根	이선근	朝鮮最近世史(130)- 歐米列强과의 外交關係(20)	역사	·
2716	1934-07-03	李瑄根	이선근	李瑄根	이선근	朝鮮最近世史(131)- 歐米列强과의 外交關係(21)	역사	·
2717	1934-07-04	李瑄根	이선근	李瑄根	이선근	朝鮮最近世史(132)- 歐米列强과의 外交關係(22)	역사	·
2718	1934-07-05	李瑄根	이선근	李瑄根	이선근	朝鮮最近世史(133)- 歐米列强과의 外交關係(23)	역사	·
2719	1934-07-06	李瑄根	이선근	李瑄根	이선근	朝鮮最近世史(134)- 歐米列强과의 外交關係(24)	역사	·
2720	1934-07-07	李瑄根	이선근	李瑄根	이선근	朝鮮最近世史(135)- 歐米列强과의 外交關係(25)	역사	·
2721	1934-07-08	金敬注	김경주	金敬注	김경주	朝鮮文化와 佛敎(1)	역사, 종교	·
2722	1934-07-08	李瑄根	이선근	李瑄根	이선근	朝鮮最近世史(136)- 歐米列强과의 外交關係(26)	역사	·
2723	1934-07-09	金敬注	김경주	金敬注	김경주	朝鮮文化와 佛敎(2)	역사, 종교	·
2724	1934-07-10	金敬注	김경주	金敬注	김경주	朝鮮文化와 佛敎(3)	역사, 종교	·
2725	1934-07-10	李瑄根	이선근	李瑄根	이선근	朝鮮最近世史(137)- 歐米列强과의 外交關係(27)	역사	·
2726	1934-07-11	安民世	안민세	安在鴻	안재홍	九月山 登覽誌(1)	기행	·
2727	1934-07-11	李瑄根	이선근	李瑄根	이선근	朝鮮最近世史(133)*138회- 歐米列强과의 外交關係(28)	역사	연재횟수 오기
2728	1934-07-12	安民世	안민세	安在鴻	안재홍	九月山 登覽誌(2)	기행	·
2729	1934-07-12	李瑄根	이선근	李瑄根	이선근	朝鮮最近世史(139)- 歐米列强과의 外交關係(29)	역사	·
2730	1934-07-13	安民世	안민세	安在鴻	안재홍	九月山 登覽誌(3)	기행	·
2731	1934-07-13	李瑄根	이선근	李瑄根	이선근	朝鮮最近世史(140)- 歐米列强과의 外交關係(30)	역사	·
2732	1934-07-13	金敬注	김경주	金敬注	김경주	朝鮮文化와 佛敎(4)	역사, 종교	·
2733	1934-07-14	金敬注	김경주	金敬注	김경주	朝鮮文化와 佛敎(5)	역사, 종교	·
2734	1934-07-14	安民世	안민세	安在鴻	안재홍	九月山 登覽誌(4)	기행	·
2735	1934-07-14	李瑄根	이선근	李瑄根	이선근	朝鮮最近世史(141)- 歐米列强과의 外交關係(31)	역사	·
2736	1934-07-15	金敬注	김경주	金敬注	김경주	朝鮮文化와 佛敎(6, 完)	역사, 종교	·
2737	1934-07-15	安民世	안민세	安在鴻	안재홍	九月山 登覽誌(5)	기행	·
2738	1934-07-15	李瑄根	이선근	李瑄根	이선근	朝鮮最近世史(142)- 歐米列强과의 外交關係(32)	역사	·
2739	1934-07-16	安民世	안민세	安在鴻	안재홍	九月山 登覽誌(6)	기행	·
2740	1934-07-17	李瑄根	이선근	李瑄根	이선근	朝鮮最近世史(143)- 歐米列强과의 外交關係(33)	역사	·
2741	1934-07-18	·	·	·	·	未就學兒爲해 短期講習開催	사업	·
2742	1934-07-18	李瑄根	이선근	李瑄根	이선근	朝鮮最近世史(144)- 歐米列强과의 外交關係(34)	역사	·

연번	날짜	자료저자명(한자)	자료저자명(한글)	본명(한자)	본명(한글)	기사제목	분류	비고
2743	1934-07-19	李瑄根	이선근	李瑄根	이선근	朝鮮最近世史(145)- 歐米列强과의 外交關係(35)	역사	·
2744	1934-07-20	李瑄根	이선근	李瑄根	이선근	朝鮮最近世史(146)- 歐米列强과의 外交關係(36)	역사	·
2745	1934-07-21	李瑄根	이선근	李瑄根	이선근	朝鮮最近世史(147)- 歐米列强과의 外交關係(37)	역사	·
2746	1934-07-22	玄永燮	현영섭	玄永燮	현영섭	40年前 出版「朝鮮」	역사	·
2747	1934-07-25	安民世	안민세	安在鴻	안재홍	長壽山 遊記(上)	기행	·
2748	1934-07-26	安民世	안민세	安在鴻	안재홍	長壽山 遊記(2)	기행	·
2749	1934-07-28	安民世	안민세	安在鴻	안재홍	九月山 巡禮(3)	기행	·
2750	1934-07-29	安民世	안민세	安在鴻	안재홍	長壽山 巡禮(4)	기행	·
2751	1934-07-31	鄭寅普	정인보	鄭寅普	정인보	南遊寄信(1)	기행	·
2752	1934-08-01	鄭寅普	정인보	鄭寅普	정인보	南遊寄信(2)	기행	·
2753	1934-08-02	鄭寅普	정인보	鄭寅普	정인보	南遊寄信(3)	기행	·
2754	1934-08-02	·	·	·	·	錦繡江山의 이곳저곳(1) 鴨綠江鐵橋	기행	·
2755	1934-08-03	·	·	·	·	錦繡江山의 이곳저곳(2) 東林瀑布(宣川)	기행	·
2756	1934-08-03	鄭寅普	정인보	鄭寅普	정인보	南遊寄信(4)	기행	·
2757	1934-08-04	鄭寅普	정인보	鄭寅普	정인보	南遊寄信(5)	기행	·
2758	1934-08-04	·	·	·	·	錦繡江山의 이곳저곳(3) 洗劍亭(江界)	기행	·
2759	1934-08-05	·	·	·	·	錦繡江山의 이곳저곳(4) 平壤 乙密臺	기행	·
2760	1934-08-07	鄭寅普	정인보	鄭寅普	정인보	南遊寄信(6)	기행	·
2761	1934-08-08	·	·	·	·	全道에 展開된 啓蒙主義 戰線(2)*1회	사업	연재횟수 오기
2762	1934-08-09	鄭寅普	정인보	鄭寅普	정인보	南遊寄信(7)	기행	·
2763	1934-08-10	鄭寅普	정인보	鄭寅普	정인보	南遊寄信(8)	기행	·
2764	1934-08-10	·	·	·	·	錦繡江山의 이곳저곳(5) 飛潑島燈臺	기행	·
2765	1934-08-11	金圭銀	김규은	金圭銀	김규은	진달래꽃(1)	역사	·
2766	1934-08-11	鄭寅普	정인보	鄭寅普	정인보	南遊寄信(9)	기행	·
2767	1934-08-11	·	·	·	·	錦繡江山의 이곳저곳(6)	기행	·
2768	1934-08-12	金圭銀	김규은	金圭銀	김규은	진달래꽃(2)	역사	·
2769	1934-08-12	鄭寅普	정인보	鄭寅普	정인보	南遊寄信(10)	기행	·
2770	1934-08-12	·	·	·	·	全道에 展開된 啓蒙主義 戰線(3)*2회	사업	연재횟수 오기
2771	1934-08-14	金圭銀	김규은	金圭銀	김규은	진달래꽃(3)	역사	·
2772	1934-08-14	鄭寅普	정인보	鄭寅普	정인보	南遊寄信(11)	기행	·
2773	1934-08-14	·	·	·	·	全道에 展開된 啓蒙主義 戰線(4)*3회	사업	연재횟수 오기
2774	1934-08-15	金圭銀	김규은	金圭銀	김규은	진달래꽃(4)	역사	·
2775	1934-08-15	·	·	·	·	全道에 展開된 啓蒙主義 戰線(4)	사업	·
2776	1934-08-15	鄭寅普	정인보	鄭寅普	정인보	南遊寄信(12)	기행	·
2777	1934-08-16	金圭銀	김규은	金圭銀	김규은	진달래꽃(5)	역사	·
2778	1934-08-16	·	·	·	·	全道에 展開된 啓蒙主義 戰線(6)*5회	사업	연재횟수 오기
2779	1934-08-16	·	·	·	·	7월7석- 1년을 그리다 만나는 오늘 하로	역사	·
2780	1934-08-17	·	·	·	·	全道에 展開된 啓蒙主義 戰線(6)	사업	·
2781	1934-08-17	鄭寅普	정인보	鄭寅普	정인보	南遊寄信(13)	기행	·
2782	1934-08-18	·	·	·	·	錦繡江山의 이곳저곳(7) 禮成江岸의 先得樓	기행	·
2783	1934-08-18	金圭銀	김규은	金圭銀	김규은	진달래꽃(6)	역사	·

연번	날짜	자료저자명(한자)	자료저자명(한글)	본명(한자)	본명(한글)	기사제목	분류	비고
2784	1934-08-18	鄭寅普	정인보	鄭寅普	정인보	南遊寄信(14)	기행	·
2785	1934-08-18	·	·	·	·	全道에 展開된 啓蒙主義 戰線(8)*7회	사업	연재횟수 오기
2786	1934-08-19	鄭寅普	정인보	鄭寅普	정인보	南遊寄信(15)	기행	·
2787	1934-08-19	·	·	·	·	全道에 展開된 啓蒙主義 戰線(9)*8회	사업	연재횟수 오기
2788	1934-08-21	鄭寅普	정인보	鄭寅普	정인보	南遊寄信(16)	기행	·
2789	1934-08-21	·	·	·	·	全道에 展開된 啓蒙主義 戰線(9)	사업	·
2790	1934-08-22	鄭寅普	정인보	鄭寅普	정인보	南遊寄信(17)	기행	·
2791	1934-08-22	·	·	·	·	全土에 展開된 啓蒙戰線(11)	사업	·
2792	1934-08-23	鄭寅普	정인보	鄭寅普	정인보	南遊寄信(18)	기행	·
2793	1934-08-23	·	·	·	·	全土에 展開된 啓蒙戰線(12)	사업	·
2794	1934-08-25	鄭寅普	정인보	鄭寅普	정인보	南遊寄信(19)	기행	·
2795	1934-08-26	鄭寅普	정인보	鄭寅普	정인보	南遊寄信(20)	기행	·
2796	1934-08-26	·	·	·	·	本社主催 第4回 夏期 啓蒙運動	사업	·
2797	1934-08-29	鄭寅普	정인보	鄭寅普	정인보	南遊寄信(21)	기행	·
2798	1934-08-29	·	·	·	·	本社主催 第4回 夏期 啓蒙運動(14)	사업	·
2799	1934-08-29	李允宰	이윤재	李允宰	이윤재	城北 青龍庵에서(上)	기행	·
2800	1934-08-30	鄭寅普	정인보	鄭寅普	정인보	南遊寄信(22)	기행	·
2801	1934-08-30	·	·	·	·	本社主催 第4回 夏期 啓蒙運動(15)	사업	·
2802	1934-08-30	李允宰	이윤재	李允宰	이윤재	城北 青龍庵에서(中)	기행	·
2803	1934-08-31	鄭寅普	정인보	鄭寅普	정인보	南遊寄信(23)	기행	·
2804	1934-08-31	·	·	·	·	本社主催 第4回 夏期 啓蒙運動(16)	사업	·
2805	1934-08-31	李允宰	이윤재	李允宰	이윤재	城北 青龍庵에서(下)	기행	·
2806	1934-09-01	鄭寅普	정인보	鄭寅普	정인보	南遊寄信(24)	기행	·
2807	1934-09-01	·	·	·	·	本社主催 第4回 夏期 啓蒙運動(16)	사업	·
2808	1934-09-02	·	·	·	·	本社主催 第4回 夏期 啓蒙運動(18)	사업	·
2809	1934-09-02	鄭寅普	정인보	鄭寅普	정인보	南遊寄信(25)	기행	·
2810	1934-09-04	·	·	·	·	本社主催 第4回 夏期 啓蒙運動(19)	사업	·
2811	1934-09-04	鄭寅普	정인보	鄭寅普	정인보	南遊寄信(26)	기행	·
2812	1934-09-05	·	·	·	·	茶山先生 記念講演會, 8일 中央基靑서	사업	·
2813	1934-09-05	·	·	·	·	本社主催 第4回 夏期 啓蒙運動(20)	사업	·
2814	1934-09-05	鄭寅普	정인보	鄭寅普	정인보	南遊寄信(27)	기행	·
2815	1934-09-06	·	·	·	·	本社主催 第4回 夏期 啓蒙運動(21)	사업	·
2816	1934-09-06	鄭寅普	정인보	鄭寅普	정인보	南遊寄信(28)	기행	·
2817	1934-09-07	·	·	·	·	本社主催 第4回 夏期 啓蒙運動(22)	사업	·
2818	1934-09-07	鄭寅普	정인보	鄭寅普	정인보	南遊寄信(29)	기행	·
2819	1934-09-07	李瑄根	이선근	李瑄根	이선근	續朝鮮最近世史(148)- 甲午以前의 內情 東學亂과 日清戰爭(1)	역사	·
2820	1934-09-08	鄭寅普	정인보	鄭寅普	정인보	南遊寄信(30)	기행	·
2821	1934-09-08	·	·	·	·	本社主催 第4回 夏期 啓蒙運動(23)	사업	·
2822	1934-09-08	李瑄根	이선근	李瑄根	이선근	續朝鮮最近世史(149)- 甲午以前의 內情 東學亂과 日清戰爭(2)	역사	·

연번	날짜	자료저자명 (한자)	자료저자명 (한글)	본명 (한자)	본명 (한글)	기사제목	분류	비고
2823	1934-09-09	鄭寅普	정인보	鄭寅普	정인보	南遊寄信(31)	기행	·
2824	1934-09-09	·	·	·	·	全土에 展開된 啓蒙戰線(24)	사업	·
2825	1934-09-09	社說	사설	·	·	啓蒙運動과 啓蒙隊員	사업	·
2826	1934-09-10	鄭寅普	정인보	鄭寅普	정인보	唯一한 政法家 丁茶山先生 敍論(1)	역사	·
2827	1934-09-11	鄭寅普	정인보	鄭寅普	정인보	唯一한 政法家 丁茶山先生 敍論(2)	역사	·
2828	1934-09-11	鄭寅普	정인보	鄭寅普	정인보	南遊寄信(32)	기행	·
2829	1934-09-11	·	·	·	·	全土에 展開된 啓蒙戰線(25)	사업	·
2830	1934-09-11	T記者	T기자	·	·	朝鮮研究의 機運에 際하야(1)	역사	·
2831	1934-09-12	T記者	T기자	·	·	朝鮮研究의 機運에 際하야(2)	역사	·
2832	1934-09-12	鄭寅普	정인보	鄭寅普	정인보	唯一한 政法家 丁茶山先生 敍論(3)	역사	·
2833	1934-09-12	鄭寅普	정인보	鄭寅普	정인보	南遊寄信(31)*33회	기행	연재횟수 오기
2834	1934-09-12	李瑄根	이선근	李瑄根	이선근	續朝鮮最近世史(150)- 甲午以前의 內情 東學亂과 日淸戰爭(3)	역사	·
2835	1934-09-13	李瑄根	이선근	李瑄根	이선근	續朝鮮最近世史(151)- 甲午以前의 內情 東學亂과 日淸戰爭(4)	역사	·
2836	1934-09-13	鄭寅普	정인보	鄭寅普	정인보	唯一한 政法家 丁茶山先生 敍論(4)	역사	·
2837	1934-09-13	T記者	T기자	·	·	朝鮮研究의 機運에 際하야(3)	역사	·
2838	1934-09-14	李瑄根	이선근	李瑄根	이선근	續朝鮮最近世史(152)- 甲午以前의 內情 東學亂과 日淸戰爭(5)	역사	·
2839	1934-09-14	鄭寅普	정인보	鄭寅普	정인보	南遊寄信(34)	기행	·
2840	1934-09-14	鄭寅普	정인보	鄭寅普	정인보	唯一한 政法家 丁茶山先生 敍論(5)	역사	·
2841	1934-09-15	鄭寅普	정인보	鄭寅普	정인보	南遊寄信(35)	기행	·
2842	1934-09-15	鄭寅普	정인보	鄭寅普	정인보	唯一한 政法家 丁茶山先生 敍論(6)	역사	·
2843	1934-09-15	社說	사설	·	·	朝鮮古書刊行의 意義	논설	·
2844	1934-09-15	李瑄根	이선근	李瑄根	이선근	續朝鮮最近世史(153)- 甲午以前의 內情 東學亂과 日淸戰爭(6)	역사	·
2845	1934-09-15	·	·	·	·	全道에 展開된 啓蒙戰線	사업	·
2846	1934-09-15	宋江	송강	宋江	송강	朝鮮과 르네쌍스(上)	역사	·
2847	1934-09-16	·	·	·	·	朝鮮文化宣揚의 先驅- 基督敎에서 한글採擇	한글, 종교	·
2848	1934-09-17	李瑄根	이선근	李瑄根	이선근	續朝鮮最近世史(154)- 甲午以前의 內情 東學亂과 日淸戰爭(7)	역사	·
2849	1934-09-17	宋江	송강	宋江	송강	朝鮮과 르네쌍스(下)	역사	·
2850	1934-09-18	·	·	·	·	全土에 亘한 啓蒙戰線	사업	·
2851	1934-09-19	李瑄根	이선근	李瑄根	이선근	續朝鮮最近世史(155)- 甲午以前의 內情 東學亂과 日淸戰爭(8)	역사	·
2852	1934-09-19	鄭寅普	정인보	鄭寅普	정인보	南遊寄信(36)	기행	·
2853	1934-09-19	社說	사설	·	·	啓蒙隊 凱旋式에 臨하야	논설	·
2854	1934-09-19	·	·	·	·	本社主催 第4回 夏期 學生 啓蒙運動 總決算	사업	·
2855	1934-09-19	·	·	·	·	參加隊員의 活動狀況一覽	사업	·
2856	1934-09-20	·	·	·	·	夏期 學生 啓蒙運動- 活動內容 一覽	사업	·
2857	1934-09-20	韓基福	한기복	韓基福	한기복	啓蒙運動 內容 訂正	사업	·
2858	1934-09-21	鄭寅普	정인보	鄭寅普	정인보	南遊寄信(37)	기행	·

연번	날짜	자료저자명(한자)	자료저자명(한글)	본명(한자)	본명(한글)	기사제목	분류	비고
2859	1934-09-22	鄭寅普	정인보	鄭寅普	정인보	南遊寄信(38)	기행	·
2860	1934-09-22	李瑄根	이선근	李瑄根	이선근	續朝鮮最近世史(156)- 甲午以前의 內情 東學亂과 日淸戰爭(9)	역사	·
2861	1934-09-23	鄭寅普	정인보	鄭寅普	정인보	南遊寄信(39)	기행	·
2862	1934-09-23	李瑄根	이선근	李瑄根	이선근	續朝鮮最近世史(157)- 甲午以前의 內情 東學亂과 日淸戰爭(10)	역사	·
2863	1934-09-26	李瑄根	이선근	李瑄根	이선근	續朝鮮最近世史(158)- 甲午以前의 內情 東學亂과 日淸戰爭(11)	역사	·
2864	1934-09-26	鄭寅普	정인보	鄭寅普	정인보	南遊寄信(41)*40회	기행	연재횟수 오기
2865	1934-09-27	李瑄根	이선근	李瑄根	이선근	續朝鮮最近世史(159)- 甲午以前의 內情 東學亂과 日淸戰爭(12)	역사	·
2866	1934-09-27	鄭寅普	정인보	鄭寅普	정인보	南遊寄信(47)*41회	기행	연재횟수 오기
2867	1934-09-28	鄭寅普	정인보	鄭寅普	정인보	南遊寄信(42)	기행	·
2868	1934-09-29	鄭寅普	정인보	鄭寅普	정인보	南遊寄信(最終)	기행	·
2869	1934-09-29	李瑄根	이선근	李瑄根	이선근	續朝鮮最近世史(160)- 甲午以前의 內情 東學亂과 日淸戰爭(13)	역사	·
2870	1934-09-30	·	·	·	·	夏期 啓蒙運動 總決算 追加	사업	·
2871	1934-10-03	李瑄根	이선근	李瑄根	이선근	續朝鮮最近世史(161)- 甲午以前의 內情 東學亂과 日淸戰爭(14)	역사	·
2872	1934-10-04	李瑄根	이선근	李瑄根	이선근	續朝鮮最近世史(162)- 甲午以前의 內情 東學亂과 日淸戰爭(15)	역사	·
2873	1934-10-05	李瑄根	이선근	李瑄根	이선근	續朝鮮最近世史(163)- 甲午以前의 內情 東學亂과 日淸戰爭(16)	역사	·
2874	1934-10-09	高裕燮	고유섭	高裕燮	고유섭	내 자랑과 내 보배(其一) 우리의 美術과 工藝(1)	미술	·
2875	1934-10-10	高裕燮	고유섭	高裕燮	고유섭	내 자랑과 내 보배(其一) 우리의 美術과 工藝(2)	미술	·
2876	1934-10-10	孫晋泰	손진태	孫晋泰	손진태	朝鮮心과 朝鮮色(其一) 朝鮮心과 朝鮮의 民俗(1)	민속	·
2877	1934-10-11	孫晋泰	손진태	孫晋泰	손진태	朝鮮心과 朝鮮色(其一) 朝鮮心과 朝鮮의 民俗(2)	민속	·
2878	1934-10-11	高裕燮	고유섭	高裕燮	고유섭	내 자랑과 내 보배(其一) 우리의 美術과 工藝(3)	미술	·
2879	1934-10-12	孫晋泰	손진태	孫晋泰	손진태	朝鮮心과 朝鮮色(其一) 朝鮮心과 朝鮮의 民俗(3)	민속	·
2880	1934-10-12	高裕燮	고유섭	高裕燮	고유섭	내 자랑과 내 보배(其一) 우리의 美術과 工藝(4)	미술	·
2881	1934-10-12	金瑗根	김원근	金瑗根	김원근	朝鮮心과 朝鮮色(其二) 新羅 善德女王의 豫知와 政治(1)	역사	·
2882	1934-10-12	李瑄根	이선근	李瑄根	이선근	續朝鮮最近世史(164)- 甲午以前의 內情 東學亂과 日淸戰爭(17)	역사	·
2883	1934-10-13	高裕燮	고유섭	高裕燮	고유섭	내 자랑과 내 보배(其一) 우리의 美術과 工藝(5)	미술	·
2884	1934-10-13	金瑗根	김원근	金瑗根	김원근	朝鮮心과 朝鮮色(其二) 百濟 都彌婦人의 거룩한 貞烈(2)	역사	·
2885	1934-10-13	李瑄根	이선근	李瑄根	이선근	續朝鮮最近世史(165)- 甲午以前의 內情 東學亂과 日淸戰爭(18)	역사	·
2886	1934-10-14	孫晋泰	손진태	孫晋泰	손진태	朝鮮心과 朝鮮色(其一) 朝鮮心과 朝鮮의 民俗(4)	민속	·
2887	1934-10-14	高裕燮	고유섭	高裕燮	고유섭	내 자랑과 내 보배(其一) 우리의 美術과 工藝(6)	미술	·
2888	1934-10-14	李瑄根	이선근	李瑄根	이선근	續朝鮮最近世史(166)- 甲午以前의 內情 東學亂과 日淸戰爭(19)	역사	·
2889	1934-10-16	高裕燮	고유섭	高裕燮	고유섭	내 자랑과 내 보배(其一) 우리의 美術과 工藝(7)	미술	·

연번	날짜	자료저자명(한자)	자료저자명(한글)	본명(한자)	본명(한글)	기사제목	분류	비고
2890	1934-10-16	金瑗根	김원근	金瑗根	김원근	朝鮮心과 朝鮮色(其二) 高句麗 平民의 妻 麗玉의 詩歌(3)	역사	·
2891	1934-10-16	李瑄根	이선근	李瑄根	이선근	續朝鮮最近世史(167)- 甲午以前의 內情 東學亂과 日淸戰爭(20)	역사	·
2892	1934-10-17	高裕燮	고유섭	高裕燮	고유섭	내 자랑과 내 보배(其一) 우리의 美術과 工藝(8)	미술	·
2893	1934-10-17	孫晉泰	손진태	孫晉泰	손진태	朝鮮心과 朝鮮色(其一) 朝鮮心과 朝鮮의 民俗(6)	민속	·
2894	1934-10-17	金瑗根	김원근	金瑗根	김원근	朝鮮心과 朝鮮色(其二) 高麗 太祖王建의 后 柳氏의 勇奮(4)	역사	·
2895	1934-10-17	李瑄根	이선근	李瑄根	이선근	續朝鮮最近世史(168)- 甲午以前의 內情 東學亂과 日淸戰爭(21)	역사	·
2896	1934-10-19	孫晉泰	손진태	孫晉泰	손진태	朝鮮心과 朝鮮色(其一) 朝鮮心과 朝鮮의 民俗(5)	민속	·
2897	1934-10-19	高裕燮	고유섭	高裕燮	고유섭	내 자랑과 내 보배(其一) 우리의 美術과 工藝(9)	미술	·
2898	1934-10-19	孫晉泰	손진태	孫晉泰	손진태	朝鮮心과 朝鮮色(其一) 朝鮮心과 朝鮮의 民俗(7)	민속	·
2899	1934-10-19	李瑄根	이선근	李瑄根	이선근	續朝鮮最近世史(169)- 甲午以前의 內情 東學亂과 日淸戰爭(22)	역사	·
2900	1934-10-20	·	·	·	·	東京의 「三一劇場」 民族劇 樹立 標榜	문학	·
2901	1934-10-20	高裕燮	고유섭	高裕燮	고유섭	내 자랑과 내 보배(其一) 우리의 美術과 工藝(10)	미술	·
2902	1934-10-20	白南雲	백남운	白南雲	백남운	朝鮮心과 朝鮮色(其二) 朝鮮特有의 社會制度(1)	역사	·
2903	1934-10-20	金瑗根	김원근	金瑗根	김원근	朝鮮心과 朝鮮色(其二) 栗谷先生의 母親 師任堂申氏(5)	역사	·
2904	1934-10-21	白南雲	백남운	白南雲	백남운	朝鮮心과 朝鮮色(其二) 朝鮮特有의 社會制度(2)	역사	·
2905	1934-10-21	·	·	·	·	懷古와 園遊를 兼한 婦人古宮巡禮	기행	·
2906	1934-10-21	鷺山	노산	李殷相	이은상	第2回 婦人古宮巡禮를 압두고(其1)- 漢陽城郭	기행	·
2907	1934-10-22	白南雲	백남운	白南雲	백남운	朝鮮心과 朝鮮色(其二) 朝鮮特有의 社會制度(3)	역사	·
2908	1934-10-22	金瑗根	김원근	金瑗根	김원근	朝鮮心과 朝鮮色(其二) 仙道를 조하한 許蘭雪의 詩文(6)	역사	·
2909	1934-10-23	鷺山	노산	李殷相	이은상	第2回 婦人古宮巡禮를 압두고(其2)- 景福宮	기행	·
2910	1934-10-23	白南雲	백남운	白南雲	백남운	朝鮮心과 朝鮮色(其二) 朝鮮特有의 社會制度(4)	역사	·
2911	1934-10-23	金瑗根	김원근	金瑗根	김원근	朝鮮心과 朝鮮色(其二) 芳年에 大覺圓通한 「禮順」의 精進(7)	역사	·
2912	1934-10-24	鷺山	노산	李殷相	이은상	第2回 婦人古宮巡禮를 압두고(其3)- 昌德宮	기행	·
2913	1934-10-24	白南雲	백남운	白南雲	백남운	朝鮮心과 朝鮮色(其二) 朝鮮特有의 社會制度(5)	역사	·
2914	1934-10-24	金瑗根	김원근	金瑗根	김원근	朝鮮心과 朝鮮色(其二) 芳年에 大覺圓通한 「禮順」의 精進(7,續)	역사	·
2915	1934-10-25	·	·	·	·	新羅의 文化를 雄辯하는 比翼古墳을 發見	역사	·
2916	1934-10-25	·	·	·	·	婦人古宮巡禮團申請者가遝至	기행	·
2917	1934-10-25	鷺山	노산	李殷相	이은상	第2回 婦人古宮巡禮를 압두고(其4)- 昌慶宮	기행	·
2918	1934-10-26	白南雲	백남운	白南雲	백남운	朝鮮心과 朝鮮色(其二) 朝鮮特有의 社會制度(6)	역사	·
2919	1934-10-26	李瑄根	이선근	李瑄根	이선근	續朝鮮最近世史(170)- 甲午以前의 內情 東學亂과 日淸戰爭(23)	역사	·
2920	1934-10-26	鷺山	노산	李殷相	이은상	第2回 婦人古宮巡禮를 압두고(其5)- 德壽宮	기행	·
2921	1934-10-27	白南雲	백남운	白南雲	백남운	朝鮮心과 朝鮮色(其二) 朝鮮特有의 社會制度(7)	역사	·
2922	1934-10-28	白南雲	백남운	白南雲	백남운	朝鮮心과 朝鮮色(其二) 朝鮮特有의 社會制度(8)	역사	·
2923	1934-10-28	李允宰	이윤재	李允宰	이윤재	正音과 世宗大王의 人格(上)	한글	·

연번	날짜	자료저자명(한자)	자료저자명(한글)	본명(한자)	본명(한글)	기사제목	분류	비고
2924	1934-10-28	李克魯	이극로	李克魯	이극로	한글 綴字法 統一案 普及에 對하야	한글	·
2925	1934-10-28	·	·	·	·	한글날 記念會合	한글	·
2926	1934-10-28	·	·	·	·	懷古, 探秋의 好機 古宮巡禮는 今日	기행	·
2927	1934-10-29	社說	사설	·	·	朝鮮佛敎의 精神問題	논설	·
2928	1934-10-30	玄相允	현상윤	玄相允	현상윤	내 자랑과 내 보배 우리 史上에 나타난 戰功과 勳業(1)	역사	·
2929	1934-10-30	李允宰	이윤재	李允宰	이윤재	正音과 世宗大王의 人格(下)	한글	·
2930	1934-10-30	社說	사설	·	·	「한글날」에 對하야	논설	·
2931	1934-10-30	·	·	·	·	秋色깊은 宮苑에 追憶, 歡喜의 交響	기행	·
2932	1934-10-30	·	·	·	·	宙合樓, 玉流川의 아름다운 秋景	기행	·
2933	1934-10-30	·	·	·	·	자미잇는 餘興…. 童心에 웃는 할머님	기타	·
2934	1934-10-30	·	·	·	·	名所와 古蹟	기행	·
2935	1934-10-31	玄相允	현상윤	玄相允	현상윤	내 자랑과 내 보배 우리 史上에 나타난 戰功과 勳業(2)	역사	·
2936	1934-10-31	李瑄根	이선근	李瑄根	이선근	續朝鮮最近世史(171)- 甲午以前의 內情 東學亂과 日淸戰爭(24)	역사	·
2937	1934-11-01	玄相允	현상윤	玄相允	현상윤	내 자랑과 내 보배 우리 史上에 나타난 戰功과 勳業(3)	역사	·
2938	1934-11-01	·	·	·	·	晋陽城 古蹟 西將臺 重建	사업	·
2939	1934-11-02	玄相允	현상윤	玄相允	현상윤	내 자랑과 내 보배 우리 史上에 나타난 戰功과 勳業(4)	역사	·
2940	1934-11-02	丁來東	정래동	丁來東	정래동	中國의 「國故」整理에 對한 諸說(1)	논설	·
2941	1934-11-02	李瑄根	이선근	李瑄根	이선근	續朝鮮最近世史(172)- 甲午以前의 內情 東學亂과 日淸戰爭(25)	역사	·
2942	1934-11-03	玄相允	현상윤	玄相允	현상윤	내 자랑과 내 보배 우리 史上에 나타난 戰功과 勳業(5)	역사	·
2943	1934-11-03	丁來東	정래동	丁來東	정래동	中國의 「國故」整理에 對한 諸說(2)	논설	·
2944	1934-11-03	李瑄根	이선근	李瑄根	이선근	續朝鮮最近世史(173)- 甲午以前의 內情 東學亂과 日淸戰爭(26)	역사	·
2945	1934-11-04	玄相允	현상윤	玄相允	현상윤	내 자랑과 내 보배 우리 史上에 나타난 戰功과 勳業(6)	역사	·
2946	1934-11-05	玄相允	현상윤	玄相允	현상윤	내 자랑과 내 보배 우리 史上에 나타난 戰功과 勳業(7)	역사	·
2947	1934-11-06	玄相允	현상윤	玄相允	현상윤	내 자랑과 내 보배 우리 史上에 나타난 戰功과 勳業(8)	역사	·
2948	1934-11-06	丁來東	정래동	丁來東	정래동	中國의 「國故」整理에 對한 諸說(3)	논설	·
2949	1934-11-06	李瑄根	이선근	李瑄根	이선근	續朝鮮最近世史(174)- 甲午以前의 內情 東學亂과 日淸戰爭(27)	역사	·
2950	1934-11-07	玄相允	현상윤	玄相允	현상윤	내 자랑과 내 보배 우리 史上에 나타난 戰功과 勳業(9)	역사	·
2951	1934-11-07	李瑄根	이선근	李瑄根	이선근	續朝鮮最近世史(175)- 甲午以前의 內情 東學亂과 日淸戰爭(28)	역사	·
2952	1934-11-08	玄相允	현상윤	玄相允	현상윤	내 자랑과 내 보배 우리 史上에 나타난 戰功과 勳業(10)	역사	·
2953	1934-11-08	丁來東	정래동	丁來東	정래동	中國의 「國故」整理에 對한 諸說(4)	논설	·

연번	날짜	자료저자명(한자)	자료저자명(한글)	본명(한자)	본명(한글)	기사제목	분류	비고
2954	1934-11-08	李瑄根	이선근	李瑄根	이선근	續朝鮮最近世史(176)- 甲午以前의 內情 東學亂과 日淸戰爭(29)	역사	·
2955	1934-11-09	玄相允	현상윤	玄相允	현상윤	내 자랑과 내 보배 우리 史上에 나타난 戰功과 勳業(11)	역사	·
2956	1934-11-09	丁來東	정래동	丁來東	정래동	中國의 「國故」整理에 對한 諸說(5)	논설	·
2957	1934-11-09	李瑄根	이선근	李瑄根	이선근	續朝鮮最近世史(177)- 甲午以前의 內情 東學亂과 日淸戰爭(30)	역사	·
2958	1934-11-10	丁來東	정래동	丁來東	정래동	中國의 「國故」整理에 對한 諸說(6)	논설	·
2959	1934-11-10	宇垣一成	우원일성	宇垣一成	우원일성	總督의 諭告- 朝鮮風習改善에 對하야	논설	·
2960	1934-11-11	丁來東	정래동	丁來東	정래동	中國의 「國故」整理에 對한 諸說(7)	논설	·
2961	1934-11-11	·	·	·	·	50餘名 參詣下에 檀君陵祭를 擧行	사업	·
2962	1934-11-11	·	·	·	·	檀君陵 修築 消息- 石物은 거의 完成 陵修築은 明春에	사업	·
2963	1934-11-13	丁來東	정래동	丁來東	정래동	中國의 「國故」整理에 對한 諸說(8)	논설	·
2964	1934-11-22	金允經	김윤경	金允經	김윤경	朝鮮心과 朝鮮色(其四) 吏讀로부터 한글까지(1)	한글	·
2965	1934-11-23	金允經	김윤경	金允經	김윤경	朝鮮心과 朝鮮色(其四) 吏讀로부터 한글까지(2)	한글	·
2966	1934-11-24	金允經	김윤경	金允經	김윤경	朝鮮心과 朝鮮色(其四) 吏讀로부터 한글까지(3)	한글	·
2967	1934-11-25	金允經	김윤경	金允經	김윤경	朝鮮心과 朝鮮色(其四) 吏讀로부터 한글까지(4)	한글	·
2968	1934-11-27	金允經	김윤경	金允經	김윤경	朝鮮心과 朝鮮色(其四) 吏讀로부터 한글까지(5)	한글	·
2969	1934-11-29	金允經	김윤경	金允經	김윤경	朝鮮心과 朝鮮色(其四) 吏讀로부터 한글까지(6)	한글	·
2970	1934-11-30	金允經	김윤경	金允經	김윤경	朝鮮心과 朝鮮色(其四) 吏讀로부터 한글까지(7)	한글	·
2971	1934-12-01	金允經	김윤경	金允經	김윤경	朝鮮心과 朝鮮色(其四) 吏讀로부터 한글까지(8)	한글	·
2972	1934-12-02	金允經	김윤경	金允經	김윤경	朝鮮心과 朝鮮色(其四) 吏讀로부터 한글까지(9)	한글	·
2973	1934-12-04	金允經	김윤경	金允經	김윤경	朝鮮心과 朝鮮色(其四) 吏讀로부터 한글까지(10)	한글	·
2974	1934-12-05	金庠基	김상기	金庠基	김상기	外方에 끼친 先人의 자취(1)	역사	·
2975	1934-12-06	金庠基	김상기	金庠基	김상기	外方에 끼친 先人의 자취(2)	역사	·
2976	1934-12-07	金庠基	김상기	金庠基	김상기	外方에 끼친 先人의 자취(3)	역사	·
2977	1934-12-08	金庠基	김상기	金庠基	김상기	外方에 끼친 先人의 자취(4)	역사	·
2978	1934-12-09	金庠基	김상기	金庠基	김상기	外方에 끼친 先人의 자취(5)	역사	·
2979	1934-12-11	金庠基	김상기	金庠基	김상기	外方에 끼친 先人의 자취(6)	역사	·
2980	1934-12-12	金庠基	김상기	金庠基	김상기	外方에 끼친 先人의 자취(7)	역사	·
2981	1934-12-13	李允宰	이윤재	李允宰	이윤재	내 자랑과 내 보배(其四) 獨創과 發明(1)	역사	·
2982	1934-12-13	金庠基	김상기	金庠基	김상기	外方에 끼친 先人의 자취(8)	역사	·
2983	1934-12-14	李允宰	이윤재	李允宰	이윤재	내 자랑과 내 보배(其四) 獨創과 發明(2)	역사	·
2984	1934-12-14	金庠基	김상기	金庠基	김상기	外方에 끼친 先人의 자취(9)	역사	·
2985	1934-12-15	李允宰	이윤재	李允宰	이윤재	내 자랑과 내 보배(其四) 獨創과 發明(3)	역사	·
2986	1934-12-15	金庠基	김상기	金庠基	김상기	外方에 끼친 先人의 자취(10)	역사	·
2987	1934-12-16	李允宰	이윤재	李允宰	이윤재	내 자랑과 내 보배(其四) 獨創과 發明(4)	역사	·
2988	1934-12-16	金庠基	김상기	金庠基	김상기	外方에 끼친 先人의 자취(11)	역사	·
2989	1934-12-17	金庠基	김상기	金庠基	김상기	外方에 끼친 先人의 자취(12)	역사	·
2990	1934-12-18	李允宰	이윤재	李允宰	이윤재	내 자랑과 내 보배(其四) 獨創과 發明(5)	역사	·

연번	날짜	자료저자명(한자)	자료저자명(한글)	본명(한자)	본명(한글)	기사제목	분류	비고
2991	1934-12-19	李允宰	이윤재	李允宰	이윤재	내 자랑과 내 보배(其四) 獨創과 發明(6)	역사	·
2992	1934-12-20	李允宰	이윤재	李允宰	이윤재	내 자랑과 내 보배(其四) 獨創과 發明(7)	역사	·
2993	1934-12-21	李允宰	이윤재	李允宰	이윤재	내 자랑과 내 보배(其四) 獨創과 發明(8)	역사	·
2994	1934-12-22	李允宰	이윤재	李允宰	이윤재	내 자랑과 내 보배(其四) 獨創과 發明(9)	역사	·
2995	1934-12-22	社說	사설	·	·	文盲1589萬- 治退方法은무엇	논설	·
2996	1934-12-22	無耳生	무이생	·	·	震檀學報를 읽고(上)	논설	·
2997	1934-12-23	無耳生	무이생	·	·	震檀學報를 읽고(中)	논설	·
2998	1934-12-25	李允宰	이윤재	李允宰	이윤재	내 자랑과 내 보배(其四) 獨創과 發明(10)	역사	·
2999	1934-12-27	李允宰	이윤재	李允宰	이윤재	내 자랑과 내 보배(其四) 獨創과 發明(11)	역사	·
3000	1934-12-27	無耳生	무이생	·	·	震檀學報를 읽고(下)	논설	·
3001	1934-12-27	李無影	이무영	李甲龍	이갑용	今年의 文壇을 回顧함(上)	논설	·
3002	1934-12-27	鄭蘆風	정노풍	鄭蘆風	정노풍	數年內 展開된 朝鮮의 點點相(上)	논설	·
3003	1934-12-28	李允宰	이윤재	李允宰	이윤재	내 자랑과 내 보배(其四) 獨創과 發明(12)	역사	·
3004	1934-12-28	李無影	이무영	李甲龍	이갑용	今年의 文壇을 回顧함(中)	논설	·
3005	1934-12-28	鄭蘆風	정노풍	鄭蘆風	정노풍	數年內 展開된 朝鮮의 點點相(下)	논설	·
3006	1934-12-29	李允宰	이윤재	李允宰	이윤재	내 자랑과 내 보배(其四) 獨創과 發明(13)	역사	·
3007	1934-12-30	李無影	이무영	李甲龍	이갑용	今年의 文壇을 回顧함(下)	논설	·
3008	1934-12-30	·	·	·	·	한글統一의 第2段- 標準語를 制定	사업	·
3009	1935-01-01	鄭寅普	정인보	鄭寅普	정인보	五千年間 朝鮮의 「얼」(1)	역사	·
3010	1935-01-01	·	·	·	·	朝鮮乙亥史	역사	·
3011	1935-01-01	·	·	·	·	學術部隊의 參謀本營	사업	·
3012	1935-01-01	朴士漸	박사점	朴鍾鴻	박종홍	朝鮮文化의 遺産과 그 傳承의 方法(1)	논설	·
3013	1935-01-01	·	·	·	·	朝鮮文學의 獨自性-特質의 究明과 現象의 檢討	문학	·
3014	1935-01-01	鄭寅燮	정인섭	鄭寅燮	정인섭	現文壇의 諸分野와 朝鮮文學의 特質(上)	문학	·
3015	1935-01-01	天台山人	천태산인	金台俊	김태준	春香傳의 現代的 解釋(1)	문학	·
3016	1935-01-01	玄民	현민	兪鎭午	유진오	當來文學의 特徵은	문학	·
3017	1935-01-01	黃郁	황욱	黃郁	황욱	論著를 通해본 朝鮮學界의 收穫(1)	논설	·
3018	1935-01-01	金台俊	김태준	·	·	우리 文學의 回顧(上)	문학	·
3019	1935-01-02	鄭寅普	정인보	鄭寅普	정인보	五千年間 朝鮮의 「얼」(2)	역사	·
3020	1935-01-02	張赫宙	장혁주	張赫宙	장혁주	語文運動과 文學	한글	·
3021	1935-01-02	鄭寅燮	정인섭	鄭寅燮	정인섭	現文壇의 諸分野와 朝鮮文學의 特質(下)	문학	·
3022	1935-01-02	天台山人	천태산인	金台俊	김태준	春香傳의 現代的 解釋(2)	문학	·
3023	1935-01-02	金台俊	김태준	·	·	우리 文學의 回顧(下)	문학	·
3024	1935-01-02	毛允淑	모윤숙	毛允淑	모윤숙	古典을 더 읽겟소	문학	·
3025	1935-01-02	孫晋泰	손진태	孫晋泰	손진태	傳說에 나타난 도야지 이야기- 高麗太祖와 도야지(上)	문학	·
3026	1935-01-02	·	·	·	·	朝鮮第一 우리의자랑	문학	·
3027	1935-01-02	·	·	·	·	學術部隊의 參謀本營	사업	·
3028	1935-01-02	朴士漸	박사점	朴鍾鴻	박종홍	朝鮮文化의 遺産과 그 傳承의 方法(2)	논설	·
3029	1935-01-02	黃郁	황욱	黃郁	황욱	論著를 通해본 朝鮮學界의 收穫(2)	논설	·
3030	1935-01-03	鄭寅普	정인보	鄭寅普	정인보	五千年間 朝鮮의 「얼」(3)	역사	·

연번	날짜	자료저자명(한자)	자료저자명(한글)	본명(한자)	본명(한글)	기사제목	분류	비고
3031	1935-01-03	天台山人	천태산인	金台俊	김태준	春香傳의 現代的 解釋(3)	문학	·
3032	1935-01-03	李軒求	이헌구	李軒求	이헌구	建設期의 民族文學- 凡例를 各國에 찾어서(其1)	문학	·
3033	1935-01-03	·	·	·	·	學術部隊의 參謀本營	사업	·
3034	1935-01-03	黃郁	황욱	黃郁	황욱	論著를 通해본 朝鮮學界의 收穫(3)	논설	·
3035	1935-01-03	朴士漸	박사점	朴鍾鴻	박종홍	朝鮮文化의 遺産과 그 傳承의 方法(3)	논설	·
3036	1935-01-03	孫晉泰	손진태	孫晉泰	손진태	傳說에 나타난 도야지 이야기- 高麗太祖와 도야지(下)	문학	·
3037	1935-01-04	河仁里	하인리	河仁里	하인리	建設期의民族文學-凡例를各國에찾어서(其2)	문학	·
3038	1935-01-04	鄭寅普	정인보	鄭寅普	정인보	五千年間 朝鮮의 「얼」(4)	역사	·
3039	1935-01-04	社說	사설	·	·	甲申政變記를 읽고(1)	논설	·
3040	1935-01-04	天台山人	천태산인	金台俊	김태준	春香傳의 現代的 解釋(4)	문학	·
3041	1935-01-04	黃郁	황욱	黃郁	황욱	論著를 通해본 朝鮮學界의 收穫(4)	논설	·
3042	1935-01-04	朴士漸	박사점	朴鍾鴻	박종홍	朝鮮文化의 遺産과 그 傳承의 方法(4)	논설	·
3043	1935-01-04	孫晉泰	손진태	孫晉泰	손진태	傳說에 나타난 도야지 이야기- 최치원선생의 아버지되는 도야지(上)	문학	·
3044	1935-01-05	異河潤	이하윤	異河潤	이하윤	建設期의 民族文學- 凡例를 各國에 찾어서(其3)	문학	·
3045	1935-01-05	鄭寅普	정인보	鄭寅普	정인보	五千年間 朝鮮의 「얼」(5)	역사	·
3046	1935-01-05	天台山人	천태산인	金台俊	김태준	春香傳의 現代的 解釋(5)	문학	·
3047	1935-01-05	朴士漸	박사점	朴鍾鴻	박종홍	朝鮮文化의 遺産과 그 傳承의 方法(5)	논설	·
3048	1935-01-05	黃郁	황욱	黃郁	황욱	論著를 通해본 朝鮮學界의 收穫(5)	논설	·
3049	1935-01-05	孫晉泰	손진태	孫晉泰	손진태	傳說에 나타난 도야지 이야기- 최치원선생의 아버지되는 도야지(下)	문학	·
3050	1935-01-06	徐恒錫	서항석	徐恒錫	서항석	建設期의 民族文學- 凡例를 各國에 찾어서(其4)	문학	·
3051	1935-01-06	鄭寅普	정인보	鄭寅普	정인보	五千年間 朝鮮의 「얼」(6)	역사	·
3052	1935-01-06	朴士漸	박사점	朴鍾鴻	박종홍	朝鮮文化의 遺産과 그 傳承의 方法(6)	논설	·
3053	1935-01-06	天台山人	천태산인	金台俊	김태준	春香傳의 現代的 解釋(6)	문학	·
3054	1935-01-06	黃郁	황욱	黃郁	황욱	論著를 通해본 朝鮮學界의 收穫(6, 完)	논설	·
3055	1935-01-08	天台山人	천태산인	金台俊	김태준	春香傳의 現代的 解釋(7)	문학	·
3056	1935-01-08	朴士漸	박사점	朴鍾鴻	박종홍	朝鮮文化의 遺産과 그 傳承의 方法(7)	논설	·
3057	1935-01-08	·	·	·	·	어문운동 사상최대	한글	·
3058	1935-01-08	朴士漸	박사점	朴鍾鴻	박종홍	朝鮮文化의 遺産과 그 傳承의 方法(8)	논설	·
3059	1935-01-09	鄭寅普	정인보	鄭寅普	정인보	五千年間 朝鮮의 「얼」(7)	역사	·
3060	1935-01-09	天台山人	천태산인	金台俊	김태준	春香傳의 現代的 解釋(8)	문학	·
3061	1935-01-09	朴士漸	박사점	朴鍾鴻	박종홍	朝鮮文化의 遺産과 그 傳承의 方法(9)	논설	·
3062	1935-01-10	鄭寅普	정인보	鄭寅普	정인보	五千年間 朝鮮의 「얼」(8)	역사	·
3063	1935-01-10	天台山人	천태산인	金台俊	김태준	春香傳의 現代的 解釋(9)	문학	·
3064	1935-01-10	孫晉泰	손진태	孫晉泰	손진태	傳說에 나타난 도야지 이야기- 마산의 돌*과 금도야지	문학	·
3065	1935-01-11	鄭寅普	정인보	鄭寅普	정인보	五千年間 朝鮮의 「얼」(9)	역사	·
3066	1935-01-12	鄭寅普	정인보	鄭寅普	정인보	五千年間 朝鮮의 「얼」(10)	역사	·
3067	1935-01-13	鄭寅普	정인보	鄭寅普	정인보	五千年間 朝鮮의 「얼」(11)	역사	·
3068	1935-01-15	鄭寅普	정인보	鄭寅普	정인보	五千年間 朝鮮의 「얼」(12)	역사	·

연번	날짜	자료저자명(한자)	자료저자명(한글)	본명(한자)	본명(한글)	기사제목	분류	비고
3069	1935-01-16	鄭寅普	정인보	鄭寅普	정인보	五千年間 朝鮮의 「얼」(13)	역사	·
3070	1935-01-17	鄭寅普	정인보	鄭寅普	정인보	五千年間 朝鮮의 「얼」(14)	역사	·
3071	1935-01-18	鄭寅普	정인보	鄭寅普	정인보	五千年間 朝鮮의 「얼」(15)	역사	·
3072	1935-01-19	鄭寅普	정인보	鄭寅普	정인보	五千年間 朝鮮의 「얼」(16)	역사	·
3073	1935-01-20	鄭寅普	정인보	鄭寅普	정인보	五千年間 朝鮮의 「얼」(17)	역사	·
3074	1935-01-22	鄭寅普	정인보	鄭寅普	정인보	五千年間 朝鮮의 「얼」(18)	역사	·
3075	1935-01-22	雙火學人	쌍화학인	·	·	古談稗說 雜同散異(1)	문학	·
3076	1935-01-23	雙火學人	쌍화학인	·	·	古談稗說 雜同散異(2)	문학	·
3077	1935-01-24	雙火學人	쌍화학인	·	·	古談稗說 雜同散異(3)	문학	·
3078	1935-01-25	鄭寅普	정인보	鄭寅普	정인보	五千年間 朝鮮의 「얼」(19)	역사	·
3079	1935-01-25	雙火學人	쌍화학인	·	·	古談稗說 雜同散異(4)	문학	·
3080	1935-01-26	鄭寅普	정인보	鄭寅普	정인보	五千年間 朝鮮의 「얼」(20)	역사	·
3081	1935-01-26	雙火學人	쌍화학인	·	·	古談稗說 雜同散異(5)	문학	·
3082	1935-01-27	鄭寅普	정인보	鄭寅普	정인보	五千年間 朝鮮의 「얼」(21)	역사	·
3083	1935-01-27	雙火學人	쌍화학인	·	·	古談稗說 雜同散異(6)	문학	·
3084	1935-01-29	鄭寅普	정인보	鄭寅普	정인보	五千年間 朝鮮의 「얼」(22)	역사	·
3085	1935-01-29	雙火學人	쌍화학인	·	·	古談稗說 雜同散異(7)	문학	·
3086	1935-01-30	鄭寅普	정인보	鄭寅普	정인보	五千年間 朝鮮의 「얼」(23)	역사	·
3087	1935-01-30	雙火學人	쌍화학인	·	·	古談稗說 雜同散異(8)	문학	·
3088	1935-01-31	鄭寅普	정인보	鄭寅普	정인보	五千年間 朝鮮의 「얼」(24)	역사	·
3089	1935-01-31	雙火學人	쌍화학인	·	·	古談稗說 雜同散異(9)	문학	·
3090	1935-02-01	憂憂者	우우자	·	·	朝鮮의 文化遺産- 特殊性과 아울러 그 傳承方法(1)	논설	·
3091	1935-02-01	雙火學人	쌍화학인	·	·	古談稗說 雜同散異(10)	문학	·
3092	1935-02-02	憂憂者	우우자	·	·	朝鮮의 文化遺産- 特殊性과 아울러 그 傳承方法(2)	논설	·
3093	1935-02-03	憂憂者	우우자	·	·	朝鮮의 文化遺産- 特殊性과 아울러 그 傳承方法(3)	논설	·
3094	1935-02-05	鄭寅普	정인보	鄭寅普	정인보	五千年間 朝鮮의 「얼」(25)	역사	·
3095	1935-02-05	憂憂者	우우자	·	·	朝鮮의 文化遺産- 特殊性과 아울러 그 傳承方法(4)	논설	·
3096	1935-02-05	雙火學人	쌍화학인	·	·	古談稗說 雜同散異(11)	문학	·
3097	1935-02-06	鄭寅普	정인보	鄭寅普	정인보	五千年間 朝鮮의 「얼」(26)	역사	·
3098	1935-02-06	憂憂者	우우자	·	·	朝鮮의 文化遺産- 特殊性과 아울러 그 傳承方法(5)	논설	·
3099	1935-02-06	雙火學人	쌍화학인	·	·	古談稗說 雜同散異(12)	문학	·
3100	1935-02-07	鄭寅普	정인보	鄭寅普	정인보	五千年間 朝鮮의 「얼」(27)	역사	·
3101	1935-02-07	憂憂者	우우자	·	·	朝鮮의 文化遺産- 特殊性과 아울러 그 傳承方法(6)	논설	·
3102	1935-02-07	雙火學人	쌍화학인	·	·	古談稗說 雜同散異(13)	문학	·
3103	1935-02-08	鄭寅普	정인보	鄭寅普	정인보	五千年間 朝鮮의 「얼」(28)	역사	·
3104	1935-02-08	憂憂者	우우자	·	·	朝鮮의 文化遺産- 特殊性과 아울러 그 傳承方法(7)	논설	·
3105	1935-02-08	雙火學人	쌍화학인	·	·	古談稗說 雜同散異(14)	문학	·
3106	1935-02-09	憂憂者	우우자	·	·	朝鮮의 文化遺産- 特殊性과 아울러 그 傳承方法(8)	논설	·
3107	1935-02-09	天台山人	천태산인	金台俊	김태준	古典涉獵隨感(1)	문학	·
3108	1935-02-10	鄭寅普	정인보	鄭寅普	정인보	五千年間 朝鮮의 「얼」(29)	역사	·
3109	1935-02-10	憂憂者	우우자	·	·	朝鮮의 文化遺産- 特殊性과 아울러 그 傳承方法(9)	논설	·

연번	날짜	자료저자명(한자)	자료저자명(한글)	본명(한자)	본명(한글)	기사제목	분류	비고
3110	1935-02-10	天台山人	천태산인	金台俊	김태준	古典涉獵隨感(2)	문학	·
3111	1935-02-13	憂憂者	우우자	·	·	朝鮮의 文化遺産- 特殊性과 아울러 그 傳承方法(10)	논설	·
3112	1935-02-13	天台山人	천태산인	金台俊	김태준	古典涉獵隨感(3)	문학	·
3113	1935-02-14	憂憂者	우우자	·	·	朝鮮의 文化遺産- 特殊性과 아울러 그 傳承方法(11)	논설	·
3114	1935-02-14	天台山人	천태산인	金台俊	김태준	古典涉獵隨感(4)	문학	·
3115	1935-02-15	鄭寅普	정인보	鄭寅普	정인보	五千年間 朝鮮의 「얼」(30)	역사	·
3116	1935-02-15	·	·	·	·	朝鮮에 獨特性 띤 歷史教書를 編纂	기타	·
3117	1935-02-15	憂憂者	우우자	·	·	朝鮮의 文化遺産- 特殊性과 아울러 그 傳承方法(12)	논설	·
3118	1935-02-15	天台山人	천태산인	金台俊	김태준	古典涉獵隨感(5)	문학	·
3119	1935-02-16	鄭寅普	정인보	鄭寅普	정인보	五千年間 朝鮮의 「얼」(31)	역사	·
3120	1935-02-16	社說	사설	·	·	朝鮮歷史 加增의 議	기타	·
3121	1935-02-16	憂憂者	우우자	·	·	朝鮮의 文化遺産- 特殊性과 아울러 그 傳承方法(13)	논설	·
3122	1935-02-16	天台山人	천태산인	金台俊	김태준	古典涉獵隨感(6)	문학	·
3123	1935-02-17	鄭寅普	정인보	鄭寅普	정인보	五千年間 朝鮮의 「얼」(32)	역사	·
3124	1935-02-17	天台山人	천태산인	金台俊	김태준	古典涉獵隨感(7)	문학	·
3125	1935-02-19	鄭寅普	정인보	鄭寅普	정인보	五千年間 朝鮮의 「얼」(33)	역사	·
3126	1935-02-20	鄭寅普	정인보	鄭寅普	정인보	五千年間 朝鮮의 「얼」(34)	역사	·
3127	1935-02-22	鄭寅普	정인보	鄭寅普	정인보	五千年間 朝鮮의 「얼」(35)	역사	·
3128	1935-02-28	鄭寅普	정인보	鄭寅普	정인보	五千年間 朝鮮의 「얼」(36)	역사	·
3129	1935-03-01	鄭寅普	정인보	鄭寅普	정인보	五千年間 朝鮮의 「얼」(37)	역사	·
3130	1935-03-02	鄭寅普	정인보	鄭寅普	정인보	五千年間 朝鮮의 「얼」(38)	역사	·
3131	1935-03-03	鄭寅普	정인보	鄭寅普	정인보	五千年間 朝鮮의 「얼」(39)	역사	·
3132	1935-03-05	鄭寅普	정인보	鄭寅普	정인보	五千年間 朝鮮의 「얼」(40)	역사	·
3133	1935-03-06	金珖燮	김광섭	金珖燮	김광섭	建設期의 民族文學	문학	·
3134	1935-03-08	鄭寅普	정인보	鄭寅普	정인보	五千年間 朝鮮의 「얼」(41)	역사	·
3135	1935-03-08	趙憲泳	조헌영	趙憲泳	조헌영	음양오행설에 대하야- 천태산인의 몽을 계함	논설	·
3136	1935-03-09	鄭寅普	정인보	鄭寅普	정인보	五千年間 朝鮮의 「얼」(42)	역사	·
3137	1935-03-09	趙憲泳	조헌영	趙憲泳	조헌영	음양오행설에 대하야- 천태산인의 몽을 계함	논설	·
3138	1935-03-10	趙憲泳	조헌영	趙憲泳	조헌영	음양오행설에 대하야- 천태산인의 몽을 계함	논설	·
3139	1935-03-12	趙憲泳	조헌영	趙憲泳	조헌영	음양오행설에 대하야- 천태산인의 몽을 계함	논설	·
3140	1935-03-21	鄭寅普	정인보	鄭寅普	정인보	五千年間 朝鮮의 「얼」(43)	역사	·
3141	1935-03-23	鄭寅普	정인보	鄭寅普	정인보	五千年間 朝鮮의 「얼」(44)	역사	·
3142	1935-03-24	鄭寅普	정인보	鄭寅普	정인보	五千年間 朝鮮의 「얼」(45)	역사	·
3143	1935-03-26	鄭寅普	정인보	鄭寅普	정인보	五千年間 朝鮮의 「얼」(46)	역사	·
3144	1935-03-27	鄭寅普	정인보	鄭寅普	정인보	五千年間 朝鮮의 「얼」(47)	역사	·
3145	1935-03-28	이용제	이용제	이용제	이용제	朝鮮의 語文運動을 爲하야- 佛語의 根本과 沿革	한글	·
3146	1935-03-29	鄭寅普	정인보	鄭寅普	정인보	五千年間 朝鮮의 「얼」(48)	역사	·
3147	1935-03-30	鄭寅普	정인보	鄭寅普	정인보	五千年間 朝鮮의 「얼」(49)	역사	·
3148	1935-04-02	鄭寅普	정인보	鄭寅普	정인보	五千年間 朝鮮의 「얼」(50)	역사	·
3149	1935-04-02	吳天錫	오천석	吳天錫	오천석	己未 以後 15年間 朝鮮 教育界의 變遷(1)	사업	·
3150	1935-04-03	鄭寅普	정인보	鄭寅普	정인보	五千年間 朝鮮의 「얼」(51)	역사	·

연번	날짜	자료저자명(한자)	자료저자명(한글)	본명(한자)	본명(한글)	기사제목	분류	비고
3151	1935-04-03	吳天錫	오천석	吳天錫	오천석	己未 以後 15年間 朝鮮 敎育界의 變遷(2)	사업	·
3152	1935-04-06	·	·	·	·	선인추모의 단성- 단군릉수축, 현충사중건, 군율도원수	사업	·
3153	1935-04-09	鄭寅普	정인보	鄭寅普	정인보	五千年間 朝鮮의 「얼」(52)	역사	·
3154	1935-04-09	吳天錫	오천석	吳天錫	오천석	己未 以後 15年間 朝鮮 敎育界의 變遷(3)	사업	·
3155	1935-04-10	鄭寅普	정인보	鄭寅普	정인보	五千年間 朝鮮의 「얼」(53)	역사	·
3156	1935-04-10	吳天錫	오천석	吳天錫	오천석	己未 以後 15年間 朝鮮 敎育界의 變遷(4)	사업	·
3157	1935-04-11	吳天錫	오천석	吳天錫	오천석	己未 以後 15年間 朝鮮 敎育界의 變遷(5)	사업	·
3158	1935-04-12	鄭寅普	정인보	鄭寅普	정인보	五千年間 朝鮮의 「얼」(54)	역사	·
3159	1935-04-13	鄭寅普	정인보	鄭寅普	정인보	五千年間 朝鮮의 「얼」(55)	역사	·
3160	1935-04-14	鄭海駿	정해준	鄭海駿	정해준	第14回 美展등 앞두고- 東洋畵에 對하야(1)	미술	·
3161	1935-04-16	鄭寅普	정인보	鄭寅普	정인보	五千年間 朝鮮의 「얼」(56)	역사	·
3162	1935-04-16	鄭海駿	정해준	鄭海駿	정해준	第14回 美展등 앞두고- 東洋畵에 對하야(2)	미술	·
3163	1935-04-17	鄭寅普	정인보	鄭寅普	정인보	五千年間 朝鮮의 「얼」(57)	역사	·
3164	1935-04-17	鄭海駿	정해준	鄭海駿	정해준	第14回 美展등 앞두고- 東洋畵에 對하야(3)	미술	·
3165	1935-04-18	鄭海駿	정해준	鄭海駿	정해준	第14回美展등앞두고- 東洋畵에對하야(4)	미술	·
3166	1935-04-20	鄭寅普	정인보	鄭寅普	정인보	五千年間 朝鮮의 「얼」(58)	역사	·
3167	1935-04-21	李歇河	이양하	李歇河	이양하	「말問題」에 對한 隨想(1)	한글	·
3168	1935-04-23	李歇河	이양하	李歇河	이양하	「말問題」에 對한 隨想(2)	한글	·
3169	1935-04-26	鄭寅普	정인보	鄭寅普	정인보	五千年間 朝鮮의 「얼」(59)	역사	·
3170	1935-04-27	鄭寅普	정인보	鄭寅普	정인보	五千年間 朝鮮의 「얼」(60)	역사	·
3171	1935-04-28	鄭寅普	정인보	鄭寅普	정인보	五千年間 朝鮮의 「얼」(61)	역사	·
3172	1935-05-01	吳基永	오기영	吳基永	오기영	옛 생각은 잊어야 할까- 낡아가는 浿城의 봄빛이여	기행	·
3173	1935-05-01	鄭寅普	정인보	鄭寅普	정인보	五千年間 朝鮮의 「얼」(62)	역사	·
3174	1935-05-02	鄭寅普	정인보	鄭寅普	정인보	五千年間 朝鮮의 「얼」(63)	역사	·
3175	1935-05-03	鄭寅普	정인보	鄭寅普	정인보	五千年間 朝鮮의 「얼」(64)	역사	·
3176	1935-05-04	鄭寅普	정인보	鄭寅普	정인보	五千年間 朝鮮의 「얼」(65)	역사	·
3177	1935-05-07	鄭寅普	정인보	鄭寅普	정인보	五千年間 朝鮮의 「얼」(66)	역사	·
3178	1935-05-08	鄭鶴謨	정학모	鄭鶴謨	정학모	震檀學報를 읽고(1)	논설	·
3179	1935-05-09	申南澈	신남철	申南澈	신남철	復古主義에 對한 數言(上)	문학	·
3180	1935-05-10	鄭鶴謨	정학모	鄭鶴謨	정학모	震檀學報를 읽고(2)	논설	·
3181	1935-05-10	鄭寅普	정인보	鄭寅普	정인보	五千年間 朝鮮의 「얼」(67)	역사	·
3182	1935-05-10	申南澈	신남철	申南澈	신남철	復古主義에 對한 數言(中)	문학	·
3183	1935-05-11	申南澈	신남철	申南澈	신남철	復古主義에 對한 數言(下)	문학	·
3184	1935-05-11	鄭鶴謨	정학모	鄭鶴謨	정학모	震檀學報를 읽고(3)	논설	·
3185	1935-05-11	鄭寅普	정인보	鄭寅普	정인보	五千年間 朝鮮의 「얼」(68)	역사	·
3186	1935-05-12	鄭鶴謨	정학모	鄭鶴謨	정학모	震檀學報를 읽고(4)	논설	·
3187	1935-05-12	鄭寅普	정인보	鄭寅普	정인보	五千年間 朝鮮의 「얼」(69)	역사	·
3188	1935-05-14	鄭鶴謨	정학모	鄭鶴謨	정학모	震檀學報를 읽고(5)	논설	·
3189	1935-05-14	鄭寅普	정인보	鄭寅普	정인보	五千年間 朝鮮의 「얼」(70)	역사	·
3190	1935-05-16	鄭寅普	정인보	鄭寅普	정인보	五千年間 朝鮮의 「얼」(71)	역사	·

연번	날짜	자료저자명(한자)	자료저자명(한글)	본명(한자)	본명(한글)	기사제목	분류	비고
3191	1935-05-17	鄭寅普	정인보	鄭寅普	정인보	五千年間 朝鮮의 「얼」(72)	역사	·
3192	1935-05-17	·	·	·	·	名勝과 古跡	기행	·
3193	1935-05-22	鄭寅普	정인보	鄭寅普	정인보	五千年間 朝鮮의 「얼」(73)	역사	·
3194	1935-05-23	靑駒生	청구생	·	·	美展觀覽愚感(1)	미술	·
3195	1935-05-24	靑駒生	청구생	·	·	美展觀覽愚感(2)	미술	·
3196	1935-05-24	鄭寅普	정인보	鄭寅普	정인보	五千年間 朝鮮의 「얼」(74)	역사	·
3197	1935-05-25	鄭寅普	정인보	鄭寅普	정인보	五千年間 朝鮮의 「얼」(75)	역사	·
3198	1935-05-25	靑駒生	청구생	·	·	美展觀覽愚感(3)	미술	·
3199	1935-05-26	靑駒生	청구생	·	·	美展觀覽愚感(4)	미술	·
3200	1935-05-26	鄭寅普	정인보	鄭寅普	정인보	五千年間 朝鮮의 「얼」(76)	역사	·
3201	1935-05-28	社說	사설	·	·	鄕土情緖와 再批判의 要求	논설	·
3202	1935-05-28	靑駒生	청구생	·	·	美展觀覽愚感(5, 完)	미술	·
3203	1935-05-28	白南雲	백남운	白南雲	백남운	李如星, 金世鎔 共著 「數字朝鮮硏究」(上)	문학	·
3204	1935-05-28	鄭寅普	정인보	鄭寅普	정인보	五千年間 朝鮮의 「얼」(77)	역사	·
3205	1935-05-29	白南雲	백남운	白南雲	백남운	李如星, 金世鎔 共著 「數字朝鮮硏究」(下)	문학	·
3206	1935-05-29	金聖七	김성칠	金聖七	김성칠	都市와 農村과의 關係(1)	논설	·
3207	1935-05-30	金聖七	김성칠	金聖七	김성칠	都市와 農村과의 關係(2)	논설	·
3208	1935-05-31	金聖七	김성칠	金聖七	김성칠	都市와 農村과의 關係(3)	논설	·
3209	1935-06-01	金聖七	김성칠	金聖七	김성칠	都市와 農村과의 關係(4)	논설	·
3210	1935-06-01	鄭寅普	정인보	鄭寅普	정인보	五千年間 朝鮮의 「얼」(79)*78회	역사	연재횟수 오기
3211	1935-06-02	鄭寅普	정인보	鄭寅普	정인보	五千年間 朝鮮의 「얼」(80)*79회	역사	연재횟수 오기
3212	1935-06-02	金聖七	김성칠	金聖七	김성칠	都市와 農村과의 關係(5)	논설	·
3213	1935-06-03	金聖七	김성칠	金聖七	김성칠	都市와 農村과의 關係(6)	논설	·
3214	1935-06-04	鄭寅普	정인보	鄭寅普	정인보	五千年間 朝鮮의 「얼」(81)*80회	역사	연재횟수 오기
3215	1935-06-06	鄭寅普	정인보	鄭寅普	정인보	五千年間 朝鮮의 「얼」(82)*81회	역사	연재횟수 오기
3216	1935-06-07	鄭寅普	정인보	鄭寅普	정인보	五千年間 朝鮮의 「얼」(83)*82회	역사	연재횟수 오기
3217	1935-06-08	高裕燮	고유섭	高裕燮	고유섭	新時代의展望(其四) 藝術 美의時代性과 新時代藝術家의任務(上)	미술	·
3218	1935-06-09	高裕燮	고유섭	高裕燮	고유섭	新時代의展望(其四) 藝術 美의時代性과 新時代藝術家의任務(中)	미술	·
3219	1935-06-11	高裕燮	고유섭	高裕燮	고유섭	新時代의展望(其四) 藝術 美의時代性과 新時代藝術家의任務(下)	미술	·
3220	1935-06-11	丁來東	정래동	丁來東	정래동	綠波霧海로 變하는 水鍾寺의 달밤(1)	문학	·
3221	1935-06-12	丁來東	정래동	丁來東	정래동	綠波霧海로 變하는 水鍾寺의 달밤(2)	문학	·
3222	1935-06-12	鄭寅普	정인보	鄭寅普	정인보	五千年間 朝鮮의 「얼」(84)*83회	역사	연재횟수 오기
3223	1935-06-13	丁來東	정래동	丁來東	정래동	綠波霧海로 變하는 水鍾寺의 달밤(3)	문학	·
3224	1935-06-14	丁來東	정래동	丁來東	정래동	綠波霧海로 變하는 水鍾寺의 달밤(4)	문학	·
3225	1935-06-14	鄭寅普	정인보	鄭寅普	정인보	五千年間 朝鮮의 「얼」(84)	역사	·
3226	1935-06-15	鄭寅普	정인보	鄭寅普	정인보	五千年間 朝鮮의 「얼」(85)	역사	·
3227	1935-06-15	丁來東	정래동	丁來東	정래동	綠波霧海로 變하는 水鍾寺의 달밤(5)	문학	·
3228	1935-06-15	田元培	전원배	田元培	전원배	思想新時代의展望(其六) 思想 朝鮮思想界의課題(上)	철학	·

연번	날짜	자료저자명(한자)	자료저자명(한글)	본명(한자)	본명(한글)	기사제목	분류	비고
3229	1935-06-16	田元培	전원배	田元培	전원배	思想新時代의展望(其六) 思想 朝鮮思想界의課題(中)	철학	·
3230	1935-06-16	丁來東	정래동	丁來東	정래동	綠波霧海로 變하는 水鍾寺의 달밤(6)	문학	·
3231	1935-06-16	鄭寅普	정인보	鄭寅普	정인보	五千年間 朝鮮의「얼」(86)	역사	·
3232	1935-06-18	田元培	전원배	田元培	전원배	思想新時代의展望(其六) 思想 朝鮮思想界의課題(下)	철학	·
3233	1935-06-18	姜駿遠 述	강준원	姜駿遠 述	강준원	朝鮮語 速記法 詳解(1)	한글	·
3234	1935-06-19	姜駿遠 述	강준원	姜駿遠 述	강준원	朝鮮語 速記法 詳解(2)	한글	·
3235	1935-06-19	丁來東	정래동	丁來東	정래동	綠波霧海로 變하는 水鍾寺의 달밤(6)*7회	문학	연재횟수 오기
3236	1935-06-21	丁來東	정래동	丁來東	정래동	綠波霧海로 變하는 水鍾寺의 달밤(7)*8회	문학	연재횟수 오기
3237	1935-06-21	姜駿遠 述	강준원	姜駿遠 述	강준원	朝鮮語 速記法 詳解(3)	한글	·
3238	1935-06-22	宋錫夏	송석하	宋錫夏	송석하	農村娛樂의 助長과 淨化에對한私見(1)	민속	·
3239	1935-06-23	宋錫夏	송석하	宋錫夏	송석하	農村娛樂의 助長과 淨化에對한私見(2)	민속	·
3240	1935-06-23	姜駿遠 述	강준원	姜駿遠 述	강준원	朝鮮語 速記法 詳解(4)	한글	·
3241	1935-06-23	丁來東	정래동	丁來東	정래동	綠波霧海로 變하는 水鍾寺의 달밤(8)*9회	문학	연재횟수 오기
3242	1935-06-25	宋錫夏	송석하	宋錫夏	송석하	農村娛樂의 助長과 淨化에對한私見(3)	민속	·
3243	1935-06-25	姜駿遠 述	강준원	姜駿遠 述	강준원	朝鮮語 速記法 詳解(5)	한글	·
3244	1935-06-26	鄭寅普	정인보	鄭寅普	정인보	五千年間 朝鮮의「얼」(87)	역사	·
3245	1935-06-26	宋錫夏	송석하	宋錫夏	송석하	農村娛樂의 助長과 淨化에對한私見(4)	민속	·
3246	1935-06-27	宋錫夏	송석하	宋錫夏	송석하	農村娛樂의 助長과 淨化에對한私見(5)	민속	·
3247	1935-06-27	丁來東	정래동	丁來東	정래동	綠波霧海로 變하는 水鍾寺의 달밤(完)	문학	·
3248	1935-06-27	鄭寅普	정인보	鄭寅普	정인보	五千年間 朝鮮의「얼」(88)	역사	·
3249	1935-06-27	姜駿遠 述	강준원	姜駿遠 述	강준원	朝鮮語 速記法 詳解(6)	한글	·
3250	1935-06-28	姜駿遠 述	강준원	姜駿遠 述	강준원	朝鮮語 速記法 新安(7)	한글	·
3251	1935-06-28	鄭寅普	정인보	鄭寅普	정인보	五千年間 朝鮮의「얼」(89)	역사	·
3252	1935-06-28	宋錫夏	송석하	宋錫夏	송석하	農村娛樂의 助長과 淨化에對한私見(6)	민속	·
3253	1935-06-29	宋錫夏	송석하	宋錫夏	송석하	農村娛樂의 助長과 淨化에對한私見(7)	민속	·
3254	1935-06-29	姜駿遠	강준원	姜駿遠	강준원	朝鮮語 速記法 新安(8)	한글	·
3255	1935-06-30	姜駿遠	강준원	姜駿遠	강준원	朝鮮語 速記法 新安(9)	한글	·
3256	1935-06-30	宋錫夏	송석하	宋錫夏	송석하	農村娛樂의 助長과 淨化에對한私見(8)	민속	·
3257	1935-07-02	宋錫夏	송석하	宋錫夏	송석하	農村娛樂의 助長과 淨化에對한私見(9)	민속	·
3258	1935-07-02	姜駿遠	강준원	姜駿遠	강준원	朝鮮語 速記法 新安(10)	한글	·
3259	1935-07-03	姜駿遠	강준원	姜駿遠	강준원	朝鮮語 速記法 新安(11)	한글	·
3260	1935-07-03	·	·	·	·	古典을 硏究하라	역사	·
3261	1935-07-03	鄭寅普	정인보	鄭寅普	정인보	五千年間 朝鮮의「얼」(90)	역사	·
3262	1935-07-03	宋錫夏	송석하	宋錫夏	송석하	農村娛樂의 助長과 淨化에對한私見(10)	민속	·
3263	1935-07-04	姜駿遠	강준원	姜駿遠	강준원	朝鮮語 速記法 新安(12)	한글	·
3264	1935-07-04	·	·	·	·	夏期巡廻講座 陣營	한글, 사업	·
3265	1935-07-04	宋錫夏	송석하	宋錫夏	송석하	農村娛樂의 助長과 淨化에對한私見(11)	민속	·
3266	1935-07-04	鄭寅普	정인보	鄭寅普	정인보	五千年間 朝鮮의「얼」(91)	역사	·
3267	1935-07-05	姜駿遠	강준원	姜駿遠	강준원	朝鮮語 速記法 新安(13)	한글	·

연번	날짜	자료저자명(한자)	자료저자명(한글)	본명(한자)	본명(한글)	기사제목	분류	비고
3268	1935-07-05	鄭寅普	정인보	鄭寅普	정인보	五千年間 朝鮮의 「얼」(92)	역사	·
3269	1935-07-05	宋錫夏	송석하	宋錫夏	송석하	農村娛樂의 助長과 淨化에對한私見(12)	민속	·
3270	1935-07-06	姜駿遠	강준원	姜駿遠	강준원	朝鮮語 速記法 新安(14)	한글	·
3271	1935-07-06	宋錫夏	송석하	宋錫夏	송석하	農村娛樂의 助長과 淨化에對한私見(13)	민속	·
3272	1935-07-06	鄭寅普	정인보	鄭寅普	정인보	五千年間 朝鮮의 「얼」(93)	역사	·
3273	1935-07-07	姜駿遠	강준원	姜駿遠	강준원	朝鮮語 速記法 新安(15)	한글	·
3274	1935-07-07	宋錫夏	송석하	宋錫夏	송석하	農村娛樂의 助長과 淨化에對한私見(14)	민속	·
3275	1935-07-07	鄭寅普	정인보	鄭寅普	정인보	五千年間 朝鮮의 「얼」(94)	역사	·
3276	1935-07-09	鄭寅普	정인보	鄭寅普	정인보	五千年間 朝鮮의 「얼」(95)	역사	·
3277	1935-07-09	宋錫夏	송석하	宋錫夏	송석하	農村娛樂의 助長과 淨化에對한私見(15)	민속	·
3278	1935-07-09	姜駿遠	강준원	姜駿遠	강준원	朝鮮語 速記法 新安(16)	한글	·
3279	1935-07-10	宋錫夏	송석하	宋錫夏	송석하	農村娛樂의 助長과 淨化에對한私見(16)	민속	·
3280	1935-07-10	鄭寅普	정인보	鄭寅普	정인보	五千年間 朝鮮의 「얼」(96)	역사	·
3281	1935-07-11	·	·	·	·	「한글공부」 7萬部 滿洲가서 「가갸거겨」	한글	·
3282	1935-07-11	宋錫夏	송석하	宋錫夏	송석하	農村娛樂의 助長과 淨化에對한私見(17)	민속	·
3283	1935-07-12	宋錫夏	송석하	宋錫夏	송석하	農村娛樂의 助長과 淨化에對한私見(18)	민속	·
3284	1935-07-12	姜駿遠	강준원	姜駿遠	강준원	朝鮮語 速記法 新安(17)	한글	·
3285	1935-07-12	鄭寅普	정인보	鄭寅普	정인보	五千年間 朝鮮의 「얼」(97)	역사	·
3286	1935-07-13	鄭寅普	정인보	鄭寅普	정인보	五千年間 朝鮮의 「얼」(98)	역사	·
3287	1935-07-13	姜駿遠	강준원	姜駿遠	강준원	朝鮮語 速記法 新安(18)	한글	·
3288	1935-07-13	宋錫夏	송석하	宋錫夏	송석하	農村娛樂의 助長과 淨化에對한私見(19)	민속	·
3289	1935-07-14	宋錫夏	송석하	宋錫夏	송석하	農村娛樂의 助長과 淨化에對한私見(20)	민속	·
3290	1935-07-16	社說	사설	·	·	丁茶山先生 逝世 100年을 記念하면서	논설	·
3291	1935-07-16	鄭寅普	정인보	鄭寅普	정인보	茶山先生의 一生	역사	·
3292	1935-07-16	白南雲	백남운	白南雲	백남운	丁茶山의 思想	철학	·
3293	1935-07-16	玄相允	현상윤	玄相允	현상윤	李朝儒學史上의 丁茶山과 그 位置	철학	·
3294	1935-07-16	·	·	·	·	本社 學藝部 主催로 記念講演會 開催	사업	·
3295	1935-07-17	姜駿遠	강준원	姜駿遠	강준원	朝鮮語 速記法 新安(19)	한글	·
3296	1935-07-18	鄭寅普	정인보	鄭寅普	정인보	五千年間 朝鮮의 「얼」(99)	역사	·
3297	1935-07-18	姜駿遠	강준원	姜駿遠	강준원	朝鮮語 速記法 新安(20)	한글	·
3298	1935-07-19	鄭寅普	정인보	鄭寅普	정인보	五千年間 朝鮮의 「얼」(100)	역사	·
3299	1935-07-19	姜駿遠	강준원	姜駿遠	강준원	朝鮮語 速記法 新安(21)	한글	·
3300	1935-07-20	姜駿遠	강준원	姜駿遠	강준원	朝鮮語 速記法 新安(22)	한글	·
3301	1935-07-20	鄭寅普	정인보	鄭寅普	정인보	五千年間 朝鮮의 「얼」(101)	역사	·
3302	1935-07-21	姜駿遠	강준원	姜駿遠	강준원	朝鮮語 速記法 新安(23)	한글	·
3303	1935-07-23	姜駿遠	강준원	姜駿遠	강준원	朝鮮語 速記法 新安(24)	한글	·
3304	1935-07-23	·	·	·	·	古墳墓 地帶를 貧民들이 耕作	역사	·
3305	1935-07-24	姜駿遠	강준원	姜駿遠	강준원	朝鮮語 速記法 新安(25)	한글	·
3306	1935-07-24	鄭寅普	정인보	鄭寅普	정인보	五千年間 朝鮮의 「얼」(102)	역사	·
3307	1935-07-25	姜駿遠	강준원	姜駿遠	강준원	朝鮮語 速記法 新安(26)	한글	·
3308	1935-07-26	·	·	·	·	古典傳承의 方法(上)	역사	·

연번	날짜	자료저자명(한자)	자료저자명(한글)	본명(한자)	본명(한글)	기사제목	분류	비고
3309	1935-07-26	姜駿遠	강준원	姜駿遠	강준원	朝鮮語 速記法 新安(27)	한글	·
3310	1935-07-27	·	·	·	·	古典傳承의 方法(下)	역사	·
3311	1935-07-27	鄭寅普	정인보	鄭寅普	정인보	五千年間 朝鮮의 「얼」(103)	역사	·
3312	1935-07-27	姜駿遠	강준원	姜駿遠	강준원	朝鮮語 速記法 新安(28)	한글	·
3313	1935-07-28	姜駿遠	강준원	姜駿遠	강준원	朝鮮語 速記法 新安(29, 完)	한글	·
3314	1935-07-28	鄭寅普	정인보	鄭寅普	정인보	五千年間 朝鮮의 「얼」(104)	역사	·
3315	1935-07-30	鄭寅普	정인보	鄭寅普	정인보	五千年間 朝鮮의 「얼」(105)	역사	·
3316	1935-07-30	李無影	이무영	李甲龍	이갑용	水國紀行(1)	기행	·
3317	1935-07-31	李無影	이무영	李甲龍	이갑용	水國紀行(2)	기행	·
3318	1935-08-03	李無影	이무영	李甲龍	이갑용	水國紀行(3)	기행	·
3319	1935-08-04	李無影	이무영	李甲龍	이갑용	水國紀行(4)	기행	·
3320	1935-08-04	李定鎬	이정호	李定鎬	이정호	傳說童話- 7月7夕 이야기	역사	·
3321	1935-08-05	李無影	이무영	李甲龍	이갑용	水國紀行(5)	기행	·
3322	1935-08-05	·	·	·	·	朝鮮語 標準語 查定會 開催	한글	·
3323	1935-08-06	李無影	이무영	李甲龍	이갑용	水國紀行(6)	기행	·
3324	1935-08-06	社說	사설	·	·	東醫 價値의 再吟味	논설, 한의학	·
3325	1935-08-07	李無影	이무영	李甲龍	이갑용	水國紀行(7)	기행	·
3326	1935-08-07	鄭寅普	정인보	鄭寅普	정인보	五千年間 朝鮮의 「얼」(106)	역사	·
3327	1935-08-08	李無影	이무영	李甲龍	이갑용	水國紀行(8)	기행	·
3328	1935-08-08	鄭寅普	정인보	鄭寅普	정인보	五千年間 朝鮮의 「얼」(107)	역사	·
3329	1935-08-09	·	·	·	·	圜丘團은 寶物로 되고 獨立門은 古蹟으로	사업	·
3330	1935-08-09	鄭寅普	정인보	鄭寅普	정인보	五千年間 朝鮮의 「얼」(108)	역사	·
3331	1935-08-10	鄭寅普	정인보	鄭寅普	정인보	五千年間 朝鮮의 「얼」(109)	역사	·
3332	1935-08-11	鄭寅普	정인보	鄭寅普	정인보	五千年間 朝鮮의 「얼」(110)	역사	·
3333	1935-08-13	鄭寅普	정인보	鄭寅普	정인보	五千年間 朝鮮의 「얼」(111)	역사	·
3334	1935-08-15	鄭寅普	정인보	鄭寅普	정인보	五千年間 朝鮮의 「얼」(112)	역사	·
3335	1935-08-16	鄭寅普	정인보	鄭寅普	정인보	五千年間 朝鮮의 「얼」(113)	역사	·
3336	1935-08-17	洪得順	홍득순	洪得順	홍득순	八道風光- 扶餘八景(2)	기행	34년 1월 2일 부여팔경 기사가 1회
3337	1935-08-18	洪得順	홍득순	洪得順	홍득순	八道風光- 扶餘八景(3)	기행	·
3338	1935-08-20	洪得順	홍득순	洪得順	홍득순	八道風光- 扶餘八景(4)	기행	·
3339	1935-08-21	洪得順	홍득순	洪得順	홍득순	八道風光- 扶餘八景(5)	기행	·
3340	1935-08-22	洪得順	홍득순	洪得順	홍득순	八道風光- 扶餘八景(6)	기행	·
3341	1935-08-23	洪得順	홍득순	洪得順	홍득순	八道風光- 扶餘八景(7)	기행	·
3342	1935-08-23	鄭寅普	정인보	鄭寅普	정인보	五千年間 朝鮮의 「얼」(114)	역사	·
3343	1935-08-24	洪得順	홍득순	洪得順	홍득순	八道風光- 扶餘八景(8)	기행	·
3344	1935-08-24	鄭寅普	정인보	鄭寅普	정인보	五千年間 朝鮮의 「얼」(115)	역사	·
3345	1935-08-24	金斗鎔	김두용	金斗鎔	김두용	創作方法의 問題-「리알리즘」과 「로맨티시즘」(1)	문학	·
3346	1935-08-25	洪得順	홍득순	洪得順	홍득순	八道風光- 恩津彌勒	기행	·
3347	1935-08-25	鄭寅普	정인보	鄭寅普	정인보	五千年間 朝鮮의 「얼」(116)	역사	·

연번	날짜	자료저자명 (한자)	자료저자명 (한글)	본명 (한자)	본명 (한글)	기사제목	분류	비고
3348	1935-08-25	金斗鎔	김두용	金斗鎔	김두용	創作方法의 問題-「리알리즘」과 「로맨티시즘」(2)	역사	·
3349	1935-08-27	鄭寅普	정인보	鄭寅普	정인보	五千年間 朝鮮의 「얼」(117)	역사	·
3350	1935-08-27	金斗鎔	김두용	金斗鎔	김두용	創作方法의 問題-「리알리즘」과 「로맨티시즘」(3)	역사	·
3351	1935-08-28	鄭寅普	정인보	鄭寅普	정인보	五千年間 朝鮮의 「얼」(117)*118회	역사	연재횟수 오기
3352	1935-08-28	金斗鎔	김두용	金斗鎔	김두용	創作方法의 問題-「리알리즘」과 「로맨티시즘」(4)	역사	·
3353	1935-08-29	金斗鎔	김두용	金斗鎔	김두용	創作方法의 問題-「리알리즘」과 「로맨티시즘」(5)	역사	·
3354	1935-08-29	宋秉敦	송병돈	宋秉敦	송병돈	八道風光- 南方土(1)	기행	·
3355	1935-08-30	宋秉敦	송병돈	宋秉敦	송병돈	八道風光- 南方土(2)	기행	·
3356	1935-08-30	金斗鎔	김두용	金斗鎔	김두용	創作方法의 問題-「리알리즘」과 「로맨티시즘」(6)	역사	·
3357	1935-08-31	鄭寅普	정인보	鄭寅普	정인보	五千年間 朝鮮의 「얼」(119)	역사	·
3358	1935-08-31	金斗鎔	김두용	金斗鎔	김두용	創作方法의 問題-「리알리즘」과 「로맨티시즘」(7)	역사	·
3359	1935-08-31	宋秉敦	송병돈	宋秉敦	송병돈	八道風光- 南方土(3)	기행	·
3360	1935-09-01	宋秉敦	송병돈	宋秉敦	송병돈	八道風光- 南方土(4)	기행	·
3361	1935-09-01	鄭寅普	정인보	鄭寅普	정인보	五千年間 朝鮮의 「얼」(120)	역사	·
3362	1935-09-01	金斗鎔	김두용	金斗鎔	김두용	創作方法의 問題-「리알리즘」과 「로맨티시즘」(8)	역사	·
3363	1935-09-03	金斗鎔	김두용	金斗鎔	김두용	創作方法의 問題-「리알리즘」과 「로맨티시즘」(9)	역사	·
3364	1935-09-03	盧東奎	노동규	盧東奎	노동규	李勳求 敎授의 新著 「朝鮮農業論」을 讀함(上)	논설	·
3365	1935-09-04	盧東奎	노동규	盧東奎	노동규	李勳求 敎授의 新著 「朝鮮農業論」을 讀함(中)	논설	·
3366	1935-09-05	盧東奎	노동규	盧東奎	노동규	李勳求 敎授의 新著 「朝鮮農業論」을 讀함(下)	논설	·
3367	1935-09-05	李象範	이상범	李象範	이상범	八道風光- 全州近郊(1)	기행	·
3368	1935-09-06	李象範	이상범	李象範	이상범	八道風光- 全州近郊(2)	기행	·
3369	1935-09-06	鄭寅普	정인보	鄭寅普	정인보	五千年間 朝鮮의 「얼」(121)	역사	·
3370	1935-09-07	李象範	이상범	李象範	이상범	八道風光- 全州近郊(3)	기행	·
3371	1935-09-07	鄭寅普	정인보	鄭寅普	정인보	五千年間 朝鮮의 「얼」(122)	역사	·
3372	1935-09-10	李象範	이상범	李象範	이상범	八道風光- 全州近郊(4)	기행	·
3373	1935-09-13	李象範	이상범	李象範	이상범	八道風光- 全州近郊(5)	기행	·
3374	1935-09-13	鄭寅普	정인보	鄭寅普	정인보	五千年間 朝鮮의 「얼」(123)	역사	·
3375	1935-09-13	·	·	·	·	8월 한가위- 추석의 유래	역사	·
3376	1935-09-14	姜大奭	강대석	姜大奭	강대석	八道風光- 慶南 小金剛 千聖山行(1)	기행	·
3377	1935-09-14	鄭寅普	정인보	鄭寅普	정인보	五千年間 朝鮮의 「얼」(124)	역사	·
3378	1935-09-14	朴如涯	박여애	朴如涯	박여애	斷想二題(上) 哲學의 出發點	철학	·
3379	1935-09-15	姜大奭	강대석	姜大奭	강대석	八道風光- 慶南 小金剛 千聖山行(2)	기행	·
3380	1935-09-15	鄭寅普	정인보	鄭寅普	정인보	五千年間 朝鮮의 「얼」(125)	역사	·
3381	1935-09-17	姜大奭	강대석	姜大奭	강대석	八道風光- 慶南 小金剛 千聖山行(3)	기행	·
3382	1935-09-18	姜大奭	강대석	姜大奭	강대석	八道風光- 慶南 小金剛 千聖山行(4)	기행	·
3383	1935-09-18	朴如涯	박여애	朴如涯	박여애	斷想二題(下) 死의 問題	철학	·
3384	1935-09-18	崔容達	최용달	崔容達	최용달	「意志의 法律哲學」에 對한 批判序論(1)	철학	·
3385	1935-09-19	姜大奭	강대석	姜大奭	강대석	八道風光- 慶南 小金剛 千聖山行(5)	기행	·
3386	1935-09-19	鄭寅普	정인보	鄭寅普	정인보	五千年間 朝鮮의 「얼」(126)	역사	·
3387	1935-09-19	崔容達	최용달	崔容達	최용달	「意志의 法律哲學」에 對한 批判序論(2)	철학	·
3388	1935-09-19	孫晉泰	손진태	孫晉泰	손진태	慶州(1)	역사,	·

연번	날짜	자료저자명(한자)	자료저자명(한글)	본명(한자)	본명(한글)	기사제목	분류	비고
							기행	
3389	1935-09-20	鄭寅普	정인보	鄭寅普	정인보	五千年間 朝鮮의 「얼」(127)	역사	·
3390	1935-09-21	姜大奭	강대석	姜大奭	강대석	八道風光- 慶南 小金剛 千聖山行(6)	기행	·
3391	1935-09-21	崔容達	최용달	崔容達	최용달	「意志의 法律哲學」에 對한 批判序論(3)	철학	·
3392	1935-09-21	孫晉泰	손진태	孫晉泰	손진태	慶州(2)	역사, 기행	·
3393	1935-09-22	崔容達	최용달	崔容達	최용달	「意志의 法律哲學」에 對한 批判序論(4)	철학	·
3394	1935-09-22	孫晉泰	손진태	孫晉泰	손진태	慶州(3)	역사, 기행	·
3395	1935-09-24	孫晉泰	손진태	孫晉泰	손진태	慶州(4)	역사, 기행	·
3396	1935-09-26	鄭寅普	정인보	鄭寅普	정인보	五千年間 朝鮮의 「얼」(128)	역사	·
3397	1935-09-26	崔容達	최용달	崔容達	최용달	「意志의 法律哲學」에 對한 批判序論(5)	철학	·
3398	1935-09-27	鄭寅普	정인보	鄭寅普	정인보	五千年間 朝鮮의 「얼」(129)	역사	·
3399	1935-09-27	崔容達	최용달	崔容達	최용달	「意志의 法律哲學」에 對한 批判序論(6)	철학	·
3400	1935-09-27	孫晉泰	손진태	孫晉泰	손진태	慶州(5)	역사, 기행	·
3401	1935-09-27	韓曉	한효	韓曉	한효	創作方法의 論議(1)	문학	·
3402	1935-09-28	鄭寅普	정인보	鄭寅普	정인보	五千年間 朝鮮의 「얼」(130)	역사	·
3403	1935-09-28	崔容達	최용달	崔容達	최용달	「意志의 法律哲學」에 對한 批判序論(7)	철학	·
3404	1935-09-28	孫晉泰	손진태	孫晉泰	손진태	慶州(6)	역사, 기행	·
3405	1935-09-28	金珖燮	김광섭	金珖燮	김광섭	評壇時感(1)- 批評現象의 不振	문학	·
3406	1935-09-29	金珖燮	김광섭	金珖燮	김광섭	評壇時感(2)- 批評精神의 樹立	문학	·
3407	1935-09-29	白南雲	백남운	白南雲	백남운	「復古經濟」의 任務	논설	·
3408	1935-09-29	韓曉	한효	韓曉	한효	創作方法의 論議(2)	문학	·
3409	1935-10-01	鄭寅普	정인보	鄭寅普	정인보	五千年間 朝鮮의 「얼」(131)	역사	·
3410	1935-10-01	崔容達	최용달	崔容達	최용달	「意志의 法律哲學」에 對한 批判序論(8)	철학	·
3411	1935-10-01	金珖燮	김광섭	金珖燮	김광섭	評壇時感(3)- 批評의 指導性	문학	·
3412	1935-10-01	金俊淵	김준연	金俊淵	김준연	水軍百萬을 擊退한 乙支文德墓를 찾아서(上)	역사	·
3413	1935-10-01	韓曉	한효	韓曉	한효	創作方法의 論議(3)	문학	·
3414	1935-10-01	黃野	황야	黃野	황야	八道風光- 濟州島(1)	기행	·
3415	1935-10-02	黃野	황야	黃野	황야	八道風光- 濟州島(2)	기행	본명 삭제
3416	1935-10-02	鄭寅普	정인보	鄭寅普	정인보	五千年間 朝鮮의 「얼」(132)	역사	·
3417	1935-10-02	崔容達	최용달	崔容達	최용달	「意志의 法律哲學」에 對한 批判序論(9)	철학	·
3418	1935-10-02	金珖燮	김광섭	金珖燮	김광섭	評壇時感(4)- 批評의 鬪爭과 啓蒙性	문학	·
3419	1935-10-02	金俊淵	김준연	金俊淵	김준연	水軍百萬을 擊退한 乙支文德墓를 찾아서(中)	역사	·
3420	1935-10-02	韓曉	한효	韓曉	한효	創作方法의 論議(4)	문학	·
3421	1935-10-03	鄭寅普	정인보	鄭寅普	정인보	五千年間 朝鮮의 「얼」(133)	역사	·
3422	1935-10-03	金俊淵	김준연	金俊淵	김준연	水軍百萬을 擊退한 乙支文德墓를 찾아서(下)	역사	·
3423	1935-10-03	韓曉	한효	韓曉	한효	創作方法의 論議(5)	문학	·
3424	1935-10-03	宋錫夏	송석하	宋錫夏	송석하	傳承音樂과 廣大(1)	역사	·

연번	날짜	자료저자명(한자)	자료저자명(한글)	본명(한자)	본명(한글)	기사제목	분류	비고
3425	1935-10-03	黃野	황야	黃野	황야	八道風光- 濟州島(3)	기행	본명 삭제
3426	1935-10-04	黃野	황야	黃野	황야	八道風光- 濟州島(4)	기행	본명 삭제
3427	1935-10-04	韓曉	한효	韓曉	한효	創作方法의 論議(6)	문학	·
3428	1935-10-04	宋錫夏	송석하	宋錫夏	송석하	傳承音樂과 廣大(2)	역사	·
3429	1935-10-04	尹鼓鍾	윤고종	尹鼓鍾	윤고종	朝鮮文學의 明日과 文學青年의 使命(上)	문학	·
3430	1935-10-05	韓曉	한효	韓曉	한효	創作方法의 論議(7)	문학	·
3431	1935-10-05	宋錫夏	송석하	宋錫夏	송석하	傳承音樂과 廣大(3)	역사	·
3432	1935-10-05	尹鼓鍾	윤고종	尹鼓鍾	윤고종	朝鮮文學의 明日과 文學青年의 使命(下)	문학	·
3433	1935-10-05	黃野	황야	黃野	황야	八道風光- 濟州島(5)	기행	본명 삭제
3434	1935-10-06	黃野	황야	黃野	황야	八道風光- 濟州島(6)	기행	본명 삭제
3435	1935-10-06	宋錫夏	송석하	宋錫夏	송석하	傳承音樂과 廣大(4)	역사	·
3436	1935-10-08	宋錫夏	송석하	宋錫夏	송석하	傳承音樂과 廣大(5)	역사	·
3437	1935-10-09	洪得順	홍득순	洪得順	홍득순	八道風光- 咸興巡禮(2)	기행	1회 미확인
3438	1935-10-10	洪得順	홍득순	洪得順	홍득순	八道風光- 咸興巡禮(3)	기행	·
3439	1935-10-10	鄭寅普	정인보	鄭寅普	정인보	五千年間 朝鮮의 「얼」(134)	역사	·
3440	1935-10-10	宋錫夏	송석하	宋錫夏	송석하	傳承音樂과 廣大(6)	역사	·
3441	1935-10-11	洪得順	홍득순	洪得順	홍득순	八道風光- 咸興巡禮(4)	기행	·
3442	1935-10-11	宋錫夏	송석하	宋錫夏	송석하	傳承音樂과 廣大(7)	역사	·
3443	1935-10-13	洪得順	홍득순	洪得順	홍득순	八道風光- 咸興巡禮(5)	기행	·
3444	1935-10-16	鄭寅燮	정인섭	鄭寅燮	정인섭	文壇時評(其二) 文學團體와 文藝家協會(上)	문학	·
3445	1935-10-16	洪得順	홍득순	洪得順	홍득순	八道風光- 咸興巡禮(6)	기행	·
3446	1935-10-17	洪得順	홍득순	洪得順	홍득순	八道風光- 咸興巡禮(7)	기행	·
3447	1935-10-17	鄭寅燮	정인섭	鄭寅燮	정인섭	文壇時評(其二) 文學團體와 文藝家協會(中)	문학	·
3448	1935-10-17	李無影	이무영	李甲龍	이갑용	『文壇페스트菌』의 再檢討- 張赫宙氏의 暴言을 戒함(上)	문학	·
3449	1935-10-19	鄭寅燮	정인섭	鄭寅燮	정인섭	文壇時評(其二) 文學團體와 文藝家協會(下)	문학	·
3450	1935-10-19	李無影	이무영	李甲龍	이갑용	『文壇페스트菌』의 再檢討- 張氏는 朝鮮文壇과 絶緣?(2)	문학	·
3451	1935-10-20	鄭寅燮	정인섭	鄭寅燮	정인섭	文壇時評(其三) 朝鮮語文科와 英語科(1)	문학	·
3452	1935-10-22	鄭寅普	정인보	鄭寅普	정인보	五千年間 朝鮮의 「얼」(135)	역사	·
3453	1935-10-22	鄭寅燮	정인섭	鄭寅燮	정인섭	文壇時評(其三) 朝鮮語文科와 英語科(2)	문학	·
3454	1935-10-22	李無影	이무영	李甲龍	이갑용	『文壇페스트菌』의 再檢討- 張氏는 朝鮮文壇과 絶緣?(3)	문학	·
3455	1935-10-23	洪得順	홍득순	洪得順	홍득순	八道風光- 咸興巡禮(8)	기행	·
3456	1935-10-23	李無影	이무영	李甲龍	이갑용	『文壇페스트菌』의 再檢討- 張氏는 朝鮮文壇과 絶緣?(4)	문학	·
3457	1935-10-24	鄭寅普	정인보	鄭寅普	정인보	五千年間 朝鮮의 「얼」(136)	역사	·
3458	1935-10-24	鄭寅燮	정인섭	鄭寅燮	정인섭	文壇時評(其三) 朝鮮語文科와 英語科(3)	문학	·
3459	1935-10-24	李無影	이무영	李甲龍	이갑용	『文壇페스트菌』의 再檢討- 朝鮮文人됨이 더 意義잇다(5)	문학	·
3460	1935-10-25	鄭寅普	정인보	鄭寅普	정인보	五千年間 朝鮮의 「얼」(137)	역사	·
3461	1935-10-25	鄭寅燮	정인섭	鄭寅燮	정인섭	文壇時評(其三) 朝鮮語文科와 英語科(4)	문학	·

연번	날짜	자료저자명(한자)	자료저자명(한글)	본명(한자)	본명(한글)	기사제목	분류	비고
3462	1935-10-25	靑駒	청구	·	·	協展을 보고(上)	미술	·
3463	1935-10-26	鄭寅燮	정인섭	鄭寅燮	정인섭	文壇時評(其三) 朝鮮語文科와 英語科(5)	문학	·
3464	1935-10-26	靑駒	청구	·	·	協展을 보고(中)	미술	·
3465	1935-10-27	鄭寅普	정인보	鄭寅普	정인보	五千年間 朝鮮의 「얼」(138)	역사	·
3466	1935-10-27	靑駒	청구	·	·	協展을 보고(下)	미술	·
3467	1935-10-28	李秉岐	이병기	李秉岐	이병기	世宗大王과 한글	한글	·
3468	1935-10-28	李允宰	이윤재	李允宰	이윤재	한글創製의 苦心	한글	·
3469	1935-10-28	李鉀	이갑	李鉀	이갑	한글의 世界的 자랑(上)	한글	·
3470	1935-10-28	·	·	·	·	한글 記念會合- 明日28日 明月館本店에서	사업	·
3471	1935-10-29	鄭寅燮	정인섭	鄭寅燮	정인섭	文壇時評(其三) 朝鮮語文科와 英語科(6)	문학	·
3472	1935-10-29	鄭寅普	정인보	鄭寅普	정인보	檀君開天과 10月	역사	·
3473	1935-10-29	李鉀	이갑	李鉀	이갑	한글의 世界的 자랑(下)	한글	·
3474	1935-10-31	鄭寅燮	정인섭	鄭寅燮	정인섭	文壇時評(其四) 朝鮮語文學 主流問題(1)	문학	·
3475	1935-11-01	鄭寅普	정인보	鄭寅普	정인보	五千年間 朝鮮의 「얼」(139)	역사	·
3476	1935-11-01	鄭寅燮	정인섭	鄭寅燮	정인섭	文壇時評(其四) 朝鮮語文學 主流問題(2)	문학	·
3477	1935-11-03	鄭寅燮	정인섭	鄭寅燮	정인섭	文壇時評(其四) 朝鮮語文學 主流問題(3)	문학	·
3478	1935-11-03	金應杓	김응표	金應杓	김응표	八道風光- 國境情調(1)	기행	·
3479	1935-11-05	金應杓	김응표	金應杓	김응표	八道風光- 國境情調(2)	기행	·
3480	1935-11-05	鄭寅普	정인보	鄭寅普	정인보	五千年間 朝鮮의 「얼」(140)	역사	·
3481	1935-11-05	鄭寅燮	정인섭	鄭寅燮	정인섭	文壇時評(其四) 朝鮮語文學 主流問題(4)	문학	·
3482	1935-11-06	金應杓	김응표	金應杓	김응표	八道風光- 國境情調(3)	기행	·
3483	1935-11-06	鄭寅燮	정인섭	鄭寅燮	정인섭	文壇時評(其四) 朝鮮語文學 主流問題(5)	문학	·
3484	1935-11-07	鄭寅普	정인보	鄭寅普	정인보	五千年間 朝鮮의 「얼」(141)	역사	·
3485	1935-11-07	·	·	·	·	第1回 朝鮮歷史講座(上古史-鄭寅普 3회, 人物中心으로 본 韓末 外交關係- 李瑄根 3회, 朝鮮史 概說- 孫晋泰 3회)/신동아사	사업	·
3486	1935-11-07	金應杓	김응표	金應杓	김응표	八道風光- 國境情調(3)*4회	기행	연재횟수 오기
3487	1935-11-08	金應杓	김응표	金應杓	김응표	八道風光- 國境情調(5)	기행	·
3488	1935-11-08	鄭寅普	정인보	鄭寅普	정인보	五千年間 朝鮮의 「얼」(142)	역사	·
3489	1935-11-09	李淸源	이청원	李淸源	이청원	震檀學報 第3卷을 읽고(上)	논설	·
3490	1935-11-12	李淸源	이청원	李淸源	이청원	震檀學報 第3卷을 읽고(中)	논설	·
3491	1935-11-12	·	·	·	·	朝鮮歷史講座中止/신동아사	사업	·
3492	1935-11-12	洪得順	홍득순	洪得順	홍득순	八道風光- 古都水原(1)	기행	·
3493	1935-11-13	洪得順	홍득순	洪得順	홍득순	八道風光- 古都水原(2)	기행	·
3494	1935-11-13	李淸源	이청원	李淸源	이청원	震檀學報 第3卷을 읽고(3)	논설	·
3495	1935-11-14	李淸源	이청원	李淸源	이청원	震檀學報 第3卷을 읽고(完)	논설	·
3496	1935-11-14	洪得順	홍득순	洪得順	홍득순	八道風光- 古都水原(3)	기행	·
3497	1935-11-15	洪得順	홍득순	洪得順	홍득순	八道風光- 古都水原(4)	기행	·
3498	1935-11-15	田元培	전원배	田元培	전원배	論壇時感(5)- 「賤待되는 朝鮮」에 對한 是非	논설	·
3499	1935-11-16	洪得順	홍득순	洪得順	홍득순	八道風光- 古都水原(5)	기행	·
3500	1935-11-20	鄭寅普	정인보	鄭寅普	정인보	五千年間 朝鮮의 「얼」(143)	역사	·

연번	날짜	자료저자명(한자)	자료저자명(한글)	본명(한자)	본명(한글)	기사제목	분류	비고
3501	1935-11-21	鄭寅普	정인보	鄭寅普	정인보	五千年間 朝鮮의 「얼」(144)	역사	·
3502	1935-11-22	鄭寅普	정인보	鄭寅普	정인보	五千年間 朝鮮의 「얼」(145)	역사	·
3503	1935-11-22	洪得順	홍득순	洪得順	홍득순	八道風光- 古都水原(6)	기행	·
3504	1935-11-23	鄭寅普	정인보	鄭寅普	정인보	五千年間 朝鮮의 「얼」(146)	역사	·
3505	1935-11-27	鄭寅普	정인보	鄭寅普	정인보	五千年間 朝鮮의 「얼」(147)	역사	·
3506	1935-11-28	洪得順	홍득순	洪得順	홍득순	八道風光- 古都水原(7)	기행	·
3507	1935-11-29	鄭寅普	정인보	鄭寅普	정인보	五千年間 朝鮮의 「얼」(148)	역사	·
3508	1935-11-30	鄭寅普	정인보	鄭寅普	정인보	五千年間 朝鮮의 「얼」(149)	역사	·
3509	1935-11-30	李淸源	이청원	李淸源	이청원	朝鮮人 思想에 잇서서의 「아세아的」 形態에 對하야(1)	논설	·
3510	1935-11-30	李在郁	이재욱	李在郁	이재욱	在家僧漫考(1)	역사	·
3511	1935-12-01	李淸源	이청원	李淸源	이청원	朝鮮人 思想에 잇서서의 「아세아的」 形態에 對하야(2)	논설	·
3512	1935-12-02	社說	사설	·	·	文盲退治의 緊急	한글	·
3513	1935-12-03	李淸源	이청원	李淸源	이청원	朝鮮人 思想에 잇서서의 「아세아的」 形態에 對하야(3)	논설	·
3514	1935-12-03	李在郁	이재욱	李在郁	이재욱	在家僧漫考(2)	역사	·
3515	1935-12-04	李淸源	이청원	李淸源	이청원	朝鮮人 思想에 잇서서의 「아세아的」 形態에 對하야(4)	논설	·
3516	1935-12-04	李在郁	이재욱	李在郁	이재욱	在家僧漫考(3)	역사	·
3517	1935-12-05	李淸源	이청원	李淸源	이청원	朝鮮人 思想에 잇서서의 「아세아的」 形態에 對하야(5)	논설	·
3518	1935-12-07	蘇哲仁	소철인	蘇哲仁	소철인	現代思想의混亂- 內外의情况에對한單簡한槪觀(1)	논설	·
3519	1935-12-07	李在郁	이재욱	李在郁	이재욱	在家僧漫考(4)	역사	·
3520	1935-12-08	蘇哲仁	소철인	蘇哲仁	소철인	現代思想의混亂- 內外의情况에對한單簡한槪觀(2)	논설	·
3521	1935-12-10	蘇哲仁	소철인	蘇哲仁	소철인	現代思想의混亂- 內外의情况에對한單簡한槪觀(3)	논설	·
3522	1935-12-11	鄭寅普	정인보	鄭寅普	정인보	五千年間 朝鮮의 「얼」(150)	역사	·
3523	1935-12-11	蘇哲仁	소철인	蘇哲仁	소철인	現代思想의混亂- 內外의情况에對한單簡한槪觀(4)	논설	·
3524	1935-12-12	蘇哲仁	소철인	蘇哲仁	소철인	現代思想의混亂- 內外의情况에對한單簡한槪觀(5)	논설	·
3525	1935-12-13	蘇哲仁	소철인	蘇哲仁	소철인	現代思想의混亂- 內外의情况에對한單簡한槪觀(6)	논설	·
3526	1935-12-15	鄭寅普	정인보	鄭寅普	정인보	五千年間 朝鮮의 「얼」(151)	역사	·
3527	1935-12-17	鄭寅普	정인보	鄭寅普	정인보	五千年間 朝鮮의 「얼」(152)	역사	·
3528	1935-12-19	鄭寅普	정인보	鄭寅普	정인보	五千年間 朝鮮의 「얼」(153)	역사	·
3529	1935-12-20	鄭寅普	정인보	鄭寅普	정인보	五千年間 朝鮮의 「얼」(154)	역사	·
3530	1935-12-20	李允宰	이윤재	李允宰	이윤재	朝鮮語事典 編纂은 어떠케 進行되는가(上)	한글	·
3531	1935-12-21	鄭寅普	정인보	鄭寅普	정인보	五千年間 朝鮮의 「얼」(155)	역사	·
3532	1935-12-21	李允宰	이윤재	李允宰	이윤재	朝鮮語事典 編纂은 어떠케 進行되는가(下)	한글	·
3533	1935-12-25	鄭寅普	정인보	鄭寅普	정인보	五千年間 朝鮮의 「얼」(156)	역사	·
3534	1935-12-27	鄭寅普	정인보	鄭寅普	정인보	五千年間 朝鮮의 「얼」(157)	역사	·
3535	1935-12-31	鄭寅普	정인보	鄭寅普	정인보	五千年間 朝鮮의 「얼」(158)	역사	·
3536	1936-01-01	·	·	·	·	新春 各國領事館巡訪記(1) 英國領事館	역사	·
3537	1936-01-01	鄭寅普	정인보	鄭寅普	정인보	丙子와 朝鮮- 今古 丙子의 再吟味(上)	역사	·

연번	날짜	자료저자명(한자)	자료저자명(한글)	본명(한자)	본명(한글)	기사제목	분류	비고
3538	1936-01-01	·	·	·	·	丙子年表- 朝鮮丙子史	역사	·
3539	1936-01-01	白南雲	백남운	白南雲	백남운	文化朝鮮의 多角的 建築: 學術基幹部隊의 養成- 中央 아카데미 創設	논설	·
3540	1936-01-01	白樂濬	백낙준	白樂濬	백낙준	文化朝鮮의 多角的 建築: 學術朝鮮의 總本營- 朝鮮文庫를 세우자	논설	·
3541	1936-01-01	安昌浩	안창호	安昌浩	안창호	文化朝鮮의 多角的 建築: 朝鮮學會의 設立과 農村, 徒弟文庫發行	논설	·
3542	1936-01-01	李卯默	이묘묵	李卯默	이묘묵	文化朝鮮의 多角的 建築: 綜合圖書館- 文化計數機	논설	·
3543	1936-01-01	宋錫夏	송석하	宋錫夏	송석하	文化朝鮮의 多角的 建築: 民俗의 振作 調査硏究機關	논설	·
3544	1936-01-01	玄濟明	현제명	玄濟明	현제명	文化朝鮮의 多角的 建築: 躍進藝苑의 象徵 綜合藝術學院	논설	·
3545	1936-01-01	·	·	·	·	鏤骨碎心에 一路로 邁進- 先人의 偉業과 功塔에 숨은 血汗: 정상기, 김정호	역사	·
3546	1936-01-01	·	·	·	·	鏤骨碎心에 一路로 邁進- 先人의 偉業과 功塔에 숨은 血汗: 유희	역사	·
3547	1936-01-01	·	·	·	·	鏤骨碎心에 一路로 邁進- 先人의 偉業과 功塔에 숨은 血汗: 성호 이익	역사	·
3548	1936-01-01	·	·	·	·	鏤骨碎心에 一路로 邁進- 先人의 偉業과 功塔에 숨은 血汗: 박난계	역사	·
3549	1936-01-01	·	·	·	·	鏤骨碎心에 一路로 邁進- 先人의 偉業과 功塔에 숨은 血汗: 서화담	역사	·
3550	1936-01-01	·	·	·	·	鏤骨碎心에 一路로 邁進- 先人의 偉業과 功塔에 숨은 血汗: 정몽주	역사	·
3551	1936-01-01	趙鏞薰	조용훈	趙鏞薰	조용훈	丙子胡亂이 남긴 詩歌(1)	문학	·
3552	1936-01-01	·	·	·	·	朝鮮畵壇과 第15回 協展	미술	·
3553	1936-01-01	孫晉泰	손진태	孫晉泰	손진태	옛자랑 새解釋(1)- 高句麗의 民族思想	역사	·
3554	1936-01-01	李淸源	이청원	李淸源	이청원	昨年中 日本學界에 나타난 朝鮮에 關한 論著에 對하야(1)	논설	·
3555	1936-01-01	李瑄根	이선근	李瑄根	이선근	最近史上의 三丙年(1) 丙寅洋擾史話	역사	·
3556	1936-01-01	·	·	·	·	發明朝鮮의 貴重한 收穫- 赫赫한 先人遺業에 天才的 創造: 燦然턴 古文化 感謝할 先人의 遺業	역사	·
3557	1936-01-01	·	·	·	·	發明朝鮮의 貴重한 收穫- 赫赫한 先人遺業에 天才的 創造: 世宗大王 創意의 世界 最初 測雨器	역사	·
3558	1936-01-01	·	·	·	·	發明朝鮮의 貴重한 收穫- 赫赫한 先人遺業에 天才的 創造: 世界 最古의 發明인 龜甲船과 木活字	역사	·
3559	1936-01-01	·	·	·	·	發明朝鮮의 貴重한 收穫- 赫赫한 先人遺業에 天才的 創造: 龜船 發明한 李忠武公- 追慕되는 超人的 偉蹟	역사	·
3560	1936-01-01	·	·	·	·	發明朝鮮의 貴重한 收穫- 赫赫한 先人遺業에 天才的 創造: 記錄에만 남은 鄭平九 飛車	역사	·
3561	1936-01-03	鄭寅普	정인보	鄭寅普	정인보	丙子와 朝鮮- 今古 丙子의 再吟味(下)	역사	·
3562	1936-01-03	·	·	·	·	新春 各國領事館巡訪記(2) 中國領事館	역사	·
3563	1936-01-03	李丙燾	이병도	李丙燾	이병도	옛자랑 새解釋(2)- 古山子의 地圖	역사	·
3564	1936-01-03	李瑄根	이선근	李瑄根	이선근	最近史上의 三丙年(2) 丙寅洋擾史話	역사	·
3565	1936-01-03	鄭寅普	정인보	鄭寅普	정인보	當來할 朝鮮文學을 爲한 新提唱: 綜合的 硏究와	논설	·

연번	날짜	자료저자명(한자)	자료저자명(한글)	본명(한자)	본명(한글)	기사제목	분류	비고
						體系- 分明한 史觀과 體系를 가지라		
3566	1936-01-03	趙鏞薰	조용훈	趙鏞薰	조용훈	丙子胡亂이 남긴 詩歌(2)	문학	·
3567	1936-01-04	·	·	·	·	新春 各國領事館巡訪記(3) 中國領事館	역사	·
3568	1936-01-04	金庠基	김상기	金庠基	김상기	옛자랑 새解釋(3)- 張保皐의 海上活動	역사	·
3569	1936-01-04	李淸源	이청원	李淸源	이청원	昨年中 日本學界에 나타난 朝鮮에 關한 論著(2)	논설	·
3570	1936-01-04	趙鏞薰	조용훈	趙鏞薰	조용훈	丙子胡亂이 남긴 詩歌(3)	문학	·
3571	1936-01-05	·	·	·	·	新春 各國領事館巡訪記(4) 中國領事館	역사	·
3572	1936-01-05	李瑄根	이선근	李瑄根	이선근	最近史上의 三丙年(3) 丙寅洋擾史話	역사	·
3573	1936-01-05	李淸源	이청원	李淸源	이청원	昨年中 日本學界에 나타난 朝鮮에 關한 論著(3)	논설	·
3574	1936-01-05	趙鏞薰	조용훈	趙鏞薰	조용훈	丙子胡亂이 남긴 詩歌(4)	문학	·
3575	1936-01-06	李瑄根	이선근	李瑄根	이선근	最近史上의 三丙年(4) 丙寅洋擾史話	역사	·
3576	1936-01-06	·	·	·	·	新春 各國領事館巡訪記(5) 中國領事館	역사	·
3577	1936-01-05	高裕燮	고유섭	高裕燮	고유섭	옛자랑 새解釋(4)- 高句麗의 雙楹塚(上)	역사	·
3578	1936-01-06	李淸源	이청원	李淸源	이청원	昨年中 日本學界에 나타난 朝鮮에 關한 論著(4)	논설	·
3579	1936-01-06	趙鏞薰	조용훈	趙鏞薰	조용훈	丙子胡亂이 남긴 詩歌(5)	문학	·
3580	1936-01-06	高裕燮	고유섭	高裕燮	고유섭	옛자랑 새解釋(4)- 高句麗의 雙楹塚(下)	역사	·
3581	1936-01-07	鄭寅普	정인보	鄭寅普	정인보	五千年間 朝鮮의 「얼」(159)	역사	·
3582	1936-01-07	·	·	·	·	新春 各國領事館巡訪記(6) 蘇聯邦總領事館	역사	·
3583	1936-01-07	趙鏞薰	조용훈	趙鏞薰	조용훈	丙子胡亂이 남긴 詩歌(6)	문학	·
3584	1936-01-07	李瑄根	이선근	李瑄根	이선근	最近史上의 三丙年(5) 丙寅洋擾史話	역사	·
3585	1936-01-07	黃義敦	황의돈	黃義敦	황의돈	옛자랑 새解釋(5)- 元曉大師의 業績	역사	·
3586	1936-01-08	鄭寅普	정인보	鄭寅普	정인보	五千年間 朝鮮의 「얼」(160)	역사	·
3587	1936-01-08	·	·	·	·	新春 各國領事館巡訪記(7) 蘇聯邦總領事館	역사	·
3588	1936-01-08	李相佰	이상백	李相佰	이상백	옛자랑 새解釋(6)- 朝鮮銅活의 貢獻	역사	·
3589	1936-01-09	鄭寅普	정인보	鄭寅普	정인보	五千年間 朝鮮의 「얼」(161)	역사	·
3590	1936-01-09	·	·	·	·	新春 各國領事館巡訪記(8) 蘇聯邦總領事館	역사	·
3591	1936-01-09	金庠基	김상기	金庠基	김상기	옛자랑 새解釋(7)- 百濟의 文化의 媒傳	역사	·
3592	1936-01-09	李瑄根	이선근	李瑄根	이선근	最近史上의 三丙年(6) 丙寅洋擾史話	역사	·
3593	1936-01-10	鄭寅普	정인보	鄭寅普	정인보	五千年間 朝鮮의 「얼」(162)	역사	·
3594	1936-01-10	·	·	·	·	新春 各國領事館巡訪記(9) 蘇聯邦總領事館	역사	·
3595	1936-01-10	李丙燾	이병도	李丙燾	이병도	옛자랑 새解釋(8)- 李朝의 學術, 特히 儒學	역사	·
3596	1936-01-10	李瑄根	이선근	李瑄根	이선근	最近史上의 三丙年(7) 丙寅洋擾史話	역사	·
3597	1936-01-11	鄭寅普	정인보	鄭寅普	정인보	五千年間 朝鮮의 「얼」(163)	역사	·
3598	1936-01-11	·	·	·	·	新春 各國領事館巡訪記(10) 蘇聯邦總領事館	역사	·
3599	1936-01-11	高裕燮	고유섭	高裕燮	고유섭	옛자랑 새解釋(9)- 高麗陶瓷(上)	역사	·
3600	1936-01-11	李瑄根	이선근	李瑄根	이선근	最近史上의 三丙年(8) 丙寅洋擾史話	역사	·
3601	1936-01-12	鄭寅普	정인보	鄭寅普	정인보	五千年間 朝鮮의 「얼」(164)	역사	·
3602	1936-01-12	·	·	·	·	新春 各國領事館巡訪記(11) 佛國領事館	역사	·
3603	1936-01-12	高裕燮	고유섭	高裕燮	고유섭	옛자랑 새解釋(10)- 高麗陶瓷(下)	역사	·
3604	1936-01-12	李瑄根	이선근	李瑄根	이선근	最近史上의 三丙年(9) 丙寅洋擾史話	역사	·
3605	1936-01-13	·	·	·	·	新春 各國領事館巡訪記(12) 佛國領事館	역사	·

연번	날짜	자료저자명(한자)	자료저자명(한글)	본명(한자)	본명(한글)	기사제목	분류	비고
3606	1936-01-14	李瑄根	이선근	李瑄根	이선근	最近史上의 三丙年(10) 丙寅洋擾史話	역사	·
3607	1936-01-14	鄭寅普	정인보	鄭寅普	정인보	五千年間 朝鮮의 「얼」(165)	역사	·
3608	1936-01-14	·	·	·	·	新春 各國領事館巡訪記(13) 佛國領事館	역사	·
3609	1936-01-15	李瑄根	이선근	李瑄根	이선근	最近史上의 三丙年(11) 丙寅洋擾史話	역사	·
3610	1936-01-15	鄭寅普	정인보	鄭寅普	정인보	五千年間 朝鮮의 「얼」(166)	역사	·
3611	1936-01-15	·	·	·	·	新春 各國領事館巡訪記(14) 米國領事館	역사	·
3612	1936-01-16	鄭寅普	정인보	鄭寅普	정인보	五千年間 朝鮮의 「얼」(167)	역사	·
3613	1936-01-16	·	·	·	·	新春 各國領事館巡訪記(15) 米國領事館	역사	·
3614	1936-01-16	金文輯	김문집	金文輯	김문집	傳統과 技巧問題- 言語의 文化的 文學的 再認識(1)	한글	·
3615	1936-01-17	·	·	·	·	新春 各國領事館巡訪記(16) 米國領事館	역사	·
3616	1936-01-17	金文輯	김문집	金文輯	김문집	傳統과 技巧問題- 言語의 文化的 文學的 再認識(2)	한글	·
3617	1936-01-18	鄭寅普	정인보	鄭寅普	정인보	五千年間 朝鮮의 「얼」(168)	역사	·
3618	1936-01-18	·	·	·	·	新春 各國領事館巡訪記(17) 米國領事館	역사	·
3619	1936-01-18	趙潤濟	조윤제	趙潤濟	조윤제	讀書餘墨(1)- 高麗詩歌의 災禍	문학	·
3620	1936-01-18	李瑄根	이선근	李瑄根	이선근	最近史上의 三丙年(12) 丙寅洋擾史話	역사	·
3621	1936-01-18	金文輯	김문집	金文輯	김문집	傳統과 技巧問題- 言語의 文化的 文學的 再認識(3)	한글	·
3622	1936-01-19	鄭寅普	정인보	鄭寅普	정인보	五千年間 朝鮮의 「얼」(169)	역사	·
3623	1936-01-19	·	·	·	·	新春 各國領事館巡訪記(18) 米國領事館	역사	·
3624	1936-01-19	趙潤濟	조윤제	趙潤濟	조윤제	讀書餘墨(2)- 詩歌漢譯과 龍飛御天歌	문학	·
3625	1936-01-19	李瑄根	이선근	李瑄根	이선근	最近史上의 三丙年(13) 丙寅洋擾史話	역사	·
3626	1936-01-19	金文輯	김문집	金文輯	김문집	傳統과 技巧問題- 言語의 文化的 文學的 再認識(4)	한글	·
3627	1936-01-21	趙潤濟	조윤제	趙潤濟	조윤제	讀書餘墨(3)- 朴煥의 民歌蒐集과 襲岩	문학	·
3628	1936-01-21	金文輯	김문집	金文輯	김문집	傳統과 技巧問題- 言語의 文化的 文學的 再認識(5)	한글	·
3629	1936-01-22	鄭寅普	정인보	鄭寅普	정인보	五千年間 朝鮮의 「얼」(170)	역사	·
3630	1936-01-23	鄭寅普	정인보	鄭寅普	정인보	五千年間 朝鮮의 「얼」(171)	역사	·
3631	1936-01-23	李瑄根	이선근	李瑄根	이선근	最近史上의 三丙年(14) 丙寅洋擾史話	역사	·
3632	1936-01-23	金文輯	김문집	金文輯	김문집	傳統과 技巧問題- 言語의 文化的 文學的 再認識(6)	한글	·
3633	1936-01-24	鄭寅普	정인보	鄭寅普	정인보	五千年間 朝鮮의 「얼」(172)	역사	·
3634	1936-01-24	金文輯	김문집	金文輯	김문집	傳統과 技巧問題- 言語의 文化的 文學的 再認識(7)	한글	·
3635	1936-01-25	鄭寅普	정인보	鄭寅普	정인보	五千年間 朝鮮의 「얼」(173)	역사	·
3636	1936-01-25	李瑄根	이선근	李瑄根	이선근	最近史上의 三丙年(15) 丙寅洋擾史話	역사	·
3637	1936-01-26	鄭寅普	정인보	鄭寅普	정인보	五千年間 朝鮮의 「얼」(174)	역사	·
3638	1936-01-28	李瑄根	이선근	李瑄根	이선근	最近史上의 三丙年(16) 丙寅洋擾史話	역사	·
3639	1936-01-29	李瑄根	이선근	李瑄根	이선근	最近史上의 三丙年(17) 丙寅洋擾史話	역사	·
3640	1936-01-31	鄭寅普	정인보	鄭寅普	정인보	五千年間 朝鮮의 「얼」(175)	역사	·
3641	1936-01-31	李瑄根	이선근	李瑄根	이선근	最近史上의 三丙年(18) 丙寅洋擾史話	역사	·
3642	1936-02-01	鄭寅普	정인보	鄭寅普	정인보	五千年間 朝鮮의 「얼」(176)	역사	·
3643	1936-02-01	李瑄根	이선근	李瑄根	이선근	最近史上의 三丙年(19) 丙寅洋擾史話	역사	·
3644	1936-02-02	鄭寅普	정인보	鄭寅普	정인보	五千年間 朝鮮의 「얼」(176)*177회	역사	연재횟수 오기
3645	1936-02-02	李瑄根	이선근	李瑄根	이선근	最近史上의 三丙年(20) 丙寅洋擾史話	역사	·
3646	1936-02-08	鄭寅普	정인보	鄭寅普	정인보	五千年間 朝鮮의 「얼」(177)*178회	역사	연재횟수 오기

연번	날짜	자료저자명(한자)	자료저자명(한글)	본명(한자)	본명(한글)	기사제목	분류	비고
3647	1936-02-09	鄭寅普	정인보	鄭寅普	정인보	五千年間 朝鮮의 「얼」(178)*179회	역사	연재횟수 오기
3648	1936-02-13	李瑄根	이선근	李瑄根	이선근	最近史上의 三丙年(21) 丙寅洋擾史話	역사	·
3649	1936-02-14	鄭寅普	정인보	鄭寅普	정인보	五千年間 朝鮮의 「얼」(179)*180회	역사	연재횟수 오기
3650	1936-02-15	鄭寅普	정인보	鄭寅普	정인보	五千年間 朝鮮의 「얼」(180)*181회	역사	연재횟수 오기
3651	1936-02-16	李瑄根	이선근	李瑄根	이선근	最近史上의 三丙年(22) 丙寅洋擾史話	역사	·
3652	1936-02-18	鄭寅普	정인보	鄭寅普	정인보	五千年間 朝鮮의 「얼」(181)*182회	역사	연재횟수 오기
3653	1936-02-19	李瑄根	이선근	李瑄根	이선근	最近史上의 三丙年(23) 丙寅洋擾史話	역사	·
3654	1936-02-20	鄭寅普	정인보	鄭寅普	정인보	五千年間 朝鮮의 「얼」(182)*183회	역사	연재횟수 오기
3655	1936-02-20	李瑄根	이선근	李瑄根	이선근	最近史上의 三丙年(24) 丙寅洋擾史話	역사	·
3656	1936-02-21	鄭寅普	정인보	鄭寅普	정인보	五千年間 朝鮮의 「얼」(183)*184회	역사	연재횟수 오기
3657	1936-02-22	鄭寅普	정인보	鄭寅普	정인보	五千年間 朝鮮의 「얼」(184)*185회	역사	연재횟수 오기
3658	1936-02-23	李瑄根	이선근	李瑄根	이선근	最近史上의 三丙年(25) 丙寅洋擾史話	역사	·
3659	1936-02-25	李瑄根	이선근	李瑄根	이선근	最近史上의 三丙年(26) 丙寅洋擾史話	역사	·
3660	1936-02-26	鄭寅普	정인보	鄭寅普	정인보	五千年間 朝鮮의 「얼」(186)	역사	·
3661	1936-02-26	鄭寅普	정인보	鄭寅普	정인보	丹齋와 史學(上)	역사	·
3662	1936-02-27	鄭寅普	정인보	鄭寅普	정인보	五千年間 朝鮮의 「얼」(187)	역사	·
3663	1936-02-27	李瑄根	이선근	李瑄根	이선근	最近史上의 三丙年(27) 丙寅洋擾史話	역사	·
3664	1936-02-28	鄭寅普	정인보	鄭寅普	정인보	丹齋와 史學(下)	역사	·
3665	1936-02-28	李瑄根	이선근	李瑄根	이선근	最近史上의 三丙年(28) 丙寅洋擾史話	역사	·
3666	1936-02-29	申佶求	신길구	申佶求	신길구	韓醫學界의 新機運(1)	한의학	·
3667	1936-03-03	鄭寅普	정인보	鄭寅普	정인보	五千年間 朝鮮의 「얼」(188)	역사	·
3668	1936-03-03	申佶求	신길구	申佶求	신길구	韓醫學界의 新機運(2)	한의학	·
3669	1936-03-04	鄭寅普	정인보	鄭寅普	정인보	五千年間 朝鮮의 「얼」(189)	역사	·
3670	1936-03-04	申佶求	신길구	申佶求	신길구	韓醫學界의 新機運(3)	한의학	·
3671	1936-03-05	鄭寅普	정인보	鄭寅普	정인보	五千年間 朝鮮의 「얼」(190)	역사	·
3672	1936-03-05	申佶求	신길구	申佶求	신길구	韓醫學界의 新機運(4)	한의학	·
3673	1936-03-06	申佶求	신길구	申佶求	신길구	韓醫學界의 新機運(5)	한의학	·
3674	1936-03-07	鄭寅普	정인보	鄭寅普	정인보	五千年間 朝鮮의 「얼」(191)	역사	·
3675	1936-03-07	申佶求	신길구	申佶求	신길구	韓醫學界의 新機運(6)	한의학	·
3676	1936-03-12	申佶求	신길구	申佶求	신길구	韓醫學界의 新機運(7)	한의학	·
3677	1936-03-12	沈熏	심훈	沈熏	심훈	筆耕舍雜記(1)	역사	·
3678	1936-03-13	申佶求	신길구	申佶求	신길구	韓醫學界의 新機運(8)	한의학	·
3679	1936-03-13	沈熏	심훈	沈熏	심훈	筆耕舍雜記(2)	역사	·
3680	1936-03-14	申佶求	신길구	申佶求	신길구	韓醫學界의 新機運(9)	한의학	·
3681	1936-03-14	沈熏	심훈	沈熏	심훈	筆耕舍雜記(3)	역사	·
3682	1936-03-15	鄭寅普	정인보	鄭寅普	정인보	五千年間 朝鮮의 「얼」(192)	역사	·
3683	1936-03-15	沈熏	심훈	沈熏	심훈	筆耕舍雜記(4)	역사	·
3684	1936-03-16	·	·	·	·	古墳模型을 製作 原色을 永久保存	사업	·
3685	1936-03-17	鄭寅普	정인보	鄭寅普	정인보	五千年間 朝鮮의 「얼」(192)*193회	역사	연재횟수 오기
3686	1936-03-17	沈熏	심훈	沈熏	심훈	筆耕舍雜記(5)	역사	·
3687	1936-03-18	鄭寅普	정인보	鄭寅普	정인보	五千年間 朝鮮의 「얼」(192)*194회	역사	연재횟수 오기

연번	날짜	자료저자명(한자)	자료저자명(한글)	본명(한자)	본명(한글)	기사제목	분류	비고
3688	1936-03-18	沈熏	심훈	沈熏	심훈	筆耕舍雜記(6)	역사	·
3689	1936-03-18	·	·	·	·	京城洞名點考(1)	역사	·
3690	1936-03-18	·	·	·	·	鄕土的 情緖 無視코 160洞名變更	사업	·
3691	1936-03-19	鄭寅普	정인보	鄭寅普	정인보	五千年間 朝鮮의 「얼」(192)*195회	역사	연재횟수 오기
3692	1936-03-19	·	·	·	·	京城洞名點考(2)	역사	·
3693	1936-03-20	鄭寅普	정인보	鄭寅普	정인보	五千年間 朝鮮의 「얼」(195)*196회	역사	연재횟수 오기
3694	1936-03-21	鄭寅普	정인보	鄭寅普	정인보	五千年間 朝鮮의 「얼」(196)*197회	역사	연재횟수 오기
3695	1936-03-21	·	·	·	·	京城洞名點考(3)	역사	·
3696	1936-03-24	鄭寅普	정인보	鄭寅普	정인보	五千年間 朝鮮의 「얼」(197)*198회	역사	연재횟수 오기
3697	1936-03-24	·	·	·	·	京城洞名點考(4)	역사	·
3698	1936-03-25	鄭寅普	정인보	鄭寅普	정인보	五千年間 朝鮮의 「얼」(198)*199회	역사	연재횟수 오기
3699	1936-03-26	鄭寅普	정인보	鄭寅普	정인보	五千年間 朝鮮의 「얼」(199)*200회	역사	연재횟수 오기
3700	1936-03-26	宋錫夏	송석하	宋錫夏	송석하	新羅의 狻猊와 北靑의 獅子(1)	역사	·
3701	1936-03-27	宋錫夏	송석하	宋錫夏	송석하	新羅의 狻猊와 北靑의 獅子(2)	역사	·
3702	1936-03-27	·	·	·	·	趙潤濟氏著 朝鮮詩歌史綱	역사	·
3703	1936-03-27	鄭寅普	정인보	鄭寅普	정인보	五千年間 朝鮮의 「얼」(200)*201회	역사	연재횟수 오기
3704	1936-03-28	鄭寅普	정인보	鄭寅普	정인보	五千年間 朝鮮의 「얼」(201)*202회	역사	연재횟수 오기
3705	1936-03-29	宋錫夏	송석하	宋錫夏	송석하	新羅의 狻猊와 北靑의 獅子(3)	역사	·
3706	1936-03-29	鄭寅普	정인보	鄭寅普	정인보	五千年間 朝鮮의 「얼」(202)*203회	역사	연재횟수 오기
3707	1936-03-31	宋錫夏	송석하	宋錫夏	송석하	新羅의 狻猊와 北靑의 獅子(4)	역사	·
3708	1936-03-31	鄭寅普	정인보	鄭寅普	정인보	五千年間 朝鮮의 「얼」(203)*204회	역사	연재횟수 오기
3709	1936-03-31	·	·	·	·	京城 新名勝 巡訪(1)	기행	·
3710	1936-04-01	·	·	·	·	京城 新名勝 巡訪(2)	기행	·
3711	1936-04-01	鄭寅普	정인보	鄭寅普	정인보	五千年間 朝鮮의 「얼」(204)*205회	역사	연재횟수 오기
3712	1936-04-01	鄭光鉉	정광현	鄭光鉉	정광현	朝鮮 女性과 法(1)	역사, 민속	·
3713	1936-04-02	·	·	·	·	京城 新名勝 巡訪(3)	기행	·
3714	1936-04-02	鄭光鉉	정광현	鄭光鉉	정광현	朝鮮 女性과 法(2)	역사, 민속	·
3715	1936-04-02	鄭寅普	정인보	鄭寅普	정인보	五千年間 朝鮮의 「얼」(205)*206회	역사	연재횟수 오기
3716	1936-04-03	·	·	·	·	京城 新名勝 巡訪(4)	기행	·
3717	1936-04-05	·	·	·	·	京城 新名勝 巡訪(5)	기행	·
3718	1936-04-05	鄭光鉉	정광현	鄭光鉉	정광현	朝鮮 女性과 法(3)	역사, 민속	·
3719	1936-04-07	鄭光鉉	정광현	鄭光鉉	정광현	朝鮮 女性과 法(4)	역사, 민속	·
3720	1936-04-07	鄭寅普	정인보	鄭寅普	정인보	五千年間 朝鮮의 「얼」(206)*207회	역사	연재횟수 오기
3721	1936-04-08	鄭光鉉	정광현	鄭光鉉	정광현	朝鮮 女性과 法(5)	역사, 민속	·
3722	1936-04-08	鄭寅普	정인보	鄭寅普	정인보	五千年間 朝鮮의 「얼」(207)*208회	역사	연재횟수 오기
3723	1936-04-09	鄭光鉉	정광현	鄭光鉉	정광현	朝鮮 女性과 法(6)	역사, 민속	·
3724	1936-04-09	鄭寅普	정인보	鄭寅普	정인보	五千年間 朝鮮의 「얼」(208)*209회	역사	연재횟수 오기

연번	날짜	자료저자명 (한자)	자료저자명 (한글)	본명 (한자)	본명 (한글)	기사제목	분류	비고
3725	1936-04-10	鄭寅普	정인보	鄭寅普	정인보	五千年間 朝鮮의 「얼」(209)*210회	역사	연재횟수 오기
3726	1936-04-11	鄭寅普	정인보	鄭寅普	정인보	五千年間 朝鮮의 「얼」(210)*211회	역사	연재횟수 오기
3727	1936-04-12	鄭光鉉	정광현	鄭光鉉	정광현	朝鮮 女性과 法(7)	역사, 민속	·
3728	1936-04-12	鄭寅普	정인보	鄭寅普	정인보	五千年間 朝鮮의 「얼」(211)*212회	역사	연재횟수 오기
3729	1936-04-14	鄭光鉉	정광현	鄭光鉉	정광현	朝鮮 女性과 法(8)	역사, 민속	·
3730	1936-04-14	高裕燮	고유섭	高裕燮	고유섭	輓近의 骨董蒐集(1)	미술	·
3731	1936-04-14	·	·	·	·	申丹齋와紅燈街	역사, 문화	·
3732	1936-04-15	高裕燮	고유섭	高裕燮	고유섭	輓近의 骨董蒐集(2)	미술	·
3733	1936-04-15	鄭寅普	정인보	鄭寅普	정인보	五千年間 朝鮮의 「얼」(212)*213회	역사	연재횟수 오기
3734	1936-04-16	高裕燮	고유섭	高裕燮	고유섭	輓近의 骨董蒐集(3)	미술	·
3735	1936-04-16	鄭寅普	정인보	鄭寅普	정인보	五千年間 朝鮮의 「얼」(213)*214회	역사	연재횟수 오기
3736	1936-04-17	·	·	·	·	通俗 韓醫學 講演會	한의학	·
3737	1936-04-17	鄭寅普	정인보	鄭寅普	정인보	五千年間 朝鮮의 「얼」(214)*215회	역사	연재횟수 오기
3738	1936-04-18	鄭寅普	정인보	鄭寅普	정인보	五千年間 朝鮮의 「얼」(215)*216회	역사	연재횟수 오기
3739	1936-04-19	鄭寅普	정인보	鄭寅普	정인보	五千年間 朝鮮의 「얼」(216)*217회	역사	연재횟수 오기
3740	1936-04-21	鄭寅普	정인보	鄭寅普	정인보	五千年間 朝鮮의 「얼」(217)*218회	역사	연재횟수 오기
3741	1936-04-22	鄭寅普	정인보	鄭寅普	정인보	五千年間 朝鮮의 「얼」(218)*219회	역사	연재횟수 오기
3742	1936-04-22	·	·	·	·	戶籍上嚴禁되는 同姓同本婚	역사	·
3743	1936-04-22	趙潤濟	조윤제	趙潤濟	조윤제	古書往來(上)- 珍本의 出世譚	역사	·
3744	1936-04-23	趙潤濟	조윤제	趙潤濟	조윤제	古書往來(中)- 意外의 發掘物	역사	·
3745	1936-04-23	鄭寅普	정인보	鄭寅普	정인보	五千年間 朝鮮의 「얼」(219)*220회	역사	연재횟수 오기
3746	1936-04-24	趙潤濟	조윤제	趙潤濟	조윤제	古書往來(下)- 散逸되어가는 貴本	역사	·
3747	1936-04-24	鄭光鉉	정광현	鄭光鉉	정광현	朝鮮 女性과 法(9)	역사, 민속	·
3748	1936-04-24	鄭寅普	정인보	鄭寅普	정인보	五千年間 朝鮮의 「얼」(220)*221회	역사	연재횟수 오기
3749	1936-04-25	高裕燮	고유섭	高裕燮	고유섭	古書畵에 對하야(上)	미술	·
3750	1936-04-25	鄭光鉉	정광현	鄭光鉉	정광현	朝鮮 女性과 法(10)	역사, 민속	·
3751	1936-04-25	鄭寅普	정인보	鄭寅普	정인보	五千年間 朝鮮의 「얼」(221)*222회	역사	연재횟수 오기
3752	1936-04-26	高裕燮	고유섭	高裕燮	고유섭	古書畵에 對하야(中)	미술	·
3753	1936-04-28	高裕燮	고유섭	高裕燮	고유섭	古書畵에 對하야(下)	미술	·
3754	1936-04-29	鄭寅普	정인보	鄭寅普	정인보	五千年間 朝鮮의 「얼」(222)*223회	역사	연재횟수 오기
3755	1936-05-01	鄭寅普	정인보	鄭寅普	정인보	五千年間 朝鮮의 「얼」(223)*224회	역사	연재횟수 오기
3756	1936-05-03	金瑢俊	김용준	金瑢俊	김용준	繪畵로 나타나는 鄕土色의 吟味(上)	미술	·
3757	1936-05-05	鄭寅普	정인보	鄭寅普	정인보	五千年間 朝鮮의 「얼」(224)*225회	역사	연재횟수 오기
3758	1936-05-05	金瑢俊	김용준	金瑢俊	김용준	繪畵로 나타나는 鄕土色의 吟味(中)	미술	·
3759	1936-05-06	鄭寅普	정인보	鄭寅普	정인보	五千年間 朝鮮의 「얼」(225)*226회	역사	연재횟수 오기
3760	1936-05-06	金瑢俊	김용준	金瑢俊	김용준	繪畵로 나타나는 鄕土色의 吟味(下)	미술	·
3761	1936-05-07	鄭寅普	정인보	鄭寅普	정인보	五千年間 朝鮮의 「얼」(226)*227회	역사	연재횟수 오기

연번	날짜	자료저자명(한자)	자료저자명(한글)	본명(한자)	본명(한글)	기사제목	분류	비고
3762	1936-05-08	鄭寅普	정인보	鄭寅普	정인보	五千年間 朝鮮의 「얼」(227)*228회	역사	연재횟수 오기
3763	1936-05-10	鄭寅普	정인보	鄭寅普	정인보	五千年間 朝鮮의 「얼」(228)*229회	역사	연재횟수 오기
3764	1936-05-12	鄭寅普	정인보	鄭寅普	정인보	五千年間 朝鮮의 「얼」(229)*230회	역사	연재횟수 오기
3765	1936-05-14	·	·	·	·	巨星의 臨終語錄(1)- 匹儔없는 人格者 소크라테스	역사	·
3766	1936-05-15	鄭寅普	정인보	鄭寅普	정인보	五千年間 朝鮮의 「얼」(230)*231회	역사	연재횟수 오기
3767	1936-05-15	·	·	·	·	巨星의 臨終語錄(2)- 部下에게 謀殺된 曠古의 英雄 씨-사	역사	·
3768	1936-05-16	鄭寅普	정인보	鄭寅普	정인보	五千年間 朝鮮의 「얼」(231)*232회	역사	연재횟수 오기
3769	1936-05-16	·	·	·	·	巨星의 臨終語錄(3)- 坑儒焚書의 張本人 李斯의 怨死	역사	·
3770	1936-05-17	鄭寅普	정인보	鄭寅普	정인보	五千年間 朝鮮의 「얼」(232)*233회	역사	연재횟수 오기
3771	1936-05-19	鄭寅普	정인보	鄭寅普	정인보	五千年間 朝鮮의 「얼」(233)*234회	역사	연재횟수 오기
3772	1936-05-20	鄭寅普	정인보	鄭寅普	정인보	五千年間 朝鮮의 「얼」(234)*235회	역사	연재횟수 오기
3773	1936-05-20	·	·	·	·	巨星의 臨終語錄(4)- 陣沒한 테베-의 偉人 에파미논다스	역사	·
3774	1936-05-20	社說	사설	·	·	乙支文德墓 修築의 議	사업	·
3775	1936-05-20	·	·	·	·	100萬 隋兵 擊破한 乙支將軍墓 修築	사업	·
3776	1936-05-22	鄭寅普	정인보	鄭寅普	정인보	五千年間 朝鮮의 「얼」(235)*236회	역사	연재횟수 오기
3777	1936-05-22	·	·	·	·	巨星의 臨終語錄(5)- 一代의 碩學大哲 프란시스 베-콘	역사	·
3778	1936-05-23	鄭寅普	정인보	鄭寅普	정인보	乙支公墓山 修保 問題(上)	사업	·
3779	1936-05-23	·	·	·	·	名勝古跡	고적	·
3780	1936-05-24	鄭寅普	정인보	鄭寅普	정인보	乙支公墓山 修保 問題(中)	사업	·
3781	1936-05-24	社說	사설	·	·	學術에對한關心을助長하자	기타	·
3782	1936-05-24	·	·	·	·	우리乙支將軍墓山修保키로赤心團合	사업	·
3783	1936-05-24	·	·	·	·	勝景古蹟巡禮- 王孫去後 2000載 血涙에 저즌 殉節巖	고적	·
3784	1936-05-26	鄭寅普	정인보	鄭寅普	정인보	乙支公墓山 修保 問題(下)	사업	·
3785	1936-05-27	·	·	·	·	巨星의 臨終語錄(6)- 救國의 英雄少女 잔 다르크	역사	·
3786	1936-05-28	·	·	·	·	巨星의 臨終語錄(7)- 最後로 愛人의 노래를 들은 天才樂家 쇼-팡	역사	·
3787	1936-05-29	鄭寅普	정인보	鄭寅普	정인보	五千年間 朝鮮의 「얼」(236)*237회	역사	연재횟수 오기
3788	1936-05-29	·	·	·	·	巨星의 臨終語錄(8)- 希臘의 獨立戰爭과 熱情詩人 빠이론	역사	·
3789	1936-05-30	鄭寅普	정인보	鄭寅普	정인보	五千年間 朝鮮의 「얼」(237)*238회	역사	연재횟수 오기
3790	1936-05-31	鄭寅普	정인보	鄭寅普	정인보	五千年間 朝鮮의 「얼」(238)*239회	역사	연재횟수 오기
3791	1936-06-02	鄭寅普	정인보	鄭寅普	정인보	五千年間 朝鮮의 「얼」(239)*240회	역사	연재횟수 오기
3792	1936-06-03	·	·	·	·	巨星의 臨終語錄(9)- 統三의 偉業을 이룬 高麗太祖 王建	역사	·
3793	1936-06-03	禹浩翊	우호익	禹浩翊	우호익	歷史上 平壤- 朝鮮文化의 發祥地	역사	崇專教授
3794	1936-06-03	金文輯	김문집	金文輯	김문집	衣裳의 考現學(1)	역사	·
3795	1936-06-04	金文輯	김문집	金文輯	김문집	衣裳의 考現學(2)	역사	·
3796	1936-06-05	·	·	·	·	巨星의 臨終語錄(11)*10회- 捨生取義로 一貫	역사	연재횟수 오기

연번	날짜	자료저자명(한자)	자료저자명(한글)	본명(한자)	본명(한글)	기사제목	분류	비고
						都統使 崔瑩		
3797	1936-06-05	金文輯	김문집	金文輯	김문집	衣裳의 考現學(3)	역사	·
3798	1936-06-05	·	·	·	·	헐리는 옛궁에 남은 이야기- 안동별궁의 내력	역사	·
3799	1936-06-06	金文輯	김문집	金文輯	김문집	衣裳의 考現學(4)	역사	·
3800	1936-06-06	趙鏞薰	조용훈	趙鏞薰	조용훈	讀詩餘墨(1)- 詩人金時習의生涯(上)	문학	·
3801	1936-06-06	·	·	·	·	名勝古蹟巡禮- 古色蒼然의 옛자리	고적	·
3802	1936-06-07	趙鏞薰	조용훈	趙鏞薰	조용훈	讀詩餘墨(1)- 詩人金時習의生涯(下)	문학	·
3803	1936-06-08	社說	사설	·	·	學藝의 助長- 有力者의 할 일	기타	·
3804	1936-06-09	鄭寅普	정인보	鄭寅普	정인보	五千年間 朝鮮의 「얼」(240)*241회	역사	연재횟수 오기
3805	1936-06-09	·	·	·	·	巨星의 臨終語錄(11)- 精忠大節 굳은뜻 圃隱 鄭夢周	역사	·
3806	1936-06-09	趙鏞薰	조용훈	趙鏞薰	조용훈	讀詩餘墨(2)- 寒松亭曲	문학	·
3807	1936-06-10	鄭寅普	정인보	鄭寅普	정인보	五千年間 朝鮮의 「얼」(241)*242회	역사	연재횟수 오기
3808	1936-06-10	·	·	·	·	巨星의 臨終語錄(12)- 一死報國의 最後遺囑 盟山誓海의 忠武公 李舜臣	역사	·
3809	1936-06-10	趙鏞薰	조용훈	趙鏞薰	조용훈	讀詩餘墨(3)- 太宗歌와 六臣의 時調(上)	문학	·
3810	1936-06-11	鄭寅普	정인보	鄭寅普	정인보	五千年間 朝鮮의 「얼」(242)*243회	역사	연재횟수 오기
3811	1936-06-11	趙鏞薰	조용훈	趙鏞薰	조용훈	讀詩餘墨(3)- 太宗歌와 六臣의 時調(下)	문학	·
3812	1936-06-12	鄭寅普	정인보	鄭寅普	정인보	五千年間 朝鮮의 「얼」(243)*244회	역사	연재횟수 오기
3813	1936-06-12	·	·	·	·	巨星의 臨終語錄(13)- 任辰亂때 倡義勤王 寂滅하며 焚香說法한 西山大師 休靜	역사	·
3814	1936-06-12	趙鏞薰	조용훈	趙鏞薰	조용훈	讀詩餘墨(4)- 黃眞伊의 詩品	문학	·
3815	1936-06-13	趙鏞薰	조용훈	趙鏞薰	조용훈	讀詩餘墨(5, 完)- 悲憤歌	문학	·
3816	1936-06-14	趙鏞薰	조용훈	趙鏞薰	조용훈	朝鮮詩歌史上의 로만스(1)- 崔雲南의 義烈	역사	·
3817	1936-06-14	·	·	·	·	巨星이 臨終語錄(14)- 三國統一의 元勳 國家安泰를 遺言한 金庾信	역사	·
3818	1936-06-17	鄭寅普	정인보	鄭寅普	정인보	五千年間 朝鮮의 「얼」(244)*245회	역사	연재횟수 오기
3819	1936-06-17	趙鏞薰	조용훈	趙鏞薰	조용훈	朝鮮詩歌史上의 로만스(2)- 上枝春의 情趣	역사	·
3820	1936-06-17	·	·	·	·	巨星의 臨終語錄(15)- 大耶城役에 殉節한 歲寒不凋의 節槪지킨 竹竹	역사	·
3821	1936-06-18	鄭寅普	정인보	鄭寅普	정인보	五千年間 朝鮮의 「얼」(245)*246회	역사	연재횟수 오기
3822	1936-06-19	鄭寅普	정인보	鄭寅普	정인보	五千年間 朝鮮의 「얼」(246)*247회	역사	연재횟수 오기
3823	1936-06-20	鄭寅普	정인보	鄭寅普	정인보	五千年間 朝鮮의 「얼」(247)*248회	역사	연재횟수 오기
3824	1936-06-21	·	·	·	·	巨星의 臨終語錄(16)- 碎心粉骨의 그 精誠 白骨되어 王을 忠諫한 金后稷	역사	·
3825	1936-06-21	·	·	·	·	各地 端午놀이	역사, 민속	·
3826	1936-06-23	鄭寅普	정인보	鄭寅普	정인보	五千年間 朝鮮의 「얼」(248)*249회	역사	연재횟수 오기
3827	1936-06-24	李孝石	이효석	李孝石	이효석	그리운 錄鄕(1)- 바다로 열린 綠帶	문학	·
3828	1936-06-25	金瑢俊	김용준	金瑢俊	김용준	그리운 錄鄕(2)- 無名의 隱士, 雜草	문학	·
3829	1936-06-25	·	·	·	·	朴御史는 단 한번	역사, 문학	·
3830	1936-06-26	鄭寅普	정인보	鄭寅普	정인보	五千年間 朝鮮의 「얼」(249)*250회	역사	연재횟수 오기

연번	날짜	자료저자명(한자)	자료저자명(한글)	본명(한자)	본명(한글)	기사제목	분류	비고
3831	1936-06-26	·	·	·	·	巨星의 臨終語錄(17)- 觀視察變의 先見 獄中에서 餓死한 愛國家 成忠	역사	·
3832	1936-06-26	毛允淑	모윤숙	毛允淑	모윤숙	그리운 錄鄕(3)- 숲의 悲哀	문학	·
3833	1936-06-27	趙鏞薰	조용훈	趙鏞薰	조용훈	朝鮮詩歌史上의 로만스(3)- 忠宣王의 蓮花一朶	역사	·
3834	1936-06-27	·	·	·	·	巨星의 臨終語錄(18)- 祕史짓고 遺言한 高麗末年의 志士 元天錫	역사	·
3835	1936-06-27	嚴興燮	엄흥섭	嚴興燮	엄흥섭	그리운 錄鄕(4)- 감나무 그늘	문학	·
3836	1936-06-28	鄭寅普	정인보	鄭寅普	정인보	五千年間 朝鮮의 「얼」(250)*251회	역사	연재횟수 오기
3837	1936-06-28	趙鏞薰	조용훈	趙鏞薰	조용훈	朝鮮詩歌史上의 로만스(4)- 琉璃王의 黃鳥歌	역사	·
3838	1936-06-28	林和	임화	林仁植	임인식	그리운 錄鄕(5)- 貞陵里의 溪谷	문학	·
3839	1936-06-28	·	·	·	·	太宗雨	역사, 문학	·
3840	1936-06-30	鄭寅普	정인보	鄭寅普	정인보	五千年間 朝鮮의 「얼」(251)*252회	역사	연재횟수 오기
3841	1936-06-30	趙鏞薰	조용훈	趙鏞薰	조용훈	朝鮮詩歌史上의 로만스(5)- 二鄭의 風流	역사	·
3842	1936-06-30	姜敬愛	강경애	姜敬愛	강경애	그리운 錄鄕(6)- 佛陀山 C君에게	문학	·
3843	1936-07-01	趙鏞薰	조용훈	趙鏞薰	조용훈	朝鮮詩歌史上의 로만스(6)- 薯童과 善花公主	역사	·
3844	1936-07-01	·	·	·	·	巨星의 臨終語錄(19)- 北邊方略의 六條를 最後로 啓達한 李栗谷 李珥	역사	·
3845	1936-07-01	金龍濟	김용제	金龍濟	김용제	그리운 錄鄕(7)- 半休, 半業(上)	문학	·
3846	1936-07-02	趙鏞薰	조용훈	趙鏞薰	조용훈	朝鮮詩歌史上의 로만스(7)- 紅粧의 仙遊	역사	·
3847	1936-07-02	金龍濟	김용제	金龍濟	김용제	그리운 錄鄕(7)- 半休, 半業(下)	문학	·
3848	1936-07-03	趙鏞薰	조용훈	趙鏞薰	조용훈	朝鮮詩歌史上의 로만스(8)- 天官의 怨詞	역사	·
3849	1936-07-03	韓雪野	한설야	韓秉道	한병도	通俗小說에 對하야(1)	문학	·
3850	1936-07-03	李無影	이무영	李甲龍	이갑용	그리운 錄鄕(8)- 海印寺 點描	문학	·
3851	1936-07-04	鄭寅普	정인보	鄭寅普	정인보	五千年間 朝鮮의 「얼」(252)*253회	역사	연재횟수 오기
3852	1936-07-04	韓雪野	한설야	韓秉道	한병도	通俗小說에 對하야(2)	문학	·
3853	1936-07-05	鄭寅普	정인보	鄭寅普	정인보	五千年間 朝鮮의 「얼」(253)*254회	역사	연재횟수 오기
3854	1936-07-05	韓雪野	한설야	韓秉道	한병도	通俗小說에 對하야(3)	문학	·
3855	1936-07-07	鄭寅普	정인보	鄭寅普	정인보	五千年間 朝鮮의 「얼」(254)*255회	역사	연재횟수 오기
3856	1936-07-07	·	·	·	·	巨星의 臨終語錄(20)- 碑石勿用을 遺言한 朝鮮第一의 儒宗 李退溪 李滉	역사	·
3857	1936-07-07	韓雪野	한설야	韓秉道	한병도	通俗小說에 對하야(4)	문학	·
3858	1936-07-08	鄭寅普	정인보	鄭寅普	정인보	五千年間 朝鮮의 「얼」(255)*256회	역사	연재횟수 오기
3859	1936-07-08	韓雪野	한설야	韓秉道	한병도	通俗小說에 對하야(5)	문학	·
3860	1936-07-09	鄭寅普	정인보	鄭寅普	정인보	五千年間 朝鮮의 「얼」(256)*257회	역사	연재횟수 오기
3861	1936-07-11	鄭寅普	정인보	鄭寅普	정인보	五千年間 朝鮮의 「얼」(258)	역사	·
3862	1936-07-11	·	·	·	·	巨星의 臨終語錄(21)- 憂國愛君의 至誠 己卯士禍에 犧牲한 趙光祖	역사	·
3863	1936-07-12	鄭寅普	정인보	鄭寅普	정인보	五千年間 朝鮮의 「얼」(259)	역사	·
3864	1936-07-14	鄭寅普	정인보	鄭寅普	정인보	五千年間 朝鮮의 「얼」(260)	역사	·
3865	1936-07-16	·	·	·	·	巨星의 臨終語錄(22)- 丈夫臨難不苟活 700義士로 效節한 趙憲	역사	·
3866	1936-07-17	·	·	·	·	巨星의 臨終語錄(23)- 灼鐵도 차다하는 死六臣의	역사	·

연번	날짜	자료저자명(한자)	자료저자명(한글)	본명(한자)	본명(한글)	기사제목	분류	비고
						한 사람 成三問		
3867	1936-07-18	鄭寅普	정인보	鄭寅普	정인보	五千年間 朝鮮의 「얼」(261)	역사	·
3868	1936-07-19	鄭寅普	정인보	鄭寅普	정인보	五千年間 朝鮮의 「얼」(262)	역사	·
3869	1936-07-19	·	·	·	·	巨星의 臨終語錄(24)- 辛壬士禍의 四大臣 就死自勉을 각오한 金昌集	역사	·
3870	1936-07-21	鄭寅普	정인보	鄭寅普	정인보	五千年間 朝鮮의 「얼」(263)	역사	·
3871	1936-07-21	·	·	·	·	巨星의 臨終語錄(25)- 四夷六蠻이다 帝國인데 홀로 自立 못함을 恨한 林悌	역사	·
3872	1936-07-23	鄭寅普	정인보	鄭寅普	정인보	五千年間 朝鮮의 「얼」(265)*264회	역사	연재횟수 오기
3873	1936-07-24	鄭寅普	정인보	鄭寅普	정인보	五千年間 朝鮮의 「얼」(266)*265회	역사	연재횟수 오기
3874	1936-08-04	鄭寅普	정인보	鄭寅普	정인보	五千年間 朝鮮의 「얼」(267)*266회	역사	연재횟수 오기
3875	1936-08-06	鄭寅普	정인보	鄭寅普	정인보	五千年間 朝鮮의 「얼」(268)*267회	역사	연재횟수 오기
3876	1936-08-06	·	·	·	·	林將軍의 壯略	역사, 문학	·
3877	1936-08-07	鄭寅普	정인보	鄭寅普	정인보	五千年間 朝鮮의 「얼」(269)*268회	역사	연재횟수 오기
3878	1936-08-08	鄭寅普	정인보	鄭寅普	정인보	五千年間 朝鮮의 「얼」(270)*269회	역사	연재횟수 오기
3879	1936-08-09	鄭寅普	정인보	鄭寅普	정인보	五千年間 朝鮮의 「얼」(270)	역사	·
3880	1936-08-11	鄭寅普	정인보	鄭寅普	정인보	五千年間 朝鮮의 「얼」(271)	역사	·
3881	1936-08-12	鄭寅普	정인보	鄭寅普	정인보	五千年間 朝鮮의 「얼」(272)	역사	·
3882	1936-08-13	鄭寅普	정인보	鄭寅普	정인보	五千年間 朝鮮의 「얼」(273)	역사	·
3883	1936-08-14	鄭寅普	정인보	鄭寅普	정인보	五千年間 朝鮮의 「얼」(274)	역사	·
3884	1936-08-15	韓植	한식	韓植	한식	作家와 評家의 跛行- 最近文壇에 對한 隨感數三(1)	문학	·
3885	1936-08-16	韓植	한식	韓植	한식	主觀主義에의 偏向- 最近文壇에 對한 隨感數三(2)	문학	·
3886	1936-08-18	鄭寅普	정인보	鄭寅普	정인보	五千年間 朝鮮의 「얼」(275)	역사	·
3887	1936-08-18	韓植	한식	韓植	한식	無理論主義에의 길- 最近文壇에 對한 隨感數三(3)	문학	·
3888	1936-08-19	鄭寅普	정인보	鄭寅普	정인보	五千年間 朝鮮의 「얼」(276)	역사	·
3889	1936-08-19	韓植	한식	韓植	한식	새로운 出發과 發展- 最近文壇에 對한 隨感數三(4)	문학	·
3890	1936-08-20	鄭寅普	정인보	鄭寅普	정인보	五千年間 朝鮮의 「얼」(277)	역사	·
3891	1936-08-21	鄭寅普	정인보	鄭寅普	정인보	五千年間 朝鮮의 「얼」(278)	역사	·
3892	1936-08-22	鄭寅普	정인보	鄭寅普	정인보	五千年間 朝鮮의 「얼」(279)	역사	·
3893	1936-08-23	鄭寅普	정인보	鄭寅普	정인보	五千年間 朝鮮의 「얼」(280)	역사	·
3894	1936-08-25	鄭寅普	정인보	鄭寅普	정인보	五千年間 朝鮮의 「얼」(280)*281회	역사	연재횟수 오기
3895	1936-08-26	鄭寅普	정인보	鄭寅普	정인보	五千年間 朝鮮의 「얼」(282)	역사	·
3896	1936-08-27	鄭寅普	정인보	鄭寅普	정인보	五千年間 朝鮮의 「얼」(283)	역사	·
3897	1937-06-03	金尙鎔	김상용	金尙鎔	김상용	文學의 「貞操」(上)	문학	·
3898	1937-06-03	·	·	·	·	文壇打診 卽問卽答記(1)	문학	·
3899	1937-06-04	金尙鎔	김상용	金尙鎔	김상용	文學의 「貞操」(下)	문학	·
3900	1937-06-04	李泰俊	이태준	李泰俊	이태준	文壇打診 卽問卽答記(2)	문학	·
3901	1937-06-04	嚴興燮	엄흥섭	嚴興燮	엄흥섭	「出版紀念」의 風俗	논설	·
3902	1937-06-05	李箕永	이기영	李箕永	이기영	文壇打診 卽問卽答記(3)	문학	·
3903	1937-06-06	鄭芝溶	정지용	鄭芝溶	정지용	文壇打診 卽問卽答記(4)	문학	·
3904	1937-06-08	白鐵	백철	白鐵	백철	文壇打診 卽問卽答記(5)	문학	·

연번	날짜	자료저자명(한자)	자료저자명(한글)	본명(한자)	본명(한글)	기사제목	분류	비고
3905	1937-06-09	鄭寅燮	정인섭	鄭寅燮	정인섭	文壇打診 卽問卽答記(6)	문학	·
3906	1937-06-10	柳致眞	유치진	柳致眞	유치진	文壇打診 卽問卽答記(7)	문학	·
3907	1937-06-11	金龍濟	김용제	金龍濟	김용제	朝鮮文學의 新世代- 리얼리즘으로 본 휴맨이즘(1)	문학	·
3908	1937-06-12	金龍濟	김용제	金龍濟	김용제	朝鮮文學의 新世代- 리얼리즘으로 본 휴맨이즘(2)	문학	·
3909	1937-06-13	金龍濟	김용제	金龍濟	김용제	朝鮮文學의 新世代- 리얼리즘으로 본 휴맨이즘(3)	문학	·
3910	1937-06-13	趙鏞薰	조용훈	趙鏞薰	조용훈	端午居士	역사	·
3911	1937-06-15	金龍濟	김용제	金龍濟	김용제	朝鮮文學의 新世代- 리얼리즘으로 본 휴맨이즘(4)	문학	·
3912	1937-06-15	·	·	·	·	尤菴이 魂난 武弁	역사, 문학	·
3913	1937-06-16	金龍濟	김용제	金龍濟	김용제	朝鮮文學의 新世代- 리얼리즘으로 본 휴맨이즘(5)	문학	·
3914	1937-06-17	·	·	·	·	夫人隱德의 大臣	역사, 문학	·
3915	1937-06-18	金文輯	김문집	金文輯	김문집	文壇主流說 再批判(1)	문학	·
3916	1937-06-19	金文輯	김문집	金文輯	김문집	文壇主流說 再批判(2)	문학	·
3917	1937-06-20	金文輯	김문집	金文輯	김문집	文壇主流說 再批判(3)	문학	·
3918	1937-06-22	金文輯	김문집	金文輯	김문집	文壇主流說 再批判(4)	문학	·
3919	1937-06-23	申南澈	신남철	申南澈	신남철	論壇時評(1)- 作家心情의 問題	문학	·
3920	1937-06-23	·	·	·	·	乾隆帝의 魂난을	역사, 문학	·
3921	1937-06-24	申南澈	신남철	申南澈	신남철	論壇時評(2)- 古典이냐 流行이냐	문학	·
3922	1937-06-24	嚴興燮	엄흥섭	嚴興燮	엄흥섭	通俗作家에 一言	문학	·
3923	1937-06-25	申南澈	신남철	申南澈	신남철	論壇時評(3)- 特殊文化와 世界文化	문학	·
3924	1937-06-25	徐斗銖	서두수	徐斗銖	서두수	북 레뷰- 讀『朝鮮詩歌史綱』	역사	·
3925	1937-06-26	申南澈	신남철	申南澈	신남철	論壇時評(4)- 文學의 個人性과 思想性	문학	·
3926	1937-06-26	李雲谷	이운곡	·	·	북 레뷰- 李泰俊著『久遠의 女像』	문학	·
3927	1937-06-27	李泰俊	이태준	李泰俊	이태준	評論態度에 對하야- 評筆의 焦燥性(上)	논설	·
3928	1937-06-27	·	·	·	·	中國使臣도 屈服	역사, 문학	·
3929	1937-06-29	李泰俊	이태준	李泰俊	이태준	評論態度에 對하야- 作家가 바라는 評論家(下)	논설	·
3930	1937-06-29	·	·	·	·	聖代에 好八字	역사, 문학	·
3931	1937-07-15	林和	임화	林仁植	임인식	復古現像의 再興(1)	문학	·
3932	1937-07-16	林和	임화	林仁植	임인식	復古現像의 再興(2)	문학	·
3933	1937-07-17	林和	임화	林仁植	임인식	復古現像의 再興(3)	문학	·
3934	1937-07-18	林和	임화	林仁植	임인식	復古現像의 再興(完)	문학	·
3935	1937-07-18	·	·	·	·	地下에 잠든 高句麗文化	고적	·
3936	1937-07-20	林和	임화	林仁植	임인식	復古現像의 再興(4)	문학	·
3937	1937-08-05	金東冑	김동주	金東冑	김동주	山嶽은 젊은 朝鮮을 부른다- 長白山脈登陟記(1)	기행	·
3938	1937-08-06	金東冑	김동주	金東冑	김동주	山嶽은 젊은 朝鮮을 부른다- 長白山脈登陟記(2)	기행	·
3939	1937-08-06	·	·	·	·	燦然! 高句麗時代 大宮터 遺物發見	고적	·
3940	1937-08-07	金東冑	김동주	金東冑	김동주	山嶽은 젊은 朝鮮을 부른다- 長白山脈登陟記(3)	기행	·
3941	1937-08-11	金東冑	김동주	金東冑	김동주	山嶽은 젊은 朝鮮을 부른다- 長白山脈登陟記(4)	기행	·

연번	날짜	자료저자명(한자)	자료저자명(한글)	본명(한자)	본명(한글)	기사제목	분류	비고
3942	1937-08-12	金東胄	김동주	金東胄	김동주	山嶽은 젊은 朝鮮을 부른다- 長白山脈登陟記(5)	기행	·
3943	1937-09-01	社說	사설	·	·	朝鮮式 漢文의 廢止	한글	·
3944	1937-09-02	孫晉泰	손진태	孫晉泰	손진태	讀書餘響 新秋燈下에 읽히고 싶은 書籍- 民俗學徒들에게	민속	·
3945	1937-09-02	金思燁	김사엽	金思燁	김사엽	朝鮮民謠의 硏究(1)	음악	·
3946	1937-09-03	金思燁	김사엽	金思燁	김사엽	朝鮮民謠의 硏究(2)	음악	·
3947	1937-09-04	李克魯	이극로	李克魯	이극로	讀書餘響 新秋燈下에 읽히고 싶은 書籍적- 龍歌와 松江歌辭	문학	·
3948	1937-09-04	·	·	·	·	考古學界 첫 試驗 高句麗古墳 撮影	고적	·
3949	1937-09-05	金思燁	김사엽	金思燁	김사엽	朝鮮民謠의 硏究(3)	음악	·
3950	1937-09-06	·	·	·	·	地下에 묻친 王都 "大聖山" 附近에서	고적	·
3951	1937-09-07	宋錫夏	송석하	宋錫夏	송석하	讀書餘響 新秋燈下에 읽히고 싶은 書籍- 검卿의 「民俗學槪論」(上)	민속	·
3952	1937-09-07	金思燁	김사엽	金思燁	김사엽	朝鮮民謠의 硏究(4, 完)	민속	·
3953	1937-09-08	宋錫夏	송석하	宋錫夏	송석하	讀書餘響 新秋燈下에 읽히고 싶은 書籍- 民俗藝術參考書	민속	·
3954	1937-09-09	李瑄根	이선근	李瑄根	이선근	讀書餘響 新秋燈下에 읽히고 싶은 書籍- 最近世史硏究書	민속	·
3955	1937-09-09	金東錫	김동석	金東錫	김동석	朝鮮詩의 片影(1)	문학	·
3956	1937-09-10	金東錫	김동석	金東錫	김동석	朝鮮詩의 片影(2)	문학	·
3957	1937-09-11	金東錫	김동석	金東錫	김동석	朝鮮詩의 片影(3)	문학	·
3958	1937-09-11	·	·	·	·	古蹟을 사랑합시다- 今 10日은 古蹟 愛護 데이	고적, 사업	·
3959	1937-09-14	金東錫	김동석	金東錫	김동석	朝鮮詩의 片影(4, 完)	문학	·
3960	1937-09-18	·	·	·	·	高句麗 遺物 "東明館" 古蹟保存으로 指定?	고적	·
3961	1937-09-19	·	·	·	·	由緖깊은 龍岡에 "地下文化" 發掘	고적	·
3962	1937-09-20	·	·	·	·	地下에 빛나는 高句麗의 文明	고적	·
3963	1937-10-03	韓植	한식	韓植	한식	歷史文學 再認識의 必要(1)	문학	·
3964	1937-10-05	韓植	한식	韓植	한식	歷史文學 再認識의 必要(2)	문학	·
3965	1937-10-06	韓植	한식	韓植	한식	歷史文學 再認識의 必要(3)	문학	·
3966	1937-10-07	韓植	한식	韓植	한식	歷史文學 再認識의 必要(4, 完)	문학	·
3967	1937-10-15	具本雄	구본웅	具本雄	구본웅	洋畵와 朝鮮畵壇(上)	미술	·
3968	1937-10-16	具本雄	구본웅	具本雄	구본웅	洋畵와 朝鮮畵壇(下)	미술	·
3969	1937-10-19	金南天	김남천	金南天	김남천	朝鮮的 長篇小說의 一考察(1)	문학	·
3970	1937-10-20	金南天	김남천	金南天	김남천	朝鮮的 長篇小說의 一考察(2)	문학	·
3971	1937-10-21	金南天	김남천	金南天	김남천	朝鮮的 長篇小說의 一考察(3)	문학	·
3972	1937-10-22	金南天	김남천	金南天	김남천	朝鮮的 長篇小說의 一考察(4)	문학	·
3973	1937-10-23	金南天	김남천	金南天	김남천	朝鮮的 長篇小說의 一考察(5)	문학	·
3974	1937-10-24	跛聾生	파농생	·	·	周易思想의 形上形下論과 生死觀(1)	철학	·
3975	1937-10-26	跛聾生	파농생	·	·	周易思想의 形上形下論과 生死觀(2)	철학	·
3976	1937-10-27	跛聾生	파농생	·	·	周易思想의 形上形下論과 生死觀(3)	철학	·
3977	1937-10-28	跛聾生	파농생	·	·	周易思想의 形上形下論과 生死觀(4)	철학	·
3978	1937-10-29	跛聾生	파농생	·	·	周易思想의 形上形下論과 生死觀(5)	철학	·

연번	날짜	자료저자명(한자)	자료저자명(한글)	본명(한자)	본명(한글)	기사제목	분류	비고
3979	1937-10-29	金昌臣	김창신	金昌臣	김창신	二日騷仙記- 浮石寺探勝(上)	기행	·
3980	1937-10-30	跛聾生	파농생	·	·	周易思想의 形上形下論과 生死觀(6)	철학	·
3981	1937-10-30	金昌臣	김창신	金昌臣	김창신	二日騷仙記- 浮石寺探勝(中)	기행	·
3982	1937-11-02	金昌臣	김창신	金昌臣	김창신	二日騷仙記- 浮石寺探勝(下)	기행	·
3983	1937-11-02	李淸源	이청원	李淸源	이청원	朝鮮의 文化와 그 傳統(1)	역사	·
3984	1937-11-03	李淸源	이청원	李淸源	이청원	朝鮮의 文化와 그 傳統(2)	역사	·
3985	1937-11-05	李淸源	이청원	李淸源	이청원	朝鮮의 文化와 그 傳統(3)	역사	·
3986	1937-11-05	·	·	·	·	純金美術品使用은 高句麗時代부터	미술	·
3987	1937-11-06	安浩相	안호상	安浩相	안호상	周易思想의 形上形下論과 生死觀에 對한 批判(上)	철학	·
3988	1937-11-07	安浩相	안호상	安浩相	안호상	周易思想의 形上形下論과 生死觀에 對한 批判(中)	철학	·
3989	1937-11-09	安浩相	안호상	安浩相	안호상	周易思想의 形上形下論과 生死觀에 對한 批判(下)	철학	·
3990	1937-11-09	·	·	·	·	참 神仙	역사, 문학	·
3991	1937-11-13	·	·	·	·	農閑期에文盲打破	기타	·
3992	1937-11-14	아저씨	아저씨	·	·	少年野談(1)	문학	·
3993	1937-11-14	가람	가람	李秉岐	이병기	역사이야기- 어린시절의 궁예(弓裔)	역사, 문학	·
3994	1937-11-16	社說	사설	·	·	文盲의打破- 農閑期에際하야	논설	·
3995	1937-11-17	跛聾生	파농생	·	·	周易思想의 實體意識에 對하야(1)	철학	·
3996	1937-11-17	竹夫人	죽부인	·	·	閨燈史談(1)- 新羅始祖와 閼英王后	문학	·
3997	1937-11-18	跛聾生	파농생	·	·	周易思想의 實體意識에 對하야(2)	철학	·
3998	1937-11-18	竹夫人	죽부인	·	·	閨燈史談(2)- 善德女王의 豫言三事	문학	·
3999	1937-11-19	跛聾生	파농생	·	·	周易思想의 實體意識에 對하야(3)	철학	·
4000	1937-11-19	竹夫人	죽부인	·	·	閨燈史談(3)- 柳花夫人과 大卵	문학	·
4001	1937-11-20	跛聾生	파농생	·	·	周易思想의 實體意識에 對하야(4)	철학	·
4002	1937-11-20	竹夫人	죽부인	·	·	閨燈史談(4)- 꿈 賣買할 姉妹	문학	·
4003	1937-11-21	跛聾生	파농생	·	·	周易思想의 實體意識에 對하야(5)	철학	·
4004	1937-11-21	아저씨	아저씨	·	·	少年野談(2)	문학	·
4005	1937-11-22	竹夫人	죽부인	·	·	閨燈史談(5)- 꿈 賣買할 姉妹	문학	·
4006	1937-11-23	竹夫人	죽부인	·	·	閨燈史談(6)- 高句麗朱蒙과寶劍(上)	문학	·
4007	1937-11-25	竹夫人	죽부인	·	·	閨燈史談(7)- 高句麗朱蒙과寶劍(下)	문학	·
4008	1937-11-26	竹夫人	죽부인	·	·	閨燈史談(8)- 鏡片과 良馬(1)	문학	·
4009	1937-11-27	竹夫人	죽부인	·	·	閨燈史談(9)- 鏡片과 良馬(2)	문학	·
4010	1937-11-28	아저씨	아저씨	·	·	少年野談(3)	문학	·
4011	1937-11-29	竹夫人	죽부인	·	·	閨燈史談(10)- 鏡片과 良馬(3)	문학	·
4012	1937-11-30	竹夫人	죽부인	·	·	閨燈史談(11)- 鷹廉花郎과寧花公主(上)	문학	·
4013	1937-12-01	安浩相	안호상	安浩相	안호상	跛聾生의 周易解釋에 對한 批判(1)	철학	·
4014	1937-12-01	竹夫人	죽부인	·	·	閨燈史談(12)- 鷹廉花郎과寧花公主(下)	문학	·
4015	1937-12-02	安浩相	안호상	安浩相	안호상	跛聾生의 周易解釋에 對한 批判(2)	철학	·
4016	1937-12-02	竹夫人	죽부인	·	·	閨燈史談(13)- 百濟와 召西奴夫人(下)	문학	·
4017	1937-12-03	安浩相	안호상	安浩相	안호상	跛聾生의 周易解釋에 對한 批判(3)	철학	·

연번	날짜	자료저자명(한자)	자료저자명(한글)	본명(한자)	본명(한글)	기사제목	분류	비고
4018	1937-12-03	竹夫人	죽부인	·	·	閨燈史談(14)- 雉姬의 恨과 鶯黃歌	문학	·
4019	1937-12-03	·	·	·	·	名勝古蹟의 北國- 咸北의 金剛 "七寶山" 山紫水明의 絶勝	기행	·
4020	1937-12-04	竹夫人	죽부인	·	·	閨燈史談(15)- 高句麗의 黑柱 于后	문학	·
4021	1937-12-05	아저씨	아저씨	·	·	少年野談(5)*4회	문학	연재횟수 오기
4022	1937-12-05	·	·	·	·	封鎖된南大門	고적	·
4023	1937-12-06	竹夫人	죽부인	·	·	閨燈史談(16)- 愛의 勝利	문학	·
4024	1937-12-07	松山生	송산생	·	·	太極五行原理와 漢儒의 互體說에 對한 考察(1)	철학	·
4025	1937-12-07	竹夫人	죽부인	·	·	閨燈史談(17)- 愛의 勝利	문학	·
4026	1937-12-08	松山生	송산생	·	·	太極五行原理와 漢儒의 互體說에 對한 考察(2)	철학	·
4027	1937-12-08	竹夫人	죽부인	·	·	閨燈史談(18)- 愛의 勝利	문학	·
4028	1937-12-08	·	·	·	·	松都契員	역사, 문학	·
4029	1937-12-09	松山生	송산생	·	·	太極五行原理와 漢儒의 互體說에 對한 考察(3)	철학	·
4030	1937-12-09	竹夫人	죽부인	·	·	閨燈史談(19)- 都彌夫妻의 哀話(1)	문학	·
4031	1937-12-10	松山生	송산생	·	·	太極五行原理와 漢儒의 互體說에 對한 考察(4)	철학	·
4032	1937-12-10	竹夫人	죽부인	·	·	閨燈史談(20)- 都彌夫妻의 哀話(2)	문학	·
4033	1937-12-11	松山生	송산생	·	·	太極五行原理와 漢儒의 互體說에 對한 考察(5)	철학	·
4034	1937-12-11	竹夫人	죽부인	·	·	閨燈史談(21)- 都彌夫妻의 哀話(3)	문학	·
4035	1937-12-12	아저씨	아저씨	·	·	少年野談(6)*5회	문학	연재횟수 오기
4036	1937-12-14	竹夫人	죽부인	·	·	閨燈史談(22)- 都彌夫妻의 哀話(4)	문학	·
4037	1937-12-15	竹夫人	죽부인	·	·	閨燈史談(23)- 彈琴聲과 貧婦의 淚	문학	·
4038	1937-12-16	竹夫人	죽부인	·	·	閨燈史談(24)- 酒桶村의 壯士處女(1)	문학	·
4039	1937-12-17	松山生	송산생	·	·	太極五行原理와 漢儒의 互體說에 對한 考察(7)*6회	철학	연재횟수 오기
4040	1937-12-17	竹夫人	죽부인	·	·	閨燈史談(25)- 酒桶村의 壯士處女(2)	문학	·
4041	1937-12-18	竹夫人	죽부인	·	·	閨燈史談(26)- 酒桶村의 壯士處女(3)	문학	·
4042	1937-12-19	아저씨	아저씨	·	·	少年野談(7)*6회	문학	연재횟수 오기
4043	1937-12-20	竹夫人	죽부인	·	·	閨燈史談(27)- 不更二夫의 桃花娘	문학	·
4044	1937-12-20	·	·	·	·	舞踊 朝鮮의 使節 끝동 저고리를 입고 崔承喜女士 出帆	민속	·
4045	1937-12-21	竹夫人	죽부인	·	·	閨燈史談(28)- 海中魂된 長髮美人	문학	·
4046	1937-12-21	·	·	·	·	옛 相國의 御人	역사, 문학	·
4047	1937-12-21	尹昰重	윤하중	尹昰重	윤하중	星曆正數(1)	역사	·
4048	1937-12-22	竹夫人	죽부인	·	·	閨燈史談(29)- 溫達將軍과公主(1)	문학	·
4049	1937-12-23	松山生	송산생	·	·	太極五行原理와 漢儒의 互體說에 對한 考察(8)*7회	철학	연재횟수 오기
4050	1937-12-23	竹夫人	죽부인	·	·	閨燈史談(30)- 溫達將軍과公主(2)	문학	·
4051	1937-12-23	·	·	·	·	"家傳忠孝世守仁敬"-全義李氏의舊譜가운데서世宗大王의御筆發見	고적	·
4052	1937-12-24	竹夫人	죽부인	·	·	閨燈史談(31)- 溫達將軍과公主(3)	문학	·
4053	1937-12-24	尹昰重	윤하중	尹昰重	윤하중	星曆正數(下)	역사	·
4054	1937-12-25	竹夫人	죽부인	·	·	閨燈史談(32)- 溫達將軍과公主(4)	문학	·

연번	날짜	자료저자명(한자)	자료저자명(한글)	본명(한자)	본명(한글)	기사제목	분류	비고
4055	1937-12-25	·	·	·	·	가, 갸, 거, 겨를 普及	한글	·
4056	1937-12-25	·	·	·	·	農閑期의 啓蒙運動	기타	·
4057	1937-12-26	아저씨	아저씨	·	·	少年野談(8)*7회	문학	연재횟수 오기
4058	1937-12-28	竹夫人	죽부인	·	·	閨燈史談(33)- 温達將軍과公主(5)	문학	·
4059	1937-12-28	·	·	·	·	雨日履	역사, 문학	·
4060	1937-12-30	竹夫人	죽부인	·	·	閨燈史談(34)- 白雲郎과 際厚孃(1)	문학	·
4061	1937-12-31	竹夫人	죽부인	·	·	閨燈史談(35)- 白雲郎과 際厚孃(2)	문학	·
4062	1938-01-01	·	·	·	·	文化建設 途上의 朝鮮(1)- 一言一句 刻苦10年 辭典完成에 精進	한글	·
4063	1938-01-01	李瑄根	이선근	李瑄根	이선근	朝鮮史上의 戊寅(1)- 高麗의 創業과 李太祖의 禪位	역사	·
4064	1938-01-01	雲林遺人	운림유인	·	·	戊寅과 人物	역사	·
4065	1938-01-01	·	·	·	·	朝鮮虎	민속	·
4066	1938-01-01	·	·	·	·	老僧虎와 處女虎- 野史에 나타난 虎人	역사	·
4067	1938-01-01	·	·	·	·	孝烈의 群像	역사	·
4068	1938-01-01	洪敬志	홍경지	洪敬志	홍경지	當選逸話- 醫員과 母虎	문학	·
4069	1938-01-01	金順禮	김순례	金順禮	김순례	當選傳說- 葛虎와 豹虎	문학	·
4070	1938-01-01	·	·	·	·	史上의 虎跡	역사	·
4071	1938-01-01	·	·	·	·	才談에 나오는 虎	역사	·
4072	1938-01-01	·	·	·	·	虎生員 담배, 먹든때 回顧談	문학	·
4073	1938-01-01	·	·	·	·	殺身成仁의 死後虎君	기타	·
4074	1938-01-01	·	·	·	·	虎字譜	기타	·
4075	1938-01-01	·	·	·	·	孝子는 常時擁護	역사	·
4076	1938-01-01	·	·	·	·	笑談- 꿩 捕手의 避虎術	문학	·
4077	1938-01-01	·	·	·	·	祭虎爲神- 古朝鮮과 虎	역사	·
4078	1938-01-01	·	·	·	·	虎字洞里	역사	·
4079	1938-01-01	·	·	·	·	渡水攀枝에는 選手 害人之心은 全無	역사	·
4080	1938-01-01	·	·	·	·	舊慣陋習打破	민속	·
4081	1938-01-03	李瑄根	이선근	李瑄根	이선근	朝鮮史上의 戊寅(2)- 高麗의 創業과 李太祖의 禪位	역사	·
4082	1938-01-03	李克魯	이극로	李克魯	이극로	完成途程의 朝鮮語 辭典(上)	한글	·
4083	1938-01-03	趙憲泳	조헌영	趙憲泳	조헌영	말은 思想은 즉 生活이다 語彙를 琢磨하라	한글	·
4084	1938-01-03	·	·	·	·	朝鮮語와 朝鮮文學- 各 方面으로 究明된 말과 文學의 關聯性	문학	·
4085	1938-01-03	崔鉉培	최현배	崔鉉培	최현배	말이없으면漆夜와같다文學의責함을알라	문학	·
4086	1938-01-03	兪鎭午	유진오	兪鎭午	유진오	말은 文學의 生命- 遺産語彙의 攝取가 必要	문학	·
4087	1938-01-03	李瑄根	이선근	李瑄根	이선근	後孫에게는 一萬金보다는 조흔 書冊을 남기자	논설	·
4088	1938-01-03	李箕永	이기영	李箕永	이기영	朝鮮은 말의 處女地- 말의 發掘이 任務	한글	·
4089	1938-01-04	李瑄根	이선근	李瑄根	이선근	朝鮮史上의 戊寅(3)- 高麗의 創業과 李太祖의 禪位	역사	·
4090	1938-01-04	李克魯	이극로	李克魯	이극로	完成途程의朝鮮語辭典	한글	·
4091	1938-01-04	·	·	·	·	내地方風俗各樣各色	민속	
4092	1938-01-04	·	·	·	·	舊慣陋習打破(中)	민속	·

연번	날짜	자료저자명 (한자)	자료저자명 (한글)	본명 (한자)	본명 (한글)	기사제목	분류	비고
4093	1938-01-04	柳致眞	유치진	柳致眞	유치진	朝鮮語와 朝鮮文學(完)- 劇文學이 要望하는 言語의 地位	문학	·
4094	1938-01-04	李秉岐	이병기	李秉岐	이병기	말은 人間의 거울- 우리말을 찾으라	한글	·
4095	1938-01-04	·	·	·	·	市場은 女人의 獨舞臺(咸興)	민속	·
4096	1938-01-04	·	·	·	·	筋肉勞動으로 惡戰苦鬪	민속	·
4097	1938-01-04	·	·	·	·	故鄕의 親戚을 만나는 三水甲山 "삼받질", 기대려지는 7월 "삼철"(惠山鎭)	민속	·
4098	1938-01-04	·	·	·	·	色鄕 海州의 "삿갓지" 雅淡, 淸楚한 鄕土色(海州)	민속	·
4099	1938-01-04	·	·	·	·	바가지 장단에 과부의 엉덩춤	민속	·
4100	1938-01-04	·	·	·	·	늴리리야 입장구에 女人群의 삼대춤(北淸)	민속	·
4101	1938-01-04	·	·	·	·	醮禮廳의 "上直"(新義州)	민속	·
4102	1938-01-04	·	·	·	·	農民藝術의 殿堂 江陵의 "農樂隊"(江陵)	민속	·
4103	1938-01-04	·	·	·	·	牛馬의 行進(琿春)	민속	·
4104	1938-01-04	·	·	·	·	排擊虛禮 中央 龍王 메기(馬山)	민속	·
4105	1938-01-04	·	·	·	·	擔保豫賣等으로 商品化한 "處女"(高原)	민속	·
4106	1938-01-04	·	·	·	·	哀切悲痛할 葬禮式에 "새납" 불고 춤춘다(鎭南浦)	민속	·
4107	1938-01-04	·	·	·	·	永同할머니雇傭人이운다(密陽)	민속	·
4108	1938-01-05	·	·	·	·	最近의發見과學界의收穫	고적	·
4109	1938-01-05	·	·	·	·	高句麗 時代부터 起源한 石戰	역사	·
4110	1938-01-05	·	·	·	·	隊伍가춰횃불들고喊聲치며肉迫接戰	민속	·
4111	1938-01-05	·	·	·	·	康翎탈춤은 藝術的, 野外舞론 鳳山탈춤	민속	·
4112	1938-01-05	·	·	·	·	藝術的 薰香 가득한 醴泉의 "靑丹노리"	민속	·
4113	1938-01-05	·	·	·	·	北淸土城 官員놀이	민속	·
4114	1938-01-05	·	·	·	·	楊川 獅子舞	민속	·
4115	1938-01-05	·	·	·	·	男女 "쥐불" 노하 鼠害, 野蟲을 剿滅	민속	·
4116	1938-01-05	·	·	·	·	오독또기놀이	민속	·
4117	1938-01-05	·	·	·	·	流星의 狂舞같은 庫底 "횃불싸움"	민속	·
4118	1938-01-05	·	·	·	·	탈놀이- 河東지방에	민속	·
4119	1938-01-05	·	·	·	·	武裝의 줄다리기	민속	·
4120	1938-01-05	·	·	·	·	東萊의 野外 假面劇	민속	·
4121	1938-01-05	·	·	·	·	地神밟아가며旺運亨通起源	민속	·
4122	1938-01-05	·	·	·	·	혹지거리- 鎭南浦娛樂	민속	·
4123	1938-01-05	·	·	·	·	正初 가지가지 行事	민속	·
4124	1938-01-05	·	·	·	·	舞踊, 演劇의 人氣로 男女群爭 奪戰	민속	·
4125	1938-01-05	·	·	·	·	崔總角의 失戀이 起源- "海州의 주먹편쌈"	민속	·
4126	1938-01-05	·	·	·	·	新羅時代의 遺物- 民衆的인 東萊索戰	민속	·
4127	1938-01-06	·	·	·	·	舊慣陋習打破(下)	민속	·
4128	1938-01-06	李百壽	이백수	李百壽	이백수	호랑이 傳說- 김선달 호랑이(1)	문학	·
4129	1938-01-07	崔載瑞	최재서	崔載瑞	최재서	뷱레뷰-盧天命詩集『珊瑚林』을읽고	문학	·
4130	1938-01-07	李百壽	이백수	李百壽	이백수	호랑이 傳說- 김선달 호랑이(下)	문학	·
4131	1938-01-07	竹夫人	죽부인	·	·	閨燈史談(36)- 南毛娘의 寃死	문학	·

연번	날짜	자료저자명(한자)	자료저자명(한글)	본명(한자)	본명(한글)	기사제목	분류	비고
4132	1938-01-09	아저씨	아저씨	·	·	少年野談(9)*8회	문학	연재횟수 오기
4133	1938-01-13	李默	이묵	李默	이묵	西洋史上에나타난戊寅年의事變	역사	·
4134	1938-01-14	竹夫人	죽부인	·	·	閨燈史談(37)- 智炤夫人과 아들	문학	·
4135	1938-01-15	竹夫人	죽부인	·	·	閨燈史談(38)- 호랭이 쫓은 金烈女	문학	·
4136	1938-01-16	아저씨	아저씨	·	·	少年野談(10)*9회	문학	연재횟수 오기
4137	1938-01-16	·	·	·	·	古朝鮮의 自然科學者, 花潭先生遺蹟을 破毁	고적	·
4138	1938-01-19	竹夫人	죽부인	·	·	閨燈史談(39)- 藥食은 언제부터	문학	·
4139	1938-01-20	竹夫人	죽부인	·	·	閨燈史談(40)- 金庾信 將軍과 愛馬	문학	·
4140	1938-01-20	戊寅生	무인생	·	·	虎說話(1)- 妙香山虎	문학	·
4141	1938-01-21	竹夫人	죽부인	·	·	閨燈史談(40)*41회- 知恩處女와 老母	문학	연재횟수 오기
4142	1938-01-21	戊寅生	무인생	·	·	虎說話(2)- 松岳山 寡婦虎(上)	문학	·
4143	1938-01-21	장똘뱅이	장똘뱅이	·	·	朝鮮市場考(1)- 場日의陽曆改定을際하야	역사	·
4144	1938-01-21	三顯生	삼현생	·	·	東方寅의 曆書由來(1)	역사	·
4145	1938-01-22	竹夫人	죽부인	·	·	閨燈史談(42)- 寡公主와 元曉聖師	문학	·
4146	1938-01-22	戊寅生	무인생	·	·	虎說話(3)- 松岳山 寡婦虎(下)	문학	·
4147	1938-01-22	三顯生	삼현생	·	·	東方寅의 曆書由來(2)	역사	·
4148	1938-01-23	아저씨	아저씨	·	·	少年野談(10)	문학	·
4149	1938-01-23	戊寅生	무인생	·	·	虎說話(4)- 漢州處女虎	문학	·
4150	1938-01-23	장똘뱅이	장똘뱅이	·	·	朝鮮市場考(2)- 場日의 陽曆改定을 際하야	역사	·
4151	1938-01-23	·	·	·	·	"道德精忠" 圃隱先生- 生後 600年 記念日을 際하야	역사	·
4152	1938-01-23	安鼎福	안정복	安鼎福	안정복	圃隱先生書卒	역사	·
4153	1938-01-23	柳成龍	유성룡	柳成龍	유성룡	圃隱先生集跋	역사	·
4154	1938-01-23	李令翊	이영익	李令翊	이영익	朝鮮樂府百死歌	역사	·
4155	1938-01-23	·	·	·	·	金允經氏의 心血著作 記念圖書 出版	사업	·
4156	1938-01-23	·	·	·	·	國語普及講習- 1000餘處에서 開始	사업	·
4157	1938-01-25	竹夫人	죽부인	·	·	閨燈史談(43)- 孫孝子와 石鐘	문학	·
4158	1938-01-25	장똘뱅이	장똘뱅이	·	·	朝鮮市場考(3)- 場日의 陽曆改定을 際하야	역사	·
4159	1938-01-25	三顯生	삼현생	·	·	東方寅의 曆書由來(3)	역사	·
4160	1938-01-25	李象範	이상범	李象範	이상범	나의 스승을 말함(1)- 自由主義者 安心田 先生	문학	·
4161	1938-01-26	竹夫人	죽부인	·	·	閨燈史談(44)- 弦琴傳來와 女子	문학	·
4162	1938-01-26	戊寅生	무인생	·	·	虎說話(5)- 九月山 老僧虎(上)	문학	·
4163	1938-01-26	三顯生	삼현생	·	·	東方寅의 曆書由來(4)	역사	·
4164	1938-01-26	咸和鎭	함화진	咸和鎭	함화진	나의 스승을 말함(2)- 六弦에 서린 朝鮮的 情緖	문학	·
4165	1938-01-27	竹夫人	죽부인	·	·	閨燈史談(45)- 空閨지킨 興德大王	문학	·
4166	1938-01-27	戊寅生	무인생	·	·	虎說話(6)- 九月山 老僧虎(下)	문학	·
4167	1938-01-27	三顯生	삼현생	·	·	東方寅의 曆書由來(5)	역사	·
4168	1938-01-27	申明均	신명균	申明均	신명균	나의 스승을 말함(3)- 稀有한 精力家 周時經 先生	문학	·
4169	1938-01-28	竹夫人	죽부인	·	·	閨燈史談(46)- 乞食女와 正秀大師	문학	·
4170	1938-01-28	戊寅生	무인생	·	·	虎說話(7)- 九月山 老僧虎(上)	문학	·
4171	1938-01-28	李秉岐	이병기	李秉岐	이병기	나의 스승을 말함(4)- 黃眞伊의 時調一首가 指針	문학	·

연번	날짜	자료저자명(한자)	자료저자명(한글)	본명(한자)	본명(한글)	기사제목	분류	비고
4172	1938-01-29	竹夫人	죽부인	·	·	閨燈史談(47)- 階伯將軍의 夫妻	문학	·
4173	1938-01-29	戊寅生	무인생	·	·	虎說話(8)- 九月山 老僧虎(下)	문학	·
4174	1938-01-30	아저씨	아저씨	·	·	少年野談(12)*11회	문학	연재횟수 오기
4175	1938-01-31	竹夫人	죽부인	·	·	閨燈史談(48)- 冶匠女와 牛頭郞	문학	·
4176	1938-02-01	竹夫人	죽부인	·	·	閨燈史談(49)- 過門不入한 金將軍	문학	·
4177	1938-02-01	戊寅生	무인생	·	·	虎說話(9, 完)- 死虎가 殺人	문학	·
4178	1938-02-02	竹夫人	죽부인	·	·	閨燈史談(50)- 張保皐 딸의 죽엄	문학	·
4179	1938-02-03	竹夫人	죽부인	·	·	閨燈史談(1)- 弓裔와 乳母의 손(上)	문학	·
4180	1938-02-04	竹夫人	죽부인	·	·	閨燈史談(2)- 弓裔와 乳母의 손(下)	문학	·
4181	1938-02-05	竹夫人	죽부인	·	·	閨燈史談(3)- 高麗國과 西海龍女(上)	문학	·
4182	1938-02-06	李淸源	이청원	李淸源	이청원	古代社會 新羅의 花郞制度 再批判(1)	역사	·
4183	1938-02-07	竹夫人	죽부인	·	·	閨燈史談(4)- 高麗國과 西海龍女(下)	문학	·
4184	1938-02-08	竹夫人	죽부인	·	·	閨燈史談(5)- 石函속의 三處女	문학	·
4185	1938-02-08	李淸源	이청원	李淸源	이청원	古代社會 新羅의 花郞制度 再批判(2)	역사	·
4186	1938-02-09	竹夫人	죽부인	·	·	閨燈史談(6)- 柳下川上의 美處女	문학	·
4187	1938-02-09	李淸源	이청원	李淸源	이청원	古代社會 新羅의 花郞制度 再批判(3)	역사	·
4188	1938-02-10	竹夫人	죽부인	·	·	閨燈史談(7)- 佛燈下의 美人女僧	문학	·
4189	1938-02-11	竹夫人	죽부인	·	·	閨燈史談(8)- 千秋怨恨의 康氏	문학	·
4190	1938-02-13	아저씨	아저씨	·	·	少年野談(13)*12회	문학	연재횟수 오기
4191	1938-02-14	竹夫人	죽부인	·	·	閨燈史談(9)- 神惠王后의 一言	문학	·
4192	1938-02-15	白鐵	백철	白鐵	백철	現役作家總評(1)- 文章과 思想性의 檢討	문학	·
4193	1938-02-15	竹夫人	죽부인	·	·	閨燈史談(10)- 人情內人淸宮少女	문학	·
4194	1938-02-16	白鐵	백철	白鐵	백철	現役作家總評(2)- 文章과 思想性의 檢討(下)	문학	·
4195	1938-02-17	朴英熙	박영희	朴英熙	박영희	現役作家總評(3)- 玄民 兪鎭午論(ㅏ)	문학	·
4196	1938-02-18	柳子厚	유자후	柳子厚	유자후	朝鮮貨幣沿革(1)	역사	·
4197	1938-02-18	朴英熙	박영희	朴英熙	박영희	現役作家總評(4)- 玄民 兪鎭午論(下)	문학	·
4198	1938-02-19	柳子厚	유자후	柳子厚	유자후	朝鮮貨幣沿革(2)	역사	·
4199	1938-02-19	林和	임화	林仁植	임인식	現役作家總評(5)- 作家 韓雪野論(上)	문학	제목 오류 民村 李箕永論(上)
4200	1938-02-19	竹夫人	죽부인	·	·	閨燈史談(11)- 五色雲中의 洗布女	문학	·
4201	1938-02-20	柳子厚	유자후	柳子厚	유자후	朝鮮貨幣沿革(3)	역사	·
4202	1938-02-20	林和	임화	林仁植	임인식	現役作家總評(5)*6회- 民村 李箕永論(下)	문학	연재횟수 오기
4203	1938-02-22	柳子厚	유자후	柳子厚	유자후	朝鮮貨幣沿革(4)	역사	·
4204	1938-02-22	林和	임화	林仁植	임인식	現役作家總評(6)*7회- 作家 韓雪野論(上)	문학	연재횟수 오기
4205	1938-02-23	柳子厚	유자후	柳子厚	유자후	朝鮮貨幣沿革(5)	역사	·
4206	1938-02-23	·	·	·	·	頹落해가는 水原의 八達, 蒼龍 兩門	고적	·
4207	1938-02-24	林和	임화	林仁植	임인식	現役作家總評(9)*8회- 作家 韓雪野論(下)	문학	연재횟수 오기
4208	1938-02-25	柳子厚	유자후	柳子厚	유자후	朝鮮貨幣沿革(6)	역사	·
4209	1938-02-25	白鐵	백철	白鐵	백철	現役作家總評(10)*9회- 作家 李孝石論(上)	문학	연재횟수 오기
4210	1938-02-25	李聖柱	이성주	李聖柱	이성주	聖經 綴字改正의 歷史的 妥當性(1)	논설	·
4211	1938-02-26	白鐵	백철	白鐵	백철	現役作家總評(11)*10회- 作家 李孝石論(中)	문학	연재횟수 오기

연번	날짜	자료저자명 (한자)	자료저자명 (한글)	본명 (한자)	본명 (한글)	기사제목	분류	비고
4212	1938-02-26	李聖柱	이성주	李聖柱	이성주	聖經 綴字改正의 歷史的 妥當性(2)	논설	·
4213	1938-02-27	柳子厚	유자후	柳子厚	유자후	朝鮮貨幣沿革(7)	역사	·
4214	1938-02-27	白鐵	백철	白鐵	백철	現役作家總評(12)*11회- 作家 李孝石論(下)	문학	연재횟수 오기
4215	1938-02-27	아저씨	아저씨	·	·	少年野談(14)*13회	문학	연재횟수 오기
4216	1938-03-01	柳子厚	유자후	柳子厚	유자후	朝鮮貨幣沿革(8)	역사	·
4217	1938-03-01	林和	임화	林仁植	임인식	現役作家總評(12)- 劇作家 柳致眞論(上)	문학	·
4218	1938-03-01	李聖柱	이성주	李聖柱	이성주	聖經 綴字改正의 歷史的 妥當性(3)	논설	·
4219	1938-03-02	柳子厚	유자후	柳子厚	유자후	朝鮮貨幣沿革(9)	역사	·
4220	1938-03-02	林和	임화	林仁植	임인식	現役作家總評(13)- 劇作家 柳致眞論(下)	문학	·
4221	1938-03-02	李聖柱	이성주	李聖柱	이성주	聖經綴字改定의 歷史的 妥當性(3)*4회	논설	연재횟수 오기
4222	1938-03-03	柳子厚	유자후	柳子厚	유자후	朝鮮貨幣沿革(10)	역사	·
4223	1938-03-03	李聖柱	이성주	李聖柱	이성주	聖經 綴字改正의 歷史的 妥當性(5)	논설	·
4224	1938-03-04	柳子厚	유자후	柳子厚	유자후	朝鮮貨幣沿革(11)	역사	·
4225	1938-03-05	柳子厚	유자후	柳子厚	유자후	朝鮮貨幣沿革(12)	역사	·
4226	1938-03-06	柳子厚	유자후	柳子厚	유자후	朝鮮貨幣沿革(13)	역사	·
4227	1938-03-06	아저씨	아저씨	·	·	少年野談(15)*14회	문학	연재횟수 오기
4228	1938-03-08	柳子厚	유자후	柳子厚	유자후	朝鮮貨幣沿革(14)	역사	·
4229	1938-03-09	柳子厚	유자후	柳子厚	유자후	朝鮮貨幣沿革(15)	역사	·
4230	1938-03-09	哲人	철인	·	·	現代哲學의 動向(1)	철학	·
4231	1938-03-10	柳子厚	유자후	柳子厚	유자후	朝鮮貨幣沿革(16)	역사	·
4232	1938-03-10	哲人	철인	·	·	現代哲學의 動向(2)	철학	·
4233	1938-03-11	柳子厚	유자후	柳子厚	유자후	朝鮮貨幣沿革(17)	역사	·
4234	1938-03-12	柳子厚	유자후	柳子厚	유자후	朝鮮貨幣沿革(18)	역사	·
4235	1938-03-12	哲人	철인	·	·	現代哲學의 動向(3)	철학	·
4236	1938-03-13	柳子厚	유자후	柳子厚	유자후	朝鮮貨幣沿革(19)	역사	·
4237	1938-03-13	哲人	철인	·	·	現代哲學의 動向(4)	철학	·
4238	1938-03-13	아저씨	아저씨	·	·	少年野談(16)*15회	문학	연재횟수 오기
4239	1938-03-15	柳子厚	유자후	柳子厚	유자후	朝鮮貨幣沿革(20)	역사	·
4240	1938-03-16	柳子厚	유자후	柳子厚	유자후	朝鮮貨幣沿革(21)	역사	·
4241	1938-03-17	·	·	·	·	小,中,高女,師範의 編制教科等 內容(1)	한글, 역사	·
4242	1938-03-17	金龍濟	김용제	金龍濟	김용제	苦悶의 性格과 創造의 精神(1)	문학	·
4243	1938-03-18	柳子厚	유자후	柳子厚	유자후	朝鮮貨幣沿革(22)	역사	·
4244	1938-03-18	·	·	·	·	小學,中學,高女,師範의 改正教育令에 依한 規程(2)	한글, 역사	·
4245	1938-03-18	金龍濟	김용제	金龍濟	김용제	苦悶의 性格과 創造의 精神(2)	문학	·
4246	1938-03-19	柳子厚	유자후	柳子厚	유자후	朝鮮貨幣沿革(23)	역사	·
4247	1938-03-19	·	·	·	·	小學,中學,高女,師範의 改正教育令에 依한 規程(3)	한글, 역사	·
4248	1938-03-19	安含光	안함광	安鍾彦	안종언	朝鮮文學의 現代的 相貌(1)	문학	·
4249	1938-03-20	柳子厚	유자후	柳子厚	유자후	朝鮮貨幣沿革(24)	역사	·
4250	1938-03-20	·	·	·	·	小學,中學,高女,師範의 改正教育令에 依한 規程(4)	한글,	·

연번	날짜	자료저자명 (한자)	자료저자명 (한글)	본명 (한자)	본명 (한글)	기사제목	분류	비고
							역사	
4251	1938-03-20	安含光	안함광	安鍾彦	안종언	朝鮮文學의 現代的 相貌(2)	문학	·
4252	1938-03-20	아저씨	아저씨	·	·	少年野談(17)*16회	문학	연재횟수 오기
4253	1938-03-23	柳子厚	유자후	柳子厚	유자후	朝鮮貨幣沿革(25)	역사	·
4254	1938-03-23	安含光	안함광	安鍾彦	안종언	朝鮮文學의 現代的 相貌(3)	문학	·
4255	1938-03-24	安含光	안함광	安鍾彦	안종언	朝鮮文學의 現代的 相貌(4)	문학	·
4256	1938-03-25	安含光	안함광	安鍾彦	안종언	朝鮮文學의 現代的 相貌(5)	문학	·
4257	1938-03-26	柳子厚	유자후	柳子厚	유자후	朝鮮貨幣沿革(26)	역사	·
4258	1938-03-26	韓曉	한효	韓曉	한효	浪漫主義의 現代的 意義(1)	문학	·
4259	1938-03-27	柳子厚	유자후	柳子厚	유자후	朝鮮貨幣沿革(27)	역사	·
4260	1938-03-27	韓曉	한효	韓曉	한효	浪漫主義의 現代的 意義(2)	문학	·
4261	1938-03-27	아저씨	아저씨	·	·	少年野談(18)*17회	문학	연재횟수 오기
4262	1938-03-29	韓曉	한효	韓曉	한효	浪漫主義의 現代的 意義(3)	문학	·
4263	1938-03-30	柳子厚	유자후	柳子厚	유자후	朝鮮貨幣沿革(28)	역사	·
4264	1938-03-30	韓曉	한효	韓曉	한효	浪漫主義의 現代的 意義(4)	문학	·
4265	1938-03-31	柳子厚	유자후	柳子厚	유자후	朝鮮貨幣沿革(29)	역사	·
4266	1938-04-01	趙鎔薰	조용훈	趙鏞薰	조용훈	歷史에 나타난 『花』字 이름의 女性들 蘆花(上)	역사	·
4267	1938-04-01	林和	임화	林仁植	임인식	世態小說論(1)	문학	·
4268	1938-04-02	趙鎔薰	조용훈	趙鏞薰	조용훈	歷史에 나타난 『花』字 이름의 女性들 蘆花(中)	역사	·
4269	1938-04-02	林和	임화	林仁植	임인식	世態小說論(2)	문학	·
4270	1938-04-03	林和	임화	林仁植	임인식	世態小說論(3)	문학	·
4271	1938-04-03	아저씨	아저씨	·	·	少年野談(19)*18회	문학	연재횟수 오기
4272	1938-04-04	趙鎔薰	조용훈	趙鎔薰	조용훈	歷史에 나타난 『花』字 이름의 女性들 蘆花(下)	역사	·
4273	1938-04-05	趙鎔薰	조용훈	趙鎔薰	조용훈	歷史에 나타난 『花』字 이름의 女性들 碧花(上)	역사	·
4274	1938-04-05	林和	임화	林仁植	임인식	世態小說論(4)	문학	·
4275	1938-04-06	趙鎔薰	조용훈	趙鎔薰	조용훈	歷史에 나타난 『花』字 이름의 女性들 碧花(下)	역사	·
4276	1938-04-06	林和	임화	林仁植	임인식	世態小說論(5)	문학	·
4277	1938-04-07	金文輯	김문집	金文輯	김문집	批評 藝術的 優越性- 作品制作과 批評態度의 再檢討(1)	문학	·
4278	1938-04-08	趙鎔薰	조용훈	趙鎔薰	조용훈	歷史에 나타난 『花』字 이름의 女性들 蓮花(上)	역사	·
4279	1938-04-08	金文輯	김문집	金文輯	김문집	批評 藝術的 優越性- 作品制作과 批評態度의 再檢討(2)	문학	·
4280	1938-04-09	趙鎔薰	조용훈	趙鎔薰	조용훈	歷史에 나타난 『花』字 이름의 女性들 蓮花(下)	역사	·
4281	1938-04-09	金文輯	김문집	金文輯	김문집	批評 藝術的 優越性- 作品制作과 批評態度의 再檢討(3)	문학	·
4282	1938-04-10	金文輯	김문집	金文輯	김문집	批評 藝術的 優越性- 作品制作과 批評態度의 再檢討(4)	문학	·
4283	1938-04-10	아저씨	아저씨	·	·	少年野談(20)*19회	문학	연재횟수 오기
4284	1938-04-12	崔載瑞	최재서	崔載瑞	최재서	批評과 月評(1)- 批評의 形態와 內容	문학	·
4285	1938-04-13	趙鎔薰	조용훈	趙鎔薰	조용훈	歷史에 나타난 『花』字 이름의 女性들 寧花(上)	역사	·
4286	1938-04-13	崔載瑞	최재서	崔載瑞	최재서	批評과 月評(2)- 朝鮮의 批評과 學藝面	문학	·
4287	1938-04-14	趙鎔薰	조용훈	趙鎔薰	조용훈	歷史에 나타난 『花』字 이름의 女性들 寧花(下)	역사	·

연번	날짜	자료저자명 (한자)	자료저자명 (한글)	본명 (한자)	본명 (한글)	기사제목	분류	비고
4288	1938-04-14	崔載瑞	최재서	崔載瑞	최재서	批評과 月評(3)- 批評의 레뷰化	문학	·
4289	1938-04-15	趙鎔薰	조용훈	趙鎔薰	조용훈	歷史에 나타난 『花』字 이름의 女性들 柳花(上)	역사	·
4290	1938-04-15	崔載瑞	최재서	崔載瑞	최재서	批評과 月評(4)- 批評의 레뷰化	문학	·
4291	1938-04-16	朴英熙	박영희	朴英熙	박영희	朝鮮文學現象의 再檢討(1)	문학	·
4292	1938-04-17	朴英熙	박영희	朴英熙	박영희	朝鮮文學現象의 再檢討(2)	문학	·
4293	1938-04-17	아저씨	아저씨	·	·	少年野談(21)*20회	문학	연재횟수 오기
4294	1938-04-19	趙鎔薰	조용훈	趙鎔薰	조용훈	歷史에 나타난 『花』字 이름의 女性들 柳花(下)	역사	·
4295	1938-04-20	朴英熙	박영희	朴英熙	박영희	朝鮮文學現象의 再檢討(3)	문학	·
4296	1938-04-21	朴英熙	박영희	朴英熙	박영희	朝鮮文學現象의 再檢討(4)	문학	·
4297	1938-04-22	柳致眞	유치진	柳致眞	유치진	朝鮮演劇運動의 當面課題(上)	문학	·
4298	1938-04-23	柳致眞	유치진	柳致眞	유치진	朝鮮演劇運動의 當面課題(中)	문학	·
4299	1938-04-23	石堂學人	석당학인	·	·	八殿六陵考(上)	역사	·
4300	1938-04-24	柳致眞	유치진	柳致眞	유치진	朝鮮演劇運動의 當面課題(下)	문학	·
4301	1938-04-24	石堂學人	석당학인	·	·	八殿六陵考(中)	역사	·
4302	1938-04-24	아저씨	아저씨	·	·	少年野談(22)*21회	문학	연재횟수 오기
4303	1938-04-28	林和	임화	林仁植	임인식	5月創作評(其一) 雜誌創作欄의 沒落	문학	·
4304	1938-04-28	金復鎭	김복진	金復鎭	김복진	在東京 美術學生의 綜合展 印象記	미술	·
4305	1938-04-29	石堂學人	석당학인	·	·	八殿六陵考(下)	역사	·
4306	1938-05-01	아저씨	아저씨	·	·	少年野談(23)*22회	문학	연재횟수 오기
4307	1938-05-03	梧村學人	오촌학인	·	·	易理管見-主로 太極辨 理氣辨(1)	철학	·
4308	1938-05-04	尹星湖	윤성호	尹星湖	윤성호	新羅白鷄	문학	·
4309	1938-05-04	梧村學人	오촌학인	·	·	易理管見-主로 太極辨 理氣辨(2)	철학	·
4310	1938-05-05	梧村學人	오촌학인	·	·	易理管見-主로 太極辨 理氣辨(3)	철학	·
4311	1938-05-06	趙潤濟	조윤제	趙潤濟	조윤제	新刊評- 李熙昇編 朝鮮文學精華	문학	·
4312	1938-05-06	梧村學人	오촌학인	·	·	易理管見-主로 太極辨 理氣辨(4)	철학	·
4313	1938-05-07	梧村學人	오촌학인	·	·	易理管見-主로 太極辨 理氣辨(5)	철학	·
4314	1938-05-08	梧村學人	오촌학인	·	·	易理管見-主로 太極辨 理氣辨(6)	철학	·
4315	1938-05-08	아저씨	아저씨	·	·	少年野談(24)*23회	문학	연재횟수 오기
4316	1938-05-09	·	·	·	·	百濟의 學者 王仁, 大阪에서 神社 건설	고적	·
4317	1938-05-10	·	·	·	·	名勝古跡	고적	·
4318	1938-05-11	梧村學人	오촌학인	·	·	易理管見-主로 太極辨 理氣辨(7)	철학	·
4319	1938-05-12	梧村學人	오촌학인	·	·	易理管見-主로 太極辨 理氣辨(8)	철학	·
4320	1938-05-15	아저씨	아저씨	·	·	少年野談(25)*24회	문학	연재횟수 오기
4321	1938-05-17	梧村學人	오촌학인	·	·	易理管見-主로 太極辨 理氣辨(9)	철학	·
4322	1938-05-18	梧村學人	오촌학인	·	·	易理管見-主로 太極辨 理氣辨(10)	철학	·
4323	1938-05-22	·	·	·	·	百濟古都 公主의 全貌	고적	·
4324	1938-05-22	아저씨	아저씨	·	·	少年野談(26)*25회	문학	연재횟수 오기
4325	1938-05-24	李克魯	이극로	李克魯	이극로	朝鮮의 文學者 일진댄 朝鮮말을 알라	한글	·
4326	1938-05-28	李漢福	이한복	李漢福	이한복	완당선생	역사, 사업	·
4327	1938-05-28	白鐵	백철	白鐵	백철	朝鮮文學의 性格(1)- 直感과 人情의 文學	문학	·

연번	날짜	자료저자명(한자)	자료저자명(한글)	본명(한자)	본명(한글)	기사제목	분류	비고
4328	1938-05-29	아저씨	아저씨	·	·	少年野談(27)*26회	문학	연재횟수 오기
4329	1938-05-31	金珖燮	김광섭	金珖燮	김광섭	朝鮮文學의 性格(2)- 生活과 個性의 創造	문학	·
4330	1938-06-01	金南天	김남천	金南天	김남천	朝鮮文學의 性格(3)- 모랄의 確立	문학	·
4331	1938-06-01	李沙雲	이사운	李沙雲	이사운	標로 풀게 된 한문易解法(1)	문학	·
4332	1938-06-05	丁來東	정래동	丁來東	정래동	朝鮮文學의 性格(4)- 浪漫精神이 主流	문학	·
4333	1938-06-05	아저씨	아저씨	·	·	少年野談(28)*27회	문학	연재횟수 오기
4334	1938-06-05	李沙雲	이사운	李沙雲	이사운	標로 풀게 된 한문易解法(2)	문학	·
4335	1938-06-07	崔載瑞	최재서	崔載瑞	최재서	朝鮮文學의 性格(5)- 빌헬름 마이스텔的 性格에의 探究	문학	·
4336	1938-06-07	李沙雲	이사운	李沙雲	이사운	標로 풀게 된 한문易解法(3)	문학	·
4337	1938-06-08	李沙雲	이사운	李沙雲	이사운	標로 풀게 된 한문易解法(4)	문학	·
4338	1938-06-08	金仁承	김인승	金仁承	김인승	朝鮮 美展 短評(1)	미술	·
4339	1938-06-09	金仁承	김인승	金仁承	김인승	朝鮮 美展 短評(2)	미술	·
4340	1938-06-09	李沙雲	이사운	李沙雲	이사운	標로 풀게 된 한문易解法(5)	문학	·
4341	1938-06-10	宋錫夏	송석하	宋錫夏	송석하	民俗에서 風俗으로(1)	민속	·
4342	1938-06-10	李沙雲	이사운	李沙雲	이사운	標로 풀게 된 한문易解法(6)	문학	·
4343	1938-06-11	李沙雲	이사운	李沙雲	이사운	標로 풀게 된 한문易解法(7)	문학	·
4344	1938-06-12	宋錫夏	송석하	宋錫夏	송석하	民俗에서 風俗으로(2)	민속	·
4345	1938-06-12	아저씨	아저씨	·	·	少年野談(29)*28회	문학	연재횟수 오기
4346	1938-06-12	李沙雲	이사운	李沙雲	이사운	標로 풀게 된 한문易解法(8)	문학	·
4347	1938-06-14	宋錫夏	송석하	宋錫夏	송석하	民俗에서 風俗으로(3)	민속	·
4348	1938-06-14	李沙雲	이사운	李沙雲	이사운	標로 풀게 된 한문易解法(9)	문학	·
4349	1938-06-15	李沙雲	이사운	李沙雲	이사운	標로 풀게 된 한문易解法(10)	문학	·
4350	1938-06-16	都逢涉	도봉섭	都逢涉	도봉섭	藥草를 通해 본 韓醫學의 將來(上)	한의학	·
4351	1938-06-17	都逢涉	도봉섭	都逢涉	도봉섭	藥草를 通해 본 韓醫學의 將來(下)	한의학	·
4352	1938-06-17	李沙雲	이사운	李沙雲	이사운	標로 풀게 된 한문易解法(11)	문학	·
4353	1938-06-18	李沙雲	이사운	李沙雲	이사운	標로 풀게 된 한문易解法(12)	문학	·
4354	1938-06-19	柳子厚	유자후	柳子厚	유자후	朝鮮貨幣沿革(81)	역사	총 133회, 네이버판 동아일보에는 전체 분량이 수록되어 있지 않음
4355	1938-06-19	아저씨	아저씨	·	·	少年野談(30)*29회	문학	연재횟수 오기
4356	1938-06-19	李沙雲	이사운	李沙雲	이사운	標로 풀게 된 한문易解法(13)	문학	·
4357	1938-06-22	李沙雲	이사운	李沙雲	이사운	標로 풀게 된 한문易解法(14)	문학	·
4358	1938-06-23	李沙雲	이사운	李沙雲	이사운	標로 풀게 된 한문易解法(15)	문학	·
4359	1938-06-24	李沙雲	이사운	李沙雲	이사운	標로 풀게 된 한문易解法(16)	문학	·
4360	1938-06-25	李沙雲	이사운	李沙雲	이사운	標로 풀게 된 한문易解法(17)	문학	·
4361	1938-06-26	아저씨	아저씨	·	·	少年野談(31)*30회	문학	연재횟수 오기
4362	1938-06-28	李沙雲	이사운	李沙雲	이사운	標로 풀게 된 한문易解法(18)	문학	·
4363	1938-06-29	李沙雲	이사운	李沙雲	이사운	標로 풀게 된 한문易解法(19)	문학	·
4364	1938-06-30	金南天	김남천	金南天	김남천	古典研究雜想	문학	·

연번	날짜	자료저자명(한자)	자료저자명(한글)	본명(한자)	본명(한글)	기사제목	분류	비고
4365	1938-06-30	李沙雲	이사운	李沙雲	이사운	標로 풀게 된 한문易解法(20)	문학	·
4366	1938-07-01	李沙雲	이사운	李沙雲	이사운	標로 풀게 된 한문易解法(21)	문학	·
4367	1938-07-03	아저씨	아저씨	·	·	少年野談(32)*31회	문학	연재횟수 오기
4368	1938-07-10	·	·	·	·	朝鮮史를 完成	역사, 사업	·
4369	1938-07-10	아저씨	아저씨	·	·	少年野談(33)*32회	문학	연재횟수 오기
4370	1938-07-13	金文輯	김문집	金文輯	김문집	教育改革論- 教科書 改纂에의 前提(1)	한글	·
4371	1938-07-13	·	·	·	·	朝鮮語 辭典의 出來	한글, 사업	·
4372	1938-07-14	金文輯	김문집	金文輯	김문집	教育改革論- 教科書 改纂에의 前提(2)	한글	·
4373	1938-07-15	金文輯	김문집	金文輯	김문집	教育改革論- 教科書 改纂에의 前提(3)	한글	·
4374	1938-07-16	李明善	이명선	李明善	이명선	春香傳과 異本問題(1)	문학	·
4375	1938-07-16	金文輯	김문집	金文輯	김문집	教育改革論- 教科書 改纂에의 前提(4)	한글	·
4376	1938-07-17	金文輯	김문집	金文輯	김문집	教育改革論- 教科書 改纂에의 前提(5)	한글	·
4377	1938-07-17	아저씨	아저씨	·	·	少年野談(34)*33회	문학	연재횟수 오기
4378	1938-07-20	·	·	·	·	朝鮮語 辭典 今日부터 나왓다	한글	·
4379	1938-07-20	·	·	·	·	破損되어가는 우리 古蹟을 알뜰히 愛護하고 保存하자	고적, 사업	·
4380	1938-07-22	李明善	이명선	李明善	이명선	春香傳과 異本問題(2)	문학	·
4381	1938-07-23	李明善	이명선	李明善	이명선	春香傳과 異本問題(3)	문학	·
4382	1938-07-24	아저씨	아저씨	·	·	少年野談(35)*34회	문학	연재횟수 오기
4383	1938-08-04	李明善	이명선	李明善	이명선	春香傳과 異本問題(4)	문학	·
4384	1938-08-05	李明善	이명선	李明善	이명선	春香傳과 異本問題(5)	문학	·
4385	1938-08-07	아저씨	아저씨	·	·	少年野談(36)*35회	문학	연재횟수 오기
4386	1938-08-09	李熙昇	이희승	李熙昇	이희승	夏期 紙上大學 第5講-朝鮮語學의 方法論 序說(1)	한글	·
4387	1938-08-11	李熙昇	이희승	李熙昇	이희승	夏期 紙上大學 第5講-朝鮮語學의 方法論 序說(2)	한글	·
4388	1938-08-11	崔益翰	최익한	崔益翰	최익한	北漢眞興王碑 年代推定에 對하야(1)	고적	·
4389	1938-08-12	李熙昇	이희승	李熙昇	이희승	夏期 紙上大學 第5講-朝鮮語學의 方法論 序說(3)	한글	·
4390	1938-08-12	崔益翰	최익한	崔益翰	최익한	北漢眞興王碑 年代推定에 對하야(2)	고적	·
4391	1938-08-13	李熙昇	이희승	李熙昇	이희승	夏期 紙上大學 第5講-朝鮮語學의 方法論 序說(4)	한글	·
4392	1938-08-14	李熙昇	이희승	李熙昇	이희승	夏期 紙上大學 第5講-朝鮮語學의 方法論 序說(5)	한글	·
4393	1938-08-14	아저씨	아저씨	·	·	少年野談(37)*36회	문학	연재횟수 오기
4394	1938-08-15	崔益翰	최익한	崔益翰	최익한	北漢眞興王碑 年代推定에 對하야(3)	고적	·
4395	1938-08-17	崔益翰	최익한	崔益翰	최익한	北漢眞興王碑 年代推定에 對하야(4)	고적	·
4396	1938-08-18	崔益翰	최익한	崔益翰	최익한	北漢眞興王碑 年代推定에 對하야(5)	고적	·
4397	1938-08-20	·	·	·	·	勤勞報國은 古蹟愛護에서	고적, 사업	·
4398	1938-08-20	崔益翰	최익한	崔益翰	최익한	北漢眞興王碑 年代推定에 對하야(6)	고적	·
4399	1938-08-21	아저씨	아저씨	·	·	少年野談(38)*37회	문학	연재횟수 오기
4400	1938-08-21	·	·	·	·	樂浪의 出土品	고적	·
4401	1938-08-22	崔益翰	최익한	崔益翰	최익한	北漢眞興王碑 年代推定에 對하야(7)	고적	·
4402	1938-08-23	·	·	·	·	統營 制勝堂에 紅門을 建立	역사,	·

연번	날짜	자료저자명(한자)	자료저자명(한글)	본명(한자)	본명(한글)	기사제목	분류	비고
							사업	
4403	1938-08-24	·	·	·	·	三韓, 高麗時代의 寶物 水原서 多數 發掘	고적	·
4404	1938-08-24	崔益翰	최익한	崔益翰	최익한	北漢眞興王碑 年代推定에 對하야(8)	고적	·
4405	1938-08-28	·	·	·	·	名勝古跡	고적	·
4406	1938-08-28	아저씨	아저씨	·	·	少年野談(39)*38회	문학	연재횟수 오기
4407	1938-08-30	李克魯	이극로	李克魯	이극로	朝鮮各道風習얘기	민속	·
4408	1938-08-31	·	·	·	·	非常時局下에 古蹟愛護日 行事	고적, 사업	·
4409	1938-08-31	·	·	·	·	扶餘, 大阪, 東京에 王仁博士 追慕碑	역사, 사업	·
4410	1938-09-04	아저씨	아저씨	·	·	少年野談(40)*39회	문학	연재횟수 오기
4411	1938-09-11	아저씨	아저씨	·	·	少年野談(41)*40회	문학	연재횟수 오기
4412	1938-09-11	·	·	·	·	古蹟을 사랑하자	고적	·
4413	1938-09-13	·	·	·	·	600年前舊蹟인 齊雲樓를移築	고적	·
4414	1938-10-01	·	·	·	·	新羅時代古墳	고적	·
4415	1938-10-02	아저씨	아저씨	·	·	少年野談(42)*41회	문학	연재횟수 오기
4416	1938-10-02	·	·	·	·	東洋音樂의 精華雅樂 宮中祕曲을 演奏	음악	·
4417	1938-10-02	·	·	·	·	百濟羅城과 社稷壇門等 90餘種 4次 指定	역사	·
4418	1938-10-04	·	·	·	·	山明水麗 絶勝區에 三韓古刹 龍泉寺	고적	·
4419	1938-10-07	李鍾泰	이종태	李鍾泰	이종태	朝鮮古來雅樂의 史的小考	역사	·
4420	1938-10-07	李秉岐	이병기	李秉岐	이병기	從來正樂에 對하야- 特히 三大樂聖의 業績	음악	·
4421	1938-10-09	李秉岐	이병기	李秉岐	이병기	從來正樂에 對하야- 特히 三大樂聖의 業績(中)	음악	·
4422	1938-10-09	아저씨	아저씨	·	·	少年野談(43)*42회	문학	연재횟수 오기
4423	1938-10-11	李秉岐	이병기	李秉岐	이병기	從來正樂에 對하야- 特히 三大樂聖의 業績(下)	음악	·
4424	1938-10-13	高在烋	고재휴	高在烋	고재휴	朝鮮語音節의 構成에 對한 小考(1)	한글	·
4425	1938-10-14	高在烋	고재휴	高在烋	고재휴	朝鮮語音節의 構成에 對한 小考(2)	한글	·
4426	1938-10-16	李秉岐	이병기	李秉岐	이병기	어린이歷史(1)- 성골장군	역사, 문학	·
4427	1938-10-19	高在烋	고재휴	高在烋	고재휴	朝鮮語音節의 構成에 對한 小考(3)	한글	·
4428	1938-10-21	高在烋	고재휴	高在烋	고재휴	朝鮮語音節의 構成에 對한 小考(4, 完)	한글	·
4429	1938-10-23	李秉岐	이병기	李秉岐	이병기	어린이歷史(2)- 甄萱(上)	역사, 문학	·
4430	1938-10-23	·	·	·	·	京城에 總本山創建코 佛敎의社會化 進出	종교	·
4431	1938-10-28	·	·	·	·	丁茶山全書 朝鮮出版界의金字塔	사업	·
4432	1938-10-30	金道泰	김도태	金道泰	김도태	京釜線篇(1)	기행	·
4433	1938-11-06	李秉岐	이병기	李秉岐	이병기	어린이歷史(3)- 甄萱(下)	역사, 문학	·
4434	1938-11-06	金道泰	김도태	金道泰	김도태	京釜線篇(2)	기행	·
4435	1938-11-08	李鍾泰	이종태	李鍾泰	이종태	朝鮮雅樂器의 構造와 그 性能(1)	음악	·
4436	1938-11-09	李鍾泰	이종태	李鍾泰	이종태	朝鮮雅樂器의 構造와 그 性能(2)	음악	·
4437	1938-11-11	李鍾泰	이종태	李鍾泰	이종태	朝鮮雅樂器의 構造와 그 性能(3)	음악	·
4438	1938-11-13	李秉岐	이병기	李秉岐	이병기	어린이歷史(4)- 高麗太祖	역사, 문학	·

연번	날짜	자료저자명(한자)	자료저자명(한글)	본명(한자)	본명(한글)	기사제목	분류	비고
4439	1938-11-15	李鍾泰	이종태	李鍾泰	이종태	朝鮮雅樂器의 構造와 그 性能(4)	음악	·
4440	1938-11-16	·	·	·	·	2000年前 高句麗의 榮華 王宮과 寺院基壇을 發掘	고적	·
4441	1938-11-17	李鍾泰	이종태	李鍾泰	이종태	朝鮮雅樂器의 構造와 그 性能(5)	음악	·
4442	1938-11-18	李鍾泰	이종태	李鍾泰	이종태	朝鮮雅樂器의 構造와 그 性能(5)*6회	음악	연재횟수 오기
4443	1938-11-20	李秉岐	이병기	李秉岐	이병기	어린이歷史(5)- 혜종과 박술히	역사, 문학	·
4444	1938-11-20	金道泰	김도태	金道泰	김도태	京釜線篇(3)	기행	·
4445	1938-11-20	·	·	·	·	再認識要求되는 朝鮮舞踊의 眞價 西歐批評家가 본 趙氏舞踊	민속	·
4446	1938-11-22	李鍾泰	이종태	李鍾泰	이종태	朝鮮雅樂器의 構造와 그 性能(6)*7회	음악	연재횟수 오기
4447	1938-11-22	·	·	·	·	趙澤元 舞踊會 人氣 漸高 우리古典의 새出發	민속	·
4448	1938-11-22	·	·	·	·	新羅文化의 精粹品을 紐育 萬國博에 出品	고적	·
4449	1938-11-23	·	·	·	·	朝鮮舞踊의 새進路	민속	·
4450	1938-11-23	·	·	·	·	考古學界의 重要한 二發見	고적	·
4451	1938-11-25	·	·	·	·	古蹟保存 明日에 委員會	고적	·
4452	1938-11-25	·	·	·	·	今夜 趙澤元 舞踊公演	민속	·
4453	1938-11-25	李鍾泰	이종태	李鍾泰	이종태	朝鮮雅樂器의 構造와 그 性能(8)	음악	·
4454	1938-11-26	·	·	·	·	寶物, 古蹟, 天然記念物- 새로 100種 指定 發表	고적	·
4455	1938-11-27	李秉岐	이병기	李秉岐	이병기	어린이歷史(5)*6회 - 海東孔子	역사, 문학	연재횟수 오기
4456	1938-11-27	金道泰	김도태	金道泰	김도태	京釜線篇(4)	기행	·
4457	1938-11-27	李鍾泰	이종태	李鍾泰	이종태	朝鮮雅樂器의 構造와 그 性能(9)	음악	·
4458	1938-11-30	李鍾泰	이종태	李鍾泰	이종태	朝鮮雅樂器의 構造와 그 性能(10)	음악	·
4459	1938-12-03	·	·	·	·	朝鮮的音樂과 作曲- 古典繼承으로부터 創造의 길로	음악	·
4460	1938-12-03	李鍾泰	이종태	李鍾泰	이종태	朝鮮雅樂器의 構造와 그 性能(11)	음악	·
4461	1938-12-04	李秉岐	이병기	李秉岐	이병기	어린이歷史(7)- 姜邯贊(上)	역사, 문학	·
4462	1938-12-04	金道泰	김도태	金道泰	김도태	京釜線篇(5)	기행	·
4463	1938-12-04	李鍾泰	이종태	李鍾泰	이종태	朝鮮雅樂器의 構造와 그 性能(12)	음악	·
4464	1938-12-06	李鍾泰	이종태	李鍾泰	이종태	朝鮮雅樂器의 構造와 그 性能(13)	음악	·
4465	1938-12-08	李鍾泰	이종태	李鍾泰	이종태	朝鮮雅樂器의 構造와 그 性能(14, 完)	음악	·
4466	1938-12-09	崔益翰	최익한	崔益翰	최익한	與猶堂全書를 讀함(1)	역사	·
4467	1938-12-09	安浩相	안호상	安浩相	안호상	茶山先生과 現代와의 關係	논설	·
4468	1938-12-10	崔益翰	최익한	崔益翰	최익한	與猶堂全書를 讀함(2)	역사	·
4469	1938-12-10	·	·	·	·	名寶書畵展 高麗佛畵等 巨作을 陳列	미술, 사업	·
4470	1938-12-11	崔益翰	최익한	崔益翰	최익한	與猶堂全書를 讀함(3)	역사	·
4471	1938-12-11	李秉岐	이병기	李秉岐	이병기	어린이歷史(8)- 姜邯贊(下)	역사, 문학	·
4472	1938-12-11	金道泰	김도태	金道泰	김도태	京釜線篇(6)	기행	·
4473	1938-12-13	崔益翰	최익한	崔益翰	최익한	與猶堂全書를 讀함(4)	역사	·
4474	1938-12-13	李泰俊	이태준	李泰俊	이태준	뿍 레뷰- 훌륭한 古典『朝鮮名寶展圖錄』	문학	·
4475	1938-12-13	·	·	·	·	茶山與猶堂全書 完刊記念 祝賀	논설	·

연번	날짜	자료저자명(한자)	자료저자명(한글)	본명(한자)	본명(한글)	기사제목	분류	비고
4476	1938-12-14	崔益翰	최익한	崔益翰	최익한	與猶堂全書를 讀함(5)	역사	·
4477	1938-12-16	崔益翰	최익한	崔益翰	최익한	與猶堂全書를 讀함(6)	역사	·
4478	1938-12-17	崔益翰	최익한	崔益翰	최익한	與猶堂全書를 讀함(7)	역사	·
4479	1938-12-18	崔益翰	최익한	崔益翰	최익한	與猶堂全書를 讀함(8)	역사	·
4480	1938-12-18	李秉岐	이병기	李秉岐	이병기	어린이歷史(9)- 寒松亭曲	역사, 문학	·
4481	1938-12-18	金道泰	김도태	金道泰	김도태	京釜線篇(7)	기행	·
4482	1938-12-21	崔益翰	최익한	崔益翰	최익한	與猶堂全書를 讀함(9)	역사	·
4483	1938-12-23	崔益翰	최익한	崔益翰	최익한	與猶堂全書를 讀함(10)	역사	·
4484	1938-12-24	崔益翰	최익한	崔益翰	최익한	與猶堂全書를 讀함(11)	역사	·
4485	1938-12-24	·	·	·	·	朝鮮出版界는 萎縮一路	사업	·
4486	1938-12-25	崔益翰	최익한	崔益翰	최익한	與猶堂全書를 讀함(12)	역사	·
4487	1938-12-25	李秉岐	이병기	李秉岐	이병기	어린이歷史(10)- 광종의 일대	역사, 문학	·
4488	1938-12-25	金道泰	김도태	金道泰	김도태	京釜線篇(8)	기행	·
4489	1938-12-27	崔益翰	최익한	崔益翰	최익한	與猶堂全書를 讀함(13)	역사	·
4490	1938-12-28	崔益翰	최익한	崔益翰	최익한	與猶堂全書를 讀함(14)	역사	·
4491	1939-01-01	·	·	·	·	新建할 朝鮮文學의 性格	문학	·
4492	1939-01-01	滄海學人	창해학인	崔益翰	최익한	傳統探究의 現代的 意義(上)	역사	·
4493	1939-01-01	李雲林	이운림	李雲林	이운림	己卯와 人物	역사	·
4494	1939-01-01	·	·	·	·	血汗의 結實도 不遠	역사	·
4495	1939-01-01	·	·	·	·	朝鮮語 辭典 完成	한글	·
4496	1939-01-01	·	·	·	·	鉛槧의 日月- 朝鮮貨幣의 集大成	역사	·
4497	1939-01-01	·	·	·	·	古代朝鮮獎學制- 學者의 入門은 太學과 鄕校	역사	·
4498	1939-01-01	·	·	·	·	實用實學의 先驅者들	역사	·
4499	1939-01-01	·	·	·	·	씨름, 그네, 줄다리기, 弓術의 由來- 씨름은 一種의 兵術	역사, 민속	·
4500	1939-01-01	·	·	·	·	新建할 朝鮮文學의 性格	문학	·
4501	1939-01-01	申南澈	신남철	申南澈	신남철	朝鮮文學資料館의 必要性을 論함(1)	논설	·
4502	1939-01-01	·	·	·	·	閑散한 朝鮮出版界	사업	·
4503	1939-01-01	·	·	·	·	單 두坪 되는 마루에서 朝鮮語辭典 完成	한글	·
4504	1939-01-03	滄海學人	창해학인	崔益翰	최익한	傳統探究의 現代的 意義(中)	역사	·
4505	1939-01-03	·	·	·	·	씨름, 그네, 줄다리기, 弓術의 由來- 武術론 弓術이 爲王	역사, 민속	·
4506	1939-01-03	安浩相	안호상	安浩相	안호상	朝鮮古來思想과 現代思潮와의 關聯性(1)	철학	·
4507	1939-01-03	·	·	·	·	座談會 續記(2)	문학	·
4508	1939-01-03	李熙昇	이희승	李熙昇	이희승	古語의 現代的 領域(1)	한글	·
4509	1939-01-03	宋錫夏	송석하	宋錫夏	송석하	朝鮮舞踊의 史的槪觀	역사	·
4510	1939-01-03	·	·	·	·	音樂의 協助가 必要	음악	·
4511	1939-01-04	滄海學人	창해학인	崔益翰	최익한	傳統探究의 現代的 意義(3)	역사	·
4512	1939-01-04	·	·	·	·	씨름, 그네, 줄다리기, 弓術의 由來	역사, 민속	·

연번	날짜	자료저자명(한자)	자료저자명(한글)	본명(한자)	본명(한글)	기사제목	분류	비고
4513	1939-01-04	·	·	·	·	新建할 朝鮮文學의 性格(完)	문학	·
4514	1939-01-04	安浩相	안호상	安浩相	안호상	朝鮮古來思想과 現代思潮와의 關聯性(2)	철학	·
4515	1939-01-04	李熙昇	이희승	李熙昇	이희승	古語의 現代的 領域(2)	한글	·
4516	1939-01-04	具滋玉	구자옥	具滋玉	구자옥	鄕村과 都市協力- 普遍的 協力이 急務	역사	·
4517	1939-01-04	宋錫夏	송석하	宋錫夏	송석하	索戰은 簡易化	역사	·
4518	1939-01-04	·	·	·	·	音樂家 座談會	음악	·
4519	1939-01-04	·	·	·	·	昌慶苑에 大文化殿堂	사업	·
4520	1939-01-05	申南澈	신남철	申南澈	신남철	朝鮮文學資料館의 必要性을 論함(2)	논설	·
4521	1939-01-05	安浩相	안호상	安浩相	안호상	朝鮮古來思想과 現代思潮와의 關聯性(3)	철학	·
4522	1939-01-05	李熙昇	이희승	李熙昇	이희승	古語의 現代的 領域(3)	한글	·
4523	1939-01-06	滄海學人	창해학인	崔益翰	최익한	傳統探究의 現代的 意義(5)*4회	역사	연재횟수 오기
4524	1939-01-06	安浩相	안호상	安浩相	안호상	朝鮮古來思想과 現代思潮와의 關聯性(4)	철학	·
4525	1939-01-07	滄海學人	창해학인	崔益翰	최익한	傳統探究의 現代的 意義(完)	역사	·
4526	1939-01-07	·	·	·	·	우리 生活에서 찾어질 옛 情緖	음악	·
4527	1939-01-08	申南澈	신남철	申南澈	신남철	朝鮮文學資料館의 必要性을 論함(3)	논설	·
4528	1939-01-10	申南澈	신남철	申南澈	신남철	朝鮮文學資料館의 必要性을 論함(4)	논설	·
4529	1939-01-10	兪鎭午	유진오	兪鎭午	유진오	朝鮮文學에 주어진 새길(1)	문학	·
4530	1939-01-10	·	·	·	·	民俗學的으로 본 우리娛樂 몇가지	민속	·
4531	1939-01-11	兪鎭午	유진오	兪鎭午	유진오	朝鮮文學에 주어진 새길(2)	문학	·
4532	1939-01-11	李秉岐	이병기	李秉岐	이병기	傳統과 創造- 鄕歌와 現代詩(上)	문학	·
4533	1939-01-11	李重華	이중화	李重華	이중화	朝鮮 女子服의 變遷史(上)	역사, 민속	·
4534	1939-01-12	兪鎭午	유진오	兪鎭午	유진오	朝鮮文學에 주어진 새길(3)	문학	·
4535	1939-01-12	李秉岐	이병기	李秉岐	이병기	傳統과 創造- 鄕歌와 現代詩(下)	문학	·
4536	1939-01-12	李重華	이중화	李重華	이중화	朝鮮 女子服의 變遷史(中)	역사, 민속	·
4537	1939-01-13	兪鎭午	유진오	兪鎭午	유진오	朝鮮文學에 주어진 새길(4)	문학	·
4538	1939-01-13	李重華	이중화	李重華	이중화	朝鮮 女子服의 變遷史(下)	역사, 민속	·
4539	1939-01-13	劉昌宣	유창선	劉昌宣	유창선	傳統과 創造- 再認識 되어야할 花郞制度(1)	역사	·
4540	1939-01-15	李秉岐	이병기	李秉岐	이병기	鄕歌와 現代詩(3)	문학	·
4541	1939-01-15	白鐵	백철	白鐵	백철	文學建設에 資할 나의 新提唱- 「事實」과 「神話」뒤에 오는 理想主義의 新文學(1)	문학	·
4542	1939-01-17	李秉岐	이병기	李秉岐	이병기	鄕歌와 現代詩(完)	문학	·
4543	1939-01-17	白鐵	백철	白鐵	백철	文學建設에 資할 나의 新提唱- 「事實」과 「神話」뒤에 오는 理想主義의 新文學(2)	문학	·
4544	1939-01-18	白鐵	백철	白鐵	백철	文學建設에 資할 나의 新提唱- 「事實」과 「神話」뒤에 오는 理想主義의 新文學(3)	문학	·
4545	1939-01-19	白鐵	백철	白鐵	백철	文學建設에 資할 나의 新提唱- 「事實」과 「神話」뒤에 오는 理想主義의 新文學(4)	문학	·
4546	1939-01-21	白鐵	백철	白鐵	백철	文學建設에 資할 나의 新提唱- 「事實」과 「神話」뒤에 오는 理想主義의 新文學(5)	문학	·
4547	1939-01-21	金珖燮	김광섭	金珖燮	김광섭	新年創作評(1)	문학	·

연번	날짜	자료저자명(한자)	자료저자명(한글)	본명(한자)	본명(한글)	기사제목	분류	비고
4548	1939-01-22	劉昌宣	유창선	劉昌宣	유창선	傳統과 創造- 再認識 되어야할 花郎制度(2)	역사	·
4549	1939-01-22	金珖燮	김광섭	金珖燮	김광섭	新年創作評(2)	문학	·
4550	1939-01-22	李秉岐	이병기	李秉岐	이병기	어린이歷史- 新穴小君	역사, 문학	·
4551	1939-01-22	金道泰	김도태	金道泰	김도태	京釜線篇(9)	기행	·
4552	1939-01-24	劉昌宣	유창선	劉昌宣	유창선	傳統과 創造- 再認識 되어야할 花郎制度(3)	역사	·
4553	1939-01-24	金珖燮	김광섭	金珖燮	김광섭	新年創作評(3)	문학	·
4554	1939-01-26	劉昌宣	유창선	劉昌宣	유창선	傳統과 創造- 再認識 되어야할 花郎制度(4)	역사	·
4555	1939-01-26	金珖燮	김광섭	金珖燮	김광섭	新年創作評(4)	문학	·
4556	1939-01-27	金珖燮	김광섭	金珖燮	김광섭	新年創作評(5)	문학	·
4557	1939-01-28	金珖燮	김광섭	金珖燮	김광섭	新年創作評(6, 完)	문학	·
4558	1939-01-29	尹圭涉	윤규섭	尹圭涉	윤규섭	文學建設에 資할 나의 新提唱- 世紀的 桎梏에서 어떠케 朝鮮文學은 벗어날까(上)	문학	·
4559	1939-01-29	金斗憲	김두헌	金斗憲	김두헌	朝鮮家族制度의 再檢討- 特히 現代의 生活과 關聯해서(上)	역사	·
4560	1939-01-29	金道泰	김도태	金道泰	김도태	京釜線篇(10)	기행	·
4561	1939-01-31	崔益翰	최익한	崔益翰	최익한	與猶堂全書를 讀함(14)*15회	역사	연재횟수 오기
4562	1939-01-31	尹圭涉	윤규섭	尹圭涉	윤규섭	文學建設에 資할 나의 新提唱- 世紀的 桎梏에서 어떠케 朝鮮文學은 벗어날까(下)	문학	·
4563	1939-01-31	金斗憲	김두헌	金斗憲	김두헌	朝鮮家族制度의 再檢討 -特히 現代의 生活과 關聯해서(中)	역사	·
4564	1939-02-03	崔益翰	최익한	崔益翰	최익한	與猶堂全書를 讀함(15)*16회	역사	연재횟수 오기
4565	1939-02-03	李北鳴	이북명	李北鳴	이북명	文學建設에 資할 나의 新提唱- 强한 知性과 人間的 本能의 擁護(上)	문학	·
4566	1939-02-03	金斗憲	김두헌	金斗憲	김두헌	朝鮮家族制度의 再檢討- 特히 現代의 生活과 關聯해서(下)	역사	·
4567	1939-02-05	崔益翰	최익한	崔益翰	최익한	與猶堂全書를 讀함(17)	역사	·
4568	1939-02-05	李北鳴	이북명	李北鳴	이북명	文學建設에 資할 나의 新提唱- 强한 知性과 人間的 本能의 擁護(下)	문학	·
4569	1939-02-05	李秉岐	이병기	李秉岐	이병기	어린이歷史(10)- 왕가도의 꾀	역사, 문학	·
4570	1939-02-05	金道泰	김도태	金道泰	김도태	京釜線篇(11)	기행	·
4571	1939-02-07	崔益翰	최익한	崔益翰	최익한	與猶堂全書를 讀함(18)	역사	·
4572	1939-02-07	蔡萬植	채만식	蔡萬植	채만식	文學建設에 資할 나의 新提唱- 模倣에서 創造로(上)	문학	·
4573	1939-02-08	崔益翰	최익한	崔益翰	최익한	與猶堂全書를 讀함(19)	역사	·
4574	1939-02-08	蔡萬植	채만식	蔡萬植	채만식	文學建設에 資할 나의 新提唱- 模倣에서 創造로(下)	문학	·
4575	1939-02-09	崔益翰	최익한	崔益翰	최익한	與猶堂全書를 讀함(20)	역사	·
4576	1939-02-09	韓植	한식	韓植	한식	「스페샬리제이션」의 確立- 우리네 作家들에게 주는 覺書(1)	문학	·
4577	1939-02-11	崔益翰	최익한	崔益翰	최익한	與猶堂全書를 讀함(22)*21회	역사	연재횟수 오기
4578	1939-02-11	韓植	한식	韓植	한식	「스페샬리제이션」의 確立- 우리네 作家들에게 주는 覺書(2)	문학	·
4579	1939-02-15	崔益翰	최익한	崔益翰	최익한	與猶堂全書를 讀함(23)*22회	역사	연재횟수 오기
4580	1939-02-15	韓植	한식	韓植	한식	「스페샬리제이션」의 確立- 우리네 作家들에게 주는	문학	·

연번	날짜	자료저자명(한자)	자료저자명(한글)	본명(한자)	본명(한글)	기사제목	분류	비고
						覺書(3, 完)		
4581	1939-02-16	崔益翰	최익한	崔益翰	최익한	與猶堂全書를 讀함(24)*23회	역사	연재횟수 오기
4582	1939-02-17	崔益翰	최익한	崔益翰	최익한	與猶堂全書를 讀함(25)*24회	역사	연재횟수 오기
4583	1939-02-18	林和	임화	林仁植	임인식	歷史,文化,文學- 或은 「時代性」이란 것에의 一覺書(1)	문학	·
4584	1939-02-19	林和	임화	林仁植	임인식	歷史,文化,文學- 或은 「時代性」이란 것에의 一覺書(2)	문학	·
4585	1939-02-19	崔載瑞	최재서	崔載瑞	최재서	文壇有感(1)- 文學의 表情	문학	·
4586	1939-02-19	李秉岐	이병기	李秉岐	이병기	우리의 역사- 조상의 음덕(상)	역사, 문학	·
4587	1939-02-19	金道泰	김도태	金道泰	김도태	京釜線篇(12)	기행	·
4588	1939-02-21	崔益翰	최익한	崔益翰	최익한	與猶堂全書를 讀함(26)	역사	·
4589	1939-02-21	崔載瑞	최재서	崔載瑞	최재서	文壇有感(2)- 文學的 合理性	문학	·
4590	1939-02-23	林和	임화	林仁植	임인식	歷史,文化,文學- 或은 「時代性」이란 것에의 一覺書(3)	문학	·
4591	1939-02-24	林和	임화	林仁植	임인식	歷史,文化,文學- 或은 「時代性」이란 것에의 一覺書(4)	문학	·
4592	1939-02-26	李秉岐	이병기	李秉岐	이병기	우리의 역사- 조상의 음덕(하)	역사, 문학	·
4593	1939-02-26	金道泰	김도태	金道泰	김도태	京釜線篇(13)	기행	·
4594	1939-03-01	林和	임화	林仁植	임인식	歷史,文化,文學- 或은 「時代性」이란 것에의 一覺書(5)	문학	·
4595	1939-03-03	林和	임화	林仁植	임인식	歷史,文化,文學- 或은 「時代性」이란 것에의 一覺書(完)	문학	·
4596	1939-03-05	·	·	·	·	新羅 溟州城址서 滿月形瓦를 發見	고적	·
4597	1939-03-05	金道泰	김도태	金道泰	김도태	京釜線篇(14)	기행	·
4598	1939-03-07	崔益翰	최익한	崔益翰	최익한	與猶堂全書를 讀함(28)*26회	역사	연재횟수 오기
4599	1939-03-08	·	·	·	·	平壤城 木槨墳 發見, 樂浪 考古學에 重寶	고적	·
4600	1939-03-09	崔益翰	최익한	崔益翰	최익한	與猶堂全書를 讀함(29)*27회	역사	연재횟수 오기
4601	1939-03-10	崔益翰	최익한	崔益翰	최익한	與猶堂全書를 讀함(30)*28회	역사	연재횟수 오기
4602	1939-03-12	金道泰	김도태	金道泰	김도태	京釜線篇(15)	기행	·
4603	1939-03-14	崔益翰	최익한	崔益翰	최익한	與猶堂全書를 讀함(31)*29회	역사	연재횟수 오기
4604	1939-03-16	崔益翰	최익한	崔益翰	최익한	與猶堂全書를 讀함(32)*30회	역사	연재횟수 오기
4605	1939-03-17	崔益翰	최익한	崔益翰	최익한	與猶堂全書를 讀함(33)*31회	역사	연재횟수 오기
4606	1939-03-19	崔益翰	최익한	崔益翰	최익한	與猶堂全書를 讀함(34)*32회	역사	연재횟수 오기
4607	1939-03-19	金道泰	김도태	金道泰	김도태	京釜線篇(16)	기행	·
4608	1939-03-21	崔益翰	최익한	崔益翰	최익한	與猶堂全書를 讀함(35)*33회	역사	연재횟수 오기
4609	1939-03-23	崔益翰	최익한	崔益翰	최익한	與猶堂全書를 讀함(36)*34회	역사	연재횟수 오기
4610	1939-03-24	崔益翰	최익한	崔益翰	최익한	與猶堂全書를 讀함(37)*35회	역사	연재횟수 오기
4611	1939-03-24	·	·	·	·	古蹟 滿月臺를 美化, 博物館 設置를 促進	고적	·
4612	1939-03-25	崔益翰	최익한	崔益翰	최익한	與猶堂全書를 讀함(38)*36회	역사	연재횟수 오기
4613	1939-03-26	金道泰	김도태	金道泰	김도태	京釜線篇(17)	기행	·
4614	1939-03-28	崔益翰	최익한	崔益翰	최익한	與猶堂全書를 讀함(39)*37회	역사	연재횟수 오기

연번	날짜	자료저자명(한자)	자료저자명(한글)	본명(한자)	본명(한글)	기사제목	분류	비고
4615	1939-03-28	李秉岐	이병기	李秉岐	이병기	散文學의 再檢討- 歷史文學과 正史(上)	문학	·
4616	1939-03-28	李秉岐	이병기	李秉岐	이병기	散文學의 再檢討- 歷史文學과 正史(下)	문학	·
4617	1939-03-30	崔益翰	최익한	崔益翰	최익한	與猶堂全書를 讀함(40)*38회	역사	연재횟수 오기
4618	1939-03-31	社說	사설	·	·	古書發揚에 對하야	문학	·
4619	1939-04-01	崔益翰	최익한	崔益翰	최익한	與猶堂全書를 讀함(41)*39회	역사	연재횟수 오기
4620	1939-04-02	崔益翰	최익한	崔益翰	최익한	與猶堂全書를 讀함(42)*40회	역사	연재횟수 오기
4621	1939-04-02	·	·	·	·	高句麗壁畵 模寫와 古墳模型을 陳列	고적, 사업	·
4622	1939-04-02	李秉岐	이병기	李秉岐	이병기	어린이歷史- 妙淸의 술법(上)	역사, 문학	·
4623	1939-04-02	金道泰	김도태	金道泰	김도태	京釜線篇(18)	기행	·
4624	1939-04-06	崔益翰	최익한	崔益翰	최익한	與猶堂全書를 讀함(43)*41회	역사	연재횟수 오기
4625	1939-04-07	崔益翰	최익한	崔益翰	최익한	與猶堂全書를 讀함(44)*42회	역사	연재횟수 오기
4626	1939-04-09	崔益翰	최익한	崔益翰	최익한	與猶堂全書를 讀함(45)*43회	역사	연재횟수 오기
4627	1939-04-09	李秉岐	이병기	李秉岐	이병기	어린이歷史- 묘청의 싸움(하)	역사, 문학	·
4628	1939-04-09	金道泰	김도태	金道泰	김도태	京釜線篇(19)	기행	·
4629	1939-04-11	崔益翰	최익한	崔益翰	최익한	與猶堂全書를 讀함(46)*44회	역사	연재횟수 오기
4630	1939-04-12	崔益翰	최익한	崔益翰	최익한	與猶堂全書를 讀함(47)*45회	역사	연재횟수 오기
4631	1939-04-12	李鍾洙	박태양	李鍾洙	박태양	뿍 레뷰- 最初의 文化鳥瞰圖 朝鮮文藝年鑑	문학	·
4632	1939-04-13	民村	민촌	李箕永	이기영	뿍 레뷰- 이응수 편주, 김립시집	문학	·
4633	1939-04-13	崔益翰	최익한	崔益翰	최익한	與猶堂全書를 讀함(48)*46회	역사	연재횟수 오기
4634	1939-04-14	崔益翰	최익한	崔益翰	최익한	與猶堂全書를 讀함(49)*47회	역사	연재횟수 오기
4635	1939-04-15	崔益翰	최익한	崔益翰	최익한	與猶堂全書를 讀함(50)*48회	역사	연재횟수 오기
4636	1939-04-16	李秉岐	이병기	李秉岐	이병기	어린이歷史- 김부식과 정지상	역사, 문학	·
4637	1939-04-16	金道泰	김도태	金道泰	김도태	京釜線篇(20)	기행	·
4638	1939-04-18	金容瓘	김용관	金容瓘	김용관	朝鮮 發明界의 現在와 將來	기타	·
4639	1939-04-19	社說	사설	·	·	東洋 醫藥協會 成立을 듣고	한의학, 논설	·
4640	1939-04-21	·	·	·	·	增補된 朝鮮語辭典 文世榮氏 精進	한글, 사업	·
4641	1939-04-22	崔益翰	최익한	崔益翰	최익한	與猶堂全書를 讀함(51)*49회	역사	연재횟수 오기
4642	1939-04-22	社說	사설	·	·	美術協會展을 보고	미술	·
4643	1939-04-23	崔益翰	최익한	崔益翰	최익한	與猶堂全書를 讀함(52)*50회	역사	연재횟수 오기
4644	1939-04-23	徐寅植	서인식	徐寅植	서인식	歷史에 잇어서의 行動과 觀想- 歷史와 英雄을 말함(1)	논설	·
4645	1939-04-23	金道泰	김도태	金道泰	김도태	京釜線篇(21)	기행	·
4646	1939-04-25	徐寅植	서인식	徐寅植	서인식	歷史에 잇어서의 行動과 觀想- 歷史와 英雄을 말함(2)	논설	·
4647	1939-04-25	·	·	·	·	全廢되는 朝鮮語 科目	한글	·
4648	1939-04-28	崔益翰	최익한	崔益翰	최익한	與猶堂全書를 讀함(53)*51회	역사	연재횟수 오기
4649	1939-04-28	徐寅植	서인식	徐寅植	서인식	歷史에 잇어서의 行動과 觀想- 歷史와 英雄을	논설	·

연번	날짜	자료저자명(한자)	자료저자명(한글)	본명(한자)	본명(한글)	기사제목	분류	비고
						말함(3)		
4650	1939-04-29	崔益翰	최익한	崔益翰	최익한	與猶堂全書를 讀함(54)*52회	역사	연재횟수 오기
4651	1939-04-29	徐寅植	서인식	徐寅植	서인식	歷史에 있어서의 行動과 觀想- 歷史와 英雄을 말함(4)	논설	·
4652	1939-05-02	崔益翰	최익한	崔益翰	최익한	與猶堂全書를 讀함(55)*53회	역사	연재횟수 오기
4653	1939-05-04	崔益翰	최익한	崔益翰	최익한	與猶堂全書를 讀함(56)*54회	역사	연재횟수 오기
4654	1939-05-04	徐寅植	서인식	徐寅植	서인식	歷史에 있어서의 行動과 觀想- 歷史와 英雄을 말함(5)	논설	·
4655	1939-05-06	崔益翰	최익한	崔益翰	최익한	與猶堂全書를 讀함(57)*55회	역사	연재횟수 오기
4656	1939-05-07	崔益翰	최익한	崔益翰	최익한	與猶堂全書를 讀함(58)*56회	역사	연재횟수 오기
4657	1939-05-07	金道泰	김도태	金道泰	김도태	京釜線篇(22)	기행	·
4658	1939-05-10	社說	사설	·	·	古文化를 收拾하라, 特히 『醫方類聚』를 보고	역사	·
4659	1939-05-10	·	·	·	·	眞興王의 巡狩碑	고적	·
4660	1939-05-12	崔益翰	최익한	崔益翰	최익한	與猶堂全書를 讀함(59)*57회	역사	연재횟수 오기
4661	1939-05-13	崔益翰	최익한	崔益翰	최익한	北漢山 新羅 眞興王碑(上)	고적	·
4662	1939-05-14	·	·	·	·	安奉線 草河驛 南方에서 高句麗 城壁 發見	고적	·
4663	1939-05-14	金道泰	김도태	金道泰	김도태	京釜線篇(23)	기행	·
4664	1939-05-16	崔益翰	최익한	崔益翰	최익한	北漢山 新羅 眞興王碑(中)	고적	·
4665	1939-05-17	崔益翰	최익한	崔益翰	최익한	北漢山 新羅 眞興王碑(下)	고적	·
4666	1939-05-17	·	·	·	·	朝鮮語科 復活 要望	한글	·
4667	1939-05-18	·	·	·	·	高句麗朝의 羅城	고적	·
4668	1939-05-19	崔益翰	최익한	崔益翰	최익한	北漢山 新羅 眞興王碑(4)	고적	·
4669	1939-05-19	金南天	김남천	金南天	김남천	民俗의 文學的 觀念	문학	·
4670	1939-05-21	金道泰	김도태	金道泰	김도태	京釜線篇(24)	기행	·
4671	1939-05-23	崔益翰	최익한	崔益翰	최익한	與猶堂全書를 讀함(60)*58회	역사	연재횟수 오기
4672	1939-05-24	崔益翰	최익한	崔益翰	최익한	與猶堂全書를 讀함(61)*59회	역사	연재횟수 오기
4673	1939-05-24	呂尙鉉	여상현	呂尙鉉	여상현	북 레뷰- 진귀한 수확, 조선민요선을 읽고	문학	·
4674	1939-05-25	崔益翰	최익한	崔益翰	최익한	與猶堂全書를 讀함(62)*60회	역사	연재횟수 오기
4675	1939-05-28	李秉岐	이병기	李秉岐	이병기	어린이歷史(20)- 구진천과 목노	역사, 문학	·
4676	1939-05-28	金道泰	김도태	金道泰	김도태	京釜線篇(25)	기행	·
4677	1939-05-31	崔益翰	최익한	崔益翰	최익한	與猶堂全書를 讀함(63)*61회	역사	연재횟수 오기
4678	1939-06-02	崔益翰	최익한	崔益翰	최익한	與猶堂全書를 讀함(64)*62회	역사	연재횟수 오기
4679	1939-06-04	崔益翰	최익한	崔益翰	최익한	與猶堂全書를 讀함(65)*63회	역사	연재횟수 오기
4680	1939-06-04	李秉岐	이병기	李秉岐	이병기	어린이歷史(21)- 장궁복과 정년	역사, 문학	·
4681	1939-06-04	金道泰	김도태	金道泰	김도태	京釜線篇(26)	기행	·
4682	1939-06-06	崔益翰	최익한	崔益翰	최익한	廣州 客山洞 佛像 刻字探訪記(上)	역사, 기행	·
4683	1939-06-07	崔益翰	최익한	崔益翰	최익한	廣州 客山洞 佛像 刻字探訪記(2)	역사, 기행	·
4684	1939-06-08	金基永	김기영	金基永	김기영	第18回 朝鮮美展印象記	미술	·
4685	1939-06-09	金庠基	김상기	金庠基	김상기	歷史研究家에게 주는 覺書, 特히 初學者의 索引을	논설	·

연번	날짜	자료저자명(한자)	자료저자명(한글)	본명(한자)	본명(한글)	기사제목	분류	비고
						爲해서(1)		
4686	1939-06-09	金永基	김영기	金永基	김영기	第18回 朝鮮美展印象記	미술	·
4687	1939-06-09	崔益翰	최익한	崔益翰	최익한	廣州 客山洞 佛像 刻字探訪記(3)	역사, 기행	·
4688	1939-06-10	金庠基	김상기	金庠基	김상기	歷史硏究家에게 주는 覺書, 特히 初學者의 索引을 爲해서(2)	논설	·
4689	1939-06-10	金珖燮	김광섭	金珖燮	김광섭	아름다운 言語音響을 우리에게 如實히 實證	문학	·
4690	1939-06-10	沈亨求	심형구	沈亨求	심형구	第18回 朝鮮美展印象記	미술	·
4691	1939-06-11	金庠基	김상기	金庠基	김상기	歷史硏究家에게 주는 覺書, 特히 初學者의 索引을 爲해서(3)	논설	·
4692	1939-06-11	沈亨求	심형구	沈亨求	심형구	第18回 朝鮮美展印象記	미술	·
4693	1939-06-11	李秉岐	이병기	李秉岐	이병기	어린이歷史(22)- 대세의 큰뜻	역사, 문학	·
4694	1939-06-11	金道泰	김도태	金道泰	김도태	京釜線篇(27)	기행	·
4695	1939-06-11	崔益翰	최익한	崔益翰	최익한	廣州 客山洞 佛像 刻字探訪記(4)	역사, 기행	·
4696	1939-06-14	金庠基	김상기	金庠基	김상기	歷史硏究家에게 주는 覺書, 特히 初學者의 索引을 爲해서(4)	논설	·
4697	1939-06-14	沈亨求	심형구	沈亨求	심형구	第18回 朝鮮美展印象記(完)	미술	·
4698	1939-06-14	崔益翰	최익한	崔益翰	최익한	廣州 客山洞 佛像 刻字探訪記(5)	역사, 기행	·
4699	1939-06-15	金庠基	김상기	金庠基	김상기	歷史硏究家에게 주는 覺書, 特히 初學者의 索引을 爲해서(5)	논설	·
4700	1939-06-16	金庠基	김상기	金庠基	김상기	歷史硏究家에게 주는 覺書, 特히 初學者의 索引을 爲해서(6)	논설	·
4701	1939-06-16	崔益翰	최익한	崔益翰	최익한	廣州 客山洞 佛像 刻字探訪記(6)	역사, 기행	·
4702	1939-06-17	金庠基	김상기	金庠基	김상기	歷史硏究家에게 주는 覺書, 特히 初學者의 索引을 爲해서(7)	논설	·
4703	1939-06-18	李秉岐	이병기	李秉岐	이병기	어린이歷史(23)- 검은고의 유래	역사, 문학	·
4704	1939-06-18	金道泰	김도태	金道泰	김도태	京釜線篇(28)	기행	·
4705	1939-06-20	崔益翰	최익한	崔益翰	최익한	廣州 客山洞 佛像 刻字探訪記(7)	역사, 기행	·
4706	1939-06-21	梁柱東	양주동	梁柱東	양주동	古歌謠의 語學的 硏究- 井邑詞釋注(1)	문학	·
4707	1939-06-21	崔益翰	최익한	崔益翰	최익한	廣州 客山洞 佛像 刻字探訪記(8)	역사, 기행	·
4708	1939-06-23	崔益翰	최익한	崔益翰	최익한	廣州 客山洞 佛像 刻字探訪記(9)	역사, 기행	·
4709	1939-06-24	梁柱東	양주동	梁柱東	양주동	古歌謠의 語學的 硏究- 井邑詞釋注(2)	문학	·
4710	1939-06-24	崔益翰	최익한	崔益翰	최익한	廣州 客山洞 佛像 刻字探訪記(10)	역사, 기행	·
4711	1939-06-25	李秉岐	이병기	李秉岐	이병기	어린이歷史(24)- 가야금 내력	역사, 문학	·
4712	1939-06-25	金道泰	김도태	金道泰	김도태	京釜線篇(29)	기행	·

연번	날짜	자료저자명(한자)	자료저자명(한글)	본명(한자)	본명(한글)	기사제목	분류	비고
4713	1939-06-27	梁柱東	양주동	梁柱東	양주동	古歌謠의 語學的 硏究- 井邑詞釋注(3)	문학	·
4714	1939-06-29	梁柱東	양주동	梁柱東	양주동	古歌謠의 語學的 硏究- 井邑詞釋注(4)	문학	·
4715	1939-06-29	崔益翰	최익한	崔益翰	최익한	廣州 客山洞 佛像 刻字探訪記(11)	역사, 기행	·
4716	1939-06-30	梁柱東	양주동	梁柱東	양주동	古歌謠의 語學的 硏究- 井邑詞釋注(5)	문학	·
4717	1939-06-30	柳致眞	유치진	柳致眞	유치진	찾어진 演劇古典 朝鮮演劇史를 읽고	문학	·
4718	1939-06-30	崔益翰	최익한	崔益翰	최익한	廣州 客山洞 佛像 刻字探訪記(12)	역사, 기행	·
4719	1939-07-02	金道泰	김도태	金道泰	김도태	京釜線篇(30)	기행	·
4720	1939-07-02	李秉岐	이병기	李秉岐	이병기	어린이歷史(25)- 목주의 효녀	역사, 문학	·
4721	1939-07-02	梁柱東	양주동	梁柱東	양주동	古歌謠의 語學的 硏究- 井邑詞釋注(6)	문학	·
4722	1939-07-05	梁柱東	양주동	梁柱東	양주동	古歌謠의 語學的 硏究- 井邑詞釋注(7)	문학	·
4723	1939-07-05	·	·	·	·	慶北 耳山古塚에서 發掘된 任那伽倻國의 古文化	고적	·
4724	1939-07-06	李如星	이여성	李命鍵	이명건	鄕土舞樂인 農樂- 江陵 "풍물"의 印象記(1)	음악	·
4725	1939-07-08	李如星	이여성	李命鍵	이명건	鄕土舞樂인 農樂- 江陵 "풍물"의 印象記(2)	음악	·
4726	1939-07-09	李秉岐	이병기	李秉岐	이병기	어린이歷史(25)- 김후직의 충간	역사, 문학	·
4727	1939-07-09	梁柱東	양주동	梁柱東	양주동	古歌謠의 語學的 硏究- 井邑詞釋注(8)	문학	·
4728	1939-07-09	金道泰	김도태	金道泰	김도태	京釜線篇(31)	기행	·
4729	1939-07-11	梁柱東	양주동	梁柱東	양주동	古歌謠의 語學的 硏究- 井邑詞釋注(9)	문학	·
4730	1939-07-12	梁柱東	양주동	梁柱東	양주동	古歌謠의 語學的 硏究- 井邑詞釋注(10)	문학	·
4731	1939-07-12	崔益翰	최익한	崔益翰	최익한	蘭谷 李建芳翁 輓	문학	·
4732	1939-07-14	金允經	김윤경	金允經	김윤경	北漢 眞興王 巡狩碑(1)	고적	·
4733	1939-07-14	·	·	·	·	잠든 地下古蹟을 불른다	고적	·
4734	1939-07-14	趙鏞薰	조용훈	趙鏞薰	조용훈	銷暑詩話(1)	문학	·
4735	1939-07-15	金允經	김윤경	金允經	김윤경	北漢 眞興王 巡狩碑(2)	고적	·
4736	1939-07-15	趙鏞薰	조용훈	趙鏞薰	조용훈	銷暑詩話(2)	문학	·
4737	1939-07-16	李秉岐	이병기	李秉岐	이병기	어린이歷史(26)- 신라의 화랑	역사, 문학	·
4738	1939-07-16	金道泰	김도태	金道泰	김도태	京釜線篇(32)	기행	·
4739	1939-07-16	金允經	김윤경	金允經	김윤경	北漢 眞興王 巡狩碑(3)	고적	·
4740	1939-07-16	趙鏞薰	조용훈	趙鏞薰	조용훈	銷暑詩話(3)	문학	·
4741	1939-07-18	金允經	김윤경	金允經	김윤경	北漢 眞興王 巡狩碑(4)	고적	·
4742	1939-07-19	金允經	김윤경	金允經	김윤경	北漢 眞興王 巡狩碑(5)	고적	·
4743	1939-07-19	趙鏞薰	조용훈	趙鏞薰	조용훈	銷暑詩話(4)	문학	·
4744	1939-07-20	金允經	김윤경	金允經	김윤경	北漢 眞興王 巡狩碑(6)	고적	·
4745	1939-07-20	趙鏞薰	조용훈	趙鏞薰	조용훈	銷暑詩話(5)	문학	·
4746	1939-07-21	社說	사설	·	·	古文獻出版에 忠實하라	사업	·
4747	1939-07-21	趙鏞薰	조용훈	趙鏞薰	조용훈	銷暑詩話(6)	문학	·
4748	1939-07-23	梁柱東	양주동	梁柱東	양주동	古歌謠의 語學的 硏究- 動動釋注(1)	문학	·
4749	1939-07-23	金道泰	김도태	金道泰	김도태	京釜線篇(33)	기행	·

연번	날짜	자료저자명(한자)	자료저자명(한글)	본명(한자)	본명(한글)	기사제목	분류	비고
4750	1939-07-23	趙鏞薰	조용훈	趙鏞薰	조용훈	銷暑詩話(7)	문학	·
4751	1939-07-25	梁柱東	양주동	梁柱東	양주동	古歌謠의 語學的 研究- 動動釋注(2)	문학	·
4752	1939-07-25	趙鏞薰	조용훈	趙鏞薰	조용훈	銷暑詩話(8)	문학	·
4753	1939-07-26	梁柱東	양주동	梁柱東	양주동	古歌謠의 語學的 研究- 動動釋注(3)	문학	·
4754	1939-07-26	趙鏞薰	조용훈	趙鏞薰	조용훈	銷暑詩話(9)	문학	·
4755	1939-07-27	梁柱東	양주동	梁柱東	양주동	古歌謠의 語學的 研究- 動動釋注(4)	문학	·
4756	1939-07-27	趙鏞薰	조용훈	趙鏞薰	조용훈	銷暑詩話(10)	문학	·
4757	1939-07-28	梁柱東	양주동	梁柱東	양주동	古歌謠의 語學的 研究- 動動釋注(5)	문학	·
4758	1939-07-28	李允宰	이윤재	李允宰	이윤재	뿍 레뷰- 文一平氏의 遺稿『湖岩史話集』	문학	·
4759	1939-07-28	滄海	창해	崔益翰	최익한	山岳詩人(1)	문학	·
4760	1939-07-30	李秉岐	이병기	李秉岐	이병기	어린이歷史(27)- 사다함의 용기	역사, 문학	·
4761	1939-07-30	梁柱東	양주동	梁柱東	양주동	古歌謠의 語學的 研究- 動動釋注(6)	문학	·
4762	1939-07-30	金道泰	김도태	金道泰	김도태	京釜線篇(34)	기행	·
4763	1939-07-30	滄海	창해	崔益翰	최익한	山岳詩人(2)	문학	·
4764	1939-08-02	梁柱東	양주동	梁柱東	양주동	古歌謠의 語學的 研究- 動動釋注(7)	문학	·
4765	1939-08-02	滄海	창해	崔益翰	최익한	山岳詩人(3)	문학	·
4766	1939-08-03	梁柱東	양주동	梁柱東	양주동	古歌謠의 語學的 研究- 動動釋注(8)	문학	·
4767	1939-08-03	滄海	창해	崔益翰	최익한	山岳詩人(4)	문학	·
4768	1939-08-04	梁柱東	양주동	梁柱東	양주동	古歌謠의 語學的 研究- 動動釋注(9)	문학	·
4769	1939-08-06	梁柱東	양주동	梁柱東	양주동	古歌謠의 語學的 研究- 動動釋注(10)	문학	·
4770	1939-08-06	金道泰	김도태	金道泰	김도태	京釜線篇(35)	기행	·
4771	1939-08-08	梁柱東	양주동	梁柱東	양주동	古歌謠의 語學的 研究- 動動釋注(11)	문학	·
4772	1939-08-10	梁柱東	양주동	梁柱東	양주동	古歌謠의 語學的 研究- 動動釋注(12)	문학	·
4773	1939-08-11	梁柱東	양주동	梁柱東	양주동	古歌謠의 語學的 研究- 動動釋注(13)	문학	·
4774	1939-08-12	梁柱東	양주동	梁柱東	양주동	古歌謠의 語學的 研究- 動動釋注(14)	문학	·
4775	1939-08-13	李秉岐	이병기	李秉岐	이병기	어린이歷史(29)- 신라의 기사	역사, 문학	·
4776	1939-08-13	梁柱東	양주동	梁柱東	양주동	古歌謠의 語學的 研究- 動動釋注(15)	문학	·
4777	1939-08-13	金道泰	김도태	金道泰	김도태	京釜線篇(36)	기행	·
4778	1939-08-15	梁柱東	양주동	梁柱東	양주동	古歌謠의 語學的 研究- 動動釋注(16)	문학	·
4779	1939-08-18	梁柱東	양주동	梁柱東	양주동	古歌謠의 語學的 研究- 動動釋注(17)	문학	·
4780	1939-08-20	金道泰	김도태	金道泰	김도태	京釜線篇(37)	기행	·
4781	1939-08-22	梁柱東	양주동	梁柱東	양주동	古歌謠의 語學的 研究- 動動釋注(18)	문학	·
4782	1939-08-24	梁柱東	양주동	梁柱東	양주동	古歌謠의 語學的 研究- 動動釋注(19)	문학	·
4783	1939-08-25	梁柱東	양주동	梁柱東	양주동	古歌謠의 語學的 研究- 動動釋注(20)	문학	·
4784	1939-08-26	高在烋	고재휴	高在烋	고재휴	言語學徒의 一言- 古歌謠註釋是非에 對하야(上)	문학	·
4785	1939-08-27	金道泰	김도태	金道泰	김도태	京釜線篇(38)	기행	·
4786	1939-08-27	高在烋	고재휴	高在烋	고재휴	言語學徒의 一言- 古歌謠註釋是非에 對하야(下)	문학	·
4787	1939-09-03	李秉岐	이병기	李秉岐	이병기	어린이歷史(32)- 김장군의 분노	역사, 문학	·
4788	1939-09-03	金道泰	김도태	金道泰	김도태	京釜線篇(39)	기행	·

연번	날짜	자료저자명(한자)	자료저자명(한글)	본명(한자)	본명(한글)	기사제목	분류	비고
4789	1939-09-03	金允經	김윤경	金允經	김윤경	北漢眞興王巡狩碑(1)- 建立年代 推定에 對한 崔益翰氏의 荅을 읽고	고적	·
4790	1939-09-05	金允經	김윤경	金允經	김윤경	北漢眞興王巡狩碑(2)- 建立年代 推定에 對한 崔益翰氏의 荅을 읽고	고적	·
4791	1939-09-06	崔益翰	최익한	崔益翰	최익한	東崖, 松湖歌詞(上)	문학	·
4792	1939-09-08	崔益翰	최익한	崔益翰	최익한	東崖, 松湖歌詞(中)	문학	·
4793	1939-09-08	丁來同	정래동	丁來同	정래동	紀行雜敍(1)	기행	·
4794	1939-09-09	崔益翰	최익한	崔益翰	최익한	東崖, 松湖歌詞(下)	문학	·
4795	1939-09-09	丁來同	정래동	丁來同	정래동	紀行雜敍(2)	기행	·
4796	1939-09-10	李秉岐	이병기	李秉岐	이병기	어린이歷史(33)- 귀산과 추항	역사, 문학	·
4797	1939-09-10	金道泰	김도태	金道泰	김도태	京釜線篇(40)	기행	·
4798	1939-09-10	丁來同	정래동	丁來同	정래동	紀行雜敍(3)	기행	·
4799	1939-09-10	金允經	김윤경	金允經	김윤경	北漢眞興王巡狩碑(3)- 建立年代 推定에 對한 崔益翰氏의 荅을 읽고	고적	·
4800	1939-09-11	·	·	·	·	今日은 古蹟愛護日	고적	·
4801	1939-09-12	丁來同	정래동	丁來同	정래동	紀行雜敍(4)	기행	·
4802	1939-09-12	金允經	김윤경	金允經	김윤경	北漢眞興王巡狩碑(4)- 建立年代 推定에 對한 崔益翰氏의 荅을 읽고	고적	·
4803	1939-09-13	丁來同	정래동	丁來同	정래동	紀行雜敍(5)	기행	·
4804	1939-09-13	金允經	김윤경	金允經	김윤경	北漢眞興王巡狩碑(5)- 建立年代 推定에 對한 崔益翰氏의 荅을 읽고	고적	·
4805	1939-09-15	丁來同	정래동	丁來同	정래동	紀行雜敍(6)	기행	·
4806	1939-09-15	金允經	김윤경	金允經	김윤경	北漢眞興王巡狩碑(6)- 建立年代 推定에 對한 崔益翰氏의 荅을 읽고	고적	·
4807	1939-09-16	丁來同	정래동	丁來同	정래동	紀行雜敍(7)	기행	·
4808	1939-09-16	金允經	김윤경	金允經	김윤경	北漢眞興王巡狩碑(7)- 建立年代 推定에 對한 崔益翰氏의 荅을 읽고	고적	·
4809	1939-09-17	李秉岐	이병기	李秉岐	이병기	어린이歷史(34)- 살수의 싸움	역사, 문학	·
4810	1939-09-17	金道泰	김도태	金道泰	김도태	京釜線篇(41)	기행	·
4811	1939-09-17	金允經	김윤경	金允經	김윤경	北漢眞興王巡狩碑(8)- 建立年代 推定에 對한 崔益翰氏의 荅을 읽고	고적	·
4812	1939-09-27	梁柱東	양주동	梁柱東	양주동	解疑數語(上)- 田蒙秀氏의 疑問에 荅함	문학	·
4813	1939-09-29	梁柱東	양주동	梁柱東	양주동	解疑數語(中)- 田蒙秀氏의 疑問에 荅함	문학	·
4814	1939-09-30	梁柱東	양주동	梁柱東	양주동	解疑數語(3)- 田蒙秀氏의 疑問에 荅함	문학	·
4815	1939-10-04	趙東卓	조동탁	趙東卓	조동탁	語源小考	한글	·
4816	1939-10-04	梁柱東	양주동	梁柱東	양주동	解疑數語(下)- 田蒙秀氏의 疑問에 荅함	문학	·
4817	1939-10-05	趙東卓	조동탁	趙東卓	조동탁	語源小考(下)	한글	·
4818	1939-10-07	梁柱東	양주동	梁柱東	양주동	古歌謠의 語學的 硏究- 處容歌釋注(1)	문학	·
4819	1939-10-08	李秉岐	이병기	李秉岐	이병기	어린이歷史(36)- 왕손을불	역사, 문학	35회 미확인
4820	1939-10-08	金道泰	김도태	金道泰	김도태	京釜線篇(42)	기행	·
4821	1939-10-08	梁柱東	양주동	梁柱東	양주동	古歌謠의 語學的 硏究- 處容歌釋注(2)	문학	·

연번	날짜	자료저자명(한자)	자료저자명(한글)	본명(한자)	본명(한글)	기사제목	분류	비고
4822	1939-10-10	梁柱東	양주동	梁柱東	양주동	古歌謠의 語學的 硏究- 處容歌釋注(3)	문학	·
4823	1939-10-11	梁柱東	양주동	梁柱東	양주동	古歌謠의 語學的 硏究- 處容歌釋注(4)	문학	·
4824	1939-10-13	宋錫夏	송석하	宋錫夏	송석하	海州康鴒의 假面演劇舞(上)	민속	·
4825	1939-10-14	梁柱東	양주동	梁柱東	양주동	古歌謠의 語學的 硏究- 處容歌釋注(5)	문학	·
4826	1939-10-14	石堂	석당	·	·	素轎와 童婢(1)	문학	·
4827	1939-10-14	·	·	·	·	하이킹 코스 紹介- 彰義門넘어 僧加寺, 飛峰까지(上)	기행	·
4828	1939-10-14	宋錫夏	송석하	宋錫夏	송석하	海州康鴒의 假面演劇舞(下)	민속	·
4829	1939-10-15	李秉岐	이병기	李秉岐	이병기	어린이歷史(37)- 근초고왕	역사, 문학	·
4830	1939-10-15	梁柱東	양주동	梁柱東	양주동	古歌謠의 語學的 硏究- 處容歌釋注(6)	문학	·
4831	1939-10-15	石堂	석당	·	·	素轎와 童婢(2)	문학	·
4832	1939-10-15	·	·	·	·	하이킹 코스 紹介- 彰義門넘어 僧加寺, 飛峰까지(下)	기행	·
4833	1939-10-17	梁柱東	양주동	梁柱東	양주동	古歌謠의 語學的 硏究- 處容歌釋注(7)	문학	·
4834	1939-10-17	·	·	·	·	빛나는우리의자랑- 寶物, 名勝, 古蹟 追加指定發表	고적	·
4835	1939-10-17	吳宗植	오종식	吳宗植	오종식	朝鮮工藝의 周邊(1)	미술	·
4836	1939-10-19	梁柱東	양주동	梁柱東	양주동	古歌謠의 語學的 硏究- 處容歌釋注(8)	문학	·
4837	1939-10-19	石堂	석당	·	·	이런게 友道	문학	·
4838	1939-10-19	社說	사설	·	·	保存古蹟의 追加	고적	·
4839	1939-10-19	吳宗植	오종식	吳宗植	오종식	朝鮮工藝의 周邊(2)	미술	·
4840	1939-10-20	梁柱東	양주동	梁柱東	양주동	古歌謠의 語學的 硏究- 處容歌釋注(9)	문학	·
4841	1939-10-20	吳宗植	오종식	吳宗植	오종식	朝鮮工藝의 周邊(3)	미술	·
4842	1939-10-22	梁柱東	양주동	梁柱東	양주동	古歌謠의 語學的 硏究- 處容歌釋注(10)	문학	·
4843	1939-10-22	金道泰	김도태	金道泰	김도태	京釜線篇(43) 경주(31) 석굴암행	기행	·
4844	1939-10-22	石堂	석당	·	·	異國美人의 恨	문학	·
4845	1939-10-22	吳宗植	오종식	吳宗植	오종식	朝鮮工藝의 周邊(4)	미술	·
4846	1939-10-24	梁柱東	양주동	梁柱東	양주동	古歌謠의 語學的 硏究- 處容歌釋注(11)	문학	·
4847	1939-10-24	吳宗植	오종식	吳宗植	오종식	朝鮮工藝의 周邊(5)	미술	·
4848	1939-10-25	梁柱東	양주동	梁柱東	양주동	古歌謠의 語學的 硏究- 處容歌釋注(12)	문학	·
4849	1939-10-26	金晋燮	김진섭	金晋燮	김진섭	文人과 職業의 問題(1)	문학	·
4850	1939-10-28	金晋燮	김진섭	金晋燮	김진섭	文人과 職業의 問題(2)	문학	·
4851	1939-10-29	李秉岐	이병기	李秉岐	이병기	어린이歷史(38)- 삼녀왕	역사, 문학	·
4852	1939-10-29	梁柱東	양주동	梁柱東	양주동	古歌謠의 語學的 硏究- 處容歌釋注(13)	문학	·
4853	1939-10-29	金晋燮	김진섭	金晋燮	김진섭	文人과 職業의 問題(3)	문학	·
4854	1939-10-29	金道泰	김도태	金道泰	김도태	京釜線篇(45) 경주(32) 석굴암행	기행	·
4855	1939-11-01	梁柱東	양주동	梁柱東	양주동	古歌謠의 語學的 硏究- 處容歌釋注(14)	문학	·
4856	1939-11-01	金晋燮	김진섭	金晋燮	김진섭	文人과 職業의 問題(4)	문학	·
4857	1939-11-02	梁柱東	양주동	梁柱東	양주동	古歌謠의 語學的 硏究- 處容歌釋注(15)	문학	·
4858	1939-11-02	金晋燮	김진섭	金晋燮	김진섭	文人과 職業의 問題(5)	문학	·
4859	1939-11-02	嚴興燮	엄흥섭	嚴興燮	엄흥섭	眞理를 探究하는 마음(上)	철학	·
4860	1939-11-02	石堂	석당	·	·	初夜에 復讐行	문학	·

연번	날짜	자료저자명(한자)	자료저자명(한글)	본명(한자)	본명(한글)	기사제목	분류	비고
4861	1939-11-05	李秉岐	이병기	李秉岐	이병기	어린이歷史(39)- 향가	역사, 문학	·
4862	1939-11-05	金晉燮	김진섭	金晉燮	김진섭	文人과 職業의 問題(6)	문학	·
4863	1939-11-05	嚴興燮	엄흥섭	嚴興燮	엄흥섭	眞理를 探究하는 마음(下)	철학	·
4864	1939-11-05	金道泰	김도태	金道泰	김도태	京釜線篇(46) 경주(33) 석굴암행	기행	·
4865	1939-11-05	石堂	석당	·	·	新羅의 三勇士	문학	·
4866	1939-11-07	梁柱東	양주동	梁柱東	양주동	古歌謠의 語學的 硏究- 處容歌釋注(16)	문학	·
4867	1939-11-07	崔載瑞	최재서	崔載瑞	최재서	小說과 民衆(上)	문학	·
4868	1939-11-10	梁柱東	양주동	梁柱東	양주동	古歌謠의 語學的 硏究- 處容歌釋注(17)	문학	·
4869	1939-11-10	崔載瑞	최재서	崔載瑞	최재서	小說과 民衆(中)	문학	·
4870	1939-11-10	石堂	석당	·	·	임자없는 扁舟	문학	·
4871	1939-11-12	李秉岐	이병기	李秉岐	이병기	어린이歷史(40)- 백제의 미술	역사, 문학	·
4872	1939-11-12	梁柱東	양주동	梁柱東	양주동	古歌謠의 語學的 硏究- 處容歌釋注(18)	문학	
4873	1939-11-12	金道泰	김도태	金道泰	김도태	京釜線篇(47) 경주(34) 석굴암행	기행	·
4874	1939-11-12	崔載瑞	최재서	崔載瑞	최재서	小說과 民衆(下)	문학	·
4875	1939-11-12	石堂	석당	·	·	兇家얻고 猝富	문학	·
4876	1939-11-14	梁柱東	양주동	梁柱東	양주동	古歌謠의 語學的 硏究- 處容歌釋注(19)	문학	·
4877	1939-11-14	金鍾漢	김종한	金鍾漢	김종한	詩論,時論,試論(1)- 現代詩와 모뉴멘탈리즘	문학	·
4878	1939-11-15	梁柱東	양주동	梁柱東	양주동	古歌謠의語學的硏究-處容歌釋注(20)	문학	·
4879	1939-11-15	金鍾漢	김종한	金鍾漢	김종한	詩論,時論,試論(2)- 에피그램의 抒情的 價値	문학	·
4880	1939-11-16	梁柱東	양주동	梁柱東	양주동	古歌謠의語學的硏究-處容歌釋注(21)	문학	·
4881	1939-11-16	石堂	석당	·	·	沙工과 義犬(上)	문학	·
4882	1939-11-18	尹圭涉	윤규섭	尹圭涉	윤규섭	文化時評(1)- 轉換期의 文化形態	문학	·
4883	1939-11-19	金道泰	김도태	金道泰	김도태	京釜線篇(48)	기행	·
4884	1939-11-19	尹圭涉	윤규섭	尹圭涉	윤규섭	文化時評(2)- 文化社會學의 再登場	문학	·
4885	1939-11-21	尹圭涉	윤규섭	尹圭涉	윤규섭	文化時評(3)- 思想文化의 文學化	문학	·
4886	1939-11-22	尹圭涉	윤규섭	尹圭涉	윤규섭	文化時評(4)- 쩌널리즘의 任務	문학	·
4887	1939-11-22	玄鎬燮	현호섭	玄鎬燮	현호섭	韓方醫學의 再檢討(1)	역사, 한의학	·
4888	1939-11-23	玄鎬燮	현호섭	玄鎬燮	현호섭	韓方醫學의 再檢討(2)	역사, 한의학	·
4889	1939-11-23	辛兌鉉	신태현	辛兌鉉	신태현	朝鮮姓氏의 起源(上)	역사	·
4890	1939-11-25	玄鎬燮	현호섭	玄鎬燮	현호섭	韓方醫學의 再檢討(3)	역사, 한의학	·
4891	1939-11-25	鄭人澤	정인택	鄭人澤	정인택	自我에의 鄕愁(1)	문학	·
4892	1939-11-26	李秉岐	이병기	李秉岐	이병기	어린이歷史(42)- 동명성왕	역사, 문학	41회 미확인
4893	1939-11-26	石堂	석당	·	·	沙工과 義犬(下)	문학	·
4894	1939-11-26	玄鎬燮	현호섭	玄鎬燮	현호섭	韓方醫學의 再檢討(4)	역사, 한의학	·
4895	1939-11-26	鄭人澤	정인택	鄭人澤	정인택	自我에의 鄕愁(2)	문학	·
4896	1939-11-29	石堂	석당	·	·	高麗初期 王室의 哀話(1)	문학	·

연번	날짜	자료저자명(한자)	자료저자명(한글)	본명(한자)	본명(한글)	기사제목	분류	비고
4897	1939-11-29	玄鎬燮	현호섭	玄鎬燮	현호섭	韓方醫學의 再檢討(5)	역사, 한의학	·
4898	1939-11-29	鄭人澤	정인택	鄭人澤	정인택	自我에의 鄕愁(3)	문학	·
4899	1939-11-30	石堂	석당	·	·	高麗初期 王室의 哀話(2)	문학	·
4900	1939-11-30	玄鎬燮	현호섭	玄鎬燮	현호섭	韓方醫學의 再檢討(6)	역사, 한의학	·
4901	1939-11-30	安含光	안함광	安鍾彦	안종언	朝鮮文學의 進路(1)	문학	·
4902	1939-12-02	玄鎬燮	현호섭	玄鎬燮	현호섭	韓方醫學의 再檢討(7)	역사, 한의학	·
4903	1939-12-02	安含光	안함광	安鍾彦	안종언	朝鮮文學의 進路(1)*2회	문학	연재횟수 오기
4904	1939-12-03	李秉岐	이병기	李秉岐	이병기	어린이歷史(43)- 유리명왕	역사, 문학	·
4905	1939-12-03	金道泰	김도태	金道泰	김도태	京釜線篇(49)	기행	·
4906	1939-12-03	石堂	석당	·	·	高麗初期 王室의 哀話(3)	문학	·
4907	1939-12-03	安含光	안함광	安鍾彦	안종언	朝鮮文學의 進路(3)	문학	·
4908	1939-12-05	石堂	석당	·	·	高麗初期 王室의 哀話(4)	문학	·
4909	1939-12-05	安含光	안함광	安鍾彦	안종언	朝鮮文學의 進路(4)	문학	·
4910	1939-12-07	石堂	석당	·	·	高麗初期 王室의 哀話(5)	문학	·
4911	1939-12-07	安含光	안함광	安鍾彦	안종언	朝鮮文學의 進路(5)	문학	·
4912	1939-12-07	崔益翰	최익한	崔益翰	최익한	高麗文獻界의 遺珠- 帝王韻紀, 動安居士集(上)	역사	·
4913	1939-12-08	安含光	안함광	安鍾彦	안종언	朝鮮文學의 進路(6)	문학	·
4914	1939-12-08	崔益翰	최익한	崔益翰	최익한	高麗文獻界의 遺珠- 帝王韻紀, 動安居士集(中)	역사	·
4915	1939-12-10	李秉岐	이병기	李秉岐	이병기	어린이歷史(44)- 효종랑	역사, 문학	·
4916	1939-12-10	金道泰	김도태	金道泰	김도태	京釜線篇(50)	기행	·
4917	1939-12-10	石堂	석당	·	·	高麗初期 王室의 哀話(6)	문학	·
4918	1939-12-12	石堂	석당	·	·	高麗初期 王室의 哀話(7)	문학	·
4919	1939-12-12	崔益翰	최익한	崔益翰	최익한	高麗文獻界의 遺珠- 帝王韻紀, 動安居士集(하)	역사	·
4920	1939-12-12	金午星	김오성	金午星	김오성	文化創造에의 志向(1)	논설	·
4921	1939-12-14	崔益翰	최익한	崔益翰	최익한	高麗文獻界의 遺珠- 帝王韻紀, 動安居士集(完)	역사	·
4922	1939-12-14	金午星	김오성	金午星	김오성	文化創造에의 志向(2)	논설	·
4923	1939-12-15	石堂	석당	·	·	高麗初期 王室의 哀話(8)	문학	·
4924	1939-12-15	金午星	김오성	金午星	김오성	文化創造에의 志向(3)	논설	·
4925	1939-12-16	金午星	김오성	金午星	김오성	文化創造에의 志向(4)	논설	·
4926	1939-12-17	李秉岐	이병기	李秉岐	이병기	어린이歷史(45)- 염직한 검군	역사, 문학	·
4927	1939-12-17	金道泰	김도태	金道泰	김도태	京釜線篇(51)	기행	·
4928	1939-12-17	金午星	김오성	金午星	김오성	文化創造에의 志向(5)	논설	·
4929	1939-12-19	金午星	김오성	金午星	김오성	文化創造에의 志向(6)	논설	·
4930	1939-12-19	金南天	김남천	金南天	김남천	新世代論과 新人의 作品-「토픽」中心으로 본 己卯年의 散文文學(上)	문학	·
4931	1939-12-21	金南天	김남천	金南天	김남천	新世代論과 新人의 作品-「토픽」中心으로 본 己卯年의 散文文學(中)	문학	·

연번	날짜	자료저자명(한자)	자료저자명(한글)	본명(한자)	본명(한글)	기사제목	분류	비고
4932	1939-12-21	吳宗植	오종식	吳宗植	오종식	機械와 휴머니즘(1)	논설	·
4933	1939-12-22	石堂	석당	·	·	李适亂과 官軍의 祕話(1)	문학	·
4934	1939-12-22	金南天	김남천	金南天	김남천	新世代論과 新人의 作品-「토픽」 中心으로 본 己卯年의 散文文學(下)	문학	·
4935	1939-12-22	吳宗植	오종식	吳宗植	오종식	機械와 휴머니즘(2)	논설	·
4936	1939-12-24	金道泰	김도태	金道泰	김도태	京釜線篇(52)	기행	·
4937	1939-12-24	吳宗植	오종식	吳宗植	오종식	機械와 휴머니즘(3)	논설	·
4938	1939-12-27	吳宗植	오종식	吳宗植	오종식	機械와 휴머니즘(4)	논설	·
4939	1939-12-28	石堂	석당	·	·	李适亂과 官軍의 祕話(2)	문학	·
4940	1939-12-28	吳宗植	오종식	吳宗植	오종식	機械와 휴머니즘(5)	논설	·
4941	1940-01-01	·	·	·	·	옛 朝鮮을 震動한 十大力士	문학	·
4942	1940-01-01	·	·	·	·	史乘에 잠긴 龍의 傳說	역사	·
4943	1940-01-01	李秉岐	이병기	李秉岐	이병기	史上의 女傑撰(1)	역사	·
4944	1940-01-01	安浩相	안호상	安浩相	안호상	朝鮮文化의 創造性- 偉大한 文化形成에는 哲學的 地盤이 必要(上)	문학	·
4945	1940-01-01	崔衡鍾	최형종	崔衡鍾	최형종	臨戰無退의 花郎道- 新羅時代 尙武精神의 權化(1)	역사	·
4946	1940-01-01	崔益翰	최익한	崔益翰	최익한	災害와救濟의 史的斷片觀(1)	역사	·
4947	1940-01-03	安浩相	안호상	安浩相	안호상	朝鮮文化의 創造性- 偉大한 文化形成에는 哲學的 地盤이 必要(下)	문학	·
4948	1940-01-03	徐寅植	서인식	徐寅植	서인식	東洋文化의 理念과 形態(1)	철학	·
4949	1940-01-03	崔益翰	최익한	崔益翰	최익한	災害와救濟의 史的斷片觀(2)	역사	·
4950	1940-01-03	李秉岐	이병기	李秉岐	이병기	史上의 女傑撰(2)	역사	·
4951	1940-01-04	徐寅植	서인식	徐寅植	서인식	東洋文化의 理念과 形態(2)	철학	·
4952	1940-01-04	·	·	·	·	救濟制度의 史考- 新羅 仁政에서 始初(1)	역사	·
4953	1940-01-04	高裕燮	고유섭	高裕燮	고유섭	朝鮮文化의 創造性- 自主精神에 因한 朝鮮的 趣態의 發揮(1)	문학	·
4954	1940-01-05	李秉岐	이병기	李秉岐	이병기	史上의 女傑撰(3)	역사	·
4955	1940-01-05	徐寅植	서인식	徐寅植	서인식	東洋文化의 理念과 形態(3)	철학	·
4956	1940-01-05	崔益翰	최익한	崔益翰	최익한	災害와救濟의 史的斷片觀(3)	역사	·
4957	1940-01-05	高裕燮	고유섭	高裕燮	고유섭	朝鮮文化의 創造性- 自主精神에 因한 朝鮮的 趣態의 發揮(2)	문학	·
4958	1940-01-06	李秉岐	이병기	李秉岐	이병기	史上의 女傑撰(4)	역사	·
4959	1940-01-06	徐寅植	서인식	徐寅植	서인식	東洋文化의 理念과 形態(4)	철학	·
4960	1940-01-06	高裕燮	고유섭	高裕燮	고유섭	朝鮮文化의 創造性- 自主精神에 因한 朝鮮的 趣態의 發揮(3)	문학	·
4961	1940-01-07	徐寅植	서인식	徐寅植	서인식	東洋文化의 理念과 形態(5)	철학	·
4962	1940-01-07	崔益翰	최익한	崔益翰	최익한	災害와救濟의 史的斷片觀(4)	역사	·
4963	1940-01-07	高裕燮	고유섭	高裕燮	고유섭	朝鮮文化의 創造性- 自主精神에 因한 朝鮮的 趣態의 發揮(4)	문학	·
4964	1940-01-08	·	·	·	·	救濟制度의 史考- 新羅 仁政에서 始初(2)	역사	·
4965	1940-01-08	徐寅植	서인식	徐寅植	서인식	東洋文化의 理念과 形態(6)	철학	·
4966	1940-01-09	李秉岐	이병기	李秉岐	이병기	史上의 女傑撰(5)	역사	·
4967	1940-01-09	崔益翰	최익한	崔益翰	최익한	災害와救濟의 史的斷片觀(5)	역사	·

연번	날짜	자료저자명(한자)	자료저자명(한글)	본명(한자)	본명(한글)	기사제목	분류	비고
4968	1940-01-09	梁柱東	양주동	梁柱東	양주동	朝鮮文化의 創造性- 東方文化의 樞軸(1)	문학	·
4969	1940-01-10	李秉岐	이병기	李秉岐	이병기	史上의 女傑撰(6)	역사	·
4970	1940-01-10	徐寅植	서인식	徐寅植	서인식	東洋文化의 理念과 形態(7)	철학	·
4971	1940-01-10	梁柱東	양주동	梁柱東	양주동	朝鮮文化의 創造性- 東方文化의 樞軸(2)	문학	·
4972	1940-01-11	徐寅植	서인식	徐寅植	서인식	東洋文化의 理念과 形態(8)	철학	·
4973	1940-01-11	崔益翰	최익한	崔益翰	최익한	災害와救濟의 史的斷片觀(6)	역사	·
4974	1940-01-11	梁柱東	양주동	梁柱東	양주동	朝鮮文化의 創造性- 音韻, 語法의 法則性(3)	문학	·
4975	1940-01-12	李秉岐	이병기	李秉岐	이병기	史上의 女傑撰(7)	역사	·
4976	1940-01-12	徐寅植	서인식	徐寅植	서인식	東洋文化의 理念과 形態(9)	철학	·
4977	1940-01-12	崔益翰	최익한	崔益翰	최익한	災害와救濟의 史的斷片觀(7)	역사	조,석간 1면 중복게재
4978	1940-01-12	梁柱東	양주동	梁柱東	양주동	朝鮮文化의 創造性- 音韻, 語法의 法則性(4)	문학	·
4979	1940-01-13	·	·	·	·	옛 朝鮮을 震動한 十大力士	문학	·
4980	1940-01-13	·	·	·	·	史乘에 잠긴 龍의 傳說	역사	·
4981	1940-01-13	李秉岐	이병기	李秉岐	이병기	史上의 女傑撰(8)	역사	·
4982	1940-01-13	林和	임화	林仁植	임인식	朝鮮文學研究의 一課題(1)	문학	·
4983	1940-01-14	·	·	·	·	史乘에 잠긴 龍의 傳說	역사	·
4984	1940-01-14	·	·	·	·	옛 朝鮮을 震動한 十大力士	문학	·
4985	1940-01-14	崔益翰	최익한	崔益翰	최익한	災害와救濟의 史的斷片觀(8)	역사	조,석간 1면 중복게재
4986	1940-01-14	金瑢俊	김용준	金瑢俊	김용준	朝鮮文化의 創造性- 傳統에의 再吟味(上)	문학	·
4987	1940-01-14	林和	임화	林仁植	임인식	朝鮮文學研究의 一課題(2)	문학	·
4988	1940-01-14	金道泰	김도태	金道泰	김도태	京釜線篇(53)	기행	·
4989	1940-01-16	柳子厚	유자후	柳子厚	유자후	新春古俗(1)	민속	·
4990	1940-01-16	·	·	·	·	史乘에 잠긴 龍의 傳說	역사	·
4991	1940-01-16	李秉岐	이병기	李秉岐	이병기	史上의 女傑撰(9)	역사	·
4992	1940-01-16	金瑢俊	김용준	金瑢俊	김용준	朝鮮文化의 創造性- 傳統에의 再吟味(下)	문학	·
4993	1940-01-16	林和	임화	林仁植	임인식	朝鮮文學研究의 一課題(3)	문학	·
4994	1940-01-17	崔益翰	최익한	崔益翰	최익한	災害와救濟의 史的斷片觀(9)	역사	·
4995	1940-01-18	柳子厚	유자후	柳子厚	유자후	新春古俗(2)	민속	·
4996	1940-01-18	·	·	·	·	史乘에 잠긴 龍의 傳說	역사	·
4997	1940-01-18	社說	사설	·	·	漢醫學 研究機關의 必要	한의학, 논설	·
4998	1940-01-18	李秉岐	이병기	李秉岐	이병기	史上의 女傑撰(10)	역사	·
4999	1940-01-18	李秉岐	이병기	李秉岐	이병기	朝鮮文化의 創造性- 詩歌와 說話(上)	문학	·
5000	1940-01-18	林和	임화	林仁植	임인식	朝鮮文學研究의 一課題(4)	문학	·
5001	1940-01-19	柳子厚	유자후	柳子厚	유자후	新春古俗(3)	민속	·
5002	1940-01-19	李秉岐	이병기	李秉岐	이병기	朝鮮文化의 創造性- 詩歌와 說話(2)	문학	·
5003	1940-01-19	林和	임화	林仁植	임인식	朝鮮文學研究의 一課題(5)	문학	·
5004	1940-01-20	柳子厚	유자후	柳子厚	유자후	新春古俗(4)	민속	·
5005	1940-01-20	李秉岐	이병기	李秉岐	이병기	朝鮮文化의 創造性- 詩歌와 說話(3)	문학	·
5006	1940-01-20	林和	임화	林仁植	임인식	朝鮮文學研究의 一課題(6)	문학	·

연번	날짜	자료저자명(한자)	자료저자명(한글)	본명(한자)	본명(한글)	기사제목	분류	비고
5007	1940-01-21	柳子厚	유자후	柳子厚	유자후	新春古俗(5)	민속	·
5008	1940-01-21	金道泰	김도태	金道泰	김도태	京釜線篇(54)	기행	·
5009	1940-01-23	柳子厚	유자후	柳子厚	유자후	新春古俗(6)	민속	·
5010	1940-01-25	柳子厚	유자후	柳子厚	유자후	新春古俗(7)	민속	·
5011	1940-01-25	·	·	·	·	옛 朝鮮을 震動한 十大力士	문학	·
5012	1940-01-25	安自山	안자산	安廓	안확	時調詩의 世界的 價値(1)	문학	·
5013	1940-01-26	柳子厚	유자후	柳子厚	유자후	新春古俗(8)	민속	·
5014	1940-01-26	安自山	안자산	安廓	안확	時調詩의 世界的 價値(2)	문학	·
5015	1940-01-28	柳子厚	유자후	柳子厚	유자후	新春古俗(9)	민속	·
5016	1940-01-28	安自山	안자산	安廓	안확	時調詩의 世界的 價値(3)	문학	·
5017	1940-01-28	石堂	석당	·	·	帝王祕話(1)	문학	·
5018	1940-01-28	金道泰	김도태	金道泰	김도태	京釜線篇(55)	기행	·
5019	1940-01-30	柳子厚	유자후	柳子厚	유자후	新春古俗(10)	민속	·
5020	1940-01-30	安自山	안자산	安廓	안확	時調詩의 世界的 價値(4)	문학	·
5021	1940-01-30	石堂	석당	·	·	帝王祕話(2)	문학	·
5022	1940-01-31	柳子厚	유자후	柳子厚	유자후	新春古俗(11)	민속	·
5023	1940-01-31	安自山	안자산	安廓	안확	時調詩의 世界的 價値(5)	문학	·
5024	1940-01-31	石堂	석당	·	·	帝王祕話(3)	문학	·
5025	1940-02-02	柳子厚	유자후	柳子厚	유자후	新春古俗(12)	민속	·
5026	1940-02-02	安自山	안자산	安廓	안확	時調詩의 世界的 價値(6)	문학	·
5027	1940-02-02	石堂	석당	·	·	帝王祕話(4)	문학	·
5028	1940-02-03	柳子厚	유자후	柳子厚	유자후	新春古俗(13)	민속	·
5029	1940-02-03	崔益翰	최익한	崔益翰	최익한	災害와救濟의 史的斷片觀(18)	역사	10~17회 미확인
5030	1940-02-03	安自山	안자산	安廓	안확	時調詩의 世界的 價値(7)	문학	·
5031	1940-02-03	石堂	석당	·	·	帝王祕話(5)	문학	·
5032	1940-02-04	柳子厚	유자후	柳子厚	유자후	新春古俗(14)	민속	·
5033	1940-02-04	石堂	석당	·	·	帝王祕話(6)	문학	·
5034	1940-02-04	金道泰	김도태	金道泰	김도태	京釜線篇(56)	기행	·
5035	1940-02-06	柳子厚	유자후	柳子厚	유자후	新春古俗(15)	민속	·
5036	1940-02-08	梁柱東	양주동	梁柱東	양주동	古歌謠의 語學的 硏究- 鄭瓜亭篇(1)	문학	·
5037	1940-02-08	石堂	석당	·	·	帝王祕話(7)	문학	·
5038	1940-02-09	梁柱東	양주동	梁柱東	양주동	古歌謠의 語學的 硏究- 鄭瓜亭篇(2)	문학	·
5039	1940-02-09	石堂	석당	·	·	帝王祕話(8)	문학	·
5040	1940-02-11	梁柱東	양주동	梁柱東	양주동	古歌謠의 語學的 硏究- 鄭瓜亭篇(3)	문학	·
5041	1940-02-11	石堂	석당	·	·	帝王祕話(9)	문학	·
5042	1940-02-11	金道泰	김도태	金道泰	김도태	京釜線篇(57)	기행	·
5043	1940-02-13	梁柱東	양주동	梁柱東	양주동	古歌謠의 語學的 硏究- 鄭瓜亭篇(4)	문학	·
5044	1940-02-13	石堂	석당	·	·	帝王祕話(10)	문학	·
5045	1940-02-14	梁柱東	양주동	梁柱東	양주동	古歌謠의 語學的 硏究- 鄭瓜亭篇(5)	문학	·
5046	1940-02-14	石堂	석당	·	·	帝王祕話(11)	문학	·

연번	날짜	자료저자명(한자)	자료저자명(한글)	본명(한자)	본명(한글)	기사제목	분류	비고
5047	1940-02-15	姜秉鐸	강병탁	姜秉鐸	강병탁	文藝時感(1)	문학	·
5048	1940-02-15	梁柱東	양주동	梁柱東	양주동	古歌謠의 語學的 硏究- 鄭瓜亭篇(6)	문학	·
5049	1940-02-15	石堂	석당	·	·	帝王秘話(12)	문학	·
5050	1940-02-16	姜秉鐸	강병탁	姜秉鐸	강병탁	文藝時感(2)	문학	·
5051	1940-02-16	梁柱東	양주동	梁柱東	양주동	古歌謠의 語學的 硏究- 鄭瓜亭篇(7)	문학	·
5052	1940-02-16	石堂	석당	·	·	帝王秘話(13)	문학	·
5053	1940-02-18	姜秉鐸	강병탁	姜秉鐸	강병탁	文藝時感(3)	문학	·
5054	1940-02-18	梁柱東	양주동	梁柱東	양주동	古歌謠의 語學的 硏究- 鄭瓜亭篇(8)	문학	·
5055	1940-02-18	金道泰	김도태	金道泰	김도태	京釜線篇(58)	기행	·
5056	1940-02-20	姜秉鐸	강병탁	姜秉鐸	강병탁	文藝時感(4)	문학	·
5057	1940-02-20	梁柱東	양주동	梁柱東	양주동	古歌謠의 語學的 硏究- 鄭瓜亭篇(9)	문학	·
5058	1940-02-21	姜秉鐸	강병탁	姜秉鐸	강병탁	文藝時感(5)	논설	·
5059	1940-02-21	梁柱東	양주동	梁柱東	양주동	古歌釋注- 翰林別曲(1)	문학	·
5060	1940-02-22	梁柱東	양주동	梁柱東	양주동	古歌釋注- 翰林別曲(2)	문학	·
5061	1940-02-22	石堂	석당	·	·	帝王秘話(14)	문학	·
5062	1940-02-24	梁柱東	양주동	梁柱東	양주동	古歌釋注- 翰林別曲(3)	문학	·
5063	1940-02-24	石堂	석당	·	·	帝王秘話(15)	문학	·
5064	1940-02-25	梁柱東	양주동	梁柱東	양주동	古歌釋注- 翰林別曲(4)	문학	·
5065	1940-02-25	石堂	석당	·	·	帝王秘話(16)	문학	·
5066	1940-02-25	金道泰	김도태	金道泰	김도태	京釜線篇(59)	기행	·
5067	1940-02-26	高在烋	고재휴	高在烋	고재휴	言語學道의 一言- 古歌謠 註釋是非에 對하야(上)	문학	·
5068	1940-02-27	高在烋	고재휴	高在烋	고재휴	言語學道의 一言- 古歌謠 註釋是非에 對하야(下)	문학	·
5069	1940-02-27	石堂	석당	·	·	帝王秘話(18)*17회	문학	연재횟수 오기
5070	1940-02-29	滄海生	창해생	崔益翰	최익한	種痘術과 丁茶山先生(上)	논설	·
5071	1940-02-29	石堂	석당	·	·	帝王秘話(19)*18회	문학	연재횟수 오기
5072	1940-03-01	滄海生	창해생	崔益翰	최익한	種痘術과 丁茶山先生(中)	논설	·
5073	1940-03-01	石堂	석당	·	·	帝王秘話(20)*19회	문학	연재횟수 오기
5074	1940-03-03	滄海生	창해생	崔益翰	최익한	種痘術과 丁茶山先生(3)	논설	·
5075	1940-03-03	石堂	석당	·	·	帝王秘話(21)*20회	문학	연재횟수 오기
5076	1940-03-03	金道泰	김도태	金道泰	김도태	京釜線篇(60)	기행	조,석간 4면 게재
5077	1940-03-05	滄海生	창해생	崔益翰	최익한	種痘術과 丁茶山先生(下)	논설	·
5078	1940-03-05	李秉岐	이병기	李秉岐	이병기	時調의 形態(1)	문학	·
5079	1940-03-05	石堂	석당	·	·	卜笠奇聞(1)	문학	·
5080	1940-03-07	李相寅	이상인	李相寅	이상인	『鄕歌新解釋』의 疑問- 特히 老人獻花歌에 對하야(上)	문학	·
5081	1940-03-07	李秉岐	이병기	李秉岐	이병기	時調의 形態(2)	문학	·
5082	1940-03-08	李相寅	이상인	李相寅	이상인	『鄕歌新解釋』의 疑問- 特히 老人獻花歌에 對하야(下)	문학	·
5083	1940-03-08	李秉岐	이병기	李秉岐	이병기	時調의 形態(3)	문학	·
5084	1940-03-08	石堂	석당	·	·	卜笠奇聞(2)	문학	·
5085	1940-03-09	李秉岐	이병기	李秉岐	이병기	時調의 形態(4)	문학	·

연번	날짜	자료저자명(한자)	자료저자명(한글)	본명(한자)	본명(한글)	기사제목	분류	비고
5086	1940-03-09	石堂	석당	·	·	卜筮奇聞(3)	문학	·
5087	1940-03-09	宋柱星	송주성	宋柱星	송주성	朝鮮씨름 小考(1)	민속	·
5088	1940-03-10	李秉岐	이병기	李秉岐	이병기	時調의 形態(5)	문학	·
5089	1940-03-10	金道泰	김도태	金道泰	김도태	京釜線篇(61)	기행	·
5090	1940-03-13	·	·	·	·	朝鮮語學의 金字塔 朝鮮語辭典 出版認可	한글	·
5091	1940-03-13	石堂	석당	·	·	卜筮奇聞(4)	문학	·
5092	1940-03-13	宋柱星	송주성	宋柱星	송주성	朝鮮씨름 小考(2)	민속	·
5093	1940-03-14	石堂	석당	·	·	野談- 絶世力士 權節	문학	·
5094	1940-03-15	宋柱星	송주성	宋柱星	송주성	朝鮮씨름 小考(3)	민속	·
5095	1940-03-16	宋柱星	송주성	宋柱星	송주성	朝鮮씨름 小考(4)	민속	·
5096	1940-03-17	崔益翰	최익한	崔益翰	최익한	朝鮮女流藝苑史上-申末舟夫人薛氏의地位(上)	역사	·
5097	1940-03-17	宋柱星	송주성	宋柱星	송주성	朝鮮씨름 小考(5)	민속	·
5098	1940-03-17	金道泰	김도태	金道泰	김도태	京釜線篇(62)	기행	·
5099	1940-03-20	崔益翰	최익한	崔益翰	최익한	朝鮮女流藝苑史上-申末舟夫人薛氏의地位(2)	역사	·
5100	1940-03-21	崔益翰	최익한	崔益翰	최익한	朝鮮女流藝苑史上-申末舟夫人薛氏의地位(3)	역사	·
5101	1940-03-23	崔益翰	최익한	崔益翰	최익한	朝鮮女流藝苑史上-申末舟夫人薛氏의地位(4)	역사	·
5102	1940-03-23	宋柱星	송주성	宋柱星	송주성	朝鮮씨름 小考(6)	민속	·
5103	1940-03-24	金道泰	김도태	金道泰	김도태	京釜線篇(63)	기행	·
5104	1940-03-28	宋柱星	송주성	宋柱星	송주성	朝鮮씨름 小考(7)	민속	·
5105	1940-03-30	高在烋	고재휴	高在烋	고재휴	比較言語學的 硏究材(1)	한글	·
5106	1940-03-31	高在烋	고재휴	高在烋	고재휴	比較言語學的 硏究材(2)	한글	·
5107	1940-04-02	崔圭南	최규남	崔圭南	최규남	朝鮮文化20年(1)- 模倣에서 獨創으로	논설	·
5108	1940-04-02	崔益翰	최익한	崔益翰	최익한	史上名人의 20歲(1)	역사	·
5109	1940-04-03	崔圭南	최규남	崔圭南	최규남	朝鮮文化20年(2)- 模倣에서 獨創으로	논설	·
5110	1940-04-03	高在烋	고재휴	高在烋	고재휴	比較言語學的 硏究材(3)	한글	·
5111	1940-04-03	崔益翰	최익한	崔益翰	최익한	史上名人의 20歲(2)	역사	·
5112	1940-04-05	崔圭南	최규남	崔圭南	최규남	朝鮮文化20年(3)- 模倣에서 獨創으로	논설	·
5113	1940-04-05	崔益翰	최익한	崔益翰	최익한	史上名人의 20歲(3)	역사	·
5114	1940-04-07	金道泰	김도태	金道泰	김도태	京釜線篇(65)*64회	기행	연재횟수 오기
5115	1940-04-09	崔圭南	최규남	崔圭南	최규남	朝鮮文化20年(4)- 模倣에서 獨創으로	논설	·
5116	1940-04-09	高在烋	고재휴	高在烋	고재휴	比較言語學的 硏究材(5)*4회	한글	연재횟수 오기
5117	1940-04-11	崔圭南	최규남	崔圭南	최규남	朝鮮文化20年(5)- 模倣에서 獨創으로	논설	·
5118	1940-04-11	崔益翰	최익한	崔益翰	최익한	史上名人의 20歲(4)	역사	·
5119	1940-04-12	林和	임화	林仁植	임인식	朝鮮文化20年(6)- 小說文學의 20年(1)	논설	·
5120	1940-04-12	石堂	석당	·	·	野談- 忠州의 竹竿呈狀	문학	·
5121	1940-04-12	高在烋	고재휴	高在烋	고재휴	比較言語學的 硏究材(6)*5회	한글	연재횟수 오기
5122	1940-04-12	崔益翰	최익한	崔益翰	최익한	史上名人의 20歲(5)	역사	·
5123	1940-04-13	林和	임화	林仁植	임인식	朝鮮文化20年(7)- 小說文學의 20年(2)	논설	·
5124	1940-04-13	崔益翰	최익한	崔益翰	최익한	史上名人의 20歲(6)	역사	·
5125	1940-04-14	林和	임화	林仁植	임인식	朝鮮文化20年(8)- 小說文學의 20年(3)	논설	·
5126	1940-04-14	金道泰	김도태	金道泰	김도태	京釜線篇(66)*65회	기행	연재횟수 오기

연번	날짜	자료저자명(한자)	자료저자명(한글)	본명(한자)	본명(한글)	기사제목	분류	비고
5127	1940-04-16	林和	임화	林仁植	임인식	朝鮮文化20年(9)- 小說文學의 20年(4)	논설	·
5128	1940-04-16	崔益翰	최익한	崔益翰	최익한	史上名人의 20歲(7)	역사	·
5129	1940-04-18	林和	임화	林仁植	임인식	朝鮮文化20年(10)- 小說文學의 20年(5)	논설	·
5130	1940-04-18	崔益翰	최익한	崔益翰	최익한	史上名人의 20歲(8)	역사	·
5131	1940-04-20	林和	임화	林仁植	임인식	朝鮮文化20年(11)- 小說文學의 20年(6)	논설	·
5132	1940-04-20	崔益翰	최익한	崔益翰	최익한	史上名人의 20歲(9)	역사	·
5133	1940-04-21	安鍾和	안종화	安鍾和	안종화	朝鮮文化20年(12)- 連鎖劇에서 出發(1)	논설	·
5134	1940-04-21	金道泰	김도태	金道泰	김도태	京釜線篇(67)*66회	기행	연재횟수 오기
5135	1940-04-23	安鍾和	안종화	安鍾和	안종화	朝鮮文化20年(13)- 連鎖劇에서 出發(2)	논설	·
5136	1940-04-25	安鍾和	안종화	安鍾和	안종화	朝鮮文化20年(14)- 連鎖劇에서 出發(3)	논설	·
5137	1940-04-25	崔益翰	최익한	崔益翰	최익한	史上名人의 20歲(10)	역사	·
5138	1940-04-27	安鍾和	안종화	安鍾和	안종화	朝鮮文化20年(15)- 아리랑 以後의 作品	논설	·
5139	1940-04-27	崔益翰	최익한	崔益翰	최익한	史上名人의 20歲(11)	역사	·
5140	1940-04-28	安鍾和	안종화	安鍾和	안종화	朝鮮文化20年(16)- 토키製作의 初步	논설	·
5141	1940-04-28	石堂	석당	·	·	野談- 婦道와 仁宗廢妃	문학	·
5142	1940-04-28	崔益翰	최익한	崔益翰	최익한	史上名人의 20歲(12)	역사	·
5143	1940-04-28	金道泰	김도태	金道泰	김도태	京釜線篇(67)	기행	·
5144	1940-05-01	具本雄	구본웅	具本雄	구본웅	朝鮮文化20年(17)- 朝鮮畵的 特異性(上)	논설	·
5145	1940-05-01	石堂	석당	·	·	野談- 名探偵 鄭云敬	문학	·
5146	1940-05-01	崔益翰	최익한	崔益翰	최익한	史上名人의 20歲(13)	역사	·
5147	1940-05-04	具本雄	구본웅	具本雄	구본웅	朝鮮文化20年(18)- 朝鮮畵的 特異性(下)	논설	·
5148	1940-05-04	崔益翰	최익한	崔益翰	최익한	史上名人의 20歲(14)	역사	·
5149	1940-05-05	崔益翰	최익한	崔益翰	최익한	史上名人의 20歲(15)	역사	·
5150	1940-05-05	金道泰	김도태	金道泰	김도태	京釜線篇(68)	기행	·
5151	1940-05-07	徐元出	서원출	徐元出	서원출	朝鮮文化20年(19)- 朝鮮教育20年 回顧(上)	논설	·
5152	1940-05-07	石堂	석당	·	·	野談- 崔碩과 八馬碑	문학	·
5153	1940-05-07	崔益翰	최익한	崔益翰	최익한	史上名人의 20歲(16)	역사	·
5154	1940-05-09	徐元出	서원출	徐元出	서원출	朝鮮文化20年(19)*20회 - 朝鮮教育21年 回顧(下)	논설	연재횟수 오기
5155	1940-05-09	崔益翰	최익한	崔益翰	최익한	史上名人의 20歲(17)	역사	·
5156	1940-05-09	石堂	석당	·	·	野談- 高麗義士, 文大	문학	·
5157	1940-05-10	金復鎭	김복진	金復鎭	김복진	朝鮮文化20年(21)- 朝鮮彫刻道의 向方	논설	·
5158	1940-05-10	崔益翰	최익한	崔益翰	최익한	史上名人의 20歲(18)	역사	·
5159	1940-05-10	石堂	석당	·	·	野談- 義理없는 男便	문학	·
5160	1940-05-12	徐恒錫	서항석	徐恒錫	서항석	朝鮮文化20年(22)- 新年劇20年의 消長(1)	논설	·
5161	1940-05-12	崔益翰	최익한	崔益翰	최익한	史上名人의 20歲(19)	역사	·
5162	1940-05-12	石堂	석당	·	·	野談- 民妻 찾아준 判官	문학	·
5163	1940-05-12	金道泰	김도태	金道泰	김도태	京釜線篇(69)	기행	·
5164	1940-05-14	徐恒錫	서항석	徐恒錫	서항석	朝鮮文化20年(23)- 新年劇20年의 消長(2)	논설	·
5165	1940-05-14	崔益翰	최익한	崔益翰	최익한	史上名人의 20歲(20)	역사	·
5166	1940-05-14	石堂	석당	·	·	野談- 初夜의 洞房問答	문학	·
5167	1940-05-15	徐恒錫	서항석	徐恒錫	서항석	朝鮮文化20年(24)- 新年劇20年의 消長(3)	논설	·

연번	날짜	자료저자명(한자)	자료저자명(한글)	본명(한자)	본명(한글)	기사제목	분류	비고
5168	1940-05-15	崔益翰	최익한	崔益翰	최익한	史上名人의 20歲(21)	역사	·
5169	1940-05-17	徐恒錫	서항석	徐恒錫	서항석	朝鮮文化20年(25)- 新年劇20年의 消長(4)	논설	·
5170	1940-05-18	徐恒錫	서항석	徐恒錫	서항석	朝鮮文化20年(26)- 新年劇20年의 消長(5)	논설	·
5171	1940-05-18	崔益翰	최익한	崔益翰	최익한	湛軒 洪大容의 諺文燕行錄(上)	역사	·
5172	1940-05-19	洪蘭坡	홍난파	洪蘭坡	홍난파	朝鮮文化20年(27)- 形態의 整備와 地盤의 確固(1)	논설	·
5173	1940-05-19	崔益翰	최익한	崔益翰	최익한	湛軒 洪大容의 諺文燕行錄(下)	역사	·
5174	1940-05-19	石堂	석당	·	·	野談- 巫女와 李長坤	문학	·
5175	1940-05-19	金道泰	김도태	金道泰	김도태	京釜線篇(70)	기행	·
5176	1940-05-21	洪蘭坡	홍난파	洪蘭坡	홍난파	朝鮮文化20年(28)- 形態의 整備와 地盤의 確固(2)	논설	·
5177	1940-05-21	石堂	석당	·	·	沈淸傳 出處(1)	문학	·
5178	1940-05-23	洪蘭坡	홍난파	洪蘭坡	홍난파	朝鮮文化20年(29)- 形態의 整備와 地盤의 確固(3)	논설	·
5179	1940-05-23	石堂	석당	·	·	沈淸傳 出處(2)	문학	·
5180	1940-05-24	洪蘭坡	홍난파	洪蘭坡	홍난파	朝鮮文化20年(30)- 形態의 整備와 地盤의 確固(4)	논설	·
5181	1940-05-24	石堂	석당	·	·	沈淸傳 出處(3)	문학	·
5182	1940-05-26	異河潤	이하윤	異河潤	이하윤	朝鮮文化20年(31)- 新詩의 發芽期(1)	논설	·
5183	1940-05-26	石堂	석당	·	·	春香傳 出處(1)	문학	·
5184	1940-05-26	金道泰	김도태	金道泰	김도태	京釜線篇(71)	기행	·
5185	1940-05-29	異河潤	이하윤	異河潤	이하윤	朝鮮文化20年(32)- 詩壇의 隆盛期(2)	논설	·
5186	1940-05-30	石堂	석당	·	·	春香傳 出處(2)	문학	·
5187	1940-06-01	異河潤	이하윤	異河潤	이하윤	朝鮮文化20年(33)- 詩集出版의 旺盛(3)	논설	·
5188	1940-06-01	石堂	석당	·	·	春香傳 出處(3)	문학	·
5189	1940-06-02	梁柱東	양주동	梁柱東	양주동	朝鮮文化20年(34)- 回顧와 反省(1)	논설	·
5190	1940-06-02	石堂	석당	·	·	春香傳 出處(4)	문학	·
5191	1940-06-02	金道泰	김도태	金道泰	김도태	京釜線篇(72)	기행	·
5192	1940-06-05	梁柱東	양주동	梁柱東	양주동	朝鮮文化20年(35)- 回顧와 反省(2)	논설	·
5193	1940-06-05	沈亨求	심형구	沈亨求	심형구	第19回 朝鮮美展印象記(1)	미술	·
5194	1940-06-07	梁柱東	양주동	梁柱東	양주동	朝鮮文化20年(36)- 回顧와 反省(3)	논설	·
5195	1940-06-07	石堂	석당	·	·	春香傳 出處(5)	문학	·
5196	1940-06-07	沈亨求	심형구	沈亨求	심형구	第19回 朝鮮美展印象記(2)	미술	·
5197	1940-06-09	石堂	석당	·	·	春香傳 出處(6)	문학	·
5198	1940-06-09	沈亨求	심형구	沈亨求	심형구	第19回 朝鮮美展印象記(3)	미술	·
5199	1940-06-09	金道泰	김도태	金道泰	김도태	京釜線篇(73)	기행	·
5200	1940-06-11	石堂	석당	·	·	春香傳 出處(7)	문학	·
5201	1940-06-11	沈亨求	심형구	沈亨求	심형구	第19回 朝鮮美展印象記(4)	미술	·
5202	1940-06-12	石堂	석당	·	·	春香傳 出處(8)	문학	·
5203	1940-06-12	沈亨求	심형구	沈亨求	심형구	第19回 朝鮮美展印象記(5)	미술	·
5204	1940-06-16	가람	가람	李秉岐	이병기	『時調』考選後(1)	문학	·
5205	1940-06-16	金復鎭	김복진	金復鎭	김복진	第19回 朝鮮美展印象記(6)	미술	·
5206	1940-06-18	韓雪野	한설야	韓秉道	한병도	北支紀行(1)	역사, 기행	·
5207	1940-06-18	·	·	·	·	朝鮮音樂의 綜合的 大饗宴	음악	·

연번	날짜	자료저자명(한자)	자료저자명(한글)	본명(한자)	본명(한글)	기사제목	분류	비고
5208	1940-06-18	가람	가람	李秉岐	이병기	『時調』考選後(2)	문학	·
5209	1940-06-18	石堂	석당	·	·	野談- 明將 李如松이 逢變하던 祕話(1)	문학	·
5210	1940-06-19	韓雪野	한설야	韓秉道	한병도	北支紀行(2)	역사, 기행	·
5211	1940-06-19	가람	가람	李秉岐	이병기	『時調』考選後(3)	문학	·
5212	1940-06-21	韓雪野	한설야	韓秉道	한병도	北支紀行(3)	역사, 기행	·
5213	1940-06-21	梁柱東	양주동	梁柱東	양주동	麗謠釋注- 雙花店篇(1)	문학	·
5214	1940-06-21	石堂	석당	·	·	野談- 明將 李如松이 逢變하던 祕話(2)	문학	·
5215	1940-06-23	梁柱東	양주동	梁柱東	양주동	麗謠釋注- 雙花店篇(2)	문학	·
5216	1940-06-23	金道泰	김도태	金道泰	김도태	京義線篇(1)	기행	·
5217	1940-06-26	韓雪野	한설야	韓秉道	한병도	北支紀行(4)	역사, 기행	·
5218	1940-06-26	石堂	석당	·	·	野談- 明將 李如松이 逢變하던 祕話(3)	문학	·
5219	1940-06-27	梁柱東	양주동	梁柱東	양주동	麗謠釋注- 雙花店篇(3)	문학	·
5220	1940-06-28	梁柱東	양주동	梁柱東	양주동	麗謠釋注- 雙花店篇(4)	문학	·
5221	1940-06-30	金道泰	김도태	金道泰	김도태	京義線篇(2)	기행	·
5222	1940-07-03	韓雪野	한설야	韓秉道	한병도	北支紀行(5)	역사, 기행	·
5223	1940-07-03	梁柱東	양주동	梁柱東	양주동	麗謠釋注- 雙花店篇(5)	문학	·
5224	1940-07-03	石堂	석당	·	·	野談- 明將 李如松이 逢變하던 祕話(4)	문학	·
5225	1940-07-05	韓雪野	한설야	韓秉道	한병도	北支紀行(6)	역사, 기행	·
5226	1940-07-05	梁柱東	양주동	梁柱東	양주동	麗謠釋注- 雙花店篇(6)	문학	·
5227	1940-07-05	石堂	석당	·	·	野談- 忠馬와 錦陽尉(上)	문학	·
5228	1940-07-07	韓雪野	한설야	韓秉道	한병도	北支紀行(7)	역사, 기행	·
5229	1940-07-07	梁柱東	양주동	梁柱東	양주동	麗謠釋注- 雙花店篇(7)	문학	·
5230	1940-07-07	石堂	석당	·	·	野談- 忠馬와 錦陽尉(中)	문학	·
5231	1940-07-07	金道泰	김도태	金道泰	김도태	京義線篇(3)	기행	·
5232	1940-07-09	梁柱東	양주동	梁柱東	양주동	麗謠釋注- 西京別曲(1)	문학	·
5233	1940-07-09	石堂	석당	·	·	野談- 忠馬와 錦陽尉(下)	문학	·
5234	1940-07-10	梁柱東	양주동	梁柱東	양주동	麗謠釋注- 西京別曲(2)	문학	·
5235	1940-07-12	梁柱東	양주동	梁柱東	양주동	麗謠釋注- 西京別曲(3)	문학	·
5236	1940-07-12	石堂	석당	·	·	野談- 孝烈雙全한 名妓(上)	문학	·
5237	1940-07-14	梁柱東	양주동	梁柱東	양주동	麗謠釋注- 西京別曲(4)	문학	·
5238	1940-07-14	石堂	석당	·	·	野談- 孝烈雙全한 名妓(下)	문학	·
5239	1940-07-14	金道泰	김도태	金道泰	김도태	京義線篇(4)	기행	·
5240	1940-07-16	梁柱東	양주동	梁柱東	양주동	麗謠釋注- 西京別曲(5)	문학	·
5241	1940-07-16	崔益翰	최익한	崔益翰	최익한	朝鮮女流著作史上 師朱堂「胎教新記」의 地位(上)	역사	·
5242	1940-07-19	崔益翰	최익한	崔益翰	최익한	朝鮮女流著作史上 師朱堂「胎教新記」의 地位(2)	역사	·
5243	1940-07-22	金道泰	김도태	金道泰	김도태	京義線篇(5)	기행	·
5244	1940-07-24	崔益翰	최익한	崔益翰	최익한	朝鮮女流著作史上 師朱堂「胎教新記」의 地位(3)	역사	·

연번	날짜	자료저자명(한자)	자료저자명(한글)	본명(한자)	본명(한글)	기사제목	분류	비고
5245	1940-07-26	梁柱東	양주동	梁柱東	양주동	麗謠釋注- 西京別曲(10)*6회	문학	연재횟수 오기
5246	1940-07-26	崔益翰	최익한	崔益翰	최익한	朝鮮女流著作史上 師朱堂 「胎教新記」의 地位(4)	역사	·
5247	1940-07-28	崔益翰	최익한	崔益翰	최익한	朝鮮女流著作史上 師朱堂 「胎教新記」의 地位(5)	역사	·
5248	1940-08-04	金道泰	김도태	金道泰	김도태	京義線篇(6)	기행	·
5249	1940-08-10	·	·	·	·	安奉線 陳相屯에서 高句麗城址發見	기행	·
5250	1940-08-11	金道泰	김도태	金道泰	김도태	京義線篇(7)	기행	·

2. 인물명순

연번	자료저자명(한글)	자료저자명(한자)	본명(한글)	본명(한자)	기사제목	분류	날짜	비고
1	가람	가람	이병기	李秉岐	역사이야기- 어린시절의 궁예(弓裔)	역사, 문학	1937-11-14	
2	가람	가람	이병기	李秉岐	『時調』 考選後(1)	문학	1940-06-16	
3	가람	가람	이병기	李秉岐	『時調』 考選後(2)	문학	1940-06-18	
4	가람	가람	이병기	李秉岐	『時調』 考選後(3)	문학	1940-06-19	
5	강경애	姜敬愛	강경애	姜敬愛	그리운 錄鄕(6)- 佛陀山 C君에게	문학	1936-06-30	·
6	강대석	姜大奭	강대석	姜大奭	八道風光- 慶南 小金剛 千聖山行(1)	기행	1935-09-14	
7	강대석	姜大奭	강대석	姜大奭	八道風光- 慶南 小金剛 千聖山行(2)	기행	1935-09-15	
8	강대석	姜大奭	강대석	姜大奭	八道風光- 慶南 小金剛 千聖山行(3)	기행	1935-09-17	
9	강대석	姜大奭	강대석	姜大奭	八道風光- 慶南 小金剛 千聖山行(4)	기행	1935-09-18	
10	강대석	姜大奭	강대석	姜大奭	八道風光- 慶南 小金剛 千聖山行(5)	기행	1935-09-19	
11	강대석	姜大奭	강대석	姜大奭	八道風光- 慶南 小金剛 千聖山行(6)	기행	1935-09-21	·
12	강동 일기자	江東 一記者	·	·	地方論壇/ 檀君陵 修築 期成- 江東人士의 贊助를 促함	사업	1932-05-28	·
13	강병탁	姜秉鐸	강병탁	姜秉鐸	文藝時感(1)	문학	1940-02-15	·
14	강병탁	姜秉鐸	강병탁	姜秉鐸	文藝時感(2)	문학	1940-02-16	·
15	강병탁	姜秉鐸	강병탁	姜秉鐸	文藝時感(3)	문학	1940-02-18	·
16	강병탁	姜秉鐸	강병탁	姜秉鐸	文藝時感(4)	문학	1940-02-20	·
17	강병탁	姜秉鐸	강병탁	姜秉鐸	文藝時感(5)	논설	1940-02-21	·
18	강봉길	姜奉吉	강봉길	姜奉吉	義血로 꿈인 朝鮮天主敎史(1)	역사, 종교	1931-10-31	·
19	강봉길	姜奉吉	강봉길	姜奉吉	義血로 꾸며진 朝鮮天主敎史(2)	역사, 종교	1931-11-01	·
20	강봉길	姜奉吉	강봉길	姜奉吉	義血로 꾸며진 朝鮮天主敎史(3)	역사, 종교	1931-11-03	·
21	강봉길	姜奉吉	강봉길	姜奉吉	義血로 꾸며진 朝鮮天主敎史(4)	역사, 종교	1931-11-05	·
22	강봉길	姜奉吉	강봉길	姜奉吉	義血로 꾸며진 朝鮮天主敎史(5)	역사, 종교	1931-11-06	·
23	강봉길	姜奉吉	강봉길	姜奉吉	義血로 꾸며진 朝鮮天主敎史(6)	역사, 종교	1931-11-07	·
24	강봉길	姜奉吉	강봉길	姜奉吉	義血로 꾸며진 朝鮮天主敎史(6)*7회	역사, 종교	1931-11-08	연재횟수 오기
25	강준원	姜駿遠 述	강준원	姜駿遠 述	朝鮮語 速記法 詳解(1)	한글	1935-06-18	·
26	강준원	姜駿遠 述	강준원	姜駿遠 述	朝鮮語 速記法 詳解(2)	한글	1935-06-19	·
27	강준원	姜駿遠 述	강준원	姜駿遠 述	朝鮮語 速記法 詳解(3)	한글	1935-06-21	·
28	강준원	姜駿遠 述	강준원	姜駿遠 述	朝鮮語 速記法 詳解(4)	한글	1935-06-23	·
29	강준원	姜駿遠 述	강준원	姜駿遠 述	朝鮮語 速記法 詳解(5)	한글	1935-06-25	·
30	강준원	姜駿遠 述	강준원	姜駿遠 述	朝鮮語 速記法 詳解(6)	한글	1935-06-27	·
31	강준원	姜駿遠 述	강준원	姜駿遠 述	朝鮮語 速記法 新安(7)	한글	1935-06-28	·

연번	자료저자명(한글)	자료저자명(한자)	본명(한글)	본명(한자)	기사제목	분류	날짜	비고
32	강준원	姜駿遠	강준원	姜駿遠	朝鮮語 速記法 新安(8)	한글	1935-06-29	·
33	강준원	姜駿遠	강준원	姜駿遠	朝鮮語 速記法 新安(9)	한글	1935-06-30	·
34	강준원	姜駿遠	강준원	姜駿遠	朝鮮語 速記法 新安(10)	한글	1935-07-02	·
35	강준원	姜駿遠	강준원	姜駿遠	朝鮮語 速記法 新安(11)	한글	1935-07-03	·
36	강준원	姜駿遠	강준원	姜駿遠	朝鮮語 速記法 新安(12)	한글	1935-07-04	·
37	강준원	姜駿遠	강준원	姜駿遠	朝鮮語 速記法 新安(13)	한글	1935-07-05	·
38	강준원	姜駿遠	강준원	姜駿遠	朝鮮語 速記法 新安(14)	한글	1935-07-06	·
39	강준원	姜駿遠	강준원	姜駿遠	朝鮮語 速記法 新安(15)	한글	1935-07-07	·
40	강준원	姜駿遠	강준원	姜駿遠	朝鮮語 速記法 新安(16)	한글	1935-07-09	·
41	강준원	姜駿遠	강준원	姜駿遠	朝鮮語 速記法 新安(17)	한글	1935-07-12	·
42	강준원	姜駿遠	강준원	姜駿遠	朝鮮語 速記法 新安(18)	한글	1935-07-13	·
43	강준원	姜駿遠	강준원	姜駿遠	朝鮮語 速記法 新安(19)	한글	1935-07-17	·
44	강준원	姜駿遠	강준원	姜駿遠	朝鮮語 速記法 新安(20)	한글	1935-07-18	·
45	강준원	姜駿遠	강준원	姜駿遠	朝鮮語 速記法 新安(21)	한글	1935-07-19	·
46	강준원	姜駿遠	강준원	姜駿遠	朝鮮語 速記法 新安(22)	한글	1935-07-20	·
47	강준원	姜駿遠	강준원	姜駿遠	朝鮮語 速記法 新安(23)	한글	1935-07-21	·
48	강준원	姜駿遠	강준원	姜駿遠	朝鮮語 速記法 新安(24)	한글	1935-07-23	·
49	강준원	姜駿遠	강준원	姜駿遠	朝鮮語 速記法 新安(25)	한글	1935-07-24	·
50	강준원	姜駿遠	강준원	姜駿遠	朝鮮語 速記法 新安(26)	한글	1935-07-25	·
51	강준원	姜駿遠	강준원	姜駿遠	朝鮮語 速記法 新安(27)	한글	1935-07-26	·
52	강준원	姜駿遠	강준원	姜駿遠	朝鮮語 速記法 新安(28)	한글	1935-07-27	·
53	강준원	姜駿遠	강준원	姜駿遠	朝鮮語 速記法 新安(29, 完)	한글	1935-07-28	·
54	고문수	高文洙	고문수	高文洙	傳說(13) 芙蓉樓의 개구리 聲- 쉬지안코 울든 개구리 소리가/ 監司詩 한 篇에 끈허져	문학	1932-06-24	寄稿, 載寧
55	고영환	高永煥	고영환	高永煥	忠武公의 遺物을 拜觀하고(上)	기행	1931-05-12	·
56	고영환	高永煥	고영환	高永煥	忠武公의 遺物을 拜觀하고(中)	기행	1931-05-13	·
57	고영환	高永煥	고영환	高永煥	忠武公의 遺物을 拜觀하고(下)	기행	1931-05-14	·
58	고영환	高永煥	고영환	高永煥	偉人의 遺物을 社會에서 保管하자- 忠武公 遺蹟保存에 際하야(1)	사업	1931-07-05	·
59	고영환	高永煥	고영환	高永煥	偉人의 遺物을 社會에서 保管하자- 忠武公 遺蹟保存에 際하야(2)	사업	1931-07-09	·
60	고영환	高永煥	고영환	高永煥	偉人의 遺物을 社會에서 保管하자- 忠武公 遺蹟保存에 際하야(3)	사업	1931-07-10	·
61	고영환	高永煥	고영환	高永煥	偉人의 遺物을 社會에서 保管하자- 忠武公 遺蹟保存에 際하야(4)	사업	1931-07-12	·
62	고유섭	高裕燮	고유섭	高裕燮	協展觀評(1)	미술	1931-10-20	·
63	고유섭	高裕燮	고유섭	高裕燮	協展觀評(2)	미술	1931-10-21	·
64	고유섭	高裕燮	고유섭	高裕燮	協展觀評(3)	미술	1931-10-22	·
65	고유섭	高裕燮	고유섭	高裕燮	協展觀評(4)	미술	1931-10-23	·
66	고유섭	高裕燮	고유섭	高裕燮	내 자랑과 내 보배(其一) 우리의 美術과 工藝(1)	미술	1934-10-09	·
67	고유섭	高裕燮	고유섭	高裕燮	내 자랑과 내 보배(其一) 우리의 美術과 工藝(2)	미술	1934-10-10	·
68	고유섭	高裕燮	고유섭	高裕燮	내 자랑과 내 보배(其一) 우리의 美術과 工藝(3)	미술	1934-10-11	·

연번	자료저자명 (한글)	자료저자명 (한자)	본명 (한글)	본명 (한자)	기사제목	분류	날짜	비고
69	고유섭	高裕燮	고유섭	高裕燮	내 자랑과 내 보배(其一) 우리의 美術과 工藝(4)	미술	1934-10-12	·
70	고유섭	高裕燮	고유섭	高裕燮	내 자랑과 내 보배(其一) 우리의 美術과 工藝(5)	미술	1934-10-13	·
71	고유섭	高裕燮	고유섭	高裕燮	내 자랑과 내 보배(其一) 우리의 美術과 工藝(6)	미술	1934-10-14	·
72	고유섭	高裕燮	고유섭	高裕燮	내 자랑과 내 보배(其一) 우리의 美術과 工藝(7)	미술	1934-10-16	·
73	고유섭	高裕燮	고유섭	高裕燮	내 자랑과 내 보배(其一) 우리의 美術과 工藝(8)	미술	1934-10-17	·
74	고유섭	高裕燮	고유섭	高裕燮	내 자랑과 내 보배(其一) 우리의 美術과 工藝(9)	미술	1934-10-19	·
75	고유섭	高裕燮	고유섭	高裕燮	내 자랑과 내 보배(其一) 우리의 美術과 工藝(10)	미술	1934-10-20	·
76	고유섭	高裕燮	고유섭	高裕燮	新時代의展望(其四) 藝術 美의時代性과 新時代藝術家의任務(上)	미술	1935-06-08	·
77	고유섭	高裕燮	고유섭	高裕燮	新時代의展望(其四) 藝術 美의時代性과 新時代藝術家의任務(中)	미술	1935-06-09	·
78	고유섭	高裕燮	고유섭	高裕燮	新時代의展望(其四) 藝術 美의時代性과 新時代藝術家의任務(下)	미술	1935-06-11	·
79	고유섭	高裕燮	고유섭	高裕燮	옛자랑 새解釋(4)- 高句麗의 雙楹塚(上)	역사	1936-01-05	·
80	고유섭	高裕燮	고유섭	高裕燮	옛자랑 새解釋(4)- 高句麗의 雙楹塚(下)	역사	1936-01-06	·
81	고유섭	高裕燮	고유섭	高裕燮	옛자랑 새解釋(9)- 高麗陶瓷(上)	역사	1936-01-11	·
82	고유섭	高裕燮	고유섭	高裕燮	옛자랑 새解釋(10)- 高麗陶瓷(下)	역사	1936-01-12	·
83	고유섭	高裕燮	고유섭	高裕燮	輓近의 骨董蒐集(1)	미술	1936-04-14	·
84	고유섭	高裕燮	고유섭	高裕燮	輓近의 骨董蒐集(2)	미술	1936-04-15	·
85	고유섭	高裕燮	고유섭	高裕燮	輓近의 骨董蒐集(3)	미술	1936-04-16	·
86	고유섭	高裕燮	고유섭	高裕燮	古書畵에 對하야(上)	미술	1936-04-25	·
87	고유섭	高裕燮	고유섭	高裕燮	古書畵에 對하야(中)	미술	1936-04-26	·
88	고유섭	高裕燮	고유섭	高裕燮	古書畵에 對하야(下)	미술	1936-04-28	·
89	고유섭	高裕燮	고유섭	高裕燮	朝鮮文化의 創造性- 自主精神에 因한 朝鮮的 趣態의 發揮(1)	문학	1940-01-04	·
90	고유섭	高裕燮	고유섭	高裕燮	朝鮮文化의 創造性- 自主精神에 因한 朝鮮的 趣態의 發揮(2)	문학	1940-01-05	·
91	고유섭	高裕燮	고유섭	高裕燮	朝鮮文化의 創造性- 自主精神에 因한 朝鮮的 趣態의 發揮(3)	문학	1940-01-06	·
92	고유섭	高裕燮	고유섭	高裕燮	朝鮮文化의 創造性- 自主精神에 因한 朝鮮的 趣態의 發揮(4)	문학	1940-01-07	·
93	고재휴	高在烋	고재휴	高在烋	朝鮮語音節의 構成에 對한 小考(1)	한글	1938-10-13	·
94	고재휴	高在烋	고재휴	高在烋	朝鮮語音節의 構成에 對한 小考(2)	한글	1938-10-14	·
95	고재휴	高在烋	고재휴	高在烋	朝鮮語音節의 構成에 對한 小考(3)	한글	1938-10-19	·
96	고재휴	高在烋	고재휴	高在烋	朝鮮語音節의 構成에 對한 小考(4, 完)	한글	1938-10-21	·
97	고재휴	高在烋	고재휴	高在烋	言語學徒의 一言- 古歌謠註釋是非에 對하야(上)	문학	1939-08-26	·
98	고재휴	高在烋	고재휴	高在烋	言語學徒의 一言- 古歌謠註釋是非에 對하야(下)	문학	1939-08-27	·
99	고재휴	高在烋	고재휴	高在烋	言語學道의 一言- 古歌謠 註釋是非에 對하야(上)	문학	1940-02-26	·
100	고재휴	高在烋	고재휴	高在烋	言語學道의 一言- 古歌謠 註釋是非에 對하야(下)	문학	1940-02-27	·
101	고재휴	高在烋	고재휴	高在烋	比較言語學的 研究材(1)	한글	1940-03-30	·
102	고재휴	高在烋	고재휴	高在烋	比較言語學的 研究材(2)	한글	1940-03-31	·
103	고재휴	高在烋	고재휴	高在烋	比較言語學的 研究材(3)	한글	1940-04-03	·
104	고재휴	高在烋	고재휴	高在烋	比較言語學的 研究材(5)*4회	한글	1940-04-09	연재횟수 오기

연번	자료저자명(한글)	자료저자명(한자)	본명(한글)	본명(한자)	기사제목	분류	날짜	비고
105	고재휴	高在烋	고재휴	高在烋	比較言語學的 硏究材(6)*5회	한글	1940-04-12	연재횟수 오기
106	광고	廣告	·	·	朝鮮野史全集	문학	1934-03-16	·
107	구본웅	具本雄	구본웅	具本雄	洋畵와 朝鮮畵壇(上)	미술	1937-10-15	·
108	구본웅	具本雄	구본웅	具本雄	洋畵와 朝鮮畵壇(下)	미술	1937-10-16	·
109	구본웅	具本雄	구본웅	具本雄	朝鮮文化20年(17)- 朝鮮畵的 特異性(上)	논설	1940-05-01	·
110	구본웅	具本雄	구본웅	具本雄	朝鮮文化20年(18)- 朝鮮畵的 特異性(下)	논설	1940-05-04	·
111	구자옥	具滋玉	구자옥	具滋玉	鄕村과 都市協力- 普遍的 協力이 急務	역사	1939-01-04	·
112	권대경	權大慶	권대경	權大慶	傳說(64, 完) 西將臺下의 매바위 애매한 루명쓰고 이슬된 리인고/ 寃魂을 慰勞하는 祠堂	문학	1932-10-15	寄稿, 高陽
113	권상로	權相老	권상로	權相老	佛誕2500年(上)	종교	1934-05-20	·
114	권상로	權相老	권상로	權相老	佛誕2500年(中)	종교	1934-05-22	·
115	권상로	權相老	권상로	權相老	佛誕2500年(下)	종교	1934-05-23	·
116	길성산인	吉星山人	이건방	李建芳	朝鮮儒學과 王陽明(1)	철학	1933-04-15	동아일보 1939년 6월 25일 이건방 부고 기사에 '조선유학과 왕양명'이 이건방의 저서로 기재되어 있음(한국사데이터베이스 동아일보 기사에서만 확인됨)
117	길성산인	吉星山人	이건방	李建芳	朝鮮儒學과 王陽明(2)	철학	1933-04-17	·
118	길성산인	吉星山人	이건방	李建芳	朝鮮儒學과 王陽明(3)	철학	1933-04-18	·
119	길성산인	吉星山人	이건방	李建芳	朝鮮儒學과 王陽明(4)	철학	1933-04-26	·
120	길성산인	吉星山人	이건방	李建芳	朝鮮儒學과 王陽明(5)	철학	1933-04-30	·
121	길성산인	吉星山人	이건방	李建芳	朝鮮儒學과 王陽明(6)	철학	1933-05-02	·
122	길성산인	吉星山人	이건방	李建芳	朝鮮儒學과 王陽明(7)	철학	1933-06-10	·
123	길용진	吉龍鎭	길용진	吉龍鎭	改正普通學校 朝鮮語讀本에 對하야(1)	한글	1931-10-31	·
124	길용진	吉龍鎭	길용진	吉龍鎭	改正普通學校 朝鮮語讀本에 對하야(2)	한글	1931-11-01	·
125	길용진	吉龍鎭	길용진	吉龍鎭	改正普通學校 朝鮮語讀本에 對하야(3)	한글	1931-11-05	·
126	길용진	吉龍鎭	길용진	吉龍鎭	改正普通學校 朝鮮語讀本에 對하야(4)	한글	1931-11-06	·
127	길용진	吉龍鎭	길용진	吉龍鎭	改正普通學校 朝鮮語讀本에 對하야(5)	한글	1931-11-07	·
128	길용진	吉龍鎭	길용진	吉龍鎭	改正普通學校朝鮮語讀本에對하야(7)*6회	한글	1931-11-08	연재횟수 오기
129	길용진	吉龍鎭	길용진	吉龍鎭	改正普通學校 朝鮮語讀本에 對하야(8)	한글	1931-11-10	·
130	길용진	吉龍鎭	길용진	吉龍鎭	改正普通學校 朝鮮語讀本에 對하야(9)	한글	1931-11-14	·
131	길용진	吉龍鎭	길용진	吉龍鎭	改正普通學校 朝鮮語讀本에 對하야(10)	한글	1931-11-15	·
132	길용진	吉龍鎭	길용진	吉龍鎭	改正普通學校 朝鮮語讀本에 對하야(11)	한글	1931-11-17	·
133	길용진	吉龍鎭	길용진	吉龍鎭	改正普通學校 朝鮮語讀本에 對하야(12)	한글	1931-11-18	·
134	길용진	吉龍鎭	길용진	吉龍鎭	傳說(19) 嶺東勇士와 上院寺 뱀에게 죽을것을 꿩이 살려줘/ 赤岳을 雉岳胞으로 改稱	문학	1932-07-06	寄稿, 原州
135	길용진	吉龍鎭	길용진	吉龍鎭	傳說(20) 嶺東勇士와 上院寺 뱀에게 죽을것을 꿩이	문학	1932-07-06	寄稿, 原州

연번	자료저자명(한글)	자료저자명(한자)	본명(한글)	본명(한자)	기사제목	분류	날짜	비고
					살려줘/ 赤岳을 雉岳山으로 改稱			
136	김경주	金敬注	김경주	金敬注	朝鮮文化와 佛敎(1)	역사, 종교	1934-07-08	·
137	김경주	金敬注	김경주	金敬注	朝鮮文化와 佛敎(2)	역사, 종교	1934-07-09	·
138	김경주	金敬注	김경주	金敬注	朝鮮文化와 佛敎(3)	역사, 종교	1934-07-10	·
139	김경주	金敬注	김경주	金敬注	朝鮮文化와 佛敎(4)	역사, 종교	1934-07-13	·
140	김경주	金敬注	김경주	金敬注	朝鮮文化와 佛敎(5)	역사, 종교	1934-07-14	·
141	김경주	金敬注	김경주	金敬注	朝鮮文化와 佛敎(6, 完)	역사, 종교	1934-07-15	·
142	김경홍	金敬弘	김경홍	金敬弘	새철자법	한글	1933-04-06	普成高普 校長
143	김관	金管	김관	金管	民謠音樂의 諸問題 -朝鮮音樂에 關한 覺書-(上)	음악	1934-05-30	·
144	김관	金管	김관	金管	民謠音樂의 諸問題 -朝鮮音樂에 關한 覺書-(下)	음악	1934-06-01	·
145	김광섭	金珖燮	김광섭	金珖燮	建設期의 民族文學	문학	1935-03-06	·
146	김광섭	金珖燮	김광섭	金珖燮	評壇時感(1)- 批評現象의 不振	문학	1935-09-28	·
147	김광섭	金珖燮	김광섭	金珖燮	評壇時感(2)- 批評精神의 樹立	문학	1935-09-29	·
148	김광섭	金珖燮	김광섭	金珖燮	評壇時感(3)- 批評의 指導性	문학	1935-10-01	·
149	김광섭	金珖燮	김광섭	金珖燮	評壇時感(4)- 批評의 鬪爭과 啓蒙性	문학	1935-10-02	·
150	김광섭	金珖燮	김광섭	金珖燮	朝鮮文學의 性格(2)- 生活과 個性의 創造	문학	1938-05-31	·
151	김광섭	金珖燮	김광섭	金珖燮	新年創作評(1)	문학	1939-01-21	·
152	김광섭	金珖燮	김광섭	金珖燮	新年創作評(2)	문학	1939-01-22	·
153	김광섭	金珖燮	김광섭	金珖燮	新年創作評(3)	문학	1939-01-24	·
154	김광섭	金珖燮	김광섭	金珖燮	新年創作評(4)	문학	1939-01-26	·
155	김광섭	金珖燮	김광섭	金珖燮	新年創作評(5)	문학	1939-01-27	·
156	김광섭	金珖燮	김광섭	金珖燮	新年創作評(6, 完)	문학	1939-01-28	·
157	김광섭	金珖燮	김광섭	金珖燮	아름다운 言語音響을 우리에게 如實히 實證	문학	1939-06-10	·
158	김광진	金洸鎭	김광진	金洸鎭	白南雲敎授의 新著「朝鮮社會經濟史」	학술, 역사	1933-09-21	·
159	김규은	金圭銀	김규은	金圭銀	진달래꽃(1)	역사	1934-08-11	·
160	김규은	金圭銀	김규은	金圭銀	진달래꽃(2)	역사	1934-08-12	·
161	김규은	金圭銀	김규은	金圭銀	진달래꽃(3)	역사	1934-08-14	·
162	김규은	金圭銀	김규은	金圭銀	진달래꽃(4)	역사	1934-08-15	·
163	김규은	金圭銀	김규은	金圭銀	진달래꽃(5)	역사	1934-08-16	·
164	김규은	金圭銀	김규은	金圭銀	진달래꽃(6)	역사	1934-08-18	·
165	김기○	金基○	김기○	金基○	傳說(60) 許皇后와 婦人堂 돌배를 타고와서 수로왕 맛나/ 岩石이 船體와 同樣	문학	1932-10-09	寄稿, 金海
166	김기영	金基永	김기영	金基永	第18回 朝鮮美展印象記	미술	1939-06-08	·
167	김남천	金南天	김남천	金南天	朝鮮的 長篇小說의 一考察(1)	문학	1937-10-19	·
168	김남천	金南天	김남천	金南天	朝鮮的 長篇小說의 一考察(2)	문학	1937-10-20	·
169	김남천	金南天	김남천	金南天	朝鮮的 長篇小說의 一考察(3)	문학	1937-10-21	·

연번	자료저자명(한글)	자료저자명(한자)	본명(한글)	본명(한자)	기사제목	분류	날짜	비고
170	김남천	金南天	김남천	金南天	朝鮮的 長篇小說의 一考察(4)	문학	1937-10-22	·
171	김남천	金南天	김남천	金南天	朝鮮的 長篇小說의 一考察(5)	문학	1937-10-23	·
172	김남천	金南天	김남천	金南天	朝鮮文學의 性格(3)- 모랄의 確立	문학	1938-06-01	·
173	김남천	金南天	김남천	金南天	古典硏究雜想	문학	1938-06-30	·
174	김남천	金南天	김남천	金南天	民俗의 文學的 觀念	문학	1939-05-19	·
175	김남천	金南天	김남천	金南天	新世代論과 新人의 作品-「토픽」中心으로 본 己卯年의 散文文學(上)	문학	1939-12-19	·
176	김남천	金南天	김남천	金南天	新世代論과 新人의 作品-「토픽」中心으로 본 己卯年의 散文文學(中)	문학	1939-12-21	·
177	김남천	金南天	김남천	金南天	新世代論과 新人의 作品-「토픽」中心으로 본 己卯年의 散文文學(下)	문학	1939-12-22	·
178	김도태	金道泰	김도태	金道泰	京釜線篇(1)	기행	1938-10-30	·
179	김도태	金道泰	김도태	金道泰	京釜線篇(2)	기행	1938-11-06	·
180	김도태	金道泰	김도태	金道泰	京釜線篇(3)	기행	1938-11-20	·
181	김도태	金道泰	김도태	金道泰	京釜線篇(4)	기행	1938-11-27	·
182	김도태	金道泰	김도태	金道泰	京釜線篇(5)	기행	1938-12-04	·
183	김도태	金道泰	김도태	金道泰	京釜線篇(6)	기행	1938-12-11	·
184	김도태	金道泰	김도태	金道泰	京釜線篇(7)	기행	1938-12-18	·
185	김도태	金道泰	김도태	金道泰	京釜線篇(8)	기행	1938-12-25	·
186	김도태	金道泰	김도태	金道泰	京釜線篇(9)	기행	1939-01-22	·
187	김도태	金道泰	김도태	金道泰	京釜線篇(10)	기행	1939-01-29	·
188	김도태	金道泰	김도태	金道泰	京釜線篇(11)	기행	1939-02-05	·
189	김도태	金道泰	김도태	金道泰	京釜線篇(12)	기행	1939-02-19	·
190	김도태	金道泰	김도태	金道泰	京釜線篇(13)	기행	1939-02-26	·
191	김도태	金道泰	김도태	金道泰	京釜線篇(14)	기행	1939-03-05	·
192	김도태	金道泰	김도태	金道泰	京釜線篇(15)	기행	1939-03-12	·
193	김도태	金道泰	김도태	金道泰	京釜線篇(16)	기행	1939-03-19	·
194	김도태	金道泰	김도태	金道泰	京釜線篇(17)	기행	1939-03-26	·
195	김도태	金道泰	김도태	金道泰	京釜線篇(18)	기행	1939-04-02	·
196	김도태	金道泰	김도태	金道泰	京釜線篇(19)	기행	1939-04-09	·
197	김도태	金道泰	김도태	金道泰	京釜線篇(20)	기행	1939-04-16	·
198	김도태	金道泰	김도태	金道泰	京釜線篇(21)	기행	1939-04-23	·
199	김도태	金道泰	김도태	金道泰	京釜線篇(22)	기행	1939-05-07	·
200	김도태	金道泰	김도태	金道泰	京釜線篇(23)	기행	1939-05-14	·
201	김도태	金道泰	김도태	金道泰	京釜線篇(24)	기행	1939-05-21	·
202	김도태	金道泰	김도태	金道泰	京釜線篇(25)	기행	1939-05-28	·
203	김도태	金道泰	김도태	金道泰	京釜線篇(26)	기행	1939-06-04	·
204	김도태	金道泰	김도태	金道泰	京釜線篇(27)	기행	1939-06-11	·
205	김도태	金道泰	김도태	金道泰	京釜線篇(28)	기행	1939-06-18	·
206	김도태	金道泰	김도태	金道泰	京釜線篇(29)	기행	1939-06-25	·
207	김도태	金道泰	김도태	金道泰	京釜線篇(30)	기행	1939-07-02	·
208	김도태	金道泰	김도태	金道泰	京釜線篇(31)	기행	1939-07-09	·

연번	자료저자명 (한글)	자료저자명 (한자)	본명 (한글)	본명 (한자)	기사제목	분류	날짜	비고
209	김도태	金道泰	김도태	金道泰	京釜線篇(32)	기행	1939-07-16	·
210	김도태	金道泰	김도태	金道泰	京釜線篇(33)	기행	1939-07-23	·
211	김도태	金道泰	김도태	金道泰	京釜線篇(34)	기행	1939-07-30	·
212	김도태	金道泰	김도태	金道泰	京釜線篇(35)	기행	1939-08-06	·
213	김도태	金道泰	김도태	金道泰	京釜線篇(36)	기행	1939-08-13	·
214	김도태	金道泰	김도태	金道泰	京釜線篇(37)	기행	1939-08-20	·
215	김도태	金道泰	김도태	金道泰	京釜線篇(38)	기행	1939-08-27	·
216	김도태	金道泰	김도태	金道泰	京釜線篇(39)	기행	1939-09-03	·
217	김도태	金道泰	김도태	金道泰	京釜線篇(40)	기행	1939-09-10	·
218	김도태	金道泰	김도태	金道泰	京釜線篇(41)	기행	1939-09-17	·
219	김도태	金道泰	김도태	金道泰	京釜線篇(42)	기행	1939-10-08	·
220	김도태	金道泰	김도태	金道泰	京釜線篇(43) 경주(31) 석굴암행	기행	1939-10-22	·
221	김도태	金道泰	김도태	金道泰	京釜線篇(45) 경주(32) 석굴암행	기행	1939-10-29	·
222	김도태	金道泰	김도태	金道泰	京釜線篇(46) 경주(33) 석굴암행	기행	1939-11-05	·
223	김도태	金道泰	김도태	金道泰	京釜線篇(47) 경주(34) 석굴암행	기행	1939-11-12	·
224	김도태	金道泰	김도태	金道泰	京釜線篇(48)	기행	1939-11-19	·
225	김도태	金道泰	김도태	金道泰	京釜線篇(49)	기행	1939-12-03	·
226	김도태	金道泰	김도태	金道泰	京釜線篇(50)	기행	1939-12-10	·
227	김도태	金道泰	김도태	金道泰	京釜線篇(51)	기행	1939-12-17	·
228	김도태	金道泰	김도태	金道泰	京釜線篇(52)	기행	1939-12-24	·
229	김도태	金道泰	김도태	金道泰	京釜線篇(53)	기행	1940-01-14	·
230	김도태	金道泰	김도태	金道泰	京釜線篇(54)	기행	1940-01-21	·
231	김도태	金道泰	김도태	金道泰	京釜線篇(55)	기행	1940-01-28	·
232	김도태	金道泰	김도태	金道泰	京釜線篇(56)	기행	1940-02-04	·
233	김도태	金道泰	김도태	金道泰	京釜線篇(57)	기행	1940-02-11	·
234	김도태	金道泰	김도태	金道泰	京釜線篇(58)	기행	1940-02-18	·
235	김도태	金道泰	김도태	金道泰	京釜線篇(59)	기행	1940-02-25	·
236	김도태	金道泰	김도태	金道泰	京釜線篇(60)	기행	1940-03-03	조·석간 4면 게재
237	김도태	金道泰	김도태	金道泰	京釜線篇(61)	기행	1940-03-10	·
238	김도태	金道泰	김도태	金道泰	京釜線篇(62)	기행	1940-03-17	·
239	김도태	金道泰	김도태	金道泰	京釜線篇(63)	기행	1940-03-24	·
240	김도태	金道泰	김도태	金道泰	京釜線篇(65)*64회	기행	1940-04-07	연재횟수 오기
241	김도태	金道泰	김도태	金道泰	京釜線篇(66)*65회	기행	1940-04-14	연재횟수 오기
242	김도태	金道泰	김도태	金道泰	京釜線篇(67)*66회	기행	1940-04-21	연재횟수 오기
243	김도태	金道泰	김도태	金道泰	京釜線篇(67)	기행	1940-04-28	·
244	김도태	金道泰	김도태	金道泰	京釜線篇(68)	기행	1940-05-05	·
245	김도태	金道泰	김도태	金道泰	京釜線篇(69)	기행	1940-05-12	·
246	김도태	金道泰	김도태	金道泰	京釜線篇(70)	기행	1940-05-19	·
247	김도태	金道泰	김도태	金道泰	京釜線篇(71)	기행	1940-05-26	·
248	김도태	金道泰	김도태	金道泰	京釜線篇(72)	기행	1940-06-02	·

연번	자료저자명 (한글)	자료저자명 (한자)	본명 (한글)	본명 (한자)	기사제목	분류	날짜	비고
249	김도태	金道泰	김도태	金道泰	京釜線篇(73)	기행	1940-06-09	·
250	김도태	金道泰	김도태	金道泰	京義線篇(1)	기행	1940-06-23	·
251	김도태	金道泰	김도태	金道泰	京義線篇(2)	기행	1940-06-30	·
252	김도태	金道泰	김도태	金道泰	京義線篇(3)	기행	1940-07-07	·
253	김도태	金道泰	김도태	金道泰	京義線篇(4)	기행	1940-07-14	·
254	김도태	金道泰	김도태	金道泰	京義線篇(5)	기행	1940-07-22	·
255	김도태	金道泰	김도태	金道泰	京義線篇(6)	기행	1940-08-04	·
256	김도태	金道泰	김도태	金道泰	京義線篇(7)	기행	1940-08-11	·
257	김동석	金東錫	김동석	金東錫	朝鮮詩의 片影(1)	문학	1937-09-09	·
258	김동석	金東錫	김동석	金東錫	朝鮮詩의 片影(2)	문학	1937-09-10	·
259	김동석	金東錫	김동석	金東錫	朝鮮詩의 片影(3)	문학	1937-09-11	·
260	김동석	金東錫	김동석	金東錫	朝鮮詩의 片影(4, 完)	문학	1937-09-14	·
261	김동인	金東仁	김동인	金東仁	아기네(1)	문학	1932-03-01	·
262	김동인	金東仁	김동인	金東仁	아기네(2)	문학	1932-03-02	·
263	김동인	金東仁	김동인	金東仁	아기네(3)	문학	1932-03-03	·
264	김동인	金東仁	김동인	金東仁	아기네(4)	문학	1932-03-04	·
265	김동인	金東仁	김동인	金東仁	아기네(5)	문학	1932-03-05	·
266	김동인	金東仁	김동인	金東仁	아기네(6)	문학	1932-03-06	·
267	김동인	金東仁	김동인	金東仁	아기네(8)*7회	문학	1932-03-07	연재횟수 오기
268	김동인	金東仁	김동인	金東仁	아기네(9)*8회	문학	1932-03-09	연재횟수 오기
269	김동인	金東仁	김동인	金東仁	아기네(10)*9회	문학	1932-03-10	연재횟수 오기
270	김동인	金東仁	김동인	金東仁	아기네(11)*10회	문학	1932-03-11	연재횟수 오기
271	김동인	金東仁	김동인	金東仁	아기네(12)*11회	문학	1932-03-12	연재횟수 오기
272	김동인	金東仁	김동인	金東仁	아기네(13)*12회	문학	1932-03-13	연재횟수 오기
273	김동인	金東仁	김동인	金東仁	아기네(14)*13회	문학	1932-03-14	연재횟수 오기
274	김동인	金東仁	김동인	金東仁	아기네(14)	문학	1932-03-15	·
275	김동인	金東仁	김동인	金東仁	아기네(15)	문학	1932-03-16	·
276	김동인	金東仁	김동인	金東仁	아기네(16)	문학	1932-03-17	·
277	김동인	金東仁	김동인	金東仁	아기네(17)	문학	1932-03-18	·
278	김동인	金東仁	김동인	金東仁	아기네(18)	문학	1932-03-19	·
279	김동인	金東仁	김동인	金東仁	아기네(19)	문학	1932-03-20	·
280	김동인	金東仁	김동인	金東仁	아기네(20)	문학	1932-03-23	·
281	김동인	金東仁	김동인	金東仁	아기네(21)	문학	1932-03-24	·
282	김동인	金東仁	김동인	金東仁	아기네(22)	문학	1932-03-25	·
283	김동인	金東仁	김동인	金東仁	아기네(23)	문학	1932-03-26	·
284	김동인	金東仁	김동인	金東仁	아기네(24)	문학	1932-03-27	·
285	김동인	金東仁	김동인	金東仁	아기네(25)	문학	1932-03-29	·
286	김동인	金東仁	김동인	金東仁	아기네(26)	문학	1932-03-30	·
287	김동인	金東仁	김동인	金東仁	아기네(27)	문학	1932-03-31	·
288	김동인	金東仁	김동인	金東仁	아기네(28)	문학	1932-04-01	·
289	김동인	金東仁	김동인	金東仁	아기네(29)	문학	1932-04-02	·

연번	자료저자명 (한글)	자료저자명 (한자)	본명 (한글)	본명 (한자)	기사제목	분류	날짜	비고
290	김동인	金東仁	김동인	金東仁	아기네(30)	문학	1932-04-03	·
291	김동인	金東仁	김동인	金東仁	아기네(31)	문학	1932-04-04	·
292	김동인	金東仁	김동인	金東仁	아기네(32)	문학	1932-04-05	·
293	김동인	金東仁	김동인	金東仁	아기네(33)	문학	1932-04-06	·
294	김동인	金東仁	김동인	金東仁	아기네(34)	문학	1932-04-07	·
295	김동인	金東仁	김동인	金東仁	아기네(35)	문학	1932-04-08	·
296	김동인	金東仁	김동인	金東仁	아기네(36)	문학	1932-04-09	·
297	김동인	金東仁	김동인	金東仁	아기네(37)	문학	1932-04-10	·
298	김동인	金東仁	김동인	金東仁	아기네(38)	문학	1932-04-11	·
299	김동인	金東仁	김동인	金東仁	아기네(39)	문학	1932-04-12	·
300	김동인	金東仁	김동인	金東仁	아기네(40)	문학	1932-04-13	·
301	김동인	金東仁	김동인	金東仁	아기네(41)	문학	1932-04-14	·
302	김동인	金東仁	김동인	金東仁	아기네(42)	문학	1932-04-15	·
303	김동인	金東仁	김동인	金東仁	아기네(43)	문학	1932-04-16	·
304	김동인	金東仁	김동인	金東仁	아기네(44)	문학	1932-04-17	·
305	김동인	金東仁	김동인	金東仁	아기네(45)	문학	1932-04-18	·
306	김동인	金東仁	김동인	金東仁	아기네(46)	문학	1932-04-19	본문내용 없음
307	김동인	金東仁	김동인	金東仁	아기네(47)	문학	1932-05-01	·
308	김동인	金東仁	김동인	金東仁	아기네(48)	문학	1932-05-02	·
309	김동인	金東仁	김동인	金東仁	아기네(49)	문학	1932-05-03	·
310	김동인	金東仁	김동인	金東仁	아기네(49)*50회	문학	1932-05-04	연재횟수 오기
311	김동인	金東仁	김동인	金東仁	아기네(50)*51회	문학	1932-05-05	연재횟수 오기
312	김동인	金東仁	김동인	金東仁	아기네(51)*52회	문학	1932-05-06	연재횟수 오기
313	김동인	金東仁	김동인	金東仁	아기네(52)*53회	문학	1932-05-07	연재횟수 오기
314	김동인	金東仁	김동인	金東仁	아기네(53)*54회	문학	1932-05-08	연재횟수 오기
315	김동인	金東仁	김동인	金東仁	아기네(54)*55회	문학	1932-05-11	연재횟수 오기
316	김동인	金東仁	김동인	金東仁	아기네(55)*56회	문학	1932-05-13	연재횟수 오기
317	김동인	金東仁	김동인	金東仁	아기네(56)*57회	문학	1932-05-14	연재횟수 오기
318	김동인	金東仁	김동인	金東仁	아기네(57)*58회	문학	1932-05-15	연재횟수 오기
319	김동인	金東仁	김동인	金東仁	아기네(58)*59회	문학	1932-05-16	연재횟수 오기
320	김동인	金東仁	김동인	金東仁	아기네(59)*60회	문학	1932-05-17	연재횟수 오기
321	김동인	金東仁	김동인	金東仁	아기네(60)*61회	문학	1932-05-18	연재횟수 오기
322	김동인	金東仁	김동인	金東仁	아기네(61)*62회	문학	1932-05-19	연재횟수 오기
323	김동인	金東仁	김동인	金東仁	아기네(62)*63회	문학	1932-05-20	연재횟수 오기
324	김동인	金東仁	김동인	金東仁	아기네(63)*64회	문학	1932-05-21	연재횟수 오기
325	김동인	金東仁	김동인	金東仁	아기네(64)*65회	문학	1932-05-22	연재횟수 오기
326	김동인	金東仁	김동인	金東仁	아기네(65)*66회	문학	1932-05-24	연재횟수 오기
327	김동인	金東仁	김동인	金東仁	아기네(66)*67회	문학	1932-05-25	연재횟수 오기
328	김동인	金東仁	김동인	金東仁	아기네(67)*68회	문학	1932-05-26	연재횟수 오기
329	김동인	金東仁	김동인	金東仁	아기네(68)*69회	문학	1932-05-27	연재횟수 오기
330	김동인	金東仁	김동인	金東仁	아기네(69)*70회	문학	1932-05-28	연재횟수 오기

연번	자료저자명 (한글)	자료저자명 (한자)	본명 (한글)	본명 (한자)	기사제목	분류	날짜	비고
331	김동인	金東仁	김동인	金東仁	아기네(70)*71회	문학	1932-05-29	연재횟수 오기
332	김동인	金東仁	김동인	金東仁	아기네(64)*65회	문학	1932-05-22	연재횟수 오기
333	김동인	金東仁	김동인	金東仁	아기네(65)*66회	문학	1932-05-24	연재횟수 오기
334	김동인	金東仁	김동인	金東仁	아기네(66)*67회	문학	1932-05-25	연재횟수 오기
335	김동인	金東仁	김동인	金東仁	아기네(67)*68회	문학	1932-05-26	연재횟수 오기
336	김동인	金東仁	김동인	金東仁	아기네(68)*69회	문학	1932-05-27	연재횟수 오기
337	김동인	金東仁	김동인	金東仁	아기네(69)*70회	문학	1932-05-28	연재횟수 오기
338	김동인	金東仁	김동인	金東仁	아기네(70)*71회	문학	1932-05-29	연재횟수 오기
339	김동인	金東仁	김동인	金東仁	아기네(71)*72회	문학	1932-05-30	연재횟수 오기
340	김동인	金東仁	김동인	金東仁	아기네(72)*73회	문학	1932-05-31	연재횟수 오기
341	김동인	金東仁	김동인	金東仁	아기네(73)*74회	문학	1932-06-01	연재횟수 오기
342	김동인	金東仁	김동인	金東仁	아기네(74)*75회	문학	1932-06-02	연재횟수 오기
343	김동인	金東仁	김동인	金東仁	아기네(75)*76회	문학	1932-06-03	연재횟수 오기
344	김동인	金東仁	김동인	金東仁	아기네(76)*77회	문학	1932-06-04	연재횟수 오기
345	김동인	金東仁	김동인	金東仁	아기네(77)*78회	문학	1932-06-05	연재횟수 오기
346	김동인	金東仁	김동인	金東仁	아기네(78)*79회	문학	1932-06-06	연재횟수 오기
347	김동인	金東仁	김동인	金東仁	아기네(79)*80회	문학	1932-06-07	연재횟수 오기
348	김동인	金東仁	김동인	金東仁	아기네(80)*81회	문학	1932-06-09	연재횟수 오기
349	김동인	金東仁	김동인	金東仁	아기네(81)*82회	문학	1932-06-10	연재횟수 오기
350	김동인	金東仁	김동인	金東仁	아기네(82)*83회	문학	1932-06-11	연재횟수 오기
351	김동인	金東仁	김동인	金東仁	아기네(83)*84회	문학	1932-06-12	연재횟수 오기
352	김동인	金東仁	김동인	金東仁	아기네(84)*85회	문학	1932-06-14	연재횟수 오기
353	김동인	金東仁	김동인	金東仁	아기네(85)*86회	문학	1932-06-15	연재횟수 오기
354	김동인	金東仁	김동인	金東仁	아기네(86)*87회	문학	1932-06-16	연재횟수 오기
355	김동인	金東仁	김동인	金東仁	아기네(87)*88회	문학	1932-06-17	연재횟수 오기
356	김동인	金東仁	김동인	金東仁	아기네(88)*89회	문학	1932-06-18	연재횟수 오기
357	김동인	金東仁	김동인	金東仁	아기네(89)*90회	문학	1932-06-19	연재횟수 오기
358	김동인	金東仁	김동인	金東仁	아기네(90)*91회	문학	1932-06-21	연재횟수 오기
359	김동인	金東仁	김동인	金東仁	아기네(91)*92회	문학	1932-06-22	연재횟수 오기
360	김동인	金東仁	김동인	金東仁	아기네(92)*93회	문학	1932-06-23	연재횟수 오기
361	김동인	金東仁	김동인	金東仁	아기네(93)*94회	문학	1932-06-24	연재횟수 오기
362	김동인	金東仁	김동인	金東仁	아기네(94)*95회	문학	1932-06-25	연재횟수 오기
363	김동인	金東仁	김동인	金東仁	아기네(95)*96회	문학	1932-06-26	연재횟수 오기
364	김동인	金東仁	김동인	金東仁	아기네(96)*97회	문학	1932-06-27	연재횟수 오기
365	김동인	金東仁	김동인	金東仁	아기네(97)*98회	문학	1932-06-28	연재횟수 오기
366	김동인	金東仁	김동인	金東仁	아기네(98)*99회	문학	1932-06-29	연재횟수 오기
367	김동인	金東仁	김동인	金東仁	아기네(99)*100회	문학	1932-07-01	연재횟수 오기
368	김동인	金東仁	김동인	金東仁	아기네(100)*101회	문학	1932-07-02	연재횟수 오기
369	김동인	金東仁	김동인	金東仁	아기네(101)*102회	문학	1932-07-04	연재횟수 오기
370	김동인	金東仁	김동인	金東仁	아기네(102)*103회	문학	1932-07-05	연재횟수 오기
371	김동인	金東仁	김동인	金東仁	아기네(103)*104회	문학	1932-07-06	연재횟수 오기

연번	자료저자명 (한글)	자료저자명 (한자)	본명 (한글)	본명 (한자)	기사제목	분류	날짜	비고
372	김동인	金東仁	김동인	金東仁	아기네(104)*105회	문학	1932-07-08	연재횟수 오기
373	김동인	金東仁	김동인	金東仁	아기네(105)*106회	문학	1932-07-10	연재횟수 오기
374	김동인	金東仁	김동인	金東仁	아기네(106)*107회	문학	1932-07-11	연재횟수 오기
375	김동인	金東仁	김동인	金東仁	아기네(107)*108회	문학	1932-07-12	연재횟수 오기
376	김동인	金東仁	김동인	金東仁	아기네(108)*109회	문학	1932-07-13	연재횟수 오기
377	김동인	金東仁	김동인	金東仁	아기네(109)*110회	문학	1932-07-14	연재횟수 오기
378	김동인	金東仁	김동인	金東仁	아기네(110)*111회	문학	1932-07-15	연재횟수 오기
379	김동인	金東仁	김동인	金東仁	아기네(111)*112회	문학	1932-07-16	연재횟수 오기
380	김동인	金東仁	김동인	金東仁	아기네(112)*113회	문학	1932-07-17	연재횟수 오기
381	김동인	金東仁	김동인	金東仁	아기네(113)*114회	문학	1932-07-18	연재횟수 오기
382	김동인	金東仁	김동인	金東仁	아기네(114)*115회	문학	1932-07-19	연재횟수 오기
383	김동인	金東仁	김동인	金東仁	아기네(115)*116회	문학	1932-07-21	연재횟수 오기
384	김동인	金東仁	김동인	金東仁	아기네(116)*117회	문학	1932-07-22	연재횟수 오기
385	김동인	金東仁	김동인	金東仁	아기네(117)*118회	문학	1932-07-23	연재횟수 오기
386	김동인	金東仁	김동인	金東仁	아기네(118)*119회	문학	1932-07-24	연재횟수 오기
387	김동인	金東仁	김동인	金東仁	아기네(119)*120회	문학	1932-07-25	연재횟수 오기
388	김동인	金東仁	김동인	金東仁	아기네(120)*121회	문학	1932-07-26	연재횟수 오기
389	김동인	金東仁	김동인	金東仁	아기네(121)*122회	문학	1932-07-27	연재횟수 오기
390	김동인	金東仁	김동인	金東仁	아기네(122)*123회	문학	1932-07-28	연재횟수 오기
391	김동인	金東仁	김동인	金東仁	아기네(123)*124회	문학	1932-07-29	연재횟수 오기
392	김동인	金東仁	김동인	金東仁	아기네(124)*125회	문학	1932-07-30	연재횟수 오기
393	김동인	金東仁	김동인	金東仁	아기네(125)*126회	문학	1932-07-31	연재횟수 오기
394	김동인	金東仁	김동인	金東仁	아기네(126)*127회	문학	1932-08-02	연재횟수 오기
395	김동인	金東仁	김동인	金東仁	아기네(127)*128회	문학	1932-08-03	연재횟수 오기
396	김동인	金東仁	김동인	金東仁	아기네(128)*129회	문학	1932-08-04	연재횟수 오기
397	김동인	金東仁	김동인	金東仁	아기네(129)*130회	문학	1932-08-05	연재횟수 오기
398	김동인	金東仁	김동인	金東仁	아기네(130)*131회	문학	1932-08-06	연재횟수 오기
399	김동인	金東仁	김동인	金東仁	아기네(131)*132회	문학	1932-08-07	연재횟수 오기
400	김동인	金東仁	김동인	金東仁	아기네(132)*133회	문학	1932-08-08	연재횟수 오기
401	김동인	金東仁	김동인	金東仁	아기네(133)*134회	문학	1932-08-09	연재횟수 오기
402	김동인	金東仁	김동인	金東仁	아기네(134)*135회	문학	1932-08-10	연재횟수 오기
403	김동인	金東仁	김동인	金東仁	아기네(135)*136회	문학	1932-08-11	연재횟수 오기
404	김동인	金東仁	김동인	金東仁	아기네(136)*137회	문학	1932-08-12	연재횟수 오기
405	김동인	金東仁	김동인	金東仁	떠오르는 해(1)	문학	1932-08-13	·
406	김동인	金東仁	김동인	金東仁	떠오르는 해(2)	문학	1932-08-14	·
407	김동인	金東仁	김동인	金東仁	떠오르는 해(3)	문학	1932-08-15	·
408	김동인	金東仁	김동인	金東仁	떠오르는 해(4)	문학	1932-08-16	·
409	김동인	金東仁	김동인	金東仁	떠오르는 해(5)	문학	1932-08-17	·
410	김동인	金東仁	김동인	金東仁	떠오르는 해(6)	문학	1932-08-19	·
411	김동인	金東仁	김동인	金東仁	떠오르는 해(7)	문학	1932-08-20	·
412	김동인	金東仁	김동인	金東仁	떠오르는 해(8)	문학	1932-08-21	·

연번	자료저자명 (한글)	자료저자명 (한자)	본명 (한글)	본명 (한자)	기사제목	분류	날짜	비고
413	김동인	金東仁	김동인	金東仁	떠오르는 해(9)	문학	1932-08-23	·
414	김동인	金東仁	김동인	金東仁	떠오르는 해(10)	문학	1932-08-24	·
415	김동인	金東仁	김동인	金東仁	떠오르는 해(11)	문학	1932-08-25	·
416	김동인	金東仁	김동인	金東仁	떠오르는 해(12)	문학	1932-08-26	·
417	김동인	金東仁	김동인	金東仁	떠오르는 해(13)	문학	1932-08-27	·
418	김동인	金東仁	김동인	金東仁	떠오르는 해(14)	문학	1932-08-28	·
419	김동인	金東仁	김동인	金東仁	떠오르는 해(15)	문학	1932-08-30	·
420	김동인	金東仁	김동인	金東仁	떠오르는 해(16)	문학	1932-08-31	·
421	김동인	金東仁	김동인	金東仁	떠오르는 해(17)	문학	1932-09-01	·
422	김동인	金東仁	김동인	金東仁	떠오르는 해(18)	문학	1932-09-02	·
423	김동인	金東仁	김동인	金東仁	떠오르는 해(19)	문학	1932-09-03	·
424	김동인	金東仁	김동인	金東仁	떠오르는 해(20)	문학	1932-09-04	·
425	김동인	金東仁	김동인	金東仁	떠오르는 해(20)*21회	문학	1932-09-05	연재횟수 오기
426	김동인	金東仁	김동인	金東仁	떠오르는 해(22)	문학	1932-09-06	·
427	김동인	金東仁	김동인	金東仁	떠오르는 해(23)	문학	1932-09-07	·
428	김동인	金東仁	김동인	金東仁	떠오르는 해(24)	문학	1932-09-08	·
429	김동인	金東仁	김동인	金東仁	떠오르는 해(25)	문학	1932-09-09	·
430	김동인	金東仁	김동인	金東仁	떠오르는 해(26)	문학	1932-09-10	·
431	김동인	金東仁	김동인	金東仁	떠오르는 해(27)	문학	1932-09-11	·
432	김동인	金東仁	김동인	金東仁	떠오르는 해(28)	문학	1932-09-12	·
433	김동인	金東仁	김동인	金東仁	떠오르는 해(29)	문학	1932-09-13	·
434	김동인	金東仁	김동인	金東仁	떠오르는 해(30)	문학	1932-09-14	·
435	김동인	金東仁	김동인	金東仁	형과 아우(1)	문학	1932-09-15	·
436	김동인	金東仁	김동인	金東仁	형과 아우(2)	문학	1932-09-16	·
437	김동인	金東仁	김동인	金東仁	형과 아우(3)	문학	1932-09-17	·
438	김동인	金東仁	김동인	金東仁	형과 아우(4)	문학	1932-09-18	·
439	김동인	金東仁	김동인	金東仁	형과 아우(5)	문학	1932-09-19	·
440	김동인	金東仁	김동인	金東仁	형과 아우(6)	문학	1932-09-20	·
441	김동인	金東仁	김동인	金東仁	형과 아우(7)	문학	1932-09-22	·
442	김동인	金東仁	김동인	金東仁	형과 아우(8)	문학	1932-09-23	·
443	김동인	金東仁	김동인	金東仁	빛나는 우물(1)	문학	1932-09-28	·
444	김동인	金東仁	김동인	金東仁	빛나는 우물(2)	문학	1932-09-29	·
445	김동인	金東仁	김동인	金東仁	빛나는 우물(3)	문학	1932-09-30	·
446	김동인	金東仁	김동인	金東仁	빛나는 우물(4)	문학	1932-10-01	·
447	김동인	金東仁	김동인	金東仁	빛나는 우물(5)	문학	1932-10-02	·
448	김동인	金東仁	김동인	金東仁	빛나는 우물(6)	문학	1932-10-03	·
449	김동인	金東仁	김동인	金東仁	骨肉(1)	문학	1932-10-05	·
450	김동인	金東仁	김동인	金東仁	骨肉(2)	문학	1932-10-06	·
451	김동인	金東仁	김동인	金東仁	骨肉(3)	문학	1932-10-07	·
452	김동인	金東仁	김동인	金東仁	骨肉(4)	문학	1932-10-08	·
453	김동인	金東仁	김동인	金東仁	骨肉(5)	문학	1932-10-09	·

연번	자료저자명 (한글)	자료저자명 (한자)	본명 (한글)	본명 (한자)	기사제목	분류	날짜	비고
454	김동인	金東仁	김동인	金東仁	骨肉(6)	문학	1932-10-10	·
455	김동인	金東仁	김동인	金東仁	骨肉(7)	문학	1932-10-11	·
456	김동인	金東仁	김동인	金東仁	骨肉(8)	문학	1932-10-12	·
457	김동인	金東仁	김동인	金東仁	骨肉(9)	문학	1932-10-13	·
458	김동인	金東仁	김동인	金東仁	骨肉(10)	문학	1932-10-14	·
459	김동인	金東仁	김동인	金東仁	骨肉(11)	문학	1932-10-15	·
460	김동인	金東仁	김동인	金東仁	骨肉(12)	문학	1932-10-16	·
461	김동인	金東仁	김동인	金東仁	말 탄 溫達(1)	문학	1932-10-19	·
462	김동인	金東仁	김동인	金東仁	말 탄 溫達(2)	문학	1932-10-20	·
463	김동인	金東仁	김동인	金東仁	말 탄 溫達(3)	문학	1932-10-21	·
464	김동인	金東仁	김동인	金東仁	말 탄 溫達(4)	문학	1932-10-22	·
465	김동인	金東仁	김동인	金東仁	말 탄 溫達(5)	문학	1932-10-23	·
466	김동인	金東仁	김동인	金東仁	말 탄 溫達(6)	문학	1932-10-25	·
467	김동인	金東仁	김동인	金東仁	말 탄 溫達(7)	문학	1932-10-26	·
468	김동인	金東仁	김동인	金東仁	말 탄 溫達(8)	문학	1932-10-27	·
469	김동인	金東仁	김동인	金東仁	말 탄 溫達(9)	문학	1932-10-28	·
470	김동인	金東仁	김동인	金東仁	말 탄 溫達(10)	문학	1932-10-29	·
471	김동인	金東仁	김동인	金東仁	말 탄 溫達(11)	문학	1932-10-30	·
472	김동인	金東仁	김동인	金東仁	말 탄 溫達(12)	문학	1932-10-31	·
473	김동주	金東胄	김동주	金東胄	山嶽은 젊은 朝鮮을 부른다- 長白山脈登陟記(1)	기행	1937-08-05	·
474	김동주	金東胄	김동주	金東胄	山嶽은 젊은 朝鮮을 부른다- 長白山脈登陟記(2)	기행	1937-08-06	·
475	김동주	金東胄	김동주	金東胄	山嶽은 젊은 朝鮮을 부른다- 長白山脈登陟記(3)	기행	1937-08-07	·
476	김동주	金東胄	김동주	金東胄	山嶽은 젊은 朝鮮을 부른다- 長白山脈登陟記(4)	기행	1937-08-11	·
477	김동주	金東胄	김동주	金東胄	山嶽은 젊은 朝鮮을 부른다- 長白山脈登陟記(5)	기행	1937-08-12	·
478	김두용	金斗鎔	김두용	金斗鎔	創作方法의 問題-「리알리즘」과 「로맨티시즘」(1)	문학	1935-08-24	·
479	김두용	金斗鎔	김두용	金斗鎔	創作方法의 問題-「리알리즘」과 「로맨티시즘」(2)	역사	1935-08-25	·
480	김두용	金斗鎔	김두용	金斗鎔	創作方法의 問題-「리알리즘」과 「로맨티시즘」(3)	역사	1935-08-27	·
481	김두용	金斗鎔	김두용	金斗鎔	創作方法의 問題-「리알리즘」과 「로맨티시즘」(4)	역사	1935-08-28	·
482	김두용	金斗鎔	김두용	金斗鎔	創作方法의 問題-「리알리즘」과 「로맨티시즘」(5)	역사	1935-08-29	·
483	김두용	金斗鎔	김두용	金斗鎔	創作方法의 問題-「리알리즘」과 「로맨티시즘」(6)	역사	1935-08-30	·
484	김두용	金斗鎔	김두용	金斗鎔	創作方法의 問題-「리알리즘」과 「로맨티시즘」(7)	역사	1935-08-31	·
485	김두용	金斗鎔	김두용	金斗鎔	創作方法의 問題-「리알리즘」과 「로맨티시즘」(8)	역사	1935-09-01	·
486	김두용	金斗鎔	김두용	金斗鎔	創作方法의 問題-「리알리즘」과 「로맨티시즘」(9)	역사	1935-09-03	·
487	김두헌	金斗憲	김두헌	金斗憲	民族性 硏究(1)	논설	1930-11-27	·
488	김두헌	金斗憲	김두헌	金斗憲	民族性 硏究(2)	논설	1930-11-28	·
489	김두헌	金斗憲	김두헌	金斗憲	民族性 硏究(3)	논설	1930-11-29	·
490	김두헌	金斗憲	김두헌	金斗憲	民族性 硏究(4)	논설	1930-11-30	·
491	김두헌	金斗憲	김두헌	金斗憲	民族性 硏究(5)	논설	1930-12-02	·
492	김두헌	金斗憲	김두헌	金斗憲	民族性 硏究(6)	논설	1930-12-03	·
493	김두헌	金斗憲	김두헌	金斗憲	民族性 硏究(7)	논설	1930-12-04	·
494	김두헌	金斗憲	김두헌	金斗憲	民族性 硏究(8)	논설	1930-12-05	·

연번	자료저자명 (한글)	자료저자명 (한자)	본명 (한글)	본명 (한자)	기사제목	분류	날짜	비고
495	김두헌	金斗憲	김두헌	金斗憲	民族性 硏究(9)	논설	1930-12-06	·
496	김두헌	金斗憲	김두헌	金斗憲	民族性 硏究(10)	논설	1930-12-07	·
497	김두헌	金斗憲	김두헌	金斗憲	民族性 硏究(11)	논설	1930-12-09	·
498	김두헌	金斗憲	김두헌	金斗憲	民族性 硏究(12)	논설	1930-12-10	·
499	김두헌	金斗憲	김두헌	金斗憲	民族性 硏究(13)	논설	1930-12-11	·
500	김두헌	金斗憲	김두헌	金斗憲	民族性 硏究(14)	논설	1930-12-13	·
501	김두헌	金斗憲	김두헌	金斗憲	民族性 硏究(15)	논설	1930-12-14	·
502	김두헌	金斗憲	김두헌	金斗憲	民族性 硏究(16)	논설	1930-12-17	·
503	김두헌	金斗憲	김두헌	金斗憲	民族性 硏究(17)	논설	1930-12-18	·
504	김두헌	金斗憲	김두헌	金斗憲	民族性 硏究(18)	논설	1930-12-19	·
505	김두헌	金斗憲	김두헌	金斗憲	民族性 硏究(19)	논설	1930-12-20	·
506	김두헌	金斗憲	김두헌	金斗憲	民族性 硏究(20)	논설	1930-12-21	·
507	김두헌	金斗憲	김두헌	金斗憲	民族性 硏究(21)- 朝鮮民族性 [1] 東洋主要民族의 特性(續)	논설	1930-12-23	·
508	김두헌	金斗憲	김두헌	金斗憲	民族性 硏究(22)- 朝鮮民族性 [2] 東洋主要民族의 特性(續)	논설	1930-12-24	·
509	김두헌	金斗憲	김두헌	金斗憲	民族性 硏究(23)- 朝鮮民族性 [3] 東洋主要民族의 特性(續)	논설	1930-12-25	·
510	김두헌	金斗憲	김두헌	金斗憲	民族性 硏究(24)- 朝鮮民族性 [4] 東洋主要民族의 特性(續)	논설	1930-12-27	·
511	김두헌	金斗憲	김두헌	金斗憲	民族性硏究(25)	논설	1930-12-28	·
512	김두헌	金斗憲	김두헌	金斗憲	民族性硏究(26)	논설	1930-12-29	·
513	김두헌	金斗憲	김두헌	金斗憲	朝鮮의 現實과 哲學	철학,논설	1933-07-16	·
514	김두헌	金斗憲	김두헌	金斗憲	自覺의 時代는 왓다 朝鮮魂을 確把하자	철학, 논설	1934-06-13	·
515	김두헌	金斗憲	김두헌	金斗憲	朝鮮家族制度의 再檢討- 特히 現代의 生活과 關聯해서(上)	역사	1939-01-29	·
516	김두헌	金斗憲	김두헌	金斗憲	朝鮮家族制度의 再檢討- 特히 現代의 生活과 關聯해서(中)	역사	1939-01-31	·
517	김두헌	金斗憲	김두헌	金斗憲	朝鮮家族制度의 再檢討- 特히 現代의 生活과 關聯해서(下)	역사	1939-02-03	·
518	김문집	金文輯	김문집	金文輯	傳統과 技巧問題- 言語의 文化的 文學的 再認識(1)	한글	1936-01-16	·
519	김문집	金文輯	김문집	金文輯	傳統과 技巧問題- 言語의 文化的 文學的 再認識(2)	한글	1936-01-17	·
520	김문집	金文輯	김문집	金文輯	傳統과 技巧問題- 言語의 文化的 文學的 再認識(3)	한글	1936-01-18	·
521	김문집	金文輯	김문집	金文輯	傳統과 技巧問題- 言語의 文化的 文學的 再認識(4)	한글	1936-01-19	·
522	김문집	金文輯	김문집	金文輯	傳統과 技巧問題- 言語의 文化的 文學的 再認識(5)	한글	1936-01-21	·
523	김문집	金文輯	김문집	金文輯	傳統과 技巧問題- 言語의 文化的 文學的 再認識(6)	한글	1936-01-23	·
524	김문집	金文輯	김문집	金文輯	傳統과 技巧問題- 言語의 文化的 文學的 再認識(7)	한글	1936-01-24	·
525	김문집	金文輯	김문집	金文輯	衣裳의 考現學(1)	역사	1936-06-03	·
526	김문집	金文輯	김문집	金文輯	衣裳의 考現學(2)	역사	1936-06-04	·
527	김문집	金文輯	김문집	金文輯	衣裳의 考現學(3)	역사	1936-06-05	·
528	김문집	金文輯	김문집	金文輯	衣裳의 考現學(4)	역사	1936-06-06	·

연번	자료저자명(한글)	자료저자명(한자)	본명(한글)	본명(한자)	기사제목	분류	날짜	비고
529	김문집	金文輯	김문집	金文輯	文壇主流說 再批判(1)	문학	1937-06-18	·
530	김문집	金文輯	김문집	金文輯	文壇主流說 再批判(2)	문학	1937-06-19	·
531	김문집	金文輯	김문집	金文輯	文壇主流說 再批判(3)	문학	1937-06-20	·
532	김문집	金文輯	김문집	金文輯	文壇主流說 再批判(4)	문학	1937-06-22	·
533	김문집	金文輯	김문집	金文輯	批評 藝術的 優越性- 作品制作과 批評態度의 再檢討(1)	문학	1938-04-07	·
534	김문집	金文輯	김문집	金文輯	批評 藝術的 優越性- 作品制作과 批評態度의 再檢討(2)	문학	1938-04-08	·
535	김문집	金文輯	김문집	金文輯	批評 藝術的 優越性- 作品制作과 批評態度의 再檢討(3)	문학	1938-04-09	·
536	김문집	金文輯	김문집	金文輯	批評 藝術的 優越性- 作品制作과 批評態度의 再檢討(4)	문학	1938-04-10	·
537	김문집	金文輯	김문집	金文輯	教育改革論- 教科書 改纂에의 前提(1)	한글	1938-07-13	·
538	김문집	金文輯	김문집	金文輯	教育改革論- 教科書 改纂에의 前提(2)	한글	1938-07-14	·
539	김문집	金文輯	김문집	金文輯	教育改革論- 教科書 改纂에의 前提(3)	한글	1938-07-15	·
540	김문집	金文輯	김문집	金文輯	教育改革論- 教科書 改纂에의 前提(4)	한글	1938-07-16	·
541	김문집	金文輯	김문집	金文輯	教育改革論- 教科書 改纂에의 前提(5)	한글	1938-07-17	·
542	김병곤	金秉坤	김병곤	金秉坤	朝鮮女俗小考(1)	역사	1931-12-03	·
543	김병곤	金秉坤	김병곤	金秉坤	朝鮮女俗小考(2)	역사	1931-12-04	·
544	김병곤	金秉坤	김병곤	金秉坤	朝鮮女俗小考(3)	역사	1931-12-05	·
545	김병곤	金秉坤	김병곤	金秉坤	朝鮮女俗小考(4)	역사	1931-12-06	·
546	김병곤	金秉坤	김병곤	金秉坤	朝鮮女俗小考(5)	역사	1931-12-10	·
547	김병곤	金秉坤	김병곤	金秉坤	朝鮮女俗小考(6)	역사	1931-12-11	·
548	김병곤	金秉坤	김병곤	金秉坤	朝鮮女俗小考(7)	역사	1931-12-12	·
549	김병곤	金秉坤	김병곤	金秉坤	朝鮮女俗小考(8)	역사	1931-12-13	·
550	김병곤	金秉坤	김병곤	金秉坤	朝鮮女俗小考(9)	역사	1931-12-17	·
551	김병곤	金秉坤	김병곤	金秉坤	朝鮮女俗小考(10)	역사	1931-12-18	·
552	김병곤	金秉坤	김병곤	金秉坤	朝鮮女俗小考(10)*11회	역사	1931-12-19	연재횟수 오기
553	김병곤	金秉坤	김병곤	金秉坤	朝鮮女俗小考(12)	역사	1931-12-20	·
554	김병곤	金秉坤	김병곤	金秉坤	朝鮮女俗小考(13)	역사	1931-12-22	·
555	김병곤	金秉坤	김병곤	金秉坤	朝鮮女俗小考(14)	역사	1931-12-23	·
556	김병곤	金秉坤	김병곤	金秉坤	朝鮮女俗小考(15)	역사	1931-12-25	·
557	김병곤	金秉坤	김병곤	金秉坤	朝鮮女俗小考(16)	역사	1931-12-26	·
558	김병곤	金秉坤	김병곤	金秉坤	朝鮮女俗小考(17)	역사	1931-12-27	·
559	김병곤	金秉坤	김병곤	金秉坤	朝鮮女俗小考(18)	역사	1931-12-28	·
560	김병곤	金秉坤	김병곤	金秉坤	朝鮮女俗小考(19)	역사	1931-12-29	·
561	김병곤	金秉坤	김병곤	金秉坤	朝鮮女俗小考(20)	역사	1931-12-30	·
562	김병곤	金秉坤	김병곤	金秉坤	朝鮮女俗小考(21)	역사	1931-12-31	·
563	김병곤	金秉坤	김병곤	金秉坤	조선편큰어른길러낸어머니의힘(1)	문학	1932-04-21	·
564	김병곤	金秉坤	김병곤	金秉坤	조선편 어머니의 힘(2)- 동명성제의 어머님(上)	문학	1932-04-23	·
565	김병곤	金秉坤	김병곤	金秉坤	조선편 어머니의 힘(3)- 동명성제의 어머님(下)	문학	1932-04-24	·
566	김병곤	金秉坤	김병곤	金秉坤	조선편 어머니의 힘(4)- 석탈해의 어머님	문학	1932-04-25	·

연번	자료저자명(한글)	자료저자명(한자)	본명(한글)	본명(한자)	기사제목	분류	날짜	비고
567	김병곤	金秉坤	김병곤	金秉坤	조선편 어머니의 힘(5)- 김유신의 어머님	문학	1932-04-26	·
568	김병곤	金秉坤	김병곤	金秉坤	조선편 어머니의 힘(6)- 김유신의 어머님(上)	문학	1932-05-05	·
569	김병곤	金秉坤	김병곤	金秉坤	조선편 어머니의 힘(7)- 김유신의 어머님(下)	문학	1932-05-06	·
570	김병곤	金秉坤	김병곤	金秉坤	조선편 어머니의 힘(8)- 최응의 어머님(上)	문학	1932-05-07	·
571	김병곤	金秉坤	김병곤	金秉坤	조선편 어머니의 힘(9)- 최응의 어머님(下)	문학	1932-05-08	·
572	김병곤	金秉坤	김병곤	金秉坤	조선편 어머니의 힘(10)- 강감찬의 어머님(上)	문학	1932-05-21	·
573	김병곤	金秉坤	김병곤	金秉坤	조선편 어머니의 힘(11)- 강감찬의 어머님(下)	문학	1932-05-22	·
574	김병곤	金秉坤	김병곤	金秉坤	조선편 어머니의 힘(12)- 정문의 어머님(上)	문학	1932-05-24	·
575	김병곤	金秉坤	김병곤	金秉坤	조선편 어머니의 힘(13)- 정문의 어머님(下)	문학	1932-05-26	·
576	김병곤	金秉坤	김병곤	金秉坤	조선편어머니의힘(14)- 김부식의 어머님	문학	1932-05-27	·
577	김병곤	金秉坤	김병곤	金秉坤	조선편어머니의힘(15)- 송유의 어머님(上)	문학	1932-05-28	·
578	김병곤	金秉坤	김병곤	金秉坤	조선편어머니의힘(16)- 송유의 어머님(中)	문학	1932-05-31	·
579	김병곤	金秉坤	김병곤	金秉坤	조선편 어머니의 힘(17)- 송유의 어머님(下)	문학	1932-06-01	·
580	김병곤	金秉坤	김병곤	金秉坤	조선편 어머니의 힘(18)- 정몽주의 어머님(上)	문학	1932-06-02	·
581	김병곤	金秉坤	김병곤	金秉坤	傳說(2) 富山城깨트린 앙금할머니- 新羅强軍을 물리친 로파의 교활한 수단	문학	1932-06-03	乾川
582	김병곤	金秉坤	김병곤	金秉坤	조선편 어머니의 힘(19)- 정몽주의 어머님(中)	문학	1932-06-03	·
583	김병곤	金秉坤	김병곤	金秉坤	조선편 어머니의 힘(20)- 정몽주의 어머님(下)	문학	1932-06-04	·
584	김병곤	金秉坤	김병곤	金秉坤	조선편 어머니의 힘(21)- 성간의 어머님	문학	1932-06-05	·
585	김병곤	金秉坤	김병곤	金秉坤	조선편 어머니의 힘(22)- 남효온의 어머님	문학	1932-06-07	·
586	김병곤	金秉坤	김병곤	金秉坤	조선편 어머니의 힘(23)- 정인지의 어머님	문학	1932-06-09	·
587	김병곤	金秉坤	김병곤	金秉坤	조선편 어머니의 힘(24)- 박광우의 어머님	문학	1932-06-10	·
588	김병찬	金炳燦	김병찬	金炳燦	한글날/ 해(太陽)의 語源	한글, 사업	1932-10-29	·
589	김복진	金復鎭	김복진	金復鎭	在東京 美術學生의 綜合展 印象記	미술	1938-04-28	·
590	김복진	金復鎭	김복진	金復鎭	朝鮮文化20年(21)- 朝鮮彫刻道의 向方	논설	1940-05-10	·
591	김복진	金復鎭	김복진	金復鎭	第19回 朝鮮美展印象記(6)	미술	1940-06-16	·
592	김사엽	金思燁	김사엽	金思燁	朝鮮民謠의 硏究(1)	음악	1937-09-02	·
593	김사엽	金思燁	김사엽	金思燁	朝鮮民謠의 硏究(2)	음악	1937-09-03	·
594	김사엽	金思燁	김사엽	金思燁	朝鮮民謠의 硏究(3)	음악	1937-09-05	·
595	김사엽	金思燁	김사엽	金思燁	朝鮮民謠의 硏究(4, 完)	민속	1937-09-07	·
596	김상기	金庠基	김상기	金庠基	東學과 東學亂(1)	역사	1931-08-21	·
597	김상기	金庠基	김상기	金庠基	東學과 東學亂(2)	역사	1931-08-22	·
598	김상기	金庠基	김상기	金庠基	東學과 東學亂(3)	역사	1931-08-23	·
599	김상기	金庠基	김상기	金庠基	東學과 東學亂(4)	역사	1931-08-25	·
600	김상기	金庠基	김상기	金庠基	東學과 東學亂(5)	역사	1931-08-26	·
601	김상기	金庠基	김상기	金庠基	東學과 東學亂(6)	역사	1931-08-27	·
602	김상기	金庠基	김상기	金庠基	東學과東學亂(6)*7회	역사	1931-08-28	연재횟수 오기
603	김상기	金庠基	김상기	金庠基	東學과 東學亂(8)	역사	1931-08-30	·
604	김상기	金庠基	김상기	金庠基	東學과 東學亂(9)	역사	1931-09-01	·
605	김상기	金庠基	김상기	金庠基	東學과 東學亂(10)	역사	1931-09-02	·

연번	자료저자명 (한글)	자료저자명 (한자)	본명 (한글)	본명 (한자)	기사제목	분류	날짜	비고
606	김상기	金庠基	김상기	金庠基	東學과 東學亂(11)	역사	1931-09-03	·
607	김상기	金庠基	김상기	金庠基	東學과 東學亂(12)	역사	1931-09-04	·
608	김상기	金庠基	김상기	金庠基	東學과 東學亂(13)	역사	1931-09-05	·
609	김상기	金庠基	김상기	金庠基	東學과 東學亂(14)	역사	1931-09-06	·
610	김상기	金庠基	김상기	金庠基	東學과 東學亂(15)	역사	1931-09-08	·
611	김상기	金庠基	김상기	金庠基	東學과 東學亂(16)	역사	1931-09-09	·
612	김상기	金庠基	김상기	金庠基	東學과 東學亂(17)	역사	1931-09-11	·
613	김상기	金庠基	김상기	金庠基	東學과 東學亂(18)	역사	1931-09-12	·
614	김상기	金庠基	김상기	金庠基	東學과 東學亂(19)	역사	1931-09-13	·
615	김상기	金庠基	김상기	金庠基	東學과 東學亂(20)	역사	1931-09-15	·
616	김상기	金庠基	김상기	金庠基	東學과 東學亂(21)	역사	1931-09-16	·
617	김상기	金庠基	김상기	金庠基	東學과 東學亂(22)	역사	1931-09-17	·
618	김상기	金庠基	김상기	金庠基	東學과 東學亂(23)	역사	1931-09-19	·
619	김상기	金庠基	김상기	金庠基	東學과 東學亂(24)	역사	1931-09-20	·
620	김상기	金庠基	김상기	金庠基	東學과 東學亂(25)	역사	1931-09-22	·
621	김상기	金庠基	김상기	金庠基	東學과 東學亂(26)	역사	1931-09-23	·
622	김상기	金庠基	김상기	金庠基	東學과 東學亂(27)	역사	1931-09-24	·
623	김상기	金庠基	김상기	金庠基	東學과 東學亂(28)	역사	1931-09-25	·
624	김상기	金庠基	김상기	金庠基	東學과 東學亂(29)	역사	1931-09-26	·
625	김상기	金庠基	김상기	金庠基	東學과 東學亂(30)	역사	1931-09-27	·
626	김상기	金庠基	김상기	金庠基	東學과 東學亂(31)	역사	1931-09-29	·
627	김상기	金庠基	김상기	金庠基	東學과 東學亂(32)	역사	1931-10-03	·
628	김상기	金庠基	김상기	金庠基	東學과 東學亂(33)	역사	1931-10-04	·
629	김상기	金庠基	김상기	金庠基	東學과 東學亂(34)	역사	1931-10-06	·
630	김상기	金庠基	김상기	金庠基	東學과 東學亂(35)	역사	1931-10-08	·
631	김상기	金庠基	김상기	金庠基	東學과 東學亂(36) 完	역사	1931-10-09	·
632	김상기	金庠基	김상기	金庠基	外方에 끼친 先人의 자취(1)	역사	1934-12-05	·
633	김상기	金庠基	김상기	金庠基	外方에 끼친 先人의 자취(2)	역사	1934-12-06	·
634	김상기	金庠基	김상기	金庠基	外方에 끼친 先人의 자취(3)	역사	1934-12-07	·
635	김상기	金庠基	김상기	金庠基	外方에 끼친 先人의 자취(4)	역사	1934-12-08	·
636	김상기	金庠基	김상기	金庠基	外方에 끼친 先人의 자취(5)	역사	1934-12-09	·
637	김상기	金庠基	김상기	金庠基	外方에 끼친 先人의 자취(6)	역사	1934-12-11	·
638	김상기	金庠基	김상기	金庠基	外方에 끼친 先人의 자취(7)	역사	1934-12-12	·
639	김상기	金庠基	김상기	金庠基	外方에 끼친 先人의 자취(8)	역사	1934-12-13	·
640	김상기	金庠基	김상기	金庠基	外方에 끼친 先人의 자취(9)	역사	1934-12-14	·
641	김상기	金庠基	김상기	金庠基	外方에 끼친 先人의 자취(10)	역사	1934-12-15	·
642	김상기	金庠基	김상기	金庠基	外方에 끼친 先人의 자취(11)	역사	1934-12-16	·
643	김상기	金庠基	김상기	金庠基	外方에 끼친 先人의 자취(12)	역사	1934-12-17	·
644	김상기	金庠基	김상기	金庠基	옛자랑 새解釋(3)- 張保皐의 海上活動	역사	1936-01-04	·
645	김상기	金庠基	김상기	金庠基	옛자랑 새解釋(7)- 百濟의 文化의 媒傳	역사	1936-01-09	·
646	김상기	金庠基	김상기	金庠基	歷史研究家에게 주는 覺書, 特히 初學者의 索引을	논설	1939-06-09	·

연번	자료저자명(한글)	자료저자명(한자)	본명(한글)	본명(한자)	기사제목	분류	날짜	비고
					爲해서(1)			
647	김상기	金庠基	김상기	金庠基	歷史硏究家에게 주는 覺書, 特히 初學者의 索引을 爲해서(2)	논설	1939-06-10	·
648	김상기	金庠基	김상기	金庠基	歷史硏究家에게 주는 覺書, 特히 初學者의 索引을 爲해서(3)	논설	1939-06-11	·
649	김상기	金庠基	김상기	金庠基	歷史硏究家에게 주는 覺書, 特히 初學者의 索引을 爲해서(4)	논설	1939-06-14	·
650	김상기	金庠基	김상기	金庠基	歷史硏究家에게 주는 覺書, 特히 初學者의 索引을 爲해서(5)	논설	1939-06-15	·
651	김상기	金庠基	김상기	金庠基	歷史硏究家에게 주는 覺書, 特히 初學者의 索引을 爲해서(6)	논설	1939-06-16	·
652	김상기	金庠基	김상기	金庠基	歷史硏究家에게 주는 覺書, 特히 初學者의 索引을 爲해서(7)	논설	1939-06-17	·
653	김상무	金商武	김상무	金商武	讀者評壇- 忠武公墓土를 完璧하라	사업	1931-05-17	·
654	김상용	金尙鎔	김상용	金尙鎔	文學의 「貞操」(上)	문학	1937-06-03	·
655	김상용	金尙鎔	김상용	金尙鎔	文學의 「貞操」(下)	문학	1937-06-04	·
656	김석곤	金碩坤	김석곤	金碩坤	한글날 記念(1)/ 한글字形에 對한 科學的 一考察(上)	한글	1931-10-29	·
657	김석곤	金碩坤	김석곤	金碩坤	한글字形에 對한 科學的 一考察(下)	한글	1931-10-30	·
658	김석곤	金碩坤	김석곤	金碩坤	한글가로쓰기(1)	한글	1932-06-14	·
659	김석곤	金碩坤	김석곤	金碩坤	한글가로쓰기(2)	한글	1932-06-15	·
660	김석곤	金碩坤	김석곤	金碩坤	한글가로쓰기(3)	한글	1932-06-16	·
661	김석곤	金碩坤	김석곤	金碩坤	한글가로쓰기(4)	한글	1932-06-17	·
662	김석곤	金碩坤	김석곤	金碩坤	한글가로쓰기(5)	한글	1932-06-18	·
663	김석곤	金碩坤	김석곤	金碩坤	한글가로쓰기(6)	한글	1932-06-19	·
664	김석곤	金碩坤	김석곤	金碩坤	한글가로쓰기(7)	한글	1932-06-22	·
665	김석곤	金碩坤	김석곤	金碩坤	한글가로쓰기(8)	한글	1932-06-24	·
666	김석곤	金碩坤	김석곤	金碩坤	한글가로쓰기(9)	한글	1932-06-28	·
667	김석곤	金碩坤	김석곤	金碩坤	한글가로쓰기(10)	한글	1932-06-29	·
668	김석곤	金碩坤	김석곤	金碩坤	한글가로쓰기(11)	한글	1932-07-01	·
669	김석곤	金碩坤	김석곤	金碩坤	한글가로쓰기(12)	한글	1932-07-02	·
670	김석곤	金碩坤	김석곤	金碩坤	한글가로쓰기(13)	한글	1932-07-03	·
671	김석곤	金碩坤	김석곤	金碩坤	한글가로쓰기(14)	한글	1932-07-04	·
672	김석곤	金碩坤	김석곤	金碩坤	한글가로쓰기(15)	한글	1932-07-06	·
673	김석곤	金碩坤	김석곤	金碩坤	한글가로쓰기(16)	한글	1932-07-08	·
674	김석곤	金碩坤	김석곤	金碩坤	한글가로쓰기(16)*17회	한글	1932-07-10	연재횟수 오기
675	김석곤	金碩坤	김석곤	金碩坤	한글가로쓰기(17)*18회	한글	1932-07-14	연재횟수 오기
676	김석곤	金碩坤	김석곤	金碩坤	한글가로쓰기(18)*19회	한글	1932-07-16	연재횟수 오기
677	김석곤	金碩坤	김석곤	金碩坤	한글가로쓰기(19)*20회	한글	1932-07-17	연재횟수 오기
678	김석곤	金碩坤	황재희	黃在嬉	한글가로쓰기(20)*21회	한글	1932-07-19	·
679	김석곤	金碩坤	김석곤	金碩坤	한글가로쓰기(21)*22회	한글	1932-07-20	연재횟수 오기
680	김석실	金奭實	김석실	金奭實	傳說(43) 林將軍과 義馬의 塚- 마초버는 아이로 적진을 정탐/ 任辰亂때의 一 功臣	문학	1932-09-13	寄稿, 三湖
681	김선기	金善琪	김선기	金善琪	第1回 朝鮮語講習消息(4) 畿湖方面 第1講 安城	한글	1931-08-15	·

연번	자료저자명 (한글)	자료저자명 (한자)	본명 (한글)	본명 (한자)	기사제목	분류	날짜	비고
682	김선기	金善琪	김선기	金善琪	第1回 朝鮮語講習消息(9) 畿湖方面 第2講 太田	한글	1931-08-26	·
683	김선기	金善琪	김선기	金善琪	한글의 今昔	한글	1933-10-29	·
684	김성근	金聲近	김성근	金聲近	朝鮮文學은어대로(1) 文藝運動에 對한 管見	문학	1930-01-01	·
685	김성근	金聲近	김성근	金聲近	朝鮮文學은어대로(2) 文藝運動에 對한 管見	문학	1930-01-02	·
686	김성근	金聲近	김성근	金聲近	朝鮮文學은어대로(3) 文藝運動에 對한 管見	문학	1930-01-03	·
687	김성근	金聲近	김성근	金聲近	朝鮮文學은어대로(4) 文藝運動에 對한 管見	문학	1930-01-04	·
688	김성근	金聲近	김성근	金聲近	朝鮮文學은어대로(5) 文藝運動에 對한 管見	문학	1930-01-05	·
689	김성근	金聲近	김성근	金聲近	朝鮮文學은어대로(6) 文藝運動에 對한 管見	문학	1930-01-06	·
690	김성근	金聲近	김성근	金聲近	朝鮮文學은어대로(7) 文藝運動에 對한 管見	문학	1930-01-07	·
691	김성근	金聲近	김성근	金聲近	朝鮮文學은어대로(8) 文藝運動에 對한 管見	문학	1930-01-08	·
692	김성근	金聲近	김성근	金聲近	朝鮮文學은어대로(9) 文藝運動에 對한 管見	문학	1930-01-09	·
693	김성근	金聲近	김성근	金聲近	日本文學의 新野- 最近의 一傾向에 對하야(上)	문학	1931-04-12	·
694	김성근	金聲近	김성근	金聲近	日本文學의 新野- 最近의 一傾向에 對하야(下)	문학	1931-04-14	·
695	김성진	金聲進	김성진	金聲進	1930年 文壇活動과 文壇意識의 清算(1)	문학	1931-01-01	·
696	김성진	金聲進	김성진	金聲進	1930年 文壇活動과 文壇意識의 清算(2)	문학	1931-01-03	·
697	김성진	金聲進	김성진	金聲進	1930年 文壇活動과 文壇意識의 清算(3)	문학	1931-01-04	·
698	김성칠	金聖七	김성칠	金聖七	都市와 農村과의 關係(1)	논설	1935-05-29	·
699	김성칠	金聖七	김성칠	金聖七	都市와 農村과의 關係(2)	논설	1935-05-30	·
700	김성칠	金聖七	김성칠	金聖七	都市와 農村과의 關係(3)	논설	1935-05-31	·
701	김성칠	金聖七	김성칠	金聖七	都市와 農村과의 關係(4)	논설	1935-06-01	·
702	김성칠	金聖七	김성칠	金聖七	都市와 農村과의 關係(5)	논설	1935-06-02	·
703	김성칠	金聖七	김성칠	金聖七	都市와 農村과의 關係(6)	논설	1935-06-03	·
704	김순례	金順禮	김순례	金順禮	當選傳說- 葛虎와 豹虎	문학	1938-01-01	·
705	김시악	金時岳	김시악	金時岳	傳說(31) 嶺南樓下의 阿娘閣 관로의 칼에 마저죽은 아랑/ 筆商府使가 遂復讎	문학	1932-07-30	寄稿, 密陽
706	김안서	金岸曙	김억	金億	言語의 純粹를 위하야(1)	문학	1931-03-29	·
707	김안서	金岸曙	김억	金億	言語의 純粹를 위하야(2)	문학	1931-03-31	·
708	김안서	金岸曙	김억	金億	言語의 純粹를 위하야(3)	문학	1931-04-01	·
709	김안서	金岸曙	김억	金億	言語의 純粹를 위하야(4)	문학	1931-04-02	·
710	김안서	金岸曙	김억	金億	言語의 純粹를 위하야(5)	문학	1931-04-03	·
711	김안서	金岸曙	김억	金億	言語의 純粹를 위하야(6)	문학	1931-04-04	·
712	김영기	金永基	김영기	金永基	第18回 朝鮮美展印象記	미술	1939-06-09	·
713	김영주	金永柱	김영주	金永柱	새철자법	한글	1933-04-06	普成專門學校
714	김오성	金午星	김오성	金午星	文化創造에의 志向(1)	논설	1939-12-12	·
715	김오성	金午星	김오성	金午星	文化創造에의 志向(2)	논설	1939-12-14	·
716	김오성	金午星	김오성	金午星	文化創造에의 志向(3)	논설	1939-12-15	·
717	김오성	金午星	김오성	金午星	文化創造에의 志向(4)	논설	1939-12-16	·
718	김오성	金午星	김오성	金午星	文化創造에의 志向(5)	논설	1939-12-17	·
719	김오성	金午星	김오성	金午星	文化創造에의 志向(6)	논설	1939-12-19	·
720	김용관	金容瓘	김용관	金容瓘	朝鮮 發明界의 現在와 將來	기타	1939-04-18	·

연번	자료저자명(한글)	자료저자명(한자)	본명(한글)	본명(한자)	기사제목	분류	날짜	비고
721	김용락	金溶洛	김용락	金溶洛	傳說(41) 屹靈山과 屹靈道士 백운암에서 괴승이 귀를 베혀/ 壬辰兵亂과 車前子草	문학	1932-08-11	寄稿, 平康
722	김용선	金容璇	김용선	金容璇	傳說(40)泗沘河畔釣龍臺룡이망한나라를구원하러다/蘇定方의白馬에낙겨	문학	1932-08-10	寄稿, 大田
723	김용제	金龍濟	김용제	金龍濟	그리운 鋉鄕(7)- 牛休, 牛業(上)	문학	1936-07-01	·
724	김용제	金龍濟	김용제	金龍濟	그리운 鋉鄕(7)- 牛休, 牛業(下)	문학	1936-07-02	·
725	김용제	金龍濟	김용제	金龍濟	朝鮮文學의 新世代- 리얼리즘으로 본 휴맨이즘(1)	문학	1937-06-11	·
726	김용제	金龍濟	김용제	金龍濟	朝鮮文學의 新世代- 리얼리즘으로 본 휴맨이즘(2)	문학	1937-06-12	·
727	김용제	金龍濟	김용제	金龍濟	朝鮮文學의 新世代- 리얼리즘으로 본 휴맨이즘(3)	문학	1937-06-13	·
728	김용제	金龍濟	김용제	金龍濟	朝鮮文學의 新世代- 리얼리즘으로 본 휴맨이즘(4)	문학	1937-06-15	·
729	김용제	金龍濟	김용제	金龍濟	朝鮮文學의 新世代- 리얼리즘으로 본 휴맨이즘(5)	문학	1937-06-16	·
730	김용제	金龍濟	김용제	金龍濟	苦悶의 性格과 創造의 精神(1)	문학	1938-03-17	·
731	김용제	金龍濟	김용제	金龍濟	苦悶의 性格과 創造의 精神(2)	문학	1938-03-18	·
732	김용준	金瑢俊	김용준	金瑢俊	繪畫로 나타나는 鄕土色의 吟味(上)	미술	1936-05-03	·
733	김용준	金瑢俊	김용준	金瑢俊	繪畫로 나타나는 鄕土色의 吟味(中)	미술	1936-05-05	·
734	김용준	金瑢俊	김용준	金瑢俊	繪畫로 나타나는 鄕土色의 吟味(下)	미술	1936-05-06	·
735	김용준	金瑢俊	김용준	金瑢俊	그리운 鋉鄕(2)- 無名의 隱士, 雜草	문학	1936-06-25	·
736	김용준	金瑢俊	김용준	金瑢俊	朝鮮文化의 創造性- 傳統에의 再吟味(上)	문학	1940-01-14	·
737	김용준	金瑢俊	김용준	金瑢俊	朝鮮文化의 創造性- 傳統에의 再吟味(下)	문학	1940-01-16	·
738	김우설	金又說	김우설	金又說	傳說(46) 七百義士와 薪島- 전횡이 의사와 자결한 섬이다/ 古昔燕齊가 現今龍川	문학	1932-09-17	寄稿, 龍川
739	김원근	金瑗根	김원근	金瑗根	朝鮮鑄字考(1)	역사	1931-10-24	·
740	김원근	金瑗根	김원근	金瑗根	朝鮮鑄字考(2)	역사	1931-10-25	·
741	김원근	金瑗根	김원근	金瑗根	朝鮮鑄字考(3)	역사	1931-10-28	·
742	김원근	金瑗根	김원근	金瑗根	朝鮮鑄字考(4)	역사	1931-10-31	·
743	김원근	金瑗根	김원근	金瑗根	朝鮮鑄字考(5)	역사	1931-11-01	·
744	김원근	金瑗根	김원근	金瑗根	朝鮮鑄字考(6)	역사	1931-11-03	·
745	김원근	金瑗根	김원근	金瑗根	朝鮮鑄字考(7)	역사	1931-11-05	·
746	김원근	金瑗根	김원근	金瑗根	朝鮮鑄字考(8)	역사	1931-11-06	·
747	김원근	金瑗根	김원근	金瑗根	朝鮮心과 朝鮮色(其二) 新羅 善德女王의 豫知와 政治(1)	역사	1934-10-12	·
748	김원근	金瑗根	김원근	金瑗根	朝鮮心과 朝鮮色(其二) 百濟 都彌婦人의 거룩한 貞烈(2)	역사	1934-10-13	·
749	김원근	金瑗根	김원근	金瑗根	朝鮮心과 朝鮮色(其二) 高句麗 平民의 妻 麗玉의 詩歌(3)	역사	1934-10-16	·
750	김원근	金瑗根	김원근	金瑗根	朝鮮心과 朝鮮色(其二) 高麗 太祖王建의 后 柳氏의 勇奮(4)	역사	1934-10-17	·
751	김원근	金瑗根	김원근	金瑗根	朝鮮心과 朝鮮色(其二) 栗谷先生의 母親 師任堂申氏(5)	역사	1934-10-20	·
752	김원근	金瑗根	김원근	金瑗根	朝鮮心과 朝鮮色(其二) 仙道를 조하한 許蘭雪의 詩文(6)	역사	1934-10-22	·
753	김원근	金瑗根	김원근	金瑗根	朝鮮心과 朝鮮色(其二) 芳年에 大覺圓通한 「禮順」의 精進(7)	역사	1934-10-23	·
754	김원근	金瑗根	김원근	金瑗根	朝鮮心과 朝鮮色(其二) 芳年에 大覺圓通한 「禮順」의	역사	1934-10-24	·

연번	자료저자명(한글)	자료저자명(한자)	본명(한글)	본명(한자)	기사제목	분류	날짜	비고
					精進(7, 續)			
755	김원문	金元文	김원문	金元文	傳說(48) 刀磨峰의 雲林池- 퉁소소리에 고기변해 처녀돼/ 雲林先生의 龍宮行	문학	1932-09-20	寄稿, 中江鎭
756	김윤경	金允經	김윤경	金允經	訓民正音 發布(1)	한글	1930-11-19	·
757	김윤경	金允經	김윤경	金允經	訓民正音 發布(2)	한글	1930-11-20	·
758	김윤경	金允經	김윤경	金允經	訓民正音 發布(3)	한글	1930-11-21	·
759	김윤경	金允經	김윤경	金允經	訓民正音 發布(4)	한글	1930-11-22	·
760	김윤경	金允經	김윤경	金允經	訓民正音 發布(5)	한글	1930-11-23	·
761	김윤경	金允經	김윤경	金允經	訓民正音 發布(6)	한글	1930-11-25	·
762	김윤경	金允經	김윤경	金允經	한글巡禮- 金泉에서	한글	1932-08-31	·
763	김윤경	金允經	김윤경	金允經	한글巡禮- 蔚山에서(上)	한글	1932-09-08	·
764	김윤경	金允經	김윤경	金允經	한글巡禮- 蔚山에서(中)	한글	1932-09-09	·
765	김윤경	金允經	김윤경	金允經	한글巡禮- 蔚山에서(下)	한글	1932-09-10	·
766	김윤경	金允經	김윤경	金允經	새철자법	한글	1933-04-05	培花女高
767	김윤경	金允經	김윤경	金允經	朝鮮心과 朝鮮色(其四) 吏讀로부터 한글까지(1)	한글	1934-11-22	·
768	김윤경	金允經	김윤경	金允經	朝鮮心과 朝鮮色(其四) 吏讀로부터 한글까지(2)	한글	1934-11-23	·
769	김윤경	金允經	김윤경	金允經	朝鮮心과 朝鮮色(其四) 吏讀로부터 한글까지(3)	한글	1934-11-24	·
770	김윤경	金允經	김윤경	金允經	朝鮮心과 朝鮮色(其四) 吏讀로부터 한글까지(4)	한글	1934-11-25	·
771	김윤경	金允經	김윤경	金允經	朝鮮心과 朝鮮色(其四) 吏讀로부터 한글까지(5)	한글	1934-11-27	·
772	김윤경	金允經	김윤경	金允經	朝鮮心과 朝鮮色(其四) 吏讀로부터 한글까지(6)	한글	1934-11-29	·
773	김윤경	金允經	김윤경	金允經	朝鮮心과 朝鮮色(其四) 吏讀로부터 한글까지(7)	한글	1934-11-30	·
774	김윤경	金允經	김윤경	金允經	朝鮮心과 朝鮮色(其四) 吏讀로부터 한글까지(8)	한글	1934-12-01	·
775	김윤경	金允經	김윤경	金允經	朝鮮心과 朝鮮色(其四) 吏讀로부터 한글까지(9)	한글	1934-12-02	·
776	김윤경	金允經	김윤경	金允經	朝鮮心과 朝鮮色(其四) 吏讀로부터 한글까지(10)	한글	1934-12-04	·
777	김윤경	金允經	김윤경	金允經	北漢 眞興王 巡狩碑(1)	고적	1939-07-14	·
778	김윤경	金允經	김윤경	金允經	北漢 眞興王 巡狩碑(2)	고적	1939-07-15	·
779	김윤경	金允經	김윤경	金允經	北漢 眞興王 巡狩碑(3)	고적	1939-07-16	·
780	김윤경	金允經	김윤경	金允經	北漢 眞興王 巡狩碑(4)	고적	1939-07-18	·
781	김윤경	金允經	김윤경	金允經	北漢 眞興王 巡狩碑(5)	고적	1939-07-19	·
782	김윤경	金允經	김윤경	金允經	北漢 眞興王 巡狩碑(6)	고적	1939-07-20	·
783	김윤경	金允經	김윤경	金允經	北漢眞興王巡狩碑(1)- 建立年代 推定에 對한 崔益翰氏의 答을 읽고	고적	1939-09-03	·
784	김윤경	金允經	김윤경	金允經	北漢眞興王巡狩碑(2)- 建立年代 推定에 對한 崔益翰氏의 答을 읽고	고적	1939-09-05	·
785	김윤경	金允經	김윤경	金允經	北漢眞興王巡狩碑(3)- 建立年代 推定에 對한 崔益翰氏의 答을 읽고	고적	1939-09-10	·
786	김윤경	金允經	김윤경	金允經	北漢眞興王巡狩碑(4)- 建立年代 推定에 對한 崔益翰氏의 答을 읽고	고적	1939-09-12	·
787	김윤경	金允經	김윤경	金允經	北漢眞興王巡狩碑(5)- 建立年代 推定에 對한 崔益翰氏의 答을 읽고	고적	1939-09-13	·
788	김윤경	金允經	김윤경	金允經	北漢眞興王巡狩碑(6)- 建立年代 推定에 對한 崔益翰氏의 答을 읽고	고적	1939-09-15	·
789	김윤경	金允經	김윤경	金允經	北漢眞興王巡狩碑(7)- 建立年代 推定에 對한	고적	1939-09-16	·

연번	자료저자명(한글)	자료저자명(한자)	본명(한글)	본명(한자)	기사제목	분류	날짜	비고
					崔益翰氏의 答을 읽고			
790	김윤경	金允經	김윤경	金允經	北漢眞興王巡狩碑(8)- 建立年代 推定에 對한 崔益翰氏의 答을 읽고	고적	1939-09-17	·
791	김응표	金應杓	김응표	金應杓	八道風光- 國境情調(1)	기행	1935-11-03	·
792	김응표	金應杓	김응표	金應杓	八道風光- 國境情調(2)	기행	1935-11-05	·
793	김응표	金應杓	김응표	金應杓	八道風光- 國境情調(3)	기행	1935-11-06	·
794	김응표	金應杓	김응표	金應杓	八道風光- 國境情調(3)*4회	기행	1935-11-07	연재횟수 오기
795	김응표	金應杓	김응표	金應杓	八道風光- 國境情調(5)	기행	1935-11-08	·
796	김인승	金仁承	김인승	金仁承	朝鮮 美展 短評(1)	미술	1938-06-08	·
797	김인승	金仁承	김인승	金仁承	朝鮮 美展 短評(2)	미술	1938-06-09	·
798	김재영	金載寧	김재영	金載寧	傳說(12) 龍女와 大井우물- 의조의 마마님(룡녀). 룡궁출입/ 溫鞋陵은 龍女의 鞋塚	문학	1932-06-22	寄稿, 開城
799	김재철	金在喆	김재철	金在喆	放浪詩人 金삿갓(1)	역사	1930-12-10	·
800	김재철	金在喆	김재철	金在喆	放浪詩人 金삿갓(2)	역사	1930-12-11	·
801	김재철	金在喆	김재철	金在喆	放浪詩人 金삿갓(3)	역사	1930-12-13	·
802	김재철	金在喆	김재철	金在喆	放浪詩人 金삿갓(4)	역사	1930-12-14	·
803	김재철	金在喆	김재철	金在喆	放浪詩人 金삿갓(5)	역사	1930-12-16	·
804	김재철	金在喆	김재철	金在喆	朝鮮演劇史 三國以前으로부터 現代까지(1)	역사	1931-04-15	·
805	김재철	金在喆	김재철	金在喆	朝鮮演劇史 三國以前으로부터 現代까지(2)	역사	1931-04-16	·
806	김재철	金在喆	김재철	金在喆	朝鮮演劇史 三國以前으로부터 現代까지(3)	역사	1931-04-17	·
807	김재철	金在喆	김재철	金在喆	朝鮮演劇史 三國以前으로부터 現代까지(4)	역사	1931-04-18	·
808	김재철	金在喆	김재철	金在喆	朝鮮演劇史 三國以前으로부터 現代까지(5)	역사	1931-04-19	·
809	김재철	金在喆	김재철	金在喆	朝鮮演劇史 三國以前으로부터 現代까지(6)	역사	1931-04-21	·
810	김재철	金在喆	김재철	金在喆	朝鮮演劇史 三國以前으로부터 現代까지(7)	역사	1931-04-22	·
811	김재철	金在喆	김재철	金在喆	朝鮮演劇史 三國以前으로부터 現代까지(8)	역사	1931-04-23	·
812	김재철	金在喆	김재철	金在喆	朝鮮演劇史 三國以前으로부터 現代까지(9)	역사	1931-04-24	·
813	김재철	金在喆	김재철	金在喆	朝鮮演劇史 三國以前으로부터 現代까지(10)	역사	1931-04-25	·
814	김재철	金在喆	김재철	金在喆	朝鮮演劇史 三國以前으로부터 現代까지(11)	역사	1931-04-26	·
815	김재철	金在喆	김재철	金在喆	朝鮮演劇史 三國以前으로부터 現代까지(12)	역사	1931-04-28	·
816	김재철	金在喆	김재철	金在喆	朝鮮演劇史 三國以前으로부터 現代까지(13)	역사	1931-04-29	·
817	김재철	金在喆	김재철	金在喆	朝鮮演劇史 三國以前으로부터 現代까지(14)	역사	1931-05-01	·
818	김재철	金在喆	김재철	金在喆	朝鮮演劇史 三國以前으로부터 現代까지(15)	역사	1931-05-02	·
819	김재철	金在喆	김재철	金在喆	朝鮮演劇史 三國以前으로부터 現代까지(16)	역사	1931-05-05	·
820	김재철	金在喆	김재철	金在喆	朝鮮演劇史 三國以前으로부터 現代까지(17)	역사	1931-05-06	·
821	김재철	金在喆	김재철	金在喆	朝鮮演劇史 三國以前으로부터 現代까지(18)	역사	1931-05-07	·
822	김재철	金在喆	김재철	金在喆	朝鮮演劇史 三國以前으로부터 現代까지(19)	역사	1931-05-08	·
823	김재철	金在喆	김재철	金在喆	朝鮮演劇史 三國以前으로부터 現代까지(20)	역사	1931-05-09	·
824	김재철	金在喆	김재철	金在喆	朝鮮演劇史 三國以前으로부터 現代까지(21)	역사	1931-05-10	·
825	김재철	金在喆	김재철	金在喆	朝鮮演劇史 三國以前으로부터 現代까지(22)	역사	1931-05-12	·
826	김재철	金在喆	김재철	金在喆	朝鮮演劇史 三國以前으로부터 現代까지(23)	역사	1931-05-13	·
827	김재철	金在喆	김재철	金在喆	朝鮮演劇史 三國以前으로부터 現代까지(24)	역사	1931-05-14	·

연번	자료저자명 (한글)	자료저자명 (한자)	본명 (한글)	본명 (한자)	기사제목	분류	날짜	비고
828	김재철	金在喆	김재철	金在喆	朝鮮演劇史 三國以前으로부터 現代까지(25)	역사	1931-05-15	·
829	김재철	金在喆	김재철	金在喆	朝鮮演劇史 三國以前으로부터 現代까지(26)	역사	1931-05-16	·
830	김재철	金在喆	김재철	金在喆	朝鮮演劇史 三國以前으로부터 現代까지(27)	역사	1931-05-17	·
831	김재철	金在喆	김재철	金在喆	朝鮮演劇史 三國以前으로부터 現代까지(28)	역사	1931-05-19	·
832	김재철	金在喆	김재철	金在喆	朝鮮演劇史 三國以前으로부터 現代까지(29)	역사	1931-05-22	·
833	김재철	金在喆	김재철	金在喆	朝鮮演劇史 三國以前으로부터 現代까지(30)	역사	1931-05-27	·
834	김재철	金在喆	김재철	金在喆	朝鮮演劇史 三國以前으로부터 現代까지(31)	역사	1931-06-12	·
835	김재철	金在喆	김재철	金在喆	朝鮮演劇史 三國以前으로부터 現代까지(32)	역사	1931-06-28	·
836	김재철	金在喆	김재철	金在喆	朝鮮演劇史 三國以前으로부터 現代까지(33)	역사	1931-07-01	·
837	김재철	金在喆	김재철	金在喆	朝鮮演劇史 三國以前으로부터 現代까지(34)	역사	1931-07-02	·
838	김재철	金在喆	김재철	金在喆	朝鮮演劇史 三國以前으로부터 現代까지(35)	역사	1931-07-03	·
839	김재철	金在喆	김재철	金在喆	朝鮮演劇史 三國以前으로부터 現代까지(36)	역사	1931-07-04	·
840	김재철	金在喆	김재철	金在喆	朝鮮演劇史 三國以前으로부터 現代까지(37)	역사	1931-07-10	·
841	김재철	金在喆	김재철	金在喆	朝鮮演劇史 三國以前으로부터 現代까지(38)	역사	1931-07-11	·
842	김재철	金在喆	김재철	金在喆	朝鮮演劇史 三國以前으로부터 現代까지(39)	역사	1931-07-12	·
843	김재철	金在喆	김재철	金在喆	朝鮮演劇史 三國以前으로부터 現代까지(40)	역사	1931-07-15	·
844	김재철	金在喆	김재철	金在喆	朝鮮演劇史 三國以前으로부터 現代까지(41)	역사	1931-07-17	·
845	김정실	金正實	김정실	金正實	民刑法改正草案檢討(1)- 朝鮮慣習法을通하야-	역사, 민속	1934-01-14	·
846	김정실	金正實	김정실	金正實	民刑法改正草案檢討(2)- 朝鮮慣習法을通하야-	역사, 민속	1934-01-16	·
847	김정실	金正實	김정실	金正實	改正民刑法草案檢討(3)- 庶子入家와私生子名稱廢止-	역사, 민속	1934-01-17	구 민형법 개정초안 검토
848	김정실	金正實	김정실	金正實	改正民刑法草案檢討(4)- 養子制度擴大-	역사, 민속	1934-01-18	구 민형법 개정초안 검토
849	김정실	金正實	김정실	金正實	改正民刑法草案檢討(5)- 家族制度의3難-	역사, 민속	1934-01-19	구 민형법 개정초안 검토
850	김정실	金正實	김정실	金正實	改正民刑法草案檢討(6)- 家族制度의3難-	역사, 민속	1934-01-20	구 민형법 개정초안 검토
851	김정실	金正實	김정실	金正實	改正民刑法草案檢討(8)*7회 -家族制度, 戶主權喪失-	역사, 민속	1934-01-21	연재횟수 오기
852	김정실	金正實	김정실	金正實	改正民刑法草案檢討(9)*8회- 長子相續主義의弊害-	역사, 민속	1934-01-23	연재횟수 오기
853	김정실	金正實	김정실	金正實	改正民刑法草案檢討(10)- 相續制度,不徹底한改正案-	역사, 민속	1934-01-25	·
854	김정실	金正實	김정실	金正實	改正民刑法草案檢討(11)- 相續制度,胎兒의利益保護-	역사, 민속	1934-01-26	·
855	김정실	金正實	김정실	金正實	改正民刑法 草案檢討(12) -婚姻制度 妻의 擴張能力-	역사, 민속	1934-02-02	·
856	김정실	金正實	김정실	金正實	改正民刑法 草案檢討(13) -婚姻制度, 妻의 擴張能力-	역사, 민속	1934-02-04	·
857	김종한	金鍾漢	김종한	金鍾漢	詩論,時論,試論(1)- 現代詩와 모뉴멘탈리즘	문학	1939-11-14	·
858	김종한	金鍾漢	김종한	金鍾漢	詩論,時論,試論(2)- 에피그램의 抒情的 價値	문학	1939-11-15	·
859	김주경	金周經	김주경	金周經	第12回 朝美展 印象記(1)	미술	1932-06-01	·

연번	자료저자명(한글)	자료저자명(한자)	본명(한글)	본명(한자)	기사제목	분류	날짜	비고
860	김주경	金周經	김주경	金周經	第12回 朝美展 印象記(2)	미술	1932-06-04	·
861	김주경	金周經	김주경	金周經	第12回 朝美展 印象記(3)	미술	1932-06-05	·
862	김주경	金周經	김주경	金周經	第12回 朝美展 印象記(4)	미술	1932-06-07	·
863	김주경	金周經	김주경	金周經	第12回 朝美展 印象記(5)	미술	1932-06-09	·
864	김준권	金俊權	김준권	金俊權	傳說(37) 谿谷이 一時에 碧海 잠룡이 바다를 이루엇다/ 群山 龍塘浦의 來歷	문학	1932-08-06	寄稿, 群山
865	김준연	金俊淵	김준연	金俊淵	水軍百萬을 擊退한 乙支文德墓를 찾아서(上)	역사	1935-10-01	·
866	김준연	金俊淵	김준연	金俊淵	水軍百萬을 擊退한 乙支文德墓를 찾아서(中)	역사	1935-10-02	·
867	김준연	金俊淵	김준연	金俊淵	水軍百萬을 擊退한 乙支文德墓를 찾아서(下)	역사	1935-10-03	·
868	김진구	金振九	김진구	金振九	韓末의 不遇志士 金玉均先生의 最後(1)	역사	1930-03-29	·
869	김진구	金振九	김진구	金振九	韓末의 不遇志士 金玉均先生의 最後(2)	역사	1930-03-30	·
870	김진구	金振九	김진구	金振九	韓末의 不遇志士 金玉均先生의 最後(3)	역사	1930-04-03	·
871	김진구	金振九	김진구	金振九	韓末의 不遇志士 金玉均先生의 最後(4)	역사	1930-04-06	·
872	김진구	金振九	김진구	金振九	韓末의 不遇志士 金玉均先生의 最後(5)	역사	1930-04-07	·
873	김진섭	金晉燮	김진섭	金晉燮	文人과 職業의 問題(1)	문학	1939-10-26	·
874	김진섭	金晉燮	김진섭	金晉燮	文人과 職業의 問題(2)	문학	1939-10-28	·
875	김진섭	金晉燮	김진섭	金晉燮	文人과 職業의 問題(3)	문학	1939-10-29	·
876	김진섭	金晉燮	김진섭	金晉燮	文人과 職業의 問題(4)	문학	1939-11-01	·
877	김진섭	金晉燮	김진섭	金晉燮	文人과 職業의 問題(5)	문학	1939-11-02	·
878	김진섭	金晉燮	김진섭	金晉燮	文人과 職業의 問題(6)	문학	1939-11-05	·
879	김창수	金昌洙	김창수	金昌洙	傳說(39) 白馬江上 落花巖 국은을 갑고 정조를 지키기 위해/ 三百宮女 投江 自殺	문학	1932-08-09	寄稿, 大田
880	김창수	金昌壽	김창수	金昌壽	傳說(61) 金將軍과 愛降樓 평쏘아 마친고 적의 항복바뎌/ 一時는 壽旺樓라 改稱	문학	1932-10-11	寄稿, 會寧
881	김창신	金昌臣	김창신	金昌臣	二日騷仙記- 浮石寺探勝(上)	기행	1937-10-29	·
882	김창신	金昌臣	김창신	金昌臣	二日騷仙記- 浮石寺探勝(中)	기행	1937-10-30	·
883	김창신	金昌臣	김창신	金昌臣	二日騷仙記- 浮石寺探勝(下)	기행	1937-11-02	·
884	김태준	金台俊	김태준	金台俊	朝鮮 小說史(1)	문학	1930-10-31	·
885	김태준	金台俊	김태준	金台俊	朝鮮 小說史(2)	문학	1930-11-01	·
886	김태준	金台俊	김태준	金台俊	朝鮮 小說史(3)	문학	1930-11-02	·
887	김태준	金台俊	김태준	金台俊	朝鮮 小說史(4)	문학	1930-11-04	·
888	김태준	金台俊	김태준	金台俊	朝鮮 小說史(5)	문학	1930-11-06	·
889	김태준	金台俊	김태준	金台俊	朝鮮 小說史(6)	문학	1930-11-07	·
890	김태준	金台俊	김태준	金台俊	朝鮮 小說史(7)	문학	1930-11-08	·
891	김태준	金台俊	김태준	金台俊	朝鮮 小說史(8)	문학	1930-11-09	·
892	김태준	金台俊	김태준	金台俊	朝鮮 小說史(9)	문학	1930-11-11	·
893	김태준	金台俊	김태준	金台俊	朝鮮 小說史(10)	문학	1930-11-25	·
894	김태준	金台俊	김태준	金台俊	朝鮮 小說史(11)	문학	1930-11-26	·
895	김태준	金台俊	김태준	金台俊	朝鮮 小說史(12)	문학	1930-11-27	·
896	김태준	金台俊	김태준	金台俊	朝鮮 小說史(13)	문학	1930-11-28	·
897	김태준	金台俊	김태준	金台俊	朝鮮 小說史(14)	문학	1930-11-29	·
898	김태준	金台俊	김태준	金台俊	朝鮮 小說史(15)	문학	1930-11-30	·

연번	자료저자명 (한글)	자료저자명 (한자)	본명 (한글)	본명 (한자)	기사제목	분류	날짜	비고
899	김태준	金台俊	김태준	金台俊	朝鮮 小說史(16)	문학	1930-12-02	·
900	김태준	金台俊	김태준	金台俊	朝鮮 小說史(17)	문학	1930-12-03	·
901	김태준	金台俊	김태준	金台俊	朝鮮 小說史(18)	문학	1930-12-04	·
902	김태준	金台俊	김태준	金台俊	朝鮮 小說史(19)	문학	1930-12-05	·
903	김태준	金台俊	김태준	金台俊	朝鮮 小說史(20)	문학	1930-12-06	·
904	김태준	金台俊	김태준	金台俊	朝鮮 小說史(21)	문학	1930-12-08	·
905	김태준	金台俊	김태준	金台俊	朝鮮 小說史(22)	문학	1930-12-09	·
906	김태준	金台俊	김태준	金台俊	朝鮮 小說史(23)	문학	1930-12-10	·
907	김태준	金台俊	김태준	金台俊	朝鮮 小說史(24)	문학	1930-12-12	·
908	김태준	金台俊	김태준	金台俊	朝鮮 小說史(25)	문학	1930-12-13	·
909	김태준	金台俊	김태준	金台俊	朝鮮 小說史(26)	문학	1930-12-14	·
910	김태준	金台俊	김태준	金台俊	朝鮮 小說史(27)	문학	1930-12-18	·
911	김태준	金台俊	김태준	金台俊	朝鮮 小說史(28)	문학	1930-12-19	·
912	김태준	金台俊	김태준	金台俊	朝鮮 小說史(29)	문학	1930-12-21	·
913	김태준	金台俊	김태준	金台俊	朝鮮 小說史(30)	문학	1930-12-24	·
914	김태준	金台俊	김태준	金台俊	朝鮮 小說史(31)	문학	1930-12-25	·
915	김태준	金台俊	김태준	金台俊	朝鮮 小說史(32)	문학	1930-12-30	·
916	김태준	金台俊	김태준	金台俊	朝鮮 小說史(33)	문학	1931-01-09	·
917	김태준	金台俊	김태준	金台俊	朝鮮 小說史(34)	문학	1931-01-10	·
918	김태준	金台俊	김태준	金台俊	朝鮮 小說史(35)	문학	1931-01-11	·
919	김태준	金台俊	김태준	金台俊	朝鮮 小說史(36)	문학	1931-01-13	·
920	김태준	金台俊	김태준	金台俊	朝鮮 小說史(37)	문학	1931-01-14	·
921	김태준	金台俊	김태준	金台俊	朝鮮 小說史(38)	문학	1931-01-15	·
922	김태준	金台俊	김태준	金台俊	朝鮮 小說史(39)	문학	1931-01-16	·
923	김태준	金台俊	김태준	金台俊	朝鮮 小說史(40)	문학	1931-01-17	·
924	김태준	金台俊	김태준	金台俊	朝鮮 小說史(41)	문학	1931-01-18	·
925	김태준	金台俊	김태준	金台俊	朝鮮 小說史(41)	문학	1931-01-22	·
926	김태준	金台俊	김태준	金台俊	朝鮮 小說史(42)	문학	1931-01-22	·
927	김태준	金台俊	김태준	金台俊	朝鮮 小說史(43)	문학	1931-01-23	·
928	김태준	金台俊	김태준	金台俊	朝鮮 小說史(44)	문학	1931-01-24	·
929	김태준	金台俊	김태준	金台俊	朝鮮 小說史(45)	문학	1931-01-25	·
930	김태준	金台俊	김태준	金台俊	朝鮮 小說史(46)	문학	1931-01-27	·
931	김태준	金台俊	김태준	金台俊	朝鮮 小說史(47)	문학	1931-01-28	·
932	김태준	金台俊	김태준	金台俊	朝鮮 小說史(48)	문학	1931-01-29	·
933	김태준	金台俊	김태준	金台俊	朝鮮 小說史(49)	문학	1931-01-30	·
934	김태준	金台俊	김태준	金台俊	朝鮮 小說史(50)	문학	1931-02-01	·
935	김태준	金台俊	김태준	金台俊	朝鮮 小說史(51)	문학	1931-02-03	·
936	김태준	金台俊	김태준	金台俊	朝鮮 小說史(52)	문학	1931-02-04	·
937	김태준	金台俊	김태준	金台俊	朝鮮 小說史(53)	문학	1931-02-05	·
938	김태준	金台俊	김태준	金台俊	朝鮮 小說史(54)	문학	1931-02-06	·
939	김태준	金台俊	김태준	金台俊	朝鮮 小說史(55)	문학	1931-02-07	·

연번	자료저자명(한글)	자료저자명(한자)	본명(한글)	본명(한자)	기사제목	분류	날짜	비고
940	김태준	金台俊	김태준	金台俊	朝鮮 小說史(56)	문학	1931-02-08	·
941	김태준	金台俊	김태준	金台俊	朝鮮 小說史(57)	문학	1931-02-10	·
942	김태준	金台俊	김태준	金台俊	朝鮮 小說史(58)	문학	1931-02-11	·
943	김태준	金台俊	김태준	金台俊	朝鮮 小說史(59)	문학	1931-02-13	·
944	김태준	金台俊	김태준	金台俊	朝鮮 小說史(60)	문학	1931-02-14	·
945	김태준	金台俊	김태준	金台俊	朝鮮 小說史(61)	문학	1931-02-15	·
946	김태준	金台俊	김태준	金台俊	朝鮮 小說史(62)	문학	1931-02-17	·
947	김태준	金台俊	김태준	金台俊	朝鮮 小說史(63)	문학	1931-02-18	·
948	김태준	金台俊	김태준	金台俊	朝鮮 小說史(64)	문학	1931-02-19	·
949	김태준	金台俊	김태준	金台俊	朝鮮 小說史(65)	문학	1931-02-21	·
950	김태준	金台俊	김태준	金台俊	朝鮮 小說史(66)	문학	1931-02-22	·
951	김태준	金台俊	김태준	金台俊	朝鮮 小說史(67)	문학	1931-02-24	·
952	김태준	金台俊	김태준	金台俊	朝鮮 小說史(68)	문학	1931-02-25	·
953	김태준	金台俊	김태준	金台俊	別曲의 硏究(1)	문학	1932-01-15	·
954	김태준	金台俊	김태준	金台俊	別曲의 硏究(2)	문학	1932-01-16	·
955	김태준	金台俊	김태준	金台俊	別曲의 硏究(3)	문학	1932-01-17	·
956	김태준	金台俊	김태준	金台俊	別曲의 硏究(4)	문학	1932-01-19	·
957	김태준	金台俊	김태준	金台俊	別曲의 硏究(5)	문학	1932-01-20	·
958	김태준	金台俊	김태준	金台俊	別曲의 硏究(6)	문학	1932-01-22	·
959	김태준	金台俊	김태준	金台俊	別曲의 硏究(7)	문학	1932-01-24	·
960	김태준	金台俊	김태준	金台俊	別曲의 硏究(8)	문학	1932-01-26	·
961	김태준	金台俊	김태준	金台俊	別曲의 硏究(9)	문학	1932-01-28	·
962	김태준	金台俊	김태준	金台俊	別曲의 硏究(10)	문학	1932-01-29	·
963	김태준	金台俊	김태준	金台俊	別曲의 硏究(11)	문학	1932-01-30	·
964	김태준	金台俊	김태준	金台俊	別曲의 硏究(12)	문학	1932-01-31	·
965	김태준	金台俊	김태준	金台俊	別曲의 硏究(13)	문학	1932-02-02	·
966	김태준	金台俊	·	·	우리 文學의 回顧(上)	문학	1935-01-01	·
967	김태준	金台俊	·	·	우리 文學의 回顧(下)	문학	1935-01-02	·
968	김태흡	金泰洽	김태흡	金泰洽	亞細亞의 빛- 釋迦世尊 聖誕節을 當하야	종교	1933-05-02	覺皇寺
969	김팔봉	金八峰	김기진	金基鎭	文藝時評(1)- 朴君은 무엇을 말햇나	문학	1934-01-27	·
970	김팔봉	金八峰	김기진	金基鎭	文藝時評(2)- 藝術自身을 喪失하엿든가(1)	문학	1934-01-28	·
971	김팔봉	金八峰	김기진	金基鎭	文藝時評(3)- 藝術自身을 喪失하엿든가(2)	문학	1934-01-30	·
972	김팔봉	金八峰	김기진	金基鎭	文藝時評(4)- 創作家는 무엇에서 失敗하야 왓든가	문학	1934-01-31	·
973	김팔봉	金八峰	김기진	金基鎭	文藝時評(5)- 프로文學의 性格/ 이데오로기는 攪亂者이엇던가	문학	1934-02-01	·
974	김팔봉	金八峰	김기진	金基鎭	文藝時評(6)-「카프」의 過誤의 根底	문학	1934-02-02	·
975	김팔봉	金八峰	김기진	金基鎭	文藝時評(7)- 粉紅빛 文學에의 길	문학	1934-02-04	·
976	김팔봉	金八峰	김기진	金基鎭	文藝時評(8, 完)- 다리없는땐서의 舞蹈	문학	1934-02-06	·
977	김팔봉	金八峰	김기진	金基鎭	今春의 文壇的收穫- 新人諸氏의 創作에 대하야(1)	문학	1934-02-28	·
978	김팔봉	金八峰	김기진	金基鎭	今春의 文壇的收穫- 新人諸氏의 創作에 대하야(2)	문학	1934-03-01	·
979	김팔봉	金八峰	김기진	金基鎭	今春의 文壇的收穫- 新人諸氏의 創作에 대하야(3)	문학	1934-03-02	·

연번	자료저자명(한글)	자료저자명(한자)	본명(한글)	본명(한자)	기사제목	분류	날짜	비고
980	김형일	金炯日	김형일	金炯日	傳說(58) 成桂ㅅ골과 李太祖 도사를 맛나 문무를 공부하고/ 雙仙峰에서 스승을 離別	문학	1932-10-07	寄稿, 扶安
981	내등 팔십팔	內藤 八十八	내등 팔십팔	內藤 八十八	朝鮮偉人錄(朝鮮文), 도서	역사	1930-03-15	·
982	노동규	盧東圭	노동규	盧東圭	城大法文學部發刊『朝鮮社會經濟史』- 研究論集을 讀함(上)	역사, 논설	1934-03-07	·
983	노동규	盧東圭	노동규	盧東圭	城大法文學部發刊『朝鮮社會經濟史』- 研究論集을 讀함(中)	역사, 논설	1934-03-08	·
984	노동규	盧東圭	노동규	盧東圭	城大法文學部發刊『朝鮮社會經濟史』- 研究論集을 讀함(下)	역사, 논설	1934-03-09	·
985	노동규	盧東圭	노동규	盧東圭	城大法文學部發刊『朝鮮社會經濟史』- 研究論集을 讀함(終)	역사, 논설	1934-03-10	·
986	노동규	盧東奎	노동규	盧東奎	李動求 教授의 新著「朝鮮農業論」을 讀함(上)	논설	1935-09-03	·
987	노동규	盧東奎	노동규	盧東奎	李動求 教授의 新著「朝鮮農業論」을 讀함(中)	논설	1935-09-04	·
988	노동규	盧東奎	노동규	盧東奎	李動求 教授의 新著「朝鮮農業論」을 讀함(下)	논설	1935-09-05	·
989	노산	鷺山	이은상	李殷相	第2回 文墨同道- 赤壁遊(1)	문학, 기행	1934-06-26	·
990	노산	鷺山	이은상	李殷相	第2回 文墨同道- 赤壁遊(2)	문학, 기행	1934-06-27	·
991	노산	鷺山	이은상	李殷相	第2回 文墨同道- 赤壁遊(3)	문학, 기행	1934-06-28	·
992	노산	鷺山	이은상	李殷相	第2回 文墨同道- 赤壁遊(4)	문학, 기행	1934-06-29	·
993	노산	鷺山	이은상	李殷相	第2回文墨同道-赤壁遊(4)*5회	문학, 기행	1934-06-30	연재횟수 오기
994	노산	鷺山	이은상	李殷相	第2回 婦人古宮巡禮를 압두고(其1)- 漢陽城郭	기행	1934-10-21	·
995	노산	鷺山	이은상	李殷相	第2回 婦人古宮巡禮를 압두고(其2)- 景福宮	기행	1934-10-23	·
996	노산	鷺山	이은상	李殷相	第2回 婦人古宮巡禮를 압두고(其3)- 昌德宮	기행	1934-10-24	·
997	노산	鷺山	이은상	李殷相	第2回 婦人古宮巡禮를 압두고(其4)- 昌慶宮	기행	1934-10-25	·
998	노산	鷺山	이은상	李殷相	第2回 婦人古宮巡禮를 압두고(其5)- 德壽宮	기행	1934-10-26	·
999	도봉섭	都逢涉	도봉섭	都逢涉	藥草를 通해 본 韓醫學의 將來(上)	한의학	1938-06-16	·
1000	도봉섭	都逢涉	도봉섭	都逢涉	藥草를 通해 본 韓醫學의 將來(下)	한의학	1938-06-17	·
1001	동아낭인	東亞浪人	·	·	韓末祕史 最後16年 遺事(1)	역사	1931-02-17	·
1002	동아낭인	東亞浪人	·	·	韓末祕史 最後16年 遺事(2)	역사	1931-02-18	·
1003	동아낭인	東亞浪人	·	·	韓末祕史 最後16年 遺事(3)	역사	1931-02-20	·
1004	동아낭인	東亞浪人	·	·	韓末祕史 最後16年 遺事(4)	역사	1931-02-21	·
1005	동아낭인	東亞浪人	·	·	韓末祕史 最後16年 遺事(5)	역사	1931-02-22	·
1006	동아낭인	東亞浪人	·	·	韓末祕史 最後16年 遺事(6)	역사	1931-02-24	·
1007	동아낭인	東亞浪人	·	·	韓末祕史 最後16年 遺事(7)	역사	1931-02-27	·
1008	동아낭인	東亞浪人	·	·	韓末祕史 最後16年 遺事(8)	역사	1931-03-03	·
1009	동아낭인	東亞浪人	·	·	韓末祕史 最後16年 遺事(9)	역사	1931-03-04	·
1010	동아낭인	東亞浪人	·	·	韓末祕史 最後16年 遺事(10)	역사	1931-03-06	·
1011	동아낭인	東亞浪人	·	·	韓末祕史 最後16年 遺事(11)	역사	1931-03-20	·
1012	동아낭인	東亞浪人	·	·	韓末祕史最後16年遺事(14)*12회	역사	1931-03-28	연재횟수 오기

연번	자료저자명(한글)	자료저자명(한자)	본명(한글)	본명(한자)	기사제목	분류	날짜	비고
1013	동아낭인	東亞浪人	·	·	韓末祕史 最後16年 遺事(13)	역사	1931-03-29	·
1014	동아낭인	東亞浪人	·	·	韓末祕史 最後16年 遺事(14)	역사	1931-03-31	·
1015	동아낭인	東亞浪人	·	·	韓末祕史 最後16年 遺事(15)	역사	1931-04-01	·
1016	동아낭인	東亞浪人	·	·	韓末祕史 最後16年 遺事(16)	역사	1931-04-02	·
1017	동아낭인	東亞浪人	·	·	韓末祕史 最後16年 遺事(17)	역사	1931-04-03	·
1018	동아낭인	東亞浪人	·	·	韓末祕史 最後16年 遺事(18)	역사	1931-04-07	·
1019	동아낭인	東亞浪人	·	·	韓末祕史 最後16年 遺事(19)	역사	1931-04-08	·
1020	동아낭인	東亞浪人	·	·	韓末祕史 最後16年 遺事(20)	역사	1931-04-10	·
1021	동아낭인	東亞浪人	·	·	韓末祕史 最後16年 遺事(21)	역사	1931-04-11	·
1022	동아낭인	東亞浪人	·	·	韓末祕史 最後16年 遺事(22)	역사	1931-04-14	·
1023	동아낭인	東亞浪人	·	·	韓末祕史 最後16年 遺事(23)	역사	1931-04-17	·
1024	동아낭인	東亞浪人	·	·	韓末祕史 最後16年 遺事(24)	역사	1931-04-18	·
1025	동아낭인	東亞浪人	·	·	韓末祕史 最後16年 遺事(25)	역사	1931-04-19	·
1026	동아낭인	東亞浪人	·	·	韓末祕史 最後16年 遺事(26)	역사	1931-04-22	·
1027	동아낭인	東亞浪人	·	·	韓末祕史 最後16年 遺事(27)	역사	1931-04-23	·
1028	동아낭인	東亞浪人	·	·	韓末祕史 最後16年 遺事(28)	역사	1931-04-24	·
1029	동아낭인	東亞浪人	·	·	韓末祕史 最後16年 遺事(29)	역사	1931-04-25	·
1030	동아낭인	東亞浪人	·	·	韓末祕史 最後16年 遺事(30)	역사	1931-04-26	·
1031	동아낭인	東亞浪人	·	·	韓末祕史 最後16年 遺事(31)	역사	1931-04-28	·
1032	동아낭인	東亞浪人	·	·	韓末祕史 最後16年 遺事(32)	역사	1931-04-29	·
1033	동아낭인	東亞浪人	·	·	韓末祕史 最後16年 遺事(33)	역사	1931-05-01	·
1034	동아낭인	東亞浪人	·	·	韓末祕史 最後16年 遺事(34)	역사	1931-05-03	·
1035	동아낭인	東亞浪人	·	·	韓末祕史 最後16年 遺事(35)	역사	1931-05-08	·
1036	동아낭인	東亞浪人	·	·	韓末祕史 最後16年 遺事(36)	역사	1931-05-10	·
1037	동아낭인	東亞浪人	·	·	韓末祕史 最後16年 遺事(37)	역사	1931-05-13	·
1038	동아낭인	東亞浪人	·	·	韓末祕史 最後16年 遺事(38)	역사	1931-05-14	·
1039	동아낭인	東亞浪人	·	·	韓末祕史 最後16年 遺事(39)	역사	1931-05-15	·
1040	동아낭인	東亞浪人	·	·	韓末祕史 最後16年 遺事(40)	역사	1931-05-17	·
1041	동아낭인	東亞浪人	·	·	韓末祕史 最後16年 遺事(41)	역사	1931-05-20	·
1042	동아낭인	東亞浪人	·	·	韓末祕史 最後16年 遺事(42)	역사	1931-05-22	·
1043	동아낭인	東亞浪人	·	·	韓末祕史 最後16年 遺事(43)	역사	1931-07-02	·
1044	동아일보사	東亞日報社	·	·	韓末史料蒐集	역사	1931-08-21	·
1045	망중한인	忙中閑人	·	·	代讀 朝鮮 語文硏究- 鄭,崔 兩敎授의 論文中에서	한글	1931-01-26	·
1046	모윤숙	毛允淑	모윤숙	毛允淑	古典을 더 읽겠소	문학	1935-01-02	·
1047	모윤숙	毛允淑	모윤숙	毛允淑	그리운 鋒鄕(3)- 숲의 悲哀	문학	1936-06-26	·
1048	무이생	無耳生	·	·	震檀學報를 읽고(上)	논설	1934-12-22	·
1049	무이생	無耳生	·	·	震檀學報를 읽고(中)	논설	1934-12-23	·
1050	무이생	無耳生	·	·	震檀學報를 읽고(下)	논설	1934-12-27	·
1051	무인생	戊寅生	·	·	虎說話(1)- 妙香山虎	문학	1938-01-20	·
1052	무인생	戊寅生	·	·	虎說話(2)- 松岳山 寡婦虎(上)	문학	1938-01-21	·

연번	자료저자명(한글)	자료저자명(한자)	본명(한글)	본명(한자)	기사제목	분류	날짜	비고
1053	무인생	戊寅生	·	·	虎說話(3)- 松岳山 寡婦虎(下)	문학	1938-01-22	·
1054	무인생	戊寅生	·	·	虎說話(4)- 漢州處女虎	문학	1938-01-23	·
1055	무인생	戊寅生	·	·	虎說話(5)- 九月山 老僧虎(上)	문학	1938-01-26	·
1056	무인생	戊寅生	·	·	虎說話(6)- 九月山 老僧虎(下)	문학	1938-01-27	·
1057	무인생	戊寅生	·	·	虎說話(7)- 九月山 老僧虎(上)	문학	1938-01-28	·
1058	무인생	戊寅生	·	·	虎說話(8)- 九月山 老僧虎(下)	문학	1938-01-29	·
1059	무인생	戊寅生	·	·	虎說話(9, 完)- 死虎가 殺人	문학	1938-02-01	·
1060	문일평	文一平	문일평	文一平	滿洲와 朝鮮民族- 其間의 歷史的關係(1)	역사	1932-01-02	·
1061	문일평	文一平	문일평	文一平	滿洲와 朝鮮民族- 其間의 歷史的關係(2)	역사	1932-01-03	·
1062	문일평	文一平	문일평	文一平	朝鮮近代의 外交(1)	역사, 논설	1932-10-13	·
1063	문일평	文一平	문일평	文一平	朝鮮近代의 外交(2)	역사, 논설	1932-10-14	·
1064	미소산인	薇蘇山人	정인보	鄭寅普	羊字解	역사	1931-01-01	·
1065	민봉호	閔鳳鎬	민봉호	閔鳳鎬	傳說(4) 不遇의 力士 龍吉의 最後- 어여쁜 소저와의 서리마즌 사랑의 싹	문학	1932-06-09	信川
1066	민봉호	閔鳳鎬	민봉호	閔鳳鎬	傳說(5) 不遇의 力士 龍吉의 最後- 어여쁜 소저와의 서리마즌 사랑의 싹	문학	1932-06-09	信川
1067	민봉호	閔鳳鎬	민봉호	閔鳳鎬	傳說(6) 不遇의 力士 龍吉의 最後- 어여쁜 소저와의 서리마즌 사랑의 싹	문학	1932-06-09	信川
1068	민촌	民村	이기영	李箕永	북 레뷰- 이응수 편주, 김립시집	문학	1939-04-13	·
1069	박노철	朴魯哲	박노철	朴魯哲	印度古詩槪觀(1)	기타	1931-05-12	·
1070	박노철	朴魯哲	박노철	朴魯哲	印度古詩槪觀(2)	기타	1931-05-13	·
1071	박노철	朴魯哲	박노철	朴魯哲	印度古詩槪觀(3)	기타	1931-05-14	·
1072	박노철	朴魯哲	박노철	朴魯哲	印度古詩槪觀(4)	기타	1931-05-15	·
1073	박노철	朴魯哲	박노철	朴魯哲	印度古詩槪觀(5)	기타	1931-05-16	·
1074	박노철	朴魯哲	박노철	朴魯哲	印度古詩槪觀(6)	기타	1931-05-17	·
1075	박노철	朴魯哲	박노철	朴魯哲	印度古詩槪觀(6)*7회	기타	1931-05-19	연재횟수 오기
1076	박노철	朴魯哲	박노철	朴魯哲	印度古詩槪觀(7)*8회	기타	1931-05-22	연재횟수 오기
1077	박노철	朴魯哲	박노철	朴魯哲	印度古詩槪觀(8)*9회	기타	1931-05-23	연재횟수 오기
1078	박노철	朴魯哲	박노철	朴魯哲	高句麗 遺址(1)	역사, 기행	1932-01-27	·
1079	박노철	朴魯哲	박노철	朴魯哲	高句麗 遺址(2)	역사, 기행	1932-01-28	·
1080	박노철	朴魯哲	박노철	朴魯哲	高句麗 遺址(3)	역사, 기행	1932-01-29	·
1081	박노철	朴魯哲	박노철	朴魯哲	高句麗 遺址(4)	역사, 기행	1932-01-30	·
1082	박노철	朴魯哲	박노철	朴魯哲	高句麗 遺址(5)	역사, 기행	1932-01-31	·
1083	박노철	朴魯哲	박노철	朴魯哲	高句麗 遺址(6)	역사, 기행	1932-02-02	·
1084	박노철	朴魯哲	박노철	朴魯哲	高句麗 遺址(7)	역사, 기행	1932-02-03	·

연번	자료저자명 (한글)	자료저자명 (한자)	본명 (한글)	본명 (한자)	기사제목	분류	날짜	비고
1085	박노철	朴魯哲	박노철	朴魯哲	高句麗 遺址(8)	역사, 기행	1932-02-04	·
1086	박노철	朴魯哲	박노철	朴魯哲	高句麗 遺址(9)	역사, 기행	1932-02-05	·
1087	박노철	朴魯哲	박노철	朴魯哲	高句麗 遺址(10)	역사, 기행	1932-02-06	·
1088	박노철	朴魯哲	박노철	朴魯哲	高句麗 遺址(11)	역사, 기행	1932-02-07	·
1089	박노철	朴魯哲	박노철	朴魯哲	高句麗 遺址(12)	역사, 기행	1932-02-09	·
1090	박노철	朴魯哲	박노철	朴魯哲	高句麗 遺址(13)	역사, 기행	1932-02-10	·
1091	박노철	朴魯哲	박노철	朴魯哲	高句麗 遺址(14)	역사, 기행	1932-02-11	·
1092	박노철	朴魯哲	박노철	朴魯哲	高句麗 遺址(15)	역사, 기행	1932-02-13	·
1093	박노철	朴魯哲	박노철	朴魯哲	高句麗 遺址(16)	역사, 기행	1932-02-14	·
1094	박노철	朴魯哲	박노철	朴魯哲	高句麗 遺址(17)	역사, 기행	1932-02-16	·
1095	박노철	朴魯哲	박노철	朴魯哲	高句麗 遺址(18)	역사, 기행	1932-02-18	·
1096	박노철	朴魯哲	박노철	朴魯哲	高句麗 遺址(19)	역사, 기행	1932-02-19	·
1097	박노철	朴魯哲	박노철	朴魯哲	高句麗 遺址(20)	역사, 기행	1932-02-20	·
1098	박노철	朴魯哲	박노철	朴魯哲	高句麗 遺址(21)	역사, 기행	1932-02-21	·
1099	박노철	朴魯哲	박노철	朴魯哲	高句麗 遺址(22)	역사, 기행	1932-02-27	·
1100	박노철	朴魯哲	박노철	朴魯哲	滿洲遊記- 高句麗遺址(23)	역사, 기행	1932-03-02	·
1101	박노철	朴魯哲	박노철	朴魯哲	滿洲遊記- 高句麗遺址(24)	역사, 기행	1932-03-03	·
1102	박노철	朴魯哲	박노철	朴魯哲	滿洲遊記- 高句麗遺址(25)	역사, 기행	1932-03-04	·
1103	박노철	朴魯哲	박노철	朴魯哲	滿洲遊記- 高句麗遺址(26)	역사, 기행	1932-03-05	·
1104	박노철	朴魯哲	박노철	朴魯哲	滿洲遊記- 高句麗遺址(27)	역사, 기행	1932-03-06	·
1105	박노철	朴魯哲	박노철	朴魯哲	滿洲遊記- 高句麗遺址(28)	역사, 기행	1932-03-07	·
1106	박노철	朴魯哲	박노철	朴魯哲	滿洲遊記- 高句麗遺址(29)	역사, 기행	1932-03-08	·
1107	박노철	朴魯哲	박노철	朴魯哲	滿洲遊記- 高句麗遺址(30)	역사, 기행	1932-03-09	·

연번	자료저자명 (한글)	자료저자명 (한자)	본명 (한글)	본명 (한자)	기사제목	분류	날짜	비고
1108	박노철	朴魯哲	박노철	朴魯哲	箕子研究餘草(1)	역사	1932-03-18	·
1109	박노철	朴魯哲	박노철	朴魯哲	箕子研究餘草(2)	역사	1932-03-19	·
1110	박노철	朴魯哲	박노철	朴魯哲	箕子研究餘草(3)	역사	1932-03-21	·
1111	박노철	朴魯哲	박노철	朴魯哲	箕子研究餘草(4)	역사	1932-03-24	·
1112	박노철	朴魯哲	박노철	朴魯哲	箕子研究餘草(5)	역사	1932-03-27	·
1113	박노철	朴魯哲	박노철	朴魯哲	箕子研究餘草(6)	역사	1932-03-29	·
1114	박노철	朴魯哲	박노철	朴魯哲	箕子研究餘草(7)	역사	1932-03-31	·
1115	박노철	朴魯哲	박노철	朴魯哲	箕子研究餘草(8)	역사	1932-04-01	·
1116	박노철	朴魯哲	박노철	朴魯哲	箕子研究餘草(9)	역사	1932-04-02	·
1117	박노철	朴魯哲	박노철	朴魯哲	箕子研究餘草(10)	역사	1932-04-03	·
1118	박노철	朴魯哲	박노철	朴魯哲	箕子研究餘草(11)	역사	1932-04-06	·
1119	박노철	朴魯哲	박노철	朴魯哲	箕子研究餘草(12)	역사	1932-04-07	·
1120	박대웅	朴大雄	박대웅	朴大雄	傳說(24) ㅏ債九千兩과 金佛- 9천량으로 점하고 큰돈버리/ 阿彌陀佛十 十萬番	문학	1932-07-15	寄稿, 高陽
1121	박동진	朴東鎭	박동진	朴東鎭	우리 住宅에 對하야(1)	논설	1931-03-14	·
1122	박동진	朴東鎭	박동진	朴東鎭	우리 住宅에 對하야(2)	논설	1931-03-15	·
1123	박동진	朴東鎭	박동진	朴東鎭	우리 住宅에 對하야(3)	논설	1931-03-17	·
1124	박동진	朴東鎭	박동진	朴東鎭	우리 住宅에 對하야(4)	논설	1931-03-18	·
1125	박동진	朴東鎭	박동진	朴東鎭	우리 住宅에 對하야(5)	논설	1931-03-19	·
1126	박동진	朴東鎭	박동진	朴東鎭	우리 住宅에 對하야(6)	논설	1931-03-20	·
1127	박동진	朴東鎭	박동진	朴東鎭	우리 住宅에 對하야(7)	논설	1931-03-25	·
1128	박동진	朴東鎭	박동진	朴東鎭	우리 住宅에 對하야(8)	논설	1931-03-26	·
1129	박동진	朴東鎭	박동진	朴東鎭	우리 住宅에 對하야(9)	논설	1931-03-27	·
1130	박동진	朴東鎭	박동진	朴東鎭	우리 住宅에 對하야(10)	논설	1931-03-28	·
1131	박동진	朴東鎭	박동진	朴東鎭	우리 住宅에 對하야(11)	논설	1931-03-29	·
1132	박동진	朴東鎭	박동진	朴東鎭	우리 住宅에 對하야(12)	논설	1931-03-31	·
1133	박동진	朴東鎭	박동진	朴東鎭	우리 住宅에 對하야(13)	논설	1931-04-02	·
1134	박동진	朴東鎭	박동진	朴東鎭	우리 住宅에 對하야(14)	논설	1931-04-03	·
1135	박동진	朴東鎭	박동진	朴東鎭	우리 住宅에 對하야(15)	논설	1931-04-04	·
1136	박동진	朴東鎭	박동진	朴東鎭	우리 住宅에 對하야(16)	논설	1931-04-05	·
1137	박사점	朴士漸	박종홍	朴鍾鴻	朝鮮文化의 遺産과 그 傳承의 方法(1)	논설	1935-01-01	·
1138	박사점	朴士漸	박종홍	朴鍾鴻	朝鮮文化의 遺産과 그 傳承의 方法(2)	논설	1935-01-02	·
1139	박사점	朴士漸	박종홍	朴鍾鴻	朝鮮文化의 遺産과 그 傳承의 方法(3)	논설	1935-01-03	·
1140	박사점	朴士漸	박종홍	朴鍾鴻	朝鮮文化의 遺産과 그 傳承의 方法(4)	논설	1935-01-04	·
1141	박사점	朴士漸	박종홍	朴鍾鴻	朝鮮文化의 遺産과 그 傳承의 方法(5)	논설	1935-01-05	·
1142	박사점	朴士漸	박종홍	朴鍾鴻	朝鮮文化의 遺産과 그 傳承의 方法(6)	논설	1935-01-06	·
1143	박사점	朴士漸	박종홍	朴鍾鴻	朝鮮文化의 遺産과 그 傳承의 方法(7)	논설	1935-01-08	·
1144	박사점	朴士漸	박종홍	朴鍾鴻	朝鮮文化의 遺産과 그 傳承의 方法(8)	논설	1935-01-08	·
1145	박사점	朴士漸	박종홍	朴鍾鴻	朝鮮文化의 遺産과 그 傳承의 方法(9)	논설	1935-01-09	·
1146	박승빈	朴勝彬	박승빈	朴勝彬	한글토론회 속긔록(13)- 第3日 어미활용문제, 강연	한글, 사업	1932-12-05	·

연번	자료저자명(한글)	자료저자명(한자)	본명(한글)	본명(한자)	기사제목	분류	날짜	비고
1147	박승빈	朴勝彬	박승빈	朴勝彬	한글토론회 속긔록(14)- 第3日 어미활용문제, 강연	한글, 사업	1932-12-06	·
1148	박승빈	朴勝彬	박승빈	朴勝彬	한글토론회 속긔록(17)- 第3日 어미활용문제, 토론	한글, 사업	1932-12-16	·
1149	박승빈	朴勝彬	박승빈	朴勝彬	한글토론회 속긔록(18)- 第3日 어미활용문제, 토론	한글, 사업	1932-12-17	·
1150	박여애	朴如涯	박여애	朴如涯	斷想二題(上) 哲學의 出發點	철학	1935-09-14	·
1151	박여애	朴如涯	박여애	朴如涯	斷想二題(下) 死의 問題	철학	1935-09-18	·
1152	박영희	朴英熙	박영희	朴英熙	朝鮮 프로레타리아 藝術運動의 昨今- 特히 1931년을 展望하면서(1)	문학	1931-01-01	·
1153	박영희	朴英熙	박영희	朴英熙	朝鮮 프로레타리아 藝術運動의 昨今- 特히 1931년을 展望하면서(2)	문학	1931-01-02	·
1154	박영희	朴英熙	박영희	朴英熙	朝鮮 프로레타리아 藝術運動의 昨今- 特히 1931년을 展望하면서(3)	문학	1931-01-03	·
1155	박영희	朴英熙	박영희	朴英熙	朝鮮 프로레타리아 藝術運動의 昨今- 特히 1931년을 展望하면서(4)	문학	1931-01-04	·
1156	박영희	朴英熙	박영희	朴英熙	最近文藝理論의 新展開와 그 傾向 -社會史的及文學史的 考察(1)	문학	1934-01-02	·
1157	박영희	朴英熙	박영희	朴英熙	最近文藝理論의 新展開와 그 傾向 -社會史的及文學史的 考察(2)	문학	1934-01-03	·
1158	박영희	朴英熙	박영희	朴英熙	最近文藝理論의 新展開와 그 傾向 -社會史的及文學史的 考察(3)	문학	1934-01-04	·
1159	박영희	朴英熙	박영희	朴英熙	最近文藝理論의 新展開와 그 傾向 -社會史的及文學史的 考察(4)	문학	1934-01-06	·
1160	박영희	朴英熙	박영희	朴英熙	最近文藝理論의 新展開와 그 傾向 -社會史的及文學史的 考察(5)	문학	1934-01-07	·
1161	박영희	朴英熙	박영희	朴英熙	最近文藝理論의 新展開와 그 傾向 -社會史的及文學史的 考察(5)*6회	문학	1934-01-08	연재횟수 오기
1162	박영희	朴英熙	박영희	朴英熙	最近文藝理論의 新展開와 그 傾向 -社會史的及文學史的 考察(7)	문학	1934-01-09	·
1163	박영희	朴英熙	박영희	朴英熙	最近文藝理論의 新展開와 그 傾向 -社會史的及文學史的 考察(8)	문학	1934-01-10	·
1164	박영희	朴英熙	박영희	朴英熙	最近文藝理論의 新展開와 그 傾向 -社會史的及文學史的 考察(9)	문학	1934-01-11	·
1165	박영희	朴英熙	박영희	朴英熙	問題相異點의 再吟味- 金八峯군의 文藝時評에 答함(1)	문학	1934-02-09	·
1166	박영희	朴英熙	박영희	朴英熙	問題相異點의 再吟味- 金八峯군의 文藝時評에 答함(2)	문학	1934-02-10	·
1167	박영희	朴英熙	박영희	朴英熙	問題相異點의 再吟味- 金八峯군의 文藝時評에 答함(3)	문학	1934-02-11	·
1168	박영희	朴英熙	박영희	朴英熙	問題相異點의 再吟味- 金八峯군의 文藝時評에 答함(4)	문학	1934-02-14	·
1169	박영희	朴英熙	박영희	朴英熙	問題相異點의 再吟味- 金八峯군의 文藝時評에 答함(5)	문학	1934-02-16	·
1170	박영희	朴英熙	박영희	朴英熙	現役作家總評(3)- 玄民 兪鎭午論(上)	문학	1938-02-17	·
1171	박영희	朴英熙	박영희	朴英熙	現役作家總評(4)- 玄民 兪鎭午論(下)	문학	1938-02-18	·

연번	자료저자명(한글)	자료저자명(한자)	본명(한글)	본명(한자)	기사제목	분류	날짜	비고
1172	박영희	朴英熙	박영희	朴英熙	朝鮮文學現象의 再檢討(1)	문학	1938-04-16	·
1173	박영희	朴英熙	박영희	朴英熙	朝鮮文學現象의 再檢討(2)	문학	1938-04-17	·
1174	박영희	朴英熙	박영희	朴英熙	朝鮮文學現象의 再檢討(3)	문학	1938-04-20	·
1175	박영희	朴英熙	박영희	朴英熙	朝鮮文學現象의 再檢討(4)	문학	1938-04-21	·
1176	박원근	朴元根	박원근	朴元根	讀者評壇- 共同責任, 李忠武公 墓土競賣問題	사업	1931-05-17	·
1177	박이양	朴頤陽	박이양	朴頤陽	李忠武公 全書를 읽고	역사	1931-05-24	·
1178	박이양	朴頤陽	박이양	朴頤陽	李忠武公의 遺物(上)	역사, 기행	1931-05-26	·
1179	박이양	朴頤陽	박이양	朴頤陽	李忠武公의 遺物(下)	역사, 기행	1931-05-27	·
1180	박진형	朴鎭衡	박진형	朴鎭衡	高麗磁器窯跡 探査記(1)	문학	1932-11-03	·
1181	박진형	朴鎭衡	박진형	朴鎭衡	高麗磁器窯跡 探査記(2)	문학	1932-11-05	·
1182	박진형	朴鎭衡	박진형	朴鎭衡	高麗磁器窯跡 探査記(3)	문학	1932-11-11	·
1183	박진형	朴鎭衡	박진형	朴鎭衡	高麗磁器窯跡 探査記(4) 完	문학	1932-11-12	·
1184	박태양	李鍾洙	박태양	李鍾洙	북 레뷰- 最初의 文化鳥瞰圖 朝鮮文藝年鑑	문학	1939-04-12	·
1185	박태원	朴泰遠	박태원	朴泰遠	朝鮮口傳民謠集(諺文)	문학	1933-02-28	·
1186	박형	朴衡	박형	朴衡	傳說(30)紺岳山南仙屈차저춘풍추우500년에/爲國忠魂을위로하다	문학	1932-07-28	寄稿, 紺山人
1187	박형윤	朴炯允	박형윤	朴炯允	傳說(17) 褒處女와 眞覺國師 배이방의 딸 처녀의 몸으로/ 車泉의 野瓜먹고 胞胎	문학	1932-07-01	寄稿, 和順
1188	박형윤	朴炯允	박형윤	朴炯允	傳說(18) 褒處女와 眞覺國師 배이방의 딸 처녀의 몸으로/ 車泉의 野瓜먹고 胞胎	문학	1932-07-01	寄稿, 和順
1189	백낙준	白樂濬	백낙준	白樂濬	文化朝鮮의 多角的 建築: 學術朝鮮의 總本營- 朝鮮文庫를 세우자	논설	1936-01-01	·
1190	백남운	白南雲	백남운	白南雲	朝鮮心과 朝鮮色(其二) 朝鮮特有의 社會制度(1)	역사	1934-10-20	·
1191	백남운	白南雲	백남운	白南雲	朝鮮心과 朝鮮色(其二) 朝鮮特有의 社會制度(2)	역사	1934-10-21	·
1192	백남운	白南雲	백남운	白南雲	朝鮮心과 朝鮮色(其二) 朝鮮特有의 社會制度(3)	역사	1934-10-22	·
1193	백남운	白南雲	백남운	白南雲	朝鮮心과 朝鮮色(其二) 朝鮮特有의 社會制度(4)	역사	1934-10-23	·
1194	백남운	白南雲	백남운	白南雲	朝鮮心과 朝鮮色(其二) 朝鮮特有의 社會制度(5)	역사	1934-10-24	·
1195	백남운	白南雲	백남운	白南雲	朝鮮心과 朝鮮色(其二) 朝鮮特有의 社會制度(6)	역사	1934-10-26	·
1196	백남운	白南雲	백남운	白南雲	朝鮮心과 朝鮮色(其二) 朝鮮特有의 社會制度(7)	역사	1934-10-27	·
1197	백남운	白南雲	백남운	白南雲	朝鮮心과 朝鮮色(其二) 朝鮮特有의 社會制度(8)	역사	1934-10-28	·
1198	백남운	白南雲	백남운	白南雲	李如星, 金世鎔 共著 「數字朝鮮研究」(上)	문학	1935-05-28	·
1199	백남운	白南雲	백남운	白南雲	李如星, 金世鎔 共著 「數字朝鮮研究」(下)	문학	1935-05-29	·
1200	백남운	白南雲	백남운	白南雲	丁茶山의 思想	철학	1935-07-16	·
1201	백남운	白南雲	백남운	白南雲	「復古經濟」의 任務	논설	1935-09-29	·
1202	백남운	白南雲	백남운	白南雲	文化朝鮮의 多角的 建築: 學術基幹部隊의 養成- 中央 아카데미 創設	논설	1936-01-01	·
1203	백철	白鐵	백철	白鐵	文壇打診 卽問卽答記(5)	문학	1937-06-08	·
1204	백철	白鐵	백철	白鐵	現役作家總評(1)- 文章과 思想性의 檢討	문학	1938-02-15	·
1205	백철	白鐵	백철	白鐵	現役作家總評(2)- 文章과 思想性의 檢討(下)	문학	1938-02-16	·
1206	백철	白鐵	백철	白鐵	現役作家總評(10)*9회- 作家 李孝石論(上)	문학	1938-02-25	연재횟수 오기
1207	백철	白鐵	백철	白鐵	現役作家總評(11)*10회- 作家 李孝石論(中)	문학	1938-02-26	연재횟수 오기

연번	자료저자명 (한글)	자료저자명 (한자)	본명 (한글)	본명 (한자)	기사제목	분류	날짜	비고
1208	백철	白鐵	백철	白鐵	現役作家總評(12)*11회- 作家 李孝石論(下)	문학	1938-02-27	연재횟수 오기
1209	백철	白鐵	백철	白鐵	朝鮮文學의 性格(1)- 直感과 人情의 文學	문학	1938-05-28	·
1210	백철	白鐵	백철	白鐵	文學建設에 資할 나의 新提唱-「事實」과 「神話」뒤에 오는 理想主義의 新文學(1)	문학	1939-01-15	·
1211	백철	白鐵	백철	白鐵	文學建設에 資할 나의 新提唱-「事實」과 「神話」뒤에 오는 理想主義의 新文學(2)	문학	1939-01-17	·
1212	백철	白鐵	백철	白鐵	文學建設에 資할 나의 新提唱-「事實」과 「神話」뒤에 오는 理想主義의 新文學(3)	문학	1939-01-18	·
1213	백철	白鐵	백철	白鐵	文學建設에 資할 나의 新提唱-「事實」과 「神話」뒤에 오는 理想主義의 新文學(4)	문학	1939-01-19	·
1214	백철	白鐵	백철	白鐵	文學建設에 資할 나의 新提唱-「事實」과 「神話」뒤에 오는 理想主義의 新文學(5)	문학	1939-01-21	·
1215	복천만	卜千萬	복천만	卜千萬	傳說(56) 申能山將軍의 勇氣 고려 태조를 대신하야 죽어/ 金首를 鑄像配享해	문학	1932-10-01	寄稿, 南川
1216	삼현생	三顯生	·	·	東方寅의 曆書由來(1)	역사	1938-01-21	·
1217	삼현생	三顯生	·	·	東方寅의 曆書由來(2)	역사	1938-01-22	·
1218	삼현생	三顯生	·	·	東方寅의 曆書由來(3)	역사	1938-01-25	·
1219	삼현생	三顯生	·	·	東方寅의 曆書由來(4)	역사	1938-01-26	·
1220	삼현생	三顯生	·	·	東方寅의 曆書由來(5)	역사	1938-01-27	·
1221	서두수	徐斗銖	서두수	徐斗銖	朝鮮歌謠集成- 讀過漫語	음악	1934-02-27	·
1222	서두수	徐斗銖	서두수	徐斗銖	뿍 레뷰- 讀『朝鮮詩歌史綱』	역사	1937-06-25	·
1223	서봉	徐鳳	서봉	徐鳳	傳說(42) 佛谷山麓의 新行垈 병화를 피하여 석굴 차저 갓다가/ 處女와 總角이 奇緣매저	문학	1932-08-12	寄稿, 楊州
1224	서봉훈	徐鳳勳	서봉훈	徐鳳勳	새철자법/「朝鮮語 敎授에 많은 參考가 돼」- 조선문화에 큰 공헌이 잇다	한글	1933-04-05	養正高普
1225	서원출	徐元出	서원출	徐元出	朝鮮文化20年(19)- 朝鮮教育20年 回顧(上)	논설	1940-05-07	·
1226	서원출	徐元出	서원출	徐元出	朝鮮文化20年(19)*20회- 朝鮮教育21年 回顧(下)	논설	1940-05-09	연재횟수 오기
1227	서인식	徐寅植	서인식	徐寅植	歷史에 잇어서의 行動과 觀想- 歷史와 英雄을 말함(1)	논설	1939-04-23	·
1228	서인식	徐寅植	서인식	徐寅植	歷史에 잇어서의 行動과 觀想- 歷史와 英雄을 말함(2)	논설	1939-04-25	·
1229	서인식	徐寅植	서인식	徐寅植	歷史에 잇어서의 行動과 觀想- 歷史와 英雄을 말함(3)	논설	1939-04-28	·
1230	서인식	徐寅植	서인식	徐寅植	歷史에 잇어서의 行動과 觀想- 歷史와 英雄을 말함(4)	논설	1939-04-29	·
1231	서인식	徐寅植	서인식	徐寅植	歷史에 잇어서의 行動과 觀想- 歷史와 英雄을 말함(5)	논설	1939-05-04	·
1232	서인식	徐寅植	서인식	徐寅植	東洋文化의 理念과 形態(1)	철학	1940-01-03	·
1233	서인식	徐寅植	서인식	徐寅植	東洋文化의 理念과 形態(2)	철학	1940-01-04	·
1234	서인식	徐寅植	서인식	徐寅植	東洋文化의 理念과 形態(3)	철학	1940-01-05	·
1235	서인식	徐寅植	서인식	徐寅植	東洋文化의 理念과 形態(4)	철학	1940-01-06	·
1236	서인식	徐寅植	서인식	徐寅植	東洋文化의 理念과 形態(5)	철학	1940-01-07	·
1237	서인식	徐寅植	서인식	徐寅植	東洋文化의 理念과 形態(6)	철학	1940-01-08	·
1238	서인식	徐寅植	서인식	徐寅植	東洋文化의 理念과 形態(7)	철학	1940-01-10	·

연번	자료저자명(한글)	자료저자명(한자)	본명(한글)	본명(한자)	기사제목	분류	날짜	비고
1239	서인식	徐寅植	서인식	徐寅植	東洋文化의 理念과 形態(8)	철학	1940-01-11	·
1240	서인식	徐寅植	서인식	徐寅植	東洋文化의 理念과 形態(9)	철학	1940-01-12	·
1241	서항석	徐恒錫	서항석	徐恒錫	建設期의 民族文學-凡例를 各國에 찾어서(其4)	문학	1935-01-06	·
1242	서항석	徐恒錫	서항석	徐恒錫	朝鮮文化20年(22)- 新年劇20年의 消長(1)	논설	1940-05-12	·
1243	서항석	徐恒錫	서항석	徐恒錫	朝鮮文化20年(23)- 新年劇20年의 消長(2)	논설	1940-05-14	·
1244	서항석	徐恒錫	서항석	徐恒錫	朝鮮文化20年(24)- 新年劇20年의 消長(3)	논설	1940-05-15	·
1245	서항석	徐恒錫	서항석	徐恒錫	朝鮮文化20年(25)- 新年劇20年의 消長(4)	논설	1940-05-17	·
1246	서항석	徐恒錫	서항석	徐恒錫	朝鮮文化20年(26)- 新年劇20年의 消長(5)	논설	1940-05-18	·
1247	석당	石堂	·	·	素轎와 童婢(1)	문학	1939-10-14	·
1248	석당	石堂	·	·	素轎와 童婢(2)	문학	1939-10-15	·
1249	석당	石堂	·	·	이런게 友道	문학	1939-10-19	·
1250	석당	石堂	·	·	異國美人의 恨	문학	1939-10-22	·
1251	석당	石堂	·	·	初夜에 復讐行	문학	1939-11-02	·
1252	석당	石堂	·	·	新羅의 三勇士	문학	1939-11-05	·
1253	석당	石堂	·	·	임자없는 扁舟	문학	1939-11-10	·
1254	석당	石堂	·	·	兇家얻고 猝富	문학	1939-11-12	·
1255	석당	石堂	·	·	沙工과 義犬(上)	문학	1939-11-16	·
1256	석당	石堂	·	·	沙工과 義犬(下)	문학	1939-11-26	·
1257	석당	石堂	·	·	高麗初期 王室의 哀話(1)	문학	1939-11-29	·
1258	석당	石堂	·	·	高麗初期 王室의 哀話(2)	문학	1939-11-30	·
1259	석당	石堂	·	·	高麗初期 王室의 哀話(3)	문학	1939-12-03	·
1260	석당	石堂	·	·	高麗初期 王室의 哀話(4)	문학	1939-12-05	·
1261	석당	石堂	·	·	高麗初期 王室의 哀話(5)	문학	1939-12-07	·
1262	석당	石堂	·	·	高麗初期 王室의 哀話(6)	문학	1939-12-10	·
1263	석당	石堂	·	·	高麗初期 王室의 哀話(7)	문학	1939-12-12	·
1264	석당	石堂	·	·	高麗初期 王室의 哀話(8)	문학	1939-12-15	·
1265	석당	石堂	·	·	李适亂과 官軍의 祕話(1)	문학	1939-12-22	·
1266	석당	石堂	·	·	李适亂과 官軍의 祕話(2)	문학	1939-12-28	·
1267	석당	石堂	·	·	帝王祕話(1)	문학	1940-01-28	·
1268	석당	石堂	·	·	帝王祕話(2)	문학	1940-01-30	·
1269	석당	石堂	·	·	帝王祕話(3)	문학	1940-01-31	·
1270	석당	石堂	·	·	帝王祕話(4)	문학	1940-02-02	·
1271	석당	石堂	·	·	帝王祕話(5)	문학	1940-02-03	·
1272	석당	石堂	·	·	帝王祕話(6)	문학	1940-02-04	·
1273	석당	石堂	·	·	帝王祕話(7)	문학	1940-02-08	·
1274	석당	石堂	·	·	帝王祕話(8)	문학	1940-02-09	·
1275	석당	石堂	·	·	帝王祕話(9)	문학	1940-02-11	·
1276	석당	石堂	·	·	帝王祕話(10)	문학	1940-02-13	·
1277	석당	石堂	·	·	帝王祕話(11)	문학	1940-02-14	·
1278	석당	石堂	·	·	帝王祕話(12)	문학	1940-02-15	·
1279	석당	石堂	·	·	帝王祕話(13)	문학	1940-02-16	·

연번	자료저자명 (한글)	자료저자명 (한자)	본명 (한글)	본명 (한자)	기사제목	분류	날짜	비고
1280	석당	石堂	·	·	帝王祕話(14)	문학	1940-02-22	·
1281	석당	石堂	·	·	帝王祕話(15)	문학	1940-02-24	·
1282	석당	石堂	·	·	帝王祕話(16)	문학	1940-02-25	·
1283	석당	石堂	·	·	帝王祕話(18)*17회	문학	1940-02-27	연재횟수 오기
1284	석당	石堂	·	·	帝王祕話(19)*18회	문학	1940-02-29	연재횟수 오기
1285	석당	石堂	·	·	帝王祕話(20)*19회	문학	1940-03-01	연재횟수 오기
1286	석당	石堂	·	·	帝王祕話(21)*20회	문학	1940-03-03	연재횟수 오기
1287	석당	石堂	·	·	卜筮奇聞(1)	문학	1940-03-05	·
1288	석당	石堂	·	·	卜筮奇聞(2)	문학	1940-03-08	·
1289	석당	石堂	·	·	卜筮奇聞(3)	문학	1940-03-09	·
1290	석당	石堂	·	·	卜筮奇聞(4)	문학	1940-03-13	·
1291	석당	石堂	·	·	野談- 絶世力士 權節	문학	1940-03-14	·
1292	석당	石堂	·	·	野談- 忠州의 竹竿呈狀	문학	1940-04-12	·
1293	석당	石堂	·	·	野談- 婦道와 仁宗廢妃	문학	1940-04-28	·
1294	석당	石堂	·	·	野談- 名探偵 鄭云敬	문학	1940-05-01	·
1295	석당	石堂	·	·	野談- 崔碩과 八馬碑	문학	1940-05-07	·
1296	석당	石堂	·	·	野談- 高麗義士, 文大	문학	1940-05-09	·
1297	석당	石堂	·	·	野談- 義理없는 男便	문학	1940-05-10	·
1298	석당	石堂	·	·	野談- 民妻 찾아준 判官	문학	1940-05-12	·
1299	석당	石堂	·	·	野談- 初夜의 洞房問答	문학	1940-05-14	·
1300	석당	石堂	·	·	野談- 巫女와 李長坤	문학	1940-05-19	·
1301	석당	石堂	·	·	沈淸傳 出處(1)	문학	1940-05-21	·
1302	석당	石堂	·	·	沈淸傳 出處(2)	문학	1940-05-23	·
1303	석당	石堂	·	·	沈淸傳 出處(3)	문학	1940-05-24	·
1304	석당	石堂	·	·	春香傳 出處(1)	문학	1940-05-26	·
1305	석당	石堂	·	·	春香傳 出處(2)	문학	1940-05-30	·
1306	석당	石堂	·	·	春香傳 出處(3)	문학	1940-06-01	·
1307	석당	石堂	·	·	春香傳 出處(4)	문학	1940-06-02	·
1308	석당	石堂	·	·	春香傳 出處(5)	문학	1940-06-07	·
1309	석당	石堂	·	·	春香傳 出處(6)	문학	1940-06-09	·
1310	석당	石堂	·	·	春香傳 出處(7)	문학	1940-06-11	·
1311	석당	石堂	·	·	春香傳 出處(8)	문학	1940-06-12	·
1312	석당	石堂	·	·	野談- 明將 李如松이 逢變하던 祕話(1)	문학	1940-06-18	·
1313	석당	石堂	·	·	野談- 明將 李如松이 逢變하던 祕話(2)	문학	1940-06-21	·
1314	석당	石堂	·	·	野談- 明將 李如松이 逢變하던 祕話(3)	문학	1940-06-26	·
1315	석당	石堂	·	·	野談- 明將 李如松이 逢變하던 祕話(4)	문학	1940-07-03	·
1316	석당	石堂	·	·	野談- 忠馬와 錦陽尉(上)	문학	1940-07-05	·
1317	석당	石堂	·	·	野談- 忠馬와 錦陽尉(中)	문학	1940-07-07	·
1318	석당	石堂	·	·	野談- 忠馬와 錦陽尉(下)	문학	1940-07-09	·
1319	석당	石堂	·	·	野談- 孝烈雙全한 名妓(上)	문학	1940-07-12	·
1320	석당	石堂	·	·	野談- 孝烈雙全한 名妓(下)	문학	1940-07-14	·

연번	자료저자명(한글)	자료저자명(한자)	본명(한글)	본명(한자)	기사제목	분류	날짜	비고
1321	석당학인	石堂學人	·	·	八殿六陵考(上)	역사	1938-04-23	·
1322	석당학인	石堂學人	·	·	八殿六陵考(中)	역사	1938-04-24	·
1323	석당학인	石堂學人	·	·	八殿六陵考(下)	역사	1938-04-29	·
1324	석성인	石城人	·	·	東藝 李重華氏著「朝鮮의 弓術」	역사	1931-05-11	·
1325	성덕준	成德俊	성덕준	成德俊	傳說(24)*25회 雲鍾寺와加藤淸正- 원앙꿈 깨트리든녹슨종소리/「梨泰院」은元「異胎院」	문학	1932-07-17	寄稿,梨泰院,연재횟수 오기
1326	소철인	蘇哲仁	소철인	蘇哲仁	現代思想의混亂-內外의情况에對한單間한槪觀(1)	논설	1935-12-07	·
1327	소철인	蘇哲仁	소철인	蘇哲仁	現代思想의混亂-內外의情况에對한單間한槪觀(2)	논설	1935-12-08	·
1328	소철인	蘇哲仁	소철인	蘇哲仁	現代思想의混亂-內外의情况에對한單間한槪觀(3)	논설	1935-12-10	·
1329	소철인	蘇哲仁	소철인	蘇哲仁	現代思想의混亂-內外의情况에對한單間한槪觀(4)	논설	1935-12-11	·
1330	소철인	蘇哲仁	소철인	蘇哲仁	現代思想의混亂-內外의情况에對한單間한槪觀(5)	논설	1935-12-12	·
1331	소철인	蘇哲仁	소철인	蘇哲仁	現代思想의混亂-內外의情况에對한單間한槪觀(6)	논설	1935-12-13	·
1332	손진태	孫晋泰	손진태	孫晋泰	다시 處容傳說과 東京에 就하야- 金在喆氏의 駁論에 答함(1)	논설	1931-07-19	·
1333	손진태	孫晋泰	손진태	孫晋泰	다시 處容傳說과 東京에 就하야- 金在喆氏의 駁論에 答함(2)	논설	1931-07-22	·
1334	손진태	孫晋泰	손진태	孫晋泰	다시 處容傳說과 東京에 就하야- 金在喆氏의 駁論에 答함(3)	논설	1931-07-23	·
1335	손진태	孫晋泰	손진태	孫晋泰	朝鮮心과 朝鮮色(其一) 朝鮮心과 朝鮮의 民俗(1)	민속	1934-10-10	·
1336	손진태	孫晋泰	손진태	孫晋泰	朝鮮心과 朝鮮色(其一) 朝鮮心과 朝鮮의 民俗(2)	민속	1934-10-11	·
1337	손진태	孫晋泰	손진태	孫晋泰	朝鮮心과 朝鮮色(其一) 朝鮮心과 朝鮮의 民俗(3)	민속	1934-10-12	·
1338	손진태	孫晋泰	손진태	孫晋泰	朝鮮心과 朝鮮色(其一) 朝鮮心과 朝鮮의 民俗(4)	민속	1934-10-14	·
1339	손진태	孫晋泰	손진태	孫晋泰	朝鮮心과 朝鮮色(其一) 朝鮮心과 朝鮮의 民俗(6)	민속	1934-10-17	·
1340	손진태	孫晋泰	손진태	孫晋泰	朝鮮心과 朝鮮色(其一) 朝鮮心과 朝鮮의 民俗(5)	민속	1934-10-19	·
1341	손진태	孫晋泰	손진태	孫晋泰	朝鮮心과 朝鮮色(其一) 朝鮮心과 朝鮮의 民俗(7)	민속	1934-10-19	·
1342	손진태	孫晋泰	손진태	孫晋泰	傳說에 나타난 도야지 이야기- 高麗太祖와 도야지(上)	문학	1935-01-02	·
1343	손진태	孫晋泰	손진태	孫晋泰	傳說에 나타난 도야지 이야기- 高麗太祖와 도야지(下)	문학	1935-01-03	·
1344	손진태	孫晋泰	손진태	孫晋泰	傳說에 나타난 도야지 이야기- 최치원선생의 아버지되는 도야지(上)	문학	1935-01-04	·
1345	손진태	孫晋泰	손진태	孫晋泰	傳說에 나타난 도야지 이야기- 최치원선생의 아버지되는 도야지(下)	문학	1935-01-05	·
1346	손진태	孫晋泰	손진태	孫晋泰	傳說에 나타난 도야지 이야기- 마산의 돌*과 금도야지	문학	1935-01-10	·
1347	손진태	孫晋泰	손진태	孫晋泰	慶州(1)	역사, 기행	1935-09-19	·
1348	손진태	孫晋泰	손진태	孫晋泰	慶州(2)	역사, 기행	1935-09-21	·
1349	손진태	孫晋泰	손진태	孫晋泰	慶州(3)	역사, 기행	1935-09-22	·
1350	손진태	孫晋泰	손진태	孫晋泰	慶州(4)	역사, 기행	1935-09-24	·
1351	손진태	孫晋泰	손진태	孫晋泰	慶州(5)	역사,	1935-09-27	·

연번	자료저자명(한글)	자료저자명(한자)	본명(한글)	본명(한자)	기사제목	분류	날짜	비고
						기행		
1352	손진태	孫晋泰	손진태	孫晋泰	慶州(6)	역사, 기행	1935-09-28	·
1353	손진태	孫晋泰	손진태	孫晋泰	옛자랑 새解釋(1)- 高句麗의 民族思想	역사	1936-01-01	·
1354	손진태	孫晋泰	손진태	孫晋泰	讀書餘響 新秋燈下에 읽히고 싶은 書籍- 民俗學徒들에게	민속	1937-09-02	·
1355	송강	宋江	송강	宋江	朝鮮과 르네쌍스(上)	역사	1934-09-15	·
1356	송강	宋江	송강	宋江	朝鮮과 르네쌍스(下)	역사	1934-09-17	·
1357	송도생	松都生	·	·	傳說(9) 兩臣殉節한 登鱉岩- 나라망함보고 머리깨어 죽어 /高麗末葉의 孫河兩人	문학	1932-06-17	寄稿, 開城
1358	송병돈	宋秉敦	송병돈	宋秉敦	八道風光- 南方土(1)	기행	1935-08-29	·
1359	송병돈	宋秉敦	송병돈	宋秉敦	八道風光- 南方土(2)	기행	1935-08-30	·
1360	송병돈	宋秉敦	송병돈	宋秉敦	八道風光- 南方土(3)	기행	1935-08-31	·
1361	송병돈	宋秉敦	송병돈	宋秉敦	八道風光- 南方土(4)	기행	1935-09-01	·
1362	송산생	松山生	·	·	太極五行原理와 漢儒의 互體說에 對한 考察(1)	철학	1937-12-07	·
1363	송산생	松山生	·	·	太極五行原理와 漢儒의 互體說에 對한 考察(2)	철학	1937-12-08	·
1364	송산생	松山生	·	·	太極五行原理와 漢儒의 互體說에 對한 考察(3)	철학	1937-12-09	·
1365	송산생	松山生	·	·	太極五行原理와 漢儒의 互體說에 對한 考察(4)	철학	1937-12-10	·
1366	송산생	松山生	·	·	太極五行原理와 漢儒의 互體說에 對한 考察(5)	철학	1937-12-11	·
1367	송산생	松山生	·	·	太極五行原理와 漢儒의 互體說에 對한 考察(7)*6회	철학	1937-12-17	연재횟수 오기
1368	송산생	松山生	·	·	太極五行原理와 漢儒의 互體說에 對한 考察(8)*7회	철학	1937-12-23	연재횟수 오기
1369	송석하	宋錫夏	송석하	宋錫夏	民俗藝術의 紹介에 對하야- 金浦農民舞踊東京派遣을 契機로(1)	민속	1934-03-30	·
1370	송석하	宋錫夏	송석하	宋錫夏	民俗藝術의 紹介에 對하야- 金浦農民舞踊東京派遣을 契機로(2)	민속	1934-03-31	·
1371	송석하	宋錫夏	송석하	宋錫夏	民俗藝術의 紹介에 對하야- 金浦農民舞踊東京派遣을 契機로(3)	민속	1934-04-01	·
1372	송석하	宋錫夏	송석하	宋錫夏	農村娛樂의 助長과 淨化에對한私見(1)	민속	1935-06-22	·
1373	송석하	宋錫夏	송석하	宋錫夏	農村娛樂의 助長과 淨化에對한私見(2)	민속	1935-06-23	·
1374	송석하	宋錫夏	송석하	宋錫夏	農村娛樂의 助長과 淨化에對한私見(3)	민속	1935-06-25	·
1375	송석하	宋錫夏	송석하	宋錫夏	農村娛樂의 助長과 淨化에對한私見(4)	민속	1935-06-26	·
1376	송석하	宋錫夏	송석하	宋錫夏	農村娛樂의 助長과 淨化에對한私見(5)	민속	1935-06-27	·
1377	송석하	宋錫夏	송석하	宋錫夏	農村娛樂의 助長과 淨化에對한私見(6)	민속	1935-06-28	·
1378	송석하	宋錫夏	송석하	宋錫夏	農村娛樂의 助長과 淨化에對한私見(7)	민속	1935-06-29	·
1379	송석하	宋錫夏	송석하	宋錫夏	農村娛樂의 助長과 淨化에對한私見(8)	민속	1935-06-30	·
1380	송석하	宋錫夏	송석하	宋錫夏	農村娛樂의 助長과 淨化에對한私見(9)	민속	1935-07-02	·
1381	송석하	宋錫夏	송석하	宋錫夏	農村娛樂의 助長과 淨化에對한私見(10)	민속	1935-07-03	·
1382	송석하	宋錫夏	송석하	宋錫夏	農村娛樂의 助長과 淨化에對한私見(11)	민속	1935-07-04	·
1383	송석하	宋錫夏	송석하	宋錫夏	農村娛樂의 助長과 淨化에對한私見(12)	민속	1935-07-05	·
1384	송석하	宋錫夏	송석하	宋錫夏	農村娛樂의 助長과 淨化에對한私見(13)	민속	1935-07-06	·
1385	송석하	宋錫夏	송석하	宋錫夏	農村娛樂의 助長과 淨化에對한私見(14)	민속	1935-07-07	·
1386	송석하	宋錫夏	송석하	宋錫夏	農村娛樂의 助長과 淨化에對한私見(15)	민속	1935-07-09	·
1387	송석하	宋錫夏	송석하	宋錫夏	農村娛樂의 助長과 淨化에對한私見(16)	민속	1935-07-10	·

연번	자료저자명 (한글)	자료저자명 (한자)	본명 (한글)	본명 (한자)	기사제목	분류	날짜	비고
1388	송석하	宋錫夏	송석하	宋錫夏	農村娛樂의 助長과 淨化에對한私見(17)	민속	1935-07-11	·
1389	송석하	宋錫夏	송석하	宋錫夏	農村娛樂의 助長과 淨化에對한私見(18)	민속	1935-07-12	·
1390	송석하	宋錫夏	송석하	宋錫夏	農村娛樂의 助長과 淨化에對한私見(19)	민속	1935-07-13	·
1391	송석하	宋錫夏	송석하	宋錫夏	農村娛樂의 助長과 淨化에對한私見(20)	민속	1935-07-14	·
1392	송석하	宋錫夏	송석하	宋錫夏	傳承音樂과 廣大(1)	역사	1935-10-03	·
1393	송석하	宋錫夏	송석하	宋錫夏	傳承音樂과 廣大(2)	역사	1935-10-04	·
1394	송석하	宋錫夏	송석하	宋錫夏	傳承音樂과 廣大(3)	역사	1935-10-05	·
1395	송석하	宋錫夏	송석하	宋錫夏	傳承音樂과 廣大(4)	역사	1935-10-06	·
1396	송석하	宋錫夏	송석하	宋錫夏	傳承音樂과 廣大(5)	역사	1935-10-08	·
1397	송석하	宋錫夏	송석하	宋錫夏	傳承音樂과 廣大(6)	역사	1935-10-10	·
1398	송석하	宋錫夏	송석하	宋錫夏	傳承音樂과 廣大(7)	역사	1935-10-11	·
1399	송석하	宋錫夏	송석하	宋錫夏	文化朝鮮의 多角的 建築: 民俗의 振作 調査研究機關	논설	1936-01-01	·
1400	송석하	宋錫夏	송석하	宋錫夏	新羅의 狻猊와 北靑의 獅子(1)	역사	1936-03-26	·
1401	송석하	宋錫夏	송석하	宋錫夏	新羅의 狻猊와 北靑의 獅子(2)	역사	1936-03-27	·
1402	송석하	宋錫夏	송석하	宋錫夏	新羅의 狻猊와 北靑의 獅子(3)	역사	1936-03-29	·
1403	송석하	宋錫夏	송석하	宋錫夏	新羅의 狻猊와 北靑의 獅子(4)	역사	1936-03-31	·
1404	송석하	宋錫夏	송석하	宋錫夏	讀書餘響 新秋燈下에 읽히고 싶은 書籍-깜卿의 「民俗學槪論」(上)	민속	1937-09-07	·
1405	송석하	宋錫夏	송석하	宋錫夏	讀書餘響 新秋燈下에 읽히고 싶은 書籍-民俗藝術參考書	민속	1937-09-08	·
1406	송석하	宋錫夏	송석하	宋錫夏	民俗에서 風俗으로(1)	민속	1938-06-10	·
1407	송석하	宋錫夏	송석하	宋錫夏	民俗에서 風俗으로(2)	민속	1938-06-12	·
1408	송석하	宋錫夏	송석하	宋錫夏	民俗에서 風俗으로(3)	민속	1938-06-14	·
1409	송석하	宋錫夏	송석하	宋錫夏	朝鮮舞踊의 史的槪觀	역사	1939-01-03	·
1410	송석하	宋錫夏	송석하	宋錫夏	索戰은 簡易化	역사	1939-01-04	·
1411	송석하	宋錫夏	송석하	宋錫夏	海州康翎의 假面演劇舞(上)	민속	1939-10-13	·
1412	송석하	宋錫夏	송석하	宋錫夏	海州康翎의 假面演劇舞(下)	민속	1939-10-14	·
1413	송정일 기자	松汀 一記者	·	·	한글講習 不認可	한글	1932-08-15	·
1414	송주성	宋柱星	송주성	宋柱星	朝鮮씨름 小考(1)	민속	1940-03-09	·
1415	송주성	宋柱星	송주성	宋柱星	朝鮮씨름 小考(2)	민속	1940-03-13	·
1416	송주성	宋柱星	송주성	宋柱星	朝鮮씨름 小考(3)	민속	1940-03-15	·
1417	송주성	宋柱星	송주성	宋柱星	朝鮮씨름 小考(4)	민속	1940-03-16	·
1418	송주성	宋柱星	송주성	宋柱星	朝鮮씨름 小考(5)	민속	1940-03-17	·
1419	송주성	宋柱星	송주성	宋柱星	朝鮮씨름 小考(6)	민속	1940-03-23	·
1420	송주성	宋柱星	송주성	宋柱星	朝鮮씨름 小考(7)	민속	1940-03-28	·
1421	신길구	申佶求	신길구	申佶求	韓醫學界의 新機運(1)	한의학	1936-02-29	·
1422	신길구	申佶求	신길구	申佶求	韓醫學界의 新機運(2)	한의학	1936-03-03	·
1423	신길구	申佶求	신길구	申佶求	韓醫學界의 新機運(3)	한의학	1936-03-04	·
1424	신길구	申佶求	신길구	申佶求	韓醫學界의 新機運(4)	한의학	1936-03-05	·
1425	신길구	申佶求	신길구	申佶求	韓醫學界의 新機運(5)	한의학	1936-03-06	·

연번	자료저자명(한글)	자료저자명(한자)	본명(한글)	본명(한자)	기사제목	분류	날짜	비고
1426	신길구	申佶求	신길구	申佶求	韓醫學界의 新機運(6)	한의학	1936-03-07	·
1427	신길구	申佶求	신길구	申佶求	韓醫學界의 新機運(7)	한의학	1936-03-12	·
1428	신길구	申佶求	신길구	申佶求	韓醫學界의 新機運(8)	한의학	1936-03-13	·
1429	신길구	申佶求	신길구	申佶求	韓醫學界의 新機運(9)	한의학	1936-03-14	·
1430	신남철	申南澈	신남철	申南澈	最近 朝鮮研究의 業績과 그 再出發- 朝鮮學은 어떠케 할것인가(1)	논설	1934-01-01	·
1431	신남철	申南澈	신남철	申南澈	最近 朝鮮研究의 業績과 그 再出發- 朝鮮學은 어떠케 할것인가(2)	논설	1934-01-02	·
1432	신남철	申南澈	신남철	申南澈	最近 朝鮮研究의 業績과 그 再出發- 朝鮮學은 어떠케 할것인가(3)	논설	1934-01-05	·
1433	신남철	申南澈	신남철	申南澈	最近 朝鮮研究의 業績과 그 再出發- 朝鮮學은 어떠케 할것인가(4)	논설	1934-01-07	·
1434	신남철	申南澈	신남철	申南澈	復古主義에 對한 數言(上)	문학	1935-05-09	·
1435	신남철	申南澈	신남철	申南澈	復古主義에 對한 數言(中)	문학	1935-05-10	·
1436	신남철	申南澈	신남철	申南澈	復古主義에 對한 數言(下)	문학	1935-05-11	·
1437	신남철	申南澈	신남철	申南澈	論壇時評(1)- 作家心情의 問題	문학	1937-06-23	·
1438	신남철	申南澈	신남철	申南澈	論壇時評(2)- 古典이냐 流行이냐	문학	1937-06-24	·
1439	신남철	申南澈	신남철	申南澈	論壇時評(3)- 特殊文化와 世界文化	문학	1937-06-25	·
1440	신남철	申南澈	신남철	申南澈	論壇時評(4)- 文學의 個人性과 思想性	문학	1937-06-26	·
1441	신남철	申南澈	신남철	申南澈	朝鮮文學資料館의 必要性을 論함(1)	논설	1939-01-01	·
1442	신남철	申南澈	신남철	申南澈	朝鮮文學資料館의 必要性을 論함(2)	논설	1939-01-05	·
1443	신남철	申南澈	신남철	申南澈	朝鮮文學資料館의 必要性을 論함(3)	논설	1939-01-08	·
1444	신남철	申南澈	신남철	申南澈	朝鮮文學資料館의 必要性을 論함(4)	논설	1939-01-10	·
1445	신동엽	辛東燁	신동엽	辛東燁	上古朝鮮 女性地位考(1)	역사	1932-01-16	·
1446	신동엽	辛東燁	신동엽	辛東燁	上古朝鮮 女性地位考(2)	역사	1932-01-17	·
1447	신동엽	辛東燁	신동엽	辛東燁	上古朝鮮 女性地位考(3)	역사	1932-01-19	·
1448	신동엽	辛東燁	신동엽	辛東燁	上古朝鮮 女性地位考(4)	역사	1932-01-20	·
1449	신동엽	辛東燁	신동엽	辛東燁	上古朝鮮 女性地位考(5)	역사	1932-01-21	·
1450	신동엽	辛東燁	신동엽	辛東燁	上古朝鮮 女性地位考(6)	역사	1932-01-22	·
1451	신동엽	辛東燁	신동엽	辛東燁	上古朝鮮 女性地位考(7)	역사	1932-01-23	·
1452	신동엽	辛東燁	신동엽	辛東燁	上古朝鮮 女性地位考(8)	역사	1932-01-24	·
1453	신동엽	辛東燁	신동엽	辛東燁	上古朝鮮 自由愛婚俗考(1)	역사	1932-01-25	·
1454	신동엽	辛東燁	신동엽	辛東燁	上古朝鮮 自由愛婚俗考(2)	역사	1932-01-27	·
1455	신동엽	辛東燁	신동엽	辛東燁	上古朝鮮 自由愛婚俗考(3)	역사	1932-01-28	·
1456	신동엽	辛東燁	신동엽	辛東燁	上古朝鮮 自由愛婚俗考(4)	역사	1932-01-29	·
1457	신동엽	辛東燁	신동엽	辛東燁	上古朝鮮 自由愛婚俗考(5)	역사	1932-01-30	·
1458	신동엽	辛東燁	신동엽	辛東燁	上古朝鮮自由愛婚俗考(7)*6회	역사	1932-02-02	연재횟수 오기
1459	신동엽	辛東燁	신동엽	辛東燁	上古朝鮮自由愛婚俗考(8)*7회	역사	1932-02-03	연재횟수 오기
1460	신동엽	辛東燁	신동엽	辛東燁	上古朝鮮自由愛婚俗考(9)*8회	역사	1932-02-04	연재횟수 오기
1461	신동엽	辛東燁	신동엽	辛東燁	上古朝鮮自由愛婚俗考(10)*9회	역사	1932-02-05	연재횟수 오기
1462	신동엽	辛東燁	신동엽	辛東燁	上古朝鮮自由愛婚俗考(11)*10회	역사	1932-02-06	연재횟수 오기
1463	신동엽	辛東燁	신동엽	辛東燁	傳說(22) 熊川海中天子岩- 수달피 색기는 천자	문학	1932-07-09	寄稿, 東萊

연번	자료저자명(한글)	자료저자명(한자)	본명(한글)	본명(한자)	기사제목	분류	날짜	비고
					풍수아들은 왕후/ 李太祖와 明太祖의 卜術			
1464	신동엽	辛東燁	신동엽	辛東燁	傳說(23) 熊川海中天子岩- 수달피 색기는 천자 풍수아들은 왕후/ 李太祖와 明太祖의 卜術	문학	1932-07-09	寄稿, 東萊
1465	신명균	申明均	신명균	申明均	한글 硏究家諸氏의 感想과 提議- 사백여든넷재돌을맞으며/ 文筆家에의 나의 希望	한글	1930-11-19	·
1466	신명균	申明均	신명균	申明均	朝鮮文字의 整理와 統一	한글	1931-01-01	·
1467	신명균	申明均	신명균	申明均	한글巡禮-裡里에서	한글	1932-09-07	·
1468	신명균	申明均	신명균	申明均	한글巡禮- 全州에서	한글	1932-09-11	·
1469	신명균	申明均	신명균	申明均	나의 스승을 말함(3)- 稀有한 精力家 周時經 先生	문학	1938-01-27	·
1470	신봉조	辛鳳祚	신봉조	辛鳳祚	새철자법/ 貴重한 努力- 용단에 경의를	한글	1933-04-05	培材高普
1471	신응화	申應和	신응화	申應和	傳說(14) 朴唯一과 感古堂 박씨 이외에는 살 수 업는 집/ 壬辰亂에 兩王子 亡命	문학	1932-06-25	寄稿, 羅南
1472	신태현	辛兌鉉	신태현	辛兌鉉	朝鮮姓氏의 起源(上)	역사	1939-11-23	·
1473	신흥우	申興雨	신흥우	申興雨	새철자법/ 精神에 敬意	한글	1933-04-06	中央基靑聯合總務
1474	심형구	沈亨求	심형구	沈亨求	第18回 朝鮮美展印象記	미술	1939-06-10	·
1475	심형구	沈亨求	심형구	沈亨求	第18回 朝鮮美展印象記	미술	1939-06-11	·
1476	심형구	沈亨求	심형구	沈亨求	第18回 朝鮮美展印象記(完)	미술	1939-06-14	·
1477	심형구	沈亨求	심형구	沈亨求	第19回 朝鮮美展印象記(1)	미술	1940-06-05	·
1478	심형구	沈亨求	심형구	沈亨求	第19回 朝鮮美展印象記(2)	미술	1940-06-07	·
1479	심형구	沈亨求	심형구	沈亨求	第19回 朝鮮美展印象記(3)	미술	1940-06-09	·
1480	심형구	沈亨求	심형구	沈亨求	第19回 朝鮮美展印象記(4)	미술	1940-06-11	·
1481	심형구	沈亨求	심형구	沈亨求	第19回 朝鮮美展印象記(5)	미술	1940-06-12	·
1482	심훈	沈熏	심훈	沈熏	筆耕舍雜記(1)	역사	1936-03-12	·
1483	심훈	沈熏	심훈	沈熏	筆耕舍雜記(2)	역사	1936-03-13	·
1484	심훈	沈熏	심훈	沈熏	筆耕舍雜記(3)	역사	1936-03-14	·
1485	심훈	沈熏	심훈	沈熏	筆耕舍雜記(4)	역사	1936-03-15	·
1486	심훈	沈熏	심훈	沈熏	筆耕舍雜記(5)	역사	1936-03-17	·
1487	심훈	沈熏	심훈	沈熏	筆耕舍雜記(6)	역사	1936-03-18	·
1488	쌍화학인	雙火學人	·	·	古談稗說 雜同散異(1)	문학	1935-01-22	·
1489	쌍화학인	雙火學人	·	·	古談稗說 雜同散異(2)	문학	1935-01-23	·
1490	쌍화학인	雙火學人	·	·	古談稗說 雜同散異(3)	문학	1935-01-24	·
1491	쌍화학인	雙火學人	·	·	古談稗說 雜同散異(4)	문학	1935-01-25	·
1492	쌍화학인	雙火學人	·	·	古談稗說 雜同散異(5)	문학	1935-01-26	·
1493	쌍화학인	雙火學人	·	·	古談稗說 雜同散異(6)	문학	1935-01-27	·
1494	쌍화학인	雙火學人	·	·	古談稗說 雜同散異(7)	문학	1935-01-29	·
1495	쌍화학인	雙火學人	·	·	古談稗說 雜同散異(8)	문학	1935-01-30	·
1496	쌍화학인	雙火學人	·	·	古談稗說 雜同散異(9)	문학	1935-01-31	·
1497	쌍화학인	雙火學人	·	·	古談稗說 雜同散異(10)	문학	1935-02-01	·
1498	쌍화학인	雙火學人	·	·	古談稗說 雜同散異(11)	문학	1935-02-05	·
1499	쌍화학인	雙火學人	·	·	古談稗說 雜同散異(12)	문학	1935-02-06	·
1500	쌍화학인	雙火學人	·	·	古談稗說 雜同散異(13)	문학	1935-02-07	·

연번	자료저자명 (한글)	자료저자명 (한자)	본명 (한글)	본명 (한자)	기사제목	분류	날짜	비고
1501	쌍화학인	雙火學人	·	·	古談稗說 雜同散異(14)	문학	1935-02-08	·
1502	아저씨	아저씨	·	·	少年野談(1)	문학	1937-11-14	·
1503	아저씨	아저씨	·	·	少年野談(2)	문학	1937-11-21	·
1504	아저씨	아저씨	·	·	少年野談(3)	문학	1937-11-28	·
1505	아저씨	아저씨	·	·	少年野談(5)*4회	문학	1937-12-05	연재횟수 오기
1506	아저씨	아저씨	·	·	少年野談(6)*5회	문학	1937-12-12	연재횟수 오기
1507	아저씨	아저씨	·	·	少年野談(7)*6회	문학	1937-12-19	연재횟수 오기
1508	아저씨	아저씨	·	·	少年野談(8)*7회	문학	1937-12-26	연재횟수 오기
1509	아저씨	아저씨	·	·	少年野談(9)*8회	문학	1938-01-09	연재횟수 오기
1510	아저씨	아저씨	·	·	少年野談(10)*9회	문학	1938-01-16	연재횟수 오기
1511	아저씨	아저씨	·	·	少年野談(10)	문학	1938-01-23	·
1512	아저씨	아저씨	·	·	少年野談(12)*11회	문학	1938-01-30	연재횟수 오기
1513	아저씨	아저씨	·	·	少年野談(13)*12회	문학	1938-02-13	연재횟수 오기
1514	아저씨	아저씨	·	·	少年野談(14)*13회	문학	1938-02-27	연재횟수 오기
1515	아저씨	아저씨	·	·	少年野談(15)*14회	문학	1938-03-06	연재횟수 오기
1516	아저씨	아저씨	·	·	少年野談(16)*15회	문학	1938-03-13	연재횟수 오기
1517	아저씨	아저씨	·	·	少年野談(17)*16회	문학	1938-03-20	연재횟수 오기
1518	아저씨	아저씨	·	·	少年野談(18)*17회	문학	1938-03-27	연재횟수 오기
1519	아저씨	아저씨	·	·	少年野談(19)*18회	문학	1938-04-03	연재횟수 오기
1520	아저씨	아저씨	·	·	少年野談(20)*19회	문학	1938-04-10	연재횟수 오기
1521	아저씨	아저씨	·	·	少年野談(21)*20회	문학	1938-04-17	연재횟수 오기
1522	아저씨	아저씨	·	·	少年野談(22)*21회	문학	1938-04-24	연재횟수 오기
1523	아저씨	아저씨	·	·	少年野談(23)*22회	문학	1938-05-01	연재횟수 오기
1524	아저씨	아저씨	·	·	少年野談(24)*23회	문학	1938-05-08	연재횟수 오기
1525	아저씨	아저씨	·	·	少年野談(25)*24회	문학	1938-05-15	연재횟수 오기
1526	아저씨	아저씨	·	·	少年野談(26)*25회	문학	1938-05-22	연재횟수 오기
1527	아저씨	아저씨	·	·	少年野談(27)*26회	문학	1938-05-29	연재횟수 오기
1528	아저씨	아저씨	·	·	少年野談(28)*27회	문학	1938-06-05	연재횟수 오기
1529	아저씨	아저씨	·	·	少年野談(29)*28회	문학	1938-06-12	연재횟수 오기
1530	아저씨	아저씨	·	·	少年野談(30)*29회	문학	1938-06-19	연재횟수 오기
1531	아저씨	아저씨	·	·	少年野談(31)*30회	문학	1938-06-26	연재횟수 오기
1532	아저씨	아저씨	·	·	少年野談(32)*31회	문학	1938-07-03	연재횟수 오기
1533	아저씨	아저씨	·	·	少年野談(33)*32회	문학	1938-07-10	연재횟수 오기
1534	아저씨	아저씨	·	·	少年野談(34)*33회	문학	1938-07-17	연재횟수 오기
1535	아저씨	아저씨	·	·	少年野談(35)*34회	문학	1938-07-24	연재횟수 오기
1536	아저씨	아저씨	·	·	少年野談(36)*35회	문학	1938-08-07	연재횟수 오기
1537	아저씨	아저씨	·	·	少年野談(37)*36회	문학	1938-08-14	연재횟수 오기
1538	아저씨	아저씨	·	·	少年野談(38)*37회	문학	1938-08-21	연재횟수 오기
1539	아저씨	아저씨	·	·	少年野談(39)*38회	문학	1938-08-28	연재횟수 오기
1540	아저씨	아저씨	·	·	少年野談(40)*39회	문학	1938-09-04	연재횟수 오기
1541	아저씨	아저씨	·	·	少年野談(41)*40회	문학	1938-09-11	연재횟수 오기

연번	자료저자명 (한글)	자료저자명 (한자)	본명 (한글)	본명 (한자)	기사제목	분류	날짜	비고
1542	아저씨	아저씨	·	·	少年野談(42)*41회	문학	1938-10-02	연재횟수 오기
1543	아저씨	아저씨	·	·	少年野談(43)*42회	문학	1938-10-09	연재횟수 오기
1544	안민세	安民世	안재홍	安在鴻	九月山 登覽誌(1)	기행	1934-07-11	·
1545	안민세	安民世	안재홍	安在鴻	九月山 登覽誌(2)	기행	1934-07-12	·
1546	안민세	安民世	안재홍	安在鴻	九月山 登覽誌(3)	기행	1934-07-13	·
1547	안민세	安民世	안재홍	安在鴻	九月山 登覽誌(4)	기행	1934-07-14	·
1548	안민세	安民世	안재홍	安在鴻	九月山 登覽誌(5)	기행	1934-07-15	·
1549	안민세	安民世	안재홍	安在鴻	九月山 登覽誌(6)	기행	1934-07-16	·
1550	안민세	安民世	안재홍	安在鴻	長壽山 遊記(上)	기행	1934-07-25	·
1551	안민세	安民世	안재홍	安在鴻	長壽山 遊記(2)	기행	1934-07-26	·
1552	안민세	安民世	안재홍	安在鴻	九月山 巡禮(3)	기행	1934-07-28	·
1553	안민세	安民世	안재홍	安在鴻	長壽山 巡禮(4)	기행	1934-07-29	·
1554	안자산	安自山	안확	安廓	奇絶壯絶하든 朝鮮古代의 體育(1)	역사	1930-04-02	·
1555	안자산	安自山	안확	安廓	奇絶壯絶하든 朝鮮古代의 體育(2)	역사	1930-04-03	·
1556	안자산	安自山	안확	安廓	奇絶壯絶하든 朝鮮古代의 體育(3)	역사	1930-04-05	·
1557	안자산	安自山	안확	安廓	奇絶壯絶하든 朝鮮古代의 體育(4)	역사	1930-04-06	·
1558	안자산	安自山	안확	安廓	奇絶壯絶하든 朝鮮古代의 體育(5)	역사	1930-04-07	·
1559	안자산	安自山	안확	安廓	奇絶壯絶하든 朝鮮古代의 體育(6)	역사	1930-04-08	·
1560	안자산	安自山	안확	安廓	奇絶壯絶하든 朝鮮古代의 體育(7)	역사	1930-04-10	·
1561	안자산	安自山	안확	安廓	奇絶壯絶하든 朝鮮古代의 體育(8)	역사	1930-04-11	·
1562	안자산	安自山	안확	安廓	朝鮮歌詩의 條理(1)	문학	1930-04-16	·
1563	안자산	安自山	안확	安廓	朝鮮歌詩의 條理(2)	문학	1930-09-03	·
1564	안자산	安自山	안확	安廓	朝鮮歌詩의 條理(3)	문학	1930-09-04	·
1565	안자산	安自山	안확	安廓	朝鮮歌詩의 條理(4)	문학	1930-09-05	·
1566	안자산	安自山	안확	安廓	朝鮮歌詩의 條理(5)	문학	1930-09-06	·
1567	안자산	安自山	안확	安廓	朝鮮歌詩의 條理(6)	문학	1930-09-07	·
1568	안자산	安自山	안확	安廓	朝鮮歌詩의 條理(7)	문학	1930-09-09	·
1569	안자산	安自山	안확	安廓	朝鮮歌詩의 條理(8)	문학	1930-09-10	·
1570	안자산	安自山	안확	安廓	朝鮮歌詩의 條理(9)	문학	1930-09-11	·
1571	안자산	安自山	안확	安廓	朝鮮歌詩의 條理(10)	문학	1930-09-13	·
1572	안자산	安自山	안확	安廓	朝鮮歌詩의 條理(11)	문학	1930-09-14	·
1573	안자산	安自山	안확	安廓	朝鮮歌詩의 條理(12)	문학	1930-09-16	·
1574	안자산	安自山	안확	安廓	朝鮮歌詩의 條理(13)	문학	1930-09-18	·
1575	안자산	安自山	안확	安廓	朝鮮歌詩의 條理(14)	문학	1930-09-19	·
1576	안자산	安自山	안확	安廓	時調의 淵源(1) 朝鮮歌詩의 條理(續)	문학	1930-09-24	·
1577	안자산	安自山	안확	安廓	時調의 淵源(2) 朝鮮歌詩의 條理(續)	문학	1930-09-26	·
1578	안자산	安自山	안확	安廓	時調의 淵源(3) 朝鮮歌詩의 條理(續)	문학	1930-09-27	·
1579	안자산	安自山	안확	安廓	時調의 淵源(4) 朝鮮歌詩의 條理(續)	문학	1930-09-28	·
1580	안자산	安自山	안확	安廓	時調의 淵源(5) 朝鮮歌詩의 條理(續)	문학	1930-09-30	·
1581	안자산	安自山	안확	安廓	歌詩의 民族性(1) 朝鮮歌詩의 條理(續)	문학	1930-10-01	·
1582	안자산	安自山	안확	安廓	歌詩의 民族性(2) 朝鮮歌詩의 條理(續)	문학	1930-10-02	·

연번	자료저자명(한글)	자료저자명(한자)	본명(한글)	본명(한자)	기사제목	분류	날짜	비고
1583	안자산	安自山	안확	安廓	時調詩의 世界的 價値(1)	문학	1940-01-25	·
1584	안자산	安自山	안확	安廓	時調詩의 世界的 價値(2)	문학	1940-01-26	·
1585	안자산	安自山	안확	安廓	時調詩의 世界的 價値(3)	문학	1940-01-28	·
1586	안자산	安自山	안확	安廓	時調詩의 世界的 價値(4)	문학	1940-01-30	·
1587	안자산	安自山	안확	安廓	時調詩의 世界的 價値(5)	문학	1940-01-31	·
1588	안자산	安自山	안확	安廓	時調詩의 世界的 價値(6)	문학	1940-02-02	·
1589	안자산	安自山	안확	安廓	時調詩의 世界的 價値(7)	문학	1940-02-03	·
1590	안정복	安鼎福	안정복	安鼎福	圃隱先生書卒	역사	1938-01-23	·
1591	안종화	安鍾和	안종화	安鍾和	朝鮮文化20年(12)- 連鎖劇에서 出發(1)	논설	1940-04-21	·
1592	안종화	安鍾和	안종화	安鍾和	朝鮮文化20年(13)- 連鎖劇에서 出發(2)	논설	1940-04-23	·
1593	안종화	安鍾和	안종화	安鍾和	朝鮮文化20年(14)- 連鎖劇에서 出發(3)	논설	1940-04-25	·
1594	안종화	安鍾和	안종화	安鍾和	朝鮮文化20年(15)- 아리랑 以後의 作品	논설	1940-04-27	·
1595	안종화	安鍾和	안종화	安鍾和	朝鮮文化20年(16)- 토키製作의 初步	논설	1940-04-28	·
1596	안창호	安昌浩	안창호	安昌浩	文化朝鮮의 多角的 建築: 朝鮮學會의 設立과 農村, 徒弟文庫發行	논설	1936-01-01	·
1597	안함광	安含光	안종언	安鍾彦	朝鮮文學의 現代的 相貌(1)	문학	1938-03-19	·
1598	안함광	安含光	안종언	安鍾彦	朝鮮文學의 現代的 相貌(2)	문학	1938-03-20	·
1599	안함광	安含光	안종언	安鍾彦	朝鮮文學의 現代的 相貌(3)	문학	1938-03-23	·
1600	안함광	安含光	안종언	安鍾彦	朝鮮文學의 現代的 相貌(4)	문학	1938-03-24	·
1601	안함광	安含光	안종언	安鍾彦	朝鮮文學의 現代的 相貌(5)	문학	1938-03-25	·
1602	안함광	安含光	안종언	安鍾彦	朝鮮文學의 進路(1)	문학	1939-11-30	·
1603	안함광	安含光	안종언	安鍾彦	朝鮮文學의 進路(1)*2회	문학	1939-12-02	연재횟수 오기
1604	안함광	安含光	안종언	安鍾彦	朝鮮文學의 進路(3)	문학	1939-12-03	·
1605	안함광	安含光	안종언	安鍾彦	朝鮮文學의 進路(4)	문학	1939-12-05	·
1606	안함광	安含光	안종언	安鍾彦	朝鮮文學의 進路(5)	문학	1939-12-07	·
1607	안함광	安含光	안종언	安鍾彦	朝鮮文學의 進路(6)	문학	1939-12-08	·
1608	안호상	安浩相	안호상	安浩相	부루노 바우흐- 現代 世界唯一 民族哲學者(1)	철학	1933-01-11	·
1609	안호상	安浩相	안호상	安浩相	부루노 바우흐- 現代 世界唯一 民族哲學者(2)	철학	1933-01-13	·
1610	안호상	安浩相	안호상	安浩相	부루노 바우흐- 現代 世界唯一 民族哲學者(3)	철학	1933-01-14	·
1611	안호상	安浩相	안호상	安浩相	부루노 바우흐- 現代 世界唯一 民族哲學者(4)	철학	1933-01-15	·
1612	안호상	安浩相	안호상	安浩相	부루노 바우흐- 現代 世界唯一 民族哲學者(5)	철학	1933-01-16	·
1613	안호상	安浩相	안호상	安浩相	周易思想의 形上形下論과 生死觀에 對한 批判(上)	철학	1937-11-06	·
1614	안호상	安浩相	안호상	安浩相	周易思想의 形上形下論과 生死觀에 對한 批判(中)	철학	1937-11-07	·
1615	안호상	安浩相	안호상	安浩相	周易思想의 形上形下論과 生死觀에 對한 批判(下)	철학	1937-11-09	·
1616	안호상	安浩相	안호상	安浩相	跛聾生의 周易解釋에 對한 批判(1)	철학	1937-12-01	·
1617	안호상	安浩相	안호상	安浩相	跛聾生의 周易解釋에 對한 批判(2)	철학	1937-12-02	·
1618	안호상	安浩相	안호상	安浩相	跛聾生의 周易解釋에 對한 批判(3)	철학	1937-12-03	·
1619	안호상	安浩相	안호상	安浩相	茶山先生과 現代와의 關係	논설	1938-12-09	·
1620	안호상	安浩相	안호상	安浩相	朝鮮古來思想과 現代思潮와의 關聯性(1)	철학	1939-01-03	·
1621	안호상	安浩相	안호상	安浩相	朝鮮古來思想과 現代思潮와의 關聯性(2)	철학	1939-01-04	·
1622	안호상	安浩相	안호상	安浩相	朝鮮古來思想과 現代思潮와의 關聯性(3)	철학	1939-01-05	·

연번	자료저자명(한글)	자료저자명(한자)	본명(한글)	본명(한자)	기사제목	분류	날짜	비고
1623	안호상	安浩相	안호상	安浩相	朝鮮古來思想과 現代思潮와의 關聯性(4)	철학	1939-01-06	·
1624	안호상	安浩相	안호상	安浩相	朝鮮文化의 創造性- 偉大한 文化形成에는 哲學的 地盤이 必要(上)	문학	1940-01-01	·
1625	안호상	安浩相	안호상	安浩相	朝鮮文化의 創造性- 偉大한 文化形成에는 哲學的 地盤이 必要(下)	문학	1940-01-03	·
1626	양기병	梁基炳	양기병	梁基炳	傳說(38) 茂峰山의 吳將軍像 림장군과 용력보기 내기/ 石椎에 敵將매저 落馬	문학	1932-08-07	寄稿, 寧邊
1627	양약천인	梁藥泉人	·	·	傳說(57) 거북바위와 童子石 용왕의 따님과 천동의 사랑/ 關西勝地 藥山東臺	문학	1932-10-04	寄稿, 寧邊
1628	양일천	梁一泉	양일천	梁一泉	傳說(34) 掛弓亭과 十層塔 옵바와 누히의 힘 비기는 내기/ 國境 惠山鎭의 一 傳說	문학	1932-08-03	寄稿, 惠山鎭
1629	양일천	梁一泉	양일천	梁一泉	傳說(35) 掛弓亭과 十層塔 옵바와 누히의 힘 비기는 내기/ 國境 惠山鎭의 一 傳說	문학	1932-08-03	寄稿, 惠山鎭
1630	양일천	梁一泉	양일천	梁一泉	傳說(52) 白頭山麓의 白뚱보 욕심이 만허 천벌을 바덧다/ 沙石雨下 茂山祕話	문학	1932-09-27	寄稿, 惠山鎭
1631	양일천	梁一泉	양일천	梁一泉	傳說(53) 山川祭와 上巳祭 지금도 봄가을 집집이 거행/ 累千年지켜온 甲山百姓	문학	1932-09-28	寄稿, 惠山鎭
1632	양주동	梁柱東	양주동	梁柱東	回顧 · 展望 · 批判-文壇諸思潮의縱橫觀(1)	문학	1931-01-01	·
1633	양주동	梁柱東	양주동	梁柱東	回顧 · 展望 · 批判-文壇諸思潮의縱橫觀(2)	문학	1931-01-02	·
1634	양주동	梁柱東	양주동	梁柱東	回顧 · 展望 · 批判-文壇諸思潮의縱橫觀(3)	문학	1931-01-03	·
1635	양주동	梁柱東	양주동	梁柱東	民族文學의 現 階段的 意義- 『回顧 · 展望 · 批判』의 續(4)	문학	1931-01-04	·
1636	양주동	梁柱東	양주동	梁柱東	民族文學의 現 階段的 意義- 『回顧 · 展望 · 批判』의 續(5)	문학	1931-01-06	·
1637	양주동	梁柱東	양주동	梁柱東	民族文學의 現 階段的 意義- 『回顧 · 展望 · 批判』의 續(6)	문학	1931-01-07	·
1638	양주동	梁柱東	양주동	梁柱東	民族文學의 現 階段的 意義- 『回顧 · 展望 · 批判』의 續(7)	문학	1931-01-08	·
1639	양주동	梁柱東	양주동	梁柱東	民族文學의 現 階段的 意義- 『回顧 · 展望 · 批判』의 續(8)	문학	1931-01-09	·
1640	양주동	梁柱東	양주동	梁柱東	古歌謠의 語學的 硏究- 井邑詞釋注(1)	문학	1939-06-21	·
1641	양주동	梁柱東	양주동	梁柱東	古歌謠의 語學的 硏究- 井邑詞釋注(2)	문학	1939-06-24	·
1642	양주동	梁柱東	양주동	梁柱東	古歌謠의 語學的 硏究- 井邑詞釋注(3)	문학	1939-06-27	·
1643	양주동	梁柱東	양주동	梁柱東	古歌謠의 語學的 硏究- 井邑詞釋注(4)	문학	1939-06-29	·
1644	양주동	梁柱東	양주동	梁柱東	古歌謠의 語學的 硏究- 井邑詞釋注(5)	문학	1939-06-30	·
1645	양주동	梁柱東	양주동	梁柱東	古歌謠의 語學的 硏究- 井邑詞釋注(6)	문학	1939-07-02	·
1646	양주동	梁柱東	양주동	梁柱東	古歌謠의 語學的 硏究- 井邑詞釋注(7)	문학	1939-07-05	·
1647	양주동	梁柱東	양주동	梁柱東	古歌謠의 語學的 硏究- 井邑詞釋注(8)	문학	1939-07-09	·
1648	양주동	梁柱東	양주동	梁柱東	古歌謠의 語學的 硏究- 井邑詞釋注(9)	문학	1939-07-11	·
1649	양주동	梁柱東	양주동	梁柱東	古歌謠의 語學的 硏究- 井邑詞釋注(10)	문학	1939-07-12	·
1650	양주동	梁柱東	양주동	梁柱東	古歌謠의 語學的 硏究- 動動釋注(1)	문학	1939-07-23	·
1651	양주동	梁柱東	양주동	梁柱東	古歌謠의 語學的 硏究- 動動釋注(2)	문학	1939-07-25	·
1652	양주동	梁柱東	양주동	梁柱東	古歌謠의 語學的 硏究- 動動釋注(3)	문학	1939-07-26	·
1653	양주동	梁柱東	양주동	梁柱東	古歌謠의 語學的 硏究- 動動釋注(4)	문학	1939-07-27	·

연번	자료저자명(한글)	자료저자명(한자)	본명(한글)	본명(한자)	기사제목	분류	날짜	비고
1654	양주동	梁柱東	양주동	梁柱東	古歌謠의 語學的 研究- 動動釋注(5)	문학	1939-07-28	·
1655	양주동	梁柱東	양주동	梁柱東	古歌謠의 語學的 研究- 動動釋注(6)	문학	1939-07-30	·
1656	양주동	梁柱東	양주동	梁柱東	古歌謠의 語學的 研究- 動動釋注(7)	문학	1939-08-02	·
1657	양주동	梁柱東	양주동	梁柱東	古歌謠의 語學的 研究- 動動釋注(8)	문학	1939-08-03	·
1658	양주동	梁柱東	양주동	梁柱東	古歌謠의 語學的 研究- 動動釋注(9)	문학	1939-08-04	·
1659	양주동	梁柱東	양주동	梁柱東	古歌謠의 語學的 研究- 動動釋注(10)	문학	1939-08-06	·
1660	양주동	梁柱東	양주동	梁柱東	古歌謠의 語學的 研究- 動動釋注(11)	문학	1939-08-08	·
1661	양주동	梁柱東	양주동	梁柱東	古歌謠의 語學的 研究- 動動釋注(12)	문학	1939-08-10	·
1662	양주동	梁柱東	양주동	梁柱東	古歌謠의 語學的 研究- 動動釋注(13)	문학	1939-08-11	·
1663	양주동	梁柱東	양주동	梁柱東	古歌謠의 語學的 研究- 動動釋注(14)	문학	1939-08-12	·
1664	양주동	梁柱東	양주동	梁柱東	古歌謠의 語學的 研究- 動動釋注(15)	문학	1939-08-13	·
1665	양주동	梁柱東	양주동	梁柱東	古歌謠의 語學的 研究- 動動釋注(16)	문학	1939-08-15	·
1666	양주동	梁柱東	양주동	梁柱東	古歌謠의 語學的 研究- 動動釋注(17)	문학	1939-08-18	·
1667	양주동	梁柱東	양주동	梁柱東	古歌謠의 語學的 研究- 動動釋注(18)	문학	1939-08-22	·
1668	양주동	梁柱東	양주동	梁柱東	古歌謠의 語學的 研究- 動動釋注(19)	문학	1939-08-24	·
1669	양주동	梁柱東	양주동	梁柱東	古歌謠의 語學的 研究- 動動釋注(20)	문학	1939-08-25	·
1670	양주동	梁柱東	양주동	梁柱東	解疑數語(上)- 田蒙秀氏의 疑問에 答함	문학	1939-09-27	·
1671	양주동	梁柱東	양주동	梁柱東	解疑數語(中)- 田蒙秀氏의 疑問에 答함	문학	1939-09-29	·
1672	양주동	梁柱東	양주동	梁柱東	解疑數語(3)- 田蒙秀氏의 疑問에 答함	문학	1939-09-30	·
1673	양주동	梁柱東	양주동	梁柱東	解疑數語(下)- 田蒙秀氏의 疑問에 答함	문학	1939-10-04	·
1674	양주동	梁柱東	양주동	梁柱東	古歌謠의 語學的 研究- 處容歌釋注(1)	문학	1939-10-07	·
1675	양주동	梁柱東	양주동	梁柱東	古歌謠의 語學的 研究- 處容歌釋注(2)	문학	1939-10-08	·
1676	양주동	梁柱東	양주동	梁柱東	古歌謠의 語學的 研究- 處容歌釋注(3)	문학	1939-10-10	·
1677	양주동	梁柱東	양주동	梁柱東	古歌謠의 語學的 研究- 處容歌釋注(4)	문학	1939-10-11	·
1678	양주동	梁柱東	양주동	梁柱東	古歌謠의 語學的 研究- 處容歌釋注(5)	문학	1939-10-14	·
1679	양주동	梁柱東	양주동	梁柱東	古歌謠의 語學的 研究- 處容歌釋注(6)	문학	1939-10-15	·
1680	양주동	梁柱東	양주동	梁柱東	古歌謠의 語學的 研究- 處容歌釋注(7)	문학	1939-10-17	·
1681	양주동	梁柱東	양주동	梁柱東	古歌謠의 語學的 研究- 處容歌釋注(8)	문학	1939-10-19	·
1682	양주동	梁柱東	양주동	梁柱東	古歌謠의 語學的 研究- 處容歌釋注(9)	문학	1939-10-20	·
1683	양주동	梁柱東	양주동	梁柱東	古歌謠의 語學的 研究- 處容歌釋注(10)	문학	1939-10-22	·
1684	양주동	梁柱東	양주동	梁柱東	古歌謠의 語學的 研究- 處容歌釋注(11)	문학	1939-10-24	·
1685	양주동	梁柱東	양주동	梁柱東	古歌謠의 語學的 研究- 處容歌釋注(12)	문학	1939-10-25	·
1686	양주동	梁柱東	양주동	梁柱東	古歌謠의 語學的 研究- 處容歌釋注(13)	문학	1939-10-29	·
1687	양주동	梁柱東	양주동	梁柱東	古歌謠의 語學的 研究- 處容歌釋注(14)	문학	1939-11-01	·
1688	양주동	梁柱東	양주동	梁柱東	古歌謠의 語學的 研究- 處容歌釋注(15)	문학	1939-11-02	·
1689	양주동	梁柱東	양주동	梁柱東	古歌謠의 語學的 研究- 處容歌釋注(16)	문학	1939-11-07	·
1690	양주동	梁柱東	양주동	梁柱東	古歌謠의 語學的 研究- 處容歌釋注(17)	문학	1939-11-10	·
1691	양주동	梁柱東	양주동	梁柱東	古歌謠의 語學的 研究- 處容歌釋注(18)	문학	1939-11-12	·
1692	양주동	梁柱東	양주동	梁柱東	古歌謠의 語學的 研究- 處容歌釋注(19)	문학	1939-11-14	·
1693	양주동	梁柱東	양주동	梁柱東	古歌謠의語學的研究- 處容歌釋注(20)	문학	1939-11-15	·
1694	양주동	梁柱東	양주동	梁柱東	古歌謠의語學的研究- 處容歌釋注(21)	문학	1939-11-16	·

연번	자료저자명(한글)	자료저자명(한자)	본명(한글)	본명(한자)	기사제목	분류	날짜	비고
1695	양주동	梁柱東	양주동	梁柱東	朝鮮文化의 創造性- 東方文化의 樞軸(1)	문학	1940-01-09	·
1696	양주동	梁柱東	양주동	梁柱東	朝鮮文化의 創造性- 東方文化의 樞軸(2)	문학	1940-01-10	·
1697	양주동	梁柱東	양주동	梁柱東	朝鮮文化의 創造性- 音韻, 語法의 法則性(3)	문학	1940-01-11	·
1698	양주동	梁柱東	양주동	梁柱東	朝鮮文化의 創造性- 音韻, 語法의 法則性(4)	문학	1940-01-12	·
1699	양주동	梁柱東	양주동	梁柱東	古歌謠의 語學的 研究- 鄭瓜亭篇(1)	문학	1940-02-08	·
1700	양주동	梁柱東	양주동	梁柱東	古歌謠의 語學的 研究- 鄭瓜亭篇(2)	문학	1940-02-09	·
1701	양주동	梁柱東	양주동	梁柱東	古歌謠의 語學的 研究- 鄭瓜亭篇(3)	문학	1940-02-11	·
1702	양주동	梁柱東	양주동	梁柱東	古歌謠의 語學的 研究- 鄭瓜亭篇(4)	문학	1940-02-13	·
1703	양주동	梁柱東	양주동	梁柱東	古歌謠의 語學的 研究- 鄭瓜亭篇(5)	문학	1940-02-14	·
1704	양주동	梁柱東	양주동	梁柱東	古歌謠의 語學的 研究- 鄭瓜亭篇(6)	문학	1940-02-15	·
1705	양주동	梁柱東	양주동	梁柱東	古歌謠의 語學的 研究- 鄭瓜亭篇(7)	문학	1940-02-16	·
1706	양주동	梁柱東	양주동	梁柱東	古歌謠의 語學的 研究- 鄭瓜亭篇(8)	문학	1940-02-18	·
1707	양주동	梁柱東	양주동	梁柱東	古歌謠의 語學的 研究- 鄭瓜亭篇(9)	문학	1940-02-20	·
1708	양주동	梁柱東	양주동	梁柱東	古歌釋注- 翰林別曲(1)	문학	1940-02-21	·
1709	양주동	梁柱東	양주동	梁柱東	古歌釋注- 翰林別曲(2)	문학	1940-02-22	·
1710	양주동	梁柱東	양주동	梁柱東	古歌釋注- 翰林別曲(3)	문학	1940-02-24	·
1711	양주동	梁柱東	양주동	梁柱東	古歌釋注- 翰林別曲(4)	문학	1940-02-25	·
1712	양주동	梁柱東	양주동	梁柱東	朝鮮文化20年(34)- 回顧와 反省(1)	논설	1940-06-02	·
1713	양주동	梁柱東	양주동	梁柱東	朝鮮文化20年(35)- 回顧와 反省(2)	논설	1940-06-05	·
1714	양주동	梁柱東	양주동	梁柱東	朝鮮文化20年(36)- 回顧와 反省(3)	논설	1940-06-07	·
1715	양주동	梁柱東	양주동	梁柱東	麗謠釋注- 雙花店篇(1)	문학	1940-06-21	·
1716	양주동	梁柱東	양주동	梁柱東	麗謠釋注- 雙花店篇(2)	문학	1940-06-23	·
1717	양주동	梁柱東	양주동	梁柱東	麗謠釋注- 雙花店篇(3)	문학	1940-06-27	·
1718	양주동	梁柱東	양주동	梁柱東	麗謠釋注- 雙花店篇(4)	문학	1940-06-28	·
1719	양주동	梁柱東	양주동	梁柱東	麗謠釋注- 雙花店篇(5)	문학	1940-07-03	·
1720	양주동	梁柱東	양주동	梁柱東	麗謠釋注- 雙花店篇(6)	문학	1940-07-05	·
1721	양주동	梁柱東	양주동	梁柱東	麗謠釋注- 雙花店篇(7)	문학	1940-07-07	·
1722	양주동	梁柱東	양주동	梁柱東	麗謠釋注- 西京別曲(1)	문학	1940-07-09	·
1723	양주동	梁柱東	양주동	梁柱東	麗謠釋注- 西京別曲(2)	문학	1940-07-10	·
1724	양주동	梁柱東	양주동	梁柱東	麗謠釋注- 西京別曲(3)	문학	1940-07-12	·
1725	양주동	梁柱東	양주동	梁柱東	麗謠釋注- 西京別曲(4)	문학	1940-07-14	·
1726	양주동	梁柱東	양주동	梁柱東	麗謠釋注- 西京別曲(5)	문학	1940-07-16	·
1727	양주동	梁柱東	양주동	梁柱東	麗謠釋注- 西京別曲(10)*6회	문학	1940-07-26	연재횟수 오기
1728	엄흥섭	嚴興燮	엄흥섭	嚴興燮	「出版紀念」의 風俗	논설	1937-06-04	·
1729	엄흥섭	嚴興燮	엄흥섭	嚴興燮	通俗作家에 一言	문학	1937-06-24	·
1730	엄흥섭	嚴興燮	엄흥섭	嚴興燮	그리운 鄕鄕(4)- 감나무 그늘	문학	1936-06-27	·
1731	엄흥섭	嚴興燮	엄흥섭	嚴興燮	眞理를 探究하는 마음(上)	철학	1939-11-02	·
1732	엄흥섭	嚴興燮	엄흥섭	嚴興燮	眞理를 探究하는 마음(下)	철학	1939-11-05	·
1733	여상현	呂尙鉉	여상현	呂尙鉉	뿍 레뷰- 진귀한 수확, 조선민요선을 읽고	문학	1939-05-24	·
1734	오기영	吳箕永	오기영	吳箕永	江東 大朴山에 잇는 檀君陵 奉審記(上)	사업	1932-05-06	·
1735	오기영	吳箕永	오기영	吳箕永	江東 大朴山에 잇는 檀君陵 奉審記(中)	사업	1932-05-11	·

연번	자료저자명 (한글)	자료저자명 (한자)	본명 (한글)	본명 (한자)	기사제목	분류	날짜	비고
1736	오기영	吳箕永	오기영	吳箕永	江東 大朴山에 잇는 檀君陵 奉審記(下)	사업	1932-05-12	·
1737	오기영	吳基永	오기영	吳基永	옛 생각은 잊어야 할까- 낡아가는 浿城의 봄빛이여	기행	1935-05-01	·
1738	오봉빈	吳鳳彬	오봉빈	吳鳳彬	朝鮮名畫展覽會- 東京 美術館서 끗마치고(上)	미술	1931-04-10	·
1739	오봉빈	吳鳳彬	오봉빈	吳鳳彬	朝鮮名畫展覽會- 東京 美術館서 끗마치고(中)	미술	1931-04-11	·
1740	오봉빈	吳鳳彬	오봉빈	吳鳳彬	朝鮮名畫展覽會- 東京 美術館서 끗마치고(下)	미술	1931-04-12	·
1741	오봉빈	吳鳳彬	오봉빈	吳鳳彬	朝鮮 古書畵 珍藏品 展覽會를 열면서	미술	1932-10-03	朝鮮美術館
1742	오봉빈	吳鳳彬	오봉빈	吳鳳彬	朝鮮 古書畵 珍藏品 展覽會를 열면서(續)	미술	1932-10-04	·
1743	오종식	吳宗植	오종식	吳宗植	朝鮮工藝의 周邊(1)	미술	1939-10-17	·
1744	오종식	吳宗植	오종식	吳宗植	朝鮮工藝의 周邊(2)	미술	1939-10-19	·
1745	오종식	吳宗植	오종식	吳宗植	朝鮮工藝의 周邊(3)	미술	1939-10-20	·
1746	오종식	吳宗植	오종식	吳宗植	朝鮮工藝의 周邊(4)	미술	1939-10-22	·
1747	오종식	吳宗植	오종식	吳宗植	朝鮮工藝의 周邊(5)	미술	1939-10-24	·
1748	오종식	吳宗植	오종식	吳宗植	機械와 휴머니즘(1)	논설	1939-12-21	·
1749	오종식	吳宗植	오종식	吳宗植	機械와 휴머니즘(2)	논설	1939-12-22	·
1750	오종식	吳宗植	오종식	吳宗植	機械와 휴머니즘(3)	논설	1939-12-24	·
1751	오종식	吳宗植	오종식	吳宗植	機械와 휴머니즘(4)	논설	1939-12-27	·
1752	오종식	吳宗植	오종식	吳宗植	機械와 휴머니즘(5)	논설	1939-12-28	·
1753	오천석	吳天錫	오천석	吳天錫	己未 以後 15年間 朝鮮 教育界의 變遷(1)	사업	1935-04-02	·
1754	오천석	吳天錫	오천석	吳天錫	己未 以後 15年間 朝鮮 教育界의 變遷(2)	사업	1935-04-03	·
1755	오천석	吳天錫	오천석	吳天錫	己未 以後 15年間 朝鮮 教育界의 變遷(3)	사업	1935-04-09	·
1756	오천석	吳天錫	오천석	吳天錫	己未 以後 15年間 朝鮮 教育界의 變遷(4)	사업	1935-04-10	·
1757	오천석	吳天錫	오천석	吳天錫	己未 以後 15年間 朝鮮 教育界의 變遷(5)	사업	1935-04-11	·
1758	오촌학인	梧村學人	·	·	易理管見- 主로 太極辨 理氣辨(1)	철학	1938-05-03	·
1759	오촌학인	梧村學人	·	·	易理管見- 主로 太極辨 理氣辨(2)	철학	1938-05-04	·
1760	오촌학인	梧村學人	·	·	易理管見- 主로 太極辨 理氣辨(3)	철학	1938-05-05	·
1761	오촌학인	梧村學人	·	·	易理管見- 主로 太極辨 理氣辨(4)	철학	1938-05-06	·
1762	오촌학인	梧村學人	·	·	易理管見- 主로 太極辨 理氣辨(5)	철학	1938-05-07	·
1763	오촌학인	梧村學人	·	·	易理管見- 主로 太極辨 理氣辨(6)	철학	1938-05-08	·
1764	오촌학인	梧村學人	·	·	易理管見- 主로 太極辨 理氣辨(7)	철학	1938-05-11	·
1765	오촌학인	梧村學人	·	·	易理管見- 主로 太極辨 理氣辨(8)	철학	1938-05-12	·
1766	오촌학인	梧村學人	·	·	易理管見- 主로 太極辨 理氣辨(9)	철학	1938-05-17	·
1767	오촌학인	梧村學人	·	·	易理管見- 主로 太極辨 理氣辨(10)	철학	1938-05-18	·
1768	우우자	憂憂者	·	·	朝鮮의 文化遺産- 特殊性과 아울러 그 傳承方法(1)	논설	1935-02-01	·
1769	우우자	憂憂者	·	·	朝鮮의 文化遺産- 特殊性과 아울러 그 傳承方法(2)	논설	1935-02-02	·
1770	우우자	憂憂者	·	·	朝鮮의 文化遺産- 特殊性과 아울러 그 傳承方法(3)	논설	1935-02-03	·
1771	우우자	憂憂者	·	·	朝鮮의 文化遺産- 特殊性과 아울러 그 傳承方法(4)	논설	1935-02-05	·
1772	우우자	憂憂者	·	·	朝鮮의 文化遺産- 特殊性과 아울러 그 傳承方法(5)	논설	1935-02-06	·
1773	우우자	憂憂者	·	·	朝鮮의 文化遺産- 特殊性과 아울러 그 傳承方法(6)	논설	1935-02-07	·
1774	우우자	憂憂者	·	·	朝鮮의 文化遺産- 特殊性과 아울러 그 傳承方法(7)	논설	1935-02-08	·
1775	우우자	憂憂者	·	·	朝鮮의 文化遺産- 特殊性과 아울러 그 傳承方法(8)	논설	1935-02-09	·
1776	우우자	憂憂者	·	·	朝鮮의 文化遺産- 特殊性과 아울러 그 傳承方法(9)	논설	1935-02-10	·

연번	자료저자명(한글)	자료저자명(한자)	본명(한글)	본명(한자)	기사제목	분류	날짜	비고
1777	우우자	憂憂者	·	·	朝鮮의 文化遺産- 特殊性과 아울러 그 傳承方法(10)	논설	1935-02-13	·
1778	우우자	憂憂者	·	·	朝鮮의 文化遺産- 特殊性과 아울러 그 傳承方法(11)	논설	1935-02-14	·
1779	우우자	憂憂者	·	·	朝鮮의 文化遺産- 特殊性과 아울러 그 傳承方法(12)	논설	1935-02-15	·
1780	우우자	憂憂者	·	·	朝鮮의 文化遺産- 特殊性과 아울러 그 傳承方法(13)	논설	1935-02-16	·
1781	우원일성	宇垣一成	우원일성	宇垣一成	總督의 諭告- 朝鮮風習改善에 對하야	논설	1934-11-10	·
1782	우호익	禹浩翊	우호익	禹浩翊	歷史上 平壤- 朝鮮文化의 發祥地	역사	1936-06-03	崇專教授
1783	운림유인	雲林遺人	·	·	戊寅과 人物	역사	1938-01-01	·
1784	유근석	柳根錫	유근석	柳根錫	慶州 古蹟探訪記(1)	기행	1931-09-06	·
1785	유근석	柳根錫	유근석	柳根錫	慶州 古蹟探訪記(2)	기행	1931-09-08	·
1786	유근석	柳根錫	유근석	柳根錫	慶州 古蹟探訪記(3)	기행	1931-09-09	·
1787	유근석	柳根錫	유근석	柳根錫	慶州 古蹟探訪記(4)	기행	1931-09-16	·
1788	유근석	柳根錫	유근석	柳根錫	慶州紀行(5) 舊 慶州古蹟探訪記	기행	1931-09-17	·
1789	유근석	柳根錫	유근석	柳根錫	慶州紀行(6)	기행	1931-09-18	·
1790	유근석	柳根錫	유근석	柳根錫	慶州紀行(7)	기행	1931-09-23	·
1791	유성룡	柳成龍	유성룡	柳成龍	圃隱先生集跋	역사	1938-01-23	·
1792	유억겸	兪億兼	유억겸	兪億兼	새철자법/ 朝鮮文化事業의 基礎的 百年大計- 새롭고 깨끗하고 분명하다	한글	1933-04-05	延專 學監
1793	유자후	柳子厚	유자후	柳子厚	朝鮮貨幣沿革(1)	역사	1938-02-18	·
1794	유자후	柳子厚	유자후	柳子厚	朝鮮貨幣沿革(2)	역사	1938-02-19	·
1795	유자후	柳子厚	유자후	柳子厚	朝鮮貨幣沿革(3)	역사	1938-02-20	·
1796	유자후	柳子厚	유자후	柳子厚	朝鮮貨幣沿革(4)	역사	1938-02-22	·
1797	유자후	柳子厚	유자후	柳子厚	朝鮮貨幣沿革(5)	역사	1938-02-23	·
1798	유자후	柳子厚	유자후	柳子厚	朝鮮貨幣沿革(6)	역사	1938-02-25	·
1799	유자후	柳子厚	유자후	柳子厚	朝鮮貨幣沿革(7)	역사	1938-02-27	·
1800	유자후	柳子厚	유자후	柳子厚	朝鮮貨幣沿革(8)	역사	1938-03-01	·
1801	유자후	柳子厚	유자후	柳子厚	朝鮮貨幣沿革(9)	역사	1938-03-02	·
1802	유자후	柳子厚	유자후	柳子厚	朝鮮貨幣沿革(10)	역사	1938-03-03	·
1803	유자후	柳子厚	유자후	柳子厚	朝鮮貨幣沿革(11)	역사	1938-03-04	·
1804	유자후	柳子厚	유자후	柳子厚	朝鮮貨幣沿革(12)	역사	1938-03-05	·
1805	유자후	柳子厚	유자후	柳子厚	朝鮮貨幣沿革(13)	역사	1938-03-06	·
1806	유자후	柳子厚	유자후	柳子厚	朝鮮貨幣沿革(14)	역사	1938-03-08	·
1807	유자후	柳子厚	유자후	柳子厚	朝鮮貨幣沿革(15)	역사	1938-03-09	·
1808	유자후	柳子厚	유자후	柳子厚	朝鮮貨幣沿革(16)	역사	1938-03-10	·
1809	유자후	柳子厚	유자후	柳子厚	朝鮮貨幣沿革(17)	역사	1938-03-11	·
1810	유자후	柳子厚	유자후	柳子厚	朝鮮貨幣沿革(18)	역사	1938-03-12	·
1811	유자후	柳子厚	유자후	柳子厚	朝鮮貨幣沿革(19)	역사	1938-03-13	·
1812	유자후	柳子厚	유자후	柳子厚	朝鮮貨幣沿革(20)	역사	1938-03-15	·
1813	유자후	柳子厚	유자후	柳子厚	朝鮮貨幣沿革(21)	역사	1938-03-16	·
1814	유자후	柳子厚	유자후	柳子厚	朝鮮貨幣沿革(22)	역사	1938-03-18	·
1815	유자후	柳子厚	유자후	柳子厚	朝鮮貨幣沿革(23)	역사	1938-03-19	·
1816	유자후	柳子厚	유자후	柳子厚	朝鮮貨幣沿革(24)	역사	1938-03-20	·

연번	자료저자명(한글)	자료저자명(한자)	본명(한글)	본명(한자)	기사제목	분류	날짜	비고
1817	유자후	柳子厚	유자후	柳子厚	朝鮮貨幣沿革(25)	역사	1938-03-23	·
1818	유자후	柳子厚	유자후	柳子厚	朝鮮貨幣沿革(26)	역사	1938-03-26	·
1819	유자후	柳子厚	유자후	柳子厚	朝鮮貨幣沿革(27)	역사	1938-03-27	·
1820	유자후	柳子厚	유자후	柳子厚	朝鮮貨幣沿革(28)	역사	1938-03-30	·
1821	유자후	柳子厚	유자후	柳子厚	朝鮮貨幣沿革(29)	역사	1938-03-31	·
1822	유자후	柳子厚	유자후	柳子厚	朝鮮貨幣沿革(81)	역사	1938-06-19	총133회, 네이버판 동아일보에는 전체 분량이 수록 되어 있지 않음
1823	유자후	柳子厚	유자후	柳子厚	新春古俗(1)	민속	1940-01-16	·
1824	유자후	柳子厚	유자후	柳子厚	新春古俗(2)	민속	1940-01-18	·
1825	유자후	柳子厚	유자후	柳子厚	新春古俗(3)	민속	1940-01-19	·
1826	유자후	柳子厚	유자후	柳子厚	新春古俗(4)	민속	1940-01-20	·
1827	유자후	柳子厚	유자후	柳子厚	新春古俗(5)	민속	1940-01-21	·
1828	유자후	柳子厚	유자후	柳子厚	新春古俗(6)	민속	1940-01-23	·
1829	유자후	柳子厚	유자후	柳子厚	新春古俗(7)	민속	1940-01-25	·
1830	유자후	柳子厚	유자후	柳子厚	新春古俗(8)	민속	1940-01-26	·
1831	유자후	柳子厚	유자후	柳子厚	新春古俗(9)	민속	1940-01-28	·
1832	유자후	柳子厚	유자후	柳子厚	新春古俗(10)	민속	1940-01-30	·
1833	유자후	柳子厚	유자후	柳子厚	新春古俗(11)	민속	1940-01-31	·
1834	유자후	柳子厚	유자후	柳子厚	新春古俗(12)	민속	1940-02-02	·
1835	유자후	柳子厚	유자후	柳子厚	新春古俗(13)	민속	1940-02-03	·
1836	유자후	柳子厚	유자후	柳子厚	新春古俗(14)	민속	1940-02-04	·
1837	유자후	柳子厚	유자후	柳子厚	新春古俗(15)	민속	1940-02-06	·
1838	유진오	兪鎭午	유진오	兪鎭午	말은 文學의 生命- 遺産語彙의 攝取가 必要	문학	1938-01-03	·
1839	유진오	兪鎭午	유진오	兪鎭午	朝鮮文學에 주어진 새길(1)	문학	1939-01-10	·
1840	유진오	兪鎭午	유진오	兪鎭午	朝鮮文學에 주어진 새길(2)	문학	1939-01-11	·
1841	유진오	兪鎭午	유진오	兪鎭午	朝鮮文學에 주어진 새길(3)	문학	1939-01-12	·
1842	유진오	兪鎭午	유진오	兪鎭午	朝鮮文學에 주어진 새길(4)	문학	1939-01-13	·
1843	유창선	劉昌宣	유창선	劉昌宣	白衣考(1)	민속	1934-04-01	·
1844	유창선	劉昌宣	유창선	劉昌宣	白衣考(2)	민속	1934-04-02	·
1845	유창선	劉昌宣	유창선	劉昌宣	白衣考(3)	민속	1934-04-03	·
1846	유창선	劉昌宣	유창선	劉昌宣	白衣考(4)	민속	1934-04-05	·
1847	유창선	劉昌宣	유창선	劉昌宣	傳統과 創造- 再認識 되어야할 花郎制度(1)	역사	1939-01-13	·
1848	유창선	劉昌宣	유창선	劉昌宣	傳統과 創造- 再認識 되어야할 花郎制度(2)	역사	1939-01-22	·
1849	유창선	劉昌宣	유창선	劉昌宣	傳統과 創造- 再認識 되어야할 花郎制度(3)	역사	1939-01-24	·
1850	유창선	劉昌宣	유창선	劉昌宣	傳統과 創造- 再認識 되어야할 花郎制度(4)	역사	1939-01-26	·
1851	유치진	柳致眞	유치진	柳致眞	文壇打診 卽問卽答記(7)	문학	1937-06-10	·
1852	유치진	柳致眞	유치진	柳致眞	朝鮮語와 朝鮮文學(完)- 劇文學이 要望하는 言語의 地位	문학	1938-01-04	·
1853	유치진	柳致眞	유치진	柳致眞	朝鮮演劇運動의 當面課題(上)	문학	1938-04-22	·

연번	자료저자명(한글)	자료저자명(한자)	본명(한글)	본명(한자)	기사제목	분류	날짜	비고
1854	유치진	柳致眞	유치진	柳致眞	朝鮮演劇運動의 當面課題(中)	문학	1938-04-23	·
1855	유치진	柳致眞	유치진	柳致眞	朝鮮演劇運動의 當面課題(下)	문학	1938-04-24	·
1856	유치진	柳致眞	유치진	柳致眞	찾어진 演劇古典 朝鮮演劇史를 읽고	문학	1939-06-30	·
1857	윤고종	尹鼓鐘	윤고종	尹鼓鐘	文學遺産問題와 海外文學派의 任務(上)	문학	1934-02-07	·
1858	윤고종	尹鼓鐘	윤고종	尹鼓鐘	文學遺産問題와 海外文學派의 任務(下)	문학	1934-02-08	·
1859	윤고종	尹鼓鐘	윤고종	尹鼓鐘	文壇時評(1)- 文藝復興과朝鮮	문학	1934-04-23	·
1860	윤고종	尹鼓鍾	윤고종	尹鼓鍾	朝鮮文學의 明日과 文學靑年의 使命(上)	문학	1935-10-04	·
1861	윤고종	尹鼓鍾	윤고종	尹鼓鍾	朝鮮文學의 明日과 文學靑年의 使命(下)	문학	1935-10-05	·
1862	윤규섭	尹圭涉	윤규섭	尹圭涉	文學建設에 資할 나의 新提唱 -世紀的 桎梏에서 어떠케 朝鮮文學은 벗어날까(上)	문학	1939-01-29	·
1863	윤규섭	尹圭涉	윤규섭	尹圭涉	文學建設에 資할 나의 新提唱 -世紀的 桎梏에서 어떠케 朝鮮文學은 벗어날까(下)	문학	1939-01-31	·
1864	윤규섭	尹圭涉	윤규섭	尹圭涉	文化時評(1)- 轉換期의 文化形態	문학	1939-11-18	·
1865	윤규섭	尹圭涉	윤규섭	尹圭涉	文化時評(2)- 文化社會學의 再登場	문학	1939-11-19	·
1866	윤규섭	尹圭涉	윤규섭	尹圭涉	文化時評(3)- 思想文化의 文學化	문학	1939-11-21	·
1867	윤규섭	尹圭涉	윤규섭	尹圭涉	文化時評(4)- 쩌널리즘의 任務	문학	1939-11-22	·
1868	윤백남	尹白南	윤백남	尹白南	烽火(1)	문학	1933-08-25	·
1869	윤백남	尹白南	윤백남	尹白南	烽火(2)	문학	1933-08-26	·
1870	윤백남	尹白南	윤백남	尹白南	烽火(3)	문학	1933-08-30	·
1871	윤백남	尹白南	윤백남	尹白南	烽火(4)	문학	1933-08-31	·
1872	윤백남	尹白南	윤백남	尹白南	烽火(5)	문학	1933-09-01	·
1873	윤백남	尹白南	윤백남	尹白南	烽火(6)	문학	1933-09-02	·
1874	윤백남	尹白南	윤백남	尹白南	烽火(7)	문학	1933-09-03	·
1875	윤백남	尹白南	윤백남	尹白南	烽火(8)	문학	1933-09-04	·
1876	윤백남	尹白南	윤백남	尹白南	烽火(9)	문학	1933-09-05	·
1877	윤백남	尹白南	윤백남	尹白南	烽火(10)	문학	1933-09-06	·
1878	윤백남	尹白南	윤백남	尹白南	烽火(11)	문학	1933-09-07	·
1879	윤백남	尹白南	윤백남	尹白南	烽火(12)	문학	1933-09-08	·
1880	윤백남	尹白南	윤백남	尹白南	烽火(13)	문학	1933-09-09	·
1881	윤백남	尹白南	윤백남	尹白南	烽火(14)	문학	1933-09-10	·
1882	윤백남	尹白南	윤백남	尹白南	烽火(15)	문학	1933-09-11	·
1883	윤백남	尹白南	윤백남	尹白南	烽火(16)	문학	1933-09-12	·
1884	윤백남	尹白南	윤백남	尹白南	烽火(17)	문학	1933-09-13	·
1885	윤백남	尹白南	윤백남	尹白南	烽火(18)	문학	1933-09-14	·
1886	윤백남	尹白南	윤백남	尹白南	烽火(19)	문학	1933-09-15	·
1887	윤백남	尹白南	윤백남	尹白南	烽火(20)	문학	1933-09-16	·
1888	윤백남	尹白南	윤백남	尹白南	烽火(21)	문학	1933-09-17	·
1889	윤백남	尹白南	윤백남	尹白南	烽火(22)	문학	1933-09-18	·
1890	윤백남	尹白南	윤백남	尹白南	烽火(23)	문학	1933-09-19	·
1891	윤백남	尹白南	윤백남	尹白南	烽火(24)	문학	1933-09-20	·
1892	윤백남	尹白南	윤백남	尹白南	烽火(25)	문학	1933-09-21	·

연번	자료저자명(한글)	자료저자명(한자)	본명(한글)	본명(한자)	기사제목	분류	날짜	비고
1893	윤백남	尹白南	윤백남	尹白南	烽火(26)	문학	1933-09-22	·
1894	윤백남	尹白南	윤백남	尹白南	烽火(29)*27회	문학	1933-09-23	연재횟수 오기
1895	윤백남	尹白南	윤백남	尹白南	烽火(30)*28회	문학	1933-09-24	연재횟수 오기
1896	윤백남	尹白南	윤백남	尹白南	烽火(29)	문학	1933-09-25	·
1897	윤백남	尹白南	윤백남	尹白南	烽火(30)	문학	1933-09-26	·
1898	윤백남	尹白南	윤백남	尹白南	烽火(31)	문학	1933-09-27	·
1899	윤백남	尹白南	윤백남	尹白南	烽火(32)	문학	1933-09-28	·
1900	윤백남	尹白南	윤백남	尹白南	烽火(33)	문학	1933-09-29	·
1901	윤백남	尹白南	윤백남	尹白南	烽火(34)	문학	1933-09-30	·
1902	윤백남	尹白南	윤백남	尹白南	烽火(35)	문학	1933-10-01	·
1903	윤백남	尹白南	윤백남	尹白南	烽火(36)	문학	1933-10-02	·
1904	윤백남	尹白南	윤백남	尹白南	烽火(37)	문학	1933-10-03	·
1905	윤백남	尹白南	윤백남	尹白南	烽火(38)	문학	1933-10-04	·
1906	윤백남	尹白南	윤백남	尹白南	烽火(39)	문학	1933-10-05	·
1907	윤백남	尹白南	윤백남	尹白南	烽火(40)	문학	1933-10-06	·
1908	윤백남	尹白南	윤백남	尹白南	烽火(41)	문학	1933-10-07	·
1909	윤백남	尹白南	윤백남	尹白南	烽火(42)	문학	1933-10-08	·
1910	윤백남	尹白南	윤백남	尹白南	烽火(43)	문학	1933-10-09	·
1911	윤백남	尹白南	윤백남	尹白南	烽火(44)	문학	1933-10-10	·
1912	윤백남	尹白南	윤백남	尹白南	烽火(45)	문학	1933-10-11	·
1913	윤백남	尹白南	윤백남	尹白南	烽火(46)	문학	1933-10-12	·
1914	윤백남	尹白南	윤백남	尹白南	烽火(47)	문학	1933-10-13	·
1915	윤백남	尹白南	윤백남	尹白南	烽火(48)	문학	1933-10-14	·
1916	윤백남	尹白南	윤백남	尹白南	烽火(49)	문학	1933-10-15	·
1917	윤백남	尹白南	윤백남	尹白南	烽火(50)	문학	1933-10-16	·
1918	윤백남	尹白南	윤백남	尹白南	烽火(51)	문학	1933-10-17	·
1919	윤백남	尹白南	윤백남	尹白南	烽火(52)	문학	1933-10-18	·
1920	윤백남	尹白南	윤백남	尹白南	烽火(53)	문학	1933-10-19	·
1921	윤백남	尹白南	윤백남	尹白南	烽火(54)	문학	1933-10-20	·
1922	윤백남	尹白南	윤백남	尹白南	烽火(55)	문학	1933-10-21	·
1923	윤백남	尹白南	윤백남	尹白南	烽火(56)	문학	1933-10-22	·
1924	윤백남	尹白南	윤백남	尹白南	烽火(57)	문학	1933-10-23	·
1925	윤백남	尹白南	윤백남	尹白南	烽火(58)	문학	1933-10-24	·
1926	윤백남	尹白南	윤백남	尹白南	烽火(59)	문학	1933-10-25	·
1927	윤백남	尹白南	윤백남	尹白南	烽火(60)	문학	1933-10-26	·
1928	윤백남	尹白南	윤백남	尹白南	烽火(61)	문학	1933-10-27	·
1929	윤백남	尹白南	윤백남	尹白南	烽火(62)	문학	1933-10-28	·
1930	윤백남	尹白南	윤백남	尹白南	烽火(63)	문학	1933-10-29	·
1931	윤백남	尹白南	윤백남	尹白南	烽火(64)	문학	1933-10-30	·
1932	윤백남	尹白南	윤백남	尹白南	烽火(65)	문학	1933-10-31	·
1933	윤백남	尹白南	윤백남	尹白南	烽火(66)	문학	1933-11-01	·

연번	자료저자명 (한글)	자료저자명 (한자)	본명 (한글)	본명 (한자)	기사제목	분류	날짜	비고
1934	윤백남	尹白南	윤백남	尹白南	烽火(67)	문학	1933-11-02	·
1935	윤백남	尹白南	윤백남	尹白南	烽火(68)	문학	1933-11-03	·
1936	윤백남	尹白南	윤백남	尹白南	烽火(69)	문학	1933-11-04	·
1937	윤백남	尹白南	윤백남	尹白南	烽火(70)	문학	1933-11-05	·
1938	윤백남	尹白南	윤백남	尹白南	烽火(71)	문학	1933-11-06	·
1939	윤백남	尹白南	윤백남	尹白南	烽火(72)	문학	1933-11-07	·
1940	윤백남	尹白南	윤백남	尹白南	烽火(73)	문학	1933-11-08	·
1941	윤백남	尹白南	윤백남	尹白南	烽火(74)	문학	1933-11-09	·
1942	윤백남	尹白南	윤백남	尹白南	烽火(75)	문학	1933-11-10	·
1943	윤백남	尹白南	윤백남	尹白南	烽火(76)	문학	1933-11-11	·
1944	윤백남	尹白南	윤백남	尹白南	烽火(77)	문학	1933-11-12	·
1945	윤백남	尹白南	윤백남	尹白南	烽火(78)	문학	1933-11-13	·
1946	윤백남	尹白南	윤백남	尹白南	烽火(79)	문학	1933-11-14	·
1947	윤백남	尹白南	윤백남	尹白南	烽火(80)	문학	1933-11-15	·
1948	윤백남	尹白南	윤백남	尹白南	烽火(81)	문학	1933-11-16	·
1949	윤백남	尹白南	윤백남	尹白南	烽火(82)	문학	1933-11-17	·
1950	윤백남	尹白南	윤백남	尹白南	烽火(83)	문학	1933-11-18	·
1951	윤백남	尹白南	윤백남	尹白南	烽火(84)	문학	1933-11-19	·
1952	윤백남	尹白南	윤백남	尹白南	烽火(85)	문학	1933-11-20	·
1953	윤백남	尹白南	윤백남	尹白南	烽火(86)	문학	1933-11-21	·
1954	윤백남	尹白南	윤백남	尹白南	烽火(87)	문학	1933-11-22	·
1955	윤백남	尹白南	윤백남	尹白南	烽火(88)	문학	1933-11-23	·
1956	윤백남	尹白南	윤백남	尹白南	烽火(89)	문학	1933-11-24	·
1957	윤백남	尹白南	윤백남	尹白南	烽火(90)	문학	1933-11-25	·
1958	윤백남	尹白南	윤백남	尹白南	烽火(91)	문학	1933-11-26	·
1959	윤백남	尹白南	윤백남	尹白南	烽火(92)	문학	1933-11-27	·
1960	윤백남	尹白南	윤백남	尹白南	烽火(93)	문학	1933-11-28	·
1961	윤백남	尹白南	윤백남	尹白南	烽火(94)	문학	1933-11-29	·
1962	윤백남	尹白南	윤백남	尹白南	烽火(95)	문학	1933-11-30	·
1963	윤백남	尹白南	윤백남	尹白南	烽火(96)	문학	1933-12-01	·
1964	윤백남	尹白南	윤백남	尹白南	烽火(97)	문학	1933-12-02	·
1965	윤백남	尹白南	윤백남	尹白南	烽火(98)	문학	1933-12-03	·
1966	윤백남	尹白南	윤백남	尹白南	烽火(99)	문학	1933-12-04	·
1967	윤백남	尹白南	윤백남	尹白南	烽火(100)	문학	1933-12-05	·
1968	윤백남	尹白南	윤백남	尹白南	烽火(101)	문학	1933-12-06	·
1969	윤백남	尹白南	윤백남	尹白南	烽火(102)	문학	1933-12-07	·
1970	윤백남	尹白南	윤백남	尹白南	烽火(103)	문학	1933-12-08	·
1971	윤백남	尹白南	윤백남	尹白南	烽火(104)	문학	1933-12-09	·
1972	윤백남	尹白南	윤백남	尹白南	烽火(105)	문학	1933-12-10	·
1973	윤백남	尹白南	윤백남	尹白南	烽火(106)	문학	1933-12-11	·
1974	윤백남	尹白南	윤백남	尹白南	烽火(107)	문학	1933-12-12	·

연번	자료저자명(한글)	자료저자명(한자)	본명(한글)	본명(한자)	기사제목	분류	날짜	비고
1975	윤백남	尹白南	윤백남	尹白南	烽火(108)	문학	1933-12-13	·
1976	윤백남	尹白南	윤백남	尹白南	烽火(109)	문학	1933-12-14	·
1977	윤백남	尹白南	윤백남	尹白南	烽火(110)	문학	1933-12-15	·
1978	윤백남	尹白南	윤백남	尹白南	烽火(111)	문학	1933-12-16	·
1979	윤백남	尹白南	윤백남	尹白南	烽火(112)	문학	1933-12-17	·
1980	윤백남	尹白南	윤백남	尹白南	烽火(113)	문학	1933-12-18	·
1981	윤백남	尹白南	윤백남	尹白南	烽火(114)	문학	1933-12-19	·
1982	윤백남	尹白南	윤백남	尹白南	烽火(115)	문학	1933-12-20	·
1983	윤백남	尹白南	윤백남	尹白南	烽火(116)	문학	1933-12-21	·
1984	윤백남	尹白南	윤백남	尹白南	烽火(117)	문학	1933-12-22	·
1985	윤백남	尹白南	윤백남	尹白南	烽火(118)	문학	1933-12-23	·
1986	윤백남	尹白南	윤백남	尹白南	烽火(119)	문학	1933-12-24	·
1987	윤백남	尹白南	윤백남	尹白南	烽火(120)	문학	1933-12-25	·
1988	윤백남	尹白南	윤백남	尹白南	烽火(121)	문학	1933-12-26	·
1989	윤백남	尹白南	윤백남	尹白南	烽火(122)	문학	1933-12-27	·
1990	윤백남	尹白南	윤백남	尹白南	烽火(123)	문학	1933-12-28	·
1991	윤백남	尹白南	윤백남	尹白南	烽火(124)	문학	1933-12-29	·
1992	윤백남	尹白南	윤백남	尹白南	烽火(125)	문학	1933-12-30	·
1993	윤백남	尹白南	윤백남	尹白南	烽火(126)	문학	1933-12-31	·
1994	윤성호	尹星湖	윤성호	尹星湖	新羅白鷄	문학	1938-05-04	·
1995	윤하중	尹昰重	윤하중	尹昰重	星曆正數(1)	역사	1937-12-21	·
1996	윤하중	尹昰重	윤하중	尹昰重	星曆正數(下)	역사	1937-12-24	·
1997	윤희순	尹喜淳	윤희순	尹喜淳	第10回 朝美展評(1)	미술	1931-05-31	·
1998	윤희순	尹喜淳	윤희순	尹喜淳	第10回 朝美展評(2)	미술	1931-06-02	·
1999	윤희순	尹喜淳	윤희순	尹喜淳	第10回 朝美展評(3)	미술	1931-06-03	·
2000	윤희순	尹喜淳	윤희순	尹喜淳	第10回 朝美展評(4)	미술	1931-06-05	·
2001	윤희순	尹喜淳	윤희순	尹喜淳	第10回朝美展評(4)*5회	미술	1931-06-06	연재횟수 오기
2002	윤희순	尹喜淳	윤희순	尹喜淳	第10回朝美展評(5)*6회	미술	1931-06-07	연재횟수 오기
2003	윤희순	尹喜淳	윤희순	尹喜淳	第10回朝美展評(6)*7회	미술	1931-06-09	연재횟수 오기
2004	이 교무주임	李 教務主任	·	·	새철자법	한글	1933-04-05	徹新校
2005	이갑	李鉀	이갑	李鉀	綴字法의 理論과 ㅎㅆ의 終聲問題(1)	한글	1932-03-05	·
2006	이갑	李鉀	이갑	李鉀	綴字法의 理論과 ㅎㅆ의 終聲問題(2)	한글	1932-03-06	·
2007	이갑	李鉀	이갑	李鉀	綴字法의 理論과 ㅎㅆ의 終聲問題(3)	한글	1932-03-08	·
2008	이갑	李鉀	이갑	李鉀	綴字法의 理論과 ㅎㅆ의 終聲問題(4)	한글	1932-03-09	·
2009	이갑	李鉀	이갑	李鉀	綴字法의 理論과 ㅎㅆ의 終聲問題(5)	한글	1932-03-10	·
2010	이갑	李鉀	이갑	李鉀	綴字法의 理論과 ㅎㅆ의 終聲問題(6)	한글	1932-03-12	·
2011	이갑	李鉀	이갑	李鉀	綴字法의 理論과 ㅎㅆ의 終聲問題(7)	한글	1932-03-13	·
2012	이갑	李鉀	이갑	李鉀	綴字法의 理論과 ㅎㅆ의 終聲問題(8)	한글	1932-03-16	·
2013	이갑	李鉀	이갑	李鉀	綴字法의 理論과 ㅎㅆ의 終聲問題(9)	한글	1932-03-17	·
2014	이갑	李鉀	이갑	李鉀	한글巡禮- 信川에서(1)	한글	1932-08-17	·

연번	자료저자명 (한글)	자료저자명 (한자)	본명 (한글)	본명 (한자)	기사제목	분류	날짜	비고
2015	이갑	李鉀	이갑	李鉀	한글巡禮- 信川에서(2)	한글	1932-08-18	·
2016	이갑	李鉀	이갑	李鉀	한글巡禮- 信川에서(3)	한글	1932-08-19	·
2017	이갑	李鉀	이갑	李鉀	한글巡禮- 信川에서(4)完	한글	1932-08-20	·
2018	이갑	李鉀	이갑	李鉀	한글날/ 한글運動의 現狀과 展望(上)	한글, 사업	1932-10-29	·
2019	이갑	李鉀	이갑	李鉀	한글날/ 한글運動의 現狀과 展望(下)	한글, 사업	1932-10-30	·
2020	이갑	李鉀	이갑	李鉀	啓蒙隊員에게/ 文盲打破歌의 僻語解說	한글, 사업	1933-07-27	·
2021	이갑	李鉀	이갑	李鉀	綴字法 統一案 頒布까지의 經過	한글	1933-10-29	·
2022	이갑	李鉀	이갑	李鉀	한글의 世界的 자랑(上)	한글	1935-10-28	·
2023	이갑	李鉀	이갑	李鉀	한글의 世界的 자랑(下)	한글	1935-10-29	·
2024	이광수	李光洙	이광수	李光洙	內外新刊評朝鮮語文字研究	한글	1931-01-05	·
2025	이광수	李光洙	이광수	李光洙	內外新刊評 朝鮮史話集- 李殷相氏의 近著를 讀하고	역사	1931-03-30	·
2026	이광수	李光洙	이광수	李光洙	忠武公 遺蹟巡禮(1)	역사, 기행	1931-05-21	·
2027	이광수	李光洙	이광수	李光洙	忠武公 遺蹟巡禮(2)	역사, 기행	1931-05-23	·
2028	이광수	李光洙	이광수	李光洙	忠武公 遺蹟巡禮(3)	역사, 기행	1931-05-24	·
2029	이광수	李光洙	이광수	李光洙	忠武公 遺蹟巡禮(4)	역사, 기행	1931-05-25	·
2030	이광수	李光洙	이광수	李光洙	忠武公 遺蹟巡禮(5)	역사, 기행	1931-05-26	·
2031	이광수	李光洙	이광수	李光洙	忠武公 遺蹟巡禮(6)	역사, 기행	1931-05-31	·
2032	이광수	李光洙	이광수	李光洙	忠武公 遺蹟巡禮(7)	역사, 기행	1931-06-02	·
2033	이광수	李光洙	이광수	李光洙	忠武公 遺蹟巡禮(8)	역사, 기행	1931-06-03	·
2034	이광수	李光洙	이광수	李光洙	忠武公 遺蹟巡禮(9)	역사, 기행	1931-06-04	·
2035	이광수	李光洙	이광수	李光洙	忠武公 遺蹟巡禮(10)	역사, 기행	1931-06-05	·
2036	이광수	李光洙	이광수	李光洙	忠武公 遺蹟巡禮(11)	역사, 기행	1931-06-06	·
2037	이광수	李光洙	이광수	李光洙	忠武公 遺蹟巡禮(12)	역사, 기행	1931-06-07	·
2038	이광수	李光洙	이광수	李光洙	忠武公 遺蹟巡禮(13)	역사, 기행	1931-06-08	·
2039	이광수	李光洙	이광수	李光洙	忠武公 遺蹟巡禮(14)	역사, 기행	1931-06-10	·
2040	이광수	李光洙	이광수	李光洙	古今島에서 忠武公 遺蹟巡禮를 마치고	역사, 기행	1931-06-11	·
2041	이광수	李光洙	이광수	李光洙	偉人의 날- 民族的 偉人의 날도 지키자	사업	1933-05-02	·

연번	자료저자명(한글)	자료저자명(한자)	본명(한글)	본명(한자)	기사제목	분류	날짜	비고
2042	이규방	李圭昉	이규방	李圭昉	한글 研究家諸氏의 感想과 提議- 사백여든넷재돌을맞으며/ 劃時期的으로 紀念할날	한글	1930-11-19	·
2043	이극로	李克魯	이극로	李克魯	한글 研究家諸氏의 感想과 提議- 사백여든넷재돌을맞으며/ 知識과 物質로 援助하라	한글	1930-11-19	·
2044	이극로	李克魯	이극로	李克魯	第1回朝鮮語講習消息(6)海西方面第2講*1강海州	한글	1931-08-18	연재횟수 오기
2045	이극로	李克魯	이극로	李克魯	第1回 朝鮮語講習消息(8) 海西方面 第2講 信川	한글	1931-08-25	·
2046	이극로	李克魯	이극로	李克魯	第1回朝鮮語講習消息(11)*12회 關西方面第5講鎭南浦	한글	1931-08-30	연재횟수 오기
2047	이극로	李克魯	이극로	李克魯	새철자법/「철자법 채용엔물론 찬성입니다」	한글	1933-04-06	朝鮮語學會
2048	이극로	李克魯	이극로	李克魯	한글 綴字法 統一案 普及에 對하야	한글	1934-10-28	·
2049	이극로	李克魯	이극로	李克魯	讀書餘響 新秋燈下에 읽히고 싶은 書籍적- 龍歌와 松江歌辭	문학	1937-09-04	·
2050	이극로	李克魯	이극로	李克魯	完成途程의 朝鮮語 辭典(上)	한글	1938-01-03	·
2051	이극로	李克魯	이극로	李克魯	完成途程의朝鮮語辭典	한글	1938-01-04	·
2052	이극로	李克魯	이극로	李克魯	朝鮮의 文學者 일진댄 朝鮮말을 알라	한글	1938-05-24	·
2053	이극로	李克魯	이극로	李克魯	朝鮮各道風習얘기	민속	1938-08-30	·
2054	이기영	李箕永	이기영	李箕永	文壇打診 卽問卽答記(3)	문학	1937-06-05	·
2055	이기영	李箕永	이기영	李箕永	朝鮮은 말의 處女地- 말의 發掘이 任務	한글	1938-01-03	·
2056	이도영	李道榮	이도영	李道榮	古書畵珍藏品展陳列諸作品에對하야	미술	1930-10-19	·
2057	이만규	李萬珪	이만규	李萬珪	한글巡禮-長湖院에서	한글	1932-08-25	·
2058	이명선	李明善	이명선	李明善	春香傳과 異本問題(1)	문학	1938-07-16	·
2059	이명선	李明善	이명선	李明善	春香傳과 異本問題(2)	문학	1938-07-22	·
2060	이명선	李明善	이명선	李明善	春香傳과 異本問題(3)	문학	1938-07-23	·
2061	이명선	李明善	이명선	李明善	春香傳과 異本問題(4)	문학	1938-08-04	·
2062	이명선	李明善	이명선	李明善	春香傳과 異本問題(5)	문학	1938-08-05	·
2063	이명칠	李命七	이명칠	李命七	한글 記念日은 陽10月29日(上)	한글	1931-10-28	·
2064	이명칠	李命七	이명칠	李命七	한글날 記念(1)/ 한글 記念日은 陽10月29日(中)	한글	1931-10-29	·
2065	이명칠	李命七	이명칠	李命七	한글 記念日은 陽10月29日(下)	한글	1931-10-30	·
2066	이묘묵	李卯默	이묘묵	李卯默	文化朝鮮의 多角的 建築: 綜合圖書館- 文化計數機	논설	1936-01-01	·
2067	이무영	李無影	이갑용	李甲龍	今年의 文壇을 回顧함(上)	논설	1934-12-27	·
2068	이무영	李無影	이갑용	李甲龍	今年의 文壇을 回顧함(中)	논설	1934-12-28	·
2069	이무영	李無影	이갑용	李甲龍	今年의 文壇을 回顧함(下)	논설	1934-12-30	·
2070	이무영	李無影	이갑용	李甲龍	水國紀行(1)	기행	1935-07-30	·
2071	이무영	李無影	이갑용	李甲龍	水國紀行(2)	기행	1935-07-31	·
2072	이무영	李無影	이갑용	李甲龍	水國紀行(3)	기행	1935-08-03	·
2073	이무영	李無影	이갑용	李甲龍	水國紀行(4)	기행	1935-08-04	·
2074	이무영	李無影	이갑용	李甲龍	水國紀行(5)	기행	1935-08-05	·
2075	이무영	李無影	이갑용	李甲龍	水國紀行(6)	기행	1935-08-06	·
2076	이무영	李無影	이갑용	李甲龍	水國紀行(7)	기행	1935-08-07	·
2077	이무영	李無影	이갑용	李甲龍	水國紀行(8)	기행	1935-08-08	·
2078	이무영	李無影	이갑용	李甲龍	『文壇페스트菌』의 再檢討- 張赫宙氏의 暴言을 戒함(上)	문학	1935-10-17	·

연번	자료저자명(한글)	자료저자명(한자)	본명(한글)	본명(한자)	기사제목	분류	날짜	비고
2079	이무영	李無影	이갑용	李甲龍	『文壇페스트菌』의 再檢討- 張氏는 朝鮮文壇과 絶緣?(2)	문학	1935-10-19	·
2080	이무영	李無影	이갑용	李甲龍	『文壇페스트菌』의 再檢討- 張氏는 朝鮮文壇과 絶緣?(3)	문학	1935-10-22	·
2081	이무영	李無影	이갑용	李甲龍	『文壇페스트菌』의 再檢討- 張氏는 朝鮮文壇과 絶緣?(4)	문학	1935-10-23	·
2082	이무영	李無影	이갑용	李甲龍	『文壇페스트菌』의 再檢討- 朝鮮文人됨이 더 意義잇다(5)	문학	1935-10-24	·
2083	이무영	李無影	이갑용	李甲龍	그리운 錄鄕(8)- 海印寺 點描	문학	1936-07-03	·
2084	이묵	李默	이묵	李默	西洋史上에나타난戊寅年의事變	역사	1938-01-13	·
2085	이백수	李百壽	이백수	李百壽	호랑이 傳說- 김선달 호랑이(1)	문학	1938-01-06	·
2086	이백수	李百壽	이백수	李百壽	호랑이 傳說- 김선달 호랑이(下)	문학	1938-01-07	·
2087	이병기	李秉岐	이병기	李秉岐	한글 硏究家諸氏의 感想과 提議- 사백여든넷재돌을맞으며/ 新綴字法을 實行하라	한글	1930-11-19	·
2088	이병기	李秉岐	이병기	李秉岐	詩調는 革命하자(1)	문학	1932-01-23	·
2089	이병기	李秉岐	이병기	李秉岐	詩調는 革命하자(2)	문학	1932-01-24	·
2090	이병기	李秉岐	이병기	李秉岐	詩調는 革命하자(3)	문학	1932-01-25	·
2091	이병기	李秉岐	이병기	李秉岐	詩調는 革命하자(4)	문학	1932-01-27	·
2092	이병기	李秉岐	이병기	李秉岐	詩調는 革命하자(5)	문학	1932-01-28	·
2093	이병기	李秉岐	이병기	李秉岐	詩調는 革命하자(6)	문학	1932-01-29	·
2094	이병기	李秉岐	이병기	李秉岐	詩調는 革命하자(7)	문학	1932-01-30	·
2095	이병기	李秉岐	이병기	李秉岐	詩調는 革命하자(8)	문학	1932-01-31	·
2096	이병기	李秉岐	이병기	李秉岐	詩調는 革命하자(9)	문학	1932-02-02	·
2097	이병기	李秉岐	이병기	李秉岐	詩調는 革命하자(10)	문학	1932-02-03	·
2098	이병기	李秉岐	이병기	李秉岐	詩調는 革命하자(11)	문학	1932-02-04	·
2099	이병기	李秉岐	이병기	李秉岐	世宗大王과 한글	한글	1935-10-28	·
2100	이병기	李秉岐	이병기	李秉岐	말은 人間의 거울- 우리말을 찾으라	한글	1938-01-04	·
2101	이병기	李秉岐	이병기	李秉岐	나의 스승을 말함(4)- 黃眞伊의 時調一首가 指針	문학	1938-01-28	·
2102	이병기	李秉岐	이병기	李秉岐	從來正樂에 對하야- 特히 三大樂聖의 業績	음악	1938-10-07	·
2103	이병기	李秉岐	이병기	李秉岐	從來正樂에 對하야- 特히 三大樂聖의 業績(中)	음악	1938-10-09	·
2104	이병기	李秉岐	이병기	李秉岐	從來正樂에 對하야- 特히 三大樂聖의 業績(下)	음악	1938-10-11	·
2105	이병기	李秉岐	이병기	李秉岐	어린이歷史(1)- 성골장군	역사, 문학	1938-10-16	·
2106	이병기	李秉岐	이병기	李秉岐	어린이歷史(2)- 甄萱(上)	역사, 문학	1938-10-23	·
2107	이병기	李秉岐	이병기	李秉岐	어린이歷史(3)- 甄萱(下)	역사, 문학	1938-11-06	·
2108	이병기	李秉岐	이병기	李秉岐	어린이歷史(4)- 高麗太祖	역사, 문학	1938-11-13	·
2109	이병기	李秉岐	이병기	李秉岐	어린이歷史(5)- 혜종과 박술히	역사, 문학	1938-11-20	·
2110	이병기	李秉岐	이병기	李秉岐	어린이歷史(5)*6회- 海東孔子	역사, 문학	1938-11-27	연재횟수 오기
2111	이병기	李秉岐	이병기	李秉岐	어린이歷史(7)- 姜邯贊(上)	역사,	1938-12-04	·

연번	자료저자명 (한글)	자료저자명 (한자)	본명 (한글)	본명 (한자)	기사제목	분류	날짜	비고
						문학		
2112	이병기	李秉岐	이병기	李秉岐	어린이歷史(8)- 姜邯贊(下)	역사, 문학	1938-12-11	·
2113	이병기	李秉岐	이병기	李秉岐	어린이歷史(9)- 寒松亭曲	역사, 문학	1938-12-18	·
2114	이병기	李秉岐	이병기	李秉岐	어린이歷史(10)- 광종의 일대	역사, 문학	1938-12-25	·
2115	이병기	李秉岐	이병기	李秉岐	傳統과 創造- 鄕歌와 現代詩(上)	문학	1939-01-11	·
2116	이병기	李秉岐	이병기	李秉岐	傳統과 創造- 鄕歌와 現代詩(下)	문학	1939-01-12	·
2117	이병기	李秉岐	이병기	李秉岐	鄕歌와 現代詩(3)	문학	1939-01-15	·
2118	이병기	李秉岐	이병기	李秉岐	鄕歌와 現代詩(完)	문학	1939-01-17	·
2119	이병기	李秉岐	이병기	李秉岐	어린이歷史- 新穴小君	역사, 문학	1939-01-22	·
2120	이병기	李秉岐	이병기	李秉岐	어린이歷史(10)- 왕가도의 꾀	역사, 문학	1939-02-05	·
2121	이병기	李秉岐	이병기	李秉岐	우리의 역사- 조상의 음덕(상)	역사, 문학	1939-02-19	·
2122	이병기	李秉岐	이병기	李秉岐	우리의 역사- 조상의 음덕(하)	역사, 문학	1939-02-26	·
2123	이병기	李秉岐	이병기	李秉岐	散文學의 再檢討- 歷史文學과 正史(上)	문학	1939-03-28	·
2124	이병기	李秉岐	이병기	李秉岐	散文學의 再檢討- 歷史文學과 正史(下)	문학	1939-03-28	·
2125	이병기	李秉岐	이병기	李秉岐	어린이歷史- 妙淸의 술법(上)	역사, 문학	1939-04-02	·
2126	이병기	李秉岐	이병기	李秉岐	어린이歷史- 묘청의 싸움(하)	역사, 문학	1939-04-09	·
2127	이병기	李秉岐	이병기	李秉岐	어린이歷史- 김부식과 정지상	역사, 문학	1939-04-16	·
2128	이병기	李秉岐	이병기	李秉岐	어린이歷史(20)- 구진천과 목노	역사, 문학	1939-05-28	·
2129	이병기	李秉岐	이병기	李秉岐	어린이歷史(21)- 장궁복과 정년	역사, 문학	1939-06-04	·
2130	이병기	李秉岐	이병기	李秉岐	어린이歷史(22)- 대세의 큰뜻	역사, 문학	1939-06-11	·
2131	이병기	李秉岐	이병기	李秉岐	어린이歷史(23)- 검은고의 유래	역사, 문학	1939-06-18	·
2132	이병기	李秉岐	이병기	李秉岐	어린이歷史(24)- 가야금 내력	역사, 문학	1939-06-25	·
2133	이병기	李秉岐	이병기	李秉岐	어린이歷史(25)- 목주의 효녀	역사, 문학	1939-07-02	·
2134	이병기	李秉岐	이병기	李秉岐	어린이歷史(25)- 김후직의 충간	역사, 문학	1939-07-09	·
2135	이병기	李秉岐	이병기	李秉岐	어린이歷史(26)- 신라의 화랑	역사, 문학	1939-07-16	·
2136	이병기	李秉岐	이병기	李秉岐	어린이歷史(27)- 사다함의 용기	역사, 문학	1939-07-30	·
2137	이병기	李秉岐	이병기	李秉岐	어린이歷史(29)- 신라의 기사	역사,	1939-08-13	·

연번	자료저자명(한글)	자료저자명(한자)	본명(한글)	본명(한자)	기사제목	분류	날짜	비고
						문학		
2138	이병기	李秉岐	이병기	李秉岐	어린이歷史(32)- 김장군의 분노	역사, 문학	1939-09-03	·
2139	이병기	李秉岐	이병기	李秉岐	어린이歷史(33)- 귀산과 추항	역사, 문학	1939-09-10	·
2140	이병기	李秉岐	이병기	李秉岐	어린이歷史(34)- 살수의 싸움	역사, 문학	1939-09-17	·
2141	이병기	李秉岐	이병기	李秉岐	어린이歷史(36)- 왕손을불	역사, 문학	1939-10-08	35회 미확인
2142	이병기	李秉岐	이병기	李秉岐	어린이歷史(37)- 근초고왕	역사, 문학	1939-10-15	·
2143	이병기	李秉岐	이병기	李秉岐	어린이歷史(38)- 삼녀왕	역사, 문학	1939-10-29	·
2144	이병기	李秉岐	이병기	李秉岐	어린이歷史(39)- 향가	역사, 문학	1939-11-05	·
2145	이병기	李秉岐	이병기	李秉岐	어린이歷史(40)- 백제의 미술	역사, 문학	1939-11-12	·
2146	이병기	李秉岐	이병기	李秉岐	어린이歷史(42)- 동명성왕	역사, 문학	1939-11-26	41회 미확인
2147	이병기	李秉岐	이병기	李秉岐	어린이歷史(43)- 유리명왕	역사, 문학	1939-12-03	·
2148	이병기	李秉岐	이병기	李秉岐	어린이歷史(44)- 효종랑	역사, 문학	1939-12-10	·
2149	이병기	李秉岐	이병기	李秉岐	어린이歷史(45)- 염직한 검군	역사, 문학	1939-12-17	·
2150	이병기	李秉岐	이병기	李秉岐	史上의 女傑撰(1)	역사	1940-01-01	·
2151	이병기	李秉岐	이병기	李秉岐	史上의 女傑撰(2)	역사	1940-01-03	·
2152	이병기	李秉岐	이병기	李秉岐	史上의 女傑撰(3)	역사	1940-01-05	·
2153	이병기	李秉岐	이병기	李秉岐	史上의 女傑撰(4)	역사	1940-01-06	·
2154	이병기	李秉岐	이병기	李秉岐	史上의 女傑撰(5)	역사	1940-01-09	·
2155	이병기	李秉岐	이병기	李秉岐	史上의 女傑撰(6)	역사	1940-01-10	·
2156	이병기	李秉岐	이병기	李秉岐	史上의 女傑撰(7)	역사	1940-01-12	·
2157	이병기	李秉岐	이병기	李秉岐	史上의 女傑撰(8)	역사	1940-01-13	·
2158	이병기	李秉岐	이병기	李秉岐	史上의 女傑撰(9)	역사	1940-01-16	·
2159	이병기	李秉岐	이병기	李秉岐	史上의 女傑撰(10)	역사	1940-01-18	·
2160	이병기	李秉岐	이병기	李秉岐	朝鮮文化의 創造性- 詩歌와 說話(上)	문학	1940-01-18	·
2161	이병기	李秉岐	이병기	李秉岐	朝鮮文化의 創造性- 詩歌와 說話(2)	문학	1940-01-19	·
2162	이병기	李秉岐	이병기	李秉岐	朝鮮文化의 創造性- 詩歌와 說話(3)	문학	1940-01-20	·
2163	이병기	李秉岐	이병기	李秉岐	時調의 形態(1)	문학	1940-03-05	·
2164	이병기	李秉岐	이병기	李秉岐	時調의 形態(2)	문학	1940-03-07	·
2165	이병기	李秉岐	이병기	李秉岐	時調의 形態(3)	문학	1940-03-08	·
2166	이병기	李秉岐	이병기	李秉岐	時調의 形態(4)	문학	1940-03-09	·
2167	이병기	李秉岐	이병기	李秉岐	時調의 形態(5)	문학	1940-03-10	·
2168	이병도	李丙燾	이병도	李丙燾	李朝初期의 儒學(1)	역사	1930-02-25	·

연번	자료저자명(한글)	자료저자명(한자)	본명(한글)	본명(한자)	기사제목	분류	날짜	비고
2169	이병도	李丙燾	이병도	李丙燾	李朝初期의 儒學(2)	역사	1930-02-27	·
2170	이병도	李丙燾	이병도	李丙燾	李朝初期의 儒學(3)	역사	1930-03-01	·
2171	이병도	李丙燾	이병도	李丙燾	李朝初期의 儒學(4)	역사	1930-03-02	·
2172	이병도	李丙燾	이병도	李丙燾	李朝初期의 儒學(5)	역사	1930-03-03	·
2173	이병도	李丙燾	이병도	李丙燾	李朝初期의 儒學(6)	역사	1930-03-04	·
2174	이병도	李丙燾	이병도	李丙燾	李朝初期의 儒學(7)	역사	1930-03-05	·
2175	이병도	李丙燾	이병도	李丙燾	李朝初期의 儒學(8)	역사	1930-03-06	·
2176	이병도	李丙燾	이병도	李丙燾	李朝初期의 儒學(9)	역사	1930-03-08	·
2177	이병도	李丙燾	이병도	李丙燾	李朝初期의 儒學(10)	역사	1930-03-09	·
2178	이병도	李丙燾	이병도	李丙燾	李朝初期의 儒學(11)	역사	1930-03-15	·
2179	이병도	李丙燾	이병도	李丙燾	李朝初期의 儒學(12)	역사	1930-03-18	·
2180	이병도	李丙燾	이병도	李丙燾	李朝初期의 儒學(13)	역사	1930-03-20	·
2181	이병도	李丙燾	이병도	李丙燾	李朝初期의 儒學(14)	역사	1930-03-21	·
2182	이병도	李丙燾	이병도	李丙燾	李朝初期의 儒學(15)	역사	1930-03-23	·
2183	이병도	李丙燾	이병도	李丙燾	李朝初期의 儒學(16)	역사	1930-03-25	·
2184	이병도	李丙燾	이병도	李丙燾	李朝初期의 儒學(17)	역사	1930-03-26	·
2185	이병도	李丙燾	이병도	李丙燾	李朝初期의 儒學(18)	역사	1930-03-27	·
2186	이병도	李丙燾	이병도	李丙燾	李朝初期의 儒學(19)	역사	1930-03-28	·
2187	이병도	李丙燾	이병도	李丙燾	李朝初期의 儒學(20)	역사	1930-03-29	·
2188	이병도	李丙燾	이병도	李丙燾	李朝初期의 儒學(21)	역사	1930-03-30	·
2189	이병도	李丙燾	이병도	李丙燾	李朝初期의 儒學(22- 完)	역사	1930-04-01	·
2190	이병도	李丙燾	이병도	李丙燾	옛자랑 새解釋(2)- 古山子의 地圖	역사	1936-01-03	·
2191	이병도	李丙燾	이병도	李丙燾	옛자랑 새解釋(8)- 李朝의 學術, 特히 儒學	역사	1936-01-10	·
2192	이병선	李炳宣	이병선	李炳宣	傳說(59) 玉流瀑布와 원효목 백일긔도 들이고 불도를 대각한/ 元曉大師의 修道地	문학	1932-10-08	寄稿, 抱川
2193	이북명	李北鳴	이북명	李北鳴	文學建設에 資할 나의 新提唱- 强한 知性과 人間的 本能의 擁護(上)	문학	1939-02-03	·
2194	이북명	李北鳴	이북명	李北鳴	文學建設에 資할 나의 新提唱- 强한 知性과 人間的 本能의 擁護(下)	문학	1939-02-05	·
2195	이사운	李沙雲	이사운	李沙雲	標로 풀게 된 한문易解法(1)	문학	1938-06-01	·
2196	이사운	李沙雲	이사운	李沙雲	標로 풀게 된 한문易解法(2)	문학	1938-06-05	·
2197	이사운	李沙雲	이사운	李沙雲	標로 풀게 된 한문易解法(3)	문학	1938-06-07	·
2198	이사운	李沙雲	이사운	李沙雲	標로 풀게 된 한문易解法(4)	문학	1938-06-08	·
2199	이사운	李沙雲	이사운	李沙雲	標로 풀게 된 한문易解法(5)	문학	1938-06-09	·
2200	이사운	李沙雲	이사운	李沙雲	標로 풀게 된 한문易解法(6)	문학	1938-06-10	·
2201	이사운	李沙雲	이사운	李沙雲	標로 풀게 된 한문易解法(7)	문학	1938-06-11	·
2202	이사운	李沙雲	이사운	李沙雲	標로 풀게 된 한문易解法(8)	문학	1938-06-12	·
2203	이사운	李沙雲	이사운	李沙雲	標로 풀게 된 한문易解法(9)	문학	1938-06-14	·
2204	이사운	李沙雲	이사운	李沙雲	標로 풀게 된 한문易解法(10)	문학	1938-06-15	·
2205	이사운	李沙雲	이사운	李沙雲	標로 풀게 된 한문易解法(11)	문학	1938-06-17	·
2206	이사운	李沙雲	이사운	李沙雲	標로 풀게 된 한문易解法(12)	문학	1938-06-18	·
2207	이사운	李沙雲	이사운	李沙雲	標로 풀게 된 한문易解法(13)	문학	1938-06-19	·

연번	자료저자명(한글)	자료저자명(한자)	본명(한글)	본명(한자)	기사제목	분류	날짜	비고
2208	이사운	李沙雲	이사운	李沙雲	標로 풀게 된 한문易解法(14)	문학	1938-06-22	·
2209	이사운	李沙雲	이사운	李沙雲	標로 풀게 된 한문易解法(15)	문학	1938-06-23	·
2210	이사운	李沙雲	이사운	李沙雲	標로 풀게 된 한문易解法(16)	문학	1938-06-24	·
2211	이사운	李沙雲	이사운	李沙雲	標로 풀게 된 한문易解法(17)	문학	1938-06-25	·
2212	이사운	李沙雲	이사운	李沙雲	標로 풀게 된 한문易解法(18)	문학	1938-06-28	·
2213	이사운	李沙雲	이사운	李沙雲	標로 풀게 된 한문易解法(19)	문학	1938-06-29	·
2214	이사운	李沙雲	이사운	李沙雲	標로 풀게 된 한문易解法(20)	문학	1938-06-30	·
2215	이사운	李沙雲	이사운	李沙雲	標로 풀게 된 한문易解法(21)	문학	1938-07-01	·
2216	이상백	李相佰	이상백	李相佰	옛자랑 새解釋(6)- 朝鮮銅活의 貢獻	역사	1936-01-08	·
2217	이상범	李象範	이상범	李象範	八道風光- 全州近郊(1)	기행	1935-09-05	·
2218	이상범	李象範	이상범	李象範	八道風光- 全州近郊(2)	기행	1935-09-06	·
2219	이상범	李象範	이상범	李象範	八道風光- 全州近郊(3)	기행	1935-09-07	·
2220	이상범	李象範	이상범	李象範	八道風光- 全州近郊(4)	기행	1935-09-10	·
2221	이상범	李象範	이상범	李象範	八道風光- 全州近郊(5)	기행	1935-09-13	·
2222	이상범	李象範	이상범	李象範	나의 스승을 말함(1)- 自由主義者 安心田 先生	문학	1938-01-25	·
2223	이상인	李相寅	이상인	李相寅	『鄕歌新解釋』의 疑問- 特히 老人獻花歌에 對하야(上)	문학	1940-03-07	·
2224	이상인	李相寅	이상인	李相寅	『鄕歌新解釋』의 疑問- 特히 老人獻花歌에 對하야(下)	문학	1940-03-08	·
2225	이상춘	李常春	이상춘	李常春	한글 研究家諸氏의 感想과 提議- 사백여든넷재돌을맞으며/ 橫書欄을 두엇으면	한글	1930-11-19	·
2226	이상춘	李常春	이상춘	李常春	第1回朝鮮語講習消息(1)*2회 關北方面第2講*1강洪原	한글	1931-08-08	연재횟수 오기
2227	이상춘	李常春	이상춘	李常春	第1回 朝鮮語講習消息(5) 關北方面 第2講 城津	한글	1931-08-16	·
2228	이상춘	李常春	이상춘	李常春	第1回 朝鮮語講習消息(10) 關北方面 第3講 會寧	한글	1931-08-27	·
2229	이상춘	李常春	이상춘	李常春	第1回 朝鮮語講習消息(14) 間島方面 特別講 龍井	한글	1931-09-03	·
2230	이상춘	李常春	이상춘	李常春	第1回 朝鮮語講習消息(15) 關北方面 第4講 咸興	한글	1931-09-05	·
2231	이상춘	李常春	이상춘	李常春	한글巡禮- 仁川에서	한글	1932-08-13	·
2232	이선근	李瑄根	이선근	李瑄根	朝鮮最近世史(1)	역사	1934-01-01	·
2233	이선근	李瑄根	이선근	李瑄根	朝鮮最近世史(2)	역사	1934-01-02	·
2234	이선근	李瑄根	이선근	李瑄根	朝鮮最近世史(3)	역사	1934-01-03	·
2235	이선근	李瑄根	이선근	李瑄根	朝鮮最近世史(4)	역사	1934-01-04	·
2236	이선근	李瑄根	이선근	李瑄根	朝鮮最近世史(5)	역사	1934-01-05	·
2237	이선근	李瑄根	이선근	李瑄根	朝鮮最近世史(6)	역사	1934-01-06	·
2238	이선근	李瑄根	이선근	李瑄根	朝鮮最近世史(7)	역사	1934-01-07	·
2239	이선근	李瑄根	이선근	李瑄根	朝鮮最近世史(8)- 雲揚號事件과 丙子修好條約(1)	역사	1934-01-09	·
2240	이선근	李瑄根	이선근	李瑄根	朝鮮最近世史(9)- 雲揚號事件과 丙子修好條約(2)	역사	1934-01-10	·
2241	이선근	李瑄根	이선근	李瑄根	朝鮮最近世史(9)- 雲揚號事件과 丙子修好條約(3)*10회	역사	1934-01-11	연재횟수 오기
2242	이선근	李瑄根	이선근	李瑄根	朝鮮最近世史(11)- 雲揚號事件과 丙子修好條約(4)	역사	1934-01-12	·
2243	이선근	李瑄根	이선근	李瑄根	朝鮮最近世史(12)- 雲揚號事件과 丙子修好條約(5)	역사	1934-01-13	·
2244	이선근	李瑄根	이선근	李瑄根	朝鮮最近世史(13)- 雲揚號事件과 丙子修好條約(6)	역사	1934-01-14	·

연번	자료저자명 (한글)	자료저자명 (한자)	본명 (한글)	본명 (한자)	기사제목	분류	날짜	비고
2245	이선근	李瑄根	이선근	李瑄根	朝鮮最近世史(14)- 雲揚號事件과 丙子修好條約(7)	역사	1934-01-16	·
2246	이선근	李瑄根	이선근	李瑄根	朝鮮最近世史(15)- 雲揚號事件과 丙子修好條約(8)	역사	1934-01-17	·
2247	이선근	李瑄根	이선근	李瑄根	朝鮮最近世史(16)- 雲揚號事件과 丙子修好條約(9)	역사	1934-01-18	·
2248	이선근	李瑄根	이선근	李瑄根	朝鮮最近世史(17)- 雲揚號事件과 丙子修好條約(10)	역사	1934-01-19	·
2249	이선근	李瑄根	이선근	李瑄根	朝鮮最近世史(18)- 雲揚號事件과 丙子修好條約(11)	역사	1934-01-20	·
2250	이선근	李瑄根	이선근	李瑄根	朝鮮最近世史(19)- 雲揚號事件과 丙子修好條約(12)	역사	1934-01-21	·
2251	이선근	李瑄根	이선근	李瑄根	朝鮮最近世史(20)- 壬午軍亂 前後(1)	역사	1934-01-23	·
2252	이선근	李瑄根	이선근	李瑄根	朝鮮最近世史(21)- 壬午軍亂 前後(2)	역사	1934-01-24	·
2253	이선근	李瑄根	이선근	李瑄根	朝鮮最近世史(22)- 壬午軍亂 前後(3)	역사	1934-01-25	·
2254	이선근	李瑄根	이선근	李瑄根	朝鮮最近世史(23)- 壬午軍亂 前後(4)	역사	1934-01-26	·
2255	이선근	李瑄根	이선근	李瑄根	朝鮮最近世史(24)- 壬午軍亂 前後(5)	역사	1934-01-27	·
2256	이선근	李瑄根	이선근	李瑄根	朝鮮最近世史(25)- 壬午軍亂 前後(6)	역사	1934-01-28	·
2257	이선근	李瑄根	이선근	李瑄根	朝鮮最近世史(26)- 壬午軍亂 前後(7)	역사	1934-01-30	·
2258	이선근	李瑄根	이선근	李瑄根	朝鮮最近世史(27)- 壬午軍亂 前後(8)	역사	1934-01-31	·
2259	이선근	李瑄根	이선근	李瑄根	朝鮮最近世史(28)- 壬午軍亂 前後(9)	역사	1934-02-01	·
2260	이선근	李瑄根	이선근	李瑄根	朝鮮最近世史(29)- 壬午軍亂 前後(10)	역사	1934-02-02	·
2261	이선근	李瑄根	이선근	李瑄根	朝鮮最近世史(30)- 壬午軍亂 前後(11)	역사	1934-02-03	·
2262	이선근	李瑄根	이선근	李瑄根	朝鮮最近世史(31)- 壬午軍亂 前後(12)	역사	1934-02-04	·
2263	이선근	李瑄根	이선근	李瑄根	朝鮮最近世史(32)- 壬午軍亂 前後(13)	역사	1934-02-07	·
2264	이선근	李瑄根	이선근	李瑄根	朝鮮最近世史(33)- 壬午軍亂 前後(14)	역사	1934-02-08	·
2265	이선근	李瑄根	이선근	李瑄根	朝鮮最近世史(34)- 壬午軍亂 前後(15)	역사	1934-02-09	·
2266	이선근	李瑄根	이선근	李瑄根	朝鮮最近世史(35)- 壬午軍亂 前後(16)	역사	1934-02-10	·
2267	이선근	李瑄根	이선근	李瑄根	朝鮮最近世史(36)- 壬午軍亂 前後(17)	역사	1934-02-11	·
2268	이선근	李瑄根	이선근	李瑄根	朝鮮最近世史(37)- 壬午軍亂 前後(18)	역사	1934-02-13	·
2269	이선근	李瑄根	이선근	李瑄根	朝鮮最近世史(38)- 壬午軍亂 前後(19)	역사	1934-02-14	·
2270	이선근	李瑄根	이선근	李瑄根	朝鮮最近世史(39)- 壬午軍亂 前後(20)	역사	1934-02-15	·
2271	이선근	李瑄根	이선근	李瑄根	朝鮮最近世史(40)- 壬午軍亂 前後(21)	역사	1934-02-16	·
2272	이선근	李瑄根	이선근	李瑄根	朝鮮最近世史(41)- 壬午軍亂 前後(22)	역사	1934-02-17	·
2273	이선근	李瑄根	이선근	李瑄根	朝鮮最近世史(42)- 壬午軍亂 前後(23)	역사	1934-02-18	·
2274	이선근	李瑄根	이선근	李瑄根	朝鮮最近世史(43)- 甲申政變과 그 影響(1)	역사	1934-02-20	·
2275	이선근	李瑄根	이선근	李瑄根	朝鮮最近世史(44)- 甲申政變과 그 影響(2)	역사	1934-02-21	·
2276	이선근	李瑄根	이선근	李瑄根	朝鮮最近世史(45)- 甲申政變과 그 影響(3)	역사	1934-02-23	·
2277	이선근	李瑄根	이선근	李瑄根	朝鮮最近世史(46)- 甲申政變과 그 影響(4)	역사	1934-02-24	·
2278	이선근	李瑄根	이선근	李瑄根	朝鮮最近世史(47)- 甲申政變과 그 影響(5)	역사	1934-02-25	·
2279	이선근	李瑄根	이선근	李瑄根	朝鮮最近世史(48)- 甲申政變과 그 影響(6)	역사	1934-02-27	·
2280	이선근	李瑄根	이선근	李瑄根	朝鮮最近世史(49)- 甲申政變과 그 影響(6)*7회	역사	1934-02-28	연재횟수 오기
2281	이선근	李瑄根	이선근	李瑄根	朝鮮最近世史(50)- 甲申政變과 그 影響(7)*8회	역사	1934-03-01	연재횟수 오기
2282	이선근	李瑄根	이선근	李瑄根	朝鮮最近世史(51)- 甲申政變과 그 影響(8)*9회	역사	1934-03-02	연재횟수 오기
2283	이선근	李瑄根	이선근	李瑄根	朝鮮最近世史(52)- 甲申政變과 그 影響(9)*10회	역사	1934-03-03	연재횟수 오기

연번	자료저자명 (한글)	자료저자명 (한자)	본명 (한글)	본명 (한자)	기사제목	분류	날짜	비고
2284	이선근	李瑄根	이선근	李瑄根	朝鮮最近世史(53)- 甲申政變과 그 影響(10)*11회	역사	1934-03-04	연재횟수 오기
2285	이선근	李瑄根	이선근	李瑄根	朝鮮最近世史(54)- 甲申政變과 그 影響(11)*12회	역사	1934-03-06	연재횟수 오기
2286	이선근	李瑄根	이선근	李瑄根	朝鮮最近世史(55)- 甲申政變과 그 影響(12)*13회	역사	1934-03-07	연재횟수 오기
2287	이선근	李瑄根	이선근	李瑄根	朝鮮最近世史(56)- 甲申政變과 그 影響(13)*14회	역사	1934-03-09	연재횟수 오기
2288	이선근	李瑄根	이선근	李瑄根	朝鮮最近世史(57)- 甲申政變과 그 影響(14)*15회	역사	1934-03-10	연재횟수 오기
2289	이선근	李瑄根	이선근	李瑄根	朝鮮最近世史(58)- 甲申政變과 그 影響(15)*16회	역사	1934-03-11	연재횟수 오기
2290	이선근	李瑄根	이선근	李瑄根	朝鮮最近世史(59)- 甲申政變과 그 影響(16)*17회	역사	1934-03-13	연재횟수 오기
2291	이선근	李瑄根	이선근	李瑄根	朝鮮最近世史(60)- 甲申政變과 그 影響(17)*18회	역사	1934-03-14	연재횟수 오기
2292	이선근	李瑄根	이선근	李瑄根	朝鮮最近世史(61)- 甲申政變과 그 影響(18)*19회	역사	1934-03-15	연재횟수 오기
2293	이선근	李瑄根	이선근	李瑄根	朝鮮最近世史(62)- 甲申政變과 그 影響(19)*20회	역사	1934-03-16	연재횟수 오기
2294	이선근	李瑄根	이선근	李瑄根	朝鮮最近世史(63)- 甲申政變과 그 影響(20)*21회	역사	1934-03-17	연재횟수 오기
2295	이선근	李瑄根	이선근	李瑄根	朝鮮最近世史(64)- 甲申政變과 그 影響(21)*22회	역사	1934-03-18	연재횟수 오기
2296	이선근	李瑄根	이선근	李瑄根	朝鮮最近世史(65)- 甲申政變과 그 影響(22)*23회	역사	1934-03-19	연재횟수 오기
2297	이선근	李瑄根	이선근	李瑄根	朝鮮最近世史(66)- 甲申政變과 그 影響(23)*24회	역사	1934-03-21	연재횟수 오기
2298	이선근	李瑄根	이선근	李瑄根	朝鮮最近世史(67)- 甲申政變과 그 影響(24)*25회	역사	1934-03-23	연재횟수 오기
2299	이선근	李瑄根	이선근	李瑄根	朝鮮最近世史(68)- 甲申政變과 그 影響(25)*26회	역사	1934-03-24	연재횟수 오기
2300	이선근	李瑄根	이선근	李瑄根	朝鮮最近世史(69)- 甲申政變과 그 影響(26)*27회	역사	1934-03-25	연재횟수 오기
2301	이선근	李瑄根	이선근	李瑄根	朝鮮最近世史(70)- 甲申政變과 그 影響(27)*28회	역사	1934-03-27	연재횟수 오기
2302	이선근	李瑄根	이선근	李瑄根	朝鮮最近世史(71)- 甲申政變과 그 影響(28)*29회	역사	1934-03-28	연재횟수 오기
2303	이선근	李瑄根	이선근	李瑄根	朝鮮最近世史(72)- 甲申政變과 그 影響(29)*30회	역사	1934-03-29	연재횟수 오기
2304	이선근	李瑄根	이선근	李瑄根	朝鮮最近世史(73)- 甲申政變과 그 影響(30)*31회	역사	1934-03-30	연재횟수 오기
2305	이선근	李瑄根	이선근	李瑄根	朝鮮最近世史(74)- 甲申政變과 그 影響(31)*32회	역사	1934-04-05	연재횟수 오기
2306	이선근	李瑄根	이선근	李瑄根	朝鮮最近世史(75)- 甲申政變과 그 影響(32)*33회	역사	1934-04-06	연재횟수 오기
2307	이선근	李瑄根	이선근	李瑄根	朝鮮最近世史(76)- 甲申政變과 그 影響(33)*34회	역사	1934-04-07	연재횟수 오기
2308	이선근	李瑄根	이선근	李瑄根	朝鮮最近世史(77)- 甲申政變과 그 影響(34)*35회	역사	1934-04-08	연재횟수 오기
2309	이선근	李瑄根	이선근	李瑄根	朝鮮最近世史(78)- 甲申政變과 그 影響(35)*36회	역사	1934-04-10	연재횟수 오기
2310	이선근	李瑄根	이선근	李瑄根	朝鮮最近世史(79)- 甲申政變과 그 影響(36)*37회	역사	1934-04-11	연재횟수 오기
2311	이선근	李瑄根	이선근	李瑄根	朝鮮最近世史(80)- 甲申政變과 그 影響(37)*38회	역사	1934-04-12	연재횟수 오기
2312	이선근	李瑄根	이선근	李瑄根	朝鮮最近世史(81)- 甲申政變과 그 影響(38)*39회	역사	1934-04-13	연재횟수 오기
2313	이선근	李瑄根	이선근	李瑄根	朝鮮最近世史(82)- 甲申政變과 그 影響(39)*40회	역사	1934-04-15	연재횟수 오기
2314	이선근	李瑄根	이선근	李瑄根	朝鮮最近世史(83)- 甲申政變과 그 影響(40)*41회	역사	1934-04-17	연재횟수 오기
2315	이선근	李瑄根	이선근	李瑄根	朝鮮最近世史(84)- 甲申政變과 그 影響(41)*42회	역사	1934-04-18	연재횟수 오기
2316	이선근	李瑄根	이선근	李瑄根	朝鮮最近世史(85)- 甲申政變과 그 影響(42)*43회	역사	1934-04-20	연재횟수 오기
2317	이선근	李瑄根	이선근	李瑄根	朝鮮最近世史(86)- 甲申政變과 그 影響(43)*44회	역사	1934-04-21	연재횟수 오기
2318	이선근	李瑄根	이선근	李瑄根	朝鮮最近世史(87)- 甲申政變과 그 影響(44)*45회	역사	1934-04-22	연재횟수 오기
2319	이선근	李瑄根	이선근	李瑄根	朝鮮最近世史(88)- 甲申政變과 그 影響(45)*46회	역사	1934-04-23	연재횟수 오기
2320	이선근	李瑄根	이선근	李瑄根	朝鮮最近世史(89)- 甲申政變과 그 影響(46)*47회	역사	1934-04-25	연재횟수 오기
2321	이선근	李瑄根	이선근	李瑄根	朝鮮最近世史(90)- 甲申政變과 그 影響(47)*48회	역사	1934-04-26	연재횟수 오기
2322	이선근	李瑄根	이선근	李瑄根	朝鮮最近世史(91)- 甲申政變과 그 影響(48)*49회	역사	1934-04-27	연재횟수 오기
2323	이선근	李瑄根	이선근	李瑄根	朝鮮最近世史(92)- 甲申政變과 그 影響(49)*50회	역사	1934-04-29	연재횟수 오기
2324	이선근	李瑄根	이선근	李瑄根	朝鮮最近世史(93)- 甲申政變과 그 影響(50)*51회	역사	1934-04-30	연재횟수 오기

연번	자료저자명 (한글)	자료저자명 (한자)	본명 (한글)	본명 (한자)	기사제목	분류	날짜	비고
2325	이선근	李瑄根	이선근	李瑄根	朝鮮最近世史(94)- 甲申政變과 그 影響(51)*52회	역사	1934-05-02	연재횟수 오기
2326	이선근	李瑄根	이선근	李瑄根	朝鮮最近世史(95)- 甲申政變과 그 影響(52)**53회	역사	1934-05-03	연재횟수 오기
2327	이선근	李瑄根	이선근	李瑄根	朝鮮最近世史(96)- 甲申政變과 그 影響(53)*54회	역사	1934-05-04	연재횟수 오기
2328	이선근	李瑄根	이선근	李瑄根	朝鮮最近世史(97)- 甲申政變과 그 影響(54)*55회	역사	1934-05-05	연재횟수 오기
2329	이선근	李瑄根	이선근	李瑄根	朝鮮最近世史(98)- 甲申政變과 그 影響(55)*56회	역사	1934-05-06	연재횟수 오기
2330	이선근	李瑄根	이선근	李瑄根	朝鮮最近世史(99)- 甲申政變과 그 影響(56)*57회	역사	1934-05-08	연재횟수 오기
2331	이선근	李瑄根	이선근	李瑄根	朝鮮最近世史(100)- 甲申政變과 그 影響(57)*58회	역사	1934-05-09	연재횟수 오기
2332	이선근	李瑄根	이선근	李瑄根	朝鮮最近世史(101)- 甲申政變과 그 影響(58)*59회	역사	1934-05-11	연재횟수 오기
2333	이선근	李瑄根	이선근	李瑄根	朝鮮最近世史(102)- 甲申政變과 그 影響(59)*60회	역사	1934-05-12	연재횟수 오기
2334	이선근	李瑄根	이선근	李瑄根	朝鮮最近世史(103)- 甲申政變과 그 影響(60)*61회	역사	1934-05-13	연재횟수 오기
2335	이선근	李瑄根	이선근	李瑄根	朝鮮最近世史(104)- 甲申政變과 그 影響(61)*62회	역사	1934-05-15	연재횟수 오기
2336	이선근	李瑄根	이선근	李瑄根	朝鮮最近世史(105)- 甲申政變과 그 影響(62)*63회	역사	1934-05-16	연재횟수 오기
2337	이선근	李瑄根	이선근	李瑄根	朝鮮最近世史(106)- 甲申政變과 그 影響(63)*64회	역사	1934-05-18	연재횟수 오기
2338	이선근	李瑄根	이선근	李瑄根	朝鮮最近世史(107)- 甲申政變과 그 影響(64)*65회	역사	1934-05-19	연재횟수 오기
2339	이선근	李瑄根	이선근	李瑄根	朝鮮最近世史(108)- 甲申政變과 그 影響(65)*66회	역사	1934-05-20	연재횟수 오기
2340	이선근	李瑄根	이선근	李瑄根	朝鮮最近世史(109)- 甲申政變과 그 影響(66)*67회	역사	1934-05-22	연재횟수 오기
2341	이선근	李瑄根	이선근	李瑄根	朝鮮最近世史(110)- 甲申政變과 그 影響(67, 完)*68회	역사	1934-05-23	연재횟수 오기
2342	이선근	李瑄根	이선근	李瑄根	朝鮮最近世史(111)- 歐米列强과의 外交關係(1)	역사	1934-06-05	·
2343	이선근	李瑄根	이선근	李瑄根	朝鮮最近世史(112)- 歐米列强과의 外交關係(2)	역사	1934-06-07	·
2344	이선근	李瑄根	이선근	李瑄根	朝鮮最近世史(113)- 歐米列强과의 外交關係(3)	역사	1934-06-08	·
2345	이선근	李瑄根	이선근	李瑄根	朝鮮最近世史(114)- 歐米列强과의 外交關係(4)	역사	1934-06-09	·
2346	이선근	李瑄根	이선근	李瑄根	朝鮮最近世史(115)- 歐米列强과의 外交關係(5)	역사	1934-06-10	·
2347	이선근	李瑄根	이선근	李瑄根	朝鮮最近世史(116)- 歐米列强과의 外交關係(6)	역사	1934-06-12	·
2348	이선근	李瑄根	이선근	李瑄根	朝鮮最近世史(117)- 歐米列强과의 外交關係(7)	역사	1934-06-13	·
2349	이선근	李瑄根	이선근	李瑄根	朝鮮最近世史(118)- 歐米列强과의 外交關係(8)	역사	1934-06-14	·
2350	이선근	李瑄根	이선근	李瑄根	朝鮮最近世史(119)- 歐米列强과의 外交關係(9)	역사	1934-06-15	·
2351	이선근	李瑄根	이선근	李瑄根	朝鮮最近世史(120)- 歐米列强과의 外交關係(10)	역사	1934-06-16	·
2352	이선근	李瑄根	이선근	李瑄根	朝鮮最近世史(121)- 歐米列强과의 外交關係(11)	역사	1934-06-17	·
2353	이선근	李瑄根	이선근	李瑄根	朝鮮最近世史(122)- 歐米列强과의 外交關係(12)	역사	1934-06-21	·
2354	이선근	李瑄根	이선근	李瑄根	朝鮮最近世史(123)- 歐米列强과의 外交關係(13)	역사	1934-06-23	·
2355	이선근	李瑄根	이선근	李瑄根	朝鮮最近世史(124)- 歐米列强과의 外交關係(14)	역사	1934-06-24	·
2356	이선근	李瑄根	이선근	李瑄根	朝鮮最近世史(125)- 歐米列强과의 外交關係(15)	역사	1934-06-26	·
2357	이선근	李瑄根	이선근	李瑄根	朝鮮最近世史(126)- 歐米列强과의 外交關係(16)	역사	1934-06-27	·
2358	이선근	李瑄根	이선근	李瑄根	朝鮮最近世史(127)- 歐米列强과의 外交關係(17)	역사	1934-06-28	·
2359	이선근	李瑄根	이선근	李瑄根	朝鮮最近世史(128)- 歐米列强과의 外交關係(18)	역사	1934-06-29	·
2360	이선근	李瑄根	이선근	李瑄根	朝鮮最近世史(129)- 歐米列强과의 外交關係(19)	역사	1934-06-30	·
2361	이선근	李瑄根	이선근	李瑄根	朝鮮最近世史(130)- 歐米列强과의 外交關係(20)	역사	1934-07-01	·
2362	이선근	李瑄根	이선근	李瑄根	朝鮮最近世史(131)- 歐米列强과의 外交關係(21)	역사	1934-07-03	·
2363	이선근	李瑄根	이선근	李瑄根	朝鮮最近世史(132)- 歐米列强과의 外交關係(22)	역사	1934-07-04	·
2364	이선근	李瑄根	이선근	李瑄根	朝鮮最近世史(133)- 歐米列强과의 外交關係(23)	역사	1934-07-05	·

연번	자료저자명(한글)	자료저자명(한자)	본명(한글)	본명(한자)	기사제목	분류	날짜	비고
2365	이선근	李瑄根	이선근	李瑄根	朝鮮最近世史(134)- 歐米列强과의 外交關係(24)	역사	1934-07-06	·
2366	이선근	李瑄根	이선근	李瑄根	朝鮮最近世史(135)- 歐米列强과의 外交關係(25)	역사	1934-07-07	·
2367	이선근	李瑄根	이선근	李瑄根	朝鮮最近世史(136)- 歐米列强과의 外交關係(26)	역사	1934-07-08	·
2368	이선근	李瑄根	이선근	李瑄根	朝鮮最近世史(137)- 歐米列强과의 外交關係(27)	역사	1934-07-10	·
2369	이선근	李瑄根	이선근	李瑄根	朝鮮最近世史(133)*138회- 歐米列强과의 外交關係(28)	역사	1934-07-11	연재횟수 오기
2370	이선근	李瑄根	이선근	李瑄根	朝鮮最近世史(139)- 歐米列强과의 外交關係(29)	역사	1934-07-12	·
2371	이선근	李瑄根	이선근	李瑄根	朝鮮最近世史(140)- 歐米列强과의 外交關係(30)	역사	1934-07-13	·
2372	이선근	李瑄根	이선근	李瑄根	朝鮮最近世史(141)- 歐米列强과의 外交關係(31)	역사	1934-07-14	·
2373	이선근	李瑄根	이선근	李瑄根	朝鮮最近世史(142)- 歐米列强과의 外交關係(32)	역사	1934-07-15	·
2374	이선근	李瑄根	이선근	李瑄根	朝鮮最近世史(143)- 歐米列强과의 外交關係(33)	역사	1934-07-17	·
2375	이선근	李瑄根	이선근	李瑄根	朝鮮最近世史(144)- 歐米列强과의 外交關係(34)	역사	1934-07-18	·
2376	이선근	李瑄根	이선근	李瑄根	朝鮮最近世史(145)- 歐米列强과의 外交關係(35)	역사	1934-07-19	·
2377	이선근	李瑄根	이선근	李瑄根	朝鮮最近世史(146)- 歐米列强과의 外交關係(36)	역사	1934-07-20	·
2378	이선근	李瑄根	이선근	李瑄根	朝鮮最近世史(147)- 歐米列强과의 外交關係(37)	역사	1934-07-21	·
2379	이선근	李瑄根	이선근	李瑄根	續朝鮮最近世史(148)- 甲午以前의 內情 東學亂과 日淸戰爭(1)	역사	1934-09-07	·
2380	이선근	李瑄根	이선근	李瑄根	續朝鮮最近世史(149)- 甲午以前의 內情 東學亂과 日淸戰爭(2)	역사	1934-09-08	·
2381	이선근	李瑄根	이선근	李瑄根	續朝鮮最近世史(150)- 甲午以前의 內情 東學亂과 日淸戰爭(3)	역사	1934-09-12	·
2382	이선근	李瑄根	이선근	李瑄根	續朝鮮最近世史(151)- 甲午以前의 內情 東學亂과 日淸戰爭(4)	역사	1934-09-13	·
2383	이선근	李瑄根	이선근	李瑄根	續朝鮮最近世史(152)- 甲午以前의 內情 東學亂과 日淸戰爭(5)	역사	1934-09-14	·
2384	이선근	李瑄根	이선근	李瑄根	續朝鮮最近世史(153)- 甲午以前의 內情 東學亂과 日淸戰爭(6)	역사	1934-09-15	·
2385	이선근	李瑄根	이선근	李瑄根	續朝鮮最近世史(154)- 甲午以前의 內情 東學亂과 日淸戰爭(7)	역사	1934-09-17	·
2386	이선근	李瑄根	이선근	李瑄根	續朝鮮最近世史(155)- 甲午以前의 內情 東學亂과 日淸戰爭(8)	역사	1934-09-19	·
2387	이선근	李瑄根	이선근	李瑄根	續朝鮮最近世史(156)- 甲午以前의 內情 東學亂과 日淸戰爭(9)	역사	1934-09-22	·
2388	이선근	李瑄根	이선근	李瑄根	續朝鮮最近世史(157)- 甲午以前의 內情 東學亂과 日淸戰爭(10)	역사	1934-09-23	·
2389	이선근	李瑄根	이선근	李瑄根	續朝鮮最近世史(158)- 甲午以前의 內情 東學亂과 日淸戰爭(11)	역사	1934-09-26	·
2390	이선근	李瑄根	이선근	李瑄根	續朝鮮最近世史(159)- 甲午以前의 內情 東學亂과 日淸戰爭(12)	역사	1934-09-27	·
2391	이선근	李瑄根	이선근	李瑄根	續朝鮮最近世史(160)- 甲午以前의 內情 東學亂과 日淸戰爭(13)	역사	1934-09-29	·
2392	이선근	李瑄根	이선근	李瑄根	續朝鮮最近世史(161)- 甲午以前의 內情 東學亂과 日淸戰爭(14)	역사	1934-10-03	·
2393	이선근	李瑄根	이선근	李瑄根	續朝鮮最近世史(162)- 甲午以前의 內情 東學亂과 日淸戰爭(15)	역사	1934-10-04	·

연번	자료저자명 (한글)	자료저자명 (한자)	본명 (한글)	본명 (한자)	기사제목	분류	날짜	비고
2394	이선근	李瑄根	이선근	李瑄根	續朝鮮最近世史(163)- 甲午以前의 內情 東學亂과 日淸戰爭(16)	역사	1934-10-05	·
2395	이선근	李瑄根	이선근	李瑄根	續朝鮮最近世史(164)- 甲午以前의 內情 東學亂과 日淸戰爭(17)	역사	1934-10-12	·
2396	이선근	李瑄根	이선근	李瑄根	續朝鮮最近世史(165)- 甲午以前의 內情 東學亂과 日淸戰爭(18)	역사	1934-10-13	·
2397	이선근	李瑄根	이선근	李瑄根	續朝鮮最近世史(166)- 甲午以前의 內情 東學亂과 日淸戰爭(19)	역사	1934-10-14	·
2398	이선근	李瑄根	이선근	李瑄根	續朝鮮最近世史(167)- 甲午以前의 內情 東學亂과 日淸戰爭(20)	역사	1934-10-16	·
2399	이선근	李瑄根	이선근	李瑄根	續朝鮮最近世史(168)- 甲午以前의 內情 東學亂과 日淸戰爭(21)	역사	1934-10-17	·
2400	이선근	李瑄根	이선근	李瑄根	續朝鮮最近世史(169)- 甲午以前의 內情 東學亂과 日淸戰爭(22)	역사	1934-10-19	·
2401	이선근	李瑄根	이선근	李瑄根	續朝鮮最近世史(170)- 甲午以前의 內情 東學亂과 日淸戰爭(23)	역사	1934-10-26	·
2402	이선근	李瑄根	이선근	李瑄根	續朝鮮最近世史(171)- 甲午以前의 內情 東學亂과 日淸戰爭(24)	역사	1934-10-31	·
2403	이선근	李瑄根	이선근	李瑄根	續朝鮮最近世史(172)- 甲午以前의 內情 東學亂과 日淸戰爭(25)	역사	1934-11-02	·
2404	이선근	李瑄根	이선근	李瑄根	續朝鮮最近世史(173)- 甲午以前의 內情 東學亂과 日淸戰爭(26)	역사	1934-11-03	·
2405	이선근	李瑄根	이선근	李瑄根	續朝鮮最近世史(174)- 甲午以前의 內情 東學亂과 日淸戰爭(27)	역사	1934-11-06	·
2406	이선근	李瑄根	이선근	李瑄根	續朝鮮最近世史(175)- 甲午以前의 內情 東學亂과 日淸戰爭(28)	역사	1934-11-07	·
2407	이선근	李瑄根	이선근	李瑄根	續朝鮮最近世史(176)- 甲午以前의 內情 東學亂과 日淸戰爭(29)	역사	1934-11-08	·
2408	이선근	李瑄根	이선근	李瑄根	續朝鮮最近世史(177)- 甲午以前의 內情 東學亂과 日淸戰爭(30)	역사	1934-11-09	·
2409	이선근	李瑄根	이선근	李瑄根	最近史上의 三丙年(1) 丙寅洋擾史話	역사	1936-01-01	·
2410	이선근	李瑄根	이선근	李瑄根	最近史上의 三丙年(2) 丙寅洋擾史話	역사	1936-01-03	·
2411	이선근	李瑄根	이선근	李瑄根	最近史上의 三丙年(3) 丙寅洋擾史話	역사	1936-01-05	·
2412	이선근	李瑄根	이선근	李瑄根	最近史上의 三丙年(4) 丙寅洋擾史話	역사	1936-01-06	·
2413	이선근	李瑄根	이선근	李瑄根	最近史上의 三丙年(5) 丙寅洋擾史話	역사	1936-01-07	·
2414	이선근	李瑄根	이선근	李瑄根	最近史上의 三丙年(6) 丙寅洋擾史話	역사	1936-01-09	·
2415	이선근	李瑄根	이선근	李瑄根	最近史上의 三丙年(7) 丙寅洋擾史話	역사	1936-01-10	·
2416	이선근	李瑄根	이선근	李瑄根	最近史上의 三丙年(8) 丙寅洋擾史話	역사	1936-01-11	·
2417	이선근	李瑄根	이선근	李瑄根	最近史上의 三丙年(9) 丙寅洋擾史話	역사	1936-01-12	·
2418	이선근	李瑄根	이선근	李瑄根	最近史上의 三丙年(10) 丙寅洋擾史話	역사	1936-01-14	·
2419	이선근	李瑄根	이선근	李瑄根	最近史上의 三丙年(11) 丙寅洋擾史話	역사	1936-01-15	·
2420	이선근	李瑄根	이선근	李瑄根	最近史上의 三丙年(12) 丙寅洋擾史話	역사	1936-01-18	·
2421	이선근	李瑄根	이선근	李瑄根	最近史上의 三丙年(13) 丙寅洋擾史話	역사	1936-01-19	·
2422	이선근	李瑄根	이선근	李瑄根	最近史上의 三丙年(14) 丙寅洋擾史話	역사	1936-01-23	·

연번	자료저자명(한글)	자료저자명(한자)	본명(한글)	본명(한자)	기사제목	분류	날짜	비고
2423	이선근	李瑄根	이선근	李瑄根	最近史上의 三丙年(15) 丙寅洋擾史話	역사	1936-01-25	·
2424	이선근	李瑄根	이선근	李瑄根	最近史上의 三丙年(16) 丙寅洋擾史話	역사	1936-01-28	·
2425	이선근	李瑄根	이선근	李瑄根	最近史上의 三丙年(17) 丙寅洋擾史話	역사	1936-01-29	·
2426	이선근	李瑄根	이선근	李瑄根	最近史上의 三丙年(18) 丙寅洋擾史話	역사	1936-01-31	·
2427	이선근	李瑄根	이선근	李瑄根	最近史上의 三丙年(19) 丙寅洋擾史話	역사	1936-02-01	·
2428	이선근	李瑄根	이선근	李瑄根	最近史上의 三丙年(20) 丙寅洋擾史話	역사	1936-02-02	·
2429	이선근	李瑄根	이선근	李瑄根	最近史上의 三丙年(21) 丙寅洋擾史話	역사	1936-02-13	·
2430	이선근	李瑄根	이선근	李瑄根	最近史上의 三丙年(22) 丙寅洋擾史話	역사	1936-02-16	·
2431	이선근	李瑄根	이선근	李瑄根	最近史上의 三丙年(23) 丙寅洋擾史話	역사	1936-02-19	·
2432	이선근	李瑄根	이선근	李瑄根	最近史上의 三丙年(24) 丙寅洋擾史話	역사	1936-02-20	·
2433	이선근	李瑄根	이선근	李瑄根	最近史上의 三丙年(25) 丙寅洋擾史話	역사	1936-02-23	·
2434	이선근	李瑄根	이선근	李瑄根	最近史上의 三丙年(26) 丙寅洋擾史話	역사	1936-02-25	·
2435	이선근	李瑄根	이선근	李瑄根	最近史上의 三丙年(27) 丙寅洋擾史話	역사	1936-02-27	·
2436	이선근	李瑄根	이선근	李瑄根	最近史上의 三丙年(28) 丙寅洋擾史話	역사	1936-02-28	·
2437	이선근	李瑄根	이선근	李瑄根	讀書餘響 新秋燈下에 읽히고 싶은 書籍- 最近世史研究書	민속	1937-09-09	·
2438	이선근	李瑄根	이선근	李瑄根	朝鮮史上의 戊寅(1)- 高麗의 創業과 李太祖의 禪位	역사	1938-01-01	·
2439	이선근	李瑄根	이선근	李瑄根	朝鮮史上의 戊寅(2)- 高麗의 創業과 李太祖의 禪位	역사	1938-01-03	·
2440	이선근	李瑄根	이선근	李瑄根	後孫에게는 一萬金보다는 조흔 書冊을 남기자	논설	1938-01-03	·
2441	이선근	李瑄根	이선근	李瑄根	朝鮮史上의 戊寅(3)- 高麗의 創業과 李太祖의 禪位	역사	1938-01-04	·
2442	이성주	李聖柱	이성주	李聖柱	聖經 綴字改正의 歷史的 妥當性(1)	논설	1938-02-25	·
2443	이성주	李聖柱	이성주	李聖柱	聖經 綴字改正의 歷史的 妥當性(2)	논설	1938-02-26	·
2444	이성주	李聖柱	이성주	李聖柱	聖經 綴字改正의 歷史的 妥當性(3)	논설	1938-03-01	·
2445	이성주	李聖柱	이성주	李聖柱	聖經綴字改定의 歷史的 妥當性(3)*4회	논설	1938-03-02	연재횟수 오기
2446	이성주	李聖柱	이성주	李聖柱	聖經 綴字改正의 歷史的 妥當性(5)	논설	1938-03-03	·
2447	이양하	李敭河	이양하	李敭河	「말問題」에 對한 隨想(1)	한글	1935-04-21	·
2448	이양하	李敭河	이양하	李敭河	「말問題」에 對한 隨想(2)	한글	1935-04-23	·
2449	이여성	李如星	이명건	李命鍵	鄕土舞樂인 農樂- 江陵 "풍물"의 印象記(1)	음악	1939-07-06	·
2450	이여성	李如星	이명건	李命鍵	鄕土舞樂인 農樂- 江陵 "풍물"의 印象記(2)	음악	1939-07-08	·
2451	이영익	李令翊	이영익	李令翊	朝鮮樂府百死歌	역사	1938-01-23	·
2452	이용성	李龍成	이용성	李龍成	傳說(33) 金將軍의 悲痛한 最後 처의 무지로 뜻을 이루지 못해/ 主人 일흔 赤土馬 喊聲	문학	1932-08-02	寄稿, 沙里院
2453	이용제	이용제	이용제	이용제	朝鮮의 語文運動을 爲하야- 佛語의 根本과 沿革	한글	1935-03-28	·
2454	이운곡	李雲谷	·	·	북 레뷰- 李泰俊著『久遠의 女像』	문학	1937-06-26	·
2455	이운림	李雲林	이운림	李雲林	己卯와 人物	역사	1939-01-01	·
2456	이원갑	李元甲	이원갑	李元甲	傳說(7) 歷代의 郡守夫人 金猪가 拉去- 金도야지 죽이고 포태산아하니 최치원	문학	1932-06-15	鐵山
2457	이윤재	李允宰	이윤재	李允宰	史上의 로만쓰 三國時代 王子鄒牟와 그 駿馬(1)	역사	1930-01-06	·
2458	이윤재	李允宰	이윤재	李允宰	史上의 로만쓰 三國時代 王子鄒牟와 그 駿馬(2)	역사	1930-01-07	·
2459	이윤재	李允宰	이윤재	李允宰	史上의 로만쓰 三國時代 王子鄒牟와 그 駿馬(3)	역사	1930-01-08	·
2460	이윤재	李允宰	이윤재	李允宰	史上의 로만쓰 三國時代 王子鄒牟와 그 駿馬(4)	역사	1930-01-09	·
2461	이윤재	李允宰	이윤재	李允宰	史上의 로만쓰 三國時代 王子鄒牟와 그 駿馬(5)	역사	1930-01-10	·

연번	자료저자명(한글)	자료저자명(한자)	본명(한글)	본명(한자)	기사제목	분류	날짜	비고
2462	이윤재	李允宰	이윤재	李允宰	史上의 로만쓰 三國時代 王子鄒牟와 그 駿馬(6)	역사	1930-01-11	·
2463	이윤재	李允宰	이윤재	李允宰	史上의 로만쓰 三國時代 王子鄒牟와 그 駿馬(7)	역사	1930-01-12	·
2464	이윤재	李允宰	이윤재	李允宰	史上의 로만쓰 三國時代 弗矩內王의 降世(1)	역사	1930-01-14	·
2465	이윤재	李允宰	이윤재	李允宰	史上의 로만쓰 三國時代 弗矩內王의 降世(2)	역사	1930-01-15	·
2466	이윤재	李允宰	이윤재	李允宰	조선을 지은이들 大聖人 世宗大王(1)	역사	1930-03-17	·
2467	이윤재	李允宰	이윤재	李允宰	조선을 지은이들 大聖人 世宗大王(2)	역사	1930-03-18	·
2468	이윤재	李允宰	이윤재	李允宰	조선을 지은이들 大聖人 世宗大王(3)	역사	1930-03-19	·
2469	이윤재	李允宰	이윤재	李允宰	조선을 지은이들 大聖人 世宗大王(4)	역사	1930-03-21	·
2470	이윤재	李允宰	이윤재	李允宰	조선을 지은이들 大聖人 世宗大王(5)	역사	1930-03-22	·
2471	이윤재	李允宰	이윤재	李允宰	조선을 지은이들 大聖人 世宗大王(6)	역사	1930-03-24	·
2472	이윤재	李允宰	이윤재	李允宰	조선을 지은이들 大聖人 世宗大王(7)	역사	1930-03-26	·
2473	이윤재	李允宰	이윤재	李允宰	조선을 지은이들 大聖人 世宗大王(8)	역사	1930-03-27	·
2474	이윤재	李允宰	이윤재	李允宰	조선을 지은이들 大聖人 世宗大王(9)	역사	1930-03-28	·
2475	이윤재	李允宰	이윤재	李允宰	조선을 지은이들 大聖人 世宗大王(10)	역사	1930-03-29	·
2476	이윤재	李允宰	이윤재	李允宰	조선을 지은이들 大聖人 世宗大王(11)	역사	1930-03-30	·
2477	이윤재	李允宰	이윤재	李允宰	조선을 지은이들 大聖人 世宗大王(12)	역사	1930-04-01	·
2478	이윤재	李允宰	이윤재	李允宰	조선을 지은이들 大聖人 世宗大王(13)	역사	1930-04-02	·
2479	이윤재	李允宰	이윤재	李允宰	조선을 지은이들 大聖人 世宗大王(14)	역사	1930-04-05	·
2480	이윤재	李允宰	이윤재	李允宰	조선을 지은이들 大聖人 世宗大王(15)	역사	1930-04-06	·
2481	이윤재	李允宰	이윤재	李允宰	조선을 지은이들 大聖人 世宗大王(16)	역사	1930-04-11	·
2482	이윤재	李允宰	이윤재	李允宰	조선을 지은이들 大聖人 世宗大王(17)	역사	1930-04-12	·
2483	이윤재	李允宰	이윤재	李允宰	조선을 지은이들 大聖人 世宗大王(18)	역사	1930-04-13	·
2484	이윤재	李允宰	이윤재	李允宰	조선을 지은이들 大聖人 世宗大王(19)	역사	1930-09-02	·
2485	이윤재	李允宰	이윤재	李允宰	조선을 지은이들 大聖人 世宗大王(20)	역사	1930-09-03	·
2486	이윤재	李允宰	이윤재	李允宰	조선을 지은이들 大聖人 世宗大王(21)	역사	1930-09-05	·
2487	이윤재	李允宰	이윤재	李允宰	조선을 지은이들 大聖人 世宗大王(22)	역사	1930-09-06	·
2488	이윤재	李允宰	이윤재	李允宰	조선을 지은이들 大聖人 世宗大王(23)	역사	1930-09-07	·
2489	이윤재	李允宰	이윤재	李允宰	조선을 지은이들 大聖人 世宗大王(24)	역사	1930-09-10	·
2490	이윤재	李允宰	이윤재	李允宰	조선을 지은이들 大聖人 世宗大王(25)	역사	1930-09-14	·
2491	이윤재	李允宰	이윤재	李允宰	조선을 지은이들 大聖人 世宗大王(26)	역사	1930-09-21	·
2492	이윤재	李允宰	이윤재	李允宰	조선을 지은이들 大聖人 世宗大王(27)	역사	1930-09-26	·
2493	이윤재	李允宰	이윤재	李允宰	조선을 지은이들 大聖人 世宗大王(28)	역사	1930-09-27	·
2494	이윤재	李允宰	이윤재	李允宰	조선을 지은이들 聖雄 李舜臣(1)	역사	1930-10-03	·
2495	이윤재	李允宰	이윤재	李允宰	조선을 지은이들 聖雄 李舜臣(2)	역사	1930-10-04	·
2496	이윤재	李允宰	이윤재	李允宰	가온날의 이야기- 이날의 놀이는 신라때부터 시작된 경기와 여흥	역사	1930-10-07	·
2497	이윤재	李允宰	이윤재	李允宰	조선을 지은이들 聖雄 李舜臣(3)	역사	1930-10-08	·
2498	이윤재	李允宰	이윤재	李允宰	조선을 지은이들 聖雄 李舜臣(4)	역사	1930-10-09	·
2499	이윤재	李允宰	이윤재	李允宰	조선을 지은이들 聖雄 李舜臣(5)	역사	1930-10-13	·
2500	이윤재	李允宰	이윤재	李允宰	조선을 지은이들 聖雄 李舜臣(6)	역사	1930-10-15	·
2501	이윤재	李允宰	이윤재	李允宰	조선을 지은이들 聖雄 李舜臣(7)	역사	1930-10-16	·

연번	자료저자명(한글)	자료저자명(한자)	본명(한글)	본명(한자)	기사제목	분류	날짜	비고
2502	이윤재	李允宰	이윤재	李允宰	조선을 지은이들 聖雄 李舜臣(8)	역사	1930-10-17	·
2503	이윤재	李允宰	이윤재	李允宰	조선을 지은이들 聖雄 李舜臣(9)	역사	1930-10-21	·
2504	이윤재	李允宰	이윤재	李允宰	조선을 지은이들 聖雄 李舜臣(10)	역사	1930-10-22	·
2505	이윤재	李允宰	이윤재	李允宰	조선을 지은이들 聖雄 李舜臣(11)	역사	1930-10-28	·
2506	이윤재	李允宰	이윤재	李允宰	조선을 지은이들 聖雄 李舜臣(12)	역사	1930-10-29	·
2507	이윤재	李允宰	이윤재	李允宰	조선을 지은이들 聖雄 李舜臣(13)	역사	1930-10-30	·
2508	이윤재	李允宰	이윤재	李允宰	조선을 지은이들 聖雄 李舜臣(14)	역사	1930-10-31	·
2509	이윤재	李允宰	이윤재	李允宰	조선을 지은이들 聖雄 李舜臣(15)	역사	1930-11-01	·
2510	이윤재	李允宰	이윤재	李允宰	조선을 지은이들 聖雄 李舜臣(16)	역사	1930-11-02	·
2511	이윤재	李允宰	이윤재	李允宰	조선을 지은이들 聖雄 李舜臣(17)	역사	1930-11-03	·
2512	이윤재	李允宰	이윤재	李允宰	조선을 지은이들 聖雄 李舜臣(18)	역사	1930-11-04	·
2513	이윤재	李允宰	이윤재	李允宰	조선을 지은이들 聖雄 李舜臣(19)	역사	1930-11-06	·
2514	이윤재	李允宰	이윤재	李允宰	조선을 지은이들 聖雄 李舜臣(20)	역사	1930-11-07	·
2515	이윤재	李允宰	이윤재	李允宰	조선을 지은이들 聖雄 李舜臣(21)	역사	1930-11-08	·
2516	이윤재	李允宰	이윤재	李允宰	조선을 지은이들 聖雄 李舜臣(22)	역사	1930-11-09	·
2517	이윤재	李允宰	이윤재	李允宰	조선을 지은이들 聖雄 李舜臣(23)	역사	1930-11-14	·
2518	이윤재	李允宰	이윤재	李允宰	조선을 지은이들 聖雄 李舜臣(24)	역사	1930-11-16	·
2519	이윤재	李允宰	이윤재	李允宰	조선을 지은이들 聖雄 李舜臣(25)	역사	1930-11-18	·
2520	이윤재	李允宰	이윤재	李允宰	조선을 지은이들 聖雄 李舜臣(26)	역사	1930-11-19	·
2521	이윤재	李允宰	이윤재	李允宰	한글 質疑欄	한글	1930-11-19	·
2522	이윤재	李允宰	이윤재	李允宰	한글 研究家諸氏의 感想과 提議-사백여든넷재돌을맞으며/ 세분에게 치하한다	한글, 사업	1930-11-19	·
2523	이윤재	李允宰	이윤재	李允宰	조선을 지은이들 聖雄 李舜臣(27)	역사	1930-11-20	·
2524	이윤재	李允宰	이윤재	李允宰	조선을 지은이들 聖雄 李舜臣(28)	역사	1930-11-21	·
2525	이윤재	李允宰	이윤재	李允宰	조선을 지은이들 聖雄 李舜臣(29)	역사	1930-11-22	·
2526	이윤재	李允宰	이윤재	李允宰	開天節 단군 강탄 4326회의 긔념	사업	1930-11-23	·
2527	이윤재	李允宰	이윤재	李允宰	조선을 지은이들 聖雄 李舜臣(30)	역사	1930-11-25	·
2528	이윤재	李允宰	이윤재	李允宰	한글 質疑欄	한글	1930-11-26	·
2529	이윤재	李允宰	이윤재	李允宰	조선을 지은이들 聖雄 李舜臣(31)	역사	1930-11-27	·
2530	이윤재	李允宰	이윤재	李允宰	한글 質疑欄	한글	1930-11-27	·
2531	이윤재	李允宰	이윤재	李允宰	조선을 지은이들 聖雄 李舜臣(32)	역사	1930-11-28	·
2532	이윤재	李允宰	이윤재	李允宰	조선을 지은이들 聖雄 李舜臣(33)	역사	1930-11-29	·
2533	이윤재	李允宰	이윤재	李允宰	한글 質疑欄	한글	1930-11-29	·
2534	이윤재	李允宰	이윤재	李允宰	조선을 지은이들 聖雄 李舜臣(34)	역사	1930-11-30	·
2535	이윤재	李允宰	이윤재	李允宰	한글 質疑欄	한글	1930-11-30	·
2536	이윤재	李允宰	이윤재	李允宰	조선을 지은이들 聖雄 李舜臣(35)	역사	1930-12-02	·
2537	이윤재	李允宰	이윤재	李允宰	한글 質疑欄	한글	1930-12-02	·
2538	이윤재	李允宰	이윤재	李允宰	조선을 지은이들 聖雄 李舜臣(36)	역사	1930-12-03	·
2539	이윤재	李允宰	이윤재	李允宰	한글 質疑欄	한글	1930-12-03	·
2540	이윤재	李允宰	이윤재	李允宰	조선을 지은이들 聖雄 李舜臣(37)	역사	1930-12-04	·
2541	이윤재	李允宰	이윤재	李允宰	조선을 지은이들 聖雄 李舜臣(38)	역사	1930-12-05	·

연번	자료저자명(한글)	자료저자명(한자)	본명(한글)	본명(한자)	기사제목	분류	날짜	비고
2542	이윤재	李允宰	이윤재	李允宰	한글 質疑欄	한글	1930-12-05	·
2543	이윤재	李允宰	이윤재	李允宰	조선을 지은이들 聖雄 李舜臣(39)	역사	1930-12-06	·
2544	이윤재	李允宰	이윤재	李允宰	한글 質疑欄	한글	1930-12-06	·
2545	이윤재	李允宰	이윤재	李允宰	조선을 지은이들 聖雄 李舜臣(40)	역사	1930-12-07	·
2546	이윤재	李允宰	이윤재	李允宰	한글 質疑欄	한글	1930-12-07	·
2547	이윤재	李允宰	이윤재	李允宰	조선을 지은이들 聖雄 李舜臣(41)	역사	1930-12-09	·
2548	이윤재	李允宰	이윤재	李允宰	한글 質疑欄	한글	1930-12-10	·
2549	이윤재	李允宰	이윤재	李允宰	조선을 지은이들 聖雄 李舜臣(42)	역사	1930-12-12	·
2550	이윤재	李允宰	이윤재	李允宰	조선을 지은이들 聖雄 李舜臣(43)	역사	1930-12-13	·
2551	이윤재	李允宰	이윤재	李允宰	한글 質疑欄	한글	1930-12-17	·
2552	이윤재	李允宰	이윤재	李允宰	한글 質疑欄	한글	1930-12-19	·
2553	이윤재	李允宰	이윤재	李允宰	한글 質疑欄	한글	1930-12-20	·
2554	이윤재	李允宰	이윤재	李允宰	한글 質疑欄	한글	1930-12-23	·
2555	이윤재	李允宰	이윤재	李允宰	한글 質疑欄	한글	1930-12-24	·
2556	이윤재	李允宰	이윤재	李允宰	한글 質疑欄	한글	1930-12-25	·
2557	이윤재	李允宰	이윤재	李允宰	한글 質疑欄	한글	1930-12-28	·
2558	이윤재	李允宰	이윤재	李允宰	史上의 辛未(1)	역사	1931-01-01	·
2559	이윤재	李允宰	이윤재	李允宰	史上의 辛未(2)	역사	1931-01-03	·
2560	이윤재	李允宰	이윤재	李允宰	史上의 辛未(3)	역사	1931-01-04	·
2561	이윤재	李允宰	이윤재	李允宰	朝鮮古典解題(1) 方便子 柳僖의 諺文誌	역사	1931-01-05	·
2562	이윤재	李允宰	이윤재	李允宰	史上의 辛未(4)	역사	1931-01-07	·
2563	이윤재	李允宰	이윤재	李允宰	한글 質疑欄	한글	1931-01-09	·
2564	이윤재	李允宰	이윤재	李允宰	한글 質疑欄	한글	1931-01-10	·
2565	이윤재	李允宰	이윤재	李允宰	한글 質疑欄	한글	1931-01-15	·
2566	이윤재	李允宰	이윤재	李允宰	한글 質疑欄	한글	1931-01-16	·
2567	이윤재	李允宰	이윤재	李允宰	한글 質疑欄	한글	1931-01-17	·
2568	이윤재	李允宰	이윤재	李允宰	讀書餘錄 史上警句(1)	역사	1931-01-19	·
2569	이윤재	李允宰	이윤재	李允宰	한글 質疑欄	한글	1931-01-20	·
2570	이윤재	李允宰	이윤재	李允宰	한글 質疑欄	한글	1931-01-22	·
2571	이윤재	李允宰	이윤재	李允宰	한글 質疑欄	한글	1931-01-23	·
2572	이윤재	李允宰	이윤재	李允宰	한글 質疑欄	한글	1931-01-25	·
2573	이윤재	李允宰	이윤재	李允宰	한글 質疑欄	한글	1931-01-28	·
2574	이윤재	李允宰	이윤재	李允宰	한글 質疑欄	한글	1931-01-29	·
2575	이윤재	李允宰	이윤재	李允宰	讀書餘錄 史上警句(2)	역사	1931-02-02	·
2576	이윤재	李允宰	이윤재	李允宰	한글 質疑欄	한글	1931-02-04	·
2577	이윤재	李允宰	이윤재	李允宰	한글 質疑欄	한글	1931-02-06	·
2578	이윤재	李允宰	이윤재	李允宰	한글 質疑欄	한글	1931-02-07	·
2579	이윤재	李允宰	이윤재	李允宰	한글 質疑欄	한글	1931-02-08	·
2580	이윤재	李允宰	이윤재	李允宰	讀書餘錄 史上警句(3)	역사	1931-02-09	·
2581	이윤재	李允宰	이윤재	李允宰	한글 質疑欄	한글	1931-02-10	·
2582	이윤재	李允宰	이윤재	李允宰	한글 質疑欄	한글	1931-02-11	·

연번	자료저자명 (한글)	자료저자명 (한자)	본명 (한글)	본명 (한자)	기사제목	분류	날짜	비고
2583	이윤재	李允宰	이윤재	李允宰	한글 質疑欄	한글	1931-02-14	·
2584	이윤재	李允宰	이윤재	李允宰	讀書餘錄 史上警句(4)	역사	1931-02-16	·
2585	이윤재	李允宰	이윤재	李允宰	한글 質疑欄	한글	1931-02-18	·
2586	이윤재	李允宰	이윤재	李允宰	한글 質疑欄	한글	1931-02-22	·
2587	이윤재	李允宰	이윤재	李允宰	讀書餘錄 史上警句(5)	역사	1931-02-23	·
2588	이윤재	李允宰	이윤재	李允宰	한글 質疑欄	한글	1931-02-24	·
2589	이윤재	李允宰	이윤재	李允宰	한글 質疑欄	한글	1931-02-26	·
2590	이윤재	李允宰	이윤재	李允宰	한글 質疑欄	한글	1931-03-01	·
2591	이윤재	李允宰	이윤재	李允宰	한글 質疑欄	한글	1931-03-05	·
2592	이윤재	李允宰	이윤재	李允宰	한글 質疑欄	한글	1931-03-06	·
2593	이윤재	李允宰	이윤재	李允宰	한글 質疑欄	한글	1931-03-12	·
2594	이윤재	李允宰	이윤재	李允宰	한글 質疑欄	한글	1931-03-13	·
2595	이윤재	李允宰	이윤재	李允宰	한글 質疑欄	한글	1931-03-20	·
2596	이윤재	李允宰	이윤재	李允宰	한글 質疑欄	한글	1931-03-24	·
2597	이윤재	李允宰	이윤재	李允宰	한글 質疑欄	한글	1931-03-29	·
2598	이윤재	李允宰	이윤재	李允宰	한글 質疑欄	한글	1931-04-02	·
2599	이윤재	李允宰	이윤재	李允宰	한글 質疑欄	한글	1931-04-04	·
2600	이윤재	李允宰	이윤재	李允宰	한글 質疑欄	한글	1931-04-05	·
2601	이윤재	李允宰	이윤재	李允宰	한글 質疑欄	한글	1931-04-07	·
2602	이윤재	李允宰	이윤재	李允宰	한글 質疑欄	한글	1931-04-08	·
2603	이윤재	李允宰	이윤재	李允宰	한글 質疑欄	한글	1931-04-10	·
2604	이윤재	李允宰	이윤재	李允宰	한글 質疑欄	한글	1931-04-14	·
2605	이윤재	李允宰	이윤재	李允宰	한글 質疑欄	한글	1931-04-16	·
2606	이윤재	李允宰	이윤재	李允宰	한글 質疑欄	한글	1931-04-17	·
2607	이윤재	李允宰	이윤재	李允宰	한글 質疑欄	한글	1931-04-22	·
2608	이윤재	李允宰	이윤재	李允宰	한글 質疑欄	한글	1931-05-08	·
2609	이윤재	李允宰	이윤재	李允宰	한글 質疑欄	한글	1931-05-09	·
2610	이윤재	李允宰	이윤재	李允宰	한글 質疑欄	한글	1931-05-10	·
2611	이윤재	李允宰	이윤재	李允宰	한글 質疑欄	한글	1931-05-13	·
2612	이윤재	李允宰	이윤재	李允宰	한글 質疑欄	한글	1931-05-15	·
2613	이윤재	李允宰	이윤재	李允宰	한글 質疑欄	한글	1931-05-15	·
2614	이윤재	李允宰	이윤재	李允宰	한글 質疑欄	한글	1931-05-17	·
2615	이윤재	李允宰	이윤재	李允宰	한글 質疑欄	한글	1931-05-19	·
2616	이윤재	李允宰	이윤재	李允宰	한글 質疑欄	한글	1931-05-22	·
2617	이윤재	李允宰	이윤재	李允宰	한글 質疑欄	한글	1931-05-23	·
2618	이윤재	李允宰	이윤재	李允宰	한글 質疑欄	한글	1931-05-24	·
2619	이윤재	李允宰	이윤재	李允宰	한글 質疑欄	한글	1931-05-28	·
2620	이윤재	李允宰	이윤재	李允宰	第1回 朝鮮語講習消息(1) 關西方面 第1講 宣川	한글	1931-08-04	·
2621	이윤재	李允宰	이윤재	李允宰	第1回 朝鮮語講習消息(3) 關西方面 第2講 平壤	한글	1931-08-12	·
2622	이윤재	李允宰	이윤재	李允宰	第3回*1회朝鮮語講習消息(7) 關西方面第3講定州	한글	1931-08-20	연재횟수 오기
2623	이윤재	李允宰	이윤재	李允宰	第1回 朝鮮語講習消息(11) 關西方面 第4講 運餉	한글	1931-08-28	·

연번	자료저자명(한글)	자료저자명(한자)	본명(한글)	본명(한자)	기사제목	분류	날짜	비고
2624	이윤재	李允宰	이윤재	李允宰	第1回朝鮮語講習消息(12)*13회 海西方面第3講黃州	한글	1931-09-02	연재횟수 오기
2625	이윤재	李允宰	이윤재	李允宰	한글 質疑欄	한글	1931-09-11	·
2626	이윤재	李允宰	이윤재	李允宰	한글 質疑欄	한글	1931-09-14	·
2627	이윤재	李允宰	이윤재	李允宰	한글 質疑欄	한글	1931-09-17	·
2628	이윤재	李允宰	이윤재	李允宰	한글 質疑欄	한글	1931-09-22	·
2629	이윤재	李允宰	이윤재	李允宰	一貫한 피의 歷史 카토릭 布敎百年- 百年聖祭를 臨하야(上)	역사, 종교	1931-09-26	·
2630	이윤재	李允宰	이윤재	李允宰	一貫한 피의 歷史 카토릭 布敎百年- 百年聖祭를 臨하야(中)	역사, 종교	1931-09-27	·
2631	이윤재	李允宰	이윤재	李允宰	一貫한 피의 歷史 카토릭 布敎百年- 百年聖祭를 臨하야(下)	역사, 종교	1931-09-29	·
2632	이윤재	李允宰	이윤재	李允宰	一貫한 피의 歷史 카토릭 布敎百年- 百年聖祭를 臨하야(續)	역사, 종교	1931-09-30	·
2633	이윤재	李允宰	이윤재	李允宰	仁憲公 姜邯贊 -歿後900年을 除하야-(上)	역사	1931-10-01	·
2634	이윤재	李允宰	이윤재	李允宰	仁憲公 姜邯贊 -歿後900年을 除하야-(下)	역사	1931-10-02	·
2635	이윤재	李允宰	이윤재	李允宰	한글 質疑	한글	1931-10-14	·
2636	이윤재	李允宰	이윤재	李允宰	한글 質疑	한글	1931-10-22	·
2637	이윤재	李允宰	이윤재	李允宰	한글 質疑	한글	1931-10-23	·
2638	이윤재	李允宰	이윤재	李允宰	한글 質疑	한글	1931-10-25	·
2639	이윤재	李允宰	이윤재	李允宰	한글 質疑	한글	1931-11-05	·
2640	이윤재	李允宰	이윤재	李允宰	한글 質疑	한글	1931-11-12	·
2641	이윤재	李允宰	이윤재	李允宰	開天節(上)	역사	1931-11-12	·
2642	이윤재	李允宰	이윤재	李允宰	한글 質疑	한글	1931-11-13	·
2643	이윤재	李允宰	이윤재	李允宰	開天節(下)	역사	1931-11-13	·
2644	이윤재	李允宰	이윤재	李允宰	한글質疑	한글	1931-12-02	
2645	이윤재	李允宰	이윤재	李允宰	한글質疑	한글	1931-12-03	
2646	이윤재	李允宰	이윤재	李允宰	한글質疑	한글	1931-12-04	
2647	이윤재	李允宰	이윤재	李允宰	한글質疑	한글	1931-12-17	
2648	이윤재	李允宰	이윤재	李允宰	滿洲이야기(1)- 녯날과 오늘	역사	1932-01-01	·
2649	이윤재	李允宰	이윤재	李允宰	滿洲이야기(2)- 옛날과 오늘	역사	1932-01-05	·
2650	이윤재	李允宰	이윤재	李允宰	滿洲이야기(3)- 옛날과 오늘	역사	1932-01-08	·
2651	이윤재	李允宰	이윤재	李允宰	한글質疑	한글	1932-02-03	·
2652	이윤재	李允宰	이윤재	李允宰	한글質疑	한글	1932-02-04	·
2653	이윤재	李允宰	이윤재	李允宰	한글質疑	한글	1932-02-05	
2654	이윤재	李允宰	이윤재	李允宰	만주와우리(4)- 오늘과 옛날의 이야기	역사	1932-02-07	·
2655	이윤재	李允宰	이윤재	李允宰	만주와우리(5)- 오늘과 옛날의 이야기	역사	1932-02-08	·
2656	이윤재	李允宰	이윤재	李允宰	만주와우리(6)- 오늘과 옛날의 이야기	역사	1932-02-12	·
2657	이윤재	李允宰	이윤재	李允宰	만주와우리(7)- 오늘과 옛날의 이야기	역사	1932-02-14	·
2658	이윤재	李允宰	이윤재	李允宰	한글 質疑	한글	1932-02-16	·
2659	이윤재	李允宰	이윤재	李允宰	만주와우리(8)- 오늘과 옛날의 이야기	역사	1932-02-17	·
2660	이윤재	李允宰	이윤재	李允宰	한글 質疑	한글	1932-02-17	·

연번	자료저자명(한글)	자료저자명(한자)	본명(한글)	본명(한자)	기사제목	분류	날짜	비고
2661	이윤재	李允宰	이윤재	李允宰	만주와우리(9)- 오늘과 옛날의 이야기	역사	1932-02-19	·
2662	이윤재	李允宰	이윤재	李允宰	한글 質疑	한글	1932-02-20	·
2663	이윤재	李允宰	이윤재	李允宰	만주와우리(9)*10회- 오늘과옛날의이야기	역사	1932-02-22	연재횟수 오기
2664	이윤재	李允宰	이윤재	李允宰	만주와우리(10)*11회- 오늘과옛날의이야기	역사	1932-02-23	연재횟수 오기
2665	이윤재	李允宰	이윤재	李允宰	한글 質疑	한글	1932-02-23	·
2666	이윤재	李允宰	이윤재	李允宰	역사적관계로본만주이야기(11)*12회	역사	1932-03-12	연재횟수 오기
2667	이윤재	李允宰	이윤재	李允宰	역사적관계로본만주이야기(12)*13회	역사	1932-03-14	연재횟수 오기
2668	이윤재	李允宰	이윤재	李允宰	역사적관계로본만주이야기(13)*14회	역사	1932-03-17	연재횟수 오기
2669	이윤재	李允宰	이윤재	李允宰	한글 質疑	한글	1932-03-17	·
2670	이윤재	李允宰	이윤재	李允宰	역사적관계로본만주이야기(14)*15회	역사	1932-03-18	연재횟수 오기
2671	이윤재	李允宰	이윤재	李允宰	역사적관계로본만주이야기(15)*16회	역사	1932-03-21	연재횟수 오기
2672	이윤재	李允宰	이윤재	李允宰	역사적관계로본만주이야기(16)*17회	역사	1932-03-23	연재횟수 오기
2673	이윤재	李允宰	이윤재	李允宰	역사적관계로본만주이야기(17)*18회	역사	1932-03-24	연재횟수 오기
2674	이윤재	李允宰	이윤재	李允宰	역사적관계로본만주이야기(18)*19회	역사	1932-03-26	연재횟수 오기
2675	이윤재	李允宰	이윤재	李允宰	한글 質疑	한글	1932-03-26	·
2676	이윤재	李允宰	이윤재	李允宰	역사적관계로본만주이야기(19)*20회	역사	1932-03-28	연재횟수 오기
2677	이윤재	李允宰	이윤재	李允宰	역사적관계로본만주이야기(20)*21회	역사	1932-03-29	연재횟수 오기
2678	이윤재	李允宰	이윤재	李允宰	역사적관계로본만주이야기(21)*22회	역사	1932-03-31	연재횟수 오기
2679	이윤재	李允宰	이윤재	李允宰	역사적관계로본만주이야기(22)*23회	역사	1932-04-01	연재횟수 오기
2680	이윤재	李允宰	이윤재	李允宰	한글 質疑	한글	1932-04-01	·
2681	이윤재	李允宰	이윤재	李允宰	역사적관계로본만주이야기(23)*24회	역사	1932-04-02	연재횟수 오기
2682	이윤재	李允宰	이윤재	李允宰	한글質疑	한글	1932-04-02	
2683	이윤재	李允宰	이윤재	李允宰	역사적관계로본만주이야기(24)*25회	역사	1932-04-03	연재횟수 오기
2684	이윤재	李允宰	이윤재	李允宰	한글 質疑	한글	1932-04-03	·
2685	이윤재	李允宰	이윤재	李允宰	역사적관계로본만주이야기(25)*26회	역사	1932-04-05	연재횟수 오기
2686	이윤재	李允宰	이윤재	李允宰	역사적관계로본만주이야기(26)*27회	역사	1932-04-09	연재횟수 오기
2687	이윤재	李允宰	이윤재	李允宰	역사적관계로본만주이야기(28)	역사	1932-04-12	·
2688	이윤재	李允宰	이윤재	李允宰	역사적관계로본만주이야기(29)	역사	1932-04-17	·
2689	이윤재	李允宰	이윤재	李允宰	역사적관계로본만주이야기(30)	역사	1932-04-18	·
2690	이윤재	李允宰	이윤재	李允宰	역사적관계로본만주이야기(31)	역사	1932-04-19	·
2691	이윤재	李允宰	이윤재	李允宰	한글 質疑	한글	1932-04-21	·
2692	이윤재	李允宰	이윤재	李允宰	한글 質疑	한글	1932-04-24	·
2693	이윤재	李允宰	이윤재	李允宰	한글 質疑	한글	1932-06-01	·
2694	이윤재	李允宰	이윤재	李允宰	한글 質疑	한글	1932-06-10	·
2695	이윤재	李允宰	이윤재	李允宰	한글巡禮- 永興에서	한글	1932-08-10	·
2696	이윤재	李允宰	이윤재	李允宰	한글巡禮- 興南에서	한글	1932-08-16	·
2697	이윤재	李允宰	이윤재	李允宰	한글巡禮- 淸津에서	한글	1932-08-27	·
2698	이윤재	李允宰	이윤재	李允宰	한글巡禮- 鎭興에서	한글	1932-09-02	·
2699	이윤재	李允宰	이윤재	李允宰	한글巡禮- 鏡城에서	한글	1932-09-15	五信
2700	이윤재	李允宰	이윤재	李允宰	한글巡禮- 鏡城에서	한글	1932-09-16	六信
2701	이윤재	李允宰	이윤재	李允宰	한글날/ 한글運動의 回顧(1)	한글,	1932-10-29	·

연번	자료저자명(한글)	자료저자명(한자)	본명(한글)	본명(한자)	기사제목	분류	날짜	비고
						사업		
2702	이윤재	李允宰	이윤재	李允宰	한글날/ 한글運動의 回顧(2)	한글, 사업	1932-10-30	·
2703	이윤재	李允宰	이윤재	李允宰	한글날/ 한글運動의 回顧(3)	한글, 사업	1932-11-01	·
2704	이윤재	李允宰	이윤재	李允宰	한글날/ 한글運動의 回顧(4)	한글, 사업	1932-11-02	·
2705	이윤재	李允宰	이윤재	李允宰	雅樂創定 500年을 際하야(1)	역사, 음악	1933-01-26	·
2706	이윤재	李允宰	이윤재	李允宰	雅樂創定 500年을 際하야(2)	역사, 음악	1933-01-28	·
2707	이윤재	李允宰	이윤재	李允宰	한글 綴字法-「新綴字便覽」의 解說(1)	한글	1933-04-01	조간
2708	이윤재	李允宰	이윤재	李允宰	한글 綴字法-「新綴字便覽」의 解說(2)	한글	1933-04-03	·
2709	이윤재	李允宰	이윤재	李允宰	한글 綴字法-「新綴字便覽」의 解說(3)	한글	1933-04-04	·
2710	이윤재	李允宰	이윤재	李允宰	한글 綴字法-「新綴字便覽」의 解說(4)	한글	1933-04-06	·
2711	이윤재	李允宰	이윤재	李允宰	한글 綴字法-「新綴字便覽」의 解說(5)	한글	1933-04-08	·
2712	이윤재	李允宰	이윤재	李允宰	한글 綴字法-「新綴字便覽」의 解說(6)	한글	1933-04-10	·
2713	이윤재	李允宰	이윤재	李允宰	한글 綴字法-「新綴字便覽」의 解說(7)	한글	1933-04-11	·
2714	이윤재	李允宰	이윤재	李允宰	한글 綴字法-「新綴字便覽」의 解說(8)	한글	1933-04-13	·
2715	이윤재	李允宰	이윤재	李允宰	한글 綴字法-「新綴字便覽」의 解說(9)	한글	1933-04-30	·
2716	이윤재	李允宰	이윤재	李允宰	한글 綴字法-「新綴字便覽」의 解說(10)	한글	1933-05-01	·
2717	이윤재	李允宰	이윤재	李允宰	한글 綴字法-「新綴字便覽」의 解說(11)	한글	1933-05-02	·
2718	이윤재	李允宰	이윤재	李允宰	한글 綴字法-「新綴字便覽」의 解說(12)	한글	1933-05-03	·
2719	이윤재	李允宰	이윤재	李允宰	한글 綴字法-「新綴字便覽」의 解說(13)	한글	1933-05-04	·
2720	이윤재	李允宰	이윤재	李允宰	한글 綴字法-「新綴字便覽」의 解說(14)	한글	1933-05-05	·
2721	이윤재	李允宰	이윤재	李允宰	한글 綴字法-「新綴字便覽」의 解說(15)	한글	1933-05-08	·
2722	이윤재	李允宰	이윤재	李允宰	한글 綴字法-「新綴字便覽」의 解說(16)	한글	1933-05-09	·
2723	이윤재	李允宰	이윤재	李允宰	한글 綴字法-「新綴字便覽」의 解說(17)	한글	1933-05-18	·
2724	이윤재	李允宰	이윤재	李允宰	한글 綴字法-「新綴字便覽」의 解說(18)	한글	1933-05-19	·
2725	이윤재	李允宰	이윤재	李允宰	한글 綴字法-「新綴字便覽」의 解說(19)	한글	1933-05-21	·
2726	이윤재	李允宰	이윤재	李允宰	한글 綴字法-「新綴字便覽」의 解說(20)	한글	1933-05-31	·
2727	이윤재	李允宰	이윤재	李允宰	한글 綴字法-「新綴字便覽」의 解說(21)	한글	1933-06-08	·
2728	이윤재	李允宰	이윤재	李允宰	한글 綴字法-「新綴字便覽」의 解說(22)	한글	1933-06-09	·
2729	이윤재	李允宰	이윤재	李允宰	母語運動의 概觀(1)	한글	1933-10-29	·
2730	이윤재	李允宰	이윤재	李允宰	母語運動의 概觀(2)	한글	1933-10-31	·
2731	이윤재	李允宰	이윤재	李允宰	母語運動의 概觀(3)	한글	1933-11-01	·
2732	이윤재	李允宰	이윤재	李允宰	母語運動의 概觀(4)	한글	1933-11-02	·
2733	이윤재	李允宰	이윤재	李允宰	甲戌과 朝鮮- 3大事實과 3大人物-(1)	역사	1934-01-01	·
2734	이윤재	李允宰	이윤재	李允宰	甲戌과 朝鮮- 3大事實과 3大人物-(2)	역사	1934-01-02	·
2735	이윤재	李允宰	이윤재	李允宰	甲戌과 朝鮮- 3大事實과 3大人物-(3)	역사	1934-01-03	·
2736	이윤재	李允宰	이윤재	李允宰	甲戌과 朝鮮- 3大事實과 3大人物-(4)	역사	1934-01-04	·
2737	이윤재	李允宰	이윤재	李允宰	甲戌과 朝鮮- 3大事實과 3大人物-(5)	역사	1934-01-05	·

연번	자료저자명(한글)	자료저자명(한자)	본명(한글)	본명(한자)	기사제목	분류	날짜	비고
2738	이윤재	李允宰	이윤재	李允宰	甲戌과 朝鮮- 3大事實과 3大人物-(6)	역사	1934-01-06	·
2739	이윤재	李允宰	이윤재	李允宰	城北 青龍庵에서(上)	기행	1934-08-29	·
2740	이윤재	李允宰	이윤재	李允宰	城北 青龍庵에서(中)	기행	1934-08-30	·
2741	이윤재	李允宰	이윤재	李允宰	城北 青龍庵에서(下)	기행	1934-08-31	·
2742	이윤재	李允宰	이윤재	李允宰	正音과 世宗大王의 人格(上)	한글	1934-10-28	·
2743	이윤재	李允宰	이윤재	李允宰	正音과 世宗大王의 人格(下)	한글	1934-10-30	·
2744	이윤재	李允宰	이윤재	李允宰	내 자랑과 내 보배(其四) 獨創과 發明(1)	역사	1934-12-13	·
2745	이윤재	李允宰	이윤재	李允宰	내 자랑과 내 보배(其四) 獨創과 發明(2)	역사	1934-12-14	·
2746	이윤재	李允宰	이윤재	李允宰	내 자랑과 내 보배(其四) 獨創과 發明(3)	역사	1934-12-15	·
2747	이윤재	李允宰	이윤재	李允宰	내 자랑과 내 보배(其四) 獨創과 發明(4)	역사	1934-12-16	·
2748	이윤재	李允宰	이윤재	李允宰	내 자랑과 내 보배(其四) 獨創과 發明(5)	역사	1934-12-18	·
2749	이윤재	李允宰	이윤재	李允宰	내 자랑과 내 보배(其四) 獨創과 發明(6)	역사	1934-12-19	·
2750	이윤재	李允宰	이윤재	李允宰	내 자랑과 내 보배(其四) 獨創과 發明(7)	역사	1934-12-20	·
2751	이윤재	李允宰	이윤재	李允宰	내 자랑과 내 보배(其四) 獨創과 發明(8)	역사	1934-12-21	·
2752	이윤재	李允宰	이윤재	李允宰	내 자랑과 내 보배(其四) 獨創과 發明(9)	역사	1934-12-22	·
2753	이윤재	李允宰	이윤재	李允宰	내 자랑과 내 보배(其四) 獨創과 發明(10)	역사	1934-12-25	·
2754	이윤재	李允宰	이윤재	李允宰	내 자랑과 내 보배(其四) 獨創과 發明(11)	역사	1934-12-27	·
2755	이윤재	李允宰	이윤재	李允宰	내 자랑과 내 보배(其四) 獨創과 發明(12)	역사	1934-12-28	·
2756	이윤재	李允宰	이윤재	李允宰	내 자랑과 내 보배(其四) 獨創과 發明(13)	역사	1934-12-29	·
2757	이윤재	李允宰	이윤재	李允宰	한글創製의 苦心	한글	1935-10-28	·
2758	이윤재	李允宰	이윤재	李允宰	朝鮮語事典 編纂은 어떠케 進行되는가(上)	한글	1935-12-20	·
2759	이윤재	李允宰	이윤재	李允宰	朝鮮語事典 編纂은 어떠케 進行되는가(下)	한글	1935-12-21	·
2760	이윤재	李允宰	이윤재	李允宰	뿍 레뷰- 文一平氏의 遺稿『湖岩史話集』	문학	1939-07-28	·
2761	이은상	李殷相	이은상	李殷相	史上의 로만쓰 高麗篇 大良院君(7)	역사	1930-01-03	·
2762	이은상	李殷相	이은상	李殷相	史上의 로만쓰 高麗篇 大良院君(8)	역사	1930-01-05	·
2763	이은상	李殷相	이은상	李殷相	史上의 로만쓰 李朝篇 咸興差使(1)	역사	1930-01-16	·
2764	이은상	李殷相	이은상	李殷相	史上의 로만쓰 李朝篇 咸興差使(2)	역사	1930-01-17	·
2765	이은상	李殷相	이은상	李殷相	史上의 로만쓰 李朝篇 咸興差使(3)	역사	1930-01-18	·
2766	이은상	李殷相	이은상	李殷相	史上의 로만쓰 李朝篇 咸興差使(4)	역사	1930-01-19	·
2767	이은상	李殷相	이은상	李殷相	史上의 로만쓰 李朝篇 咸興差使(5)	역사	1930-01-20	·
2768	이은상	李殷相	이은상	李殷相	史上의 로만쓰 李朝篇 咸興差使(6)	역사	1930-01-21	·
2769	이은상	李殷相	이은상	李殷相	史上의 로만쓰 李朝篇 咸興差使(7)	역사	1930-01-22	·
2770	이은상	李殷相	이은상	李殷相	史上의로만쓰李朝篇季娘	역사	1930-01-23	·
2771	이은상	李殷相	이은상	李殷相	史上의 로만쓰 李朝篇 少年成三問(1)	역사	1930-01-24	·
2772	이은상	李殷相	이은상	李殷相	史上의 로만쓰 李朝篇 少年成三問(2)	역사	1930-01-25	·
2773	이은상	李殷相	이은상	李殷相	史上의 로만쓰 李朝篇 少年成三問(3)	역사	1930-01-26	·
2774	이은상	李殷相	이은상	李殷相	史上의 로만쓰 李朝篇 少年成三問(4)	역사	1930-01-28	·
2775	이은상	李殷相	이은상	李殷相	史上의 로만쓰 李朝篇 少年成三問(5)	역사	1930-01-29	·
2776	이은상	李殷相	이은상	李殷相	史上의 로만쓰 李朝篇 讓寧大君과 丁香(1)	역사	1930-01-30	·
2777	이은상	李殷相	이은상	李殷相	史上의 로만쓰 李朝篇 讓寧大君과 丁香(2)	역사	1930-01-31	·
2778	이은상	李殷相	이은상	李殷相	史上의 로만쓰 李朝篇 讓寧大君과 丁香(3)	역사	1930-02-01	·

연번	자료저자명 (한글)	자료저자명 (한자)	본명 (한글)	본명 (한자)	기사제목	분류	날짜	비고
2779	이은상	李殷相	이은상	李殷相	史上의 로만쓰 李朝篇 讓寧大君과 丁香(4)	역사	1930-02-02	·
2780	이은상	李殷相	이은상	李殷相	史上의 로만쓰 李朝篇 讓寧大君과 丁香(5)	역사	1930-02-03	·
2781	이은상	李殷相	이은상	李殷相	史上의 로만쓰 李朝篇 讓寧大君과 丁香(6)	역사	1930-02-04	·
2782	이은상	李殷相	이은상	李殷相	史上의 로만쓰 李朝篇 安東 權參奉(1)	역사	1930-02-05	·
2783	이은상	李殷相	이은상	李殷相	史上의 로만쓰 李朝篇 安東 權參奉(2)	역사	1930-02-06	·
2784	이은상	李殷相	이은상	李殷相	史上의 로만쓰 李朝篇 安東 權參奉(3)	역사	1930-02-07	·
2785	이은상	李殷相	이은상	李殷相	史上의 로만쓰 李朝篇 玉簫仙(1)	역사	1930-02-08	·
2786	이은상	李殷相	이은상	李殷相	史上의 로만쓰 李朝篇 玉簫仙(2)	역사	1930-02-09	·
2787	이은상	李殷相	이은상	李殷相	史上의 로만쓰 李朝篇 玉簫仙(3)	역사	1930-02-10	·
2788	이은상	李殷相	이은상	李殷相	史上의 로만쓰 李朝篇 玉簫仙(4)	역사	1930-02-11	·
2789	이은상	李殷相	이은상	李殷相	史上의 로만쓰 李朝篇 玉簫仙(5)	역사	1930-02-13	·
2790	이은상	李殷相	이은상	李殷相	史上의 로만쓰 李朝篇 土亭의 逸事(1)	역사	1930-02-14	·
2791	이은상	李殷相	이은상	李殷相	史上의 로만쓰 李朝篇 土亭의 逸事(2)	역사	1930-02-15	·
2792	이은상	李殷相	이은상	李殷相	史上의 로만쓰 李朝篇 鄭生, 紅桃의 漂浪(1)	역사	1930-02-16	·
2793	이은상	李殷相	이은상	李殷相	史上의 로만쓰 李朝篇 鄭生, 紅桃의 漂浪(2)	역사	1930-02-18	·
2794	이은상	李殷相	이은상	李殷相	史上의 로만쓰 李朝篇 鄭生, 紅桃의 漂浪(3)	역사	1930-02-19	·
2795	이은상	李殷相	이은상	李殷相	史上의 로만쓰 李朝篇 義賊 朴長脚(1)	역사	1930-02-20	·
2796	이은상	李殷相	이은상	李殷相	史上의 로만쓰 李朝篇 義賊 朴長脚(2)	역사	1930-02-21	·
2797	이은상	李殷相	이은상	李殷相	史上의 로만쓰 李朝篇 義賊 朴長脚(3)	역사	1930-02-22	·
2798	이은상	李殷相	이은상	李殷相	史上의 로만쓰 李朝篇 義賊 朴長脚(4)	역사	1930-02-23	·
2799	이은상	李殷相	이은상	李殷相	史上의 로만쓰 李朝篇 夫娘(1)	역사	1930-02-25	·
2800	이은상	李殷相	이은상	李殷相	史上의 로만쓰 李朝篇 夫娘(2)	역사	1930-02-26	·
2801	이은상	李殷相	이은상	李殷相	史上의 로만쓰 李朝篇 夫娘(3)	역사	1930-02-27	·
2802	이은상	李殷相	이은상	李殷相	史上의 로만쓰 李朝篇 夫娘(4)	역사	1930-02-28	·
2803	이은상	李殷相	이은상	李殷相	史上의 로만쓰 李朝篇 夫娘(5)	역사	1930-03-01	·
2804	이은상	李殷相	이은상	李殷相	史上의 로만쓰 李朝篇 夫娘(6)	역사	1930-03-02	·
2805	이은상	李殷相	이은상	李殷相	史上의 로만쓰 李朝篇夫娘(6)*7회	역사	1930-03-03	연재횟수 오기
2806	이은상	李殷相	이은상	李殷相	史上의 로만쓰 李朝篇 童子 洪次奇(1)	역사	1930-03-03	·
2807	이은상	李殷相	이은상	李殷相	史上의 로만쓰 李朝篇 童子 洪次奇(2)	역사	1930-03-04	·
2808	이은상	李殷相	이은상	李殷相	史上의 로만쓰 李朝篇 童子 洪次奇(3)	역사	1930-03-05	·
2809	이은상	李殷相	이은상	李殷相	史上의 로만쓰 李朝篇 童子 洪次奇(4)	역사	1930-03-06	·
2810	이은상	李殷相	이은상	李殷相	史上의 로만쓰 李朝篇 御史 朴文秀(1)	역사	1930-03-07	·
2811	이은상	李殷相	이은상	李殷相	史上의 로만쓰 李朝篇 御史 朴文秀(2)	역사	1930-03-08	·
2812	이은상	李殷相	이은상	李殷相	史上의 로만쓰 李朝篇 御史 朴文秀(3)	역사	1930-03-09	·
2813	이은상	李殷相	이은상	李殷相	史上의 로만쓰 李朝篇 金申 夫婦傳(1)	역사	1930-03-11	·
2814	이은상	李殷相	이은상	李殷相	史上의 로만쓰 李朝篇 金申 夫婦傳(2)	역사	1930-03-12	·
2815	이은상	李殷相	이은상	李殷相	史上의 로만쓰 李朝篇 金申 夫婦傳(3)	역사	1930-03-13	·
2816	이은상	李殷相	이은상	李殷相	史上의 로만쓰 李朝篇 任辰亂의 鐵瓠兵(1)	역사	1930-03-14	·
2817	이은상	李殷相	이은상	李殷相	史上의 로만쓰 李朝篇 任辰亂의 鐵瓠兵(2)	역사	1930-03-15	·
2818	이은상	李殷相	이은상	李殷相	史上의 로만쓰 李朝篇 任辰亂의 鐵瓠兵(3)	역사	1930-03-16	·
2819	이은상	李殷相	이은상	李殷相	史上의 로만쓰 李朝篇 南怡와 妖鬼(1)	역사	1930-03-17	·

연번	자료저자명(한글)	자료저자명(한자)	본명(한글)	본명(한자)	기사제목	분류	날짜	비고
2820	이은상	李殷相	이은상	李殷相	史上의 로만쓰 李朝篇 南怡와 妖鬼(2)	역사	1930-03-18	·
2821	이은상	李殷相	이은상	李殷相	史上의 로만쓰 李朝篇 南怡와 妖鬼(3)	역사	1930-03-19	·
2822	이은상	李殷相	이은상	李殷相	史上의 로만쓰 補遺 火鬼된 志鬼(1)	역사	1930-04-02	·
2823	이은상	李殷相	이은상	李殷相	史上의 로만쓰 補遺 火鬼된 志鬼(2)	역사	1930-04-03	·
2824	이은상	李殷相	이은상	李殷相	史上의 로만쓰 補遺 黃山戰野의 두 인물(1)	역사	1930-04-05	·
2825	이은상	李殷相	이은상	李殷相	史上의 로만쓰 補遺 黃山戰野의 두 인물(2)	역사	1930-04-06	·
2826	이은상	李殷相	이은상	李殷相	史上의 로만쓰 補遺 朴信과 紅粧(1)	역사	1930-04-08	·
2827	이은상	李殷相	이은상	李殷相	史上의 로만쓰 補遺 朴信과 紅粧(2)	역사	1930-04-09	·
2828	이은상	李殷相	이은상	李殷相	史上의 로만쓰 補遺朴信과紅粧(2)*3회	역사	1930-04-10	연재횟수 오기
2829	이은상	李殷相	이은상	李殷相	史上의 로만쓰 補遺 李校理 長坤 [燕山君士禍의 一插話](1)	역사	1930-04-16	·
2830	이은상	李殷相	이은상	李殷相	西山一面論(1)	기행	1930-09-02	·
2831	이은상	李殷相	이은상	李殷相	西山一面論(2)	기행	1930-09-03	·
2832	이은상	李殷相	이은상	李殷相	西山一面論(3)	기행	1930-09-04	·
2833	이은상	李殷相	이은상	李殷相	西山一面論(4)	기행	1930-09-05	·
2834	이은상	李殷相	이은상	李殷相	西山一面論(5)	기행	1930-09-06	·
2835	이은상	李殷相	이은상	李殷相	西山一面論(6)	기행	1930-09-07	·
2836	이은상	李殷相	이은상	李殷相	西山一面論(7)	기행	1930-09-09	·
2837	이은상	李殷相	이은상	李殷相	西山一面論(8)	기행	1930-09-10	·
2838	이은상	李殷相	이은상	李殷相	文獻에 보인 羊의故事(上)	역사	1931-01-01	·
2839	이은상	李殷相	이은상	李殷相	어린이 조선(1) 大畵聖 率居(1)	역사, 문학	1931-01-01	·
2840	이은상	李殷相	이은상	李殷相	文獻에 보인 羊의故事(下)	역사	1931-01-03	·
2841	이은상	李殷相	이은상	李殷相	어린이 조선(2) 大畵聖 率居(2)	역사, 문학	1931-01-03	·
2842	이은상	李殷相	이은상	李殷相	어린이 조선(3) 石窟속의金庾信	역사, 문학	1931-01-04	·
2843	이은상	李殷相	이은상	李殷相	어린이 조선(4) 金庾信과三女神(1)	역사, 문학	1931-01-05	·
2844	이은상	李殷相	이은상	李殷相	어린이 조선(5) 金庾信과三女神(2)	역사, 문학	1931-01-07	·
2845	이은상	李殷相	이은상	李殷相	어린이 조선(6) 花郎斯多含(1)	역사, 문학	1931-01-08	·
2846	이은상	李殷相	이은상	李殷相	어린이 조선(7) 王子 好童(1)	역사, 문학	1931-01-09	·
2847	이은상	李殷相	이은상	李殷相	어린이 조선(8) 王子 好童(2)	역사, 문학	1931-01-10	·
2848	이은상	李殷相	이은상	李殷相	어린이 조선(9) 溫達과 公主(1)	역사, 문학	1931-01-11	·
2849	이은상	李殷相	이은상	李殷相	朝鮮古典解題(2) 朝鮮文學의一資料「佛歌九曲」	역사	1931-01-12	·
2850	이은상	李殷相	이은상	李殷相	어린이 조선(10) 溫達과 公主(2)	역사, 문학	1931-01-13	·
2851	이은상	李殷相	이은상	李殷相	어린이 조선(11) 溫達과 公主(3)	역사, 문학	1931-01-14	·

연번	자료저자명 (한글)	자료저자명 (한자)	본명 (한글)	본명 (한자)	기사제목	분류	날짜	비고
2852	이은상	李殷相	이은상	李殷相	어린이 조선(12) 道詵國師와 麗太祖의 出生(1)	역사, 문학	1931-01-15	·
2853	이은상	李殷相	이은상	李殷相	어린이 조선(13) 道詵國師와 麗太祖의 出生(2)	역사, 문학	1931-01-16	·
2854	이은상	李殷相	이은상	李殷相	어린이 조선(14) 圃隱의 代書(1)	역사, 문학	1931-01-17	·
2855	이은상	李殷相	이은상	李殷相	어린이 조선(15) 小姐 元洪莊(1)	역사, 문학	1931-01-18	·
2856	이은상	李殷相	이은상	李殷相	어린이 조선(16) 小姐 元洪莊(2)	역사, 문학	1931-01-20	·
2857	이은상	李殷相	이은상	李殷相	어린이 조선(17) 小姐 元洪莊(3)	역사, 문학	1931-01-21	·
2858	이은상	李殷相	이은상	李殷相	어린이 조선(18) 姊弟의 訟事	역사, 문학	1931-01-22	·
2859	이은상	李殷相	이은상	李殷相	어린이 조선(19) 野外行酒, 李太祖의 少時插話	역사, 문학	1931-01-23	·
2860	이은상	李殷相	이은상	李殷相	어린이조선(20) 吉再의石鷰歌	역사, 문학	1931-01-24	·
2861	이은상	李殷相	이은상	李殷相	어린이조선(21) 土亭先生이본八歲童李德馨	역사, 문학	1931-01-25	·
2862	이은상	李殷相	이은상	李殷相	어린이조선(22) 新郎兪拓基	역사, 문학	1931-01-27	·
2863	이은상	李殷相	이은상	李殷相	어린이조선(23) 金安國의頭痛(1)	역사, 문학	1931-01-28	·
2864	이은상	李殷相	이은상	李殷相	어린이조선(24) 金安國의頭痛(2)	역사, 문학	1931-01-29	·
2865	이은상	李殷相	이은상	李殷相	어린이조선(25) 金安國의頭痛(3)	역사, 문학	1931-01-30	·
2866	이은상	李殷相	이은상	李殷相	어린이조선(26) 昭顯世子嬪의揀擇	역사, 문학	1931-01-31	·
2867	이은상	李殷相	이은상	李殷相	어린이조선(27) 益齋英靈과아기李恒福	역사, 문학	1931-02-01	·
2868	이은상	李殷相	이은상	李殷相	어린이 조선(28) 外國語의 天才 少年 鄭北窓	역사, 문학	1931-02-03	·
2869	이은상	李殷相	이은상	李殷相	어린이 조선(29) 北窓의 휘파람	역사, 문학	1931-02-04	·
2870	이은상	李殷相	이은상	李殷相	어린이 조선(30) 徐居正의 月怪夢	역사, 문학	1931-02-05	·
2871	이은상	李殷相	이은상	李殷相	어린이 조선(31) 尙震과 田父	역사, 문학	1931-02-06	·
2872	이은상	李殷相	이은상	李殷相	어린이 조선(32) 名碁 林娘	역사, 문학	1931-02-07	·
2873	이은상	李殷相	이은상	李殷相	內外新刊評 孫晋泰氏編 朝鮮神歌遺編- 朝鮮民族의 古信仰및 古歌謠研究의 好資料	역사	1931-02-23	·
2874	이은상	李殷相	이은상	李殷相	丙亂과 時調- 時調學界의 새文獻「悲歌」紹介를 機會로(1)	역사	1931-05-15	·

연번	자료저자명 (한글)	자료저자명 (한자)	본명 (한글)	본명 (한자)	기사제목	분류	날짜	비고
2875	이은상	李殷相	이은상	李殷相	丙亂과 時調- 時調學界의 새文獻「悲歌」紹介를 機會로(2)	역사	1931-05-16	·
2876	이은상	李殷相	이은상	李殷相	丙亂과 時調- 時調學界의 새文獻「悲歌」紹介를 機會로(3)	역사	1931-05-17	·
2877	이은상	李殷相	이은상	李殷相	丙亂과 時調- 時調學界의 새文獻「悲歌」紹介를 機會로(4)	역사	1931-05-19	·
2878	이은상	李殷相	이은상	李殷相	丙亂과 時調- 時調學界의 새文獻「悲歌」紹介를 機會로(5)	역사	1931-05-20	·
2879	이은상	李殷相	이은상	李殷相	丙亂과 時調- 時調學界의 새文獻「悲歌」紹介를 機會로(6)	역사	1931-05-21	·
2880	이은상	李殷相	이은상	李殷相	香山遊記(1) 發程	기행	1931-06-11	·
2881	이은상	李殷相	이은상	李殷相	香山遊記(2) 幸州城과 臨津江	기행	1931-06-12	·
2882	이은상	李殷相	이은상	李殷相	香山遊記(3) 北으로 北으로	기행	1931-06-13	·
2883	이은상	李殷相	이은상	李殷相	香山遊記(4) 百祥樓와 七佛寺	기행	1931-06-14	·
2884	이은상	李殷相	이은상	李殷相	香山遊記(5-1) 初入情趣	기행	1931-06-16	·
2885	이은상	李殷相	이은상	李殷相	香山遊記(5-2)	기행	1931-06-17	·
2886	이은상	李殷相	이은상	李殷相	香山遊記(6) 普賢寺의 밤	기행	1931-06-21	·
2887	이은상	李殷相	이은상	李殷相	香山遊記(7) 妙香山槪說- 香山巡禮의 準備知識	기행	1931-06-23	·
2888	이은상	李殷相	이은상	李殷相	香山遊記(8) 普賢寺 沿革	기행	1931-06-24	·
2889	이은상	李殷相	이은상	李殷相	香山遊記(9) 大雄殿, 如來塔	기행	1931-06-27	·
2890	이은상	李殷相	이은상	李殷相	香山遊記(10) 萬歲樓	기행	1931-06-28	·
2891	이은상	李殷相	이은상	李殷相	香山遊記(11) 名僧의 文集	기행	1931-07-02	·
2892	이은상	李殷相	이은상	李殷相	香山遊記(12) 追慕되는 西山	기행	1931-07-03	·
2893	이은상	李殷相	이은상	李殷相	香山遊記(13) 安心寺	기행	1931-07-04	·
2894	이은상	李殷相	이은상	李殷相	香山遊記(14) 龍淵瀑	기행	1931-07-05	·
2895	이은상	李殷相	이은상	李殷相	香山遊記(15) 引虎臺 上	기행	1931-07-07	·
2896	이은상	李殷相	이은상	李殷相	香山遊記(16) 引虎臺 下	기행	1931-07-08	·
2897	이은상	李殷相	이은상	李殷相	香山遊記(16) 上院前溪	기행	1931-07-09	·
2898	이은상	李殷相	이은상	李殷相	香山遊記(17) 上院菴	기행	1931-07-11	·
2899	이은상	李殷相	이은상	李殷相	香山遊記(18) 祝聖殿	기행	1931-07-12	·
2900	이은상	李殷相	이은상	李殷相	香山遊記(19) 法王臺	기행	1931-07-15	·
2901	이은상	李殷相	이은상	李殷相	香山遊記(20) 法王峰	기행	1931-07-16	·
2902	이은상	李殷相	이은상	李殷相	香山遊記(21) 上院菴 歸宿	기행	1931-07-18	·
2903	이은상	李殷相	이은상	李殷相	香山遊記(22) 釋迦舍利塔	기행	1931-07-19	·
2904	이은상	李殷相	이은상	李殷相	香山遊記(23) 佛影臺	기행	1931-07-21	·
2905	이은상	李殷相	이은상	李殷相	香山遊記(24) 檀君窟	기행	1931-07-23	·
2906	이은상	李殷相	이은상	李殷相	香山遊記(25) 歸命歌	기행	1931-07-24	·
2907	이은상	李殷相	이은상	李殷相	香山遊記(26) 檀君洞 고사리	기행	1931-07-25	·
2908	이은상	李殷相	이은상	李殷相	香山遊記(26) 萬瀑洞 降仙臺, 27회	기행	1931-07-29	·
2909	이은상	李殷相	이은상	李殷相	香山遊記(28) 金剛山	기행	1931-07-30	·
2910	이은상	李殷相	이은상	李殷相	香山遊記(29) 內院廢墟	기행	1931-07-31	·
2911	이은상	李殷相	이은상	李殷相	香山遊記(30) 寶蓮臺	기행	1931-08-01	·

연번	자료저자명(한글)	자료저자명(한자)	본명(한글)	본명(한자)	기사제목	분류	날짜	비고
2912	이은상	李殷相	이은상	李殷相	香山遊記(31) 香爐峯	기행	1931-08-02	·
2913	이은상	李殷相	이은상	李殷相	香山遊記(32) 天台洞	기행	1931-08-04	·
2914	이은상	李殷相	이은상	李殷相	香山遊記(33) 中毘盧菴	기행	1931-08-05	·
2915	이은상	李殷相	이은상	李殷相	香山遊記(34) 白雲臺	기행	1931-08-06	·
2916	이은상	李殷相	이은상	李殷相	香山遊記(35) 歸路	기행	1931-08-07	·
2917	이은상	李殷相	이은상	李殷相	讀書奇聞金守溫의臥讀(1)	역사	1931-09-21	·
2918	이은상	李殷相	이은상	李殷相	讀書奇聞(2) 多讀家 金得臣	역사	1931-10-19	·
2919	이은상	李殷相	이은상	李殷相	讀書奇聞(3) 梁淵의晩學	역사	1931-11-02	·
2920	이은상	李殷相	이은상	李殷相	讀書奇聞(4) 壁穴讀書,金幹의一膝讀書	역사	1931-11-09	·
2921	이은상	李殷相	이은상	李殷相	讀書奇聞(4)*5회 趙憲의苦學	역사	1931-12-13	연재횟수 오기
2922	이은상	李殷相	이은상	李殷相	史上의 壬申- 文化史上으로 본 佛敎의 傳來(上)	역사	1932-01-01	·
2923	이은상	李殷相	이은상	李殷相	史上의 壬申- 文化史上으로 본 佛敎의 傳來(下)	역사	1932-01-02	·
2924	이은상	李殷相	이은상	李殷相	史上의 壬申- 壬申政治史(1) △薩水大捷…….登州擊陷 △圃隱成人…….李氏革命	역사	1932-01-03	·
2925	이은상	李殷相	이은상	李殷相	史上의 壬申- 壬申政治史(2) △薩水大捷…….登州擊陷 △圃隱成人…….李氏革命	역사	1932-01-04	·
2926	이은상	李殷相	이은상	李殷相	史上의 壬申- 壬申政治史(3) △薩水大捷…….登州擊陷 △圃隱成人…….李氏革命	역사	1932-01-05	·
2927	이은상	李殷相	이은상	李殷相	史上의 壬申- 壬申政治史(4) △薩水大捷…….登州擊陷 △圃隱成人…….李氏革命	역사	1932-01-06	·
2928	이은상	李殷相	이은상	李殷相	史上의 壬申- 壬申政治史(5) △薩水大捷…….登州擊陷 △圃隱成人…….李氏革命	역사	1932-01-07	·
2929	이은상	李殷相	이은상	李殷相	史上의 壬申- 壬申政治史(6) △薩水大捷…….登州擊陷 △圃隱成人…….李氏革命	역사	1932-01-10	·
2930	이은상	李殷相	이은상	李殷相	時調創作問題(1) -內容, 用語, 型式等-	문학	1932-03-30	·
2931	이은상	李殷相	이은상	李殷相	時調創作問題(2) -內容, 用語, 型式等-	문학	1932-03-31	·
2932	이은상	李殷相	이은상	李殷相	時調創作問題(3) -內容, 用語, 型式等-	문학	1932-04-01	·
2933	이은상	李殷相	이은상	李殷相	時調創作問題(4) -內容, 用語, 型式等-	문학	1932-04-02	·
2934	이은상	李殷相	이은상	李殷相	時調創作問題(5) -內容, 用語, 型式等-	문학	1932-04-03	·
2935	이은상	李殷相	이은상	李殷相	時調創作問題(6) -內容, 用語, 型式等-	문학	1932-04-04	·
2936	이은상	李殷相	이은상	李殷相	時調創作問題(7) -內容, 用語, 型式等-	문학	1932-04-06	·
2937	이은상	李殷相	이은상	李殷相	時調創作問題(8) -內容, 用語, 型式等-	문학	1932-04-08	·
2938	이은상	李殷相	이은상	李殷相	時調創作問題(9) -內容, 用語, 型式等-	문학	1932-04-09	·
2939	이은상	李殷相	이은상	李殷相	時調創作問題(10) -內容, 用語, 型式等-	문학	1932-04-11	·
2940	이은상	李殷相	이은상	李殷相	朝鮮의 謠讖(1)	역사, 문학	1932-07-23	·
2941	이은상	李殷相	이은상	李殷相	朝鮮의 謠讖(2)	역사, 문학	1932-07-24	·
2942	이은상	李殷相	이은상	李殷相	朝鮮의 謠讖(3)	역사,	1932-07-26	·

연번	자료저자명(한글)	자료저자명(한자)	본명(한글)	본명(한자)	기사제목	분류	날짜	비고
						문학		
2943	이은상	李殷相	이은상	李殷相	朝鮮의 謠讖(4)	역사, 문학	1932-07-27	·
2944	이은상	李殷相	이은상	李殷相	朝鮮의 謠讖(5)	역사, 문학	1932-07-28	·
2945	이은상	李殷相	이은상	李殷相	朝鮮의 謠讖(6)	역사, 문학	1932-07-30	·
2946	이은상	李殷相	이은상	李殷相	朝鮮의 謠讖(7)	역사, 문학	1932-07-31	·
2947	이은상	李殷相	이은상	李殷相	朝鮮의 謠讖(8)	역사, 문학	1932-08-04	·
2948	이은상	李殷相	이은상	李殷相	朝鮮의 謠讖(9)	역사, 문학	1932-08-05	·
2949	이은상	李殷相	이은상	李殷相	朝鮮의 謠讖(10)	역사, 문학	1932-08-06	·
2950	이은상	李殷相	이은상	李殷相	朝鮮의 謠讖(11)	역사, 문학	1932-08-07	·
2951	이은상	李殷相	이은상	李殷相	癸酉와 우리의 偉人(1)	역사	1933-01-01	·
2952	이은상	李殷相	이은상	李殷相	癸酉와 우리의 偉人(2)	역사	1933-01-02	·
2953	이은상	李殷相	이은상	李殷相	癸酉와 우리의 偉人(3)	역사	1933-01-03	·
2954	이은상	李殷相	이은상	李殷相	癸酉와 우리의 偉人(4)	역사	1933-01-05	·
2955	이은상	李殷相	이은상	李殷相	春川紀行(1)- 山路로, 山路로	역사, 기행	1933-05-08	·
2956	이은상	李殷相	이은상	李殷相	春川紀行(2)- 그리든 春川에	역사, 기행	1933-05-11	·
2957	이은상	李殷相	이은상	李殷相	春川紀行(3)- 「볼뫼」에 올라서	역사, 기행	1933-05-13	·
2958	이은상	李殷相	이은상	李殷相	春川紀行(4)- 光明속에 서서	역사, 기행	1933-05-16	·
2959	이은상	李殷相	이은상	李殷相	春川紀行(5)- 祈禱와 誓願	역사, 기행	1933-05-18	·
2960	이은상	李殷相	이은상	李殷相	春川紀行(6)- 昭陽江 물따라	역사, 기행	1933-05-19	·
2961	이은상	李殷相	이은상	李殷相	兒童讀本 第1課- 强首先生 이야기	역사, 문학	1933-09-01	·
2962	이은상	李殷相	이은상	李殷相	兒童讀本 第2課- 仇珍川은 누군가	역사, 문학	1933-09-02	·
2963	이은상	李殷相	이은상	李殷相	兒童讀本第3課- 偉大한元曉聖師	역사, 문학	1933-09-03	·
2964	이은상	李殷相	이은상	李殷相	兒童讀本第4課- 花娘이란무엇인가	역사, 문학	1933-09-05	·
2965	이은상	李殷相	이은상	李殷相	少年讀本 第5課- 斯多含의 忠勇	역사, 문학	1933-09-07	구 아동독본
2966	이은상	李殷相	이은상	李殷相	少年讀本 第6課- 劍君의 죽엄	역사, 문학	1933-09-09	·
2967	이은상	李殷相	이은상	李殷相	少年讀本 第7課- 月明師의 노래	역사,	1933-09-10	·

연번	자료저자명(한글)	자료저자명(한자)	본명(한글)	본명(한자)	기사제목	분류	날짜	비고
						문학		
2968	이은상	李殷相	이은상	李殷相	少年讀本 第7課*8회- 鄕歌란 무엇인가	역사, 문학	1933-09-15	연재횟수 오기
2969	이은상	李殷相	이은상	李殷相	少年讀本 第9課- 吏讀와薛聰先生	역사, 문학	1933-09-16	·
2970	이은상	李殷相	이은상	李殷相	少年讀本 第10課- 崔孤雲先生이야기	역사, 문학	1933-09-17	·
2971	이은상	李殷相	이은상	李殷相	文墨行脚- 第1信 新綠의 古墟로	문학, 기행	1934-05-24	·
2972	이은상	李殷相	이은상	李殷相	文墨同道- 第2信 西關600里	문학, 기행	1934-05-25	·
2973	이은상	李殷相	이은상	李殷相	文墨同道- 第3信 玄岩山乙支墓	문학, 기행	1934-05-26	·
2974	이은상	李殷相	이은상	李殷相	文墨同道- 第4信 江西의 形勝	문학, 기행	1934-05-27	·
2975	이은상	李殷相	이은상	李殷相	文墨同道- 第5信 高句麗 古墳	문학, 기행	1934-05-29	·
2976	이은상	李殷相	이은상	李殷相	文墨同道- 第6信 襄毅公 忠烈祠	문학, 기행	1934-05-30	·
2977	이은상	李殷相	이은상	李殷相	文墨同道- 第7信 古黃龍國	문학, 기행	1934-05-31	·
2978	이은상	李殷相	이은상	李殷相	文墨同道- 第8信 落照의 西海	문학, 기행	1934-06-01	·
2979	이은상	李殷相	이은상	李殷相	文墨同道- 最終信 歸路書懷	문학, 기행	1934-06-03	·
2980	이응수	李應洙	이응수	李應洙	金삿갓과 金剛山(上)	역사	1931-04-14	·
2981	이응수	李應洙	이응수	李應洙	金삿갓과 金剛山(中)	역사	1931-04-15	·
2982	이응수	李應洙	이응수	李應洙	金삿갓과 金剛山(下)	역사	1931-04-18	·
2983	이응수	李應洙	이응수	李應洙	藝術의 原理- 美學과 新奇性問題(1)	철학	1931-04-23	·
2984	이응수	李應洙	이응수	李應洙	藝術의 原理- 美學과 新奇性問題(2)	철학	1931-04-24	·
2985	이응수	李應洙	이응수	李應洙	藝術의 原理- 美學과 新奇性問題(3)	철학	1931-04-26	·
2986	이응수	李應洙	이응수	李應洙	藝術의 原理- 美學과 新奇性問題(4)	철학	1931-04-28	·
2987	이응수	李應洙	이응수	李應洙	藝術의 原理- 美學과 新奇性問題(5)	철학	1931-05-01	·
2988	이응수	李應洙	이응수	李應洙	藝術의 原理- 美學과 新奇性問題(6)	철학	1931-05-02	·
2989	이응수	李應洙	이응수	李應洙	藝術의 原理- 美學과 新奇性問題(7)	철학	1931-05-05	·
2990	이응수	李應洙	이응수	李應洙	藝術의 原理- 美學과 新奇性問題(8)	철학	1931-05-06	·
2991	이응수	李應洙	이응수	李應洙	藝術의 原理- 美學과 新奇性問題(9)	철학	1931-05-07	·
2992	이응수	李應洙	이응수	李應洙	藝術의 原理- 美學과 新奇性問題(10)	철학	1931-05-08	·
2993	이응수	李應洙	이응수	李應洙	藝術의 原理- 美學과 新奇性問題(11)	철학	1931-05-09	·
2994	이응수	李應洙	이응수	李應洙	藝術의 原理- 美學과 新奇性問題(12)	철학	1931-05-10	·
2995	이재욱	李在郁	이재욱	李在郁	在家僧漫考(1)	역사	1935-11-30	·
2996	이재욱	李在郁	이재욱	李在郁	在家僧漫考(2)	역사	1935-12-03	·
2997	이재욱	李在郁	이재욱	李在郁	在家僧漫考(3)	역사	1935-12-04	·
2998	이재욱	李在郁	이재욱	李在郁	在家僧漫考(4)	역사	1935-12-07	·

연번	자료저자명(한글)	자료저자명(한자)	본명(한글)	본명(한자)	기사제목	분류	날짜	비고
2999	이정호	李定鎬	이정호	李定鎬	傳說童話- 7月7夕 이야기	역사	1935-08-04	·
3000	이종태	李鍾泰	이종태	李鍾泰	朝鮮古來雅樂의 史的小考	역사	1938-10-07	·
3001	이종태	李鍾泰	이종태	李鍾泰	朝鮮雅樂器의 構造와 그 性能(1)	음악	1938-11-08	·
3002	이종태	李鍾泰	이종태	李鍾泰	朝鮮雅樂器의 構造와 그 性能(2)	음악	1938-11-09	·
3003	이종태	李鍾泰	이종태	李鍾泰	朝鮮雅樂器의 構造와 그 性能(3)	음악	1938-11-11	·
3004	이종태	李鍾泰	이종태	李鍾泰	朝鮮雅樂器의 構造와 그 性能(4)	음악	1938-11-15	·
3005	이종태	李鍾泰	이종태	李鍾泰	朝鮮雅樂器의 構造와 그 性能(5)	음악	1938-11-17	·
3006	이종태	李鍾泰	이종태	李鍾泰	朝鮮雅樂器의 構造와 그 性能(5)*6회	음악	1938-11-18	연재횟수 오기
3007	이종태	李鍾泰	이종태	李鍾泰	朝鮮雅樂器의 構造와 그 性能(6)*7회	음악	1938-11-22	연재횟수 오기
3008	이종태	李鍾泰	이종태	李鍾泰	朝鮮雅樂器의 構造와 그 性能(8)	음악	1938-11-25	·
3009	이종태	李鍾泰	이종태	李鍾泰	朝鮮雅樂器의 構造와 그 性能(9)	음악	1938-11-27	·
3010	이종태	李鍾泰	이종태	李鍾泰	朝鮮雅樂器의 構造와 그 性能(10)	음악	1938-11-30	·
3011	이종태	李鍾泰	이종태	李鍾泰	朝鮮雅樂器의 構造와 그 性能(11)	음악	1938-12-03	·
3012	이종태	李鍾泰	이종태	李鍾泰	朝鮮雅樂器의 構造와 그 性能(12)	음악	1938-12-04	·
3013	이종태	李鍾泰	이종태	李鍾泰	朝鮮雅樂器의 構造와 그 性能(13)	음악	1938-12-06	·
3014	이종태	李鍾泰	이종태	李鍾泰	朝鮮雅樂器의 構造와 그 性能(14, 完)	음악	1938-12-08	·
3015	이주형	李周衡	이주형	李周衡	朴魯哲氏의 「上古震域位置考- 濊貊種族分布」를 읽고(1)	역사	1930-12-19	·
3016	이주형	李周衡	이주형	李周衡	朴魯哲氏의 「上古震域位置考- 濊貊種族分布」를 읽고(2)	역사	1930-12-20	·
3017	이주형	李周衡	이주형	李周衡	朴魯哲氏의 「上古震域位置考- 濊貊種族分布」를 읽고(3)	역사	1930-12-21	·
3018	이주형	李周衡	이주형	李周衡	朴魯哲氏의 「上古震域位置考- 濊貊種族分布」를 읽고(4)	역사	1930-12-23	·
3019	이주형	李周衡	이주형	李周衡	朴魯哲氏의 「上古震域位置考- 濊貊種族分布」를 읽고(5)	역사	1930-12-24	·
3020	이주형	李周衡	이주형	李周衡	朴魯哲氏의 「上古震域位置考- 濊貊種族分布」를 읽고(6)	역사	1930-12-25	·
3021	이주형	李周衡	이주형	李周衡	朴魯哲氏의 「上古震域位置考- 濊貊種族分布」를 읽고(7)	역사	1930-12-28	·
3022	이중화	李重華	이중화	李重華	朝鮮 女子服의 變遷史(上)	역사, 민속	1939-01-11	·
3023	이중화	李重華	이중화	李重華	朝鮮 女子服의 變遷史(中)	역사, 민속	1939-01-12	·
3024	이중화	李重華	이중화	李重華	朝鮮 女子服의 變遷史(下)	역사, 민속	1939-01-13	·
3025	이청원	李清源	이청원	李清源	震檀學報 第3卷을 읽고(上)	논설	1935-11-09	·
3026	이청원	李清源	이청원	李清源	震檀學報 第3卷을 읽고(中)	논설	1935-11-12	·
3027	이청원	李清源	이청원	李清源	震檀學報 第3卷을 읽고(3)	논설	1935-11-13	·
3028	이청원	李清源	이청원	李清源	震檀學報 第3卷을 읽고(完)	논설	1935-11-14	·
3029	이청원	李清源	이청원	李清源	朝鮮人 思想에 잇서서의 「아세아的」 形態에 對하야(1)	논설	1935-11-30	·
3030	이청원	李清源	이청원	李清源	朝鮮人 思想에 잇서서의 「아세아的」 形態에 對하야(2)	논설	1935-12-01	·

연번	자료저자명(한글)	자료저자명(한자)	본명(한글)	본명(한자)	기사제목	분류	날짜	비고
3031	이청원	李清源	이청원	李清源	朝鮮人 思想에 잇서서의「아세아的」形態에 對하야(3)	논설	1935-12-03	·
3032	이청원	李清源	이청원	李清源	朝鮮人 思想에 잇서서의「아세아的」形態에 對하야(4)	논설	1935-12-04	·
3033	이청원	李清源	이청원	李清源	朝鮮人 思想에 잇서서의「아세아的」形態에 對하야(5)	논설	1935-12-05	·
3034	이청원	李清源	이청원	李清源	昨年中 日本學界에 나타난 朝鮮에 關한 論著에 對하야(1)	논설	1936-01-01	·
3035	이청원	李清源	이청원	李清源	昨年中 日本學界에 나타난 朝鮮에 關한 論著(2)	논설	1936-01-04	·
3036	이청원	李清源	이청원	李清源	昨年中 日本學界에 나타난 朝鮮에 關한 論著(3)	논설	1936-01-05	·
3037	이청원	李清源	이청원	李清源	昨年中 日本學界에 나타난 朝鮮에 關한 論著(4)	논설	1936-01-06	·
3038	이청원	李清源	이청원	李清源	朝鮮의 文化와 그 傳統(1)	역사	1937-11-02	·
3039	이청원	李清源	이청원	李清源	朝鮮의 文化와 그 傳統(2)	역사	1937-11-03	·
3040	이청원	李清源	이청원	李清源	朝鮮의 文化와 그 傳統(3)	역사	1937-11-05	·
3041	이청원	李清源	이청원	李清源	古代社會 新羅의 花郎制度 再批判(1)	역사	1938-02-06	·
3042	이청원	李清源	이청원	李清源	古代社會 新羅의 花郎制度 再批判(2)	역사	1938-02-08	·
3043	이청원	李清源	이청원	李清源	古代社會 新羅의 花郎制度 再批判(3)	역사	1938-02-09	·
3044	이태로	李太路	이태로	李太路	傳說(51) 百濟滅亡과 天間房 천일제 지내고 백제성 함락/ 道僧 만낫든 蘇將軍	문학	1932-09-25	寄稿, 玉溝
3045	이태준	李泰俊	이태준	李泰俊	제14회 書畵協會展을 보고(1)	미술	1930-10-22	·
3046	이태준	李泰俊	이태준	李泰俊	제14회 書畵協會展을 보고(2)	미술	1930-10-23	·
3047	이태준	李泰俊	이태준	李泰俊	제14회 書畵協會展을 보고(3)	미술	1930-10-25	·
3048	이태준	李泰俊	이태준	李泰俊	제14회 書畵協會展을 보고(4)	미술	1930-10-26	·
3049	이태준	李泰俊	이태준	李泰俊	제14회 書畵協會展을 보고(5)	미술	1930-10-28	·
3050	이태준	李泰俊	이태준	李泰俊	제14회 書畵協會展을 보고(6)	미술	1930-10-29	·
3051	이태준	李泰俊	이태준	李泰俊	제14회 書畵協會展을 보고(7)	미술	1930-10-30	·
3052	이태준	李泰俊	이태준	李泰俊	제14회 書畵協會展을 보고(8)	미술	1930-10-31	·
3053	이태준	李泰俊	이태준	李泰俊	文壇打診 卽問卽答記(2)	문학	1937-06-04	·
3054	이태준	李泰俊	이태준	李泰俊	評論態度에 對하야- 評筆의 焦燥性(上)	논설	1937-06-27	·
3055	이태준	李泰俊	이태준	李泰俊	評論態度에 對하야- 作家가 바라는 評論家(下)	논설	1937-06-29	·
3056	이태준	李泰俊	이태준	李泰俊	뿍 레뷰- 훌륭한 古典『朝鮮名寶展圖錄』	문학	1938-12-13	·
3057	이하윤	異河潤	이하윤	異河潤	建設期의 民族文學-凡例를 各國에 찾어서(其3)	문학	1935-01-05	·
3058	이하윤	異河潤	이하윤	異河潤	朝鮮文化20年(31)- 新詩의 發芽期(1)	논설	1940-05-26	·
3059	이하윤	異河潤	이하윤	異河潤	朝鮮文化20年(32)- 詩壇의 隆盛期(2)	논설	1940-05-29	·
3060	이하윤	異河潤	이하윤	異河潤	朝鮮文化20年(33)- 詩集出版의 旺盛(3)	논설	1940-06-01	·
3061	이한복	李漢福	이한복	李漢福	완당선생	역사, 사업	1938-05-28	·
3062	이헌구	李軒求	이헌구	李軒求	社會學的 藝術批評의 發展(1)	문학	1931-03-29	·
3063	이헌구	李軒求	이헌구	李軒求	社會學的 藝術批評의 發展(2)	문학	1931-03-31	·
3064	이헌구	李軒求	이헌구	李軒求	社會學的 藝術批評의 發展(3)	문학	1931-04-01	·
3065	이헌구	李軒求	이헌구	李軒求	社會學的 藝術批評의 發展(4)	문학	1931-04-03	·
3066	이헌구	李軒求	이헌구	李軒求	社會學的 藝術批評의 發展(5)	문학	1931-04-04	·
3067	이헌구	李軒求	이헌구	李軒求	社會學的 藝術批評의 發展(6)	문학	1931-04-05	·

연번	자료저자명(한글)	자료저자명(한자)	본명(한글)	본명(한자)	기사제목	분류	날짜	비고
3068	이헌구	李軒求	이헌구	李軒求	社會學的 藝術批評의 發展(7)	문학	1931-04-07	·
3069	이헌구	李軒求	이헌구	李軒求	社會學的 藝術批評의 發展(8)	문학	1931-04-08	·
3070	이헌구	李軒求	이헌구	李軒求	文學遺産에 對한 맑스主義者의 見解(上)	논설	1932-03-10	·
3071	이헌구	李軒求	이헌구	李軒求	文學遺産에對한맑스主義者의見解(上)*中	논설	1932-03-11	연재횟수 오기
3072	이헌구	李軒求	이헌구	李軒求	文學遺産에對한맑스主義者의見解(下)	논설	1932-03-13	·
3073	이헌구	李軒求	이헌구	李軒求	朝鮮文學은 어대로?(1)	문학	1934-01-01	·
3074	이헌구	李軒求	이헌구	李軒求	朝鮮文學은 어대로?(2)	문학	1934-01-02	·
3075	이헌구	李軒求	이헌구	李軒求	朝鮮文學은 어대로?(3)	문학	1934-01-05	·
3076	이헌구	李軒求	이헌구	李軒求	朝鮮文學은 어대로?(4)	문학	1934-01-10	·
3077	이헌구	李軒求	이헌구	李軒求	朝鮮文學은 어대로?(5)	문학	1934-01-11	·
3078	이헌구	李軒求	이헌구	李軒求	朝鮮文學은 어대로?(6)	문학	1934-01-12	·
3079	이헌구	李軒求	이헌구	李軒求	建設期의 民族文學-凡例를 各國에 찾어서(其1)	문학	1935-01-03	·
3080	이효석	李孝石	이효석	李孝石	그리운 錄鄕(1)- 바다로 열린 綠帶	문학	1936-06-24	·
3081	이훈구	李勳求	이훈구	李勳求	朝鮮人口, 史的發展의 硏究(1)	역사, 논설	1932-07-10	·
3082	이훈구	李勳求	이훈구	李勳求	朝鮮人口, 史的發展의 硏究(2)	역사, 논설	1932-07-19	·
3083	이훈구	李勳求	이훈구	李勳求	朝鮮人口, 史的發展의 硏究(3)	역사, 논설	1932-07-21	·
3084	이훈구	李勳求	이훈구	李勳求	朝鮮人口, 史的發展의 硏究(4)	역사, 논설	1932-07-23	·
3085	이훈구	李勳求	이훈구	李勳求	朝鮮人口, 史的發展의 硏究(5)	역사, 논설	1932-07-26	·
3086	이희승	李熙昇	이희승	李熙昇	新綴字에 關하야 바라는 몇가지(1)	한글	1930-11-19	·
3087	이희승	李熙昇	이희승	李熙昇	新綴字에 關하야 바라는 몇가지(2)	한글	1930-11-20	·
3088	이희승	李熙昇	이희승	李熙昇	新綴字에 關하야 바라는 몇가지(3)	한글	1930-11-21	·
3089	이희승	李熙昇	이희승	李熙昇	新綴字에 關하야 바라는 몇가지(4)	한글	1930-11-23	·
3090	이희승	李熙昇	이희승	李熙昇	新綴字에關하야바라는몇가지(4)*5회	한글	1930-11-26	연재횟수 오기
3091	이희승	李熙昇	이희승	李熙昇	한글巡禮-光州에서	한글	1932-08-28	·
3092	이희승	李熙昇	이희승	李熙昇	한글巡禮-光州에서	한글	1932-08-30	·
3093	이희승	李熙昇	이희승	李熙昇	한글토론회 속긔록(10)- 第2日 其二 ㅎ바침문제, 강연	한글, 사업	1932-11-22	·
3094	이희승	李熙昇	이희승	李熙昇	故 蘆汀 金在喆君- 會報第六號를 追悼號로 보내면서	한글	1933-03-05	朝鮮語文學會
3095	이희승	李熙昇	이희승	李熙昇	夏期 紙上大學 第5講-朝鮮語學의 方法論 序說(1)	한글	1938-08-09	·
3096	이희승	李熙昇	이희승	李熙昇	夏期 紙上大學 第5講-朝鮮語學의 方法論 序說(2)	한글	1938-08-11	·
3097	이희승	李熙昇	이희승	李熙昇	夏期 紙上大學 第5講-朝鮮語學의 方法論 序說(3)	한글	1938-08-12	·
3098	이희승	李熙昇	이희승	李熙昇	夏期 紙上大學 第5講-朝鮮語學의 方法論 序說(4)	한글	1938-08-13	·
3099	이희승	李熙昇	이희승	李熙昇	夏期 紙上大學 第5講-朝鮮語學의 方法論 序說(5)	한글	1938-08-14	·
3100	이희승	李熙昇	이희승	李熙昇	古語의 現代的 領域(1)	한글	1939-01-03	·
3101	이희승	李熙昇	이희승	李熙昇	古語의 現代的 領域(2)	한글	1939-01-04	·
3102	이희승	李熙昇	이희승	李熙昇	古語의 現代的 領域(3)	한글	1939-01-05	·
3103	일기생	一記生	·	·	傳說(11) 仙女 앉았던 「선바위」- 도끼로 바위깎자	문학	1932-06-19	寄稿, 抱川

연번	자료저자명 (한글)	자료저자명 (한자)	본명 (한글)	본명 (한자)	기사제목	분류	날짜	비고
					미인은 승천/ 野慾에 타는 李四郞 自殺			
3104	일기자	一記者	·	·	地方論壇- 忠烈祠 享祀問題	사업	1933-05-13	統營
3105	일기자	一記者	·	·	13道總觀 其8(平北) 文化機關設置- 道民을 代하야	사업	1934-01-02	·
3106	일독자	一讀者	·	·	KCM氏의 端宗哀史- 讀後感을 읽고(上)	역사	1930-01-11	·
3107	일독자	一讀者	·	·	KCM氏의 端宗哀史- 讀後感을 읽고(下)	역사	1930-01-12	·
3108	임병철	林炳哲	임병철	林炳哲	朝鮮의 契와 農村	민속	1930-01-07	·
3109	임병철	林炳哲	임병철	林炳哲	朝鮮의 契와 農村	민속	1930-01-09	·
3110	임병철	林炳哲	임병철	林炳哲	朝鮮의 契와 農村	민속	1930-01-11	·
3111	임병철	林炳哲	임병철	林炳哲	朝鮮의 契와 農村	민속	1930-01-12	·
3112	임병철	林炳哲	임병철	林炳哲	朝鮮의 契와 農村	민속	1930-01-15	·
3113	임병철	林炳哲	임병철	林炳哲	朝鮮의 契와 農村	민속	1930-01-16	·
3114	임병철	林炳哲	임병철	林炳哲	朝鮮의 契와 農村	민속	1930-01-17	·
3115	임월강	任月岡	·	·	傳說(47) 淸凉山下의 落花-「나를본돌」이라하여 「나본돌」로/ 愛國忠誠의 郎君딸하	문학	1932-09-18	寄稿, 萬城
3116	임일재	任一宰	임일재	任一宰	傳說(32) 戀戀不忘틈 九龍沼 왕자와 사랑을 속삭이든/ 柳氏夫人의 보금자리	문학	1932-07-31	寄稿, 奉化
3117	임화	林和	임인식	林仁植	그리운 錄鄕(5)- 貞陵里의 溪谷	문학	1936-06-28	·
3118	임화	林和	임인식	林仁植	復古現像의 再興(1)	문학	1937-07-15	·
3119	임화	林和	임인식	林仁植	復古現像의 再興(2)	문학	1937-07-16	·
3120	임화	林和	임인식	林仁植	復古現像의 再興(3)	문학	1937-07-17	·
3121	임화	林和	임인식	林仁植	復古現像의 再興(完)	문학	1937-07-18	·
3122	임화	林和	임인식	林仁植	復古現像의 再興(4)	문학	1937-07-20	·
3123	임화	林和	임인식	林仁植	現役作家總評(5)- 作家 韓雪野論(上)	문학	1938-02-19	제목 오류 民村 李箕永論(上)
3124	임화	林和	임인식	林仁植	現役作家總評(5)*6회- 民村 李箕永論(下)	문학	1938-02-20	연재횟수 오기
3125	임화	林和	임인식	林仁植	現役作家總評(6)*7회- 作家 韓雪野論(上)	문학	1938-02-22	연재횟수 오기
3126	임화	林和	임인식	林仁植	現役作家總評(9)*8회- 作家 韓雪野論(下)	문학	1938-02-24	연재횟수 오기
3127	임화	林和	임인식	林仁植	現役作家總評(12)- 劇作家 柳致眞論(上)	문학	1938-03-01	·
3128	임화	林和	임인식	林仁植	現役作家總評(13)- 劇作家 柳致眞論(下)	문학	1938-03-02	·
3129	임화	林和	임인식	林仁植	世態小說論(1)	문학	1938-04-01	·
3130	임화	林和	임인식	林仁植	世態小說論(2)	문학	1938-04-02	·
3131	임화	林和	임인식	林仁植	世態小說論(3)	문학	1938-04-03	·
3132	임화	林和	임인식	林仁植	世態小說論(4)	문학	1938-04-05	·
3133	임화	林和	임인식	林仁植	世態小說論(5)	문학	1938-04-06	·
3134	임화	林和	임인식	林仁植	5月創作評(其一) 雜誌創作欄의 沒落	문학	1938-04-28	·
3135	임화	林和	임인식	林仁植	歷史,文化,文學- 或은「時代性」이란 것에의 一覺書(1)	문학	1939-02-18	·
3136	임화	林和	임인식	林仁植	歷史,文化,文學- 或은「時代性」이란 것에의 一覺書(2)	문학	1939-02-19	·
3137	임화	林和	임인식	林仁植	歷史,文化,文學- 或은「時代性」이란 것에의 一覺書(3)	문학	1939-02-23	·
3138	임화	林和	임인식	林仁植	歷史,文化,文學- 或은「時代性」이란 것에의	문학	1939-02-24	·

연번	자료저자명(한글)	자료저자명(한자)	본명(한글)	본명(한자)	기사제목	분류	날짜	비고
					一覽書(4)			
3139	임화	林和	임인식	林仁植	歷史,文化,文學- 或은 「時代性」이란 것에의 一覽書(5)	문학	1939-03-01	·
3140	임화	林和	임인식	林仁植	歷史,文化,文學- 或은 「時代性」이란 것에의 一覽書(完)	문학	1939-03-03	·
3141	임화	林和	임인식	林仁植	朝鮮文學研究의 一課題(1)	문학	1940-01-13	·
3142	임화	林和	임인식	林仁植	朝鮮文學研究의 一課題(2)	문학	1940-01-14	·
3143	임화	林和	임인식	林仁植	朝鮮文學研究의 一課題(3)	문학	1940-01-16	·
3144	임화	林和	임인식	林仁植	朝鮮文學研究의 一課題(4)	문학	1940-01-18	·
3145	임화	林和	임인식	林仁植	朝鮮文學研究의 一課題(5)	문학	1940-01-19	·
3146	임화	林和	임인식	林仁植	朝鮮文學研究의 一課題(6)	문학	1940-01-20	·
3147	임화	林和	임인식	林仁植	朝鮮文化20年(6)- 小說文學의 20年(1)	논설	1940-04-12	·
3148	임화	林和	임인식	林仁植	朝鮮文化20年(7)- 小說文學의 20年(2)	논설	1940-04-13	·
3149	임화	林和	임인식	林仁植	朝鮮文化20年(8)- 小說文學의 20年(3)	논설	1940-04-14	·
3150	임화	林和	임인식	林仁植	朝鮮文化20年(9)- 小說文學의 20年(4)	논설	1940-04-16	·
3151	임화	林和	임인식	林仁植	朝鮮文化20年(10)- 小說文學의 20年(5)	논설	1940-04-18	·
3152	임화	林和	임인식	林仁植	朝鮮文化20年(11)- 小說文學의 20年(6)	논설	1940-04-20	·
3153	장기형	張基衡	장기형	張基衡	새철자법	한글	1933-04-06	朝鮮耶蘇教書會 庶務主任
3154	장도빈	張道斌	장도빈	張道斌	朝鮮史(1)	역사	1932-04-15	·
3155	장도빈	張道斌	장도빈	張道斌	朝鮮史(2)	역사	1932-04-16	·
3156	장도빈	張道斌	장도빈	張道斌	朝鮮史(3)	역사	1932-04-17	·
3157	장도빈	張道斌	장도빈	張道斌	朝鮮史(4)	역사	1932-04-18	·
3158	장도빈	張道斌	장도빈	張道斌	朝鮮史(5)	역사	1932-04-19	·
3159	장도빈	張道斌	장도빈	張道斌	朝鮮史(5)*6회	역사	1932-04-20	연재횟수 오기
3160	장도빈	張道斌	장도빈	張道斌	朝鮮史(6)*7회	역사	1932-04-21	연재횟수 오기
3161	장도빈	張道斌	장도빈	張道斌	朝鮮史(7)*8회	역사	1932-04-22	연재횟수 오기
3162	장도빈	張道斌	장도빈	張道斌	朝鮮史(8)*9회	역사	1932-04-23	연재횟수 오기
3163	장도빈	張道斌	장도빈	張道斌	朝鮮史(9)*10회	역사	1932-04-24	연재횟수 오기
3164	장도빈	張道斌	장도빈	張道斌	朝鮮史(10)*11회	역사	1932-04-25	연재횟수 오기
3165	장도빈	張道斌	장도빈	張道斌	朝鮮史(11)*12회	역사	1932-04-28	연재횟수 오기
3166	장도빈	張道斌	장도빈	張道斌	朝鮮史(12)*13회	역사	1932-04-29	연재횟수 오기
3167	장도빈	張道斌	장도빈	張道斌	朝鮮史(13)*14회	역사	1932-05-02	연재횟수 오기
3168	장도빈	張道斌	장도빈	張道斌	朝鮮史(14)*15회	역사	1932-05-03	연재횟수 오기
3169	장도빈	張道斌	장도빈	張道斌	朝鮮史(14)*16회	역사	1932-05-04	연재횟수 오기
3170	장도빈	張道斌	장도빈	張道斌	朝鮮史(15)*17회	역사	1932-05-07	연재횟수 오기
3171	장도빈	張道斌	장도빈	張道斌	朝鮮史(16)*18회	역사	1932-05-11	연재횟수 오기
3172	장도빈	張道斌	장도빈	張道斌	朝鮮史(17)*19회	역사	1932-05-13	연재횟수 오기
3173	장도빈	張道斌	장도빈	張道斌	朝鮮史(18)*20회	역사	1932-05-15	연재횟수 오기
3174	장도빈	張道斌	장도빈	張道斌	朝鮮史(19)*21회	역사	1932-05-16	연재횟수 오기
3175	장도빈	張道斌	장도빈	張道斌	朝鮮史(20)*22회	역사	1932-05-17	연재횟수 오기
3176	장도빈	張道斌	장도빈	張道斌	朝鮮史(21)*23회	역사	1932-05-18	연재횟수 오기

연번	자료저자명 (한글)	자료저자명 (한자)	본명 (한글)	본명 (한자)	기사제목	분류	날짜	비고
3177	장도빈	張道斌	장도빈	張道斌	朝鮮史(22)*24회	역사	1932-05-20	연재횟수 오기
3178	장도빈	張道斌	장도빈	張道斌	朝鮮史(23)*25회	역사	1932-05-21	연재횟수 오기
3179	장도빈	張道斌	장도빈	張道斌	朝鮮史(24)*26회	역사	1932-05-22	연재횟수 오기
3180	장도빈	張道斌	장도빈	張道斌	朝鮮史(25)*27회	역사	1932-05-23	연재횟수 오기
3181	장도빈	張道斌	장도빈	張道斌	朝鮮史(26)*28회	역사	1932-08-02	연재횟수 오기
3182	장도빈	張道斌	장도빈	張道斌	朝鮮史(27)*29회	역사	1932-08-03	연재횟수 오기
3183	장도빈	張道斌	장도빈	張道斌	朝鮮史(28)*30회	역사	1932-08-04	연재횟수 오기
3184	장도빈	張道斌	장도빈	張道斌	朝鮮史(29)*31회	역사	1932-08-05	연재횟수 오기
3185	장도빈	張道斌	장도빈	張道斌	朝鮮史(30)*32회	역사	1932-08-06	연재횟수 오기
3186	장도빈	張道斌	장도빈	張道斌	朝鮮史(31)*33회	역사	1932-08-07	연재횟수 오기
3187	장도빈	張道斌	장도빈	張道斌	朝鮮史(32)*34회	역사	1932-08-08	연재횟수 오기
3188	장도빈	張道斌	장도빈	張道斌	朝鮮史(33)*35회	역사	1932-08-11	연재횟수 오기
3189	장도빈	張道斌	장도빈	張道斌	朝鮮史(34)*36회	역사	1932-08-12	연재횟수 오기
3190	장도빈	張道斌	장도빈	張道斌	朝鮮史(35)*37회	역사	1932-08-13	연재횟수 오기
3191	장도빈	張道斌	장도빈	張道斌	朝鮮史(36)*38회	역사	1932-08-14	연재횟수 오기
3192	장도빈	張道斌	장도빈	張道斌	朝鮮史(37)*39회	역사	1932-08-15	연재횟수 오기
3193	장도빈	張道斌	장도빈	張道斌	朝鮮史(38)*40회	역사	1932-08-17	연재횟수 오기
3194	장도빈	張道斌	장도빈	張道斌	朝鮮史(39)*41회	역사	1932-08-18	연재횟수 오기
3195	장도빈	張道斌	장도빈	張道斌	朝鮮史(40)*42회	역사	1932-08-19	연재횟수 오기
3196	장도빈	張道斌	장도빈	張道斌	朝鮮史(41)*43회	역사	1932-08-21	연재횟수 오기
3197	장도빈	張道斌	장도빈	張道斌	朝鮮史(41)*44회	역사	1932-08-23	연재횟수 오기
3198	장도빈	張道斌	장도빈	張道斌	朝鮮史(42)*45회	역사	1932-08-24	연재횟수 오기
3199	장도빈	張道斌	장도빈	張道斌	朝鮮史(43)*46회	역사	1932-08-25	연재횟수 오기
3200	장도빈	張道斌	장도빈	張道斌	朝鮮史(44)*47회	역사	1932-08-26	연재횟수 오기
3201	장도빈	張道斌	장도빈	張道斌	朝鮮史(45)*48회	역사	1932-08-27	연재횟수 오기
3202	장도빈	張道斌	장도빈	張道斌	朝鮮史(46)*49회	역사	1932-08-28	연재횟수 오기
3203	장도빈	張道斌	장도빈	張道斌	朝鮮史(47)*50회	역사	1932-08-30	연재횟수 오기
3204	장도빈	張道斌	장도빈	張道斌	朝鮮史(48)*51회	역사	1932-08-31	연재횟수 오기
3205	장도빈	張道斌	장도빈	張道斌	朝鮮史(49)*52회	역사	1932-09-02	연재횟수 오기
3206	장도빈	張道斌	장도빈	張道斌	朝鮮史(50)*53회	역사	1932-09-03	연재횟수 오기
3207	장도빈	張道斌	장도빈	張道斌	朝鮮史(51)*54회	역사	1932-09-04	연재횟수 오기
3208	장도빈	張道斌	장도빈	張道斌	朝鮮史(52)*55회	역사	1932-09-06	연재횟수 오기
3209	장도빈	張道斌	장도빈	張道斌	朝鮮史(53)*56회	역사	1932-09-07	연재횟수 오기
3210	장도빈	張道斌	장도빈	張道斌	朝鮮史(54)*57회	역사	1932-09-08	연재횟수 오기
3211	장도빈	張道斌	장도빈	張道斌	朝鮮史(55)*58회	역사	1932-09-09	연재횟수 오기
3212	장도빈	張道斌	장도빈	張道斌	朝鮮史(56)*59회	역사	1932-09-10	연재횟수 오기
3213	장도빈	張道斌	장도빈	張道斌	朝鮮史(57)*60회	역사	1932-09-11	연재횟수 오기
3214	장도빈	張道斌	장도빈	張道斌	朝鮮史(58)*61회	역사	1932-09-12	연재횟수 오기
3215	장도빈	張道斌	장도빈	張道斌	朝鮮史(59)*62회	역사	1932-09-14	연재횟수 오기
3216	장도빈	張道斌	장도빈	張道斌	朝鮮史(60)*63회	역사	1932-09-15	연재횟수 오기
3217	장도빈	張道斌	장도빈	張道斌	朝鮮史(61)*64회	역사	1932-09-16	연재횟수 오기

연번	자료저자명 (한글)	자료저자명 (한자)	본명 (한글)	본명 (한자)	기사제목	분류	날짜	비고
3218	장도빈	張道斌	장도빈	張道斌	朝鮮史(62)*65회	역사	1932-09-17	연재횟수 오기
3219	장도빈	張道斌	장도빈	張道斌	朝鮮史(63)*66회	역사	1932-09-18	연재횟수 오기
3220	장도빈	張道斌	장도빈	張道斌	朝鮮史(64)*67회	역사	1932-09-19	연재횟수 오기
3221	장도빈	張道斌	장도빈	張道斌	朝鮮史(65)*68회	역사	1932-09-20	연재횟수 오기
3222	장도빈	張道斌	장도빈	張道斌	朝鮮史(66)*69회	역사	1932-09-23	연재횟수 오기
3223	장도빈	張道斌	장도빈	張道斌	朝鮮史(66)*70회	역사	1932-09-25	연재횟수 오기
3224	장도빈	張道斌	장도빈	張道斌	傳說(54) 矗石樓下의 義岩 나라를 위하야 자긔 몸 바첫다/ 論介안코 춤추든 淸正	문학	1932-09-29	寄稿, 山淸
3225	장도빈	張道斌	장도빈	張道斌	古都 史蹟 探査機(1)	역사, 기행	1933-05-03	·
3226	장도빈	張道斌	장도빈	張道斌	古都 史蹟 探査機(2)	역사, 기행	1933-05-06	·
3227	장도빈	張道斌	장도빈	張道斌	古都 史蹟 探査機(8)*3회	역사, 기행	1933-05-10	연재횟수 오기
3228	장도빈	張道斌	장도빈	張道斌	古都 史蹟 探査機(4)	역사, 기행	1933-05-22	·
3229	장도빈	張道斌	장도빈	張道斌	古都 史蹟 探査機(5)	역사, 기행	1933-05-23	·
3230	장도빈	張道斌	장도빈	張道斌	古都 史蹟 探査機(6)- 扶餘篇	역사, 기행	1933-05-26	·
3231	장도빈	張道斌	장도빈	張道斌	古都 史蹟 探査機(7)- 扶餘篇	역사, 기행	1933-05-27	·
3232	장도빈	張道斌	장도빈	張道斌	古都 史蹟 探査機(8)- 扶餘篇	역사, 기행	1933-05-29	·
3233	장도빈	張道斌	장도빈	張道斌	古都 史蹟 探査機(9)- 扶餘篇	역사, 기행	1933-05-30	·
3234	장도빈	張道斌	장도빈	張道斌	古都 史蹟 探査機(10)- 扶餘篇	역사, 기행	1933-05-31	·
3235	장도빈	張道斌	장도빈	張道斌	古都 史蹟 探査機(11)- 扶餘篇	역사, 기행	1933-06-10	·
3236	장도빈	張道斌	장도빈	張道斌	古都 史蹟 探査機(12)- 扶餘篇	역사, 기행	1933-06-12	·
3237	장도빈	張道斌	장도빈	張道斌	古都 史蹟 探査機(13)- 扶餘篇	역사, 기행	1933-06-19	·
3238	장도빈	張道斌	장도빈	張道斌	古都 史蹟 探査機(13)*14회- 扶餘篇	역사, 기행	1933-06-25	연재횟수 오기
3239	장도빈	張道斌	장도빈	張道斌	古都 史蹟 探査機(14)*15회- 扶餘篇	역사, 기행	1933-06-30	연재횟수 오기
3240	장도빈	張道斌	장도빈	張道斌	古都 史蹟 探査機(15)*16회- 扶餘篇	역사, 기행	1933-07-02	연재횟수 오기
3241	장도빈	張道斌	장도빈	張道斌	古都 史蹟 探査機(16)*17회- 扶餘篇	역사, 기행	1933-07-03	연재횟수 오기
3242	장도빈	張道斌	장도빈	張道斌	古都 史蹟 探査機(1)- 慶州篇	역사, 기행	1933-07-06	·
3243	장도빈	張道斌	장도빈	張道斌	古都 史蹟 探査機(2)- 慶州篇	역사, 기행	1933-07-07	·

연번	자료저자명(한글)	자료저자명(한자)	본명(한글)	본명(한자)	기사제목	분류	날짜	비고
3244	장도빈	張道斌	장도빈	張道斌	古都 史蹟 探査機(3)- 慶州篇	역사, 기행	1933-07-10	·
3245	장도빈	張道斌	장도빈	張道斌	古都 史蹟 探査機(4)- 慶州篇	역사, 기행	1933-07-12	·
3246	장도빈	張道斌	장도빈	張道斌	古都 史蹟 探査機(5)- 慶州篇	역사, 기행	1933-07-14	·
3247	장도빈	張道斌	장도빈	張道斌	古都 史蹟 探査機(6)- 慶州篇	역사, 기행	1933-07-15	·
3248	장도빈	張道斌	장도빈	張道斌	古都 史蹟 探査機(7)- 慶州篇	역사, 기행	1933-07-17	·
3249	장도빈	張道斌	장도빈	張道斌	古都 史蹟 探査機(8)- 慶州篇	역사, 기행	1933-07-22	·
3250	장도빈	張道斌	장도빈	張道斌	古都 史蹟 探査機(9)- 慶州篇	역사, 기행	1933-07-23	·
3251	장도빈	張道斌	장도빈	張道斌	古都 史蹟 探査機(10)- 慶州篇	역사, 기행	1933-07-26	·
3252	장도빈	張道斌	장도빈	張道斌	古都 史蹟 探査機(11)- 慶州篇	역사, 기행	1933-07-27	·
3253	장도빈	張道斌	장도빈	張道斌	古都 史蹟 探査機(12)- 慶州篇	역사, 기행	1933-07-31	·
3254	장도빈	張道斌	장도빈	張道斌	古都 史蹟 探査機(13)- 慶州篇	역사, 기행	1933-08-01	·
3255	장도빈	張道斌	장도빈	張道斌	古都 史蹟 探査機(14)- 慶州篇	역사, 기행	1933-08-02	·
3256	장도빈	張道斌	장도빈	張道斌	古都 史蹟 探査機(15)- 慶州篇	역사, 기행	1933-08-04	·
3257	장도빈	張道斌	장도빈	張道斌	古都 史蹟 探査機(16)- 慶州篇	역사, 기행	1933-08-05	·
3258	장도빈	張道斌	장도빈	張道斌	古都 史蹟 探査機(17, 完)- 慶州篇	역사, 기행	1933-08-08	·
3259	장똘뱅이	장똘뱅이	·	·	朝鮮市場考(1)- 場日의陽曆改定을際하야	역사	1938-01-21	·
3260	장똘뱅이	장똘뱅이	·	·	朝鮮市場考(2)- 場日의 陽曆改定을 際하야	역사	1938-01-23	·
3261	장똘뱅이	장똘뱅이	·	·	朝鮮市場考(3)- 場日의 陽曆改定을 際하야	역사	1938-01-25	·
3262	장용상	張用尙	장용상	張用尙	傳說(15) 道僧과 애기바위- 살든집이 졸지에 벽해로 변해/ 애기업은 婦女 然卒 化石化	문학	1932-06-29	寄稿, 龜城
3263	장혁주	張赫宙	장혁주	張赫宙	不滅의 朝鮮語와 朝鮮文學의 將來	문학, 논설	1934-06-05	·
3264	장혁주	張赫宙	장혁주	張赫宙	語文運動과 文學	한글	1935-01-02	·
3265	전경원	全卿苑	전경원	全卿苑	傳說(36) 乙支將軍과 神劍 꿈에 三두사를 잘라 죽엿다/ 佛谷山中腹의 石室	문학	1932-08-05	寄稿, 永柔
3266	전원배	田元培	전원배	田元培	思想新時代의展望(其六) 思想 朝鮮思想界의課題(上)	철학	1935-06-15	·
3267	전원배	田元培	전원배	田元培	思想新時代의展望(其六) 思想 朝鮮思想界의課題(中)	철학	1935-06-16	·
3268	전원배	田元培	전원배	田元培	思想新時代의展望(其六) 思想 朝鮮思想界의課題(下)	철학	1935-06-18	·

연번	자료저자명(한글)	자료저자명(한자)	본명(한글)	본명(한자)	기사제목	분류	날짜	비고
3269	전원배	田元培	전원배	田元培	論壇時感(5)-「賤待되는 朝鮮」에 對한 是非	논설	1935-11-15	·
3270	정갑	鄭甲	정갑	鄭甲	歷史敎育의 意義(上)	역사	1931-10-01	·
3271	정갑	鄭甲	정갑	鄭甲	歷史敎育의 意義(中)	역사	1931-10-03	·
3272	정갑	鄭甲	정갑	鄭甲	歷史敎育의 意義(下)	역사	1931-10-04	·
3273	정광현	鄭光鉉	정광현	鄭光鉉	朝鮮 女性과 法(1)	역사, 민속	1936-04-01	·
3274	정광현	鄭光鉉	정광현	鄭光鉉	朝鮮 女性과 法(2)	역사, 민속	1936-04-02	·
3275	정광현	鄭光鉉	정광현	鄭光鉉	朝鮮 女性과 法(3)	역사, 민속	1936-04-05	·
3276	정광현	鄭光鉉	정광현	鄭光鉉	朝鮮 女性과 法(4)	역사, 민속	1936-04-07	·
3277	정광현	鄭光鉉	정광현	鄭光鉉	朝鮮 女性과 法(5)	역사, 민속	1936-04-08	·
3278	정광현	鄭光鉉	정광현	鄭光鉉	朝鮮 女性과 法(6)	역사, 민속	1936-04-09	·
3279	정광현	鄭光鉉	정광현	鄭光鉉	朝鮮 女性과 法(7)	역사, 민속	1936-04-12	·
3280	정광현	鄭光鉉	정광현	鄭光鉉	朝鮮 女性과 法(8)	역사, 민속	1936-04-14	·
3281	정광현	鄭光鉉	정광현	鄭光鉉	朝鮮 女性과 法(9)	역사, 민속	1936-04-24	·
3282	정광현	鄭光鉉	정광현	鄭光鉉	朝鮮 女性과 法(10)	역사, 민속	1936-04-25	·
3283	정규창	丁奎昶	정규창	丁奎昶	한글토론회 속긔록(9)- 第2日 其二 ㅎ바침문제, 강연	한글, 사업	1932-11-20	·
3284	정노풍	鄭蘆風	정노풍	鄭蘆風	數年內 展開된 朝鮮의 點點相(上)	논설	1934-12-27	·
3285	정노풍	鄭蘆風	정노풍	鄭蘆風	數年內 展開된 朝鮮의 點點相(下)	논설	1934-12-28	·
3286	정동규	丁東奎	정동규	丁東奎	己未 以後 15年間 朝鮮文讀者의 動態- 店頭에서 본 讀者傾向의 變遷(上)	한글	1933-09-01	·
3287	정동규	丁東奎	정동규	丁東奎	己未 以後 15年間 朝鮮文讀者의 動態- 店頭에서 본 讀者傾向의 變遷(下)	한글	1933-09-02	·
3288	정래동	丁來東	정래동	丁來東	中國의 「國故」整理에 對한 諸說(1)	논설	1934-11-02	·
3289	정래동	丁來東	정래동	丁來東	中國의 「國故」整理에 對한 諸說(2)	논설	1934-11-03	·
3290	정래동	丁來東	정래동	丁來東	中國의 「國故」整理에 對한 諸說(3)	논설	1934-11-06	·
3291	정래동	丁來東	정래동	丁來東	中國의 「國故」整理에 對한 諸說(4)	논설	1934-11-08	·
3292	정래동	丁來東	정래동	丁來東	中國의 「國故」整理에 對한 諸說(5)	논설	1934-11-09	·
3293	정래동	丁來東	정래동	丁來東	中國의 「國故」整理에 對한 諸說(6)	논설	1934-11-10	·
3294	정래동	丁來東	정래동	丁來東	中國의 「國故」整理에 對한 諸說(7)	논설	1934-11-11	·
3295	정래동	丁來東	정래동	丁來東	中國의 「國故」整理에 對한 諸說(8)	논설	1934-11-13	·
3296	정래동	丁來東	정래동	丁來東	綠波霧海로 變하는 水鍾寺의 달밤(1)	문학	1935-06-11	·
3297	정래동	丁來東	정래동	丁來東	綠波霧海로 變하는 水鍾寺의 달밤(2)	문학	1935-06-12	·
3298	정래동	丁來東	정래동	丁來東	綠波霧海로 變하는 水鍾寺의 달밤(3)	문학	1935-06-13	·
3299	정래동	丁來東	정래동	丁來東	綠波霧海로 變하는 水鍾寺의 달밤(4)	문학	1935-06-14	·

연번	자료저자명 (한글)	자료저자명 (한자)	본명 (한글)	본명 (한자)	기사제목	분류	날짜	비고
3300	정래동	丁來東	정래동	丁來東	綠波霧海로 變하는 水鍾寺의 달밤(5)	문학	1935-06-15	·
3301	정래동	丁來東	정래동	丁來東	綠波霧海로 變하는 水鍾寺의 달밤(6)	문학	1935-06-16	·
3302	정래동	丁來東	정래동	丁來東	綠波霧海로 變하는 水鍾寺의 달밤(6)*7회	문학	1935-06-19	연재횟수 오기
3303	정래동	丁來東	정래동	丁來東	綠波霧海로 變하는 水鍾寺의 달밤(7)*8회	문학	1935-06-21	연재횟수 오기
3304	정래동	丁來東	정래동	丁來東	綠波霧海로 變하는 水鍾寺의 달밤(8)*9회	문학	1935-06-23	연재횟수 오기
3305	정래동	丁來東	정래동	丁來東	綠波霧海로 變하는 水鍾寺의 달밤(完)	문학	1935-06-27	·
3306	정래동	丁來東	정래동	丁來東	朝鮮文學의 性格(4)- 浪漫精神이 主流	문학	1938-06-05	·
3307	정래동	丁來同	정래동	丁來同	紀行雜敍(1)	기행	1939-09-08	·
3308	정래동	丁來同	정래동	丁來同	紀行雜敍(2)	기행	1939-09-09	·
3309	정래동	丁來同	정래동	丁來同	紀行雜敍(3)	기행	1939-09-10	·
3310	정래동	丁來同	정래동	丁來同	紀行雜敍(4)	기행	1939-09-12	·
3311	정래동	丁來同	정래동	丁來同	紀行雜敍(5)	기행	1939-09-13	·
3312	정래동	丁來同	정래동	丁來同	紀行雜敍(6)	기행	1939-09-15	·
3313	정래동	丁來同	정래동	丁來同	紀行雜敍(7)	기행	1939-09-16	·
3314	정명진	丁明鎭	정명진	丁明鎭	새철자법/「百年大計는 어린이 教育부터 朝鮮語教材로 쓴다」	한글	1933-04-06	齋洞公普 訓導
3315	정열모	鄭烈模	정열모	鄭烈模	한글 研究家諸氏의 感想과 提議- 사백여든넷재돌을맞으며/ 辭典編纂에 主力하자	한글	1930-11-19	·
3316	정인보	鄭寅普	정인보	鄭寅普	十字廣詁(1)	역사	1930-04-02	·
3317	정인보	鄭寅普	정인보	鄭寅普	十字廣詁(2)	역사	1930-04-03	·
3318	정인보	鄭寅普	정인보	鄭寅普	十字廣詁(3)	역사	1930-04-05	·
3319	정인보	鄭寅普	정인보	鄭寅普	十字廣詁(4)	역사	1930-04-06	·
3320	정인보	鄭寅普	정인보	鄭寅普	十字廣詁(5)	역사	1930-04-08	·
3321	정인보	鄭寅普	정인보	鄭寅普	十字廣詁(6)	역사	1930-04-09	·
3322	정인보	鄭寅普	정인보	鄭寅普	十字廣詁(7)	역사	1930-04-10	·
3323	정인보	鄭寅普	정인보	鄭寅普	十字廣詁(8)	역사	1930-04-11	·
3324	정인보	鄭寅普	정인보	鄭寅普	十字廣詁(9)	역사	1930-04-12	·
3325	정인보	鄭寅普	정인보	鄭寅普	東都雜誌(1)	역사, 기행	1930-09-02	·
3326	정인보	鄭寅普	정인보	鄭寅普	東都雜誌(2)	역사, 기행	1930-09-03	·
3327	정인보	鄭寅普	정인보	鄭寅普	東都雜誌(3)	역사, 기행	1930-09-04	·
3328	정인보	鄭寅普	정인보	鄭寅普	東都雜誌(4)	역사, 기행	1930-09-05	·
3329	정인보	鄭寅普	정인보	鄭寅普	東都雜誌(5)	역사, 기행	1930-09-06	·
3330	정인보	鄭寅普	정인보	鄭寅普	東都雜誌(6)	역사, 기행	1930-09-07	·
3331	정인보	鄭寅普	정인보	鄭寅普	東都雜誌(7)	역사, 기행	1930-09-09	·
3332	정인보	鄭寅普	정인보	鄭寅普	東都雜誌(8)	역사, 기행	1930-09-10	·
3333	정인보	鄭寅普	정인보	鄭寅普	東都雜誌(9)	역사,	1930-09-11	·

연번	자료저자명(한글)	자료저자명(한자)	본명(한글)	본명(한자)	기사제목	분류	날짜	비고
						기행		
3334	정인보	鄭寅普	정인보	鄭寅普	東都雜誌(10)	역사, 기행	1930-09-12	·
3335	정인보	鄭寅普	정인보	鄭寅普	東都雜誌(11)	역사, 기행	1930-09-13	·
3336	정인보	鄭寅普	정인보	鄭寅普	東都雜誌(12)	역사, 기행	1930-09-14	·
3337	정인보	鄭寅普	정인보	鄭寅普	東都雜誌(13)	역사, 기행	1930-09-16	·
3338	정인보	鄭寅普	정인보	鄭寅普	東都雜誌(14)	역사, 기행	1930-09-17	·
3339	정인보	鄭寅普	정인보	鄭寅普	東都雜誌(15)	역사, 기행	1930-09-19	·
3340	정인보	鄭寅普	정인보	鄭寅普	東都雜誌(16)	역사, 기행	1930-09-20	·
3341	정인보	鄭寅普	정인보	鄭寅普	東都雜誌(17)	역사, 기행	1930-09-23	·
3342	정인보	鄭寅普	정인보	鄭寅普	東都雜誌(18)	역사, 기행	1930-09-26	·
3343	정인보	鄭寅普	정인보	鄭寅普	東都雜誌(19)	역사, 기행	1930-09-27	·
3344	정인보	鄭寅普	정인보	鄭寅普	東都雜誌(20)	역사, 기행	1930-09-28	·
3345	정인보	鄭寅普	정인보	鄭寅普	閔綏堂과 韓江石(1)	역사	1930-12-01	·
3346	정인보	鄭寅普	정인보	鄭寅普	閔綏堂과 韓江石(2)	역사	1930-12-02	·
3347	정인보	鄭寅普	정인보	鄭寅普	閔綏堂과 韓江石(3)	역사	1930-12-03	·
3348	정인보	鄭寅普	정인보	鄭寅普	朝鮮古典解題(3) 李岱淵 勉伯의 「憨書」(未刊)【近古 社會相硏究의 必讀書】	역사	1931-01-19	·
3349	정인보	鄭寅普	정인보	鄭寅普	朝鮮古典解題(4) 鄭玄同東愈의「晝永編」	역사	1931-01-26	·
3350	정인보	鄭寅普	정인보	鄭寅普	朝鮮古典解題(5) 李懶隱義鳳의「古今釋林」	역사	1931-02-02	·
3351	정인보	鄭寅普	정인보	鄭寅普	朝鮮古典解題(6) 鄭農圃尙驥의「八道圖」	역사	1931-02-09	·
3352	정인보	鄭寅普	정인보	鄭寅普	朝鮮古典解題(7) 金弘任의「三圓館散藁」	역사	1931-02-16	·
3353	정인보	鄭寅普	정인보	鄭寅普	朝鮮古典解題(8) 柳西陂僖의「文通」	역사	1931-02-23	·
3354	정인보	鄭寅普	정인보	鄭寅普	朝鮮古典解題(9) 鄭霞谷齊斗의「霞谷全書」	역사	1931-03-02	·
3355	정인보	鄭寅普	정인보	鄭寅普	朝鮮古典解題(10) 古山子의 「大東輿地圖」上	역사	1931-03-09	·
3356	정인보	鄭寅普	정인보	鄭寅普	朝鮮古典解題(11) 古山子의 「大東輿地圖」下	역사	1931-03-16	·
3357	정인보	鄭寅普	정인보	鄭寅普	朝鮮古典解題(12) 洪湛軒 大容의 「湛軒書」	역사	1931-03-23	·
3358	정인보	鄭寅普	정인보	鄭寅普	朝鮮古典解題(13) 李椒園 忠翊의 「椒園遺藁」	역사	1931-03-30	·
3359	정인보	鄭寅普	정인보	鄭寅普	朝鮮古典解題(14) 李淸潭 重煥의 「擇里志」	역사	1931-04-06	·
3360	정인보	鄭寅普	정인보	鄭寅普	朝鮮古典解題(15) 申旅菴 景濬의 「訓民正音韻解」	역사	1931-04-13	·
3361	정인보	鄭寅普	정인보	鄭寅普	朝鮮古典解題(16) 著者未詳한 「陰雨備」	역사	1931-04-20	·
3362	정인보	鄭寅普	정인보	鄭寅普	朝鮮古典解題(17) 李圓嶠 匡師의 「圓嶠集」	역사	1931-04-27	·
3363	정인보	鄭寅普	정인보	鄭寅普	朝鮮古典解題(18)李圓嶠匡師의「圓嶠集」	역사	1931-05-04	제목오기 洪吉周의 沆瀣叢書를

연번	자료저자명(한글)	자료저자명(한자)	본명(한글)	본명(한자)	기사제목	분류	날짜	비고
								다루고 있음
3364	정인보	鄭寅普	정인보	鄭寅普	朝鮮古典解題(19)李疎齋頤命의「疎齋集」	역사	1931-05-11	·
3365	정인보	鄭寅普	정인보	鄭寅普	李忠武公 墓山競賣問題	사업	1931-05-15	·
3366	정인보	鄭寅普	정인보	鄭寅普	忠武公 平生에 對한 本傳과 小說	역사	1931-06-25	·
3367	정인보	鄭寅普	정인보	鄭寅普	朝鮮古典解題(20) 正祖御定「武藝圖譜通志」	역사	1931-07-06	·
3368	정인보	鄭寅普	정인보	鄭寅普	陽明學演論(1)	철학	1933-09-08	·
3369	정인보	鄭寅普	정인보	鄭寅普	陽明學演論(2)	철학	1933-09-09	·
3370	정인보	鄭寅普	정인보	鄭寅普	陽明學演論(3)	철학	1933-09-10	·
3371	정인보	鄭寅普	정인보	鄭寅普	陽明學演論(4)	철학	1933-09-12	·
3372	정인보	鄭寅普	정인보	鄭寅普	陽明學演論(5)	철학	1933-09-14	·
3373	정인보	鄭寅普	정인보	鄭寅普	陽明學演論(6)	철학	1933-09-15	·
3374	정인보	鄭寅普	정인보	鄭寅普	陽明學演論(7)	철학	1933-09-16	·
3375	정인보	鄭寅普	정인보	鄭寅普	陽明學演論(8)	철학	1933-09-17	·
3376	정인보	鄭寅普	정인보	鄭寅普	陽明學演論(9)	철학	1933-09-19	·
3377	정인보	鄭寅普	정인보	鄭寅普	陽明學演論(10)	철학	1933-09-20	·
3378	정인보	鄭寅普	정인보	鄭寅普	陽明學演論(11)	철학	1933-09-21	·
3379	정인보	鄭寅普	정인보	鄭寅普	陽明學演論(12)	철학	1933-09-22	·
3380	정인보	鄭寅普	정인보	鄭寅普	陽明學演論(13)	철학	1933-09-23	·
3381	정인보	鄭寅普	정인보	鄭寅普	陽明學演論(14)	철학	1933-09-27	·
3382	정인보	鄭寅普	정인보	鄭寅普	陽明學演論(14)*15회	철학	1933-09-28	연재횟수 오기
3383	정인보	鄭寅普	정인보	鄭寅普	陽明學演論(16)	철학	1933-09-29	·
3384	정인보	鄭寅普	정인보	鄭寅普	陽明學演論(17)	철학	1933-09-30	·
3385	정인보	鄭寅普	정인보	鄭寅普	陽明學演論(18)	철학	1933-10-01	·
3386	정인보	鄭寅普	정인보	鄭寅普	陽明學演論(19)	철학	1933-10-03	·
3387	정인보	鄭寅普	정인보	鄭寅普	陽明學演論(20)	철학	1933-10-04	·
3388	정인보	鄭寅普	정인보	鄭寅普	陽明學演論(21)	철학	1933-10-05	·
3389	정인보	鄭寅普	정인보	鄭寅普	陽明學演論(22)	철학	1933-10-06	·
3390	정인보	鄭寅普	정인보	鄭寅普	陽明學演論(23)	철학	1933-10-07	·
3391	정인보	鄭寅普	정인보	鄭寅普	陽明學演論(24)	철학	1933-10-08	·
3392	정인보	鄭寅普	정인보	鄭寅普	陽明學演論(25)	철학	1933-10-11	·
3393	정인보	鄭寅普	정인보	鄭寅普	陽明學演論(26)	철학	1933-10-12	·
3394	정인보	鄭寅普	정인보	鄭寅普	陽明學演論(27)	철학	1933-10-13	·
3395	정인보	鄭寅普	정인보	鄭寅普	陽明學演論(28)	철학	1933-10-14	·
3396	정인보	鄭寅普	정인보	鄭寅普	陽明學演論(29)	철학	1933-10-15	·
3397	정인보	鄭寅普	정인보	鄭寅普	陽明學演論(30)	철학	1933-10-17	·
3398	정인보	鄭寅普	정인보	鄭寅普	陽明學演論(31)	철학	1933-10-19	·
3399	정인보	鄭寅普	정인보	鄭寅普	陽明學演論(32)	철학	1933-10-20	·
3400	정인보	鄭寅普	정인보	鄭寅普	陽明學演論(33)	철학	1933-10-21	·
3401	정인보	鄭寅普	정인보	鄭寅普	陽明學演論(34)	철학	1933-10-22	·
3402	정인보	鄭寅普	정인보	鄭寅普	陽明學演論(35)	철학	1933-10-24	·
3403	정인보	鄭寅普	정인보	鄭寅普	陽明學演論(36)	철학	1933-10-25	·

연번	자료저자명(한글)	자료저자명(한자)	본명(한글)	본명(한자)	기사제목	분류	날짜	비고
3404	정인보	鄭寅普	정인보	鄭寅普	陽明學演論(37)	철학	1933-10-26	·
3405	정인보	鄭寅普	정인보	鄭寅普	陽明學演論(38)	철학	1933-10-27	·
3406	정인보	鄭寅普	정인보	鄭寅普	陽明學演論(39)	철학	1933-10-27	·
3407	정인보	鄭寅普	정인보	鄭寅普	陽明學演論(40)	철학	1933-10-29	·
3408	정인보	鄭寅普	정인보	鄭寅普	陽明學演論(41)	철학	1933-10-31	·
3409	정인보	鄭寅普	정인보	鄭寅普	陽明學演論(42)	철학	1933-11-01	·
3410	정인보	鄭寅普	정인보	鄭寅普	陽明學演論(43)	철학	1933-11-02	·
3411	정인보	鄭寅普	정인보	鄭寅普	陽明學演論(44)	철학	1933-11-05	·
3412	정인보	鄭寅普	정인보	鄭寅普	陽明學演論(45)	철학	1933-11-06	·
3413	정인보	鄭寅普	정인보	鄭寅普	陽明學演論(45)*46회	철학	1933-11-08	연재횟수 오기
3414	정인보	鄭寅普	정인보	鄭寅普	陽明學演論(47)	철학	1933-11-09	·
3415	정인보	鄭寅普	정인보	鄭寅普	陽明學演論(48)	철학	1933-11-10	·
3416	정인보	鄭寅普	정인보	鄭寅普	陽明學演論(49)	철학	1933-11-12	·
3417	정인보	鄭寅普	정인보	鄭寅普	陽明學演論(50)	철학	1933-11-17	·
3418	정인보	鄭寅普	정인보	鄭寅普	陽明學演論(51)	철학	1933-11-21	·
3419	정인보	鄭寅普	정인보	鄭寅普	陽明學演論(52)	철학	1933-11-22	·
3420	정인보	鄭寅普	정인보	鄭寅普	陽明學演論(53)	철학	1933-11-24	·
3421	정인보	鄭寅普	정인보	鄭寅普	陽明學演論(54)	철학	1933-11-26	·
3422	정인보	鄭寅普	정인보	鄭寅普	陽明學演論(55)	철학	1933-11-30	·
3423	정인보	鄭寅普	정인보	鄭寅普	陽明學演論(56)	철학	1933-12-01	·
3424	정인보	鄭寅普	정인보	鄭寅普	陽明學演論(57)	철학	1933-12-02	·
3425	정인보	鄭寅普	정인보	鄭寅普	陽明學演論(58)	철학	1933-12-05	·
3426	정인보	鄭寅普	정인보	鄭寅普	陽明學演論(59)	철학	1933-12-06	·
3427	정인보	鄭寅普	정인보	鄭寅普	陽明學演論(60)	철학	1933-12-07	·
3428	정인보	鄭寅普	정인보	鄭寅普	陽明學演論(61)	철학	1933-12-09	·
3429	정인보	鄭寅普	정인보	鄭寅普	陽明學演論(61)*62회	철학	1933-12-12	연재횟수 오기
3430	정인보	鄭寅普	정인보	鄭寅普	陽明學演論(63)	철학	1933-12-14	·
3431	정인보	鄭寅普	정인보	鄭寅普	陽明學演論(64)	철학	1933-12-15	·
3432	정인보	鄭寅普	정인보	鄭寅普	陽明學演論(65)	철학	1933-12-16	·
3433	정인보	鄭寅普	정인보	鄭寅普	陽明學演論(66)	철학	1933-12-17	·
3434	정인보	鄭寅普	정인보	鄭寅普	南遊寄信(1)	기행	1934-07-31	·
3435	정인보	鄭寅普	정인보	鄭寅普	南遊寄信(2)	기행	1934-08-01	·
3436	정인보	鄭寅普	정인보	鄭寅普	南遊寄信(3)	기행	1934-08-02	·
3437	정인보	鄭寅普	정인보	鄭寅普	南遊寄信(4)	기행	1934-08-03	·
3438	정인보	鄭寅普	정인보	鄭寅普	南遊寄信(5)	기행	1934-08-04	·
3439	정인보	鄭寅普	정인보	鄭寅普	南遊寄信(6)	기행	1934-08-07	·
3440	정인보	鄭寅普	정인보	鄭寅普	南遊寄信(7)	기행	1934-08-09	·
3441	정인보	鄭寅普	정인보	鄭寅普	南遊寄信(8)	기행	1934-08-10	·
3442	정인보	鄭寅普	정인보	鄭寅普	南遊寄信(9)	기행	1934-08-11	·
3443	정인보	鄭寅普	정인보	鄭寅普	南遊寄信(10)	기행	1934-08-12	·
3444	정인보	鄭寅普	정인보	鄭寅普	南遊寄信(11)	기행	1934-08-14	·

연번	자료저자명 (한글)	자료저자명 (한자)	본명 (한글)	본명 (한자)	기사제목	분류	날짜	비고
3445	정인보	鄭寅普	정인보	鄭寅普	南遊寄信(12)	기행	1934-08-15	·
3446	정인보	鄭寅普	정인보	鄭寅普	南遊寄信(13)	기행	1934-08-17	·
3447	정인보	鄭寅普	정인보	鄭寅普	南遊寄信(14)	기행	1934-08-18	·
3448	정인보	鄭寅普	정인보	鄭寅普	南遊寄信(15)	기행	1934-08-19	·
3449	정인보	鄭寅普	정인보	鄭寅普	南遊寄信(16)	기행	1934-08-21	·
3450	정인보	鄭寅普	정인보	鄭寅普	南遊寄信(17)	기행	1934-08-22	·
3451	정인보	鄭寅普	정인보	鄭寅普	南遊寄信(18)	기행	1934-08-23	·
3452	정인보	鄭寅普	정인보	鄭寅普	南遊寄信(19)	기행	1934-08-25	·
3453	정인보	鄭寅普	정인보	鄭寅普	南遊寄信(20)	기행	1934-08-26	·
3454	정인보	鄭寅普	정인보	鄭寅普	南遊寄信(21)	기행	1934-08-29	·
3455	정인보	鄭寅普	정인보	鄭寅普	南遊寄信(22)	기행	1934-08-30	·
3456	정인보	鄭寅普	정인보	鄭寅普	南遊寄信(23)	기행	1934-08-31	·
3457	정인보	鄭寅普	정인보	鄭寅普	南遊寄信(24)	기행	1934-09-01	·
3458	정인보	鄭寅普	정인보	鄭寅普	南遊寄信(25)	기행	1934-09-02	·
3459	정인보	鄭寅普	정인보	鄭寅普	南遊寄信(26)	기행	1934-09-04	·
3460	정인보	鄭寅普	정인보	鄭寅普	南遊寄信(27)	기행	1934-09-05	·
3461	정인보	鄭寅普	정인보	鄭寅普	南遊寄信(28)	기행	1934-09-06	·
3462	정인보	鄭寅普	정인보	鄭寅普	南遊寄信(29)	기행	1934-09-07	·
3463	정인보	鄭寅普	정인보	鄭寅普	南遊寄信(30)	기행	1934-09-08	·
3464	정인보	鄭寅普	정인보	鄭寅普	南遊寄信(31)	기행	1934-09-09	·
3465	정인보	鄭寅普	정인보	鄭寅普	唯一한 政法家 丁茶山先生 敍論(1)	역사	1934-09-10	·
3466	정인보	鄭寅普	정인보	鄭寅普	唯一한 政法家 丁茶山先生 敍論(2)	역사	1934-09-11	·
3467	정인보	鄭寅普	정인보	鄭寅普	南遊寄信(32)	기행	1934-09-11	·
3468	정인보	鄭寅普	정인보	鄭寅普	唯一한 政法家 丁茶山先生 敍論(3)	역사	1934-09-12	·
3469	정인보	鄭寅普	정인보	鄭寅普	南遊寄信(31)*33회	기행	1934-09-12	연재횟수 오기
3470	정인보	鄭寅普	정인보	鄭寅普	唯一한 政法家 丁茶山先生 敍論(4)	역사	1934-09-13	·
3471	정인보	鄭寅普	정인보	鄭寅普	南遊寄信(34)	기행	1934-09-14	·
3472	정인보	鄭寅普	정인보	鄭寅普	唯一한 政法家 丁茶山先生 敍論(5)	역사	1934-09-14	·
3473	정인보	鄭寅普	정인보	鄭寅普	南遊寄信(35)	기행	1934-09-15	·
3474	정인보	鄭寅普	정인보	鄭寅普	唯一한 政法家 丁茶山先生 敍論(6)	역사	1934-09-15	·
3475	정인보	鄭寅普	정인보	鄭寅普	南遊寄信(36)	기행	1934-09-19	·
3476	정인보	鄭寅普	정인보	鄭寅普	南遊寄信(37)	기행	1934-09-21	·
3477	정인보	鄭寅普	정인보	鄭寅普	南遊寄信(38)	기행	1934-09-22	·
3478	정인보	鄭寅普	정인보	鄭寅普	南遊寄信(39)	기행	1934-09-23	·
3479	정인보	鄭寅普	정인보	鄭寅普	南遊寄信(41)*40회	기행	1934-09-26	연재횟수 오기
3480	정인보	鄭寅普	정인보	鄭寅普	南遊寄信(47)*41회	기행	1934-09-27	연재횟수 오기
3481	정인보	鄭寅普	정인보	鄭寅普	南遊寄信(42)	기행	1934-09-28	·
3482	정인보	鄭寅普	정인보	鄭寅普	南遊寄信(最終)	기행	1934-09-29	·
3483	정인보	鄭寅普	정인보	鄭寅普	五千年間 朝鮮의 「얼」(1)	역사	1935-01-01	·
3484	정인보	鄭寅普	정인보	鄭寅普	五千年間 朝鮮의 「얼」(2)	역사	1935-01-02	·
3485	정인보	鄭寅普	정인보	鄭寅普	五千年間 朝鮮의 「얼」(3)	역사	1935-01-03	·

연번	자료저자명 (한글)	자료저자명 (한자)	본명 (한글)	본명 (한자)	기사제목	분류	날짜	비고
3486	정인보	鄭寅普	정인보	鄭寅普	五千年間 朝鮮의 「얼」(4)	역사	1935-01-04	·
3487	정인보	鄭寅普	정인보	鄭寅普	五千年間 朝鮮의 「얼」(5)	역사	1935-01-05	·
3488	정인보	鄭寅普	정인보	鄭寅普	五千年間 朝鮮의 「얼」(6)	역사	1935-01-06	·
3489	정인보	鄭寅普	정인보	鄭寅普	五千年間 朝鮮의 「얼」(7)	역사	1935-01-09	·
3490	정인보	鄭寅普	정인보	鄭寅普	五千年間 朝鮮의 「얼」(8)	역사	1935-01-10	·
3491	정인보	鄭寅普	정인보	鄭寅普	五千年間 朝鮮의 「얼」(9)	역사	1935-01-11	·
3492	정인보	鄭寅普	정인보	鄭寅普	五千年間 朝鮮의 「얼」(10)	역사	1935-01-12	·
3493	정인보	鄭寅普	정인보	鄭寅普	五千年間 朝鮮의 「얼」(11)	역사	1935-01-13	·
3494	정인보	鄭寅普	정인보	鄭寅普	五千年間 朝鮮의 「얼」(12)	역사	1935-01-15	·
3495	정인보	鄭寅普	정인보	鄭寅普	五千年間 朝鮮의 「얼」(13)	역사	1935-01-16	·
3496	정인보	鄭寅普	정인보	鄭寅普	五千年間 朝鮮의 「얼」(14)	역사	1935-01-17	·
3497	정인보	鄭寅普	정인보	鄭寅普	五千年間 朝鮮의 「얼」(15)	역사	1935-01-18	·
3498	정인보	鄭寅普	정인보	鄭寅普	五千年間 朝鮮의 「얼」(16)	역사	1935-01-19	·
3499	정인보	鄭寅普	정인보	鄭寅普	五千年間 朝鮮의 「얼」(17)	역사	1935-01-20	·
3500	정인보	鄭寅普	정인보	鄭寅普	五千年間 朝鮮의 「얼」(18)	역사	1935-01-22	·
3501	정인보	鄭寅普	정인보	鄭寅普	五千年間 朝鮮의 「얼」(19)	역사	1935-01-25	·
3502	정인보	鄭寅普	정인보	鄭寅普	五千年間 朝鮮의 「얼」(20)	역사	1935-01-26	·
3503	정인보	鄭寅普	정인보	鄭寅普	五千年間 朝鮮의 「얼」(21)	역사	1935-01-27	·
3504	정인보	鄭寅普	정인보	鄭寅普	五千年間 朝鮮의 「얼」(22)	역사	1935-01-29	·
3505	정인보	鄭寅普	정인보	鄭寅普	五千年間 朝鮮의 「얼」(23)	역사	1935-01-30	·
3506	정인보	鄭寅普	정인보	鄭寅普	五千年間 朝鮮의 「얼」(24)	역사	1935-01-31	·
3507	정인보	鄭寅普	정인보	鄭寅普	五千年間 朝鮮의 「얼」(25)	역사	1935-02-05	·
3508	정인보	鄭寅普	정인보	鄭寅普	五千年間 朝鮮의 「얼」(26)	역사	1935-02-06	·
3509	정인보	鄭寅普	정인보	鄭寅普	五千年間 朝鮮의 「얼」(27)	역사	1935-02-07	·
3510	정인보	鄭寅普	정인보	鄭寅普	五千年間 朝鮮의 「얼」(28)	역사	1935-02-08	·
3511	정인보	鄭寅普	정인보	鄭寅普	五千年間 朝鮮의 「얼」(29)	역사	1935-02-10	·
3512	정인보	鄭寅普	정인보	鄭寅普	五千年間 朝鮮의 「얼」(30)	역사	1935-02-15	·
3513	정인보	鄭寅普	정인보	鄭寅普	五千年間 朝鮮의 「얼」(31)	역사	1935-02-16	·
3514	정인보	鄭寅普	정인보	鄭寅普	五千年間 朝鮮의 「얼」(32)	역사	1935-02-17	·
3515	정인보	鄭寅普	정인보	鄭寅普	五千年間 朝鮮의 「얼」(33)	역사	1935-02-19	·
3516	정인보	鄭寅普	정인보	鄭寅普	五千年間 朝鮮의 「얼」(34)	역사	1935-02-20	·
3517	정인보	鄭寅普	정인보	鄭寅普	五千年間 朝鮮의 「얼」(35)	역사	1935-02-22	·
3518	정인보	鄭寅普	정인보	鄭寅普	五千年間 朝鮮의 「얼」(36)	역사	1935-02-28	·
3519	정인보	鄭寅普	정인보	鄭寅普	五千年間 朝鮮의 「얼」(37)	역사	1935-03-01	·
3520	정인보	鄭寅普	정인보	鄭寅普	五千年間 朝鮮의 「얼」(38)	역사	1935-03-02	·
3521	정인보	鄭寅普	정인보	鄭寅普	五千年間 朝鮮의 「얼」(39)	역사	1935-03-03	·
3522	정인보	鄭寅普	정인보	鄭寅普	五千年間 朝鮮의 「얼」(40)	역사	1935-03-05	·
3523	정인보	鄭寅普	정인보	鄭寅普	五千年間 朝鮮의 「얼」(41)	역사	1935-03-08	·
3524	정인보	鄭寅普	정인보	鄭寅普	五千年間 朝鮮의 「얼」(42)	역사	1935-03-09	·
3525	정인보	鄭寅普	정인보	鄭寅普	五千年間 朝鮮의 「얼」(43)	역사	1935-03-21	·
3526	정인보	鄭寅普	정인보	鄭寅普	五千年間 朝鮮의 「얼」(44)	역사	1935-03-23	·

연번	자료저자명(한글)	자료저자명(한자)	본명(한글)	본명(한자)	기사제목	분류	날짜	비고
3527	정인보	鄭寅普	정인보	鄭寅普	五千年間 朝鮮의 「얼」(45)	역사	1935-03-24	·
3528	정인보	鄭寅普	정인보	鄭寅普	五千年間 朝鮮의 「얼」(46)	역사	1935-03-26	·
3529	정인보	鄭寅普	정인보	鄭寅普	五千年間 朝鮮의 「얼」(47)	역사	1935-03-27	·
3530	정인보	鄭寅普	정인보	鄭寅普	五千年間 朝鮮의 「얼」(48)	역사	1935-03-29	·
3531	정인보	鄭寅普	정인보	鄭寅普	五千年間 朝鮮의 「얼」(49)	역사	1935-03-30	·
3532	정인보	鄭寅普	정인보	鄭寅普	五千年間 朝鮮의 「얼」(50)	역사	1935-04-02	·
3533	정인보	鄭寅普	정인보	鄭寅普	五千年間 朝鮮의 「얼」(51)	역사	1935-04-03	·
3534	정인보	鄭寅普	정인보	鄭寅普	五千年間 朝鮮의 「얼」(52)	역사	1935-04-09	·
3535	정인보	鄭寅普	정인보	鄭寅普	五千年間 朝鮮의 「얼」(53)	역사	1935-04-10	·
3536	정인보	鄭寅普	정인보	鄭寅普	五千年間 朝鮮의 「얼」(54)	역사	1935-04-12	·
3537	정인보	鄭寅普	정인보	鄭寅普	五千年間 朝鮮의 「얼」(55)	역사	1935-04-13	·
3531	정인보	鄭寅普	정인보	鄭寅普	五千年間 朝鮮의 「얼」(56)	역사	1935-04-16	·
3532	정인보	鄭寅普	정인보	鄭寅普	五千年間 朝鮮의 「얼」(57)	역사	1935-04-17	·
3533	정인보	鄭寅普	정인보	鄭寅普	五千年間 朝鮮의 「얼」(58)	역사	1935-04-20	·
3534	정인보	鄭寅普	정인보	鄭寅普	五千年間 朝鮮의 「얼」(59)	역사	1935-04-26	·
3535	정인보	鄭寅普	정인보	鄭寅普	五千年間 朝鮮의 「얼」(60)	역사	1935-04-27	·
3536	정인보	鄭寅普	정인보	鄭寅普	五千年間 朝鮮의 「얼」(61)	역사	1935-04-28	·
3537	정인보	鄭寅普	정인보	鄭寅普	五千年間 朝鮮의 「얼」(62)	역사	1935-05-01	·
3538	정인보	鄭寅普	정인보	鄭寅普	五千年間 朝鮮의 「얼」(63)	역사	1935-05-02	·
3539	정인보	鄭寅普	정인보	鄭寅普	五千年間 朝鮮의 「얼」(64)	역사	1935-05-03	·
3540	정인보	鄭寅普	정인보	鄭寅普	五千年間 朝鮮의 「얼」(65)	역사	1935-05-04	·
3541	정인보	鄭寅普	정인보	鄭寅普	五千年間 朝鮮의 「얼」(66)	역사	1935-05-07	·
3542	정인보	鄭寅普	정인보	鄭寅普	五千年間 朝鮮의 「얼」(67)	역사	1935-05-10	·
3543	정인보	鄭寅普	정인보	鄭寅普	五千年間 朝鮮의 「얼」(68)	역사	1935-05-11	·
3544	정인보	鄭寅普	정인보	鄭寅普	五千年間 朝鮮의 「얼」(69)	역사	1935-05-12	·
3545	정인보	鄭寅普	정인보	鄭寅普	五千年間 朝鮮의 「얼」(70)	역사	1935-05-14	·
3546	정인보	鄭寅普	정인보	鄭寅普	五千年間 朝鮮의 「얼」(71)	역사	1935-05-16	·
3547	정인보	鄭寅普	정인보	鄭寅普	五千年間 朝鮮의 「얼」(72)	역사	1935-05-17	·
3548	정인보	鄭寅普	정인보	鄭寅普	五千年間 朝鮮의 「얼」(73)	역사	1935-05-22	·
3549	정인보	鄭寅普	정인보	鄭寅普	五千年間 朝鮮의 「얼」(74)	역사	1935-05-24	·
3550	정인보	鄭寅普	정인보	鄭寅普	五千年間 朝鮮의 「얼」(75)	역사	1935-05-25	·
3551	정인보	鄭寅普	정인보	鄭寅普	五千年間 朝鮮의 「얼」(76)	역사	1935-05-26	·
3552	정인보	鄭寅普	정인보	鄭寅普	五千年間 朝鮮의 「얼」(77)	역사	1935-05-28	·
3553	정인보	鄭寅普	정인보	鄭寅普	五千年間 朝鮮의 「얼」(79)*78회	역사	1935-06-01	연재횟수 오기
3554	정인보	鄭寅普	정인보	鄭寅普	五千年間 朝鮮의 「얼」(80)*79회	역사	1935-06-02	연재횟수 오기
3555	정인보	鄭寅普	정인보	鄭寅普	五千年間 朝鮮의 「얼」(81)*80회	역사	1935-06-04	연재횟수 오기
3556	정인보	鄭寅普	정인보	鄭寅普	五千年間 朝鮮의 「얼」(82)*81회	역사	1935-06-06	연재횟수 오기
3557	정인보	鄭寅普	정인보	鄭寅普	五千年間 朝鮮의 「얼」(83)*82회	역사	1935-06-07	연재횟수 오기
3558	정인보	鄭寅普	정인보	鄭寅普	五千年間 朝鮮의 「얼」(84)*83회	역사	1935-06-12	연재횟수 오기
3559	정인보	鄭寅普	정인보	鄭寅普	五千年間 朝鮮의 「얼」(84)	역사	1935-06-14	·
3560	정인보	鄭寅普	정인보	鄭寅普	五千年間 朝鮮의 「얼」(85)	역사	1935-06-15	·

연번	자료저자명(한글)	자료저자명(한자)	본명(한글)	본명(한자)	기사제목	분류	날짜	비고
3561	정인보	鄭寅普	정인보	鄭寅普	五千年間 朝鮮의 「얼」(86)	역사	1935-06-16	·
3562	정인보	鄭寅普	정인보	鄭寅普	五千年間 朝鮮의 「얼」(87)	역사	1935-06-26	·
3563	정인보	鄭寅普	정인보	鄭寅普	五千年間 朝鮮의 「얼」(88)	역사	1935-06-27	·
3564	정인보	鄭寅普	정인보	鄭寅普	五千年間 朝鮮의 「얼」(89)	역사	1935-06-28	·
3565	정인보	鄭寅普	정인보	鄭寅普	五千年間 朝鮮의 「얼」(90)	역사	1935-07-03	·
3566	정인보	鄭寅普	정인보	鄭寅普	五千年間 朝鮮의 「얼」(91)	역사	1935-07-04	·
3567	정인보	鄭寅普	정인보	鄭寅普	五千年間 朝鮮의 「얼」(92)	역사	1935-07-05	·
3568	정인보	鄭寅普	정인보	鄭寅普	五千年間 朝鮮의 「얼」(93)	역사	1935-07-06	·
3569	정인보	鄭寅普	정인보	鄭寅普	五千年間 朝鮮의 「얼」(94)	역사	1935-07-07	·
3570	정인보	鄭寅普	정인보	鄭寅普	五千年間 朝鮮의 「얼」(95)	역사	1935-07-09	·
3571	정인보	鄭寅普	정인보	鄭寅普	五千年間 朝鮮의 「얼」(96)	역사	1935-07-10	·
3572	정인보	鄭寅普	정인보	鄭寅普	五千年間 朝鮮의 「얼」(97)	역사	1935-07-12	·
3573	정인보	鄭寅普	정인보	鄭寅普	五千年間 朝鮮의 「얼」(98)	역사	1935-07-13	·
3574	정인보	鄭寅普	정인보	鄭寅普	茶山先生의 一生	역사	1935-07-16	·
3575	정인보	鄭寅普	정인보	鄭寅普	五千年間 朝鮮의 「얼」(99)	역사	1935-07-18	·
3576	정인보	鄭寅普	정인보	鄭寅普	五千年間 朝鮮의 「얼」(100)	역사	1935-07-19	·
3577	정인보	鄭寅普	정인보	鄭寅普	五千年間 朝鮮의 「얼」(101)	역사	1935-07-20	·
3578	정인보	鄭寅普	정인보	鄭寅普	五千年間 朝鮮의 「얼」(102)	역사	1935-07-24	·
3579	정인보	鄭寅普	정인보	鄭寅普	五千年間 朝鮮의 「얼」(103)	역사	1935-07-27	·
3580	정인보	鄭寅普	정인보	鄭寅普	五千年間 朝鮮의 「얼」(104)	역사	1935-07-28	·
3581	정인보	鄭寅普	정인보	鄭寅普	五千年間 朝鮮의 「얼」(105)	역사	1935-07-30	·
3582	정인보	鄭寅普	정인보	鄭寅普	五千年間 朝鮮의 「얼」(106)	역사	1935-08-07	·
3583	정인보	鄭寅普	정인보	鄭寅普	五千年間 朝鮮의 「얼」(107)	역사	1935-08-08	·
3584	정인보	鄭寅普	정인보	鄭寅普	五千年間 朝鮮의 「얼」(108)	역사	1935-08-09	·
3585	정인보	鄭寅普	정인보	鄭寅普	五千年間 朝鮮의 「얼」(109)	역사	1935-08-10	·
3586	정인보	鄭寅普	정인보	鄭寅普	五千年間 朝鮮의 「얼」(110)	역사	1935-08-11	·
3587	정인보	鄭寅普	정인보	鄭寅普	五千年間 朝鮮의 「얼」(111)	역사	1935-08-13	·
3588	정인보	鄭寅普	정인보	鄭寅普	五千年間 朝鮮의 「얼」(112)	역사	1935-08-15	·
3589	정인보	鄭寅普	정인보	鄭寅普	五千年間 朝鮮의 「얼」(113)	역사	1935-08-16	·
3590	정인보	鄭寅普	정인보	鄭寅普	五千年間 朝鮮의 「얼」(114)	역사	1935-08-23	·
3591	정인보	鄭寅普	정인보	鄭寅普	五千年間 朝鮮의 「얼」(115)	역사	1935-08-24	·
3592	정인보	鄭寅普	정인보	鄭寅普	五千年間 朝鮮의 「얼」(116)	역사	1935-08-25	·
3593	정인보	鄭寅普	정인보	鄭寅普	五千年間 朝鮮의 「얼」(117)	역사	1935-08-27	·
3594	정인보	鄭寅普	정인보	鄭寅普	五千年間 朝鮮의 「얼」(117)*118회	역사	1935-08-28	연재횟수 오기
3595	정인보	鄭寅普	정인보	鄭寅普	五千年間 朝鮮의 「얼」(119)	역사	1935-08-31	·
3596	정인보	鄭寅普	정인보	鄭寅普	五千年間 朝鮮의 「얼」(120)	역사	1935-09-01	·
3597	정인보	鄭寅普	정인보	鄭寅普	五千年間 朝鮮의 「얼」(121)	역사	1935-09-06	·
3598	정인보	鄭寅普	정인보	鄭寅普	五千年間 朝鮮의 「얼」(122)	역사	1935-09-07	·
3599	정인보	鄭寅普	정인보	鄭寅普	五千年間 朝鮮의 「얼」(123)	역사	1935-09-13	·
3600	정인보	鄭寅普	정인보	鄭寅普	五千年間 朝鮮의 「얼」(124)	역사	1935-09-14	·
3601	정인보	鄭寅普	정인보	鄭寅普	五千年間 朝鮮의 「얼」(125)	역사	1935-09-15	·

연번	자료저자명(한글)	자료저자명(한자)	본명(한글)	본명(한자)	기사제목	분류	날짜	비고
3602	정인보	鄭寅普	정인보	鄭寅普	五千年間 朝鮮의 「얼」(126)	역사	1935-09-19	·
3603	정인보	鄭寅普	정인보	鄭寅普	五千年間 朝鮮의 「얼」(127)	역사	1935-09-20	·
3604	정인보	鄭寅普	정인보	鄭寅普	五千年間 朝鮮의 「얼」(128)	역사	1935-09-26	·
3605	정인보	鄭寅普	정인보	鄭寅普	五千年間 朝鮮의 「얼」(129)	역사	1935-09-27	·
3606	정인보	鄭寅普	정인보	鄭寅普	五千年間 朝鮮의 「얼」(130)	역사	1935-09-28	·
3607	정인보	鄭寅普	정인보	鄭寅普	五千年間 朝鮮의 「얼」(131)	역사	1935-10-01	·
3608	정인보	鄭寅普	정인보	鄭寅普	五千年間 朝鮮의 「얼」(132)	역사	1935-10-02	·
3609	정인보	鄭寅普	정인보	鄭寅普	五千年間 朝鮮의 「얼」(133)	역사	1935-10-03	·
3610	정인보	鄭寅普	정인보	鄭寅普	五千年間 朝鮮의 「얼」(134)	역사	1935-10-10	·
3611	정인보	鄭寅普	정인보	鄭寅普	五千年間 朝鮮의 「얼」(135)	역사	1935-10-22	·
3612	정인보	鄭寅普	정인보	鄭寅普	五千年間 朝鮮의 「얼」(136)	역사	1935-10-24	·
3613	정인보	鄭寅普	정인보	鄭寅普	五千年間 朝鮮의 「얼」(137)	역사	1935-10-25	·
3614	정인보	鄭寅普	정인보	鄭寅普	五千年間 朝鮮의 「얼」(138)	역사	1935-10-27	·
3615	정인보	鄭寅普	정인보	鄭寅普	檀君開天과 10月	역사	1935-10-29	·
3616	정인보	鄭寅普	정인보	鄭寅普	五千年間 朝鮮의 「얼」(139)	역사	1935-11-01	·
3617	정인보	鄭寅普	정인보	鄭寅普	五千年間 朝鮮의 「얼」(140)	역사	1935-11-05	·
3618	정인보	鄭寅普	정인보	鄭寅普	五千年間 朝鮮의 「얼」(141)	역사	1935-11-07	·
3619	정인보	鄭寅普	정인보	鄭寅普	五千年間 朝鮮의 「얼」(142)	역사	1935-11-08	·
3620	정인보	鄭寅普	정인보	鄭寅普	五千年間 朝鮮의 「얼」(143)	역사	1935-11-20	·
3621	정인보	鄭寅普	정인보	鄭寅普	五千年間 朝鮮의 「얼」(144)	역사	1935-11-21	·
3622	정인보	鄭寅普	정인보	鄭寅普	五千年間 朝鮮의 「얼」(145)	역사	1935-11-22	·
3623	정인보	鄭寅普	정인보	鄭寅普	五千年間 朝鮮의 「얼」(146)	역사	1935-11-23	·
3624	정인보	鄭寅普	정인보	鄭寅普	五千年間 朝鮮의 「얼」(147)	역사	1935-11-27	·
3625	정인보	鄭寅普	정인보	鄭寅普	五千年間 朝鮮의 「얼」(148)	역사	1935-11-29	·
3626	정인보	鄭寅普	정인보	鄭寅普	五千年間 朝鮮의 「얼」(149)	역사	1935-11-30	·
3627	정인보	鄭寅普	정인보	鄭寅普	五千年間 朝鮮의 「얼」(150)	역사	1935-12-11	·
3628	정인보	鄭寅普	정인보	鄭寅普	五千年間 朝鮮의 「얼」(151)	역사	1935-12-15	·
3629	정인보	鄭寅普	정인보	鄭寅普	五千年間 朝鮮의 「얼」(152)	역사	1935-12-17	·
3630	정인보	鄭寅普	정인보	鄭寅普	五千年間 朝鮮의 「얼」(153)	역사	1935-12-19	·
3631	정인보	鄭寅普	정인보	鄭寅普	五千年間 朝鮮의 「얼」(154)	역사	1935-12-20	·
3632	정인보	鄭寅普	정인보	鄭寅普	五千年間 朝鮮의 「얼」(155)	역사	1935-12-21	·
3633	정인보	鄭寅普	정인보	鄭寅普	五千年間 朝鮮의 「얼」(156)	역사	1935-12-25	·
3634	정인보	鄭寅普	정인보	鄭寅普	五千年間 朝鮮의 「얼」(157)	역사	1935-12-27	·
3635	정인보	鄭寅普	정인보	鄭寅普	五千年間 朝鮮의 「얼」(158)	역사	1935-12-31	·
3636	정인보	鄭寅普	정인보	鄭寅普	丙子와 朝鮮- 今古 丙子의 再吟味(上)	역사	1936-01-01	·
3637	정인보	鄭寅普	정인보	鄭寅普	丙子와 朝鮮- 今古 丙子의 再吟味(下)	역사	1936-01-03	·
3638	정인보	鄭寅普	정인보	鄭寅普	當來할 朝鮮文學을 爲한 新提唱: 綜合的 硏究와 體系- 分明한 史觀과 體系를 가지라	논설	1936-01-03	·
3639	정인보	鄭寅普	정인보	鄭寅普	五千年間 朝鮮의 「얼」(159)	역사	1936-01-07	·
3640	정인보	鄭寅普	정인보	鄭寅普	五千年間 朝鮮의 「얼」(160)	역사	1936-01-08	·
3641	정인보	鄭寅普	정인보	鄭寅普	五千年間 朝鮮의 「얼」(161)	역사	1936-01-09	·

연번	자료저자명(한글)	자료저자명(한자)	본명(한글)	본명(한자)	기사제목	분류	날짜	비고
3642	정인보	鄭寅普	정인보	鄭寅普	五千年間 朝鮮의 「얼」(162)	역사	1936-01-10	·
3643	정인보	鄭寅普	정인보	鄭寅普	五千年間 朝鮮의 「얼」(163)	역사	1936-01-11	·
3644	정인보	鄭寅普	정인보	鄭寅普	五千年間 朝鮮의 「얼」(164)	역사	1936-01-12	·
3645	정인보	鄭寅普	정인보	鄭寅普	五千年間 朝鮮의 「얼」(165)	역사	1936-01-14	·
3646	정인보	鄭寅普	정인보	鄭寅普	五千年間 朝鮮의 「얼」(166)	역사	1936-01-15	·
3647	정인보	鄭寅普	정인보	鄭寅普	五千年間 朝鮮의 「얼」(167)	역사	1936-01-16	·
3648	정인보	鄭寅普	정인보	鄭寅普	五千年間 朝鮮의 「얼」(168)	역사	1936-01-18	·
3649	정인보	鄭寅普	정인보	鄭寅普	五千年間 朝鮮의 「얼」(169)	역사	1936-01-19	·
3650	정인보	鄭寅普	정인보	鄭寅普	五千年間 朝鮮의 「얼」(170)	역사	1936-01-22	·
3651	정인보	鄭寅普	정인보	鄭寅普	五千年間 朝鮮의 「얼」(171)	역사	1936-01-23	·
3652	정인보	鄭寅普	정인보	鄭寅普	五千年間 朝鮮의 「얼」(172)	역사	1936-01-24	·
3653	정인보	鄭寅普	정인보	鄭寅普	五千年間 朝鮮의 「얼」(173)	역사	1936-01-25	·
3654	정인보	鄭寅普	정인보	鄭寅普	五千年間 朝鮮의 「얼」(174)	역사	1936-01-26	·
3655	정인보	鄭寅普	정인보	鄭寅普	五千年間 朝鮮의 「얼」(175)	역사	1936-01-31	·
3656	정인보	鄭寅普	정인보	鄭寅普	五千年間 朝鮮의 「얼」(176)	역사	1936-02-01	·
3657	정인보	鄭寅普	정인보	鄭寅普	五千年間 朝鮮의 「얼」(176)*177회	역사	1936-02-02	연재횟수 오기
3658	정인보	鄭寅普	정인보	鄭寅普	五千年間 朝鮮의 「얼」(177)*178회	역사	1936-02-08	연재횟수 오기
3659	정인보	鄭寅普	정인보	鄭寅普	五千年間 朝鮮의 「얼」(178)*179회	역사	1936-02-09	연재횟수 오기
3660	정인보	鄭寅普	정인보	鄭寅普	五千年間 朝鮮의 「얼」(179)*180회	역사	1936-02-14	연재횟수 오기
3661	정인보	鄭寅普	정인보	鄭寅普	五千年間 朝鮮의 「얼」(180)*181회	역사	1936-02-15	연재횟수 오기
3662	정인보	鄭寅普	정인보	鄭寅普	五千年間 朝鮮의 「얼」(181)*182회	역사	1936-02-18	연재횟수 오기
3663	정인보	鄭寅普	정인보	鄭寅普	五千年間 朝鮮의 「얼」(182)*183회	역사	1936-02-20	연재횟수 오기
3664	정인보	鄭寅普	정인보	鄭寅普	五千年間 朝鮮의 「얼」(183)*184회	역사	1936-02-21	연재횟수 오기
3665	정인보	鄭寅普	정인보	鄭寅普	五千年間 朝鮮의 「얼」(184)*185회	역사	1936-02-22	연재횟수 오기
3666	정인보	鄭寅普	정인보	鄭寅普	五千年間 朝鮮의 「얼」(186)	역사	1936-02-26	·
3667	정인보	鄭寅普	정인보	鄭寅普	丹齋와 史學(上)	역사	1936-02-26	·
3668	정인보	鄭寅普	정인보	鄭寅普	五千年間 朝鮮의 「얼」(187)	역사	1936-02-27	·
3669	정인보	鄭寅普	정인보	鄭寅普	丹齋와 史學(下)	역사	1936-02-28	·
3670	정인보	鄭寅普	정인보	鄭寅普	五千年間 朝鮮의 「얼」(188)	역사	1936-03-03	·
3671	정인보	鄭寅普	정인보	鄭寅普	五千年間 朝鮮의 「얼」(189)	역사	1936-03-04	·
3672	정인보	鄭寅普	정인보	鄭寅普	五千年間 朝鮮의 「얼」(190)	역사	1936-03-05	·
3673	정인보	鄭寅普	정인보	鄭寅普	五千年間 朝鮮의 「얼」(191)	역사	1936-03-07	·
3674	정인보	鄭寅普	정인보	鄭寅普	五千年間 朝鮮의 「얼」(192)	역사	1936-03-15	·
3675	정인보	鄭寅普	정인보	鄭寅普	五千年間 朝鮮의 「얼」(192)*193회	역사	1936-03-17	연재횟수 오기
3676	정인보	鄭寅普	정인보	鄭寅普	五千年間 朝鮮의 「얼」(192)*194회	역사	1936-03-18	연재횟수 오기
3677	정인보	鄭寅普	정인보	鄭寅普	五千年間 朝鮮의 「얼」(192)*195회	역사	1936-03-19	연재횟수 오기
3678	정인보	鄭寅普	정인보	鄭寅普	五千年間 朝鮮의 「얼」(195)*196회	역사	1936-03-20	연재횟수 오기
3679	정인보	鄭寅普	정인보	鄭寅普	五千年間 朝鮮의 「얼」(196)*197회	역사	1936-03-21	연재횟수 오기
3680	정인보	鄭寅普	정인보	鄭寅普	五千年間 朝鮮의 「얼」(197)*198회	역사	1936-03-24	연재횟수 오기
3681	정인보	鄭寅普	정인보	鄭寅普	五千年間 朝鮮의 「얼」(198)*199회	역사	1936-03-25	연재횟수 오기
3682	정인보	鄭寅普	정인보	鄭寅普	五千年間 朝鮮의 「얼」(199)*200회	역사	1936-03-26	연재횟수 오기

연번	자료저자명(한글)	자료저자명(한자)	본명(한글)	본명(한자)	기사제목	분류	날짜	비고
3683	정인보	鄭寅普	정인보	鄭寅普	五千年間 朝鮮의 「얼」(200)*201회	역사	1936-03-27	연재횟수 오기
3684	정인보	鄭寅普	정인보	鄭寅普	五千年間 朝鮮의 「얼」(201)*202회	역사	1936-03-28	연재횟수 오기
3685	정인보	鄭寅普	정인보	鄭寅普	五千年間 朝鮮의 「얼」(202)*203회	역사	1936-03-29	연재횟수 오기
3686	정인보	鄭寅普	정인보	鄭寅普	五千年間 朝鮮의 「얼」(203)*204회	역사	1936-03-31	연재횟수 오기
3687	정인보	鄭寅普	정인보	鄭寅普	五千年間 朝鮮의 「얼」(204)*205회	역사	1936-04-01	연재횟수 오기
3688	정인보	鄭寅普	정인보	鄭寅普	五千年間 朝鮮의 「얼」(205)*206회	역사	1936-04-02	연재횟수 오기
3689	정인보	鄭寅普	정인보	鄭寅普	五千年間 朝鮮의 「얼」(206)*207회	역사	1936-04-07	연재횟수 오기
3690	정인보	鄭寅普	정인보	鄭寅普	五千年間 朝鮮의 「얼」(207)*208회	역사	1936-04-08	연재횟수 오기
3691	정인보	鄭寅普	정인보	鄭寅普	五千年間 朝鮮의 「얼」(208)*209회	역사	1936-04-09	연재횟수 오기
3692	정인보	鄭寅普	정인보	鄭寅普	五千年間 朝鮮의 「얼」(209)*210회	역사	1936-04-10	연재횟수 오기
3693	정인보	鄭寅普	정인보	鄭寅普	五千年間 朝鮮의 「얼」(210)*211회	역사	1936-04-11	연재횟수 오기
3694	정인보	鄭寅普	정인보	鄭寅普	五千年間 朝鮮의 「얼」(211)*212회	역사	1936-04-12	연재횟수 오기
3695	정인보	鄭寅普	정인보	鄭寅普	五千年間 朝鮮의 「얼」(212)*213회	역사	1936-04-15	연재횟수 오기
3696	정인보	鄭寅普	정인보	鄭寅普	五千年間 朝鮮의 「얼」(213)*214회	역사	1936-04-16	연재횟수 오기
3697	정인보	鄭寅普	정인보	鄭寅普	五千年間 朝鮮의 「얼」(214)*215회	역사	1936-04-17	연재횟수 오기
3698	정인보	鄭寅普	정인보	鄭寅普	五千年間 朝鮮의 「얼」(215)*216회	역사	1936-04-18	연재횟수 오기
3699	정인보	鄭寅普	정인보	鄭寅普	五千年間 朝鮮의 「얼」(216)*217회	역사	1936-04-19	연재횟수 오기
3700	정인보	鄭寅普	정인보	鄭寅普	五千年間 朝鮮의 「얼」(217)*218회	역사	1936-04-21	연재횟수 오기
3701	정인보	鄭寅普	정인보	鄭寅普	五千年間 朝鮮의 「얼」(218)*219회	역사	1936-04-22	연재횟수 오기
3702	정인보	鄭寅普	정인보	鄭寅普	五千年間 朝鮮의 「얼」(219)*220회	역사	1936-04-23	연재횟수 오기
3703	정인보	鄭寅普	정인보	鄭寅普	五千年間 朝鮮의 「얼」(220)*221회	역사	1936-04-24	연재횟수 오기
3704	정인보	鄭寅普	정인보	鄭寅普	五千年間 朝鮮의 「얼」(221)*222회	역사	1936-04-25	연재횟수 오기
3705	정인보	鄭寅普	정인보	鄭寅普	五千年間 朝鮮의 「얼」(222)*223회	역사	1936-04-29	연재횟수 오기
3706	정인보	鄭寅普	정인보	鄭寅普	五千年間 朝鮮의 「얼」(223)*224회	역사	1936-05-01	연재횟수 오기
3707	정인보	鄭寅普	정인보	鄭寅普	五千年間 朝鮮의 「얼」(224)*225회	역사	1936-05-05	연재횟수 오기
3708	정인보	鄭寅普	정인보	鄭寅普	五千年間 朝鮮의 「얼」(225)*226회	역사	1936-05-06	연재횟수 오기
3709	정인보	鄭寅普	정인보	鄭寅普	五千年間 朝鮮의 「얼」(226)*227회	역사	1936-05-07	연재횟수 오기
3710	정인보	鄭寅普	정인보	鄭寅普	五千年間 朝鮮의 「얼」(227)*228회	역사	1936-05-08	연재횟수 오기
3711	정인보	鄭寅普	정인보	鄭寅普	五千年間 朝鮮의 「얼」(228)*229회	역사	1936-05-10	연재횟수 오기
3712	정인보	鄭寅普	정인보	鄭寅普	五千年間 朝鮮의 「얼」(229)*230회	역사	1936-05-12	연재횟수 오기
3713	정인보	鄭寅普	정인보	鄭寅普	五千年間 朝鮮의 「얼」(230)*231회	역사	1936-05-15	연재횟수 오기
3714	정인보	鄭寅普	정인보	鄭寅普	五千年間 朝鮮의 「얼」(231)*232회	역사	1936-05-16	연재횟수 오기
3715	정인보	鄭寅普	정인보	鄭寅普	五千年間 朝鮮의 「얼」(232)*233회	역사	1936-05-17	연재횟수 오기
3716	정인보	鄭寅普	정인보	鄭寅普	五千年間 朝鮮의 「얼」(233)*234회	역사	1936-05-19	연재횟수 오기
3717	정인보	鄭寅普	정인보	鄭寅普	五千年間 朝鮮의 「얼」(234)*235회	역사	1936-05-20	연재횟수 오기
3718	정인보	鄭寅普	정인보	鄭寅普	五千年間 朝鮮의 「얼」(235)*236회	역사	1936-05-22	연재횟수 오기
3719	정인보	鄭寅普	정인보	鄭寅普	乙支公墓山 修保 問題(上)	사업	1936-05-23	·
3720	정인보	鄭寅普	정인보	鄭寅普	乙支公墓山 修保 問題(中)	사업	1936-05-24	·
3721	정인보	鄭寅普	정인보	鄭寅普	乙支公墓山 修保 問題(下)	사업	1936-05-26	·
3722	정인보	鄭寅普	정인보	鄭寅普	五千年間 朝鮮의 「얼」(236)*237회	역사	1936-05-29	연재횟수 오기
3723	정인보	鄭寅普	정인보	鄭寅普	五千年間 朝鮮의 「얼」(237)*238회	역사	1936-05-30	연재횟수 오기

연번	자료저자명(한글)	자료저자명(한자)	본명(한글)	본명(한자)	기사제목	분류	날짜	비고
3724	정인보	鄭寅普	정인보	鄭寅普	五千年間 朝鮮의 「얼」(238)*239회	역사	1936-05-31	연재횟수 오기
3725	정인보	鄭寅普	정인보	鄭寅普	五千年間 朝鮮의 「얼」(239)*240회	역사	1936-06-02	연재횟수 오기
3726	정인보	鄭寅普	정인보	鄭寅普	五千年間 朝鮮의 「얼」(240)*241회	역사	1936-06-09	연재횟수 오기
3727	정인보	鄭寅普	정인보	鄭寅普	五千年間 朝鮮의 「얼」(241)*242회	역사	1936-06-10	연재횟수 오기
3728	정인보	鄭寅普	정인보	鄭寅普	五千年間 朝鮮의 「얼」(242)*243회	역사	1936-06-11	연재횟수 오기
3729	정인보	鄭寅普	정인보	鄭寅普	五千年間 朝鮮의 「얼」(243)*244회	역사	1936-06-12	연재횟수 오기
3730	정인보	鄭寅普	정인보	鄭寅普	五千年間 朝鮮의 「얼」(244)*245회	역사	1936-06-17	연재횟수 오기
3731	정인보	鄭寅普	정인보	鄭寅普	五千年間 朝鮮의 「얼」(245)*246회	역사	1936-06-18	연재횟수 오기
3732	정인보	鄭寅普	정인보	鄭寅普	五千年間 朝鮮의 「얼」(246)*247회	역사	1936-06-19	연재횟수 오기
3733	정인보	鄭寅普	정인보	鄭寅普	五千年間 朝鮮의 「얼」(247)*248회	역사	1936-06-20	연재횟수 오기
3734	정인보	鄭寅普	정인보	鄭寅普	五千年間 朝鮮의 「얼」(248)*249회	역사	1936-06-23	연재횟수 오기
3735	정인보	鄭寅普	정인보	鄭寅普	五千年間 朝鮮의 「얼」(249)*250회	역사	1936-06-26	연재횟수 오기
3736	정인보	鄭寅普	정인보	鄭寅普	五千年間 朝鮮의 「얼」(250)*251회	역사	1936-06-28	연재횟수 오기
3737	정인보	鄭寅普	정인보	鄭寅普	五千年間 朝鮮의 「얼」(251)*252회	역사	1936-06-30	연재횟수 오기
3738	정인보	鄭寅普	정인보	鄭寅普	五千年間 朝鮮의 「얼」(252)*253회	역사	1936-07-04	연재횟수 오기
3739	정인보	鄭寅普	정인보	鄭寅普	五千年間 朝鮮의 「얼」(253)*254회	역사	1936-07-05	연재횟수 오기
3740	정인보	鄭寅普	정인보	鄭寅普	五千年間 朝鮮의 「얼」(254)*255회	역사	1936-07-07	연재횟수 오기
3741	정인보	鄭寅普	정인보	鄭寅普	五千年間 朝鮮의 「얼」(255)*256회	역사	1936-07-08	연재횟수 오기
3742	정인보	鄭寅普	정인보	鄭寅普	五千年間 朝鮮의 「얼」(256)*257회	역사	1936-07-09	연재횟수 오기
3743	정인보	鄭寅普	정인보	鄭寅普	五千年間 朝鮮의 「얼」(258)	역사	1936-07-11	·
3744	정인보	鄭寅普	정인보	鄭寅普	五千年間 朝鮮의 「얼」(259)	역사	1936-07-12	·
3745	정인보	鄭寅普	정인보	鄭寅普	五千年間 朝鮮의 「얼」(260)	역사	1936-07-14	·
3746	정인보	鄭寅普	정인보	鄭寅普	五千年間 朝鮮의 「얼」(261)	역사	1936-07-18	·
3747	정인보	鄭寅普	정인보	鄭寅普	五千年間 朝鮮의 「얼」(262)	역사	1936-07-19	·
3748	정인보	鄭寅普	정인보	鄭寅普	五千年間 朝鮮의 「얼」(263)	역사	1936-07-21	·
3749	정인보	鄭寅普	정인보	鄭寅普	五千年間 朝鮮의 「얼」(265)*264회	역사	1936-07-23	연재횟수 오기
3750	정인보	鄭寅普	정인보	鄭寅普	五千年間 朝鮮의 「얼」(266)*265회	역사	1936-07-24	연재횟수 오기
3751	정인보	鄭寅普	정인보	鄭寅普	五千年間 朝鮮의 「얼」(267)*266회	역사	1936-08-04	연재횟수 오기
3752	정인보	鄭寅普	정인보	鄭寅普	五千年間 朝鮮의 「얼」(268)*267회	역사	1936-08-06	연재횟수 오기
3753	정인보	鄭寅普	정인보	鄭寅普	五千年間 朝鮮의 「얼」(269)*268회	역사	1936-08-07	연재횟수 오기
3754	정인보	鄭寅普	정인보	鄭寅普	五千年間 朝鮮의 「얼」(270)*269회	역사	1936-08-08	연재횟수 오기
3755	정인보	鄭寅普	정인보	鄭寅普	五千年間 朝鮮의 「얼」(270)	역사	1936-08-09	·
3756	정인보	鄭寅普	정인보	鄭寅普	五千年間 朝鮮의 「얼」(271)	역사	1936-08-11	·
3757	정인보	鄭寅普	정인보	鄭寅普	五千年間 朝鮮의 「얼」(272)	역사	1936-08-12	·
3758	정인보	鄭寅普	정인보	鄭寅普	五千年間 朝鮮의 「얼」(273)	역사	1936-08-13	·
3759	정인보	鄭寅普	정인보	鄭寅普	五千年間 朝鮮의 「얼」(274)	역사	1936-08-14	·
3760	정인보	鄭寅普	정인보	鄭寅普	五千年間 朝鮮의 「얼」(275)	역사	1936-08-18	·
3761	정인보	鄭寅普	정인보	鄭寅普	五千年間 朝鮮의 「얼」(276)	역사	1936-08-19	·
3762	정인보	鄭寅普	정인보	鄭寅普	五千年間 朝鮮의 「얼」(277)	역사	1936-08-20	·
3763	정인보	鄭寅普	정인보	鄭寅普	五千年間 朝鮮의 「얼」(278)	역사	1936-08-21	·
3764	정인보	鄭寅普	정인보	鄭寅普	五千年間 朝鮮의 「얼」(279)	역사	1936-08-22	·

연번	자료저자명(한글)	자료저자명(한자)	본명(한글)	본명(한자)	기사제목	분류	날짜	비고
3765	정인보	鄭寅普	정인보	鄭寅普	五千年間 朝鮮의 「얼」(280)	역사	1936-08-23	·
3766	정인보	鄭寅普	정인보	鄭寅普	五千年間 朝鮮의 「얼」(280)*281회	역사	1936-08-25	연재횟수 오기
3767	정인보	鄭寅普	정인보	鄭寅普	五千年間 朝鮮의 「얼」(282)	역사	1936-08-26	·
3768	정인보	鄭寅普	정인보	鄭寅普	五千年間 朝鮮의 「얼」(283)	역사	1936-08-27	·
3769	정인섭	鄭寅燮	정인섭	鄭寅燮	現文壇의 諸分野와 朝鮮文學의 特質(上)	문학	1935-01-01	·
3770	정인섭	鄭寅燮	정인섭	鄭寅燮	現文壇의 諸分野와 朝鮮文學의 特質(下)	문학	1935-01-02	·
3771	정인섭	鄭寅燮	정인섭	鄭寅燮	文壇時評(其二) 文學團體와 文藝家協會(上)	문학	1935-10-16	·
3772	정인섭	鄭寅燮	정인섭	鄭寅燮	文壇時評(其二) 文學團體와 文藝家協會(中)	문학	1935-10-17	·
3773	정인섭	鄭寅燮	정인섭	鄭寅燮	文壇時評(其二) 文學團體와 文藝家協會(下)	문학	1935-10-19	·
3774	정인섭	鄭寅燮	정인섭	鄭寅燮	文壇時評(其三) 朝鮮語文科와 英語科(1)	문학	1935-10-20	·
3775	정인섭	鄭寅燮	정인섭	鄭寅燮	文壇時評(其三) 朝鮮語文科와 英語科(2)	문학	1935-10-22	·
3776	정인섭	鄭寅燮	정인섭	鄭寅燮	文壇時評(其三) 朝鮮語文科와 英語科(3)	문학	1935-10-24	·
3777	정인섭	鄭寅燮	정인섭	鄭寅燮	文壇時評(其三) 朝鮮語文科와 英語科(4)	문학	1935-10-25	·
3778	정인섭	鄭寅燮	정인섭	鄭寅燮	文壇時評(其三) 朝鮮語文科와 英語科(5)	문학	1935-10-26	·
3779	정인섭	鄭寅燮	정인섭	鄭寅燮	文壇時評(其三) 朝鮮語文科와 英語科(6)	문학	1935-10-29	·
3780	정인섭	鄭寅燮	정인섭	鄭寅燮	文壇時評(其四) 朝鮮語文學 主流問題(1)	문학	1935-10-31	·
3781	정인섭	鄭寅燮	정인섭	鄭寅燮	文壇時評(其四) 朝鮮語文學 主流問題(2)	문학	1935-11-01	·
3782	정인섭	鄭寅燮	정인섭	鄭寅燮	文壇時評(其四) 朝鮮語文學 主流問題(3)	문학	1935-11-03	·
3783	정인섭	鄭寅燮	정인섭	鄭寅燮	文壇時評(其四) 朝鮮語文學 主流問題(4)	문학	1935-11-05	·
3784	정인섭	鄭寅燮	정인섭	鄭寅燮	文壇時評(其四) 朝鮮語文學 主流問題(5)	문학	1935-11-06	·
3785	정인섭	鄭寅燮	정인섭	鄭寅燮	文壇打診 卽問卽答記(6)	문학	1937-06-09	·
3786	정인택	鄭人澤	정인택	鄭人澤	自我에의 鄕愁(1)	문학	1939-11-25	·
3787	정인택	鄭人澤	정인택	鄭人澤	自我에의 鄕愁(2)	문학	1939-11-26	·
3788	정인택	鄭人澤	정인택	鄭人澤	自我에의 鄕愁(3)	문학	1939-11-29	·
3789	정지용	鄭芝溶	정지용	鄭芝溶	文壇打診 卽問卽答記(4)	문학	1937-06-06	·
3790	정철순	丁哲淳	정철순	丁哲淳	傳說(8) 申夫人의 홀어미城- 절개지키고저 두시간에 축성 /靑孀으로 끝까지 守節	문학	1932-06-16	寄稿, 淳昌
3791	정학모	鄭鶴謨	정학모	鄭鶴謨	震檀學報를 읽고(1)	논설	1935-05-08	·
3792	정학모	鄭鶴謨	정학모	鄭鶴謨	震檀學報를 읽고(2)	논설	1935-05-10	·
3793	정학모	鄭鶴謨	정학모	鄭鶴謨	震檀學報를 읽고(3)	논설	1935-05-11	·
3794	정학모	鄭鶴謨	정학모	鄭鶴謨	震檀學報를 읽고(4)	논설	1935-05-12	·
3795	정학모	鄭鶴謨	정학모	鄭鶴謨	震檀學報를 읽고(5)	논설	1935-05-14	·
3796	정해준	鄭海駿	정해준	鄭海駿	第14回 美展등 앞두고- 東洋畵에 對하야(1)	미술	1935-04-14	·
3797	정해준	鄭海駿	정해준	鄭海駿	第14回 美展등 앞두고- 東洋畵에 對하야(2)	미술	1935-04-16	·
3798	정해준	鄭海駿	정해준	鄭海駿	第14回 美展등 앞두고- 東洋畵에 對하야(3)	미술	1935-04-17	·
3799	정해준	鄭海駿	정해준	鄭海駿	第14回美展등앞두고-東洋畵에對하야(4)	미술	1935-04-18	·
3800	조동탁	趙東卓	조동탁	趙東卓	語源小考	한글	1939-10-04	·
3801	조동탁	趙東卓	조동탁	趙東卓	語源小考(下)	한글	1939-10-05	·
3802	조성민	趙成玟	조성민	趙成玟	傳說(3) 自足山 굴바위 僧의 登仙- 南怡將軍의 出生과 인연이 기픈 전설	문학	1932-06-05	長湖院
3803	조용훈	趙鏞薰	조용훈	趙鏞薰	丙子胡亂이 남긴 詩歌(1)	문학	1936-01-01	·

연번	자료저자명 (한글)	자료저자명 (한자)	본명 (한글)	본명 (한자)	기사제목	분류	날짜	비고
3804	조용훈	趙鏞薰	조용훈	趙鏞薰	丙子胡亂이 남긴 詩歌(2)	문학	1936-01-03	·
3805	조용훈	趙鏞薰	조용훈	趙鏞薰	丙子胡亂이 남긴 詩歌(3)	문학	1936-01-04	·
3806	조용훈	趙鏞薰	조용훈	趙鏞薰	丙子胡亂이 남긴 詩歌(4)	문학	1936-01-05	·
3807	조용훈	趙鏞薰	조용훈	趙鏞薰	丙子胡亂이 남긴 詩歌(5)	문학	1936-01-06	·
3808	조용훈	趙鏞薰	조용훈	趙鏞薰	丙子胡亂이 남긴 詩歌(6)	문학	1936-01-07	·
3809	조용훈	趙鏞薰	조용훈	趙鏞薰	讀詩餘墨(1)- 詩人金時習의生涯(上)	문학	1936-06-06	·
3810	조용훈	趙鏞薰	조용훈	趙鏞薰	讀詩餘墨(1)- 詩人金時習의生涯(下)	문학	1936-06-07	·
3811	조용훈	趙鏞薰	조용훈	趙鏞薰	讀詩餘墨(2)- 寒松亭曲	문학	1936-06-09	·
3812	조용훈	趙鏞薰	조용훈	趙鏞薰	讀詩餘墨(3)- 太宗歌와 六臣의 時調(上)	문학	1936-06-10	·
3813	조용훈	趙鏞薰	조용훈	趙鏞薰	讀詩餘墨(3)- 太宗歌와 六臣의 時調(下)	문학	1936-06-11	·
3814	조용훈	趙鏞薰	조용훈	趙鏞薰	讀詩餘墨(4)- 黃眞伊의 詩品	문학	1936-06-12	·
3815	조용훈	趙鏞薰	조용훈	趙鏞薰	讀詩餘墨(5, 完)- 悲憤歌	문학	1936-06-13	·
3816	조용훈	趙鏞薰	조용훈	趙鏞薰	朝鮮詩歌史上의 로만스(1)- 崔雲南의 義烈	역사	1936-06-14	·
3817	조용훈	趙鏞薰	조용훈	趙鏞薰	朝鮮詩歌史上의 로만스(2)- 上枝春의 情趣	역사	1936-06-17	·
3818	조용훈	趙鏞薰	조용훈	趙鏞薰	朝鮮詩歌史上의 로만스(3)- 忠宣王의 蓮花一朶	역사	1936-06-27	·
3819	조용훈	趙鏞薰	조용훈	趙鏞薰	朝鮮詩歌史上의 로만스(4)- 琉璃王의 黃鳥歌	역사	1936-06-28	·
3820	조용훈	趙鏞薰	조용훈	趙鏞薰	朝鮮詩歌史上의 로만스(5)- 二鄭의 風流	역사	1936-06-30	·
3821	조용훈	趙鏞薰	조용훈	趙鏞薰	朝鮮詩歌史上의 로만스(6)- 薯童과 善花公主	역사	1936-07-01	·
3822	조용훈	趙鏞薰	조용훈	趙鏞薰	朝鮮詩歌史上의 로만스(7)- 紅粧의 仙遊	역사	1936-07-02	·
3823	조용훈	趙鏞薰	조용훈	趙鏞薰	朝鮮詩歌史上의 로만스(8)- 天官의 怨詞	역사	1936-07-03	·
3824	조용훈	趙鏞薰	조용훈	趙鏞薰	端午居士	역사	1937-06-13	·
3825	조용훈	趙鎔薰	조용훈	趙鏞薰	歷史에 나타난 『花』字 이름의 女性들 蘆花(上)	역사	1938-04-01	·
3826	조용훈	趙鎔薰	조용훈	趙鏞薰	歷史에 나타난 『花』字 이름의 女性들 蘆花(中)	역사	1938-04-02	·
3827	조용훈	趙鎔薰	조용훈	趙鎔薰	歷史에 나타난 『花』字 이름의 女性들 蘆花(下)	역사	1938-04-04	·
3828	조용훈	趙鎔薰	조용훈	趙鎔薰	歷史에 나타난 『花』字 이름의 女性들 碧花(上)	역사	1938-04-05	·
3829	조용훈	趙鎔薰	조용훈	趙鎔薰	歷史에 나타난 『花』字 이름의 女性들 碧花(下)	역사	1938-04-06	·
3830	조용훈	趙鎔薰	조용훈	趙鎔薰	歷史에 나타난 『花』字 이름의 女性들 蓮花(上)	역사	1938-04-08	·
3831	조용훈	趙鎔薰	조용훈	趙鎔薰	歷史에 나타난 『花』字 이름의 女性들 蓮花(下)	역사	1938-04-09	·
3832	조용훈	趙鎔薰	조용훈	趙鎔薰	歷史에 나타난 『花』字 이름의 女性들 寧花(上)	역사	1938-04-13	·
3833	조용훈	趙鎔薰	조용훈	趙鎔薰	歷史에 나타난 『花』字 이름의 女性들 寧花(下)	역사	1938-04-14	·
3834	조용훈	趙鎔薰	조용훈	趙鎔薰	歷史에 나타난 『花』字 이름의 女性들 柳花(上)	역사	1938-04-15	·
3835	조용훈	趙鎔薰	조용훈	趙鎔薰	歷史에 나타난 『花』字 이름의 女性들 柳花(下)	역사	1938-04-19	·
3836	조용훈	趙鏞薰	조용훈	趙鏞薰	銷暑詩話(1)	문학	1939-07-14	·
3837	조용훈	趙鏞薰	조용훈	趙鏞薰	銷暑詩話(2)	문학	1939-07-15	·
3838	조용훈	趙鏞薰	조용훈	趙鏞薰	銷暑詩話(3)	문학	1939-07-16	·
3839	조용훈	趙鏞薰	조용훈	趙鏞薰	銷暑詩話(4)	문학	1939-07-19	·
3840	조용훈	趙鏞薰	조용훈	趙鏞薰	銷暑詩話(5)	문학	1939-07-20	·
3841	조용훈	趙鏞薰	조용훈	趙鏞薰	銷暑詩話(6)	문학	1939-07-21	·
3842	조용훈	趙鏞薰	조용훈	趙鏞薰	銷暑詩話(7)	문학	1939-07-23	·
3843	조용훈	趙鏞薰	조용훈	趙鏞薰	銷暑詩話(8)	문학	1939-07-25	·
3844	조용훈	趙鏞薰	조용훈	趙鏞薰	銷暑詩話(9)	문학	1939-07-26	·

연번	자료저자명(한글)	자료저자명(한자)	본명(한글)	본명(한자)	기사제목	분류	날짜	비고
3845	조용훈	趙鏞薰	조용훈	趙鏞薰	銷暑詩話(10)	문학	1939-07-27	·
3846	조윤제	趙潤濟	조윤제	趙潤濟	讀書餘墨(1)- 高麗詩歌의 災禍	문학	1936-01-18	·
3847	조윤제	趙潤濟	조윤제	趙潤濟	讀書餘墨(2)- 詩歌漢譯과 龍飛御天歌	문학	1936-01-19	·
3848	조윤제	趙潤濟	조윤제	趙潤濟	讀書餘墨(3)- 朴煥의 民歌蒐集과 襲岩	문학	1936-01-21	·
3849	조윤제	趙潤濟	조윤제	趙潤濟	古書往來(上)- 珍本의 出世譚	역사	1936-04-22	·
3850	조윤제	趙潤濟	조윤제	趙潤濟	古書往來(中)- 意外의 發掘物	역사	1936-04-23	·
3851	조윤제	趙潤濟	조윤제	趙潤濟	古書往來(下)- 散逸되어가는 貴本	역사	1936-04-24	·
3852	조윤제	趙潤濟	조윤제	趙潤濟	新刊評- 李熙昇編 朝鮮文學精華	문학	1938-05-06	·
3853	조종현	趙宗玄	조종현	趙宗玄	童謠 한말,한글	한글	1930-11-19	·
3854	조헌영	趙憲泳	조헌영	趙憲泳	음양오행설에 대하야-천태산인의 몽을 계함	논설	1935-03-08	·
3855	조헌영	趙憲泳	조헌영	趙憲泳	음양오행설에 대하야-천태산인의 몽을 계함	논설	1935-03-09	·
3856	조헌영	趙憲泳	조헌영	趙憲泳	음양오행설에 대하야-천태산인의 몽을 계함	논설	1935-03-10	·
3857	조헌영	趙憲泳	조헌영	趙憲泳	음양오행설에 대하야-천태산인의 몽을 계함	논설	1935-03-12	·
3858	조헌영	趙憲泳	조헌영	趙憲泳	말은 思想은 즉 生活이다 語彙를 琢磨하라	한글	1938-01-03	·
3859	주동림	朱東林	주동림	朱東林	傳說(28) 秋夕祭와 月餠선사 지금도 그 유풍이 남아 잇다/ 高句麗嶺內의 異民族	문학	1932-07-23	寄稿, 惠山
3860	주동림	朱東林	주동림	朱東林	傳說(29) 秋夕祭와 月餠선사 지금도 그 유풍이 남아 잇다/ 高句麗嶺內의 異民族	문학	1932-07-23	寄稿, 惠山
3861	죽부인	竹夫人	·	·	閨燈史談(1)- 新羅始祖와 閼英王后	문학	1937-11-17	·
3862	죽부인	竹夫人	·	·	閨燈史談(2)- 善德女王의 豫言三事	문학	1937-11-18	·
3863	죽부인	竹夫人	·	·	閨燈史談(3)- 柳花夫人과 大卵	문학	1937-11-19	·
3864	죽부인	竹夫人	·	·	閨燈史談(4)- 꿈 賣買할 姉妹	문학	1937-11-20	·
3865	죽부인	竹夫人	·	·	閨燈史談(5)- 꿈 賣買할 姉妹	문학	1937-11-22	·
3866	죽부인	竹夫人	·	·	閨燈史談(6)-高句麗朱蒙과寶劍(上)	문학	1937-11-23	·
3867	죽부인	竹夫人	·	·	閨燈史談(7)-高句麗朱蒙과寶劍(下)	문학	1937-11-25	·
3868	죽부인	竹夫人	·	·	閨燈史談(8)- 鏡片과 良馬(1)	문학	1937-11-26	·
3869	죽부인	竹夫人	·	·	閨燈史談(9)- 鏡片과 良馬(2)	문학	1937-11-27	·
3870	죽부인	竹夫人	·	·	閨燈史談(10)- 鏡片과 良馬(3)	문학	1937-11-29	·
3871	죽부인	竹夫人	·	·	閨燈史談(11)- 鷹廉花郎과寧花公主(上)	문학	1937-11-30	·
3872	죽부인	竹夫人	·	·	閨燈史談(12)- 鷹廉花郎과寧花公主(下)	문학	1937-12-01	·
3873	죽부인	竹夫人	·	·	閨燈史談(13)- 百濟와 召西奴夫人(下)	문학	1937-12-02	·
3874	죽부인	竹夫人	·	·	閨燈史談(14)- 雉姬의 恨과 鶯黃歌	문학	1937-12-03	·
3875	죽부인	竹夫人	·	·	閨燈史談(15)- 高句麗의 黑柱 于后	문학	1937-12-04	·
3876	죽부인	竹夫人	·	·	閨燈史談(16)- 愛의 勝利	문학	1937-12-06	·
3877	죽부인	竹夫人	·	·	閨燈史談(17)- 愛의 勝利	문학	1937-12-07	·
3878	죽부인	竹夫人	·	·	閨燈史談(18)- 愛의 勝利	문학	1937-12-08	·
3879	죽부인	竹夫人	·	·	閨燈史談(19)- 都彌夫妻의 哀話(1)	문학	1937-12-09	·
3880	죽부인	竹夫人	·	·	閨燈史談(20)- 都彌夫妻의 哀話(2)	문학	1937-12-10	·
3881	죽부인	竹夫人	·	·	閨燈史談(21)- 都彌夫妻의 哀話(3)	문학	1937-12-11	·
3882	죽부인	竹夫人	·	·	閨燈史談(22)- 都彌夫妻의 哀話(4)	문학	1937-12-14	·
3883	죽부인	竹夫人	·	·	閨燈史談(23)- 彈琴聲과 貧婦의 涙	문학	1937-12-15	·

연번	자료저자명(한글)	자료저자명(한자)	본명(한글)	본명(한자)	기사제목	분류	날짜	비고
3884	죽부인	竹夫人	·	·	閨燈史談(24)- 酒桶村의 壯士處女(1)	문학	1937-12-16	·
3885	죽부인	竹夫人	·	·	閨燈史談(25)- 酒桶村의 壯士處女(2)	문학	1937-12-17	·
3886	죽부인	竹夫人	·	·	閨燈史談(26)- 酒桶村의 壯士處女(3)	문학	1937-12-18	·
3887	죽부인	竹夫人	·	·	閨燈史談(27)- 不更二夫의 桃花娘	문학	1937-12-20	·
3888	죽부인	竹夫人	·	·	閨燈史談(28)- 海中魂된 長髮美人	문학	1937-12-21	·
3889	죽부인	竹夫人	·	·	閨燈史談(29)-溫達將軍과公主(1)	문학	1937-12-22	·
3890	죽부인	竹夫人	·	·	閨燈史談(30)-溫達將軍과公主(2)	문학	1937-12-23	·
3891	죽부인	竹夫人	·	·	閨燈史談(31)-溫達將軍과公主(3)	문학	1937-12-24	·
3892	죽부인	竹夫人	·	·	閨燈史談(32)-溫達將軍과公主(4)	문학	1937-12-25	·
3893	죽부인	竹夫人	·	·	閨燈史談(33)-溫達將軍과公主(5)	문학	1937-12-28	·
3894	죽부인	竹夫人	·	·	閨燈史談(34)- 白雲郎과 際厚孃(1)	문학	1937-12-30	·
3895	죽부인	竹夫人	·	·	閨燈史談(35)- 白雲郎과 際厚孃(2)	문학	1937-12-31	·
3896	죽부인	竹夫人	·	·	閨燈史談(36)- 南毛娘의 寃死	문학	1938-01-07	·
3897	죽부인	竹夫人	·	·	閨燈史談(37)- 智炤夫人과 아들	문학	1938-01-14	·
3898	죽부인	竹夫人	·	·	閨燈史談(38)- 호랭이 쫓은 金烈女	문학	1938-01-15	·
3899	죽부인	竹夫人	·	·	閨燈史談(39)- 藥食은 언제부터	문학	1938-01-19	·
3900	죽부인	竹夫人	·	·	閨燈史談(40)- 金庾信 將軍과 愛馬	문학	1938-01-20	·
3901	죽부인	竹夫人	·	·	閨燈史談(40)*41회- 知恩處女와 老母	문학	1938-01-21	연재횟수 오기
3902	죽부인	竹夫人	·	·	閨燈史談(42)- 寡公主와 元曉聖師	문학	1938-01-22	·
3903	죽부인	竹夫人	·	·	閨燈史談(43)- 孫孝子와 石鐘	문학	1938-01-25	·
3904	죽부인	竹夫人	·	·	閨燈史談(44)- 弦琴傳來와 女子	문학	1938-01-26	·
3905	죽부인	竹夫人	·	·	閨燈史談(45)- 空閨지킨 興德大王	문학	1938-01-27	·
3906	죽부인	竹夫人	·	·	閨燈史談(46)- 乞食女와 正秀大師	문학	1938-01-28	·
3907	죽부인	竹夫人	·	·	閨燈史談(47)- 階伯將軍의 夫妻	문학	1938-01-29	·
3908	죽부인	竹夫人	·	·	閨燈史談(48)- 冶匠女와 牛頭郎	문학	1938-01-31	·
3909	죽부인	竹夫人	·	·	閨燈史談(49)- 過門不入한 金將軍	문학	1938-02-01	·
3910	죽부인	竹夫人	·	·	閨燈史談(50)- 張保皐 딸의 죽엄	문학	1938-02-02	·
3911	죽부인	竹夫人	·	·	閨燈史談(1)- 弓裔와 乳母의 손(上)	문학	1938-02-03	·
3912	죽부인	竹夫人	·	·	閨燈史談(2)- 弓裔와 乳母의 손(下)	문학	1938-02-04	·
3913	죽부인	竹夫人	·	·	閨燈史談(3)- 高麗國과 西海龍女(上)	문학	1938-02-05	·
3914	죽부인	竹夫人	·	·	閨燈史談(4)- 高麗國과 西海龍女(下)	문학	1938-02-07	·
3915	죽부인	竹夫人	·	·	閨燈史談(5)- 石函속의 三處女	문학	1938-02-08	·
3916	죽부인	竹夫人	·	·	閨燈史談(6)- 柳下川上의 美處女	문학	1938-02-09	·
3917	죽부인	竹夫人	·	·	閨燈史談(7)- 佛燈下의 美人女僧	문학	1938-02-10	·
3918	죽부인	竹夫人	·	·	閨燈史談(8)- 千秋怨恨의 康氏	문학	1938-02-11	·
3919	죽부인	竹夫人	·	·	閨燈史談(9)- 神惠王后의 一言	문학	1938-02-14	·
3920	죽부인	竹夫人	·	·	閨燈史談(10)- 人情內人淸宮少女	문학	1938-02-15	·
3921	죽부인	竹夫人	·	·	閨燈史談(11)- 五色雲中의 洗布女	문학	1938-02-19	·
3922	차무로	車無老	차무로	車無老	한글날/ 「글날」을 쇠자- 새로운 提案 두세가지	한글, 사업	1932-10-29	·
3923	차상찬	車相찬	차상찬	車相찬	새철자법	한글	1933-04-05	開闢社

연번	자료저자명(한글)	자료저자명(한자)	본명(한글)	본명(한자)	기사제목	분류	날짜	비고
3924	창랑산인	滄浪散人	·	·	朝鮮, 中國書畵의 特色- 所藏家및 出品者로서 一言(上)	미술	1934-06-17	·
3925	창랑산인	滄浪散人	·	·	朝鮮, 中國書畵의 特色- 所藏家및 出品者로서 一言(下)	미술	1934-06-19	·
3926	창랑산인	滄浪散人	·	·	本社 學藝部 主催 古書畵展을 앞두고 收藏家의 古今	역사	1934-06-21	·
3927	창백자	蒼白子	·	·	朝鮮人의 經濟的 才能과 風水說(上)	역사	1933-12-07	·
3928	창백자	蒼白子	·	·	朝鮮人의 經濟的 才能과 風水說(中)	역사	1933-12-08	·
3929	창백자	蒼白子	·	·	朝鮮人의 經濟的 才能과 風水說(下)	역사	1933-12-09	·
3930	창해	滄海	최익한	崔益翰	山岳詩人(1)	문학	1939-07-28	·
3931	창해	滄海	최익한	崔益翰	山岳詩人(2)	문학	1939-07-30	·
3932	창해	滄海	최익한	崔益翰	山岳詩人(3)	문학	1939-08-02	·
3933	창해	滄海	최익한	崔益翰	山岳詩人(4)	문학	1939-08-03	·
3934	창해생	滄海生	최익한	崔益翰	種痘術과 丁茶山先生(上)	논설	1940-02-29	·
3935	창해생	滄海生	최익한	崔益翰	種痘術과 丁茶山先生(中)	논설	1940-03-01	·
3936	창해생	滄海生	최익한	崔益翰	種痘術과 丁茶山先生(3)	논설	1940-03-03	·
3937	창해생	滄海生	최익한	崔益翰	種痘術과 丁茶山先生(下)	논설	1940-03-05	·
3938	창해학인	滄海學人	최익한	崔益翰	傳統探究의 現代的 意義(上)	역사	1939-01-01	·
3939	창해학인	滄海學人	최익한	崔益翰	傳統探究의 現代的 意義(中)	역사	1939-01-03	·
3940	창해학인	滄海學人	최익한	崔益翰	傳統探究의 現代的 意義(3)	역사	1939-01-04	·
3941	창해학인	滄海學人	최익한	崔益翰	傳統探究의 現代的 意義(5)*4회	역사	1939-01-06	연재횟수 오기
3942	창해학인	滄海學人	최익한	崔益翰	傳統探究의 現代的 意義(完)	역사	1939-01-07	·
3943	채만식	蔡萬植	채만식	蔡萬植	文學建設에 資할 나의 新提唱- 模倣에서 創造로(上)	문학	1939-02-07	·
3944	채만식	蔡萬植	채만식	蔡萬植	文學建設에 資할 나의 新提唱- 模倣에서 創造로(下)	문학	1939-02-08	·
3945	천마산인	天摩山人	·	·	朝鮮美術展 短評(1)	미술	1933-05-24	·
3946	천마산인	天摩山人	·	·	朝鮮美術展 短評(2)	미술	1933-05-25	·
3947	천마산인	天摩山人	·	·	朝鮮美術展 短評(3)	미술	1933-05-27	·
3948	천마산인	天摩山人	·	·	朝鮮美術展 短評(4)	미술	1933-05-29	·
3949	천마산인	天摩山人	·	·	朝鮮美術展 短評(5)	미술	1933-05-30	·
3950	천마산인	天摩山人	·	·	朝鮮美術展 短評(6)	미술	1933-06-05	·
3951	천마산인	天摩山人	·	·	朝鮮美術展 短評(7)	미술	1933-06-08	·
3952	천태산인	天台山人	김태준	金台俊	文學革命後의 中國文藝觀(1)- 過去14年間	문학	1930-11-12	·
3953	천태산인	天台山人	김태준	金台俊	文學革命後의 中國文藝觀(2)- 過去14年間	문학	1930-11-13	·
3954	천태산인	天台山人	김태준	金台俊	文學革命後의 中國文藝觀(3)- 過去14年間	문학	1930-11-14	·
3955	천태산인	天台山人	김태준	金台俊	文學革命後의 中國文藝觀(4)- 過去14年間	문학	1930-11-16	·
3956	천태산인	天台山人	김태준	金台俊	文學革命後의 中國文藝觀(5)- 過去14年間	문학	1930-11-18	·
3957	천태산인	天台山人	김태준	金台俊	文學革命後의 中國文藝觀(6)- 過去14年間	문학	1930-11-20	·
3958	천태산인	天台山人	김태준	金台俊	文學革命後의 中國文藝觀(7)- 過去14年間	문학	1930-11-25	·
3959	천태산인	天台山人	김태준	金台俊	文學革命後의 中國文藝觀(8)- 過去14年間	문학	1930-11-26	·
3960	천태산인	天台山人	김태준	金台俊	文學革命後의 中國文藝觀(9)- 過去14年間	문학	1930-11-27	·
3961	천태산인	天台山人	김태준	金台俊	文學革命後의 中國文藝觀(10)- 過去14年間	문학	1930-11-28	·
3962	천태산인	天台山人	김태준	金台俊	文學革命後의 中國文藝觀(11)- 過去14年間	문학	1930-11-29	·

연번	자료저자명(한글)	자료저자명(한자)	본명(한글)	본명(한자)	기사제목	분류	날짜	비고
3963	천태산인	天台山人	김태준	金台俊	文學革命後의 中國文藝觀(12)- 過去14年間	문학	1930-12-02	·
3964	천태산인	天台山人	김태준	金台俊	文學革命後의 中國文藝觀(13)- 過去14年間	문학	1930-12-03	·
3965	천태산인	天台山人	김태준	金台俊	文學革命後의 中國文藝觀(14)- 過去14年間	문학	1930-12-04	·
3966	천태산인	天台山人	김태준	金台俊	文學革命後의 中國文藝觀(15)- 過去14年間	문학	1930-12-05	·
3967	천태산인	天台山人	김태준	金台俊	文學革命後의 中國文藝觀(16)- 過去14年間	문학	1930-12-06	·
3968	천태산인	天台山人	김태준	金台俊	文學革命後의 中國文藝觀(17)- 過去14年間	문학	1930-12-07	·
3969	천태산인	天台山人	김태준	金台俊	文學革命後의 中國文藝觀(18)- 過去14年間	문학	1930-12-08	·
3970	천태산인	天台山人	김태준	金台俊	孔子와 戲劇 -陳子展著 「公子與戲劇」을 읽고	문학	1931-10-19	·
3971	천태산인	天台山人	김태준	金台俊	春香傳의 現代的 解釋(1)	문학	1935-01-01	·
3972	천태산인	天台山人	김태준	金台俊	春香傳의 現代的 解釋(2)	문학	1935-01-02	·
3973	천태산인	天台山人	김태준	金台俊	春香傳의 現代的 解釋(3)	문학	1935-01-03	·
3974	천태산인	天台山人	김태준	金台俊	春香傳의 現代的 解釋(4)	문학	1935-01-04	·
3975	천태산인	天台山人	김태준	金台俊	春香傳의 現代的 解釋(5)	문학	1935-01-05	·
3976	천태산인	天台山人	김태준	金台俊	春香傳의 現代的 解釋(6)	문학	1935-01-06	·
3977	천태산인	天台山人	김태준	金台俊	春香傳의 現代的 解釋(7)	문학	1935-01-08	·
3978	천태산인	天台山人	김태준	金台俊	春香傳의 現代的 解釋(8)	문학	1935-01-09	·
3979	천태산인	天台山人	김태준	金台俊	春香傳의 現代的 解釋(9)	문학	1935-01-10	·
3980	천태산인	天台山人	김태준	金台俊	古典涉獵隨感(1)	문학	1935-02-09	·
3981	천태산인	天台山人	김태준	金台俊	古典涉獵隨感(2)	문학	1935-02-10	·
3982	천태산인	天台山人	김태준	金台俊	古典涉獵隨感(3)	문학	1935-02-13	·
3983	천태산인	天台山人	김태준	金台俊	古典涉獵隨感(4)	문학	1935-02-14	·
3984	천태산인	天台山人	김태준	金台俊	古典涉獵隨感(5)	문학	1935-02-15	·
3985	천태산인	天台山人	김태준	金台俊	古典涉獵隨感(6)	문학	1935-02-16	·
3986	천태산인	天台山人	김태준	金台俊	古典涉獵隨感(7)	문학	1935-02-17	·
3987	철인	哲人	·	·	現代哲學의 動向(1)	철학	1938-03-09	·
3988	철인	哲人	·	·	現代哲學의 動向(2)	철학	1938-03-10	·
3989	철인	哲人	·	·	現代哲學의 動向(3)	철학	1938-03-12	·
3990	철인	哲人	·	·	現代哲學의 動向(4)	철학	1938-03-13	·
3991	청구	靑駒	·	·	協展을 보고(上)	미술	1935-10-25	·
3992	청구	靑駒	·	·	協展을 보고(中)	미술	1935-10-26	·
3993	청구	靑駒	·	·	協展을 보고(下)	미술	1935-10-27	·
3994	청구생	靑駒生	·	·	美展觀覽患感(1)	미술	1935-05-23	·
3995	청구생	靑駒生	·	·	美展觀覽患感(2)	미술	1935-05-24	·
3996	청구생	靑駒生	·	·	美展觀覽患感(3)	미술	1935-05-25	·
3997	청구생	靑駒生	·	·	美展觀覽患感(4)	미술	1935-05-26	·
3998	청구생	靑駒生	·	·	美展觀覽患感(5, 完)	미술	1935-05-28	·
3999	최규남	崔圭南	최규남	崔圭南	朝鮮文化20年(1)- 模倣에서 獨創으로	논설	1940-04-02	·
4000	최규남	崔圭南	최규남	崔圭南	朝鮮文化20年(2)- 模倣에서 獨創으로	논설	1940-04-03	·
4001	최규남	崔圭南	최규남	崔圭南	朝鮮文化20年(3)- 模倣에서 獨創으로	논설	1940-04-05	·
4002	최규남	崔圭南	최규남	崔圭南	朝鮮文化20年(4)- 模倣에서 獨創으로	논설	1940-04-09	·
4003	최규남	崔圭南	최규남	崔圭南	朝鮮文化20年(5)- 模倣에서 獨創으로	논설	1940-04-11	·

연번	자료저자명(한글)	자료저자명(한자)	본명(한글)	본명(한자)	기사제목	분류	날짜	비고
4004	최남선	崔南善	최남선	崔南善	朝鮮歷史通俗講話- 는 어떠케쓴것인가	역사	1930-01-12	·
4005	최남선	崔南善	최남선	崔南善	朝鮮歷史講話(1)	역사	1930-01-14	·
4006	최남선	崔南善	최남선	崔南善	朝鮮歷史講話(2)	역사	1930-01-15	·
4007	최남선	崔南善	최남선	崔南善	朝鮮歷史講話(3)	역사	1930-01-16	·
4008	최남선	崔南善	최남선	崔南善	朝鮮歷史講話(4)	역사	1930-01-17	·
4009	최남선	崔南善	최남선	崔南善	朝鮮歷史講話(5)	역사	1930-01-18	·
4010	최남선	崔南善	최남선	崔南善	朝鮮歷史講話(6)	역사	1930-01-19	·
4011	최남선	崔南善	최남선	崔南善	朝鮮歷史講話(7)	역사	1930-01-20	·
4012	최남선	崔南善	최남선	崔南善	朝鮮歷史講話(8)	역사	1930-01-21	·
4013	최남선	崔南善	최남선	崔南善	朝鮮歷史講話(9)	역사	1930-01-22	·
4014	최남선	崔南善	최남선	崔南善	朝鮮歷史講話(10)	역사	1930-01-23	·
4015	최남선	崔南善	최남선	崔南善	朝鮮歷史講話(11)	역사	1930-01-24	·
4016	최남선	崔南善	최남선	崔南善	朝鮮歷史講話(12)	역사	1930-01-25	·
4017	최남선	崔南善	최남선	崔南善	朝鮮歷史講話(13)	역사	1930-01-26	·
4018	최남선	崔南善	최남선	崔南善	朝鮮歷史講話(14)	역사	1930-01-28	·
4019	최남선	崔南善	최남선	崔南善	朝鮮歷史講話(15)	역사	1930-01-29	·
4020	최남선	崔南善	최남선	崔南善	朝鮮歷史講話(16)	역사	1930-01-30	·
4021	최남선	崔南善	최남선	崔南善	朝鮮歷史講話(17)	역사	1930-01-31	·
4022	최남선	崔南善	최남선	崔南善	朝鮮歷史講話(18)	역사	1930-02-01	·
4023	최남선	崔南善	최남선	崔南善	朝鮮歷史講話(19)	역사	1930-02-02	·
4024	최남선	崔南善	최남선	崔南善	朝鮮歷史講話(20)	역사	1930-02-03	·
4025	최남선	崔南善	최남선	崔南善	朝鮮歷史講話(21)	역사	1930-02-04	·
4026	최남선	崔南善	최남선	崔南善	朝鮮歷史講話(22)	역사	1930-02-05	·
4027	최남선	崔南善	최남선	崔南善	朝鮮歷史講話(23)	역사	1930-02-06	·
4028	최남선	崔南善	최남선	崔南善	朝鮮歷史講話(24)	역사	1930-02-07	·
4029	최남선	崔南善	최남선	崔南善	朝鮮歷史講話(25)	역사	1930-02-08	·
4030	최남선	崔南善	최남선	崔南善	朝鮮歷史講話(26)	역사	1930-02-09	·
4031	최남선	崔南善	최남선	崔南善	朝鮮歷史講話(27)	역사	1930-02-14	·
4032	최남선	崔南善	최남선	崔南善	朝鮮歷史講話(28)	역사	1930-02-15	·
4033	최남선	崔南善	최남선	崔南善	朝鮮歷史講話(29)	역사	1930-02-16	·
4034	최남선	崔南善	최남선	崔南善	朝鮮歷史講話(30)	역사	1930-02-18	·
4035	최남선	崔南善	최남선	崔南善	朝鮮歷史講話(31)	역사	1930-02-19	·
4036	최남선	崔南善	최남선	崔南善	朝鮮歷史講話(32)	역사	1930-02-20	·
4037	최남선	崔南善	최남선	崔南善	朝鮮歷史講話(33)	역사	1930-02-22	·
4038	최남선	崔南善	최남선	崔南善	朝鮮歷史講話(34)	역사	1930-02-23	·
4039	최남선	崔南善	최남선	崔南善	朝鮮歷史講話(35)	역사	1930-02-25	·
4040	최남선	崔南善	최남선	崔南善	朝鮮歷史講話(36)	역사	1930-02-26	·
4041	최남선	崔南善	최남선	崔南善	朝鮮歷史講話(37)	역사	1930-02-27	·
4042	최남선	崔南善	최남선	崔南善	朝鮮歷史講話(38)	역사	1930-02-28	·
4043	최남선	崔南善	최남선	崔南善	朝鮮歷史講話(39)	역사	1930-03-01	·
4044	최남선	崔南善	최남선	崔南善	朝鮮歷史講話(40)	역사	1930-03-02	·

연번	자료저자명 (한글)	자료저자명 (한자)	본명 (한글)	본명 (한자)	기사제목	분류	날짜	비고
4045	최남선	崔南善	최남선	崔南善	朝鮮歷史講話(40)	역사	1930-03-03	중복게재, 3월 2일 기사와 동일한 내용
4046	최남선	崔南善	최남선	崔南善	朝鮮歷史講話(41)	역사	1930-03-04	·
4047	최남선	崔南善	최남선	崔南善	朝鮮歷史講話(42)	역사	1930-03-05	·
4048	최남선	崔南善	최남선	崔南善	朝鮮歷史講話(43)	역사	1930-03-06	·
4049	최남선	崔南善	최남선	崔南善	朝鮮歷史講話(44)	역사	1930-03-07	·
4050	최남선	崔南善	최남선	崔南善	朝鮮歷史講話(45)	역사	1930-03-08	·
4051	최남선	崔南善	최남선	崔南善	朝鮮歷史講話(46)	역사	1930-03-09	·
4052	최남선	崔南善	최남선	崔南善	朝鮮歷史講話(47)	역사	1930-03-11	·
4053	최남선	崔南善	최남선	崔南善	朝鮮歷史講話(48)	역사	1930-03-12	·
4054	최남선	崔南善	최남선	崔南善	朝鮮歷史講話(49)	역사	1930-03-13	·
4055	최남선	崔南善	최남선	崔南善	朝鮮歷史講話(50)	역사	1930-03-14	·
4056	최남선	崔南善	최남선	崔南善	朝鮮歷史講話(51)	역사	1930-03-15	·
4057	최영두	崔永斗	최영두	崔永斗	傳說(44) 高峰山下에 나절陵- 반나절 류진햇다가 결국 자살/ 恭讓王의 最後 審判場	문학	1932-09-14	寄稿, 高陽
4058	최영두	崔永斗	최영두	崔永斗	傳說(45) 新羅政丞과 軍糧里- 王建과 대적코자 軍糧을 모아/ 楊口 軍糧里의 由來	문학	1932-09-16	寄稿, 高陽
4059	최영순, 허영호	崔永佺/許永鎬	최영순, 허영호	崔永佺/許永鎬	새철자법/「多少不滿 잇으나 慶賀할 일이다」	한글	1933-04-05	中央佛敎專門學校學監 許永鎬의 오기(4월 6일 정정기사)
4060	최용달	崔容達	최용달	崔容達	「意志의 法律哲學」에 對한 批判序論(1)	철학	1935-09-18	·
4061	최용달	崔容達	최용달	崔容達	「意志의 法律哲學」에 對한 批判序論(2)	철학	1935-09-19	·
4062	최용달	崔容達	최용달	崔容達	「意志의 法律哲學」에 對한 批判序論(3)	철학	1935-09-21	·
4063	최용달	崔容達	최용달	崔容達	「意志의 法律哲學」에 對한 批判序論(4)	철학	1935-09-22	·
4064	최용달	崔容達	최용달	崔容達	「意志의 法律哲學」에 對한 批判序論(5)	철학	1935-09-26	·
4065	최용달	崔容達	최용달	崔容達	「意志의 法律哲學」에 對한 批判序論(6)	철학	1935-09-27	·
4066	최용달	崔容達	최용달	崔容達	「意志의 法律哲學」에 對한 批判序論(7)	철학	1935-09-28	·
4067	최용달	崔容達	최용달	崔容達	「意志의 法律哲學」에 對한 批判序論(8)	철학	1935-10-01	·
4068	최용달	崔容達	최용달	崔容達	「意志의 法律哲學」에 對한 批判序論(9)	철학	1935-10-02	·
4069	최원락	崔元洛	최원락	崔元洛	傳說(16) 地下의 鳴岩이 突出 그 돌로 범상을 만들엇다 靈驗만흔 彌勒佛	문학	1932-06-30	寄稿, 論山
4070	최익한	崔益翰	최익한	崔益翰	北漢眞興王碑 年代推定에 對하야(1)	고적	1938-08-11	·
4071	최익한	崔益翰	최익한	崔益翰	北漢眞興王碑 年代推定에 對하야(2)	고적	1938-08-12	·
4072	최익한	崔益翰	최익한	崔益翰	北漢眞興王碑 年代推定에 對하야(3)	고적	1938-08-15	·
4073	최익한	崔益翰	최익한	崔益翰	北漢眞興王碑 年代推定에 對하야(4)	고적	1938-08-17	·
4074	최익한	崔益翰	최익한	崔益翰	北漢眞興王碑 年代推定에 對하야(5)	고적	1938-08-18	·
4075	최익한	崔益翰	최익한	崔益翰	北漢眞興王碑 年代推定에 對하야(6)	고적	1938-08-20	·
4076	최익한	崔益翰	최익한	崔益翰	北漢眞興王碑 年代推定에 對하야(7)	고적	1938-08-22	·
4077	최익한	崔益翰	최익한	崔益翰	北漢眞興王碑 年代推定에 對하야(8)	고적	1938-08-24	·
4078	최익한	崔益翰	최익한	崔益翰	與猶堂全書를 讀함(1)	역사	1938-12-09	·

연번	자료저자명(한글)	자료저자명(한자)	본명(한글)	본명(한자)	기사제목	분류	날짜	비고
4079	최익한	崔益翰	최익한	崔益翰	與猶堂全書를 讀함(2)	역사	1938-12-10	·
4080	최익한	崔益翰	최익한	崔益翰	與猶堂全書를 讀함(3)	역사	1938-12-11	·
4081	최익한	崔益翰	최익한	崔益翰	與猶堂全書를 讀함(4)	역사	1938-12-13	·
4082	최익한	崔益翰	최익한	崔益翰	與猶堂全書를 讀함(5)	역사	1938-12-14	·
4083	최익한	崔益翰	최익한	崔益翰	與猶堂全書를 讀함(6)	역사	1938-12-16	·
4084	최익한	崔益翰	최익한	崔益翰	與猶堂全書를 讀함(7)	역사	1938-12-17	·
4085	최익한	崔益翰	최익한	崔益翰	與猶堂全書를 讀함(8)	역사	1938-12-18	·
4086	최익한	崔益翰	최익한	崔益翰	與猶堂全書를 讀함(9)	역사	1938-12-21	·
4087	최익한	崔益翰	최익한	崔益翰	與猶堂全書를 讀함(10)	역사	1938-12-23	·
4088	최익한	崔益翰	최익한	崔益翰	與猶堂全書를 讀함(11)	역사	1938-12-24	·
4089	최익한	崔益翰	최익한	崔益翰	與猶堂全書를 讀함(12)	역사	1938-12-25	·
4090	최익한	崔益翰	최익한	崔益翰	與猶堂全書를 讀함(13)	역사	1938-12-27	·
4091	최익한	崔益翰	최익한	崔益翰	與猶堂全書를 讀함(14)	역사	1938-12-28	·
4092	최익한	崔益翰	최익한	崔益翰	與猶堂全書를 讀함(14)*15회	역사	1939-01-31	연재횟수 오기
4093	최익한	崔益翰	최익한	崔益翰	與猶堂全書를 讀함(15)*16회	역사	1939-02-03	연재횟수 오기
4094	최익한	崔益翰	최익한	崔益翰	與猶堂全書를 讀함(17)	역사	1939-02-05	·
4095	최익한	崔益翰	최익한	崔益翰	與猶堂全書를 讀함(18)	역사	1939-02-07	·
4096	최익한	崔益翰	최익한	崔益翰	與猶堂全書를 讀함(19)	역사	1939-02-08	·
4097	최익한	崔益翰	최익한	崔益翰	與猶堂全書를 讀함(20)	역사	1939-02-09	·
4098	최익한	崔益翰	최익한	崔益翰	與猶堂全書를 讀함(22)*21회	역사	1939-02-11	연재횟수 오기
4099	최익한	崔益翰	최익한	崔益翰	與猶堂全書를 讀함(23)*22회	역사	1939-02-15	연재횟수 오기
4100	최익한	崔益翰	최익한	崔益翰	與猶堂全書를 讀함(24)*23회	역사	1939-02-16	연재횟수 오기
4101	최익한	崔益翰	최익한	崔益翰	與猶堂全書를 讀함(25)*24회	역사	1939-02-17	연재횟수 오기
4102	최익한	崔益翰	최익한	崔益翰	與猶堂全書를 讀함(26)	역사	1939-02-21	·
4103	최익한	崔益翰	최익한	崔益翰	與猶堂全書를 讀함(28)*26회	역사	1939-03-07	연재횟수 오기
4104	최익한	崔益翰	최익한	崔益翰	與猶堂全書를 讀함(29)*27회	역사	1939-03-09	연재횟수 오기
4105	최익한	崔益翰	최익한	崔益翰	與猶堂全書를 讀함(30)*28회	역사	1939-03-10	연재횟수 오기
4106	최익한	崔益翰	최익한	崔益翰	與猶堂全書를 讀함(31)*29회	역사	1939-03-14	연재횟수 오기
4107	최익한	崔益翰	최익한	崔益翰	與猶堂全書를 讀함(32)*30회	역사	1939-03-16	연재횟수 오기
4108	최익한	崔益翰	최익한	崔益翰	與猶堂全書를 讀함(33)*31회	역사	1939-03-17	연재횟수 오기
4109	최익한	崔益翰	최익한	崔益翰	與猶堂全書를 讀함(34)*32회	역사	1939-03-19	연재횟수 오기
4110	최익한	崔益翰	최익한	崔益翰	與猶堂全書를 讀함(35)*33회	역사	1939-03-21	연재횟수 오기
4111	최익한	崔益翰	최익한	崔益翰	與猶堂全書를 讀함(36)*34회	역사	1939-03-23	연재횟수 오기
4112	최익한	崔益翰	최익한	崔益翰	與猶堂全書를 讀함(37)*35회	역사	1939-03-24	연재횟수 오기
4113	최익한	崔益翰	최익한	崔益翰	與猶堂全書를 讀함(38)*36회	역사	1939-03-25	연재횟수 오기
4114	최익한	崔益翰	최익한	崔益翰	與猶堂全書를 讀함(39)*37회	역사	1939-03-28	연재횟수 오기
4115	최익한	崔益翰	최익한	崔益翰	與猶堂全書를 讀함(40)*38회	역사	1939-03-30	연재횟수 오기
4116	최익한	崔益翰	최익한	崔益翰	與猶堂全書를 讀함(41)*39회	역사	1939-04-01	연재횟수 오기
4117	최익한	崔益翰	최익한	崔益翰	與猶堂全書를 讀함(42)*40회	역사	1939-04-02	연재횟수 오기
4118	최익한	崔益翰	최익한	崔益翰	與猶堂全書를 讀함(43)*41회	역사	1939-04-06	연재횟수 오기
4119	최익한	崔益翰	최익한	崔益翰	與猶堂全書를 讀함(44)*42회	역사	1939-04-07	연재횟수 오기

연번	자료저자명(한글)	자료저자명(한자)	본명(한글)	본명(한자)	기사제목	분류	날짜	비고
4120	최익한	崔益翰	최익한	崔益翰	與猶堂全書를 讀함(45)*43회	역사	1939-04-09	연재횟수 오기
4121	최익한	崔益翰	최익한	崔益翰	與猶堂全書를 讀함(46)*44회	역사	1939-04-11	연재횟수 오기
4122	최익한	崔益翰	최익한	崔益翰	與猶堂全書를 讀함(47)*45회	역사	1939-04-12	연재횟수 오기
4123	최익한	崔益翰	최익한	崔益翰	與猶堂全書를 讀함(48)*46회	역사	1939-04-13	연재횟수 오기
4124	최익한	崔益翰	최익한	崔益翰	與猶堂全書를 讀함(49)*47회	역사	1939-04-14	연재횟수 오기
4125	최익한	崔益翰	최익한	崔益翰	與猶堂全書를 讀함(50)*48회	역사	1939-04-15	연재횟수 오기
4126	최익한	崔益翰	최익한	崔益翰	與猶堂全書를 讀함(51)*49회	역사	1939-04-22	연재횟수 오기
4127	최익한	崔益翰	최익한	崔益翰	與猶堂全書를 讀함(52)*50회	역사	1939-04-23	연재횟수 오기
4128	최익한	崔益翰	최익한	崔益翰	與猶堂全書를 讀함(53)*51회	역사	1939-04-28	연재횟수 오기
4129	최익한	崔益翰	최익한	崔益翰	與猶堂全書를 讀함(54)*52회	역사	1939-04-29	연재횟수 오기
4130	최익한	崔益翰	최익한	崔益翰	與猶堂全書를 讀함(55)*53회	역사	1939-05-02	연재횟수 오기
4131	최익한	崔益翰	최익한	崔益翰	與猶堂全書를 讀함(56)*54회	역사	1939-05-04	연재횟수 오기
4132	최익한	崔益翰	최익한	崔益翰	與猶堂全書를 讀함(57)*55회	역사	1939-05-06	연재횟수 오기
4133	최익한	崔益翰	최익한	崔益翰	與猶堂全書를 讀함(58)*56회	역사	1939-05-07	연재횟수 오기
4134	최익한	崔益翰	최익한	崔益翰	與猶堂全書를 讀함(59)*57회	역사	1939-05-12	연재횟수 오기
4135	최익한	崔益翰	최익한	崔益翰	北漢山 新羅 眞興王碑(上)	고적	1939-05-13	·
4136	최익한	崔益翰	최익한	崔益翰	北漢山 新羅 眞興王碑(中)	고적	1939-05-16	·
4137	최익한	崔益翰	최익한	崔益翰	北漢山 新羅 眞興王碑(下)	고적	1939-05-17	·
4138	최익한	崔益翰	최익한	崔益翰	北漢山 新羅 眞興王碑(4)	고적	1939-05-19	·
4139	최익한	崔益翰	최익한	崔益翰	與猶堂全書를 讀함(60)*58회	역사	1939-05-23	연재횟수 오기
4140	최익한	崔益翰	최익한	崔益翰	與猶堂全書를 讀함(61)*59회	역사	1939-05-24	연재횟수 오기
4141	최익한	崔益翰	최익한	崔益翰	與猶堂全書를 讀함(62)*60회	역사	1939-05-25	연재횟수 오기
4142	최익한	崔益翰	최익한	崔益翰	與猶堂全書를 讀함(63)*61회	역사	1939-05-31	연재횟수 오기
4143	최익한	崔益翰	최익한	崔益翰	與猶堂全書를 讀함(64)*62회	역사	1939-06-02	연재횟수 오기
4144	최익한	崔益翰	최익한	崔益翰	與猶堂全書를 讀함(65)*63회	역사	1939-06-04	연재횟수 오기
4145	최익한	崔益翰	최익한	崔益翰	廣州 客山洞 佛像 刻字探訪記(上)	역사, 기행	1939-06-06	·
4146	최익한	崔益翰	최익한	崔益翰	廣州 客山洞 佛像 刻字探訪記(2)	역사, 기행	1939-06-07	·
4147	최익한	崔益翰	최익한	崔益翰	廣州 客山洞 佛像 刻字探訪記(3)	역사, 기행	1939-06-09	·
4148	최익한	崔益翰	최익한	崔益翰	廣州 客山洞 佛像 刻字探訪記(4)	역사, 기행	1939-06-11	·
4149	최익한	崔益翰	최익한	崔益翰	廣州 客山洞 佛像 刻字探訪記(5)	역사, 기행	1939-06-14	·
4150	최익한	崔益翰	최익한	崔益翰	廣州 客山洞 佛像 刻字探訪記(6)	역사, 기행	1939-06-16	·
4151	최익한	崔益翰	최익한	崔益翰	廣州 客山洞 佛像 刻字探訪記(7)	역사, 기행	1939-06-20	·
4152	최익한	崔益翰	최익한	崔益翰	廣州 客山洞 佛像 刻字探訪記(8)	역사, 기행	1939-06-21	·
4153	최익한	崔益翰	최익한	崔益翰	廣州 客山洞 佛像 刻字探訪記(9)	역사, 기행	1939-06-23	·

연번	자료저자명(한글)	자료저자명(한자)	본명(한글)	본명(한자)	기사제목	분류	날짜	비고
4154	최익한	崔益翰	최익한	崔益翰	廣州 客山洞 佛像 刻字探訪記(10)	역사, 기행	1939-06-24	·
4155	최익한	崔益翰	최익한	崔益翰	廣州 客山洞 佛像 刻字探訪記(11)	역사, 기행	1939-06-29	·
4156	최익한	崔益翰	최익한	崔益翰	廣州 客山洞 佛像 刻字探訪記(12)	역사, 기행	1939-06-30	·
4157	최익한	崔益翰	최익한	崔益翰	蘭谷 李建芳翁 輓	문학	1939-07-12	·
4158	최익한	崔益翰	최익한	崔益翰	東崖, 松湖歌詞(上)	문학	1939-09-06	·
4159	최익한	崔益翰	최익한	崔益翰	東崖, 松湖歌詞(中)	문학	1939-09-08	·
4160	최익한	崔益翰	최익한	崔益翰	東崖, 松湖歌詞(下)	문학	1939-09-09	·
4161	최익한	崔益翰	최익한	崔益翰	高麗文獻界의 遺珠- 帝王韻紀, 動安居士集(上)	역사	1939-12-07	·
4162	최익한	崔益翰	최익한	崔益翰	高麗文獻界의 遺珠- 帝王韻紀, 動安居士集(中)	역사	1939-12-08	·
4163	최익한	崔益翰	최익한	崔益翰	高麗文獻界의 遺珠- 帝王韻紀, 動安居士集(하)	역사	1939-12-12	·
4164	최익한	崔益翰	최익한	崔益翰	高麗文獻界의 遺珠- 帝王韻紀, 動安居士集(完)	역사	1939-12-14	·
4165	최익한	崔益翰	최익한	崔益翰	災害와救濟의 史的斷片觀(1)	역사	1940-01-01	·
4166	최익한	崔益翰	최익한	崔益翰	災害와救濟의 史的斷片觀(2)	역사	1940-01-03	·
4167	최익한	崔益翰	최익한	崔益翰	災害와救濟의 史的斷片觀(3)	역사	1940-01-05	·
4168	최익한	崔益翰	최익한	崔益翰	災害와救濟의 史的斷片觀(4)	역사	1940-01-07	·
4169	최익한	崔益翰	최익한	崔益翰	災害와救濟의 史的斷片觀(5)	역사	1940-01-09	·
4170	최익한	崔益翰	최익한	崔益翰	災害와救濟의 史的斷片觀(6)	역사	1940-01-11	·
4171	최익한	崔益翰	최익한	崔益翰	災害와救濟의 史的斷片觀(7)	역사	1940-01-12	조,석간 1면 중복게재
4172	최익한	崔益翰	최익한	崔益翰	災害와救濟의 史的斷片觀(8)	역사	1940-01-14	조,석간 1면 중복게재
4173	최익한	崔益翰	최익한	崔益翰	災害와救濟의 史的斷片觀(9)	역사	1940-01-17	·
4174	최익한	崔益翰	최익한	崔益翰	災害와救濟의 史的斷片觀(18)	역사	1940-02-03	10~17회 미확인
4175	최익한	崔益翰	최익한	崔益翰	朝鮮女流藝苑史上-申末舟夫人薛氏의地位(上)	역사	1940-03-17	·
4176	최익한	崔益翰	최익한	崔益翰	朝鮮女流藝苑史上-申末舟夫人薛氏의地位(2)	역사	1940-03-20	·
4177	최익한	崔益翰	최익한	崔益翰	朝鮮女流藝苑史上-申末舟夫人薛氏의地位(3)	역사	1940-03-21	·
4178	최익한	崔益翰	최익한	崔益翰	朝鮮女流藝苑史上-申末舟夫人薛氏의地位(4)	역사	1940-03-23	·
4179	최익한	崔益翰	최익한	崔益翰	史上名人의 20歲(1)	역사	1940-04-02	·
4180	최익한	崔益翰	최익한	崔益翰	史上名人의 20歲(2)	역사	1940-04-03	·
4181	최익한	崔益翰	최익한	崔益翰	史上名人의 20歲(3)	역사	1940-04-05	·
4182	최익한	崔益翰	최익한	崔益翰	史上名人의 20歲(4)	역사	1940-04-11	·
4183	최익한	崔益翰	최익한	崔益翰	史上名人의 20歲(5)	역사	1940-04-12	·
4184	최익한	崔益翰	최익한	崔益翰	史上名人의 20歲(6)	역사	1940-04-13	·
4185	최익한	崔益翰	최익한	崔益翰	史上名人의 20歲(7)	역사	1940-04-16	·
4186	최익한	崔益翰	최익한	崔益翰	史上名人의 20歲(8)	역사	1940-04-18	·
4187	최익한	崔益翰	최익한	崔益翰	史上名人의 20歲(9)	역사	1940-04-20	·
4188	최익한	崔益翰	최익한	崔益翰	史上名人의 20歲(10)	역사	1940-04-25	·
4189	최익한	崔益翰	최익한	崔益翰	史上名人의 20歲(11)	역사	1940-04-27	·
4190	최익한	崔益翰	최익한	崔益翰	史上名人의 20歲(12)	역사	1940-04-28	·

연번	자료저자명(한글)	자료저자명(한자)	본명(한글)	본명(한자)	기사제목	분류	날짜	비고
4191	최익한	崔益翰	최익한	崔益翰	史上名人의 20歲(13)	역사	1940-05-01	·
4192	최익한	崔益翰	최익한	崔益翰	史上名人의 20歲(14)	역사	1940-05-04	·
4193	최익한	崔益翰	최익한	崔益翰	史上名人의 20歲(15)	역사	1940-05-05	·
4194	최익한	崔益翰	최익한	崔益翰	史上名人의 20歲(16)	역사	1940-05-07	·
4195	최익한	崔益翰	최익한	崔益翰	史上名人의 20歲(17)	역사	1940-05-09	·
4196	최익한	崔益翰	최익한	崔益翰	史上名人의 20歲(18)	역사	1940-05-10	·
4197	최익한	崔益翰	최익한	崔益翰	史上名人의 20歲(19)	역사	1940-05-12	·
4198	최익한	崔益翰	최익한	崔益翰	史上名人의 20歲(20)	역사	1940-05-14	·
4199	최익한	崔益翰	최익한	崔益翰	史上名人의 20歲(21)	역사	1940-05-15	·
4200	최익한	崔益翰	최익한	崔益翰	湛軒 洪大容의 諺文燕行錄(上)	역사	1940-05-18	·
4201	최익한	崔益翰	최익한	崔益翰	湛軒 洪大容의 諺文燕行錄(下)	역사	1940-05-19	·
4202	최익한	崔益翰	최익한	崔益翰	朝鮮女流著作史上 師朱堂「胎敎新記」의 地位(上)	역사	1940-07-16	·
4203	최익한	崔益翰	최익한	崔益翰	朝鮮女流著作史上 師朱堂「胎敎新記」의 地位(2)	역사	1940-07-19	·
4204	최익한	崔益翰	최익한	崔益翰	朝鮮女流著作史上 師朱堂「胎敎新記」의 地位(3)	역사	1940-07-24	·
4205	최익한	崔益翰	최익한	崔益翰	朝鮮女流著作史上 師朱堂「胎敎新記」의 地位(4)	역사	1940-07-26	·
4206	최익한	崔益翰	최익한	崔益翰	朝鮮女流著作史上 師朱堂「胎敎新記」의 地位(5)	역사	1940-07-28	·
4207	최재서	崔載瑞	최재서	崔載瑞	뷱레뷰- 盧天命詩集『珊瑚林』을읽고	문학	1938-01-07	·
4208	최재서	崔載瑞	최재서	崔載瑞	批評과 月評(1)- 批評의 形態와 內容	문학	1938-04-12	·
4209	최재서	崔載瑞	최재서	崔載瑞	批評과 月評(2)- 朝鮮의 批評과 學藝面	문학	1938-04-13	·
4210	최재서	崔載瑞	최재서	崔載瑞	批評과 月評(3)- 批評의 레뷰化	문학	1938-04-14	·
4211	최재서	崔載瑞	최재서	崔載瑞	批評과 月評(4)- 批評의 레뷰化	문학	1938-04-15	·
4212	최재서	崔載瑞	최재서	崔載瑞	朝鮮文學의 性格(5)- 뷜헬름 마이스텔的 性格에의 探究	문학	1938-06-07	·
4213	최재서	崔載瑞	최재서	崔載瑞	文壇有感(1)- 文學의 表情	문학	1939-02-19	·
4214	최재서	崔載瑞	최재서	崔載瑞	文壇有感(2)- 文學的 合理性	문학	1939-02-21	·
4215	최재서	崔載瑞	최재서	崔載瑞	小說과 民衆(上)	문학	1939-11-07	·
4216	최재서	崔載瑞	최재서	崔載瑞	小說과 民衆(中)	문학	1939-11-10	·
4217	최재서	崔載瑞	최재서	崔載瑞	小說과 民衆(下)	문학	1939-11-12	·
4218	최현배	崔鉉培	최현배	崔鉉培	한글 硏究家諸氏의 感想과 提議- 사백여든넷재돌을맞으며/ 單語標準으로 띠어쓰자	한글	1930-11-19	·
4219	최현배	崔鉉培	최현배	崔鉉培	한글巡禮- 淸州에서(上)	한글	1932-08-21	·
4220	최현배	崔鉉培	최현배	崔鉉培	한글巡禮- 淸州에서(下)	한글	1932-08-24	·
4221	최현배	崔鉉培	최현배	崔鉉培	한글巡禮- 槐山에서	한글	1932-09-01	·
4222	최현배	崔鉉培	최현배	崔鉉培	한글巡禮- 水原에서	한글	1932-09-03	·
4223	최현배	崔鉉培	최현배	崔鉉培	한글토론회 속긔록(15)- 第3日 어미활용문제, 강연	한글, 사업	1932-12-08	·
4224	최현배	崔鉉培	최현배	崔鉉培	한글토론회 속긔록(16)- 第3日 어미활용문제, 강연	한글, 사업	1932-12-11	·
4225	최현배	崔鉉培	최현배	崔鉉培	한글토론회 속긔록(19)- 第3日 어미활용문제, 토론	한글, 사업	1932-12-21	·
4226	최현배	崔鉉培	최현배	崔鉉培	한글토론회 속긔록(20)- 第3日 어미활용문제, 토론	한글, 사업	1932-12-23	·
4227	최현배	崔鉉培	최현배	崔鉉培	말이없으면漆夜와같다文學의貴함을알라	문학	1938-01-03	·

연번	자료저자명(한글)	자료저자명(한자)	본명(한글)	본명(한자)	기사제목	분류	날짜	비고
4228	최형종	崔衡鍾	최형종	崔衡鍾	臨戰無退의 花郎道- 新羅時代 尙武精神의 權化(1)	역사	1940-01-01	·
4229	춘곡	春谷	고희동	高羲東	書畵協會 제14회 展覽會를 앞두고(承前)	미술	1930-10-11	·
4230	춘원	春園	이광수	李光洙	李舜臣(1)	문학	1931-06-26	·
4231	춘원	春園	이광수	李光洙	李舜臣(2)	문학	1931-06-27	·
4232	춘원	春園	이광수	李光洙	李舜臣(3)	문학	1931-06-28	·
4233	춘원	春園	이광수	李光洙	李舜臣(4)	문학	1931-06-30	·
4234	춘원	春園	이광수	李光洙	李舜臣(5)	문학	1931-07-01	·
4235	춘원	春園	이광수	李光洙	李舜臣(6)	문학	1931-07-02	·
4236	춘원	春園	이광수	李光洙	李舜臣(7)	문학	1931-07-03	·
4237	춘원	春園	이광수	李光洙	李舜臣(8)	문학	1931-07-04	·
4238	춘원	春園	이광수	李光洙	李舜臣(9)	문학	1931-07-05	·
4239	춘원	春園	이광수	李光洙	李舜臣(10)	문학	1931-07-08	·
4240	춘원	春園	이광수	李光洙	李舜臣(11)	문학	1931-07-09	·
4241	춘원	春園	이광수	李光洙	李舜臣(12)	문학	1931-07-10	·
4242	춘원	春園	이광수	李光洙	李舜臣(13)	문학	1931-07-11	·
4243	춘원	春園	이광수	李光洙	李舜臣(14)	문학	1931-07-12	·
4244	춘원	春園	이광수	李光洙	李舜臣(15)	문학	1931-07-14	·
4245	춘원	春園	이광수	李光洙	李舜臣(16)	문학	1931-07-15	·
4246	춘원	春園	이광수	李光洙	李舜臣(17)	문학	1931-07-16	·
4247	춘원	春園	이광수	李光洙	李舜臣(18)	문학	1931-07-17	·
4248	춘원	春園	이광수	李光洙	李舜臣(19)	문학	1931-07-18	·
4249	춘원	春園	이광수	李光洙	李舜臣(20)	문학	1931-07-19	·
4250	춘원	春園	이광수	李光洙	李舜臣(20)*21회	문학	1931-07-21	연재횟수 오기
4251	춘원	春園	이광수	李光洙	李舜臣(22)	문학	1931-07-22	·
4252	춘원	春園	이광수	李光洙	李舜臣(23)	문학	1931-07-23	·
4253	춘원	春園	이광수	李光洙	李舜臣(24)	문학	1931-07-24	·
4254	춘원	春園	이광수	李光洙	李舜臣(25)	문학	1931-07-25	·
4255	춘원	春園	이광수	李光洙	李舜臣(26)	문학	1931-07-26	·
4256	춘원	春園	이광수	李光洙	李舜臣(27)	문학	1931-07-28	·
4257	춘원	春園	이광수	李光洙	李舜臣(28)	문학	1931-07-29	·
4258	춘원	春園	이광수	李光洙	李舜臣(29)	문학	1931-07-30	·
4259	춘원	春園	이광수	李光洙	李舜臣(30)	문학	1931-08-01	·
4260	춘원	春園	이광수	李光洙	李舜臣(31)	문학	1931-08-02	·
4261	춘원	春園	이광수	李光洙	李舜臣(32)	문학	1931-08-04	·
4262	춘원	春園	이광수	李光洙	李舜臣(33)	문학	1931-08-05	·
4263	춘원	春園	이광수	李光洙	李舜臣(34)	문학	1931-08-07	·
4264	춘원	春園	이광수	李光洙	李舜臣(35)	문학	1931-08-08	·
4265	춘원	春園	이광수	李光洙	李舜臣(36)	문학	1931-08-09	·
4266	춘원	春園	이광수	李光洙	李舜臣(37)	문학	1931-08-10	·
4267	춘원	春園	이광수	李光洙	李舜臣(38)	문학	1931-08-11	·
4268	춘원	春園	이광수	李光洙	李舜臣(39)	문학	1931-08-13	·

연번	자료저자명 (한글)	자료저자명 (한자)	본명 (한글)	본명 (한자)	기사제목	분류	날짜	비고
4269	춘원	春園	이광수	李光洙	李舜臣(40)	문학	1931-08-14	·
4270	춘원	春園	이광수	李光洙	李舜臣(41)	문학	1931-08-15	·
4271	춘원	春園	이광수	李光洙	李舜臣(42)	문학	1931-08-16	·
4272	춘원	春園	이광수	李光洙	李舜臣(43)	문학	1931-08-18	·
4273	춘원	春園	이광수	李光洙	李舜臣(44)	문학	1931-08-20	·
4274	춘원	春園	이광수	李光洙	李舜臣(45)	문학	1931-08-21	·
4275	춘원	春園	이광수	李光洙	李舜臣(46)	문학	1931-08-22	·
4276	춘원	春園	이광수	李光洙	李舜臣(47)	문학	1931-08-23	·
4277	춘원	春園	이광수	李光洙	李舜臣(48)	문학	1931-08-26	·
4278	춘원	春園	이광수	李光洙	李舜臣(49)	문학	1931-08-27	·
4279	춘원	春園	이광수	李光洙	李舜臣(50)	문학	1931-09-05	·
4280	춘원	春園	이광수	李光洙	李舜臣(51)	문학	1931-09-06	·
4281	춘원	春園	이광수	李光洙	李舜臣(52)	문학	1931-09-09	·
4282	춘원	春園	이광수	李光洙	李舜臣(53)	문학	1931-09-10	·
4283	춘원	春園	이광수	李光洙	李舜臣(54)	문학	1931-09-11	·
4284	춘원	春園	이광수	李光洙	李舜臣(55)	문학	1931-09-12	·
4285	춘원	春園	이광수	李光洙	李舜臣(56)	문학	1931-09-13	·
4286	춘원	春園	이광수	李光洙	李舜臣(57)	문학	1931-09-22	·
4287	춘원	春園	이광수	李光洙	李舜臣(58)	문학	1931-09-23	·
4288	춘원	春園	이광수	李光洙	李舜臣(59)	문학	1931-09-26	·
4289	춘원	春園	이광수	李光洙	李舜臣(60)	문학	1931-09-27	·
4290	춘원	春園	이광수	李光洙	李舜臣(61)	문학	1931-09-29	·
4291	춘원	春園	이광수	李光洙	李舜臣(62)	문학	1931-09-30	·
4292	춘원	春園	이광수	李光洙	李舜臣(63)	문학	1931-10-01	·
4293	춘원	春園	이광수	李光洙	李舜臣(64)	문학	1931-10-03	·
4294	춘원	春園	이광수	李光洙	李舜臣(65)	문학	1931-10-04	·
4295	춘원	春園	이광수	李光洙	李舜臣(66)	문학	1931-10-06	·
4296	춘원	春園	이광수	李光洙	李舜臣(67)	문학	1931-10-07	·
4297	춘원	春園	이광수	李光洙	李舜臣(68)	문학	1931-10-08	·
4298	춘원	春園	이광수	李光洙	李舜臣(69)	문학	1931-10-09	·
4299	춘원	春園	이광수	李光洙	李舜臣(70)	문학	1931-10-10	·
4300	춘원	春園	이광수	李光洙	李舜臣(71)	문학	1931-10-11	·
4301	춘원	春園	이광수	李光洙	李舜臣(72)	문학	1931-10-13	·
4302	춘원	春園	이광수	李光洙	李舜臣(73)	문학	1931-10-14	·
4303	춘원	春園	이광수	李光洙	李舜臣(74)	문학	1931-10-15	·
4304	춘원	春園	이광수	李光洙	李舜臣(75)	문학	1931-10-16	·
4305	춘원	春園	이광수	李光洙	李舜臣(76)	문학	1931-10-17	·
4306	춘원	春園	이광수	李光洙	李舜臣(77)	문학	1931-10-20	·
4307	춘원	春園	이광수	李光洙	李舜臣(78)	문학	1931-10-24	·
4308	춘원	春園	이광수	李光洙	李舜臣(79)	문학	1931-10-28	·
4309	춘원	春園	이광수	李光洙	李舜臣(80)	문학	1931-10-29	·

연번	자료저자명 (한글)	자료저자명 (한자)	본명 (한글)	본명 (한자)	기사제목	분류	날짜	비고
4310	춘원	春園	이광수	李光洙	李舜臣(81)	문학	1931-10-30	·
4311	춘원	春園	이광수	李光洙	李舜臣(82)	문학	1931-10-31	·
4312	춘원	春園	이광수	李光洙	李舜臣(83)	문학	1931-11-01	·
4313	춘원	春園	이광수	李光洙	李舜臣(84)	문학	1931-11-05	·
4314	춘원	春園	이광수	李光洙	李舜臣(85)	문학	1931-11-07	·
4315	춘원	春園	이광수	李光洙	李舜臣(86)	문학	1931-11-08	·
4316	춘원	春園	이광수	李光洙	李舜臣(87)	문학	1931-11-10	·
4317	춘원	春園	이광수	李光洙	李舜臣(88)	문학	1931-11-11	·
4318	춘원	春園	이광수	李光洙	李舜臣(89)	문학	1931-11-12	·
4319	춘원	春園	이광수	李光洙	李舜臣(90)	문학	1931-11-13	·
4320	춘원	春園	이광수	李光洙	李舜臣(91)	문학	1931-11-14	·
4321	춘원	春園	이광수	李光洙	李舜臣(92)	문학	1931-11-15	·
4322	춘원	春園	이광수	李光洙	李舜臣(93)	문학	1931-11-17	·
4323	춘원	春園	이광수	李光洙	李舜臣(94)	문학	1931-11-18	·
4324	춘원	春園	이광수	李光洙	李舜臣(95)	문학	1931-11-19	·
4325	춘원	春園	이광수	李光洙	李舜臣(96)	문학	1931-11-21	·
4326	춘원	春園	이광수	李光洙	李舜臣(97)	문학	1931-11-22	·
4327	춘원	春園	이광수	李光洙	李舜臣(98)	문학	1931-11-26	·
4328	춘원	春園	이광수	李光洙	李舜臣(99)	문학	1931-11-27	·
4329	춘원	春園	이광수	李光洙	李舜臣(100)	문학	1931-11-28	·
4330	춘원	春園	이광수	李光洙	李舜臣(101)	문학	1931-12-08	·
4331	춘원	春園	이광수	李光洙	李舜臣(102)	문학	1931-12-09	·
4332	춘원	春園	이광수	李光洙	李舜臣(103)	문학	1931-12-10	·
4333	춘원	春園	이광수	李光洙	李舜臣(104)	문학	1931-12-11	·
4334	춘원	春園	이광수	李光洙	李舜臣(105)	문학	1931-12-12	·
4335	춘원	春園	이광수	李光洙	李舜臣(106)	문학	1931-12-13	·
4336	춘원	春園	이광수	李光洙	李舜臣(107)	문학	1931-12-15	·
4337	춘원	春園	이광수	李光洙	李舜臣(108)	문학	1931-12-16	·
4338	춘원	春園	이광수	李光洙	李舜臣(109)	문학	1931-12-17	·
4339	춘원	春園	이광수	李光洙	李舜臣(110)	문학	1931-12-18	·
4340	춘원	春園	이광수	李光洙	李舜臣(111)	문학	1931-12-19	·
4341	춘원	春園	이광수	李光洙	李舜臣(112)	문학	1931-12-20	·
4342	춘원	春園	이광수	李光洙	李舜臣(113)	문학	1931-12-22	·
4343	춘원	春園	이광수	李光洙	李舜臣(114)	문학	1932-01-07	·
4344	춘원	春園	이광수	李光洙	李舜臣(115)	문학	1932-01-08	·
4345	춘원	春園	이광수	李光洙	李舜臣(116)	문학	1932-01-09	·
4346	춘원	春園	이광수	李光洙	李舜臣(117)	문학	1932-01-10	·
4347	춘원	春園	이광수	李光洙	李舜臣(118)	문학	1932-01-12	·
4348	춘원	春園	이광수	李光洙	李舜臣(119)	문학	1932-01-13	·
4349	춘원	春園	이광수	李光洙	李舜臣(120)	문학	1932-01-15	·
4350	춘원	春園	이광수	李光洙	李舜臣(121)	문학	1932-01-17	·

연번	자료저자명 (한글)	자료저자명 (한자)	본명 (한글)	본명 (한자)	기사제목	분류	날짜	비고
4351	춘원	春園	이광수	李光洙	李舜臣(122)	문학	1932-01-19	·
4352	춘원	春園	이광수	李光洙	李舜臣(123)	문학	1932-01-20	·
4353	춘원	春園	이광수	李光洙	李舜臣(124)	문학	1932-01-22	·
4354	춘원	春園	이광수	李光洙	李舜臣(125)	문학	1932-01-23	·
4355	춘원	春園	이광수	李光洙	李舜臣(126)	문학	1932-01-24	·
4356	춘원	春園	이광수	李光洙	李舜臣(127)	문학	1932-01-25	·
4357	춘원	春園	이광수	李光洙	李舜臣(128)	문학	1932-01-27	·
4358	춘원	春園	이광수	李光洙	李舜臣(129)	문학	1932-01-28	·
4359	춘원	春園	이광수	李光洙	李舜臣(130)	문학	1932-01-30	·
4360	춘원	春園	이광수	李光洙	李舜臣(131)	문학	1932-01-31	·
4361	춘원	春園	이광수	李光洙	李舜臣(132)	문학	1932-02-02	·
4362	춘원	春園	이광수	李光洙	李舜臣(133)	문학	1932-02-03	·
4363	춘원	春園	이광수	李光洙	李舜臣(134)	문학	1932-02-04	·
4364	춘원	春園	이광수	李光洙	李舜臣(135)	문학	1932-02-05	·
4365	춘원	春園	이광수	李光洙	李舜臣(136)	문학	1932-02-06	·
4366	춘원	春園	이광수	李光洙	李舜臣(137)	문학	1932-02-09	·
4367	춘원	春園	이광수	李光洙	李舜臣(138)	문학	1932-02-10	·
4368	춘원	春園	이광수	李光洙	李舜臣(139)	문학	1932-02-11	·
4369	춘원	春園	이광수	李光洙	李舜臣(140)	문학	1932-02-14	·
4370	춘원	春園	이광수	李光洙	李舜臣(141)	문학	1932-02-18	·
4371	춘원	春園	이광수	李光洙	李舜臣(142)	문학	1932-02-19	·
4372	춘원	春園	이광수	李光洙	李舜臣(143)	문학	1932-02-20	·
4373	춘원	春園	이광수	李光洙	李舜臣(144)	문학	1932-02-21	·
4374	춘원	春園	이광수	李光洙	李舜臣(145)	문학	1932-02-23	·
4375	춘원	春園	이광수	李光洙	李舜臣(146)	문학	1932-02-24	·
4376	춘원	春園	이광수	李光洙	李舜臣(147)	문학	1932-02-25	·
4377	춘원	春園	이광수	李光洙	李舜臣(148)	문학	1932-02-26	·
4378	춘원	春園	이광수	李光洙	李舜臣(149)	문학	1932-02-27	·
4379	춘원	春園	이광수	李光洙	李舜臣(150)	문학	1932-02-28	·
4380	춘원	春園	이광수	李光洙	李舜臣(151)	문학	1932-03-01	·
4381	춘원	春園	이광수	李光洙	李舜臣(152)	문학	1932-03-02	·
4382	춘원	春園	이광수	李光洙	李舜臣(153)	문학	1932-03-03	·
4383	춘원	春園	이광수	李光洙	李舜臣(154)	문학	1932-03-04	·
4384	춘원	春園	이광수	李光洙	李舜臣(155)	문학	1932-03-05	·
4385	춘원	春園	이광수	李光洙	李舜臣(156)	문학	1932-03-06	·
4386	춘원	春園	이광수	李光洙	李舜臣(157)	문학	1932-03-08	·
4387	춘원	春園	이광수	李光洙	李舜臣(158)	문학	1932-03-09	·
4388	춘원	春園	이광수	李光洙	李舜臣(159)	문학	1932-03-10	·
4389	춘원	春園	이광수	李光洙	李舜臣(160)	문학	1932-03-11	·
4390	춘원	春園	이광수	李光洙	李舜臣(161)	문학	1932-03-12	·
4391	춘원	春園	이광수	李光洙	李舜臣(162)	문학	1932-03-13	·

연번	자료저자명(한글)	자료저자명(한자)	본명(한글)	본명(한자)	기사제목	분류	날짜	비고
4392	춘원	春園	이광수	李光洙	李舜臣(163)	문학	1932-03-15	·
4393	춘원	春園	이광수	李光洙	李舜臣(164)	문학	1932-03-16	·
4394	춘원	春園	이광수	李光洙	李舜臣(165)	문학	1932-03-17	·
4395	춘원	春園	이광수	李光洙	李舜臣(166)	문학	1932-03-18	·
4396	춘원	春園	이광수	李光洙	李舜臣(167)	문학	1932-03-19	·
4397	춘원	春園	이광수	李光洙	李舜臣(168)	문학	1932-03-20	·
4398	춘원	春園	이광수	李光洙	李舜臣(169)	문학	1932-03-23	·
4399	춘원	春園	이광수	李光洙	李舜臣(170)	문학	1932-03-24	·
4400	춘원	春園	이광수	李光洙	李舜臣(171)	문학	1932-03-25	·
4401	춘원	春園	이광수	李光洙	李舜臣(172)	문학	1932-03-26	·
4402	춘원	春園	이광수	李光洙	李舜臣(173)	문학	1932-03-27	·
4403	춘원	春園	이광수	李光洙	李舜臣(174)	문학	1932-03-30	·
4404	춘원	春園	이광수	李光洙	李舜臣(175)	문학	1932-03-31	·
4405	춘원	春園	이광수	李光洙	李舜臣(176)	문학	1932-04-01	·
4406	춘원	春園	이광수	李光洙	李舜臣(177)	문학	1932-04-02	·
4407	춘원	春園	이광수	李光洙	李舜臣(178)	문학	1932-04-03	·
4408	춘원	春園	이광수	李光洙	新刊評- 老松堂日本行錄	문학	1933-03-05	·
4409	춘원	春園	이광수	李光洙	滿洲에서(1)	역사, 기행	1933-08-09	·
4410	춘원	春園	이광수	李光洙	滿洲에서(2)	역사, 기행	1933-08-10	·
4411	춘원	春園	이광수	李光洙	滿洲에서(3)	역사, 기행	1933-08-18	·
4412	춘원	春園	이광수	李光洙	滿洲에서(4)	역사, 기행	1933-08-20	·
4413	춘원	春園	이광수	李光洙	滿洲에서(5)	역사, 기행	1933-08-23	·
4414	파농생	跛聾生	·	·	周易思想의 形上形下論과 生死觀(1)	철학	1937-10-24	·
4415	파농생	跛聾生	·	·	周易思想의 形上形下論과 生死觀(2)	철학	1937-10-26	·
4416	파농생	跛聾生	·	·	周易思想의 形上形下論과 生死觀(3)	철학	1937-10-27	·
4417	파농생	跛聾生	·	·	周易思想의 形上形下論과 生死觀(4)	철학	1937-10-28	·
4418	파농생	跛聾生	·	·	周易思想의 形上形下論과 生死觀(5)	철학	1937-10-29	·
4419	파농생	跛聾生	·	·	周易思想의 形上形下論과 生死觀(6)	철학	1937-10-30	·
4420	파농생	跛聾生	·	·	周易思想의 實體意識에 對하야(1)	철학	1937-11-17	·
4421	파농생	跛聾生	·	·	周易思想의 實體意識에 對하야(2)	철학	1937-11-18	·
4422	파농생	跛聾生	·	·	周易思想의 實體意識에 對하야(3)	철학	1937-11-19	·
4423	파농생	跛聾生	·	·	周易思想의 實體意識에 對하야(4)	철학	1937-11-20	·
4424	파농생	跛聾生	·	·	周易思想의 實體意識에 對하야(5)	철학	1937-11-21	·
4425	하인리	河仁里	하인리	河仁里	建設期의民族文學-凡例를各國에찾어서(其2)	문학	1935-01-04	·
4426	학포생	鶴浦生	·	·	傳說(50) 楊蓬萊와 大瀛臺 국도를 더럽힐가봐 샘을옴겨/ 歙谷桑陰 벼루의 傳說	문학	1932-09-23	寄稿, 京城
4427	한기복	韓基福	한기복	韓基福	啓蒙運動 內容 訂正	사업	1934-09-20	·
4428	한생	韓生	·	·	咸興의 古蹟과 傳說(1)	문학	1934-05-04	咸興

연번	자료저자명(한글)	자료저자명(한자)	본명(한글)	본명(한자)	기사제목	분류	날짜	비고
4429	한생	韓生	·	·	咸興의 古蹟과 傳說(2)	문학	1934-05-05	咸興
4430	한생	韓生	·	·	咸興의 古蹟과 傳說(3)	문학	1934-05-06	咸興
4431	한생	韓生	·	·	咸興의 古蹟과 傳說(4)	문학	1934-05-08	咸興
4432	한생	韓生	·	·	咸興의 古蹟과 傳說(5)	문학	1934-05-09	咸興
4433	한생	韓生	·	·	咸興의 古蹟과 傳說(6)	문학	1934-05-10	咸興
4434	한생	韓生	·	·	咸興의 古蹟과 傳說(7)	문학	1934-05-12	咸興
4435	한생	韓生	·	·	咸興의古蹟과傳說(7)*8회	문학	1934-05-14	咸興, 연재횟수 오기
4436	한설야	韓雪野	한병도	韓秉道	通俗小說에 對하야(1)	문학	1936-07-03	·
4437	한설야	韓雪野	한병도	韓秉道	通俗小說에 對하야(2)	문학	1936-07-04	·
4438	한설야	韓雪野	한병도	韓秉道	通俗小說에 對하야(3)	문학	1936-07-05	·
4439	한설야	韓雪野	한병도	韓秉道	通俗小說에 對하야(4)	문학	1936-07-07	·
4440	한설야	韓雪野	한병도	韓秉道	通俗小說에 對하야(5)	문학	1936-07-08	·
4441	한설야	韓雪野	한병도	韓秉道	北支紀行(1)	역사, 기행	1940-06-18	·
4442	한설야	韓雪野	한병도	韓秉道	北支紀行(2)	역사, 기행	1940-06-19	·
4443	한설야	韓雪野	한병도	韓秉道	北支紀行(3)	역사, 기행	1940-06-21	·
4444	한설야	韓雪野	한병도	韓秉道	北支紀行(4)	역사, 기행	1940-06-26	·
4445	한설야	韓雪野	한병도	韓秉道	北支紀行(5)	역사, 기행	1940-07-03	·
4446	한설야	韓雪野	한병도	韓秉道	北支紀行(6)	역사, 기행	1940-07-05	·
4447	한설야	韓雪野	한병도	韓秉道	北支紀行(7)	역사, 기행	1940-07-07	·
4448	한식	韓植	한식	韓植	作家와 評家의 跛行- 最近文壇에 對한 隨感數三(1)	문학	1936-08-15	·
4449	한식	韓植	한식	韓植	主觀主義에의 偏向- 最近文壇에 對한 隨感數三(2)	문학	1936-08-16	·
4450	한식	韓植	한식	韓植	無理論主義에의 길- 最近文壇에 對한 隨感數三(3)	문학	1936-08-18	·
4451	한식	韓植	한식	韓植	새로운 出發과 發展- 最近文壇에 對한 隨感數三(4)	문학	1936-08-19	·
4452	한식	韓植	한식	韓植	歷史文學 再認識의 必要(1)	문학	1937-10-03	·
4453	한식	韓植	한식	韓植	歷史文學 再認識의 必要(2)	문학	1937-10-05	·
4454	한식	韓植	한식	韓植	歷史文學 再認識의 必要(3)	문학	1937-10-06	·
4455	한식	韓植	한식	韓植	歷史文學 再認識의 必要(4, 完)	문학	1937-10-07	·
4456	한식	韓植	한식	韓植	「스페샬리제이션」의 確立- 우리네 作家들에게 주는 覺書(1)	문학	1939-02-09	·
4457	한식	韓植	한식	韓植	「스페샬리제이션」의 確立- 우리네 作家들에게 주는 覺書(2)	문학	1939-02-11	·
4458	한식	韓植	한식	韓植	「스페샬리제이션」의 確立- 우리네 作家들에게 주는 覺書(3, 完)	문학	1939-02-15	·
4459	한장경	韓長庚	한장경	韓長庚	朝鮮農民의 經濟生活史(1)	역사	1931-08-01	·
4460	한장경	韓長庚	한장경	韓長庚	朝鮮農民의 經濟生活史(2)	역사	1931-08-02	·
4461	한장경	韓長庚	한장경	韓長庚	朝鮮農民의 經濟生活史(3)	역사	1931-08-04	·

연번	자료저자명(한글)	자료저자명(한자)	본명(한글)	본명(한자)	기사제목	분류	날짜	비고
4462	한장경	韓長庚	한장경	韓長庚	朝鮮農民의 經濟生活史(4)	역사	1931-08-05	·
4463	한장경	韓長庚	한장경	韓長庚	朝鮮農民의 經濟生活史(5)	역사	1931-08-06	·
4464	한장경	韓長庚	한장경	韓長庚	朝鮮農民의 經濟生活史(6)	역사	1931-08-07	·
4465	한장경	韓長庚	한장경	韓長庚	朝鮮農民의 經濟生活史(7)	역사	1931-08-08	·
4466	한혁오	韓赫五	한혁오	韓赫五	傳說(1) 李太祖와 馳馬臺- 武術 닥든 靑年時代 龍馬의 가엽슨 죽엄	문학	1932-06-02	咸興
4467	한효	韓曉	한효	韓曉	創作方法의 論議(1)	문학	1935-09-27	·
4468	한효	韓曉	한효	韓曉	創作方法의 論議(2)	문학	1935-09-29	·
4469	한효	韓曉	한효	韓曉	創作方法의 論議(3)	문학	1935-10-01	·
4470	한효	韓曉	한효	韓曉	創作方法의 論議(4)	문학	1935-10-02	·
4471	한효	韓曉	한효	韓曉	創作方法의 論議(5)	문학	1935-10-03	·
4472	한효	韓曉	한효	韓曉	創作方法의 論議(6)	문학	1935-10-04	·
4473	한효	韓曉	한효	韓曉	創作方法의 論議(7)	문학	1935-10-05	·
4474	한효	韓曉	한효	韓曉	浪漫主義의 現代的 意義(1)	문학	1938-03-26	·
4475	한효	韓曉	한효	韓曉	浪漫主義의 現代的 意義(2)	문학	1938-03-27	·
4476	한효	韓曉	한효	韓曉	浪漫主義의 現代的 意義(3)	문학	1938-03-29	·
4477	한효	韓曉	한효	韓曉	浪漫主義의 現代的 意義(4)	문학	1938-03-30	·
4478	한희남	韓熙南	한희남	韓熙南	傳說(63) 浩浩亭과 禮別樓 고려말엽에 장수형제 포태/ 凹形과 鼓聲은 古今不變	문학	1932-10-14	寄稿, 利原
4479	함상훈	咸尙勳	함상훈	咸尙勳	李如星氏의 著「愛蘭의 民族運動」- 愛蘭은 英國의 政治的植民地	역사	1931-05-11	·
4480	함화진	咸和鎭	함화진	咸和鎭	나의 스승을 말함(2)- 六弦에 서린 朝鮮的 情緖	문학	1938-01-26	·
4481	허도성	許道成	허도성	許道成	傳說(62) 道德山의 壯士臺 부하장사들을 교련하든곳/ 女眞을 逐하는 尹侍中	문학	1932-10-13	寄稿, 端川
4482	허채	許埰	허채	許埰	傳說(49) 道師練武하는 바위 도사가 절짓고 공부하든곳/ 龍仁 水晶山의 祕話	문학	1932-09-22	寄稿, 龍仁
4483	현민	玄民	유진오	兪鎭午	當來文學의 特徵은	문학	1935-01-01	·
4484	현상윤	玄相允	현상윤	玄相允	洪景來傳(1)	역사	1931-07-12	·
4485	현상윤	玄相允	현상윤	玄相允	洪景來傳(3)*2회	역사	1931-07-18	연재횟수 오기
4486	현상윤	玄相允	현상윤	玄相允	洪景來傳(4)*3회	역사	1931-07-19	연재횟수 오기
4487	현상윤	玄相允	현상윤	玄相允	洪景來傳(5)*4회	역사	1931-07-21	연재횟수 오기
4488	현상윤	玄相允	현상윤	玄相允	洪景來傳(6)*5회	역사	1931-07-22	연재횟수 오기
4489	현상윤	玄相允	현상윤	玄相允	洪景來傳(7)*6회	역사	1931-07-23	연재횟수 오기
4490	현상윤	玄相允	현상윤	玄相允	洪景來傳(8)*7회	역사	1931-07-25	연재횟수 오기
4491	현상윤	玄相允	현상윤	玄相允	洪景來傳(9)*8회	역사	1931-07-29	연재횟수 오기
4492	현상윤	玄相允	현상윤	玄相允	洪景來傳(10)*9회	역사	1931-07-30	연재횟수 오기
4493	현상윤	玄相允	현상윤	玄相允	洪景來傳(11)*10회	역사	1931-07-31	연재횟수 오기
4494	현상윤	玄相允	현상윤	玄相允	洪景來傳(12)*11회	역사	1931-08-01	연재횟수 오기
4495	현상윤	玄相允	현상윤	玄相允	洪景來傳(13)*12회	역사	1931-08-02	연재횟수 오기
4496	현상윤	玄相允	현상윤	玄相允	洪景來傳(14)*13회	역사	1931-08-04	연재횟수 오기
4497	현상윤	玄相允	현상윤	玄相允	洪景來傳(15)*14회	역사	1931-08-05	연재횟수 오기
4498	현상윤	玄相允	현상윤	玄相允	洪景來傳(16)*15회	역사	1931-08-06	연재횟수 오기

연번	자료저자명(한글)	자료저자명(한자)	본명(한글)	본명(한자)	기사제목	분류	날짜	비고
4499	현상윤	玄相允	현상윤	玄相允	洪景來傳(17)*16회	역사	1931-08-07	연재횟수 오기
4500	현상윤	玄相允	현상윤	玄相允	洪景來傳(18)*17회	역사	1931-08-09	연재횟수 오기
4501	현상윤	玄相允	현상윤	玄相允	洪景來傳(19)*18회	역사	1931-08-10	연재횟수 오기
4502	현상윤	玄相允	현상윤	玄相允	洪景來傳(20)*19회	역사	1931-08-14	연재횟수 오기
4503	현상윤	玄相允	현상윤	玄相允	洪景來傳(21)*20회	역사	1931-08-16	연재횟수 오기
4504	현상윤	玄相允	현상윤	玄相允	洪景來傳(22)*21회	역사	1931-08-18	연재횟수 오기
4505	현상윤	玄相允	현상윤	玄相允	洪景來傳(23)*22회	역사	1931-08-19	연재횟수 오기
4506	현상윤	玄相允	현상윤	玄相允	洪景來傳(24)*23회	역사	1931-08-20	연재횟수 오기
4507	현상윤	玄相允	현상윤	玄相允	새철자법/ 획이 굵엇으면	한글	1933-04-05	中央高普 校長
4508	현상윤	玄相允	현상윤	玄相允	우리의 自覺과 生活의 新原理(1)	철학	1933-07-28	·
4509	현상윤	玄相允	현상윤	玄相允	우리의 自覺과 生活의 新原理(2)	철학	1933-07-29	·
4510	현상윤	玄相允	현상윤	玄相允	우리의 自覺과 生活의 新原理(3)	철학	1933-07-30	·
4511	현상윤	玄相允	현상윤	玄相允	우리의 自覺과 生活의 新原理(4)	철학	1933-08-01	·
4512	현상윤	玄相允	현상윤	玄相允	우리의 自覺과 生活의 新原理(5)	철학	1933-08-02	·
4513	현상윤	玄相允	현상윤	玄相允	우리의 自覺과 生活의 新原理(6)	철학	1933-08-03	·
4514	현상윤	玄相允	현상윤	玄相允	내 자랑과 내 보배 우리 史上에 나타난 戰功과 勳業(1)	역사	1934-10-30	·
4515	현상윤	玄相允	현상윤	玄相允	내 자랑과 내 보배 우리 史上에 나타난 戰功과 勳業(2)	역사	1934-10-31	·
4516	현상윤	玄相允	현상윤	玄相允	내 자랑과 내 보배 우리 史上에 나타난 戰功과 勳業(3)	역사	1934-11-01	·
4517	현상윤	玄相允	현상윤	玄相允	내 자랑과 내 보배 우리 史上에 나타난 戰功과 勳業(4)	역사	1934-11-02	·
4518	현상윤	玄相允	현상윤	玄相允	내 자랑과 내 보배 우리 史上에 나타난 戰功과 勳業(5)	역사	1934-11-03	·
4519	현상윤	玄相允	현상윤	玄相允	내 자랑과 내 보배 우리 史上에 나타난 戰功과 勳業(6)	역사	1934-11-04	·
4520	현상윤	玄相允	현상윤	玄相允	내 자랑과 내 보배 우리 史上에 나타난 戰功과 勳業(7)	역사	1934-11-05	·
4521	현상윤	玄相允	현상윤	玄相允	내 자랑과 내 보배 우리 史上에 나타난 戰功과 勳業(8)	역사	1934-11-06	·
4522	현상윤	玄相允	현상윤	玄相允	내 자랑과 내 보배 우리 史上에 나타난 戰功과 勳業(9)	역사	1934-11-07	·
4523	현상윤	玄相允	현상윤	玄相允	내 자랑과 내 보배 우리 史上에 나타난 戰功과 勳業(10)	역사	1934-11-08	·
4524	현상윤	玄相允	현상윤	玄相允	내 자랑과 내 보배 우리 史上에 나타난 戰功과 勳業(11)	역사	1934-11-09	·
4525	현상윤	玄相允	현상윤	玄相允	李朝儒學史上의 丁茶山과 그 位置	철학	1935-07-16	·
4526	현영섭	玄永燮	현영섭	玄永燮	40年前 出版「朝鮮」	역사	1934-07-22	·
4527	현제명	玄濟明	현제명	玄濟明	文化朝鮮의 多角的 建築: 躍進藝苑의 象徵 綜合藝術學院	논설	1936-01-01	·
4528	현진건	玄鎭健	현진건	玄鎭健	檀君聖跡巡禮	사업	1932-07-09	·
4529	현진건	玄鎭健	현진건	玄鎭健	檀君聖跡巡禮(1)	역사, 기행	1932-07-29	·

연번	자료저자명 (한글)	자료저자명 (한자)	본명 (한글)	본명 (한자)	기사제목	분류	날짜	비고
4530	현진건	玄鎭健	현진건	玄鎭健	檀君聖跡巡禮(2)	역사, 기행	1932-07-30	·
4531	현진건	玄鎭健	현진건	玄鎭健	檀君聖跡巡禮(3)	역사, 기행	1932-07-31	·
4532	현진건	玄鎭健	현진건	玄鎭健	檀君聖跡巡禮(4)	역사, 기행	1932-08-01	·
4533	현진건	玄鎭健	현진건	玄鎭健	檀君聖跡巡禮(5)	역사, 기행	1932-08-02	·
4534	현진건	玄鎭健	현진건	玄鎭健	檀君聖跡巡禮(6)	역사, 기행	1932-08-04	·
4535	현진건	玄鎭健	현진건	玄鎭健	檀君聖跡巡禮(7)	역사, 기행	1932-08-06	·
4536	현진건	玄鎭健	현진건	玄鎭健	檀君聖跡巡禮(8)	역사, 기행	1932-08-07	·
4537	현진건	玄鎭健	현진건	玄鎭健	檀君聖跡巡禮(9)	역사, 기행	1932-08-09	·
4538	현진건	玄鎭健	현진건	玄鎭健	檀君聖跡巡禮(10)	역사, 기행	1932-08-10	·
4539	현진건	玄鎭健	현진건	玄鎭健	檀君聖跡巡禮(11)	역사, 기행	1932-08-12	·
4540	현진건	玄鎭健	현진건	玄鎭健	檀君聖跡巡禮(12)	역사, 기행	1932-08-13	·
4541	현진건	玄鎭健	현진건	玄鎭健	檀君聖跡巡禮(13)	역사, 기행	1932-08-16	·
4542	현진건	玄鎭健	현진건	玄鎭健	檀君聖跡巡禮(14)	역사, 기행	1932-08-23	·
4543	현진건	玄鎭健	현진건	玄鎭健	檀君聖跡巡禮(15)	역사, 기행	1932-08-25	·
4544	현진건	玄鎭健	현진건	玄鎭健	檀君聖跡巡禮(16)	역사, 기행	1932-08-28	·
4545	현진건	玄鎭健	현진건	玄鎭健	檀君聖跡巡禮(17)	역사, 기행	1932-09-01	·
4546	현진건	玄鎭健	현진건	玄鎭健	檀君聖跡巡禮(18)	역사, 기행	1932-09-02	·
4547	현진건	玄鎭健	현진건	玄鎭健	檀君聖跡巡禮(19)	역사, 기행	1932-09-03	·
4548	현진건	玄鎭健	현진건	玄鎭健	檀君聖跡巡禮(20)	역사, 기행	1932-09-05	·
4549	현진건	玄鎭健	현진건	玄鎭健	檀君聖跡巡禮(21)	역사, 기행	1932-09-06	·
4550	현진건	玄鎭健	현진건	玄鎭健	檀君聖跡巡禮(22)	역사, 기행	1932-09-07	·
4551	현진건	玄鎭健	현진건	玄鎭健	檀君聖跡巡禮(23)	역사, 기행	1932-09-09	·

연번	자료저자명(한글)	자료저자명(한자)	본명(한글)	본명(한자)	기사제목	분류	날짜	비고
4552	현진건	玄鎭健	현진건	玄鎭健	檀君聖跡巡禮(24)	역사, 기행	1932-09-11	·
4553	현진건	玄鎭健	현진건	玄鎭健	檀君聖跡巡禮(25)	역사, 기행	1932-09-12	·
4554	현진건	玄鎭健	현진건	玄鎭健	檀君聖跡巡禮(26)	역사, 기행	1932-09-13	·
4555	현진건	玄鎭健	현진건	玄鎭健	檀君聖跡巡禮(27)	역사, 기행	1932-09-17	·
4556	현진건	玄鎭健	현진건	玄鎭健	檀君聖跡巡禮(28)	역사, 기행	1932-09-20	·
4557	현진건	玄鎭健	현진건	玄鎭健	檀君聖跡巡禮(29)	역사, 기행	1932-09-21	·
4558	현진건	玄鎭健	현진건	玄鎭健	檀君聖跡巡禮(30)	역사, 기행	1932-09-26	·
4559	현진건	玄鎭健	현진건	玄鎭健	檀君聖跡巡禮(31)	역사, 기행	1932-09-27	·
4560	현진건	玄鎭健	현진건	玄鎭健	檀君聖跡巡禮(32)	역사, 기행	1932-09-29	·
4561	현진건	玄鎭健	현진건	玄鎭健	檀君聖跡巡禮(33)	역사, 기행	1932-09-30	·
4562	현진건	玄鎭健	현진건	玄鎭健	檀君聖跡巡禮(34)	역사, 기행	1932-10-02	·
4563	현진건	玄鎭健	현진건	玄鎭健	檀君聖跡巡禮(35)	역사, 기행	1932-10-04	·
4564	현진건	玄鎭健	현진건	玄鎭健	檀君聖跡巡禮(36)	역사, 기행	1932-10-05	·
4565	현진건	玄鎭健	현진건	玄鎭健	檀君聖跡巡禮(37)	역사, 기행	1932-10-06	·
4566	현진건	玄鎭健	현진건	玄鎭健	檀君聖跡巡禮(38)	역사, 기행	1932-10-07	·
4567	현진건	玄鎭健	현진건	玄鎭健	檀君聖跡巡禮(39)	역사, 기행	1932-10-09	·
4568	현진건	玄鎭健	현진건	玄鎭健	檀君聖跡巡禮(40)	역사, 기행	1932-10-11	·
4569	현진건	玄鎭健	현진건	玄鎭健	檀君聖跡巡禮(41)	역사, 기행	1932-10-12	·
4570	현진건	玄鎭健	현진건	玄鎭健	檀君聖跡巡禮(42)	역사, 기행	1932-10-13	·
4571	현진건	玄鎭健	현진건	玄鎭健	檀君聖跡巡禮(43)	역사, 기행	1932-10-19	·
4572	현진건	玄鎭健	현진건	玄鎭健	檀君聖跡巡禮(44)	역사, 기행	1932-10-20	·
4573	현진건	玄鎭健	현진건	玄鎭健	檀君聖跡巡禮(45)	역사, 기행	1932-10-21	·
4574	현진건	玄鎭健	현진건	玄鎭健	檀君聖跡巡禮(46)	역사, 기행	1932-10-23	·
4575	현진건	玄鎭健	현진건	玄鎭健	檀君聖跡巡禮(47)	역사,	1932-11-01	·

연번	자료저자명 (한글)	자료저자명 (한자)	본명 (한글)	본명 (한자)	기사제목	분류	날짜	비고
						기행		
4576	현진건	玄鎭健	현진건	玄鎭健	檀君聖跡巡禮(48)	역사, 기행	1932-11-02	·
4577	현진건	玄鎭健	현진건	玄鎭健	檀君聖跡巡禮(49)	역사, 기행	1932-11-03	·
4578	현진건	玄鎭健	현진건	玄鎭健	檀君聖跡巡禮(50)	역사, 기행	1932-11-04	·
4579	현진건	玄鎭健	현진건	玄鎭健	檀君聖跡巡禮(51) 完	역사, 기행	1932-11-09	·
4580	현호섭	玄鎬燮	현호섭	玄鎬燮	韓方醫學의 再檢討(1)	역사, 한의학	1939-11-22	·
4581	현호섭	玄鎬燮	현호섭	玄鎬燮	韓方醫學의 再檢討(2)	역사, 한의학	1939-11-23	·
4582	현호섭	玄鎬燮	현호섭	玄鎬燮	韓方醫學의 再檢討(3)	역사, 한의학	1939-11-25	·
4583	현호섭	玄鎬燮	현호섭	玄鎬燮	韓方醫學의 再檢討(4)	역사, 한의학	1939-11-26	·
4584	현호섭	玄鎬燮	현호섭	玄鎬燮	韓方醫學의 再檢討(5)	역사, 한의학	1939-11-29	·
4585	현호섭	玄鎬燮	현호섭	玄鎬燮	韓方醫學의 再檢討(6)	역사, 한의학	1939-11-30	·
4586	현호섭	玄鎬燮	현호섭	玄鎬燮	韓方醫學의 再檢討(7)	역사, 한의학	1939-12-02	·
4587	홍경지	洪敬志	홍경지	洪敬志	當選逸話- 醫員과 母虎	문학	1938-01-01	·
4588	홍난파	洪蘭坡	홍난파	洪蘭坡	朝鮮文化20年(27)- 形態의 整備와 地盤의 確固(1)	논설	1940-05-19	·
4589	홍난파	洪蘭坡	홍난파	洪蘭坡	朝鮮文化20年(28)- 形態의 整備와 地盤의 確固(2)	논설	1940-05-21	·
4590	홍난파	洪蘭坡	홍난파	洪蘭坡	朝鮮文化20年(29)- 形態의 整備와 地盤의 確固(3)	논설	1940-05-23	·
4591	홍난파	洪蘭坡	홍난파	洪蘭坡	朝鮮文化20年(30)- 形態의 整備와 地盤의 確固(4)	논설	1940-05-24	·
4592	홍득순	洪得順	홍득순	洪得順	第2回 東美展評(1)	미술	1931-04-15	·
4593	홍득순	洪得順	홍득순	洪得順	第2回 東美展評(2)	미술	1931-04-16	·
4594	홍득순	洪得順	홍득순	洪得順	第2回 東美展評(3)	미술	1931-04-17	·
4595	홍득순	洪得順	홍득순	洪得順	第2回 東美展評(4)	미술	1931-04-18	·
4596	홍득순	洪得順	홍득순	洪得順	第2回 東美展評(5)	미술	1931-04-19	·
4597	홍득순	洪得順	홍득순	洪得順	第2回 東美展評(6)	미술	1931-04-21	·
4598	홍득순	洪得順	홍득순	洪得順	八道風光- 扶餘八景(2)	기행	1935-08-17	34년 1월 2일 부여팔경 기사가 1회
4599	홍득순	洪得順	홍득순	洪得順	八道風光- 扶餘八景(3)	기행	1935-08-18	·
4600	홍득순	洪得順	홍득순	洪得順	八道風光- 扶餘八景(4)	기행	1935-08-20	·
4601	홍득순	洪得順	홍득순	洪得順	八道風光- 扶餘八景(5)	기행	1935-08-21	·
4602	홍득순	洪得順	홍득순	洪得順	八道風光- 扶餘八景(6)	기행	1935-08-22	·
4603	홍득순	洪得順	홍득순	洪得順	八道風光- 扶餘八景(7)	기행	1935-08-23	·
4604	홍득순	洪得順	홍득순	洪得順	八道風光- 扶餘八景(8)	기행	1935-08-24	·
4605	홍득순	洪得順	홍득순	洪得順	八道風光- 恩津彌勒	기행	1935-08-25	·

연번	자료저자명(한글)	자료저자명(한자)	본명(한글)	본명(한자)	기사제목	분류	날짜	비고
4606	홍득순	洪得順	홍득순	洪得順	八道風光- 咸興巡禮(2)	기행	1935-10-09	1회 미확인
4607	홍득순	洪得順	홍득순	洪得順	八道風光- 咸興巡禮(3)	기행	1935-10-10	·
4608	홍득순	洪得順	홍득순	洪得順	八道風光- 咸興巡禮(4)	기행	1935-10-11	·
4609	홍득순	洪得順	홍득순	洪得順	八道風光- 咸興巡禮(5)	기행	1935-10-13	·
4610	홍득순	洪得順	홍득순	洪得順	八道風光- 咸興巡禮(6)	기행	1935-10-16	·
4611	홍득순	洪得順	홍득순	洪得順	八道風光- 咸興巡禮(7)	기행	1935-10-17	·
4612	홍득순	洪得順	홍득순	洪得順	八道風光- 咸興巡禮(8)	기행	1935-10-23	·
4613	홍득순	洪得順	홍득순	洪得順	八道風光- 古都水原(1)	기행	1935-11-12	·
4614	홍득순	洪得順	홍득순	洪得順	八道風光- 古都水原(2)	기행	1935-11-13	·
4615	홍득순	洪得順	홍득순	洪得順	八道風光- 古都水原(3)	기행	1935-11-14	·
4616	홍득순	洪得順	홍득순	洪得順	八道風光- 古都水原(4)	기행	1935-11-15	·
4617	홍득순	洪得順	홍득순	洪得順	八道風光- 古都水原(5)	기행	1935-11-16	·
4618	홍득순	洪得順	홍득순	洪得順	八道風光- 古都水原(6)	기행	1935-11-22	·
4619	홍득순	洪得順	홍득순	洪得順	八道風光- 古都水原(7)	기행	1935-11-28	·
4620	홍순혁	洪淳赫	홍순혁	洪淳赫	淺川巧 著「朝鮮의 膳」을 읽고	역사	1931-10-19	·
4621	홍순혁	洪淳赫	홍순혁	洪淳赫	咸興鄕校藏本 龍飛御天歌에 對하야(上)	역사	1931-12-02	·
4622	홍순혁	洪淳赫	홍순혁	洪淳赫	咸興鄕校藏本 龍飛御天歌에 對하야(中)	역사	1931-12-03	·
4623	홍순혁	洪淳赫	홍순혁	洪淳赫	咸興鄕校藏本 龍飛御天歌에 對하야(下)	역사	1931-12-05	·
4624	홍천길	洪千吉	홍천길	洪千吉	傳說(10) 花石亭과 宣祖西遷- 화석정 타는 불빛에 림진강 건너 /李栗谷先生의 先見	문학	1932-06-18	寄稿, 汶山
4625	홍천길	洪千吉	홍천길	洪千吉	傳說(21) 女眞征伐한 文肅公 윤관선생과 그때의 가인 「웅」/ 坡平山과 熊潭의 哀話	문학	1932-07-08	寄稿, 汶山
4626	홍천길	洪千吉	홍천길	洪千吉	傳說(55) 池沼에서 玉童子 拾得 길러내서 리조에 중신이돼/ 坡平尹氏의 來歷談	문학	1932-09-30	寄稿, 汶山
4627	황야	黃野	황야	黃野	八道風光- 濟州島(1)	기행	1935-10-01	·
4628	황야	黃野	황야	黃野	八道風光- 濟州島(2)	기행	1935-10-02	본명 삭제
4629	황야	黃野	황야	黃野	八道風光- 濟州島(3)	기행	1935-10-03	본명 삭제
4630	황야	黃野	황야	黃野	八道風光- 濟州島(4)	기행	1935-10-04	본명 삭제
4631	황야	黃野	황야	黃野	八道風光- 濟州島(5)	기행	1935-10-05	본명 삭제
4632	황야	黃野	황야	黃野	八道風光- 濟州島(6)	기행	1935-10-06	본명 삭제
4633	황욱	黃郁	황욱	黃郁	各地한글講習	한글	1932-07-21	·
4634	황욱	黃郁	황욱	黃郁	1933年度 朝鮮文化運動 總評(1)	논설	1934-01-19	·
4635	황욱	黃郁	황욱	黃郁	1933年度 朝鮮文化運動 總評(2)	논설	1934-01-20	·
4636	황욱	黃郁	황욱	黃郁	1933年度 朝鮮文化運動 總評(3)	논설	1934-01-21	·
4637	황욱	黃郁	황욱	黃郁	1933年度 朝鮮文化運動 總評(4)	논설	1934-01-23	·
4638	황욱	黃郁	황욱	黃郁	1933年度 朝鮮文化運動 總評(5)	논설	1934-01-24	·
4639	황욱	黃郁	황욱	黃郁	論著를 通해본 朝鮮學界의 收穫(1)	논설	1935-01-01	·
4640	황욱	黃郁	황욱	黃郁	論著를 通해본 朝鮮學界의 收穫(2)	논설	1935-01-02	·
4641	황욱	黃郁	황욱	黃郁	論著를 通해본 朝鮮學界의 收穫(3)	논설	1935-01-03	·
4642	황욱	黃郁	황욱	黃郁	論著를 通해본 朝鮮學界의 收穫(4)	논설	1935-01-04	·
4643	황욱	黃郁	황욱	黃郁	論著를 通해본 朝鮮學界의 收穫(5)	논설	1935-01-05	·
4644	황욱	黃郁	황욱	黃郁	論著를 通해본 朝鮮學界의 收穫(6, 完)	논설	1935-01-06	·

연번	자료저자명(한글)	자료저자명(한자)	본명(한글)	본명(한자)	기사제목	분류	날짜	비고
4645	황의돈	黃義敦	황의돈	黃義敦	옛자랑 새解釋(5)- 元曉大師의 業績	역사	1936-01-07	·
4646	황재희	黃在嬉	황재희	黃在嬉	傳說(26) 石窟五十里掘鑿 권력에 뺏긴 안해 차즈려고/ 遂安城東의 「마십물」	문학	1932-07-19	寄稿, 載寧
4647	황재희	黃在嬉	황재희	黃在嬉	傳說(27) 石窟五十里掘鑿 권력에 뺏긴 안해 차즈려고/ 遂安城東의 「마십물」	문학	1932-07-19	寄稿, 載寧
4648	회고당	懷古堂	·	·	史上의 로만쓰 李朝篇 柳居士와 倭僧(1)	역사	1930-03-22	·
4649	회고당	懷古堂	·	·	史上의 로만쓰 李朝篇 柳居士와 倭僧(2)	역사	1930-03-23	·
4650	회고당	懷古堂	·	·	史上의 로만쓰 李朝篇 柳居士와 倭僧(3)	역사	1930-03-24	·
4651	회고당	懷古堂	·	·	史上의 로만쓰 李朝篇 木川郡守(1)	역사	1930-03-26	·
4652	회고당	懷古堂	·	·	史上의 로만쓰 李朝篇 木川郡守(2)	역사	1930-03-27	·
4653	회고당	懷古堂	·	·	史上의 로만쓰 李朝篇 木川郡守(3)	역사	1930-03-28	·
4654	회고당	懷古堂	·	·	史上의 로만쓰 李朝篇 木川郡守(4)	역사	1930-03-29	·
4655	회고당	懷古堂	·	·	史上의 로만쓰 李朝篇 木川郡守(5)	역사	1930-03-30	·
4656	회고당	懷古堂	·	·	史上의 로만쓰 李朝篇 木川郡守(6)	역사	1930-04-01	·
4657	회령 일기자	會寧 一記者	·	·	朝鮮말의 가난	한글	1930-11-17	·
4658	R기자	R記者	·	·	先生評判記 其一 延專의「骨董品」白南雲敎授	논설	1930-09-17	·
4659	R기자	R記者	·	·	先生評判記 其一五 「에로」宗의 背敎者 梁柱東敎授	논설	1930-10-25	·
4660	T기자	T記者	·	·	朝鮮硏究의 機運에 際하야(1)	역사	1934-09-11	·
4661	T기자	T記者	·	·	朝鮮硏究의 機運에 際하야(2)	역사	1934-09-12	·
4662	T기자	T記者	·	·	朝鮮硏究의 機運에 際하야(3)	역사	1934-09-13	·
4663	사설	社說	·	·	「한글날」에 對하야	논설	1934-10-30	·
4664	사설	社說	·	·	甲申政變記를 읽고(1)	논설	1935-01-04	·
4665	사설	社說	·	·	啓蒙隊 凱旋式에 臨하야	논설	1934-09-19	·
4666	사설	社說	·	·	啓蒙隊動員令- 가라1500萬 文盲同胞에게로	한글, 사업	1934-06-30	·
4667	사설	社說	·	·	啓蒙運動과 啓蒙隊員	사업	1934-09-09	·
4668	사설	社說	·	·	古文獻出版에 忠實하라	사업	1939-07-21	·
4669	사설	社說	·	·	古文化를 收拾하라, 特히 『醫方類聚』를 보고	역사	1939-05-10	·
4670	사설	社說	·	·	古書發揚에 對하야	문학	1939-03-31	·
4671	사설	社說	·	·	古書畵展을 열면서	미술, 사업	1934-06-22	·
4672	사설	社說	·	·	東洋 醫藥協會 成立을 듣고	한의학, 논설	1939-04-19	·
4673	사설	社說	·	·	東醫 價値의 再吟味	논설, 한의학	1935-08-06	·
4674	사설	社說	·	·	리충무공의 인격- 현충사 락성식 날에	논설	1932-06-06	·
4675	사설	社說	·	·	文壇과 社會- 理解와 接近이 必要	논설	1934-01-22	·
4676	사설	社說	·	·	文盲1589萬- 治退方法은무엇	논설	1934-12-22	·
4677	사설	社說	·	·	文盲의打破- 農閑期에際하야	논설	1937-11-16	·
4678	사설	社說	·	·	文盲退治의 緊急	한글	1935-12-02	·
4679	사설	社說	·	·	美術協會展을 보고	미술	1939-04-22	·

연번	자료저자명(한글)	자료저자명(한자)	본명(한글)	본명(한자)	기사제목	분류	날짜	비고
4680	사설	社說	·	·	民族과 文化- 그 完成을 期하라	논설	1934-01-02	·
4681	사설	社說	·	·	民族的 至情의 結晶- 忠武公 遺蹟의 完保	논설	1932-06-03	·
4682	사설	社說	·	·	發明과 朝鮮- 숨은天才를 發揮하라	논설	1934-01-31	·
4683	사설	社說	·	·	保存古蹟의 追加	고적	1939-10-19	·
4684	사설	社說	·	·	普通學校 用語 朝鮮語로 하라- 秋期開學을 맞으며	한글, 사업	1933-08-24	·
4685	사설	社說	·	·	思想善導와 栗谷退溪	철학	1931-11-13	·
4686	사설	社說	·	·	三千里 村村에 글소리 琅琅- 눈물겨운 그 至誠	한글, 사업	1933-08-15	·
4687	사설	社說	·	·	書畫協會展覽會	미술	1931-10-17	·
4688	사설	社說	·	·	藝術과 文化- 第3回 學生作品 展覽會	미술	1932-09-22	·
4689	사설	社說	·	·	娛樂의 健全化 社會化- 民族的 元氣振作의 重大要件	역사	1931-11-08	·
4690	사설	社說	·	·	乙支文德墓 修築의 議	사업	1936-05-20	·
4691	사설	社說	·	·	丁茶山先生 逝世 100年을 記念하면서	논설	1935-07-16	·
4692	사설	社說	·	·	朝鮮古書刊行의 意義	논설	1934-09-15	·
4693	사설	社說	·	·	朝鮮基督敎 50年- 앞으로 期待가 더 크다	종교	1934-06-26	·
4694	사설	社說	·	·	朝鮮歷史 加增의 議	기타	1935-02-16	·
4695	사설	社說	·	·	朝鮮말, 글과 朝鮮文化- 有志有力人士의 自覺發奮을 促함	역사, 한글	1932-08-01	·
4696	사설	社說	·	·	朝鮮文化認識의 國際化- 外國學徒들에게 檄함	논설	1934-04-22	·
4697	사설	社說	·	·	朝鮮佛敎의 精神問題	논설	1934-10-29	·
4698	사설	社說	·	·	朝鮮式 漢文의 廢止	한글	1937-09-01	·
4699	사설	社說	·	·	朝鮮에 要求하는 文學- 明日의 作家에게	문학	1934-05-14	·
4700	사설	社說	·	·	朝鮮을 알자- 自己發見의 機緣	논설	1933-01-14	·
4701	사설	社說	·	·	朝鮮智識의 普遍化- 컬럼비아의 朝鮮圖書室計劃을 듯고	미술	1931-10-28	·
4702	사설	社說	·	·	學術에對한關心을助長하자	기타	1936-05-24	·
4703	사설	社說	·	·	學藝의 助長- 有力者의 할 일	기타	1936-06-08	·
4704	사설	社說	·	·	한글 철자 13단계	논설, 한글	1933-04-01	석간
4705	사설	社說	·	·	한글 統一案의 完成을 듣고	논설, 한글	1933-10-22	·
4706	사설	社說	·	·	한글頒布 486週年	한글	1931-10-29	·
4707	사설	社說	·	·	한글討論會- 整理의 統一을 期하라	한글, 사업	1932-11-06	·
4708	사설	社說	·	·	漢醫學 硏究機關의 必要	한의학, 논설	1940-01-18	·
4709	사설	社說	·	·	漢字撤廢論- 한글 座談會有所感	한글	1931-11-01	·
4710	사설	社說	·	·	鄕土情緖와 再批判의 要求	논설	1935-05-28	·
4711	사설	社說	·	·	現實文學과朝鮮文壇- 陣營을再編成하고獨自的指標를세우라	논설	1934-02-05	·
4712	·	·	·	·	"家傳忠孝世守仁敬"- 全義李氏의舊譜가운데서世宗大王의御筆發見	고적	1937-12-23	·

연번	자료저자명(한글)	자료저자명(한자)	본명(한글)	본명(한자)	기사제목	분류	날짜	비고
4713	·	·	·	·	"道德精忠" 圃隱先生- 生後 600年 記念日을 際하야	역사	1938-01-23	·
4714	·	·	·	·	「圖書館 設立에 貴重한 書籍들」- 긔증을 고맙게 밧는다는 校長 金性洙氏의 談	사업	1933-01-25	·
4715	·	·	·	·	「한글공부」 7萬部 滿洲가서 「가갸거겨」	한글	1935-07-11	·
4716	·	·	·	·	100萬 隋兵 擊破한 乙支將軍墓 修築	사업	1936-05-20	·
4717	·	·	·	·	150餘人이 會合- 한글委員 18人을 慰勞	한글	1933-11-09	·
4718	·	·	·	·	2000年前 高句麗의 榮華 王宮과 寺院基壇을 發掘	고적	1938-11-16	·
4719	·	·	·	·	30萬圓을 傾注 大圖書館을 設立	사업	1933-11-06	·
4720	·	·	·	·	487年前文字로更生한이날	한글	1933-10-31	·
4721	·	·	·	·	50餘名 參詣下에 檀君陵祭를 擧行	사업	1934-11-11	·
4722	·	·	·	·	600年前舊蹟인 齊雲樓를移築	고적	1938-09-13	·
4723	·	·	·	·	7월7석- 1년을 그리다 만나는 오늘 하로	역사	1934-08-16	·
4724	·	·	·	·	8월 한가위- 추석의 유래	역사	1935-09-13	·
4725	·	·	·	·	가, 갸, 거, 겨를 普及	한글	1937-12-25	·
4726	·	·	·	·	駕洛王史 編纂과 王陵公園을 設置- 전 조선의 김,허 양족이 협력/ 資金1500萬圓 調達	역사, 사업	1933-05-02	·
4727	·	·	·	·	各 學校 博物教員 網羅 博物研究會 創立- 于先, 動植物 名簿의 査定부터	고적, 사업	1933-06-27	·
4728	·	·	·	·	各方面의 有志會合 遺跡保存會創立	사업	1931-05-25	·
4729	·	·	·	·	各地 端午노리	민속	1933-05-25	·
4730	·	·	·	·	各地 端午놀이	역사, 민속	1936-06-21	·
4731	·	·	·	·	各地한글講習	한글	1932-07-30	·
4732	·	·	·	·	各地한글講習	한글, 사업	1932-08-05	·
4733	·	·	·	·	各地한글講習	한글, 사업	1932-08-09	·
4734	·	·	·	·	康翎탈춤은 藝術的, 野外舞론 鳳山탈춤	민속	1938-01-05	·
4735	·	·	·	·	巨星의 臨終語錄(1)- 匹儔없는 人格者 소크라테스	역사	1936-05-14	·
4736	·	·	·	·	巨星의 臨終語錄(11)*10회- 捨生取義로 一貫 都統使 崔瑩	역사	1936-06-05	연재횟수 오기
4737	·	·	·	·	巨星의 臨終語錄(11)- 精忠大節 굳은뜻 圃隱 鄭夢周	역사	1936-06-09	·
4738	·	·	·	·	巨星의 臨終語錄(12)- 一死報國의 最後遺囑 盟山誓海의 忠武公 李舜臣	역사	1936-06-10	·
4739	·	·	·	·	巨星의 臨終語錄(13)- 任辰亂때 倡義勤王 寂滅하며 焚香說法한 西山大師 休靜	역사	1936-06-12	·
4740	·	·	·	·	巨星의 臨終語錄(14)- 三國統一의 元勳 國家安泰를 遺言한 金庾信	역사	1936-06-14	·
4741	·	·	·	·	巨星의 臨終語錄(15)- 大耶城役에 殉節한 歲寒不凋의 節槪지킨 竹竹	역사	1936-06-17	·
4742	·	·	·	·	巨星의 臨終語錄(16)- 碎心粉骨의 그 精誠 白骨되어 王을 忠諫한 金后稷	역사	1936-06-21	·
4743	·	·	·	·	巨星의 臨終語錄(17)- 觀視察變의 先見 獄中에서	역사	1936-06-26	·

연번	자료저자명(한글)	자료저자명(한자)	본명(한글)	본명(한자)	기사제목	분류	날짜	비고
					餓死한 愛國家 成忠			
4744	·	·	·	·	巨星의 臨終語錄(18)- 祕史짓고 遺言한 高麗末年의 志士 元天錫	역사	1936-06-27	·
4745	·	·	·	·	巨星의 臨終語錄(19)- 北邊方略의 六條를 最後로 啓達한 李栗谷 李珥	역사	1936-07-01	·
4746	·	·	·	·	巨星의 臨終語錄(2)- 部下에게 謀殺된 曠古의 英雄 씨-사	역사	1936-05-15	·
4747	·	·	·	·	巨星의 臨終語錄(20)- 碑石勿用을 遺言한 朝鮮第一의 儒宗 李退溪 李滉	역사	1936-07-07	·
4748	·	·	·	·	巨星의 臨終語錄(21)- 憂國愛君의 至誠 己卯士禍에 犧牲한 趙光祖	역사	1936-07-11	·
4749	·	·	·	·	巨星의 臨終語錄(22)- 丈夫臨難不苟活 700義士로 效節한 趙憲	역사	1936-07-16	·
4750	·	·	·	·	巨星의 臨終語錄(23)- 灼鐵도 차다하는 死六臣의 한 사람 成三問	역사	1936-07-17	·
4751	·	·	·	·	巨星의 臨終語錄(24)- 辛壬士禍의 四大臣 就死自勉을 각오한 金昌集	역사	1936-07-19	·
4752	·	·	·	·	巨星의 臨終語錄(25)- 四夷六蠻이다 帝國인데 홀로 自立 못함을 恨한 林悌	역사	1936-07-21	·
4753	·	·	·	·	巨星의 臨終語錄(3)- 坑儒焚書의 張本人 李斯의 怨死	역사	1936-05-16	·
4754	·	·	·	·	巨星의 臨終語錄(4)- 陣沒한 테베-의 偉人 에파미논다스	역사	1936-05-20	·
4755	·	·	·	·	巨星의 臨終語錄(5)- 一代의 碩學大哲 프란시스 베-콘	역사	1936-05-22	·
4756	·	·	·	·	巨星의 臨終語錄(6)- 救國의 英雄少女 잔 다르크	역사	1936-05-27	·
4757	·	·	·	·	巨星의 臨終語錄(7)- 最後로 愛人의 노래를 들은 天才樂家 쇼-팡	역사	1936-05-28	·
4758	·	·	·	·	巨星의 臨終語錄(8)- 希臘의 獨立戰爭과 熱情詩人 빠이론	역사	1936-05-29	·
4759	·	·	·	·	巨星의 臨終語錄(9)- 統三의 偉業을 이룬 高麗太祖 王建	역사	1936-06-03	·
4760	·	·	·	·	乾隆帝의 魂난을	역사, 문학	1937-06-23	·
4761	·	·	·	·	慶北 耳山古塚에서 發掘된 任那伽倻國의 古文化	고적	1939-07-05	·
4762	·	·	·	·	京城 新名勝 巡訪(1)	기행	1936-03-31	·
4763	·	·	·	·	京城 新名勝 巡訪(2)	기행	1936-04-01	·
4764	·	·	·	·	京城 新名勝 巡訪(3)	기행	1936-04-02	·
4765	·	·	·	·	京城 新名勝 巡訪(4)	기행	1936-04-03	·
4766	·	·	·	·	京城 新名勝 巡訪(5)	기행	1936-04-05	·
4767	·	·	·	·	京城洞名點考(1)	역사	1936-03-18	·
4768	·	·	·	·	京城洞名點考(2)	역사	1936-03-19	·
4769	·	·	·	·	京城洞名點考(3)	역사	1936-03-21	·
4770	·	·	·	·	京城洞名點考(4)	역사	1936-03-24	·
4771	·	·	·	·	京城에 總本山創建코 佛敎의社會化 進出	종교	1938-10-23	·

연번	자료저자명(한글)	자료저자명(한자)	본명(한글)	본명(한자)	기사제목	분류	날짜	비고
4772	·	·	·	·	經濟專門 마친 金春淑孃- 社會學과 家庭經濟學 專攻*	논설	1931-04-19	·
4773	·	·	·	·	啓明俱樂部 15周年 記念	한글	1933-01-27	·
4774	·	·	·	·	啓蒙文化運動 第一線에- 68校, 精銳2073名 參加-	한글, 사업	1934-06-26	·
4775	·	·	·	·	啓蒙文化運動 第一線에- 72校, 精銳2202名 動員-	한글, 사업	1934-06-27	·
4776	·	·	·	·	啓蒙文化運動 第一線에- 75校, 精銳2302名 動員-	한글, 사업	1934-06-28	·
4777	·	·	·	·	啓蒙의 炬火를 높이들고 나가자 어두운 農村으로 猛進하자, 參加한 文盲退治의 先鋒	한글, 사업	1934-06-21	·
4778	·	·	·	·	啓蒙의 炬火를 들고 나가자 文盲의 闇野로	한글, 사업	1934-06-19	·
4779	·	·	·	·	啓蒙의 炬火를 들고 나가자 文盲의 闇野로, 內外의 各學校가 呼應	한글, 사업	1934-06-20	·
4780	·	·	·	·	考古學界 첫 試驗 高句麗古墳 撮影	고적	1937-09-04	·
4781	·	·	·	·	考古學界의 重要한 二發見	고적	1938-11-23	·
4782	·	·	·	·	考古學上 貴 資料 古墳 2基 發見【平壤 大同面 栗里에서】/ 完全한 副葬品 露顯	고적	1933-05-12	·
4783	·	·	·	·	高句麗 時代부터 起源한 石戰	역사	1938-01-05	·
4784	·	·	·	·	高句麗 遺物 "東明館" 古蹟保存으로 指定?	고적	1937-09-18	·
4785	·	·	·	·	高句麗代(?) 古墳, 順川에 又一基 發見 우리조상의 옛 문화를 자랑/ 壁畵의 丹靑은 尙今燦然	고적	1933-05-04	·
4786	·	·	·	·	高句麗壁畵 模寫와 古墳模型을 陳列	고적, 사업	1939-04-02	·
4787	·	·	·	·	高句麗朝의 羅城	고적	1939-05-18	·
4788	·	·	·	·	古代美術을 通해 米國에 朝鮮紹介- 米國國立美術館 朴英燮氏 歸國	미술	1931-05-29	·
4789	·	·	·	·	古代朝鮮奬學制- 學者의 入門은 太學과 鄕校	역사	1939-01-01	·
4790	·	·	·	·	高麗時代의 遺物 珍貴寶物 發掘- 5,6백년 전 물건인듯 金浦郡에서 發見	역사	1931-07-22	·
4791	·	·	·	·	古墳模型을 製作 原色을 永久保存	사업	1936-03-16	·
4792	·	·	·	·	古墳墓 地帶를 貧民들이 耕作	역사	1935-07-23	·
4793	·	·	·	·	古書 200餘卷 普專에 寄贈- 진귀한 고서를 보전에 긔증 宜寧 安浩相氏 篤行	사업	1933-01-25	·
4794	·	·	·	·	古書畵 珍藏品展- 明朝10時 開場/ 1日부터 5日間 本社樓上서 陳列點數 100餘	미술	1932-10-01	·
4795	·	·	·	·	古書畵展 畵報- 1日부터 5日間 開催/ 午前 10時 午後 6時	미술	1932-10-03	·
4796	·	·	·	·	古蹟 滿月臺를 美化, 博物館 設置를 促進	고적	1939-03-24	·
4797	·	·	·	·	古蹟保存 明日에 委員會	고적	1938-11-25	·
4798	·	·	·	·	古蹟保存會서 指定한 寶物- 總選擇 252點中 各道의 寶物과 古蹟	고적	1934-05-04	·
4799	·	·	·	·	古蹟을 사랑하자	고적	1938-09-11	·
4800	·	·	·	·	古蹟을 사랑합시다- 今 10日은 古蹟 愛護 데이	고적,	1937-09-11	·

연번	자료저자명 (한글)	자료저자명 (한자)	본명 (한글)	본명 (한자)	기사제목	분류	날짜	비고
						사업		
4801	·	·	·	·	古典을 研究하라	역사	1935-07-03	·
4802	·	·	·	·	古典傳承의 方法(上)	역사	1935-07-26	·
4803	·	·	·	·	古典傳承의 方法(下)	역사	1935-07-27	·
4804	·	·	·	·	古朝鮮渤海國 遺跡을 發掘- 第2回로 東大 原田 敎授가 作業, 兵隊護衛 밑에서 2日間	고적	1934-05-08	·
4805	·	·	·	·	古朝鮮의 自然科學者, 花潭先生遺蹟을 破毁	고적	1938-01-16	·
4806	·	·	·	·	故鄕의 親戚을 만나는 三水甲山 "삼받질", 기대려지는 7월 "삼철"(惠山鎭)	민속	1938-01-04	·
4807	·	·	·	·	科學的 한글마춤법 統一案을 完成- 한글記念日에 發表	한글	1933-10-21	·
4808	·	·	·	·	光明의 新朝鮮建設에 5萬 朝鮮建設 兒들아 動員하라	한글, 사업	1934-06-23	·
4809	·	·	·	·	光明의 新朝鮮建設에 5萬 朝鮮建設 兒들아 動員하라	한글, 사업	1934-06-24	·
4810	·	·	·	·	光明의 新朝鮮建設에 5萬 朝鮮建設 兒들아 動員하라	한글, 사업	1934-06-25	·
4811	·	·	·	·	舊慣陋習打破	민속	1938-01-01	·
4812	·	·	·	·	舊慣陋習打破(中)	민속	1938-01-04	·
4813	·	·	·	·	舊慣陋習打破(下)	민속	1938-01-06	·
4814	·	·	·	·	救濟制度의 史考- 新羅 仁政에서 始初(1)	역사	1940-01-04	·
4815	·	·	·	·	救濟制度의 史考- 新羅 仁政에서 始初(2)	역사	1940-01-08	·
4816	·	·	·	·	國寶252點 萬歲에 保存을 決定/ 寶物210, 古蹟21, 天然物21點	고적	1934-05-03	·
4817	·	·	·	·	國語普及講習- 1000餘處에서 開始	사업	1938-01-23	·
4818	·	·	·	·	勤勞報國은 古蹟愛護에서	고적, 사업	1938-08-20	·
4819	·	·	·	·	筋肉勞動으로 惡戰苦鬪	민속	1938-01-04	·
4820	·	·	·	·	錦繡江山의 이곳저곳(1) 鴨綠江鐵橋	기행	1934-08-02	·
4821	·	·	·	·	錦繡江山의 이곳저곳(2) 東林瀑布(宣川)	기행	1934-08-03	·
4822	·	·	·	·	錦繡江山의 이곳저곳(3) 洗劍亭(江界)	기행	1934-08-04	·
4823	·	·	·	·	錦繡江山의 이곳저곳(4) 平壤 乙密臺	기행	1934-08-05	·
4824	·	·	·	·	錦繡江山의 이곳저곳(5) 飛潑島燈臺	기행	1934-08-10	·
4825	·	·	·	·	錦繡江山의이곳저곳(6)	기행	1934-08-11	·
4826	·	·	·	·	錦繡江山의 이곳저곳(7) 禮成江岸의 先得樓	기행	1934-08-18	·
4827	·	·	·	·	今夜 趙澤元 舞踊公演	민속	1938-11-25	·
4828	·	·	·	·	今日은 古蹟愛護日	고적	1939-09-11	·
4829	·	·	·	·	今朝開場한 東美展 第2回- 雨中임도不拘, 觀客이 遝至 本社三層樓上	미술	1931-04-12	·
4830	·	·	·	·	記念日 作定 陽曆 10월 28일- 음력사용이 불편하다고 席上에서 討議決定	한글	1930-11-21	·
4831	·	·	·	·	金允經氏의 心血著作 記念圖書 出版	사업	1938-01-23	·
4832	·	·	·	·	樂浪의 出土品	고적	1938-08-21	·
4833	·	·	·	·	男女 "쥐불" 노하 鼠害, 野蟲을 剿滅	민속	1938-01-05	·

연번	자료저자명(한글)	자료저자명(한자)	본명(한글)	본명(한자)	기사제목	분류	날짜	비고
4834	·	·	·	·	내地方風俗各樣各色	민속	1938-01-04	·
4835	·	·	·	·	老僧虎와 處女虎- 野史에 나타난 虎人	역사	1938-01-01	·
4836	·	·	·	·	農民藝術의 殿堂 江陵의 "農樂隊"(江陵)	민속	1938-01-04	·
4837	·	·	·	·	農閑期에文盲打破	기타	1937-11-13	·
4838	·	·	·	·	農閑期의 啓蒙運動	기타	1937-12-25	·
4839	·	·	·	·	눌리리야 입장구에 女人群의 삼대춤(北淸)	민속	1938-01-04	·
4840	·	·	·	·	茶山先生 記念講演會, 8일 中央基靑서	사업	1934-09-05	·
4841	·	·	·	·	茶山與猶堂全書 完刊記念 祝賀	논설	1938-12-13	·
4842	·	·	·	·	單 두坪 되는 마루에서 朝鮮語辭典 完成	한글	1939-01-01	·
4843	·	·	·	·	檀君陵 修築 期成會 組織- 오는 20일 명륜당에서 江東郡의 有志會合	사업	1932-05-15	·
4844	·	·	·	·	檀君陵 修築 消息- 石物은 거의 完成 陵修築은 明春에	사업	1934-11-11	·
4845	·	·	·	·	檀君陵 修築期成 誠金 나날이 遝至	사업	1933-12-25	·
4846	·	·	·	·	檀君陵修築 守護誠金 遝至	사업	1932-05-29	·
4847	·	·	·	·	檀君陵修築誠金(17日 本社 接受分)	사업	1934-02-20	·
4848	·	·	·	·	檀君陵修築誠金(17日 委員會 接受分)	사업	1934-05-20	·
4849	·	·	·	·	檀君陵修築誠金(18日 委員會 接受分)	사업	1934-04-20	·
4850	·	·	·	·	檀君陵修築誠金(29日 委員會 接受分)	사업	1934-03-31	·
4851	·	·	·	·	檀君陵修築誠金(8日 委員會 接受分)	사업	1934-04-13	·
4852	·	·	·	·	檀君陵修築誠金(今日本社 接受分)	사업	1934-01-21	·
4853	·	·	·	·	檀君陵修築誠金(期成委員會 接受分)	사업	1934-01-20	·
4854	·	·	·	·	檀君陵修築誠金(期成委員會 接受分)	사업	1934-02-04	·
4855	·	·	·	·	檀君陵修築誠金(委員會 接受分)	사업	1934-02-09	·
4856	·	·	·	·	檀君의 聖陵- 其他10餘名勝古蹟	사업	1933-01-22	·
4857	·	·	·	·	擔保豫賣等으로 商品化한 "處女"(高原)	민속	1938-01-04	·
4858	·	·	·	·	隊伍가춰횃불들고喊聲치며肉迫接戰	민속	1938-01-05	·
4859	·	·	·	·	渡水攀枝에는 選手 害人之心은 全無	역사	1938-01-01	·
4860	·	·	·	·	讀書週間 第9週 讀書傾向 最高는 小說	논설	1931-03-02	·
4861	·	·	·	·	讀書層에 보내는 讀書子의 선물- 新凉에 入郊, 燈火를 可親(2)	논설	1931-09-14	·
4862	·	·	·	·	東京의 「三一劇場」 民族劇 樹立 標榜	문학	1934-10-20	·
4863	·	·	·	·	東萊의 野外 假面劇	민속	1938-01-05	·
4864	·	·	·	·	東洋音樂의 精華雅樂 宮中祕曲을 演奏	음악	1938-10-02	·
4865	·	·	·	·	鏤骨碎心에 一路로 邁進- 先人의 偉業과 功塔에 숨은 血汗: 박난계	역사	1936-01-01	·
4866	·	·	·	·	鏤骨碎心에 一路로 邁進- 先人의 偉業과 功塔에 숨은 血汗: 서화담	역사	1936-01-01	·
4867	·	·	·	·	鏤骨碎心에 一路로 邁進- 先人의 偉業과 功塔에 숨은 血汗: 성호 이익	역사	1936-01-01	·
4868	·	·	·	·	鏤骨碎心에 一路로 邁進- 先人의 偉業과 功塔에 숨은 血汗: 유희	역사	1936-01-01	·
4869	·	·	·	·	鏤骨碎心에 一路로 邁進- 先人의 偉業과 功塔에	역사	1936-01-01	·

연번	자료저자명 (한글)	자료저자명 (한자)	본명 (한글)	본명 (한자)	기사제목	분류	날짜	비고
					숨은 血汗: 정몽주			
4870	·	·	·	·	鏤骨碎心에 一路로 邁進- 先人의 偉業과 功塔에 숨은 血汗: 정상기, 김정호	역사	1936-01-01	
4871	·	·	·	·	流星의 狂舞같은 庫底 "횃불싸움"	민속	1938-01-05	·
4872	·	·	·	·	名寶書畵展 高麗佛畵等 巨作을 陳列	미술, 사업	1938-12-10	·
4873	·	·	·	·	名所와 古蹟	기행	1934-10-30	·
4874	·	·	·	·	名勝古跡	고적	1936-05-23	·
4875	·	·	·	·	名勝古跡	고적	1938-05-10	·
4876	·	·	·	·	名勝古跡	고적	1938-08-28	·
4877	·	·	·	·	名勝古蹟巡禮- 古色蒼然의 옛자리	고적	1936-06-06	·
4878	·	·	·	·	名勝古蹟의 北國- 咸北의 金剛 "七寶山" 山紫水明의 絕勝	기행	1937-12-03	·
4879	·	·	·	·	名勝과 古跡	기행	1935-05-17	·
4880	·	·	·	·	明日부터열릴한글討論會- 三日間本社三層서	한글, 사업	1932-11-07	·
4881	·	·	·	·	舞踊 朝鮮의 使節 끝동 저고리를 입고 崔承喜女士 出帆	민속	1937-12-20	·
4882	·	·	·	·	舞踊, 演劇의 人氣로 男女群爭 奪戰	민속	1938-01-05	·
4883	·	·	·	·	武裝의 줄다리기	민속	1938-01-05	·
4884	·	·	·	·	文壇打診 卽問卽答記(1)	문학	1937-06-03	·
4885	·	·	·	·	文盲退治의 巨塔을 쌓자 다함께 參加하라 啓蒙運動에	한글, 사업	1934-06-18	·
4886	·	·	·	·	文法 聲音을 折衝 한글 統一原案作定	한글	1933-01-06	·
4887	·	·	·	·	文化建設 途上의 朝鮮(1)- 一言一句 刻苦10年 辭典完成에 精進	한글	1938-01-01	·
4888	·	·	·	·	米國 콜럼비아 大學 朝鮮 圖書館과 그 後援會	사업	1933-10-27	·
4889	·	·	·	·	未就學兒爲해 短期講習開催	사업	1934-07-18	·
4890	·	·	·	·	民俗學的으로 본 우리娛樂 몇가지	민속	1939-01-10	·
4891	·	·	·	·	民族文化運動의 大炬火 第4回 夏期學生啓蒙運動	한글, 사업	1934-06-16	·
4892	·	·	·	·	民族文化運動의 一大炬火 本社主催 第4回 夏期啓蒙運動. 隊員과 活動地帶	한글, 사업	1934-06-16	·
4893	·	·	·	·	바가지 장단에 과부의 엉덩춤	민속	1938-01-04	·
4894	·	·	·	·	朴御史는 단 한번	역사, 문학	1936-06-25	·
4895	·	·	·	·	發明朝鮮의 貴重한 收穫- 赫赫한 先人遺業에 天才的 創造: 龜船 發明한 李忠武公- 追慕되는 超人的 偉蹟	역사	1936-01-01	·
4896	·	·	·	·	發明朝鮮의 貴重한 收穫- 赫赫한 先人遺業에 天才的 創造: 記錄에만 남은 鄭平九 飛車	역사	1936-01-01	·

연번	자료저자명 (한글)	자료저자명 (한자)	본명 (한글)	본명 (한자)	기사제목	분류	날짜	비고
4897	·	·	·	·	發明朝鮮의 貴重한 收穫- 赫赫한 先人遺業에 天才的 創造: 世界 最古의 發明인 龜甲船과 木活字	역사	1936-01-01	·
4898	·	·	·	·	發明朝鮮의 貴重한 收穫- 赫赫한 先人遺業에 天才的 創造: 世宗大王 創意의 世界 最初 測雨器	역사	1936-01-01	·
4899	·	·	·	·	發明朝鮮의 貴重한 收穫- 赫赫한 先人遺業에 天才的 創造: 燦然턴 古文化 感謝할 先人의 遺業	역사	1936-01-01	·
4900	·	·	·	·	渤海 古國遺跡 吉林省에서 發掘	고적	1933-06-27	·
4901	·	·	·	·	排擊虛禮 中央 龍王 메기(馬山)	민속	1938-01-04	·
4902	·	·	·	·	배우자 가르키자 다함께, 本社主催 第4回 夏期學生啓蒙運動	한글, 사업	1934-06-17	·
4903	·	·	·	·	百濟古都 公主의 全貌	고적	1938-05-22	·
4904	·	·	·	·	百濟羅城과 社稷壇門等 90餘種 4次 指定	역사	1938-10-02	·
4905	·	·	·	·	百濟의 學者 王仁, 大阪에서 神社 건설	고적	1938-05-09	·
4906	·	·	·	·	丙子年表- 朝鮮丙子史	역사	1936-01-01	·
4907	·	·	·	·	普校敎科書敎材問題-改訂의消息을듯고	사업	1930-11-25	·
4908	·	·	·	·	寶物, 古蹟, 天然記念物- 새로 100種 指定 發表	고적	1938-11-26	·
4909	·	·	·	·	本社 學藝部 主催 古書畵展 陳列名作	역사	1934-06-23	·
4910	·	·	·	·	本社 學藝部 主催 古書畵展을 앞두고	미술	1934-06-20	·
4911	·	·	·	·	本社 學藝部 主催로 記念講演會 開催	사업	1935-07-16	·
4912	·	·	·	·	本社主催 第4回 啓蒙運動	한글, 사업	1934-05-29	·
4913	·	·	·	·	本社主催 第4回 夏期 啓蒙運動	사업	1934-08-26	·
4914	·	·	·	·	本社主催 第4回 夏期 啓蒙運動(14)	사업	1934-08-29	·
4915	·	·	·	·	本社主催 第4回 夏期 啓蒙運動(15)	사업	1934-08-30	·
4916	·	·	·	·	本社主催 第4回 夏期 啓蒙運動(16)	사업	1934-08-31	·
4917	·	·	·	·	本社主催 第4回 夏期 啓蒙運動(16)	사업	1934-09-01	·
4918	·	·	·	·	本社主催 第4回 夏期 啓蒙運動(18)	사업	1934-09-02	·
4919	·	·	·	·	本社主催 第4回 夏期 啓蒙運動(19)	사업	1934-09-04	·
4920	·	·	·	·	本社主催 第4回 夏期 啓蒙運動(20)	사업	1934-09-05	·
4921	·	·	·	·	本社主催 第4回 夏期 啓蒙運動(21)	사업	1934-09-06	·
4922	·	·	·	·	本社主催 第4回 夏期 啓蒙運動(22)	사업	1934-09-07	·
4923	·	·	·	·	本社主催 第4回 夏期 啓蒙運動(23)	사업	1934-09-08	·
4924	·	·	·	·	本社主催 第4回 夏期 學生 啓蒙運動 總決算	사업	1934-09-19	·
4925	·	·	·	·	封鎖된南大門	고적	1937-12-05	·
4926	·	·	·	·	婦女子만을 爲하야 한글綴字法 講習 -雜誌 "新家庭"의 첫 試驗-/ 明日부터 本社講堂에서	한글, 사업	1934-03-23	·
4927	·	·	·	·	扶餘, 大阪, 東京에 王仁博士 追慕碑	역사, 사업	1938-08-31	·
4928	·	·	·	·	扶餘八景	기행	1934-01-02	·
4929	·	·	·	·	婦人古宮巡禮團申請者가遝至	기행	1934-10-25	·
4930	·	·	·	·	夫人隱德의 大臣	역사, 문학	1937-06-17	·

연번	자료저자명(한글)	자료저자명(한자)	본명(한글)	본명(한자)	기사제목	분류	날짜	비고
4931	·	·	·	·	北靑土城 官員놀이	민속	1938-01-05	·
4932	·	·	·	·	非常時局下에 古蹟愛護日 行事	고적, 사업	1938-08-31	·
4933	·	·	·	·	빛나는우리의자랑- 寶物, 名勝, 古蹟 追加指定發表	고적	1939-10-17	·
4934	·	·	·	·	史上의 虎跡	역사	1938-01-01	·
4935	·	·	·	·	史乘에 잠긴 龍의 傳說	역사	1940-01-01	·
4936	·	·	·	·	史乘에 잠긴의 傳說	역사	1940-01-13	·
4937	·	·	·	·	史乘에 잠긴의 傳說	역사	1940-01-14	·
4938	·	·	·	·	史乘에 잠긴의 傳說	역사	1940-01-16	·
4939	·	·	·	·	史乘에 잠긴의 傳說	역사	1940-01-18	·
4940	·	·	·	·	山明水麗 絶勝區에 三韓古刹 龍泉寺	고적	1938-10-04	·
4941	·	·	·	·	殺身成仁의 死後虎君	기타	1938-01-01	·
4942	·	·	·	·	三國時代 再現 新小說 烽火 尹白南 作 李靑田 畵 25日부터 連載	역사, 문학	1933-08-22	·
4943	·	·	·	·	三韓, 高麗時代의 寶物 水原서 多數 發掘	고적	1938-08-24	·
4944	·	·	·	·	上水道施設大博物館建設-고적연락유람도로도설계, 開城의今年度施設	사업	1931-04-23	·
4945	·	·	·	·	새철자법 사용에 대해 각게 인사의 감상과 히망	한글	1933-04-06	·
4946	·	·	·	·	새철자법 사용은 조선말 통일을 촉진한다- 본보 새철자 쓰는데 대해 [각게 인사의 감상과 히망]	한글	1933-04-05	·
4947	·	·	·	·	色鄕 海州의 "삿갓지" 雅淡, 淸楚한 鄕土色(海州)	민속	1938-01-04	·
4948	·	·	·	·	書畵展 陳列名作- 金正喜의 隷書 好古硏經	미술, 사업	1934-06-28	·
4949	·	·	·	·	선인추모의 단성-단군릉수축, 현충사중건, 군율도원수	사업	1935-04-06	·
4950	·	·	·	·	聖代에 好八字	역사, 문학	1937-06-29	·
4951	·	·	·	·	盛況이 期待되는 古書畵 珍藏品展- 17일부터 本社樓上에서	미술	1930-10-10	·
4952	·	·	·	·	小,中,高女,師範의 編制敎科等 內容(1)	한글, 역사	1938-03-17	·
4953	·	·	·	·	笑談- 꿩 捕手의 避虎術	문학	1938-01-01	·
4954	·	·	·	·	小學,中學,高女,師範의 改正敎育令에 依한 規程(2)	한글, 역사	1938-03-18	·
4955	·	·	·	·	小學,中學,高女,師範의 改正敎育令에 依한 規程(3)	한글, 역사	1938-03-19	·
4956	·	·	·	·	小學,中學,高女,師範의 改正敎育令에 依한 規程(4)	한글, 역사	1938-03-20	·
4957	·	·	·	·	松都契員	역사, 문학	1937-12-08	·
4958	·	·	·	·	宿年의 問題이든 古蹟 保存會 組織- 식자간에 문제가 또 이러나 實現을 爲해 邁進	사업	1932-09-02	·
4959	·	·	·	·	純金美術品使用은 高句麗時代부터	미술	1937-11-05	·
4960	·	·	·	·	勝景古蹟巡禮- 王孫去後 2000載 血淚에 저즌 殉節巖	고적	1936-05-24	·

연번	자료저자명(한글)	자료저자명(한자)	본명(한글)	본명(한자)	기사제목	분류	날짜	비고
4961	·	·	·	·	市場은 女人의 獨舞臺(咸興)	민속	1938-01-04	·
4962	·	·	·	·	新建할 朝鮮文學의 性格	문학	1939-01-01	·
4963	·	·	·	·	新建할 朝鮮文學의 性格	문학	1939-01-01	·
4964	·	·	·	·	新建할 朝鮮文學의 性格(完)	문학	1939-01-04	·
4965	·	·	·	·	新羅文化의 精粹品을 紐育 萬國博에 出品	고적	1938-11-22	·
4966	·	·	·	·	新羅時代古墳	고적	1938-10-01	·
4967	·	·	·	·	申丹齋와紅燈街	역사, 문화	1936-04-14	·
4968	·	·	·	·	新羅 溟州城址서 滿月形瓦를 發見	고적	1939-03-05	·
4969	·	·	·	·	新羅時代의 遺物- 民衆的인 東萊索戰	민속	1938-01-05	·
4970	·	·	·	·	新羅의 文化를 雄辯하는 比翼古墳을 發見	역사	1934-10-25	·
4971	·	·	·	·	新春 各國領事館巡訪記(1) 英國領事館	역사	1936-01-01	·
4972	·	·	·	·	新春 各國領事館巡訪記(10) 蘇聯邦總領事館	역사	1936-01-11	·
4973	·	·	·	·	新春 各國領事館巡訪記(11) 佛國領事館	역사	1936-01-12	·
4974	·	·	·	·	新春 各國領事館巡訪記(12) 佛國領事館	역사	1936-01-13	·
4975	·	·	·	·	新春 各國領事館巡訪記(13) 佛國領事館	역사	1936-01-14	·
4976	·	·	·	·	新春 各國領事館巡訪記(14) 米國領事館	역사	1936-01-15	·
4977	·	·	·	·	新春 各國領事館巡訪記(15) 米國領事館	역사	1936-01-16	·
4978	·	·	·	·	新春 各國領事館巡訪記(16) 米國領事館	역사	1936-01-17	·
4979	·	·	·	·	新春 各國領事館巡訪記(17) 米國領事館	역사	1936-01-18	·
4980	·	·	·	·	新春 各國領事館巡訪記(18) 米國領事館	역사	1936-01-19	·
4981	·	·	·	·	新春 各國領事館巡訪記(2) 中國領事館	역사	1936-01-03	·
4982	·	·	·	·	新春 各國領事館巡訪記(3) 中國領事館	역사	1936-01-04	·
4983	·	·	·	·	新春 各國領事館巡訪記(4) 中國領事館	역사	1936-01-05	·
4984	·	·	·	·	新春 各國領事館巡訪記(5) 中國領事館	역사	1936-01-06	·
4985	·	·	·	·	新春 各國領事館巡訪記(6) 蘇聯邦總領事館	역사	1936-01-07	·
4986	·	·	·	·	新春 各國領事館巡訪記(7) 蘇聯邦總領事館	역사	1936-01-08	·
4987	·	·	·	·	新春 各國領事館巡訪記(8) 蘇聯邦總領事館	역사	1936-01-09	·
4988	·	·	·	·	新春 各國領事館巡訪記(9) 蘇聯邦總領事館	역사	1936-01-10	·
4989	·	·	·	·	新編高等朝鮮語及漢文-讀本改編要望件(1) 中等漢文敎員會 提出案	한글	1930-02-28	·
4990	·	·	·	·	新編高等朝鮮語及漢文-讀本改編要望件(2) 中等漢文敎員會 提出案	한글	1930-03-01	·
4991	·	·	·	·	新編高等朝鮮語及漢文-讀本改編要望件(3) 中等漢文敎員會 提出案	한글	1930-03-02	·
4992	·	·	·	·	新編高等朝鮮語及漢文-讀本改編要望件(3) 中等漢文敎員會 提出案	한글	1930-03-03	·
4993	·	·	·	·	新編高等朝鮮語及漢文-讀本改編要望件(5) 中等漢文敎員會 提出案	한글	1930-03-04	·
4994	·	·	·	·	新編高等朝鮮語及漢文-讀本改編要望件(6) 中等漢文敎員會 提出案	한글	1930-03-05	·
4995	·	·	·	·	新編高等朝鮮語及漢文-讀本改編要望件(7) 中等漢文敎員會 提出案	한글	1930-03-06	·

연번	자료저자명(한글)	자료저자명(한자)	본명(한글)	본명(한자)	기사제목	분류	날짜	비고
4996	·	·	·	·	新編高等朝鮮語及漢文-讀本改編要望件(8) 中等漢文教員會 提出案	한글	1930-03-07	·
4997	·	·	·	·	新編高等朝鮮語及漢文-讀本改編要望件(9) 中等漢文教員會 提出案	한글	1930-03-08	·
4998	·	·	·	·	新編高等朝鮮語及漢文-讀本改編要望件(完) 中等漢文教員會 提出案	한글	1930-03-09	·
4999	·	·	·	·	實用實學의 先驅者들	역사	1939-01-01	·
5000	·	·	·	·	씨름, 그네, 줄다리기, 弓術의 由來	역사, 민속	1939-01-04	·
5001	·	·	·	·	씨름, 그네, 줄다리기, 弓術의 由來- 武術론 弓術이 爲王	역사, 민속	1939-01-03	·
5002	·	·	·	·	씨름, 그네, 줄다리기, 弓術의 由來- 씨름은 一種의 兵術	역사, 민속	1939-01-01	·
5003	·	·	·	·	安奉線 陳相屯에서 高句麗城址發見	기행	1940-08-10	·
5004	·	·	·	·	安奉線 草河驛 南方에서 高句麗 城壁 發見	고적	1939-05-14	·
5005	·	·	·	·	哀切悲痛할 葬禮式에 "새납" 불고 춤춘다(鎭南浦)	민속	1938-01-04	·
5006	·	·	·	·	楊川 獅子舞	민속	1938-01-05	·
5007	·	·	·	·	어문운동 사상최대	한글	1935-01-08	·
5008	·	·	·	·	鉛槧의 日月- 朝鮮貨幣의 集大成	역사	1939-01-01	·
5009	·	·	·	·	永同할머니雇傭人이운다(密陽)	민속	1938-01-04	·
5010	·	·	·	·	藝術的 薰香 가득한 醴泉의 "靑丹노리"	민속	1938-01-05	·
5011	·	·	·	·	옛 相國의 御人	역사, 문학	1937-12-21	·
5012	·	·	·	·	옛 朝鮮을 震動한 十大力士	문학	1940-01-01	·
5013	·	·	·	·	옛 朝鮮을 震動한 十大力士	문학	1940-01-13	·
5014	·	·	·	·	옛 朝鮮을 震動한 十大力士	문학	1940-01-14	·
5015	·	·	·	·	옛 朝鮮을 震動한 十大力士	문학	1940-01-25	·
5016	·	·	·	·	오뚝또기놀이	민속	1938-01-05	·
5017	·	·	·	·	우리 生活에서 찾어질 옛 情緖	음악	1939-01-07	·
5018	·	·	·	·	우리乙支將軍墓山修保키로赤心團合	사업	1936-05-24	·
5019	·	·	·	·	牛馬의 行進(琿春)	민속	1938-01-04	·
5020	·	·	·	·	尤菴이 魂난 武弁	역사, 문학	1937-06-15	·
5021	·	·	·	·	雨日履	역사, 문학	1937-12-28	·
5022	·	·	·	·	圜丘團은 寶物로 되고 獨立門은 古蹟으로	사업	1935-08-09	·
5023	·	·	·	·	由緖깊은 龍岡에 "地下文化" 發掘	고적	1937-09-19	·
5024	·	·	·	·	音樂家 座談會	음악	1939-01-04	·
5025	·	·	·	·	音樂의 協助가 必要	음악	1939-01-03	·
5026	·	·	·	·	이글의 存在는 우리의 存在! 한글記念式 盛況	한글	1930-11-21	·
5027	·	·	·	·	異域에서 빛나는 朝鮮의 文筆- 杭州에서 岳飛廟重修記 發見	문학	1934-04-10	·
5028	·	·	·	·	李忠武公 墓山問題에 對하야	사업	1931-05-17	·

연번	자료저자명(한글)	자료저자명(한자)	본명(한글)	본명(한자)	기사제목	분류	날짜	비고
5029	·	·	·	·	李忠武公 墓所問題로 擴大되는 社會的反響- 墓所, 祈堂, 遺蹟 保存善後策講究會	사업	1931-05-18	·
5030	·	·	·	·	李忠武公 墓所問題로 擴大되는 社會的反響- 在外同胞도 誠金을 遠送	사업	1931-05-20	·
5031	·	·	·	·	李忠武公 墓所問題로 擴大되는 社會的反響- 學生職工等 各層의 響應	사업	1931-05-19	·
5032	·	·	·	·	李忠武公 墓所問題로 擴大되는 社會的反響 追慕의 結晶體誠金遝至	사업	1931-05-21	·
5033	·	·	·	·	李忠武公 墓所問題로 擴大되는 社會的反響 追慕의 結晶體誠金遝至	사업	1931-05-22	·
5034	·	·	·	·	李忠武公 墓所問題로 擴大되는 社會的反響 追慕의 結晶體誠金遝至	사업	1931-05-23	·
5035	·	·	·	·	李忠武公 墓所問題와 社會的反向漸大 各地에서 誠金雲集	사업	1931-05-17	·
5036	·	·	·	·	李忠武公 影幀 奉安式 明日擧行- 顯忠祠 落成式도 同時開催 萬涙血涙의 結晶完成	사업	1932-06-05	·
5037	·	·	·	·	李忠武公과 우리	역사	1931-05-21	·
5038	·	·	·	·	李忠武公遺蹟 保存會創立- 當然한 順序	사업	1931-05-25	·
5039	·	·	·	·	李忠武公遺蹟 閑山島 制勝堂- 本報 統營支局에 依賴 重建誠金이 遝至	사업	1932-05-21	·
5040	·	·	·	·	林將軍의 壯略	역사, 문학	1936-08-06	·
5041	·	·	·	·	자미잇는 餘興…. 童心에 웃는 할머님	기타	1934-10-30	·
5042	·	·	·	·	잠든 地下古蹟을 불른다	고적	1939-07-14	·
5043	·	·	·	·	才談에 나오는 虎	역사	1938-01-01	·
5044	·	·	·	·	再認識要求되는 朝鮮舞踊의 眞價 西歐批評家가 본 趙氏舞踊	민속	1938-11-20	·
5045	·	·	·	·	全道에 展開된 啓蒙戰線	사업	1934-09-15	·
5046	·	·	·	·	全道에 展開된 啓蒙主義 戰線(2)*1회	사업	1934-08-08	연재횟수 오기
5047	·	·	·	·	全道에 展開된 啓蒙主義 戰線(3)*2회	사업	1934-08-12	연재횟수 오기
5048	·	·	·	·	全道에 展開된 啓蒙主義 戰線(4)	사업	1934-08-15	·
5049	·	·	·	·	全道에 展開된 啓蒙主義 戰線(4)*3회	사업	1934-08-14	연재횟수 오기
5050	·	·	·	·	全道에 展開된 啓蒙主義 戰線(6)	사업	1934-08-17	·
5051	·	·	·	·	全道에 展開된 啓蒙主義 戰線(6)*5회	사업	1934-08-16	연재횟수 오기
5052	·	·	·	·	全道에 展開된 啓蒙主義 戰線(8)*7회	사업	1934-08-18	연재횟수 오기
5053	·	·	·	·	全道에 展開된 啓蒙主義 戰線(9)	사업	1934-08-21	·
5054	·	·	·	·	全道에 展開된 啓蒙主義 戰線(9)*8회	사업	1934-08-19	연재횟수 오기
5055	·	·	·	·	傳說의 湖南勝地 廣寒樓 改築竣工- 春香과 夢龍의 속삭인 舊址	사업	1931-05-22	·
5056	·	·	·	·	全土에 亘한 啓蒙戰線	사업	1934-09-18	·
5057	·	·	·	·	全土에 展開된 啓蒙戰線(11)	사업	1934-08-22	·
5058	·	·	·	·	全土에 展開된 啓蒙戰線(12)	사업	1934-08-23	·
5059	·	·	·	·	全土에 展開된 啓蒙戰線(24)	사업	1934-09-09	·
5060	·	·	·	·	全土에 展開된 啓蒙戰線(25)	사업	1934-09-11	·

연번	자료저자명 (한글)	자료저자명 (한자)	본명 (한글)	본명 (한자)	기사제목	분류	날짜	비고
5061	·	·	·	·	全廢되는 朝鮮語 科目	한글	1939-04-25	·
5062	·	·	·	·	丁茶山全書 朝鮮出版界의金字塔	사업	1938-10-28	·
5063	·	·	·	·	正初 가지가지 行事	민속	1938-01-05	·
5064	·	·	·	·	第1回 朝鮮歷史講座(上古史-鄭寅普 3회, 人物中心으로 본 韓末 外交關係- 李瑄根 3회, 朝鮮史 槪說- 孫晋泰 3회)/신동아사	사업	1935-11-07	·
5065	·	·	·	·	第2回 朝鮮語講習會	한글, 사업	1932-08-05	·
5066	·	·	·	·	第2回 朝鮮語講習會	한글, 사업	1932-08-06	·
5067	·	·	·	·	第2回 朝鮮語講習會	한글, 사업	1932-08-18	·
5068	·	·	·	·	第3回 學生 啓蒙運動!- 各地隊員消息【其九】*10회/ 千五百 啓蒙隊員 活動 三千里 村村에 글소리 琅琅	한글	1933-08-08	연재횟수 오기
5069	·	·	·	·	第3回 學生 啓蒙運動!- 各地隊員消息【其九】*12회/ 千五百 啓蒙隊員 活動 三千里 村村에 글소리 琅琅	한글	1933-08-12	연재횟수 오기
5070	·	·	·	·	第3回 學生 啓蒙運動!- 各地隊員消息【其九】/ 千五百 啓蒙隊員 活動 三千里 村村에 글소리 琅琅	한글	1933-08-06	·
5071	·	·	·	·	第3回 學生 啓蒙運動!- 各地隊員消息【其四】/ 千五百 啓蒙隊員 活動 三千里 村村에 글소리 琅琅	한글	1933-08-01	·
5072	·	·	·	·	第3回 學生 啓蒙運動!- 各地隊員消息【其三】/ 千五百 啓蒙隊員 活動 三千里 村村에 글소리 琅琅	한글	1933-07-30	·
5073	·	·	·	·	第3回 學生 啓蒙運動!- 各地隊員消息【其三十】/ 千五百 啓蒙隊員 活動 三千里 村村에 글소리 琅琅	한글, 사업	1933-09-21	·
5074	·	·	·	·	第3回 學生 啓蒙運動!- 各地隊員消息【其三十一】/ 千五百 啓蒙隊員 活動 三千里 村村에 글소리 琅琅	한글, 사업	1933-09-22	·
5075	·	·	·	·	第3回 學生 啓蒙運動!- 各地隊員消息【其十九】/ 千五百 啓蒙隊員 活動 三千里 村村에 글소리 琅琅	한글	1933-08-29	·
5076	·	·	·	·	第3回 學生 啓蒙運動!- 各地隊員消息【其十四】/ 千五百 啓蒙隊員 活動 三千里 村村에 글소리 琅琅	한글	1933-08-17	·
5077	·	·	·	·	第3回 學生 啓蒙運動!- 各地隊員消息【其十三】/ 千五百 啓蒙隊員 活動 三千里 村村에 글소리 琅琅	한글	1933-08-13	·
5078	·	·	·	·	第3回 學生 啓蒙運動!- 各地隊員消息【其十五】/ 千五百 啓蒙隊員 活動 三千里 村村에 글소리 琅琅	한글	1933-08-20	·
5079	·	·	·	·	第3回 學生 啓蒙運動!- 各地隊員消息【其十六】/ 千五百 啓蒙隊員 活動 三千里 村村에 글소리 琅琅	한글	1933-08-23	·
5080	·	·	·	·	第3回 學生 啓蒙運動!- 各地隊員消息【其十一】/ 千五百 啓蒙隊員 活動 三千里 村村에 글소리 琅琅	한글	1933-08-10	·
5081	·	·	·	·	第3回 學生 啓蒙運動!- 各地隊員消息【其十七】/ 千五百 啓蒙隊員 活動 三千里 村村에 글소리 琅琅	한글	1933-08-25	·
5082	·	·	·	·	第3回 學生 啓蒙運動!- 各地隊員消息【其十八】/ 千五百 啓蒙隊員 活動 三千里 村村에 글소리 琅琅	한글	1933-08-26	·
5083	·	·	·	·	第3回 學生 啓蒙運動!- 各地隊員消息【其五】/ 千五百 啓蒙隊員 活動 三千里 村村에 글소리 琅琅	한글	1933-08-02	·
5084	·	·	·	·	第3回 學生 啓蒙運動!- 各地隊員消息【其六】/	한글	1933-08-03	·

연번	자료저자명(한글)	자료저자명(한자)	본명(한글)	본명(한자)	기사제목	분류	날짜	비고
					千五百 啓蒙隊員 活動 三千里 村村에 글소리 琅琅			
5085	·	·	·	·	第3回 學生 啓蒙運動!- 各地隊員消息【其二】/ 千五百 啓蒙隊員 活動 三千里 村村에 글소리 琅琅	한글	1933-07-29	·
5086	·	·	·	·	第3回 學生 啓蒙運動!- 各地隊員消息【其二十】/ 千五百 啓蒙隊員 活動 三千里 村村에 글소리 琅琅	한글	1933-08-30	·
5087	·	·	·	·	第3回 學生 啓蒙運動!- 各地隊員消息【其二十九】/ 千五百 啓蒙隊員 活動 三千里 村村에 글소리 琅琅	한글, 사업	1933-09-16	·
5088	·	·	·	·	第3回 學生 啓蒙運動!- 各地隊員消息【其二十四】/ 千五百 啓蒙隊員 活動 三千里 村村에 글소리 琅琅	한글, 사업	1933-09-06	·
5089	·	·	·	·	第3回 學生 啓蒙運動!- 各地隊員消息【其二十三】/ 千五百 啓蒙隊員 活動 三千里 村村에 글소리 琅琅	한글, 사업	1933-09-05	·
5090	·	·	·	·	第3回 學生 啓蒙運動!- 各地隊員消息【其二十五】/ 千五百 啓蒙隊員 活動 三千里 村村에 글소리 琅琅	한글, 사업	1933-09-07	·
5091	·	·	·	·	第3回 學生 啓蒙運動!- 各地隊員消息【其二十六】/ 千五百 啓蒙隊員 活動 三千里 村村에 글소리 琅琅	한글, 사업	1933-09-08	·
5092	·	·	·	·	第3回 學生 啓蒙運動!- 各地隊員消息【其二十二】/ 千五百 啓蒙隊員 活動 三千里 村村에 글소리 琅琅	한글	1933-09-02	·
5093	·	·	·	·	第3回 學生 啓蒙運動!- 各地隊員消息【其二十一】/ 千五百 啓蒙隊員 活動 三千里 村村에 글소리 琅琅	한글	1933-08-31	·
5094	·	·	·	·	第3回 學生 啓蒙運動!- 各地隊員消息【其二十七】/ 千五百 啓蒙隊員 活動 三千里 村村에 글소리 琅琅	한글, 사업	1933-09-09	·
5095	·	·	·	·	第3回 學生 啓蒙運動!- 各地隊員消息【其二十八】/ 千五百 啓蒙隊員 活動 三千里 村村에 글소리 琅琅	한글, 사업	1933-09-12	·
5096	·	·	·	·	第3回 學生 啓蒙運動!- 各地隊員消息【其一】/ 千五百 啓蒙隊員 活動 三千里 村村에 글소리 琅琅	한글	1933-07-27	·
5097	·	·	·	·	第3回 學生 啓蒙運動!- 各地隊員消息【其七】/ 千五百 啓蒙隊員 活動 三千里 村村에 글소리 琅琅	한글	1933-08-04	·
5098	·	·	·	·	第3回 學生 啓蒙運動!- 各地隊員消息【其八】/ 千五百 啓蒙隊員 活動 三千里 村村에 글소리 琅琅	한글	1933-08-05	·
5099	자료저자명	·	본명	·	祭虎爲神- 古朝鮮과 虎	역사	1938-01-01	·
5100	·	·	·	·	朝美展서 分離한 朝鮮 書道 展覽會- 11日부터 商工奬勵館에서/ 入選作品 80餘點	미술	1932-10-11	·
5101	·	·	·	·	朝鮮 美術展 特選發表 朝鮮人 畵家는 7氏- 처음으로 특선된 이는 세분/ 紅一點의 李玉順孃	미술, 사업	1933-05-12	·
5102	·	·	·	·	朝鮮 美術展覽會- 出品은 前年보담 減少	미술, 사업	1933-05-06	·
5103	·	·	·	·	朝鮮 寶物古蹟名勝 記念物 保存令 發表	사업	1933-12-06	·
5104	·	·	·	·	朝鮮, 中國 名作 古書畵展 連日大盛況으로 公開	미술, 사업	1934-06-25	·
5105	·	·	·	·	朝鮮, 中國 名作古書畵展, 千古不朽의 神品巨作 今日부터 一般에 公開	미술, 사업	1934-06-22	·
5106	·	·	·	·	朝鮮癸酉史	역사	1933-01-01	·
5107	·	·	·	·	朝鮮古代 距今800年前 貨幣와 郵票를 南宮檍氏가 寄附	논설	1931-06-27	·
5108	·	·	·	·	朝鮮古蹟 天然物 今後 國家가 管理- 總督府 社會科 立案中/ 古蹟等保存令 施行規則其他 8月中旬 公布	고적, 사업	1933-08-11	·

연번	자료저자명(한글)	자료저자명(한자)	본명(한글)	본명(한자)	기사제목	분류	날짜	비고
5109	·	·	·	·	朝鮮教育界恩人 故 金祺中先生 銅像 建立- 有志와 門人의 誠金遝至로 除幕式도 不遠에 擧行	사업, 인물	1934-06-26	·
5110	·	·	·	·	朝鮮近世史 出版記念會- 5日 四海樓에서	역사	1931-05-05	·
5111	·	·	·	·	朝鮮歷史講座中止/신동아사	사업	1935-11-12	·
5112	·	·	·	·	朝鮮舞踊의 새進路	민속	1938-11-23	·
5113	·	·	·	·	朝鮮文學의 獨自性- 特質의 究明과 現象의 檢討	문학	1935-01-01	·
5114	·	·	·	·	朝鮮文化宣揚의 先驅- 基督敎에서 한글採擇	한글, 종교	1934-09-16	·
5115	·	·	·	·	조선불교의 자랑	종교, 역사	1933-05-02	·
5116	·	·	·	·	朝鮮史를 完成	역사, 사업	1938-07-10	·
5117	·	·	·	·	朝鮮野史- 全集으로 網羅	문학	1934-03-14	·
5118	·	·	·	·	朝鮮語 辭典 今日부터 나왔다	한글	1938-07-20	·
5119	·	·	·	·	朝鮮語 辭典 完成	한글	1939-01-01	·
5120	·	·	·	·	朝鮮語 辭典의 出來	한글, 사업	1938-07-13	·
5121	·	·	·	·	朝鮮語 綴字法 統一 討議會 시외 화계사에서 10일간/ 斯界名士 18人會	한글, 사업	1933-07-26	·
5122	·	·	·	·	朝鮮語 標準語 查定會 開催	한글	1935-08-05	·
5123	·	·	·	·	朝鮮語科 復活 要望	한글	1939-05-17	·
5124	·	·	·	·	朝鮮語文 功勞者 紹介(1)- 創刊10周年 記念事業(朝鮮語研究會)	한글	1930-09-02	·
5125	·	·	·	·	朝鮮語文 功勞者 紹介(2)- 創刊10周年 記念事業(金枓奉, 崔鉉培)	한글	1930-09-03	·
5126	·	·	·	·	朝鮮語文 功勞者 紹介(3)- 創刊10周年 記念事業(李常春, 金熙祥)	한글	1930-09-04	·
5127	·	·	·	·	朝鮮語文 功勞者 紹介(4)- 創刊10周年 記念事業(權悳奎, 李奎昉)	한글	1930-09-05	·
5128	·	·	·	·	朝鮮語文 功勞者 紹介(5)- 創刊10周年 記念事業(申明均, 李允宰, 朴勝彬)	한글	1930-09-06	·
5129	·	·	·	·	朝鮮語研究會 創立總會開催 지난 20일에	한글	1930-02-27	·
5130	·	·	·	·	朝鮮語와 朝鮮文學- 各 方面으로 究明된 말과 文學의 關聯性	문학	1938-01-03	·
5131	·	·	·	·	朝鮮語學의 金字塔 朝鮮語辭典 出版認可	한글	1940-03-13	·
5132	·	·	·	·	朝鮮에 獨特性 띤 歷史敎書를 編纂	기타	1935-02-15	·
5133	·	·	·	·	朝鮮研武館 主催로 한글講習會 開催- 5月14日부터 1週日동안, 本社學藝部 後援으로	한글, 사업	1934-05-10	·
5134	·	·	·	·	朝鮮乙亥史	역사	1935-01-01	·
5135	·	·	·	·	朝鮮音樂의 綜合的 大饗宴	음악	1940-06-18	·
5136	·	·	·	·	朝鮮의 始祖 檀君墓 修築 守護閣을 建築하야 永久히 保存코저 發起	사업	1932-04-26	·
5137	·	·	·	·	朝鮮的音樂과 作曲- 古典繼承으로부터 創造의 길로	음악	1938-12-03	·
5138	·	·	·	·	朝鮮正樂大會,28일부터30일까지미나도座에서	논설	1931-10-27	·
5139	·	·	·	·	朝鮮第一 우리의자랑	문학	1935-01-02	·

연번	자료저자명(한글)	자료저자명(한자)	본명(한글)	본명(한자)	기사제목	분류	날짜	비고
5140	·	·	·	·	朝鮮最初의 우리말 世界地圖	사업	1933-12-24	·
5141	·	·	·	·	朝鮮出版界는 萎縮一路	사업	1938-12-24	·
5142	·	·	·	·	朝鮮虎	민속	1938-01-01	·
5143	·	·	·	·	朝鮮畵壇과 第15回 協展	미술	1936-01-01	·
5144	·	·	·	·	趙潤濟氏著 朝鮮詩歌史綱	역사	1936-03-27	·
5145	·	·	·	·	趙澤元 舞踊會 人氣 漸高 우리古典의 새出發	민속	1938-11-22	·
5146	·	·	·	·	座談會 續記(2)	문학	1939-01-03	·
5147	·	·	·	·	宙合樓, 玉流川의 아름다운 秋景	기행	1934-10-30	·
5148	·	·	·	·	中國使臣도 屈服	역사, 문학	1937-06-27	·
5149	·	·	·	·	增補된 朝鮮語辭典 文世榮氏 精進	한글, 사업	1939-04-21	·
5150	·	·	·	·	地神밟아가며旺運亨通起源	민속	1938-01-05	·
5151	·	·	·	·	地下에 묻친 王都 "大聖山" 附近에서	고적	1937-09-06	·
5152	·	·	·	·	地下에 빛나는 高句麗의 文明	고적	1937-09-20	·
5153	·	·	·	·	地下에 잠든 高句麗文化	고적	1937-07-18	·
5154	·	·	·	·	進軍의 나팔소리 높다 啓蒙의 勇士들아 일어나라	한글, 사업	1934-06-29	·
5155	·	·	·	·	進軍準備를 整齊한 2400 勇士들아	한글, 사업	1934-06-30	·
5156	·	·	·	·	陳列될 名品巨作- 總數270餘點-	미술, 사업	1934-06-22	·
5157	·	·	·	·	晉陽城 古蹟 西將臺 重建	사업	1934-11-01	·
5158	·	·	·	·	眞興王의 巡狩碑	고적	1939-05-10	·
5159	·	·	·	·	燦然! 高句麗時代 大宮터 遺物發見	고적	1937-08-06	·
5160	·	·	·	·	참 神仙	역사, 문학	1937-11-09	·
5161	·	·	·	·	參加隊員의 活動狀況一覽	사업	1934-09-19	·
5162	·	·	·	·	創刊爾來의 本報를 仁貞圖書館에 寄贈	사업	1933-01-31	·
5163	·	·	·	·	昌慶苑에 大文化殿堂	사업	1939-01-04	·
5164	·	·	·	·	첫여름 자라는 신록에 싸여 파일놀이 다시성행- 등달고 잉어달고 느티떡 먹고	기행	1933-05-02	·
5165	·	·	·	·	醮禮廳의 "上直"(新義州)	민속	1938-01-04	·
5166	·	·	·	·	最近의發見과學界의收穫	고적	1938-01-05	·
5167	·	·	·	·	崔總角의 失戀이 起源- "海州의 주먹편쌈"	민속	1938-01-05	·
5168	·	·	·	·	秋色깊은 宮苑에 追憶, 歡喜의 交響	기행	1934-10-30	·
5169	·	·	·	·	忠武公 影幀 奉安日 莊重盛大한 諸儀式- 全土各地의 會衆三萬	사업	1932-06-07	·
5170	·	·	·	·	忠武公 位土 推還	사업	1931-06-15	·
5171	·	·	·	·	忠武公影幀 -李象範氏 靈筆로 完成【陰曆 3月 8日에 期하여】牙山顯忠祠에 奉安 할터-	사업	1932-04-05	·
5172	·	·	·	·	탈놀이- 河東지방에	민속	1938-01-05	·
5173	·	·	·	·	太宗雨	역사,	1936-06-28	·

연번	자료저자명(한글)	자료저자명(한자)	본명(한글)	본명(한자)	기사제목	분류	날짜	비고
						문학		
5174	·	·	·	·	通俗 韓醫學 講演會	한의학	1936-04-17	·
5175	·	·	·	·	統營 制勝堂에 紅門을 建立	역사, 사업	1938-08-23	·
5176	·	·	·	·	統一案 綴字法과 本社 綴字法과의 對照	한글	1933-10-29	·
5177	·	·	·	·	頹落해가는 水原의 八達, 蒼龍 兩門	고적	1938-02-23	·
5178	·	·	·	·	破損되어가는 우리 古蹟을 알뜰히 愛護하고 保存하자	고적, 사업	1938-07-20	·
5179	·	·	·	·	平壤城 木槨墳 發見, 樂浪 考古學에 重寶	고적	1939-03-08	·
5180	·	·	·	·	平壤驛 構內이 古墳發掘着手- 所藏品은 果然무엇?	사업	1932-05-10	·
5181	·	·	·	·	夏期 啓蒙運動 總決算 追加	사업	1934-09-30	·
5182	·	·	·	·	夏期 學生 啓蒙運動- 活動內容 一覽	사업	1934-09-20	·
5183	·	·	·	·	夏期巡迴講座 陣營	한글, 사업	1935-07-04	·
5184	·	·	·	·	하이킹 코스 紹介- 彰義門넘어 僧加寺, 飛峰까지(上)	기행	1939-10-14	·
5185	·	·	·	·	하이킹 코스 紹介- 彰義門넘어 僧加寺, 飛峰까지(下)	기행	1939-10-15	·
5186	·	·	·	·	學說다른 研究家 招請 한글 討論會 開催 오는 7일부터 9일까지 三日間 本社 三層에서	한글, 사업	1932-11-05	·
5187	·	·	·	·	學術部隊의 參謀本營	사업	1935-01-01	·
5188	·	·	·	·	學術部隊의 參謀本營	사업	1935-01-02	·
5189	·	·	·	·	學術部隊의 參謀本營	사업	1935-01-03	·
5190	·	·	·	·	한글 講習會 開催- 시외동막에서 24일부터 沿江 基靑聯合 主催	한글	1930-11-22	·
5191	·	·	·	·	한글 記念會合- 明日28日 明月館本店에서	사업	1935-10-28	·
5192	·	·	·	·	한글頒布記念會	한글	1933-10-29	·
5193	·	·	·	·	한글 研究家諸氏의 感想과 提議- 사백여든넷재돌을맞으며(이하 기사)	한글	1930-11-19	·
5194	·	·	·	·	한글 質疑欄 新設	한글	1930-11-19	·
5195	·	·	·	·	한글 統一委員 慰勞會 開催	한글	1933-11-06	·
5196	·	·	·	·	한글講習會	사업	1933-12-21	·
5197	·	·	·	·	한글俱樂部 日字變更	논설	1931-11-13	·
5198	·	·	·	·	한글날 記念(1)/ 漢字制限의 實際的方法	한글	1931-10-29	·
5199	·	·	·	·	한글날 記念(2)/ 斯界의 權威를 網羅 한글座談會 開催- 改正綴字法의 普及方法	한글	1931-10-30	·
5200	·	·	·	·	한글날 記念(2)/ 斯界의 權威를 網羅 한글座談會 開催- 漢字制限의 實際的方法	한글	1931-10-30	·
5201	·	·	·	·	한글날 記念(3)/ 斯界의 權威를 網羅 한글座談會 開催- 朝鮮語 平易化의 實際的方法	한글	1931-10-31	·
5202	·	·	·	·	한글날 記念(3)/ 斯界의 權威를 網羅 한글座談會 開催- 橫書의 可否, 可하다면 그 實現方法	한글	1931-10-31	·
5203	·	·	·	·	한글날 記念會合	한글	1934-10-28	·
5204	·	·	·	·	한글날/ 朝鮮語學會 主催로 한글 記念會合- 明日	한글,	1932-10-29	·

연번	자료저자명 (한글)	자료저자명 (한자)	본명 (한글)	본명 (한자)	기사제목	분류	날짜	비고
					午後5時半 明月館 本店	사업		
5205	·	·	·	·	한글날/ 한글날 記念으로 한글 講習 開催 本社 奉天支局 主催로 在外同胞의 한글 熱	한글, 사업	1932-10-29	·
5206	·	·	·	·	한글運動의 首唱者 故 周時經氏의 主著「말의 소리」	한글	1930-11-19	·
5207	·	·	·	·	한글책 計數法冊 60萬卷 備置- 이 文盲退治의 武器를 가지고 坊坊曲曲으로 나가라	한글, 사업	1934-06-16	·
5208	·	·	·	·	한글토론회 속긔록(1)- 第1日 쌍서문제	한글, 사업	1932-11-11	·
5209	·	·	·	·	한글토론회 속긔록(11)- 第2日 其二 ㅎ바침문제	한글, 사업	1932-11-29	·
5210	·	·	·	·	한글토론회 속긔록(12)- 第3日 어미활용문제	한글, 사업	1932-12-02	·
5211	·	·	·	·	한글토론회 속긔록(2)- 第1日 쌍서문제	한글, 사업	1932-11-12	·
5212	·	·	·	·	한글토론회 속긔록(21)- 第3日 어미활용문제	한글, 사업	1932-12-25	·
5213	·	·	·	·	한글토론회 속긔록(3)- 第1日 쌍서문제	한글, 사업	1932-11-13	·
5214	·	·	·	·	한글토론회 속긔록(4)- 第1日 쌍서문제	한글, 사업	1932-11-15	·
5215	·	·	·	·	한글토론회 속긔록(5)- 第1日 쌍서문제	한글, 사업	1932-11-16	·
5216	·	·	·	·	한글토론회 속긔록(6)- 第2日 其一 겹바침문제	한글, 사업	1932-11-17	·
5217	·	·	·	·	한글토론회 속긔록(7)- 第2日 其一 겹바침문제	한글, 사업	1932-11-18	·
5218	·	·	·	·	한글토론회 속긔록(8)- 第2日 其一 겹바침문제	한글, 사업	1932-11-19	·
5219	·	·	·	·	한글統一의 第2段- 標準語를 制定	사업	1934-12-30	·
5220	·	·	·	·	閑山島制勝堂重建忠武公影幀奉安式- 山河도歛容 · 奉拜者累萬의大盛儀畵報	사업	1933-06-11	사진화보
5221	·	·	·	·	閑山島上의 一大盛儀 參拜群衆 數萬名- 東海의 滄浪같이 넘치는 人波/ 忠武公 影幀 奉安式	사업	1933-06-04	·
5222	·	·	·	·	閑散한 朝鮮出版界	사업	1939-01-01	·
5223	·	·	·	·	漢字制限程度와 實現할 具體的 方法(1)	한글	1931-01-01	·
5224	·	·	·	·	漢字制限程度와 實現할 具體的 方法(1)*2회	한글	1931-01-02	연재횟수 오기
5225	·	·	·	·	鄕土的 情緖 無視코 160洞名變更	사업	1936-03-18	·
5226	·	·	·	·	헐리는 옛궁에 남은 이야기- 안동별궁의 내력	역사	1936-06-05	·
5227	·	·	·	·	顯忠祠 落成式 -陰曆 5月 2日로 延期- 【準備關係等 事情으로】	사업	1932-04-10	·
5228	·	·	·	·	현충사/ 各道 團體 及 個人別 收入	사업	1932-05-29	·
5229	·	·	·	·	현충사/ 公의 遺物은 永久히 保存	사업	1932-05-29	·
5230	·	·	·	·	현충사/ 萬衆의 血淚로 重建된 顯忠祠. 新祠에 奉安될 忠武公影幀(이하 기사)	사업	1932-05-29	·
5231	·	·	·	·	현충사/ 誠金에 凝結된 追慕의 熱情 上下總意는 遺跡保全	사업	1932-05-29	·

연번	자료저자명 (한글)	자료저자명 (한자)	본명 (한글)	본명 (한자)	기사제목	분류	날짜	비고
5232	·	·	·	·	현충사/ 收入과 支出明細	사업	1932-05-29	·
5233	·	·	·	·	현충사/ 收合된 誠金 一萬七千圓	사업	1932-05-29	·
5234	·	·	·	·	현충사/ 影幀 奉安式 來6月 5日 個人請牒은 一切廢止 牙山白岩서 擧行	사업	1932-05-29	·
5235	·	·	·	·	현충사/ 位土競賣問題에 發端 激成된 民族的 義憤 貧富와 老幼를 超越하야 發露된 民族的 至情	사업	1932-05-29	·
5236	·	·	·	·	현충사/ 由緖기픈 牙山舊趾에 顯忠祠 重建落成	사업	1932-05-29	·
5237	·	·	·	·	현충사/ 李忠武公 遺蹟 保存 誠金 決算表	사업	1932-05-29	·
5238	·	·	·	·	현충사/ 全土에 瀰滿한 偉人追慕熱	사업	1932-05-29	·
5239	·	·	·	·	현충사/ 顯忠祠 建物槪要	사업	1932-05-29	·
5240	·	·	·	·	血汗의 結實도 不遠	역사	1939-01-01	·
5241	·	·	·	·	虎生員 담배, 먹든때 回顧談	문학	1938-01-01	·
5242	·	·	·	·	虎字洞里	역사	1938-01-01	·
5243	·	·	·	·	虎字譜	기타	1938-01-01	·
5244	·	·	·	·	戶籍上嚴禁되는 同姓同本婚	역사	1936-04-22	·
5245	·	·	·	·	혹지거리- 鎭南浦娛樂	민속	1938-01-05	·
5246	·	·	·	·	懷古, 探秋의 好機 古宮巡禮는 今日	기행	1934-10-28	·
5247	·	·	·	·	懷古와 園遊를 兼한 婦人古宮巡禮	기행	1934-10-21	·
5248	·	·	·	·	孝烈의 群像	역사	1938-01-01	·
5249	·	·	·	·	孝子는 常時擁護	역사	1938-01-01	·
5250	·	·	·	·	興武王 金庾信 遺跡碑를 건립	사업	1933-01-13	·

제2부

조선일보

조선일보 '조선 역사문화' 관련 기사 통계(1930~1940)

연도별 기사 수	
연도	기사 수
1930년	542
1931년	497
1932년	125
1933년	341
1934년	582
1935년	425
1936년	404
1937년	397
1938년	547
1939년	378
1940년	228
총수	4,466

연재횟수 상위 10인	
이름	연재 횟수
문일평	775
홍기문	223
안재홍	184
방종현	159
이은상	151
김태준	142
장지영	141
신채호	124
임화(임인식)	102
황의돈	100

주요 주제별 기사 횟수(중복허용)	
역사	1612
한글	877
문학	1163
기행	531
논설	409
사업	264
민속	174
철학	92
미술	66
고적	50
한의학	115

연도별 주요 분야 기사 횟수(중복허용)											
	역사	문학	한글	논설	사업	미술	기행	철학	고적	민속	한의학
1930년	309	49	149	162	61	1	37	30	1	15	·
1931년	260	99	169	9	83	13	5	10	3	·	·
1932년	63	34	41	·	10	·	·	·	1	·	·
1933년	118	99	88	25	10	6	35	·	8	·	·
1934년	224	176	79	9	39	4	50	·	4	28	81
1935년	175	133	70	53	23	·	51	8	13	1	·
1936년	69	41	101	20	14	1	104	·	6	36	20
1937년	127	110	43	46	10	7	45	9	9	27	·
1938년	129	150	12	44	11	11	186	7	3	59	·
1939년	76	165	102	14	2	9	18	20	2	4	·
1940년	62	107	23	27	1	14	·	8	·	4	14
합계	1,612	1,163	877	409	264	66	531	92	50	174	115

조선일보 조선학 자료 목록

1. 연도순

연번	날짜	자료저자명(한자)	자료저자명(한글)	본명(한자)	본명(한글)	기사제목	분류	비고
1	1930-01-01	文一平	문일평	文一平	문일평	過去의 朝鮮을 달려간 庚午年-大高句麗가고 小高句麗國 距今二十一週甲前(1)	역사	·
2	1930-01-01	李殷相	이은상	李殷相	이은상	詩人 蘆溪와 그의 時調-朝鮮文學의 一研究(1)	문학	·
3	1930-01-01	朴英熙	박영희	朴英熙	박영희	一九二九年 藝術論戰의 歸結로 보아(1)- 新年의 우리 進路를 논함	문학	·
4	1930-01-02	朴英熙	박영희	朴英熙	박영희	一九二九年 藝術論戰의 歸結로 보아(2)- 新年의 우리 進路를 논함	문학	·
5	1930-01-02	·	·	·	·	馬의 族譜와 種屬과 傳說-李太祖의 馬祖祭 도련포의 용마이야기	문학	·
6	1930-01-03	朴英熙	박영희	朴英熙	박영희	一九二九年 藝術論戰의 歸結로 보아(3)- 新年의 우리 進路를 논함	문학	·
7	1930-01-04	李殷相	이은상	李殷相	이은상	詩人 蘆溪와 그의 藝術(3)-朝鮮文學의 一研究	문학	2회 미확인
8	1930-01-04	朴英熙	박영희	朴英熙	박영희	一九二九年 藝術論戰의 歸結로 보아(4)- 新年의 우리 進路를 논함	문학	·
9	1930-01-05	文一平	문일평	文一平	문일평	過去의 朝鮮을 달려간 庚午年-十週甲前에는-還都反對의 三別抄의 亂 高麗의 對蒙反抗反抗運動(3)	역사	2회 미확인
10	1930-01-05	朴英熙	박영희	朴英熙	박영희	一九二九年 藝術論戰의 歸結로 보아(5)- 新年의 우리 進路를 논함	문학	·
11	1930-01-05	李殷相	이은상	李殷相	이은상	詩人 蘆溪와 그의 藝術(4)-朝鮮文學의 一研究	문학	·
12	1930-01-06	朴英熙	박영희	朴英熙	박영희	一九二九年 藝術論戰의 歸結로 보아(7)- 新年의 우리 進路를 논함	문학	6회 미확인
13	1930-01-06	李殷相	이은상	李殷相	이은상	詩人 蘆溪의 藝術(6)*5회- 朝鮮文學의 一研究	문학	연재횟수 오기
14	1930-01-07	李殷相	이은상	李殷相	이은상	詩人 蘆溪의 藝術(6)- 朝鮮文學의 一研究	문학	·
15	1930-01-08	·	·	·	·	楊口에서 한글講習 大盛況을 일워 본보지국 후원	한글, 사업	·
16	1930-01-09	李殷相	이은상	李殷相	이은상	詩人 蘆溪의 藝術(7)- 朝鮮文學의 一研究	문학	·
17	1930-01-09	朴英熙	박영희	朴英熙	박영희	一九二九年 藝術論戰의 歸結로 보아(8)- 新年의 우리 進路를 논함	문학	·
18	1930-01-10	朴英熙	박영희	朴英熙	박영희	一九二九年 藝術論戰의 歸結로 보아(9)- 新年의 우리 進路를 논함	문학	·
19	1930-01-10	文一平	문일평	文一平	문일평	朝鮮을 달려간 庚午年-麗末의 私田改革 經濟上 紀念할 年代 距今八週甲前庚午	역사	·
20	1930-01-10	李殷相	이은상	李殷相	이은상	詩人 蘆溪의 藝術(8)- 朝鮮文學의 一研究	문학	·
21	1930-01-11	李殷相	이은상	李殷相	이은상	詩人 蘆溪의 藝術(9)- 朝鮮文學의 一研究	문학	·
22	1930-01-12	李殷相	이은상	李殷相	이은상	詩人 蘆溪의 藝術(10)- 朝鮮文學의 一研究	문학	·
23	1930-01-14	李殷相	이은상	李殷相	이은상	詩人 蘆溪의 藝術(11)- 朝鮮文學의 一研究	문학	·
24	1930-01-16	文一平	문일평	文一平	문일평	藝術과 로-맨쓰(23) 才色이 雙絶한	역사	·

연번	날짜	자료저자명(한자)	자료저자명(한글)	본명(한자)	본명(한글)	기사제목	분류	비고
						千古名妓黃眞(2) 淸逸한 情調, 疏脫한 性格		
25	1930-01-19	文一平	문일평	文一平	문일평	藝術과 로-맨쓰(24) 才色이 雙絶한 千古名妓黃眞(3) 知足老禪과 花潭先生	역사	·
26	1930-01-21	李灝	이호	李灝	이호	漢字의 毒厄論(1) 文學上으로 考察	문학, 한글	·
27	1930-01-22	安自山	안자산	安廓	안확	朝鮮古來歌曲의 內脉과 그 歌法(1)	문학	·
28	1930-01-22	文一平	문일평	文一平	문일평	藝術과 로-맨쓰(25) 才色이 雙絶한 千古名妓黃眞(4) 그 母 玄琴과 黃進士	역사	·
29	1930-01-22	李灝	이호	李灝	이호	漢字의 毒厄論(2) 文學上으로 考察	문학, 한글	·
30	1930-01-23	安自山	안자산	安廓	안확	朝鮮古來歌曲의 內脉과 그 歌法(2)	문학	·
31	1930-01-23	李灝	이호	李灝	이호	漢字의 毒厄論(3) 文學上으로 考察	문학, 한글	·
32	1930-01-24	安自山	안자산	安廓	안확	朝鮮古來歌曲의 內脉과 그 歌法(3)	문학	·
33	1930-01-25	安自山	안자산	安廓	안확	朝鮮古來歌曲의 內脉과 그 歌法(4)	문학	·
34	1930-01-25	李灝	이호	李灝	이호	漢字의 毒厄論(4) 文學上으로 考察	문학, 한글	·
35	1930-01-29	安在鴻	안재홍	安在鴻	안재홍	朝鮮上古史管見(2)*1회社會進化의諸段階	역사, 논설	연재횟수 오기
36	1930-01-29	文一平	문일평	文一平	문일평	歲時考(1)	민속	·
37	1930-01-30	安在鴻	안재홍	安在鴻	안재홍	朝鮮上古史管見(3)*2회社會進化의諸段階	역사, 논설	연재횟수 오기
38	1930-01-30	文一平	문일평	文一平	문일평	歲時考(2)	민속	·
39	1930-01-31	安在鴻	안재홍	安在鴻	안재홍	朝鮮上古史管見(3) 社會進化의 諸段階	역사, 논설	·
40	1930-02-01	安在鴻	안재홍	安在鴻	안재홍	朝鮮上古史管見(4) 社會進化의 諸段階	역사, 논설	·
41	1930-02-01	文一平	문일평	文一平	문일평	歲時考(3)	민속	·
42	1930-02-02	安在鴻	안재홍	安在鴻	안재홍	朝鮮上古史管見(5) 社會進化의 諸段階	역사, 논설	·
43	1930-02-02	文一平	문일평	文一平	문일평	歲時考(4)	민속	·
44	1930-02-03	安在鴻	안재홍	安在鴻	안재홍	朝鮮上古史管見(5)*6회社會進化의諸段階	역사, 논설	연재횟수 오기
45	1930-02-03	文一平	문일평	文一平	문일평	歲時考(5)	민속	·
46	1930-02-04	安在鴻	안재홍	安在鴻	안재홍	朝鮮上古史管見(7) 社會進化의 諸段階	역사, 논설	·
47	1930-02-04	文一平	문일평	文一平	문일평	歲時考(6)	민속	·
48	1930-02-05	安在鴻	안재홍	安在鴻	안재홍	朝鮮上古史管見(8) 社會進化의 諸段階	역사, 논설	·
49	1930-02-05	文一平	문일평	文一平	문일평	歲時考(7)	민속	·
50	1930-02-06	安在鴻	안재홍	安在鴻	안재홍	朝鮮上古史管見(9) 社會進化의 諸段階	역사, 논설	·
51	1930-02-06	文一平	문일평	文一平	문일평	歲時考(8)	민속	·
52	1930-02-07	安在鴻	안재홍	安在鴻	안재홍	朝鮮上古史管見(10) 社會進化의 諸段階	역사, 논설	·

연번	날짜	자료저자명(한자)	자료저자명(한글)	본명(한자)	본명(한글)	기사제목	분류	비고
53	1930-02-08	·	·	·	·	朝鮮語綴字改正案 朝鮮總督府學務局原案(1)	한글	·
54	1930-02-08	安在鴻	안재홍	安在鴻	안재홍	朝鮮上古史管見(11) 社會進化의 諸段階	역사, 논설	·
55	1930-02-08	文一平	문일평	文一平	문일평	歲時考(9)	민속	·
56	1930-02-09	安在鴻	안재홍	安在鴻	안재홍	朝鮮上古史管見(12) 社會進化의 諸段階	역사, 논설	·
57	1930-02-09	文一平	문일평	文一平	문일평	歲時考(10)	민속	·
58	1930-02-10	·	·	·	·	朝鮮語綴字改正案 朝鮮總督府學務局原案(2)	한글	·
59	1930-02-10	安在鴻	안재홍	安在鴻	안재홍	朝鮮上古史管見(13) 社會進化의 諸段階	역사, 논설	·
60	1930-02-10	文一平	문일평	文一平	문일평	歲時考(11)	민속	·
61	1930-02-12	安在鴻	안재홍	安在鴻	안재홍	朝鮮上古史管見(14) 社會進化의 諸段階	역사, 논설	·
62	1930-02-12	文一平	문일평	文一平	문일평	歲時考(12)	민속	·
63	1930-02-12	·	·	·	·	朝鮮語綴字改正案 朝鮮總督府學務局原案(3)	한글	·
64	1930-02-13	安在鴻	안재홍	安在鴻	안재홍	朝鮮上古史管見(15) 社會進化의 諸段階	역사, 논설	·
65	1930-02-13	文一平	문일평	文一平	문일평	歲時考(13)	민속	·
66	1930-02-14	安在鴻	안재홍	安在鴻	안재홍	朝鮮上古史管見(16) 社會進化의 諸段階	역사, 논설	·
67	1930-02-14	文一平	문일평	文一平	문일평	歲時考(14)	민속	·
68	1930-02-15	社說	사설	·	·	한글投票反對	한글	·
69	1930-02-15	安在鴻	안재홍	安在鴻	안재홍	朝鮮上古史管見(17) 朝鮮文化創成過程	역사, 논설	·
70	1930-02-16	安在鴻	안재홍	安在鴻	안재홍	朝鮮上古史管見(18) 朝鮮文化創成過程	역사, 논설	·
71	1930-02-18	安在鴻	안재홍	安在鴻	안재홍	朝鮮上古史管見(19) 朝鮮文化創成過程	역사, 논설	·
72	1930-02-19	安在鴻	안재홍	安在鴻	안재홍	朝鮮上古史管見(20) 朝鮮文化創成過程	역사, 논설	·
73	1930-02-20	安在鴻	안재홍	安在鴻	안재홍	朝鮮上古史管見(21) 朝鮮文化創成過程	역사, 논설	·
74	1930-02-20	文一平	문일평	文一平	문일평	史上에 나타난 꽃이야기(1)- 無窮花와 君子人	역사, 문학	·
75	1930-02-21	安在鴻	안재홍	安在鴻	안재홍	朝鮮上古史管見(22) 朝鮮文化創成過程	역사, 논설	·
76	1930-02-22	安在鴻	안재홍	安在鴻	안재홍	朝鮮上古史管見(22)*23회朝鮮文化創成過程	역사, 논설	연재횟수 오기
77	1930-02-22	文一平	문일평	文一平	문일평	史上에 나타난 꽃이야기(2)- 牧丹과 善德女王. 花圖 보고 無香함을 알어	역사, 문학	·
78	1930-02-24	安在鴻	안재홍	安在鴻	안재홍	朝鮮上古史管見(23)*24회朝鮮文化創成過程	역사, 논설	연재횟수 오기
79	1930-02-25	安在鴻	안재홍	安在鴻	안재홍	朝鮮上古史管見(25) 朝鮮文化創成過程	역사, 논설	·
80	1930-02-25	文一平	문일평	文一平	문일평	史上에 나타난 꽃이야기(3)- 花王戒와 薛聰. 꽃을 가지고 님검을 諷刺	역사, 문학	·

연번	날짜	자료저자명(한자)	자료저자명(한글)	본명(한자)	본명(한글)	기사제목	분류	비고
81	1930-02-26	安在鴻	안재홍	安在鴻	안재홍	朝鮮上古史管見(26) 朝鮮文化創成過程	역사, 논설	·
82	1930-02-26	文一平	문일평	文一平	문일평	史上에 나타난 꽃이야기(4)- 松花幽趣와 財買谷. 金庾信 同宗의 春遊會	역사, 문학	·
83	1930-02-27	安在鴻	안재홍	安在鴻	안재홍	最近朝鮮文學史序(上)	문학	·
84	1930-02-28	社說	사설	·	·	朝鮮語漢文教科書 改正整理의 必要	한글	·
85	1930-02-28	安在鴻	안재홍	安在鴻	안재홍	最近朝鮮文學史序(下)	문학	·
86	1930-02-28	文一平	문일평	文一平	문일평	史上에 나타난 꽃이야기(5)- 躑躅花와 水路夫人. 水路夫人과 老夫의 獻花	역사, 문학	·
87	1930-03-01	梁男煥	양방환	梁男煥	양방환	神市辨-學聰史話(上) 白山基點의 東方文化	문학	·
88	1930-03-02	梁男煥	양방환	梁男煥	양방환	神市辨-學聰史話(中) 白山基點의 東方文化	문학	·
89	1930-03-02	文一平	문일평	文一平	문일평	史上에 나타난 꽃이야기(6)- 菊花의 傳來. 漢土의 原産인 듯	역사, 문학	·
90	1930-03-04	安在鴻	안재홍	安在鴻	안재홍	朝鮮上古史管見(27) 特殊文化의 種種相	역사, 논설	·
91	1930-03-04	梁男煥	양방환	梁男煥	양방환	神市辨-學聰史話(下) 白山基點의 東方文化	문학	·
92	1930-03-05	安在鴻	안재홍	安在鴻	안재홍	朝鮮上古史管見(28) 特殊文化의 種種相	역사, 논설	·
93	1930-03-05	文一平	문일평	文一平	문일평	史上에 나타난 꽃이야기(8)- 蓮花와 忠宣王. 元國美姬오의 艶話	역사, 문학	7회 미확인
94	1930-03-06	安在鴻	안재홍	安在鴻	안재홍	朝鮮上古史管見(29) 特殊文化의 種種相	역사, 논설	·
95	1930-03-07	安在鴻	안재홍	安在鴻	안재홍	朝鮮上古史管見(30) 特殊文化의 種種相	역사, 논설	·
96	1930-03-08	安在鴻	안재홍	安在鴻	안재홍	朝鮮上古史管見(31) 特殊文化의 種種相	역사, 논설	·
97	1930-03-09	安在鴻	안재홍	安在鴻	안재홍	朝鮮上古史管見(32) 特殊文化의 種種相	역사, 논설	·
98	1930-03-11	安在鴻	안재홍	安在鴻	안재홍	朝鮮上古史管見(33) 特殊文化의 種種相	역사, 논설	·
99	1930-03-11	文一平	문일평	文一平	문일평	史上에 나타난 꽃이야기(9)- 石竹花 을픈 詩人. 歌謠에는 花中少年	역사, 문학	·
100	1930-03-12	安在鴻	안재홍	安在鴻	안재홍	朝鮮上古史管見(34) 特殊文化의 種種相	역사, 논설	·
101	1930-03-13	安在鴻	안재홍	安在鴻	안재홍	朝鮮上古史管見(35) 特殊文化의 種種相	역사, 논설	·
102	1930-03-14	安在鴻	안재홍	安在鴻	안재홍	朝鮮上古史管見(35)*36회特殊文化의種種相	역사, 논설	연재횟수 오기
103	1930-03-14	文一平	문일평	文一平	문일평	史上에 나타난 꽃이야기(10)- 孤雲의 蜀葵詩. 國風의 固陋를 諷刺	역사, 문학	·
104	1930-03-16	安在鴻	안재홍	安在鴻	안재홍	朝鮮上古史管見(38) 特殊文化의種種相	역사, 논설	37회 미확인
105	1930-03-17	安在鴻	안재홍	安在鴻	안재홍	朝鮮上古史管見(39) 特殊文化의 種種相	역사, 논설	·
106	1930-03-18	安在鴻	안재홍	安在鴻	안재홍	朝鮮上古史管見(40) 特殊文化의 種種相	역사, 논설	·

연번	날짜	자료저자명(한자)	자료저자명(한글)	본명(한자)	본명(한글)	기사제목	분류	비고
107	1930-03-18	張志暎	장지영	張志暎	장지영	철자법강좌를 두게 됨에 림하야	한글	·
108	1930-03-18	·	·	·	·	四月一日부터 한글철자법강좌개강. 朝鮮日報學藝部	한글	·
109	1930-03-19	安在鴻	안재홍	安在鴻	안재홍	朝鮮上古史管見(41) 特殊文化의 種種相	역사, 논설	·
110	1930-03-20	安在鴻	안재홍	安在鴻	안재홍	朝鮮上古史管見(42) 特殊文化의 種種相	역사, 논설	·
111	1930-03-21	安在鴻	안재홍	安在鴻	안재홍	朝鮮上古史管見(43) 特殊文化의 種種相	역사, 논설	·
112	1930-03-22	安在鴻	안재홍	安在鴻	안재홍	朝鮮上古史管見(43)*44회 特殊文化의種種相	역사, 논설	연재횟수 오기
113	1930-03-23	安在鴻	안재홍	安在鴻	안재홍	朝鮮上古史管見(44)*45회 特殊文化의種種相	역사, 논설	연재횟수 오기
114	1930-03-25	安在鴻	안재홍	安在鴻	안재홍	朝鮮上古史管見(46) 特殊文化의 種種相	역사, 논설	·
115	1930-03-26	安在鴻	안재홍	安在鴻	안재홍	朝鮮上古史管見(47) 特殊文化의 種種相	역사, 논설	·
116	1930-03-28	安在鴻	안재홍	安在鴻	안재홍	朝鮮上古史管見(49) 特殊文化의 種種相	역사, 논설	48회 미확인
117	1930-03-29	安在鴻	안재홍	安在鴻	안재홍	朝鮮上古史管見(50) 特殊文化의 種種相	역사, 논설	·
118	1930-03-30	安在鴻	안재홍	安在鴻	안재홍	朝鮮上古史管見(51) 特殊文化의 種種相	역사, 논설	·
119	1930-03-31	安在鴻	안재홍	安在鴻	안재홍	朝鮮上古史管見(52) 特殊文化의 種種相	역사, 논설	·
120	1930-04-01	安在鴻	안재홍	安在鴻	안재홍	朝鮮上古史管見(53) 特殊文化의 種種相	역사, 논설	·
121	1930-04-01	張志暎	장지영	張志暎	장지영	한글 綴字法講座(1)	한글	·
122	1930-04-02	安在鴻	안재홍	安在鴻	안재홍	朝鮮上古史管見(54) 特殊文化의 種種相	역사, 논설	·
123	1930-04-02	張志暎	장지영	張志暎	장지영	한글 綴字法講座(2)	한글	·
124	1930-04-03	安在鴻	안재홍	安在鴻	안재홍	朝鮮上古史管見(55) 特殊文化의 種種相	역사, 논설	·
125	1930-04-03	張志暎	장지영	張志暎	장지영	한글 綴字法講座(3)	한글	·
126	1930-04-04	安在鴻	안재홍	安在鴻	안재홍	朝鮮上古史管見(56) 特殊文化의 種種相	역사, 논설	·
127	1930-04-04	張志暎	장지영	張志暎	장지영	한글 綴字法講座(4)	한글	·
128	1930-04-05	安在鴻	안재홍	安在鴻	안재홍	朝鮮上古史管見(57) 特殊文化의 種種相	역사, 논설	·
129	1930-04-05	張志暎	장지영	張志暎	장지영	한글 綴字法講座(5)	한글	·
130	1930-04-06	張志暎	장지영	張志暎	장지영	한글 綴字法講座(6)	한글	·
131	1930-04-07	社說	사설	·	·	現代에 빗나는 朝鮮의 偉人-李舜臣三百八十六週甲	역사, 논설	·
132	1930-04-07	·	·	·	·	六日이 李忠武公의 第三八六回 誕日. 륙일 즉 음력 삼월 팔일날 追憶되는 公의 史籍	사업	·
133	1930-04-09	張志暎	장지영	張志暎	장지영	한글 綴字法講座(7)	한글	·
134	1930-04-10	張志暎	장지영	張志暎	장지영	한글 綴字法講座(8)	한글	·

연번	날짜	자료저자명(한자)	자료저자명(한글)	본명(한자)	본명(한글)	기사제목	분류	비고
135	1930-04-11	張志暎	장지영	張志暎	장지영	한글 綴字法講座(9)	한글	·
136	1930-04-12	張志暎	장지영	張志暎	장지영	한글 綴字法講座(10)	한글	·
137	1930-04-13	張志暎	장지영	張志暎	장지영	한글 綴字法講座(11)	한글	·
138	1930-04-15	安自山	안자산	安廓	안확	朝鮮古史의 逸史(1)	역사, 문학	·
139	1930-04-16	張志暎	장지영	張志暎	장지영	한글 綴字法講座(12)	한글	·
140	1930-04-17	張志暎	장지영	張志暎	장지영	한글 綴字法講座(13)	한글	·
141	1930-04-17	安自山	안자산	安廓	안확	朝鮮古史의 逸史(2)	역사, 문학	·
142	1930-04-18	張志暎	장지영	張志暎	장지영	한글 綴字法講座(14)	한글	·
143	1930-04-18	安自山	안자산	安廓	안확	朝鮮古史의 逸史(3)	역사, 문학	·
144	1930-04-19	張志暎	장지영	張志暎	장지영	한글 綴字法講座(15)	한글	·
145	1930-04-19	安自山	안자산	安廓	안확	朝鮮古史의 逸史(4)	역사, 문학	·
146	1930-04-20	張志暎	장지영	張志暎	장지영	한글 綴字法講座(16)	한글	·
147	1930-04-20	安自山	안자산	安廓	안확	朝鮮古史의 逸史(5)	역사, 문학	·
148	1930-04-20	徐元出	서원출	徐元出	서원출	經濟的으로 본 李朝末葉史(1)	역사, 논설	·
149	1930-04-21	安自山	안자산	安廓	안확	朝鮮古史의 逸史(6)	역사, 문학	·
150	1930-04-22	徐元出	서원출	徐元出	서원출	經濟的으로 본 李朝末葉史(2)	역사, 논설	·
151	1930-04-22	張志暎	장지영	張志暎	장지영	한글 綴字法講座(18)	한글	17회 미확인
152	1930-04-23	徐元出	서원출	徐元出	서원출	經濟的으로 본 李朝末葉史(3)	역사, 논설	·
153	1930-04-23	張志暎	장지영	張志暎	장지영	한글 綴字法講座(19)	한글	·
154	1930-04-24	徐元出	서원출	徐元出	서원출	經濟的으로 본 李朝末葉史(4)	역사, 논설	·
155	1930-04-25	徐元出	서원출	徐元出	서원출	經濟的으로 본 李朝末葉史(5)	역사, 논설	·
156	1930-04-25	張志暎	장지영	張志暎	장지영	한글 綴字法講座(20)	한글	·
157	1930-04-26	張志暎	장지영	張志暎	장지영	한글 綴字法講座(21)	한글	·
158	1930-04-27	張志暎	장지영	張志暎	장지영	한글 綴字法講座(22)	한글	·
159	1930-04-28	張志暎	장지영	張志暎	장지영	한글 綴字法講座(23)	한글	·
160	1930-04-29	安在鴻	안재홍	安在鴻	안재홍	朝鮮最近世史의 卷頭에 書함(1)	역사, 논설	·
161	1930-04-30	安在鴻	안재홍	安在鴻	안재홍	朝鮮最近世史의 卷頭에 書함(2)	역사, 논설	·
162	1930-04-30	徐元出	서원출	徐元出	서원출	經濟的으로 본 李朝末葉史(6)	역사, 논설	·
163	1930-05-01	安在鴻	안재홍	安在鴻	안재홍	朝鮮最近世史의 卷頭에 書함(3)	역사, 논설	·
164	1930-05-01	張志暎	장지영	張志暎	장지영	한글 綴字法講座(24)	한글	·

연번	날짜	자료저자명(한자)	자료저자명(한글)	본명(한자)	본명(한글)	기사제목	분류	비고
165	1930-05-01	徐元出	서원출	徐元出	서원출	經濟的으로 본 李朝末葉史(7)	역사, 논설	·
166	1930-05-02	張志暎	장지영	張志暎	장지영	한글 綴字法講座(25)	한글	·
167	1930-05-01	徐元出	서원출	徐元出	서원출	經濟的으로 본 李朝末葉史(8)	역사, 논설	·
168	1930-05-03	徐元出	서원출	徐元出	서원출	經濟的으로 본 李朝末葉史(9)	역사, 논설	·
169	1930-05-03	張志暎	장지영	張志暎	장지영	한글 綴字法講座(26)	한글	·
170	1930-05-04	徐元出	서원출	徐元出	서원출	經濟的으로 본 李朝末葉史(10)	역사, 논설	·
171	1930-05-04	張志暎	장지영	張志暎	장지영	한글 綴字法講座(27)	한글	·
172	1930-05-06	徐元出	서원출	徐元出	서원출	經濟的으로 본 李朝末葉史(11)	역사, 논설	·
173	1930-05-06	張志暎	장지영	張志暎	장지영	한글 綴字法講座(28)	한글	·
174	1930-05-07	徐元出	서원출	徐元出	서원출	經濟的으로 본 李朝末葉史(12)	역사, 논설	·
175	1930-05-07	張志暎	장지영	張志暎	장지영	한글 綴字法講座(29)	한글	·
176	1930-05-07	金炯基	김형기	金炯基	김형기	朝鮮語速記問題(上)- 그 最新方式의 發表	한글, 논설	·
177	1930-05-08	徐元出	서원출	徐元出	서원출	經濟的으로 본 李朝末葉史(13)	역사, 논설	·
178	1930-05-08	金炯基	김형기	金炯基	김형기	朝鮮語速記問題(下)- 그 最新方式의 發表	한글, 논설	·
179	1930-05-09	徐元出	서원출	徐元出	서원출	經濟的으로 본 李朝末葉史(14)	역사, 논설	·
180	1930-05-09	張志暎	장지영	張志暎	장지영	한글 綴字法講座(30)	한글	·
181	1930-05-10	張志暎	장지영	張志暎	장지영	한글 綴字法講座(31)	한글	·
182	1930-05-10	安自山	안자산	安廓	안확	朝鮮古代의 軍艦(1)	역사	·
183	1930-05-11	徐元出	서원출	徐元出	서원출	經濟的으로 본 李朝末葉史(15)	역사, 논설	·
184	1930-05-11	安自山	안자산	安廓	안확	朝鮮古代의 軍艦(2)	역사	·
185	1930-05-11	張志暎	장지영	張志暎	장지영	한글 綴字法講座(32)	한글	·
186	1930-05-12	安自山	안자산	安廓	안확	朝鮮古代의 軍艦(3)	역사	·
187	1930-05-13	徐元出	서원출	徐元出	서원출	經濟的으로 본 李朝末葉史(15)*16회	역사, 논설	연재횟수 오기
188	1930-05-13	張志暎	장지영	張志暎	장지영	한글 綴字法講座(33)	한글	·
189	1930-05-14	張志暎	장지영	張志暎	장지영	한글 綴字法講座(34)	한글	·
190	1930-05-14	安自山	안자산	安廓	안확	朝鮮古代의 軍艦(3)*4회	역사	연재횟수 오기
191	1930-05-15	安自山	안자산	安廓	안확	朝鮮古代의 軍艦(5)	역사	·
192	1930-05-15	徐元出	서원출	徐元出	서원출	經濟的으로 본 李朝末葉史(完)	역사, 논설	·
193	1930-05-15	張志暎	장지영	張志暎	장지영	한글 綴字法講座(35)	한글	·
194	1930-05-16	·	·	·	·	今年의 特色은 新進의 輩出. 일반적으로 성적이 조타. 朝鮮美展入選發表	미술, 사업	·
195	1930-05-18	李丙燾	이병도	李丙燾	이병도	朝鮮古代史上의 諸問題(1)	역사,	·

연번	날짜	자료저자명(한자)	자료저자명(한글)	본명(한자)	본명(한글)	기사제목	분류	비고
							논설	
196	1930-05-20	李丙燾	이병도	李丙燾	이병도	朝鮮古代史上의 諸問題(2)	역사, 논설	·
197	1930-05-20	張志暎	장지영	張志暎	장지영	한글 綴字法講座(36)	한글	·
198	1930-05-21	張志暎	장지영	張志暎	장지영	한글 綴字法講座(36)*37회	한글	연재횟수 오기
199	1930-05-22	李丙燾	이병도	李丙燾	이병도	朝鮮古代史上의 諸問題(3)	역사, 논설	·
200	1930-05-22	張志暎	장지영	張志暎	장지영	한글 綴字法講座(38)	한글	·
201	1930-05-23	李丙燾	이병도	李丙燾	이병도	朝鮮古代史上의 諸問題(4)	역사, 논설	·
202	1930-05-23	張志暎	장지영	張志暎	장지영	한글 綴字法講座(39)	한글	·
203	1930-05-24	李丙燾	이병도	李丙燾	이병도	朝鮮古代史上의 諸問題(5)	역사, 논설	·
204	1930-05-24	張志暎	장지영	張志暎	장지영	한글 綴字法講座(40)	한글	·
205	1930-05-25	李丙燾	이병도	李丙燾	이병도	朝鮮古代史上의 諸問題(6)	역사, 논설	·
206	1930-05-25	張志暎	장지영	張志暎	장지영	한글 綴字法講座(41)	한글	·
207	1930-05-26	社說	사설	·	·	朝鮮人과 外語癖	한글	·
208	1930-05-27	李丙燾	이병도	李丙燾	이병도	朝鮮古代史上의 諸問題(7)	역사, 논설	·
209	1930-05-27	張志暎	장지영	張志暎	장지영	한글 綴字法講座(42)	한글	·
210	1930-05-28	李丙燾	이병도	李丙燾	이병도	朝鮮古代史上의 諸問題(8)	역사, 논설	·
211	1930-05-29	李丙燾	이병도	李丙燾	이병도	朝鮮古代史上의 諸問題(9)	역사, 논설	·
212	1930-05-29	張志暎	장지영	張志暎	장지영	한글 綴字法講座(43)	한글	·
213	1930-05-30	李丙燾	이병도	李丙燾	이병도	朝鮮古代史上의 諸問題(10)	역사, 논설	·
214	1930-05-30	張志暎	장지영	張志暎	장지영	한글 綴字法講座(44)	한글	·
215	1930-05-31	李丙燾	이병도	李丙燾	이병도	朝鮮古代史上의 諸問題(11)	역사, 논설	·
216	1930-05-31	張志暎	장지영	張志暎	장지영	한글 綴字法講座(45)	한글	·
217	1930-06-01	李丙燾	이병도	李丙燾	이병도	朝鮮古代史上의 諸問題(12)	역사, 논설	·
218	1930-06-01	張志暎	장지영	張志暎	장지영	한글 綴字法講座(46)	한글	·
219	1930-06-03	李丙燾	이병도	李丙燾	이병도	朝鮮古代史上의 諸問題(13)	역사, 논설	·
220	1930-06-03	張志暎	장지영	張志暎	장지영	한글 綴字法講座(47)	한글	·
221	1930-06-04	李丙燾	이병도	李丙燾	이병도	朝鮮古代史上의 諸問題(完)	역사, 논설	·
222	1930-06-04	張志暎	장지영	張志暎	장지영	한글 綴字法講座(47)*48회	한글	연재횟수 오기
223	1930-06-05	李丙燾	이병도	李丙燾	이병도	國初의 建都問題(1)	역사, 논설	·
224	1930-06-05	張志暎	장지영	張志暎	장지영	한글 綴字法講座(48)	한글	·
225	1930-06-05	湖岩生	호암생	文一平	문일평	政治史上에 미친 家族主義의 影響(1) 春秋의	역사	·

연번	날짜	자료저자명 (한자)	자료저자명 (한글)	본명 (한자)	본명 (한글)	기사제목	분류	비고
						公憤私怨. 愛孃慘死가 奮起의 一因		
226	1930-06-06	李丙燾	이병도	李丙燾	이병도	國初의 建都問題(2)	역사, 논설	·
227	1930-06-06	湖岩生	호암생	文一平	문일평	政治史上에 미친 家族主義의 影響(2) 羅濟間의 宿怨, 問題發端은 聖王慘殺	역사	·
228	1930-06-07	李丙燾	이병도	李丙燾	이병도	國初의 建都問題(3)	역사, 논설	·
229	1930-06-08	李丙燾	이병도	李丙燾	이병도	國初의 建都問題(4)	역사, 논설	·
230	1930-06-10	張志暎	장지영	張志暎	장지영	한글 綴字法講座(49)	한글	·
231	1930-06-10	湖岩生	호암생	文一平	문일평	政治史上에 미친 家族主義의 影響(3) 麗濟間의 世仇는 故國原의 戰死때문	역사	·
232	1930-06-11	李丙燾	이병도	李丙燾	이병도	國初의 建都問題(5)	역사, 논설	·
233	1930-06-11	張志暎	장지영	張志暎	장지영	한글 綴字法講座(51)	한글	·
234	1930-06-12	李丙燾	이병도	李丙燾	이병도	國初의 建都問題(6)	역사, 논설	·
235	1930-06-12	張志暎	장지영	張志暎	장지영	한글 綴字法講座(52)	한글	·
236	1930-06-12	湖岩生	호암생	文一平	문일평	政治史上에 미친 家族主義의 影響(4) 淵氏의 骨肉相殘과 男生과 浮土의 葛藤	역사	·
237	1930-06-13	李丙燾	이병도	李丙燾	이병도	國初의 建都問題(7)	역사, 논설	·
238	1930-06-13	張志暎	장지영	張志暎	장지영	한글 綴字法講座(53)	한글	·
239	1930-06-13	湖岩生	호암생	文一平	문일평	政治史上에 미친 家族主義의 影響(5) 後百濟의 滅亡은 甄萱父子 反目때문	역사	·
240	1930-06-14	李丙燾	이병도	李丙燾	이병도	國初의 建都問題(8)	역사, 논설	·
241	1930-06-14	湖岩生	호암생	文一平	문일평	政治史上에 미친 家族主義의 影響(6) 後百濟의 滅亡은 甄萱父子 反目때문(承前)	역사	·
242	1930-06-15	李丙燾	이병도	李丙燾	이병도	國初의 建都問題(9)	역사, 논설	·
243	1930-06-15	張志暎	장지영	張志暎	장지영	한글 綴字法講座(54)	한글	·
244	1930-06-17	張志暎	장지영	張志暎	장지영	한글 綴字法講座(55)	한글	·
245	1930-06-17	湖岩生	호암생	文一平	문일평	政治史上에 미친 家族主義의 影響(7) 麗朝와 李朝初期에 發生한 相續紛爭	역사	·
246	1930-06-18	李丙燾	이병도	李丙燾	이병도	國初의 建都問題(10)	역사, 논설	·
247	1930-06-19	李丙燾	이병도	李丙燾	이병도	國初의 建都問題(11)	역사, 논설	·
248	1930-06-20	李丙燾	이병도	李丙燾	이병도	國初의 建都問題(12)	역사, 논설	·
249	1930-06-21	李丙燾	이병도	李丙燾	이병도	國初의 建都問題(完)	역사, 논설	·
250	1930-06-22	安自山	안자산	安廓	안확	檀君史의 材料(1)	역사	·
251	1930-06-24	安自山	안자산	安廓	안확	檀君史의 材料(2)	역사	·
252	1930-06-25	湖岩生	호암생	文一平	문일평	政治史上에 미친 家族主義의 流弊(完)	역사	·

연번	날짜	자료저자명(한자)	자료저자명(한글)	본명(한자)	본명(한글)	기사제목	분류	비고
						儒教國宮廷의 奇現象		
253	1930-06-26	安自山	안자산	安廓	안확	檀君史의 材料(3)	역사	·
254	1930-06-27	安自山	안자산	安廓	안확	檀君史의 材料(4)	역사	·
255	1930-06-28	安自山	안자산	安廓	안확	檀君史의 材料(5)	역사	·
256	1930-06-29	安自山	안자산	安廓	안확	檀君史의 材料(6)	역사	·
257	1930-07-01	梁興煥	양흥환	梁興煥	양흥환	平壤浿水의 位置(1) 朝鮮地理史上의 未決訟案	역사	·
258	1930-07-01	安自山	안자산	安廓	안확	檀君史의 材料(完)	역사	·
259	1930-07-02	李丙燾	이병도	李丙燾	이병도	漢陽의 史的 考察(1) 特히 麗朝王室과의 關係	역사, 논설	·
260	1930-07-03	文一平	문일평	文一平	문일평	年號와 帝號의 制(1) 朝鮮에 帝號가 잇섯든가	역사	·
261	1930-07-03	李丙燾	이병도	李丙燾	이병도	漢陽의 史的 考察(2) 特히 麗朝王室과의 關係	역사, 논설	·
262	1930-07-03	朴魯哲	박노철	朴魯哲	박노철	栗谷과 墨子의 思想(1) 『仁政論』과 『尙賢說』	철학	·
263	1930-07-04	文一平	문일평	文一平	문일평	年號와 帝號의 制(2) 朝鮮에 帝號가 잇섯든가	역사	·
264	1930-07-04	李丙燾	이병도	李丙燾	이병도	漢陽의 史的 考察(3) 特히 麗朝王室과의 關係	역사, 논설	·
265	1930-07-04	朴魯哲	박노철	朴魯哲	박노철	栗谷과 墨子의 思想(2) 『仁政論』과 『尙賢說』	철학	·
266	1930-07-05	社說	사설	·	·	檀君과 檀君史-學徒로서의 가질 態度	역사	·
267	1930-07-05	李丙燾	이병도	李丙燾	이병도	漢陽의 史的 考察(4) 特히 麗朝王室과의 關係	역사, 논설	·
268	1930-07-05	朴魯哲	박노철	朴魯哲	박노철	栗谷과 墨子의 思想(3) 『仁政論』과 『尙賢說』	철학	·
269	1930-07-06	朴魯哲	박노철	朴魯哲	박노철	栗谷과 墨子의 思想(4) 『仁政論』과 『尙賢說』	철학	·
270	1930-07-06	文一平	문일평	文一平	문일평	年號와 帝號의 制(3) 朝鮮에 帝號가 잇섯든가	역사	·
271	1930-07-06	李丙燾	이병도	李丙燾	이병도	漢陽의 史的 考察(5) 特히 麗朝王室과의 關係	역사, 논설	·
272	1930-07-08	李丙燾	이병도	李丙燾	이병도	漢陽의 史的 考察(6) 特히 麗朝王室과의 關係	역사, 논설	·
273	1930-07-08	朴魯哲	박노철	朴魯哲	박노철	栗谷과 墨子의 思想(5) 『仁政論』과 『尙賢說』	철학	·
274	1930-07-09	文一平	문일평	文一平	문일평	年號와 帝號의 制(4) 新羅國內에선 或稱帝	역사	·
275	1930-07-09	朴魯哲	박노철	朴魯哲	박노철	栗谷과 墨子의 思想(6) 『仁政論』과 『尙賢說』	철학	·
276	1930-07-10	李丙燾	이병도	李丙燾	이병도	漢陽의 史的 考察(7) 特히 麗朝王室과의 關係	역사, 논설	·
277	1930-07-11	李丙燾	이병도	李丙燾	이병도	漢陽의 史的 考察(完) 特히 麗朝王室과의 關係	역사, 논설	·
278	1930-07-11	文一平	문일평	文一平	문일평	年號와 帝號의 制(5) 新羅國內에선 或稱帝	역사	·
279	1930-07-12	文一平	문일평	文一平	문일평	年號와 帝號의 制(6) 百濟에도 年號가 잇슨 듯	역사	·
280	1930-07-13	·	·	·	·	本社主催歸鄉學生文字普及班	한글, 사업	·
281	1930-07-13	文一平	문일평	文一平	문일평	年號와 帝號의 制(7) 後高句麗 後百濟의 年號	역사	·
282	1930-07-14	·	·	·	·	朝鮮의 新光明은 千五百萬文盲退治로	한글, 사업	·
283	1930-07-15	文一平	문일평	文一平	문일평	年號와 帝號의 制(8) 渤海와 高句麗의 年號	역사	·
284	1930-07-16	社說	사설	·	·	文字普及班員을 보냄	한글, 사업	·

연번	날짜	자료저자명(한자)	자료저자명(한글)	본명(한자)	본명(한글)	기사제목	분류	비고
285	1930-07-16	文一平	문일평	文一平	문일평	年號와 帝號의 制(9) 高麗의 建元稱帝와 妙清	역사	·
286	1930-07-17	·	·	·	·	한글강좌 質疑解答(1)	한글	·
287	1930-07-18	文一平	문일평	文一平	문일평	年號와 帝號의 制(10) 高麗의 建元稱帝와 妙清	역사	·
288	1930-07-18	·	·	·	·	한글강좌 質疑解答(2)	한글	·
289	1930-07-20	文一平	문일평	文一平	문일평	年號와 帝號의 制(11) 李朝末의 建元稱帝	역사	·
290	1930-07-20	·	·	·	·	한글강좌 質疑解答(3)	한글	·
291	1930-07-20	金履均	김이균	金履均	김이균	改正普通學校 朝鮮語讀本의 錯誤(上)	한글	·
292	1930-07-22	文一平	문일평	文一平	문일평	年號와 帝號의 制(12) 李朝末의 建元稱帝	역사	·
293	1930-07-22	金履均	김이균	金履均	김이균	改正普通學校 朝鮮語讀本의 錯誤(下)	한글	·
294	1930-07-23	文一平	문일평	文一平	문일평	年號와 帝號의 制(13) 稱帝에 對한 史的考察	역사	·
295	1930-07-24	文一平	문일평	文一平	문일평	年號와 帝號의 制(完) 東西帝號의 比較觀	역사	·
296	1930-07-25	社說	사설	·	·	幼稚한 自負心-『꾸란』氏 朝鮮觀	기타	·
297	1930-07-26	·	·	·	·	佛教女子青年會서 文字普及班 開催	한글, 사업, 종교	·
298	1930-07-28	社說	사설	·	·	庶民文化	민속	·
299	1930-07-31	全裕協	전유협	全裕協	전유협	文字普及班消息-開講初日에 百名	한글, 사업	·
300	1930-08-03	·	·	·	·	慶北 金泉에서 한글研究會 組織. 지난달 이십구일에	한글, 사업	·
301	1930-08-03	·	·	·	·	한글普及班 開設. 김포에서	한글, 사업	·
302	1930-08-05	李寅錫, 朴豊稷	이인석, 박풍직	李寅錫, 朴豊稷	이인석, 박풍직	文字普及班消息-清新한 林間教授. 各地의 聯絡研究를 희망	한글, 사업	·
303	1930-08-06	郭龍淳	곽용순	郭龍淳	곽용순	文字普及班消息-停電中에도 教授. 熱心에 感泣할 가지가지	한글, 사업	·
304	1930-08-07	金相基	김상기	金相基	김상기	文字普及班消息-初日에 舍伯명. 文字普及班員第八九四號	한글, 사업	·
305	1930-08-08	金素河	김소하	金素河	김소하	文字普及班消息-自他俱忘의 精進. 京城 初有의 文字普及運動. 佛教女靑文字普及班	한글, 사업, 종교	·
306	1930-08-09	孫桔湘, 玉在洙	손길상, 옥재수	孫桔湘, 玉在洙	손길상, 옥재수	文字普及班消息-百四十名突破. 晋州郡晋州面平安洞	한글, 사업	·
307	1930-08-10	·	·	·	·	萬里長城에 匹敵할 高麗時代의 長城	역사	·
308	1930-08-11	安民世	안민세	安在鴻	안재홍	白頭山登陟記(1)- 明媚한 沃沮風景(1)	역사, 기행	·
309	1930-08-12	安民世	안민세	安在鴻	안재홍	白頭山登陟記(2)- 明媚한 沃沮風景(2)	역사, 기행	·
310	1930-08-12	金錫起	김석기	金錫起	김석기	文字普及班消息-횃불켜고강습. 江原道江陵郡江東面	한글, 사업	·
311	1930-08-13	安民世	안민세	安在鴻	안재홍	白頭山登陟記(3)- 明媚한 沃沮風景(3)	역사, 기행	·
312	1930-08-14	安民世	안민세	安在鴻	안재홍	白頭山登陟記(4)- 明媚한 沃沮風景(4)	역사, 기행	·

연번	날짜	자료저자명(한자)	자료저자명(한글)	본명(한자)	본명(한글)	기사제목	분류	비고
313	1930-08-15	田鍾徹	전종철	田鍾徹	전종철	文字普及班消息- 밤에는 壯年도	한글, 사업	·
314	1930-08-16	安民世	안민세	安在鴻	안재홍	白頭山登陟記(5)- 車踰嶺을 넘어서	역사, 기행	·
315	1930-08-17	安民世	안민세	安在鴻	안재홍	白頭山登陟記(6)- 豆滿江 기슭으로(上)	역사, 기행	·
316	1930-08-18	安民世	안민세	安在鴻	안재홍	白頭山登陟記(7)- 豆滿江 기슭으로(中)	역사, 기행	·
317	1930-08-18	金斗禎	김두정	金斗禎	김두정	文字普及班消息-第一回 終了, 二回再開	한글, 사업	·
318	1930-08-19	安民世	안민세	安在鴻	안재홍	白頭山登陟記(8)- 紅湍靈祠 잠간들려	역사, 기행	·
319	1930-08-20	白南雲	백남운	白南雲	백남운	社會學의 成立由來와 任務(1)(夏期特別講座第七講)	논설	·
320	1930-08-20	安民世	안민세	安在鴻	안재홍	白頭山登陟記(9)- 天坪 건너는 나그내(1)	역사, 기행	·
321	1930-08-21	白南雲	백남운	白南雲	백남운	社會學의 成立由來와 任務(2)(夏期特別講座第七講)	논설	·
322	1930-08-21	安民世	안민세	安在鴻	안재홍	白頭山登陟記(10)- 天坪 건너는 나그내(2)	역사, 기행	·
323	1930-08-21	車七善	차칠선	車七善	차칠선	文字普及班消息- 學用品을 無料分配	한글, 사업	·
324	1930-08-22	白南雲	백남운	白南雲	백남운	社會學의 成立由來와 任務(3)(夏期特別講座第七講)	논설	·
325	1930-08-22	姜大駿	강대준	姜大駿	강대준	文字普及班消息- 그들의 氣運찬 合櫝	한글, 사업	·
326	1930-08-23	社說	사설	·	·	文字普及班의 消息을 들음	한글, 사업	·
327	1930-08-23	白南雲	백남운	白南雲	백남운	社會學의 成立由來와 任務(4)(夏期特別講座第七講)	논설	·
328	1930-08-23	安民世	안민세	安在鴻	안재홍	白頭山登陟記(11)- 天坪 건너는 나그내(3)	역사, 기행	·
329	1930-08-23	金璟錫	김경석	金璟錫	김경석	文字普及班消息- 歷史傳記도 들여주어	한글, 사업	·
330	1930-08-24	白南雲	백남운	白南雲	백남운	社會學의 成立由來와 任務(完)(夏期特別講座第七講)	논설	·
331	1930-08-24	安民世	안민세	安在鴻	안재홍	白頭山登陟記(12)- 無限悲壯한 高原의 밤	역사, 기행	·
332	1930-08-24	安瑢濬	안용준	安瑢濬	안용준	文字普及班消息- 가마니 깔고 글 배는 그들	한글, 사업	·
333	1930-08-25	安民世	안민세	安在鴻	안재홍	白頭山登陟記(13)- 無頭峯上無頭大觀(上)	역사, 기행	·
334	1930-08-26	安民世	안민세	安在鴻	안재홍	白頭山登陟記(14)- 無頭峯上無頭大觀(下)	역사, 기행	·
335	1930-08-27	安民世	안민세	安在鴻	안재홍	白頭山登陟記(15)- 定界碑邊山海悲(1)	역사, 기행	·
336	1930-08-28	白建植, 李春性, 催德根	백건식, 이춘성, 최덕근	白建植, 李春性, 催德根	백건식, 이춘성, 최덕근	文字普及班消息- 近洞에서까지 몰려와	한글, 사업	·
337	1930-08-28	劉慶尙	유경상	劉慶尙	유경상	人格的 感化에 專力을 해. 特別히(偉?)人傳記와 常識을-紫橋엡웟靑年會文字普及班員	한글, 사업	·

연번	날짜	자료저자명(한자)	자료저자명(한글)	본명(한자)	본명(한글)	기사제목	분류	비고
338	1930-08-28	安民世	안민세	安在鴻	안재홍	白頭山登陟記(16)- 定界碑邊山海悲(2)	역사, 기행	·
339	1930-08-29	朴日	박일	朴日	박일	文字普及班消息- 文字普及은 連帶的 義務	한글, 사업	·
340	1930-08-29	安民世	안민세	安在鴻	안재홍	白頭山登陟記(17)- 定界碑邊山海悲(3)	역사, 기행	·
341	1930-08-30	朴暎熙	박영희	朴暎熙	박영희	文字普及班消息- 莞島各處九個所에 經費는 本會에서 全擔	한글, 사업	·
342	1930-08-30	安民世	안민세	安在鴻	안재홍	白頭山登陟記(18)- 噫! 莊嚴한 白頭山(1). 通徹無碍의 神祕境	역사, 기행	·
343	1930-08-31	安民世	안민세	安在鴻	안재홍	白頭山登陟記(19)- 噫! 莊嚴한 白頭山(2). 通徹無碍의 神祕境	역사, 기행	·
344	1930-08-31	·	·	·	·	文字普及班消息- 新浦文字普及班은 百七八十名의 多數	한글, 사업	·
345	1930-09-01	安民世	안민세	安在鴻	안재홍	白頭山登陟記(20)- 慈日惠風의 聖母愛(1) 瑞氣에 싸힌 天池의 밤	역사, 기행	·
346	1930-09-02	金浩奎	김호규	金浩奎	김호규	文字普及班消息- 戶別訪問으로 生徒募集	한글, 사업	·
347	1930-09-02	李元植	이원식	李元植	이원식	文字普及班消息- 光明은 貧民村에서 우리는 여긔에 힘을 다 하자.	한글, 사업	·
348	1930-09-02	安民世	안민세	安在鴻	안재홍	白頭山登陟記(21)- 慈日惠風의 聖母愛(2) 瑞氣에 싸힌 天池의 밤	역사, 기행	·
349	1930-09-03	·	·	·	·	文字普及班消息-九九法과 綴字法도 가르켜(世專 李範雨), 經費는 班員들이 負擔(高敞高普 盧煥允)	한글, 사업	·
350	1930-09-03	安民世	안민세	安在鴻	안재홍	白頭山登陟記(22)- 天池의 꿈 悠悠蕩蕩한 萬古夢(1)	역사, 기행	·
351	1930-09-04	安民世	안민세	安在鴻	안재홍	白頭山登陟記(23)- 天池의 꿈 悠悠蕩蕩한 萬古夢(2)	역사, 기행	·
352	1930-09-05	·	·	·	·	文字普及班消息 4건	한글, 사업	·
353	1930-09-05	權悳奎	권덕규	權悳奎	권덕규	正音頒布以後의 變遷(1) 外國語에서 받은 衝動(夏期特別講座第十二講)	한글	·
354	1930-09-05	安民世	안민세	安在鴻	안재홍	白頭山登陟記(24)- 天池의 꿈 悠悠蕩蕩한 萬古夢(3)	역사, 기행	·
355	1930-09-06	權悳奎	권덕규	權悳奎	권덕규	正音頒布以後의 變遷(2) 吏讀=鄕札에 對한 考察(夏期特別講座第十二講)	한글	·
356	1930-09-06	安民世	안민세	安在鴻	안재홍	白頭山登陟記(25)- 雄大한 單調·靈祥한 平凡. 一律空靜한 解脫境	역사, 기행	·
357	1930-09-07	·	·	·	·	文字普及班消息(徽信 李恭魯)	한글, 사업	·
358	1930-09-07	權悳奎	권덕규	權悳奎	권덕규	正音頒布以後의 變遷(3) 正音의 系統은 어대서?(夏期特別講座第十二講)	한글	·
359	1930-09-07	安民世	안민세	安在鴻	안재홍	白頭山登陟記(26)- 貞明纖麗한 三池美. 天女傳說의 산舞臺	역사, 기행	·
360	1930-09-08	安民世	안민세	安在鴻	안재홍	白頭山登陟記(27)- 白頭正幹의 虛項嶺. 南本宮인 大天王堂	역사, 기행	·
361	1930-09-09	安民世	안민세	安在鴻	안재홍	白頭山登陟記(28)- 憧憬되는 天坪世界	역사,	·

연번	날짜	자료저자명(한자)	자료저자명(한글)	본명(한자)	본명(한글)	기사제목	분류	비고
							기행	
362	1930-09-09	權悳奎	권덕규	權悳奎	권덕규	正音頒布以後의 變遷(4) 한가지 欠은 綴音法(夏期特別講座第十二講)	한글	·
363	1930-09-09	權悳奎	권덕규	權悳奎	권덕규	正音頒布以後의 變遷(5) 한가지 欠은 綴音法(夏期特別講座第十二講)	한글	·
364	1930-09-09	安民世	안민세	安在鴻	안재홍	白頭山登陟記(29)- 邊境同胞의 生活相. 古風 그대로 木造建物	역사, 기행	·
365	1930-09-11	·	·	·	·	文字普及班消息(京城實業 張南奎)	한글, 사업	·
366	1930-09-11	安民世	안민세	安在鴻	안재홍	白頭山登陟記(30)- 桃花 안 뜬 맑은 물. 綠水重重의 鴨江上流	역사, 기행	·
367	1930-09-12	·	·	·	·	文字普及班消息(金承澤, 中東 李翁)	한글, 사업	·
368	1930-09-12	權悳奎	권덕규	權悳奎	권덕규	正音頒布以後의 變遷(6)『·』字 發蔭에 對하야(夏期特別講座第十二講)	한글	·
369	1930-09-12	安民世	안민세	安在鴻	안재홍	白頭山登陟記(31)- 鴨綠江에 떼를 타고. 震人成敗의 根幹地帶	역사, 기행	·
370	1930-09-13	權悳奎	권덕규	權悳奎	권덕규	正音頒布以後의 變遷(7) 創製는 어느 해일가?(夏期特別講座第十二講)	한글	·
371	1930-09-13	安民世	안민세	安在鴻	안재홍	白頭山登陟記(32)- 卒本高原넘기(1) 滿腔회포 무슨 회포	역사, 기행	·
372	1930-09-14	·	·	·	·	文字普及班消息(殷熙榮, 金貞玉)	한글, 사업	·
373	1930-09-14	權悳奎	권덕규	權悳奎	권덕규	正音頒布以後의 變遷(8) 崔萬理의 反對理由(夏期特別講座第十二講)	한글	·
374	1930-09-14	安民世	안민세	安在鴻	안재홍	白頭山登陟記(33)- 卒本高原넘기(2) 비속의 虛川江. 달 아레 鷹德嶺	역사, 기행	·
375	1930-09-15	社說	사설	·	·	學究的 勞力의 不足	역사, 학회	·
376	1930-09-15	權悳奎	권덕규	權悳奎	권덕규	正音頒布以後의 變遷(9) 崔萬理의 反對理由(夏期特別講座第十二講)	한글	·
377	1930-09-15	安民世	안민세	安在鴻	안재홍	白頭山登陟記(34)- 原峙嶺 내려 北靑에. 金城湯府의 關北雄府	역사, 기행	·
378	1930-09-16	·	·	·	·	文字普及班消息(朴夏潤, 孫鎔舟)	한글, 사업	·
379	1930-09-16	朴魯哲	박노철	朴魯哲	박노철	四郡位置簡考- 附眞番新說(1)	역사	·
380	1930-09-17	朴魯哲	박노철	朴魯哲	박노철	四郡位置簡考- 附眞番新說(2)	역사	·
381	1930-09-18	·	·	·	·	文字普及班消息(協實 金永昌)	한글, 사업	·
382	1930-09-18	朴魯哲	박노철	朴魯哲	박노철	四郡位置簡考- 附眞番新說(3)	역사	·
383	1930-09-19	朴魯哲	박노철	朴魯哲	박노철	四郡位置簡考- 附眞番新說(4)	역사	·
384	1930-09-20	朴魯哲	박노철	朴魯哲	박노철	四郡位置簡考- 附眞番新說(4)*5회	역사	연재횟수 오기
385	1930-09-21	文一平	문일평	文一平	문일평	朝鮮叛亂史論(1)	역사	·
386	1930-09-23	·	·	·	·	文字普及班消息(培材高普 具然昌)	한글, 사업	·
387	1930-09-23	文一平	문일평	文一平	문일평	朝鮮叛亂史論(2)	역사	·

연번	날짜	자료저자명 (한자)	자료저자명 (한글)	본명 (한자)	본명 (한글)	기사제목	분류	비고
388	1930-09-24	·	·	·	·	文字普及班消息(養正 柳達永/ 柳寅哲)	한글, 사업	·
389	1930-09-24	文一平	문일평	文一平	문일평	朝鮮叛亂史論(3)	역사	·
390	1930-09-26	文一平	문일평	文一平	문일평	朝鮮叛亂史論(4)	역사	·
391	1930-09-28	文一平	문일평	文一平	문일평	朝鮮叛亂史論(5)	역사	·
392	1930-09-30	文一平	문일평	文一平	문일평	朝鮮叛亂史論(6)	역사	·
393	1930-10-01	辛一星	신일성	辛一星	신일성	現實 朝鮮의 再認識(1)	역사	·
394	1930-10-01	·	·	·	·	文字普及班消息(韓永稷)	한글, 사업	·
395	1930-10-01	安自山	안자산	安自山	안확	朝鮮文學史(1)	문학	·
396	1930-10-02	辛一星	신일성	辛一星	신일성	現實 朝鮮의 再認識(2)	역사	·
397	1930-10-03	文一平	문일평	文一平	문일평	朝鮮叛亂史論(8)	역사	7회 미확인
398	1930-10-03	金龜洛	김구락	金龜洛	김구락	朝鮮을 中心으로 한 東洋의 印刷術(1) 그 起源과 發達	역사	·
399	1930-10-04	金龜洛	김구락	金龜洛	김구락	朝鮮을 中心으로 한 東洋의 印刷術(2) 그 起源과 發達	역사	·
400	1930-10-05	文一平	문일평	文一平	문일평	朝鮮叛亂史論(9)	역사	·
401	1930-10-05	金龜洛	김구락	金龜洛	김구락	朝鮮을 中心으로 한 東洋의 印刷術(3) 그 起源과 發達	역사	·
402	1930-10-06	金龜洛	김구락	金龜洛	김구락	朝鮮을 中心으로 한 東洋의 印刷術(4) 그 起源과 發達	역사	·
403	1930-10-07	辛一星	신일성	辛一星	신일성	現實 朝鮮의 再認識(5)	역사	3, 4회 미확인
404	1930-10-07	金龜洛	김구락	金龜洛	김구락	朝鮮을 中心으로 한 東洋의 印刷術(5) 그 起源과 發達	역사	·
405	1930-10-08	文一平	문일평	文一平	문일평	朝鮮叛亂史論(10)	역사	·
406	1930-10-08	金龜洛	김구락	金龜洛	김구락	朝鮮을 中心으로 한 東洋의 印刷術(6) 그 起源과 發達	역사	·
407	1930-10-09	辛一星	신일성	辛一星	신일성	現實 朝鮮의 再認識(6)	역사	·
408	1930-10-09	金龜洛	김구락	金龜洛	김구락	朝鮮을 中心으로 한 東洋의 印刷術(完) 그 起源과 發達	역사	·
409	1930-10-10	文一平	문일평	文一平	문일평	朝鮮叛亂史論(11)	역사	·
410	1930-10-11	申南澈	신남철	申南澈	신남철	哲學의 一般化와 俗流化(1) 韓雉振氏의 夏期講座를 읽고	철학	·
411	1930-10-12	李丙燾	이병도	李丙燾	이병도	玄菟, 臨屯郡考(1)	역사, 논설	·
412	1930-10-12	申南澈	신남철	申南澈	신남철	哲學의 一般化와 俗流化(2) 韓雉振氏의 夏期講座를 읽고	철학	·
413	1930-10-14	李丙燾	이병도	李丙燾	이병도	玄菟, 臨屯郡考(2)	역사, 논설	·
414	1930-10-14	申南澈	신남철	申南澈	신남철	哲學의 一般化와 俗流化(3) 韓雉振氏의 夏期講座를 읽고	철학	·
415	1930-10-15	李丙燾	이병도	李丙燾	이병도	玄菟, 臨屯郡考(3)	역사, 논설	·
416	1930-10-15	申南澈	신남철	申南澈	신남철	哲學의 一般化와 俗流化(4) 韓雉振氏의 夏期講座를 읽고	철학	·

연번	날짜	자료저자명(한자)	자료저자명(한글)	본명(한자)	본명(한글)	기사제목	분류	비고
417	1930-10-16	李丙燾	이병도	李丙燾	이병도	玄菟, 臨屯郡考(4)	역사, 논설	·
418	1930-10-16	申南澈	신남철	申南澈	신남철	哲學의 一般化와 俗流化(5) 韓雉振氏의 夏期講座를 읽고	철학	·
419	1930-10-17	李丙燾	이병도	李丙燾	이병도	玄菟, 臨屯郡考(5)	역사, 논설	·
420	1930-10-17	申南澈	신남철	申南澈	신남철	哲學의 一般化와 俗流化(6) 韓雉振氏의 夏期講座를 읽고	철학	·
421	1930-10-17	金思燁	김사엽	金思燁	김사엽	學生欄 研究: 朝鮮과 文字-한글研究를 主로(1)	한글	·
422	1930-10-18	李丙燾	이병도	李丙燾	이병도	玄菟, 臨屯郡考(6)	역사, 논설	·
423	1930-10-18	申南澈	신남철	申南澈	신남철	哲學의 一般化와 俗流化(7) 韓雉振氏의 夏期講座를 읽고	철학	·
424	1930-10-18	金思燁	김사엽	金思燁	김사엽	學生欄 研究: 朝鮮과 文字-한글研究를 主로(2)	한글	·
425	1930-10-19	申南澈	신남철	申南澈	신남철	哲學의 一般化와 俗流化(8) 韓雉振氏의 夏期講座를 읽고	철학	·
426	1930-10-22	李丙燾	이병도	李丙燾	이병도	玄菟, 臨屯郡考(7)	역사, 논설	·
427	1930-10-22	申南澈	신남철	申南澈	신남철	哲學의 一般化와 俗流化(9) 韓雉振氏의 夏期講座를 읽고	철학	·
428	1930-10-22	金思燁	김사엽	金思燁	김사엽	學生欄研究:朝鮮과文字- 한글研究를主로(2)*3회	한글	연재횟수 오기
429	1930-10-23	李丙燾	이병도	李丙燾	이병도	玄菟, 臨屯郡考(8)	역사, 논설	·
430	1930-10-23	申南澈	신남철	申南澈	신남철	哲學의 一般化와 俗流化(10) 韓雉振氏의 夏期講座를 읽고	철학	·
431	1930-10-23	金思燁	김사엽	金思燁	김사엽	學生欄研究:朝鮮과文字-한글研究를主로(2)*4회	한글	연재횟수 오기
432	1930-10-24	李丙燾	이병도	李丙燾	이병도	玄菟, 臨屯郡考(9)	역사, 논설	·
433	1930-10-25	李丙燾	이병도	李丙燾	이병도	玄菟, 臨屯郡考(10)	역사, 논설	·
434	1930-10-25	申南澈	신남철	申南澈	신남철	哲學의 一般化와 俗流化(11) 韓雉振氏의 夏期講座를 읽고	철학	·
435	1930-10-26	李丙燾	이병도	李丙燾	이병도	玄菟, 臨屯郡考(11)	역사, 논설	·
436	1930-10-27	李丙燾	이병도	李丙燾	이병도	玄菟, 臨屯郡考(12)	역사, 논설	·
437	1930-10-29	社說	사설	·	·	第二回文字普及班成績	한글, 사업	·
438	1930-10-29	·	·	·	·	本社主催 文字普及班 活動成績 九百班員奉仕的勞力! 萬五百人文字解得. 全解者만 八千五百五十五人. 前回보다 一躍 三倍好成績	한글, 사업	·
439	1930-10-30	李丙燾	이병도	李丙燾	이병도	玄菟, 臨屯郡考(13)	역사, 논설	·
440	1930-10-31	李丙燾	이병도	李丙燾	이병도	玄菟, 臨屯郡考(14)	역사, 논설	·
441	1930-11-01	李丙燾	이병도	李丙燾	이병도	玄菟, 臨屯郡考(15)	역사, 논설	·

연번	날짜	자료저자명(한자)	자료저자명(한글)	본명(한자)	본명(한글)	기사제목	분류	비고
442	1930-11-01	廉想涉	염상섭	廉想涉	염상섭	『朝鮮語綴字法講座』張志暎氏의 新著를 읽고(上)	한글	·
443	1930-11-02	李丙燾	이병도	李丙燾	이병도	玄菟, 臨屯郡考(16)	역사, 논설	·
444	1930-11-05	李丙燾	이병도	李丙燾	이병도	玄菟, 臨屯郡考(17)	역사, 논설	·
445	1930-11-05	廉想涉	염상섭	廉想涉	염상섭	『朝鮮語綴字法講座』張志暎氏의 新著를 읽고(中의1)	한글	·
446	1930-11-06	李丙燾	이병도	李丙燾	이병도	玄菟, 臨屯郡考(18)	역사, 논설	·
447	1930-11-06	廉想涉	염상섭	廉想涉	염상섭	『朝鮮語綴字法講座』張志暎氏의 新著를 읽고(中의2)	한글	·
448	1930-11-06	李丙燾	이병도	李丙燾	이병도	玄菟, 臨屯郡考(19)	역사, 논설	·
449	1930-11-07	廉想涉	염상섭	廉想涉	염상섭	『朝鮮語綴字法講座』張志暎氏의 新著를 읽고(下)	한글	·
450	1930-11-08	李丙燾	이병도	李丙燾	이병도	玄菟, 臨屯郡考(20)	역사, 논설	·
451	1930-11-09	李丙燾	이병도	李丙燾	이병도	玄菟, 臨屯郡考(21)	역사, 논설	·
452	1930-11-11	金台俊	김태준	金台俊	김태준	朝鮮小說史(9)	문학	*조선소설사(1~68회)는 동아일보(1930년 10월 31일~1931년 2월 25일)에 연재되었는데 9회분만 동아일보와 조선일보에 동시에 게재됨.
453	1930-11-12	李丙燾	이병도	李丙燾	이병도	玄菟, 臨屯郡考(23)	역사, 논설	22회 미확인
454	1930-11-13	李丙燾	이병도	李丙燾	이병도	玄菟, 臨屯郡考(24)	역사, 논설	·
455	1930-11-14	·	·	·	·	資本文明에 信號 鐵道開通三十週年史(1)	역사	·
456	1930-11-15	·	·	·	·	資本文明에 信號 鐵道開通三十週年史(2)	역사	·
457	1930-11-16	·	·	·	·	資本文明에 信號 鐵道開通三十週年史(3)	역사	·
458	1930-11-16	李丙燾	이병도	李丙燾	이병도	玄菟, 臨屯郡考(25)	역사, 논설	·
459	1930-11-18	·	·	·	·	한글四百八十週年 頒布祝賀擧行. 십구일 밤 명월관에서 朝鮮語研究會主催	한글, 사업	·
460	1930-11-18	·	·	·	·	資本文明에 信號 鐵道開通三十週年史(4)	역사	·
461	1930-11-18	李丙燾	이병도	李丙燾	이병도	玄菟, 臨屯郡考(完)	역사, 논설	·
462	1930-11-19	社說	사설	·	·	한글날을 마저서	한글, 사업	·
463	1930-11-19	·	·	·	·	한글날484 한글반포 사백여든넷재 돐을 맞으면서	한글, 사업	·
464	1930-11-19	李克魯	이극로	李克魯	이극로	標準文法과 標準辭典	한글,	·

연번	날짜	자료저자명(한자)	자료저자명(한글)	본명(한자)	본명(한글)	기사제목	분류	비고
							사업	
465	1930-11-19	鄭烈模	정열모	鄭烈模	정열모	이날에 간절히 늣기는 바	한글, 사업	·
466	1930-11-19	·	·	·	·	한글날에 追慕되는 周時經先生. 世宗大王 이후의 이 한 분 뿐. 한줄에 꾀인 듯한 그의 연구	한글, 사업	·
467	1930-11-19	張志暎	장지영	張志暎	장지영	우라말에 석인 漢語問題(1) 이를 어떻게 處理할까?	한글, 사업	·
468	1930-11-19	·	·	·	·	한글紀念祝賀 朝鮮語硏究會 主催	한글, 사업	·
469	1930-11-19	李秉岐	이병기	李秉岐	이병기	朝鮮語硏究의 現狀	한글, 사업	·
470	1930-11-19	·	·	·	·	資本文明에 信號 鐵道開通三十週年史(5)	역사	·
471	1930-11-20	張志暎	장지영	張志暎	장지영	우라말에 석인 漢語問題(2) 이를 어떻게 處理할까?	한글, 사업	·
472	1930-11-20	·	·	·	·	地方人士의 한글讚(1)	한글, 사업	·
473	1930-11-20	朴魯哲	박노철	朴魯哲	박노철	上古震域位置考(1) 濊貊種族分布表	역사	·
474	1930-11-21	·	·	·	·	資本文明에 信號 鐵道開通三十週年史(6)	역사	·
475	1930-11-21	張志暎	장지영	張志暎	장지영	우라말에 석인 漢語問題(3) 이를 어떻게 處理할까?	한글, 사업	·
476	1930-11-21	·	·	·	·	地方人士의 한글讚(2)	한글, 사업	·
477	1930-11-21	朴魯哲	박노철	朴魯哲	박노철	上古震域位置考(2) 濊貊種族分布表	역사	·
478	1930-11-22	·	·	·	·	資本文明에 信號 鐵道開通三十週年史(7)	역사	·
479	1930-11-22	社說	사설	·	·	冬閑期와 文字普及	한글, 사업	·
480	1930-11-22	朴魯哲	박노철	朴魯哲	박노철	上古震域位置考(3) 濊貊種族分布表	역사	·
481	1930-11-22	·	·	·	·	來賓千數百에 達하야 堂內에 感激 橫溢. 本社文字普及班入賞者授賞及慰安會	한글, 사업	·
482	1930-11-23	·	·	·	·	資本文明에 信號 鐵道開通三十週年史(8)	역사	·
483	1930-11-23	社說	사설	·	·	檀君과 朝鮮史的 價値-開天節에 臨한 一論點	역사	·
484	1930-11-23	張志暎	장지영	張志暎	장지영	우라말에 석인 漢語問題(4) 이를 어떻게 處理할까?	한글, 사업	·
485	1930-11-24	·	·	·	·	資本文明에 信號 鐵道開通三十週年史(9)	역사	·
486	1930-11-25	張志暎	장지영	張志暎	장지영	우라말에 석인 漢語問題(5) 이를 어떻게 處理할까?	한글, 사업	·
487	1930-11-25	朴魯哲	박노철	朴魯哲	박노철	上古震域位置考(4) 濊貊種族分布表	역사	·
488	1930-11-26	朴魯哲	박노철	朴魯哲	박노철	上古震域位置考(5) 濊貊種族分布表	역사	·
489	1930-11-26	·	·	·	·	資本文明에 信號 鐵道開通三十週年史(10)	역사	·
490	1930-11-27	朴魯哲	박노철	朴魯哲	박노철	上古震域位置考(6) 濊貊種族分布表	역사	·
491	1930-11-28	·	·	·	·	資本文明에 信號 鐵道開通三十週年史(11)	역사	·
492	1930-11-28	朴魯哲	박노철	朴魯哲	박노철	上古震域位置考(7) 濊貊種族分布表	역사	·
493	1930-11-29	朴魯哲	박노철	朴魯哲	박노철	上古震域位置考(8) 濊貊種族分布表	역사	·
494	1930-11-29	·	·	·	·	資本文明에 信號 鐵道開通三十週年史(12)	역사	·

연번	날짜	자료저자명(한자)	자료저자명(한글)	본명(한자)	본명(한글)	기사제목	분류	비고
495	1930-11-30	韓雉振	한치진	韓雉振	한치진	人性의 本質論(1)	철학	·
496	1930-11-30	朴魯哲	박노철	朴魯哲	박노철	上古震域位置考(9) 濊貊種族分布表	역사	·
497	1930-12-01	韓雉振	한치진	韓雉振	한치진	人性의 本質論(2)	철학	·
498	1930-12-01	朴魯哲	박노철	朴魯哲	박노철	上古震域位置考(10) 濊貊種族分布表	역사	·
499	1930-12-02	·	·	·	·	資本文明에 信號 鐵道開通三十週年史(13)	역사	·
500	1930-12-02	韓雉振	한치진	韓雉振	한치진	人性의 本質論(3)	철학	·
501	1930-12-02	朴魯哲	박노철	朴魯哲	박노철	上古震域位置考(11) 濊貊種族分布表	역사	·
502	1930-12-03	·	·	·	·	資本文明에 信號 鐵道開通三十週年史(14)	역사	·
503	1930-12-03	韓雉振	한치진	韓雉振	한치진	人性의 本質論(4)	철학	·
504	1930-12-04	·	·	·	·	資本文明에 信號 鐵道開通三十週年史(15)	역사	·
505	1930-12-04	韓雉振	한치진	韓雉振	한치진	人性의 本質論(5)	철학	·
506	1930-12-04	朴魯哲	박노철	朴魯哲	박노철	上古震域位置考(12) 濊貊種族分布表	역사	·
507	1930-12-05	韓雉振	한치진	韓雉振	한치진	人性의 本質論(6)	철학	·
508	1930-12-06	韓雉振	한치진	韓雉振	한치진	人性의 本質論(7)	철학	·
509	1930-12-06	朴魯哲	박노철	朴魯哲	박노철	上古震域位置考(13) 濊貊種族分布表	역사	·
510	1930-12-06	裵元弼	배원필	裵元弼	배원필	近代國家의 形成과 唯物史觀的 見解(1)(明大法政科 裵元弼)	역사, 논설	·
511	1930-12-07	韓雉振	한치진	韓雉振	한치진	人性의 本質論(8)	철학	·
512	1930-12-07	裵元弼	배원필	裵元弼	배원필	近代國家의 形成과 唯物史觀的 見解(1)*2회 政科 裵元弼)	역사, 논설	연재횟수 오기
513	1930-12-07	·	·	·	·	文化事業의 根本策인 文盲退治와 한글運動에 二大歌謠懸賞募集(文字普及歌, 한글紀念歌)	한글, 사업	·
514	1930-12-08	朴魯哲	박노철	朴魯哲	박노철	上古震域位置考(14) 濊貊種族分布表	역사	·
515	1930-12-08	裵元弼	배원필	裵元弼	배원필	近代國家의 形成과 唯物史觀的 見解(3)(明大法政科 裵元弼)	역사, 논설	·
516	1930-12-08	韓雉振	한치진	韓雉振	한치진	人性의 本質論(9)	철학	·
517	1930-12-09	裵元弼	배원필	裵元弼	배원필	近代國家의 形成과 唯物史觀的 見解(3)*4회 政科 裵元弼)	역사, 논설	연재횟수 오기
518	1930-12-10	朴魯哲	박노철	朴魯哲	박노철	上古震域位置考(15) 濊貊種族分布表	역사	·
519	1930-12-10	裵元弼	배원필	裵元弼	배원필	近代國家의 形成과 唯物史觀的 見解(4)*5회 政科 裵元弼)	역사, 논설	연재횟수 오기
520	1930-12-10	韓雉振	한치진	韓雉振	한치진	人性의 本質論(10)	철학	·
521	1930-12-11	朴魯哲	박노철	朴魯哲	박노철	上古震域位置考(完) 濊貊種族分布表	역사	·
522	1930-12-11	裵元弼	배원필	裵元弼	배원필	近代國家의 形成과 唯物史觀的 見解(5)*6회(明大法政科 裵元弼)	역사, 논설	연재횟수 오기
523	1930-12-12	裵元弼	배원필	裵元弼	배원필	近代國家의 形成과 唯物史觀的 見解(6)*7회(明大法政科 裵元弼)	역사, 논설	연재횟수 오기
524	1930-12-13	裵元弼	배원필	裵元弼	배원필	近代國家의 形成과 唯物史觀的 見解(7)*8회(明大法政科 裵元弼)	역사, 논설	연재횟수 오기
525	1930-12-14	裵元弼	배원필	裵元弼	배원필	近代國家의 形成과 唯物史觀的 見解(8)*9회(明大法政科 裵元弼)	역사, 논설	연재횟수 오기
526	1930-12-14	·	·	·	·	樂浪時代의 古物들을 發掘. 큰스타치會社 공사중. 今後는 當局에서 發掘	고적	·
527	1930-12-16	裵元弼	배원필	裵元弼	배원필	近代國家의 形成과 唯物史觀的	역사,	연재횟수 오기

연번	날짜	자료저자명(한자)	자료저자명(한글)	본명(한자)	본명(한글)	기사제목	분류	비고
						見解(9)*10회(明大法政科 裵元弼)	논설	
528	1930-12-17	裵元弼	배원필	裵元弼	배원필	近代國家의 形成과 唯物史觀的 見解(10)*11회(明大法政科 裵元弼)	역사, 논설	연재횟수 오기
529	1930-12-20	李丙燾	이병도	李丙燾	이병도	高麗太祖의 地力信仰(1)	역사, 논설	·
530	1930-12-20	朴明茁	박명줄	朴明茁	박명줄	韓雉振詩의 『人性의 本質論』을 읽고(1)	철학	·
531	1930-12-21	李丙燾	이병도	李丙燾	이병도	高麗太祖의 地力信仰(2)	역사, 논설	·
532	1930-12-21	朴明茁	박명줄	朴明茁	박명줄	韓雉振詩의 『人性의 本質論』을 읽고(2)	철학	·
533	1930-12-23	李丙燾	이병도	李丙燾	이병도	高麗太祖의 地力信仰(3)	역사, 논설	·
534	1930-12-23	朴明茁	박명줄	朴明茁	박명줄	韓雉振詩의 『人性의 本質論』을 읽고(完)	철학	·
535	1930-12-24	李丙燾	이병도	李丙燾	이병도	高麗太祖의 地力信仰(4)	역사, 논설	·
536	1930-12-25	李丙燾	이병도	李丙燾	이병도	高麗太祖의 地力信仰(5)	역사, 논설	·
537	1930-12-26	李丙燾	이병도	李丙燾	이병도	高麗太祖의 地力信仰(6)	역사, 논설	·
538	1930-12-26	朴魯哲	박노철	朴魯哲	박노철	渤海遺蹟簡草(上)	역사, 기행	·
539	1930-12-27	李丙燾	이병도	李丙燾	이병도	高麗太祖의 地力信仰(7)	역사, 논설	·
540	1930-12-27	朴魯哲	박노철	朴魯哲	박노철	渤海遺蹟簡草(中)	역사, 기행	·
541	1930-12-28	李丙燾	이병도	李丙燾	이병도	高麗太祖의 地力信仰(8)	역사, 논설	·
542	1930-12-28	朴魯哲	박노철	朴魯哲	박노철	渤海遺蹟簡草(下)	역사, 기행	·
543	1931-01-01	文一平	문일평	文一平	문일평	辛未年의 史的考察(1)	역사	·
544	1931-01-01	張志暎	장지영	張志暎	장지영	한글兩大運動의 庚午一年間回顧(1)	한글, 사업	·
545	1931-01-01	柳光烈	유광렬	柳光烈	유광렬	間島의 史的考察- 高句麗, 渤海, 高麗, 李朝 以來 變遷(1)	역사	·
546	1931-01-02	柳光烈	유광렬	柳光烈	유광렬	間島의 史的考察- 高句麗, 渤海, 高麗, 李朝 以來 變遷(2)	역사	·
547	1931-01-02	文一平	문일평	文一平	문일평	辛未年의 史的考察(2)	역사	·
548	1931-01-02	張志暎	장지영	張志暎	장지영	한글兩大運動의 庚午一年間回顧(2)	한글, 사업	·
549	1931-01-03	·	·	·	·	본사신춘사업-아는 것이 힘, 배워야 산다 / 동계문자보급반 개설, 서당선생강습개설, 『朝鮮農村』 발행, 소책자간행	한글, 사업	·
550	1931-01-03	柳光烈	유광렬	柳光烈	유광렬	間島의 史的考察- 高句麗, 渤海, 高麗, 李朝 以來 變遷(3)	역사	·
551	1931-01-04	文一平	문일평	文一平	문일평	辛未年의 史的考察(3)	역사	·
552	1931-01-04	柳光烈	유광렬	柳光烈	유광렬	間島의 史的考察- 高句麗, 渤海, 高麗, 李朝 以來 變遷(4)	역사	·

연번	날짜	자료저자명(한자)	자료저자명(한글)	본명(한자)	본명(한글)	기사제목	분류	비고
553	1931-01-04	·	·	·	·	1년간 새로히 생긴 일(其2) 新綴字法採用 朝鮮語讀本改正	한글	·
554	1931-01-05	柳光烈	유광렬	柳光烈	유광렬	間島의 史的考察- 高句麗, 渤海, 高麗, 李朝 以來 變遷(5)	역사	·
555	1931-01-06	柳光烈	유광렬	柳光烈	유광렬	間島의 史的考察- 高句麗, 渤海, 高麗, 李朝 以來 變遷(6)	역사	·
556	1931-01-07	柳光烈	유광렬	柳光烈	유광렬	間島의 史的考察- 高句麗, 渤海, 高麗, 李朝 以來 變遷(7)	역사	·
557	1931-01-08	柳光烈	유광렬	柳光烈	유광렬	間島의 史的考察- 高句麗, 渤海, 高麗, 李朝 以來 變遷(8)	역사	·
558	1931-01-09	柳光烈	유광렬	柳光烈	유광렬	間島의 史的考察- 高句麗, 渤海, 高麗, 李朝 以來 變遷(9)	역사	·
559	1931-01-10	安自山	안자산	安廓	안확	文學史 第3章 三國時代의 文學(1)	문학, 역사	·
560	1931-01-10	柳光烈	유광렬	柳光烈	유광렬	間島의 史的考察- 高句麗, 渤海, 高麗, 李朝 以來 變遷(10)	역사	·
561	1931-01-11	安自山	안자산	安廓	안확	文學史 第3章 三國時代의 文學(2)	문학, 역사	·
562	1931-01-11	張志暎	장지영	張志暎	장지영	한글質疑	한글	·
563	1931-01-11	柳光烈	유광렬	柳光烈	유광렬	間島의 史的考察- 高句麗, 渤海, 高麗, 李朝 以來 變遷(11)	역사	·
564	1931-01-12	柳光烈	유광렬	柳光烈	유광렬	間島의 史的考察- 高句麗, 渤海, 高麗, 李朝 以來 變遷(12)	역사	·
565	1931-01-13	張志暎	장지영	張志暎	장지영	한글質疑	한글	·
566	1931-01-13	柳光烈	유광렬	柳光烈	유광렬	間島의 史的考察- 高句麗, 渤海, 高麗, 李朝 以來 變遷(13)	역사	·
567	1931-01-14	安自山	안자산	安廓	안확	文學史 第3章 三國時代의 文學(3)	문학, 역사	·
568	1931-01-14	柳光烈	유광렬	柳光烈	유광렬	間島의 史的考察- 高句麗, 渤海, 高麗, 李朝 以來 變遷(14)	역사	·
569	1931-01-15	安自山	안자산	安廓	안확	文學史 第3章 三國時代의 文學(4)	문학, 역사	·
570	1931-01-15	李丙燾	이병도	李丙燾	이병도	高麗太祖의 地方信仰(續1)	역사	·
571	1931-01-15	柳光烈	유광렬	柳光烈	유광렬	間島의 史的考察- 高句麗, 渤海, 高麗, 李朝 以來 變遷(15)	역사	·
572	1931-01-16	安自山	안자산	安廓	안확	文學史 第3章 三國時代의 文學(5)	문학, 역사	·
573	1931-01-16	李丙燾	이병도	李丙燾	이병도	高麗太祖의 地方信仰(續2)	역사	·
574	1931-01-16	柳光烈	유광렬	柳光烈	유광렬	間島의 史的考察- 高句麗, 渤海, 高麗, 李朝 以來 變遷(16)	역사	·
575	1931-01-17	安自山	안자산	安廓	안확	文學史 第3章 三國時代의 文學(6)	문학, 역사	·
576	1931-01-17	李丙燾	이병도	李丙燾	이병도	高麗太祖의 地方信仰(續3)	역사	·
577	1931-01-17	柳光烈	유광렬	柳光烈	유광렬	間島의 史的考察- 高句麗, 渤海, 高麗, 李朝 以來 變遷(17)	역사	·
578	1931-01-18	安自山	안자산	安廓	안확	文學史 第3章 三國時代의 文學(9)	문학,	·

연번	날짜	자료저자명(한자)	자료저자명(한글)	본명(한자)	본명(한글)	기사제목	분류	비고
							역사	
579	1931-01-18	柳光烈	유광렬	柳光烈	유광렬	間島의 史的考察- 高句麗, 渤海, 高麗, 李朝 以來 變遷(18)	역사	·
580	1931-01-20	柳光烈	유광렬	柳光烈	유광렬	間島의 史的考察- 高句麗, 渤海, 高麗, 李朝 以來 變遷(19)	역사	·
581	1931-01-21	柳光烈	유광렬	柳光烈	유광렬	間島의 史的考察- 高句麗, 渤海, 高麗, 李朝 以來 變遷(20)	역사	·
582	1931-01-22	張志暎	장지영	張志暎	장지영	한글質疑	한글	·
583	1931-01-22	柳光烈	유광렬	柳光烈	유광렬	間島의 史的考察- 高句麗, 渤海, 高麗, 李朝 以來 變遷(21)	역사	·
584	1931-01-23	張志暎	장지영	張志暎	장지영	한글質疑	한글	·
585	1931-01-23	柳光烈	유광렬	柳光烈	유광렬	間島의 史的考察- 高句麗, 渤海, 高麗, 李朝 以來 變遷(22)	역사	·
586	1931-01-24	張志暎	장지영	張志暎	장지영	한글質疑	한글	·
587	1931-01-24	柳光烈	유광렬	柳光烈	유광렬	間島의 史的考察- 高句麗, 渤海, 高麗, 李朝 以來 變遷(23)	역사	·
588	1931-01-25	柳光烈	유광렬	柳光烈	유광렬	間島의 史的考察- 高句麗, 渤海, 高麗, 李朝 以來 變遷(24)	역사	·
589	1931-01-26	社說	사설	·	·	漢字制限과 語音標記	한글	·
590	1931-01-26	·	·	·	·	漢字制限과 局外語音調査- 위원 삼십구명을 선정 朝鮮語學會 硏究 鎭海	한글, 사업	·
591	1931-01-26	柳光烈	유광렬	柳光烈	유광렬	間島의 史的考察- 高句麗, 渤海, 高麗, 李朝 以來 變遷(25)	역사	·
592	1931-01-27	張志暎	장지영	張志暎	장지영	한글質疑	한글	·
593	1931-01-27	柳光烈	유광렬	柳光烈	유광렬	間島의 史的考察- 高句麗, 渤海, 高麗, 李朝 以來 變遷(29)*26회	역사	연재횟수 오기
594	1931-01-28	張志暎	장지영	張志暎	장지영	한글質疑	한글	·
595	1931-01-28	柳光烈	유광렬	柳光烈	유광렬	間島의 史的考察- 高句麗, 渤海, 高麗, 李朝 以來 變遷(27)	역사	·
596	1931-01-29	金泰洽	김태흡	金泰洽	김태흡	壬亂과 僧兵(2)*1회	역사	연재횟수 오기
597	1931-01-30	金泰洽	김태흡	金泰洽	김태흡	壬亂과 僧兵(2)	역사	·
598	1931-01-31	社說	사설	·	·	文字보급의 新宣揚- 各地響應巨大	한글, 사업	·
599	1931-01-31	·	·	·	·	文字普及運動과 各地響應	한글, 사업	·
600	1931-01-31	張志暎	장지영	張志暎	장지영	한글質疑	한글	·
601	1931-01-31	金泰洽	김태흡	金泰洽	김태흡	壬亂과 僧兵(3)	역사	·
602	1931-01-31	柳光烈	유광렬	柳光烈	유광렬	間島의 史的考察- 高句麗, 渤海, 高麗, 李朝 以來 變遷(28)	역사	·
603	1931-02-01	金泰洽	김태흡	金泰洽	김태흡	壬亂과 僧兵(4)	역사	·
604	1931-02-01	張志暎	장지영	張志暎	장지영	한글質疑	한글	·
605	1931-02-02	柳光烈	유광렬	柳光烈	유광렬	間島의 史的考察- 高句麗, 渤海, 高麗, 李朝 以來 變遷(29)	역사	·
606	1931-02-03	金泰洽	김태흡	金泰洽	김태흡	壬亂과 僧兵(5)	역사	·

연번	날짜	자료저자명(한자)	자료저자명(한글)	본명(한자)	본명(한글)	기사제목	분류	비고
607	1931-02-03	張志暎	장지영	張志暎	장지영	한글質疑	한글	·
608	1931-02-05	金泰洽	김태흡	金泰洽	김태흡	壬亂과 僧兵(完)	역사	·
609	1931-02-05	張志暎	장지영	張志暎	장지영	한글質疑	한글	·
610	1931-02-07	張志暎	장지영	張志暎	장지영	한글質疑	한글	·
611	1931-02-08	張志暎	장지영	張志暎	장지영	한글質疑	한글	·
612	1931-02-13	張志暎	장지영	張志暎	장지영	한글質疑	한글	·
613	1931-02-14	張志暎	장지영	張志暎	장지영	한글質疑	한글	·
614	1931-02-15	·	·	·	·	文字普及의 烽火, 全朝鮮的으로 準備	한글, 사업	·
615	1931-02-15	張志暎	장지영	張志暎	장지영	한글質疑	한글	·
616	1931-02-16	張志暎	장지영	張志暎	장지영	한글質疑	한글	·
617	1931-02-18	·	·	·	·	한글, 조선근세사강습회 /期日: 2월 23일 하오 7시부터, 處所: 시내 연지동 蓮池敎會 전도실, 申請處所: 연지동 儆新學校 陳錫五씨에게, 강사: 權悳奎, 李秉岐, 張志暎, 회비: 삼십전, 주최: 蓮洞청년면려회교육부, 후원: 조선일보사문화부	한글, 역사, 사업	·
618	1931-02-19	·	·	·	·	한글과 近世史, 一週間 繼續講演 련동 면려청년회 주최로, 本社 文化部 後援	한글, 역사, 사업	·
619	1931-02-22	·	·	·	·	한글, 조선근세사강습회 /期日: 2월 23일 하오 7시부터, 處所: 시내 연지동 蓮池敎會 전도실, 申請處所: 연지동 儆新學校 陳錫五씨에게, 강사: 權悳奎, 李秉岐, 李瑄根, 張志暎, 회비: 삼십전, 주최: 蓮洞청년면려회교육부, 후원: 조선일보사문화부	한글, 역사, 사업	·
620	1931-02-22	柳白鷺	유백로	柳白鷺	유백로	文字普及運動의 急務(1) 指導機關의 出現을 期함	한글, 사업	·
621	1931-02-24	金碩坤	김석곤	金碩坤	김석곤	한글 가로쓰기에 대하야(1)	한글	·
622	1931-02-24	柳白鷺	유백로	柳白鷺	유백로	文字普及運動의 急務(2) 指導機關의 出現을 期함	한글, 사업	·
623	1931-02-25	金碩坤	김석곤	金碩坤	김석곤	한글 가로쓰기에 대하야(2)	한글	·
624	1931-02-25	柳白鷺	유백로	柳白鷺	유백로	文字普及運動의 急務(3) 指導機關의 出現을 期함	한글, 사업	·
625	1931-02-25	張志暎	장지영	張志暎	장지영	한글質疑	한글	·
626	1931-02-26	金碩坤	김석곤	金碩坤	김석곤	한글 가로쓰기에 대하야(3)	한글	·
627	1931-02-26	張志暎	장지영	張志暎	장지영	한글質疑	한글	·
628	1931-02-27	金碩坤	김석곤	金碩坤	김석곤	한글 가로쓰기에 대하야(4)	한글	·
629	1931-02-28	金碩坤	김석곤	金碩坤	김석곤	한글 가로쓰기에 대하야(5)	한글	·
630	1931-02-28	柳白鷺	유백로	柳白鷺	유백로	文字普及運動의 急務(4) 指導機關의 出現을 期함	한글, 사업	·
631	1931-02-28	張志暎	장지영	張志暎	장지영	한글質疑	한글	·
632	1931-03-01	金碩坤	김석곤	金碩坤	김석곤	한글 가로쓰기에 대하야(完)	한글	·
633	1931-03-01	柳白鷺	유백로	柳白鷺	유백로	文字普及運動의 急務(5) 指導機關의 出現을 期함	한글, 사업	·
634	1931-03-03	柳白鷺	유백로	柳白鷺	유백로	文字普及運動의 急務(完) 指導機關의 出現을 期함	한글, 사업	·

연번	날짜	자료저자명 (한자)	자료저자명 (한글)	본명 (한자)	본명 (한글)	기사제목	분류	비고
635	1931-03-04	朴明茁	박명줄	朴明茁	박명줄	人猿同祖說(上)-某宗敎家의 說敎를 듯고	논설	·
636	1931-03-05	朴明茁	박명줄	朴明茁	박명줄	人猿同祖說(中)-某宗敎家의 說敎를 듯고	논설	·
637	1931-03-06	朴明茁	박명줄	朴明茁	박명줄	人猿同祖說(下)-某宗敎家의 說敎를 듯고	논설	·
638	1931-03-06	張志暎	장지영	張志暎	장지영	한글質疑	한글	·
639	1931-03-08	張志暎	장지영	張志暎	장지영	한글質疑	한글	·
640	1931-03-10	金碩坤	김석곤	金碩坤	김석곤	「한글 가로쓰기에 대하야」에 이어서(1)	한글	·
641	1931-03-10	張志暎	장지영	張志暎	장지영	한글質疑	한글	·
642	1931-03-11	金碩坤	김석곤	金碩坤	김석곤	「한글 가로쓰기에 대하야」에 이어서(2)	한글	·
643	1931-03-11	張志暎	장지영	張志暎	장지영	한글質疑	한글	·
644	1931-03-12	金碩坤	김석곤	金碩坤	김석곤	「한글 가로쓰기에 대하야」에 이어서(完)	한글	·
645	1931-03-14	張志暎	장지영	張志暎	장지영	한글質疑	한글	·
646	1931-03-20	張志暎	장지영	張志暎	장지영	한글質疑	한글	·
647	1931-03-21	張志暎	장지영	張志暎	장지영	한글質疑	한글	·
648	1931-03-24	張志暎	장지영	張志暎	장지영	한글質疑	한글	·
649	1931-03-25	萬弩山人	만노산인	·	·	朝鮮歷史奇譚(1) 瞽人의 奇緣(1)	역사, 문학	·
650	1931-03-25	張志暎	장지영	張志暎	장지영	한글質疑	한글	·
651	1931-03-26	萬弩山人	만노산인	·	·	朝鮮歷史奇譚(2) 瞽人의 奇緣(2)	역사, 문학	·
652	1931-03-26	張志暎	장지영	張志暎	장지영	한글質疑	한글	·
653	1931-03-27	萬弩山人	만노산인	·	·	朝鮮歷史奇譚(3) 瞽人의 奇緣(完)	역사, 문학	·
654	1931-03-27	張志暎	장지영	張志暎	장지영	한글質疑	한글	·
655	1931-03-28	萬弩山人	만노산인	·	·	朝鮮歷史奇譚(4) 酒母의 遠識(1)	역사, 문학	·
656	1931-03-28	張志暎	장지영	張志暎	장지영	한글質疑	한글	·
657	1931-03-28	·	·	·	·	眞興王「北狩碑」와 利原郡民의 護碑熱- 박물관 안에 빼앗기려고 巨金모아 碑閣建築」	기타	·
658	1931-03-29	萬弩山人	만노산인	·	·	朝鮮歷史奇譚(5) 酒母의 遠識(2)	역사, 문학	·
659	1931-03-30	萬弩山人	만노산인	·	·	朝鮮歷史奇譚(6) 酒母의 遠識(完)	역사, 문학	·
660	1931-03-30	張志暎	장지영	張志暎	장지영	한글質疑	한글	·
661	1931-03-31	萬弩山人	만노산인	·	·	朝鮮歷史奇譚(7) 妙妓의 知人(1)	역사, 문학	·
662	1931-03-31	張志暎	장지영	張志暎	장지영	한글質疑	한글	·
663	1931-04-01	萬弩山人	만노산인	·	·	朝鮮歷史奇譚(8) 妙妓의 知人(2)	역사, 문학	·
664	1931-04-02	萬弩山人	만노산인	·	·	朝鮮歷史奇譚(9) 妙妓의 知人(3)	역사, 문학	·
665	1931-04-02	張志暎	장지영	張志暎	장지영	한글質疑	한글	·
666	1931-04-03	萬弩山人	만노산인	·	·	朝鮮歷史奇譚(10) 妙妓의 知人(3)*4회	역사, 문학	연재횟수 오기
667	1931-04-05	萬弩山人	만노산인	·	·	朝鮮歷史奇譚(11) 妙妓의 知人(4)*5회	역사,	연재횟수 오기

연번	날짜	자료저자명(한자)	자료저자명(한글)	본명(한자)	본명(한글)	기사제목	분류	비고
							문학	
668	1931-04-06	張志暎	장지영	張志暎	장지영	한글質疑	한글	·
669	1931-04-07	萬弩山人	만노산인	·	·	朝鮮歷史奇譚(12) 花燭夜深盟(1)	역사, 문학	·
670	1931-04-07	張志暎	장지영	張志暎	장지영	한글質疑	한글	·
671	1931-04-08	萬弩山人	만노산인	·	·	朝鮮歷史奇譚(13) 花燭夜深盟(2)	역사, 문학	·
672	1931-04-09	萬弩山人	만노산인	·	·	朝鮮歷史奇譚(14) 花燭夜深盟(3)	역사, 문학	·
673	1931-04-10	張志暎	장지영	張志暎	장지영	한글質疑	한글	·
674	1931-04-11	張志暎	장지영	張志暎	장지영	한글質疑	한글	·
675	1931-04-12	安自山	안자산	安廓	안확	時調의 體格風格(1)	문학	·
676	1931-04-12	張志暎	장지영	張志暎	장지영	한글質疑	한글	·
677	1931-04-14	安自山	안자산	安廓	안확	時調의 體格風格(2)	문학	·
678	1931-04-14	張志暎	장지영	張志暎	장지영	한글質疑	한글	·
679	1931-04-15	·	·	·	·	高句麗時代 珍器를 發掘	역사, 고적	·
680	1931-04-15	萬弩山人	만노산인	·	·	朝鮮歷史奇譚(15) 花燭夜深盟(4)	역사, 문학	·
681	1931-04-16	萬弩山人	만노산인	·	·	朝鮮歷史奇譚(16) 閨中參謀	역사, 문학	·
682	1931-04-17	萬弩山人	만노산인	·	·	朝鮮歷史奇譚(17) 琴裡巫山夢(1)	역사, 문학	·
683	1931-04-17	安自山	안자산	安廓	안확	時調의 體格風格(3)	문학	·
684	1931-04-18	萬弩山人	만노산인	·	·	朝鮮歷史奇譚(18) 琴裡巫山夢(2)	역사, 문학	·
685	1931-04-18	張志暎	장지영	張志暎	장지영	한글質疑	한글	·
686	1931-04-19	安自山	안자산	安廓	안확	時調의 體格風格(完)	문학	·
687	1931-04-19	萬弩山人	만노산인	·	·	朝鮮歷史奇譚(19) 琴裡巫山夢(3)	역사, 문학	·
688	1931-04-19	張志暎	장지영	張志暎	장지영	한글質疑	한글	·
689	1931-04-20	萬弩山人	만노산인	·	·	朝鮮歷史奇譚(20) 琴裡巫山夢(4)	역사, 문학	·
690	1931-04-21	萬弩山人	만노산인	·	·	朝鮮歷史奇譚(30)*21회 三壯士의 誇力	역사, 문학	연재횟수 오기
691	1931-04-22	萬弩山人	만노산인	·	·	朝鮮歷史奇譚(31)*22회 月夜에 活命(1)	역사, 문학	연재횟수 오기
692	1931-04-23	萬弩山人	만노산인	·	·	朝鮮歷史奇譚(31)*23회 月夜에 活命(2)	역사, 문학	연재횟수 오기
693	1931-04-24	萬弩山人	만노산인	·	·	朝鮮歷史奇譚(33)*24회 紅扇으로 約婚	역사, 문학	연재횟수 오기
694	1931-04-24	張志暎	장지영	張志暎	장지영	한글質疑	한글	·
695	1931-04-25	·	·	·	·	今日! 第三八七回 李舜臣 誕日 음력으로 삼월 팔일날. 묵은 人物에 새 光彩	역사, 사업	·
696	1931-04-25	萬弩山人	만노산인	·	·	朝鮮歷史奇譚(34)*25회 王子의 片戀(1)	역사,	연재횟수 오기

연번	날짜	자료저자명 (한자)	자료저자명 (한글)	본명 (한자)	본명 (한글)	기사제목	분류	비고
							문학	
697	1931-04-25	張志暎	장지영	張志暎	장지영	한글質疑	한글	·
698	1931-04-26	·	·	·	·	歷史的으로 燦然한 朝鮮名畵展覽. 총독부 경복궁 안에서 5월 9일부터 3일간	미술, 사업	·
699	1931-04-26	萬弩山人	만노산인	·	·	朝鮮歷史奇譚(25)*26회 王子의 片戀(2)	역사, 문학	연재횟수 오기
700	1931-04-26	丁洪教	정홍교	丁洪教	정홍교	東西洋의 發明家를 차저서(33) 맨처음으로 甲鑑거북선 發明-朝鮮篇(15) 李舜臣氏	역사, 사업	·
701	1931-04-27	萬弩山人	만노산인	·	·	朝鮮歷史奇譚(26)*27회 丐乞異人(1)	역사, 문학	연재횟수 오기
702	1931-04-27	張志暎	장지영	張志暎	장지영	한글質疑	한글	·
703	1931-04-28	萬弩山人	만노산인	·	·	朝鮮歷史奇譚(27)*28회 李壯士의 落膽(1)	역사, 문학	연재횟수 오기
704	1931-04-28	張志暎	장지영	張志暎	장지영	한글質疑	한글	·
705	1931-04-29	萬弩山人	만노산인	·	·	朝鮮歷史奇譚(28)*29회 李壯士의 落膽(2)	역사, 문학	연재횟수 오기
706	1931-04-30	萬弩山人	만노산인	·	·	朝鮮歷史奇譚(29)*30회 醉中에 試文章	역사, 문학	연재횟수 오기
707	1931-04-30	張志暎	장지영	張志暎	장지영	한글質疑	한글	·
708	1931-05-01	金碩坤	김석곤	金碩坤	김석곤	한글「·」와「·ㅣ」의 소리를 밝힘(1)-東京 金碩坤	한글	·
709	1931-05-01	張志暎	장지영	張志暎	장지영	한글質疑	한글	·
710	1931-05-01	萬弩山人	만노산인	·	·	朝鮮歷史奇譚(30)*31회 朴文秀의 黃鶴	역사, 문학	연재횟수 오기
711	1931-05-02	金碩坤	김석곤	金碩坤	김석곤	한글「·」와「·ㅣ」의 소리를 밝힘(2)-東京 金碩坤	한글	·
712	1931-05-02	萬弩山人	만노산인	·	·	朝鮮歷史奇譚(31)*32회 乾隆帝의 外祖	역사, 문학	연재횟수 오기
713	1931-05-03	金碩坤	김석곤	金碩坤	김석곤	한글「·」와「·ㅣ」의 소리를 밝힘(3)-東京 金碩坤	한글	·
714	1931-05-03	萬弩山人	만노산인	·	·	朝鮮歷史奇譚(32)*33회 半夜의 怪鬼	역사, 문학	연재횟수 오기
715	1931-05-03	張志暎	장지영	張志暎	장지영	한글質疑	한글	·
716	1931-05-04	金碩坤	김석곤	金碩坤	김석곤	한글「·」와「·ㅣ」의 소리를 밝힘(4)-東京 金碩坤	한글	·
717	1931-05-04	萬弩山人	만노산인	·	·	朝鮮歷史奇譚(33) 良媒의 受福	역사, 문학	·
718	1931-05-04	張志暎	장지영	張志暎	장지영	한글質疑	한글	·
719	1931-05-06	金碩坤	김석곤	金碩坤	김석곤	한글「·」와「·ㅣ」의 소리를 밝힘(4)*5회 -東京 金碩坤	한글	연재횟수 오기
720	1931-05-06	萬弩山人	만노산인	·	·	朝鮮歷史奇譚(34) 良媒의 受福(下)	역사, 문학	·
721	1931-05-07	張志暎	장지영	張志暎	장지영	한글質疑	한글	·
722	1931-05-07	萬弩山人	만노산인	·	·	朝鮮歷史奇譚(34)*35회 鄭孝俊의 奇婚(1)	역사, 문학	연재횟수 오기
723	1931-05-08	安自山	안자산	安廓	안확	時調의 旋律과 語套(上)	문학	·
724	1931-05-08	金碩坤	김석곤	金碩坤	김석곤	한글「·」와「·ㅣ」의 소리를 밝힘(5)*6회 -東京 金碩坤	한글	연재횟수 오기
725	1931-05-08	萬弩山人	만노산인	·	·	朝鮮歷史奇譚(35)*36회 鄭孝俊의 奇婚(2)	역사,	연재횟수 오기

연번	날짜	자료저자명 (한자)	자료저자명 (한글)	본명 (한자)	본명 (한글)	기사제목	분류	비고
							문학	
726	1931-05-08	張志暎	장지영	張志暎	장지영	한글質疑	한글	·
727	1931-05-09	金碩坤	김석곤	金碩坤	김석곤	한글「·」와「·ㅣ」의 소리를 밝힘(完)-東京 金碩坤	한글	·
728	1931-05-09	安自山	안자산	安廓	안확	時調의 旋律과 語套(中)	문학	·
729	1931-05-09	張志暎	장지영	張志暎	장지영	한글質疑	한글	·
730	1931-05-10	安自山	안자산	安廓	안확	時調의 旋律과 語套(下)	문학	·
731	1931-05-10	萬弩山人	만노산인	·	·	朝鮮歷史奇譚(36)*37회 成世昌과 紫鸞(1)	역사, 문학	연재횟수 오기
732	1931-05-12	萬弩山人	만노산인	·	·	朝鮮歷史奇譚(37)*38회 成世昌과 紫鸞(2)	역사, 문학	연재횟수 오기
733	1931-05-13	高永煥	고영환	高永煥	고영환	李瑄根氏 著『朝鮮最近世史』讀後感(1)	역사, 논설	·
734	1931-05-13	張志暎	장지영	張志暎	장지영	한글質疑	한글	·
735	1931-05-14	萬弩山人	만노산인	·	·	朝鮮歷史奇譚(39) 成世昌과 紫鸞(3)	역사, 문학	·
736	1931-05-14	高永煥	고영환	高永煥	고영환	李瑄根氏 著『朝鮮最近世史』讀後感(2)	역사, 논설	·
737	1931-05-15	高永煥	고영환	高永煥	고영환	李瑄根氏 著『朝鮮最近世史』讀後感(3)	역사, 논설	·
738	1931-05-15	萬弩山人	만노산인	·	·	朝鮮歷史奇譚(40) 成世昌과 紫鸞(4)	역사, 문학	·
739	1931-05-16	高永煥	고영환	高永煥	고영환	李瑄根氏 著『朝鮮最近世史』讀後感(完)	역사, 논설	·
740	1931-05-16	萬弩山人	만노산인	·	·	朝鮮歷史奇譚(41) 成世昌과 紫鸞(5)	역사, 문학	·
741	1931-05-19	萬弩山人	만노산인	·	·	朝鮮歷史奇譚(42) 成世昌과 紫鸞(6)	역사, 문학	·
742	1931-05-19	張志暎	장지영	張志暎	장지영	한글質疑	한글	·
743	1931-05-20	社說	사설	·	·	李忠武公의 位土와 墓地-共公的 保全의 要	역사, 사업	·
744	1931-05-20	朴尹錫	박윤석	朴尹錫	박윤석	李忠武公 故土參拜記(1) 競賣되려는 位土, 依持할 곳 업는 遺物, 동일은행에 저당된 그 위토는 멀지 안흔 장래에 팔리게 된다	역사, 사업	·
745	1931-05-20	萬弩山人	만노산인	·	·	朝鮮歷史奇譚(43) 成世昌과 紫鸞(7)	역사, 문학	·
746	1931-05-20	張志暎	장지영	張志暎	장지영	한글質疑	한글	·
747	1931-05-21	朴尹錫	박윤석	朴尹錫	박윤석	李忠武公 故土參拜記(2) 一時債務淸帳後 再度融通이 禍根, 위토 이만여평과 대지 삼천여평 청천벽력의 채무리행명령서장	역사, 사업	·
748	1931-05-21	安自山	안자산	安廓	안확	時調의 詞姿(1)	문학	·
749	1931-05-21	張志暎	장지영	張志暎	장지영	한글質疑	한글	·
750	1931-05-22	朴尹錫	박윤석	朴尹錫	박윤석	李忠武公 故土參拜記(3) 六尺寶劍精氣不滅 回憶깁흔 壬辰壯草, 내외국인사들 참배자 련락 부절 력사적 유훈은 날로 더욱 사모처	역사, 사업	·
751	1931-05-22	張志暎	장지영	張志暎	장지영	한글質疑	한글	·

연번	날짜	자료저자명(한자)	자료저자명(한글)	본명(한자)	본명(한글)	기사제목	분류	비고
752	1931-05-22	萬弩山人	만노산인	·	·	朝鮮歷史奇譚(44) 豪雄 속인 智女(1)	역사, 문학	·
753	1931-05-23	朴尹錫	박윤석	朴尹錫	박윤석	李忠武公 故土參拜記(完) 墓所抵當虛說 遺物保存策漠然, 위토문제의 해결방도가 업다고 십사대사손 리종옥씨와 문답	역사, 사업	·
754	1931-05-23	萬弩山人	만노산인	·	·	朝鮮歷史奇譚(45) 豪雄 속인 智女(2)	역사, 문학	·
755	1931-05-24	安自山	안자산	安廓	안확	時調의 詞姿(2)	문학	·
756	1931-05-24	萬弩山人	만노산인	·	·	朝鮮歷史奇譚(45)*46회 豪雄 속인 智女(3)	역사, 문학	연재횟수 오기
757	1931-05-25	社說	사설	·	·	李忠武公遺蹟保存會-有終의 美를 期함	역사, 사업	·
758	1931-05-27	安自山	안자산	安廓	안확	時調의 詞姿(3)	문학	·
759	1931-05-27	萬弩山人	만노산인	·	·	朝鮮歷史奇譚(46)*47회 外使꺽근 智女(1)	역사, 문학	연재횟수 오기
760	1931-05-28	·	·	·	·	李忠武公遺蹟保存會聲明書 / 충무공묘소와 위토문제로 유지제씨가 모혀 충무공유적보존회를 조직하얏다함은 긔보한바이어니와 동회에서는 다음과 가튼 성명서를 발표하얏다	역사, 사업	·
761	1931-05-28	金周經	김주경	金周經	김주경	第十回朝美展評(1)	미술	·
762	1931-05-28	萬弩山人	만노산인	·	·	朝鮮歷史奇譚(47)*48회 外使꺽근 智女(2)	역사, 문학	연재횟수 오기
763	1931-05-29	金周經	김주경	金周經	김주경	第十回朝美展評(2)	미술	·
764	1931-05-29	安自山	안자산	安廓	안확	時調의 詞姿(3)*4회	문학	연재횟수 오기
765	1931-05-29	萬弩山人	만노산인	·	·	朝鮮歷史奇譚(48)*49회 一松一朶紅(1)	역사, 문학	연재횟수 오기
766	1931-05-30	金周經	김주경	金周經	김주경	第十回朝美展評(3)	미술	·
767	1931-05-30	安自山	안자산	安廓	안확	時調의 詞姿(4)*5회	문학	연재횟수 오기
768	1931-05-31	金周經	김주경	金周經	김주경	第十回朝美展評(4)	미술	·
769	1931-05-31	萬弩山人	만노산인	·	·	朝鮮歷史奇譚(49)*50회 一松一朶紅(2)	역사, 문학	연재횟수 오기
770	1931-06-01	金周經	김주경	金周經	김주경	第十回朝美展評(5)	미술	·
771	1931-06-01	萬弩山人	만노산인	·	·	朝鮮歷史奇譚(50)*51회 一松一朶紅(3)	역사, 문학	연재횟수 오기
772	1931-06-02	金周經	김주경	金周經	김주경	第十回朝美展評(6)	미술	·
773	1931-06-03	金周經	김주경	金周經	김주경	第十回朝美展評(7)	미술	·
774	1931-06-03	萬弩山人	만노산인	·	·	朝鮮歷史奇譚(51)*52회 一松一朶紅(4)	역사, 문학	연재횟수 오기
775	1931-06-03	·	·	·	·	李忠武公遺蹟保存會 有志誠金遝至 今日同事務所收入金	역사, 사업	·
776	1931-06-04	金周經	김주경	金周經	김주경	第十回朝美展評(8)	미술	·
777	1931-06-04	萬弩山人	만노산인	·	·	朝鮮歷史奇譚(52)*53회 一松一朶紅(5)	역사, 문학	연재횟수 오기
778	1931-06-05	金周經	김주경	金周經	김주경	第十回朝美展評(9)	미술	·
779	1931-06-05	萬弩山人	만노산인	·	·	朝鮮歷史奇譚(53)*54회 可憐의 穎悟	역사, 문학	연재횟수 오기

연번	날짜	자료저자명 (한자)	자료저자명 (한글)	본명 (한자)	본명 (한글)	기사제목	분류	비고
780	1931-06-06	萬弩山人	만노산인	·	·	朝鮮歷史奇譚(54)*55회 蘆月의 奪人魂	역사, 문학	연재횟수 오기
781	1931-06-07	金周經	김주경	金周經	김주경	第十回朝美展評(10)	미술	·
782	1931-06-07	萬弩山人	만노산인	·	·	朝鮮歷史奇譚(55)*56회 力士의 夫婦(1)	역사, 문학	연재횟수 오기
783	1931-06-07	張志暎	장지영	張志暎	장지영	한글質疑	한글	·
784	1931-06-09	金周經	김주경	金周經	김주경	第十回朝美展評(11)	미술	·
785	1931-06-09	張志暎	장지영	張志暎	장지영	한글質疑	한글	·
786	1931-06-10	·	·	·	·	朝鮮史講義-刻苦慘憺의 著述, 果然萬目의 焦点, 안질과 싸우며 이십년간 심혈경주, 투옥 전에 탈고한 문헌 본지에 게재, 철창 중의 신채호 소식	기타	·
787	1931-06-10	申采浩	신채호	申采浩	신채호	朝鮮史(1)	역사	·
788	1931-06-10	金周經	김주경	金周經	김주경	第十回朝美展評(12)	미술	·
789	1931-06-10	張志暎	장지영	張志暎	장지영	한글質疑	한글	·
790	1931-06-10	萬弩山人	만노산인	·	·	朝鮮歷史奇譚(56)*57회 力士의 夫婦(2)	역사, 문학	연재횟수 오기
791	1931-06-11	申采浩	신채호	申采浩	신채호	朝鮮史(2)	역사	·
792	1931-06-11	張志暎	장지영	張志暎	장지영	한글質疑	한글	·
793	1931-06-11	萬弩山人	만노산인	·	·	朝鮮歷史奇譚(57)*58회 三女性의 宿盟(1)	역사, 문학	연재횟수 오기
794	1931-06-12	申采浩	신채호	申采浩	신채호	朝鮮史(3)	역사	·
795	1931-06-12	張志暎	장지영	張志暎	장지영	한글質疑	한글	·
796	1931-06-12	萬弩山人	만노산인	·	·	朝鮮歷史奇譚(58)*59회 三女性의 宿盟(2)	역사, 문학	연재횟수 오기
797	1931-06-13	社說	사설	·	·	朝鮮研究의 衝動-縱橫으로 뒤지는 新舊朝鮮	역사	·
798	1931-06-13	申采浩	신채호	申采浩	신채호	朝鮮史(4)	역사	·
799	1931-06-13	張志暎	장지영	張志暎	장지영	한글質疑	한글	·
800	1931-06-14	申采浩	신채호	申采浩	신채호	朝鮮史(5)	역사	·
801	1931-06-14	萬弩山人	만노산인	·	·	朝鮮歷史奇譚(59)*60회 三淵과 成川妓(1)	역사, 문학	연재횟수 오기
802	1931-06-14	·	·	·	·	新羅眞興王代 古碑石發見-咸州郡下에서 發掘	고적	·
803	1931-06-15	社說	사설	·	·	李忠武公과 遺蹟保存-今後努力이 緊切	역사, 사업	·
804	1931-06-16	申采浩	신채호	申采浩	신채호	朝鮮史(6)	역사	·
805	1931-06-16	萬弩山人	만노산인	·	·	朝鮮歷史奇譚(60)*61회 三淵과 成川妓(2)	역사, 문학	연재횟수 오기
806	1931-06-16	張志暎	장지영	張志暎	장지영	한글質疑	한글	·
807	1931-06-17	張志暎	장지영	張志暎	장지영	한글質疑	한글	·
808	1931-06-18	申采浩	신채호	申采浩	신채호	朝鮮史(8)	역사	7회 미확인
809	1931-06-18	萬弩山人	만노산인	·	·	朝鮮歷史奇譚(60)*62회 玉環으로 約婚(2)	역사, 문학	연재횟수 오기
810	1931-06-19	社說	사설	·	·	第三回 歸鄕學生文字普及班-學界支持를 求함	한글, 사업	·
811	1931-06-19	申采浩	신채호	申采浩	신채호	朝鮮史(9)	역사	·

연번	날짜	자료저자명(한자)	자료저자명(한글)	본명(한자)	본명(한글)	기사제목	분류	비고
812	1931-06-19	張志暎	장지영	張志暎	장지영	한글質疑	한글	·
813	1931-06-20	申采浩	신채호	申采浩	신채호	朝鮮史(10)	역사	·
814	1931-06-21	申采浩	신채호	申采浩	신채호	朝鮮史(11)	역사	·
815	1931-06-21	張志暎	장지영	張志暎	장지영	한글質疑	한글	·
816	1931-06-21	萬弩山人	만노산인	·	·	朝鮮歷史奇譚(61)*63회 玉環으로 約婚(3)	역사, 문학	연재횟수 오기
817	1931-06-23	張志暎	장지영	張志暎	장지영	한글質疑	한글	·
818	1931-06-24	張志暎	장지영	張志暎	장지영	한글質疑	한글	·
819	1931-06-24	萬弩山人	만노산인	·	·	朝鮮歷史奇譚(62)*64회 玉環으로 約婚(3)	역사, 문학	연재횟수 오기
820	1931-06-25	申采浩	신채호	申采浩	신채호	朝鮮史(14)	역사	12, 13회 미확인
821	1931-06-25	張志暎	장지영	張志暎	장지영	한글質疑	한글	·
822	1931-06-25	萬弩山人	만노산인	·	·	朝鮮歷史奇譚(63)*65회 玉環으로 約婚(4)	역사, 문학	연재횟수 오기
823	1931-06-26	申采浩	신채호	申采浩	신채호	朝鮮史(14)*15회	역사	연재횟수 오기
824	1931-06-26	張志暎	장지영	張志暎	장지영	한글質疑	한글	·
825	1931-06-27	申采浩	신채호	申采浩	신채호	朝鮮史(15)*16회	역사	연재횟수 오기
826	1931-06-27	·	·	·	·	第三回歸鄕男女學生文字普及班	한글, 사업	·
827	1931-06-28	申采浩	신채호	申采浩	신채호	朝鮮史(16)*17회	역사	연재횟수 오기
828	1931-06-28	張志暎	장지영	張志暎	장지영	한글質疑	한글	·
829	1931-06-28	萬弩山人	만노산인	·	·	朝鮮歷史奇譚(65)*66회 路上에 送秋波(2)	역사, 문학	연재횟수 오기
830	1931-06-30	申采浩	신채호	申采浩	신채호	朝鮮史(17)*18회	역사	연재횟수 오기
831	1931-06-30	·	·	·	·	한글급간이계산법강좌 / 시일: 7월 6, 7, 8 3일간 每夜 8시 반/ 강사: 한글 담임: 張志暎씨, 간이계산법: 白南奎, 입장: 무료, 강의교재인쇄물대: 30전, 주최: 중앙기독교청년회농촌부, 후원: 조선일보학예부	한글, 사업	·
832	1931-07-01	張志暎	장지영	張志暎	장지영	한글質疑	한글	·
833	1931-07-02	·	·	·	·	總督府保存 中의 王家系譜讓受 리왕가게보 그린 목판을 李王職 交涉으로 讓渡	기타	·
834	1931-07-02	申采浩	신채호	申采浩	신채호	朝鮮史(19)	역사	·
835	1931-07-02	柳光烈	유광렬	柳光烈	유광렬	權慄의 戰蹟探訪(1) 日曜의 一日을 幸州山城에	기행	·
836	1931-07-03	申采浩	신채호	申采浩	신채호	朝鮮史(20)	역사	·
837	1931-07-03	張志暎	장지영	張志暎	장지영	한글質疑	한글	·
838	1931-07-03	柳光烈	유광렬	柳光烈	유광렬	權慄의 戰蹟探訪(2) 日曜의 一日을 幸州山城에	기행	·
839	1931-07-04	申采浩	신채호	申采浩	신채호	朝鮮史(20)*21회	역사	연재횟수 오기
840	1931-07-04	柳光烈	유광렬	柳光烈	유광렬	權慄의 戰蹟探訪(3) 日曜의 一日을 幸州山城에	기행	·
841	1931-07-05	申采浩	신채호	申采浩	신채호	朝鮮史(21)*22회	역사	연재횟수 오기
842	1931-07-05	柳光烈	유광렬	柳光烈	유광렬	權慄의 戰蹟探訪(4) 日曜의 一日을 幸州山城에	기행	·
843	1931-07-05	張志暎	장지영	張志暎	장지영	한글質疑	한글	·
844	1931-07-07	申采浩	신채호	申采浩	신채호	朝鮮史(22)*23회	역사	연재횟수 오기

연번	날짜	자료저자명(한자)	자료저자명(한글)	본명(한자)	본명(한글)	기사제목	분류	비고
845	1931-07-07	柳光烈	유광렬	柳光烈	유광렬	權慄의戰蹟探訪(5) 日曜의一日을幸州山城에	기행	·
846	1931-07-07	張志暎	장지영	張志暎	장지영	한글質疑	한글	·
847	1931-07-08	·	·	·	·	한글「文化」의 重寶 三百年前經板完本 六百七十六板, 二千七百餘面 全州安心寺서 發見	한글	·
848	1931-07-08	申采浩	신채호	申采浩	신채호	朝鮮史(24)	역사	·
849	1931-07-08	張志暎	장지영	張志暎	장지영	한글質疑	한글	·
850	1931-07-09	申采浩	신채호	申采浩	신채호	朝鮮史(25)	역사	·
851	1931-07-10	申采浩	신채호	申采浩	신채호	朝鮮史(26)	역사	·
852	1931-07-11	申采浩	신채호	申采浩	신채호	朝鮮史(27)	역사	·
853	1931-07-12	申采浩	신채호	申采浩	신채호	朝鮮史(28)	역사	·
854	1931-07-13	朴太陽	박태양	朴太陽	박태양	BOOK REVIEW(讀後感)『私的唯物論教程』- 社會史的發展의 異論	문학	·
855	1931-07-14	社說	사설	·	·	『하와이』의 朝鮮文庫- 必成을 期할 事業이다.	사업	·
856	1931-07-14	申采浩	신채호	申采浩	신채호	朝鮮史(29)	역사	·
857	1931-07-15	申采浩	신채호	申采浩	신채호	朝鮮史(31)*30회	역사	연재횟수 오기
858	1931-07-16	申采浩	신채호	申采浩	신채호	朝鮮史(32)*31회	역사	연재횟수 오기
859	1931-07-17	·	·	·	·	文字普及班申請遝至 한글原本十萬部增刷 第三回班員活動開始	한글, 사업	·
860	1931-07-16	申采浩	신채호	申采浩	신채호	朝鮮史(33)*32회	역사	연재횟수 오기
861	1931-07-17	·	·	·	·	夏期休暇의 奉仕事業- 第三回歸鄕男女學生文字普及班 / 아는 것이 힘·배워야 산다 / 班員募集規定	한글, 사업	·
862	1931-07-18	社說	사설	·	·	第三回 文字普及班을 보냄	한글, 사업	·
863	1931-07-18	申采浩	신채호	申采浩	신채호	朝鮮史(34)*33회	역사	연재횟수 오기
864	1931-07-18	·	·	·	·	夏期休暇의 奉仕事業- 第三回歸鄕男女學生文字普及班 / 아는 것이 힘·배워야 산다 / 班員募集規定	한글, 사업	·
865	1931-07-19	社說	사설	·	·	發岐되는 朝鮮文庫- 篤志家의 後援이 必要	사업	·
866	1931-07-19	·	·	·	·	한글原本配布 七萬部를 突破 文盲打破의 灼熱된 要求로 文字普及班員遝至	한글, 사업	·
867	1931-07-19	·	·	·	·	夏期休暇의 奉仕事業- 第三回歸鄕男女學生文字普及班 / 아는 것이 힘·배워야 산다 / 班員募集規定	한글, 사업	·
868	1931-07-19	申采浩	신채호	申采浩	신채호	朝鮮史(35)*34회	역사	연재횟수 오기
869	1931-07-21	申采浩	신채호	申采浩	신채호	朝鮮史(36)*35회	역사	연재횟수 오기
870	1931-07-22	申采浩	신채호	申采浩	신채호	朝鮮史(37)*36회	역사	연재횟수 오기
871	1931-07-23	申采浩	신채호	申采浩	신채호	朝鮮史(38)*37회	역사	연재횟수 오기
872	1931-07-23	申采浩	신채호	申采浩	신채호	朝鮮史(38)*38회	역사	연재횟수 오기
873	1931-07-24	申采浩	신채호	申采浩	신채호	朝鮮史(39)*39회	역사	연재횟수 오기
874	1931-07-26	申采浩	신채호	申采浩	신채호	朝鮮史(41)	역사	40회 미확인
875	1931-07-28	申采浩	신채호	申采浩	신채호	朝鮮史(42)	역사	·
876	1931-07-28	安自山	안자산	安廓	안확	處容考에 對하야(1)	문학	·
877	1931-07-28	金炳默	김병묵	金炳默	김병묵	第三回 文字普及班의 動向-	한글,	·

연번	날짜	자료저자명(한자)	자료저자명(한글)	본명(한자)	본명(한글)	기사제목	분류	비고
						漢江里普及班現狀(二百名)	사업	
878	1931-07-29	安自山	안자산	安廓	안확	處容考에 對하야(2)	문학	·
879	1931-07-30	安自山	안자산	安廓	안확	處容考에 對하야(3)	문학	·
880	1931-07-30	申采浩	신채호	申采浩	신채호	朝鮮史(44)	역사	43회 미확인
881	1931-07-31	安自山	안자산	安廓	안확	處容考에 對하야(4)	문학	·
882	1931-07-31	申采浩	신채호	申采浩	신채호	朝鮮史(45)	역사	·
883	1931-07-31	韓奎浩	한규호	韓奎浩	한규호	第三回 文字普及班의 動向- 長湍高浪浦의 普及班	한글, 사업	·
884	1931-08-01	申采浩	신채호	申采浩	신채호	朝鮮史(46)	역사	·
885	1931-08-01	安自山	안자산	安廓	안확	處容考에 對하야(5)	문학	·
886	1931-08-02	申采浩	신채호	申采浩	신채호	朝鮮史(47)	역사	·
887	1931-08-02	安自山	안자산	安廓	안확	處容考에 對하야(完)	문학	총6회
888	1931-08-02	韓雉振	한치진	韓雉振	한치진	우리의 活路(1)	철학	·
889	1931-08-02	金玉禮	김옥례	金玉禮	김옥례	第三回 文字普及班의 動向- 中央普及班現狀(三百二十名)	한글, 사업	·
890	1931-08-02	·	·	·	·	夏期歸鄕學生들과 各地文字普及運動	한글, 사업	·
891	1931-08-04	申采浩	신채호	申采浩	신채호	朝鮮史(47)*48회	역사	연재횟수 오기
892	1931-08-04	韓雉振	한치진	韓雉振	한치진	우리의 活路(2)	철학	·
893	1931-08-04	·	·	·	·	夏期歸鄕學生들과 各地文字普及運動	한글, 사업	·
894	1931-08-05	申采浩	신채호	申采浩	신채호	朝鮮史(48)	역사	·
895	1931-08-05	韓雉振	한치진	韓雉振	한치진	우리의 活路(3)	철학	·
896	1931-08-05	萬弩山人	만노산인	·	·	朝鮮歷史奇譚- 成三問과 山翁(1)	역사, 문학	·
897	1931-08-06	申采浩	신채호	申采浩	신채호	朝鮮史(49)	역사	·
898	1931-08-06	韓雉振	한치진	韓雉振	한치진	우리의 活路(4)	철학	·
899	1931-08-06	張聖燮	장성섭	張聖燮	장성섭	第三回 文字普及班의 動向- 國境普及班現狀	한글, 사업	·
900	1931-08-07	申采浩	신채호	申采浩	신채호	朝鮮史(50)	역사	·
901	1931-08-07	韓雉振	한치진	韓雉振	한치진	우리의 活路(5)	철학	·
902	1931-08-07	李羲一	이희일	李羲一	이희일	第三回 文字普及班의 動向- 慶北英陽普及班消息	한글, 사업	·
903	1931-08-07	萬弩山人	만노산인	·	·	朝鮮歷史奇譚- 成三問과 山翁(2)	역사, 문학	·
904	1931-08-08	申采浩	신채호	申采浩	신채호	朝鮮史(51)	역사	·
905	1931-08-08	韓雉振	한치진	韓雉振	한치진	우리의 活路(6)	철학	·
906	1931-08-09	申采浩	신채호	申采浩	신채호	朝鮮史(52)	역사	·
907	1931-08-09	韓雉振	한치진	韓雉振	한치진	우리의 活路(完)	철학	·
908	1931-08-09	金浚璜	김준황	金浚璜	김준황	第三回 文字普及班의 動向- 男子보다도 女子가 만어	한글, 사업	·
909	1931-08-10	具王三	구왕삼	具王三	구왕삼	BOOK REVIEW(讀後感)『民謠合唱曲集』 梨專音樂科刊行	문학	·
910	1931-08-10	金載英	김재영	金載英	김재영	朴淵과 龍姬	문학	·

연번	날짜	자료저자명(한자)	자료저자명(한글)	본명(한자)	본명(한글)	기사제목	분류	비고
911	1931-08-11	·	·	·	·	朝鮮文庫에 寄贈圖書遝至(1)	사업	·
912	1931-08-12	申采浩	신채호	申采浩	신채호	朝鮮史(54)	역사	53회 미확인
913	1931-08-12	安含光	안함광	安鍾彦	안종언	農民文學問題에 對한 一考察(4)*1회	문학	연재횟수 오기
914	1931-08-12	林鶴	임학	林鶴	임학	第三回 文字普及班의 動向- 南漢山文字班	한글, 사업	·
915	1931-08-13	社說	사설	·	·	朝鮮文庫와 寄贈圖書	사업	·
916	1931-08-13	申采浩	신채호	申采浩	신채호	朝鮮史(55)	역사	·
917	1931-08-13	安含光	안함광	安鍾彦	안종언	農民文學問題에 對한 一考察(下)	문학	·
918	1931-08-14	申采浩	신채호	申采浩	신채호	朝鮮史(56)	역사	·
919	1931-08-14	鄭雲樹	정운수	鄭雲樹	정운수	第三回 文字普及班의 動向- 아동의 自學熱과 우리의 책임감	한글, 사업	·
920	1931-08-15	·	·	·	·	農民을 中心삼아 한글講習會 開催	한글, 사업	·
921	1931-08-15	申采浩	신채호	申采浩	신채호	朝鮮史(57)	역사	·
922	1931-08-15	李鐘應	이종응	李鐘應	이종응	第三回 文字普及班의 動向- 아동의 自學熱과 우리의 책임감	한글, 사업	·
923	1931-08-16	社說	사설	·	·	文字普及班員의 苦心	한글, 사업	·
924	1931-08-16	申采浩	신채호	申采浩	신채호	朝鮮史(58)	역사	·
925	1931-08-18	申采浩	신채호	申采浩	신채호	朝鮮史(59)	역사	·
926	1931-08-18	金顯台	김현태	金顯台	김현태	第三回 文字普及班의 動向- 開城寒泉洞普及班	한글, 사업	·
927	1931-08-19	申采浩	신채호	申采浩	신채호	朝鮮史(60)	역사	·
928	1931-08-19	劉慶商	유경상	劉慶商	유경상	第三回 文字普及班의 動向- 紫橋寒泉洞普及班	한글, 사업	·
929	1931-08-20	申采浩	신채호	申采浩	신채호	朝鮮史(61)	역사	·
930	1931-08-20	李炳默	이병묵	李炳默	이병묵	第三回 文字普及班의 動向- 漢江里文字普及班	한글, 사업	·
931	1931-08-21	申采浩	신채호	申采浩	신채호	朝鮮史(62)	역사	·
932	1931-08-21	·	·	·	·	第三回 文字普及班의 動向	한글, 사업	인명찾기
933	1931-08-22	申采浩	신채호	申采浩	신채호	朝鮮史(63)	역사	·
934	1931-08-22	全武吉	전무길	全武吉	전무길	今日隨想(1) 人間의 愚智	철학	·
935	1931-08-22	·	·	·	·	第三回 文字普及班의 動向	한글, 사업	인명찾기
936	1931-08-23	申采浩	신채호	申采浩	신채호	朝鮮史(64)	역사	·
937	1931-08-23	全武吉	전무길	全武吉	전무길	今日隨想(2) 民族感情	철학	·
938	1931-08-23	·	·	·	·	第三回 文字普及班의 動向	한글, 사업	인명찾기
939	1931-08-25	河東民	하동민	河東民	하동민	民族運動의 諸問題(1)	논설	·
940	1931-08-25	申采浩	신채호	申采浩	신채호	朝鮮史(65)	역사	·
941	1931-08-25	全武吉	전무길	全武吉	전무길	今日隨想(3) 開城의 再滅	철학	·
942	1931-08-25	·	·	·	·	第三回 文字普及班의 動向	한글, 사업	인명찾기

연번	날짜	자료저자명 (한자)	자료저자명 (한글)	본명 (한자)	본명 (한글)	기사제목	분류	비고
943	1931-08-26	申采浩	신채호	申采浩	신채호	朝鮮史(66)	역사	·
944	1931-08-26	·	·	·	·	第三回 文字普及班의 動向	한글, 사업	인명찾기
945	1931-08-27	河東民	하동민	河東民	하동민	民族運動의 諸問題(2)	논설	·
946	1931-08-27	申采浩	신채호	申采浩	신채호	朝鮮史(67)	역사	·
947	1931-08-27	·	·	·	·	第三回 文字普及班의 動向	한글, 사업	인명찾기
948	1931-08-28	申采浩	신채호	申采浩	신채호	朝鮮史(68)	역사	·
949	1931-08-29	申采浩	신채호	申采浩	신채호	朝鮮史(69)	역사	·
950	1931-08-29	·	·	·	·	第三回 文字普及班의 動向	한글, 사업	인명찾기
951	1931-08-30	申采浩	신채호	申采浩	신채호	朝鮮史(70)	역사	·
952	1931-08-30	·	·	·	·	第三回 文字普及班의 動向	한글, 사업	인명찾기
953	1931-09-01	申采浩	신채호	申采浩	신채호	朝鮮史(71)	역사	·
954	1931-09-01	·	·	·	·	第三回 文字普及班의 動向	한글, 사업	인명찾기
955	1931-09-02	申采浩	신채호	申采浩	신채호	朝鮮史(72)	역사	·
956	1931-09-02	·	·	·	·	第三回 文字普及班의 動向	한글, 사업	인명찾기
957	1931-09-03	申采浩	신채호	申采浩	신채호	朝鮮史(73)	역사	·
958	1931-09-03	·	·	·	·	第三回 文字普及班의 動向	한글, 사업	인명찾기
959	1931-09-04	·	·	·	·	第三回 文字普及班의 動向	한글, 사업	인명찾기
960	1931-09-08	·	·	·	·	第三回 文字普及班의 動向	한글, 사업	인명찾기
961	1931-09-10	申采浩	신채호	申采浩	신채호	朝鮮史(74)	역사	·
962	1931-09-11	申采浩	신채호	申采浩	신채호	朝鮮史(75)	역사	·
963	1931-09-11	·	·	·	·	第三回 文字普及班의 動向	한글, 사업	인명찾기
964	1931-09-12	申采浩	신채호	申采浩	신채호	朝鮮史(76)	역사	·
965	1931-09-12	·	·	·	·	第三回 文字普及班의 動向	한글, 사업	인명찾기
966	1931-09-13	申采浩	신채호	申采浩	신채호	朝鮮史(77)	역사	·
967	1931-09-13	·	·	·	·	第三回 文字普及班의 動向	한글, 사업	인명찾기
968	1931-09-15	申采浩	신채호	申采浩	신채호	朝鮮史(78)	역사	·
969	1931-09-15	·	·	·	·	第三回 文字普及班의 動向	한글, 사업	인명찾기
970	1931-09-16	申采浩	신채호	申采浩	신채호	朝鮮史(79)	역사	·
971	1931-09-17	申采浩	신채호	申采浩	신채호	朝鮮史(80)	역사	·
972	1931-09-18	申采浩	신채호	申采浩	신채호	朝鮮史(81)	역사	·
973	1931-09-19	申采浩	신채호	申采浩	신채호	朝鮮史(82)	역사	·

연번	날짜	자료저자명(한자)	자료저자명(한글)	본명(한자)	본명(한글)	기사제목	분류	비고
974	1931-09-19	·	·	·	·	第三回 文字普及班의 動向	한글, 사업	인명찾기
975	1931-09-20	申采浩	신채호	申采浩	신채호	朝鮮史(83)	역사	·
976	1931-09-22	申采浩	신채호	申采浩	신채호	朝鮮史(84)	역사	·
977	1931-09-24	申采浩	신채호	申采浩	신채호	朝鮮史(85)	역사	·
978	1931-09-26	申采浩	신채호	申采浩	신채호	朝鮮史(86)	역사	·
979	1931-09-27	申采浩	신채호	申采浩	신채호	朝鮮史(87)	역사	·
980	1931-09-29	申采浩	신채호	申采浩	신채호	朝鮮史(88)	역사	·
981	1931-09-30	申采浩	신채호	申采浩	신채호	朝鮮史(89)	역사	·
982	1931-10-15	申采浩	신채호	申采浩	신채호	朝鮮上古文化史(1)	역사	·
983	1931-10-16	申采浩	신채호	申采浩	신채호	朝鮮上古文化史(2)	역사	·
984	1931-10-17	申采浩	신채호	申采浩	신채호	朝鮮上古文化史(3)	역사	·
985	1931-10-18	申采浩	신채호	申采浩	신채호	朝鮮上古文化史(4)	역사	·
986	1931-10-21	申采浩	신채호	申采浩	신채호	朝鮮上古文化史(6)	역사	5회 미확인
987	1931-10-23	申采浩	신채호	申采浩	신채호	朝鮮上古文化史(8)	역사	·
988	1931-10-24	申采浩	신채호	申采浩	신채호	朝鮮上古文化史(9)	역사	·
989	1931-10-24	申采浩	신채호	申采浩	신채호	朝鮮上古文化史(10)	역사	·
990	1931-10-27	申采浩	신채호	申采浩	신채호	朝鮮上古文化史(11)	역사	·
991	1931-10-28	申采浩	신채호	申采浩	신채호	朝鮮上古文化史(11)*12회	역사	연재횟수 오기
992	1931-10-29	社說	사설	·	·	빛나거라 『한글날』 골고로 퍼저라 이 빗	한글, 사업	·
993	1931-10-29	·	·	·	·	한글날485	한글, 사업	·
994	1931-10-29	李秉岐	이병기	李秉岐	이병기	正音頒布와 그 文獻에 대하여	한글, 사업	·
995	1931-10-29	金善琪	김선기	金善琪	김선기	우리말純代論(上)	한글, 사업	·
996	1931-10-29	申采浩	신채호	申采浩	신채호	朝鮮上古文化史(12)	역사	·
997	1931-10-29	金允經	김윤경	金允經	김윤경	訓民正音-한글(1)	한글	·
998	1931-10-30	金善琪	김선기	金善琪	김선기	우리말純代論(下)	한글, 사업	·
999	1931-10-30	申采浩	신채호	申采浩	신채호	朝鮮上古文化史(13)	역사	·
1000	1931-10-30	金允經	김윤경	金允經	김윤경	訓民正音-한글(2)	한글	·
1001	1931-10-31	申采浩	신채호	申采浩	신채호	朝鮮上古文化史(14)	역사	·
1002	1931-10-31	金允經	김윤경	金允經	김윤경	訓民正音-한글(3)	한글	·
1003	1931-11-01	申采浩	신채호	申采浩	신채호	朝鮮上古文化史(15)	역사	·
1004	1931-11-01	金允經	김윤경	金允經	김윤경	訓民正音-한글(完)	한글	·
1005	1931-11-02	申采浩	신채호	申采浩	신채호	朝鮮上古文化史(16)	역사	·
1006	1931-11-05	申采浩	신채호	申采浩	신채호	朝鮮上古文化史(18)	역사	17회 미확인
1007	1931-11-06	申采浩	신채호	申采浩	신채호	朝鮮上古文化史(19)	역사	·
1008	1931-11-07	申采浩	신채호	申采浩	신채호	朝鮮上古文化史(20)	역사	·
1009	1931-11-08	·	·	·	·	古墳에서 發掘되는 燦然한 古代文化- 五色玲瓏한 四神圖가 나와	고적	·

연번	날짜	자료저자명(한자)	자료저자명(한글)	본명(한자)	본명(한글)	기사제목	분류	비고
1010	1931-11-10	申采浩	신채호	申采浩	신채호	朝鮮上古文化史(21)	역사	·
1011	1931-11-11	申采浩	신채호	申采浩	신채호	朝鮮上古文化史(22)	역사	·
1012	1931-11-12	申采浩	신채호	申采浩	신채호	朝鮮上古文化史(24)*23회	역사	연재횟수 오기
1013	1931-11-13	社說	사설	·	·	檀君史와 民族的 見地-開天節의 一感想	역사	·
1014	1931-11-13	·	·	·	·	今日開天節-檀君降誕四三八八年 城大한 祭典執行	역사	·
1015	1931-11-13	申采浩	신채호	申采浩	신채호	朝鮮上古文化史(25)	역사	·
1016	1931-11-14	申采浩	신채호	申采浩	신채호	朝鮮上古文化史(26)	역사	·
1017	1931-11-15	申采浩	신채호	申采浩	신채호	朝鮮上古文化史(26)	역사	·
1018	1931-11-18	申采浩	신채호	申采浩	신채호	朝鮮上古文化史(27)	역사	·
1019	1931-11-19	申采浩	신채호	申采浩	신채호	朝鮮上古文化史(28)	역사	·
1020	1931-11-20	申采浩	신채호	申采浩	신채호	朝鮮上古文化史(29)	역사	·
1021	1931-11-21	申采浩	신채호	申采浩	신채호	朝鮮上古文化史(30)	역사	·
1022	1931-11-22	申采浩	신채호	申采浩	신채호	朝鮮上古文化史(31)	역사	·
1023	1931-11-25	申采浩	신채호	申采浩	신채호	朝鮮上古文化史(32)	역사	·
1024	1931-11-26	社說	사설	·	·	檀君神殿奉贊會	역사	·
1025	1931-11-27	申采浩	신채호	申采浩	신채호	朝鮮上古文化史(33)	역사	·
1026	1931-11-28	申采浩	신채호	申采浩	신채호	朝鮮上古文化史(34)	역사	·
1027	1931-11-29	申采浩	신채호	申采浩	신채호	朝鮮上古文化史(35)	역사	·
1028	1931-12-01	申采浩	신채호	申采浩	신채호	朝鮮上古文化史(35)*36회	역사	연재횟수 오기
1029	1931-12-02	申采浩	신채호	申采浩	신채호	朝鮮上古文化史(35)*37회	역사	연재횟수 오기
1030	1931-12-03	申采浩	신채호	申采浩	신채호	朝鮮上古文化史(37)*38회	역사	연재횟수 오기
1031	1931-12-11	·	·	·	·	文字普及班 文盲의 救護者 授賞式과 音樂會 민족적 대사업에 참예한 학생 十二日夜公會堂	한글, 사업	·
1032	1931-12-14	·	·	·	·	文字普及班에 授賞(本社社長[安在鴻]의 訓辭大要-諸君合作을 希望)	한글, 사업	·
1033	1931-12-14	·	·	·	·	朝鮮語學會創立	한글, 사업	·
1034	1931-12-19	申榮雨	신영우	申榮雨	신영우	朝鮮의 歷史大家 丹齋獄中會見記(1)	기타	·
1035	1931-12-20	申榮雨	신영우	申榮雨	신영우	朝鮮의 歷史大家 丹齋獄中會見記(2)	기타	·
1036	1931-12-21	申榮雨	신영우	申榮雨	신영우	朝鮮의 歷史大家 丹齋獄中會見記(3)	기타	·
1037	1931-12-23	申榮雨	신영우	申榮雨	신영우	朝鮮의 歷史大家 丹齋獄中會見記(4)	기타	·
1038	1931-12-25	申榮雨	신영우	申榮雨	신영우	朝鮮의 歷史大家 丹齋獄中會見記(5)	기타	·
1039	1931-12-27	申榮雨	신영우	申榮雨	신영우	朝鮮의 歷史大家 丹齋獄中會見記(6)	기타	·
1040	1932-01-01	李勳求	이훈구	李勳求	이훈구	滿洲問題와 朝鮮사람(1) 問題研究의 歷史的 重要性	역사	·
1041	1932-01-01	·	·	·	·	朝鮮語研究會, 朝鮮語學會와 別個 結成	한글, 사업	·
1042	1932-01-01	·	·	·	·	綴字法과 文法 整理運動廿餘年 朝鮮語學會의 燦然한 活動 科學的 體系樹立中	한글, 사업	·
1043	1932-01-01	·	·	·	·	빗나는 한글날 六回째 紀念(最初는 一九二七年) 確定된 十月廿八一	한글, 사업	·
1044	1932-01-01	權悳奎	권덕규	權悳奎	권덕규	史上으로 본 壬申年-李太祖와 壬申年(1)	역사	·
1045	1932-01-01	·	·	·	·	數年以來 猛烈한 文字普及運動實績	한글, 사업	·

연번	날짜	자료저자명(한자)	자료저자명(한글)	본명(한자)	본명(한글)	기사제목	분류	비고
1046	1932-01-02	權悳奎	권덕규	權悳奎	권덕규	史上으로 본 壬申年-李太祖와 壬申年(2)	역사	·
1047	1932-01-02	李勳求	이훈구	李勳求	이훈구	滿洲問題와 朝鮮사람(2) 問題研究의 歷史的 重要性	역사	·
1048	1932-01-02	·	·	·	·	한글普及의 具體策-各方面 諸氏의 意見(李允宰, 崔鉉培, 金億, 朴勝彬, 李秉岐, 洪秉璇, 鄭烈模, 張志暎, 申明均	한글	·
1049	1932-01-03	李勳求	이훈구	李勳求	이훈구	滿洲問題와 朝鮮사람(3) 問題研究의 歷史的 重要性	역사	·
1050	1932-01-03	·	·	·	·	朝鮮語學會 定期總會 開催	한글, 사업	·
1051	1932-01-05	權悳奎	권덕규	權悳奎	권덕규	史上으로 본 壬申年-李太祖와 壬申年(3)	역사	·
1052	1932-01-17	權悳奎	권덕규	權悳奎	권덕규	한글質疑	한글	·
1053	1932-01-21	權悳奎	권덕규	權悳奎	권덕규	한글質疑	한글	·
1054	1932-01-24	權悳奎	권덕규	權悳奎	권덕규	한글質疑	한글	·
1055	1932-01-27	權悳奎	권덕규	權悳奎	권덕규	한글質疑	한글	·
1056	1932-01-29	權悳奎	권덕규	權悳奎	권덕규	한글質疑	한글	·
1057	1932-01-30	權悳奎	권덕규	權悳奎	권덕규	한글質疑	한글	·
1058	1932-02-03	權悳奎	권덕규	權悳奎	권덕규	한글質疑	한글	·
1059	1932-02-06	權悳奎	권덕규	權悳奎	권덕규	한글質疑	한글	·
1060	1932-02-09	權悳奎	권덕규	權悳奎	권덕규	한글質疑	한글	·
1061	1932-02-10	權悳奎	권덕규	權悳奎	권덕규	한글質疑	한글	·
1062	1932-02-11	金岸曙	김안서	金億	김억	言語·言語·言語(1)	한글	·
1063	1932-02-13	金岸曙	김안서	金億	김억	言語·言語·言語(2)	한글	·
1064	1932-02-14	金岸曙	김안서	金億	김억	言語·言語·言語(3)	한글	·
1065	1932-02-14	朴魯哲	박노철	朴魯哲	박노철	古朝鮮疆域研究(2)	역사	1회 없음
1066	1932-02-16	金岸曙	김안서	金億	김억	言語·言語·言語(4)	한글	·
1067	1932-02-16	朴魯哲	박노철	朴魯哲	박노철	古朝鮮疆域研究(3)	역사	·
1068	1932-02-16	權悳奎	권덕규	權悳奎	권덕규	한글質疑	한글	·
1069	1932-02-17	朴魯哲	박노철	朴魯哲	박노철	古朝鮮疆域研究(4)	역사	·
1070	1932-02-18	朴魯哲	박노철	朴魯哲	박노철	古朝鮮疆域研究(5)	역사	·
1071	1932-02-18	金岸曙	김안서	金億	김억	言語·言語·言語(5)	한글	·
1072	1932-02-20	朴魯哲	박노철	朴魯哲	박노철	古朝鮮疆域研究(6)	역사	·
1073	1932-02-20	金岸曙	김안서	金億	김억	言語·言語·言語(6)	한글	·
1074	1932-02-21	朴魯哲	박노철	朴魯哲	박노철	古朝鮮疆域研究(7)	역사	·
1075	1932-02-21	權悳奎	권덕규	權悳奎	권덕규	한글質疑	한글	·
1076	1932-02-23	朴魯哲	박노철	朴魯哲	박노철	古朝鮮疆域研究(8)	역사	·
1077	1932-02-23	金岸曙	김안서	金億	김억	言語·言語·言語(7)	한글	·
1078	1932-02-23	權悳奎	권덕규	權悳奎	권덕규	한글質疑	한글	·
1079	1932-02-24	朴魯哲	박노철	朴魯哲	박노철	古朝鮮疆域研究(9)	역사	·
1080	1932-02-24	權悳奎	권덕규	權悳奎	권덕규	한글質疑	한글	·
1081	1932-02-25	朴魯哲	박노철	朴魯哲	박노철	古朝鮮疆域研究(10)	역사	·
1082	1932-02-25	金岸曙	김안서	金億	김억	言語·言語·言語(8)	한글	·
1083	1932-02-25	權悳奎	권덕규	權悳奎	권덕규	한글質疑	한글	·
1084	1932-02-26	朴魯哲	박노철	朴魯哲	박노철	古朝鮮疆域研究(11)	역사	·

연번	날짜	자료저자명(한자)	자료저자명(한글)	본명(한자)	본명(한글)	기사제목	분류	비고
1085	1932-02-26	金岸曙	김안서	金億	김억	言語·言語·言語(9)	한글	·
1086	1932-02-27	朴魯哲	박노철	朴魯哲	박노철	古朝鮮疆域硏究(12)	역사	·
1087	1932-02-28	朴魯哲	박노철	朴魯哲	박노철	古朝鮮疆域硏究(13)	역사	·
1088	1932-02-28	權悳奎	권덕규	權悳奎	권덕규	한글質疑	한글	·
1089	1932-03-01	朴魯哲	박노철	朴魯哲	박노철	古朝鮮疆域硏究(14)	역사	·
1090	1932-03-01	權悳奎	권덕규	權悳奎	권덕규	한글質疑	한글	·
1091	1932-03-02	朴魯哲	박노철	朴魯哲	박노철	古朝鮮疆域硏究(15)	역사	·
1092	1932-03-02	權悳奎	권덕규	權悳奎	권덕규	한글質疑	한글	·
1093	1932-03-03	朴魯哲	박노철	朴魯哲	박노철	古朝鮮疆域硏究(16)	역사	·
1094	1932-03-04	朴魯哲	박노철	朴魯哲	박노철	古朝鮮疆域硏究(17)	역사	·
1095	1932-03-05	朴魯哲	박노철	朴魯哲	박노철	古朝鮮疆域硏究(18)	역사	·
1096	1932-03-10	權悳奎	권덕규	權悳奎	권덕규	한글質疑	한글	·
1097	1932-03-12	權悳奎	권덕규	權悳奎	권덕규	한글質疑	한글	·
1098	1932-03-13	權悳奎	권덕규	權悳奎	권덕규	한글質疑	한글	·
1099	1932-03-17	權悳奎	권덕규	權悳奎	권덕규	한글質疑	한글	·
1100	1932-03-18	·	·	·	·	閑山島 制勝堂 重建을 計畫 리충무공의 개선을 긔념한 곳 期成會 組織하고 活動	사업	·
1101	1932-03-19	權悳奎	권덕규	權悳奎	권덕규	한글質疑	한글	·
1102	1932-03-26	崖溜生	애류생	·	·	石儂先生과 歷史言語(1)	역사	·
1103	1932-03-27	崖溜生	애류생	·	·	石儂先生과 歷史言語(2)	역사	·
1104	1932-03-29	崖溜生	애류생	·	·	石儂先生과 歷史言語(3)	역사	·
1105	1932-03-30	崖溜生	애류생	·	·	石儂先生과 歷史言語(4)	역사	·
1106	1932-03-31	崖溜生	애류생	·	·	石儂先生과 歷史言語(5)	역사	·
1107	1932-04-01	崖溜生	애류생	·	·	石儂先生과 歷史言語(6)	역사	·
1108	1932-04-03	崖溜生	애류생	·	·	石儂先生과 歷史言語(7)	역사	·
1109	1932-04-05	崖溜生	애류생	·	·	石儂先生과 歷史言語(8)	역사	·
1110	1932-04-06	崖溜生	애류생	·	·	石儂先生과 歷史言語(9)	역사	·
1111	1932-04-17	金秉坤	김병곤	金秉坤	김병곤	력사에 나타난 어진부인네들(1)	역사, 문학	·
1112	1932-04-19	金秉坤	김병곤	金秉坤	김병곤	력사에 나타난 어진부인네들(2)	역사, 문학	·
1113	1932-04-20	金秉坤	김병곤	金秉坤	김병곤	력사에 나타난 어진부인네들(3)	역사, 문학	·
1114	1932-04-21	金秉坤	김병곤	金秉坤	김병곤	력사에 나타난 어진부인네들(4)	역사, 문학	·
1115	1932-04-22	金秉坤	김병곤	金秉坤	김병곤	력사에 나타난 어진부인네들(5)	역사, 문학	·
1116	1932-04-23	金秉坤	김병곤	金秉坤	김병곤	력사에 나타난 어진부인네들(6)	역사, 문학	·
1117	1932-04-24	金秉坤	김병곤	金秉坤	김병곤	력사에 나타난 어진부인네들(7)	역사, 문학	·
1118	1932-04-26	金秉坤	김병곤	金秉坤	김병곤	력사에 나타난 어진부인네들(8)	역사, 문학	·

연번	날짜	자료저자명(한자)	자료저자명(한글)	본명(한자)	본명(한글)	기사제목	분류	비고
1119	1932-04-27	金秉坤	김병곤	金秉坤	김병곤	력사에 나타난 어진부인네들(9)	역사, 문학	·
1120	1932-04-29	金秉坤	김병곤	金秉坤	김병곤	력사에 나타난 어진부인네들(10)	역사, 문학	·
1121	1932-05-03	金秉坤	김병곤	金秉坤	김병곤	력사에 나타난 어진부인네들(11)	역사, 문학	·
1122	1932-05-04	金秉坤	김병곤	金秉坤	김병곤	력사에 나타난 어진부인네들(12)	역사, 문학	·
1123	1932-05-05	金秉坤	김병곤	金秉坤	김병곤	력사에 나타난 어진부인네들(13)	역사, 문학	·
1124	1932-05-06	金秉坤	김병곤	金秉坤	김병곤	력사에 나타난 어진부인네들(完)	역사, 문학	·
1125	1932-05-26	·	·	·	·	民族的 至誠의 結晶 忠武公祠宇 落成- 위인을 사모하는 민족적 그념, 來六月六日에 紀念式 擧行	사업	·
1126	1932-05-27	申采浩	신채호	申采浩	신채호	朝鮮上古文化史(38)	역사	·
1127	1932-05-28	申采浩	신채호	申采浩	신채호	朝鮮上古文化史(39)	역사	·
1128	1932-05-29	申采浩	신채호	申采浩	신채호	朝鮮上古文化史(40)	역사	·
1129	1932-05-31	申采浩	신채호	申采浩	신채호	朝鮮上古文化史(41)	역사	·
1130	1932-07-02	·	·	·	·	高麗時代의 「세발다리솟」이 露出 江東郡 鳳儀里에서 基地工事를 하다가	고적	·
1131	1932-11-23	金萬德	김만덕	金萬德	김만덕	史譚-南白月의 二聖(1)	역사, 문학	·
1132	1932-11-25	金萬德	김만덕	金萬德	김만덕	史譚-南白月의 二聖(2)	역사, 문학	·
1133	1932-11-26	金萬德	김만덕	金萬德	김만덕	史譚-南白月의 二聖(3)	역사, 문학	·
1134	1932-11-26	兪鎭午	유진오	兪鎭午	유진오	研究室을 차저서-剝製된 學問	기타	·
1135	1932-11-27	金萬德	김만덕	金萬德	김만덕	史譚-南白月의 二聖(4)	역사, 문학	·
1136	1932-11-30	金萬德	김만덕	金萬德	김만덕	史譚-南白月의 二聖(5)	역사, 문학	·
1137	1932-11-30	金台俊	김태준	金台俊	김태준	研究室을 차저서-研中一題	기타	·
1138	1932-12-01	金萬德	김만덕	金萬德	김만덕	史譚-南白月의 二聖(6)	역사, 문학	·
1139	1932-12-02	金萬德	김만덕	金萬德	김만덕	史譚-南白月의 二聖(7)	역사, 문학	·
1140	1932-12-02	崔容達	최용달	崔容達	최용달	研究室을 차저서- 歷史性을 否認하는 歷史性 現實의 肯定的 理解와 否定的 考察	기타	·
1141	1932-12-03	金萬德	김만덕	金萬德	김만덕	史譚-南白月의 二聖(完)	역사, 문학	·
1142	1932-12-07	申奭鎬	신석호	申奭鎬	신석호	研究室을 차저서-自我를 알자	기타	·
1143	1932-12-09	朴龍泰	박용태	朴龍泰	박용태	萬里長城이 뉘 것이냐(1) 朝鮮史研究의 珍貴한 材料이며 東方古文化의 消長을 關鍵한 壁壘	역사	·
1144	1932-12-10	·	·	·	·	朝鮮語學講演會	한글, 사업	·
1145	1932-12-10	朴龍泰	박용태	朴龍泰	박용태	萬里長城이 뉘 것이냐(2) 朝鮮史研究의 珍貴한	역사	·

연번	날짜	자료저자명(한자)	자료저자명(한글)	본명(한자)	본명(한글)	기사제목	분류	비고
						材料이며 東方古文化의 消長을 關鍵한 壁壘		
1146	1932-12-11	朴龍泰	박용태	朴龍泰	박용태	萬里長城이 뉘 것이냐(3) 朝鮮史硏究의 珍貴한 材料이며 東方古文化의 消長을 關鍵한 壁壘	역사	·
1147	1932-12-13	金台俊	김태준	金台俊	김태준	朝鮮의 女流文學(1)	문학	총13회
1148	1932-12-13	朴龍泰	박용태	朴龍泰	박용태	萬里長城이 뉘 것이냐(4) 朝鮮史硏究의 珍貴한 材料이며 東方古文化의 消長을 關鍵한 壁壘	역사	·
1149	1932-12-14	朴龍泰	박용태	朴龍泰	박용태	萬里長城이 뉘 것이냐(5) 朝鮮史硏究의 珍貴한 材料이며 東方古文化의 消長을 關鍵한 壁壘	역사	·
1150	1932-12-15	金台俊	김태준	金台俊	김태준	朝鮮의 女流文學(2) 한글 發生期 以前의 女流文藝	문학	·
1151	1932-12-16	金台俊	김태준	金台俊	김태준	朝鮮의 女流文學(3) 古代女流들의 한글文藝	문학	·
1152	1932-12-17	金台俊	김태준	金台俊	김태준	朝鮮의 女流文學(4) 黃眞伊의 時調	문학	·
1153	1932-12-20	金台俊	김태준	金台俊	김태준	朝鮮의 女流文學(5) 笑春風의 時調, 梅花와 松伊의 時調, 丁, 扶安妓桂生의 時調	문학	·
1154	1932-12-20	李熙昇	이희승	李熙昇	이희승	硏究室을 차저서- 제것을 蔑視	기타	·
1155	1932-12-22	金台俊	김태준	金台俊	김태준	朝鮮의 女流文學(6) 鄭氏, 林碧堂, 師任堂, 氷壺堂 等의 漢詩	문학	·
1156	1932-12-23	金台俊	김태준	金台俊	김태준	朝鮮의 女流文學(7) 女神童의 稱이 잇는 許蘭雪의 藝術	문학	·
1157	1932-12-24	金台俊	김태준	金台俊	김태준	朝鮮의 女流文學(8) 張氏와 蓬原府夫人의 詩才	문학	·
1158	1932-12-24	成樂緖	성낙서	成樂緖	성낙서	硏究室을 차저서-歷史의 박휘	기타	·
1159	1932-12-24	·	·	·	·	한글標準決定次 斯界權威一堂會合- 朝鮮語綴字委員總會	한글, 사업	·
1160	1932-12-25	金台俊	김태준	金台俊	김태준	朝鮮의 女流文學(9) 李玉峰의 試藝	문학	·
1161	1932-12-27	金台俊	김태준	金台俊	김태준	朝鮮의 女流文學(10) 李, 柳, 沈, 金, 郭 晴窓의 諸家	문학	·
1162	1932-12-28	金台俊	김태준	金台俊	김태준	朝鮮의 女流文學(11) 錦繡園堂, 半啞堂, 그他 近世의 女流詩人	문학	·
1163	1932-12-30	金台俊	김태준	金台俊	김태준	朝鮮의 女流文學(12) 妓女들의 漢詩	문학	·
1164	1932-12-30	·	·	·	·	最後的 決定이 될 한글綴字法 討議	한글, 사업	·
1165	1933-01-01	駱山生	낙산생	·	·	朝鮮史上 癸酉年(1)	역사	총3회
1166	1933-01-02	駱山生	낙산생	·	·	朝鮮史上 癸酉年(2)	역사	·
1167	1933-01-03	駱山生	낙산생	·	·	朝鮮史上 癸酉年(3)	역사	·
1168	1933-01-07	社說	사설	·	·	한글 『愛用運動』을 提唱함	한글, 사업	·
1169	1933-01-07	金台俊	김태준	金台俊	김태준	朝鮮의 女流文學(13) 我觀現代朝鮮의 新女性文學	문학	·
1170	1933-01-08	金台俊	김태준	金台俊	김태준	朝鮮의 女流文學(完)	문학	·
1171	1933-01-12	·	·	·	·	朝鮮語敎科書刷新 文士 等 名作揷入 조선문사 열 세 사람의 글을 실려 諺文은 新綴字法으로	한글	·
1172	1933-01-13	社說	사설	·	·	朝鮮語 敎科書 刷新의 吟味	한글	·
1173	1933-01-13	韓長庚	한장경	韓長庚	한장경	朝鮮의 土地制度와 農民生活의 歷史的 考察(1)	역사, 논설	총28회
1174	1933-01-14	韓長庚	한장경	韓長庚	한장경	朝鮮의 土地制度와 農民生活의 歷史的 考察(2)	역사, 논설	·
1175	1933-01-14	·	·	·	·	朝鮮語學講演	한글, 사업	·

연번	날짜	자료저자명 (한자)	자료저자명 (한글)	본명 (한자)	본명 (한글)	기사제목	분류	비고
1176	1933-01-15	李甲基	이갑기	李甲基	이갑기	民族意識의 歷史性과 民族主義 文學(1)	문학	총4회
1177	1933-01-15	韓長庚	한장경	韓長庚	한장경	朝鮮의 土地制度와 農民生活의 歷史的 考察(3)	역사, 논설	·
1178	1933-01-17	韓長庚	한장경	韓長庚	한장경	朝鮮의 土地制度와 農民生活의 歷史的 考察(4)	역사, 논설	·
1179	1933-01-17	李甲基	이갑기	李甲基	이갑기	民族意識의 歷史性과 民族主義 文學(2)	문학	·
1180	1933-01-18	韓長庚	한장경	韓長庚	한장경	朝鮮의 土地制度와 農民生活의 歷史的 考察(5)	역사, 논설	·
1181	1933-01-19	韓長庚	한장경	韓長庚	한장경	朝鮮의 土地制度와 農民生活의 歷史的 考察(6)	역사, 논설	·
1182	1933-01-20	韓長庚	한장경	韓長庚	한장경	朝鮮의 土地制度와 農民生活의 歷史的 考察(7)	역사, 논설	·
1183	1933-01-21	韓長庚	한장경	韓長庚	한장경	朝鮮의 土地制度와 農民生活의 歷史的 考察(8)	역사, 논설	·
1184	1933-01-21	李甲基	이갑기	李甲基	이갑기	民族意識의 歷史性과 民族主義 文學(3)	문학	·
1185	1933-01-24	韓長庚	한장경	韓長庚	한장경	朝鮮의 土地制度와 農民生活의 歷史的 考察(10)	역사, 논설	9회 미확인
1186	1933-01-24	李甲基	이갑기	李甲基	이갑기	民族意識의 歷史性과 民族主義 文學(完)	문학	·
1187	1933-01-25	韓長庚	한장경	韓長庚	한장경	朝鮮의 土地制度와 農民生活의 歷史的 考察(11)	역사, 논설	·
1188	1933-01-28	韓長庚	한장경	韓長庚	한장경	朝鮮의 土地制度와 農民生活의 歷史的 考察(14)	역사, 논설	12, 13회 미확인
1189	1933-01-29	韓長庚	한장경	韓長庚	한장경	朝鮮의 土地制度와 農民生活의 歷史的 考察(15)	역사, 논설	·
1190	1933-01-30	洪起文	홍기문	洪起文	홍기문	混亂中의 綴字法 그 整理의 一案(1)	한글	·
1191	1933-01-31	韓長庚	한장경	韓長庚	한장경	朝鮮의 土地制度와 農民生活의 歷史的 考察(16)	역사, 논설	·
1192	1933-01-31	洪起文	홍기문	洪起文	홍기문	混亂中의 綴字法 그 整理의 一案(2)	한글	·
1193	1933-02-01	韓長庚	한장경	韓長庚	한장경	朝鮮의 土地制度와 農民生活의 歷史的 考察(17)	역사, 논설	·
1194	1933-02-01	洪起文	홍기문	洪起文	홍기문	混亂中의 綴字法 그 整理의 一案(3)	한글	·
1195	1933-02-02	韓長庚	한장경	韓長庚	한장경	朝鮮의 土地制度와 農民生活의 歷史的 考察(18)	역사, 논설	·
1196	1933-02-02	洪起文	홍기문	洪起文	홍기문	混亂中의 綴字法 그 整理의 一案(4)	한글	·
1197	1933-02-02	咸大勳	함대훈	咸大勳	함대훈	『朝鮮民俗』을 讀합	문학	·
1198	1933-02-03	韓長庚	한장경	韓長庚	한장경	朝鮮의 土地制度와 農民生活의 歷史的 考察(19)	역사, 논설	·
1199	1933-02-03	洪起文	홍기문	洪起文	홍기문	混亂中의 綴字法 그 整理의 一案(5)	한글	·
1200	1933-02-05	韓長庚	한장경	韓長庚	한장경	朝鮮의 土地制度와 農民生活의 歷史的 考察(21)	역사, 논설	20회 미확인
1201	1933-02-07	韓長庚	한장경	韓長庚	한장경	朝鮮의 土地制度와 農民生活의 歷史的 考察(22)	역사, 논설	·
1202	1933-02-07	洪起文	홍기문	洪起文	홍기문	混亂中의 綴字法 그 整理의 一案(6)	한글	·
1203	1933-02-08	韓長庚	한장경	韓長庚	한장경	朝鮮의 土地制度와 農民生活의 歷史的 考察(23)	역사, 논설	·

연번	날짜	자료저자명(한자)	자료저자명(한글)	본명(한자)	본명(한글)	기사제목	분류	비고
1204	1933-02-08	洪起文	홍기문	洪起文	홍기문	混亂中의 綴字法 그 整理의 一案(7)	한글	·
1205	1933-02-09	韓長庚	한장경	韓長庚	한장경	朝鮮의 土地制度와 農民生活의 歷史的 考察(24)	역사, 논설	·
1206	1933-02-09	洪起文	홍기문	洪起文	홍기문	混亂中의 綴字法 그 整理의 一案(8)	한글	·
1207	1933-02-10	韓長庚	한장경	韓長庚	한장경	朝鮮의 土地制度와 農民生活의 歷史的 考察(25)	역사, 논설	·
1208	1933-02-10	洪起文	홍기문	洪起文	홍기문	混亂中의 綴字法 그 整理의 一案(9)	한글	·
1209	1933-02-14	韓長庚	한장경	韓長庚	한장경	朝鮮의 土地制度와 農民生活의 歷史的 考察(27)	역사, 논설	26회 미확인
1210	1933-02-14	洪起文	홍기문	洪起文	홍기문	混亂中의 綴字法 그 整理의 一案(11)	한글	10회 미확인
1211	1933-02-15	韓長庚	한장경	韓長庚	한장경	朝鮮의 土地制度와 農民生活의 歷史的 考察(28)	역사, 논설	·
1212	1933-02-16	洪起文	홍기문	洪起文	홍기문	混亂中의 綴字法 그 整理의 一案(12)	한글	·
1213	1933-02-17	咸大勳	함대훈	咸大勳	함대훈	金素雲氏編著 朝鮮口傳民謠集(朝鮮文) 第一書房版	문학	·
1214	1933-02-19	洪起文	홍기문	洪起文	홍기문	混亂中의 綴字法 그 整理의 一案(13)	한글	·
1215	1933-02-20	洪起文	홍기문	洪起文	홍기문	混亂中의 綴字法 그 整理의 一案(14)	한글	·
1216	1933-02-21	洪起文	홍기문	洪起文	홍기문	混亂中의 綴字法 그 整理의 一案(15)	한글	·
1217	1933-02-22	洪起文	홍기문	洪起文	홍기문	混亂中의 綴字法 그 整理의 一案(16)	한글	·
1218	1933-02-23	洪起文	홍기문	洪起文	홍기문	混亂中의 綴字法 그 整理의 一案(17)	한글	·
1219	1933-02-24	·	·	·	·	高句麗時代의 八重塔을 發見 평양박물관원 긴급출장 陽德東陽面서 發掘	고적	·
1220	1933-02-25	洪起文	홍기문	洪起文	홍기문	混亂中의 綴字法 그 整理의 一案(18)	한글	·
1221	1933-02-26	洪起文	홍기문	洪起文	홍기문	混亂中의 綴字法 그 整理의 一案(19)	한글	·
1222	1933-02-28	洪起文	홍기문	洪起文	홍기문	混亂中의 綴字法 그 整理의 一案(20)	한글	·
1223	1933-03-01	洪起文	홍기문	洪起文	홍기문	混亂中의 綴字法 그 整理의 一案(21)	한글	·
1224	1933-03-02	洪起文	홍기문	洪起文	홍기문	混亂中의 綴字法 그 整理의 一案(22)	한글	·
1225	1933-04-26	文一平	문일평	文一平	문일평	歷史로 본 朝鮮/史眼으로 본 朝鮮(1) 古文化의 新試錬	역사	총9회
1226	1933-04-29	文一平	문일평	文一平	문일평	歷史로 본 朝鮮/史眼으로 본 朝鮮(2) 二千年 貴族制	역사	·
1227	1933-04-30	文一平	문일평	文一平	문일평	歷史로 본 朝鮮/史眼으로 본 朝鮮(3) 進取보다 守拙	역사	·
1228	1933-05-01	金台俊	김태준	金台俊	김태준	朝鮮學의 國學的 硏究와 社會學的 硏究(上)	논설	·
1229	1933-05-13	·	·	·	·	朝鮮語講習	한글, 사업	·
1230	1933-05-02	金台俊	김태준	金台俊	김태준	朝鮮學의 國學的 硏究와 社會學的 硏究(下)	논설	·
1231	1933-05-03	文一平	문일평	文一平	문일평	歷史로 본 朝鮮/史眼으로 본 朝鮮(4) 不和內分의 原因	역사	·
1232	1933-05-03	·	·	·	·	新羅美術의 精華 純金腕輪을 또 發掘, 從來로 보지 못한 龍의 彫刻, 古美術硏究上珍寶	고적	·
1233	1933-05-04	文一平	문일평	文一平	문일평	歷史로 본 朝鮮/史眼으로 본 朝鮮(5) 歷史動向과 文明	역사	·
1234	1933-05-04	·	·	·	·	續現하는 朝鮮의 文化, 壁書丹靑艶麗한 高句麗古墳發見 平男順川郡下에서	고적	·
1235	1933-05-04	趙潤濟	조윤제	趙潤濟	조윤제	古朝鮮民族의 歌謠	문학	·

연번	날짜	자료저자명(한자)	자료저자명(한글)	본명(한자)	본명(한글)	기사제목	분류	비고
1236	1933-05-07	文一平	문일평	文一平	문일평	歷史로 본 朝鮮/史眼으로 본 朝鮮(6) 李朝文明의 結晶	역사	·
1237	1933-05-10	文一平	문일평	文一平	문일평	歷史로 본 朝鮮/史眼으로 본 朝鮮(7) 思想界의 三偉人	역사	·
1238	1933-05-12	·	·	·	·	續續 發見되는 高句麗 文化의 精華, 古墳三基와 出土珍品이 多數, 平壤府外栗里에서	고적	·
1239	1933-05-13	文一平	문일평	文一平	문일평	歷史로 본 朝鮮/史眼으로 본 朝鮮(8) 儒彿學과 朝鮮學	역사	·
1240	1933-05-15	退岡生	퇴강생	·	·	朝鮮 美術 展覽會 「四君子」 採擇에 對하여(1)	미술	총2회
1241	1933-05-16	文一平	문일평	文一平	문일평	歷史로 본 朝鮮/史眼으로 본 朝鮮(9) 朝鮮學의 意義	역사	·
1242	1933-05-16	退岡生	퇴강생	·	·	朝鮮 美術 展覽會 「四君子」 採擇에 對하여(2)	미술	·
1243	1933-05-16	·	·	·	·	德壽宮의 지나간 半生(1)	역사	·
1244	1933-05-18	·	·	·	·	德壽宮의 지나간 半生(2)	역사	·
1245	1933-05-20	·	·	·	·	德壽宮의 지나간 半生(3)	역사	·
1246	1933-05-21	·	·	·	·	德壽宮의 지나간 半生(4)	역사	·
1247	1933-05-22	·	·	·	·	德壽宮의 지나간 半生(5)	역사	·
1248	1933-05-23	·	·	·	·	德壽宮의 지나간 半生(6)	역사	·
1249	1933-05-24	·	·	·	·	德壽宮의 지나간 半生(7)	역사	·
1250	1933-05-24	李甲基	이갑기	李甲基	이갑기	第十二回 朝鮮美展評(1)	미술	·
1251	1933-05-25	李甲基	이갑기	李甲基	이갑기	第十二回 朝鮮美展評(2)	미술	·
1252	1933-05-26	李甲基	이갑기	李甲基	이갑기	第十二回 朝鮮美展評(3)	미술	·
1253	1933-05-27	李甲基	이갑기	李甲基	이갑기	第十二回 朝鮮美展評(4)	미술	·
1254	1933-05-31	文一平	문일평	文一平	문일평	史上의 反逆兒(1) 朝鮮史 研究의 一側面觀	역사	총25회
1255	1933-06-01	文一平	문일평	文一平	문일평	史上의 反逆兒(2) 千古英傑 蓋蘇文(1)	역사	·
1256	1933-06-02	文一平	문일평	文一平	문일평	史上의 反逆兒(3) 政變前後의 蓋蘇文(2)	역사	·
1257	1933-06-03	文一平	문일평	文一平	문일평	史上의 反逆兒(4) 高句麗의 英傑 蓋蘇文(3)	역사	·
1258	1933-06-04	金友哲	김우철	金友哲	김우철	民族文學의問題:白鐵의論文을읽고(1)	문학	총3회
1259	1933-06-04	文一平	문일평	文一平	문일평	史上의 反逆兒(5) 高句麗의 英傑 蓋蘇文(4)	역사	·
1260	1933-06-05	文一平	문일평	文一平	문일평	史上의 反逆兒(6) 百濟亡後 擧兵한 福信(1)	역사	·
1261	1933-06-06	文一平	문일평	文一平	문일평	史上의 反逆兒(7) 福信去後에 遲受信(2)	역사	·
1262	1933-06-06	金友哲	김우철	金友哲	김우철	民族文學의問題:白鐵의論文을읽고(2)	문학	·
1263	1933-06-07	金友哲	김우철	金友哲	김우철	民族文學의問題:白鐵의論文을읽고(3)	문학	·
1264	1933-06-08	文一平	문일평	文一平	문일평	史上의 反逆兒(8) 稱國建元한 快傑 羅朝에 叛旗든 金憲昌	역사	·
1265	1933-06-09	文一平	문일평	文一平	문일평	史上의 反逆兒(9) 高麗思想의 具現者 遷都稱帝派의 首領 妙淸(1)	역사	·
1266	1933-06-11	文一平	문일평	文一平	문일평	史上의 反逆兒(10) 聖者인가 妖僧인가 遷都稱帝派의 首領 妙淸(2)	역사	·
1267	1933-06-11	崔昌圭	최창규	崔昌圭	최창규	金台俊 著, 朝鮮小說史	문학	·
1268	1933-06-14	文一平	문일평	文一平	문일평	史上의 反逆兒(11) 兩者와 妙淸과의 對比(3)	역사	·
1269	1933-06-15	文一平	문일평	文一平	문일평	史上의 反逆兒(12) 武臣亂의 巨魁 鄭仲夫	역사	·
1270	1933-06-16	文一平	문일평	文一平	문일평	史上의 反逆兒(13) 時勢의 急流에 쏠린 鄭仲夫(2)	역사	·
1271	1933-06-19	文一平	문일평	文一平	문일평	史上의 反逆兒(14) 三別抄亂의 首謀 裵仲孫	역사	·

연번	날짜	자료저자명(한자)	자료저자명(한글)	본명(한자)	본명(한글)	기사제목	분류	비고
1272	1933-06-21	文一平	문일평	文一平	문일평	史上의 反逆兒(15) 良賤劈破運動 北山樵童萬積의 大陰謀(1)	역사	·
1273	1933-06-22	文一平	문일평	文一平	문일평	史上의 反逆兒(16) 그 人物 그 思想 良賤劈破運動 北山樵童萬積의 大陰謀(2)	역사	·
1274	1933-06-22	沈相烈	심상렬	沈相烈	심상렬	朝鮮長城踏査記	고적	·
1275	1933-06-22	笑軒	소헌	·	·	史上의 현부인(1) 유천의 부인(1)	역사	총9회
1276	1933-06-23	文一平	문일평	文一平	문일평	史上의 反逆兒(17) 奴隷亂指導者 正義感에 타는 僧牛本(1)	역사	·
1277	1933-06-23	沈相烈	심상렬	沈相烈	심상렬	朝鮮長城踏査記	고적	·
1278	1933-06-23	笑軒	소헌	·	·	史上의 현부인(2) 유천의 부인(2)	역사	·
1279	1933-06-24	文一平	문일평	文一平	문일평	史上의 反逆兒(18) 變形의 奴隷亂魁 舊京에 叛據한 御史臺皂隷 李通(1)	역사	·
1280	1933-06-24	沈相烈	심상렬	沈相烈	심상렬	長城넘어 歡喜寺	고적	·
1281	1933-06-24	笑軒	소헌	·	·	史上의 현부인(3) 백세부인과 안귀손부인	역사	·
1282	1933-06-25	文一平	문일평	文一平	문일평	史上의 反逆兒(18)*19회 志小策大한 人物 地方分治로 叛旗든 李施愛(1)	역사	연재횟수 오기
1283	1933-06-27	文一平	문일평	文一平	문일평	史上의 反逆兒(19)*20회 自稱 大金皇帝 喜悲劇의 主人公 李澄玉	역사	연재횟수 오기
1284	1933-06-27	笑軒	소헌	·	·	史上의 현부인(4) 문학에 천재 란설헌 부인(1)	역사	·
1285	1933-06-28	文一平	문일평	文一平	문일평	史上의 反逆兒(20)*21회 一擧에 國都를 占據 有史以來 드믄 驍將 李适	역사	연재횟수 오기
1286	1933-06-28	笑軒	소헌	·	·	史上의 현부인(5) 문학에 천재 란설헌 부인(2)	역사	·
1287	1933-06-30	文一平	문일평	文一平	문일평	史上의 反逆兒(21)*22회 民衆革命의 先驅 平西大元帥 洪景來(1)	역사	연재횟수 오기
1288	1933-07-02	文一平	문일평	文一平	문일평	史上의 反逆兒(22)*23회 民衆革命의 先驅 平西大元帥 洪景來(2)	역사	연재횟수 오기
1289	1933-07-03	文一平	문일평	文一平	문일평	史上의 反逆兒(23)*24회 敬嘆할 御人法 平西大元帥 洪景來(3)	역사	연재횟수 오기
1290	1933-07-03	笑軒	소헌	·	·	史上의 현부인(6) 남편을 따른 윤승길 부인	역사	·
1291	1933-07-04	文一平	문일평	文一平	문일평	史上의 反逆兒(24)*25회 神出鬼沒의 그 智略 平西大元帥 洪景來(4)	역사	연재횟수 오기
1292	1933-07-05	笑軒	소헌	·	·	史上의 현부인(7) 례절로 사는 조린의 부인	역사	·
1293	1933-07-07	洪起文	홍기문	洪起文	홍기문	各說紛紜한 訓民正音起源(1)	한글	·
1294	1933-07-08	洪起文	홍기문	洪起文	홍기문	各說紛紜한 訓民正音起源(2)	한글	·
1295	1933-07-09	文一平	문일평	文一平	문일평	水亂에對한史話(1)	역사	·
1296	1933-07-12	笑軒	소헌	·	·	史上의 현부인(8) 사랑이 깁흔 강남득 모친	역사	·
1297	1933-07-12	文一平	문일평	文一平	문일평	水亂에 對한 史話(2)	역사	·
1298	1933-07-13	洪起文	홍기문	洪起文	홍기문	各說紛紜한 訓民正音起源(3)	한글	·
1299	1933-07-15	洪起文	홍기문	洪起文	홍기문	各說紛紜한 訓民正音起源(4)	한글	·
1300	1933-07-15	文一平	문일평	文一平	문일평	水亂에 對한 史話(3)	역사	·
1301	1933-07-16	文一平	문일평	文一平	문일평	世界文化의 先驅(1)- 朝鮮民族이 建設한 文化世界史 發展의 한 모멘트	역사	·
1302	1933-07-18	文一平	문일평	文一平	문일평	世界文化의 先驅(2)- 世宗大王이 싸흔 文化史의 百寶塔(1) 한글發明과 朝鮮人	역사	·

연번	날짜	자료저자명(한자)	자료저자명(한글)	본명(한자)	본명(한글)	기사제목	분류	비고
1303	1933-07-18	金永熙	김영희	金永熙	김영희	방학을 압두고 학교에서 가정에-력사를 알도록 그러고 사물에 연구케 합시다	기타	·
1304	1933-07-19	文一平	문일평	文一平	문일평	世界文化의 先驅(3)- 世宗大王이 싸흔 文化史의 百寶塔(2) 世宗以後東西文運	역사	·
1305	1933-07-19	洪起文	홍기문	洪起文	홍기문	各說紛紜한 訓民正音起源(5)	한글	·
1306	1933-07-19	李相昊	이상호	李相昊	이상호	金剛山特電(1) 「코쓰」조차 밧귄 斷髮令	기행	총6회
1307	1933-07-20	文一平	문일평	文一平	문일평	世界文化의 先驅(4)- 世宗大王은 朝鮮人의 大宗師(3) 民衆前途一大光明	역사	·
1308	1933-07-20	洪起文	홍기문	洪起文	홍기문	各說紛紜한 訓民正音起源(6)	한글	·
1309	1933-07-20	李相昊	이상호	李相昊	이상호	金剛山特電(2) 拷問惡刑은 絶對 不採用	기행	·
1310	1933-07-21	李相昊	이상호	李相昊	이상호	金剛山特電(3) 千古長恨! 九龍淵에 隱棲	기행	·
1311	1933-07-22	李相昊	이상호	李相昊	이상호	金剛山特電(4) 五萬物相身勢打令	기행	·
1312	1933-07-23	社說	사설	·	·	文盲退治와 當局	한글, 사업	·
1313	1933-07-23	李相昊	이상호	李相昊	이상호	金剛山特電(5) 新羅臨終期의 大悲劇	기행	·
1314	1933-07-25	李相昊	이상호	李相昊	이상호	金剛山特電(6) 金剛靈域淨化를 討議	기행	·
1315	1933-07-26	·	·	·	·	朝鮮語綴字法統一 斯界權威最後會合	한글, 사업	·
1316	1933-08-02	文一平	문일평	文一平	문일평	世界文化의 先驅(5) 太宗大王과 銅製活字의 創始-朝鮮人의 자랑 活字文明	역사	·
1317	1933-08-03	文一平	문일평	文一平	문일평	世界文化의 先驅(6) 朝鮮活字와 東方文明의 動力-活字來歷과 日本流傳	역사	·
1318	1933-08-03	鄭寅普	정인보	鄭寅普	정인보	關東海山錄(1)	기행	·
1319	1933-08-04	鄭寅普	정인보	鄭寅普	정인보	關東海山錄(2)	기행	·
1320	1933-08-05	鄭寅普	정인보	鄭寅普	정인보	關東海山錄(3)	기행	·
1321	1933-08-05	文一平	문일평	文一平	문일평	世界文化의 先驅(7) 銅活字 맨든 動機와 朝鮮文明의 長短- 답서고도 뒤진 活字文明	역사	·
1322	1933-08-06	鄭寅普	정인보	鄭寅普	정인보	關東海山錄(4)	기행	·
1323	1933-08-06	文一平	문일평	文一平	문일평	世界文化의 先驅(7)*8회 龜船을 完成한 忠武公李舜臣- 世界初有의 鐵甲艦	역사	8회임
1324	1933-08-08	鄭寅普	정인보	鄭寅普	정인보	關東海山錄(5)	기행	·
1325	1933-08-09	鄭寅普	정인보	鄭寅普	정인보	關東海山錄(6)	기행	·
1326	1933-08-10	鄭寅普	정인보	鄭寅普	정인보	關東海山錄(7)	기행	·
1327	1933-08-10	文一平	문일평	文一平	문일평	世界文化의 先驅(8)*9회 龜船의 突擊과 中舞공 戰術- 壬辰役海戰一幕	역사	9회임
1328	1933-08-11	文一平	문일평	文一平	문일평	世界文化의 先驅(9)*10회 聖雄忠武公과 當時海上戰功-東洋『넬손』이 適評일가	역사	10회임
1329	1933-08-12	鄭寅普	정인보	鄭寅普	정인보	關東海山錄(8)	기행	·
1330	1933-08-13	鄭寅普	정인보	鄭寅普	정인보	關東海山錄(9)	기행	·
1331	1933-08-15	鄭寅普	정인보	鄭寅普	정인보	關東海山錄(10)	기행	·
1332	1933-08-16	鄭寅普	정인보	鄭寅普	정인보	關東海山錄(11)	기행	·
1333	1933-08-17	鄭寅普	정인보	鄭寅普	정인보	關東海山錄(12)	기행	·
1334	1933-08-18	鄭寅普	정인보	鄭寅普	정인보	關東海山錄(13)	기행	·
1335	1933-08-19	鄭寅普	정인보	鄭寅普	정인보	關東海山錄(14)	기행	·

연번	날짜	자료저자명(한자)	자료저자명(한글)	본명(한자)	본명(한글)	기사제목	분류	비고
1336	1933-08-20	鄭寅普	정인보	鄭寅普	정인보	關東海山錄(15)	기행	·
1337	1933-08-22	鄭寅普	정인보	鄭寅普	정인보	關東海山錄(16)	기행	·
1338	1933-08-23	鄭寅普	정인보	鄭寅普	정인보	關東海山錄(17)	기행	·
1339	1933-08-24	鄭寅普	정인보	鄭寅普	정인보	關東海山錄(18)	기행	·
1340	1933-08-25	鄭寅普	정인보	鄭寅普	정인보	關東海山錄(19)	기행	·
1341	1933-08-26	鄭寅普	정인보	鄭寅普	정인보	關東海山錄(20)	기행	·
1342	1933-08-27	鄭寅普	정인보	鄭寅普	정인보	關東海山錄(21)	기행	·
1343	1933-08-29	鄭寅普	정인보	鄭寅普	정인보	關東海山錄(22)	기행	·
1344	1933-08-30	鄭寅普	정인보	鄭寅普	정인보	關東海山錄(23)	기행	·
1345	1933-08-31	鄭寅普	정인보	鄭寅普	정인보	關東海山錄(24)	기행	·
1346	1933-09-01	鄭寅普	정인보	鄭寅普	정인보	關東海山錄(25)	기행	·
1347	1933-09-02	鄭寅普	정인보	鄭寅普	정인보	關東海山錄(26)	기행	·
1348	1933-09-03	鄭寅普	정인보	鄭寅普	정인보	關東海山錄(27)	기행	·
1349	1933-09-05	鄭寅普	정인보	鄭寅普	정인보	關東海山錄(28)	기행	·
1350	1933-09-06	鄭寅普	정인보	鄭寅普	정인보	關東海山錄(29)	기행	·
1351	1933-09-17	·	·	·	·	明朗! 가을이 硏究室에 文明의 "자장歌"를 엿듣는다(1) 城大大學院 朴鍾鴻氏	기타	·
1352	1933-09-19	·	·	·	·	明朗! 가을이 硏究室에 文明의 "자장歌"를 엿듣는다(2) 世專醫學室 李錫申博士	기타	·
1353	1933-09-22	·	·	·	·	明朗! 가을이 硏究室에 文明의 "자장歌"를 엿듣는다(3) 延專商科硏究室 白南雲敎授	기타	·
1354	1933-09-26	·	·	·	·	明朗! 가을이 硏究室에 文明의 "자장歌"를 엿듣는다(4) 獨逸哲學博士 安浩相氏	기타	·
1355	1933-09-26	金斗憲	김두헌	金斗憲	김두헌	慣習에 對하야	기타	·
1356	1933-09-28	洪起文	홍기문	洪起文	홍기문	比較言語硏究(1) 各國語中의 『重語』 세이쓰氏의 硏究한 八項의 用法	한글	총5회
1357	1933-09-29	洪起文	홍기문	洪起文	홍기문	比較言語硏究(2) 세이쓰氏의 用法과 同異比較	한글	·
1358	1933-10-01	洪起文	홍기문	洪起文	홍기문	比較言語硏究(3) 母音調와 子音調 連續의 調和를 爲한 聲音交化	한글	·
1359	1933-10-03	洪起文	홍기문	洪起文	홍기문	比較言語硏究(4) 東方言語의 奇現象 聲音의 轉換으로 語意를 轉換	한글	·
1360	1933-10-04	洪起文	홍기문	洪起文	홍기문	比較言語硏究(完) 우리말 子音轉 말은 『애해』다르고 『에헤』 다르다	한글	·
1361	1933-10-13	湖岩	호암	文一平	문일평	史外遺聞/史外異聞-耶蘇新敎傳來	역사, 문학	·
1362	1933-10-14	湖岩	호암	文一平	문일평	史外遺聞/史外異聞-『竹枯一考』	역사, 문학	·
1363	1933-10-15	湖岩	호암	文一平	문일평	史外遺聞/史外異聞-淵蓋蘇文	역사, 문학	·
1364	1933-10-17	·	·	·	·	朝鮮語講習會	한글, 사업	·
1365	1933-10-17	·	·	·	·	禮山地方-古蹟과 名僧	고적	·
1366	1933-10-19	湖岩	호암	文一平	문일평	史外遺聞/史外異聞-新羅의 東京	역사, 문학	·

연번	날짜	자료저자명(한자)	자료저자명(한글)	본명(한자)	본명(한글)	기사제목	분류	비고
1367	1933-10-20	湖岩	호암	文一平	문일평	史外遺聞/史外異聞- 新文體의 起源	역사, 문학	·
1368	1933-10-20	金台俊	김태준	金台俊	김태준	朝鮮歌謠概說- 歌謠와 朝鮮文學(1)	문학	총4회
1369	1933-10-21	金台俊	김태준	金台俊	김태준	朝鮮歌謠概說- 歌謠와 朝鮮文學(2)	문학	·
1370	1933-10-22	金台俊	김태준	金台俊	김태준	朝鮮歌謠概說- 歌謠와 朝鮮文學(3)	문학	·
1371	1933-10-22	湖岩	호암	文一平	문일평	史外遺聞/史外異聞- 再嫁禁法	역사, 문학	·
1372	1933-10-24	湖岩	호암	文一平	문일평	史外遺聞/史外異聞- 留學生의 嚆矢	역사, 문학	·
1373	1933-10-24	金台俊	김태준	金台俊	김태준	朝鮮歌謠概說- 歌謠와 朝鮮文學(4)	문학	·
1374	1933-10-24	金台俊	김태준	金台俊	김태준	朝鮮說話에 對하야	문학	·
1375	1933-10-24	笑軒	소헌	·	·	史上의 안해(1) 리현달의 부인	문학	총9회
1376	1933-10-25	金台俊	김태준	金台俊	김태준	朝鮮歌謠概說- 歌謠와 朝鮮文學(5)	문학	·
1377	1933-10-25	笑軒	소헌	·	·	史上의 안해(2) 리재후의 부인	문학	·
1378	1933-10-25	湖岩	호암	文一平	문일평	史外遺聞/史外異聞-西洋文物의 採用	역사, 문학	·
1379	1933-10-25	·	·	·	·	한글날에 發表될 맞춤法統一案 內容, 朝鮮語學會의 苦心決定한 것, 우리 文化上의 金字塔	한글, 사업	·
1380	1933-10-26	湖岩	호암	文一平	문일평	史外遺聞/史外異聞- 白衣禁令의 始	역사, 문학	·
1381	1933-10-26	金台俊	김태준	金台俊	김태준	朝鮮歌謠概說- 歌謠와 朝鮮文學(6)	문학	·
1382	1933-10-26	笑軒	소헌	·	·	史上의 안해(3) 권씨 부인	문학	·
1383	1933-10-27	金台俊	김태준	金台俊	김태준	朝鮮歌謠概說- 歌謠와 朝鮮文學(7)	문학	·
1384	1933-10-27	笑軒	소헌	·	·	史上의 안해(4) 구인후의 부인	문학	·
1385	1933-10-27	湖岩	호암	文一平	문일평	史外遺聞/史外異聞- 三國京中의 戶口	역사, 문학	·
1386	1933-10-28	湖岩	호암	文一平	문일평	史外遺聞/史外異聞- 女子結髮의 變遷	역사, 문학	·
1387	1933-10-28	金台俊	김태준	金台俊	김태준	朝鮮歌謠概說-歌謠와 朝鮮文學(8)	문학	·
1388	1933-10-28	笑軒	소헌	·	·	史上의 안해(5) 림랑자	문학	·
1389	1933-10-29	湖岩	호암	文一平	문일평	史外遺聞/史外異聞- 女裝變遷의 一端	역사, 문학	·
1390	1933-10-29	社說	사설	·	·	한글날	한글	·
1391	1933-10-29	金允經	김윤경	金允經	김윤경	訓民訓民正音 發布에 對하야	한글	·
1392	1933-10-29	金台俊	김태준	金台俊	김태준	朝鮮歌謠概說- 歌謠와 朝鮮文學(9)	문학	·
1393	1933-10-29	笑軒	소헌	·	·	史上의 안해(6) 리씨	문학	·
1394	1933-10-31	金台俊	김태준	金台俊	김태준	朝鮮歌謠概說- 歌謠와 朝鮮文學(10)	문학	·
1395	1933-10-31	笑軒	소헌	·	·	史上의 안해(7) 화순옹주	문학	·
1396	1933-11-01	湖岩	호암	文一平	문일평	史外遺聞/史外異聞- 王號와 帝號	역사, 문학	·
1397	1933-11-01	笑軒	소헌	·	·	史上의 안해(8) 송씨	문학	·
1398	1933-11-02	金台俊	김태준	金台俊	김태준	朝鮮歌謠概說-歌謠와 朝鮮文學(10)*11회	문학	연재횟수 오기
1399	1933-11-02	笑軒	소헌	·	·	史上의 안해(9) 황씨	문학	·
1400	1933-11-03	湖岩	호암	文一平	문일평	史外遺聞/史外異聞- 年號의 始	역사,	·

연번	날짜	자료저자명(한자)	자료저자명(한글)	본명(한자)	본명(한글)	기사제목	분류	비고
							문학	
1401	1933-11-03	金台俊	김태준	金台俊	김태준	朝鮮歌謠槪說- 歌謠와 朝鮮文學(11)*12회	문학	연재횟수 오기
1402	1933-11-05	金台俊	김태준	金台俊	김태준	朝鮮歌謠槪說- 歌謠와 朝鮮文學(12)*13회	문학	연재횟수 오기
1403	1933-11-05	朴潤元	박윤원	朴潤元	박윤원	正音 淵源의 史的小考(1)	한글	·
1404	1933-11-05	文一平	문일평	文一平	문일평	韓末外交史(1) 門戶開放의 煩悶	역사	·
1405	1933-11-07	文一平	문일평	文一平	문일평	韓末外交史(2) 東西列强의 逐鹿	역사	·
1406	1933-11-07	湖岩	호암	文一平	문일평	史外遺聞/史外異聞- 五言漢詩의 最古	역사, 문학	·
1407	1933-11-07	金台俊	김태준	金台俊	김태준	朝鮮歌謠槪說- 歌謠와 朝鮮文學(13)*14회	문학	연재횟수 오기
1408	1933-11-07	朴潤元	박윤원	朴潤元	박윤원	正音 淵源의 史的小考(2)	한글	·
1409	1933-11-08	文一平	문일평	文一平	문일평	韓末外交史(3) 東西列强의 逐鹿	역사	·
1410	1933-11-08	金台俊	김태준	金台俊	김태준	朝鮮歌謠槪說- 歌謠와 朝鮮文學(14)*15회	문학	연재횟수 오기
1411	1933-11-08	朴潤元	박윤원	朴潤元	박윤원	正音 淵源의 史的小考(3)	한글	·
1412	1933-11-09	文一平	문일평	文一平	문일평	韓末外交史(4) 日露均勢下의 韓國	역사	·
1413	1933-11-09	金台俊	김태준	金台俊	김태준	朝鮮歌謠槪說- 歌謠와 朝鮮文學(15)*16회	문학	연재횟수 오기
1414	1933-11-09	朴潤元	박윤원	朴潤元	박윤원	正音 淵源의 史的小考(4)	한글	·
1415	1933-11-10	文一平	문일평	文一平	문일평	韓末外交史(完)條約上의二形式	역사	·
1416	1933-11-10	金台俊	김태준	金台俊	김태준	朝鮮歌謠槪說- 歌謠와 朝鮮文學(16)*17회	문학	연재횟수 오기
1417	1933-11-10	朴潤元	박윤원	朴潤元	박윤원	正音 淵源의 史的小考(5)	한글	·
1418	1933-11-11	金台俊	김태준	金台俊	김태준	朝鮮歌謠槪說- 歌謠와 朝鮮文學(17)*18회	문학	연재횟수 오기
1419	1933-11-11	李允宰	이윤재	李允宰	이윤재	한글 마춤법 統一案 解說(1)	한글	·
1420	1933-11-11	朴潤元	박윤원	朴潤元	박윤원	正音 淵源의 史的小考(6)	한글	·
1421	1933-11-12	金台俊	김태준	金台俊	김태준	朝鮮歌謠槪說-歌謠와 朝鮮文學(18)*19회	문학	연재횟수 오기
1422	1933-11-12	李允宰	이윤재	李允宰	이윤재	한글 마춤법 統一案 解說(2)	한글	·
1423	1933-11-12	朴潤元	박윤원	朴潤元	박윤원	正音 淵源의 史的小考(7)	한글	·
1424	1933-11-14	金台俊	김태준	金台俊	김태준	朝鮮歌謠槪說- 歌謠와 朝鮮文學(19)*20회	문학	연재횟수 오기
1425	1933-11-14	李允宰	이윤재	李允宰	이윤재	한글 마춤법 統一案 解說(3)	한글	·
1426	1933-11-15	朴潤元	박윤원	朴潤元	박윤원	正音 淵源의 史的小考(8)	한글	·
1427	1933-11-15	李允宰	이윤재	李允宰	이윤재	한글 마춤법 統一案 解說(4)	한글	·
1428	1933-11-15	金台俊	김태준	金台俊	김태준	朝鮮歌謠槪說-近代歌謠論(1)	문학	·
1429	1933-11-15	朴潤元	박윤원	朴潤元	박윤원	正音 淵源의 史的小考(9)	한글	·
1430	1933-11-16	金台俊	김태준	金台俊	김태준	朝鮮歌謠槪說-近代歌謠論(2)	문학	·
1431	1933-11-16	李允宰	이윤재	李允宰	이윤재	한글 마춤법 統一案 解說(5)	한글	·
1432	1933-11-16	朴潤元	박윤원	朴潤元	박윤원	正音 淵源의 史的小考(10)	한글	·
1433	1933-11-17	金台俊	김태준	金台俊	김태준	朝鮮歌謠槪說- 近代歌謠論(3)	문학	·
1434	1933-11-17	李允宰	이윤재	李允宰	이윤재	한글 마춤법 統一案 解說(6)	한글	·
1435	1933-11-18	金台俊	김태준	金台俊	김태준	朝鮮歌謠槪說- 時調論(1)	문학	·
1436	1933-11-18	李允宰	이윤재	李允宰	이윤재	한글 마춤법 統一案 解說(7)	한글	·
1437	1933-11-19	金台俊	김태준	金台俊	김태준	朝鮮歌謠槪說- 時調論(2)	문학	·
1438	1933-11-19	李允宰	이윤재	李允宰	이윤재	한글 마춤법 統一案 解說(8)	한글	·
1439	1933-11-19	金昶濟	김창제	金昶濟	김창제	朝鮮語 綴字法 統一案에 對하야(1)	한글	·

연번	날짜	자료저자명(한자)	자료저자명(한글)	본명(한자)	본명(한글)	기사제목	분류	비고
1440	1933-11-21	金昶濟	김창제	金昶濟	김창제	朝鮮語 綴字法 統一案에 對하야(2)	한글	·
1441	1933-11-21	金台俊	김태준	金台俊	김태준	朝鮮歌謠概說- 時調論(3)	문학	·
1442	1933-11-21	李允宰	이윤재	李允宰	이윤재	한글 마춤법 統一案 解說(9)	한글	·
1443	1933-11-22	金台俊	김태준	金台俊	김태준	朝鮮歌謠概說- 時調論(4)	문학	·
1444	1933-11-22	金昶濟	김창제	金昶濟	김창제	朝鮮語 綴字法 統一案에 對하야(3)	한글	·
1445	1933-11-22	李允宰	이윤재	李允宰	이윤재	한글 마춤법 統一案 解說(10)	한글	·
1446	1933-11-23	金台俊	김태준	金台俊	김태준	朝鮮歌謠概說- 時調論(5)	문학	·
1447	1933-11-23	金昶濟	김창제	金昶濟	김창제	朝鮮語 綴字法 統一案에 對하야(4)	한글	·
1448	1933-11-23	李允宰	이윤재	李允宰	이윤재	한글 마춤법 統一案 解說(11)	한글	·
1449	1933-11-25	金台俊	김태준	金台俊	김태준	朝鮮歌謠概說- 時調論(6)	문학	·
1450	1933-11-25	李允宰	이윤재	李允宰	이윤재	한글 마춤법 統一案 解說(12)	한글	·
1451	1933-11-26	金台俊	김태준	金台俊	김태준	朝鮮歌謠概說- 時調論(7)	문학	·
1452	1933-11-26	李允宰	이윤재	李允宰	이윤재	한글 마춤법 統一案 解說(13)	한글	·
1453	1933-11-28	金台俊	김태준	金台俊	김태준	朝鮮歌謠概說-時調論(8)	문학	·
1454	1933-11-28	李允宰	이윤재	李允宰	이윤재	한글 마춤법 統一案 解說(14)	한글	·
1455	1933-11-29	金台俊	김태준	金台俊	김태준	朝鮮歌謠概說- 時調論(9)	문학	·
1456	1933-11-29	李允宰	이윤재	李允宰	이윤재	한글 마춤법 統一案 解說(15)	한글	·
1457	1933-11-30	金台俊	김태준	金台俊	김태준	朝鮮歌謠概說- 時調論(10)	문학	·
1458	1933-11-30	李天鎭	이천진	李天鎭	이천진	Book Review 白南雲氏 著 朝鮮社會經濟史(上)	문학	·
1459	1933-11-30	李允宰	이윤재	李允宰	이윤재	한글 마춤법 統一案 解說(16)	한글	·
1460	1933-12-01	金台俊	김태준	金台俊	김태준	朝鮮歌謠概說- 時調論(11)	문학	·
1461	1933-12-01	李允宰	이윤재	李允宰	이윤재	한글 마춤법 統一案 解說(17)	한글	·
1462	1933-12-02	金台俊	김태준	金台俊	김태준	朝鮮歌謠概說- 時調論(12)	문학	·
1463	1933-12-02	李允宰	이윤재	李允宰	이윤재	한글 마춤법 統一案 解說(18)	한글	·
1464	1933-12-03	金台俊	김태준	金台俊	김태준	朝鮮歌謠概說- 時調論(13)	문학	·
1465	1933-12-03	李允宰	이윤재	李允宰	이윤재	한글 마춤법 統一案 解說(19)	한글	·
1466	1933-12-04	社說	사설	·	·	甲申政變의 回顧	역사	·
1467	1933-12-05	金台俊	김태준	金台俊	김태준	朝鮮歌謠概說- 時調論(14)	문학	·
1468	1933-12-05	李允宰	이윤재	李允宰	이윤재	한글 마춤법 統一案 解說(20)	한글	·
1469	1933-12-06	金台俊	김태준	金台俊	김태준	朝鮮歌謠概說- 時調論(15)	문학	·
1470	1933-12-06	李允宰	이윤재	李允宰	이윤재	한글 마춤법 統一案 解說(21)	한글	·
1471	1933-12-07	金台俊	김태준	金台俊	김태준	朝鮮歌謠概說-時調論(16)	문학	·
1472	1933-12-07	李允宰	이윤재	李允宰	이윤재	한글 마춤법 統一案 解說(22)	한글	·
1473	1933-12-07	湖岩	호암	文一平	문일평	史外遺聞/史外異聞- 申砬慘敗의 一因	역사, 문학	·
1474	1933-12-08	金台俊	김태준	金台俊	김태준	朝鮮歌謠概說-時調論(17)	문학	·
1475	1933-12-08	李允宰	이윤재	李允宰	이윤재	한글 마춤법 統一案 解說(23)	한글	·
1476	1933-12-08	湖岩	호암	文一平	문일평	史外遺聞/史外異聞- 龜船	역사, 문학	·
1477	1933-12-09	湖岩	호암	文一平	문일평	史外遺聞/史外異聞- 廣開土王의 御寶	역사, 문학	·
1478	1933-12-09	金台俊	김태준	金台俊	김태준	朝鮮歌謠概說- 時調論(18)	문학	·

연번	날짜	자료저자명 (한자)	자료저자명 (한글)	본명 (한자)	본명 (한글)	기사제목	분류	비고
1479	1933-12-09	李允宰	이윤재	李允宰	이윤재	한글 마춤법 統一案 解說(24)	한글	·
1480	1933-12-10	金台俊	김태준	金台俊	김태준	朝鮮歌謠概說- 時調論(19)	문학	·
1481	1933-12-10	李允宰	이윤재	李允宰	이윤재	한글 마춤법 統一案 解說(25)	한글	·
1482	1933-12-12	金台俊	김태준	金台俊	김태준	朝鮮歌謠概說- 時調論(20)	문학	·
1483	1933-12-12	李允宰	이윤재	李允宰	이윤재	한글 마춤법 統一案 解說(26)	한글	·
1484	1933-12-13	湖岩	호암	文一平	문일평	史外遺聞/史外異聞-朝鮮使臣投黃金	역사, 문학	·
1485	1933-12-13	李允宰	이윤재	李允宰	이윤재	한글 마춤법 統一案 解說(27)	한글	·
1486	1933-12-13	金台俊	김태준	金台俊	김태준	朝鮮歌謠概說- 時調論(20)*21회	문학	연재횟수 오기
1487	1933-12-14	湖岩	호암	文一平	문일평	史外遺聞/史外異聞- 退溪의 先見	역사, 문학	·
1488	1933-12-14	金台俊	김태준	金台俊	김태준	朝鮮歌謠概說- 時調論(21)*22회	문학	연재횟수 오기
1489	1933-12-14	李允宰	이윤재	李允宰	이윤재	한글 마춤법 統一案 解說(28)	한글	·
1490	1933-12-15	湖岩	호암	文一平	문일평	史外遺聞/史外異聞- 太極國旗의 由來	역사, 문학	·
1491	1933-12-15	金台俊	김태준	金台俊	김태준	朝鮮歌謠概說- 時調論(22)*23회	문학	연재횟수 오기
1492	1933-12-16	湖岩	호암	文一平	문일평	史外遺聞/史外異聞- 景福宮火災辨	역사, 문학	·
1493	1933-12-16	金台俊	김태준	金台俊	김태준	朝鮮歌謠概說- 別曲篇(21)*1회	문학	연재횟수 오기
1494	1933-12-17	金台俊	김태준	金台俊	김태준	朝鮮歌謠概說- 別曲篇(2)	문학	·
1495	1933-12-17	李允宰	이윤재	李允宰	이윤재	한글 마춤법 統一案 解說(29)	한글	·
1496	1933-12-18	社說	사설	·	·	檀君陵聖蹟保存- 歷史的 文化의 核心	사업	·
1497	1933-12-19	金台俊	김태준	金台俊	김태준	朝鮮歌謠概說- 現代歌謠論(3)	문학	·
1498	1933-12-19	李允宰	이윤재	李允宰	이윤재	한글 마춤법 統一案 解說(30)	한글	·
1499	1933-12-20	湖岩	호암	文一平	문일평	史外遺聞/史外異聞- 經綸家梁誠之	역사, 문학	·
1500	1933-12-20	李允宰	이윤재	李允宰	이윤재	한글 마춤법 統一案 解說(31)	한글	·
1501	1933-12-20	金台俊	김태준	金台俊	김태준	朝鮮歌謠概說- 歌詞論(4)	문학	·
1502	1933-12-21	湖岩	호암	文一平	문일평	史外遺聞/史外異聞- 光海主의 國際眼	역사, 문학	·
1503	1933-12-21	金台俊	김태준	金台俊	김태준	朝鮮歌謠概說- 歌詞論(4)*5회	문학	연재횟수 오기
1504	1933-12-25	社說	사설	·	·	文獻이 缺乏한 朝鮮- 朝鮮圖書館에 要望	사업	·
1505	1933-12-26	社說	사설	·	·	偉人의 기념	사업	·
1506	1934-01-01	文一平	문일평	文一平	문일평	甲午과 極東風雲-前甲戌以來 展開된 變局(上)	역사	·
1507	1934-01-01	·	·	·	·	朝鮮八大名勝甲戌年頭辭	고적	·
1508	1934-01-02	文一平	문일평	文一平	문일평	甲午과 極東風雲-前甲戌以來 展開된 變局(下)	역사	·
1509	1934-01-02	鼎言學人	정언학인	·	·	甲戌一週甲間 國家興亡의 一瞥(1)	역사	·
1510	1934-01-10	湖岩	호암	文一平	문일평	史外遺聞/史外異聞- 姜秋琴의 遺稿	역사, 문학	·
1511	1934-01-11	湖岩	호암	文一平	문일평	史外遺聞/史外異聞- 黃遵憲과 德尼	역사, 문학	·
1512	1934-01-11	長白山人	장백산인	李光洙	이광수	一事一言- 檀君陵	사업	·
1513	1934-01-12	湖岩	호암	文一平	문일평	史外遺聞/史外異聞- 外國語의 史料	역사,	·

연번	날짜	자료저자명(한자)	자료저자명(한글)	본명(한자)	본명(한글)	기사제목	분류	비고
							문학	
1514	1934-01-13	湖岩	호암	文一平	문일평	史外遺聞/史外異聞- 史家의 四長	역사, 문학	·
1515	1934-01-14	湖岩	호암	文一平	문일평	史外遺聞/史外異聞- 金玉均의 逸話	역사, 문학	·
1516	1934-01-15	社說	사설	·	·	傳說의 朝鮮	논설	·
1517	1934-01-16	湖岩	호암	文一平	문일평	史外遺聞/史外異聞- 伊藤과 併合	역사, 문학	·
1518	1934-01-17	湖岩	호암	文一平	문일평	史外遺聞/史外異聞- 朝鮮史三百種	역사, 문학	·
1519	1934-01-19	湖岩	호암	文一平	문일평	史外遺聞/史外異聞- 高宗의 潛行	역사, 문학	·
1520	1934-01-20	湖岩	호암	文一平	문일평	史外遺聞/史外異聞- 漢陽移都	역사, 문학	·
1521	1934-01-21	湖岩	호암	文一平	문일평	史外遺聞/史外異聞- 年代錯誤	역사, 문학	·
1522	1934-01-23	湖岩	호암	文一平	문일평	史外遺聞/史外異聞- 俄人越境	역사, 문학	·
1523	1934-01-23	鼎言學人	정언학인	·	·	甲戌一週甲間 國家興亡의 一瞥(2)	역사	·
1524	1934-01-24	鼎言學人	정언학인	·	·	甲戌一週甲間 國家興亡의 一瞥(3)	역사	·
1525	1934-01-25	鼎言學人	정언학인	·	·	甲戌一週甲間 國家興亡의 一瞥(4)	역사	·
1526	1934-01-25	湖岩	호암	文一平	문일평	史外遺聞/史外異聞- 高麗磁器	역사, 문학	·
1527	1934-01-26	湖岩	호암	文一平	문일평	史外遺聞/史外異聞- 乙未政變의 片話	역사, 문학	·
1528	1934-01-26	鼎言學人	정언학인	·	·	甲戌一週甲間 國家興亡의 一瞥(5)	역사	·
1529	1934-01-27	湖岩	호암	文一平	문일평	史外遺聞/史外異聞- 米國人의 金貫子	역사, 문학	·
1530	1934-01-27	鼎言學人	정언학인	·	·	甲戌一週甲間 國家興亡의 一瞥(6)	역사	·
1531	1934-01-28	鼎言學人	정언학인	·	·	甲戌一週甲間 國家興亡의 一瞥(7)	역사	·
1532	1934-01-29	社說	사설	·	·	歷史教育의 要諦	역사, 사업	·
1533	1934-01-30	湖岩	호암	文一平	문일평	史外遺聞/史外異聞- 露國의 要望	역사, 문학	·
1534	1934-01-30	鼎言學人	정언학인	·	·	甲戌一週甲間 國家興亡의 一瞥(8)	역사	·
1535	1934-01-31	鼎言學人	정언학인	·	·	甲戌一週甲間 國家興亡의 一瞥(9)	역사	·
1536	1934-01-31	湖岩	호암	文一平	문일평	史外遺聞/史外異聞- 甲申政變의 祕計	역사, 문학	·
1537	1934-02-01	湖岩	호암	文一平	문일평	史外遺聞/史外異聞- 十二大官視察團	역사, 문학	·
1538	1934-02-01	洪淳赫	홍순혁	洪淳赫	홍순혁	讀史漫錄- 朝鮮學에 關한 歐文著書의 日本에 미친 影響『日譯本을 中心으로 하야』(1)	논설	·
1539	1934-02-02	洪淳赫	홍순혁	洪淳赫	홍순혁	讀史漫錄- 朝鮮學에 關한 歐文著書의 日本에 미친 影響『日譯本을 中心으로 하야』(2)	논설	·

연번	날짜	자료저자명(한자)	자료저자명(한글)	본명(한자)	본명(한글)	기사제목	분류	비고
1540	1934-02-02	湖岩	호암	文一平	문일평	史外遺聞/史外異聞- 十大隊면 足하다	역사, 문학	·
1541	1934-02-03	湖岩	호암	文一平	문일평	史外遺聞/史外異聞- 名著의 失笑할 一例	역사, 문학	·
1542	1934-02-03	洪淳赫	홍순혁	洪淳赫	홍순혁	讀史漫錄- 朝鮮學에 關한 歐文著書의 日本에 미친 影響 『日譯本을 中心으로 하야』(3)	논설	·
1543	1934-02-04	湖岩	호암	文一平	문일평	史外遺聞/史外異聞- 朴公使와 米艦	역사, 문학	·
1544	1934-02-04	洪淳赫	홍순혁	洪淳赫	홍순혁	讀史漫錄- 朝鮮學에關한歐文著書의 日本에미친影響『日譯本을中心으로하야』(完)	논설	·
1545	1934-02-06	湖岩	호암	文一平	문일평	史外遺聞/史外異聞- 僧李東仁	역사, 문학	·
1546	1934-02-07	湖岩	호암	文一平	문일평	史外遺聞/史外異聞- 朝鮮使節의 厚待	역사, 문학	·
1547	1934-02-08	湖岩	호암	文一平	문일평	史外遺聞/史外異聞- 國書奉呈式	역사, 문학	·
1548	1934-02-08	朴花城	박화성	朴花城	박화성	紀行文- 그립든 옛터를 차저 新羅古都의 慶州로(1)	기행	·
1549	1934-02-08	·	·	·	·	朝鮮耶蘇新敎五十年史話(1)	역사	·
1550	1934-02-09	湖岩	호암	文一平	문일평	史外遺聞/史外異聞- 機務衙門始設	역사, 문학	·
1551	1934-02-09	朴花城	박화성	朴花城	박화성	紀行文- 그립든 옛터를 차저 新羅古都의 慶州로(2)	기행	·
1552	1934-02-09	洪淳赫	홍순혁	洪淳赫	홍순혁	讀史漫錄의補遺	논설	·
1553	1934-02-09	鼎言學人	정언학인	·	·	구정풍속(1)	민속	·
1554	1934-02-10	鼎言學人	정언학인	·	·	구정풍속(2)	민속	·
1555	1934-02-10	·	·	·	·	朝鮮耶蘇新敎五十年史話(2)	역사	·
1556	1934-02-10	朴花城	박화성	朴花城	박화성	紀行文- 그립든 옛터를 차저 新羅古都의 慶州로(3)	기행	·
1557	1934-02-10	湖岩	호암	文一平	문일평	史外遺聞/史外異聞- 承政院一期	역사, 문학	·
1558	1934-02-11	湖岩	호암	文一平	문일평	史外遺聞/史外異聞- 英船의 通商을 要請	역사, 문학	·
1559	1934-02-11	鼎言學人	정언학인	·	·	구정풍속(3)	민속	·
1560	1934-02-11	朴花城	박화성	朴花城	박화성	紀行文- 그립든 옛터를 차저 新羅古都의 慶州로(4)	기행	·
1561	1934-02-13	湖岩	호암	文一平	문일평	史外遺聞/史外異聞- 英船과 年代	역사, 문학	·
1562	1934-02-13	鼎言學人	정언학인	·	·	구정풍속(4)	민속	·
1563	1934-02-13	朴花城	박화성	朴花城	박화성	紀行文- 그립든 옛터를 차저 新羅古都의 慶州로(5)	기행	·
1564	1934-02-14	鼎言學人	정언학인	·	·	구정풍속(5)	민속	·
1565	1934-02-14	湖岩	호암	文一平	문일평	史外遺聞/史外異聞- 李恒老	역사, 문학	·
1566	1934-02-14	·	·	·	·	朝鮮耶蘇新敎五十年史話(4)	역사	3회 미확인
1567	1934-02-14	朴花城	박화성	朴花城	박화성	紀行文- 그립든 옛터를 차저 新羅古都의 慶州로(6)	기행	·
1568	1934-02-15	·	·	·	·	朝鮮耶蘇新敎五十年史話(5)	역사	·
1569	1934-02-15	湖岩	호암	文一平	문일평	史外遺聞/史外異聞- 揶揄? 應變?	역사, 문학	·

연번	날짜	자료저자명(한자)	자료저자명(한글)	본명(한자)	본명(한글)	기사제목	분류	비고
1570	1934-02-15	鼎言學人	정언학인	·	·	구정풍속(6)	민속	·
1571	1934-02-15	朴花城	박화성	朴花城	박화성	紀行文- 그립든 옛터를 차저 新羅古都의 慶州로(7)	기행	·
1572	1934-02-16	湖岩	호암	文一平	문일평	史外遺聞/史外異聞- 失晨의 鷄	역사, 문학	·
1573	1934-02-16	張基茂	장기무	張基茂	장기무	漢方醫學復興策(1)	한의학	·
1574	1934-02-16	鼎言學人	정언학인	·	·	구정풍속(7)	민속	·
1575	1934-02-16	朴花城	박화성	朴花城	박화성	紀行文- 그립든 옛터를 차저 新羅古都의 慶州로(8)	기행	·
1576	1934-02-16	李鍾洙	이종수	李鍾洙	이종수	BOOK REVIEW 金台俊編 朝鮮歌謠集成古歌篇 第一集을 읽고(上)	문학	·
1577	1934-02-17	湖岩	호암	文一平	문일평	史外遺聞/史外異聞- 一種仕宦熱?	역사, 문학	·
1578	1934-02-17	鼎言學人	정언학인	·	·	구정풍속(8)	민속	·
1579	1934-02-17	朴花城	박화성	朴花城	박화성	紀行文- 그립든 옛터를 차저 新羅古都의 慶州로(9)	기행	·
1580	1934-02-17	李鍾洙	이종수	李鍾洙	이종수	BOOK REVIEW 金台俊編 朝鮮歌謠集成古歌篇 第一集을 읽고(中)	문학	·
1581	1934-02-18	湖岩	호암	文一平	문일평	史外遺聞/史外異聞- 神事의 辯明	역사, 문학	·
1582	1934-02-18	張基茂	장기무	張基茂	장기무	漢方醫學復興策(2)	한의학	·
1583	1934-02-18	朴花城	박화성	朴花城	박화성	紀行文- 그립든 옛터를 차저 新羅古都의 慶州로(10)	기행	·
1584	1934-02-18	李鍾洙	이종수	李鍾洙	이종수	BOOK REVIEW 金台俊編 朝鮮歌謠集成古歌篇 第一集을 읽고(下)	문학	·
1585	1934-02-20	湖岩	호암	文一平	문일평	史外遺聞/史外異聞- 娼女同宿法禁	역사, 문학	·
1586	1934-02-20	朴花城	박화성	朴花城	박화성	紀行文-그립든옛터를차저- 新羅古都의慶州로(11)	기행	·
1587	1934-02-20	金台俊	김태준	金台俊	김태준	高麗歌詞의 一種-滿殿春別詞에 對하야	문학	·
1588	1934-02-20	張基茂	장기무	張基茂	장기무	漢方醫學復興策(3)	한의학	·
1589	1934-02-21	湖岩	호암	文一平	문일평	史外遺聞/史外異聞- 朝鮮과 拿翁	역사, 문학	·
1590	1934-02-21	朴花城	박화성	朴花城	박화성	紀行文- 그립든 옛터를 차저 新羅古都의 慶州로(12)	기행	·
1591	1934-02-22	湖岩	호암	文一平	문일평	史外遺聞/史外異聞- 駐外使臣俸額	역사, 문학	·
1592	1934-02-22	朴花城	박화성	朴花城	박화성	紀行文- 그립든 옛터를 차저 新羅古都의 慶州로(13)	기행	·
1593	1934-02-23	湖岩	호암	文一平	문일평	史外遺聞/史外異聞- 使臣出洋之始	역사, 문학	·
1594	1934-02-24	湖岩	호암	文一平	문일평	史外遺聞/史外異聞- 朝鮮과 獨皇子	역사, 문학	·
1595	1934-02-25	金台俊	김태준	金台俊	김태준	朝鮮歌謠概說- 歌詞論(5)	문학	·
1596	1934-02-27	湖岩	호암	文一平	문일평	史外遺聞/史外異聞- 外交와 人物	역사, 문학	·
1597	1934-02-27	金台俊	김태준	金台俊	김태준	朝鮮歌謠概說- 歌詞論(6)	문학	·
1598	1934-02-28	金台俊	김태준	金台俊	김태준	朝鮮歌謠概說- 歌詞論(7)	문학	·
1599	1934-02-28	湖岩	호암	文一平	문일평	史外遺聞/史外異聞- 禮義之邦	역사,	·

연번	날짜	자료저자명(한자)	자료저자명(한글)	본명(한자)	본명(한글)	기사제목	분류	비고
							문학	
1600	1934-03-01	金台俊	김태준	金台俊	김태준	朝鮮歌謠概說- 歌詞論(8)	문학	·
1601	1934-03-01	湖岩	호암	文一平	문일평	史外遺聞/史外異聞- 新文化의 輸入	역사, 문학	·
1602	1934-03-02	金台俊	김태준	金台俊	김태준	朝鮮歌謠概說- 歌詞論(9)	문학	·
1603	1934-03-02	湖岩	호암	文一平	문일평	史外遺聞/史外異聞- 明成后御眞	역사, 문학	·
1604	1934-03-04	金台俊	김태준	金台俊	김태준	朝鮮歌謠概說- 歌詞論(10)	문학	·
1605	1934-03-04	湖岩	호암	文一平	문일평	史外遺聞/史外異聞- 通商駐使問題	역사, 문학	·
1606	1934-03-06	金台俊	김태준	金台俊	김태준	朝鮮歌謠概說- 歌詞論(11)	문학	·
1607	1934-03-06	湖岩	호암	文一平	문일평	史外遺聞/史外異聞- 斷髮令	역사, 문학	·
1608	1934-03-06	朴花城	박화성	朴花城	박화성	紀行文- 그립든 옛터를 차저 儒城溫泉에서 憧憬의 扶餘로(13)*14회	기행	연재횟수 오기
1609	1934-03-07	金台俊	김태준	金台俊	김태준	朝鮮歌謠概說- 民謠篇(1)	문학	·
1610	1934-03-07	朴花城	박화성	朴花城	박화성	紀行文- 그립든 옛터를 차저 儒城溫泉에서 憧憬의 扶餘로(14)*15회	기행	연재횟수 오기
1611	1934-03-07	湖岩	호암	文一平	문일평	史外遺聞/史外異聞- 慶會樓祕密	역사, 문학	·
1612	1934-03-08	金台俊	김태준	金台俊	김태준	朝鮮歌謠概說- 民謠篇(2)	문학	·
1613	1934-03-08	朴花城	박화성	朴花城	박화성	紀行文- 그립든 옛터를 차저 儒城溫泉에서 扶蘇山에 올나(15)*16회	기행	연재횟수 오기
1614	1934-03-08	湖岩	호암	文一平	문일평	史外遺聞/史外異聞- 驢鬣藥食	역사, 문학	·
1615	1934-03-09	金台俊	김태준	金台俊	김태준	朝鮮歌謠概說- 民謠篇(3)	문학	·
1616	1934-03-09	朴花城	박화성	朴花城	박화성	紀行文- 그립든 옛터를 차저 扶蘇山에 올라 古都를 바라며(16)*17회	기행	연재횟수 오기
1617	1934-03-09	湖岩	호암	文一平	문일평	史外遺聞/史外異聞- 朝鮮最初公使	역사, 문학	·
1618	1934-03-09	鄭槿陽	정근양	鄭槿陽	정근양	漢方醫學 復興問題에 對한 提言- 張基茂氏의 所論을 읽고(1)	한의학	·
1619	1934-03-10	金台俊	김태준	金台俊	김태준	朝鮮歌謠概說- 民謠篇(4)	문학	·
1620	1934-03-10	朴花城	박화성	朴花城	박화성	紀行文- 그립든 옛터를 차저 洛花岩 우에도 野菊은 피엿소(17)*18회	기행	연재횟수 오기
1621	1934-03-10	鄭槿陽	정근양	鄭槿陽	정근양	漢方醫學 復興問題에 對한 提言- 張基茂氏의 所論을 읽고(2)	한의학	·
1622	1934-03-10	湖岩	호암	文一平	문일평	史外遺聞/史外異聞-俺本朝鮮人	역사, 문학	·
1623	1934-03-11	金台俊	김태준	金台俊	김태준	朝鮮歌謠概說- 民謠篇(5)	문학	·
1624	1934-03-11	朴花城	박화성	朴花城	박화성	紀行文- 그립든 옛터를 차저 洛花岩 우에도 野菊은 피엿소(12)*19회	기행	연재횟수 오기
1625	1934-03-11	鄭槿陽	정근양	鄭槿陽	정근양	漢方醫學 復興問題에 對한 提言- 張基茂氏의 所論을 읽고(3)	한의학	·
1626	1934-03-11	湖岩	호암	文一平	문일평	史外遺聞/史外異聞- 金常明	역사, 문학	·

연번	날짜	자료저자명(한자)	자료저자명(한글)	본명(한자)	본명(한글)	기사제목	분류	비고
1627	1934-03-13	金台俊	김태준	金台俊	김태준	朝鮮歌謠概說- 民謠篇(6)	문학	·
1628	1934-03-13	湖岩	호암	文一平	문일평	史外遺聞/史外異聞- 三政亂	역사, 문학	·
1629	1934-03-13	朴花城	박화성	朴花城	박화성	紀行文- 그립든 옛터를 차저 洛花岩! 洛花岩! 웨 말이 업느냐(13)*20회	기행	연재횟수 오기
1630	1934-03-13	鄭槿陽	정근양	鄭槿陽	정근양	漢方醫學 復興問題에 對한 提言- 張基茂氏의 所論을 읽고(4)	한의학	·
1631	1934-03-14	金台俊	김태준	金台俊	김태준	朝鮮歌謠概說- 民謠篇(7)	문학	·
1632	1934-03-14	湖岩	호암	文一平	문일평	史外遺聞/史外異聞- 翊原好在耶	역사, 문학	·
1633	1934-03-14	朴花城	박화성	朴花城	박화성	紀行文- 그립든 옛터를 차저 洛花岩! 洛花岩! 웨 말이 업느냐(14)*21회	기행	연재횟수 오기
1634	1934-03-14	鄭槿陽	정근양	鄭槿陽	정근양	漢方醫學 復興問題에 對한 提言- 張基茂氏의 所論을 읽고(5)	한의학	·
1635	1934-03-15	金台俊	김태준	金台俊	김태준	朝鮮歌謠概說- 民謠篇(8)	문학	·
1636	1934-03-15	湖岩	호암	文一平	문일평	史外遺聞/史外異聞- 最初의 外人顧問	역사, 문학	·
1637	1934-03-15	朴花城	박화성	朴花城	박화성	紀行文- 그립든 옛터를 차저 永遠이 變함 업는 星座를 울어러(15)*22회	기행	연재횟수 오기
1638	1934-03-15	李乙浩	이을호	李乙浩	이을호	綜合醫學樹立의 前提- 漢方醫學復興論에 對하야(1)	한의학	·
1639	1934-03-16	金台俊	김태준	金台俊	김태준	朝鮮歌謠概說- 民謠篇(9)	문학	·
1640	1934-03-16	湖岩	호암	文一平	문일평	史外遺聞/史外異聞- 米公使의 艶話	역사, 문학	·
1641	1934-03-16	朴花城	박화성	朴花城	박화성	紀行文- 그립든 옛터를 차저 永遠이 變함 업는 星座를 울어러(16)*23회	기행	연재횟수 오기
1642	1934-03-16	李乙浩	이을호	李乙浩	이을호	綜合醫學樹立의 前提- 漢方醫學復興論에 對하야(2)	한의학	·
1643	1934-03-17	金台俊	김태준	金台俊	김태준	朝鮮歌謠概說- 民謠篇(10)	문학	·
1644	1934-03-17	湖岩	호암	文一平	문일평	史外遺聞/史外異聞- 巨文島	역사, 문학	·
1645	1934-03-17	朴花城	박화성	朴花城	박화성	紀行文- 그립든 옛터를 차저 半月 옛 城터 軍倉古址에는(17)*24회	기행	연재횟수 오기
1646	1934-03-17	李乙浩	이을호	李乙浩	이을호	綜合醫學樹立의 前提- 漢方醫學復興論에 對하야(3)	한의학	·
1647	1934-03-18	金台俊	김태준	金台俊	김태준	朝鮮歌謠概說- 民謠篇(11)	문학	·
1648	1934-03-18	湖岩	호암	文一平	문일평	史外遺聞/史外異聞- 事大主義利弊	역사, 문학	·
1649	1934-03-18	朴花城	박화성	朴花城	박화성	紀行文- 그립든 옛터를 차저 皐蘭寺의 貴物 皐蘭草와 넝쿨(18)*25회	기행	연재횟수 오기
1650	1934-03-18	李乙浩	이을호	李乙浩	이을호	綜合醫學樹立의 前提- 漢方醫學復興論에 對하야(4)	한의학	·
1651	1934-03-20	金台俊	김태준	金台俊	김태준	朝鮮歌謠概說- 民謠篇(12)	문학	·
1652	1934-03-20	湖岩	호암	文一平	문일평	史外遺聞/史外異聞- 羅閣의 巧慧	역사, 문학	·
1653	1934-03-20	朴花城	박화성	朴花城	박화성	紀行文- 그립든 옛터를 차저 皐蘭寺의 貴物 皐蘭草와 넝쿨(19)*26회	기행	연재횟수 오기
1654	1934-03-20	李乙浩	이을호	李乙浩	이을호	綜合醫學樹立의 前提- 漢方醫學復興論에 對하야(5)	한의학	·

연번	날짜	자료저자명(한자)	자료저자명(한글)	본명(한자)	본명(한글)	기사제목	분류	비고
1655	1934-03-21	金台俊	김태준	金台俊	김태준	朝鮮歌謠概說- 童謠篇(13)	문학	1회임
1656	1934-03-21	李乙浩	이을호	李乙浩	이을호	綜合醫學樹立의 前提- 漢方醫學復興論에 對하야(6)	한의학	·
1657	1934-03-21	湖岩	호암	文一平	문일평	史外遺聞/史外異聞- 改革派의 年齡	역사, 문학	·
1658	1934-03-21	朴花城	박화성	朴花城	박화성	紀行文- 그립든 옛터를 차저 釣龍台를 찻고 天政台를 바라고(20)*27회	기행	연재횟수 오기
1659	1934-03-23	金台俊	김태준	金台俊	김태준	朝鮮歌謠概說- 童謠篇(14)	문학	2회임
1660	1934-03-23	湖岩	호암	文一平	문일평	史外遺聞/史外異聞- 德尼의 人物	역사, 문학	·
1661	1934-03-23	朴花城	박화성	朴花城	박화성	紀行文- 그립든 옛터를 차저 釣龍台를 찻고 天政台를 바라고(21)*28회	기행	연재횟수 오기
1662	1934-03-23	李乙浩	이을호	李乙浩	이을호	綜合醫學樹立의 前提- 漢方醫學復興論에 對하야(7)	한의학	·
1663	1934-03-24	金台俊	김태준	金台俊	김태준	朝鮮歌謠概說- 童謠篇(4)	문학	3회임
1664	1934-03-24	湖岩	호암	文一平	문일평	史外遺聞/史外異聞- 最初의『호텔』	역사, 문학	·
1665	1934-03-24	朴花城	박화성	朴花城	박화성	紀行文- 그립든 옛터를 차저 陳列會觀과 平濟塔을 보고(22)*29회	기행	연재횟수 오기
1666	1934-03-24	李乙浩	이을호	李乙浩	이을호	綜合醫學樹立의 前提- 漢方醫學復興論에 對하야(8)	한의학	·
1667	1934-03-25	金台俊	김태준	金台俊	김태준	朝鮮歌謠概說- 流行歌篇(1)	문학	·
1668	1934-03-25	湖岩	호암	文一平	문일평	史外遺聞/史外異聞- 最初信使一行	역사, 문학	·
1669	1934-03-25	朴花城	박화성	朴花城	박화성	紀行文- 그립든 옛터를 차저 陳列會觀과 平濟塔을 보고(23)*30회	기행	연재횟수 오기
1670	1934-03-25	李乙浩	이을호	李乙浩	이을호	綜合醫學樹立의 前提- 漢方醫學復興論에 對하야(9)	한의학	·
1671	1934-03-27	社說	사설	·	·	朝鮮語의 地位와 生命	한글	·
1672	1934-03-27	金台俊	김태준	金台俊	김태준	朝鮮歌謠概說- 流行歌篇(2)	문학	·
1673	1934-03-27	湖岩	호암	文一平	문일평	史外遺聞/史外異聞- 種痘法	역사, 문학	·
1674	1934-03-27	朴花城	박화성	朴花城	박화성	紀行文- 그립든 옛터를 차저 九龍坪에 울니는 山有花의 노래(24)*31회	기행	연재횟수 오기
1675	1934-03-27	李乙浩	이을호	李乙浩	이을호	綜合醫學樹立의 前提- 漢方醫學復興論에 對하야(10)	한의학	·
1676	1934-03-28	金台俊	김태준	金台俊	김태준	朝鮮歌謠概說- 流行歌篇(3)	문학	·
1677	1934-03-28	湖岩	호암	文一平	문일평	史外遺聞/史外異聞- 外人이 본 朝鮮	역사, 문학	·
1678	1934-03-28	朴花城	박화성	朴花城	박화성	紀行文- 그립든 옛터를 차저 九龍坪에 울니는 山有花의 노래(25)*32회	기행	연재횟수 오기
1679	1934-03-28	李乙浩	이을호	李乙浩	이을호	綜合醫學樹立의 前提- 漢方醫學復興論에 對하야(11)	한의학	·
1680	1934-03-29	金台俊	김태준	金台俊	김태준	朝鮮歌謠概說- 流行歌篇(4)	문학	·
1681	1934-03-29	湖岩	호암	文一平	문일평	史外遺聞/史外異聞- 聽而不聞	역사, 문학	·
1682	1934-03-29	朴花城	박화성	朴花城	박화성	紀行文- 그립든 옛터를 차저 생각만 밥부게 옛자최 더듬어(26)*33회	기행	연재횟수 오기
1683	1934-03-29	李乙浩	이을호	李乙浩	이을호	綜合醫學樹立의 前提- 漢方醫學復興論에 對하야(12)	한의학	·

연번	날짜	자료저자명(한자)	자료저자명(한글)	본명(한자)	본명(한글)	기사제목	분류	비고
1684	1934-03-30	湖岩	호암	文一平	문일평	史外遺聞/史外異聞- 雲養과 古愚	역사, 문학	·
1685	1934-03-30	朴花城	박화성	朴花城	박화성	紀行文- 그립든 옛터를 차저 생각만 밥부게 옛자최 더듬어(27)*34회	기행	연재횟수 오기
1686	1934-03-30	李乙浩	이을호	李乙浩	이을호	綜合醫學樹立의 前提- 漢方醫學復興論에 對하야(13)	한의학	·
1687	1934-03-31	湖岩	호암	文一平	문일평	史外遺聞/史外異聞- 瓛齋 朴珪壽	역사, 문학	·
1688	1934-03-31	朴花城	박화성	朴花城	박화성	紀行文- 그립든 옛터를 차저 扶餘의 八景과 그를 읊흔 노래(28)*35회	기행	연재횟수 오기
1689	1934-03-31	李乙浩	이을호	李乙浩	이을호	綜合醫學樹立의 前提- 漢方醫學復興論에 對하야(14)	한의학	·
1690	1934-04-01	湖岩	호암	文一平	문일평	史外遺聞/史外異聞- 新思想의 由來	역사, 문학	·
1691	1934-04-03	湖岩	호암	文一平	문일평	史外遺聞/史外異聞- 民會의 嚆矢	역사, 문학	·
1692	1934-04-03	鼎言學人	정언학인	·	·	西洋音樂 朝鮮輸入의 最初(1) 六百年前 오랜 記錄	음악	·
1693	1934-04-05	湖岩	호암	文一平	문일평	史外遺聞/史外異聞- 亡命의 苦況	역사, 문학	·
1694	1934-04-05	鼎言學人	정언학인	·	·	西洋音樂 朝鮮輸入의 最初(2) 六百年前 오랜 記錄	음악	·
1695	1934-04-06	湖岩	호암	文一平	문일평	史外遺聞/史外異聞- 漢江의 自然美	역사, 문학	·
1696	1934-04-06	鼎言學人	정언학인	·	·	西洋音樂 朝鮮輸入의 最初(3) 六百年前 오랜 記錄	음악	·
1697	1934-04-07	湖岩	호암	文一平	문일평	史外遺聞/史外異聞- 閔后의 御貌	역사, 문학	·
1698	1934-04-07	鼎言學人	정언학인	·	·	西洋音樂 朝鮮輸入의 最初(4) 六百年前 오랜 記錄	음악	·
1699	1934-04-08	洪起文	홍기문	洪起文	홍기문	語源의 考證-數詞의 諸形態研究(1) 蒙古語와 土耳其語의 數詞	한글	총9회
1700	1934-04-08	鼎言學人	정언학인	·	·	西洋音樂 朝鮮輸入의 最初(5) 六百年前 오랜 記錄	음악	·
1701	1934-04-08	李應洙	이응수	李應洙	이응수	『金笠』試研究(1)	문학	·
1702	1934-04-08	湖岩	호암	文一平	문일평	史外遺聞/史外異聞- 趙公使의 插畵	역사, 문학	·
1703	1934-04-09	社說	사설	·	·	朝鮮文化의 研究	논설	·
1704	1934-04-10	洪起文	홍기문	洪起文	홍기문	語源의 考證-數詞의 諸形態研究(2) 通古斯語系諸言의 數詞	한글	·
1705	1934-04-10	鼎言學人	정언학인	·	·	西洋音樂 朝鮮輸入의 最初(6) 六百年前 오랜 記錄	음악	·
1706	1934-04-10	湖岩	호암	文一平	문일평	史外遺聞/史外異聞- 來歷 오랜 公園	역사, 문학	·
1707	1934-04-10	李應洙	이응수	李應洙	이응수	『金笠』試研究(2)	문학	·
1708	1934-04-11	洪起文	홍기문	洪起文	홍기문	語源의 考證-數詞의 諸形態研究(3) 通古斯語系數詞의 比較表	한글	·
1709	1934-04-11	鼎言學人	정언학인	·	·	西洋音樂 朝鮮輸入의 最初(7) 六百年前 오랜 記錄	음악	·
1710	1934-04-11	湖岩	호암	文一平	문일평	史外遺聞/史外異聞- 死刑廢止論	역사, 문학	·
1711	1934-04-11	李應洙	이응수	李應洙	이응수	『金笠』試研究(3)	문학	·

연번	날짜	자료저자명(한자)	자료저자명(한글)	본명(한자)	본명(한글)	기사제목	분류	비고
1712	1934-04-12	洪起文	홍기문	洪起文	홍기문	語源의 考證- 數詞의 諸形態研究(4) 日本語와 아이누語의 數詞	한글	·
1713	1934-04-12	李應洙	이응수	李應洙	이응수	『金笠』試研究(4)	문학	·
1714	1934-04-12	湖岩	호암	文一平	문일평	史外遺聞/史外異聞- 朝鮮最初鑛師	역사, 문학	·
1715	1934-04-13	洪起文	홍기문	洪起文	홍기문	語源의 考證- 數詞의 諸形態研究(5) 馬來語와 中國語의 數詞	한글	·
1716	1934-04-13	湖岩	호암	文一平	문일평	史外遺聞/史外異聞- 建陽과 光武	역사, 문학	·
1717	1934-04-13	李應洙	이응수	李應洙	이응수	『金笠』試研究(5)	문학	·
1718	1934-04-14	洪起文	홍기문	洪起文	홍기문	語源의 考證- 數詞의 諸形態研究(6) 朝鮮語의 數詞는 어떤가	한글	·
1719	1934-04-14	李應洙	이응수	李應洙	이응수	『金笠』試研究(6)	문학	·
1720	1934-04-14	湖岩	호암	文一平	문일평	史外遺聞/史外異聞- 時計에 祓災	역사, 문학	·
1721	1934-04-15	湖岩	호암	文一平	문일평	史外遺聞/史外異聞- 妖巫의 一面	역사, 문학	·
1722	1934-04-15	洪起文	홍기문	洪起文	홍기문	語源의 考證- 數詞의 諸形態研究(7) 現行의 數詞와 古代의 數詞	한글	·
1723	1934-04-15	李應洙	이응수	李應洙	이응수	『金笠』試研究(7)	문학	·
1724	1934-04-17	洪起文	홍기문	洪起文	홍기문	語源의 考證- 數詞의 諸形態研究(8) 朝鮮語와 다른 言語의 比較	한글	·
1725	1934-04-17	湖岩	호암	文一平	문일평	史外遺聞/史外異聞- 迷信이 나흔 一笑話	역사, 문학	·
1726	1934-04-17	李應洙	이응수	李應洙	이응수	『金笠』試研究(8)	문학	·
1727	1934-04-18	洪起文	홍기문	洪起文	홍기문	語源의 考證- 數詞의 諸形態研究(9) 어떤 數詞型에 屬할까?	한글	·
1728	1934-04-18	湖岩	호암	文一平	문일평	史外遺聞/史外異聞- 咄咄自歎	역사, 문학	·
1729	1934-04-18	李應洙	이응수	李應洙	이응수	『金笠』試研究(9)	문학	·
1730	1934-04-19	湖岩	호암	文一平	문일평	史外遺聞/史外異聞- 藥食과 松膏餅	역사, 문학	·
1731	1934-04-19	李應洙	이응수	李應洙	이응수	『金笠』試研究(10)	문학	·
1732	1934-04-19	張基茂	장기무	張基茂	장기무	漢方醫學 復興問題- 鄭槿陽氏提言에 答함(1)	한의학	·
1733	1934-04-20	湖岩	호암	文一平	문일평	史外遺聞/史外異聞- 暖爐會	역사, 문학	·
1734	1934-04-20	李應洙	이응수	李應洙	이응수	『金笠』試研究(11)	문학	·
1735	1934-04-20	張基茂	장기무	張基茂	장기무	漢方醫學 復興問題- 鄭槿陽氏提言에 答함(2)	한의학	·
1736	1934-04-21	湖岩	호암	文一平	문일평	史外遺聞/史外異聞-딸레의 教會史	역사, 문학	·
1737	1934-04-21	張基茂	장기무	張基茂	장기무	漢方醫學 復興問題- 鄭槿陽氏提言에 答함(3)	한의학	·
1738	1934-04-21	李應洙	이응수	李應洙	이응수	『金笠』試研究(12)	문학	·
1739	1934-04-22	湖岩	호암	文一平	문일평	史外遺聞/史外異聞- 하멜의 漂流記	역사, 문학	·

연번	날짜	자료저자명(한자)	자료저자명(한글)	본명(한자)	본명(한글)	기사제목	분류	비고
1740	1934-04-22	·	·	·	·	朝鮮語學硏究 講習會	한글, 사업	·
1741	1934-04-22	李應洙	이응수	李應洙	이응수	『金笠』試硏究(13)	문학	·
1742	1934-04-22	張基茂	장기무	張基茂	장기무	漢方醫學 復興問題- 鄭槿陽氏提言에 答함(4)	한의학	·
1743	1934-04-23	·	·	·	·	朝鮮語學會 定期總會 開催	한글, 사업	·
1744	1934-04-24	湖岩	호암	文一平	문일평	史外遺聞/史外異聞-『朝鮮小史』	역사, 문학	·
1745	1934-04-24	李應洙	이응수	李應洙	이응수	『金笠』試硏究(14)	문학	·
1746	1934-04-24	張基茂	장기무	張基茂	장기무	漢方醫學 復興問題- 鄭槿陽氏提言에 答함(5)	한의학	·
1747	1934-04-25	湖岩	호암	文一平	문일평	史外遺聞/史外異聞- 馬建常	역사, 문학	·
1748	1934-04-25	李應洙	이응수	李應洙	이응수	『金笠』試硏究(15)	문학	·
1749	1934-04-25	張基茂	장기무	張基茂	장기무	漢方醫學 復興問題- 鄭槿陽氏提言에 答함(6)	한의학	·
1750	1934-04-26	湖岩	호암	文一平	문일평	史外遺聞/史外異聞- 꽃과 人品	역사, 문학	·
1751	1934-04-26	金台俊	김태준	金台俊	김태준	朝鮮歌謠는 어데로(1)	문학	·
1752	1934-04-26	張基茂	장기무	張基茂	장기무	漢方醫學 復興問題- 鄭槿陽氏提言에 答함(7)	한의학	·
1753	1934-04-27	金台俊	김태준	金台俊	김태준	朝鮮歌謠는 어데로(2)	문학	·
1754	1934-04-27	張基茂	장기무	張基茂	장기무	漢方醫學 復興問題- 鄭槿陽氏提言에 答함(8)	한의학	·
1755	1934-04-29	金台俊	김태준	金台俊	김태준	朝鮮歌謠는 어데로(3)	문학	·
1756	1934-04-29	張基茂	장기무	張基茂	장기무	漢方醫學 復興問題- 鄭槿陽氏提言에 答함(9)	한의학	·
1757	1934-05-01	張基茂	장기무	張基茂	장기무	漢方醫學 復興問題- 鄭槿陽氏提言에 答함(10)	한의학	·
1758	1934-05-02	張基茂	장기무	張基茂	장기무	漢方醫學 復興問題- 鄭槿陽氏提言에 答함(11)	한의학	·
1759	1934-05-03	趙憲泳	조헌영	趙憲泳	조헌영	漢方醫學 復興問題- 東西醫學의 比較批判의 必要(1)	한의학	·
1760	1934-05-03	·	·	·	·	朝鮮語講習會	한글, 사업	·
1761	1934-05-04	社說	사설	·	·	古蹟保存의 要諦	고적	·
1762	1934-05-04	趙憲泳	조헌영	趙憲泳	조헌영	漢方醫學 復興問題- 東西醫學의 比較批判의 必要(2)	한의학	·
1763	1934-05-05	趙憲泳	조헌영	趙憲泳	조헌영	漢方醫學 復興問題- 東西醫學의 比較批判의 必要(3)	한의학	·
1764	1934-05-06	趙憲泳	조헌영	趙憲泳	조헌영	漢方醫學 復興問題- 東西醫學의 比較批判의 必要(4)	한의학	·
1765	1934-05-08	趙憲泳	조헌영	趙憲泳	조헌영	漢方醫學 復興問題- 東西醫學의 比較批判의 必要(5)	한의학	·
1766	1934-05-09	趙憲泳	조헌영	趙憲泳	조헌영	漢方醫學 復興問題- 東西醫學의 比較批判의 必要(6)	한의학	·
1767	1934-05-10	社說	사설	·	·	朝鮮文化의 科學的 硏究	논설	·
1768	1934-05-10	趙憲泳	조헌영	趙憲泳	조헌영	漢方醫學 復興問題- 東西醫學의 比較批判의 必要(7)	한의학	·
1769	1934-05-11	趙憲泳	조헌영	趙憲泳	조헌영	漢方醫學 復興問題- 東西醫學의 比較批判의 必要(8)	한의학	·
1770	1934-05-27	洪起文	홍기문	洪起文	홍기문	語源考證(續) 親族名稱의 硏究(1) 아버지, 어머니,	한글	총14회

연번	날짜	자료저자명(한자)	자료저자명(한글)	본명(한자)	본명(한글)	기사제목	분류	비고
						어버이		
1771	1934-05-29	洪起文	홍기문	洪起文	홍기문	語源考證(續) 親族名稱의 硏究(2) 아버지, 어머니, 어버이	한글	·
1772	1934-05-30	洪起文	홍기문	洪起文	홍기문	語源考證(續) 親族名稱의 硏究(3) 남편, 아내, 마누라, 마마	한글	·
1773	1934-05-30	趙憲泳	조헌영	趙憲泳	조헌영	漢醫學- 陰陽說의 理論과 實際(1)	한의학	·
1774	1934-05-31	洪起文	홍기문	洪起文	홍기문	語源考證(續) 親族名稱의 硏究(4) 남편, 아내, 마누라, 마마	한글	·
1775	1934-05-31	趙憲泳	조헌영	趙憲泳	조헌영	漢醫學- 陰陽說의 理論과 實際(2)	한의학	·
1776	1934-06-01	洪起文	홍기문	洪起文	홍기문	語源考證(續) 親族名稱의 硏究(5) 언니, 아우, 오래비, 누이	한글	·
1777	1934-06-01	趙憲泳	조헌영	趙憲泳	조헌영	漢醫學- 陰陽說의 理論과 實際(3)	한의학	·
1778	1934-06-02	洪起文	홍기문	洪起文	홍기문	語源考證(續) 親族名稱의 硏究(6) 언니, 아우, 오래비, 누이	한글	·
1779	1934-06-02	宋秉敦	송병돈	宋秉敦	송병돈	美展觀感(1)	미술	·
1780	1934-06-03	宋秉敦	송병돈	宋秉敦	송병돈	美展觀感(2)	미술	·
1781	1934-06-03	洪起文	홍기문	洪起文	홍기문	語源考證(續) 親族名稱의 硏究(7) 언니, 아우, 오래비, 누이	한글	·
1782	1934-06-03	鼎言學人	정언학인	·	·	朝鮮弓道와 射風(1)	민속	·
1783	1934-06-03	趙憲泳	조헌영	趙憲泳	조헌영	漢醫學- 陰陽說의 理論과 實際(5)	한의학	4회 미확인
1784	1934-06-05	洪起文	홍기문	洪起文	홍기문	語源考證(續) 親族名稱의 硏究(8) 아들, 딸, 며느리, 사위	한글	·
1785	1934-06-05	鼎言學人	정언학인	·	·	朝鮮弓道와 射風(2)	민속	·
1786	1934-06-05	宋秉敦	송병돈	宋秉敦	송병돈	美展觀感(3)	미술	·
1787	1934-06-05	趙憲泳	조헌영	趙憲泳	조헌영	漢醫學- 陰陽說의 理論과 實際(6)	한의학	·
1788	1934-06-07	洪起文	홍기문	洪起文	홍기문	語源考證(續) 親族名稱의 硏究(8)*9회 할아버지, 할머니, 손자	한글	연재횟수 오기
1789	1934-06-07	趙憲泳	조헌영	趙憲泳	조헌영	漢醫學- 陰陽說의 理論과 實際(7)	한의학	·
1790	1934-06-07	宋秉敦	송병돈	宋秉敦	송병돈	美展觀感(4)	미술	·
1791	1934-06-08	洪起文	홍기문	洪起文	홍기문	語源考證(續) 親族名稱의 硏究(9)*10회 아주버니, 아주머니, 조카	한글	연재횟수 오기
1792	1934-06-08	鼎言學人	정언학인	·	·	朝鮮弓道와 射風(3)	민속	·
1793	1934-06-08	趙憲泳	조헌영	趙憲泳	조헌영	漢醫學- 陰陽說의 理論과 實際(8)	한의학	·
1794	1934-06-09	洪起文	홍기문	洪起文	홍기문	語源考證(續) 親族名稱의 硏究(10)*11회 외삼촌, 이모, 고모	한글	연재횟수 오기
1795	1934-06-09	鼎言學人	정언학인	·	·	朝鮮弓道와 射風(4)	민속	·
1796	1934-06-10	社說	사설	·	·	文字普及運動	한글, 사업	·
1797	1934-06-10	鼎言學人	정언학인	·	·	朝鮮弓道와 射風(5)	민속	·
1798	1934-06-12	洪起文	홍기문	洪起文	홍기문	語源考證(續) 親族名稱의 硏究(11)*12회 외삼촌, 이모, 고모	한글	연재횟수 오기
1799	1934-06-12	鼎言學人	정언학인	·	·	朝鮮弓道와 射風(6)	민속	·
1800	1934-06-13	鼎言學人	정언학인	·	·	朝鮮弓道와 射風(7)	민속	·
1801	1934-06-14	洪起文	홍기문	洪起文	홍기문	語源考證(續) 親族名稱의 硏究(12)*13회 형제수,	한글	연재횟수 오기

연번	날짜	자료저자명(한자)	자료저자명(한글)	본명(한자)	본명(한글)	기사제목	분류	비고
						시숙, 동서		
1802	1934-06-14	鼎言學人	정언학인	·	·	朝鮮弓道와 射風(8)	민속	·
1803	1934-06-14	·	·	·	·	文字普及을 이러케 햇스면(1)	한글, 사업	·
1804	1934-06-15	·	·	·	·	民族文化의 炬火! 文字普及의 새 軍號/歷史의 車輪을 끄는 原動力 靑年學徒들의 動員에 잇다	한글, 사업	·
1805	1934-06-15	洪起文	홍기문	洪起文	홍기문	語源考證(續) 親族名稱의 硏究(13)*14회 촌수, 어붓, 수양, 사돈	한글	연재횟수 오기
1806	1934-06-15	鼎言學人	정언학인	·	·	朝鮮弓道와 射風(9)	민속	·
1807	1934-06-15	·	·	·	·	文字普及을 이러케 햇스면(2)	한글, 사업	·
1808	1934-06-16	·	·	·	·	文字普及을 이러케 햇스면(3)	한글, 사업	·
1809	1934-06-17	·	·	·	·	文字普及을 이러케 햇스면(4)	한글, 사업	·
1810	1934-06-17	鼎言學人	정언학인	·	·	朝鮮弓道와 射風(10)	민속	·
1811	1934-06-19	·	·	·	·	文字普及을 이러케 햇스면(5)	한글, 사업	·
1812	1934-06-19	鼎言學人	정언학인	·	·	朝鮮弓道와 射風(11)	민속	·
1813	1934-06-20	·	·	·	·	文字普及을 이러케 햇스면(6)	한글, 사업	·
1814	1934-06-20	鼎言學人	정언학인	·	·	朝鮮弓道와 射風(12)	민속	·
1815	1934-06-21	·	·	·	·	文字普及을 이러케 햇스면(7)	한글, 사업	·
1816	1934-06-21	鼎言學人	정언학인	·	·	朝鮮弓道와 射風(13)	민속	·
1817	1934-06-22	·	·	·	·	文字普及을 이러케 햇스면(8)	한글, 사업	·
1818	1934-06-22	鼎言學人	정언학인	·	·	朝鮮弓道와 射風(14)	민속	·
1819	1934-06-23	·	·	·	·	文字普及을 이러케 햇스면(9)	한글, 사업	·
1820	1934-06-23	鼎言學人	정언학인	·	·	朝鮮弓道와 射風(15)	민속	·
1821	1934-06-23	崔文鎭	최문진	崔文鎭	최문진	朝鮮노래의 始祖『兜率歌』의 解釋(1)	문학	최문진 검색
1822	1934-06-24	·	·	·	·	文字普及을 이러케 햇스면(10)	한글, 사업	·
1823	1934-06-24	鼎言學人	정언학인	·	·	朝鮮弓道와 射風(16)	민속	·
1824	1934-06-24	崔文鎭	최문진	崔文鎭	최문진	朝鮮노래의 始祖『兜率歌』의 解釋(2)	문학	·
1825	1934-06-26	·	·	·	·	文字普及을 이러케 햇스면(11)	한글, 사업	·
1826	1934-06-26	鼎言學人	정언학인	·	·	朝鮮弓道와 射風(17)	민속	·
1827	1934-06-26	崔文鎭	최문진	崔文鎭	최문진	朝鮮노래의 始祖『兜率歌』의 解釋(3)	문학	·
1828	1934-06-27	·	·	·	·	文字普及을 이러케 햇스면(12)	한글, 사업	·
1829	1934-06-27	·	·	·	·	文化普及史上破天荒의 記錄, 男女學生界超弩級隊挺身總出의 偉容!!-	한글, 사업	·

연번	날짜	자료저자명 (한자)	자료저자명 (한글)	본명 (한자)	본명 (한글)	기사제목	분류	비고
						文化戰線三千里 義勇出陣半萬名, 昏衢의 秉燭이요 闇街의 光明이 될 我社文字普及班總磨勘		
1830	1934-06-27	崔文鎭	최문진	崔文鎭	최문진	朝鮮노래의 始祖 『兜率歌』의 解釋(4)	문학	·
1831	1934-06-28	·	·	·	·	文字普及을 이러케 햇스면(13)	한글, 사업	·
1832	1934-06-28	湖岩	호암	文一平	문일평	朝鮮의 至寶 阮堂先生(1)	역사	·
1833	1934-06-28	崔文鎭	최문진	崔文鎭	최문진	朝鮮노래의 始祖 『兜率歌』의 解釋(5)	문학	·
1834	1934-06-29	·	·	·	·	文字普及을 이러케 햇스면(14)	한글, 사업	·
1835	1934-06-29	湖岩	호암	文一平	문일평	朝鮮의 至寶 阮堂先生(2)	역사	·
1836	1934-06-29	崔文鎭	최문진	崔文鎭	최문진	朝鮮노래의 始祖 『兜率歌』의 解釋(6)	문학	·
1837	1934-06-30	·	·	·	·	文字普及을 이러케 햇스면(15)	한글, 사업	·
1838	1934-06-30	湖岩	호암	文一平	문일평	朝鮮의 至寶 阮堂先生(3)	역사	·
1839	1934-06-30	崔文鎭	최문진	崔文鎭	최문진	朝鮮노래의 始祖 『兜率歌』의 解釋(7)	문학	·
1840	1934-07-01	湖岩	호암	文一平	문일평	朝鮮의 至寶 阮堂先生(4)	역사	·
1841	1934-07-01	崔文鎭	최문진	崔文鎭	최문진	朝鮮노래의 始祖 『兜率歌』의 解釋(8)	문학	·
1842	1934-07-02	崔文鎭	최문진	崔文鎭	최문진	朝鮮노래의 始祖 『兜率歌』의 解釋(9)	문학	·
1843	1934-07-03	崔文鎭	최문진	崔文鎭	최문진	朝鮮노래의 始祖 『兜率歌』의 解釋(10)	문학	·
1844	1934-07-03	·	·	·	·	新教傳來五十年記念 그들이 본 半世紀朝鮮(1)	역사	·
1845	1934-07-04	·	·	·	·	新教傳來五十年記念 그들이 본 半世紀朝鮮(2)	역사	·
1846	1934-07-05	·	·	·	·	新教傳來五十年記念 그들이 본 半世紀朝鮮(3)	역사	·
1847	1934-07-06	·	·	·	·	新教傳來五十年記念 그들이 본 半世紀朝鮮(4)	역사	·
1848	1934-07-07	·	·	·	·	新教傳來五十年記念 그들이 본 半世紀朝鮮(5)	역사	·
1849	1934-07-08	·	·	·	·	新教傳來五十年記念 그들이 본 半世紀朝鮮(6)	역사	·
1850	1934-07-11	·	·	·	·	한글綴字法是非에 對한 聲明書	한글	·
1851	1934-07-13	鄭槿陽	정근양	鄭槿陽	정근양	趙憲泳氏의 漢醫學論을 評함(1)	한의학	·
1852	1934-07-14	鄭槿陽	정근양	鄭槿陽	정근양	趙憲泳氏의 漢醫學論을 評함(2)	한의학	·
1853	1934-07-15	鄭槿陽	정근양	鄭槿陽	정근양	趙憲泳氏의 漢醫學論을 評함(3)	한의학	·
1854	1934-07-15	湖岩	호암	文一平	문일평	對米關係五十年史(1) 交涉의 起源과 變遷	역사	·
1855	1934-07-17	湖岩	호암	文一平	문일평	對米關係五十年史(2) 交涉의 起源과 變遷	역사	·
1856	1934-07-18	湖岩	호암	文一平	문일평	對米關係五十年史(3) 交涉의 起源과 變遷	역사	·
1857	1934-07-18	鄭槿陽	정근양	鄭槿陽	정근양	趙憲泳氏의 漢醫學論을 評함(4)	한의학	·
1858	1934-07-19	湖岩	호암	文一平	문일평	對米關係五十年史(4) 交涉의 起源과 變遷	역사	·
1859	1934-07-19	鄭槿陽	정근양	鄭槿陽	정근양	趙憲泳氏의 漢醫學論을 評함(5)	한의학	·
1860	1934-07-20	湖岩	호암	文一平	문일평	對米關係五十年史(5) 交涉의 起源과 變遷	역사	·
1861	1934-07-20	鄭槿陽	정근양	鄭槿陽	정근양	趙憲泳氏의 漢醫學論을 評함(6)	한의학	·
1862	1934-07-21	社說	사설	·	·	文普戰士의 出陣-半萬名學生에게 呈함	한글, 사업	·
1863	1934-07-21	湖岩	호암	文一平	문일평	對米關係五十年史(6) 交涉의 起源과 變遷	역사	·
1864	1934-07-22	湖岩	호암	文一平	문일평	對米關係五十年史(7) 交涉의 起源과 變遷	역사	·
1865	1934-07-22	鄭槿陽	정근양	鄭槿陽	정근양	趙憲泳氏의 漢醫學論을 評함(7)	한의학	·

연번	날짜	자료저자명(한자)	자료저자명(한글)	본명(한자)	본명(한글)	기사제목	분류	비고
1866	1934-07-24	湖岩	호암	文一平	문일평	對米關係五十年史(8) 交涉의 起源과 變遷	역사	·
1867	1934-07-24	金台俊	김태준	金台俊	김태준	朝鮮民謠의 概念(1) 朝鮮民謠의 時代性과 將來	문학	총11회
1868	1934-07-24	鄭槿陽	정근양	鄭槿陽	정근양	趙憲泳氏의 漢醫學論을 評함(8)	한의학	·
1869	1934-07-25	金台俊	김태준	金台俊	김태준	朝鮮民謠의 概念(2) 朝鮮民謠의 時代性과 將來	문학	·
1870	1934-07-25	湖岩	호암	文一平	문일평	對米關係五十年史(9) 交涉의 起源과 變遷	역사	·
1871	1934-07-25	鄭槿陽	정근양	鄭槿陽	정근양	趙憲泳氏의 漢醫學論을 評함(9)	한의학	·
1872	1934-07-25	申鼎言	신정언	申鼎言	신정언	朝鮮史上의 水亂(1)	역사	·
1873	1934-07-26	金台俊	김태준	金台俊	김태준	朝鮮民謠의 概念(3) 朝鮮民謠의 時代性과 將來	문학	·
1874	1934-07-26	湖岩	호암	文一平	문일평	對米關係五十年史(10) 交涉의 起源과 變遷	역사	·
1875	1934-07-26	鄭槿陽	정근양	鄭槿陽	정근양	趙憲泳氏의 漢醫學論을 評함(10)	한의학	·
1876	1934-07-26	申鼎言	신정언	申鼎言	신정언	朝鮮史上의 水亂(2)	역사	·
1877	1934-07-27	金台俊	김태준	金台俊	김태준	朝鮮民謠의 概念(4) 朝鮮民謠의 時代性과 將來	문학	·
1878	1934-07-27	湖岩	호암	文一平	문일평	對米關係五十年史(11) 交涉의 起源과 變遷	역사	·
1879	1934-07-27	鄭槿陽	정근양	鄭槿陽	정근양	趙憲泳氏의 漢醫學論을 評함(11)	한의학	·
1880	1934-07-27	申鼎言	신정언	申鼎言	신정언	朝鮮史上의 水亂(3)	역사	·
1881	1934-07-28	金台俊	김태준	金台俊	김태준	朝鮮民謠의 概念(5) 朝鮮民謠의 時代性과 將來	문학	·
1882	1934-07-28	湖岩	호암	文一平	문일평	對米關係五十年史(12) 交涉의 起源과 變遷	역사	·
1883	1934-07-28	申鼎言	신정언	申鼎言	신정언	朝鮮史上의 水亂(4)	역사	·
1884	1934-07-29	金台俊	김태준	金台俊	김태준	朝鮮民謠의 概念(6) 朝鮮民謠의 時代性과 將來	문학	·
1885	1934-07-29	鄭槿陽	정근양	鄭槿陽	정근양	趙憲泳氏의 漢醫學論을 評함(12)	한의학	·
1886	1934-07-29	申鼎言	신정언	申鼎言	신정언	朝鮮史上의 水亂(5)	역사	·
1887	1934-07-31	金台俊	김태준	金台俊	김태준	朝鮮民謠의 概念(7) 朝鮮民謠의 時代性과 將來	문학	·
1888	1934-07-31	鄭槿陽	정근양	鄭槿陽	정근양	趙憲泳氏의 漢醫學論을 評함(13)	한의학	·
1889	1934-08-01	金台俊	김태준	金台俊	김태준	朝鮮民謠의 概念(8) 朝鮮民謠의 時代性과 將來	문학	·
1890	1934-08-01	鄭槿陽	정근양	鄭槿陽	정근양	趙憲泳氏의 漢醫學論을 評함(14)	한의학	·
1891	1934-08-02	金台俊	김태준	金台俊	김태준	朝鮮民謠의 概念(9) 朝鮮民謠의 時代性과 將來	문학	·
1892	1934-08-02	湖岩	호암	文一平	문일평	對米關係五十年史(13) 交涉의 起源과 變遷	역사	·
1893	1934-08-02	鄭槿陽	정근양	鄭槿陽	정근양	趙憲泳氏의 漢醫學論을 評함(15)	한의학	·
1894	1934-08-03	金台俊	김태준	金台俊	김태준	朝鮮民謠의 概念(10) 朝鮮民謠의 時代性과 將來	문학	·
1895	1934-08-03	湖岩	호암	文一平	문일평	對米關係五十年史(14) 交涉의 起源과 變遷	역사	·
1896	1934-08-03	鄭槿陽	정근양	鄭槿陽	정근양	趙憲泳氏의 漢醫學論을 評함(16)	한의학	·
1897	1934-08-04	金台俊	김태준	金台俊	김태준	朝鮮民謠의 概念(11) 朝鮮民謠의 時代性과 將來	문학	·
1898	1934-08-04	湖岩	호암	文一平	문일평	對米關係五十年史(15) 修好直前의 情勢	역사	·
1899	1934-08-04	鄭槿陽	정근양	鄭槿陽	정근양	趙憲泳氏의 漢醫學論을 評함(17)	한의학	·
1900	1934-08-07	湖岩	호암	文一平	문일평	對米關係五十年史(17) 修好直前의 情勢	역사	16회 미확인
1901	1934-08-08	湖岩	호암	文一平	문일평	對米關係五十年史(18) 修好直前의 情勢	역사	·
1902	1934-08-09	湖岩	호암	文一平	문일평	對米關係五十年史(19) 修好直前의 情勢	역사	·
1903	1934-08-10	湖岩	호암	文一平	문일평	對米關係五十年史(20) 修好直前의 情勢	역사	·
1904	1934-08-11	湖岩	호암	文一平	문일평	對米關係五十年史(21) 修好直前의 情勢	역사	·
1905	1934-08-12	湖岩	호암	文一平	문일평	對米關係五十年史(22) 修好前의 米國態度	역사	·
1906	1934-08-15	湖岩	호암	文一平	문일평	對米關係五十年史(24) 修好前의 米國態度	역사	23회 미확인

연번	날짜	자료저자명(한자)	자료저자명(한글)	본명(한자)	본명(한글)	기사제목	분류	비고
1907	1934-08-16	湖岩	호암	文一平	문일평	對米關係五十年史(25) 修好前의 米國態度	역사	·
1908	1934-08-17	湖岩	호암	文一平	문일평	對米關係五十年史(26) 修好前의 米國態度	역사	·
1909	1934-08-18	湖岩	호암	文一平	문일평	對米關係五十年史(27) 修好前의 米國態度	역사	·
1910	1934-08-19	湖岩	호암	文一平	문일평	對米關係五十年史(28) 修好前의 米國態度	역사	·
1911	1934-08-21	湖岩	호암	文一平	문일평	對米關係五十年史(30) 修好前의 米國態度	역사	29회 미확인
1912	1934-08-22	湖岩	호암	文一平	문일평	對米關係五十年史(31) 修好前의 米國態度	역사	·
1913	1934-08-23	湖岩	호암	文一平	문일평	對米關係五十年史(32) 修好前의 米國態度	역사	·
1914	1934-08-24	湖岩	호암	文一平	문일평	對米關係五十年史(33) 正式談判과 條約成立	역사	·
1915	1934-08-25	湖岩	호암	文一平	문일평	對米關係五十年史(34) 正式談判과 條約成立	역사	·
1916	1934-08-26	湖岩	호암	文一平	문일평	對米關係五十年史(35) 正式談判과 條約成立	역사	·
1917	1934-08-28	社說	사설	·	·	文字普及班員의 活動- 그 誠熱을 感謝할 분	한글, 사업	·
1918	1934-08-29	湖岩	호암	文一平	문일평	對米關係五十年史(36) 正式談判과 條約成立	역사	·
1919	1934-08-30	湖岩	호암	文一平	문일평	對米關係五十年史(37) 正式談判과 條約成立	역사	·
1920	1934-08-31	湖岩	호암	文一平	문일평	對米關係五十年史(38) 條約에 對한 論評과 影響	역사	·
1921	1934-09-01	湖岩	호암	文一平	문일평	對米關係五十年史(39) 美公使來駐와 初期外交	역사	·
1922	1934-09-02	湖岩	호암	文一平	문일평	對米關係五十年史(40) 美公使來駐와 初期外交	역사	·
1923	1934-09-04	湖岩	호암	文一平	문일평	對米關係五十年史(41) 美公使來駐와 初期外交	역사	·
1924	1934-09-04	·	·	·	·	朝鮮學界의 至寶 丁茶山 記念講演 九月八日基靑會觀에서	역사, 사업	·
1925	1934-09-05	湖岩	호암	文一平	문일평	對米關係五十年史(42) 美公使來駐와 初期外交	역사	·
1926	1934-09-06	湖岩	호암	文一平	문일평	對米關係五十年史(43) 美公使來駐와 初期外交	역사	·
1927	1934-09-07	湖岩	호암	文一平	문일평	對米關係五十年史(44) 美公使來駐와 初期外交	역사	·
1928	1934-09-07	金晩炯	김만형	金晩炯	김만형	宣教五十週年맛는 長老會懷舊錄(1)	역사	·
1929	1934-09-08	湖岩	호암	文一平	문일평	對米關係五十年史(45) 報聘使節과 兩國親善	역사	·
1930	1934-09-08	金晩炯	김만형	金晩炯	김만형	宣教五十週年맛는 長老會懷舊錄(2)	역사	·
1931	1934-09-08	·	·	·	·	本社主催 一九三四年 文字普及運動總決算	한글, 사업	·
1932	1934-09-09	湖岩	호암	文一平	문일평	對米關係五十年史(46) 報聘使節과 兩國親善	역사	·
1933	1934-09-09	金晩炯	김만형	金晩炯	김만형	宣教五十週年맛는 長老會懷舊錄(3)	역사	·
1934	1934-09-09	·	·	·	·	오늘밤 基靑회관서 丁茶山 기념 강연	역사, 사업	·
1935	1934-09-10	社說	사설	·	·	丁茶山의 偉績	역사, 논설	·
1936	1934-09-10	金晩炯	김만형	金晩炯	김만형	宣教五十週年맛는 長老會懷舊錄(4)	역사	·
1937	1934-09-11	社說	사설	·	·	文字普及班員의 苦心- 그 功勞를 感謝함	한글, 사업	·
1938	1934-09-11	安在鴻	안재홍	安在鴻	안재홍	忠武遺蹟(1)	기행	·
1939	1934-09-11	湖岩	호암	文一平	문일평	對米關係五十年史(47) 報聘使節과 兩國親善	역사	·
1940	1934-09-12	安在鴻	안재홍	安在鴻	안재홍	忠武遺蹟(2)	기행	·
1941	1934-09-12	湖岩	호암	文一平	문일평	對米關係五十年史(48) 報聘使節과 兩國親善	역사	·
1942	1934-09-13	安在鴻	안재홍	安在鴻	안재홍	忠武遺蹟(3)	기행	·
1943	1934-09-13	湖岩	호암	文一平	문일평	對米關係五十年史(49) 報聘使節과 兩國親善	역사	·

연번	날짜	자료저자명 (한자)	자료저자명 (한글)	본명 (한자)	본명 (한글)	기사제목	분류	비고
1944	1934-09-14	安在鴻	안재홍	安在鴻	안재홍	忠武遺蹟(4)	기행	·
1945	1934-09-14	湖岩	호암	文一平	문일평	對米關係五十年史(50) 報聘使節과 兩國親善	역사	·
1946	1934-09-15	安在鴻	안재홍	安在鴻	안재홍	忠武遺蹟(5)	기행	·
1947	1934-09-15	湖岩	호암	文一平	문일평	對米關係五十年史(51) 報聘使節과 兩國親善	역사	·
1948	1934-09-16	安在鴻	안재홍	安在鴻	안재홍	忠武遺蹟(6)	기행	·
1949	1934-09-16	湖岩	호암	文一平	문일평	對米關係五十年史(52) 報聘使節과 兩國親善	역사	·
1950	1934-09-18	安在鴻	안재홍	安在鴻	안재홍	忠武遺蹟(7)	기행	·
1951	1934-09-18	湖岩	호암	文一平	문일평	對米關係五十年史(53) 報聘使節과 兩國親善	역사	·
1952	1934-09-19	安在鴻	안재홍	安在鴻	안재홍	忠武遺蹟(8)	기행	·
1953	1934-09-19	湖岩	호암	文一平	문일평	對米關係五十年史(54) 米國初期의 對韓政策	역사	·
1954	1934-09-20	安在鴻	안재홍	安在鴻	안재홍	忠武遺蹟(9)	기행	·
1955	1934-09-20	湖岩	호암	文一平	문일평	對米關係五十年史(55) 米國初期의 對韓政策	역사	·
1956	1934-09-21	湖岩	호암	文一平	문일평	對米關係五十年史(56) 米國初期의 對韓政策	역사	·
1957	1934-09-21	安在鴻	안재홍	安在鴻	안재홍	忠武遺蹟(10)	기행	·
1958	1934-09-22	安在鴻	안재홍	安在鴻	안재홍	忠武遺蹟(11)	기행	·
1959	1934-09-22	湖岩	호암	文一平	문일평	對米關係五十年史(57) 米國初期의 對韓政策	역사	·
1960	1934-09-23	安在鴻	안재홍	安在鴻	안재홍	忠武遺蹟(12)	기행	·
1961	1934-09-23	湖岩	호암	文一平	문일평	對米關係五十年史(58) 米國初期의 對韓政策	역사	·
1962	1934-09-26	湖岩	호암	文一平	문일평	對米關係五十年史(59) 米國初期의 對韓政策	역사	·
1963	1934-09-26	安在鴻	안재홍	安在鴻	안재홍	忠武遺蹟(13)	기행	·
1964	1934-09-27	安在鴻	안재홍	安在鴻	안재홍	忠武遺蹟(14)	기행	·
1965	1934-09-27	湖岩	호암	文一平	문일평	對米關係五十年史(60) 米國初期의 對韓政策	역사	·
1966	1934-09-27	崔鉉培	최현배	崔鉉培	최현배	朝鮮語法의 術語論(1)	한글	·
1967	1934-09-28	崔鉉培	최현배	崔鉉培	최현배	朝鮮語法의 術語論(2)	한글	·
1968	1934-09-28	湖岩	호암	文一平	문일평	對米關係五十年史(61) 米國初期의 對韓政策	역사	·
1969	1934-09-28	安在鴻	안재홍	安在鴻	안재홍	忠武遺蹟(15)	기행	·
1970	1934-09-28	·	·	·	·	朝鮮語講習會	한글, 사업	·
1971	1934-09-29	崔鉉培	최현배	崔鉉培	최현배	朝鮮語法의 術語論(3)	한글	·
1972	1934-09-29	湖岩	호암	文一平	문일평	對米關係五十年史(62) 米國初期의 對韓政策	역사	·
1973	1934-09-30	崔鉉培	최현배	崔鉉培	최현배	朝鮮語法의 術語論(4)	한글	·
1974	1934-09-30	湖岩	호암	文一平	문일평	對米關係五十年史(63) 米國初期의 對韓政策	역사	·
1975	1934-09-30	·	·	·	·	한글날-朝鮮語學會서 陽十月二十九日을 二十八日로 陽曆換算改正	한글, 사업	·
1976	1934-10-02	崔鉉培	최현배	崔鉉培	최현배	朝鮮語法의 術語論(5)	한글	·
1977	1934-10-03	崔鉉培	최현배	崔鉉培	최현배	朝鮮語法의 術語論(6)	한글	·
1978	1934-10-03	湖岩	호암	文一平	문일평	對米關係五十年史(64) 米國初期의 對韓政策	역사	·
1979	1934-10-04	湖岩	호암	文一平	문일평	對米關係五十年史(65) 駐米最初朝鮮公使	역사	·
1980	1934-10-04	崔鉉培	최현배	崔鉉培	최현배	朝鮮語法의 術語論(7)	한글	·
1981	1934-10-05	湖岩	호암	文一平	문일평	對米關係五十年史(66) 駐米最初朝鮮公使	역사	·
1982	1934-10-05	洪起文	홍기문	洪起文	홍기문	朝鮮語研究의 本領(1) 言語科學과 認識錯誤의 校正	한글	총10회

연번	날짜	자료저자명(한자)	자료저자명(한글)	본명(한자)	본명(한글)	기사제목	분류	비고
1983	1934-10-06	湖岩	호암	文一平	문일평	對米關係五十年史(67) 駐米最初朝鮮公使	역사	·
1984	1934-10-07	洪起文	홍기문	洪起文	홍기문	朝鮮語研究의 本領(2) 外來語의 淸算과 新語의 創作	한글	·
1985	1934-10-07	湖岩	호암	文一平	문일평	對米關係五十年史(68) 駐米最初朝鮮公使	역사	·
1986	1934-10-09	洪起文	홍기문	洪起文	홍기문	朝鮮語研究의 本領(3) 法則至上과 言語純化의 夢想	한글	·
1987	1934-10-09	湖岩	호암	文一平	문일평	對米關係五十年史(69) 駐米最初朝鮮公使	역사	·
1988	1934-10-11	洪起文	홍기문	洪起文	홍기문	朝鮮語研究의 本領(4) 牽强附會의 『舶來』 法則模倣	한글	·
1989	1934-10-11	湖岩	호암	文一平	문일평	對米關係五十年史(70) 駐米最初朝鮮公使	역사	·
1990	1934-10-12	·	·	·	·	高句麗文化의 精華 珍品逸種, 續續出土 平壤府下石岩里古墳서 發掘 考古學界의 初有한 玉石墓	고적	·
1991	1934-10-12	洪起文	홍기문	洪起文	홍기문	朝鮮語研究의 本領(5) 우리들 言語學徒의 取할바 態度	한글	·
1992	1934-10-12	湖岩	호암	文一平	문일평	對米關係五十年史(71) 駐米最初朝鮮公使	역사	·
1993	1934-10-13	洪起文	홍기문	洪起文	홍기문	朝鮮語研究의 本領(6) 言語學에 對한 基礎知識이 必要	한글	·
1994	1934-10-13	湖岩	호암	文一平	문일평	對米關係五十年史(72) 駐米最初朝鮮公使	역사	·
1995	1934-10-14	社說	사설	·	·	文化愛와 公德	사업	·
1996	1934-10-16	洪起文	홍기문	洪起文	홍기문	朝鮮語研究의 本領(7) 言語의 變革과 그 法則의 順應	한글	·
1997	1934-10-16	湖岩	호암	文一平	문일평	對米關係五十年史(73) 駐米最初朝鮮公使	역사	·
1998	1934-10-17	洪起文	홍기문	洪起文	홍기문	朝鮮語研究의 本領(9)*8회 現下綴字問題에 對한 論究	한글	연재횟수 오기
1999	1934-10-17	湖岩	호암	文一平	문일평	對米關係五十年史(74) 駐米最初朝鮮公使	역사	·
2000	1934-10-19	洪起文	홍기문	洪起文	홍기문	朝鮮語研究의 本領(10)*9회 綴字統一과 그 依據할바 基準	한글	연재횟수 오기
2001	1934-10-19	趙憲泳	조헌영	趙憲泳	조헌영	漢醫學論에 對하야- 鄭槿陽氏의 評을 읽고(1)	한의학	·
2002	1934-10-20	洪起文	홍기문	洪起文	홍기문	朝鮮語研究의 本領(11)*10회 某研究家가 自矜하든 『윽기설』	한글	연재횟수 오기
2003	1934-10-20	趙憲泳	조헌영	趙憲泳	조헌영	漢醫學論에 對하야- 鄭槿陽氏의 評을 읽고(2)	한의학	·
2004	1934-10-21	湖岩	호암	文一平	문일평	對米關係五十年史(75) 駐米最初朝鮮公使	역사	·
2005	1934-10-23	湖岩	호암	文一平	문일평	對米關係五十年史(76) 駐米最初朝鮮公使	역사	·
2006	1934-10-23	·	·	·	·	우리文化縮圖 한글展覽會, 한글날 보전교사에서 朝鮮語學會 主催로	한글, 사업	·
2007	1934-10-23	宋錫夏	송석하	宋錫夏	송석하	黃倡傳說戱化의 復活- 慶州의 今年秋夕行事(1)	민속	·
2008	1934-10-23	趙憲泳	조헌영	趙憲泳	조헌영	漢醫學論에 對하야- 鄭槿陽氏의 評을 읽고(3)	한의학	·
2009	1934-10-24	宋錫夏	송석하	宋錫夏	송석하	黃倡傳說戱化의 復活- 慶州의 今年秋夕行事(2)	민속	·
2010	1934-10-25	宋錫夏	송석하	宋錫夏	송석하	黃倡傳說戱化의 復活- 慶州의 今年秋夕行事(3)	민속	·
2011	1934-10-25	湖岩	호암	文一平	문일평	對米關係五十年史(77) 駐米最初朝鮮公使	역사	·
2012	1934-10-26	湖岩	호암	文一平	문일평	對米關係五十年史(78) 駐米最初朝鮮公使	역사	·
2013	1934-10-27	湖岩	호암	文一平	문일평	對米關係五十年史(79) 駐米最初朝鮮公使	역사	·
2014	1934-10-27	天台山人	천태산인	金台俊	김태준	朝鮮文學의 歷史性(1)	문학	·
2015	1934-10-28	·	·	·	·	仁川紹介版- 名勝과 古蹟	고적	·
2016	1934-10-28	金允經	김윤경	金允經	김윤경	四百八十八回의 한글記念日을 맞아 過去를	한글	총4회

연번	날짜	자료저자명(한자)	자료저자명(한글)	본명(한자)	본명(한글)	기사제목	분류	비고
						回顧함(1)		
2017	1934-10-28	金炳濟	김병제	金炳濟	김병제	한글統一案에 對하야(1)	한글	·
2018	1934-10-28	洪起文	홍기문	洪起文	홍기문	朝鮮文學의 兩義(1) 朝鮮語文學과 朝鮮文學人	문학	총5회
2019	1934-10-29	社說	사설	·	·	史料蒐集의 必要	역사	·
2020	1934-10-29	金允經	김윤경	金允經	김윤경	四百八十八回의 한글記念日을 맞아 過去를 回顧함(2)	한글	·
2021	1934-10-29	金炳濟	김병제	金炳濟	김병제	한글統一案에 對하야(2)	한글	·
2022	1934-10-30	·	·	·	·	한글記念會 盛大히 擧行	한글, 사업	·
2023	1934-10-30	洪起文	홍기문	洪起文	홍기문	朝鮮文學의 兩義(2) 歐米民族文學과 朝鮮文學	문학	·
2024	1934-10-30	湖岩	호암	文一平	문일평	對米關係五十年史(80) 駐米署理公使時代	역사	·
2025	1934-10-30	天台山人	천태산인	金台俊	김태준	朝鮮文學의 歷史性(2)	문학	·
2026	1934-10-30	趙憲泳	조헌영	趙憲泳	조헌영	漢醫學論에 對하야- 鄭槿陽氏의 評을 읽고(4)	한의학	·
2027	1934-10-31	湖岩	호암	文一平	문일평	對米關係五十年史(81) 駐米署理公使時代	역사	·
2028	1934-10-31	天台山人	천태산인	金台俊	김태준	朝鮮文學의 歷史性(3)	문학	·
2029	1934-10-31	金允經	김윤경	金允經	김윤경	四百八十八回의 한글記念日을 맞아 過去를 回顧함(3)	한글	·
2030	1934-11-01	天台山人	천태산인	金台俊	김태준	朝鮮文學의 歷史性(4)	문학	·
2031	1934-11-01	金允經	김윤경	金允經	김윤경	四百八十八回의 한글記念日을 맞아 過去를 回顧함(4)	한글	·
2032	1934-11-01	洪起文	홍기문	洪起文	홍기문	朝鮮文學의 兩義(3) 民族文學에 對한 疑問點	문학	·
2033	1934-11-02	湖岩	호암	文一平	문일평	對米關係五十年史(81?) 駐米署理公使時代	역사	·
2034	1934-11-02	天台山人	천태산인	金台俊	김태준	朝鮮文學의 歷史性(5)	문학	·
2035	1934-11-02	趙憲泳	조헌영	趙憲泳	조헌영	漢醫學論에 對하야- 鄭槿陽氏의 評을 읽고(5)	한의학	·
2036	1934-11-03	洪起文	홍기문	洪起文	홍기문	朝鮮文學의 兩義(4) 中國, 印度文學과 그 古文	문학	·
2037	1934-11-03	趙憲泳	조헌영	趙憲泳	조헌영	漢醫學論에 對하야- 鄭槿陽氏의 評을 읽고(6)	한의학	·
2038	1934-11-04	趙憲泳	조헌영	趙憲泳	조헌영	漢醫學論에 對하야- 鄭槿陽氏의 評을 읽고(7)	한의학	·
2039	1934-11-06	洪起文	홍기문	洪起文	홍기문	朝鮮文學의 兩義(5) 朝鮮의 漢文學은 곳 兩班文學	문학	·
2040	1934-11-06	趙憲泳	조헌영	趙憲泳	조헌영	漢醫學論에 對하야- 鄭槿陽氏의 評을 읽고(8)	한의학	·
2041	1934-11-07	趙憲泳	조헌영	趙憲泳	조헌영	漢醫學論에 對하야- 鄭槿陽氏의 評을 읽고(9)	한의학	·
2042	1934-11-08	湖岩	호암	文一平	문일평	對米關係五十年史(82?) 駐米署理公使時代	역사	·
2043	1934-11-08	趙憲泳	조헌영	趙憲泳	조헌영	漢醫學論에 對하야- 鄭槿陽氏의 評을 읽고(10)	한의학	·
2044	1934-11-09	趙憲泳	조헌영	趙憲泳	조헌영	漢醫學論에 對하야- 鄭槿陽氏의 評을 읽고(11)	한의학	·
2045	1934-11-10	·	·	·	·	朝鮮語學會 講習	한글, 사업	·
2046	1934-11-10	·	·	·	·	壇君祭盛大히 擧行- 期成會 열고 檀君陵修築 決議	사업	·
2047	1934-11-11	·	·	·	·	檀君陵前에 敬虔, 追慕의 祭典	사업	·
2048	1934-11-11	湖岩	호암	文一平	문일평	對米關係五十年史(82) 駐米署理公使時代	역사	·
2049	1934-11-11	趙憲泳	조헌영	趙憲泳	조헌영	漢醫學論에 對하야- 鄭槿陽氏의 評을 읽고(12)	한의학	·
2050	1934-11-12	·	·	·	·	壇君陵前에 敬虔, 追慕의 祭典 陰十月三日江東邑에서 열린 近年初有의 盛儀	사업	·
2051	1934-11-14	湖岩	호암	文一平	문일평	對米關係五十年史(83) 多事한 施逸公使時代	역사	·
2052	1934-11-14	金起林	김기림	金起林	김기림	將來할 朝鮮文學은?(1)	문학	·

연번	날짜	자료저자명(한자)	자료저자명(한글)	본명(한자)	본명(한글)	기사제목	분류	비고
2053	1934-11-15	金起林	김기림	金起林	김기림	將來할 朝鮮文學은?(2)	문학	·
2054	1934-11-16	金起林	김기림	金起林	김기림	將來할 朝鮮文學은?(3)	문학	·
2055	1934-11-16	湖岩	호암	文一平	문일평	對米關係五十年史(84) 多事한 施逸公使時代	역사	·
2056	1934-11-17	湖岩	호암	文一平	문일평	對米關係五十年史(85) 多事한 施逸公使時代	역사	·
2057	1934-11-17	金起林	김기림	金起林	김기림	將來할 朝鮮文學은?(4)	문학	·
2058	1934-11-18	金起林	김기림	金起林	김기림	將來할 朝鮮文學은?(5)	문학	·
2059	1934-11-18	湖岩	호암	文一平	문일평	對米關係五十年史(86) 多事한 施逸公使時代	역사	·
2060	1934-11-20	湖岩	호암	文一平	문일평	對米關係五十年史(87) 多事한 施逸公使時代	역사	·
2061	1934-11-20	趙憲泳	조헌영	趙憲泳	조헌영	漢醫學論에 對하야-鄭槿陽氏의 評을 읽고(13)	한의학	·
2062	1934-11-21	湖岩	호암	文一平	문일평	對米關係五十年史(88) 多事한 施逸公使時代	역사	·
2063	1934-11-21	趙憲泳	조헌영	趙憲泳	조헌영	漢醫學論에 對하야-鄭槿陽氏의 評을 읽고(14)	한의학	·
2064	1934-11-21	崔載瑞	최재서	崔載瑞	최재서	將來할 朝鮮文學은?(1)	문학	·
2065	1934-11-22	崔載瑞	최재서	崔載瑞	최재서	將來할 朝鮮文學은?(2)	문학	·
2066	1934-11-22	趙憲泳	조헌영	趙憲泳	조헌영	漢醫學論에 對하야-鄭槿陽氏의 評을 읽고(15)	한의학	·
2067	1934-11-23	崔載瑞	최재서	崔載瑞	최재서	將來할 朝鮮文學은?(3)	문학	·
2068	1934-11-25	湖岩	호암	文一平	문일평	對米關係五十年史(89) 多事한 施逸公使時代	역사	·
2069	1934-11-25	崔載瑞	최재서	崔載瑞	최재서	將來할 朝鮮文學은?(4)	문학	·
2070	1934-11-27	崔載瑞	최재서	崔載瑞	최재서	將來할 朝鮮文學은?(5)	문학	·
2071	1934-11-28	崔載瑞	최재서	崔載瑞	최재서	將來할 朝鮮文學은?(6)	문학	·
2072	1934-11-29	崔載瑞	최재서	崔載瑞	최재서	將來할 朝鮮文學은?(7)	문학	·
2073	1934-11-29	湖岩	호암	文一平	문일평	對米關係五十年史(90) 多事한 施逸公使時代	역사	·
2074	1934-11-30	湖岩	호암	文一平	문일평	對米關係五十年史(91) 「알렌」公使로 「모간」公使	역사	·
2075	1934-12-01	湖岩	호암	文一平	문일평	對米關係五十年史(92) 「알렌」公使로 「모간」公使	역사	·
2076	1934-12-04	·	·	·	·	鎖國鐵扉의 爆破彈 甲申政變五十年 半世紀前今月今日 "開化朝鮮" 첫烽火	역사	·
2077	1934-12-04	湖岩	호암	文一平	문일평	對米關係五十年史(93) 「알렌」公使로 「모간」公使	역사	·
2078	1934-12-06	湖岩	호암	文一平	문일평	對米關係五十年史(94) 「알렌」公使로 「모간」公使	역사	·
2079	1934-12-07	湖岩	호암	文一平	문일평	對米關係五十年史(95) 「알렌」公使로 「모간」公使	역사	·
2080	1934-12-09	湖岩	호암	文一平	문일평	對米關係五十年史(96) 「알렌」公使로 「모간」公使	역사	·
2081	1934-12-11	湖岩	호암	文一平	문일평	對米關係五十年史(97) 「알렌」公使로 「모간」公使	역사	·
2082	1934-12-12	湖岩	호암	文一平	문일평	對米關係五十年史(98) 「알렌」公使로 「모간」公使	역사	·
2083	1934-12-13	湖岩	호암	文一平	문일평	對米關係五十年史(99) 「알렌」公使로 「모간」公使	역사	·
2084	1934-12-16	湖岩	호암	文一平	문일평	對米關係五十年史(100) 「알렌」公使로 「모간」公使	역사	·
2085	1934-12-18	湖岩	호암	文一平	문일평	對米關係五十年史(101) 「알렌」公使로 「모간」公使	역사	·
2086	1934-12-30	·	·	·	·	新春의 溫陽서 標準語查定會 朝鮮語學會 主催로	한글, 사업	·
2087	1934-12-31	金永勳	김영훈	金永勳	김영훈	漢方醫學 復興論에 對하야	한의학	·
2088	1935-01-01	金台俊	김태준	金台俊	김태준	新羅鄕歌의 解說(上) 民衆藝術로서 歌謠를 말함	문학	총3회
2089	1935-01-01	文一平	문일평	文一平	문일평	朝鮮史上의 乙亥年	역사	·
2090	1935-01-01	權悳奎	권덕규	權悳奎	권덕규	訓民正音의 起源과 世宗大王의 頒布(1)	한글	·

연번	날짜	자료저자명(한자)	자료저자명(한글)	본명(한자)	본명(한글)	기사제목	분류	비고
2091	1935-01-01	金允經	김윤경	金允經	김윤경	月印千江之曲解題(1)	문학	김윤경 검색
2092	1935-01-01	李秉岐	이병기	李秉岐	이병기	時調의 起源과 그 形態(1)	문학	·
2093	1935-01-01	·	·	·	·	朝鮮語學會篇: 民族文化의 金字塔 朝鮮語辭典出版, 七年間에 十萬語彙를 蒐集	한글, 사업	·
2094	1935-01-01	一步學人	일보학인	·	·	朝鮮古典에서 차저온 일헛든 우리 文學의 吟味 舊小說에 나타난 時代性	문학	·
2095	1935-01-01	·	·	·	·	佛敎界事業篇: 八蠻藏經한글化	한글, 사업, 종교	·
2096	1935-01-02	一步學人	일보학인	·	·	朝鮮古典에서 차저온 일헛든 우리 文學의 吟味 舊小說에 나타난 時代性	문학	·
2097	1935-01-02	金允經	김윤경	金允經	김윤경	月印千江之曲解題(2)	문학	·
2098	1935-01-02	李秉岐	이병기	李秉岐	이병기	時調의 起源과 그 形態(2)	문학	·
2099	1935-01-03	金台俊	김태준	金台俊	김태준	新羅鄕歌의 解說(中) 民衆藝術로서 歌謠를 말함	문학	·
2100	1935-01-03	權悳奎	권덕규	權悳奎	권덕규	訓民正音의 起源과 世宗大王의 頒布(2)	한글	·
2101	1935-01-03	李熙昇	이희승	李熙昇	이희승	龍飛御天歌의 解說(1)	한글	·
2102	1935-01-04	·	·	·	·	"우리말"을 精選할 標準語査定委員會 열심한 다수 위원들이 모이어 昨夜부터 溫陽서 개최	한글	·
2103	1935-01-04	金台俊	김태준	金台俊	김태준	新羅鄕歌의 解說(下) 民衆藝術로서 歌謠를 말함	문학	·
2104	1935-01-04	權悳奎	권덕규	權悳奎	권덕규	訓民正音의 起源과 世宗大王의 頒布(3)	한글	·
2105	1935-01-05	權悳奎	권덕규	權悳奎	권덕규	訓民正音의 起源과 世宗大王의 頒布(4)	한글	·
2106	1935-01-06	社說	사설	·	·	한글標準語統一問題-速히 決定이 必要	한글, 사업	·
2107	1935-01-08	·	·	·	·	朝鮮語標準語査定會 經過, 修正委員에 一任	한글, 사업	·
2108	1935-01-10	李秉岐	이병기	李秉岐	이병기	時調의 起源과 그 形態(3)	문학	이병기 검색
2109	1935-01-12	李秉岐	이병기	李秉岐	이병기	時調의 起源과 그 形態(4)	문학	·
2110	1935-01-13	李秉岐	이병기	李秉岐	이병기	時調의 起源과 그 形態(5)	문학	·
2111	1935-01-15	洪起文	홍기문	洪起文	홍기문	標準語制定에 對하야(1) 그 制定의 出發點과 三個의 項目	한글	총8회
2112	1935-01-16	洪起文	홍기문	洪起文	홍기문	標準語制定에 對하야(2) 各方語의 對立과 標準語의 制定	한글	·
2113	1935-01-17	·	·	·	·	千四百餘高句麗古墳 大大的 發掘 計畫, 新羅古墳도 함께 明年度부터 着手, 宣揚될 朝鮮의 古代文化	고적, 사업	·
2114	1935-01-17	洪起文	홍기문	洪起文	홍기문	標準語制定에 對하야(3) 各階級語와 標準語의 制定	한글	·
2115	1935-01-18	洪起文	홍기문	洪起文	홍기문	標準語制定에 對하야(4) 어떠케 實際上 效用을 保障할까	한글	·
2116	1935-01-19	洪起文	홍기문	洪起文	홍기문	標準語制定에 對하야(5) 어느 程度로 그 效用이 發揮될까	한글	·
2117	1935-01-22	洪起文	홍기문	洪起文	홍기문	標準語制定에 對하야(7) 言語統一問題의 提起와 그 解決難	한글	6회 미확인
2118	1935-01-22	金晉燮	김진섭	金晉燮	김진섭	古典文學과 文學의 歷史性, 古典探究의 意義-歷史的 感覺의 覺醒(1)	역사	총4회
2119	1935-01-23	洪起文	홍기문	洪起文	홍기문	標準語制定에 對하야(8) 標準語의 輕率한 制定을 反對	한글	·

연번	날짜	자료저자명(한자)	자료저자명(한글)	본명(한자)	본명(한글)	기사제목	분류	비고
2120	1935-01-23	金晉燮	김진섭	金晉燮	김진섭	古典文學과 文學의 歷史性, 古典探究의 意義-歷史의 魅力(2)	역사	·
2121	1935-01-24	金晉燮	김진섭	金晉燮	김진섭	古典文學과 文學의 歷史性, 古典探究의 意義-「함렛」과 「興甫」의 優劣(3)	역사	·
2122	1935-01-25	金晉燮	김진섭	金晉燮	김진섭	古典文學과 文學의 歷史性, 古典探究의 意義-歷史와 超歷史의 態度(4)	역사	·
2123	1935-01-26	金台俊	김태준	金台俊	김태준	古典文學과 文學의 歷史性, 古典探究의 意義-「朝鮮」研究熱은 어데서?(1)	문학	총2회
2124	1935-01-27	金台俊	김태준	金台俊	김태준	古典文學과 文學의 歷史性, 古典探究의 意義-「朝鮮」研究熱은 어데서?(2)	문학	·
2125	1935-01-29	湖岩	호암	文一平	문일평	史上에 나타난 藝術家의 群像(1)	역사, 문학	·
2126	1935-01-30	湖岩	호암	文一平	문일평	史上에 나타난 藝術家의 群像(2)	역사, 문학	·
2127	1935-01-30	崔載瑞	최재서	崔載瑞	최재서	古典文學과 文學의 歷史性-古典復興의 問題(1) 古典復興의 社會的 必然性	문학	·
2128	1935-01-31	崔載瑞	최재서	崔載瑞	최재서	古典文學과 文學의 歷史性-古典復興의 問題(2) 復古趣味와 古典研究	문학	·
2129	1935-01-31	湖岩	호암	文一平	문일평	史上에 나타난 藝術家의 群像(3)	역사, 문학	·
2130	1935-02-01	洪起文	홍기문	洪起文	홍기문	歷史와 言語의 關係(1) 한 殘物로서의 言語와 그 貢獻	한글	총8회
2131	1935-02-01	湖岩	호암	文一平	문일평	史上에 나타난 藝術家의 群像(4)	역사, 문학	·
2132	1935-02-02	洪起文	홍기문	洪起文	홍기문	歷史와 言語의 關係(2) 語源究明의 必要와 그 困難點	한글	·
2133	1935-02-02	湖岩	호암	文一平	문일평	史上에 나타난 藝術家의 群像(5)	역사, 문학	·
2134	1935-02-03	洪起文	홍기문	洪起文	홍기문	歷史와 言語의 關係(3) 語源究明의 必要와 그 困難點	한글	·
2135	1935-02-03	湖岩	호암	文一平	문일평	史上에 나타난 藝術家의 群像(6)	역사, 문학	·
2136	1935-02-05	洪起文	홍기문	洪起文	홍기문	歷史와 言語의 關係(4) 申丹齋의 語源考證을 檢討함	한글	·
2137	1935-02-05	湖岩	호암	文一平	문일평	史上에 나타난 藝術家의 群像(7)	역사, 문학	·
2138	1935-02-06	洪起文	홍기문	洪起文	홍기문	歷史와 言語의 關係(6)*5회 崔南善氏의 語源考證을 檢討함	한글	연재횟수 오기
2139	1935-02-06	湖岩	호암	文一平	문일평	史上에 나타난 藝術家의 群像(8)	역사, 문학	·
2140	1935-02-07	洪起文	홍기문	洪起文	홍기문	歷史와 言語의 關係(7)*6회 ■■■氏의 語源考證을 檢討함	한글	연재횟수 오기
2141	1935-02-08	洪起文	홍기문	洪起文	홍기문	歷史와 言語의 關係(7) 白南雲氏의 語源考證을 檢討함	한글	·
2142	1935-02-09	洪起文	홍기문	洪起文	홍기문	歷史와 言語의 關係(9)*8회 歷史研究方法上 그들의 錯覺	한글	연재횟수 오기
2143	1935-02-22	湖岩	호암	文一平	문일평	史上에 나타난 藝術家의 群像(8)	역사,	·

연번	날짜	자료저자명(한자)	자료저자명(한글)	본명(한자)	본명(한글)	기사제목	분류	비고
							문학	
2144	1935-02-22	崔鉉培	최현배	崔鉉培	최현배	한글운동 그 本質과 發展(1)	한글	·
2145	1935-02-23	崔鉉培	최현배	崔鉉培	최현배	한글운동 그 本質과 發展(2)	한글	·
2146	1935-02-23	湖岩	호암	文一平	문일평	史上에 나타난 藝術家의 群像(9)	역사, 문학	·
2147	1935-02-24	崔鉉培	최현배	崔鉉培	최현배	한글운동 그 本質과 發展(3)	한글	·
2148	1935-02-24	湖岩	호암	文一平	문일평	史上에 나타난 藝術家의 群像(10)	역사, 문학	·
2149	1935-02-24	·	·	·	·	朝鮮語學會에서 重要公開狀 發表, 朝鮮語研究會側에 對하야-한글, 正音 兩派 衝突	한글, 사업	·
2150	1935-02-26	崔鉉培	최현배	崔鉉培	최현배	한글운동 그 本質과 發展(4)	한글	·
2151	1935-02-26	·	·	·	·	한글 統一運動에 對한 反對, 事實公開狀. 朝鮮語學會의 發表 內容	한글, 사업	·
2152	1935-02-26	湖岩	호암	文一平	문일평	史上에 나타난 藝術家의 群像(12)	역사, 문학	11회 미확인
2153	1935-02-27	崔鉉培	최현배	崔鉉培	최현배	한글운동 그 本質과 發展(5)	한글	·
2154	1935-02-27	湖岩	호암	文一平	문일평	史上에 나타난 藝術家의 群像(13)	역사, 문학	·
2155	1935-02-27	·	·	·	·	朝鮮語學研究會서 公開狀對策討議, 朝鮮語學會에 對하야	한글, 사업	·
2156	1935-02-28	湖岩	호암	文一平	문일평	史上에 나타난 藝術家의 群像(15)	역사, 문학	14회 미확인
2157	1935-02-28	崔鉉培	최현배	崔鉉培	최현배	한글운동 그 本質과 發展(6)	한글	·
2158	1935-03-01	崔鉉培	최현배	崔鉉培	최현배	한글운동 그 本質과 發展(7)	한글	·
2159	1935-03-01	湖岩	호암	文一平	문일평	史上에 나타난 藝術家의 群像	역사, 문학	·
2160	1935-03-03	湖岩	호암	文一平	문일평	史上에 나타난 藝術家의 群像	역사, 문학	·
2161	1935-03-05	湖岩	호암	文一平	문일평	史上에 나타난 藝術家의 群像	역사, 문학	·
2162	1935-03-06	湖岩	호암	文一平	문일평	史上에 나타난 藝術家의 群像	역사, 문학	·
2163	1935-03-07	湖岩	호암	文一平	문일평	史上에 나타난 藝術家의 群像	역사, 문학	·
2164	1935-03-08	湖岩	호암	文一平	문일평	史上에 나타난 藝術家의 群像	역사, 문학	·
2165	1935-03-09	湖岩	호암	文一平	문일평	史上에 나타난 藝術家의 群像	역사, 문학	·
2166	1935-03-10	湖岩	호암	文一平	문일평	史上에 나타난 藝術家의 群像	역사, 문학	·
2167	1935-03-12	湖岩	호암	文一平	문일평	史上에 나타난 藝術家의 群像	역사, 문학	·
2168	1935-03-16	湖岩	호암	文一平	문일평	史上에 나타난 藝術家의 群像	역사, 문학	·
2169	1935-03-19	·	·	·	·	劫火에 燒失되엿든 高句麗時代殿門跡 二千年前文化를 想像케 하는 大規模의 敷石과 礎石	고적	·

연번	날짜	자료저자명(한자)	자료저자명(한글)	본명(한자)	본명(한글)	기사제목	분류	비고
						等 發掘		
2170	1935-03-19	湖岩	호암	文一平	문일평	史上에 나타난 藝術家의 群像	역사, 문학	·
2171	1935-03-19	洪起文	홍기문	洪起文	홍기문	歷史學의 研究(1) 그의 黨派性과 方法論	역사	총11회
2172	1935-03-20	洪起文	홍기문	洪起文	홍기문	歷史學의 研究(2) 精神史觀과 唯物史觀	역사	·
2173	1935-03-21	洪起文	홍기문	洪起文	홍기문	歷史學의 研究(3) 두 가지의 認識的 錯誤	역사	·
2174	1935-03-23	湖岩	호암	文一平	문일평	史上에 나타난 藝術家의 群像	역사, 문학	·
2175	1935-03-24	湖岩	호암	文一平	문일평	史上에 나타난 藝術家의 群像	역사, 문학	·
2176	1935-03-24	洪起文	홍기문	洪起文	홍기문	歷史學의 研究(4) 技術的 方法論에 對해	역사	·
2177	1935-03-26	湖岩	호암	文一平	문일평	史上에 나타난 藝術家의 群像	역사, 문학	·
2178	1935-03-27	湖岩	호암	文一平	문일평	史上에 나타난 藝術家의 群像	역사, 문학	·
2179	1935-03-27	洪起文	홍기문	洪起文	홍기문	歷史學의 研究(6) 歷史的 資料의 分類法	역사	5회 미확인
2180	1935-03-28	洪起文	홍기문	洪起文	홍기문	歷史學의 研究(7) 史料各項에 對한 分析	역사	·
2181	1935-03-29	李源朝	이원조	李源朝	이원조	慶州紀行(1)	기행	·
2182	1935-03-29	洪起文	홍기문	洪起文	홍기문	歷史學의 研究(8) 史料各項에 對한 分析	역사	·
2183	1935-03-30	李源朝	이원조	李源朝	이원조	慶州紀行(2)	기행	·
2184	1935-03-30	湖岩	호암	文一平	문일평	史上에 나타난 藝術家의 群像	역사, 문학	·
2185	1935-03-31	洪起文	홍기문	洪起文	홍기문	歷史學의 研究(9) 史料各項에 對한 分析	역사	·
2186	1935-04-02	湖岩	호암	文一平	문일평	史上에 나타난 藝術家의 群像	역사, 문학	·
2187	1935-04-03	李源朝	이원조	李源朝	이원조	慶州紀行(3)	기행	·
2188	1935-04-03	湖岩	호암	文一平	문일평	史上에 나타난 藝術家의 群像	역사, 문학	·
2189	1935-04-03	洪起文	홍기문	洪起文	홍기문	歷史學의 研究(10) 補助科學과 從屬科學	역사	·
2190	1935-04-03	·	·	·	·	古跡-石棺, 鏃, 石槍 等 鳳山郡 銀波에서 發見	고적	·
2191	1935-04-05	湖岩	호암	文一平	문일평	史上에 나타난 藝術家의 群像	역사, 문학	·
2192	1935-04-05	洪起文	홍기문	洪起文	홍기문	歷史學의 研究(11) 分析과 綜合의 研究	역사	·
2193	1935-04-05	李源朝	이원조	李源朝	이원조	慶州紀行(4)	기행	·
2194	1935-04-06	湖岩	호암	文一平	문일평	史上에 나타난 藝術家의 群像	역사, 문학	·
2195	1935-04-06	李源朝	이원조	李源朝	이원조	慶州紀行(5)	기행	·
2196	1935-04-07	湖岩	호암	文一平	문일평	史上에 나타난 藝術家의 群像	역사, 문학	·
2197	1935-04-09	湖岩	호암	文一平	문일평	史上에 나타난 藝術家의 群像	역사, 문학	·
2198	1935-04-09	李源朝	이원조	李源朝	이원조	慶州紀行(6)	기행	·
2199	1935-04-11	·	·	·	·	博物館에 再現될 高句麗文化精粹, 實物大江西古墳을 館內에 模設, 木槨磚槨 等을 移置	고적	·

연번	날짜	자료저자명(한자)	자료저자명(한글)	본명(한자)	본명(한글)	기사제목	분류	비고
2200	1935-04-11	湖岩	호암	文一平	문일평	史上에 나타난 藝術家의 群像	역사, 문학	·
2201	1935-04-12	湖岩	호암	文一平	문일평	史上에 나타난 藝術家의 群像	역사, 문학	·
2202	1935-04-13	湖岩	호암	文一平	문일평	史上에 나타난 藝術家의 群像	역사, 문학	·
2203	1935-04-14	湖岩	호암	文一平	문일평	史上에 나타난 藝術家의 群像	역사, 문학	·
2204	1935-04-16	湖岩	호암	文一平	문일평	史上에 나타난 藝術家의 群像	역사, 문학	·
2205	1935-04-17	湖岩	호암	文一平	문일평	史上에 나타난 藝術家의 群像	역사, 문학	·
2206	1935-04-18	張道斌	장도빈	張道斌	장도빈	朝鮮古事研究(1) 第一 檀君朝鮮時代篇	역사	·
2207	1935-04-18	湖岩	호암	文一平	문일평	史上에 나타난 藝術家의 群像	역사, 문학	·
2208	1935-04-19	張道斌	장도빈	張道斌	장도빈	朝鮮古事研究(2) 第一 檀君朝鮮時代篇	역사	·
2209	1935-04-19	湖岩	호암	文一平	문일평	史上에 나타난 藝術家의 群像	역사, 문학	·
2210	1935-04-20	張道斌	장도빈	張道斌	장도빈	朝鮮古事研究(3) 第一 檀君朝鮮時代篇	역사	·
2211	1935-04-20	湖岩	호암	文一平	문일평	史上에 나타난 藝術家의 群像	역사, 문학	·
2212	1935-04-21	張道斌	장도빈	張道斌	장도빈	朝鮮古事研究(4) 第一 檀君朝鮮時代篇	역사	·
2213	1935-04-21	湖岩	호암	文一平	문일평	史上에 나타난 藝術家의 群像	역사, 문학	·
2214	1935-04-23	張道斌	장도빈	張道斌	장도빈	朝鮮古事研究(5) 第一 檀君朝鮮時代篇	역사	·
2215	1935-04-23	湖岩	호암	文一平	문일평	史上에 나타난 藝術家의 群像	역사, 문학	·
2216	1935-04-24	湖岩	호암	文一平	문일평	史上에 나타난 藝術家의 群像	역사, 문학	·
2217	1935-04-25	湖岩	호암	文一平	문일평	史上에 나타난 藝術家의 群像	역사, 문학	·
2218	1935-04-26	湖岩	호암	文一平	문일평	史上에 나타난 藝術家의 群像	역사, 문학	·
2219	1935-04-27	湖岩	호암	文一平	문일평	史上에 나타난 藝術家의 群像	역사, 문학	·
2220	1935-04-28	張道斌	장도빈	張道斌	장도빈	朝鮮古事研究(7) 第一 檀君朝鮮時代篇	역사	6회 미확인
2221	1935-05-01	·	·	·	·	朝鮮語學研究會 朝鮮語學 講演	한글, 사업	·
2222	1935-05-04	安在鴻	안재홍	安在鴻	안재홍	民世筆談(1)	논설	·
2223	1935-05-05	安在鴻	안재홍	安在鴻	안재홍	民世筆談(2)	논설	·
2224	1935-05-07	安在鴻	안재홍	安在鴻	안재홍	民世筆談(3)	논설	·
2225	1935-05-08	安在鴻	안재홍	安在鴻	안재홍	民世筆談(4)	논설	·
2226	1935-05-09	安在鴻	안재홍	安在鴻	안재홍	民世筆談(5)	논설	·
2227	1935-05-09	湖岩	호암	文一平	문일평	京城古蹟小巡禮(1) 崇禮門 扁額	기행	·
2228	1935-05-10	安在鴻	안재홍	安在鴻	안재홍	民世筆談(6)	논설	·

연번	날짜	자료저자명(한자)	자료저자명(한글)	본명(한자)	본명(한글)	기사제목	분류	비고
2229	1935-05-11	安在鴻	안재홍	安在鴻	안재홍	民世筆談(7)	논설	·
2230	1935-05-11	·	·	·	·	朝鮮語學會의 靑年月例會	한글, 사업	·
2231	1935-05-11	湖岩	호암	文一平	문일평	京城古蹟小巡禮(2) 弘化門의 美	기행	·
2232	1935-05-12	安在鴻	안재홍	安在鴻	안재홍	民世筆談(8)	논설	·
2233	1935-05-12	湖岩	호암	文一平	문일평	京城古蹟小巡禮(3) 塔洞公員	기행	·
2234	1935-05-14	安在鴻	안재홍	安在鴻	안재홍	民世筆談(9)	논설	·
2235	1935-05-14	湖岩	호암	文一平	문일평	京城古蹟小巡禮(5) 五大宮闕	기행	4회 미확인
2236	1935-05-15	安在鴻	안재홍	安在鴻	안재홍	民世筆談(10)	논설	·
2237	1935-05-15	湖岩	호암	文一平	문일평	京城古蹟小巡禮(6) 放送局과 朝鮮호텔	기행	·
2238	1935-05-16	安在鴻	안재홍	安在鴻	안재홍	民世筆談(11)	논설	·
2239	1935-05-16	湖岩	호암	文一平	문일평	京城古蹟小巡禮(7) 淨業院	기행	·
2240	1935-05-17	安在鴻	안재홍	安在鴻	안재홍	民世筆談(12)	논설	·
2241	1935-05-17	湖岩	호암	文一平	문일평	京城古蹟小巡禮(8) 舟橋와 龍鳳亭	기행	·
2242	1935-05-18	安在鴻	안재홍	安在鴻	안재홍	民世筆談(13)	논설	·
2243	1935-05-18	湖岩	호암	文一平	문일평	京城古蹟小巡禮(9) 六臣墓	기행	·
2244	1935-05-19	安在鴻	안재홍	安在鴻	안재홍	民世筆談(14)	논설	·
2245	1935-05-19	湖岩	호암	文一平	문일평	京城古蹟小巡禮(10) 洗劍亭	기행	·
2246	1935-06-02	天台山人	천태산인	金台俊	김태준	朝鮮의 地理的 變遷(1)	역사, 논설	총9회
2247	1935-06-03	文一平	문일평	文一平	문일평	西醫輸入五十年	역사	·
2248	1935-06-04	社說	사설	·	·	古蹟保存의 要義	고적, 사업	·
2249	1935-06-04	天台山人	천태산인	金台俊	김태준	朝鮮의 地理的 變遷(1)*2회	역사, 논설	연재횟수 오기
2250	1935-06-05	天台山人	천태산인	金台俊	김태준	朝鮮의 地理的 變遷(3)	역사, 논설	·
2251	1935-06-06	安在鴻	안재홍	安在鴻	안재홍	文化建設私議(1)	논설	·
2252	1935-06-06	天台山人	천태산인	金台俊	김태준	朝鮮의 地理的 變遷(4)	역사, 논설	·
2253	1935-06-07	安在鴻	안재홍	安在鴻	안재홍	文化建設私議(2)	논설	·
2254	1935-06-08	安在鴻	안재홍	安在鴻	안재홍	文化建設私議(3)	논설	·
2255	1935-06-08	·	·	·	·	朝鮮語學講演	한글, 사업	·
2256	1935-06-08	天台山人	천태산인	金台俊	김태준	朝鮮의 地理的 變遷(5)	역사, 논설	·
2257	1935-06-09	安在鴻	안재홍	安在鴻	안재홍	文化建設私議(4)	논설	·
2258	1935-06-09	·	·	·	·	大同郡柴足面서 古墳壁畵를 發見 色彩까지 鮮明한 蓮花唐草로 高句麗時代의 王妃陵?	고적	·
2259	1935-06-10	湖岩	호암	文一平	문일평	月曜閑話 民俗과 娛樂	민속	·
2260	1935-06-11	安在鴻	안재홍	安在鴻	안재홍	文化建設私議(5)	논설	·
2261	1935-06-11	天台山人	천태산인	金台俊	김태준	民族起源에 關한 言語學者의 諸學說(朝鮮의 地理的 變遷의 續)(6)	역사, 논설	·
2262	1935-06-12	安在鴻	안재홍	安在鴻	안재홍	文化建設私議(6)	논설	·

연번	날짜	자료저자명(한자)	자료저자명(한글)	본명(한자)	본명(한글)	기사제목	분류	비고
2263	1935-06-13	安在鴻	안재홍	安在鴻	안재홍	文化建設私議(7)	논설	·
2264	1935-06-13	天台山人	천태산인	金台俊	김태준	民族起源에 關한 言語學者의 諸學說(朝鮮의 地理的 變遷의 續)(7)	역사, 논설	·
2265	1935-06-14	天台山人	천태산인	金台俊	김태준	民族起源에 關한 言語學者의 諸學說(朝鮮의 地理的 變遷의 續)(8)	역사, 논설	·
2266	1935-06-15	天台山人	천태산인	金台俊	김태준	民族起源에 關한 言語學者의 諸學說(朝鮮의 地理的 變遷의 續)(9)	역사, 논설	·
2267	1935-06-16	天台山人	천태산인	金台俊	김태준	朝鮮歷史의 進展過程(1)	역사	총3회
2268	1935-06-17	湖岩	호암	文一平	문일평	月曜閑談 우리 歷代의 苑池	역사	·
2269	1935-06-18	天台山人	천태산인	金台俊	김태준	朝鮮歷史의 進展過程(2)	역사	·
2270	1935-06-19	·	·	·	·	對岸輯安縣城은 高句麗王宮址 千五百年前 遺物이 豊富, 關野博士現地로 出場	고적	·
2271	1935-06-19	天台山人	천태산인	金台俊	김태준	朝鮮歷史의 進展過程(3)	역사	·
2272	1935-06-24	文一平	문일평	文一平	문일평	山岳이 나흔 仙女傳說	문학	·
2273	1935-06-27	湖岩	호암	文一平	문일평	史外異聞 朴淵과 砲術	역사	·
2274	1935-06-27	·	·	·	·	牛車二百餘臺로 磚槨墳을 梨專, 實物 그대로 萬人압헤 展覽될 高句麗文化 最高峰	고적	·
2275	1935-06-28	湖岩	호암	文一平	문일평	史外異聞 米人漂着	역사	·
2276	1935-06-29	湖岩	호암	文一平	문일평	史外異聞 羅禪征伐	역사	·
2277	1935-07-02	湖岩	호암	文一平	문일평	史外異聞 黑水激戰	역사	·
2278	1935-07-06	安在鴻	안재홍	安在鴻	안재홍	文化工作의 新提唱-世界的 調合文化의 攝取. 現下過程과 當面課題	논설	·
2279	1935-07-06	民世學人	민세학인	安在鴻	안재홍	朝鮮新聞小史(1)	역사	·
2280	1935-07-06	湖岩	호암	文一平	문일평	古建物巡禮(1) 由緒깁흔 本社基址	기행	·
2281	1935-07-06	·	·	·	·	新文學樹立에 對한 諸家의 顧見(崔載瑞, 金珖燮, 李石薰, 李軒求, 李泰俊)	문학	·
2282	1935-07-06	李敭河	이양하	李敭河	이양하	朝鮮語의 修鍊과 朝鮮文學 將來	문학	·
2283	1935-07-06	咸和鎭	함화진	咸和鎭	함화진	世界에 자랑할 朝鮮雅樂	음악	·
2284	1935-07-07	民世學人	민세학인	安在鴻	안재홍	朝鮮新聞小史(2)	역사	·
2285	1935-07-08	民世學人	민세학인	安在鴻	안재홍	朝鮮新聞小史(3)	역사	·
2286	1935-07-08	崔鉉培	최현배	崔鉉培	최현배	朝鮮語文의 統一策	한글	·
2287	1935-07-09	民世學人	민세학인	安在鴻	안재홍	朝鮮新聞小史(4)	역사	·
2288	1935-07-09	朴鍾鴻	박종홍	朴鍾鴻	박종홍	『우리』와 우리哲學 建設의 길	철학	·
2289	1935-07-09	嚴興燮	엄흥섭	嚴興燮	엄흥섭	世界觀의 確立과 朝鮮的 特殊性의 把握	문학	·
2290	1935-07-10	民世學人	민세학인	安在鴻	안재홍	朝鮮新聞小史(5)	역사	·
2291	1935-07-10	金剛秀	김강수	金剛秀	김강수	朝鮮史 硏究의 方法論的 管見(上)	논설	·
2292	1935-07-11	金剛秀	김강수	金剛秀	김강수	朝鮮史 硏究의 方法論的 管見(下)	논설	·
2293	1935-07-11	民世學人	민세학인	安在鴻	안재홍	朝鮮新聞小史(6)	역사	·
2294	1935-07-11	湖岩	호암	文一平	문일평	古建物巡禮(2) 最近史의 舞臺 慶運宮	기행	·
2295	1935-07-12	民世學人	민세학인	安在鴻	안재홍	朝鮮新聞小史(7)	역사	·
2296	1935-07-12	湖岩	호암	文一平	문일평	古建物巡禮(3) 永久히 消失된 慶喜宮	기행	·
2297	1935-07-13	民世學人	민세학인	安在鴻	안재홍	朝鮮新聞小史(8)	역사	·
2298	1935-07-13	湖岩	호암	文一平	문일평	古建物巡禮(4) 六個最古建物과 昌德宮	기행	·

연번	날짜	자료저자명(한자)	자료저자명(한글)	본명(한자)	본명(한글)	기사제목	분류	비고
2299	1935-07-13	金台俊	김태준	金台俊	김태준	檀君傳說의 檢討 神話와 民族神(1)	문학	총2회
2300	1935-07-14	民世學人	민세학인	安在鴻	안재홍	朝鮮新聞小史(9)	역사	·
2301	1935-07-14	湖岩	호암	文一平	문일평	古建物巡禮(5) 公衆의 遊園인 昌慶宮	기행	·
2302	1935-07-14	金台俊	김태준	金台俊	김태준	檀君傳說의 檢討 神話와 民族神(2)	문학	·
2303	1935-07-15	·	·	·	·	丁茶山先生 逝世百年記念日	사업	·
2304	1935-07-16	社說	사설	·	·	逝世百年의 茶山先生 『百世可俟』의 匡扶와 熱誠	역사	·
2305	1935-07-16	民世學人	민세학인	安在鴻	안재홍	朝鮮新聞小史(10)	역사	·
2306	1935-07-16	安在鴻	안재홍	安在鴻	안재홍	茶山先生의 大經綸-朝鮮建設의 總計畫者, 지금도 後輩가 依賴할 朝鮮의 太陽, 人民富蘇國家自强, 平等互助를 理想, 西歐正統經濟學的政策과 가치, 임이 民主主義者의 이데올로기를 가저	논설	·
2307	1935-07-16	·	·	·	·	茶山先生著書總目	논설	·
2308	1935-07-16	·	·	·	·	茶山先生年譜(上)	논설	·
2309	1935-07-16	文一平	문일평	文一平	문일평	考證學上으로 본 丁茶山	논설	·
2310	1935-07-16	李勳求	이훈구	李勳求	이훈구	農政學上으로 본 茶山先生-土地國有論과 勸農政策六科(上)	논설	·
2311	1935-07-16	金台俊	김태준	金台俊	김태준	文化建設上으로 본 丁茶山先生의 業績(上)	논설	·
2312	1935-07-16	趙憲泳	조헌영	趙憲泳	조헌영	漢醫學上으로 본 茶山醫學의 特色(上)	논설	·
2313	1935-07-16	·	·	·	·	朴勝彬氏의 朝鮮語學 出版紀念開催	한글	·
2314	1935-07-17	李勳求	이훈구	李勳求	이훈구	農政學上으로 본 茶山先生-土地國有論과 勸農政策六科(下)	논설	·
2315	1935-07-17	趙憲泳	조헌영	趙憲泳	조헌영	漢醫學上으로 본 茶山醫學의 特色(下)	논설	·
2316	1935-07-17	·	·	·	·	百餘人士會合 偉績을 追慕 近來 稀有의 盛況을 보인 丁茶山先生記念會	사업	·
2317	1935-07-17	民世學人	민세학인	安在鴻	안재홍	朝鮮新聞小史(11)	역사	·
2318	1935-07-18	·	·	·	·	丁茶山紀念講演會 今十七日夜에	사업	·
2319	1935-07-18	湖岩	호암	文一平	문일평	古建物巡禮(6) 七廟合祀의 毓祥宮	기행	·
2320	1935-07-18	·	·	·	·	茶山先生年譜(中)	논설	·
2321	1935-07-19	湖岩	호암	文一平	문일평	古建物巡禮(7) 神威森嚴한 宗廟	기행	·
2322	1935-07-19	·	·	·	·	茶山先生年譜(下)	논설	·
2323	1935-07-19	·	·	·	·	朴勝彬씨 朝鮮語學 出版紀念 盛況	한글	·
2324	1935-07-20	民世學人	민세학인	安在鴻	안재홍	朝鮮新聞小史(12)	역사	·
2325	1935-07-20	湖岩	호암	文一平	문일평	古建物巡禮(8) 風化의 源이든 文廟	기행	·
2326	1935-07-21	民世學人	민세학인	安在鴻	안재홍	朝鮮新聞小史(13)	역사	·
2327	1935-07-21	湖岩	호암	文一平	문일평	古建物巡禮(9) 最古最大한 東關羽廟	기행	·
2328	1935-07-22	湖岩	호암	文一平	문일평	薯童謠와 薯童話	문학	·
2329	1935-07-23	湖岩	호암	文一平	문일평	古建物巡禮(10) 封建時代象徵 普信閣	기행	·
2330	1935-07-23	民世學人	민세학인	安在鴻	안재홍	朝鮮新聞小史(14)	역사	·
2331	1935-07-24	民世學人	민세학인	安在鴻	안재홍	朝鮮新聞小史(15)	역사	·
2332	1935-07-24	湖岩	호암	文一平	문일평	古建物巡禮(11) 五營中에 獨存한 禁衛營	기행	·
2333	1935-07-25	湖岩	호암	文一平	문일평	古建物巡禮(12) 甲申政變 發端한 郵政局	기행	·
2334	1935-07-25	民世學人	민세학인	安在鴻	안재홍	朝鮮新聞小史(16)	역사	·

연번	날짜	자료저자명(한자)	자료저자명(한글)	본명(한자)	본명(한글)	기사제목	분류	비고
2335	1935-07-26	民世學人	민세학인	安在鴻	안재홍	朝鮮新聞小史(17)	역사	·
2336	1935-07-27	民世學人	민세학인	安在鴻	안재홍	舊韓末年 新聞人淪落記(上)	역사	·
2337	1935-07-28	民世學人	민세학인	安在鴻	안재홍	舊韓末年 新聞人淪落記(下)	역사	·
2338	1935-07-28	·	·	·	·	考古學上 重要한 南方式 "돌멘" 發見 平南中和大同兩郡下各地에서 古跡保護指令申請	고적	13회 미확인
2339	1935-07-31	湖岩	호암	文一平	문일평	古建物巡禮(14) 世道洪國榮의 舊舍廊	기행	·
2340	1935-08-01	湖岩	호암	文一平	문일평	古建物巡禮(15) 有名한 報恩緞골 唐城君邸	기행	·
2341	1935-08-02	湖岩	호암	文一平	문일평	古建物巡禮(16) 風雲劇을 비저낸 太僕司	기행	·
2342	1935-08-02	金思燁	김사엽	金思燁	김사엽	民謠採集記- 慶北地方을 中心으로(1)	음악	·
2343	1935-08-03	湖岩	호암	文一平	문일평	古建物巡禮(17) 里門大臣舊邸 泰和館	기행	·
2344	1935-08-03	金思燁	김사엽	金思燁	김사엽	民謠採集記-慶北地方을 中心으로(2)	음악	·
2345	1935-08-04	湖岩	호암	文一平	문일평	古建物巡禮(18) 文官試驗場所 春塘臺	기행	·
2346	1935-08-04	金思燁	김사엽	金思燁	김사엽	民謠採集記- 慶北地方을 中心으로(3)	음악	·
2347	1935-08-05	社說	사설	·	·	標準語査定의 意義- 査定委員第二議會에 際하야	한글, 사업	·
2348	1935-08-07	·	·	·	·	標準語査定 着着審議進行	한글, 사업	·
2349	1935-08-07	金思燁	김사엽	金思燁	김사엽	民謠採集記- 慶北地方을 中心으로(4)	음악	·
2350	1935-08-09	金思燁	김사엽	金思燁	김사엽	民謠採集記- 慶北地方을 中心으로(5)	음악	·
2351	1935-08-11	具滋均	구자균	具滋均	구자균	民謠와 女人- 黃海道順歷記(上)	음악	·
2352	1935-08-13	具滋均	구자균	具滋均	구자균	民謠와 女人- 黃海道順歷記(中)	음악	·
2353	1935-08-14	具滋均	구자균	具滋均	구자균	民謠와 女人- 黃海道順歷記(下)	음악	·
2354	1935-08-15	朴鍾鴻	박종홍	朴鍾鴻	박종홍	우리의 現實과 哲學- 歷史的인 이 때의 限界狀況(1)	철학	·
2355	1935-08-16	朴鍾鴻	박종홍	朴鍾鴻	박종홍	우리의 現實과 哲學- 歷史的인 이 때의 限界狀況(2)	철학	·
2356	1935-08-17	安在鴻	안재홍	安在鴻	안재홍	白岳星潭(1)	역사, 문학	·
2357	1935-08-17	朴鍾鴻	박종홍	朴鍾鴻	박종홍	우리의 現實과 哲學- 歷史的인 이 때의 限界狀況(3)	철학	·
2358	1935-08-18	朴鍾鴻	박종홍	朴鍾鴻	박종홍	우리의 現實과 哲學- 歷史的인 이 때의 限界狀況(4)	철학	·
2359	1935-08-18	安在鴻	안재홍	安在鴻	안재홍	白岳星潭(2)	역사, 문학	·
2360	1935-08-20	安在鴻	안재홍	安在鴻	안재홍	白岳星潭(3)	역사, 문학	·
2361	1935-08-20	朴鍾鴻	박종홍	朴鍾鴻	박종홍	우리의 現實과 哲學- 歷史的인 이 때의 限界狀況(5)	철학	·
2362	1935-08-22	朴鍾鴻	박종홍	朴鍾鴻	박종홍	우리의 現實과 哲學- 歷史的인 이 때의 限界狀況(6)	철학	·
2363	1935-08-22	安在鴻	안재홍	安在鴻	안재홍	白岳星潭(4)	역사, 문학	·
2364	1935-08-23	安在鴻	안재홍	安在鴻	안재홍	白岳星潭(5)	역사, 문학	·
2365	1935-08-23	朴鍾鴻	박종홍	朴鍾鴻	박종홍	우리의 現實과 哲學- 歷史的인 이 때의 限界狀況(7)	철학	·
2366	1935-08-24	安在鴻	안재홍	安在鴻	안재홍	白岳星潭(6)	역사, 문학	·
2367	1935-08-25	安在鴻	안재홍	安在鴻	안재홍	白岳星潭(7)	역사, 문학	·
2368	1935-08-25	方鍾鉉	방종현	方鍾鉉	방종현	標準語査定會參觀記(上)	한글	·

연번	날짜	자료저자명 (한자)	자료저자명 (한글)	본명 (한자)	본명 (한글)	기사제목	분류	비고
2369	1935-08-28	方鍾鉉	방종현	方鍾鉉	방종현	標準語査定會參觀記(中)	한글	·
2370	1935-08-28	安在鴻	안재홍	安在鴻	안재홍	夏天星象(1)	역사, 문학	·
2371	1935-08-29	安在鴻	안재홍	安在鴻	안재홍	夏天星象(2)	역사, 문학	·
2372	1935-08-29	方鍾鉉	방종현	方鍾鉉	방종현	標準語査定會參觀記(下)	한글	·
2373	1935-08-30	安在鴻	안재홍	安在鴻	안재홍	夏天星象(3)	역사, 문학	·
2374	1935-08-30	洪起文	홍기문	洪起文	홍기문	漢字의 硏究(1) 朝鮮史上 그 地位	한글	총9회
2375	1935-08-31	安在鴻	안재홍	安在鴻	안재홍	夏天星象(4)	역사, 문학	·
2376	1935-08-31	洪起文	홍기문	洪起文	홍기문	漢字의 硏究(2) 反動的 復古思想	한글	·
2377	1935-08-31	·	·	·	·	八百年前石幢을 發掘 開城博物館에 保藏키로 考古學上에 一大福音	고적	·
2378	1935-09-01	·	·	·	·	鷺梁津의 六臣墓 古蹟地로 指定	고적	·
2379	1935-09-01	安在鴻	안재홍	安在鴻	안재홍	夏天星象(5)	역사, 문학	·
2380	1935-09-03	安在鴻	안재홍	安在鴻	안재홍	夏天星象(6)	역사, 문학	·
2381	1935-09-03	洪起文	홍기문	洪起文	홍기문	漢字의 硏究(3) 無謀한 歷史家들	한글	·
2382	1935-09-04	安在鴻	안재홍	安在鴻	안재홍	夏天星象(7)	역사, 문학	·
2383	1935-09-04	洪起文	홍기문	洪起文	홍기문	漢字의 硏究(4) 無謀한 歷史家들	한글	·
2384	1935-09-06	安在鴻	안재홍	安在鴻	안재홍	夏天星象(8)	역사, 문학	·
2385	1935-09-06	洪起文	홍기문	洪起文	홍기문	漢字의 硏究(5) 六書에 對한 說明	한글	·
2386	1935-09-07	安在鴻	안재홍	安在鴻	안재홍	夏天星象(8)*9회	역사, 문학	연재횟수 오기
2387	1935-09-08	洪起文	홍기문	洪起文	홍기문	漢字의 硏究(6) 字音의 硏究方法	한글	·
2388	1935-09-10	安在鴻	안재홍	安在鴻	안재홍	夏天星象(10)	역사, 문학	·
2389	1935-09-11	湖岩	호암	文一平	문일평	史의 都 江華	기행	·
2390	1935-09-12	湖岩	호암	文一平	문일평	詩의 都 江華	기행	·
2391	1935-09-12	洪起文	홍기문	洪起文	홍기문	漢字의 硏究(7) 字音의 硏究方法	한글	·
2392	1935-09-14	湖岩	호암	文一平	문일평	詩의 都 江華	기행	·
2393	1935-09-14	洪起文	홍기문	洪起文	홍기문	漢字의 硏究(8) 字音의 硏究方法	한글	·
2394	1935-09-15	洪起文	홍기문	洪起文	홍기문	漢字의 硏究(9) 字音의 硏究方法	한글	·
2395	1935-09-18	湖岩	호암	文一平	문일평	近郊山岳史話(1) 仁王山	역사, 문학	·
2396	1935-09-19	湖岩	호암	文一平	문일평	近郊山岳史話(2) 仁王山	역사, 문학	·
2397	1935-09-21	湖岩	호암	文一平	문일평	近郊山岳史話(3) 仁王山	역사, 문학	·
2398	1935-09-22	湖岩	호암	文一平	문일평	近郊山岳史話(4) 仁王山	역사, 문학	·

연번	날짜	자료저자명(한자)	자료저자명(한글)	본명(한자)	본명(한글)	기사제목	분류	비고
2399	1935-09-24	·	·	·	·	우리말 소리 世界的 振出- 萬國音聲學會에 朝鮮語音을 提出	한글, 사업	·
2400	1935-09-24	湖岩	호암	文一平	문일평	近郊山岳史話(5) 仁王山	역사, 문학	·
2401	1935-09-26	湖岩	호암	文一平	문일평	近郊山岳史話(7) 北岳山	역사, 문학	6회 미확인
2402	1935-09-27	湖岩	호암	文一平	문일평	近郊山岳史話(8) 北岳山	역사, 문학	·
2403	1935-09-30	·	·	·	·	天主教朝鮮傳來 百五十年懷古記(1)	역사, 종교	·
2404	1935-10-01	湖岩	호암	文一平	문일평	近郊山岳史話(9) 北岳山	역사, 문학	·
2405	1935-10-01	金晩炯	김만형	金晩炯	김만형	天主教朝鮮傳來 百五十年懷古記(2)	역사, 종교	·
2406	1935-10-02	安在鴻	안재홍	安在鴻	안재홍	賤待되는 朝鮮(1)	역사, 논설	·
2407	1935-10-02	湖岩	호암	文一平	문일평	近郊山岳史話(10) 北岳山	역사, 문학	·
2408	1935-10-03	社說	사설	·	·	天主教傳來百五十週年	역사, 종교	·
2409	1935-10-03	金晩炯	김만형	金晩炯	김만형	天主教朝鮮傳來 百五十年懷古記(3)	역사, 종교	·
2410	1935-10-03	安在鴻	안재홍	安在鴻	안재홍	賤待되는 朝鮮(2)	역사, 논설	·
2411	1935-10-04	湖岩	호암	文一平	문일평	近郊山岳史話(11) 北岳山	역사, 문학	·
2412	1935-10-04	金晩炯	김만형	金晩炯	김만형	天主教朝鮮傳來 百五十年懷古記(4)	역사, 종교	·
2413	1935-10-04	·	·	·	·	五千信徒會合裡에 歷史的 豪華版 開幕 天主教朝鮮傳來百五十週年間 初有의 一大會合	사업, 종교	·
2414	1935-10-04	·	·	·	·	史料展覽會場과 殉教聖劇의 盛況	사업	·
2415	1935-10-05	·	·	·	·	教皇大使 歡迎會로 開幕된 傳教百五十年記念式 六千信徒의 祝賀提燈行列 "카톨릭"萬世로 始終	사업, 종교	·
2416	1935-10-05	安在鴻	안재홍	安在鴻	안재홍	賤待되는 朝鮮(3)	역사, 논설	·
2417	1935-10-05	湖岩	호암	文一平	문일평	近郊山岳史話(12) 北岳山	역사, 문학	·
2418	1935-10-06	安在鴻	안재홍	安在鴻	안재홍	賤待되는 朝鮮(4)	역사, 논설	·
2419	1935-10-06	湖岩	호암	文一平	문일평	近郊山岳史話(13) 北岳山	역사, 문학	·
2420	1935-10-08	湖岩	호암	文一平	문일평	近郊山岳史話(14) 北岳山	역사, 문학	·
2421	1935-10-10	湖岩	호암	文一平	문일평	近郊山岳史話(15) 北岳山	역사, 문학	·
2422	1935-10-10	張道斌	장도빈	張道斌	장도빈	箕子朝鮮說의 虛構에 對하야(上)	역사	·
2423	1935-10-11	湖岩	호암	文一平	문일평	近郊山岳史話(16) 終南山	역사,	·

연번	날짜	자료저자명(한자)	자료저자명(한글)	본명(한자)	본명(한글)	기사제목	분류	비고
							문학	
2424	1935-10-12	張道斌	장도빈	張道斌	장도빈	箕子朝鮮說의 虛構에 對하야(下)	역사	·
2425	1935-10-12	湖岩	호암	文一平	문일평	近郊山岳史話(17) 終南山	역사, 문학	·
2426	1935-10-13	湖岩	호암	文一平	문일평	近郊山岳史話(18) 終南山	역사, 문학	·
2427	1935-10-15	湖岩	호암	文一平	문일평	近郊山岳史話(18)*19회 終南山	역사, 문학	또 18회
2428	1935-10-16	安在鴻	안재홍	安在鴻	안재홍	民世漫評(1)	논설	·
2429	1935-10-17	安在鴻	안재홍	安在鴻	안재홍	民世漫評(2)	논설	·
2430	1935-10-17	湖岩	호암	文一平	문일평	近郊山岳史話(19)*20회 終南山	역사, 문학	·
2431	1935-10-17	金思燁	김사엽	金思燁	김사엽	民謠研究-慶北民謠의 特異性(1)	음악	·
2432	1935-10-19	湖岩	호암	文一平	문일평	近郊山岳史話(20)*21회 終南山	역사, 문학	·
2433	1935-10-19	安在鴻	안재홍	安在鴻	안재홍	民世漫評(3)	논설	·
2434	1935-10-19	金思燁	김사엽	金思燁	김사엽	民謠研究-慶北民謠의 特異性(2)	음악	·
2435	1935-10-20	湖岩	호암	文一平	문일평	近郊山岳史話(21)*22회 終南山	역사, 문학	·
2436	1935-10-20	安在鴻	안재홍	安在鴻	안재홍	民世漫評(4)	논설	·
2437	1935-10-22	金思燁	김사엽	金思燁	김사엽	民謠研究-慶北民謠의 特異性(3)	음악	·
2438	1935-10-22	湖岩	호암	文一平	문일평	近郊山岳史話(22)*23회 駱駝山	역사, 문학	·
2439	1935-10-23	洪起文	홍기문	洪起文	홍기문	現下 朝鮮語의 重要論題엔『ㆆ』音에 對한 小論(1)	한글	·
2440	1935-10-23	金思燁	김사엽	金思燁	김사엽	民謠研究-慶北民謠의 特異性(4)	음악	·
2441	1935-10-24	湖岩	호암	文一平	문일평	近郊山岳史話(23)*24회 駱駝山	역사, 문학	·
2442	1935-10-24	洪起文	홍기문	洪起文	홍기문	現下 朝鮮語의 重要論題엔『ㆆ』音에 對한 小論(2)	한글	·
2443	1935-10-25	安在鴻	안재홍	安在鴻	안재홍	民世漫評(5)	논설	·
2444	1935-10-25	李殷相	이은상	李殷相	이은상	江都遊記(1)	기행	·
2445	1935-10-26	湖岩	호암	文一平	문일평	近郊山岳史話(24)*25회 駱駝山	역사, 문학	·
2446	1935-10-26	洪起文	홍기문	洪起文	홍기문	現下 朝鮮語의 重要論題엔『ㆆ』音에 對한 小論(3)	한글	·
2447	1935-10-26	金思燁	김사엽	金思燁	김사엽	民謠研究-慶北民謠의 特異性(5)	음악	·
2448	1935-10-26	李殷相	이은상	李殷相	이은상	江都遊記(2)	기행	·
2449	1935-10-27	·	·	·	·	實物古蹟保存會 第二回指定名勝 今回決定만 百五十八件	고적, 사업	·
2450	1935-10-27	·	·	·	·	在奉各團體聯合主催 "한글날" 記念式	한글, 사업	·
2451	1935-10-27	洪起文	홍기문	洪起文	홍기문	現下 朝鮮語의 重要論題엔『ㆆ』音에 對한 小論(4)	한글	·
2452	1935-10-27	金思燁	김사엽	金思燁	김사엽	民謠研究-慶北民謠의 特異性(6)	음악	·
2453	1935-10-27	李殷相	이은상	李殷相	이은상	江都遊記(3)	기행	·
2454	1935-10-28	社說	사설	·	·	한글頒布記念日에 際하야	한글	·
2455	1935-10-28	·	·	·	·	不朽의 文華를 찾는 樂浪古墳의 發掘 明年度에도	고적	·

연번	날짜	자료저자명 (한자)	자료저자명 (한글)	본명 (한자)	본명 (한글)	기사제목	분류	비고
						繼續補助		
2456	1935-10-28	李克魯	이극로	李克魯	이극로	朝鮮語文 整理運動의 今後	한글	·
2457	1935-10-28	文湖岩	문호암	文一平	문일평	正音小史	한글	·
2458	1935-10-28	李熙昇	이희승	李熙昇	이희승	한글記念日의 由來	한글	·
2459	1935-10-28	李殷相	이은상	李殷相	이은상	우리글 노래	한글	·
2460	1935-10-29	安在鴻	안재홍	安在鴻	안재홍	檀君과 開天節- "弘益人間"의 新高調	역사	·
2461	1935-10-29	湖岩	호암	文一平	문일평	近郊山岳史話(25)*26회 駱駝山	역사, 문학	·
2462	1935-10-29	洪起文	홍기문	洪起文	홍기문	現下 朝鮮語의 重要論題엔 『ㅎ』音에 對한 小論(5)	한글	·
2463	1935-10-29	金思燁	김사엽	金思燁	김사엽	民謠研究- 慶北民謠의 特異性(7)	음악	·
2464	1935-10-29	李殷相	이은상	李殷相	이은상	江都遊記(4)	기행	·
2465	1935-10-30	湖岩	호암	文一平	문일평	近郊山岳史話(26)*27회 駱駝山	역사, 문학	·
2466	1935-10-30	洪起文	홍기문	洪起文	홍기문	現下 朝鮮語의 重要論題엔 『ㅎ』音에 對한 小論(6)	한글	·
2467	1935-10-30	金思燁	김사엽	金思燁	김사엽	民謠研究- 慶北民謠의 特異性(8)	음악	·
2468	1935-10-30	李殷相	이은상	李殷相	이은상	江都遊記(5)	기행	·
2469	1935-10-31	湖岩	호암	文一平	문일평	近郊山岳史話(27)*28회 駱駝山	역사, 문학	·
2470	1935-10-31	洪起文	홍기문	洪起文	홍기문	現下 朝鮮語의 重要論題엔 『ㅎ』音에 對한 小論(7)	한글	·
2471	1935-10-31	金思燁	김사엽	金思燁	김사엽	民謠研究- 慶北民謠의 特異性(9)	음악	·
2472	1935-11-01	洪起文	홍기문	洪起文	홍기문	現下 朝鮮語의 重要論題엔 『ㅎ』音에 對한 小論(8)	한글	·
2473	1935-11-01	金思燁	김사엽	金思燁	김사엽	民謠研究- 慶北民謠의 特異性(10)	음악	·
2474	1935-11-01	李殷相	이은상	李殷相	이은상	江都遊記(6)	기행	·
2475	1935-11-03	湖岩	호암	文一平	문일평	近郊山岳史話 仁旺山	역사, 문학	·
2476	1935-11-03	金思燁	김사엽	金思燁	김사엽	民謠研究- 慶北民謠의 特異性(11)	음악	·
2477	1935-11-03	李殷相	이은상	李殷相	이은상	江都遊記(8)	기행	·
2478	1935-11-05	李殷相	이은상	李殷相	이은상	江都遊記(9)	기행	·
2479	1935-11-06	金思燁	김사엽	金思燁	김사엽	民謠研究- 慶北民謠의 特異性(12)	음악	·
2480	1935-11-07	金思燁	김사엽	金思燁	김사엽	民謠研究- 慶北民謠의 特異性(13)	음악	·
2481	1935-11-08	金思燁	김사엽	金思燁	김사엽	民謠研究- 慶北民謠의 特異性(14)	음악	·
2482	1935-11-09	金思燁	김사엽	金思燁	김사엽	民謠研究- 慶北民謠의 特異性(15)	음악	·
2483	1935-11-10	金思燁	김사엽	金思燁	김사엽	民謠研究- 慶北民謠의 特異性(16)	음악	·
2484	1935-11-13	洪鍾仁	홍종인	洪鍾仁	홍종인	古平壤을 차저- 考古學的 趣味의 散策記(1)	기행	·
2485	1935-11-14	洪鍾仁	홍종인	洪鍾仁	홍종인	古平壤을 차저- 考古學的 趣味의 散策記(2)	기행	·
2486	1935-11-15	洪鍾仁	홍종인	洪鍾仁	홍종인	古平壤을 차저- 考古學的 趣味의 散策記(3)	기행	·
2487	1935-11-16	洪鍾仁	홍종인	洪鍾仁	홍종인	古平壤을 차저- 考古學的 趣味의 散策記(4)	기행	·
2488	1935-11-16	具滋均	구자균	具滋均	구자균	朝鮮古典文學의 階級的 觀察論(1)	문학	·
2489	1935-11-17	具滋均	구자균	具滋均	구자균	朝鮮古典文學의 階級的 觀察論(2)	문학	·
2490	1935-11-19	具滋均	구자균	具滋均	구자균	朝鮮古典文學의 階級的 觀察論(3)	문학	·
2491	1935-11-19	洪鍾仁	홍종인	洪鍾仁	홍종인	古平壤을 차저- 考古學的 趣味의 散策記(5)	기행	·
2492	1935-11-21	洪鍾仁	홍종인	洪鍾仁	홍종인	古平壤을 차저- 考古學的 趣味의 散策記(6)	기행	·

연번	날짜	자료저자명 (한자)	자료저자명 (한글)	본명 (한자)	본명 (한글)	기사제목	분류	비고
2493	1935-11-21	具滋均	구자균	具滋均	구자균	朝鮮古典文學의 階級的 觀察論(4)	문학	·
2494	1935-11-22	湖岩	호암	文一平	문일평	舊居遺話(1)	역사, 문학	·
2495	1935-11-23	洪鍾仁	홍종인	洪鍾仁	홍종인	古平壤을 차저- 考古學的 趣味의 散策記(7)	기행	·
2496	1935-11-23	具滋均	구자균	具滋均	구자균	朝鮮古典文學의 階級的 觀察論(5)	문학	·
2497	1935-11-26	洪鍾仁	홍종인	洪鍾仁	홍종인	古平壤을 차저- 考古學的 趣味의 散策記(8)	기행	·
2498	1935-11-27	湖岩	호암	文一平	문일평	舊居遺話(3)	역사, 문학	2회 미확인
2499	1935-11-27	具滋均	구자균	具滋均	구자균	朝鮮古典文學의 階級的 觀察論(6)	문학	·
2500	1935-11-28	湖岩	호암	文一平	문일평	舊居遺話(4)	역사, 문학	·
2501	1935-12-01	湖岩	호암	文一平	문일평	舊居遺話(6)	역사, 문학	5회 미확인
2502	1935-12-03	湖岩	호암	文一平	문일평	舊居遺話(7)	역사, 문학	·
2503	1935-12-04	湖岩	호암	文一平	문일평	舊居遺話(8)	역사, 문학	·
2504	1935-12-06	湖岩	호암	文一平	문일평	舊居遺話(9)	역사, 문학	·
2505	1935-12-08	湖岩	호암	文一平	문일평	舊居遺話(10)	역사, 문학	·
2506	1935-12-11	金思燁	김사엽	金思燁	김사엽	新民謠의 再認識- 아울러 日本民謠運動의 昨今(1)	음악	·
2507	1935-12-13	金思燁	김사엽	金思燁	김사엽	新民謠의 再認識- 아울러 日本民謠運動의 昨今(2)	음악	·
2508	1935-12-14	金思燁	김사엽	金思燁	김사엽	新民謠의 再認識- 아울러 日本民謠運動의 昨今(3)	음악	·
2509	1935-12-18	金思燁	김사엽	金思燁	김사엽	新民謠의 再認識- 아울러 日本民謠運動의 昨今(4)	음악	·
2510	1935-12-19	金思燁	김사엽	金思燁	김사엽	新民謠의 再認識- 아울러 日本民謠運動의 昨今(5)	음악	·
2511	1935-12-20	金思燁	김사엽	金思燁	김사엽	新民謠의 再認識- 아울러 日本民謠運動의 昨今(6)	음악	·
2512	1935-12-21	金思燁	김사엽	金思燁	김사엽	新民謠의 再認識- 아울러 日本民謠運動의 昨今(7)	음악	·
2513	1936-01-01	嚴興燮	엄흥섭	嚴興燮	엄흥섭	作家의 基本任務와 朝鮮現實의 把握(上)	문학	·
2514	1936-01-01	梁柱東	양주동	梁柱東	양주동	鄕歌의 解讀에 就하여 特히 願往生歌를 중심으로	문학	·
2515	1936-01-03	嚴興燮	엄흥섭	嚴興燮	엄흥섭	作家의 基本任務와 朝鮮現實의 把握(下)	문학	·
2516	1936-01-03	李淸源	이청원	李淸源	이청원	古典硏究의 方法論- 文化遺産에 對한 批判的 態度(1)	논설	·
2517	1936-01-03	梁柱東	양주동	梁柱東	양주동	鄕歌의 解讀에 就하여 特히 願往生歌를 중심으로	문학	·
2518	1936-01-03	文一平	문일평	文一平	문일평	丙子를 通해본 朝鮮(1) 新羅가 半島서 唐兵擊退	역사	·
2519	1936-01-03	方鍾鉉	방종현	方鍾鉉	방종현	正音發達史序論 訓蒙字會의 考證(1)	한글	·
2520	1936-01-03	柳致眞	유치진	柳致眞	유치진	朝鮮語의 整理와 人間에 對한 硏究(1)	한글	·
2521	1936-01-04	柳致眞	유치진	柳致眞	유치진	朝鮮語의 整理와 人間에 對한 硏究(2)	한글	·
2522	1936-01-05	柳致眞	유치진	柳致眞	유치진	朝鮮語의 整理와 人間에 對한 硏究(3)	한글	·
2523	1936-01-05	·	·	·	·	옛 어른의 남기신 자최 李忠武公 筆跡	역사	·
2524	1936-01-06	方鍾鉉	방종현	方鍾鉉	방종현	正音發達史序論 訓蒙字會의 考證(2)	한글	·

연번	날짜	자료저자명(한자)	자료저자명(한글)	본명(한자)	본명(한글)	기사제목	분류	비고
2525	1936-01-06	文一平	문일평	文一平	문일평	丙子를 通해본 朝鮮(2) 滿洲人의 再次 大擧入寇	역사	·
2526	1936-01-06	梁柱東	양주동	梁柱東	양주동	鄕歌의 解讀에 就하여 特히 願往生歌를 중심으로	문학	·
2527	1936-01-06	李淸源	이청원	李淸源	이청원	古典硏究의 方法論- 文化遺産에 對한 批判的 態度(2)	논설	·
2528	1936-01-07	方鍾鉉	방종현	方鍾鉉	방종현	正音發達史序論 訓蒙字會의 考證(3)	한글	·
2529	1936-01-07	李淸源	이청원	李淸源	이청원	古典硏究의 方法論- 文化遺産에 對한 批判的 態度(3)	논설	·
2530	1936-01-08	方鍾鉉	방종현	方鍾鉉	방종현	正音發達史序論 訓蒙字會의 考證(4)	한글	·
2531	1936-01-08	梁柱東	양주동	梁柱東	양주동	鄕歌의 解讀에 就하여 特히 願往生歌를 중심으로	문학	·
2532	1936-01-08	文一平	문일평	文一平	문일평	丙子를 通해본 朝鮮(3) 丙子亂의 史的意義	역사	·
2533	1936-01-09	梁柱東	양주동	梁柱東	양주동	鄕歌의 解讀에 就하여 特히 願往生歌를 중심으로	문학	·
2534	1936-01-10	文一平	문일평	文一平	문일평	丙子를 通해본 朝鮮(4) 近代門戶開放의 煩悶	역사	·
2535	1936-01-11	文一平	문일평	文一平	문일평	丙子를 通해본 朝鮮(5) 丙子條約의 史的意義	역사	·
2536	1936-01-11	梁柱東	양주동	梁柱東	양주동	鄕歌의 解讀에 就하여 特히 願往生歌를 중심으로	문학	·
2537	1936-01-12	宋影	송영	宋影	송영	『朝鮮말文學』의 世界的 樹立(1)	문학	·
2538	1936-01-12	梁柱東	양주동	梁柱東	양주동	鄕歌의 解讀에 就하여 特히 願往生歌를 중심으로	문학	·
2539	1936-01-15	梁柱東	양주동	梁柱東	양주동	鄕歌의 解讀에 就하여 特히 願往生歌를 중심으로	문학	·
2540	1936-01-16	梁柱東	양주동	梁柱東	양주동	鄕歌의 解讀에 就하여 特히 願往生歌를 중심으로	문학	·
2541	1936-01-16	宋影	송영	宋影	송영	『朝鮮말文學』의 世界的 樹立(2)	문학	·
2542	1936-01-17	梁柱東	양주동	梁柱東	양주동	鄕歌의 解讀에 就하여 特히 願往生歌를 중심으로	문학	·
2543	1936-01-17	宋影	송영	宋影	송영	『朝鮮말文學』의 世界的 樹立(3)	문학	·
2544	1936-01-19	宋影	송영	宋影	송영	『朝鮮말文學』의 世界的 樹立(4)	문학	·
2545	1936-01-19	梁柱東	양주동	梁柱東	양주동	鄕歌의 解讀에 就하여 特히 願往生歌를 중심으로	문학	·
2546	1936-01-21	梁柱東	양주동	梁柱東	양주동	鄕歌의 解讀에 就하여 特히 願往生歌를 중심으로	문학	·
2547	1936-01-21	宋影	송영	宋影	송영	『朝鮮말文學』의 世界的 樹立(5)	문학	·
2548	1936-01-22	梁柱東	양주동	梁柱東	양주동	鄕歌의 解讀에 就하여 特히 願往生歌를 중심으로	문학	·
2549	1936-01-23	梁柱東	양주동	梁柱東	양주동	鄕歌의 解讀에 就하여 特히 願往生歌를 중심으로	문학	·
2550	1936-01-26	朴秉來	박병래	朴秉來	박병래	高麗陶瓷器小考(1)	민속	·
2551	1936-01-28	朴秉來	박병래	朴秉來	박병래	高麗陶瓷器小考(2)	민속	·
2552	1936-01-29	洪起文	홍기문	洪起文	홍기문	正音字整理의 새提唱 그 具體案에 對한 私見을 述함(1)	한글	·
2553	1936-01-29	朴秉來	박병래	朴秉來	박병래	高麗陶瓷器小考(3)	민속	·
2554	1936-01-30	洪起文	홍기문	洪起文	홍기문	正音字整理의 새提唱 그 具體案에 對한 私見을 述함(2)	한글	·
2545	1936-01-19	梁柱東	양주동	梁柱東	양주동	鄕歌의 解讀에 就하여 特히 願往生歌를 중심으로	문학	·
2546	1936-01-21	梁柱東	양주동	梁柱東	양주동	鄕歌의 解讀에 就하여 特히 願往生歌를 중심으로	문학	·
2547	1936-01-21	宋影	송영	宋影	송영	『朝鮮말文學』의 世界的 樹立(5)	문학	·
2548	1936-01-22	梁柱東	양주동	梁柱東	양주동	鄕歌의 解讀에 就하여 特히 願往生歌를 중심으로	문학	·
2549	1936-01-23	梁柱東	양주동	梁柱東	양주동	鄕歌의 解讀에 就하여 特히 願往生歌를 중심으로	문학	·
2550	1936-01-26	朴秉來	박병래	朴秉來	박병래	高麗陶瓷器小考(1)	민속	·
2551	1936-01-28	朴秉來	박병래	朴秉來	박병래	高麗陶瓷器小考(2)	민속	·

연번	날짜	자료저자명(한자)	자료저자명(한글)	본명(한자)	본명(한글)	기사제목	분류	비고
2552	1936-01-29	洪起文	홍기문	洪起文	홍기문	正音字整理의 새提唱 그 具體案에 對한 私見을 述함(1)	한글	·
2553	1936-01-29	朴秉來	박병래	朴秉來	박병래	高麗陶瓷器小考(3)	민속	·
2554	1936-01-30	洪起文	홍기문	洪起文	홍기문	正音字整理의 새提唱 그 具體案에 對한 私見을 述함(2)	한글	·
2555	1936-01-30	朴秉來	박병래	朴秉來	박병래	高麗陶瓷器小考(4)	민속	·
2556	1936-01-31	洪起文	홍기문	洪起文	홍기문	正音字整理의 새提唱 그 具體案에 對한 私見을 述함(3)	한글	·
2557	1936-01-31	尹崑崗	윤곤강	尹崑崗	윤곤강	創造的 精神과 우리 詩歌의 當爲性(1)	문학	·
2558	1936-02-01	洪起文	홍기문	洪起文	홍기문	正音字整理의 새提唱 그 具體案에 對한 私見을 述함(4)	한글	·
2559	1936-02-01	尹崑崗	윤곤강	尹崑崗	윤곤강	創造的 精神과 우리 詩歌의 當爲性(2)	문학	·
2560	1936-02-02	洪起文	홍기문	洪起文	홍기문	正音字整理의 새提唱 그 具體案에 對한 私見을 述함(5)	한글	·
2561	1936-02-02	尹崑崗	윤곤강	尹崑崗	윤곤강	創造的 精神과 우리 詩歌의 當爲性(3)	문학	·
2562	1936-02-04	洪起文	홍기문	洪起文	홍기문	正音字整理의 새提唱 그 具體案에 對한 私見을 述함(6)	한글	·
2563	1936-02-04	尹崑崗	윤곤강	尹崑崗	윤곤강	創造的 精神과 우리 詩歌의 當爲性(4)	문학	·
2564	1936-02-05	洪起文	홍기문	洪起文	홍기문	正音字整理의 새提唱 그 具體案에 對한 私見을 述함(7)	한글	·
2565	1936-02-05	尹崑崗	윤곤강	尹崑崗	윤곤강	創造的 精神과 우리 詩歌의 當爲性(5)	문학	·
2566	1936-02-05	·	·	·	·	新春書壇의 喜消息 朝鮮美術院創設	미술	·
2567	1936-02-06	洪起文	홍기문	洪起文	홍기문	正音字整理의 새提唱 그 具體案에 對한 私見을 述함(8)	한글	·
2568	1936-02-15	李淸源	이청원	李淸源	이청원	時事少感- 두 가지 問題에 對하야(1)	논설	·
2569	1936-02-16	李淸源	이청원	李淸源	이청원	時事少感- 두 가지 問題에 對하야(2)	논설	·
2570	1936-02-17	社說	사설	·	·	賤待밧는 朝鮮語	한글	·
2571	1936-02-19	文一平	문일평	文一平	문일평	朝淸間의 三戰役(1)	역사	·
2572	1936-02-19	李淸源	이청원	李淸源	이청원	時事少感- 두 가지 問題에 對하야(3)	논설	·
2573	1936-02-20	文一平	문일평	文一平	문일평	朝淸間의 三戰役(2)	역사	·
2574	1936-02-21	文一平	문일평	文一平	문일평	朝淸間의 三戰役(3)	역사	·
2575	1936-02-25	文一平	문일평	文一平	문일평	朝淸間의 三戰役(4)	역사	·
2576	1936-02-26	文一平	문일평	文一平	문일평	朝淸間의 三戰役(5)	역사	·
2577	1936-02-27	安在鴻	안재홍	安在鴻	안재홍	嗚呼·丹齋를 哭함	문학	·
2578	1936-02-28	文一平	문일평	文一平	문일평	朝淸間의 三戰役(6)	역사	·
2579	1936-02-28	碧初	벽초	洪命憙	홍명희	哭丹齋	기타	·
2580	1936-02-29	文一平	문일평	文一平	문일평	朝淸間의 三戰役(7)	역사	·
2581	1936-02-29	洪起文	홍기문	洪起文	홍기문	朝鮮歷史學의 先驅者인 申丹齋學說의 批判(1)	역사	·
2582	1936-03-01	洪起文	홍기문	洪起文	홍기문	朝鮮歷史學의 先驅者인 申丹齋學說의 批判(2)	역사	·
2583	1936-03-03	洪起文	홍기문	洪起文	홍기문	朝鮮歷史學의 先驅者인 申丹齋學說의 批判(3)	역사	·
2584	1936-03-03	文一平	문일평	文一平	문일평	朝淸間의 三戰役(8)	역사	·
2585	1936-03-04	洪起文	홍기문	洪起文	홍기문	朝鮮歷史學의 先驅者인 申丹齋學說의 批判(4)	역사	·
2586	1936-03-05	洪起文	홍기문	洪起文	홍기문	朝鮮歷史學의 先驅者인 申丹齋學說의 批判(5)	역사	·

연번	날짜	자료저자명(한자)	자료저자명(한글)	본명(한자)	본명(한글)	기사제목	분류	비고
2587	1936-03-06	洪起文	홍기문	洪起文	홍기문	朝鮮歷史學의 先驅者인 申丹齋學說의 批判(6)	역사	·
2588	1936-03-06	文一平	문일평	文一平	문일평	朝淸間의 三戰役(9)	역사	·
2589	1936-03-07	洪起文	홍기문	洪起文	홍기문	朝鮮歷史學의 先驅者인 申丹齋學說의 批判(7)	역사	·
2590	1936-03-08	文一平	문일평	文一平	문일평	朝淸間의 三戰役(10)	역사	·
2591	1936-03-08	洪起文	홍기문	洪起文	홍기문	朝鮮歷史學의 先驅者인 申丹齋學說의 批判(8)	역사	·
2592	1936-03-26	安在鴻	안재홍	安在鴻	안재홍	時題小議(1) 朝鮮語辭典完成論	사업	·
2593	1936-03-27	安在鴻	안재홍	安在鴻	안재홍	時題小議(2) 朝鮮文化賞金論	사업	·
2594	1936-03-28	安在鴻	안재홍	安在鴻	안재홍	時題小議(3) 優良文獻刊行論	사업	·
2595	1936-03-29	安在鴻	안재홍	安在鴻	안재홍	時題小議(4) 地方學校廣設論	사업	·
2596	1936-03-29	韓忠爀	한충혁	韓忠爀	한충혁	間島의 史的考證- 在來로부터 朝鮮과 因緣 깁다(1)	역사	·
2597	1936-03-31	安在鴻	안재홍	安在鴻	안재홍	時題小議(5) 文化的紀功塔論	사업	·
2598	1936-03-31	韓忠爀	한충혁	韓忠爀	한충혁	間島의 史的考證- 在來로부터 朝鮮과 因緣 깁다(2)	역사	·
2599	1936-04-01	韓忠爀	한충혁	韓忠爀	한충혁	間島의 史的考證- 在來로부터 朝鮮과 因緣 깁다(3)	역사	·
2600	1936-04-02	韓忠爀	한충혁	韓忠爀	한충혁	間島의 史的考證- 在來로부터 朝鮮과 因緣 깁다(4)	역사	·
2601	1936-04-03	韓忠爀	한충혁	韓忠爀	한충혁	間島의 史的考證- 在來로부터 朝鮮과 因緣 깁다(5)	역사	·
2602	1936-04-09	鄭賢奎	정현규	鄭賢奎	정현규	歷史科學方法論-『이데-』型에서『觀念形態』에(1)	논설	·
2603	1936-04-10	鄭賢奎	정현규	鄭賢奎	정현규	歷史科學方法論-『이데-』型에서『觀念形態』에(2)	논설	·
2604	1936-04-11	鄭賢奎	정현규	鄭賢奎	정현규	歷史科學方法論-『이데-』型에서『觀念形態』에(3)	논설	·
2605	1936-04-12	鄭賢奎	정현규	鄭賢奎	정현규	歷史科學方法論-『이데-』型에서『觀念形態』에(4)	논설	·
2606	1936-04-15	鄭賢奎	정현규	鄭賢奎	정현규	歷史科學方法論-『이데-』型에서『觀念形態』에(5)	논설	·
2607	1936-04-16	鄭賢奎	정현규	鄭賢奎	정현규	歷史科學方法論-『이데-』型에서『觀念形態』에(6)	논설	·
2608	1936-04-21	李乙浩	이을호	李乙浩	이을호	四象醫學批判- 그 理論과 實際에 關하야(1)	한의학	·
2609	1936-04-23	李乙浩	이을호	李乙浩	이을호	四象醫學批判- 그 理論과 實際에 關하야(2)	한의학	·
2610	1936-04-24	李乙浩	이을호	李乙浩	이을호	四象醫學批判- 그 理論과 實際에 關하야(3)	한의학	·
2611	1936-04-25	李乙浩	이을호	李乙浩	이을호	四象醫學批判- 그 理論과 實際에 關하야(4)	한의학	·
2612	1936-04-26	李乙浩	이을호	李乙浩	이을호	四象醫學批判- 그 理論과 實際에 關하야(5)	한의학	·
2613	1936-04-27	李乙浩	이을호	李乙浩	이을호	四象醫學批判- 그 理論과 實際에 關하야(6)	한의학	·
2614	1936-04-29	李乙浩	이을호	李乙浩	이을호	四象醫學批判- 그 理論과 實際에 關하야(7)	한의학	·
2615	1936-05-01	李乙浩	이을호	李乙浩	이을호	四象醫學批判- 그 理論과 實際에 關하야(8)	한의학	·
2616	1936-05-03	白鐵	백철	白鐵	백철	民族性의 描寫	논설	·
2617	1936-05-07	·	·	·	·	"綜合的朝鮮文華"의 硏究所設置計畫- 中樞院改革 等으로 經費捻出	기타	·
2618	1936-05-13	李乙浩	이을호	李乙浩	이을호	四象醫學批判(續)- 그 理論과 實際에 關하야(1)	한의학	·
2619	1936-05-14	李乙浩	이을호	李乙浩	이을호	四象醫學批判(續)- 그 理論과 實際에 關하야(2)	한의학	·
2620	1936-05-15	李乙浩	이을호	李乙浩	이을호	四象醫學批判(續)- 그 理論과 實際에 關하야(3)	한의학	·
2621	1936-05-19	李相昊	이상호	李相昊	이상호	乙支公詣墓行(1)	기행	·
2622	1936-05-19	金翰容	김한용	金翰容	김한용	文壇時事數題- 文化硏究機關의 創設	논설	·
2623	1936-05-20	·	·	·	·	民族의 守護神 乙支將軍의 墓所 廢墟로부터 救하자!	사업	·
2624	1936-05-20	·	·	·	·	井邑紹介版- 名勝古蹟	고적	·
2625	1936-05-21	李相昊	이상호	李相昊	이상호	乙支公詣墓行(2)	기행	·
2626	1936-05-21	社說	사설	·	·	乙支公墓所保修에 對하야	사업,	·

연번	날짜	자료저자명(한자)	자료저자명(한글)	본명(한자)	본명(한글)	기사제목	분류	비고
							논설	
2627	1936-05-23	李相昊	이상호	李相昊	이상호	乙支公詣墓行(3)	기행	·
2628	1936-05-23	李乙浩	이을호	李乙浩	이을호	四象醫學批判(續)- 그 理論과 實際에 關하야(4)	한의학	·
2629	1936-05-24	李相昊	이상호	李相昊	이상호	乙支公詣墓行(4)	기행	·
2630	1936-05-24	李乙浩	이을호	李乙浩	이을호	四象醫學批判(續)- 그 理論과 實際에 關하야(5)	한의학	·
2631	1936-05-26	李乙浩	이을호	李乙浩	이을호	四象醫學批判(續)- 그 理論과 實際에 關하야(6)	한의학	·
2632	1936-05-26	全武吉	전무길	全武吉	전무길	妙香山遊記(1)	기행	·
2633	1936-05-27	全武吉	전무길	全武吉	전무길	妙香山遊記(2)	기행	·
2634	1936-05-27	李乙浩	이을호	李乙浩	이을호	四象醫學批判(續)- 그 理論과 實際에 關하야(7)	한의학	·
2635	1936-05-28	全武吉	전무길	全武吉	전무길	妙香山遊記(3)	기행	·
2636	1936-05-29	全武吉	전무길	全武吉	전무길	妙香山遊記(4)	기행	·
2637	1936-05-29	李乙浩	이을호	李乙浩	이을호	四象醫學批判(續)- 그 理論과 實際에 關하야(3)	한의학	·
2638	1936-05-29	方鍾鉉	방종현	方鍾鉉	방종현	古書解說-朱子增損呂氏鄕約(1)	역사	·
2639	1936-05-30	全武吉	전무길	全武吉	전무길	妙香山遊記(5)	기행	·
2640	1936-05-30	方鍾鉉	방종현	方鍾鉉	방종현	古書解說- 朱子增損呂氏鄕約(2)	역사	·
2641	1936-05-31	方鍾鉉	방종현	方鍾鉉	방종현	古書解說- 朱子增損呂氏鄕約(3)	역사	·
2642	1936-06-02	方鍾鉉	방종현	方鍾鉉	방종현	古書解說- 朱子增損呂氏鄕約(4)	역사	·
2643	1936-06-03	方鍾鉉	방종현	方鍾鉉	방종현	古書解說- 朱子增損呂氏鄕約(5)	역사	·
2644	1936-06-07	金思燁	김사엽	金思燁	김사엽	朝鮮俚諺에 對하야- 그 蒐集과 整理의 必要性(1)	한글	·
2645	1936-06-09	金思燁	김사엽	金思燁	김사엽	朝鮮俚諺에 對하야- 그 蒐集과 整理의 必要性(2)	한글	·
2646	1936-06-10	金思燁	김사엽	金思燁	김사엽	朝鮮俚諺에 對하야- 그 蒐集과 整理의 必要性(3)	한글	·
2647	1936-06-11	金思燁	김사엽	金思燁	김사엽	朝鮮俚諺에 對하야- 그 蒐集과 整理의 必要性(4)	한글	·
2648	1936-06-12	金思燁	김사엽	金思燁	김사엽	朝鮮俚諺에 對하야- 그 蒐集과 整理의 必要性(5)	한글	·
2649	1936-06-13	金思燁	김사엽	金思燁	김사엽	朝鮮俚諺에 對하야- 그 蒐集과 整理의 必要性(6)	한글	·
2650	1936-06-16	方鍾鉉	방종현	方鍾鉉	방종현	古書解說(續)- 「農歌集成」(上)	역사	·
2651	1936-06-17	方鍾鉉	방종현	方鍾鉉	방종현	古書解說(續)- 「農歌集成」(中)	역사	·
2652	1936-06-18	方鍾鉉	방종현	方鍾鉉	방종현	古書解說(續)- 「農歌集成」(下)	역사	·
2653	1936-06-21	·	·	·	·	妖僧妙淸의 籠城 等 高句麗城址續發 考古學上 重要한 資料 분으로 平壤博物館서 大活躍	고적	·
2654	1936-06-25	方鍾鉉	방종현	方鍾鉉	방종현	言語現實에 對한 片感(1) 모찌떡, 마메콩, 올아이 等의 말	한글	·
2655	1936-06-26	方鍾鉉	방종현	方鍾鉉	방종현	言語現實에 對한 片感(2) 시도기 等을 미루어서 시동까지	한글	·
2656	1936-06-27	方鍾鉉	방종현	方鍾鉉	방종현	言語現實에 對한 片感(3) 딸, 아들, 스데기, 떡 等의 語源	한글	·
2657	1936-07-26	朴秉來	박병래	朴秉來	박병래	李朝陶瓷器小考- 그 由來, 品秩, 出土 等에 關하야(1)	민속	·
2658	1936-07-28	·	·	·	·	歷史的 聖地巡禮 白頭山 探險計畫	기행	·
2659	1936-07-29	朴秉來	박병래	朴秉來	박병래	李朝陶瓷器小考- 그 由來, 品秩, 出土 等에 關하야(2)	민속	·
2660	1936-07-31	·	·	·	·	歷史的으로 본 白頭山	역사	·
2661	1936-07-31	朴秉來	박병래	朴秉來	박병래	李朝陶瓷器小考- 그 由來, 品秩, 出土 等에 關하야(3)	민속	·

연번	날짜	자료저자명(한자)	자료저자명(한글)	본명(한자)	본명(한글)	기사제목	분류	비고
2662	1936-08-01	朴秉來	박병래	朴秉來	박병래	李朝陶瓷器小考- 그 由來, 品秩, 出土 等에 關하야(4)	민속	·
2663	1936-08-02	一記者	일기자	·	·	昔時馬韓의 王都 益山古蹟의 巡禮(1)	기행	·
2664	1936-08-02	朴秉來	박병래	朴秉來	박병래	李朝陶瓷器小考- 그 由來, 品秩, 出土 等에 關하야(5)	민속	·
2665	1936-08-03	·	·	·	·	考古學上의 重寶 高句麗 古墳 發掘 大同郡下大聖山麓一帶에 亘해 九月上旬부터 着手	고적	·
2666	1936-08-03	一記者	일기자	·	·	昔時馬韓의 王都 益山古蹟의 巡禮(2)	기행	·
2667	1936-08-04	社說	사설	·	·	한글運動의 劃期的 收穫	한글, 논설	·
2668	1936-08-04	徐椿	서춘	徐椿	서춘	南朝鮮遍歷紀行(1) 南原廣寒樓其他	기행	·
2669	1936-08-04	·	·	·	·	膨脹京城街頭變遷記(1)	기행	·
2670	1936-08-04	一記者	일기자	·	·	昔時馬韓의 王都 益山古蹟의 巡禮(3)	기행	·
2671	1936-08-05	徐椿	서춘	徐椿	서춘	南朝鮮遍歷紀行(2) 智異山通路求禮	기행	·
2672	1936-08-05	·	·	·	·	膨脹京城街頭變遷記(2)	기행	·
2673	1936-08-05	一記者	일기자	·	·	昔時馬韓의 王都 益山古蹟의 巡禮(4)	기행	·
2674	1936-08-06	徐椿	서춘	徐椿	서춘	南朝鮮遍歷紀行(3) 老姑壇의 避暑地	기행	·
2675	1936-08-06	·	·	·	·	膨脹京城街頭變遷記(3)	기행	·
2676	1936-08-06	一記者	일기자	·	·	昔時馬韓의 王都 益山古蹟의 巡禮(5)	기행	·
2677	1936-08-06	·	·	·	·	金海文化運動略史- 甲辰開化爾來三十有年餘年間	역사, 사업	·
2678	1936-08-07	社說	사설	·	·	白頭山探險團을 보냄	기행	·
2679	1936-08-07	李相昊	이상호	李相昊	이상호	白頭山行(1)	기행	·
2680	1936-08-07	徐椿	서춘	徐椿	서춘	南朝鮮遍歷紀行(4) 南道勝景蟾津江	기행	·
2681	1936-08-08	李相昊	이상호	李相昊	이상호	白頭山行(2)	기행	·
2682	1936-08-08	·	·	·	·	膨脹京城街頭變遷記(4)	기행	·
2683	1936-08-08	湖岩	호암	文一平	문일평	우리 文化的 發掘	논설	·
2684	1936-08-09	李相昊	이상호	李相昊	이상호	白頭山行(3)	기행	·
2685	1936-08-10	李相昊	이상호	李相昊	이상호	白頭山行(4)	기행	·
2686	1936-08-11	李相昊	이상호	李相昊	이상호	白頭山行(5)	기행	·
2687	1936-08-11	李鶴墩	이학돈	李鶴墩	이학돈	智異山登陟記(1)	기행	·
2688	1936-08-11	·	·	·	·	膨脹京城街頭變遷記(5)	기행	·
2689	1936-08-12	李鶴墩	이학돈	李鶴墩	이학돈	智異山登陟記(2)	기행	·
2690	1936-08-12	湖岩	호암	文一平	문일평	世界文化와 聯結	논설	·
2691	1936-08-13	李鶴墩	이학돈	李鶴墩	이학돈	智異山登陟記(3)	기행	·
2692	1936-08-14	李相昊	이상호	李相昊	이상호	白頭山行(6)	기행	·
2693	1936-08-14	李鶴墩	이학돈	李鶴墩	이학돈	智異山登陟記(4)	기행	·
2694	1936-08-15	李相昊	이상호	李相昊	이상호	白頭山行(7)	기행	·
2695	1936-08-15	湖岩	호암	文一平	문일평	天主教의 殉教者	역사, 종교	·
2696	1936-08-21	李相昊	이상호	李相昊	이상호	白頭山行(8)	기행	·
2697	1936-08-22	李相昊	이상호	李相昊	이상호	白頭山行(9)	기행	·
2698	1936-08-23	徐椿	서춘	徐椿	서춘	白頭山探險記(1)	기행	·

연번	날짜	자료저자명(한자)	자료저자명(한글)	본명(한자)	본명(한글)	기사제목	분류	비고
2699	1936-08-23	李相昊	이상호	李相昊	이상호	白頭山行(10)	기행	·
2700	1936-08-24	徐椿	서춘	徐椿	서춘	白頭山探險記(2)	기행	·
2701	1936-08-25	徐椿	서춘	徐椿	서춘	白頭山探險記(3)	기행	·
2702	1936-08-26	徐椿	서춘	徐椿	서춘	白頭山探險記(4)	기행	·
2703	1936-08-26	·	·	·	·	膨脹京城街頭變遷記(5)	기행	6회임
2704	1936-08-27	徐椿	서춘	徐椿	서춘	白頭山探險記(5)	기행	·
2705	1936-08-27	李相昊	이상호	李相昊	이상호	白頭山行	기행	·
2706	1936-08-27	朴鍾鴻	박종홍	朴鍾鴻	박종홍	나의 관심사- 우리의 現實	기타	·
2707	1936-08-28	徐椿	서춘	徐椿	서춘	白頭山探險記(6)	기행	·
2708	1936-08-28	湖岩	호암	文一平	문일평	近郊聖地六臣	역사, 기행	·
2709	1936-08-28	金起林	김기림	金起林	김기림	나의 관심사- 民族과 言語	기타	·
2710	1936-08-29	徐椿	서춘	徐椿	서춘	白頭山探險記(7)	기행	·
2711	1936-08-29	湖岩	호암	文一平	문일평	文廟從祀의 是非	역사	·
2712	1936-08-29	金煥泰	김환태	金煥泰	김환태	나의 관심사- 民衆의 運命	기타	·
2713	1936-08-30	徐椿	서춘	徐椿	서춘	白頭山探險記(8)	기행	·
2714	1936-08-30	李相昊	이상호	李相昊	이상호	白頭山行	기행	·
2715	1936-08-30	·	·	·	·	膨脹京城街頭變遷記(6)	기행	7회임
2716	1936-08-31	徐椿	서춘	徐椿	서춘	白頭山探險記(9)	기행	·
2717	1936-09-01	徐椿	서춘	徐椿	서춘	白頭山探險記(10)	기행	·
2718	1936-09-02	徐椿	서춘	徐椿	서춘	白頭山探險記(11)	기행	·
2719	1936-09-03	徐椿	서춘	徐椿	서춘	白頭山探險記(12)	기행	·
2720	1936-09-03	李相昊	이상호	李相昊	이상호	白頭山行(15)	기행	·
2721	1936-09-04	徐椿	서춘	徐椿	서춘	白頭山探險記(13)	기행	·
2722	1936-09-04	李相昊	이상호	李相昊	이상호	白頭山行(16)	기행	·
2723	1936-09-05	徐椿	서춘	徐椿	서춘	白頭山探險記(14)	기행	·
2724	1936-09-05	李相昊	이상호	李相昊	이상호	白頭山行(17)	기행	·
2725	1936-09-06	徐椿	서춘	徐椿	서춘	白頭山探險記(15)	기행	·
2726	1936-09-06	李相昊	이상호	李相昊	이상호	白頭山行(18)	기행	·
2727	1936-09-06	方鍾鉉	방종현	方鍾鉉	방종현	한글의 名稱 그 由來와 變遷攷(上)	한글	·
2728	1936-09-07	徐椿	서춘	徐椿	서춘	白頭山探險記(16)	기행	·
2729	1936-09-08	徐椿	서춘	徐椿	서춘	白頭山探險記(17)	기행	·
2730	1936-09-08	李相昊	이상호	李相昊	이상호	白頭山行(19)	기행	·
2731	1936-09-08	方鍾鉉	방종현	方鍾鉉	방종현	한글의 名稱 그 由來와 變遷攷(下)	한글	·
2732	1936-09-09	徐椿	서춘	徐椿	서춘	白頭山探險記(18)	기행	·
2733	1936-09-09	李相昊	이상호	李相昊	이상호	白頭山行(20)	기행	·
2734	1936-09-10	徐椿	서춘	徐椿	서춘	白頭山探險記(19)	기행	·
2735	1936-09-10	李相昊	이상호	李相昊	이상호	白頭山行(21)	기행	·
2736	1936-09-11	徐椿	서춘	徐椿	서춘	白頭山探險記(20)	기행	·
2737	1936-09-11	李相昊	이상호	李相昊	이상호	白頭山行(22)	기행	·
2738	1936-09-11	湖岩	호암	文一平	문일평	故事拾綴(1) 慧超의 大旅行	역사,	·

연번	날짜	자료저자명(한자)	자료저자명(한글)	본명(한자)	본명(한글)	기사제목	분류	비고
							문학	
2739	1936-09-11	梁柱東	양주동	梁柱東	양주동	語源考證數題- 古語에 남은 現代的 意味(1)	한글	·
2740	1936-09-12	徐椿	서춘	徐椿	서춘	白頭山探險記(21)	기행	·
2741	1936-09-12	李相昊	이상호	李相昊	이상호	白頭山行(23)	기행	·
2742	1936-09-12	梁柱東	양주동	梁柱東	양주동	語源考證數題- 古語에 남은 現代的 意味(2)	한글	·
2743	1936-09-12	湖岩	호암	文一平	문일평	故事拾綴(2) 新羅僧의 唐「竺」者	역사, 문학	·
2744	1936-09-13	徐椿	서춘	徐椿	서춘	白頭山探險記(22)	기행	·
2745	1936-09-13	李相昊	이상호	李相昊	이상호	白頭山行(24)	기행	·
2746	1936-09-13	湖岩	호암	文一平	문일평	故事拾綴(3) 文化의 傳播者	역사, 문학	·
2747	1936-09-13	梁柱東	양주동	梁柱東	양주동	語源考證數題- 古語에 남은 現代的 意味(3)	한글	·
2748	1936-09-14	徐椿	서춘	徐椿	서춘	白頭山探險記(23)	기행	·
2749	1936-09-15	徐椿	서춘	徐椿	서춘	白頭山探險記(24)	기행	·
2750	1936-09-15	李相昊	이상호	李相昊	이상호	白頭山行(25)	기행	·
2751	1936-09-15	梁柱東	양주동	梁柱東	양주동	語源考證數題- 古語에 남은 現代的 意味(4)	한글	·
2752	1936-09-16	徐椿	서춘	徐椿	서춘	白頭山探險記(25)	기행	·
2753	1936-09-16	李相昊	이상호	李相昊	이상호	白頭山行(26)	기행	·
2754	1936-09-16	湖岩	호암	文一平	문일평	故事拾綴(4) 東西人文의 接觸	역사, 문학	·
2755	1936-09-17	徐椿	서춘	徐椿	서춘	白頭山探險記(26)	기행	·
2756	1936-09-17	李相昊	이상호	李相昊	이상호	白頭山行(27)	기행	·
2757	1936-09-17	湖岩	호암	文一平	문일평	故事拾綴(5) 逸本再現과 三傳	역사, 문학	·
2758	1936-09-18	徐椿	서춘	徐椿	서춘	白頭山探險記(27)	기행	·
2759	1936-09-19	徐椿	서춘	徐椿	서춘	白頭山探險記(28)	기행	·
2760	1936-09-19	李相昊	이상호	李相昊	이상호	白頭山行(28)	기행	·
2761	1936-09-20	徐椿	서춘	徐椿	서춘	白頭山探險記(29)	기행	·
2762	1936-09-20	李相昊	이상호	李相昊	이상호	白頭山行(29)	기행	·
2763	1936-09-20	湖岩	호암	文一平	문일평	故事拾綴(6) 往五天竺國傳	역사, 문학	·
2764	1936-09-21	徐椿	서춘	徐椿	서춘	白頭山探險記(30)	기행	·
2765	1936-09-22	徐椿	서춘	徐椿	서춘	白頭山探險記(31)	기행	·
2766	1936-09-22	李相昊	이상호	李相昊	이상호	白頭山行(30)	기행	·
2767	1936-09-22	湖岩	호암	文一平	문일평	故事拾綴(7) 五印度의 情勢	역사, 문학	·
2768	1936-09-23	湖岩	호암	文一平	문일평	故事拾綴(8) 西域의 奇風異俗	역사, 문학	·
2769	1936-09-23	徐椿	서춘	徐椿	서춘	白頭山探險記(32)	기행	·
2770	1936-09-24	徐椿	서춘	徐椿	서춘	白頭山探險記(33)	기행	·
2771	1936-09-25	湖岩	호암	文一平	문일평	故事拾綴(9) 西域國情의 一瞥	역사, 문학	·
2772	1936-09-25	方鍾鉉	방종현	方鍾鉉	방종현	古書에서 보는 言語變轉攷(1)	한글	·

연번	날짜	자료저자명(한자)	자료저자명(한글)	본명(한자)	본명(한글)	기사제목	분류	비고
2773	1936-09-26	徐椿	서춘	徐椿	서춘	白頭山探險記(34)	기행	·
2774	1936-09-27	·	·	·	·	史蹟燦然한 開城 保勝機關을 組織 五萬圓財團結成方針	고적	·
2775	1936-09-27	湖岩	호암	文一平	문일평	故事拾綴(10) 慧超遊記의 結論	역사, 문학	·
2776	1936-09-27	方鍾鉉	방종현	方鍾鉉	방종현	古書에서 보는 言語變轉攷(2)	한글	·
2777	1936-09-29	方鍾鉉	방종현	方鍾鉉	방종현	古書에서 보는 言語變轉攷(3)	한글	·
2778	1936-09-30	方鍾鉉	방종현	方鍾鉉	방종현	古書에서 보는 言語變轉攷(4)	한글	·
2779	1936-09-30	司空桓	사공환	司空桓	사공환	白頭山의 歷史的 考察- 史話와 傳說에서 보이는 그 全貌(1)	역사	·
2780	1936-10-01	司空桓	사공환	司空桓	사공환	白頭山의 歷史的 考察- 史話와 傳說에서 보이는 그 全貌(2)	역사	·
2781	1936-10-01	司空桓	사공환	司空桓	사공환	白頭山의 歷史的 考察- 史話와 傳說에서 보이는 그 全貌(3)	역사	·
2782	1936-10-04	司空桓	사공환	司空桓	사공환	白頭山의 歷史的 考察- 史話와 傳說에서 보이는 그 全貌(4)	역사	·
2783	1936-10-06	司空桓	사공환	司空桓	사공환	白頭山의 歷史的 考察- 史話와 傳說에서 보이는 그 全貌(5)	역사	·
2784	1936-10-08	司空桓	사공환	司空桓	사공환	白頭山의 歷史的 考察- 史話와 傳說에서 보이는 그 全貌(6)	역사	·
2785	1936-10-11	趙憲泳	조헌영	趙憲泳	조헌영	東洋과 西洋의 對照- 묵은 問題의 새로운 吟味(1)	한의학	·
2786	1936-10-13	趙憲泳	조헌영	趙憲泳	조헌영	東洋과 西洋의 對照- 묵은 問題의 새로운 吟味(2)	한의학	·
2787	1936-10-14	·	·	·	·	百濟全盛時代의 遺物·寺地發見	고적	·
2788	1936-10-15	趙憲泳	조헌영	趙憲泳	조헌영	東洋과 西洋의 對照- 묵은 問題의 새로운 吟味(3)	한의학	·
2789	1936-10-15	蒼厓學人	창애학인	·	·	暮學館筆記(1) 新羅의 建國	역사	·
2790	1936-10-16	蒼厓學人	창애학인	·	·	暮學館筆記(2) 新羅의 國號(上)	역사	·
2791	1936-10-17	蒼厓學人	창애학인	·	·	暮學館筆記(3) 新羅의 國號(下)	역사	·
2792	1936-10-20	蒼厓學人	창애학인	·	·	暮學館筆記(4) 新羅의 王號(上)	역사	·
2793	1936-10-21	蒼厓學人	창애학인	·	·	暮學館筆記(5) 新羅의 王號(下)	역사	·
2794	1936-10-22	趙憲泳	조헌영	趙憲泳	조헌영	東洋과 西洋의 對照- 묵은 問題의 새로운 吟味(4)	한의학	·
2795	1936-10-22	方鍾鉉	방종현	方鍾鉉	방종현	訓民正音頒布記念을 압두고 正音反對派의 上疏文(1)	한글	·
2796	1936-10-22	蒼厓學人	창애학인	·	·	暮學館筆記(6) 新羅의 謚號	역사	·
2797	1936-10-23	方鍾鉉	방종현	方鍾鉉	방종현	訓民正音頒布記念을 압두고 正音反對派의 上疏文(2)	한글	·
2798	1936-10-23	蒼厓學人	창애학인	·	·	暮學館筆記(7) 朴赫居世와 閼英	역사	·
2799	1936-10-24	方鍾鉉	방종현	方鍾鉉	방종현	訓民正音頒布記念을 압두고 正音反對派의 上疏文(3)	한글	·
2800	1936-10-24	蒼厓學人	창애학인	·	·	暮學館筆記(8) 朴赫居世와 閼英	역사	·
2801	1936-10-25	方鍾鉉	방종현	方鍾鉉	방종현	訓民正音頒布記念을 압두고 正音反對派의 上疏文(4)	한글	·
2802	1936-10-25	蒼厓學人	창애학인	·	·	暮學館筆記(9) 昔脫解	역사	·
2803	1936-10-27	方鍾鉉	방종현	方鍾鉉	방종현	訓民正音頒布記念을 압두고 正音反對派의 上疏文(5)	한글	·

연번	날짜	자료저자명(한자)	자료저자명(한글)	본명(한자)	본명(한글)	기사제목	분류	비고
2804	1936-10-27	蒼厓學人	창애학인	·	·	暮學館筆記(10) 鷄林과 金閼智	역사	·
2805	1936-10-28	社說	사설	·	·	한글標準語 發表- 語文統一運動의 一步前進	한글, 논설	·
2806	1936-10-28	·	·	·	·	朝鮮語學會의 劃期的 大事業-三年間 苦心結晶의 標準朝鮮語完成	한글, 사업	·
2807	1936-10-29	方鍾鉉	방종현	方鍾鉉	방종현	訓民正音頒布記念을 압두고 正音反對派의 上疏文(6)	한글	·
2808	1936-10-29	·	·	·	·	盤石우에 선 朝鮮語- 百餘名士 會堂席上 標準語 査定 發表	한글, 사업	·
2809	1936-10-29	·	·	·	·	서울말 標準으로 語彙總數八千餘, 菊版百卄頁에 알알이 백인 조선어표준말모음	한글, 사업	·
2810	1936-10-29	方鍾鉉	방종현	方鍾鉉	방종현	訓民正音頒布記念을 압두고 正音反對派의 上疏文(7)	한글	·
2811	1936-10-29	蒼厓學人	창애학인	·	·	暮學館筆記(11) 新羅의 三質	역사	·
2812	1936-10-30	方鍾鉉	방종현	方鍾鉉	방종현	訓民正音頒布記念을 압두고 正音反對派의 上疏文(7)*8회	한글	연재횟수 오기
2813	1936-11-01	李克魯	이극로	李克魯	이극로	한글記念四百九十週年 標準語發表에 際하야	한글	·
2814	1936-11-01	李熙昇	이희승	李熙昇	이희승	各方言과 標準語 다시 서울말과 方言	한글	·
2815	1936-11-01	崔鉉培	최현배	崔鉉培	최현배	標準語査定과 朝鮮語의 特質(上)	한글	·
2816	1936-11-01	·	·	·	·	조선어 표준말 모음(1)	한글	·
2817	1936-11-03	·	·	·	·	조선어 표준말 모음(2)	한글	·
2818	1936-11-03	崔鉉培	최현배	崔鉉培	최현배	標準語査定과 朝鮮語의 特質(下)	한글	·
2819	1936-11-05	·	·	·	·	조선어 표준말 모음(3)	한글	·
2820	1936-11-05	李殷相	이은상	李殷相	이은상	眞興王北省碑瞻禮記(1)	기행	·
2821	1936-11-06	李殷相	이은상	李殷相	이은상	眞興王北省碑瞻禮記(2)	기행	·
2822	1936-11-06	·	·	·	·	조선어 표준말 모음(4)	한글	·
2823	1936-11-07	·	·	·	·	조선어 표준말 모음(5)	한글	·
2824	1936-11-07	李殷相	이은상	李殷相	이은상	眞興王北省碑瞻禮記(3)	기행	·
2825	1936-11-08	李殷相	이은상	李殷相	이은상	眞興王北省碑瞻禮記(4)	기행	·
2826	1936-11-08	·	·	·	·	조선어 표준말 모음(6)	한글	·
2827	1936-11-10	·	·	·	·	조선어 표준말 모음(7)	한글	·
2828	1936-11-10	李殷相	이은상	李殷相	이은상	眞興王北省碑瞻禮記(5)	기행	·
2829	1936-11-11	·	·	·	·	우리學界의 새文獻 朝鮮食物名集 近二千種의 朝鮮産에 朝鮮名을 차저서 博物學會에서 上梓	기타	·
2830	1936-11-11	·	·	·	·	조선어 표준말 모음(8)	한글	·
2831	1936-11-12	·	·	·	·	조선어 표준말 모음(9)	한글	·
2832	1936-11-12	·	·	·	·	江西地方紹介版- 歷史燦然한 古蹟 名聲 노픈 名勝地	기행	·
2833	1936-11-12	李殷相	이은상	李殷相	이은상	眞興王北省碑瞻禮記(6)	기행	·
2834	1936-11-13	李殷相	이은상	李殷相	이은상	眞興王北省碑瞻禮記(7)	기행	·
2835	1936-11-13	·	·	·	·	조선어 표준말 모음(10)	한글	·
2836	1936-11-14	·	·	·	·	조선어 표준말 모음(11)	한글	·
2837	1936-11-14	李殷相	이은상	李殷相	이은상	眞興王北省碑瞻禮記(8)	기행	·

연번	날짜	자료저자명(한자)	자료저자명(한글)	본명(한자)	본명(한글)	기사제목	분류	비고
2838	1936-11-15	·	·	·	·	조선어 표준말 모음(12)	한글	·
2839	1936-11-17	·	·	·	·	조선어 표준말 모음(13)	한글	·
2840	1936-11-18	·	·	·	·	조선어 표준말 모음(14)	한글	·
2841	1936-11-19	湖岩	호암	文一平	문일평	담배考(1) 담배문화	민속	·
2842	1936-11-20	·	·	·	·	朝鮮語標準語集을 單行本으로 發刊 朝鮮語學會에서 準備	한글, 사업	·
2843	1936-11-20	湖岩	호암	文一平	문일평	담배考(2) 담배의 전래	민속	·
2844	1936-11-20	·	·	·	·	조선어 표준말 모음(15)	한글	·
2845	1936-11-21	·	·	·	·	地下의 낡은 歷史를 파내서 새로 자랑 江西 高句麗 古墳 壁畵를 撮影 龍岡各古塚도 撮影	고적	·
2846	1936-11-21	·	·	·	·	조선어 표준말 모음(16)	한글	·
2847	1936-11-21	湖岩	호암	文一平	문일평	담배考(3) 담배명칭	민속	·
2848	1936-11-22	湖岩	호암	文一平	문일평	담배考(4) 담배일화	민속	·
2849	1936-11-22	·	·	·	·	조선어 표준말 모음(17)	한글	·
2850	1936-11-23	社說	사설	·	·	文化運動의 孤城을 固守하자	사업, 논설	·
2851	1936-11-25	·	·	·	·	조선어 표준말 모음(18)	한글	·
2852	1936-11-25	湖岩	호암	文一平	문일평	담배考(5) 담배무역	민속	·
2853	1936-11-26	湖岩	호암	文一平	문일평	담배考(6) 담배예절	민속	·
2854	1936-11-26	方鍾鉉	방종현	方鍾鉉	방종현	俚諺에 對하야 旬五誌에 보인는 典故(1)	한글	·
2855	1936-11-26	·	·	·	·	조선어 표준말 모음(19)	한글	·
2856	1936-11-27	·	·	·	·	조선어 표준말 모음(20)	한글	·
2857	1936-11-27	湖岩	호암	文一平	문일평	담배考(7) 담배문예	민속	·
2858	1936-11-27	方鍾鉉	방종현	方鍾鉉	방종현	俚諺에 對하야 旬五誌에 보인는 典故(2)	한글	·
2859	1936-11-27	·	·	·	·	朝鮮佛刹의 王座 大本山 "通度寺" 歷史爀爀, 事業도 가지가지	기행	·
2860	1936-11-28	湖岩	호암	文一平	문일평	담배考(8) 담배의 학설	민속	·
2861	1936-11-28	方鍾鉉	방종현	方鍾鉉	방종현	俚諺에 對하야 旬五誌에 보인는 典故(3)	한글	·
2862	1936-11-28	·	·	·	·	조선어 표준말 모음(21)	한글	·
2863	1936-11-29	·	·	·	·	조선어 표준말 모음(22)	한글	·
2864	1936-11-29	湖岩	호암	文一平	문일평	담배考(9) 담배공예	민속	·
2865	1936-12-01	湖岩	호암	文一平	문일평	담배考(10) 담배專賣議	민속	·
2866	1936-12-01	·	·	·	·	조선어 표준말 모음(23)	한글	·
2867	1936-12-02	·	·	·	·	조선어 표준말 모음(24)	한글	·
2868	1936-12-03	·	·	·	·	조선어 표준말 모음(25)	한글	·
2869	1936-12-04	·	·	·	·	조선어 표준말 모음(26)	한글	·
2870	1936-12-04	蒼厓	창애	·	·	暮學館筆記(1) 兜率歌와 會蘇曲	문학	·
2871	1936-12-05	·	·	·	·	조선어 표준말 모음(27)	한글	·
2872	1936-12-05	蒼厓	창애	·	·	暮學館筆記(2) 新羅의 官位(上)	문학	·
2873	1936-12-06	·	·	·	·	조선어 표준말 모음(28)	한글	·
2874	1936-12-06	湖岩	호암	文一平	문일평	茶故事(1)	민속	·

연번	날짜	자료저자명(한자)	자료저자명(한글)	본명(한자)	본명(한글)	기사제목	분류	비고
2875	1936-12-06	蒼厓	창애	·	·	暮學館筆記(3) 新羅의 官位(中)	문학	·
2876	1936-12-08	湖岩	호암	文一平	문일평	茶故事(2)	민속	·
2877	1936-12-08	·	·	·	·	조선어 표준말 모음(29)	한글	·
2878	1936-12-08	蒼厓	창애	·	·	暮學館筆記(4) 新羅의 官位(下)	문학	·
2879	1936-12-09	·	·	·	·	조선어 표준말 모음(30)	한글	·
2880	1936-12-09	湖岩	호암	文一平	문일평	茶故事(3)	민속	·
2881	1936-12-10	湖岩	호암	文一平	문일평	茶故事(4)	민속	·
2882	1936-12-10	·	·	·	·	조선어 표준말 모음(31)	한글	·
2883	1936-12-10	金思燁	김사엽	金思燁	김사엽	南海沿岸住民의 民謠와 俚諺(1)	음악	·
2884	1936-12-11	·	·	·	·	조선어 표준말 모음(32)	한글	·
2885	1936-12-11	湖岩	호암	文一平	문일평	茶故事(5)	민속	·
2886	1936-12-11	金思燁	김사엽	金思燁	김사엽	南海沿岸住民의 民謠와 俚諺(2)	음악	·
2887	1936-12-12	湖岩	호암	文一平	문일평	茶故事(6)	민속	·
2888	1936-12-12	金思燁	김사엽	金思燁	김사엽	南海沿岸住民의 民謠와 俚諺(3)	음악	·
2889	1936-12-12	·	·	·	·	조선어 표준말 모음(33)	한글	·
2890	1936-12-13	·	·	·	·	조선어 표준말 모음(34)	한글	·
2891	1936-12-13	金思燁	김사엽	金思燁	김사엽	南海沿岸住民의 民謠와 俚諺(4)	음악	·
2892	1936-12-13	湖岩	호암	文一平	문일평	茶故事(7)	민속	·
2893	1936-12-15	湖岩	호암	文一平	문일평	茶故事(8)	민속	·
2894	1936-12-15	金思燁	김사엽	金思燁	김사엽	南海沿岸住民의 民謠와 俚諺(5)	음악	·
2895	1936-12-15	·	·	·	·	조선어 표준말 모음(35)	한글	·
2896	1936-12-16	金思燁	김사엽	金思燁	김사엽	南海沿岸住民의 民謠와 俚諺(6)	음악	·
2897	1936-12-16	·	·	·	·	조선어 표준말 모음(36)	한글	·
2898	1936-12-16	湖岩	호암	文一平	문일평	茶故事(9)	민속	·
2899	1936-12-17	湖岩	호암	文一平	문일평	茶故事(10)	민속	·
2900	1936-12-17	金思燁	김사엽	金思燁	김사엽	南海沿岸住民의 民謠와 俚諺(7)	음악	·
2901	1936-12-17	·	·	·	·	조선어 표준말 모음(37)	한글	·
2902	1936-12-18	·	·	·	·	조선어 표준말 모음(38)	한글	·
2903	1936-12-18	湖岩	호암	文一平	문일평	茶故事(11)	민속	·
2904	1936-12-19	湖岩	호암	文一平	문일평	茶故事(12)	민속	·
2905	1936-12-19	·	·	·	·	조선어 표준말 모음(39)	한글	·
2906	1936-12-20	·	·	·	·	조선어 표준말 모음(40)	한글	·
2907	1936-12-20	湖岩	호암	文一平	문일평	茶故事(13)	민속	·
2908	1936-12-22	湖岩	호암	文一平	문일평	茶故事(14)	민속	·
2909	1936-12-22	·	·	·	·	조선어 표준말 모음(41)	한글	·
2910	1936-12-23	·	·	·	·	조선어 표준말 모음(42)	한글	·
2911	1936-12-24	·	·	·	·	조선어 표준말 모음(43)	한글	·
2912	1936-12-25	社說	사설	·	·	文字普及運動에 對하야	한글, 사업	·
2913	1936-12-25	·	·	·	·	조선어 표준말 모음(44)	한글	·
2914	1936-12-25	湖岩	호암	文一平	문일평	茶故事(18)	민속	15~17회

연번	날짜	자료저자명(한자)	자료저자명(한글)	본명(한자)	본명(한글)	기사제목	분류	비고
								미확인
2915	1936-12-27	湖岩	호암	文一平	문일평	茶故事(19)	민속	·
2916	1936-12-27	湖岩	호암	文一平	문일평	茶故事(20)	민속	·
2917	1937-01-01	李殷相	이은상	李殷相	이은상	古文化의 再吟味 古時調研究의 意義-그 現代的 聯關性에 對하야	문학	·
2918	1937-01-01	朴致祐	박치우	朴致祐	박치우	古文化 吟味의 現代的 意義에 對하야(1)	역사	·
2919	1937-01-01	咸和鎭	함화진	咸和鎭	함화진	雅樂의 妙味	음악	·
2920	1937-01-01	方鍾鉉	방종현	方鍾鉉	방종현	古代俗謠研究와 時俗의 轉變考	문학	·
2921	1937-01-01	李熙昇	이희승	李熙昇	이희승	古代言語에서 새로어들 몇가지	한글	·
2922	1937-01-01	文一平	문일평	文一平	문일평	重要性을 띄인 李朝史의 三丁丑(1)	역사	·
2923	1937-01-01	·	·	·	·	한글標準語査定에는 으뜸되는 殊動者 朝鮮語辭典編纂에 血汗勞心 朝鮮語學會 李克魯氏	기타	·
2924	1937-01-01	·	·	·	·	우리 土俗研究의 處女地를 開拓 年中携帶 備忘錄과 鉛筆 民俗學의 權威 孫晉泰氏	기타	·
2925	1937-01-01	·	·	·	·	雅樂守護四十年 "樂卽禮"의 精神은 언제나 다시 사느냐고 嗟嘆하는 老顔에 感慨無量 李王職 雅樂師長 咸和鎭氏	기타	·
2926	1937-01-01	·	·	·	·	經濟朝鮮의 立體的 探究 後進에게 들려주는 硏學의 五訓 朝鮮社會經濟史 著者 白南雲氏	기타	·
2927	1937-01-01	·	·	·	·	鄕歌研究에 革命兒! 小倉學說을 全面的으로 粉碎 學界注視의 그의 業績 鄕歌研究家 梁柱東氏	기타	·
2928	1937-01-03	洪鍾仁	홍종인	洪鍾仁	홍종인	古朝鮮의 새認識 大高句麗의 雄飛, 民族發展의 大幹根 東方대국의 建設 隋唐과 比肩튼 强大한 國威를 愼憶하면서	역사	·
2929	1937-01-03	·	·	·	·	絢爛! 地下의 文化, 考古學上 收穫 丸都城과 平壤地方遺蹟	고적	·
2930	1937-01-03	文一平	문일평	文一平	문일평	重要性을 띄인 李朝史의 三丁丑(2)	역사	·
2931	1937-01-03	金洸鎭	김광진	金洸鎭	김광진	朝鮮歷史學 研究의 前進을 爲하여	역사, 논설	·
2932	1937-01-04	宋錫夏	송석하	宋錫夏	송석하	古文化의 再吟味 湮滅되어가는 古俗의 扶持者인 古代小說	문학	·
2933	1937-01-04	朴致祐	박치우	朴致祐	박치우	古文化 吟味의 現代的 意義에 對하야(2)	역사	·
2934	1937-01-04	高裕燮	고유섭	高裕燮	고유섭	古美術에서 보는 그 時代精神	미술	·
2935	1937-01-04	李勳求	이훈구	李勳求	이훈구	朝鮮人과 滿洲(1)	역사	·
2936	1937-01-04	李秉岐	이병기	李秉岐	이병기	古代歌詞의 叢林은 朝鮮文學의 發祥地	문학	·
2937	1937-01-05	文一平	문일평	文一平	문일평	重要性을 띄인 李朝史의 三丁丑(3)	역사	·
2938	1937-01-05	梁柱東	양주동	梁柱東	양주동	漢文學의 再吟味- 그 現代的 意義와 限界에 對하야(1)	문학	·
2939	1937-01-05	韓植	한식	韓植	한식	文化團體의 進路(1)	사업	·
2940	1937-01-05	李勳求	이훈구	李勳求	이훈구	朝鮮人과 滿洲(2)	역사	·
2941	1937-01-06	李勳求	이훈구	李勳求	이훈구	朝鮮人과 滿洲(3)	역사	·
2942	1937-01-07	梁柱東	양주동	梁柱東	양주동	漢文學의 再吟味- 그 現代的 意義와 限界에 對하야(2)	문학	·
2943	1937-01-07	韓植	한식	韓植	한식	文化團體의 進路(2)	사업	·
2944	1937-01-08	梁柱東	양주동	梁柱東	양주동	漢文學의 再吟味- 그 現代的 意義와 限界에	문학	·

연번	날짜	자료저자명(한자)	자료저자명(한글)	본명(한자)	본명(한글)	기사제목	분류	비고
						對하야(3)		
2945	1937-01-09	韓植	한식	韓植	한식	文化團體의 進路(3)	사업	·
2946	1937-01-10	韓植	한식	韓植	한식	文化團體의 進路(4)	사업	·
2947	1937-01-12	韓植	한식	韓植	한식	文化團體의 進路(5)	사업	·
2948	1937-01-15	湖岩	호암	文一平	문일평	茶故事補遺(上)	민속	·
2949	1937-01-16	湖岩	호암	文一平	문일평	茶故事補遺(中)	민속	·
2950	1937-01-17	湖岩	호암	文一平	문일평	茶故事補遺(下)	민속	·
2951	1937-01-17	文一平	문일평	文一平	문일평	歷史이야기-斯多含의 早達	역사, 문학	·
2952	1937-01-30	鄭賢奎	정현규	鄭賢奎	정현규	現代歷史哲學의 回顧와 展望(1)	철학	·
2953	1937-01-31	鄭賢奎	정현규	鄭賢奎	정현규	現代歷史哲學의 回顧와 展望(2)	철학	·
2954	1937-02-02	鄭賢奎	정현규	鄭賢奎	정현규	現代歷史哲學의 回顧와 展望(3)	철학	·
2955	1937-02-03	鄭賢奎	정현규	鄭賢奎	정현규	現代歷史哲學의 回顧와 展望(4)	철학	·
2956	1937-02-04	鄭賢奎	정현규	鄭賢奎	정현규	現代歷史哲學의 回顧와 展望(5)	철학	·
2957	1937-02-05	鄭賢奎	정현규	鄭賢奎	정현규	現代歷史哲學의 回顧와 展望(6)	철학	·
2958	1937-02-07	社說	사설	·	·	栗谷先生의 本領	역사	·
2959	1937-02-07	文一平	문일평	文一平	문일평	栗谷先生生誕四百年에 際하야	역사	·
2960	1937-02-07	文一平	문일평	文一平	문일평	歷史이야기- 원술의 통곡	역사, 문학	·
2961	1937-02-09	吳淑根	오숙근	吳淑根	오숙근	양력에 쪼기어 자취를 숨기는 음력설풍습(1)	민속	·
2962	1937-02-10	吳淑根	오숙근	吳淑根	오숙근	양력에 쪼기어 자취를 숨기는 음력설풍습(2)	민속	·
2963	1937-02-13	吳淑根	오숙근	吳淑根	오숙근	인정의 기미를 말하는 모든 풍습- 음력설(3)	민속	·
2964	1937-02-14	文一平	문일평	文一平	문일평	歷史이야기- 고운 최치원	역사, 문학	·
2965	1937-02-18	吳淑根	오숙근	吳淑根	오숙근	인정의 기미를 말하는 모든 풍습- 음력설(4)	민속	·
2966	1937-02-20	金思燁	김사엽	金思燁	김사엽	藝術民謠存在論- 그 時代性과 土俗性에 關하야(1)	음악	·
2967	1937-02-20	吳淑根	오숙근	吳淑根	오숙근	인정의 기미를 말하는 모든 풍습- 정월보름(5)	민속	·
2968	1937-02-21	文一平	문일평	文一平	문일평	歷史이야기- 설총의 화왕계	역사, 문학	·
2969	1937-02-21	吳淑根	오숙근	吳淑根	오숙근	인정의 기미를 말하는 모든 풍습- 정월보름(6)	민속	·
2970	1937-02-21	金思燁	김사엽	金思燁	김사엽	藝術民謠存在論- 그 時代性과 土俗性에 關하야(2)	음악	·
2971	1937-02-22	吳淑根	오숙근	吳淑根	오숙근	인정의 기미를 말하는 모든 풍습- 정월보름(7)	민속	·
2972	1937-02-22	金思燁	김사엽	金思燁	김사엽	藝術民謠存在論- 그 時代性과 土俗性에 關하야(3)	음악	·
2973	1937-02-24	吳淑根	오숙근	吳淑根	오숙근	인정의 기미를 말하는 모든 풍습- 정월보름(8)	민속	·
2974	1937-02-24	金思燁	김사엽	金思燁	김사엽	藝術民謠存在論- 그 時代性과 土俗性에 關하야(4)	음악	·
2975	1937-02-25	湖岩	호암	文一平	문일평	栗谷先生小傳(1)	역사	·
2976	1937-02-26	吳淑根	오숙근	吳淑根	오숙근	인정의 기미를 말하는 모든 풍습- 정월보름(9)	민속	·
2977	1937-02-26	湖岩	호암	文一平	문일평	栗谷先生小傳(3)*2회	역사	연재횟수 오기
2978	1937-02-26	方鍾鉉	방종현	方鍾鉉	방종현	古語研究 八方風과 四方位(1)	한글	·
2979	1937-02-27	湖岩	호암	文一平	문일평	栗谷先生小傳(3)	역사	·
2980	1937-02-27	方鍾鉉	방종현	方鍾鉉	방종현	古語研究 八方風과 四方位(2)	한글	·
2981	1937-02-28	吳淑根	오숙근	吳淑根	오숙근	인정의 기미를 말하는 모든 풍습- 정월보름(10)	민속	·

연번	날짜	자료저자명(한자)	자료저자명(한글)	본명(한자)	본명(한글)	기사제목	분류	비고
2982	1937-02-28	湖岩	호암	文一平	문일평	栗谷先生小傳(4)	역사	·
2983	1937-02-28	方鍾鉉	방종현	方鍾鉉	방종현	古語研究 八方風과 四方位(3)	한글	·
2984	1937-03-01	社說	사설	·	·	官公吏及公職者의 朝鮮語 使用 禁止	한글	·
2985	1937-03-02	吳淑根	오숙근	吳淑根	오숙근	인정의 기미를 말하는 모든 풍습- 정월보름(11)	민속	·
2986	1937-03-02	湖岩	호암	文一平	문일평	栗谷先生小傳(5)	역사	·
2987	1937-03-04	湖岩	호암	文一平	문일평	栗谷先生小傳(6)	역사	·
2988	1937-03-05	湖岩	호암	文一平	문일평	栗谷先生小傳(7)	역사	·
2989	1937-03-07	湖岩	호암	文一平	문일평	栗谷先生小傳(8)	역사	·
2990	1937-03-09	湖岩	호암	文一平	문일평	栗谷先生小傳(9)	역사	·
2991	1937-03-11	湖岩	호암	文一平	문일평	栗谷先生小傳(10)	역사	·
2992	1937-03-14	文一平	문일평	文一平	문일평	歷史이야기-월명사	역사, 문학	·
2993	1937-03-17	李熙昇	이희승	李熙昇	이희승	뿍레뷰- 崔鉉培氏著『우리말본』(上)	문학	·
2994	1937-03-18	李熙昇	이희승	李熙昇	이희승	뿍레뷰- 崔鉉培氏著『우리말본』(下)	문학	·
2995	1937-03-21	文一平	문일평	文一平	문일평	歷史이야기- 음악가 우륵	역사, 문학	·
2996	1937-03-28	文一平	문일평	文一平	문일평	歷史이야기- 솔거의 그림	역사, 문학	·
2997	1937-04-03	金泰益	김태익	金泰益	김태익	民謠小考	음악	·
2998	1937-04-04	文一平	문일평	文一平	문일평	歷史이야기- 김생의 글씨	역사, 문학	·
2999	1937-04-08	金永俊	김영준	金永俊	김영준	朝鮮美術院創立 記念小品展評	미술	·
3000	1937-04-11	文一平	문일평	文一平	문일평	歷史이야기-선덕녀왕	역사, 문학	·
3001	1937-04-13	鄭賢奎	정현규	鄭賢奎	정현규	文化沒落說 批判(1)	논설	·
3002	1937-04-14	鄭賢奎	정현규	鄭賢奎	정현규	文化沒落說 批判(2)	논설	·
3003	1937-04-15	鄭賢奎	정현규	鄭賢奎	정현규	文化沒落說 批判(3)	논설	·
3004	1937-04-16	鄭賢奎	정현규	鄭賢奎	정현규	文化沒落說 批判(4)	논설	·
3005	1937-04-17	鄭賢奎	정현규	鄭賢奎	정현규	文化沒落說 批判(5)	논설	·
3006	1937-04-18	·	·	·	·	박물관- 옛어른이 남겨둔 여러 가지 보배, 세계에서 제일 먼저 만든 신라 때의 유리 그릇	고적	·
3007	1937-04-18	文一平	문일평	文一平	문일평	歷史이야기- 백운과 제후	역사, 문학	·
3008	1937-04-20	·	·	·	·	大同門- 新裝될 浿城名物	고적	·
3009	1937-04-21	·	·	·	·	李忠武公 誕辰 393회 陰三月八日 統營忠烈祠서 城大히 擧行	사업	·
3010	1937-04-22	·	·	·	·	樂浪古墳磚槨서 이번엔 銅鏡, 指環, 구슬, 土器 등 發掘	고적	·
3011	1937-04-25	文一平	문일평	文一平	문일평	歷史이야기- 설씨의 딸	역사, 문학	·
3012	1937-04-25	·	·	·	·	歷史的으로 본 鐵原의 沿革, 名勝古蹟	고적	·
3013	1937-05-01	韓植	한식	韓植	한식	文化의 民族性과 世界性(1)	논설	·
3014	1937-05-02	·	·	·	·	朝鮮語辭典 完成	한글, 사업	·

연번	날짜	자료저자명(한자)	자료저자명(한글)	본명(한자)	본명(한글)	기사제목	분류	비고
3015	1937-05-02	文一平	문일평	文一平	문일평	歷史이야기- 온달의 안해	역사, 문학	·
3016	1937-05-02	韓植	한식	韓植	한식	文化의 民族性과 世界性(2)	논설	·
3017	1937-05-04	韓植	한식	韓植	한식	文化의 民族性과 世界性(3)	논설	·
3018	1937-05-05	韓植	한식	韓植	한식	文化의 民族性과 世界性(4)	논설	·
3019	1937-05-06	韓植	한식	韓植	한식	文化의 民族性과 世界性(5)	논설	·
3020	1937-05-07	韓植	한식	韓植	한식	文化의 民族性과 世界性(6)	논설	·
3021	1937-05-09	·	·	·	·	文化遺産을 再吟味 鄕土藝術을 살리자! 民俗學會主催로 黃海道 鳳山"탈춤"을 紹介 朝鮮鄕土民謠大會를 開催	민속, 사업	·
3022	1937-05-09	文一平	문일평	文一平	문일평	歷史이야기- 도미의 안해	역사, 문학	·
3023	1937-05-11	崔鉉培	최현배	崔鉉培	최현배	朝鮮語辭典完成論(1)	한글	·
3024	1937-05-12	崔鉉培	최현배	崔鉉培	최현배	朝鮮語辭典完成論(2)	한글	·
3025	1937-05-12	·	·	·	·	朴淵과 叢石亭 保存令에 依하야 새로 指定	고적	·
3026	1937-05-13	崔鉉培	최현배	崔鉉培	최현배	朝鮮語辭典完成論(3)	한글	·
3027	1937-05-14	崔鉉培	최현배	崔鉉培	최현배	朝鮮語辭典完成論(4)	한글	·
3028	1937-05-15	崔鉉培	최현배	崔鉉培	최현배	朝鮮語辭典完成論(5)	한글	·
3029	1937-05-15	宋錫夏	송석하	宋錫夏	송석하	鳳山民俗舞踊考(1)	민속	·
3030	1937-05-16	宋錫夏	송석하	宋錫夏	송석하	鳳山民俗舞踊考(2)	민속	·
3031	1937-05-16	崔鉉培	최현배	崔鉉培	최현배	朝鮮語辭典完成論(6)	한글	·
3032	1937-05-16	文一平	문일평	文一平	문일평	歷史이야기- 왕후된 한주	역사, 문학	·
3033	1937-05-18	崔鉉培	최현배	崔鉉培	최현배	朝鮮語辭典完成論(7)	한글	·
3034	1937-05-18	宋錫夏	송석하	宋錫夏	송석하	鳳山民俗舞踊考(3)	민속	·
3035	1937-05-22	沈亨求	심형구	沈亨求	심형구	朝美展短評(上)	미술	·
3036	1937-05-23	文一平	문일평	文一平	문일평	歷史이야기- 효녀 지은	역사, 문학	·
3037	1937-05-25	文一平	문일평	文一平	문일평	한양조의 정치가 군상(1)	역사	·
3038	1937-05-26	·	·	·	·	朝鮮語辭典編纂에 在外青年이 聲援	한글	·
3039	1937-05-26	文一平	문일평	文一平	문일평	한양조의 정치가 군상(2)	역사	·
3040	1937-05-27	文一平	문일평	文一平	문일평	한양조의 정치가 군상(3)	역사	·
3041	1937-05-28	文一平	문일평	文一平	문일평	한양조의 정치가 군상(4)	역사	·
3042	1937-05-29	李殷相	이은상	李殷相	이은상	新刊評 朝鮮詩歌의 整理 讀"朝鮮詩歌史綱"	문학	·
3043	1937-05-29	文一平	문일평	文一平	문일평	한양조의 정치가 군상(5)	역사	·
3044	1937-05-30	文一平	문일평	文一平	문일평	歷史이야기- 효자 손순	역사, 문학	·
3045	1937-05-30	文一平	문일평	文一平	문일평	한양조의 정치가 군상(6)	역사	·
3046	1937-06-01	文一平	문일평	文一平	문일평	한양조의 정치가 군상(7)	역사	·
3047	1937-06-02	文一平	문일평	文一平	문일평	한양조의 정치가 군상(8)	역사	·
3048	1937-06-03	文一平	문일평	文一平	문일평	한양조의 정치가 군상(9)	역사	·
3049	1937-06-04	文一平	문일평	文一平	문일평	한양조의 정치가 군상(10)	역사	·
3050	1937-06-05	文一平	문일평	文一平	문일평	한양조의 정치가 군상(11)	역사	·

연번	날짜	자료저자명(한자)	자료저자명(한글)	본명(한자)	본명(한글)	기사제목	분류	비고
3051	1937-06-06	文一平	문일평	文一平	문일평	歷史이야기- 이상한 옥저	역사, 문학	·
3052	1937-06-06	文一平	문일평	文一平	문일평	한양조의 정치가 군상(12)	역사	·
3053	1937-06-06	李箕永	이기영	李箕永	이기영	文化公議(1) 文學靑年에게 주는 글	논설	·
3054	1937-06-08	文一平	문일평	文一平	문일평	한양조의 정치가 군상(13)	역사	·
3055	1937-06-08	李光洙	이광수	李光洙	이광수	文化公議(2) 懈怠의 열매	논설	·
3056	1937-06-09	文一平	문일평	文一平	문일평	한양조의 정치가 군상(14)	역사	·
3057	1937-06-09	崔載瑞	최재서	崔載瑞	최재서	文化公議(3) 文化寄與者로서	논설	·
3058	1937-06-10	文一平	문일평	文一平	문일평	한양조의 정치가 군상(15)	역사	·
3059	1937-06-10	朴英熙	박영희	朴英熙	박영희	文化公議(4) 古典文化의 理解와 批判	논설	·
3060	1937-06-11	文一平	문일평	文一平	문일평	한양조의 정치가 군상(16)	역사	·
3061	1937-06-11	柳致眞	유치진	柳致眞	유치진	文化公議(5) 新劇運動의 한 課題	논설	·
3062	1937-06-12	文一平	문일평	文一平	문일평	한양조의 정치가 군상(17)	역사	·
3063	1937-06-12	玄民	현민	兪鎭午	유진오	文化公議(6) 文化擔當者의 使命	논설	·
3064	1937-06-13	文一平	문일평	文一平	문일평	歷史이야기- 만불산	역사, 문학	·
3065	1937-06-13	文一平	문일평	文一平	문일평	한양조의 정치가 군상(18)	역사	·
3066	1937-06-13	桂貞植	계정식	桂貞植	계정식	文化公議(7) 音樂人으로써의 提議	논설	·
3067	1937-06-15	文一平	문일평	文一平	문일평	한양조의 정치가 군상(19)	역사	·
3068	1937-06-15	崔鉉培	최현배	崔鉉培	최현배	文化公議(8) 조선어 표준말을 기르자	논설	·
3069	1937-06-16	文一平	문일평	文一平	문일평	한양조의 정치가 군상(20)	역사	·
3070	1937-06-16	金珖燮	김광섭	金珖燮	김광섭	文化公議(9) 民衆文化에 對하야	논설	·
3071	1937-06-17	文一平	문일평	文一平	문일평	한양조의 정치가 군상(21)	역사	·
3072	1937-06-17	朴鍾鴻	박종홍	朴鍾鴻	박종홍	文化公議(10) 學者·藝術家의 養成	논설	·
3073	1937-06-18	文一平	문일평	文一平	문일평	한양조의 정치가 군상(22)	역사	·
3074	1937-06-18	鄭賢奎	정현규	鄭賢奎	정현규	文化公議(11) 文化의 歷史的 性格	논설	·
3075	1937-06-19	文一平	문일평	文一平	문일평	한양조의 정치가 군상(23)	역사	·
3076	1937-06-19	鄭賢奎	정현규	鄭賢奎	정현규	文化公議(12) 學者의 奬學基金	논설	·
3077	1937-06-20	文一平	문일평	文一平	문일평	歷史이야기- 석굴암	역사, 문학	·
3078	1937-06-20	文一平	문일평	文一平	문일평	한양조의 정치가 군상(24)	역사	·
3079	1937-06-25	李源朝	이원조	李源朝	이원조	朝鮮文學의 傳說과 風流	문학	·
3080	1937-06-26	李軒求	이헌구	李軒求	이헌구	文化時感(1) 貧困한 精神狀態	논설	·
3081	1937-06-26	方鍾鉉	방종현	方鍾鉉	방종현	古書解 松江歌辭板本考(1)	문학	·
3082	1937-06-27	文一平	문일평	文一平	문일평	歷史이야기- 황금보관	역사, 문학	·
3083	1937-06-27	李軒求	이헌구	李軒求	이헌구	文化時感(2) 出版界에 보내는 進言	논설	·
3084	1937-06-27	方鍾鉉	방종현	方鍾鉉	방종현	古書解 松江歌辭板本考(2)	문학	·
3085	1937-06-29	李軒求	이헌구	李軒求	이헌구	文化時感(3) 市井의 憂鬱과 衣裳哲學	논설	·
3086	1937-06-29	方鍾鉉	방종현	方鍾鉉	방종현	古書解 松江歌辭板本考(3)	문학	·
3087	1937-06-30	李軒求	이헌구	李軒求	이헌구	文化時感(4) 批評의 衰弱과 話題의 窮乏	논설	·
3088	1937-06-30	方鍾鉉	방종현	方鍾鉉	방종현	古書解 松江歌辭板本考(4)	문학	·

연번	날짜	자료저자명(한자)	자료저자명(한글)	본명(한자)	본명(한글)	기사제목	분류	비고
3089	1937-07-01	李軒求	이헌구	李軒求	이헌구	文化時感(5) 幸福의 代償과 苦難	논설	·
3090	1937-07-01	方鍾鉉	방종현	方鍾鉉	방종현	古書解 松江歌辭板本考(5)	문학	·
3091	1937-07-02	韓植	한식	韓植	한식	文學의 大衆化와 言語問題- 論議의 現實的基盤을 닥기 爲하야(1)	논설	·
3092	1937-07-02	方鍾鉉	방종현	方鍾鉉	방종현	古書解 松江歌辭板本考(6)	문학	·
3093	1937-07-03	韓植	한식	韓植	한식	文學의 大衆化와 言語問題- 論議의 現實的基盤을 닥기 爲하야(2)	논설	·
3094	1937-07-04	韓植	한식	韓植	한식	文學의 大衆化와 言語問題- 論議의 現實的基盤을 닥기 爲하야(3)	논설	·
3095	1937-07-06	韓植	한식	韓植	한식	文學의 大衆化와 言語問題- 論議의 現實的基盤을 닥기 爲하야(4)	논설	·
3096	1937-07-07	韓植	한식	韓植	한식	文學의 大衆化와 言語問題- 論議의 現實的基盤을 닥기 爲하야(5)	논설	·
3097	1937-07-11	文一平	문일평	文一平	문일평	歷史이야기- 첨성대	역사, 문학	·
3098	1937-07-14	·	·	·	·	朝鮮語文의 指南針 "표준말모음" 發刊	한글, 사업	·
3099	1937-07-16	洪命憙, 兪鎭午	홍명희, 유진오	洪命憙, 兪鎭午	홍명희, 유진오	文學對話篇(上) 朝鮮文學의 傳統과 古典	문학	·
3100	1937-07-17	洪命憙, 兪鎭午	홍명희, 유진오	洪命憙, 兪鎭午	홍명희, 유진오	文學對話篇(中) 朝鮮文學의 傳統과 古典	문학	·
3101	1937-07-18	洪命憙, 兪鎭午	홍명희, 유진오	洪命憙, 兪鎭午	홍명희, 유진오	文學對話篇(下) 新進의 今昔과 文學 水準	문학	·
3102	1937-07-18	文一平	문일평	文一平	문일평	歷史이야기- 봉덕사종	역사, 문학	·
3103	1937-07-20	高羲東, 具本雄	고희동, 구본웅	高羲東, 具本雄	고희동, 구본웅	畵壇雙曲線(上) 風俗畵와 朝鮮情趣	미술	·
3104	1937-07-21	高羲東, 具本雄	고희동, 구본웅	高羲東, 具本雄	고희동, 구본웅	畵壇雙曲線(中) 朝鮮의 風景과 獨特한 色彩	미술	·
3105	1937-07-22	高羲東, 具本雄	고희동, 구본웅	高羲東, 具本雄	고희동, 구본웅	畵壇雙曲線(下) 社會生活과 美意識	미술	·
3106	1937-07-22	尹圭涉	윤규섭	尹圭涉	윤규섭	文學防衛論(1) 새로운 文學建設을 爲하야	문학	·
3107	1937-07-23	金永煥, 金管	김영환, 김관	金永煥, 金管	김영환, 김관	樂壇二重奏(上) 새로운 朝鮮音樂의 創造	음악	·
3108	1937-07-23	尹圭涉	윤규섭	尹圭涉	윤규섭	文學防衛論(2) 새로운 文學建設을 爲하야	문학	·
3109	1937-07-24	金永煥, 金管	김영환, 김관	金永煥, 金管	김영환, 김관	樂壇二重奏(中) 새로운 朝鮮音樂의 創造	음악	·
3110	1937-07-24	尹圭涉	윤규섭	尹圭涉	윤규섭	文學防衛論(3) 새로운 文學建設을 爲하야	문학	·
3111	1937-07-24	湖岩	호암	文一平	문일평	近代名僧小列傳(1)	역사	·
3112	1937-07-25	文一平	문일평	文一平	문일평	歷史이야기- 신라의 삼보	역사, 문학	·
3113	1937-07-25	金永煥, 金管	김영환, 김관	金永煥, 金管	김영환, 김관	樂壇二重奏(下) 새로운 朝鮮音樂의 創造	음악	·
3114	1937-07-25	尹圭涉	윤규섭	尹圭涉	윤규섭	文學防衛論(4) 새로운 文學建設을 爲하야	문학	·
3115	1937-07-25	湖岩	호암	文一平	문일평	近代名僧小列傳(2)	역사	·
3116	1937-07-27	洪起文	홍기문	洪起文	홍기문	朴燕岩의 藝術과 史上 그의 生誕二百週年記念(1)	역사	총6회

연번	날짜	자료저자명(한자)	자료저자명(한글)	본명(한자)	본명(한글)	기사제목	분류	비고
3117	1937-07-27	湖岩	호암	文一平	문일평	近代名僧小列傳(3)	역사	·
3118	1937-07-27	李殷相	이은상	李殷相	이은상	漢拏山登攀記(1)	기행	·
3119	1937-07-28	洪起文	홍기문	洪起文	홍기문	朴燕岩의 藝術과 史上 그의 生誕二百週年記念(2)	역사	·
3120	1937-07-28	湖岩	호암	文一平	문일평	近代名僧小列傳(4)	역사	·
3121	1937-07-28	李殷相	이은상	李殷相	이은상	漢拏山登攀記(2)	기행	·
3122	1937-07-29	洪起文	홍기문	洪起文	홍기문	朴燕岩의 藝術과 史上 그의 生誕二百週年記念(3)	역사	·
3123	1937-07-29	湖岩	호암	文一平	문일평	近代名僧小列傳(5)	역사	·
3124	1937-07-29	李殷相	이은상	李殷相	이은상	漢拏山登攀記(3)	기행	·
3125	1937-07-30	洪起文	홍기문	洪起文	홍기문	朴燕岩의 藝術과 史上 그의 生誕二百週年記念(4)	역사	·
3126	1937-07-30	湖岩	호암	文一平	문일평	近代名僧小列傳(6)	역사	·
3127	1937-07-31	洪起文	홍기문	洪起文	홍기문	朴燕岩의 藝術과 史上 그의 生誕二百週年記念(5)	역사	·
3128	1937-07-31	湖岩	호암	文一平	문일평	近代名僧小列傳(10)*7회	역사	연재횟수 오기
3129	1937-08-01	洪起文	홍기문	洪起文	홍기문	朴燕岩의 藝術과 史上 그의 生誕二百週年記念(6)	역사	·
3130	1937-08-01	文一平	문일평	文一平	문일평	歷史이야기- 황룡사종	역사, 문학	·
3131	1937-08-01	·	·	·	·	新興益山의 躍進相-名勝古蹟	고적	·
3132	1937-08-01	湖岩	호암	文一平	문일평	近代名僧小列傳(11)*8회	역사	연재횟수 오기
3133	1937-08-01	·	·	·	·	忠武公祠에 拜禮 本社主催 漢拏山探險團 一行 明朝七時에 京城着	기행	·
3134	1937-08-03	湖岩	호암	文一平	문일평	近代名僧小列傳(9)	역사	·
3135	1937-08-04	湖岩	호암	文一平	문일평	近代名僧小列傳(10)	역사	·
3136	1937-08-04	李殷相	이은상	李殷相	이은상	漢拏山登攀記(4)	기행	·
3137	1937-08-05	·	·	·	·	高句麗建築物의 無數한 礎石發見 平南道廳新築基地로 決定된 平壤萬壽臺工事場에서	고적	·
3138	1937-08-05	李殷相	이은상	李殷相	이은상	漢拏山登攀記(5)	기행	·
3139	1937-08-05	湖岩	호암	文一平	문일평	近代名僧小列傳(11)	역사	·
3140	1937-08-06	李殷相	이은상	李殷相	이은상	漢拏山登攀記(6)	기행	·
3141	1937-08-07	李殷相	이은상	李殷相	이은상	漢拏山登攀記(7)	기행	·
3142	1937-08-08	文一平	문일평	文一平	문일평	歷史이야기- 불국사	역사, 문학	·
3143	1937-08-08	李淸源	이청원	李淸源	이청원	文化의 特殊性과 一般性- 그것의 成立過程에 對한 一般性(1)	논설	·
3144	1937-08-08	李殷相	이은상	李殷相	이은상	漢拏山登攀記(8)	기행	·
3145	1937-08-10	李淸源	이청원	李淸源	이청원	文化의 特殊性과 一般性- 그것의 成立過程에 對한 一般性(2)	논설	·
3146	1937-08-10	李殷相	이은상	李殷相	이은상	漢拏山登攀記(9)	기행	·
3147	1937-08-11	李殷相	이은상	李殷相	이은상	漢拏山登攀記(10)	기행	·
3148	1937-08-12	李殷相	이은상	李殷相	이은상	漢拏山登攀記(11)	기행	·
3149	1937-08-13	李殷相	이은상	李殷相	이은상	漢拏山登攀記(12)	기행	·
3150	1937-08-14	李殷相	이은상	李殷相	이은상	漢拏山登攀記(13)	기행	·
3151	1937-08-15	文一平	문일평	文一平	문일평	歷史이야기- 석빙고	역사, 문학	·
3152	1937-08-15	李殷相	이은상	李殷相	이은상	漢拏山登攀記(14)	기행	·

연번	날짜	자료저자명(한자)	자료저자명(한글)	본명(한자)	본명(한글)	기사제목	분류	비고
3153	1937-08-17	李殷相	이은상	李殷相	이은상	漢拏山登攀記(15)	기행	·
3154	1937-08-18	李殷相	이은상	李殷相	이은상	漢拏山登攀記(16)	기행	·
3155	1937-08-19	李殷相	이은상	李殷相	이은상	漢拏山登攀記(17)	기행	·
3156	1937-08-20	李殷相	이은상	李殷相	이은상	漢拏山登攀記(18)	기행	·
3157	1937-08-20	李軒求	이헌구	李軒求	이헌구	思想·生活에 對한 自省(1)	논설	·
3158	1937-08-21	李殷相	이은상	李殷相	이은상	漢拏山登攀記(19)	기행	·
3159	1937-08-21	李軒求	이헌구	李軒求	이헌구	思想·生活에 對한 自省(2)	논설	·
3160	1937-08-22	文一平	문일평	文一平	문일평	歷史이야기- 무렬왕릉	역사, 문학	·
3161	1937-08-22	李殷相	이은상	李殷相	이은상	漢拏山登攀記(20)	기행	·
3162	1937-08-22	李軒求	이헌구	李軒求	이헌구	思想·生活에 對한 自省(3)	논설	·
3163	1937-08-24	李殷相	이은상	李殷相	이은상	漢拏山登攀記(22)*21회	기행	연재횟수 오기
3164	1937-08-25	李殷相	이은상	李殷相	이은상	漢拏山登攀記(23)*22회	기행	연재횟수 오기
3165	1937-08-26	李殷相	이은상	李殷相	이은상	漢拏山登攀記(24)*23회	기행	연재횟수 오기
3166	1937-08-27	李殷相	이은상	李殷相	이은상	漢拏山登攀記(25)*24회	기행	연재횟수 오기
3167	1937-08-27	湖岩	호암	文一平	문일평	戰爭文學-薩水役과 詩	문학	·
3168	1937-08-27	李殷相	이은상	李殷相	이은상	漢拏山登攀記(26)*25회	기행	연재횟수 오기
3169	1937-08-28	湖岩	호암	文一平	문일평	戰爭文學-安市戰과 詩	문학	·
3170	1937-08-29	李殷相	이은상	李殷相	이은상	漢拏山登攀記(26)	기행	·
3171	1937-08-29	文一平	문일평	文一平	문일평	歷史이야기- 안압지	역사, 문학	·
3172	1937-08-29	閔丙先	민병선	閔丙先	민병선	옛 어른의 사적- "뉘 말이나 다 옳다" 황정승의 도량	역사	·
3173	1937-08-29	湖岩	호암	文一平	문일평	戰爭文學- 陽山戰과 歌	문학	·
3174	1937-08-29	洪起文	홍기문	洪起文	홍기문	並書와 雙書- 訓民正音의 正當한 解釋(1)	한글	총6회
3175	1937-08-29	韓植	한식	韓植	한식	文學上 歷史的 題材- 그 待望되는 理由와 意義의 解明(1)	문학	·
3176	1937-08-31	社說	사설	·	·	朝鮮語漢文科 廢止, 事實이면 斷然 不可	한글	·
3177	1937-08-31	·	·	·	·	朝鮮語漢文讀本 中 漢文過程을 今後 廢止, 國語式 中等漢文讀本만 持續, 新學期부터 一齊實施	한글	·
3178	1937-08-31	李殷相	이은상	李殷相	이은상	漢拏山登攀記(27)	기행	·
3179	1937-08-31	洪起文	홍기문	洪起文	홍기문	並書와 雙書- 訓民正音의 正當한 解釋(2)	한글	·
3180	1937-08-31	韓植	한식	韓植	한식	文學上 歷史的 題材- 그 待望되는 理由와 意義의 解明(2)	문학	·
3181	1937-09-01	李殷相	이은상	李殷相	이은상	漢拏山登攀記(29)*28회	기행	연재횟수 오기
3182	1937-09-01	湖岩	호암	文一平	문일평	戰爭文學- 黃山戰과 劇詩	문학	·
3183	1937-09-01	洪起文	홍기문	洪起文	홍기문	並書와 雙書- 訓民正音의 正當한 解釋(3)	한글	·
3184	1937-09-01	韓植	한식	韓植	한식	文學上 歷史的 題材- 그 待望되는 理由와 意義의 解明(3)	문학	·
3185	1937-09-02	李殷相	이은상	李殷相	이은상	漢拏山登攀記(30)*29회	기행	연재횟수 오기
3186	1937-09-02	湖岩	호암	文一平	문일평	戰爭文學- 阿旦戰과 小說	문학	·
3187	1937-09-02	洪起文	홍기문	洪起文	홍기문	並書와 雙書- 訓民正音의 正當한 解釋(4)	한글	·
3188	1937-09-02	韓植	한식	韓植	한식	文學上 歷史的 題材- 그 待望되는 理由와 意義의 解明(4)	문학	·

연번	날짜	자료저자명(한자)	자료저자명(한글)	본명(한자)	본명(한글)	기사제목	분류	비고
3189	1937-09-03	李殷相	이은상	李殷相	이은상	漢拏山登攀記(30)	기행	·
3190	1937-09-03	湖岩	호암	文一平	문일평	戰爭文學- 扶餘陷城과 詩	문학	·
3191	1937-09-03	洪起文	홍기문	洪起文	홍기문	並書와 雙書- 訓民正音의 正當한 解釋(5)	한글	·
3192	1937-09-03	韓植	한식	韓植	한식	文學上 歷史的 題材- 그 待望되는 理由와 意義의 解明(5)	문학	·
3193	1937-09-04	湖岩	호암	文一平	문일평	戰爭文學- 蛇水戰과 詩	문학	·
3194	1937-09-04	洪起文	홍기문	洪起文	홍기문	並書와 雙書- 訓民正音의 正當한 解釋(6)	한글	·
3195	1937-09-04	韓植	한식	韓植	한식	文學上 歷史的 題材- 그 待望되는 理由와 意義의 解明(6)	문학	·
3196	1937-09-05	文一平	문일평	文一平	문일평	歷史이야기- 포석정	역사, 문학	·
3197	1937-09-05	閔丙先	민병선	閔丙先	민병선	옛 어른의 사적- 과거보다 다리를 상한 충무공 리순신	역사	·
3198	1937-09-05	李殷相	이은상	李殷相	이은상	漢拏山巡禮記登山篇(1)	기행	·
3199	1937-09-05	湖岩	호암	文一平	문일평	戰爭文學- 平壤戰과 詩	문학	·
3200	1937-09-07	李殷相	이은상	李殷相	이은상	漢拏山巡禮記登山篇(2)	기행	·
3201	1937-09-07	湖岩	호암	文一平	문일평	戰爭文學- 句麗沒落과 詩	문학	·
3202	1937-09-07	咸大勳	함대훈	咸大勳	함대훈	『朝鮮語漢文讀本』의 改正과 漢文課程 廢止에 對하야(上)	한글	·
3203	1937-09-08	李殷相	이은상	李殷相	이은상	漢拏山巡禮記 登山篇(3)	기행	·
3204	1937-09-08	湖岩	호암	文一平	문일평	戰爭文學- 熊津戰과 詩	문학	·
3205	1937-09-08	咸大勳	함대훈	咸大勳	함대훈	『朝鮮語漢文讀本』의 改正과 漢文課程 廢止에 對하야(中)	한글	·
3206	1937-09-09	李殷相	이은상	李殷相	이은상	漢拏山巡禮記 登山篇(4)	기행	·
3207	1937-09-09	湖岩	호암	文一平	문일평	戰爭文學- 羅唐交戰과 詩	문학	·
3208	1937-09-09	咸大勳	함대훈	咸大勳	함대훈	『朝鮮語漢文讀本』의 改正과 漢文課程 廢止에 對하야(下)	한글	·
3209	1937-09-10	李殷相	이은상	李殷相	이은상	漢拏山巡禮記 登山篇(4)*5회	기행	연재횟수 오기
3210	1937-09-10	湖岩	호암	文一平	문일평	戰爭文學- 渤海戰과 詩	문학	·
3211	1937-09-11	·	·	·	·	今日! 古蹟愛好日 全朝鮮學校兒童을 通하야 古蹟地出動淨化作業	사업	·
3212	1937-09-11	李殷相	이은상	李殷相	이은상	漢拏山巡禮記 登山篇(5)*6회	기행	연재횟수 오기
3213	1937-09-11	湖岩	호암	文一平	문일평	戰爭文學- 羅都陷落과 詩	문학	·
3214	1937-09-12	文一平	문일평	文一平	문일평	歷史이야기- 신라문화	역사, 문학	·
3215	1937-09-12	李殷相	이은상	李殷相	이은상	漢拏山巡禮記 登山篇(6)*7회	기행	연재횟수 오기
3216	1937-09-12	湖岩	호암	文一平	문일평	戰爭文學- 後百濟討滅과 詩	문학	·
3217	1937-09-15	李殷相	이은상	李殷相	이은상	漢拏山巡禮記 登山篇(8)	기행	·
3218	1937-09-15	湖岩	호암	文一平	문일평	戰爭文學- 契丹兩役과 詩	문학	·
3219	1937-09-16	李殷相	이은상	李殷相	이은상	漢拏山巡禮記 登山篇(9)	기행	·
3220	1937-09-16	湖岩	호암	文一平	문일평	戰爭文學- 女眞征伐과 詩	문학	·
3221	1937-09-17	李殷相	이은상	李殷相	이은상	漢拏山巡禮記 登山篇(10)	기행	·
3222	1937-09-17	湖岩	호암	文一平	문일평	戰爭文學- 武臣亂과 詩	문학	·

연번	날짜	자료저자명(한자)	자료저자명(한글)	본명(한자)	본명(한글)	기사제목	분류	비고
3223	1937-09-18	李殷相	이은상	李殷相	이은상	漢拏山巡禮記 登山篇(11)	기행	·
3224	1937-09-18	湖岩	호암	文一平	문일평	戰爭文學- 蒙古兵亂과 詩	문학	·
3225	1937-09-18	洪起文	홍기문	洪起文	홍기문	한 사람의 言語學徒로서 文壇人에 向한 提議(1)	한글	총6회
3226	1937-09-19	文一平	문일평	文一平	문일평	歷史이야기- 신라의 살림살이	역사, 문학	·
3227	1937-09-19	李殷相	이은상	李殷相	이은상	漢拏山巡禮記 登山篇(12)	기행	·
3228	1937-09-19	湖岩	호암	文一平	문일평	戰爭文學- 三別抄亂과 詩	문학	·
3229	1937-09-19	洪起文	홍기문	洪起文	홍기문	한 사람의 言語學徒로서 文壇人에 向한 提議(2)	한글	·
3230	1937-09-21	李殷相	이은상	李殷相	이은상	漢拏山巡禮記 登山篇(12)	기행	·
3231	1937-09-21	湖岩	호암	文一平	문일평	戰爭文學- 紅賊討滅과 詩	문학	·
3232	1937-09-21	洪起文	홍기문	洪起文	홍기문	한 사람의 言語學徒로서 文壇人에 向한 提議(3)	한글	·
3233	1937-09-22	·	·	·	·	安東- 名勝古蹟	고적	·
3234	1937-09-23	李殷相	이은상	李殷相	이은상	漢拏山巡禮記 登山篇(15)*13회	기행	연재횟수 오기
3235	1937-09-23	湖岩	호암	文一平	문일평	戰爭文學- 補遺	문학	·
3236	1937-09-23	洪起文	홍기문	洪起文	홍기문	한 사람의 言語學徒로서 文壇人에 向한 提議(4)	한글	·
3237	1937-09-25	洪起文	홍기문	洪起文	홍기문	한 사람의 言語學徒로서 文壇人에 向한 提議(5)	한글	·
3238	1937-09-26	·	·	·	·	"朝鮮語聲音學" 硏究 英京學界에서 賞讃-金善琪氏의 빗나는 碩士學位論文	기타	·
3239	1937-09-26	洪起文	홍기문	洪起文	홍기문	한 사람의 言語學徒로서 文壇人에 向한 提議(6)	한글	·
3240	1937-09-26	文一平	문일평	文一平	문일평	歷史이야기- 신라무사	역사, 문학	·
3241	1937-10-01	袋山	대산	洪起文	홍기문	雜記帳- 自稱 新羅人의 索倫族	역사	·
3242	1937-10-03	袋山	대산	洪起文	홍기문	雜記帳- 鹿皮의 日字인 漢文訓釋	기타	·
3243	1937-10-05	袋山	대산	洪起文	홍기문	雜記帳- 殷人과 東夷의 同族說	역사	·
3244	1937-10-08	袋山	대산	洪起文	홍기문	雜記帳- 全然 別個物인 氏와 姓	역사	·
3245	1937-10-09	袋山	대산	洪起文	홍기문	雜記帳- 父祖를 中心한 氏의 由來	역사	·
3246	1937-10-10	文一平	문일평	文一平	문일평	歷史이야기- 화랑도	역사, 문학	·
3247	1937-10-10	袋山	대산	洪起文	홍기문	雜記帳- 東西洋反對의 달ㅅ빗	민속	·
3248	1937-10-13	袋山	대산	洪起文	홍기문	雜記帳- 잘못 알려 잇는 두 事實(光海主와 北伐計畫)	역사	·
3249	1937-10-14	韓雪野	한설야	韓秉道	한병도	歷史哲學에의 關心- 分析으로부터 綜合에(上)	철학	·
3250	1937-10-14	袋山	대산	洪起文	홍기문	雜記帳- 朝鮮漢文의 편지투	민속	·
3251	1937-10-15	韓雪野	한설야	韓秉道	한병도	歷史哲學에의 關心- 分析으로부터 綜合에(中)	철학	·
3252	1937-10-16	袋山	대산	洪起文	홍기문	雜記帳- 傳說에서 차즌 原始社會(新羅의 六村)	역사	·
3253	1937-10-16	韓雪野	한설야	韓秉道	한병도	歷史哲學에의 關心- 分析으로부터 綜合에(下)	철학	·
3254	1937-10-17	金廷漢	김정한	金廷漢	김정한	朝鮮語學의 現狀과 將來(上)	한글	·
3255	1937-10-17	袋山	대산	洪起文	홍기문	雜記帳- 言語에서 차즌 血緣婚姻(兄弟의 稱號)	역사	·
3256	1937-10-19	金廷漢	김정한	金廷漢	김정한	朝鮮語學의 現狀과 將來(下)	한글	·
3257	1937-10-20	李泰俊	이태준	李泰俊	이태준	檀園과 吾園의 後裔로서 西洋畵보담 東洋畵·手工보담 氣魄	미술, 논설	·
3258	1937-10-22	袋山	대산	洪起文	홍기문	雜記帳- 이름을 諱치 안튼 朝鮮慣習	민속	·
3259	1937-10-24	·	·	·	·	考古學界珍貴한 資料 女眞族遺物發見 咸北茂山邑에서	기타	·

연번	날짜	자료저자명(한자)	자료저자명(한글)	본명(한자)	본명(한글)	기사제목	분류	비고
3260	1937-10-26	洪起文	홍기문	洪起文	홍기문	等韻學의 研究(1) 朝鮮漢字音과 京津音	한글	·
3261	1937-10-26	袋山	대산	洪起文	홍기문	雜記帳- 漢字와 우리말의 겹말	한글	·
3262	1937-10-27	洪起文	홍기문	洪起文	홍기문	等韻學의 研究(2) 古韻, 今韻, 北韻의 區別	한글	·
3263	1937-10-28	洪起文	홍기문	洪起文	홍기문	等韻學의 研究(3) 水溫의 三十六字母	한글	·
3264	1937-10-29	洪起文	홍기문	洪起文	홍기문	等韻學의 研究(4) 水溫의 三十六字母	한글	·
3265	1937-10-30	洪起文	홍기문	洪起文	홍기문	等韻學의 研究(5) 水溫의 三十六字母	한글	·
3266	1937-10-31	李圭鳳	이규봉	李圭鳳	이규봉	漢文易解의 方法(1)	문학	·
3267	1937-10-31	文一平	문일평	文一平	문일평	歷史이야기- 신라해상활동	역사, 문학	·
3268	1937-10-31	袋山	대산	洪起文	홍기문	雜記帳-『新羅』語源一考(金城)	역사	·
3269	1937-11-02	李圭鳳	이규봉	李圭鳳	이규봉	漢文易解의 方法(2)	문학	·
3270	1937-11-02	袋山	대산	洪起文	홍기문	雜記帳- 古地名으로 본 數詞	기타	·
3271	1937-11-03	李圭鳳	이규봉	李圭鳳	이규봉	漢文易解의 方法(3)	문학	·
3272	1937-11-05	李圭鳳	이규봉	李圭鳳	이규봉	漢文易解의 方法(4)	문학	·
3273	1937-11-05	袋山	대산	洪起文	홍기문	雜記帳- 三國과 高麗의 王室系譜(金天氏와 高辛氏)	역사	·
3274	1937-11-06	李圭鳳	이규봉	李圭鳳	이규봉	漢文易解의 方法(5)	문학	·
3275	1937-11-06	袋山	대산	洪起文	홍기문	雜記帳- 아전의 賤待와 戶長公	역사	·
3276	1937-11-07	文一平	문일평	文一平	문일평	歷史이야기- 진성여왕	역사, 문학	·
3277	1937-11-07	李圭鳳	이규봉	李圭鳳	이규봉	漢文易解의 方法(6)	문학	·
3278	1937-11-07	袋山	대산	洪起文	홍기문	雜記帳-朝鮮人 特有의 象徵色(土色黃은 잘못)	민속	·
3279	1937-11-09	李圭鳳	이규봉	李圭鳳	이규봉	漢文易解의 方法(7)	문학	·
3280	1937-11-09	袋山	대산	洪起文	홍기문	雜記帳- 官員의 尊稱인 大監·令監	역사	·
3281	1937-11-10	李圭鳳	이규봉	李圭鳳	이규봉	漢文易解의 方法(8)	문학	·
3282	1937-11-10	袋山	대산	洪起文	홍기문	雜記帳- 마님, 마마ㅅ님, 마누라	민속	·
3283	1937-11-11	社說	사설	·	·	朝鮮文化와 朝鮮語	한글	·
3284	1937-11-11	李圭鳳	이규봉	李圭鳳	이규봉	漢文易解의 方法(9)	문학	·
3285	1937-11-11	袋山	대산	洪起文	홍기문	雜記帳- 朝鮮語로 짓는 兒名(小字와 乳名)	민속	·
3286	1937-11-12	袋山	대산	洪起文	홍기문	雜記帳- 貴賤이 顚倒된 香徒·花郞(스승은 곳 師僧)	역사	·
3287	1937-11-14	文一平	문일평	文一平	문일평	歷史이야기- 후삼국	역사, 문학	·
3288	1937-11-16	方鍾鉉	방종현	方鍾鉉	방종현	寂寞한 中의 큰 收穫『우리말본』과 『朝鮮詩歌史綱(上)』	한글	·
3289	1937-11-16	袋山	대산	洪起文	홍기문	雜記帳- 各說이 紛紜한 바둑由來	민속	·
3290	1937-11-17	方鍾鉉	방종현	方鍾鉉	방종현	寂寞한 中의 큰 收穫『우리말본』과 『朝鮮詩歌史綱(下)』	한글	·
3291	1937-11-17	袋山	대산	洪起文	홍기문	雜記帳- 唐以前輸入된 朝鮮의 바둑(花點의 由來)	민속	·
3292	1937-11-18	袋山	대산	洪起文	홍기문	雜記帳- 元時에 輸入된 眼鏡考	민속	·
3293	1937-11-21	湖岩	호암	文一平	문일평	歷史이야기- 신라가 망함	역사, 문학	·
3294	1937-11-25	湖岩	호암	文一平	문일평	李朝畵家誌(1)	역사, 문학	·
3295	1937-11-27	湖岩	호암	文一平	문일평	李朝畵家誌(2)	역사,	·

연번	날짜	자료저자명(한자)	자료저자명(한글)	본명(한자)	본명(한글)	기사제목	분류	비고
							문학	
3296	1937-11-28	湖岩	호암	文一平	문일평	李朝畵家誌(3)	역사, 문학	·
3297	1937-11-28	湖岩	호암	文一平	문일평	歷史이야기-왕건태조	역사, 문학	·
3298	1937-11-29	湖岩	호암	文一平	문일평	李朝畵家誌(4)	역사, 문학	·
3299	1937-12-01	湖岩	호암	文一平	문일평	李朝畵家誌(4)*5회	역사, 문학	연재횟수 오기
3300	1937-12-01	徐寅植	서인식	徐寅植	서인식	文化의 構造를 論述함(1)	논설	·
3301	1937-12-02	湖岩	호암	文一平	문일평	李朝畵家誌(5)*6회	역사, 문학	연재횟수 오기
3302	1937-12-02	徐寅植	서인식	徐寅植	서인식	文化의 構造를 論述함(2)	논설	·
3303	1937-12-03	湖岩	호암	文一平	문일평	李朝畵家誌(7)	역사, 문학	·
3304	1937-12-03	徐寅植	서인식	徐寅植	서인식	文化의 構造를 論述함(3)	논설	·
3305	1937-12-04	湖岩	호암	文一平	문일평	李朝畵家誌(8)	역사, 문학	·
3306	1937-12-04	徐寅植	서인식	徐寅植	서인식	文化의 構造를 論述함(4)	논설	·
3307	1937-12-05	湖岩	호암	文一平	문일평	李朝畵家誌(9)	역사, 문학	·
3308	1937-12-05	徐寅植	서인식	徐寅植	서인식	文化의 構造를 論述함(5)	논설	·
3309	1937-12-07	湖岩	호암	文一平	문일평	李朝畵家誌(10)	역사, 문학	·
3310	1937-12-07	徐寅植	서인식	徐寅植	서인식	文化의 構造를 論述함(6)	논설	·
3311	1937-12-09	湖岩	호암	文一平	문일평	李朝畵家誌(11)	역사, 문학	·
3312	1937-12-10	湖岩	호암	文一平	문일평	李朝畵家誌(12)	역사, 문학	·
3313	1937-12-24	·	·	·	·	受難의 國寶 八鑾大藏經 頹落한 海印寺保管倉庫 經板, 經本 多數盜難	기타	·
3314	1938-01-01	·	·	·	·	묵은朝鮮의 새香氣(1)- 弓術篇 A: "大弓"後裔의 面目 朝鮮武術의 精華, 朝鮮의 全盛期는 宣祖當代, 物換星移·壯老年 스포츠로	민속	·
3315	1938-01-01	·	·	·	·	묵은朝鮮의 새香氣(2)- 弓術篇 B: 六弓手의 百發百中에 台覽 "德國親王" 敬歎 -三十九年前 御前試射를 하든 光景- "近世名弓" 成翁의 回舊談	민속	·
3316	1938-01-03	文一平	문일평	文一平	문일평	歷代朝鮮忠思想檢討- 實事求是學: 李朝文化史의 別頁 實事求是派의 學風(上)	역사	·
3317	1938-01-03	李殷相	이은상	李殷相	이은상	歷代朝鮮忠思想檢討- 花郞道: 新羅文明의 母胎인 『花郞』諸道와 그 精神(上)	역사	·
3318	1938-01-03	孫晋泰	손진태	孫晋泰	손진태	歷代朝鮮忠思想檢討- 샤마니즘: 우리의 原始宗敎인 샤마니즘에 對하야(上)	역사	·
3319	1938-01-03	洪命憙	홍명희	洪命憙	홍명희	歷代朝鮮忠思想檢討- 兩班思想: 李朝政治制度와 兩班思想의 全貌(上)	역사	·
3320	1938-01-03	權相老	권상로	權相老	권상로	歷代朝鮮忠思想檢討- 佛敎思想: 高麗一代의	역사,	·

연번	날짜	자료저자명(한자)	자료저자명(한글)	본명(한자)	본명(한글)	기사제목	분류	비고
						佛教要諦(上)	종교	
3321	1938-01-04	·	·	·	·	묵은朝鮮의 새香氣(3)- 雅樂篇 A: 東洋音樂의 最大偉業 世宗朝때에 中興! 凋落危機에 憤氣한 李王職雅樂部員들의 功績, 世襲四代·樂師長咸和鎭氏	음악	·
3322	1938-01-04	·	·	·	·	朝鮮語技術問題座談會	한글, 사업	·
3323	1938-01-05	·	·	·	·	묵은朝鮮의 새香氣(4)- 雅樂篇 B: 音感의 幽玄境! 心授 以外에 傳授方法은 失敗 "洋樂普遍曲"의 成績은 疑問	음악	·
3324	1938-01-05	文一平	문일평	文一平	문일평	歷代朝鮮忠思想檢討- 李朝文化史의 別頁 實事求是派의 學風(下)	역사	·
3325	1938-01-05	李殷相	이은상	李殷相	이은상	歷代朝鮮忠思想檢討- 花郎道: 新羅文明의 母胎인 『花郎』諸道와 그 精神(下)	역사	·
3326	1938-01-05	孫晉泰	손진태	孫晉泰	손진태	歷代朝鮮忠思想檢討- 샤마니즘: 우리의 原始宗教인 샤마니즘에 對하야(下)	역사	·
3327	1938-01-05	洪命憙	홍명희	洪命憙	홍명희	歷代朝鮮忠思想檢討- 兩班思想: 李朝政治制度와 兩班思想의 全貌(下)	역사	·
3328	1938-01-05	權相老	권상로	權相老	권상로	歷代朝鮮忠思想檢討- 佛教思想: 高麗一代의 佛教要諦(下)	역사, 종교	·
3329	1938-01-06	·	·	·	·	묵은朝鮮의 새香氣(5)- 歌舞篇 A: 蔑視밧든 朝鮮歌舞 大衆藝術의 境域에, 階級的으로 賤待바드며 偉大足跡남겨노흔 韓成俊翁六十平生苦難記	음악	·
3330	1938-01-06	·	·	·	·	世界的으로 發揮되는 朝鮮의 古典舞踊	민속	·
3331	1938-01-06	·	·	·	·	新蒼을 맛는 朝鮮樂三大眞影: 朝鮮聲樂研究會, 朝鮮正樂傳習所, 朝鮮音樂舞踊研究會	음악	·
3332	1938-01-07	·	·	·	·	묵은朝鮮의 새香氣(6)- 歌舞篇 B: 國唱朴氏와 意氣投合 斯道에 精進大成! 發憤忘食 衰退하는 朝鮮歌舞界를 爲하야 晩年에는 老軀끌고 陣頭에!	음악	·
3333	1938-01-08	·	·	·	·	묵은朝鮮의 새香氣(7)- 畵壇篇 A: 燦然한 古朝鮮文化를 彩管을 通해 再映 "庚信斬馬之圖" 外 執筆精進二個年 畵壇의 彗星, 李如星氏의 苦心	미술	·
3334	1938-01-09	·	·	·	·	묵은朝鮮의 새香氣(8)- 畵壇篇 B: 出典과 考證이 업고는 一線一點도 觸筆難 最初의 作品이 高麗武士의 "擊球之圖" 二年間完成作品이 十二幅	미술	·
3335	1938-01-11	·	·	·	·	묵은朝鮮의 새香氣(9)- 民俗篇 A: 新羅以來의 古俗民俗舞踊의 雅趣!- 崔致遠先生의 鄕樂雜詠에도 記錄- 十年一日, 宋錫夏氏의 研究	민속	·
3336	1938-01-11	袋山生	대산생	洪起文	홍기문	小文庫- 누구나 속기 쉬운 古書의 誤謬	기타	·
3337	1938-01-12	·	·	·	·	묵은朝鮮의 새香氣(10)- 民俗篇 B: 野趣滿滿한 中에도 無垢淳朴한 情緖!- 有名한 鳳山假面舞와 京畿道山台舞- 世界民俗學界로 널리 宣揚	민속	·
3338	1938-01-13	·	·	·	·	묵은朝鮮의 새香氣(11)- 古美術篇 A: "烈과 力의 發散으로 된 三國時代의 古藝術" 無窮無盡한 녯것의 새맛을 探究하는 우리 古美術研究의 高裕燮氏	미술	·
3339	1938-01-13	袋山生	대산생	洪起文	홍기문	小文庫- 趣庭錄(1) 『게다』신든 녯習慣	민속	·
3340	1938-01-14	·	·	·	·	묵은朝鮮의 새香氣(12)- 古美術篇 B: 纖細, 玲瓏, 魅惑的인 麗代의 工藝藝術品, 三國時代 以來 "外的"에서 "內的"으로 發展, 研究자의 稀少는 三嘆不而	미술	·

연번	날짜	자료저자명(한자)	자료저자명(한글)	본명(한자)	본명(한글)	기사제목	분류	비고
3341	1938-01-14	袋山生	대산생	洪起文	홍기문	小文庫- 趨庭錄(2) 男子의 귀ㅅ고리	민속	·
3342	1938-01-15	·	·	·	·	묵은朝鮮의 새香氣(13)- 小說篇 A: 朝鮮色의 集大成 雄篇 "林巨正傳" 異彩, 字字句句 묵은 朝鮮의 生活史로 繡飾, 碧初 洪命憙氏의 鏤骨談	문학	·
3343	1938-01-15	袋山生	대산생	洪起文	홍기문	小文庫- 趨庭錄(3) 草笠의 由來	민속	·
3344	1938-01-16	袋山生	대산생	洪起文	홍기문	小文庫- 趨庭錄(4) 갓의 歷代變遷	민속	·
3345	1938-01-19	袋山生	대산생	洪起文	홍기문	小文庫- 趨庭錄(6)*5회 옷소매·바지통	민속	연재횟수 오기
3346	1938-01-20	袋山生	대산생	洪起文	홍기문	小文庫- 趨庭錄(6) 너울의 由來	민속	·
3347	1938-01-20	李殷相	이은상	李殷相	이은상	獨學의 最高典型 花潭 徐敬德 小傳- 그의 遺蹟保存問題를 機會로(上)	역사	·
3348	1938-01-21	李殷相	이은상	李殷相	이은상	獨學의 最高典型 花潭 徐敬德 小傳- 그의 遺蹟保存問題를 機會로(下)	역사	·
3349	1938-01-21	袋山生	대산생	洪起文	홍기문	小文庫- 趨庭錄(8)*7회 背子와 馬褂子	민속	연재횟수 오기
3350	1938-01-22	袋山生	대산생	洪起文	홍기문	小文庫- 趨庭錄(8) 서방은 『西房』	민속	·
3351	1938-01-23	崔益翰	최익한	崔益翰	최익한	鄭圃隱誕生六百週年紀念特輯 朝鮮儒敎史에 잇서 鄭圃隱의 功績과 地位(1)	역사	총4회
3352	1938-01-23	洪起文	홍기문	洪起文	홍기문	麗末의 兩班階級生成과 鄭圃隱의 活動	역사	·
3353	1938-01-23	·	·	·	·	圃隱先生略譜	역사	·
3354	1938-01-25	崔益翰	최익한	崔益翰	최익한	鄭圃隱誕生六百週年紀念特輯 朝鮮儒敎史에 잇서 鄭圃隱의 功績과 地位(2)	역사	·
3355	1938-01-25	袋山生	대산생	洪起文	홍기문	小文庫- 趨庭錄(10) 獨坐床과 覽寢	민속	·
3356	1938-01-26	崔益翰	최익한	崔益翰	최익한	鄭圃隱誕生六百週年紀念特輯 朝鮮儒敎史에 잇서 鄭圃隱의 功績과 地位(3)	역사	·
3357	1938-01-26	袋山生	대산생	洪起文	홍기문	小文庫- 趨庭錄(11) 拜燭과 逐郞	민속	·
3358	1938-01-27	崔益翰	최익한	崔益翰	최익한	鄭圃隱誕生六百週年紀念特輯 朝鮮儒敎史에 잇서 鄭圃隱의 功績과 地位(4)	역사	·
3359	1938-01-27	石耕牛	석경우	崔載瑞	최재서	고기도- 器械와 古典	문학	·
3360	1938-01-27	袋山生	대산생	洪起文	홍기문	小文庫- 趨庭錄(12) 패싸홈·牽馬戰	민속	·
3361	1938-01-27	洪起文	홍기문	洪起文	홍기문	新刊評 金允經氏의 勞作 朝鮮文學及語學史	문학	·
3362	1938-01-28	袋山生	대산생	洪起文	홍기문	小文庫- 趨庭錄(13) 同姓同本의 相婚	민속	·
3363	1938-01-29	袋山生	대산생	洪起文	홍기문	小文庫- 趨庭錄(14) 寡婦의 改嫁	민속	·
3364	1938-01-30	文一平	문일평	文一平	문일평	歷史이야기- 윤관	역사, 문학	·
3365	1938-01-30	金載元	김재원	金載元	김재원	三皇부터 周代까지 東洋文化의 考究(1)	역사	·
3366	1938-01-30	袋山生	대산생	洪起文	홍기문	小文庫- 趨庭錄(15) 氣候의 變遷	민속	·
3367	1938-02-01	金載元	김재원	金載元	김재원	三皇부터 周代까지 東洋文化의 考究(2)	역사	·
3368	1938-02-01	袋山生	대산생	洪起文	홍기문	小文庫- 趨庭錄(16) 곤쟁이젓·숙주나물	민속	·
3369	1938-02-02	金載元	김재원	金載元	김재원	三皇부터 周代까지 東洋文化의 考究(3)	역사	·
3370	1938-02-02	袋山生	대산생	洪起文	홍기문	小文庫- 趨庭錄(17) 藥果와 母酒	민속	·
3371	1938-02-03	金載元	김재원	金載元	김재원	三皇부터 周代까지 東洋文化의 考究(4)	역사	·
3372	1938-02-03	袋山生	대산생	洪起文	홍기문	小文庫- 趨庭錄(18) 沙果와 능금	민속	·
3373	1938-02-03	柏木兒	백목아	李源朝	이원조	고기도-古典詩回顧	문학	·
3374	1938-02-04	金載元	김재원	金載元	김재원	三皇부터 周代까지 東洋文化의 考究(5)	역사	·

연번	날짜	자료저자명(한자)	자료저자명(한글)	본명(한자)	본명(한글)	기사제목	분류	비고
3375	1938-02-04	袋山生	대산생	洪起文	홍기문	小文庫- 趨庭錄(19) 苦椒와 胡瓜	민속	·
3376	1938-02-05	金載元	김재원	金載元	김재원	三皇부터 周代까지 東洋文化의 考究(6)	역사	·
3377	1938-02-05	袋山生	대산생	洪起文	홍기문	小文庫- 趨庭錄(20) 부채의 由來	민속	·
3378	1938-02-06	文一平	문일평	文一平	문일평	歷史이야기- 최영	역사, 문학	·
3379	1938-02-06	金載元	김재원	金載元	김재원	三皇부터 周代까지 東洋文化의 考究(7)	역사	·
3380	1938-02-06	袋山生	대산생	洪起文	홍기문	小文庫- 趨庭錄(21) 羅景績과 自鳴鐘	민속	·
3381	1938-02-08	袋山生	대산생	洪起文	홍기문	小文庫- 趨庭錄(22) 丹靑의 禁法	민속	·
3382	1938-02-10	朴英熙	박영희	朴英熙	박영희	書齋閑話- 녯知識과 새學問(1)	문학	·
3383	1938-02-10	袋山生	대산생	洪起文	홍기문	小文庫- 趨庭錄(22)*23회 烙刑·生凌遲·주리	민속	연재횟수 오기
3384	1938-02-11	朴英熙	박영희	朴英熙	박영희	書齋閑話- 녯知識과 새學問(2)	문학	·
3385	1938-02-11	袋山生	대산생	洪起文	홍기문	小文庫- 趨庭錄(24) 六假家와 都沽	민속	·
3386	1938-02-13	朴英熙	박영희	朴英熙	박영희	書齋閑話- 녯知識과 새學問(3)	문학	·
3387	1938-02-13	文一平	문일평	文一平	문일평	歷史이야기- 대각국사	역사, 문학	·
3388	1938-02-13	袋山生	대산생	洪起文	홍기문	小文庫- 趨庭錄(25) 불안당은 明火賊	민속	·
3389	1938-02-15	朴英熙	박영희	朴英熙	박영희	書齋閑話- 녯知識과 새學問(4)	문학	·
3390	1938-02-15	袋山生	대산생	洪起文	홍기문	小文庫- 趨庭錄(26) 고자의 語義	민속	·
3391	1938-02-16	朴英熙	박영희	朴英熙	박영희	書齋閑話- 녯知識과 새學問(5)	문학	·
3392	1938-02-16	袋山生	대산생	洪起文	홍기문	小文庫- 俚諺의 壽命, 오래된 녯마듸	민속	·
3393	1938-02-17	袋山生	대산생	洪起文	홍기문	小文庫- 俚諺의 訛誤, 上下寺不及의 類	민속	·
3394	1938-02-18	袋山生	대산생	洪起文	홍기문	小文庫- 牡丹과 牧丹	민속	·
3395	1938-02-20	文一平	문일평	文一平	문일평	歷史이야기- 최충	역사, 문학	·
3396	1938-02-22	袋山生	대산생	洪起文	홍기문	小文庫- 王妃의 換姓, 羅麗朝의 奇例	민속	·
3397	1938-02-24	高在烋	고재휴	高在烋	고재휴	朝鮮語學에 關하야 學徒의 基本問題(1)	한글	·
3398	1938-02-25	高在烋	고재휴	高在烋	고재휴	朝鮮語學에 關하야 學徒의 基本問題(2)	한글	·
3399	1938-02-26	湖岩	호암	文一平	문일평	文化的 發掘(1) 國際巨商林尙沃	역사, 문학	·
3400	1938-02-26	袋山生	대산생	洪起文	홍기문	小文庫- 고시네, 유아 그 由來에 對한 一考	민속	·
3401	1938-02-27	文一平	문일평	文一平	문일평	歷史이야기- 김부식	역사, 문학	·
3402	1938-02-27	湖岩	호암	文一平	문일평	文化的 發掘(2) 大商略家林尙沃	역사, 문학	·
3403	1938-02-27	高在烋	고재휴	高在烋	고재휴	朝鮮語學에 關하야 學徒의 基本問題(3)	한글	·
3404	1938-02-27	袋山生	대산생	洪起文	홍기문	小文庫- 도령과 아가씨 그 語源에 對한 一考	민속	·
3405	1938-03-01	湖岩	호암	文一平	문일평	文化的 發掘(3) 巨人林尙沃略歷	역사, 문학	·
3406	1938-03-01	高在烋	고재휴	高在烋	고재휴	朝鮮語學에 關하야 學徒의 基本問題(4)	한글	·
3407	1938-03-01	袋山生	대산생	洪起文	홍기문	小文庫- 巨川의 家寶 奴婢의 從母法	민속	·
3408	1938-03-02	湖岩	호암	文一平	문일평	文化的 發掘(4) 林尙沃逸話傳說	역사, 문학	·
3409	1938-03-02	袋山生	대산생	洪起文	홍기문	小文庫-丈人, 丈母, 泰山과 岳父母	민속	·

연번	날짜	자료저자명(한자)	자료저자명(한글)	본명(한자)	본명(한글)	기사제목	분류	비고
3410	1938-03-03	湖岩	호암	文一平	문일평	文化的 發掘(5) 林尙沃史的評家	역사, 문학	·
3411	1938-03-03	袋山生	대산생	洪起文	홍기문	小文庫- 阮丈과 咸氏, 卯君·渭陽丈의 例	민속	·
3412	1938-03-04	湖岩	호암	文一平	문일평	文化的 發掘(6) 詩人의 林尙沃	역사, 문학	·
3413	1938-03-04	袋山生	대산생	洪起文	홍기문	小文庫- 伯仲叔季, 荊妻와 豚犬 등	민속	·
3414	1938-03-05	湖岩	호암	文一平	문일평	文化的 發掘(7) 異人의 林尙沃	역사, 문학	·
3415	1938-03-05	社說	사설	·	·	改正教育令과 朝鮮語科	한글	·
3416	1938-03-06	社說	사설	·	·	鄕土文化調査의 意義	사업	·
3417	1938-03-06	文一平	문일평	文一平	문일평	歷史이야기- 안유	역사, 문학	·
3418	1938-03-06	湖岩	호암	文一平	문일평	文化的 發掘(7)*8회 文化聖道古山子	역사, 문학	연재횟수 오기
3419	1938-03-06	袋山生	대산생	洪起文	홍기문	小文庫- 地名의 偶合	민속	·
3420	1938-03-08	湖岩	호암	文一平	문일평	文化的 發掘(8)*9회 古山子姓名由來	역사, 문학	연재횟수 오기
3421	1938-03-08	袋山生	대산생	洪起文	홍기문	小文庫- 字謎, 字占, 王昌瑾의 거울	민속	·
3422	1938-03-09	湖岩	호암	文一平	문일평	文化的 發掘(9)*10회 學藝史上古山子	역사, 문학	연재횟수 오기
3423	1938-03-09	袋山生	대산생	洪起文	홍기문	小文庫- 金笠의 先驅 申景鎭·李文源	역사	·
3424	1938-03-10	湖岩	호암	文一平	문일평	文化的 發掘(10)*11회 金簡과 金屬活字	역사, 문학	연재횟수 오기
3425	1938-03-10	袋山生	대산생	洪起文	홍기문	小文庫- 骨과 品, 新羅의 貴族制度	역사	·
3426	1938-03-11	湖岩	호암	文一平	문일평	文化的 發掘(11)*12회 金簡과 金屬活字	역사, 문학	연재횟수 오기
3427	1938-03-11	袋山生	대산생	洪起文	홍기문	小文庫- 東西南北 高句麗, 百濟의 五部	역사	·
3428	1938-03-12	崔益翰	최익한	崔益翰	최익한	麗末史話(1) 麗·李交替의 歷史的 意義	역사	·
3429	1938-03-12	尙壽施	상수시	崔載瑞	최재서	고기도- 傳統과 創造	문학	·
3430	1938-03-12	袋山生	대산생	洪起文	홍기문	小文庫-兩班과 拜金, 林慶業·李浣	역사	·
3431	1938-03-12	湖岩	호암	文一平	문일평	文化的 發掘(12)*13회 歸化和蘭人朴燕	역사, 문학	연재횟수 오기
3432	1938-03-13	文一平	문일평	文一平	문일평	歷史이야기-정몽주	역사, 문학	·
3433	1938-03-13	崔益翰	최익한	崔益翰	최익한	麗末史話(2) 麗·李交替의 歷史的 意義	역사	·
3434	1938-03-13	湖岩	호암	文一平	문일평	文化的發掘(13)*14회 夏米爾와漂流記	역사, 문학	연재횟수 오기
3435	1938-03-13	袋山生	대산생	洪起文	홍기문	小文庫- 影窓과 婦椽, 漢字用例의 疑問	기타	·
3436	1938-03-15	崔益翰	최익한	崔益翰	최익한	麗末史話(3) 麗·李交替의 歷史的 意義	역사	·
3437	1938-03-15	湖岩	호암	文一平	문일평	文化的發掘(14)*15회 歐洲에紹介된朝鮮	역사, 문학	연재횟수 오기
3438	1938-03-15	李殷相	이은상	李殷相	이은상	行脚短信 無等山遊記(1)	기행	·
3439	1938-03-16	湖岩	호암	文一平	문일평	文化的發掘(15)*16회 羅禪征伐과砲手	역사, 문학	연재횟수 오기
3440	1938-03-16	崔益翰	최익한	崔益翰	최익한	麗末史話(4) 麗·李交替의 歷史的 意義	역사	·

연번	날짜	자료저자명(한자)	자료저자명(한글)	본명(한자)	본명(한글)	기사제목	분류	비고
3441	1938-03-16	李殷相	이은상	李殷相	이은상	行脚短信 無等山遊記(2)	기행	·
3442	1938-03-16	袋山生	대산생	洪起文	홍기문	小文庫- 木花의 유래, 거화, 서캐의 語源	역사	·
3443	1938-03-17	崔益翰	최익한	崔益翰	최익한	麗末史話(5) 元耘谷의 祕傳 華海師全	역사	·
3444	1938-03-17	湖岩	호암	文一平	문일평	文化的發掘(16)*17회 明國登第者金濤	역사, 문학	연재횟수 오기
3445	1938-03-17	李殷相	이은상	李殷相	이은상	行脚短信 無等山遊記(3)	기행	·
3446	1938-03-18	崔益翰	최익한	崔益翰	최익한	麗末史話(6) 元耘谷의 祕傳 華海師全	역사	·
3447	1938-03-18	湖岩	호암	文一平	문일평	文化的發掘(17)*18회 最後留學僧無學	역사, 문학	연재횟수 오기
3448	1938-03-18	李殷相	이은상	李殷相	이은상	行脚短信 無等山遊記(4)	기행	·
3449	1938-03-18	·	·	·	·	初創의 學問 巡禮記: 矍鑠! 七旬卲齡으로 十年積功의 印譜學 葦滄 吳世昌 先生을 차저	기타	·
3450	1938-03-19	崔益翰	최익한	崔益翰	최익한	麗末史話(7) 元耘谷의 祕傳 華海師全	역사	·
3451	1938-03-19	·	·	·	·	初創의 學問 巡禮記: 珍藏貴籍을 골라가며 樹立道程에 잇는 板本學, 三十年 하로가튼 黃義敦氏	기타	·
3452	1938-03-19	湖岩	호암	文一平	문일평	文化的發掘(18)*19회 僧獨步와僧東仁	역사, 문학	연재횟수 오기
3453	1938-03-19	李殷相	이은상	李殷相	이은상	行脚短信 無等山遊記(5)	기행	·
3454	1938-03-19	袋山生	대산생	洪起文	홍기문	小文庫-朝鮮의 祕記 "九變震壇之圖"	역사	·
3455	1938-03-20	文一平	문일평	文一平	문일평	歷史이야기- 詩人 鄭知常	역사, 문학	·
3456	1938-03-20	李殷相	이은상	李殷相	이은상	行脚短信 無等山遊記(6)	기행	·
3457	1938-03-20	崔益翰	최익한	崔益翰	최익한	麗末史話(8) 元耘谷의 祕傳 華海師全	역사	·
3458	1938-03-20	湖岩	호암	文一平	문일평	文化的發掘(19)*20회 歸化明人과文化	역사, 문학	연재횟수 오기
3459	1938-03-23	李殷相	이은상	李殷相	이은상	行脚短信 無等山遊記(7)	기행	·
3460	1938-03-23	·	·	·	·	東洋音樂의 精髓 雅樂의 一般化에 四十年 貢獻한 咸和鎭氏	기타	·
3461	1938-03-24	湖岩	호암	文一平	문일평	文化的發掘(20)*21회 最初鑛師皮於瑞	역사, 문학	연재횟수 오기
3462	1938-03-24	李殷相	이은상	李殷相	이은상	行脚短信 無等山遊記(9)*8회	기행	연재횟수 오기
3463	1938-03-25	李殷相	이은상	李殷相	이은상	行脚短信 無等山遊記(10)*11회	기행	연재횟수 오기
3464	1938-03-25	崔益翰	최익한	崔益翰	최익한	麗末史話(9) 元耘谷의 祕傳 華海師全	역사	·
3465	1938-03-26	李殷相	이은상	李殷相	이은상	行脚短信 無等山遊記(10)	기행	·
3466	1938-03-26	崔益翰	최익한	崔益翰	최익한	麗末史話(10) 元耘谷의 祕傳 華海師全	역사	·
3467	1938-03-27	文一平	문일평	文一平	문일평	歷史이야기- 이규보	역사, 문학	·
3468	1938-03-27	李殷相	이은상	李殷相	이은상	鄕土文化를 차저서(11)	기행	無等山遊記에서 이어짐
3469	1938-03-29	李殷相	이은상	李殷相	이은상	鄕土文化를 차저서(12)	기행	·
3470	1938-03-30	李殷相	이은상	李殷相	이은상	鄕土文化를 차저서(13)	기행	·
3471	1938-04-01	李殷相	이은상	李殷相	이은상	鄕土文化를 차저서(14)	기행	·
3472	1938-04-03	李殷相	이은상	李殷相	이은상	鄕土文化를 차저서(16)	기행	15회 미확인
3473	1938-04-05	李殷相	이은상	李殷相	이은상	鄕土文化를 차저서(17)	기행	·

연번	날짜	자료저자명(한자)	자료저자명(한글)	본명(한자)	본명(한글)	기사제목	분류	비고
3474	1938-04-06	李殷相	이은상	李殷相	이은상	鄕土文化를 차저서(18)	기행	·
3475	1938-04-07	李殷相	이은상	李殷相	이은상	鄕土文化를 차저서(19)	기행	·
3476	1938-04-08	權相老	권상로	權相老	권상로	觀燈의 朝鮮的 故事 그 時日과 習俗의 變遷에 對하야(上)	민속	·
3477	1938-04-08	李殷相	이은상	李殷相	이은상	鄕土文化를 차저서(20)	기행	·
3478	1938-04-09	權相老	권상로	權相老	권상로	觀燈의 朝鮮的 故事 그 時日과 習俗의 變遷에 對하야(下)	민속	·
3479	1938-04-09	李殷相	이은상	李殷相	이은상	鄕土文化를 차저서(21)	기행	·
3480	1938-04-10	李殷相	이은상	李殷相	이은상	鄕土文化를 차저서(22)	기행	·
3481	1938-04-12	李殷相	이은상	李殷相	이은상	鄕土文化를 차저서(23)	기행	·
3482	1938-04-13	李殷相	이은상	李殷相	이은상	鄕土文化를 차저서(24)	기행	·
3483	1938-04-14	李殷相	이은상	李殷相	이은상	鄕土文化를 차저서(25)	기행	·
3484	1938-04-15	黃義敦	황의돈	黃義敦	황의돈	鄕土文化를 차저서(26)- 第二班 義州篇	기행	·
3485	1938-04-16	黃義敦	황의돈	黃義敦	황의돈	鄕土文化를 차저서(27)- 第二班 義州篇	기행	·
3486	1938-04-17	黃義敦	황의돈	黃義敦	황의돈	鄕土文化를 차저서(28)- 第二班 義州篇	기행	·
3487	1938-04-19	黃義敦	황의돈	黃義敦	황의돈	鄕土文化를 차저서(29)- 第二班 義州篇	기행	·
3488	1938-04-20	黃義敦	황의돈	黃義敦	황의돈	鄕土文化를 차저서(30)- 第二班 義州篇	기행	·
3489	1938-04-21	宋錫夏	송석하	宋錫夏	송석하	鄕土演藝의 精粹와 그 民俗學的 考察(1)	민속	·
3490	1938-04-21	黃義敦	황의돈	黃義敦	황의돈	鄕土文化를 차저서(31)- 第二班 義州篇	기행	·
3491	1938-04-22	黃義敦	황의돈	黃義敦	황의돈	鄕土文化를 차저서(32)- 第二班 義州篇	기행	·
3492	1938-04-22	宋錫夏	송석하	宋錫夏	송석하	朝鮮의 鄕土藝術- 簡單한 史的梗槪(2)	민속	·
3493	1938-04-23	宋錫夏	송석하	宋錫夏	송석하	朝鮮의 鄕土藝術- 簡單한 史的梗槪(3)	민속	·
3494	1938-04-23	黃義敦	황의돈	黃義敦	황의돈	鄕土文化를 차저서(33)- 第二班 義州篇	기행	·
3495	1938-04-24	黃義敦	황의돈	黃義敦	황의돈	鄕土文化를 차저서(34)- 第二班 義州篇	기행	·
3496	1938-04-24	宋錫夏	송석하	宋錫夏	송석하	朝鮮의 鄕土藝術- 簡單한 史的梗槪(4)	민속	·
3497	1938-04-25	·	·	·	·	朝鮮特産品展覽會紀念 全朝鮮鄕土演藝大會	사업	·
3498	1938-04-27	社說	사설	·	·	鄕土文化의 保存	사업	·
3499	1938-04-28	宋錫夏	송석하	宋錫夏	송석하	朝鮮의 鄕土藝術- 簡單한 史的梗槪(5)	민속	·
3500	1938-04-28	黃義敦	황의돈	黃義敦	황의돈	鄕土文化를 차저서(35)- 第二班 義州篇	기행	·
3501	1938-04-28	洪命憙	홍명희	洪命憙	홍명희	民俗藝術大會評語- 民衆生活의 呼吸과 民俗藝術價値 文化遺産의 傳承을 爲하야	민속	·
3502	1938-04-28	尹致昊	윤치호	尹致昊	윤치호	民俗藝術大會評語- 大衆生活과 娛樂 우리 民俗노래에 興겨워하는	민속	·
3503	1938-04-29	宋錫夏	송석하	宋錫夏	송석하	朝鮮의 鄕土藝術- 簡單한 史的梗槪(6)	민속	·
3504	1938-04-29	黃義敦	황의돈	黃義敦	황의돈	鄕土文化를 차저서(36)- 第二班 義州篇	기행	·
3505	1938-05-02	·	·	·	·	古典의 雅趣充溢한 朝鮮舞踊의 精髓拔萃, 斯界의 一流名手는 總登場, 意義 기픈 古典舞踊 今夜府民館에서	민속, 사업	·
3506	1938-05-02	·	·	·	·	古典舞踊大會-死藏된 우리 文化遺産 豪勢를 大衆에 이바지	민속, 사업	·
3507	1938-05-03	黃義敦	황의돈	黃義敦	황의돈	鄕土文化를 차저서(38)- 第二班 義州篇	기행	37회 미확인·
3508	1938-05-04	黃義敦	황의돈	黃義敦	황의돈	鄕土文化를 차저서(39)- 第二班 義州篇	기행	·
3509	1938-05-04	林學洙	임학수	林學洙	임학수	西行日記- 三墓와 雙楹塚(1)	기행	·

연번	날짜	자료저자명(한자)	자료저자명(한글)	본명(한자)	본명(한글)	기사제목	분류	비고
3510	1938-05-05	崔益翰	최익한	崔益翰	최익한	鄕土文化를 차저서(40)- 第三班 蔚珍行	기행	·
3511	1938-05-05	李克魯	이극로	李克魯	이극로	新刊評 李熙昇 近著 歷代朝鮮文學精華	문학	·
3512	1938-05-05	林學洙	임학수	林學洙	임학수	西行日記- 三墓와 雙楹塚(2)	기행	·
3513	1938-05-06	崔益翰	최익한	崔益翰	최익한	鄕土文化를 차저서(41)- 第三班 蔚珍行	기행	·
3514	1938-05-06	林學洙	임학수	林學洙	임학수	西行日記- 三墓와 雙楹塚(3)	기행	·
3515	1938-05-07	李熙昇	이희승	李熙昇	이희승	歷史的 遺産인 우리 民俗藝術	민속	·
3516	1938-05-07	宋錫夏	송석하	宋錫夏	송석하	湮滅에서 復活로 燦然히 빗난 民藝大會	민속	·
3517	1938-05-07	李如星	이여성	李命鍵	이명건	敬虔한 食慾이 움적이는 걸궁이패의 繪畵的 要素	민속	·
3518	1938-05-07	柳致眞	유치진	柳致眞	유치진	希臘의 古劇가튼 우리 假面舞蹈	민속	·
3519	1938-05-08	崔益翰	최익한	崔益翰	최익한	鄕土文化를 차저서(42)- 第三班 蔚珍行	기행	·
3520	1938-05-08	文一平	문일평	文一平	문일평	歷史이야기- 李寧	역사, 문학	·
3521	1938-05-10	崔益翰	최익한	崔益翰	최익한	鄕土文化를 차저서(43)- 第三班 蔚珍行	기행	·
3522	1938-05-10	林學洙	임학수	林學洙	임학수	西行日記-三墓와 雙楹塚(4)	기행	·
3523	1938-05-11	崔益翰	최익한	崔益翰	최익한	鄕土文化를 차저서(44)- 第三班 蔚珍行	기행	·
3524	1938-05-13	崔益翰	최익한	崔益翰	최익한	鄕土文化를 차저서(45)- 第三班 蔚珍行	기행	·
3525	1938-05-14	崔益翰	최익한	崔益翰	최익한	鄕土文化를 차저서(46)- 第三班 蔚珍行	기행	·
3526	1938-05-15	崔益翰	최익한	崔益翰	최익한	鄕土文化를 차저서(47)- 第三班 蔚珍行	기행	·
3527	1938-05-15	文一平	문일평	文一平	문일평	歷史이야기- 恭愍王	역사, 문학	·
3528	1938-05-15	申南澈	신남철	申南澈	신남철	文學과 思想性의 問題(1) 創作活動과 美意識	논설	·
3529	1938-05-17	崔益翰	최익한	崔益翰	최익한	鄕土文化를 차저서(48)- 第三班 蔚珍行	기행	·
3530	1938-05-17	申南澈	신남철	申南澈	신남철	文學과 思想性의 問題(2) 『視覺업는 美』와 言語	논설	·
3531	1938-05-18	崔益翰	최익한	崔益翰	최익한	鄕土文化를 차저서(49)- 第三班 三陟篇	기행	·
3532	1938-05-18	申南澈	신남철	申南澈	신남철	文學과 思想性의 問題(3) 作家의 感覺과 叡智?	논설	·
3533	1938-05-19	崔益翰	최익한	崔益翰	최익한	鄕土文化를 차저서(50)- 第三班 三陟篇	기행	·
3534	1938-05-19	申南澈	신남철	申南澈	신남철	文學과 思想性의 問題(4) 作家와 世界觀에 對하야	논설	·
3535	1938-05-19	李熙昇	이희승	李熙昇	이희승	新刊評-漢詩入門書인 『詩海韻珠』讀後感	문학	·
3536	1938-05-20	崔益翰	최익한	崔益翰	최익한	鄕土文化를 차저서(51)- 第三班 三陟篇	기행	·
3537	1938-05-20	申南澈	신남철	申南澈	신남철	文學과 思想性의 問題(5) 作家와 世界觀에 對하야	논설	·
3538	1938-05-21	申南澈	신남철	申南澈	신남철	文學과 思想性의 問題(6) 作家와 倫理의 문제	논설	·
3539	1938-05-22	崔益翰	최익한	崔益翰	최익한	鄕土文化를 차저서(52)- 第三班 三陟篇	기행	·
3540	1938-05-22	文一平	문일평	文一平	문일평	歷史이야기- 坦然	역사, 문학	·
3541	1938-05-24	崔益翰	최익한	崔益翰	최익한	鄕土文化를 차저서(53)- 第三班 三陟篇	기행	·
3542	1938-05-25	崔益翰	최익한	崔益翰	최익한	鄕土文化를 차저서(54)- 第三班 三陟篇	기행	·
3543	1938-05-26	崔益翰	최익한	崔益翰	최익한	鄕土文化를 차저서(55)- 第三班 三陟篇	기행	·
3544	1938-05-27	崔益翰	최익한	崔益翰	최익한	鄕土文化를 차저서(56)- 第三班 三陟篇	기행	·
3545	1938-05-28	崔益翰	최익한	崔益翰	최익한	鄕土文化를 차저서(57)- 第三班 三陟篇	기행	·
3546	1938-05-29	文一平	문일평	文一平	문일평	歷史이야기- 洪灌	역사, 문학	·
3547	1938-05-29	崔益翰	최익한	崔益翰	최익한	鄕土文化를 차저서(58)- 第三班 三陟篇	기행	·

연번	날짜	자료저자명(한자)	자료저자명(한글)	본명(한자)	본명(한글)	기사제목	분류	비고
3548	1938-05-31	方鍾鉉	방종현	方鍾鉉	방종현	鄕土文化를 차저서- 第四班 濟州道行(1)	기행	·
3549	1938-06-01	·	·	·	·	李王家美術館 來六月五日부터 開扉 朝鮮古美術만 陳列 國寶, 逸品 等 千餘點!	미술	·
3550	1938-06-01	方鍾鉉	방종현	方鍾鉉	방종현	鄕土文化를 차저서- 第四班 濟州道行(2)	기행	·
3551	1938-06-03	方鍾鉉	방종현	方鍾鉉	방종현	鄕土文化를 차저서- 第四班 濟州道行(3)	기행	·
3552	1938-06-04	方鍾鉉	방종현	方鍾鉉	방종현	鄕土文化를 차저서- 第四班 濟州道行(4)	기행	·
3553	1938-06-04	朴英熙	박영희	朴英熙	박영희	古典復興의 理論과 實際(1) 古典復興의 現代的 意義 深奧한 叡智의 攝取過程	논설	·
3554	1938-06-05	文一平	문일평	文一平	문일평	歷史이야기- 韓脩	역사, 문학	·
3555	1938-06-05	方鍾鉉	방종현	方鍾鉉	방종현	鄕土文化를 차저서- 第四班 濟州道行(5)	기행	·
3556	1938-06-05	李熙昇	이희승	李熙昇	이희승	古典復興의 理論과 實際(2) 古典文學에서 어든 感想 그 缺點과 長處에 關한 再認識	논설	·
3557	1938-06-05	田蒙秀	전몽수	田蒙秀	전몽수	鄕歌解疑(1)	문학	·
3558	1938-06-06	社說	사설	·	·	美術의 進步와 發展	미술, 논설	·
3559	1938-06-07	方鍾鉉	방종현	方鍾鉉	방종현	鄕土文化를 차저서- 第四班 濟州道行(5)*6회	기행	연재횟수 오기
3560	1938-06-07	田蒙秀	전몽수	田蒙秀	전몽수	鄕歌解疑(2)	문학	·
3561	1938-06-07	朴鍾鴻	박종홍	朴鍾鴻	박종홍	古典復興의 理論과 實際(3) 歷史의 轉換과 古典復興 새로운 創造와 建設을 위하야	논설	·
3562	1938-06-08	方鍾鉉	방종현	方鍾鉉	방종현	鄕土文化를 차저서- 第四班 濟州道行(6)*7회	기행	연재횟수 오기
3563	1938-06-08	田蒙秀	전몽수	田蒙秀	전몽수	鄕歌解疑(3)	문학	·
3564	1938-06-08	李如星	이여성	李命鍵	이명건	古典復興의 理論과 實際(4) 古典研究와 書籍貧困 藏書家의 書籍公開를 要望	논설	·
3565	1938-06-08	金復鎭	김복진	金復鎭	김복진	第十七回 朝美展評(1)	미술	·
3566	1938-06-09	田蒙秀	전몽수	田蒙秀	전몽수	鄕歌解疑(4)	문학	·
3567	1938-06-09	金復鎭	김복진	金復鎭	김복진	第十七回 朝美展評(2)	미술	·
3568	1938-06-09	李昇圭	이승규	李昇圭	이승규	鄕土文化를 차저서- 保寧行(1)	기행	·
3569	1938-06-10	崔載瑞	최재서	崔載瑞	최재서	古典復興의 理論과 實際(5) 古典研究의 歷史性 傳統의 全體的 秩序를 위하야	논설	·
3570	1938-06-10	金復鎭	김복진	金復鎭	김복진	第十七回 朝美展評(3)	미술	·
3571	1938-06-10	李昇圭	이승규	李昇圭	이승규	鄕土文化를 차저서- 保寧行(2)	기행	·
3572	1938-06-11	柳子厚	유자후	柳子厚	유자후	古典復興의 理論과 實際(6) 傳來文品의 稽考難 典籍尊重의 觀念을 가져라	논설	·
3573	1938-06-11	田蒙秀	전몽수	田蒙秀	전몽수	鄕歌解疑(4)*5회	문학	연재횟수 오기
3574	1938-06-11	金復鎭	김복진	金復鎭	김복진	第十七回 朝美展評(4)	미술	
3575	1938-06-11	李昇圭	이승규	李昇圭	이승규	鄕土文化를 차저서- 保寧行(3)	기행	·
3576	1938-06-12	文一平	문일평	文一平	문일평	歷史이야기-孝子 崔婁伯	역사, 문학	·
3577	1938-06-12	田蒙秀	전몽수	田蒙秀	전몽수	鄕歌解疑(5)*6회	문학	연재횟수 오기
3578	1938-06-12	金復鎭	김복진	金復鎭	김복진	第十七回 朝美展評(5)	미술	·
3579	1938-06-12	李昇圭	이승규	李昇圭	이승규	鄕土文化를 차저서- 保寧行(4)	기행	·
3580	1938-06-14	朴致祐	박치우	朴致祐	박치우	古典復興의 理論과 實際(7) 古典의 性格인 規範性	논설	·

연번	날짜	자료저자명 (한자)	자료저자명 (한글)	본명 (한자)	본명 (한글)	기사제목	분류	비고
						참된 傳承과 個性의 創造力		
3581	1938-06-14	田蒙秀	전몽수	田蒙秀	전몽수	鄕歌解疑(6)*7회	문학	연재횟수 오기
3582	1938-06-14	李昇圭	이승규	李昇圭	이승규	鄕土文化를 차저서- 保寧行(5)	기행	·
3583	1938-06-15	田蒙秀	전몽수	田蒙秀	전몽수	鄕歌解疑(6)*8회	문학	연재횟수 오기
3584	1938-06-15	宋錫夏	송석하	宋錫夏	송석하	古典復興의 理論과 實際(8) 新文化輸入과 우리 民俗 湮滅과 學術資料를 擁護하자	논설	·
3585	1938-06-15	李昇圭	이승규	李昇圭	이승규	鄕土文化를 차저서- 保寧行(6)	기행	·
3586	1938-06-16	金基錫	김기석	金基錫	김기석	文化의 一般性과 特殊性- 普遍的인 文化와 特殊的인 文化(1)	논설	·
3587	1938-06-16	李昇圭	이승규	李昇圭	이승규	鄕土文化를 차저서- 保寧行(7)	기행	·
3588	1938-06-17	金基錫	김기석	金基錫	김기석	文化의 一般性과 特殊性- 普遍的인 文化와 特殊的인 文化(2)	논설	·
3589	1938-06-18	金基錫	김기석	金基錫	김기석	文化의 一般性과 特殊性- 普遍的인 文化와 特殊的인 文化(3)	논설	·
3590	1938-06-18	李昇圭	이승규	李昇圭	이승규	鄕土文化를 차저서- 保寧行(8)	기행	·
3591	1938-06-19	文一平	문일평	文一平	문일평	歷史이야기- 孝子 金遷	역사, 문학	·
3592	1938-06-19	金基錫	김기석	金基錫	김기석	文化의 一般性과 特殊性- 普遍的인 文化와 特殊的인 文化(4)	논설	·
3593	1938-06-19	李常春	이상춘	李常春	이상춘	鄕土文化를 차저서- 宣川行(1)	기행	·
3594	1938-06-20	李常春	이상춘	李常春	이상춘	鄕土文化를 차저서- 宣川行(2)	기행	·
3595	1938-06-22	李常春	이상춘	李常春	이상춘	鄕土文化를 차저서- 宣川行(3)	기행	·
3596	1938-06-23	李常春	이상춘	李常春	이상춘	鄕土文化를 차저서- 宣川行(4)	기행	·
3597	1938-06-23	金載元	김재원	金載元	김재원	考古學上으로 본 上古의 戰爭(1)	역사	·
3598	1938-06-24	李常春	이상춘	李常春	이상춘	鄕土文化를 차저서- 宣川行(5)	기행	·
3599	1938-06-24	金載元	김재원	金載元	김재원	考古學上으로 본 上古의 戰爭(2)	역사	·
3600	1938-06-25	李常春	이상춘	李常春	이상춘	鄕土文化를 차저서- 宣川行(6)	기행	·
3601	1938-06-25	金載元	김재원	金載元	김재원	考古學上으로 본 上古의 戰爭(3)	역사	·
3602	1938-06-26	李常春	이상춘	李常春	이상춘	鄕土文化를 차저서- 宣川行(7)	기행	·
3603	1938-06-26	金載元	김재원	金載元	김재원	考古學上으로 본 上古의 戰爭(4)	역사	·
3604	1938-06-26	文一平	문일평	文一平	문일평	歷史이야기- 大綿公 文益漸	역사, 문학	·
3605	1938-06-29	黃義敦	황의돈	黃義敦	황의돈	鄕土文化를 차저서- 咸平行(1)	기행	·
3606	1938-06-29	金載元	김재원	金載元	김재원	考古學上으로 본 上古의 戰爭(5)	역사	·
3607	1938-06-29	湖岩	호암	文一平	문일평	永晝漫筆(1)	문학	·
3608	1938-06-30	金載元	김재원	金載元	김재원	考古學上으로 본 上古의 戰爭(6)	역사	·
3609	1938-06-30	黃義敦	황의돈	黃義敦	황의돈	鄕土文化를 차저서- 咸平行(2)	기행	·
3610	1938-06-30	湖岩	호암	文一平	문일평	永晝漫筆(2)	문학	·
3611	1938-07-01	安浩相	안호상	安浩相	안호상	自我擴大와 環境	논설	·
3612	1938-07-01	湖岩	호암	文一平	문일평	永晝漫筆(3)	문학	·
3613	1938-07-02	湖岩	호암	文一平	문일평	永晝漫筆(4)	문학	·
3614	1938-07-02	黃義敦	황의돈	黃義敦	황의돈	鄕土文化를 차저서- 咸平行(3)	기행	·
3615	1938-07-03	湖岩	호암	文一平	문일평	永晝漫筆(6)	문학	5회 미확인

연번	날짜	자료저자명 (한자)	자료저자명 (한글)	본명 (한자)	본명 (한글)	기사제목	분류	비고
3616	1938-07-03	黃義敦	황의돈	黃義敦	황의돈	鄕土文化를 차저서- 咸平行(4)	기행	·
3617	1938-07-03	文一平	문일평	文一平	문일평	歷史이야기- 勇士 文大	역사, 문학	·
3618	1938-07-05	湖岩	호암	文一平	문일평	永書漫筆(7)	문학	·
3619	1938-07-05	黃義敦	황의돈	黃義敦	황의돈	鄕土文化를 차저서- 咸平行(5)	기행	·
3620	1938-07-07	湖岩	호암	文一平	문일평	永書漫筆(9)	문학	8회 미확인
3621	1938-07-07	宋錫夏	송석하	宋錫夏	송석하	鄕土文化를 차저서- 長興篇(1)	기행	·
3622	1938-07-08	湖岩	호암	文一平	문일평	永書漫筆(10)	문학	·
3623	1938-07-08	宋錫夏	송석하	宋錫夏	송석하	鄕土文化를 차저서- 長興篇(2)	기행	·
3624	1938-07-09	李箕永	이기영	李箕永	이기영	歷史의 흐르는 方向 科學的 合理性의 把握과 實薦	철학	·
3625	1938-07-09	湖岩	호암	文一平	문일평	永書漫筆(11)	문학	·
3626	1938-07-09	宋錫夏	송석하	宋錫夏	송석하	鄕土文化를 차저서- 長興篇(3)	기행	·
3627	1938-07-10	文一平	문일평	文一平	문일평	歷史이야기-勇士 曹孝立	역사, 문학	·
3628	1938-07-10	湖岩	호암	文一平	문일평	永書漫筆(12)	문학	·
3629	1938-07-10	宋錫夏	송석하	宋錫夏	송석하	鄕土文化를 차저서- 長興篇(4)	기행	·
3630	1938-07-11	社說	사설	·	·	學界의 金字塔- 朝鮮史編修會의 朝鮮史 完成	역사, 사업	·
3631	1938-07-12	·	·	·	·	心血傾注! 九年間 朝鮮語辭典 獨力 完成, 蒐集語彙十萬語 學界에 朗報 文世榮氏의 力作	한글, 사업	·
3632	1938-07-12	湖岩	호암	文一平	문일평	永書漫筆(13)	문학	·
3633	1938-07-12	宋錫夏	송석하	宋錫夏	송석하	鄕土文化를 차저서- 長興篇(5)	기행	·
3634	1938-07-13	社說	사설	·	·	文世榮氏의 朝鮮語辭典, 朝鮮學界에 貢獻多大	한글, 사업	·
3635	1938-07-13	湖岩	호암	文一平	문일평	永書漫筆(14)	문학	·
3636	1938-07-13	宋錫夏	송석하	宋錫夏	송석하	鄕土文化를 차저서- 長興篇(6)	기행	·
3637	1938-07-13	李殷相	이은상	李殷相	이은상	漆室公의 시조(1)	문학	·
3638	1938-07-14	·	·	·	·	고구려궁지로 간주되는 청암리 토성 발굴 조사	고적	·
3639	1938-07-14	李殷相	이은상	李殷相	이은상	漆室公의 시조(2)	문학	·
3640	1938-07-14	湖岩	호암	文一平	문일평	永書漫筆(15)	문학	·
3641	1938-07-14	崔益翰	최익한	崔益翰	최익한	鄕土文化를 차저서- 博川行(1)	기행	·
3642	1938-07-15	湖岩	호암	文一平	문일평	永書漫筆(16)	문학	·
3643	1938-07-15	崔益翰	최익한	崔益翰	최익한	鄕土文化를 차저서- 博川行(2)	기행	·
3644	1938-07-15	李殷相	이은상	李殷相	이은상	漆室公의 시조(3)	문학	·
3645	1938-07-16	湖岩	호암	文一平	문일평	永書漫筆(17)	문학	·
3646	1938-07-16	李殷相	이은상	李殷相	이은상	漆室公의 시조(4)	문학	·
3647	1938-07-17	湖岩	호암	文一平	문일평	永書漫筆(18)	문학	·
3648	1938-07-17	李殷相	이은상	李殷相	이은상	漆室公의 시조(5)	문학	·
3649	1938-07-17	崔益翰	최익한	崔益翰	최익한	鄕土文化를 차저서- 博川行(3)	기행	·
3650	1938-07-17	文一平	문일평	文一平	문일평	歷史이야기- 金 버린 兄弟	역사, 문학	·
3651	1938-07-19	湖岩	호암	文一平	문일평	永書漫筆(19)	문학	·
3652	1938-07-19	崔益翰	최익한	崔益翰	최익한	鄕土文化를 차저서- 博川行(4)	기행	·

연번	날짜	자료저자명(한자)	자료저자명(한글)	본명(한자)	본명(한글)	기사제목	분류	비고
3653	1938-07-20	湖岩	호암	文一平	문일평	永書漫筆(20)	문학	·
3654	1938-07-20	崔益翰	최익한	崔益翰	최익한	鄕土文化를 차저서- 博川行(5)	기행	·
3655	1938-07-21	崔益翰	최익한	崔益翰	최익한	鄕土文化를 차저서- 博川行(6)	기행	·
3656	1938-07-22	湖岩	호암	文一平	문일평	永書漫筆(21)	문학	·
3657	1938-07-22	崔益翰	최익한	崔益翰	최익한	鄕土文化를 차저서- 博川行(7)	기행	·
3658	1938-07-22	方鍾鉉	방종현	方鍾鉉	방종현	新刊評 文世榮氏力著 朝鮮語辭典評	문학	·
3659	1938-07-23	崔益翰	최익한	崔益翰	최익한	鄕土文化를 차저서- 博川行(8)	기행	·
3660	1938-07-23	林學洙	임학수	林學洙	임학수	八道風物詩 朴淵	문학	·
3661	1938-07-24	文一平	문일평	文一平	문일평	歷史이야기- 盜賊의 感化	역사, 문학	·
3662	1938-07-24	方鍾鉉	방종현	方鍾鉉	방종현	鄕土文化를 차저서- 谷城行(1)	기행	·
3663	1938-07-24	徐寅植	서인식	徐寅植	서인식	至聖의 時代的 性格- 文化의 創造와 그 聯關性(1)	철학	·
3664	1938-07-26	方鍾鉉	방종현	方鍾鉉	방종현	鄕土文化를 차저서- 谷城行(2)	기행	·
3665	1938-07-26	徐寅植	서인식	徐寅植	서인식	至聖의 時代的 性格- 文化의 創造와 그 聯關性(2)	철학	·
3666	1938-07-27	方鍾鉉	방종현	方鍾鉉	방종현	鄕土文化를 차저서- 谷城行(3)	기행	·
3667	1938-07-27	徐寅植	서인식	徐寅植	서인식	至聖의 時代的 性格- 文化의 創造와 그 聯關性(3)	철학	·
3668	1938-07-28	方鍾鉉	방종현	方鍾鉉	방종현	鄕土文化를 차저서- 谷城行(4)	기행	·
3669	1938-07-28	徐寅植	서인식	徐寅植	서인식	至聖의 時代的 性格- 文化의 創造와 그 聯關性(4)	철학	·
3670	1938-07-29	方鍾鉉	방종현	方鍾鉉	방종현	鄕土文化를 차저서- 谷城行(5)	기행	·
3671	1938-07-29	徐寅植	서인식	徐寅植	서인식	至聖의 時代的 性格- 文化의 創造와 그 聯關性(5)	철학	·
3672	1938-07-30	方鍾鉉	방종현	方鍾鉉	방종현	鄕土文化를 차저서- 谷城行(6)	기행	·
3673	1938-07-30	徐寅植	서인식	徐寅植	서인식	至聖의 時代的 性格- 文化의 創造와 그 聯關性(6)	철학	·
3674	1938-07-30	田蒙秀	전몽수	田蒙秀	전몽수	新羅王號考(1)	역사	·
3675	1938-07-30	李殷相	이은상	李殷相	이은상	智異山探險記(1)	기행	·
3676	1938-07-31	田蒙秀	전몽수	田蒙秀	전몽수	新羅王號考(2)	역사	·
3677	1938-07-31	李孝石	이효석	李孝石	이효석	綜合論文(1) "西歐精神과 東方情趣" 肉體文學의 傳統에 對하야(上)	논설	·
3678	1938-07-31	方鍾鉉	방종현	方鍾鉉	방종현	鄕土文化를 차저서- 谷城行(6)	기행	·
3679	1938-07-31	李殷相	이은상	李殷相	이은상	智異山探險記(2)	기행	·
3680	1938-07-31	文一平	문일평	文一平	문일평	歷史이야기- 청렴한 관리	역사, 문학	·
3681	1938-08-02	李殷相	이은상	李殷相	이은상	智異山探險記(3)	기행	·
3682	1938-08-02	田蒙秀	전몽수	田蒙秀	전몽수	新羅王號考(3)	역사	·
3683	1938-08-02	李孝石	이효석	李孝石	이효석	綜合論文(2) "西洋精神과 東方情趣" 肉體文學의 傳統에 對하야(下)	논설	·
3684	1938-08-03	李殷相	이은상	李殷相	이은상	智異山探險記(4)	기행	·
3685	1938-08-03	田蒙秀	전몽수	田蒙秀	전몽수	新羅王號考(4)	역사	·
3686	1938-08-03	方鍾鉉	방종현	方鍾鉉	방종현	鄕土文化를 차저서- 谷城行(8)	기행	7회 미확인
3687	1938-08-03	李秉岐	이병기	李秉岐	이병기	綜合論文(2) "西洋精神과 東方情趣" 大自然에 歸依하는 東方人	논설	·
3688	1938-08-04	李殷相	이은상	李殷相	이은상	智異山探險記(5)	기행	·
3689	1938-08-04	李秉岐	이병기	李秉岐	이병기	綜合論文(3) "西歐精神과 東方情趣" 大自然에 歸依하는 東方人	논설	·

연번	날짜	자료저자명(한자)	자료저자명(한글)	본명(한자)	본명(한글)	기사제목	분류	비고
3690	1938-08-04	田蒙秀	전몽수	田蒙秀	전몽수	新羅王號考(5)	역사	·
3691	1938-08-04	方鍾鉉	방종현	方鍾鉉	방종현	鄕土文化를 차저서- 谷城行(9)	기행	·
3692	1938-08-05	方鍾鉉	방종현	方鍾鉉	방종현	鄕土文化를 차저서- 谷城行(10)	기행	·
3693	1938-08-05	李泰俊	이태준	李泰俊	이태준	綜合論文(4) "西歐精神과 東方情趣" 歎息하는 東方情趣	논설	·
3694	1938-08-05	田蒙秀	전몽수	田蒙秀	전몽수	新羅王號考(5)*6회	역사	연재횟수 오기
3695	1938-08-06	李殷相	이은상	李殷相	이은상	智異山探險記(6)	기행	·
3696	1938-08-06	崔載瑞	최재서	崔載瑞	최재서	綜合論文(4) "西歐精神과 東方情趣" 휴-매니즘과 宗敎(上)	논설	·
3697	1938-08-07	李殷相	이은상	李殷相	이은상	智異山探險記(7)	기행	·
3698	1938-08-07	崔載瑞	최재서	崔載瑞	최재서	綜合論文(4) "西歐精神과 東方情趣" 휴-매니즘과 宗敎(下)	논설	·
3699	1938-08-07	文一平	문일평	文一平	문일평	歷史이야기- 겸손한 장수	역사, 문학	·
3700	1938-08-09	李殷相	이은상	李殷相	이은상	智異山探險記(8)	기행	·
3701	1938-08-11	李殷相	이은상	李殷相	이은상	智異山探險記(9)	기행	·
3702	1938-08-12	李殷相	이은상	李殷相	이은상	智異山探險記(10)	기행	·
3703	1938-08-13	李殷相	이은상	李殷相	이은상	智異山探險記(11)	기행	·
3704	1938-08-14	李殷相	이은상	李殷相	이은상	智異山探險記(12)	기행	·
3705	1938-08-14	文一平	문일평	文一平	문일평	歷史이야기- 잘나신 임금들	역사, 문학	·
3706	1938-08-16	李殷相	이은상	李殷相	이은상	智異山探險記(13)	기행	·
3707	1938-08-17	李殷相	이은상	李殷相	이은상	智異山探險記(14)	기행	·
3708	1938-08-18	李殷相	이은상	李殷相	이은상	智異山探險記(15)	기행	·
3709	1938-08-19	李殷相	이은상	李殷相	이은상	智異山探險記(16)	기행	·
3710	1938-08-20	李殷相	이은상	李殷相	이은상	智異山探險記(17)	기행	·
3711	1938-08-21	李殷相	이은상	李殷相	이은상	智異山探險記(18)	기행	·
3712	1938-08-21	文一平	문일평	文一平	문일평	歷史이야기- 고려문화	역사, 문학	·
3713	1938-08-23	李殷相	이은상	李殷相	이은상	智異山探險記(20)*19회	기행	연재횟수 오기
3714	1938-08-23	安含光	안함광	安鍾彦	안종언	朝鮮文學精神探險- 世界觀, 文學, 生活的 現實(1)	문학, 논설	·
3715	1938-08-24	李殷相	이은상	李殷相	이은상	智異山探險記(20)	기행	·
3716	1938-08-24	安含光	안함광	安鍾彦	안종언	朝鮮文學精神探險- 世界觀, 文學, 生活的 現實(2)	문학, 논설	·
3717	1938-08-25	李殷相	이은상	李殷相	이은상	智異山探險記(21)	기행	·
3718	1938-08-25	安含光	안함광	安鍾彦	안종언	朝鮮文學精神探險- 世界觀, 文學, 生活的 現實(3)	문학, 논설	·
3719	1938-08-27	李殷相	이은상	李殷相	이은상	智異山探險記(22)	기행	·
3720	1938-08-27	安含光	안함광	安鍾彦	안종언	朝鮮文學精神探險- 世界觀, 文學, 生活的 現實(4)	문학, 논설	·
3721	1938-08-28	李殷相	이은상	李殷相	이은상	智異山探險記(23)	기행	·
3722	1938-08-28	安含光	안함광	安鍾彦	안종언	朝鮮文學精神探險- 世界觀, 文學, 生活的 現實(5)	문학, 논설	·

연번	날짜	자료저자명(한자)	자료저자명(한글)	본명(한자)	본명(한글)	기사제목	분류	비고
3723	1938-08-28	文一平	문일평	文一平	문일평	歷史이야기-고려대장경	역사, 문학	·
3724	1938-08-30	李殷相	이은상	李殷相	이은상	智異山探險記(24)	기행	·
3725	1938-08-30	安含光	안함광	安鍾彦	안종언	朝鮮文學精神探險- 世界觀, 文學, 生活的 現實(6)	문학, 논설	·
3726	1938-08-31	李殷相	이은상	李殷相	이은상	智異山探險記(25)	기행	·
3727	1938-08-31	安含光	안함광	安鍾彦	안종언	朝鮮文學精神探險- 世界觀, 文學, 生活的 現實(7)	문학, 논설	·
3728	1938-09-01	李殷相	이은상	李殷相	이은상	智異山探險記(26)	기행	·
3729	1938-09-02	李殷相	이은상	李殷相	이은상	智異山探險記(27)	기행	·
3730	1938-09-03	李殷相	이은상	李殷相	이은상	智異山探險記(28)	기행	·
3731	1938-09-03	申龜鉉	신구현	申龜鉉	신구현	朝鮮閨秀文學考- 黃眞伊의 現代的 硏究(1)	문학	·
3732	1938-09-04	李殷相	이은상	李殷相	이은상	智異山探險記(29)	기행	·
3733	1938-09-06	申龜鉉	신구현	申龜鉉	신구현	朝鮮閨秀文學考- 黃眞伊의 現代的 硏究(3)	문학	2회 미확인
3734	1938-09-06	李殷相	이은상	李殷相	이은상	智異山探險記(30)	기행	·
3735	1938-09-07	申龜鉉	신구현	申龜鉉	신구현	朝鮮閨秀文學考- 黃眞伊의 現代的 硏究(4)	문학	·
3736	1938-09-07	李殷相	이은상	李殷相	이은상	智異山探險記(31)	기행	·
3737	1938-09-08	申龜鉉	신구현	申龜鉉	신구현	朝鮮閨秀文學考- 黃眞伊의 現代的 硏究(5)	문학	·
3738	1938-09-08	李殷相	이은상	李殷相	이은상	智異山探險記(32)	기행	·
3739	1938-09-09	申龜鉉	신구현	申龜鉉	신구현	朝鮮閨秀文學考- 黃眞伊의 現代的 硏究(6)	문학	·
3740	1938-09-09	李殷相	이은상	李殷相	이은상	智異山探險記(33)	기행	·
3741	1938-09-10	申龜鉉	신구현	申龜鉉	신구현	朝鮮閨秀文學考- 黃眞伊의 現代的 硏究(7)	문학	·
3742	1938-09-10	李殷相	이은상	李殷相	이은상	智異山探險記(35)*34회	기행	연재횟수 오기
3743	1938-09-11	社說	사설	·	·	古蹟愛護의 意義	고적, 논설	·
3744	1938-09-11	申龜鉉	신구현	申龜鉉	신구현	朝鮮閨秀文學考- 黃眞伊의 現代的 硏究(8)	문학	·
3745	1938-09-11	李殷相	이은상	李殷相	이은상	智異山探險記(36)*35회	기행	연재횟수 오기
3746	1938-09-13	申龜鉉	신구현	申龜鉉	신구현	朝鮮閨秀文學考- 黃眞伊의 現代的 硏究(9)	문학	·
3747	1938-09-13	李殷相	이은상	李殷相	이은상	智異山探險記(37)*36회	기행	연재횟수 오기
3748	1938-09-15	申龜鉉	신구현	申龜鉉	신구현	朝鮮閨秀文學考- 黃眞伊의 現代的 硏究(10)	문학	·
3749	1938-09-15	李殷相	이은상	李殷相	이은상	智異山探險記(38)*37회	기행	연재횟수 오기
3750	1938-09-16	申龜鉉	신구현	申龜鉉	신구현	朝鮮閨秀文學考- 黃眞伊의 現代的 硏究(11)	문학	·
3751	1938-09-16	李殷相	이은상	李殷相	이은상	智異山探險記(39)*38회	기행	연재횟수 오기
3752	1938-09-17	申龜鉉	신구현	申龜鉉	신구현	朝鮮閨秀文學考- 黃眞伊의 現代的 硏究(12)	문학	·
3753	1938-09-17	李殷相	이은상	李殷相	이은상	智異山探險記(39)	기행	·
3754	1938-09-18	申龜鉉	신구현	申龜鉉	신구현	朝鮮閨秀文學考- 黃眞伊의 現代的 硏究(13)	문학	·
3755	1938-09-18	李殷相	이은상	李殷相	이은상	智異山探險記(40)	기행	·
3756	1938-09-20	李殷相	이은상	李殷相	이은상	智異山探險記(41)	기행	·
3757	1938-09-21	李殷相	이은상	李殷相	이은상	智異山探險記(42)	기행	·
3758	1938-09-22	李殷相	이은상	李殷相	이은상	智異山探險記(43)	기행	·
3759	1938-09-23	李殷相	이은상	李殷相	이은상	智異山探險記(44)	기행	·
3760	1938-09-24	李殷相	이은상	李殷相	이은상	智異山探險記(45)	기행	·

연번	날짜	자료저자명(한자)	자료저자명(한글)	본명(한자)	본명(한글)	기사제목	분류	비고
3761	1938-09-28	湖岩	호암	文一平	문일평	大覺國師傳(1)	역사	·
3762	1938-09-29	湖岩	호암	文一平	문일평	大覺國師傳(2)	역사	·
3763	1938-09-30	湖岩	호암	文一平	문일평	大覺國師傳(3)	역사	·
3764	1938-09-30	李常春	이상춘	李常春	이상춘	鄕土文化를 차저서- 務安·木浦行(1)	기행	·
3765	1938-10-02	文一平	문일평	文一平	문일평	歷史이야기- 묘청의 난리	역사, 문학	·
3766	1938-10-03	社說	사설	·	·	朝鮮語隨意科問題	한글, 논설	·
3767	1938-10-05	湖岩	호암	文一平	문일평	大覺國師傳(5)	역사	4회 미확인
3768	1938-10-05	李常春	이상춘	李常春	이상춘	鄕土文化를 차저서- 務安·木浦行(3)	기행	2회 미확인
3769	1938-10-06	湖岩	호암	文一平	문일평	大覺國師傳(6)	역사	·
3770	1938-10-06	李常春	이상춘	李常春	이상춘	鄕土文化를 차저서- 務安·木浦行(4)	기행	·
3771	1938-10-07	湖岩	호암	文一平	문일평	大覺國師傳(7)	역사	·
3772	1938-10-09	文一平	문일평	文一平	문일평	歷史이야기- 이자겸의 난리	역사, 문학	·
3773	1938-10-11	湖岩	호암	文一平	문일평	大覺國師傳(8)	역사	·
3774	1938-10-13	田蒙秀	전몽수	田蒙秀	전몽수	古語首題(1)	문학	·
3775	1938-10-13	湖岩	호암	文一平	문일평	大覺國師傳(9)	역사	·
3776	1938-10-16	湖岩	호암	文一平	문일평	大覺國師傳(10)	역사	4회 미확인
3777	1938-10-16	文一平	문일평	文一平	문일평	歷史이야기- 삼별초의 난리	역사, 문학	·
3778	1938-10-16	方鍾鉉	방종현	方鍾鉉	방종현	海印寺記- 그 境內史的의 片考(上)	기행	·
3779	1938-10-19	湖岩	호암	文一平	문일평	大覺國師傳(11)	역사	·
3780	1938-10-19	方鍾鉉	방종현	方鍾鉉	방종현	海印寺記- 그 境內史的의 片考(中)	기행	·
3781	1938-10-20	田蒙秀	전몽수	田蒙秀	전몽수	古語首題(2)	문학	·
3782	1938-10-20	方鍾鉉	방종현	方鍾鉉	방종현	海印寺記- 그 境內史的의 片考(下)	기행	·
3783	1938-10-22	湖岩	호암	文一平	문일평	大覺國師傳(12)	역사	·
3784	1938-10-22	田蒙秀	전몽수	田蒙秀	전몽수	古語首題(3)	문학	·
3785	1938-10-22	徐寅植	서인식	徐寅植	서인식	傳統論- 傳統의 一般的 性格과 그 現代的 意義에 關하야(1)	논설	·
3786	1938-10-23	李軒求	이헌구	李軒求	이헌구	우리文章軌範인『朝鮮文學讀本』	문학	·
3787	1938-10-23	徐寅植	서인식	徐寅植	서인식	傳統論- 傳統의 一般的 性格과 그 現代的 意義에 關하야(2)	논설	·
3788	1938-10-23	田蒙秀	전몽수	田蒙秀	전몽수	古語首題(4)	한글	·
3789	1938-10-23	湖岩	호암	文一平	문일평	大覺國師傳(13)	역사	·
3790	1938-10-23	文一平	문일평	文一平	문일평	歷史이야기-최씨전권	역사, 문학	·
3791	1938-10-25	湖岩	호암	文一平	문일평	大覺國師傳(14)	역사	·
3792	1938-10-25	田蒙秀	전몽수	田蒙秀	전몽수	古語首題(5)	한글	·
3793	1938-10-25	徐寅植	서인식	徐寅植	서인식	傳統論- 傳統의 一般的 性格과 그 現代的 意義에 關하야(3)	논설	·
3794	1938-10-26	方鍾鉉	방종현	方鍾鉉	방종현	朝鮮語文學會 講演聽後感	한글	·
3795	1938-10-26	徐寅植	서인식	徐寅植	서인식	傳統論- 傳統의 一般的 性格과 그 現代的 意義에	논설	·

연번	날짜	자료저자명(한자)	자료저자명(한글)	본명(한자)	본명(한글)	기사제목	분류	비고
						關하야(4)		
3796	1938-10-26	湖岩	호암	文一平	문일평	大覺國師傳(15)	역사	·
3797	1938-10-27	湖岩	호암	文一平	문일평	大覺國師傳(16)	역사	·
3798	1938-10-27	徐寅植	서인식	徐寅植	서인식	傳統論- 傳統의 一般的 性格과 그 現代的 意義에 關하야(5)	논설	·
3799	1938-10-28	徐寅植	서인식	徐寅植	서인식	傳統論- 傳統의 一般的 性格과 그 現代的 意義에 關하야(6)	논설	·
3800	1938-10-28	·	·	·	·	朝鮮文化史上의 巨業 「丁茶山全書」 完成	사업	·
3801	1938-10-29	徐寅植	서인식	徐寅植	서인식	傳統論- 傳統의 一般的 性格과 그 現代的 意義에 關하야(7)	논설	·
3802	1938-10-29	湖岩	호암	文一平	문일평	大覺國師傳(17)	역사	·
3803	1938-10-30	文一平	문일평	文一平	문일평	歷史이야기- 고려의 삼대전쟁	역사, 문학	·
3804	1938-10-30	徐寅植	서인식	徐寅植	서인식	傳統論- 傳統의 一般的 性格과 그 現代的 意義에 關하야(8)	논설	·
3805	1938-11-02	·	·	·	·	古代朝鮮關係資料 百點特別陳列 今日부터 博物館데	고적	·
3806	1938-11-02	宋錫夏	송석하	宋錫夏	송석하	鄕土文化를 차저서- 慈城·厚昌編(1)	기행	·
3807	1938-11-03	宋錫夏	송석하	宋錫夏	송석하	鄕土文化를 차저서- 慈城·厚昌編(2)	기행	·
3808	1938-11-04	湖岩	호암	文一平	문일평	興味橫溢한 申鼎言野談集	문학	·
3809	1938-11-05	宋錫夏	송석하	宋錫夏	송석하	鄕土文化를 차저서- 慈城·厚昌編(3)	기행	·
3810	1938-11-06	文一平	문일평	文一平	문일평	歷史이야기- 국제결혼	역사, 문학	·
3811	1938-11-08	宋錫夏	송석하	宋錫夏	송석하	鄕土文化를 차저서- 慈城·厚昌編(4)	기행	·
3812	1938-11-09	宋錫夏	송석하	宋錫夏	송석하	鄕土文化를 차저서- 慈城·厚昌編(4)*5회	기행	연재횟수 오기
3813	1938-11-10	宋錫夏	송석하	宋錫夏	송석하	鄕土文化를 차저서- 慈城·厚昌編(5)*6회	기행	연재횟수 오기
3814	1938-11-10	湖岩	호암	文一平	문일평	晩秋登陟(1) 逍遙散	기행	·
3815	1938-11-13	宋錫夏	송석하	宋錫夏	송석하	鄕土文化를 차저서- 慈城·厚昌編(6)*7회	기행	연재횟수 오기
3816	1938-11-10	湖岩	호암	文一平	문일평	晩秋登陟(2) 逍遙散	기행	·
3817	1938-11-13	文一平	문일평	文一平	문일평	歷史이야기- 고려서울	역사, 문학	·
3818	1938-11-13	湖岩	호암	文一平	문일평	晩秋登陟(3) 善竹橋	기행	·
3819	1938-11-15	湖岩	호암	文一平	문일평	晩秋登陟(4) 滿月堂	기행	·
3820	1938-11-17	湖岩	호암	文一平	문일평	晩秋登陟(5) 天壽院	기행	·
3821	1938-11-18	湖岩	호암	文一平	문일평	晩秋登陟(6) 紫霞洞	기행	·
3822	1938-11-20	湖岩	호암	文一平	문일평	晩秋登陟(7) 恭愍王陵	기행	·
3823	1938-11-22	徐斗銖	서두수	徐斗銖	서두수	朝鮮古典文學管見- 特히 『春香傳』을 圍繞하야(1)	문학	·
3824	1938-11-22	湖岩	호암	文一平	문일평	晩秋登陟(8) 齊國公主陵	기행	·
3825	1938-11-23	徐斗銖	서두수	徐斗銖	서두수	朝鮮古典文學管見- 特히 『春香傳』을 圍繞하야(2)	문학	·
3826	1938-11-23	湖岩	호암	文一平	문일평	晩秋登陟(9) 朴淵瀑	기행	·
3827	1938-11-25	徐斗銖	서두수	徐斗銖	서두수	朝鮮古典文學管見- 特히 『春香傳』을 圍繞하야(3)	문학	·
3828	1938-11-25	湖岩	호암	文一平	문일평	晩秋登陟(10) 高麗磁器	기행	·
3829	1938-11-26	徐斗銖	서두수	徐斗銖	서두수	朝鮮古典文學管見- 特히 『春香傳』을 圍繞하야(4)	문학	·

연번	날짜	자료저자명(한자)	자료저자명(한글)	본명(한자)	본명(한글)	기사제목	분류	비고
3830	1938-11-26	崔益翰	최익한	崔益翰	최익한	求禮行(1)	기행	·
3831	1938-11-27	徐斗銖	서두수	徐斗銖	서두수	朝鮮古典文學管見- 特히 『春香傳』을 圍繞하야(5)	문학	·
3832	1938-11-27	崔益翰	최익한	崔益翰	최익한	求禮行(2)	기행	·
3833	1938-11-27	文一平	문일평	文一平	문일평	歷史이야기- 선죽교	역사, 문학	·
3834	1938-11-29	崔益翰	최익한	崔益翰	최익한	求禮行(3)	기행	·
3835	1938-11-30	崔益翰	최익한	崔益翰	최익한	求禮行(4)	기행	·
3836	1938-11-30	徐斗銖	서두수	徐斗銖	서두수	朝鮮古典文學管見- 特히 『春香傳』을 圍繞하야(6)	문학	·
3837	1938-12-02	徐斗銖	서두수	徐斗銖	서두수	朝鮮古典文學管見- 特히 『春香傳』을 圍繞하야(7)	문학	·
3838	1938-12-02	崔益翰	최익한	崔益翰	최익한	求禮行(5)	기행	·
3839	1938-12-04	徐斗銖	서두수	徐斗銖	서두수	朝鮮古典文學管見- 特히 『春香傳』을 圍繞하야(8)	문학	·
3840	1938-12-04	崔益翰	최익한	崔益翰	최익한	求禮行(6)	기행	·
3841	1938-12-04	文一平	문일평	文一平	문일평	歷史이야기- 공민왕릉	역사, 문학	·
3842	1938-12-06	崔益翰	최익한	崔益翰	최익한	求禮行(7)	기행	·
3843	1938-12-06	徐斗銖	서두수	徐斗銖	서두수	朝鮮古典文學管見- 特히 『春香傳』을 圍繞하야(9)	문학	·
3844	1938-12-07	徐斗銖	서두수	徐斗銖	서두수	朝鮮古典文學管見- 特히 『春香傳』을 圍繞하야(10)	문학	·
3845	1938-12-08	徐斗銖	서두수	徐斗銖	서두수	朝鮮古典文學管見- 特히 『春香傳』을 圍繞하야(11)	문학	·
3846	1938-12-10	徐斗銖	서두수	徐斗銖	서두수	朝鮮古典文學管見- 特히 『春香傳』을 圍繞하야(12)	문학	·
3847	1938-12-11	文一平	문일평	文一平	문일평	歷史이야기- 왕건태조릉	역사, 문학	·
3848	1938-12-13	徐斗銖	서두수	徐斗銖	서두수	朝鮮古典文學管見- 特히 『春香傳』을 圍繞하야(13)	문학	·
3849	1938-12-14	·	·	·	·	茶山全集- 各界有志發起로 十六日 出版記念會 開催	사업	·
3850	1938-12-15	徐斗銖	서두수	徐斗銖	서두수	朝鮮古典文學管見- 特히 『春香傳』을 圍繞하야(14)	문학	·
3851	1938-12-16	湖岩	호암	文一平	문일평	善德女王小傳(1)	문학	·
3852	1938-12-16	徐斗銖	서두수	徐斗銖	서두수	朝鮮古典文學管見- 特히 『春香傳』을 圍繞하야(15)	문학	·
3853	1938-12-17	湖岩	호암	文一平	문일평	善德女王小傳(2)	문학	·
3854	1938-12-18	湖岩	호암	文一平	문일평	善德女王小傳(3)	문학	·
3855	1938-12-18	文一平	문일평	文一平	문일평	歷史이야기- 흥왕사터	역사, 문학	·
3856	1938-12-20	湖岩	호암	文一平	문일평	善德女王小傳(4)	문학	·
3857	1938-12-22	湖岩	호암	文一平	문일평	善德女王小傳(5)	문학	·
3858	1938-12-23	湖岩	호암	文一平	문일평	善德女王小傳(6)	문학	·
3859	1938-12-23	宋錫夏	송석하	宋錫夏	송석하	鄕土藝術의 保存- 鳳山탈춤保存會 創立에 際하야	민속	·
3860	1938-12-25	文一平	문일평	文一平	문일평	歷史이야기- 자하동	역사, 문학	·
3861	1939-01-01	文一平	문일평	文一平	문일평	義州開市와 그 變遷	역사	·
3862	1939-01-01	金台俊	김태준	金台俊	김태준	大陸文學과 朝鮮文學- 支那文學과 朝鮮文學과의 交流(上)	문학	·
3863	1939-01-01	李秉岐	이병기	李秉岐	이병기	大陸文學과 朝鮮文學- 漢詩絶句와 時調와의 關係	문학	·
3864	1939-01-01	洪碧初	홍벽초	洪命憙	홍명희	大陸文學과 朝鮮文學- 諺文小說과 明淸小說의 關係	문학	·
3865	1939-01-01	李熙昇	이희승	李熙昇	이희승	大陸文學과 朝鮮文學- 戱曲春香傳과 元曲과의 對照	문학	·
3866	1939-01-01	梁柱東	양주동	梁柱東	양주동	大陸文學과 朝鮮文學- 鄕歌와 國風古時 그 年代와	문학	·

연번	날짜	자료저자명(한자)	자료저자명(한글)	본명(한자)	본명(한글)	기사제목	분류	비고
						文學的 價値에 對하야(上)		
3867	1939-01-07	湖岩	호암	文一平	문일평	己卯年을 通해 본 政治家(1) 高麗太祖	역사	·
3868	1939-01-07	金台俊	김태준	金台俊	김태준	支那文學과 朝鮮文學과의 交流(中)	문학	·
3869	1939-01-08	湖岩	호암	文一平	문일평	己卯年을 通해 본 政治家(2) 高麗太祖	역사	·
3870	1939-01-08	金台俊	김태준	金台俊	김태준	支那文學과 朝鮮文學과의 交流(下)	문학	·
3871	1939-01-08	梁柱東	양주동	梁柱東	양주동	鄕歌와 國風古時 그 年代와 文學的 價値에 對하야(下)	문학	·
3872	1939-01-10	湖岩	호암	文一平	문일평	己卯年을 通해 본 政治家(3) 高麗太祖	역사	·
3873	1939-01-11	湖岩	호암	文一平	문일평	己卯年을 通해 본 政治家(4) 大權臣崔忠獻	역사	·
3874	1939-01-22	文一平	문일평	文一平	문일평	歷史이야기- 경성	역사, 문학	·
3875	1939-01-29	文一平	문일평	文一平	문일평	歷史이야기- 태종	역사, 문학	·
3876	1939-02-02	方鍾鉉	방종현	方鍾鉉	방종현	讀『朝鮮巫俗硏究』巫俗蒐集의 嚆矢本	문학	·
3877	1939-02-05	文一平	문일평	文一平	문일평	歷史이야기- 세종대왕	역사, 문학	·
3878	1939-02-07	·	·	·	·	朝鮮文化硏究의 열쇠 八萬卷古書籍公開- 硏究室과 附屬圖書室도 兼備하도록 總督府圖書館의 擴張計畫	기타	·
3879	1939-02-07	徐寅植	서인식	徐寅植	서인식	文化人의 現代的 課題- 歷史科學에 있서서의 一般性과 特殊性(1)	철학	·
3880	1939-02-09	社說	사설	·	·	城大朝鮮文學講座의 存續- 擔任責任이 重且大	논설	·
3881	1939-02-09	徐寅植	서인식	徐寅植	서인식	文化人의 現代的 課題- 歷史科學에 있서서의 一般性과 特殊性(2)	철학	·
3882	1939-02-11	徐寅植	서인식	徐寅植	서인식	文化人의 現代的 課題- 歷史科學에 있서서의 一般性과 特殊性(3)	철학	·
3883	1939-02-12	文一平	문일평	文一平	문일평	歷史이야기- 정승 황히	역사, 문학	·
3884	1939-02-14	徐寅植	서인식	徐寅植	서인식	文化人의 現代的 課題- 歷史科學에 있서서의 一般性과 特殊性(4)	철학	·
3885	1939-02-14	李秉岐	이병기	李秉岐	이병기	珍書貴藏集: 四世紀半前의 活字本 우리語文硏究의 鍵鑰-『金剛經三家解』에 대하야-	한글	·
3886	1939-02-16	李仁榮	이인영	李仁榮	이인영	珍書貴藏集: 淸國建設의 發祥地인 「奴爾哈赤」機密地圖 申忠一 著『建州紀行圖記』解題	기타	·
3887	1939-02-17	黃義敦	황의돈	黃義敦	황의돈	珍書貴藏集: 歷代興亡의 一篇詩史-昭明正確한 「帝王韻紀」	역사	·
3888	1939-02-18	宋錫夏	송석하	宋錫夏	송석하	珍書貴藏集: 書誌學上의 珍本인 高麗版法華經	역사	·
3889	1939-02-19	文一平	문일평	文一平	문일평	歷史이야기- 음악가 박연	역사, 문학	·
3890	1939-02-19	湖岩	호암	文一平	문일평	東明聖王傳(1)	역사	·
3891	1939-02-21	湖岩	호암	文一平	문일평	東明聖王傳(2)	역사	·
3892	1939-02-22	湖岩	호암	文一平	문일평	東明聖王傳(3)	역사	·
3893	1939-02-23	湖岩	호암	文一平	문일평	東明聖王傳(4)	역사	·
3894	1939-02-24	湖岩	호암	文一平	문일평	東明聖王傳(5)	역사	·
3895	1939-02-25	湖岩	호암	文一平	문일평	東明聖王傳(6)	역사	·
3896	1939-02-26	文一平	문일평	文一平	문일평	歷史이야기- 명장 최윤덕	역사,	·

연번	날짜	자료저자명(한자)	자료저자명(한글)	본명(한자)	본명(한글)	기사제목	분류	비고
							문학	
3897	1939-03-01	社說	사설	·	·	文化資料의 蒐集과 利用	논설	·
3898	1939-03-05	文一平	문일평	文一平	문일평	歷史이야기- 명신 김종서	역사, 문학	·
3899	1939-03-08	湖岩	호암	文一平	문일평	書窓閑話 訥齋集讀後感(上)	역사, 문학	·
3900	1939-03-10	湖岩	호암	文一平	문일평	書窓閑話 訥齋集讀後感(中)	역사, 문학	·
3901	1939-03-11	湖岩	호암	文一平	문일평	書窓閑話 訥齋集讀後感(下)	역사, 문학	·
3902	1939-03-12	姜裕文	강유문	姜裕文	강유문	나의 研究테-마: 朝鮮文化史上으로 본 朝鮮佛教史의 研究	역사	·
3903	1939-03-12	文一平	문일평	文一平	문일평	歷史이야기- 허쥬	역사, 문학	·
3904	1939-03-13	·	·	·	·	朝鮮語辭典 今日 出版許可	한글, 사업	·
3905	1939-03-17	梁柱東	양주동	梁柱東	양주동	나의 研究테-마: 麗謠·鄕歌의 注釋·其他- 上代語法史에의 一途程	문학	·
3906	1939-03-18	李仁榮	이인영	李仁榮	이인영	나의 研究테-마: 史料만 남어잇는 朝鮮史- 特히 北方開拓에 置重하야-	역사	·
3907	1939-03-19	文一平	문일평	文一平	문일평	歷史이야기- 화가 안경	역사, 문학	·
3908	1939-03-22	田蒙秀	전몽수	田蒙秀	전몽수	古語新義攷-親族語의 語源分析의 試論	문학	·
3909	1939-03-31	韓植	한식	韓植	한식	傳統의 形成課程-創作方法으로써 본 個性論-(1)	문학	·
3910	1939-04-02	·	·	·	·	古文化의 遺型 高句麗壁畫模寫, 古墳型을 德壽宮美術館에 公開	고적	·
3911	1939-04-02	韓植	한식	韓植	한식	傳統의 形成課程-創作方法으로써 본 個性論-(2)	문학	석간
3912	1939-04-02	韓植	한식	韓植	한식	傳統의 形成課程-創作方法으로써 본 個性論-(3)	문학	조간
3913	1939-04-05	韓植	한식	韓植	한식	傳統의 形成課程-創作方法으로써 본 個性論-(4)	문학	·
3914	1939-04-06	徐寅植	서인식	徐寅植	서인식	現代의 世界史的 意義(1) 轉型期 文化의 諸相	철학	·
3915	1939-04-08	徐寅植	서인식	徐寅植	서인식	現代의 世界史的 意義(2) 歐羅巴主義의 破綻	철학	·
3916	1939-04-09	徐寅植	서인식	徐寅植	서인식	現代의 世界史的 意義(3) 東洋主義의 反省	철학	·
3917	1939-04-09	O記者	O기자	·	·	朝鮮學의 外人部隊(1) 지멜만 博士篇 上 考古學者의 꿈을 담은 豆滿江岸의 古文化	기타	·
3918	1939-04-11	徐寅植	서인식	徐寅植	서인식	現代의 世界史的 意義(4) 選拔民族의 資格	철학	·
3919	1939-04-11	O記者	O기자	·	·	朝鮮學의 外人部隊(2) 지멜만 博士篇 下 學的情熱을 키질하는 極東의 希臘·新羅	기타	·
3920	1939-04-12	徐寅植	서인식	徐寅植	서인식	現代의 世界史的 意義(5) 時代를 이끌 新原理	철학	·
3921	1939-04-12	K記者	K기자	·	·	朝鮮學의 外人部隊(3) 元漢慶 博士篇 사라저가는 資料 朝鮮古船舶의 研究	기타	·
3922	1939-04-13	徐寅植	서인식	徐寅植	서인식	現代의 世界史的 意義(6) 歷史的 理性과 情熱	철학	·
3923	1939-04-13	·	·	·	·	朝鮮學의 外人部隊(4) 朝鮮學의 開拓者 할버-트氏 上 言語比較가 일러주는 南北民族移動史	기타	·
3924	1939-04-14	徐寅植	서인식	徐寅植	서인식	現代의 世界史的 意義(7) 歷史的 理性과 情熱	철학	·

연번	날짜	자료저자명(한자)	자료저자명(한글)	본명(한자)	본명(한글)	기사제목	분류	비고
3925	1939-04-14	·	·	·	·	朝鮮學의 外人部隊(5) 朝鮮學의 開拓者 할버-트氏 下 極東에 分布되여잇는 朝鮮語의 同族語	기타	·
3926	1939-04-15	·	·	·	·	朝鮮學의 外人部隊(6) 朝鮮樂壇의 先驅者 엑칼트氏 處女地·朝鮮에 招聘되어 王室洋樂隊를 創設·指導	기타	·
3927	1939-04-16	方鍾鉉	방종현	方鍾鉉	방종현	時調	문학	·
3928	1939-04-18	·	·	·	·	朝鮮學의 外人部隊(7) 韓末宗教史의 硏究家 "피쏜"氏鎖國의 禁令下·戰慄하는 "開化" 前夜의 精神史	기타	·
3929	1939-04-21	社說	사설	·	·	文化의 深化- 더욱 進擊한 態度가 必要	논설	·
3930	1939-04-22	社說	사설	·	·	本社文化賞制- 本社의 文化事業上 一貢獻	사업, 논설	·
3931	1939-04-23	李秉岐	이병기	李秉岐	이병기	朝鮮語時間(1) 당주 윤선생	한글	·
3932	1939-04-30	李秉岐	이병기	李秉岐	이병기	朝鮮語時間(2) 참새	한글	·
3933	1939-05-07	李秉岐	이병기	李秉岐	이병기	朝鮮語공부-봄노래	한글	·
3934	1939-05-07	黃義敦	황의돈	黃義敦	황의돈	史學餘攷- 高麗王氏의 末路(1)	역사	·
3935	1939-05-07	黃義敦	황의돈	黃義敦	황의돈	歷史이야기- 가난과 싸워 훌늉해진 徐孤靑	역사, 문학	·
3936	1939-05-09	黃義敦	황의돈	黃義敦	황의돈	史學餘攷- 高麗王氏의 末路(2)	역사	·
3937	1939-05-10	黃義敦	황의돈	黃義敦	황의돈	史學餘攷- 高麗王氏의 末路(3)	역사	·
3938	1939-05-13	方鍾鉉	방종현	方鍾鉉	방종현	八道俗談스크랩(1)	한글	·
3939	1939-05-14	金亨奎	김형규	金亨奎	김형규	朝鮮語의 過去와 未來(上)	한글	·
3940	1939-05-14	方鍾鉉	방종현	方鍾鉉	방종현	八道俗談스크랩(2)	한글	·
3941	1939-05-14	李秉岐	이병기	李秉岐	이병기	朝鮮語공부- 景慕宮의 어릴 때-恨中錄의 一節	한글	·
3942	1939-05-14	黃義敦	황의돈	黃義敦	황의돈	歷史이야기- 글씨를 가장 잘쓰신 阮堂 金正喜	역사, 문학	·
3943	1939-05-16	金亨奎	김형규	金亨奎	김형규	朝鮮語의 過去와 未來(下)	한글	·
3944	1939-05-16	方鍾鉉	방종현	方鍾鉉	방종현	八道俗談스크랩(3)	한글	·
3945	1939-05-17	方鍾鉉	방종현	方鍾鉉	방종현	八道俗談스크랩(4)	한글	·
3946	1939-05-20	方鍾鉉	방종현	方鍾鉉	방종현	八道俗談스크랩(6)*5회	한글	연재횟수 오기
3947	1939-05-21	黃義敦	황의돈	黃義敦	황의돈	歷史이야기- 천하 명필이라고 하는 石峯 韓濩	역사, 문학	·
3948	1939-05-21	李秉岐	이병기	李秉岐	이병기	朝鮮語공부- 곡조문(哭鳥文)	한글	·
3949	1939-05-23	方鍾鉉	방종현	方鍾鉉	방종현	八道俗談스크랩(7)*6회	한글	연재횟수 오기
3950	1939-05-25	方鍾鉉	방종현	方鍾鉉	방종현	八道俗談스크랩(7)	한글	·
3951	1939-05-28	方鍾鉉	방종현	方鍾鉉	방종현	八道俗談스크랩(8)	한글	·
3952	1939-05-28	梁柱東	양주동	梁柱東	양주동	古文學의 一受難- 金台俊氏의 近著 麗謠註釋(1)	문학	·
3953	1939-05-28	李秉岐	이병기	李秉岐	이병기	朝鮮語공부- 동요	한글	·
3954	1939-05-28	黃義敦	황의돈	黃義敦	황의돈	歷史이야기- 孤雲 崔致遠	역사, 문학	·
3955	1939-05-28	方鍾鉉	방종현	方鍾鉉	방종현	八道俗談스크랩	한글	·
3956	1939-05-30	梁柱東	양주동	梁柱東	양주동	古文學의 一受難- 金台俊氏의 近著 麗謠註釋(2)	문학	·
3957	1939-05-30	李秉岐	이병기	李秉岐	이병기	時調科(1) 韻律	문학	·
3958	1939-05-31	社說	사설	·	·	美術朝鮮의 成長	미술	·
3959	1939-05-31	梁柱東	양주동	梁柱東	양주동	古文學의 一受難-金台俊氏의 近著 麗謠註釋(3)	문학	·

연번	날짜	자료저자명(한자)	자료저자명(한글)	본명(한자)	본명(한글)	기사제목	분류	비고
3960	1939-05-31	李秉岐	이병기	李秉岐	이병기	時調科(2) 形式內容	문학	·
3961	1939-06-02	梁柱東	양주동	梁柱東	양주동	古文學의 一受難- 金台俊氏의 近著 麗謠註釋(4)	문학	·
3962	1939-06-02	李秉岐	이병기	李秉岐	이병기	時調科(3) 形式內容	문학	·
3963	1939-06-04	梁柱東	양주동	梁柱東	양주동	古文學의 一受難- 金台俊氏의 近著 麗謠註釋(5)	문학	·
3964	1939-06-04	·	·	·	·	古代史에 側光 던지는 新史料- 千年前의 佛像發見 廣州郡校內里藥水台의 珍品	고적	·
3965	1939-06-04	李秉岐	이병기	李秉岐	이병기	朝鮮語공부- 감고당(感古堂)	한글	·
3966	1939-06-04	黃義敦	황의돈	黃義敦	황의돈	歷史이야기- 五山 車天輅	역사, 문학	·
3967	1939-06-04	方鍾鉉	방종현	方鍾鉉	방종현	八道俗談스크랩	한글	·
3968	1939-06-06	李秉岐	이병기	李秉岐	이병기	時調科(4) 形式內容	문학	·
3969	1939-06-08	崔根培	최근배	崔根培	최근배	朝鮮美展評(1)	미술	·
3970	1939-06-08	崔根培	최근배	崔根培	최근배	朝鮮美展評(2)	미술	·
3971	1939-06-09	黃義敦	황의돈	黃義敦	황의돈	動安居士集(上)	역사	·
3972	1939-06-11	崔根培	최근배	崔根培	최근배	朝鮮美展評(3)	미술	·
3973	1939-06-11	黃義敦	황의돈	黃義敦	황의돈	歷史이야기- 조선시계의 내력	역사, 문학	·
3974	1939-06-13	黃義敦	황의돈	黃義敦	황의돈	動安居士集(中)	역사	·
3975	1939-06-13	方鍾鉉	방종현	方鍾鉉	방종현	八道俗談스크랩	한글	·
3976	1939-06-14	黃義敦	황의돈	黃義敦	황의돈	動安居士集(下)	역사	·
3977	1939-06-14	方鍾鉉	방종현	方鍾鉉	방종현	八道俗談스크랩	한글	·
3978	1939-06-14	金台俊	김태준	金台俊	김태준	高麗歌詞是非(1) 梁柱東氏에게 一言함	문학	·
3979	1939-06-15	·	·	·	·	대가야국 흥망의 "꿈의 자취" 왕릉군을 발굴 고고학계에 명랑한 화제	기타	·
3980	1939-06-16	方鍾鉉	방종현	方鍾鉉	방종현	八道俗談스크랩	한글	·
3981	1939-06-16	·	·	·	·	黎明期의 回想錄(1)	역사	·
3982	1939-06-16	金台俊	김태준	金台俊	김태준	高麗歌詞是非(2) 梁柱東氏에게 一言함	문학	·
3983	1939-06-17	·	·	·	·	黎明期의 回想錄(2)	역사	·
3984	1939-06-17	金台俊	김태준	金台俊	김태준	高麗歌詞是非(3) 梁柱東氏에게 一言함	문학	·
3985	1939-06-18	·	·	·	·	黎明期의 回想錄(3)	역사	·
3986	1939-06-18	徐寅植	서인식	徐寅植	서인식	文化의 遺型과 段階(1) 民族性과 文化	철학	·
3987	1939-06-11	黃義敦	황의돈	黃義敦	황의돈	歷史이야기- 영국이 지나를 처드러간 阿片戰爭	역사, 문학	·
3988	1939-06-20	·	·	·	·	黎明期의 回想錄(4)	역사	·
3989	1939-06-20	徐寅植	서인식	徐寅植	서인식	文化의 遺型과 段階(2) 個性과 普遍性	철학	·
3990	1939-06-21	·	·	·	·	黎明期의 回想錄(5)	역사	·
3991	1939-06-21	方鍾鉉	방종현	方鍾鉉	방종현	八道俗談스크랩	한글	·
3992	1939-06-21	徐寅植	서인식	徐寅植	서인식	文化의 遺型과 段階(3) 共同社會와 利益社會	철학	·
3993	1939-06-22	·	·	·	·	黎明期의 回想錄(6)	역사	·
3994	1939-06-22	方鍾鉉	방종현	方鍾鉉	방종현	八道俗談스크랩	한글	·
3995	1939-06-22	徐寅植	서인식	徐寅植	서인식	文化의 遺型과 段階(4) 異質性과 定着性	철학	·
3996	1939-06-23	·	·	·	·	黎明期의 回想錄(7)	역사	·

연번	날짜	자료저자명(한자)	자료저자명(한글)	본명(한자)	본명(한글)	기사제목	분류	비고
3997	1939-06-23	方鍾鉉	방종현	方鍾鉉	방종현	八道俗談스크랩	한글	·
3998	1939-06-24	·	·	·	·	黎明期의 回想錄(8)	역사	·
3999	1939-06-23	方鍾鉉	방종현	方鍾鉉	방종현	八道俗談스크랩	한글	·
4000	1939-06-25	方鍾鉉	방종현	方鍾鉉	방종현	八道俗談스크랩	한글	·
4001	1939-06-25	李相寅	이상인	李相寅	이상인	吏讀小巧(1)	한글	·
4002	1939-06-25	黃義敦	황의돈	黃義敦	황의돈	歷史이야기- 제일 오래고도 훌륭한 江西古墳의 그림	역사, 문학	·
4003	1939-06-27	方鍾鉉	방종현	方鍾鉉	방종현	八道俗談스크랩	한글	·
4004	1939-06-27	李相寅	이상인	李相寅	이상인	吏讀小巧(2)	한글	·
4005	1939-06-28	方鍾鉉	방종현	方鍾鉉	방종현	八道俗談스크랩	한글	·
4006	1939-06-28	李相寅	이상인	李相寅	이상인	吏讀小巧(3)	한글	·
4007	1939-06-29	方鍾鉉	방종현	方鍾鉉	방종현	八道俗談스크랩	한글	·
4008	1939-06-29	李相寅	이상인	李相寅	이상인	吏讀小巧(4)	한글	·
4009	1939-07-01	趙潤濟	조윤제	趙潤濟	조윤제	古代歌謠의 形式- 特히 『高麗歌詞』의 名稱에 對하야	문학	·
4010	1939-07-01	方鍾鉉	방종현	方鍾鉉	방종현	八道俗談스크랩	한글	·
4011	1939-07-02	黃義敦	황의돈	黃義敦	황의돈	歷史이야기- 書聖 金生	역사, 문학	·
4012	1939-07-02	李秉岐	이병기	李秉岐	이병기	朝鮮語공부「의」와 「에」의 쓰이는 법	한글	·
4013	1939-07-06	金南天	김남천	金南天	김남천	風俗時評(1) 風俗과 小說家	민속	·
4014	1939-07-06	方鍾鉉	방종현	方鍾鉉	방종현	八道俗談스크랩	한글	·
4015	1939-07-07	金南天	김남천	金南天	김남천	風俗時評(2) 衣裳	민속	·
4016	1939-07-07	方鍾鉉	방종현	方鍾鉉	방종현	八道俗談스크랩	한글	·
4017	1939-07-09	金南天	김남천	金南天	김남천	風俗時評(3) 頭髮	민속	·
4018	1939-07-09	方鍾鉉	방종현	方鍾鉉	방종현	八道俗談스크랩	한글	·
4019	1939-07-09	崔載瑞	최재서	崔載瑞	최재서	文學史의 整理와 傳統	문학	·
4020	1939-07-09	黃義敦	황의돈	黃義敦	황의돈	歷史이야기- 그림으로 유명한 崔七七	역사, 문학	·
4021	1939-07-09	李秉岐	이병기	李秉岐	이병기	朝鮮語공부- 속담(俗談)	한글	·
4022	1939-07-11	安自山	안자산	安廓	안확	井邑詞解得의 參考(1)	문학	·
4023	1939-07-11	金南天	김남천	金南天	김남천	風俗時評(4) 신발	민속	·
4024	1939-07-11	方鍾鉉	방종현	方鍾鉉	방종현	八道俗談스크랩	한글	·
4025	1939-07-12	安自山	안자산	安廓	안확	井邑詞解得의 參考(2)	문학	·
4026	1939-07-14	方鍾鉉	방종현	方鍾鉉	방종현	八道俗談스크랩	한글	·
4027	1939-07-14	安自山	안자산	安廓	안확	井邑詞解得의 參考(3)	문학	·
4028	1939-07-15	安自山	안자산	安廓	안확	井邑詞解得의 參考(4)	문학	·
4029	1939-07-15	孫在馨	손재형	孫在馨	손재형	祕史	역사	·
4030	1939-07-16	安自山	안자산	安廓	안확	井邑詞解得의 參考(5)	문학	·
4031	1939-07-16	方鍾鉉	방종현	方鍾鉉	방종현	八道俗談스크랩	한글	·
4032	1939-07-16	李秉岐	이병기	李秉岐	이병기	朝鮮語공부	한글	·
4033	1939-07-18	安自山	안자산	安廓	안확	井邑詞解得의 參考(6)	문학	·
4034	1939-07-18	方鍾鉉	방종현	方鍾鉉	방종현	八道俗談스크랩	한글	·
4035	1939-07-22	洪鍾仁	홍종인	洪鍾仁	홍종인	"朝鮮말과 西村氏"- 『보리와 兵丁』의 譯著를 읽고	한글	·

연번	날짜	자료저자명(한자)	자료저자명(한글)	본명(한자)	본명(한글)	기사제목	분류	비고
4036	1939-07-23	黃義敦	황의돈	黃義敦	황의돈	歷史이야기- 寶姬와 文姬	역사, 문학	·
4037	1939-07-25	方鍾鉉	방종현	方鍾鉉	방종현	八道俗談스크랩	한글	·
4038	1939-07-28	李丙燾	이병도	李丙燾	이병도	故文一平氏 遺著 湖岩史話集	문학	·
4039	1939-07-29	方鍾鉉	방종현	方鍾鉉	방종현	八道俗談스크랩	한글	·
4040	1939-07-29	梁柱東	양주동	梁柱東	양주동	『仝』字 小辨- 井邑詞·後腔의 一問題(1)	문학	·
4041	1939-07-30	梁柱東	양주동	梁柱東	양주동	『仝』字 小辨- 井邑詞·後腔의 一問題(2)	문학	·
4042	1939-07-30	黃義敦	황의돈	黃義敦	황의돈	歷史이야기- 슬픈 예기가 숨은 奉德寺鍾	역사, 문학	·
4043	1939-08-02	梁柱東	양주동	梁柱東	양주동	『仝』字 小辨- 井邑詞·後腔의 一問題(3)	문학	·
4044	1939-08-02	方鍾鉉	방종현	方鍾鉉	방종현	八道俗談스크랩	한글	·
4045	1939-08-03	梁柱東	양주동	梁柱東	양주동	『仝』字 小辨- 井邑詞·後腔의 一問題(4)	문학	·
4046	1939-08-06	梁柱東	양주동	梁柱東	양주동	『仝』字 小辨- 井邑詞·後腔의 一問題(5)	문학	·
4047	1939-08-06	方鍾鉉	방종현	方鍾鉉	방종현	八道俗談스크랩	한글	·
4048	1939-08-06	李熙昇	이희승	李熙昇	이희승	歷史이야기- 이완이이대장(1)	역사, 문학	·
4049	1939-08-08	梁柱東	양주동	梁柱東	양주동	『仝』字 小辨- 井邑詞·後腔의 一問題(6)	문학	·
4050	1939-08-08	李源朝	이원조	李源朝	이원조	文化時評(1) 古典研究의 現代的 心理	문학	·
4051	1939-08-08	方鍾鉉	방종현	方鍾鉉	방종현	八道俗談스크랩	한글	·
4052	1939-08-09	李源朝	이원조	李源朝	이원조	文化時評(2) 現代文化와 時事性	문학	·
4053	1939-08-09	方鍾鉉	방종현	方鍾鉉	방종현	八道俗談스크랩	한글	·
4054	1939-08-11	李源朝	이원조	李源朝	이원조	文化時評(3) 秩序에의 意慾	문학	·
4055	1939-08-11	元澤淵	원택연	元澤淵	원택연	本社主催 妙香登陟記(1)	기행	·
4056	1939-08-11	方鍾鉉	방종현	方鍾鉉	방종현	八道俗談스크랩	한글	·
4057	1939-08-12	李源朝	이원조	李源朝	이원조	文化時評(4) 技術主義의 偏重	문학	·
4058	1939-08-12	元澤淵	원택연	元澤淵	원택연	本社主催 妙香登陟記(2)	기행	·
4059	1939-08-13	方鍾鉉	방종현	方鍾鉉	방종현	八道俗談스크랩	한글	·
4060	1939-08-13	元澤淵	원택연	元澤淵	원택연	本社主催 妙香登陟記(3)	기행	·
4061	1939-08-13	李熙昇	이희승	李熙昇	이희승	歷史이야기- 이완이이대장(2)	역사, 문학	·
4062	1939-08-15	方鍾鉉	방종현	方鍾鉉	방종현	八道俗談스크랩	한글	·
4063	1939-08-15	元澤淵	원택연	元澤淵	원택연	本社主催 妙香登陟記(4)	기행	·
4064	1939-08-16	元澤淵	원택연	元澤淵	원택연	本社主催 妙香登陟記(5)	기행	·
4065	1939-08-18	方鍾鉉	방종현	方鍾鉉	방종현	八道俗談스크랩	한글	·
4066	1939-08-18	元澤淵	원택연	元澤淵	원택연	本社主催 妙香登陟記(7)	기행	6회 미확인
4067	1939-08-19	方鍾鉉	방종현	方鍾鉉	방종현	八道俗談스크랩	한글	·
4068	1939-08-19	元澤淵	원택연	元澤淵	원택연	本社主催 妙香登陟記(8)	기행	·
4069	1939-08-20	方鍾鉉	방종현	方鍾鉉	방종현	八道俗談스크랩	한글	·
4070	1939-08-20	元澤淵	원택연	元澤淵	원택연	本社主催 妙香登陟記(9)	기행	·
4071	1939-08-20	黃義敦	황의돈	黃義敦	황의돈	歷史이야기- 역사 우에 빗나는 三大女詩人	역사, 문학	·
4072	1939-08-22	方鍾鉉	방종현	方鍾鉉	방종현	八道俗談스크랩	한글	·

연번	날짜	자료저자명(한자)	자료저자명(한글)	본명(한자)	본명(한글)	기사제목	분류	비고
4073	1939-08-22	元澤淵	원택연	元澤淵	원택연	本社主催 妙香登陟記(10)	기행	·
4074	1939-08-23	方鍾鉉	방종현	方鍾鉉	방종현	八道俗談스크랩	한글	·
4075	1939-08-25	方鍾鉉	방종현	方鍾鉉	방종현	八道俗談스크랩	한글	·
4076	1939-08-26	方鍾鉉	방종현	方鍾鉉	방종현	八道俗談스크랩	한글	·
4077	1939-08-27	李熙昇	이희승	李熙昇	이희승	歷史이야기- 이완이이대장(3)	역사, 문학	·
4078	1939-08-30	方鍾鉉	방종현	方鍾鉉	방종현	八道俗談스크랩	한글	·
4079	1939-08-31	高裕燮	고유섭	高裕燮	고유섭	三國美術의 特徵(1)	미술	·
4080	1939-08-31	方鍾鉉	방종현	方鍾鉉	방종현	八道俗談스크랩	한글	·
4081	1939-08-31	孔明	공명	·	·	古典熱의 敎訓	기타	·
4082	1939-09-02	高裕燮	고유섭	高裕燮	고유섭	三國美術의 特徵(2)	미술	·
4083	1939-09-02	林和	임화	林仁植	임인식	新文學史(1)	문학	·
4084	1939-09-02	方鍾鉉	방종현	方鍾鉉	방종현	八道俗談스크랩	한글	·
4085	1939-09-03	高裕燮	고유섭	高裕燮	고유섭	三國美術의 特徵(3)	미술	·
4086	1939-09-03	林和	임화	林仁植	임인식	新文學史(2)	문학	·
4087	1939-09-03	辛兌鉉	신태현	辛兌鉉	신태현	鄕歌의 新解釋(1)	문학	·
4088	1939-09-03	李熙昇	이희승	李熙昇	이희승	歷史이야기- 이완이이대장(4)	역사, 문학	·
4089	1939-09-05	辛兌鉉	신태현	辛兌鉉	신태현	鄕歌의 新解釋(2)	문학	·
4090	1939-09-07	林和	임화	林仁植	임인식	新文學史(3)	문학	·
4091	1939-09-07	方鍾鉉	방종현	方鍾鉉	방종현	八道俗談스크랩	한글	·
4092	1939-09-07	辛兌鉉	신태현	辛兌鉉	신태현	鄕歌의 新解釋(3)	문학	·
4093	1939-09-08	林和	임화	林仁植	임인식	新文學史(4)	문학	·
4094	1939-09-08	辛兌鉉	신태현	辛兌鉉	신태현	鄕歌의 新解釋(4)	문학	·
4095	1939-09-09	林和	임화	林仁植	임인식	新文學史(5)	문학	·
4096	1939-09-09	辛兌鉉	신태현	辛兌鉉	신태현	鄕歌의 新解釋(5)	문학	·
4097	1939-09-08	方鍾鉉	방종현	方鍾鉉	방종현	八道俗談스크랩	한글	·
4098	1939-09-10	李熙昇	이희승	李熙昇	이희승	漢詩作法槪論(1) 詩體(六義)의 變遷史	문학	·
4099	1939-09-10	辛兌鉉	신태현	辛兌鉉	신태현	鄕歌의 新解釋(完)	문학	·
4100	1939-09-12	李熙昇	이희승	李熙昇	이희승	漢詩作法槪論(2) 五言, 七言의 發展	문학	·
4101	1939-09-12	方鍾鉉	방종현	方鍾鉉	방종현	八道俗談스크랩	한글	·
4102	1939-09-13	李熙昇	이희승	李熙昇	이희승	漢詩作法槪論(3) 古典消化와 獨唱	문학	·
4103	1939-09-14	林和	임화	林仁植	임인식	新文學史(6)	문학	·
4104	1939-09-14	田蒙秀	전몽수	田蒙秀	전몽수	井邑詞釋注에 對한 若干의 疑問- 梁柱東氏의 古語學的 硏究短評(1)	문학	·
4105	1939-09-14	方鍾鉉	방종현	方鍾鉉	방종현	八道俗談스크랩	한글	·
4106	1939-09-15	田蒙秀	전몽수	田蒙秀	전몽수	井邑詞釋注에 對한 若干의 疑問- 梁柱東氏의 古語學的 硏究短評(2)	문학	·
4107	1939-09-15	林和	임화	林仁植	임인식	新文學史(7)	문학	·
4108	1939-09-15	方鍾鉉	방종현	方鍾鉉	방종현	八道俗談스크랩	한글	·
4109	1939-09-16	田蒙秀	전몽수	田蒙秀	전몽수	井邑詞釋注에 對한 若干의 疑問- 梁柱東氏의 古語學的 硏究短評(3)	문학	·

연번	날짜	자료저자명(한자)	자료저자명(한글)	본명(한자)	본명(한글)	기사제목	분류	비고
4110	1939-09-16	林和	임화	林仁植	임인식	新文學史(8)	문학	·
4111	1939-09-17	李熙昇	이희승	李熙昇	이희승	歷史이야기- 이완이이대장(4)*5회	역사, 문학	연재횟수 오기
4112	1939-09-19	田蒙秀	전몽수	田蒙秀	전몽수	井邑詞釋注에 對한 若干의 疑問- 梁柱東氏의 古語學的 研究短評(4)	문학	·
4113	1939-09-19	林和	임화	林仁植	임인식	新文學史(9)	문학	·
4114	1939-09-19	方鍾鉉	방종현	方鍾鉉	방종현	八道俗談스크랩	한글	·
4115	1939-09-20	田蒙秀	전몽수	田蒙秀	전몽수	井邑詞釋注에 對한 若干의 疑問- 梁柱東氏의 古語學的 研究短評(5)	문학	·
4116	1939-09-21	林和	임화	林仁植	임인식	新文學史(11)	문학	10회 미확인
4117	1939-09-21	方鍾鉉	방종현	方鍾鉉	방종현	八道俗談스크랩	한글	·
4118	1939-09-21	田蒙秀	전몽수	田蒙秀	전몽수	井邑詞釋注에 對한 若干의 疑問- 梁柱東氏의 古語學的 研究短評(6)	문학	·
4119	1939-09-22	林和	임화	林仁植	임인식	新文學史(12)	문학	·
4120	1939-09-22	田蒙秀	전몽수	田蒙秀	전몽수	井邑詞釋注에 對한 若干의 疑問- 梁柱東氏의 古語學的 研究短評(7)	문학	·
4121	1939-09-22	方鍾鉉	방종현	方鍾鉉	방종현	八道俗談스크랩	한글	·
4122	1939-09-22	黃義敦	황의돈	黃義敦	황의돈	歷史이야기- 글 잘 짓고 글 잘 쓰는 李彦塡	역사, 문학	·
4123	1939-09-26	林和	임화	林仁植	임인식	新文學史(13)	문학	·
4124	1939-09-26	方鍾鉉	방종현	方鍾鉉	방종현	八道俗談스크랩	한글	·
4125	1939-09-27	方鍾鉉	방종현	方鍾鉉	방종현	八道俗談스크랩	한글	·
4126	1939-09-27	黃義敦	황의돈	黃義敦	황의돈	新秋學術講座- 上古史研究의 根本史料(1)	논설	·
4127	1939-09-29	黃義敦	황의돈	黃義敦	황의돈	新秋學術講座- 上古史研究의 根本史料(2)	논설	·
4128	1939-09-29	方鍾鉉	방종현	方鍾鉉	방종현	八道俗談스크랩	한글	·
4129	1939-09-30	方鍾鉉	방종현	方鍾鉉	방종현	八道俗談스크랩	한글	·
4130	1939-10-01	黃義敦	황의돈	黃義敦	황의돈	歷史이야기- 지나의 큰 학자 王守仁(上)	역사, 문학	·
4131	1939-10-03	黃義敦	황의돈	黃義敦	황의돈	新秋學術講座- 上古史研究의 根本史料(3)	논설	·
4132	1939-10-03	方鍾鉉	방종현	方鍾鉉	방종현	八道俗談스크랩	한글	·
4133	1939-10-04	黃義敦	황의돈	黃義敦	황의돈	新秋學術講座- 上古史研究의 根本史料(4)	논설	·
4134	1939-10-04	方鍾鉉	방종현	方鍾鉉	방종현	八道俗談스크랩	한글	·
4135	1939-10-05	林和	임화	林仁植	임인식	新文學史(14)	문학	·
4136	1939-10-05	方鍾鉉	방종현	方鍾鉉	방종현	八道俗談스크랩	한글	·
4137	1939-10-05	安自山	안자산	安廓	안확	時調詩學(1) 固有한 文學形式	문학	·
4138	1939-10-05	張遇聖	장우성	張遇聖	장우성	東洋畵의 新階段(上)	미술	·
4139	1939-10-06	林和	임화	林仁植	임인식	新文學史(15)	문학	·
4140	1939-10-06	安自山	안자산	安廓	안확	時調詩學(2) 時調의 語義와 起源	문학	·
4141	1939-10-06	方鍾鉉	방종현	方鍾鉉	방종현	八道俗談스크랩	한글	·
4142	1939-10-06	張遇聖	장우성	張遇聖	장우성	東洋畵의 新階段(下)	미술	·
4143	1939-10-07	林和	임화	林仁植	임인식	新文學史(16)	문학	·
4144	1939-10-07	安自山	안자산	安廓	안확	時調詩學(3) 唱曲과 歌曲의 區別	문학	·
4145	1939-10-07	方鍾鉉	방종현	方鍾鉉	방종현	八道俗談스크랩	한글	·

연번	날짜	자료저자명(한자)	자료저자명(한글)	본명(한자)	본명(한글)	기사제목	분류	비고
4146	1939-10-08	黃義敦	황의돈	黃義敦	황의돈	歷史이야기- 지나의 큰 학자 왕수인(下)	역사, 문학	·
4147	1939-10-10	林和	임화	林仁植	임인식	新文學史(17)	문학	·
4148	1939-10-10	安自山	안자산	安廓	안확	時調詩學(4) 數韻과 音樂의 關係	문학	·
4149	1939-10-10	方鍾鉉	방종현	方鍾鉉	방종현	八道俗談스크랩	한글	·
4150	1939-10-11	林和	임화	林仁植	임인식	新文學史(18)	문학	·
4151	1939-10-11	安自山	안자산	安廓	안확	時調詩學(5) 數韻과 音樂의 關係	문학	·
4152	1939-10-11	方鍾鉉	방종현	方鍾鉉	방종현	八道俗談스크랩	한글	·
4153	1939-10-12	林和	임화	林仁植	임인식	新文學史(19)	문학	·
4154	1939-10-12	安自山	안자산	安廓	안확	時調詩學(6) 詩歌史의 四時期	문학	·
4155	1939-10-13	林和	임화	林仁植	임인식	新文學史(20)	문학	·
4156	1939-10-13	方鍾鉉	방종현	方鍾鉉	방종현	八道俗談스크랩	한글	·
4157	1939-10-14	林和	임화	林仁植	임인식	新文學史(21)	문학	·
4158	1939-10-15	黃義敦	황의돈	黃義敦	황의돈	歷史이야기- 高麗의 名將 姜邯贊(上)	역사, 문학	·
4159	1939-10-19	林和	임화	林仁植	임인식	新文學史(22)	문학	·
4160	1939-10-19	方鍾鉉	방종현	方鍾鉉	방종현	八道俗談스크랩	한글	·
4161	1939-10-24	林和	임화	林仁植	임인식	新文學史(23)	문학	·
4162	1939-10-25	林和	임화	林仁植	임인식	新文學史(24)	문학	·
4163	1939-10-25	方鍾鉉	방종현	方鍾鉉	방종현	八道俗談스크랩	한글	·
4164	1939-10-26	林和	임화	林仁植	임인식	新文學史(25)	문학	·
4165	1939-10-26	方鍾鉉	방종현	方鍾鉉	방종현	八道俗談스크랩	한글	·
4166	1939-10-27	林和	임화	林仁植	임인식	新文學史(26)	문학	·
4167	1939-10-27	金明植	김명식	金明植	김명식	西洋文明의 東漸(1) 古典文明과 科學文明	논설	·
4168	1939-10-27	方鍾鉉	방종현	方鍾鉉	방종현	八道俗談스크랩	한글	·
4169	1939-10-28	林和	임화	林仁植	임인식	新文學史(27)	문학	·
4170	1939-10-28	金明植	김명식	金明植	김명식	西洋文明의 東漸(2) 誤解되엿던 物質文明	논설	·
4171	1939-10-28	方鍾鉉	방종현	方鍾鉉	방종현	八道俗談스크랩	한글	·
4172	1939-10-29	黃義敦	황의돈	黃義敦	황의돈	歷史이야기- 高麗의 名將 姜邯贊(下)	역사, 문학	·
4173	1939-10-31	林和	임화	林仁植	임인식	新文學史(28)	문학	·
4174	1939-10-31	金明植	김명식	金明植	김명식	西洋文明의 東漸(3) 東洋文明의 不動性	논설	·
4175	1939-11-01	金明植	김명식	金明植	김명식	西洋文明의 東漸(4) 歐洲戰亂과 文化	논설	·
4176	1939-11-01	方鍾鉉	방종현	方鍾鉉	방종현	八道俗談스크랩	한글	·
4177	1939-11-02	林和	임화	林仁植	임인식	新文學史(29)	문학	·
4178	1939-11-03	林和	임화	林仁植	임인식	新文學史(30)	문학	·
4179	1939-11-05	黃義敦	황의돈	黃義敦	황의돈	歷史이야기- 朝鮮의 樂聖인 蘭溪 朴堧(上)	역사, 문학	·
4180	1939-11-07	林和	임화	林仁植	임인식	新文學史(31)	문학	·
4181	1939-11-08	林和	임화	林仁植	임인식	新文學史(32)	문학	·
4182	1939-11-09	林和	임화	林仁植	임인식	新文學史(33)	문학	·
4183	1939-11-10	林和	임화	林仁植	임인식	新文學史(34)	문학	·

연번	날짜	자료저자명(한자)	자료저자명(한글)	본명(한자)	본명(한글)	기사제목	분류	비고
4184	1939-11-11	林和	임화	林仁植	임인식	新文學史(35)	문학	·
4185	1939-11-12	黃義敦	황의돈	黃義敦	황의돈	歷史이야기- 朝鮮의 樂聖인 蘭溪 朴堧(下)	역사, 문학	·
4186	1939-11-14	黃義敦	황의돈	黃義敦	황의돈	朝鮮姓氏의 起源 및 發達(上)	역사	·
4187	1939-11-14	方鍾鉉	방종현	方鍾鉉	방종현	同福行(1) 赤碧勿染	기행	·
4188	1939-11-15	林和	임화	林仁植	임인식	新文學史(36)	문학	·
4189	1939-11-15	方鍾鉉	방종현	方鍾鉉	방종현	同福行(2) 瓮城塔洞	기행	·
4190	1939-11-15	黃義敦	황의돈	黃義敦	황의돈	朝鮮姓氏의 起源 및 發達(中)	역사	·
4191	1939-11-16	林和	임화	林仁植	임인식	新文學史(37)	문학	·
4192	1939-11-16	方鍾鉉	방종현	方鍾鉉	방종현	同福行(3) 高麗石燈	기행	·
4193	1939-11-16	黃義敦	황의돈	黃義敦	황의돈	朝鮮姓氏의 起源 및 發達(下)	역사	·
4194	1939-11-17	林和	임화	林仁植	임인식	新文學史(38)	문학	·
4195	1939-11-17	方鍾鉉	방종현	方鍾鉉	방종현	同福行(4) 俗謠收集	기행	·
4196	1939-11-18	林和	임화	林仁植	임인식	新文學史(39)	문학	·
4197	1939-11-18	方鍾鉉	방종현	方鍾鉉	방종현	同福行(5) 維摩, 龍門寺	기행	·
4198	1939-11-19	黃義敦	황의돈	黃義敦	황의돈	歷史이야기- 호랑이 때려 잡은 力士 河敬復	역사, 문학	·
4199	1939-11-21	林和	임화	林仁植	임인식	新文學史(40)	문학	·
4200	1939-11-22	林和	임화	林仁植	임인식	新文學史(41)	문학	·
4201	1939-11-23	林和	임화	林仁植	임인식	新文學史(42)	문학	·
4202	1939-11-25	林和	임화	林仁植	임인식	新文學史(43)	문학	·
4203	1939-11-26	黃義敦	황의돈	黃義敦	황의돈	歷史이야기- 大金皇帝라 自稱하던 李澄玉	역사, 문학	·
4204	1939-11-30	民村	민촌	李箕永	이기영	伽倻山記(1)	기행	·
4205	1939-12-01	方鍾鉉	방종현	方鍾鉉	방종현	八道俗談스크랩	한글	·
4206	1939-12-01	民村	민촌	李箕永	이기영	伽倻山記(2)	기행	·
4207	1939-12-02	方鍾鉉	방종현	方鍾鉉	방종현	八道俗談스크랩	한글	·
4208	1939-12-01	民村	민촌	李箕永	이기영	伽倻山記(3)	기행	·
4209	1939-12-02	田蒙秀	전몽수	田蒙秀	전몽수	古語의 魅力- 死語의 復活에 대한 若干의 參考(1)	한글	·
4210	1939-12-03	黃義敦	황의돈	黃義敦	황의돈	歷史이야기- 尹孝孫	역사, 문학	·
4211	1939-12-05	林和	임화	林仁植	임인식	新文學史- 第2章 新文學의 胎生 (1)	문학	·
4212	1939-12-05	民村	민촌	李箕永	이기영	伽倻山記(4)	기행	·
4213	1939-12-06	田蒙秀	전몽수	田蒙秀	전몽수	古語의 魅力- 死語의 復活에 대한 若干의 參考(2)	한글	·
4214	1939-12-07	林和	임화	林仁植	임인식	新文學史- 第2章 新文學의 胎生 (2)	문학	·
4215	1939-12-07	田蒙秀	전몽수	田蒙秀	전몽수	古語의 魅力- 死語의 復活에 대한 若干의 參考(3)	한글	·
4216	1939-12-08	林和	임화	林仁植	임인식	新文學史- 第2章 新文學의 胎生 (3)	문학	·
4217	1939-12-08	田蒙秀	전몽수	田蒙秀	전몽수	古語의 魅力- 死語의 復活에 대한 若干의 參考(4)	한글	·
4218	1939-12-09	林和	임화	林仁植	임인식	新文學史- 第2章 新文學의 胎生 (4)	문학	·
4219	1939-12-09	田蒙秀	전몽수	田蒙秀	전몽수	古語의 魅力- 死語의 復活에 대한 若干의 參考(5)	한글	·
4220	1939-12-09	方鍾鉉	방종현	方鍾鉉	방종현	八道俗談스크랩	한글	·
4221	1939-12-10	黃義敦	황의돈	黃義敦	황의돈	歷史이야기- 五歲神童으로 유명한 金時習	역사,	·

연번	날짜	자료저자명(한자)	자료저자명(한글)	본명(한자)	본명(한글)	기사제목	분류	비고
							문학	
4222	1939-12-12	林和	임화	林仁植	임인식	新文學史- 第2章 新文學의 胎生 (5)	문학	·
4223	1939-12-12	田蒙秀	전몽수	田蒙秀	전몽수	古語의 魅力- 死語의 復活에 대한 若干의 參考(完)	한글	·
4224	1939-12-13	林和	임화	林仁植	임인식	新文學史- 第2章 新文學의 胎生 (6)	문학	·
4225	1939-12-15	朴致祐	박치우	朴致祐	박치우	學界一 年報告書-朝鮮學의 獨舞臺(上)	논설	·
4226	1939-12-16	林和	임화	林仁植	임인식	新文學史- 第2章 新文學의 胎生 (7)	문학	·
4227	1939-12-16	朴致祐	박치우	朴致祐	박치우	學界一 年報告書-朝鮮學의 獨舞臺(下)	논설	·
4228	1939-12-17	黃義敦	황의돈	黃義敦	황의돈	歷史이야기- 학자요 정치가인 趙靜庵	역사, 문학	·
4229	1939-12-20	林和	임화	林仁植	임인식	新文學史- 第2章 新文學의 胎生 (8)	문학	·
4230	1939-12-21	金明植	김명식	金明植	김명식	周易思想의 歷史觀의 再發見(1) 聖人意識과 時代性	철학	·
4231	1939-12-21	林和	임화	林仁植	임인식	新文學史- 第2章 新文學의 胎生 (9)	문학	·
4232	1939-12-22	金明植	김명식	金明植	김명식	周易思想의 歷史觀의 再發見(2) 聖人意識과 時代性	철학	·
4233	1939-12-23	林和	임화	林仁植	임인식	新文學史- 第2章 新文學의 胎生 (10)	문학	·
4234	1939-12-23	金明植	김명식	金明植	김명식	周易思想의 歷史觀의 再發見(3) 聖人意識과 時代性	철학	·
4235	1939-12-24	黃義敦	황의돈	黃義敦	황의돈	歷史이야기- 일생을 의로 사른 鄭光弼	역사, 문학	·
4236	1939-12-27	金明植	김명식	金明植	김명식	周易思想의 歷史觀의 再發見(4) 聖人意識과 時代性	철학	·
4237	1939-12-27	林和	임화	林仁植	임인식	新文學史- 第2章 新文學의 胎生 (11)	문학	·
4238	1939-12-28	金明植	김명식	金明植	김명식	周易思想의 歷史觀의 再發見(5) 聖人意識과 時代性	철학	·
4239	1940-01-03	·	·	·	·	十年積功의 金字塔 朝鮮語學會의 辭典編纂事業 結實의 가을도 드디어 迫頭	한글, 사업	·
4240	1940-01-04	李秉岐	이병기	李秉岐	이병기	新羅史의 精華 花郎道	역사	·
4241	1940-01-05	黃義敦	황의돈	黃義敦	황의돈	李朝의 恥辱 黨爭의 禍(1)	역사	·
4242	1940-01-06	·	·	·	·	優雅한 古美術 漆器 樂浪藝術의 再現	민속	·
4243	1940-01-07	黃義敦	황의돈	黃義敦	황의돈	歷史이야기- 支那의 大詩人 李白	역사, 문학	·
4244	1940-01-09	黃義敦	황의돈	黃義敦	황의돈	李朝의 恥辱 黨爭의 禍(2)	역사	·
4245	1940-01-10	黃義敦	황의돈	黃義敦	황의돈	李朝의 恥辱 黨爭의 禍(3)	역사	·
4246	1940-01-11	黃義敦	황의돈	黃義敦	황의돈	李朝의 恥辱 黨爭의 禍(4)	역사	·
4247	1940-01-14	黃義敦	황의돈	黃義敦	황의돈	歷史이야기- 의를 위하여 죽은 方正學	역사, 문학	·
4248	1940-01-18	安自山	안자산	安廓	안확	讀史餘錄 朝鮮武士小史(1)	역사	·
4249	1940-01-19	安自山	안자산	安廓	안확	讀史餘錄 朝鮮武士小史(2)	역사	·
4250	1940-01-20	安自山	안자산	安廓	안확	讀史餘錄 朝鮮武士小史(3)	역사	·
4251	1940-01-21	黃義敦	황의돈	黃義敦	황의돈	歷史이야기- 한평생 고생으로 지낸 詩人 杜甫	역사, 문학	·
4252	1940-01-24	安自山	안자산	安廓	안확	讀史餘錄 朝鮮武士小史(4)	역사	·
4253	1940-01-25	安自山	안자산	安廓	안확	讀史餘錄 朝鮮武士小史(5)	역사	·
4254	1940-01-26	安自山	안자산	安廓	안확	讀史餘錄 朝鮮武士小史(6)	역사	·
4255	1940-01-26	方鍾鉉	방종현	方鍾鉉	방종현	城大朝鮮語文科 志望者 減少說	기타	·
4256	1940-01-28	黃義敦	황의돈	黃義敦	황의돈	歷史이야기- 알 속에서 나오신 東明聖王	역사, 문학	·

연번	날짜	자료저자명(한자)	자료저자명(한글)	본명(한자)	본명(한글)	기사제목	분류	비고
4257	1940-01-30	黃義敦	황의돈	黃義敦	황의돈	庚辰史話(1)	역사, 문학	·
4258	1940-01-31	金思燁	김사엽	金思燁	김사엽	俗談(上) 辭典編纂	한글	·
4259	1940-01-31	黃義敦	황의돈	黃義敦	황의돈	庚辰史話(2)	역사, 문학	·
4260	1940-01-31	梁柱東	양주동	梁柱東	양주동	古代詩歌의 美(1)	문학	·
4261	1940-02-01	金思燁	김사엽	金思燁	김사엽	俗談(中) 道德的 遺産	한글	·
4262	1940-02-01	梁柱東	양주동	梁柱東	양주동	古代詩歌의 美(2)	문학	·
4263	1940-02-01	黃義敦	황의돈	黃義敦	황의돈	庚辰史話(3)	역사, 문학	·
4264	1940-02-02	林和	임화	林仁植	임인식	續新文學史- 新小說의 擡頭(1)	문학	·
4265	1940-02-02	黃義敦	황의돈	黃義敦	황의돈	庚辰史話(4)	역사, 문학	·
4266	1940-02-02	梁柱東	양주동	梁柱東	양주동	古代詩歌의 美(3)	문학	·
4267	1940-02-03	林和	임화	林仁植	임인식	續新文學史- 新小說의 擡頭(2)	문학	·
4268	1940-02-03	梁柱東	양주동	梁柱東	양주동	古代詩歌의 美(4)	문학	·
4269	1940-02-03	黃義敦	황의돈	黃義敦	황의돈	庚辰史話(5)	역사, 문학	·
4270	1940-02-04	黃義敦	황의돈	黃義敦	황의돈	歷史이야기- 지나의 대표적 영웅 諸葛亮	역사, 문학	·
4271	1940-02-06	林和	임화	林仁植	임인식	續新文學史- 新小說의 擡頭(3)	문학	·
4272	1940-02-06	黃義敦	황의돈	黃義敦	황의돈	庚辰史話(6)	역사, 문학	·
4273	1940-02-06	黃義敦	황의돈	黃義敦	황의돈	立春- 일년 중 가장 경사로운 만복 차저오는 날	민속	·
4274	1940-02-07	林和	임화	林仁植	임인식	續新文學史- 新小說의 擡頭(4)	문학	·
4275	1940-02-07	黃義敦	황의돈	黃義敦	황의돈	庚辰史話(完)	역사, 문학	·
4276	1940-02-07	梁柱東	양주동	梁柱東	양주동	古代詩歌의 美(5)	문학	·
4277	1940-02-08	林和	임화	林仁植	임인식	續新文學史 新小說의 擡頭(5)	문학	·
4278	1940-02-08	金思燁	김사엽	金思燁	김사엽	俗談(下) 俚諺集	한글	·
4279	1940-02-09	林和	임화	林仁植	임인식	續新文學史 新小說의 擡頭(6)	문학	·
4280	1940-02-09	李相寅	이상인	李相寅	이상인	古典과 吏讀文學(1)	문학	·
4281	1940-02-10	林和	임화	林仁植	임인식	續新文學史 新小說의 擡頭(7)	문학	·
4282	1940-02-10	李相寅	이상인	李相寅	이상인	古典과 吏讀文學(2)	문학	·
4283	1940-02-11	黃義敦	황의돈	黃義敦	황의돈	歷史이야기- 高句麗의 名相 乙巴素	역사, 문학	·
4284	1940-02-13	李相寅	이상인	李相寅	이상인	古典과 吏讀文學(3)	문학	·
4285	1940-02-14	林和	임화	林仁植	임인식	續新文學史 新小說의 擡頭(8)	문학	·
4286	1940-02-15	鄭光鉉	정광현	鄭光鉉	정광현	喪祭에 對한 再吟味(1)	기타	·
4287	1940-02-15	林和	임화	林仁植	임인식	續新文學史 新小說의 擡頭(9)	문학	·
4288	1940-02-16	鄭光鉉	정광현	鄭光鉉	정광현	喪祭에 對한 再吟味(2)	기타	·
4289	1940-02-16	林和	임화	林仁植	임인식	續新文學史 新小說의 擡頭(10)	문학	·
4290	1940-02-17	鄭光鉉	정광현	鄭光鉉	정광현	喪祭에 對한 再吟味(3)	기타	·

연번	날짜	자료저자명 (한자)	자료저자명 (한글)	본명 (한자)	본명 (한글)	기사제목	분류	비고
4291	1940-02-17	林和	임화	林仁植	임인식	續新文學史 新小說의 擡頭(11)	문학	·
4292	1940-02-18	黃義敦	황의돈	黃義敦	황의돈	歷史이야기- 소타고 다니든 孟政丞	역사, 문학	·
4293	1940-02-20	林和	임화	林仁植	임인식	續新文學史 新小說의 擡頭(12)	문학	·
4294	1940-02-22	林和	임화	林仁植	임인식	續新文學史 新小說의 擡頭(13)	문학	·
4295	1940-02-23	林和	임화	林仁植	임인식	續新文學史 新小說의 擡頭(14)	문학	·
4296	1940-02-24	林和	임화	林仁植	임인식	續新文學史 新小說의 擡頭(15)	문학	·
4297	1940-02-25	黃義敦	황의돈	黃義敦	황의돈	歷史이야기- 漢陽에 도읍한 李太祖	역사, 문학	·
4298	1940-02-27	林和	임화	林仁植	임인식	續新文學史 新小說의 擡頭(16)	문학	·
4299	1940-02-29	林和	임화	林仁植	임인식	續新文學史 新小說의 擡頭(17)	문학	·
4300	1940-03-01	林和	임화	林仁植	임인식	續新文學史 新小說의 擡頭(18)	문학	·
4301	1940-03-02	林和	임화	林仁植	임인식	續新文學史 新小說의 擡頭(19)	문학	·
4302	1940-03-03	黃義敦	황의돈	黃義敦	황의돈	歷史이야기- 즘생가지 애끼든 尹淮	역사, 문학	·
4303	1940-03-05	林和	임화	林仁植	임인식	續新文學史 新小說의 擡頭(19)*20회	문학	연재횟수 오기
4304	1940-03-05	金子剛	김자강	金子剛	김자강	漢方醫學의 再認識(1)	한의학	·
4305	1940-03-06	林和	임화	林仁植	임인식	續新文學史 新小說의 擡頭(20)*21회	문학	연재횟수 오기
4306	1940-03-06	金子剛	김자강	金子剛	김자강	漢方醫學의 再認識(2)	한의학	·
4307	1940-03-07	林和	임화	林仁植	임인식	續新文學史 新小說의 擡頭(21)*22회	문학	연재횟수 오기
4308	1940-03-07	金子剛	김자강	金子剛	김자강	漢方醫學의 再認識(3)	한의학	·
4309	1940-03-08	林和	임화	林仁植	임인식	續新文學史 新小說의 擡頭(22)*23회	문학	연재횟수 오기
4310	1940-03-09	金基錫	김기석	金基錫	김기석	古典에 對한 두 態度	문학	·
4311	1940-03-09	林和	임화	林仁植	임인식	續新文學史 新小說의 擡頭(23)*24회	문학	연재횟수 오기
4312	1940-03-09	金子剛	김자강	金子剛	김자강	漢方醫學의 再認識(4)	한의학	·
4313	1940-03-10	黃義敦	황의돈	黃義敦	황의돈	歷史이야기- 가장 불행한 어린 임금 端宗大王	역사, 문학	·
4314	1940-03-12	金基錫	김기석	金基錫	김기석	古典에 對한 두 態度	문학	·
4315	1940-03-12	林和	임화	林仁植	임인식	續新文學史 新小說의 擡頭(24)*25회	문학	연재횟수 오기
4316	1940-03-12	金子剛	김자강	金子剛	김자강	漢方醫學의 再認識(5)	한의학	·
4317	1940-03-13	金子剛	김자강	金子剛	김자강	漢方醫學의 再認識(6)	한의학	·
4318	1940-03-15	徐寅植, 朴致祐, 金午星	서인식, 박치우, 김오성	徐寅植, 朴致祐, 金午星	서인식, 박치우, 김오성	評壇三人 鼎談會 文化問題縱橫觀(上) 文化成長의 土壤	철학	·
4319	1940-03-16	徐寅植, 朴致祐, 金午星	서인식, 박치우, 김오성	徐寅植, 朴致祐, 金午星	서인식, 박치우, 김오성	評壇三人 鼎談會 文化問題縱橫觀(中) 民族情緒와 傳統	철학	·
4320	1940-03-17	黃義敦	황의돈	黃義敦	황의돈	歷史이야기- 극진히 충성을 다한 死六臣	역사, 문학	·
4321	1940-03-19	徐寅植, 朴致祐, 金午星	서인식, 박치우, 김오성	徐寅植, 朴致祐, 金午星	서인식, 박치우, 김오성	評壇三人 鼎談會 文化問題縱橫觀(下) 文化輸入의 態度	철학	·
4322	1940-03-19	林和	임화	林仁植	임인식	續新文學史 新小說의 擡頭(25)*26회	문학	연재횟수 오기

연번	날짜	자료저자명(한자)	자료저자명(한글)	본명(한자)	본명(한글)	기사제목	분류	비고
4323	1940-03-24	黃義敦	황의돈	黃義敦	황의돈	歷史이야기- 학자요 정치가인 梁誠之	역사, 문학	·
4324	1940-03-27	林和	임화	林仁植	임인식	續新文學史 新小說의 擡頭(26)*27회	문학	연재횟수 오기
4325	1940-03-28	林和	임화	林仁植	임인식	續新文學史 新小說의 擡頭(27)*28회	문학	연재횟수 오기
4326	1940-03-28	林和	임화	林仁植	임인식	續新文學史 新小說의 擡頭(28)*29회	문학	연재횟수 오기
4327	1940-03-30	林和	임화	林仁植	임인식	續新文學史 新小說의 擡頭(29)*30회	문학	연재횟수 오기
4328	1940-03-31	黃義敦	황의돈	黃義敦	황의돈	歷史이야기- 용기와 힘이 뛰어난 南怡將軍	역사, 문학	·
4329	1940-04-02	徐寅植	서인식	徐寅植	서인식	現代와 迷信(1) 邪敎의 社會的 地盤	철학	·
4330	1940-04-02	劉漢徹	유한철	劉漢徹	유한철	金子剛氏에게 釋明함(1) 全體醫學의 批判	한의학	·
4331	1940-04-03	林和	임화	林仁植	임인식	續新文學史 新小說의 擡頭(30)*31회	문학	연재횟수 오기
4332	1940-04-03	劉漢徹	유한철	劉漢徹	유한철	金子剛氏에게 釋明함(2) 精神療法의 弊害	한의학	·
4333	1940-04-03	徐寅植	서인식	徐寅植	서인식	現代와 迷信(2) 東洋社會의 特質	철학	·
4334	1940-04-05	劉漢徹	유한철	劉漢徹	유한철	金子剛氏에게 釋明함(3) 誤解된 現代醫學	한의학	·
4335	1940-04-05	徐寅植	서인식	徐寅植	서인식	現代와 迷信(3) 常識과 迷信의 韓系	철학	·
4336	1940-04-06	林和	임화	林仁植	임인식	續新文學史 新小說의 擡頭(31)*32회	문학	연재횟수 오기
4337	1940-04-06	徐寅植	서인식	徐寅植	서인식	現代와 迷信(4) 信仰과 知識의 機能	철학	·
4338	1940-04-06	劉漢徹	유한철	劉漢徹	유한철	金子剛氏에게 釋明함(4) 外科手術의 難點	한의학	·
4339	1940-04-09	林和	임화	林仁植	임인식	續新文學史 新小說의 擡頭(32)*33회	문학	연재횟수 오기
4340	1940-04-09	朴鍾和	박종화	朴鍾和	박종화	時調는 어디로 가나?- 復興期에서 中興期로(1)	문학	·
4341	1940-04-09	劉漢徹	유한철	劉漢徹	유한철	金子剛氏에게 釋明함(5) 手術學의 眞相	한의학	·
4342	1940-04-10	林和	임화	林仁植	임인식	續新文學史 新小說의 擡頭(33)*34회	문학	연재횟수 오기
4343	1940-04-10	朴鍾和	박종화	朴鍾和	박종화	時調는 어디로 가나?- 復興期에서 中興期로(2)	문학	·
4344	1940-04-10	劉漢徹	유한철	劉漢徹	유한철	金子剛氏에게 釋明함(6) 手術學의 眞相	한의학	·
4345	1940-04-11	朴鍾和	박종화	朴鍾和	박종화	時調는 어디로 가나?- 復興期에서 中興期로(3)	문학	·
4346	1940-04-11	劉漢徹	유한철	劉漢徹	유한철	金子剛氏에게 釋明함(7) 熱과 局所治療	한의학	·
4347	1940-04-12	林和	임화	林仁植	임인식	續新文學史 新小說의 擡頭(34)*35회	문학	연재횟수 오기
4348	1940-04-12	劉漢徹	유한철	劉漢徹	유한철	金子剛氏에게 釋明함(8) 現代醫學의 冒瀆	한의학	·
4349	1940-04-13	林和	임화	林仁植	임인식	續新文學史 新小說의 擡頭(35)*36회	문학	연재횟수 오기
4350	1940-04-13	金準枰	김준평	金準枰	김준평	북·레뷰- 鄭光鉉 著, 姓氏論考(上)	문학	·
4351	1940-04-16	洪碧初	홍벽초	洪命憙	홍명희	古文一平先生一週忌記念論文-湖岩의 遺著에 對하야	논설	·
4352	1940-04-16	金準枰	김준평	金準枰	김준평	북·레뷰- 鄭光鉉 著, 姓氏論考(下)	문학	·
4353	1940-04-17	林和	임화	林仁植	임인식	續新文學史 新小說의 擡頭(36)*37회	문학	연재횟수 오기
4354	1940-04-18	林和	임화	林仁植	임인식	續新文學史 新小說의 擡頭(37)*38회	문학	연재횟수 오기
4355	1940-04-19	林和	임화	林仁植	임인식	續新文學史 新小說의 擡頭(38)*39회	문학	연재횟수 오기
4356	1940-04-20	林和	임화	林仁植	임인식	續新文學史 新小說의 擡頭(39)*40회	문학	연재횟수 오기
4357	1940-04-21	黃義敦	황의돈	黃義敦	황의돈	歷史이야기- 옛날 朝鮮에도 蹴球가 잇섯소	역사, 문학	·
4358	1940-04-24	林和	임화	林仁植	임인식	續新文學史 新小說의 擡頭(40)*41회	문학	연재횟수 오기
4359	1940-04-25	林和	임화	林仁植	임인식	續新文學史 新小說의 擡頭(41)*42회	문학	연재횟수 오기
4360	1940-04-27	金亨奎	김형규	金亨奎	김형규	朝鮮詩歌와 自然- 우리文學研究에 關한 一試論(上)	문학	·

연번	날짜	자료저자명 (한자)	자료저자명 (한글)	본명 (한자)	본명 (한글)	기사제목	분류	비고
4361	1940-04-27	林和	임화	林仁植	임인식	續新文學史 新小說의 擡頭(42)*43회	문학	연재횟수 오기
4362	1940-04-28	黃義敦	황의돈	黃義敦	황의돈	歷史이야기- 키 크고 잘난 許琮大臣	역사, 문학	·
4363	1940-04-30	·	·	·	·	朝鮮固有의 競技인 씨름의 歷史的 由來	민속	·
4364	1940-05-01	林和	임화	林仁植	임인식	續新文學史 新小說의 擡頭(43)*44회	문학	연재횟수 오기
4365	1940-05-01	金亨奎	김형규	金亨奎	김형규	朝鮮詩歌와 自然- 우리文學研究에 關한 一試論(中)	문학	·
4366	1940-05-03	林和	임화	林仁植	임인식	續新文學史 新小說의 擡頭(44)*45회	문학	연재횟수 오기
4367	1940-05-03	金亨奎	김형규	金亨奎	김형규	朝鮮詩歌와 自然- 우리文學研究에 關한 一試論(完)	문학	·
4368	1940-05-04	林和	임화	林仁植	임인식	續新文學史 新小說의 擡頭(45)*46회	문학	연재횟수 오기
4369	1940-05-05	黃義敦	황의돈	黃義敦	황의돈	歷史이야기- 힘센학者 朴松堂	역사, 문학	·
4370	1940-05-07	林和	임화	林仁植	임인식	續新文學史 新小說의 擡頭(45)*47회	문학	연재횟수 오기
4371	1940-05-08	林和	임화	林仁植	임인식	續新文學史 新小說의 擡頭(46)*48회	문학	연재횟수 오기
4372	1940-05-10	林和	임화	林仁植	임인식	續新文學史 新小說의 擡頭(48)*49회	문학	연재횟수 오기
4373	1940-05-11	安自山	안자산	安廓	안확	朝鮮美術史要(1)	미술	·
4374	1940-05-12	黃義敦	황의돈	黃義敦	황의돈	歷史이야기- 朝鮮에 固有한 씨름	역사, 문학	·
4375	1940-05-14	安自山	안자산	安廓	안확	朝鮮美術史要(2)	미술	·
4376	1940-05-15	安自山	안자산	安廓	안확	朝鮮美術史要(3)	미술	·
4377	1940-05-17	安自山	안자산	安廓	안확	朝鮮美術史要(4)	미술	·
4378	1940-05-17	劉昌宣	유창선	劉昌宣	유창선	鄕歌와 呪術(上)	문학	·
4379	1940-05-17	鄭人澤	정인택	鄭人澤	정인택	古典의 敎養	문학	·
4380	1940-05-18	安自山	안자산	安廓	안확	朝鮮美術史要(5)	미술	·
4381	1940-05-18	劉昌宣	유창선	劉昌宣	유창선	鄕歌와 呪術(下)	문학	·
4382	1940-05-19	黃義敦	황의돈	黃義敦	황의돈	歷史이야기- 學界의 雙璧 金安國 兄弟	역사, 문학	·
4383	1940-05-21	安自山	안자산	安廓	안확	朝鮮美術史要(6)	미술	·
4384	1940-05-22	安自山	안자산	安廓	안확	朝鮮美術史要(7)	미술	·
4385	1940-05-25	安自山	안자산	安廓	안확	朝鮮美術史要(8)	미술	·
4386	1940-05-28	安自山	안자산	安廓	안확	朝鮮美術史要(9)	미술	·
4387	1940-05-28	申龜鉉	신구현	申龜鉉	신구현	이야기책과 現代- 古典의 再認識과 그 消化(1)	논설	·
4388	1940-05-29	安自山	안자산	安廓	안확	朝鮮美術史要(10)	미술	·
4389	1940-05-29	申龜鉉	신구현	申龜鉉	신구현	이야기책과 現代- 古典의 再認識과 그 消化(2)	논설	·
4390	1940-05-31	申龜鉉	신구현	申龜鉉	신구현	이야기책과 現代- 古典의 再認識과 그 消化(3)	논설	·
4391	1940-06-01	社說	사설	·	·	朝鮮美展	미술, 논설	·
4392	1940-06-01	安自山	안자산	安廓	안확	朝鮮美術史要(11)	미술	·
4393	1940-06-01	申龜鉉	신구현	申龜鉉	신구현	이야기책과 現代- 古典의 再認識과 그 消化(4)	논설	·
4394	1940-06-02	黃義敦	황의돈	黃義敦	황의돈	歷史이야기- 靖國功臣 朴元宗	역사, 문학	·
4395	1940-06-04	申龜鉉	신구현	申龜鉉	신구현	이야기책과 現代- 古典의 再認識과 그 消化(4)*5회	논설	연재횟수 오기
4396	1940-06-05	申龜鉉	신구현	申龜鉉	신구현	이야기책과 現代- 古典의 再認識과 그 消化(完)	논설	·
4397	1940-06-08	安自山	안자산	安廓	안확	朝鮮美術史要(12)	미술	·

연번	날짜	자료저자명(한자)	자료저자명(한글)	본명(한자)	본명(한글)	기사제목	분류	비고
4398	1940-06-09	黃義敦	황의돈	黃義敦	황의돈	歷史이야기- 六鎭의 開拓	역사, 문학	·
4399	1940-06-11	安自山	안자산	安廓	안확	朝鮮美術史要(13)	미술	·
4400	1940-06-12	·	·	·	·	朝鮮語學會 發表- 外來語表記法抄(1)	한글	·
4401	1940-06-14	·	·	·	·	朝鮮語學會 發表- 外來語表記法抄(2)	한글	·
4402	1940-06-15	·	·	·	·	朝鮮語學會 發表- 外來語表記法抄(3)	한글	·
4403	1940-06-16	黃義敦	황의돈	黃義敦	황의돈	歷史이야기- 서울의 來歷	역사, 문학	·
4404	1940-06-18	·	·	·	·	朝鮮語學會 提案- 外來語表記法抄(4)	한글	·
4405	1940-06-19	·	·	·	·	朝鮮語學會 提案- 外來語表記法抄(5)	한글	·
4406	1940-06-22	·	·	·	·	朝鮮語學會 提案- 外來語表記法抄(完)	한글	·
4407	1940-06-25	·	·	·	·	朝鮮語學會 提案- 朝鮮音羅軍字表記法(1)	한글	·
4408	1940-06-26	·	·	·	·	朝鮮語學會 提案- 朝鮮音羅軍字表記法(2)	한글	·
4409	1940-06-28	·	·	·	·	朝鮮語學會 提案- 朝鮮音羅軍字表記法(3)	한글	·
4410	1940-06-29	·	·	·	·	朝鮮語學會 提案- 朝鮮音萬國旗號表示(1)	한글	·
4411	1940-06-30	黃義敦	황의돈	黃義敦	황의돈	歷史이야기- 平壤의 沿革	역사, 문학	·
4412	1940-07-02	·	·	·	·	朝鮮語學會 提案- 朝鮮音萬國旗號表示(2)	한글	·
4413	1940-07-03	·	·	·	·	朝鮮語學會 提案- 朝鮮音萬國旗號表示(3)	한글	·
4414	1940-07-05	·	·	·	·	朝鮮語學會 提案- 朝鮮音萬國旗號表示(4)	한글	·
4415	1940-07-06	柳子厚	유자후	柳子厚	유자후	史話- 朝鮮褓負商考(1)	역사	·
4416	1940-07-09	柳子厚	유자후	柳子厚	유자후	史話- 朝鮮褓負商考(2)	역사	·
4417	1940-07-10	柳子厚	유자후	柳子厚	유자후	史話- 朝鮮褓負商考(3)	역사	·
4418	1940-07-12	柳子厚	유자후	柳子厚	유자후	史話- 朝鮮褓負商考(3)*4회	역사	연재횟수 오기
4419	1940-07-12	劉昌宣	유창선	劉昌宣	유창선	古詩와 古俗(上)	문학	·
4420	1940-07-13	劉昌宣	유창선	劉昌宣	유창선	古詩와 古俗(中)	문학	·
4421	1940-07-13	柳子厚	유자후	柳子厚	유자후	史話- 朝鮮褓負商考(5)	역사	석간
4422	1940-07-13	柳子厚	유자후	柳子厚	유자후	史話- 朝鮮褓負商考(6)	역사	조간·
4423	1940-07-14	黃義敦	황의돈	黃義敦	황의돈	歷史이야기- 新羅 옛 서울 慶州	역사, 문학	·
4424	1940-07-16	柳子厚	유자후	柳子厚	유자후	史話- 朝鮮褓負商考(7)	역사	·
4425	1940-07-16	劉昌宣	유창선	劉昌宣	유창선	古詩와 古俗(下)	문학	·
4426	1940-07-17	柳子厚	유자후	柳子厚	유자후	史話- 朝鮮褓負商考(8)	역사	·
4427	1940-07-19	李丙燾	이병도	李丙燾	이병도	朝鮮學界總動員 夏期特別論文- 高麗三蘇의 再考察(上)	논설	·
4428	1940-07-19	柳子厚	유자후	柳子厚	유자후	史話- 朝鮮褓負商考(9)	역사	·
4429	1940-07-20	李丙燾	이병도	李丙燾	이병도	朝鮮學界總動員 夏期特別論文- 高麗三蘇의 再考察(下)	논설	·
4430	1940-07-20	柳子厚	유자후	柳子厚	유자후	史話- 朝鮮褓負商考(10)	역사	·
4431	1940-07-21	黃義敦	황의돈	黃義敦	황의돈	歷史이야기- 百濟 옛 서울 扶餘의 來歷	역사, 문학	·
4432	1940-07-23	柳子厚	유자후	柳子厚	유자후	史話- 朝鮮褓負商考(11)	역사	·
4433	1940-07-23	金孝敬	김효경	金孝敬	김효경	朝鮮學界總動員 夏期特別論文- 溫泉信仰은	논설	·

연번	날짜	자료저자명 (한자)	자료저자명 (한글)	본명 (한자)	본명 (한글)	기사제목	분류	비고
						迷信일가(上)		
4434	1940-07-24	柳子厚	유자후	柳子厚	유자후	史話- 朝鮮褓負商考(12)	역사	·
4435	1940-07-24	金孝敬	김효경	金孝敬	김효경	朝鮮學界總動員 夏期特別論文- 溫泉信仰은 迷信일가(下)	논설	·
4436	1940-07-25	桂貞植	계정식	桂貞植	계정식	朝鮮學界總動員 夏期特別論文- 五音階의 小考	논설	·
4437	1940-07-26	柳子厚	유자후	柳子厚	유자후	史話- 朝鮮褓負商考(13)	역사	·
4438	1940-07-26	高裕燮	고유섭	高裕燮	고유섭	朝鮮學界總動員 夏期特別論文- 朝鮮美術 文化의 몇낫 性格(上)	논설	·
4439	1940-07-26	鄭廣鉉	정광현	鄭廣鉉	정광현	研究(1) 盛夏土俗數題	민속	·
4440	1940-07-27	高裕燮	고유섭	高裕燮	고유섭	朝鮮學界總動員 夏期特別論文- 朝鮮美術 文化의 몇낫 性格(下)	논설	·
4441	1940-07-27	·	·	·	·	朝鮮語科 除外 確定, 必須科目에는 包含치 안흘 方針	한글	·
4442	1940-07-28	黃義敦	황의돈	黃義敦	황의돈	歷史이야기- 新羅의 實物 聖德鍾	역사, 문학	·
4443	1940-07-28	梁柱東	양주동	梁柱東	양주동	朝鮮學界總動員夏期特別論文-『하늘』의原義(上)	논설	·
4444	1940-07-29	梁柱東	양주동	梁柱東	양주동	朝鮮學界總動員夏期特別論文-『하늘』의原義(中)	논설	·
4445	1940-07-30	柳子厚	유자후	柳子厚	유자후	史話- 朝鮮褓負商考(14)	역사	·
4446	1940-07-30	梁柱東	양주동	梁柱東	양주동	朝鮮學界總動員夏期特別論文-『하늘』의原義(下)	논설	·
4447	1940-07-30	方鍾鉉	방종현	方鍾鉉	방종현	原本訓民正音의 發見(1)	한글	·
4448	1940-07-31	鄭光鉉	정광현	鄭光鉉	정광현	朝鮮學界總動員 夏期特別論文- 朝鮮法典考	논설	·
4449	1940-07-31	方鍾鉉	방종현	方鍾鉉	방종현	原本訓民正音의 發見(2)	한글	·
4450	1940-08-01	方鍾鉉	방종현	方鍾鉉	방종현	原本訓民正音의 發見(3)	한글	·
4451	1940-08-02	方鍾鉉	방종현	方鍾鉉	방종현	原本訓民正音의 發見(4)	한글	·
4452	1940-08-02	徐寅植	서인식	徐寅植	서인식	朝鮮學界總動員 夏期特別論文- 李朝儒學의 四七論	논설	·
4453	1940-08-03	李克魯	이극로	李克魯	이극로	朝鮮學界總動員 夏期特別論文- 한글發達史	논설	·
4454	1940-08-04	金斗憲	김두헌	金斗憲	김두헌	朝鮮學界總動員 夏期特別論文- 崇祖奉祀의 今昔	논설	·
4455	1940-08-04	方鍾鉉	방종현	方鍾鉉	방종현	原本訓民正音의 發見(完)	한글	·
4456	1940-08-04	黃義敦	황의돈	黃義敦	황의돈	歷史이야기- 江西古墳의 壁畵	역사, 문학	·
4457	1940-08-05	洪起文	홍기문	洪起文	홍기문	朝鮮學의 本質과 現狀	논설	·
4458	1940-08-06	黃義敦	황의돈	黃義敦	황의돈	女眞文化- 西北朝鮮에 散在한 그 遺蹟(上)	역사	·
4459	1940-08-06	朴鍾鴻	박종홍	朴鍾鴻	박종홍	朝鮮學界總動員 夏期特別論文- 四七論의 現代哲學的 展開에 關한 覺書	철학	·
4460	1940-08-07	黃義敦	황의돈	黃義敦	황의돈	女眞文化- 西北朝鮮에 散在한 그 遺蹟(中)	역사	·
4461	1940-08-07	李如星	이여성	李如星	이여성	朝鮮學界總動員 夏期特別論文- 李朝服飾의 社會的 構成	논설	·
4462	1940-08-08	黃義敦	황의돈	黃義敦	황의돈	女眞文化- 西北朝鮮에 散在한 그 遺蹟(下)	역사	·
4463	1940-08-08	李崇寧	이숭녕	李崇寧	이숭녕	朝鮮學界總動員 夏期特別論文- 音韻論의 課題(上)	논설	·
4464	1940-08-09	李崇寧	이숭녕	李崇寧	이숭녕	朝鮮學界總動員 夏期特別論文- 音韻論의 課題(下)	논설	·
4465	1940-08-10	高鳳京	고봉경	高鳳京	고봉경	朝鮮學界總動員 夏期特別論文- 現代朝鮮의 性格	논설	·
4466	1940-08-10	黃義敦	황의돈	黃義敦	황의돈	歷史이야기- 세계의 보물 고려자기	역사, 문학	·

2. 인물명순

연번	자료저자명(한글)	자료저자명(한자)	본명(한글)	본명(한자)	기사제목	분류	날짜	비고
1	강대준	姜大駿	강대준	姜大駿	文字普及班消息- 그들의 氣運찬 合槓	한글, 사업	1930-08-22	·
2	강유문	姜裕文	강유문	姜裕文	나의 研究테-마: 朝鮮文化史上으로 본 朝鮮佛教史의 研究	역사	1939-03-12	·
3	계정식	桂貞植	계정식	桂貞植	文化公議(7) 音樂人으로써의 提議	논설	1937-06-13	·
4	계정식	桂貞植	계정식	桂貞植	朝鮮學界總動員 夏期特別論文- 五音階의 小考	논설	1940-07-25	·
5	고봉경	高鳳京	고봉경	高鳳京	朝鮮學界總動員 夏期特別論文- 現代朝鮮의 性格	논설	1940-08-10	·
6	고영환	高永煥	고영환	高永煥	李瑄根氏 著『朝鮮最近世史』讀後感(1)	역사, 논설	1931-05-13	·
7	고영환	高永煥	고영환	高永煥	李瑄根氏 著『朝鮮最近世史』讀後感(2)	역사, 논설	1931-05-14	·
8	고영환	高永煥	고영환	高永煥	李瑄根氏 著『朝鮮最近世史』讀後感(3)	역사, 논설	1931-05-15	·
9	고영환	高永煥	고영환	高永煥	李瑄根氏 著『朝鮮最近世史』讀後感(完)	역사, 논설	1931-05-16	·
10	고유섭	高裕燮	고유섭	高裕燮	古美術에서 보는 그 時代精神	미술	1937-01-04	·
11	고유섭	高裕燮	고유섭	高裕燮	三國美術의 特徵(1)	미술	1939-08-31	·
12	고유섭	高裕燮	고유섭	高裕燮	三國美術의 特徵(2)	미술	1939-09-02	·
13	고유섭	高裕燮	고유섭	高裕燮	三國美術의 特徵(3)	미술	1939-09-03	·
14	고유섭	高裕燮	고유섭	高裕燮	朝鮮學界總動員 夏期特別論文- 朝鮮美術 文化의 멧난 性格(上)	논설	1940-07-26	·
15	고유섭	高裕燮	고유섭	高裕燮	朝鮮學界總動員 夏期特別論文- 朝鮮美術 文化의 멧난 性格(下)	논설	1940-07-27	·
16	고재휴	高在烋	고재휴	高在烋	朝鮮語學에 關하야 學徒의 基本問題(1)	한글	1938-02-24	·
17	고재휴	高在烋	고재휴	高在烋	朝鮮語學에 關하야 學徒의 基本問題(2)	한글	1938-02-25	·
18	고재휴	高在烋	고재휴	高在烋	朝鮮語學에 關하야 學徒의 基本問題(3)	한글	1938-02-27	·
19	고재휴	高在烋	고재휴	高在烋	朝鮮語學에 關하야 學徒의 基本問題(4)	한글	1938-03-01	·
20	고희동, 구본웅	高羲東, 具本雄	고희동, 구본웅	高羲東, 具本雄	畵壇雙曲線(上) 風俗畵와 朝鮮情趣	미술	1937-07-20	·
21	고희동, 구본웅	高羲東, 具本雄	고희동, 구본웅	高羲東, 具本雄	畵壇雙曲線(中) 朝鮮의 風景과 獨特한 色彩	미술	1937-07-21	·
22	고희동, 구본웅	高羲東, 具本雄	고희동, 구본웅	高羲東, 具本雄	畵壇雙曲線(下) 社會生活과 美意識	미술	1937-07-22	·
23	공명	孔明	·	·	古典熱의 教訓	기타	1939-08-31	·
24	곽용순	郭龍淳	곽용순	郭龍淳	文字普及班消息- 停電中에도 教授. 熱心에 感泣할 가지가지	한글, 사업	1930-08-06	·
25	구왕삼	具王三	구왕삼	具王三	BOOK REVIEW(讀後感)『民謠合唱曲集』 梨專音樂科刊行	문학	1931-08-10	·
26	구자균	具滋均	구자균	具滋均	民謠와 女人- 黃海道順歷記(上)	음악	1935-08-11	·
27	구자균	具滋均	구자균	具滋均	民謠와 女人- 黃海道順歷記(中)	음악	1935-08-13	·
28	구자균	具滋均	구자균	具滋均	民謠와 女人- 黃海道順歷記(下)	음악	1935-08-14	·

연번	자료저자명(한글)	자료저자명(한자)	본명(한글)	본명(한자)	기사제목	분류	날짜	비고
29	구자균	具滋均	구자균	具滋均	朝鮮古典文學의 階級的 觀察論(1)	문학	1935-11-16	·
30	구자균	具滋均	구자균	具滋均	朝鮮古典文學의 階級的 觀察論(2)	문학	1935-11-17	·
31	구자균	具滋均	구자균	具滋均	朝鮮古典文學의 階級的 觀察論(3)	문학	1935-11-19	·
32	구자균	具滋均	구자균	具滋均	朝鮮古典文學의 階級的 觀察論(4)	문학	1935-11-21	·
33	구자균	具滋均	구자균	具滋均	朝鮮古典文學의 階級的 觀察論(5)	문학	1935-11-23	·
34	구자균	具滋均	구자균	具滋均	朝鮮古典文學의 階級的 觀察論(6)	문학	1935-11-27	·
35	권덕규	權悳奎	권덕규	權悳奎	正音頒布以後의 變遷(1) 外國語에서 받은 衝動(夏期特別講座第十二講)	한글	1930-09-05	·
36	권덕규	權悳奎	권덕규	權悳奎	正音頒布以後의 變遷(2) 吏讀=鄕札에 對한 考察(夏期特別講座第十二講)	한글	1930-09-06	·
37	권덕규	權悳奎	권덕규	權悳奎	正音頒布以後의 變遷(3) 正音의 系統은 어대서?(夏期特別講座第十二講)	한글	1930-09-07	·
38	권덕규	權悳奎	권덕규	權悳奎	正音頒布以後의 變遷(4) 한가지 欠은 綴音法(夏期特別講座第十二講)	한글	1930-09-09	·
39	권덕규	權悳奎	권덕규	權悳奎	正音頒布以後의 變遷(5) 한가지 欠은 綴音法(夏期特別講座第十二講)	한글	1930-09-09	·
40	권덕규	權悳奎	권덕규	權悳奎	正音頒布以後의 變遷(6)『·』字 發蔭에 對하야(夏期特別講座第十二講)	한글	1930-09-12	·
41	권덕규	權悳奎	권덕규	權悳奎	正音頒布以後의 變遷(7) 創製는 어느 해일가?(夏期特別講座第十二講)	한글	1930-09-13	·
42	권덕규	權悳奎	권덕규	權悳奎	正音頒布以後의 變遷(8) 崔萬理의 反對理由(夏期特別講座第十二講)	한글	1930-09-14	·
43	권덕규	權悳奎	권덕규	權悳奎	正音頒布以後의 變遷(9) 崔萬理의 反對理由(夏期特別講座第十二講)	한글	1930-09-15	·
44	권덕규	權悳奎	권덕규	權悳奎	史上으로 본 壬申年- 李太祖와 壬申年(1)	역사	1932-01-01	·
45	권덕규	權悳奎	권덕규	權悳奎	史上으로 본 壬申年- 李太祖와 壬申年(2)	역사	1932-01-02	·
46	권덕규	權悳奎	권덕규	權悳奎	史上으로 본 壬申年- 李太祖와 壬申年(3)	역사	1932-01-05	·
47	권덕규	權悳奎	권덕규	權悳奎	한글質疑	한글	1932-01-17	·
48	권덕규	權悳奎	권덕규	權悳奎	한글質疑	한글	1932-01-21	·
49	권덕규	權悳奎	권덕규	權悳奎	한글質疑	한글	1932-01-24	·
50	권덕규	權悳奎	권덕규	權悳奎	한글質疑	한글	1932-01-27	·
51	권덕규	權悳奎	권덕규	權悳奎	한글質疑	한글	1932-01-29	·
52	권덕규	權悳奎	권덕규	權悳奎	한글質疑	한글	1932-01-30	·
53	권덕규	權悳奎	권덕규	權悳奎	한글質疑	한글	1932-02-03	·
54	권덕규	權悳奎	권덕규	權悳奎	한글質疑	한글	1932-02-06	·
55	권덕규	權悳奎	권덕규	權悳奎	한글質疑	한글	1932-02-09	·
56	권덕규	權悳奎	권덕규	權悳奎	한글質疑	한글	1932-02-10	·
57	권덕규	權悳奎	권덕규	權悳奎	한글質疑	한글	1932-02-16	·
58	권덕규	權悳奎	권덕규	權悳奎	한글質疑	한글	1932-02-21	·
59	권덕규	權悳奎	권덕규	權悳奎	한글質疑	한글	1932-02-23	·
60	권덕규	權悳奎	권덕규	權悳奎	한글質疑	한글	1932-02-24	·
61	권덕규	權悳奎	권덕규	權悳奎	한글質疑	한글	1932-02-25	·
62	권덕규	權悳奎	권덕규	權悳奎	한글質疑	한글	1932-02-28	·

연번	자료저자명 (한글)	자료저자명 (한자)	본명 (한글)	본명 (한자)	기사제목	분류	날짜	비고
63	권덕규	權悳奎	권덕규	權悳奎	한글質疑	한글	1932-03-01	·
64	권덕규	權悳奎	권덕규	權悳奎	한글質疑	한글	1932-03-02	·
65	권덕규	權悳奎	권덕규	權悳奎	한글質疑	한글	1932-03-10	·
66	권덕규	權悳奎	권덕규	權悳奎	한글質疑	한글	1932-03-12	·
67	권덕규	權悳奎	권덕규	權悳奎	한글質疑	한글	1932-03-13	·
68	권덕규	權悳奎	권덕규	權悳奎	한글質疑	한글	1932-03-17	·
69	권덕규	權悳奎	권덕규	權悳奎	한글質疑	한글	1932-03-19	·
70	권덕규	權悳奎	권덕규	權悳奎	訓民正音의 起源과 世宗大王의 頒布(1)	한글	1935-01-01	·
71	권덕규	權悳奎	권덕규	權悳奎	訓民正音의 起源과 世宗大王의 頒布(2)	한글	1935-01-03	·
72	권덕규	權悳奎	권덕규	權悳奎	訓民正音의 起源과 世宗大王의 頒布(3)	한글	1935-01-04	·
73	권덕규	權悳奎	권덕규	權悳奎	訓民正音의 起源과 世宗大王의 頒布(4)	한글	1935-01-05	·
74	권상로	權相老	권상로	權相老	歷代朝鮮忠思想檢討- 佛敎思想: 高麗一代의 佛敎要諦(上)	역사, 종교	1938-01-03	·
75	권상로	權相老	권상로	權相老	歷代朝鮮忠思想檢討- 佛敎思想: 高麗一代의 佛敎要諦(下)	역사, 종교	1938-01-05	·
76	권상로	權相老	권상로	權相老	觀燈의 朝鮮的 故事 그 時日과 習俗의 變遷에 對하야(上)	민속	1938-04-08	·
77	권상로	權相老	권상로	權相老	觀燈의 朝鮮的 故事 그 時日과 習俗의 變遷에 對하야(下)	민속	1938-04-09	·
78	김강수	金剛秀	김강수	金剛秀	朝鮮史 研究의 方法論的 管見(上)	논설	1935-07-10	·
79	김강수	金剛秀	김강수	金剛秀	朝鮮史 研究의 方法論的 管見(下)	논설	1935-07-11	·
80	김경석	金璟錫	김경석	金璟錫	文字普及班消息- 歷史傳記도 들여주어	한글, 사업	1930-08-23	·
81	김광섭	金珖燮	김광섭	金珖燮	文化公議(9) 民衆文化에 對하야	논설	1937-06-16	·
82	김광진	金洸鎭	김광진	金洸鎭	朝鮮歷史學 研究의 前進을 爲하여	역사, 논설	1937-01-03	·
83	김구락	金龜洛	김구락	金龜洛	朝鮮을 中心으로 한 東洋의 印刷術(1) 그 起源과 發達	역사	1930-10-03	·
84	김구락	金龜洛	김구락	金龜洛	朝鮮을 中心으로 한 東洋의 印刷術(2) 그 起源과 發達	역사	1930-10-04	·
85	김구락	金龜洛	김구락	金龜洛	朝鮮을 中心으로 한 東洋의 印刷術(3) 그 起源과 發達	역사	1930-10-05	·
86	김구락	金龜洛	김구락	金龜洛	朝鮮을 中心으로 한 東洋의 印刷術(4) 그 起源과 發達	역사	1930-10-06	·
87	김구락	金龜洛	김구락	金龜洛	朝鮮을 中心으로 한 東洋의 印刷術(5) 그 起源과 發達	역사	1930-10-07	·
88	김구락	金龜洛	김구락	金龜洛	朝鮮을 中心으로 한 東洋의 印刷術(6) 그 起源과 發達	역사	1930-10-08	·
89	김구락	金龜洛	김구락	金龜洛	朝鮮을 中心으로 한 東洋의 印刷術(完) 그 起源과 發達	역사	1930-10-09	·
90	김기림	金起林	김기림	金起林	將來할 朝鮮文學은?(1)	문학	1934-11-14	·
91	김기림	金起林	김기림	金起林	將來할 朝鮮文學은?(2)	문학	1934-11-15	·
92	김기림	金起林	김기림	金起林	將來할 朝鮮文學은?(3)	문학	1934-11-16	·
93	김기림	金起林	김기림	金起林	將來할 朝鮮文學은?(4)	문학	1934-11-17	·

연번	자료저자명 (한글)	자료저자명 (한자)	본명 (한글)	본명 (한자)	기사제목	분류	날짜	비고
94	김기림	金起林	김기림	金起林	將來할 朝鮮文學은?(5)	문학	1934-11-18	·
95	김기림	金起林	김기림	金起林	나의 관심사- 民族과 言語	기타	1936-08-28	·
96	김기석	金基錫	김기석	金基錫	文化의 一般性과 特殊性- 普遍的인 文化와 特殊的인 文化(1)	논설	1938-06-16	·
97	김기석	金基錫	김기석	金基錫	文化의 一般性과 特殊性- 普遍的인 文化와 特殊的인 文化(2)	논설	1938-06-17	·
98	김기석	金基錫	김기석	金基錫	文化의 一般性과 特殊性- 普遍的인 文化와 特殊的인 文化(3)	논설	1938-06-18	·
99	김기석	金基錫	김기석	金基錫	文化의 一般性과 特殊性- 普遍的인 文化와 特殊的인 文化(4)	논설	1938-06-19	·
100	김기석	金基錫	김기석	金基錫	古典에 對한 두 態度	문학	1940-03-09	·
101	김기석	金基錫	김기석	金基錫	古典에 對한 두 態度	문학	1940-03-12	·
102	김남천	金南天	김남천	金南天	風俗時評(1) 風俗과 小說家	민속	1939-07-06	·
103	김남천	金南天	김남천	金南天	風俗時評(2) 衣裳	민속	1939-07-07	·
104	김남천	金南天	김남천	金南天	風俗時評(3) 頭髮	민속	1939-07-09	·
105	김남천	金南天	김남천	金南天	風俗時評(4) 신발	민속	1939-07-11	·
106	김두정	金斗禎	김두정	金斗禎	文字普及班消息-第一回 終了, 二回再開	한글, 사업	1930-08-18	·
107	김두헌	金斗憲	김두헌	金斗憲	慣習에 對하야	기타	1933-09-26	·
108	김두헌	金斗憲	김두헌	金斗憲	朝鮮學界總動員 夏期特別論文- 崇祖奉祀의 今昔	논설	1940-08-04	·
109	김만덕	金萬德	김만덕	金萬德	史譚- 南白月의 二聖(1)	역사, 문학	1932-11-23	·
110	김만덕	金萬德	김만덕	金萬德	史譚- 南白月의 二聖(2)	역사, 문학	1932-11-25	·
111	김만덕	金萬德	김만덕	金萬德	史譚- 南白月의 二聖(3)	역사, 문학	1932-11-26	·
112	김만덕	金萬德	김만덕	金萬德	史譚- 南白月의 二聖(4)	역사, 문학	1932-11-27	·
113	김만덕	金萬德	김만덕	金萬德	史譚- 南白月의 二聖(5)	역사, 문학	1932-11-30	·
114	김만덕	金萬德	김만덕	金萬德	史譚- 南白月의 二聖(6)	역사, 문학	1932-12-01	·
115	김만덕	金萬德	김만덕	金萬德	史譚- 南白月의 二聖(7)	역사, 문학	1932-12-02	·
116	김만덕	金萬德	김만덕	金萬德	史譚- 南白月의 二聖(完)	역사, 문학	1932-12-03	·
117	김만형	金晩炯	김만형	金晩炯	宣敎五十週年맛는 長老會懷舊錄(1)	역사	1934-09-07	·
118	김만형	金晩炯	김만형	金晩炯	宣敎五十週年맛는 長老會懷舊錄(2)	역사	1934-09-08	·
119	김만형	金晩炯	김만형	金晩炯	宣敎五十週年맛는 長老會懷舊錄(3)	역사	1934-09-09	·
120	김만형	金晩炯	김만형	金晩炯	宣敎五十週年맛는 長老會懷舊錄(4)	역사	1934-09-10	·
121	김만형	金晩炯	김만형	金晩炯	天主敎朝鮮傳來 百五十年懷古記(2)	역사, 종교	1935-10-01	·
122	김만형	金晩炯	김만형	金晩炯	天主敎朝鮮傳來 百五十年懷古記(3)	역사, 종교	1935-10-03	·

연번	자료저자명(한글)	자료저자명(한자)	본명(한글)	본명(한자)	기사제목	분류	날짜	비고
123	김만형	金晩炯	김만형	金晩炯	天主教朝鮮傳來 百五十年懷古記(4)	역사, 종교	1935-10-04	·
124	김명식	金明植	김명식	金明植	西洋文明의 東漸(1) 古典文明과 科學文明	논설	1939-10-27	·
125	김명식	金明植	김명식	金明植	西洋文明의 東漸(2) 誤解되엿던 物質文明	논설	1939-10-28	·
126	김명식	金明植	김명식	金明植	西洋文明의 東漸(3) 東洋文明의 不動性	논설	1939-10-31	·
127	김명식	金明植	김명식	金明植	西洋文明의 東漸(4) 歐洲戰亂과 文化	논설	1939-11-01	·
128	김명식	金明植	김명식	金明植	周易思想의 歷史觀의 再發見(1) 聖人意識과 時代性	철학	1939-12-21	·
129	김명식	金明植	김명식	金明植	周易思想의 歷史觀의 再發見(2) 聖人意識과 時代性	철학	1939-12-22	·
130	김명식	金明植	김명식	金明植	周易思想의 歷史觀의 再發見(3) 聖人意識과 時代性	철학	1939-12-23	·
131	김명식	金明植	김명식	金明植	周易思想의 歷史觀의 再發見(4) 聖人意識과 時代性	철학	1939-12-27	·
132	김명식	金明植	김명식	金明植	周易思想의 歷史觀의 再發見(5) 聖人意識과 時代性	철학	1939-12-28	·
133	김병곤	金秉坤	김병곤	金秉坤	력사에 나타난 어진부인네들(1)	역사, 문학	1932-04-17	·
134	김병곤	金秉坤	김병곤	金秉坤	력사에 나타난 어진부인네들(2)	역사, 문학	1932-04-19	·
135	김병곤	金秉坤	김병곤	金秉坤	력사에 나타난 어진부인네들(3)	역사, 문학	1932-04-20	·
136	김병곤	金秉坤	김병곤	金秉坤	력사에 나타난 어진부인네들(4)	역사, 문학	1932-04-21	·
137	김병곤	金秉坤	김병곤	金秉坤	력사에 나타난 어진부인네들(5)	역사, 문학	1932-04-22	·
138	김병곤	金秉坤	김병곤	金秉坤	력사에 나타난 어진부인네들(6)	역사, 문학	1932-04-23	·
139	김병곤	金秉坤	김병곤	金秉坤	력사에 나타난 어진부인네들(7)	역사, 문학	1932-04-24	·
140	김병곤	金秉坤	김병곤	金秉坤	력사에 나타난 어진부인네들(8)	역사, 문학	1932-04-26	·
141	김병곤	金秉坤	김병곤	金秉坤	력사에 나타난 어진부인네들(9)	역사, 문학	1932-04-27	·
142	김병곤	金秉坤	김병곤	金秉坤	력사에 나타난 어진부인네들(10)	역사, 문학	1932-04-29	·
143	김병곤	金秉坤	김병곤	金秉坤	력사에 나타난 어진부인네들(11)	역사, 문학	1932-05-03	·
144	김병곤	金秉坤	김병곤	金秉坤	력사에 나타난 어진부인네들(12)	역사, 문학	1932-05-04	·
145	김병곤	金秉坤	김병곤	金秉坤	력사에 나타난 어진부인네들(13)	역사, 문학	1932-05-05	·
146	김병곤	金秉坤	김병곤	金秉坤	력사에 나타난 어진부인네들(完)	역사, 문학	1932-05-06	·
147	김병묵	金炳默	김병묵	金炳默	第三回 文字普及班의 動向-漢江里普及班現狀(二百名)	한글, 사업	1931-07-28	
148	김병제	金炳濟	김병제	金炳濟	한글統一案에 對하야(1)	한글	1934-10-28	·
149	김병제	金炳濟	김병제	金炳濟	한글統一案에 對하야(2)	한글	1934-10-29	·
150	김복진	金復鎭	김복진	金復鎭	第十七回 朝美展評(1)	미술	1938-06-08	·
151	김복진	金復鎭	김복진	金復鎭	第十七回 朝美展評(2)	미술	1938-06-09	·

연번	자료저자명(한글)	자료저자명(한자)	본명(한글)	본명(한자)	기사제목	분류	날짜	비고
152	김복진	金復鎭	김복진	金復鎭	第十七回 朝美展評(3)	미술	1938-06-10	·
153	김복진	金復鎭	김복진	金復鎭	第十七回 朝美展評(4)	미술	1938-06-11	·
154	김복진	金復鎭	김복진	金復鎭	第十七回 朝美展評(5)	미술	1938-06-12	·
155	김사엽	金思燁	김사엽	金思燁	學生欄 研究: 朝鮮과 文字- 한글研究를 主로(1)	한글	1930-10-17	·
156	김사엽	金思燁	김사엽	金思燁	學生欄 研究: 朝鮮과 文字- 한글研究를 主로(2)	한글	1930-10-18	·
157	김사엽	金思燁	김사엽	金思燁	學生欄研究:朝鮮과文字- 한글研究를主로(2)*3회	한글	1930-10-22	연재횟수 오기
158	김사엽	金思燁	김사엽	金思燁	學生欄研究:朝鮮과文字- 한글研究를主로(2)*4회	한글	1930-10-23	연재횟수 오기
159	김사엽	金思燁	김사엽	金思燁	民謠採集記- 慶北地方을 中心으로(1)	음악	1935-08-02	·
160	김사엽	金思燁	김사엽	金思燁	民謠採集記- 慶北地方을 中心으로(2)	음악	1935-08-03	·
161	김사엽	金思燁	김사엽	金思燁	民謠採集記- 慶北地方을 中心으로(3)	음악	1935-08-04	·
162	김사엽	金思燁	김사엽	金思燁	民謠採集記- 慶北地方을 中心으로(4)	음악	1935-08-07	·
163	김사엽	金思燁	김사엽	金思燁	民謠採集記- 慶北地方을 中心으로(5)	음악	1935-08-09	·
164	김사엽	金思燁	김사엽	金思燁	民謠研究- 慶北民謠의 特異性(1)	음악	1935-10-17	·
165	김사엽	金思燁	김사엽	金思燁	民謠研究- 慶北民謠의 特異性(2)	음악	1935-10-19	·
166	김사엽	金思燁	김사엽	金思燁	民謠研究- 慶北民謠의 特異性(3)	음악	1935-10-22	·
167	김사엽	金思燁	김사엽	金思燁	民謠研究- 慶北民謠의 特異性(4)	음악	1935-10-23	·
168	김사엽	金思燁	김사엽	金思燁	民謠研究- 慶北民謠의 特異性(5)	음악	1935-10-26	·
169	김사엽	金思燁	김사엽	金思燁	民謠研究- 慶北民謠의 特異性(6)	음악	1935-10-27	·
170	김사엽	金思燁	김사엽	金思燁	民謠研究- 慶北民謠의 特異性(7)	음악	1935-10-29	·
171	김사엽	金思燁	김사엽	金思燁	民謠研究- 慶北民謠의 特異性(8)	음악	1935-10-30	·
172	김사엽	金思燁	김사엽	金思燁	民謠研究- 慶北民謠의 特異性(9)	음악	1935-10-31	·
173	김사엽	金思燁	김사엽	金思燁	民謠研究- 慶北民謠의 特異性(10)	음악	1935-11-01	·
174	김사엽	金思燁	김사엽	金思燁	民謠研究- 慶北民謠의 特異性(11)	음악	1935-11-03	·
175	김사엽	金思燁	김사엽	金思燁	民謠研究- 慶北民謠의 特異性(12)	음악	1935-11-06	·
176	김사엽	金思燁	김사엽	金思燁	民謠研究- 慶北民謠의 特異性(13)	음악	1935-11-07	·
177	김사엽	金思燁	김사엽	金思燁	民謠研究- 慶北民謠의 特異性(14)	음악	1935-11-08	·
178	김사엽	金思燁	김사엽	金思燁	民謠研究- 慶北民謠의 特異性(15)	음악	1935-11-09	·
179	김사엽	金思燁	김사엽	金思燁	民謠研究- 慶北民謠의 特異性(16)	음악	1935-11-10	·
180	김사엽	金思燁	김사엽	金思燁	新民謠의 再認識- 아울러 日本民謠運動의 昨今(1)	음악	1935-12-11	·
181	김사엽	金思燁	김사엽	金思燁	新民謠의 再認識- 아울러 日本民謠運動의 昨今(2)	음악	1935-12-13	·
182	김사엽	金思燁	김사엽	金思燁	新民謠의 再認識- 아울러 日本民謠運動의 昨今(3)	음악	1935-12-14	·
183	김사엽	金思燁	김사엽	金思燁	新民謠의 再認識- 아울러 日本民謠運動의 昨今(4)	음악	1935-12-18	·
184	김사엽	金思燁	김사엽	金思燁	新民謠의 再認識- 아울러 日本民謠運動의 昨今(5)	음악	1935-12-19	·
185	김사엽	金思燁	김사엽	金思燁	新民謠의 再認識- 아울러 日本民謠運動의 昨今(6)	음악	1935-12-20	·
186	김사엽	金思燁	김사엽	金思燁	新民謠의 再認識- 아울러 日本民謠運動의 昨今(7)	음악	1935-12-21	·
187	김사엽	金思燁	김사엽	金思燁	朝鮮俚諺에 對하야- 그 蒐集과 整理의 必要性(1)	한글	1936-06-07	·
188	김사엽	金思燁	김사엽	金思燁	朝鮮俚諺에 對하야- 그 蒐集과 整理의 必要性(2)	한글	1936-06-09	·
189	김사엽	金思燁	김사엽	金思燁	朝鮮俚諺에 對하야- 그 蒐集과 整理의 必要性(3)	한글	1936-06-10	·
190	김사엽	金思燁	김사엽	金思燁	朝鮮俚諺에 對하야- 그 蒐集과 整理의 必要性(4)	한글	1936-06-11	·
191	김사엽	金思燁	김사엽	金思燁	朝鮮俚諺에 對하야- 그 蒐集과 整理의 必要性(5)	한글	1936-06-12	·
192	김사엽	金思燁	김사엽	金思燁	朝鮮俚諺에 對하야- 그 蒐集과 整理의 必要性(6)	한글	1936-06-13	·

연번	자료저자명(한글)	자료저자명(한자)	본명(한글)	본명(한자)	기사제목	분류	날짜	비고
193	김사엽	金思燁	김사엽	金思燁	南海沿岸住民의 民謠와 俚諺(1)	음악	1936-12-10	·
194	김사엽	金思燁	김사엽	金思燁	南海沿岸住民의 民謠와 俚諺(2)	음악	1936-12-11	·
195	김사엽	金思燁	김사엽	金思燁	南海沿岸住民의 民謠와 俚諺(3)	음악	1936-12-12	·
196	김사엽	金思燁	김사엽	金思燁	南海沿岸住民의 民謠와 俚諺(4)	음악	1936-12-13	·
197	김사엽	金思燁	김사엽	金思燁	南海沿岸住民의 民謠와 俚諺(5)	음악	1936-12-15	·
198	김사엽	金思燁	김사엽	金思燁	南海沿岸住民의 民謠와 俚諺(6)	음악	1936-12-16	·
199	김사엽	金思燁	김사엽	金思燁	南海沿岸住民의 民謠와 俚諺(7)	음악	1936-12-17	·
200	김사엽	金思燁	김사엽	金思燁	藝術民謠存在論- 그 時代性과 土俗性에 關하야(1)	음악	1937-02-20	·
201	김사엽	金思燁	김사엽	金思燁	藝術民謠存在論- 그 時代性과 土俗性에 關하야(2)	음악	1937-02-21	·
202	김사엽	金思燁	김사엽	金思燁	藝術民謠存在論- 그 時代性과 土俗性에 關하야(3)	음악	1937-02-22	·
203	김사엽	金思燁	김사엽	金思燁	藝術民謠存在論- 그 時代性과 土俗性에 關하야(4)	음악	1937-02-24	·
204	김사엽	金思燁	김사엽	金思燁	俗談(上) 辭典編纂	한글	1940-01-31	·
205	김사엽	金思燁	김사엽	金思燁	俗談(中) 道德的 遺産	한글	1940-02-01	·
206	김사엽	金思燁	김사엽	金思燁	俗談(下) 俚諺集	한글	1940-02-08	·
207	김상기	金相基	김상기	金相基	文字普及班消息- 初日에 舍伯명. 文字普及班員第八九四號	한글, 사업	1930-08-07	·
208	김석곤	金碩坤	김석곤	金碩坤	한글 가로쓰기에 대하야(1)	한글	1931-02-24	·
209	김석곤	金碩坤	김석곤	金碩坤	한글 가로쓰기에 대하야(2)	한글	1931-02-25	·
210	김석곤	金碩坤	김석곤	金碩坤	한글 가로쓰기에 대하야(3)	한글	1931-02-26	·
211	김석곤	金碩坤	김석곤	金碩坤	한글 가로쓰기에 대하야(4)	한글	1931-02-27	·
212	김석곤	金碩坤	김석곤	金碩坤	한글 가로쓰기에 대하야(5)	한글	1931-02-28	·
213	김석곤	金碩坤	김석곤	金碩坤	한글 가로쓰기에 대하야(完)	한글	1931-03-01	·
214	김석곤	金碩坤	김석곤	金碩坤	「한글 가로쓰기에 대하야」에 이어서(1)	한글	1931-03-10	·
215	김석곤	金碩坤	김석곤	金碩坤	「한글 가로쓰기에 대하야」에 이어서(2)	한글	1931-03-11	·
216	김석곤	金碩坤	김석곤	金碩坤	「한글 가로쓰기에 대하야」에 이어서(完)	한글	1931-03-12	·
217	김석곤	金碩坤	김석곤	金碩坤	한글「·」와「·ㅣ」의 소리를 밝힘(1)- 東京 金碩坤	한글	1931-05-01	·
218	김석곤	金碩坤	김석곤	金碩坤	한글「·」와「·ㅣ」의 소리를 밝힘(2)- 東京 金碩坤	한글	1931-05-02	·
219	김석곤	金碩坤	김석곤	金碩坤	한글「·」와「·ㅣ」의 소리를 밝힘(3)- 東京 金碩坤	한글	1931-05-03	·
220	김석곤	金碩坤	김석곤	金碩坤	한글「·」와「·ㅣ」의 소리를 밝힘(4)- 東京 金碩坤	한글	1931-05-04	·
221	김석곤	金碩坤	김석곤	金碩坤	한글「·」와「·ㅣ」의 소리를 밝힘(4)*5회- 東京 金碩坤	한글	1931-05-06	연재횟수 오기
222	김석곤	金碩坤	김석곤	金碩坤	한글「·」와「·ㅣ」의 소리를 밝힘(5)*6회- 東京 金碩坤	한글	1931-05-08	연재횟수 오기
223	김석곤	金碩坤	김석곤	金碩坤	한글「·」와「·ㅣ」의 소리를 밝힘(完)- 東京 金碩坤	한글	1931-05-09	·
224	김석기	金錫起	김석기	金錫起	文字普及班消息- 횃불켜고강습. 江原道江陵郡江東面	한글, 사업	1930-08-12	·
225	김선기	金善琪	김선기	金善琪	우리말純代論(上)	한글, 사업	1931-10-29	·
226	김선기	金善琪	김선기	金善琪	우리말純代論(下)	한글, 사업	1931-10-30	·
227	김소하	金素河	김소하	金素河	文字普及班消息- 自他俱忘의 精進. 京城 初有의 文字普及運動. 佛教女靑文字普及班	한글, 사업,	1930-08-08	·

연번	자료저자명 (한글)	자료저자명 (한자)	본명 (한글)	본명 (한자)	기사제목	분류	날짜	비고
						종교		
228	김안서	金岸曙	김억	金億	言語·言語·言語(1)	한글	1932-02-11	·
229	김안서	金岸曙	김억	金億	言語·言語·言語(2)	한글	1932-02-13	·
230	김안서	金岸曙	김억	金億	言語·言語·言語(3)	한글	1932-02-14	·
231	김안서	金岸曙	김억	金億	言語·言語·言語(4)	한글	1932-02-16	·
232	김안서	金岸曙	김억	金億	言語·言語·言語(5)	한글	1932-02-18	·
233	김안서	金岸曙	김억	金億	言語·言語·言語(6)	한글	1932-02-20	·
234	김안서	金岸曙	김억	金億	言語·言語·言語(7)	한글	1932-02-23	·
235	김안서	金岸曙	김억	金億	言語·言語·言語(8)	한글	1932-02-25	·
236	김안서	金岸曙	김억	金億	言語·言語·言語(9)	한글	1932-02-26	·
237	김영준	金永俊	김영준	金永俊	朝鮮美術院創立 記念小品展評	미술	1937-04-08	·
238	김영환, 김관	金永煥, 金管	김영환, 김관	金永煥, 金管	樂壇二重奏(上) 새로운 朝鮮音樂의 創造	음악	1937-07-23	·
239	김영환, 김관	金永煥, 金管	김영환, 김관	金永煥, 金管	樂壇二重奏(中) 새로운 朝鮮音樂의 創造	음악	1937-07-24	·
240	김영환, 김관	金永煥, 金管	김영환, 김관	金永煥, 金管	樂壇二重奏(下) 새로운 朝鮮音樂의 創造	음악	1937-07-25	·
241	김영훈	金永勳	김영훈	金永勳	漢方醫學 復興論에 對하야	한의학	1934-12-31	·
242	김영희	金永熙	김영희	金永熙	방학을 압두고 학교에서 가정에- 력사를 알도록 그러고 사물에 연구케 합시다	기타	1933-07-18	·
243	김옥례	金玉禮	김옥례	金玉禮	第三回 文字普及班의 動向- 中央普及班現狀(三百二十名)	한글, 사업	1931-08-02	·
244	김우철	金友哲	김우철	金友哲	民族文學의問題:白鐵의論文을읽고(1)	문학	1933-06-04	총3회
245	김우철	金友哲	김우철	金友哲	民族文學의問題:白鐵의論文을읽고(2)	문학	1933-06-06	·
246	김우철	金友哲	김우철	金友哲	民族文學의問題:白鐵의論文을읽고(3)	문학	1933-06-07	·
247	김윤경	金允經	김윤경	金允經	訓民正音- 한글(1)	한글	1931-10-29	·
248	김윤경	金允經	김윤경	金允經	訓民正音- 한글(2)	한글	1931-10-30	·
249	김윤경	金允經	김윤경	金允經	訓民正音- 한글(3)	한글	1931-10-31	·
250	김윤경	金允經	김윤경	金允經	訓民正音- 한글(完)	한글	1931-11-01	·
251	김윤경	金允經	김윤경	金允經	訓民訓民正音 發布에 對하야	한글	1933-10-29	·
252	김윤경	金允經	김윤경	金允經	四百八十八回의 한글記念日을 맞아 過去를 回顧함(1)	한글	1934-10-28	총4회
253	김윤경	金允經	김윤경	金允經	四百八十八回의 한글記念日을 맞아 過去를 回顧함(2)	한글	1934-10-29	·
254	김윤경	金允經	김윤경	金允經	四百八十八回의 한글記念日을 맞아 過去를 回顧함(3)	한글	1934-10-31	·
255	김윤경	金允經	김윤경	金允經	四百八十八回의 한글記念日을 맞아 過去를 回顧함(4)	한글	1934-11-01	·
256	김윤경	金允經	김윤경	金允經	月印千江之曲解題(1)	문학	1935-01-01	김윤경 검색
257	김윤경	金允經	김윤경	金允經	月印千江之曲解題(2)	문학	1935-01-02	·
258	김이균	金履均	김이균	金履均	改正普通學校 朝鮮語讀本의 錯誤(上)	한글	1930-07-20	·
259	김이균	金履均	김이균	金履均	改正普通學校 朝鮮語讀本의 錯誤(下)	한글	1930-07-22	·
260	김자강	金子剛	김자강	金子剛	漢方醫學의 再認識(1)	한의학	1940-03-05	·

연번	자료저자명 (한글)	자료저자명 (한자)	본명 (한글)	본명 (한자)	기사제목	분류	날짜	비고
261	김자강	金子剛	김자강	金子剛	漢方醫學의 再認識(2)	한의학	1940-03-06	·
262	김자강	金子剛	김자강	金子剛	漢方醫學의 再認識(3)	한의학	1940-03-07	·
263	김자강	金子剛	김자강	金子剛	漢方醫學의 再認識(4)	한의학	1940-03-09	·
264	김자강	金子剛	김자강	金子剛	漢方醫學의 再認識(5)	한의학	1940-03-12	·
265	김자강	金子剛	김자강	金子剛	漢方醫學의 再認識(6)	한의학	1940-03-13	·
266	김재영	金載英	김재영	金載英	朴淵과 龍姬	문학	1931-08-10	·
267	김재원	金載元	김재원	金載元	三皇부터 周代까지 東洋文化의 考究(1)	역사	1938-01-30	·
268	김재원	金載元	김재원	金載元	三皇부터 周代까지 東洋文化의 考究(2)	역사	1938-02-01	·
269	김재원	金載元	김재원	金載元	三皇부터 周代까지 東洋文化의 考究(3)	역사	1938-02-02	·
270	김재원	金載元	김재원	金載元	三皇부터 周代까지 東洋文化의 考究(4)	역사	1938-02-03	·
271	김재원	金載元	김재원	金載元	三皇부터 周代까지 東洋文化의 考究(5)	역사	1938-02-04	·
272	김재원	金載元	김재원	金載元	三皇부터 周代까지 東洋文化의 考究(6)	역사	1938-02-05	·
273	김재원	金載元	김재원	金載元	三皇부터 周代까지 東洋文化의 考究(7)	역사	1938-02-06	·
274	김재원	金載元	김재원	金載元	考古學上으로 본 上古의 戰爭(1)	역사	1938-06-23	·
275	김재원	金載元	김재원	金載元	考古學上으로 본 上古의 戰爭(2)	역사	1938-06-24	·
276	김재원	金載元	김재원	金載元	考古學上으로 본 上古의 戰爭(3)	역사	1938-06-25	·
277	김재원	金載元	김재원	金載元	考古學上으로 본 上古의 戰爭(4)	역사	1938-06-26	·
278	김재원	金載元	김재원	金載元	考古學上으로 본 上古의 戰爭(5)	역사	1938-06-29	·
279	김재원	金載元	김재원	金載元	考古學上으로 본 上古의 戰爭(6)	역사	1938-06-30	·
280	김정한	金廷漢	김정한	金廷漢	朝鮮語學의 現狀과 將來(上)	한글	1937-10-17	·
281	김정한	金廷漢	김정한	金廷漢	朝鮮語學의 現狀과 將來(下)	한글	1937-10-19	·
282	김주경	金周經	김주경	金周經	第十回朝美展評(1)	미술	1931-05-28	·
283	김주경	金周經	김주경	金周經	第十回朝美展評(2)	미술	1931-05-29	·
284	김주경	金周經	김주경	金周經	第十回朝美展評(3)	미술	1931-05-30	·
285	김주경	金周經	김주경	金周經	第十回朝美展評(4)	미술	1931-05-31	·
286	김주경	金周經	김주경	金周經	第十回朝美展評(5)	미술	1931-06-01	·
287	김주경	金周經	김주경	金周經	第十回朝美展評(6)	미술	1931-06-02	·
288	김주경	金周經	김주경	金周經	第十回朝美展評(7)	미술	1931-06-03	·
289	김주경	金周經	김주경	金周經	第十回朝美展評(8)	미술	1931-06-04	·
290	김주경	金周經	김주경	金周經	第十回朝美展評(9)	미술	1931-06-05	·
291	김주경	金周經	김주경	金周經	第十回朝美展評(10)	미술	1931-06-07	·
292	김주경	金周經	김주경	金周經	第十回朝美展評(11)	미술	1931-06-09	·
293	김주경	金周經	김주경	金周經	第十回朝美展評(12)	미술	1931-06-10	·
294	김준평	金準枰	김준평	金準枰	북·레뷰- 鄭光鉉 著, 姓氏論考(上)	문학	1940-04-13	·
295	김준평	金準枰	김준평	金準枰	북·레뷰- 鄭光鉉 著, 姓氏論考(下)	문학	1940-04-16	·
296	김준황	金浚璜	김준황	金浚璜	第三回 文字普及班의 動向- 男子보다도 女子가 만어	한글, 사업	1931-08-09	·
297	김진섭	金晉燮	김진섭	金晉燮	古典文學과 文學의 歷史性, 古典探究의 意義- 歷史的 感覺의 覺醒(1)	역사	1935-01-22	총4회
298	김진섭	金晉燮	김진섭	金晉燮	古典文學과 文學의 歷史性, 古典探究의 意義- 歷史의 魅力(2)	역사	1935-01-23	·
299	김진섭	金晉燮	김진섭	金晉燮	古典文學과 文學의 歷史性, 古典探究의 意義-	역사	1935-01-24	·

연번	자료저자명 (한글)	자료저자명 (한자)	본명 (한글)	본명 (한자)	기사제목	분류	날짜	비고
					「함렛」과 「興甫」의 優劣(3)			
300	김진섭	金晋燮	김진섭	金晋燮	古典文學과 文學의 歷史性, 古典探究의 意義- 歷史와 超歷史의 態度(4)	역사	1935-01-25	·
301	김창제	金昶濟	김창제	金昶濟	朝鮮語 綴字法 統一案에 對하야(1)	한글	1933-11-19	·
302	김창제	金昶濟	김창제	金昶濟	朝鮮語 綴字法 統一案에 對하야(2)	한글	1933-11-21	·
303	김창제	金昶濟	김창제	金昶濟	朝鮮語 綴字法 統一案에 對하야(3)	한글	1933-11-22	·
304	김창제	金昶濟	김창제	金昶濟	朝鮮語 綴字法 統一案에 對하야(4)	한글	1933-11-23	·
305	김태익	金泰益	김태익	金泰益	民謠小考	음악	1937-04-03	·
306	김태준	金台俊	김태준	金台俊	朝鮮小說史(9)	문학	1930-11-11	*조선소설사(1~68회)는 동아일보(1930년 10월 31일~1931년 2월 25일)에 연재되었는데 9회분만 동아일보와 조선일보에 동시에 게재됨.
307	김태준	金台俊	김태준	金台俊	研究室을 차저서- 研中一題	기타	1932-11-30	·
308	김태준	金台俊	김태준	金台俊	朝鮮의 女流文學(1)	문학	1932-12-13	총13회
309	김태준	金台俊	김태준	金台俊	朝鮮의 女流文學(2) 한글 發生期 以前의 女流文藝	문학	1932-12-15	·
310	김태준	金台俊	김태준	金台俊	朝鮮의 女流文學(3) 古代女流들의 한글文藝	문학	1932-12-16	·
311	김태준	金台俊	김태준	金台俊	朝鮮의 女流文學(4) 黃眞伊의 時調	문학	1932-12-17	·
312	김태준	金台俊	김태준	金台俊	朝鮮의 女流文學(5) 笑春風의 時調, 梅花와 松伊의 時調, 丁,扶安妓桂生의 時調	문학	1932-12-20	·
313	김태준	金台俊	김태준	金台俊	朝鮮의 女流文學(6) 鄭氏, 林碧堂, 師任堂, 氷壺堂 等의 漢詩	문학	1932-12-22	·
314	김태준	金台俊	김태준	金台俊	朝鮮의 女流文學(7) 女神童의 稱이 잇는 許蘭雪의 藝術	문학	1932-12-23	·
315	김태준	金台俊	김태준	金台俊	朝鮮의 女流文學(8) 張氏와 蓬原府夫人의 詩才	문학	1932-12-24	·
316	김태준	金台俊	김태준	金台俊	朝鮮의 女流文學(9) 李玉峰의 試藝	문학	1932-12-25	·
317	김태준	金台俊	김태준	金台俊	朝鮮의 女流文學(10) 李, 柳, 沈, 金, 郭 晴窓의 諸家	문학	1932-12-27	·
318	김태준	金台俊	김태준	金台俊	朝鮮의 女流文學(11) 錦繡園堂, 半啞堂, 그他 近世의 女流詩人	문학	1932-12-28	·
319	김태준	金台俊	김태준	金台俊	朝鮮의 女流文學(12) 妓女들의 漢詩	문학	1932-12-30	·
320	김태준	金台俊	김태준	金台俊	朝鮮의 女流文學(13) 我觀現代朝鮮의 新女性文學	문학	1933-01-07	·
321	김태준	金台俊	김태준	金台俊	朝鮮의 女流文學(完)	문학	1933-01-08	·
322	김태준	金台俊	김태준	金台俊	朝鮮學의 國學的 研究와 社會學的 研究(上)	논설	1933-05-01	·
323	김태준	金台俊	김태준	金台俊	朝鮮學의 國學的 研究와 社會學的 研究(下)	논설	1933-05-02	·
324	김태준	金台俊	김태준	金台俊	朝鮮歌謠概說- 歌謠와 朝鮮文學(1)	문학	1933-10-20	총4회
325	김태준	金台俊	김태준	金台俊	朝鮮歌謠概說- 歌謠와 朝鮮文學(2)	문학	1933-10-21	·
326	김태준	金台俊	김태준	金台俊	朝鮮歌謠概說- 歌謠와 朝鮮文學(3)	문학	1933-10-22	·
327	김태준	金台俊	김태준	金台俊	朝鮮歌謠概說- 歌謠와 朝鮮文學(4)	문학	1933-10-24	·
328	김태준	金台俊	김태준	金台俊	朝鮮說話에 對하야	문학	1933-10-24	·

연번	자료저자명 (한글)	자료저자명 (한자)	본명 (한글)	본명 (한자)	기사제목	분류	날짜	비고
329	김태준	金台俊	김태준	金台俊	朝鮮歌謠概說- 歌謠와 朝鮮文學(5)	문학	1933-10-25	·
330	김태준	金台俊	김태준	金台俊	朝鮮歌謠概說- 歌謠와 朝鮮文學(6)	문학	1933-10-26	·
331	김태준	金台俊	김태준	金台俊	朝鮮歌謠概說- 歌謠와 朝鮮文學(7)	문학	1933-10-27	·
332	김태준	金台俊	김태준	金台俊	朝鮮歌謠概說- 歌謠와 朝鮮文學(8)	문학	1933-10-28	·
333	김태준	金台俊	김태준	金台俊	朝鮮歌謠概說- 歌謠와 朝鮮文學(9)	문학	1933-10-29	·
334	김태준	金台俊	김태준	金台俊	朝鮮歌謠概說- 歌謠와 朝鮮文學(10)	문학	1933-10-31	·
335	김태준	金台俊	김태준	金台俊	朝鮮歌謠概說- 歌謠와 朝鮮文學(10)*11회	문학	1933-11-02	연재횟수 오기
336	김태준	金台俊	김태준	金台俊	朝鮮歌謠概說- 歌謠와 朝鮮文學(11)*12회	문학	1933-11-03	연재횟수 오기
337	김태준	金台俊	김태준	金台俊	朝鮮歌謠概說- 歌謠와 朝鮮文學(12)*13회	문학	1933-11-05	연재횟수 오기
338	김태준	金台俊	김태준	金台俊	朝鮮歌謠概說- 歌謠와 朝鮮文學(13)*14회	문학	1933-11-07	연재횟수 오기
339	김태준	金台俊	김태준	金台俊	朝鮮歌謠概說- 歌謠와 朝鮮文學(14)*15회	문학	1933-11-08	연재횟수 오기
340	김태준	金台俊	김태준	金台俊	朝鮮歌謠概說- 歌謠와 朝鮮文學(15)*16회	문학	1933-11-09	연재횟수 오기
341	김태준	金台俊	김태준	金台俊	朝鮮歌謠概說- 歌謠와 朝鮮文學(16)*17회	문학	1933-11-10	연재횟수 오기
342	김태준	金台俊	김태준	金台俊	朝鮮歌謠概說- 歌謠와 朝鮮文學(17)*18회	문학	1933-11-11	연재횟수 오기
343	김태준	金台俊	김태준	金台俊	朝鮮歌謠概說- 歌謠와 朝鮮文學(18)*19회	문학	1933-11-12	연재횟수 오기
344	김태준	金台俊	김태준	金台俊	朝鮮歌謠概說- 歌謠와 朝鮮文學(19)*20회	문학	1933-11-14	연재횟수 오기
345	김태준	金台俊	김태준	金台俊	朝鮮歌謠概說- 近代歌謠論(1)	문학	1933-11-15	·
346	김태준	金台俊	김태준	金台俊	朝鮮歌謠概說- 近代歌謠論(2)	문학	1933-11-16	·
347	김태준	金台俊	김태준	金台俊	朝鮮歌謠概說- 近代歌謠論(3)	문학	1933-11-17	·
348	김태준	金台俊	김태준	金台俊	朝鮮歌謠概說- 時調論(1)	문학	1933-11-18	·
349	김태준	金台俊	김태준	金台俊	朝鮮歌謠概說- 時調論(2)	문학	1933-11-19	·
350	김태준	金台俊	김태준	金台俊	朝鮮歌謠概說- 時調論(3)	문학	1933-11-21	·
351	김태준	金台俊	김태준	金台俊	朝鮮歌謠概說- 時調論(4)	문학	1933-11-22	·
352	김태준	金台俊	김태준	金台俊	朝鮮歌謠概說- 時調論(5)	문학	1933-11-23	·
353	김태준	金台俊	김태준	金台俊	朝鮮歌謠概說- 時調論(6)	문학	1933-11-25	·
354	김태준	金台俊	김태준	金台俊	朝鮮歌謠概說- 時調論(7)	문학	1933-11-26	·
355	김태준	金台俊	김태준	金台俊	朝鮮歌謠概說- 時調論(8)	문학	1933-11-28	·
356	김태준	金台俊	김태준	金台俊	朝鮮歌謠概說- 時調論(9)	문학	1933-11-29	·
357	김태준	金台俊	김태준	金台俊	朝鮮歌謠概說- 時調論(10)	문학	1933-11-30	·
358	김태준	金台俊	김태준	金台俊	朝鮮歌謠概說- 時調論(11)	문학	1933-12-01	·
359	김태준	金台俊	김태준	金台俊	朝鮮歌謠概說- 時調論(12)	문학	1933-12-02	·
360	김태준	金台俊	김태준	金台俊	朝鮮歌謠概說- 時調論(13)	문학	1933-12-03	·
361	김태준	金台俊	김태준	金台俊	朝鮮歌謠概說- 時調論(14)	문학	1933-12-05	·
362	김태준	金台俊	김태준	金台俊	朝鮮歌謠概說- 時調論(15)	문학	1933-12-06	·
363	김태준	金台俊	김태준	金台俊	朝鮮歌謠概說- 時調論(16)	문학	1933-12-07	·
364	김태준	金台俊	김태준	金台俊	朝鮮歌謠概說- 時調論(17)	문학	1933-12-08	·
365	김태준	金台俊	김태준	金台俊	朝鮮歌謠概說- 時調論(18)	문학	1933-12-09	·
366	김태준	金台俊	김태준	金台俊	朝鮮歌謠概說- 時調論(19)	문학	1933-12-10	·
367	김태준	金台俊	김태준	金台俊	朝鮮歌謠概說- 時調論(20)	문학	1933-12-12	·
368	김태준	金台俊	김태준	金台俊	朝鮮歌謠概說- 時調論(20)*21회	문학	1933-12-13	연재횟수 오기
369	김태준	金台俊	김태준	金台俊	朝鮮歌謠概說- 時調論(21)*22회	문학	1933-12-14	연재횟수 오기

연번	자료저자명(한글)	자료저자명(한자)	본명(한글)	본명(한자)	기사제목	분류	날짜	비고
370	김태준	金台俊	김태준	金台俊	朝鮮歌謠概說- 時調論(22)*23회	문학	1933-12-15	연재횟수 오기
371	김태준	金台俊	김태준	金台俊	朝鮮歌謠概說- 別曲篇(21)*1회	문학	1933-12-16	연재횟수 오기
372	김태준	金台俊	김태준	金台俊	朝鮮歌謠概說- 別曲篇(2)	문학	1933-12-17	·
373	김태준	金台俊	김태준	金台俊	朝鮮歌謠概說- 現代歌謠論(3)	문학	1933-12-19	·
374	김태준	金台俊	김태준	金台俊	朝鮮歌謠概說- 歌詞論(4)	문학	1933-12-20	·
375	김태준	金台俊	김태준	金台俊	朝鮮歌謠概說- 歌詞論(4)*5회	문학	1933-12-21	연재횟수 오기
376	김태준	金台俊	김태준	金台俊	高麗歌詞의 一種- 滿殿春別詞에 對하야	문학	1934-02-20	·
377	김태준	金台俊	김태준	金台俊	朝鮮歌謠概說- 歌詞論(5)	문학	1934-02-25	·
378	김태준	金台俊	김태준	金台俊	朝鮮歌謠概說- 歌詞論(6)	문학	1934-02-27	·
379	김태준	金台俊	김태준	金台俊	朝鮮歌謠概說- 歌詞論(7)	문학	1934-02-28	·
380	김태준	金台俊	김태준	金台俊	朝鮮歌謠概說- 歌詞論(8)	문학	1934-03-01	·
381	김태준	金台俊	김태준	金台俊	朝鮮歌謠概說- 歌詞論(9)	문학	1934-03-02	·
382	김태준	金台俊	김태준	金台俊	朝鮮歌謠概說- 歌詞論(10)	문학	1934-03-04	·
383	김태준	金台俊	김태준	金台俊	朝鮮歌謠概說- 歌詞論(11)	문학	1934-03-06	·
384	김태준	金台俊	김태준	金台俊	朝鮮歌謠概說- 民謠篇(1)	문학	1934-03-07	·
385	김태준	金台俊	김태준	金台俊	朝鮮歌謠概說- 民謠篇(2)	문학	1934-03-08	·
386	김태준	金台俊	김태준	金台俊	朝鮮歌謠概說- 民謠篇(3)	문학	1934-03-09	·
387	김태준	金台俊	김태준	金台俊	朝鮮歌謠概說- 民謠篇(4)	문학	1934-03-10	·
388	김태준	金台俊	김태준	金台俊	朝鮮歌謠概說- 民謠篇(5)	문학	1934-03-11	·
389	김태준	金台俊	김태준	金台俊	朝鮮歌謠概說- 民謠篇(6)	문학	1934-03-13	·
390	김태준	金台俊	김태준	金台俊	朝鮮歌謠概說- 民謠篇(7)	문학	1934-03-14	·
391	김태준	金台俊	김태준	金台俊	朝鮮歌謠概說- 民謠篇(8)	문학	1934-03-15	·
392	김태준	金台俊	김태준	金台俊	朝鮮歌謠概說- 民謠篇(9)	문학	1934-03-16	·
393	김태준	金台俊	김태준	金台俊	朝鮮歌謠概說- 民謠篇(10)	문학	1934-03-17	·
394	김태준	金台俊	김태준	金台俊	朝鮮歌謠概說- 民謠篇(11)	문학	1934-03-18	·
395	김태준	金台俊	김태준	金台俊	朝鮮歌謠概說- 民謠篇(12)	문학	1934-03-20	·
396	김태준	金台俊	김태준	金台俊	朝鮮歌謠概說- 童謠篇(13)	문학	1934-03-21	1회임
397	김태준	金台俊	김태준	金台俊	朝鮮歌謠概說- 童謠篇(14)	문학	1934-03-23	2회임
398	김태준	金台俊	김태준	金台俊	朝鮮歌謠概說- 童謠篇(4)	문학	1934-03-24	3회임
399	김태준	金台俊	김태준	金台俊	朝鮮歌謠概說- 流行歌篇(1)	문학	1934-03-25	·
400	김태준	金台俊	김태준	金台俊	朝鮮歌謠概說- 流行歌篇(2)	문학	1934-03-27	·
401	김태준	金台俊	김태준	金台俊	朝鮮歌謠概說- 流行歌篇(3)	문학	1934-03-28	·
402	김태준	金台俊	김태준	金台俊	朝鮮歌謠概說- 流行歌篇(4)	문학	1934-03-29	·
403	김태준	金台俊	김태준	金台俊	朝鮮歌謠는 어데로(1)	문학	1934-04-26	·
404	김태준	金台俊	김태준	金台俊	朝鮮歌謠는 어데로(2)	문학	1934-04-27	·
405	김태준	金台俊	김태준	金台俊	朝鮮歌謠는 어데로(3)	문학	1934-04-29	·
406	김태준	金台俊	김태준	金台俊	朝鮮民謠의 概念(1) 朝鮮民謠의 時代性과 將來	문학	1934-07-24	총11회
407	김태준	金台俊	김태준	金台俊	朝鮮民謠의 概念(2) 朝鮮民謠의 時代性과 將來	문학	1934-07-25	·
408	김태준	金台俊	김태준	金台俊	朝鮮民謠의 概念(3) 朝鮮民謠의 時代性과 將來	문학	1934-07-26	·
409	김태준	金台俊	김태준	金台俊	朝鮮民謠의 概念(4) 朝鮮民謠의 時代性과 將來	문학	1934-07-27	·
410	김태준	金台俊	김태준	金台俊	朝鮮民謠의 概念(5) 朝鮮民謠의 時代性과 將來	문학	1934-07-28	·

연번	자료저자명(한글)	자료저자명(한자)	본명(한글)	본명(한자)	기사제목	분류	날짜	비고
411	김태준	金台俊	김태준	金台俊	朝鮮民謠의 概念(6) 朝鮮民謠의 時代性과 將來	문학	1934-07-29	·
412	김태준	金台俊	김태준	金台俊	朝鮮民謠의 概念(7) 朝鮮民謠의 時代性과 將來	문학	1934-07-31	·
413	김태준	金台俊	김태준	金台俊	朝鮮民謠의 概念(8) 朝鮮民謠의 時代性과 將來	문학	1934-08-01	·
414	김태준	金台俊	김태준	金台俊	朝鮮民謠의 概念(9) 朝鮮民謠의 時代性과 將來	문학	1934-08-02	·
415	김태준	金台俊	김태준	金台俊	朝鮮民謠의 概念(10) 朝鮮民謠의 時代性과 將來	문학	1934-08-03	·
416	김태준	金台俊	김태준	金台俊	朝鮮民謠의 概念(11) 朝鮮民謠의 時代性과 將來	문학	1934-08-04	·
417	김태준	金台俊	김태준	金台俊	新羅鄕歌의 解說(上) 民衆藝術로서 歌謠를 말함	문학	1935-01-01	총3회
418	김태준	金台俊	김태준	金台俊	新羅鄕歌의 解說(中) 民衆藝術로서 歌謠를 말함	문학	1935-01-03	·
419	김태준	金台俊	김태준	金台俊	新羅鄕歌의 解說(下) 民衆藝術로서 歌謠를 말함	문학	1935-01-04	·
420	김태준	金台俊	김태준	金台俊	古典文學과 文學의 歷史性, 古典探究의 意義-「朝鮮」研究熱은 어데서?(1)	문학	1935-01-26	총2회
421	김태준	金台俊	김태준	金台俊	古典文學과 文學의 歷史性, 古典探究의 意義-「朝鮮」研究熱은 어데서?(2)	문학	1935-01-27	·
422	김태준	金台俊	김태준	金台俊	檀君傳說의 檢討 神話와 民族神(1)	문학	1935-07-13	총2회
423	김태준	金台俊	김태준	金台俊	檀君傳說의 檢討 神話와 民族神(2)	문학	1935-07-14	·
424	김태준	金台俊	김태준	金台俊	文化建設上으로 본 丁茶山先生의 業績(上)	논설	1935-07-16	·
425	김태준	金台俊	김태준	金台俊	大陸文學과 朝鮮文學- 支那文學과 朝鮮文學과의 交流(上)	문학	1939-01-01	·
426	김태준	金台俊	김태준	金台俊	支那文學과 朝鮮文學과의 交流(中)	문학	1939-01-07	·
427	김태준	金台俊	김태준	金台俊	支那文學과 朝鮮文學과의 交流(下)	문학	1939-01-08	·
428	김태준	金台俊	김태준	金台俊	高麗歌詞是非(1) 梁柱東氏에게 一言함	문학	1939-06-14	·
429	김태준	金台俊	김태준	金台俊	高麗歌詞是非(2) 梁柱東氏에게 一言함	문학	1939-06-16	·
430	김태준	金台俊	김태준	金台俊	高麗歌詞是非(3) 梁柱東氏에게 一言함	문학	1939-06-17	·
431	김태흡	金泰洽	김태흡	金泰洽	壬亂과 僧兵(2)*1회	역사	1931-01-29	연재횟수 오기
432	김태흡	金泰洽	김태흡	金泰洽	壬亂과 僧兵(2)	역사	1931-01-30	·
433	김태흡	金泰洽	김태흡	金泰洽	壬亂과 僧兵(3)	역사	1931-01-31	·
434	김태흡	金泰洽	김태흡	金泰洽	壬亂과 僧兵(4)	역사	1931-02-01	·
435	김태흡	金泰洽	김태흡	金泰洽	壬亂과 僧兵(5)	역사	1931-02-03	·
436	김태흡	金泰洽	김태흡	金泰洽	壬亂과 僧兵(完)	역사	1931-02-05	·
437	김한용	金翰容	김한용	金翰容	文壇時事數題- 文化研究機關의 創設	논설	1936-05-19	·
438	김현태	金顯台	김현태	金顯台	第三回 文字普及班의 動向- 開城寒泉洞普及班	한글, 사업	1931-08-18	·
439	김형규	金亨奎	김형규	金亨奎	朝鮮語의 過去와 未來(上)	한글	1939-05-14	·
440	김형규	金亨奎	김형규	金亨奎	朝鮮語의 過去와 未來(下)	한글	1939-05-16	·
441	김형규	金亨奎	김형규	金亨奎	朝鮮詩歌와 自然- 우리文學研究에 關한 一試論(上)	문학	1940-04-27	·
442	김형규	金亨奎	김형규	金亨奎	朝鮮詩歌와 自然- 우리文學研究에 關한 一試論(中)	문학	1940-05-01	·
443	김형규	金亨奎	김형규	金亨奎	朝鮮詩歌와 自然- 우리文學研究에 關한 一試論(完)	문학	1940-05-03	·
444	김형기	金炯基	김형기	金炯基	朝鮮語速記問題(上)- 그 最新方式의 發表	한글, 논설	1930-05-07	·
445	김형기	金炯基	김형기	金炯基	朝鮮語速記問題(下)- 그 最新方式의 發表	한글, 논설	1930-05-08	·
446	김호규	金浩奎	김호규	金浩奎	文字普及班消息- 戶別訪問으로 生徒募集	한글, 사업	1930-09-02	·

연번	자료저자명(한글)	자료저자명(한자)	본명(한글)	본명(한자)	기사제목	분류	날짜	비고
447	김환태	金煥泰	김환태	金煥泰	나의 관심사- 民衆의 運命	기타	1936-08-29	·
448	김효경	金孝敬	김효경	金孝敬	朝鮮學界總動員 夏期特別論文- 溫泉信仰은 迷信일가(上)	논설	1940-07-23	·
449	김효경	金孝敬	김효경	金孝敬	朝鮮學界總動員 夏期特別論文- 溫泉信仰은 迷信일가(下)	논설	1940-07-24	·
450	낙산생	駱山生	·	·	朝鮮史上 癸酉年(1)	역사	1933-01-01	총3회
451	낙산생	駱山生	·	·	朝鮮史上 癸酉年(2)	역사	1933-01-02	·
452	낙산생	駱山生	·	·	朝鮮史上 癸酉年(3)	역사	1933-01-03	·
453	대산	袋山	홍기문	洪起文	雜記帳- 自稱 新羅人의 索倫族	역사	1937-10-01	·
454	대산	袋山	홍기문	洪起文	雜記帳- 鹿皮의 日字인 漢文訓釋	기타	1937-10-03	·
455	대산	袋山	홍기문	洪起文	雜記帳- 殷人과 東夷의 同族說	역사	1937-10-05	·
456	대산	袋山	홍기문	洪起文	雜記帳- 全然 別個物인 氏와 姓	역사	1937-10-08	·
457	대산	袋山	홍기문	洪起文	雜記帳- 父祖를 中心한 氏의 由來	역사	1937-10-09	·
458	대산	袋山	홍기문	洪起文	雜記帳- 東西洋反對의 달ㅅ빗	민속	1937-10-10	·
459	대산	袋山	홍기문	洪起文	雜記帳- 잘못 알려 잇는 두 事實(光海主와 北伐計畫)	역사	1937-10-13	·
460	대산	袋山	홍기문	洪起文	雜記帳- 朝鮮漢文의 편지투	민속	1937-10-14	·
461	대산	袋山	홍기문	洪起文	雜記帳- 傳說에서 차즌 原始社會(新羅의 六村)	역사	1937-10-16	·
462	대산	袋山	홍기문	洪起文	雜記帳- 言語에서 차즌 血緣婚姻(兄弟의 稱號)	역사	1937-10-17	·
463	대산	袋山	홍기문	洪起文	雜記帳- 이름을 諱치 안튼 朝鮮慣習	민속	1937-10-22	·
464	대산	袋山	홍기문	洪起文	雜記帳- 漢字와 우리말의 겹말	한글	1937-10-26	·
465	대산	袋山	홍기문	洪起文	雜記帳-『新羅』語源一考(金城)	역사	1937-10-31	·
466	대산	袋山	홍기문	洪起文	雜記帳- 古地名으로 본 數詞	기타	1937-11-02	·
467	대산	袋山	홍기문	洪起文	雜記帳- 三國과 高麗의 王室系譜(金天氏와 高辛氏)	역사	1937-11-05	·
468	대산	袋山	홍기문	洪起文	雜記帳- 아전의 賤待와 戶長公	역사	1937-11-06	·
469	대산	袋山	홍기문	洪起文	雜記帳- 朝鮮人 特有의 象徵色(土色黃은 잘못)	민속	1937-11-07	·
470	대산	袋山	홍기문	洪起文	雜記帳- 官員의 尊稱인 大監·令監	역사	1937-11-09	·
471	대산	袋山	홍기문	洪起文	雜記帳- 마님, 마마ㅅ님, 마누라	민속	1937-11-10	·
472	대산	袋山	홍기문	洪起文	雜記帳- 朝鮮語로 짓는 兒名(小字와 乳名)	민속	1937-11-11	·
473	대산	袋山	홍기문	洪起文	雜記帳- 貴賤이 顚倒된 香徒·花郎(스승은 곳 師僧)	역사	1937-11-12	·
474	대산	袋山	홍기문	洪起文	雜記帳- 各說이 紛紜한 바둑由來	민속	1937-11-16	·
475	대산	袋山	홍기문	洪起文	雜記帳- 唐以前輸入된 朝鮮의 바둑(花點의 由來)	민속	1937-11-17	·
476	대산	袋山	홍기문	洪起文	雜記帳- 元時에 輸入된 眼鏡考	민속	1937-11-18	·
477	대산생	袋山生	홍기문	洪起文	小文庫- 누구나 속기 쉬운 古書의 誤謬	기타	1938-01-11	·
478	대산생	袋山生	홍기문	洪起文	小文庫- 趨庭錄(1)『게다』신든 녯習慣	민속	1938-01-13	·
479	대산생	袋山生	홍기문	洪起文	小文庫- 趨庭錄(2) 男子의 귀ㅅ고리	민속	1938-01-14	·
480	대산생	袋山生	홍기문	洪起文	小文庫- 趨庭錄(3) 草笠의 由來	민속	1938-01-15	·
481	대산생	袋山生	홍기문	洪起文	小文庫- 趨庭錄(4) 갓의 歷代變遷	민속	1938-01-16	·
482	대산생	袋山生	홍기문	洪起文	小文庫- 趨庭錄(6)*5회 옷소매·바지통	민속	1938-01-19	연재횟수 오기
483	대산생	袋山生	홍기문	洪起文	小文庫- 趨庭錄(6) 너울의 由來	민속	1938-01-20	·
484	대산생	袋山生	홍기문	洪起文	小文庫- 趨庭錄(8)*7회 背子와 馬褂子	민속	1938-01-21	연재횟수 오기
485	대산생	袋山生	홍기문	洪起文	小文庫- 趨庭錄(8) 서방은『西房』	민속	1938-01-22	·

연번	자료저자명(한글)	자료저자명(한자)	본명(한글)	본명(한자)	기사제목	분류	날짜	비고
486	대산생	袋山生	홍기문	洪起文	小文庫- 趨庭錄(10) 獨坐床과 覽寢	민속	1938-01-25	·
487	대산생	袋山生	홍기문	洪起文	小文庫- 趨庭錄(11) 拜燭과 逐郎	민속	1938-01-26	·
488	대산생	袋山生	홍기문	洪起文	小文庫- 趨庭錄(12) 패싸홈·牽馬戰	민속	1938-01-27	·
489	대산생	袋山生	홍기문	洪起文	小文庫- 趨庭錄(13) 同姓同本의 相婚	민속	1938-01-28	·
490	대산생	袋山生	홍기문	洪起文	小文庫- 趨庭錄(14) 寡婦의 改嫁	민속	1938-01-29	·
491	대산생	袋山生	홍기문	洪起文	小文庫- 趨庭錄(15) 氣候의 變遷	민속	1938-01-30	·
492	대산생	袋山生	홍기문	洪起文	小文庫- 趨庭錄(16) 곤쟁이젓·숙주나물	민속	1938-02-01	·
493	대산생	袋山生	홍기문	洪起文	小文庫- 趨庭錄(17) 藥果와 母酒	민속	1938-02-02	·
494	대산생	袋山生	홍기문	洪起文	小文庫- 趨庭錄(18) 沙果와 능금	민속	1938-02-03	·
495	대산생	袋山生	홍기문	洪起文	小文庫- 趨庭錄(19) 苦椒와 胡瓜	민속	1938-02-04	·
496	대산생	袋山生	홍기문	洪起文	小文庫- 趨庭錄(20) 부채의 由來	민속	1938-02-05	·
497	대산생	袋山生	홍기문	洪起文	小文庫- 趨庭錄(21) 羅景績과 自鳴鐘	민속	1938-02-06	·
498	대산생	袋山生	홍기문	洪起文	小文庫- 趨庭錄(22) 丹靑의 禁法	민속	1938-02-08	·
499	대산생	袋山生	홍기문	洪起文	小文庫- 趨庭錄(22)*23회 烙刑·生凌遲·주리	민속	1938-02-10	연재횟수 오기
500	대산생	袋山生	홍기문	洪起文	小文庫- 趨庭錄(24) 六假家와 都沽	민속	1938-02-11	·
501	대산생	袋山生	홍기문	洪起文	小文庫- 趨庭錄(25) 불안당은 明火賊	민속	1938-02-13	·
502	대산생	袋山生	홍기문	洪起文	小文庫- 趨庭錄(26) 고자의 語義	민속	1938-02-15	·
503	대산생	袋山生	홍기문	洪起文	小文庫- 俚諺의 壽命, 오래된 넷마듸	민속	1938-02-16	·
504	대산생	袋山生	홍기문	洪起文	小文庫- 俚諺의 訛誤, 上下寺不及의 類	민속	1938-02-17	·
505	대산생	袋山生	홍기문	洪起文	小文庫- 牡丹과 牧丹	민속	1938-02-18	·
506	대산생	袋山生	홍기문	洪起文	小文庫- 王妃의 換姓, 羅麗朝의 奇例	민속	1938-02-22	·
507	대산생	袋山生	홍기문	洪起文	小文庫- 고시네, 유아 그 由來에 對한 一考	민속	1938-02-26	·
508	대산생	袋山生	홍기문	洪起文	小文庫- 도령과 아가씨 그 語源에 對한 一考	민속	1938-02-27	·
509	대산생	袋山生	홍기문	洪起文	小文庫- 巨川의 家寶 奴婢의 從母法	민속	1938-03-01	·
510	대산생	袋山生	홍기문	洪起文	小文庫- 丈人, 丈母, 泰山과 岳父母	민속	1938-03-02	·
511	대산생	袋山生	홍기문	洪起文	小文庫- 阮丈과 咸氏, 卯君·渭陽丈의 例	민속	1938-03-03	·
512	대산생	袋山生	홍기문	洪起文	小文庫- 伯仲叔季, 荊妻와 豚犬 등	민속	1938-03-04	·
513	대산생	袋山生	홍기문	洪起文	小文庫- 地名의 偶合	민속	1938-03-06	·
514	대산생	袋山生	홍기문	洪起文	小文庫- 字謎, 字占, 王昌瑾의 거울	민속	1938-03-08	·
515	대산생	袋山生	홍기문	洪起文	小文庫- 金笠의 先驅 申景鎭·李文源	역사	1938-03-09	·
516	대산생	袋山生	홍기문	洪起文	小文庫- 骨과 品, 新羅의 貴族制度	역사	1938-03-10	·
517	대산생	袋山生	홍기문	洪起文	小文庫- 東西南北 高句麗, 百濟의 五部	역사	1938-03-11	·
518	대산생	袋山生	홍기문	洪起文	小文庫- 兩班과 拜金, 林慶業·李浣	역사	1938-03-12	·
519	대산생	袋山生	홍기문	洪起文	小文庫- 影窓과 婦椽, 漢字用例의 疑問	기타	1938-03-13	·
520	대산생	袋山生	홍기문	洪起文	小文庫- 木花의 유래, 거화, 서캐의 語源	역사	1938-03-16	·
521	대산생	袋山生	홍기문	洪起文	小文庫- 朝鮮의 祕記 "九變震壇之圖"	역사	1938-03-19	·
522	만노산인	萬弩山人	·	·	朝鮮歷史奇譚(1) 讐人의 奇緣(1)	역사, 문학	1931-03-25	·
523	만노산인	萬弩山人	·	·	朝鮮歷史奇譚(2) 讐人의 奇緣(2)	역사, 문학	1931-03-26	·
524	만노산인	萬弩山人	·	·	朝鮮歷史奇譚(3) 讐人의 奇緣(完)	역사, 문학	1931-03-27	·

연번	자료저자명(한글)	자료저자명(한자)	본명(한글)	본명(한자)	기사제목	분류	날짜	비고
525	만노산인	萬弩山人	·	·	朝鮮歷史奇譚(4) 酒母의 遠識(1)	역사, 문학	1931-03-28	·
526	만노산인	萬弩山人	·	·	朝鮮歷史奇譚(5) 酒母의 遠識(2)	역사, 문학	1931-03-29	·
527	만노산인	萬弩山人	·	·	朝鮮歷史奇譚(6) 酒母의 遠識(完)	역사, 문학	1931-03-30	·
528	만노산인	萬弩山人	·	·	朝鮮歷史奇譚(7) 妙妓의 知人(1)	역사, 문학	1931-03-31	·
529	만노산인	萬弩山人	·	·	朝鮮歷史奇譚(8) 妙妓의 知人(2)	역사, 문학	1931-04-01	·
530	만노산인	萬弩山人	·	·	朝鮮歷史奇譚(9) 妙妓의 知人(3)	역사, 문학	1931-04-02	·
531	만노산인	萬弩山人	·	·	朝鮮歷史奇譚(10) 妙妓의 知人(3)*4회	역사, 문학	1931-04-03	연재횟수 오기
532	만노산인	萬弩山人	·	·	朝鮮歷史奇譚(11) 妙妓의 知人(4)*5회	역사, 문학	1931-04-05	연재횟수 오기
533	만노산인	萬弩山人	·	·	朝鮮歷史奇譚(12) 花燭夜深盟(1)	역사, 문학	1931-04-07	·
534	만노산인	萬弩山人	·	·	朝鮮歷史奇譚(13) 花燭夜深盟(2)	역사, 문학	1931-04-08	·
535	만노산인	萬弩山人	·	·	朝鮮歷史奇譚(14) 花燭夜深盟(3)	역사, 문학	1931-04-09	·
536	만노산인	萬弩山人	·	·	朝鮮歷史奇譚(15) 花燭夜深盟(4)	역사, 문학	1931-04-15	·
537	만노산인	萬弩山人	·	·	朝鮮歷史奇譚(16) 閨中參謀	역사, 문학	1931-04-16	·
538	만노산인	萬弩山人	·	·	朝鮮歷史奇譚(17) 琴裡巫山夢(1)	역사, 문학	1931-04-17	·
539	만노산인	萬弩山人	·	·	朝鮮歷史奇譚(18) 琴裡巫山夢(2)	역사, 문학	1931-04-18	·
540	만노산인	萬弩山人	·	·	朝鮮歷史奇譚(19) 琴裡巫山夢(3)	역사, 문학	1931-04-19	·
541	만노산인	萬弩山人	·	·	朝鮮歷史奇譚(20) 琴裡巫山夢(4)	역사, 문학	1931-04-20	·
542	만노산인	萬弩山人	·	·	朝鮮歷史奇譚(30)*21회 三壯士의 誇力	역사, 문학	1931-04-21	연재횟수 오기
543	만노산인	萬弩山人	·	·	朝鮮歷史奇譚(31)*22회 月夜에 活命(1)	역사, 문학	1931-04-22	연재횟수 오기
544	만노산인	萬弩山人	·	·	朝鮮歷史奇譚(31)*23회 月夜에 活命(2)	역사, 문학	1931-04-23	연재횟수 오기
545	만노산인	萬弩山人	·	·	朝鮮歷史奇譚(33)*24회 紅扇으로 約婚	역사, 문학	1931-04-24	연재횟수 오기
546	만노산인	萬弩山人	·	·	朝鮮歷史奇譚(34)*25회 王子의 片戀(1)	역사, 문학	1931-04-25	연재횟수 오기
547	만노산인	萬弩山人	·	·	朝鮮歷史奇譚(25)*26회 王子의 片戀(2)	역사, 문학	1931-04-26	연재횟수 오기
548	만노산인	萬弩山人	·	·	朝鮮歷史奇譚(26)*27회 丐乞異人(1)	역사,	1931-04-27	연재횟수 오기

연번	자료저자명 (한글)	자료저자명 (한자)	본명 (한글)	본명 (한자)	기사제목	분류	날짜	비고
						문학		
549	만노산인	萬弩山人	·	·	朝鮮歷史奇譚(27)*28회 李壯士의 落膽(1)	역사, 문학	1931-04-28	연재횟수 오기
550	만노산인	萬弩山人	·	·	朝鮮歷史奇譚(28)*29회 李壯士의 落膽(2)	역사, 문학	1931-04-29	연재횟수 오기
551	만노산인	萬弩山人	·	·	朝鮮歷史奇譚(29)*30회 醉中에 試文章	역사, 문학	1931-04-30	연재횟수 오기
552	만노산인	萬弩山人	·	·	朝鮮歷史奇譚(30)*31회 朴文秀의 黃鶴	역사, 문학	1931-05-01	연재횟수 오기
553	만노산인	萬弩山人	·	·	朝鮮歷史奇譚(31)*32회 乾隆帝의 外祖	역사, 문학	1931-05-02	연재횟수 오기
554	만노산인	萬弩山人	·	·	朝鮮歷史奇譚(32)*33회 半夜의 怪鬼	역사, 문학	1931-05-03	연재횟수 오기
555	만노산인	萬弩山人	·	·	朝鮮歷史奇譚(33) 良媒의 受福	역사, 문학	1931-05-04	·
556	만노산인	萬弩山人	·	·	朝鮮歷史奇譚(34) 良媒의 受福(下)	역사, 문학	1931-05-06	·
557	만노산인	萬弩山人	·	·	朝鮮歷史奇譚(34)*35회 鄭孝俊의 奇婚(1)	역사, 문학	1931-05-07	연재횟수 오기
558	만노산인	萬弩山人	·	·	朝鮮歷史奇譚(35)*36회 鄭孝俊의 奇婚(2)	역사, 문학	1931-05-08	연재횟수 오기
559	만노산인	萬弩山人	·	·	朝鮮歷史奇譚(36)*37회 成世昌과 紫鸞(1)	역사, 문학	1931-05-10	연재횟수 오기
560	만노산인	萬弩山人	·	·	朝鮮歷史奇譚(37)*38회 成世昌과 紫鸞(2)	역사, 문학	1931-05-12	연재횟수 오기
561	만노산인	萬弩山人	·	·	朝鮮歷史奇譚(39) 成世昌과 紫鸞(3)	역사, 문학	1931-05-14	·
562	만노산인	萬弩山人	·	·	朝鮮歷史奇譚(40) 成世昌과 紫鸞(4)	역사, 문학	1931-05-15	·
563	만노산인	萬弩山人	·	·	朝鮮歷史奇譚(41) 成世昌과 紫鸞(5)	역사, 문학	1931-05-16	·
564	만노산인	萬弩山人	·	·	朝鮮歷史奇譚(42) 成世昌과 紫鸞(6)	역사, 문학	1931-05-19	·
565	만노산인	萬弩山人	·	·	朝鮮歷史奇譚(43) 成世昌과 紫鸞(7)	역사, 문학	1931-05-20	·
566	만노산인	萬弩山人	·	·	朝鮮歷史奇譚(44) 豪雄 속인 智女(1)	역사, 문학	1931-05-22	·
567	만노산인	萬弩山人	·	·	朝鮮歷史奇譚(45) 豪雄 속인 智女(2)	역사, 문학	1931-05-23	·
568	만노산인	萬弩山人	·	·	朝鮮歷史奇譚(45)*46회 豪雄 속인 智女(3)	역사, 문학	1931-05-24	연재횟수 오기
569	만노산인	萬弩山人	·	·	朝鮮歷史奇譚(46)*47회 外使꺽근 智女(1)	역사, 문학	1931-05-27	연재횟수 오기
570	만노산인	萬弩山人	·	·	朝鮮歷史奇譚(47)*48회 外使꺽근 智女(2)	역사, 문학	1931-05-28	연재횟수 오기
571	만노산인	萬弩山人	·	·	朝鮮歷史奇譚(48)*49회 一松一朶紅(1)	역사, 문학	1931-05-29	연재횟수 오기

연번	자료저자명(한글)	자료저자명(한자)	본명(한글)	본명(한자)	기사제목	분류	날짜	비고
572	만노산인	萬弩山人	·	·	朝鮮歷史奇譚(49)*50회 一松一朶紅(2)	역사, 문학	1931-05-31	연재횟수 오기
573	만노산인	萬弩山人	·	·	朝鮮歷史奇譚(50)*51회 一松一朶紅(3)	역사, 문학	1931-06-01	연재횟수 오기
574	만노산인	萬弩山人	·	·	朝鮮歷史奇譚(51)*52회 一松一朶紅(4)	역사, 문학	1931-06-03	연재횟수 오기
575	만노산인	萬弩山人	·	·	朝鮮歷史奇譚(52)*53회 一松一朶紅(5)	역사, 문학	1931-06-04	연재횟수 오기
576	만노산인	萬弩山人	·	·	朝鮮歷史奇譚(53)*54회 可憐의 穎悟	역사, 문학	1931-06-05	연재횟수 오기
577	만노산인	萬弩山人	·	·	朝鮮歷史奇譚(54)*55회 蘆月의 奪人魂	역사, 문학	1931-06-06	연재횟수 오기
578	만노산인	萬弩山人	·	·	朝鮮歷史奇譚(55)*56회 力士의 夫婦(1)	역사, 문학	1931-06-07	연재횟수 오기
579	만노산인	萬弩山人	·	·	朝鮮歷史奇譚(56)*57회 力士의 夫婦(2)	역사, 문학	1931-06-10	연재횟수 오기
580	만노산인	萬弩山人	·	·	朝鮮歷史奇譚(57)*58회 三女性의 宿盟(1)	역사, 문학	1931-06-11	연재횟수 오기
581	만노산인	萬弩山人	·	·	朝鮮歷史奇譚(58)*59회 三女性의 宿盟(2)	역사, 문학	1931-06-12	연재횟수 오기
582	만노산인	萬弩山人	·	·	朝鮮歷史奇譚(59)*60회 三淵과 成川妓(1)	역사, 문학	1931-06-14	연재횟수 오기
583	만노산인	萬弩山人	·	·	朝鮮歷史奇譚(60)*61회 三淵과 成川妓(2)	역사, 문학	1931-06-16	연재횟수 오기
584	만노산인	萬弩山人	·	·	朝鮮歷史奇譚(60)*62회 玉環으로 約婚(2)	역사, 문학	1931-06-18	연재횟수 오기
585	만노산인	萬弩山人	·	·	朝鮮歷史奇譚(61)*63회 玉環으로 約婚(3)	역사, 문학	1931-06-21	연재횟수 오기
586	만노산인	萬弩山人	·	·	朝鮮歷史奇譚(62)*64회 玉環으로 約婚(3)	역사, 문학	1931-06-24	연재횟수 오기
587	만노산인	萬弩山人	·	·	朝鮮歷史奇譚(63)*65회 玉環으로 約婚(4)	역사, 문학	1931-06-25	연재횟수 오기
588	만노산인	萬弩山人	·	·	朝鮮歷史奇譚(65)*66회 路上에 送秋波(2)	역사, 문학	1931-06-28	연재횟수 오기
589	만노산인	萬弩山人	·	·	朝鮮歷史奇譚- 成三問과 山翁(1)	역사, 문학	1931-08-05	·
590	만노산인	萬弩山人	·	·	朝鮮歷史奇譚- 成三問과 山翁(2)	역사, 문학	1931-08-07	·
591	문일평	文一平	문일평	文一平	過去의 朝鮮을 달려간 庚午年-大高句麗가고 小高句麗國 距今二十一週甲前(1)	역사	1930-01-01	·
592	문일평	文一平	문일평	文一平	過去의 朝鮮을 달려간 庚午年-十週甲前에는-還都反對의 三別抄의 亂 高麗의 對蒙反抗反抗運動(3)	역사	1930-01-05	2회 미확인
593	문일평	文一平	문일평	文一平	朝鮮을 달려간 庚午年- 麗末의 私田改革 經濟上 紀念할 年代 距今八週甲前庚午	역사	1930-01-10	·
594	문일평	文一平	문일평	文一平	藝術과 로-맨쓰(23) 才色이 雙絶한 千古名妓黃眞(2) 淸逸한 情調, 疏脫한 性格	역사	1930-01-16	·

연번	자료저자명(한글)	자료저자명(한자)	본명(한글)	본명(한자)	기사제목	분류	날짜	비고
595	문일평	文一平	문일평	文一平	藝術과 로-맨쓰(24) 才色이 雙絶한 千古名妓黃眞(3) 知足老禪과 花潭先生	역사	1930-01-19	·
596	문일평	文一平	문일평	文一平	藝術과 로-맨쓰(25) 才色이 雙絶한 千古名妓黃眞(4) 그 母 玄琴과 黃進士	역사	1930-01-22	·
597	문일평	文一平	문일평	文一平	歲時考(1)	민속	1930-01-29	·
598	문일평	文一平	문일평	文一平	歲時考(2)	민속	1930-01-30	·
599	문일평	文一平	문일평	文一平	歲時考(3)	민속	1930-02-01	·
600	문일평	文一平	문일평	文一平	歲時考(4)	민속	1930-02-02	·
601	문일평	文一平	문일평	文一平	歲時考(5)	민속	1930-02-03	·
602	문일평	文一平	문일평	文一平	歲時考(6)	민속	1930-02-04	·
603	문일평	文一平	문일평	文一平	歲時考(7)	민속	1930-02-05	·
604	문일평	文一平	문일평	文一平	歲時考(8)	민속	1930-02-06	·
605	문일평	文一平	문일평	文一平	歲時考(9)	민속	1930-02-08	·
606	문일평	文一平	문일평	文一平	歲時考(10)	민속	1930-02-09	·
607	문일평	文一平	문일평	文一平	歲時考(11)	민속	1930-02-10	·
608	문일평	文一平	문일평	文一平	歲時考(12)	민속	1930-02-12	·
609	문일평	文一平	문일평	文一平	歲時考(13)	민속	1930-02-13	·
610	문일평	文一平	문일평	文一平	歲時考(14)	민속	1930-02-14	·
611	문일평	文一平	문일평	文一平	史上에 나타난 꽃이야기(1)- 無窮花와 君子人	역사, 문학	1930-02-20	·
612	문일평	文一平	문일평	文一平	史上에 나타난 꽃이야기(2)- 牧丹과 善德女王. 花圖보고 無香함을 알어	역사, 문학	1930-02-22	·
613	문일평	文一平	문일평	文一平	史上에 나타난 꽃이야기(3)- 花王戒와 薛聰. 꽃을 가지고 님검을 諷刺	역사, 문학	1930-02-25	·
614	문일평	文一平	문일평	文一平	史上에 나타난 꽃이야기(4)- 松花幽趣와 財買谷. 金庾信 同宗의 春遊會	역사, 문학	1930-02-26	·
615	문일평	文一平	문일평	文一平	史上에 나타난 꽃이야기(5)- 躑躅花와 水路夫人. 水路夫人과 老夫의 獻花	역사, 문학	1930-02-28	·
616	문일평	文一平	문일평	文一平	史上에 나타난 꽃이야기(6)- 菊花의 傳來. 漢土의 原産인 듯	역사, 문학	1930-03-02	·
617	문일평	文一平	문일평	文一平	史上에 나타난 꽃이야기(8)- 蓮花와 忠宣王. 元國美姬오의 艶話	역사, 문학	1930-03-05	7회 미확인
618	문일평	文一平	문일평	文一平	史上에 나타난 꽃이야기(9)- 石竹花 을픈 詩人. 歌謠에는 花中少年	역사, 문학	1930-03-11	·
619	문일평	文一平	문일평	文一平	史上에 나타난 꽃이야기(10)- 孤雲의 蜀葵詩. 國風의 固陋를 諷刺	역사, 문학	1930-03-14	·
620	문일평	文一平	문일평	文一平	年號와 帝號의 制(1) 朝鮮에 帝號가 잇섯든가	역사	1930-07-03	·
621	문일평	文一平	문일평	文一平	年號와 帝號의 制(2) 朝鮮에 帝號가 잇섯든가	역사	1930-07-04	·
622	문일평	文一平	문일평	文一平	年號와 帝號의 制(3) 朝鮮에 帝號가 잇섯든가	역사	1930-07-06	·
623	문일평	文一平	문일평	文一平	年號와 帝號의 制(4) 新羅國內에선 或稱帝	역사	1930-07-09	·
624	문일평	文一平	문일평	文一平	年號와 帝號의 制(5) 新羅國內에선 或稱帝	역사	1930-07-11	·
625	문일평	文一平	문일평	文一平	年號와 帝號의 制(6) 百濟에도 年號가 잇슨 듯	역사	1930-07-12	·
626	문일평	文一平	문일평	文一平	年號와 帝號의 制(7) 後高句麗 後百濟의 年號	역사	1930-07-13	·
627	문일평	文一平	문일평	文一平	年號와 帝號의 制(8) 渤海와 高句麗의 年號	역사	1930-07-15	·

연번	자료저자명(한글)	자료저자명(한자)	본명(한글)	본명(한자)	기사제목	분류	날짜	비고
628	문일평	文一平	문일평	文一平	年號와 帝號의 制(9) 高麗의 建元稱帝와 妙淸	역사	1930-07-16	·
629	문일평	文一平	문일평	文一平	年號와 帝號의 制(10) 高麗의 建元稱帝와 妙淸	역사	1930-07-18	·
630	문일평	文一平	문일평	文一平	年號와 帝號의 制(11) 李朝末의 建元稱帝	역사	1930-07-20	·
631	문일평	文一平	문일평	文一平	年號와 帝號의 制(12) 李朝末의 建元稱帝	역사	1930-07-22	·
632	문일평	文一平	문일평	文一平	年號와 帝號의 制(13) 稱帝에 對한 史的考察	역사	1930-07-23	·
633	문일평	文一平	문일평	文一平	年號와 帝號의 制(完) 東西帝號의 比較觀	역사	1930-07-24	·
634	문일평	文一平	문일평	文一平	朝鮮叛亂史論(1)	역사	1930-09-21	·
635	문일평	文一平	문일평	文一平	朝鮮叛亂史論(2)	역사	1930-09-23	·
636	문일평	文一平	문일평	文一平	朝鮮叛亂史論(3)	역사	1930-09-24	·
637	문일평	文一平	문일평	文一平	朝鮮叛亂史論(4)	역사	1930-09-26	·
638	문일평	文一平	문일평	文一平	朝鮮叛亂史論(5)	역사	1930-09-28	·
639	문일평	文一平	문일평	文一平	朝鮮叛亂史論(6)	역사	1930-09-30	·
640	문일평	文一平	문일평	文一平	朝鮮叛亂史論(8)	역사	1930-10-03	7회 미확인
641	문일평	文一平	문일평	文一平	朝鮮叛亂史論(9)	역사	1930-10-05	·
642	문일평	文一平	문일평	文一平	朝鮮叛亂史論(10)	역사	1930-10-08	·
643	문일평	文一平	문일평	文一平	朝鮮叛亂史論(11)	역사	1930-10-10	·
644	문일평	文一平	문일평	文一平	辛未年의 史的考察(1)	역사	1931-01-01	·
645	문일평	文一平	문일평	文一平	辛未年의 史的考察(2)	역사	1931-01-02	·
646	문일평	文一平	문일평	文一平	辛未年의 史的考察(3)	역사	1931-01-04	·
647	문일평	文一平	문일평	文一平	歷史로 본 朝鮮/史眼으로 본 朝鮮(1) 古文化의 新試錬	역사	1933-04-26	총9회
648	문일평	文一平	문일평	文一平	歷史로 본 朝鮮/史眼으로 본 朝鮮(2) 二千年 貴族制	역사	1933-04-29	·
649	문일평	文一平	문일평	文一平	歷史로 본 朝鮮/史眼으로 본 朝鮮(3) 進取보다 守拙	역사	1933-04-30	·
650	문일평	文一平	문일평	文一平	歷史로 본 朝鮮/史眼으로 본 朝鮮(4) 不和內分의 原因	역사	1933-05-03	·
651	문일평	文一平	문일평	文一平	歷史로 본 朝鮮/史眼으로 본 朝鮮(5) 歷史動向과 文明	역사	1933-05-04	·
652	문일평	文一平	문일평	文一平	歷史로 본 朝鮮/史眼으로 본 朝鮮(6) 李朝文明의 結晶	역사	1933-05-07	·
653	문일평	文一平	문일평	文一平	歷史로 본 朝鮮/史眼으로 본 朝鮮(7) 思想界의 三偉人	역사	1933-05-10	·
654	문일평	文一平	문일평	文一平	歷史로 본 朝鮮/史眼으로 본 朝鮮(8) 儒佛學과 朝鮮學	역사	1933-05-13	·
655	문일평	文一平	문일평	文一平	歷史로 본 朝鮮/史眼으로 본 朝鮮(9) 朝鮮學의 意義	역사	1933-05-16	·
656	문일평	文一平	문일평	文一平	史上의 反逆兒(1) 朝鮮史 硏究의 一側面觀	역사	1933-05-31	총25회
657	문일평	文一平	문일평	文一平	史上의 反逆兒(2) 千古英傑 蓋蘇文(1)	역사	1933-06-01	·
658	문일평	文一平	문일평	文一平	史上의 反逆兒(3) 政變前後의 蓋蘇文(2)	역사	1933-06-02	·
659	문일평	文一平	문일평	文一平	史上의 反逆兒(4) 高句麗의 英傑 蓋蘇文(3)	역사	1933-06-03	·
660	문일평	文一平	문일평	文一平	史上의 反逆兒(5) 高句麗의 英傑 蓋蘇文(4)	역사	1933-06-04	·
661	문일평	文一平	문일평	文一平	史上의 反逆兒(6) 百濟亡後 擧兵한 福信(1)	역사	1933-06-05	·
662	문일평	文一平	문일평	文一平	史上의 反逆兒(7) 福信去後에 遲受信(2)	역사	1933-06-06	·
663	문일평	文一平	문일평	文一平	史上의 反逆兒(8) 稱國建元한 快傑 羅朝에 叛旗든 金憲昌	역사	1933-06-08	·

연번	자료저자명(한글)	자료저자명(한자)	본명(한글)	본명(한자)	기사제목	분류	날짜	비고
664	문일평	文一平	문일평	文一平	史上의 反逆兒(9) 高麗思想의 具現者 遷都稱帝派의 首領 妙淸(1)	역사	1933-06-09	·
665	문일평	文一平	문일평	文一平	史上의 反逆兒(10) 聖者인가 妖僧인가 遷都稱帝派의 首領 妙淸(2)	역사	1933-06-11	·
666	문일평	文一平	문일평	文一平	史上의 反逆兒(11) 兩者와 妙淸과의 對比(3)	역사	1933-06-14	·
667	문일평	文一平	문일평	文一平	史上의 反逆兒(12) 武臣亂의 巨魁 鄭仲夫	역사	1933-06-15	·
668	문일평	文一平	문일평	文一平	史上의 反逆兒(13) 時勢의 急流에 쏠린 鄭仲夫(2)	역사	1933-06-16	·
669	문일평	文一平	문일평	文一平	史上의 反逆兒(14) 三別抄亂의 首謀 裵仲孫	역사	1933-06-19	·
670	문일평	文一平	문일평	文一平	史上의 反逆兒(15) 良賤劈破運動 北山樵童萬積의 大陰謀(1)	역사	1933-06-21	·
671	문일평	文一平	문일평	文一平	史上의 反逆兒(16) 그 人物 그 思想 良賤劈破運動 北山樵童萬積의 大陰謀(2)	역사	1933-06-22	·
672	문일평	文一平	문일평	文一平	史上의 反逆兒(17) 奴隷亂指導者 正義感에 타는 僧 牛本(1)	역사	1933-06-23	·
673	문일평	文一平	문일평	文一平	史上의 反逆兒(18) 變形의 奴隷亂魁 舊京에 叛據한 御史臺皀隷 李通(1)	역사	1933-06-24	·
674	문일평	文一平	문일평	文一平	史上의 反逆兒(18)*19회 志小策大한 人物 地方分治로 叛旗든 李施愛(1)	역사	1933-06-25	연재횟수 오기
675	문일평	文一平	문일평	文一平	史上의 反逆兒(19)*20회 自稱 大金皇帝 喜悲劇의 主人公 李澄玉	역사	1933-06-27	연재횟수 오기
676	문일평	文一平	문일평	文一平	史上의 反逆兒(20)*21회 一擧에 國都를 占據 有史以來 드믄 驍將 李适	역사	1933-06-28	연재횟수 오기
677	문일평	文一平	문일평	文一平	史上의 反逆兒(21)*22회 民衆革命의 先驅 平西大元帥 洪景來(1)	역사	1933-06-30	연재횟수 오기
678	문일평	文一平	문일평	文一平	史上의 反逆兒(22)*23회 民衆革命의 先驅 平西大元帥 洪景來(2)	역사	1933-07-02	연재횟수 오기
679	문일평	文一平	문일평	文一平	史上의 反逆兒(23)*24회 敬嘆할 御人法 平西大元帥 洪景來(3)	역사	1933-07-03	연재횟수 오기
680	문일평	文一平	문일평	文一平	史上의 反逆兒(24)*25회 神出鬼沒의 그 智略 平西大元帥 洪景來(4)	역사	1933-07-04	연재횟수 오기
681	문일평	文一平	문일평	文一平	水亂에對한史話(1)	역사	1933-07-09	·
682	문일평	文一平	문일평	文一平	水亂에 對한 史話(2)	역사	1933-07-12	·
683	문일평	文一平	문일평	文一平	水亂에 對한 史話(3)	역사	1933-07-15	·
684	문일평	文一平	문일평	文一平	世界文化의 先驅(1)- 朝鮮民族이 建設한 文化 世界史 發展의 한 모멘트	역사	1933-07-16	·
685	문일평	文一平	문일평	文一平	世界文化의 先驅(2)- 世宗大王이 싸흔 文化史의 百寶塔(1) 한글發明과 朝鮮人	역사	1933-07-18	·
686	문일평	文一平	문일평	文一平	世界文化의 先驅(3)- 世宗大王이 싸흔 文化史의 百寶塔(2) 世宗以後東西文運	역사	1933-07-19	·
687	문일평	文一平	문일평	文一平	世界文化의 先驅(4)- 世宗大王은 朝鮮人의 大宗師(3) 民衆前途一大光明	역사	1933-07-20	·
688	문일평	文一平	문일평	文一平	世界文化의 先驅(5)- 太宗大王과 銅製活字의 創始-朝鮮人의 자랑 活字文明	역사	1933-08-02	·
689	문일평	文一平	문일평	文一平	世界文化의 先驅(6)- 朝鮮活字와 東方文明의 動力-活字來歷과 日本流傳	역사	1933-08-03	·
690	문일평	文一平	문일평	文一平	世界文化의 先驅(7)- 銅活字 맨든 動機와	역사	1933-08-05	·

연번	자료저자명 (한글)	자료저자명 (한자)	본명 (한글)	본명 (한자)	기사제목	분류	날짜	비고
					朝鮮文明의 長短-답서고도 뒤진 活字文明			
691	문일평	文一平	문일평	文一平	世界文化의 先驅(7)*8회- 龜船을 完成한 忠武公李舜臣-世界初有의 鐵甲艦	역사	1933-08-06	8회임
692	문일평	文一平	문일평	文一平	世界文化의 先驅(8)*9회- 龜船의 突擊과 中舞공 戰術-壬辰役海戰一幕	역사	1933-08-10	9회임
693	문일평	文一平	문일평	文一平	世界文化의 先驅(9)*10회- 聖雄忠武公과 當時海上戰功-東洋『넬손』이 適評일가	역사	1933-08-11	10회임
694	문일평	文一平	문일평	文一平	韓末外交史(1) 門戶開放의 煩悶	역사	1933-11-05	·
695	문일평	文一平	문일평	文一平	韓末外交史(2) 東西列强의 逐鹿	역사	1933-11-07	·
696	문일평	文一平	문일평	文一平	韓末外交史(3) 東西列强의 逐鹿	역사	1933-11-08	·
697	문일평	文一平	문일평	文一平	韓末外交史(4) 日露均勢下의 韓國	역사	1933-11-09	·
698	문일평	文一平	문일평	文一平	韓末外交史(完)條約上의二形式	역사	1933-11-10	·
699	문일평	文一平	문일평	文一平	甲午과 極東風雲- 前甲戌以來 展開된 變局(上)	역사	1934-01-01	·
700	문일평	文一平	문일평	文一平	甲午과 極東風雲- 前甲戌以來 展開된 變局(下)	역사	1934-01-02	·
701	문일평	文一平	문일평	文一平	朝鮮史上의 乙亥年	역사	1935-01-01	·
702	문일평	文一平	문일평	文一平	西醫輸入五十年	역사	1935-06-03	·
703	문일평	文一平	문일평	文一平	山岳이 나흔 仙女傳說	문학	1935-06-24	·
704	문일평	文一平	문일평	文一平	考證學上으로 본 丁茶山	논설	1935-07-16	·
705	문일평	文一平	문일평	文一平	丙子를 通해본 朝鮮(1) 新羅가 半島서 唐兵擊退	역사	1936-01-03	·
706	문일평	文一平	문일평	文一平	丙子를 通해본 朝鮮(2) 滿洲人의 再次 大擧入寇	역사	1936-01-06	·
707	문일평	文一平	문일평	文一平	丙子를 通해본 朝鮮(3) 丙子亂의 史的意義	역사	1936-01-08	·
708	문일평	文一平	문일평	文一平	丙子를 通해본 朝鮮(4) 近代門戶開放의 煩悶	역사	1936-01-10	·
709	문일평	文一平	문일평	文一平	丙子를 通해본 朝鮮(5) 丙子條約의 史的意義	역사	1936-01-11	·
710	문일평	文一平	문일평	文一平	朝淸間의 三戰役(1)	역사	1936-02-19	·
711	문일평	文一平	문일평	文一平	朝淸間의 三戰役(2)	역사	1936-02-20	·
712	문일평	文一平	문일평	文一平	朝淸間의 三戰役(3)	역사	1936-02-21	·
713	문일평	文一平	문일평	文一平	朝淸間의 三戰役(4)	역사	1936-02-25	·
714	문일평	文一平	문일평	文一平	朝淸間의 三戰役(5)	역사	1936-02-26	·
715	문일평	文一平	문일평	文一平	朝淸間의 三戰役(6)	역사	1936-02-28	·
716	문일평	文一平	문일평	文一平	朝淸間의 三戰役(7)	역사	1936-02-29	·
717	문일평	文一平	문일평	文一平	朝淸間의 三戰役(8)	역사	1936-03-03	·
718	문일평	文一平	문일평	文一平	朝淸間의 三戰役(9)	역사	1936-03-06	·
719	문일평	文一平	문일평	文一平	朝淸間의 三戰役(10)	역사	1936-03-08	·
720	문일평	文一平	문일평	文一平	重要性을 띄인 李朝史의 三丁丑(1)	역사	1937-01-01	·
721	문일평	文一平	문일평	文一平	重要性을 띄인 李朝史의 三丁丑(2)	역사	1937-01-03	·
722	문일평	文一平	문일평	文一平	重要性을 띄인 李朝史의 三丁丑(3)	역사	1937-01-05	·
723	문일평	文一平	문일평	文一平	歷史이야기- 斯多含의 早達	역사, 문학	1937-01-17	·
724	문일평	文一平	문일평	文一平	栗谷先生生誕四百年에 際하야	역사	1937-02-07	·
725	문일평	文一平	문일평	文一平	歷史이야기- 원술의 통곡	역사, 문학	1937-02-07	·
726	문일평	文一平	문일평	文一平	歷史이야기- 고운 최치원	역사, 문학	1937-02-14	·

연번	자료저자명 (한글)	자료저자명 (한자)	본명 (한글)	본명 (한자)	기사제목	분류	날짜	비고
727	문일평	文一平	문일평	文一平	歷史이야기- 설총의 화왕계	역사, 문학	1937-02-21	·
728	문일평	文一平	문일평	文一平	歷史이야기- 월명사	역사, 문학	1937-03-14	·
729	문일평	文一平	문일평	文一平	歷史이야기- 음악가 우륵	역사, 문학	1937-03-21	·
730	문일평	文一平	문일평	文一平	歷史이야기- 솔거의 그림	역사, 문학	1937-03-28	·
731	문일평	文一平	문일평	文一平	歷史이야기- 김생의 글씨	역사, 문학	1937-04-04	·
732	문일평	文一平	문일평	文一平	歷史이야기- 선덕녀왕	역사, 문학	1937-04-11	·
733	문일평	文一平	문일평	文一平	歷史이야기- 백운과 제후	역사, 문학	1937-04-18	·
734	문일평	文一平	문일평	文一平	歷史이야기- 설씨의 딸	역사, 문학	1937-04-25	·
735	문일평	文一平	문일평	文一平	歷史이야기- 온달의 안해	역사, 문학	1937-05-02	·
736	문일평	文一平	문일평	文一平	歷史이야기- 도미의 안해	역사, 문학	1937-05-09	·
737	문일평	文一平	문일평	文一平	歷史이야기- 왕후된 한주	역사, 문학	1937-05-16	·
738	문일평	文一平	문일평	文一平	歷史이야기- 효녀 지은	역사, 문학	1937-05-23	·
739	문일평	文一平	문일평	文一平	한양조의 정치가 군상(1)	역사	1937-05-25	·
740	문일평	文一平	문일평	文一平	한양조의 정치가 군상(2)	역사	1937-05-26	·
741	문일평	文一平	문일평	文一平	한양조의 정치가 군상(3)	역사	1937-05-27	·
742	문일평	文一平	문일평	文一平	한양조의 정치가 군상(4)	역사	1937-05-28	·
743	문일평	文一平	문일평	文一平	한양조의 정치가 군상(5)	역사	1937-05-29	·
744	문일평	文一平	문일평	文一平	歷史이야기- 효자 손순	역사, 문학	1937-05-30	·
745	문일평	文一平	문일평	文一平	한양조의 정치가 군상(6)	역사	1937-05-30	·
746	문일평	文一平	문일평	文一平	한양조의 정치가 군상(7)	역사	1937-06-01	·
747	문일평	文一平	문일평	文一平	한양조의 정치가 군상(8)	역사	1937-06-02	·
748	문일평	文一平	문일평	文一平	한양조의 정치가 군상(9)	역사	1937-06-03	·
749	문일평	文一平	문일평	文一平	한양조의 정치가 군상(10)	역사	1937-06-04	·
750	문일평	文一平	문일평	文一平	한양조의 정치가 군상(11)	역사	1937-06-05	·
751	문일평	文一平	문일평	文一平	歷史이야기- 이상한 옥저	역사, 문학	1937-06-06	·
752	문일평	文一平	문일평	文一平	한양조의 정치가 군상(12)	역사	1937-06-06	·
753	문일평	文一平	문일평	文一平	한양조의 정치가 군상(13)	역사	1937-06-08	·
754	문일평	文一平	문일평	文一平	한양조의 정치가 군상(14)	역사	1937-06-09	·
755	문일평	文一平	문일평	文一平	한양조의 정치가 군상(15)	역사	1937-06-10	·
756	문일평	文一平	문일평	文一平	한양조의 정치가 군상(16)	역사	1937-06-11	·
757	문일평	文一平	문일평	文一平	한양조의 정치가 군상(17)	역사	1937-06-12	·

연번	자료저자명(한글)	자료저자명(한자)	본명(한글)	본명(한자)	기사제목	분류	날짜	비고
758	문일평	文一平	문일평	文一平	歷史이야기- 만불산	역사, 문학	1937-06-13	·
759	문일평	文一平	문일평	文一平	한양조의 정치가 군상(18)	역사	1937-06-13	·
760	문일평	文一平	문일평	文一平	한양조의 정치가 군상(19)	역사	1937-06-15	·
761	문일평	文一平	문일평	文一平	한양조의 정치가 군상(20)	역사	1937-06-16	·
762	문일평	文一平	문일평	文一平	한양조의 정치가 군상(21)	역사	1937-06-17	·
763	문일평	文一平	문일평	文一平	한양조의 정치가 군상(22)	역사	1937-06-18	·
764	문일평	文一平	문일평	文一平	한양조의 정치가 군상(23)	역사	1937-06-19	·
765	문일평	文一平	문일평	文一平	歷史이야기- 석굴암	역사, 문학	1937-06-20	·
766	문일평	文一平	문일평	文一平	한양조의 정치가 군상(24)	역사	1937-06-20	·
767	문일평	文一平	문일평	文一平	歷史이야기- 황금보관	역사, 문학	1937-06-27	·
768	문일평	文一平	문일평	文一平	歷史이야기- 첨성대	역사, 문학	1937-07-11	·
769	문일평	文一平	문일평	文一平	歷史이야기- 봉덕사종	역사, 문학	1937-07-18	·
770	문일평	文一平	문일평	文一平	歷史이야기- 신라의 삼보	역사, 문학	1937-07-25	·
771	문일평	文一平	문일평	文一平	歷史이야기- 황룡사종	역사, 문학	1937-08-01	·
772	문일평	文一平	문일평	文一平	歷史이야기- 불국사	역사, 문학	1937-08-08	·
773	문일평	文一平	문일평	文一平	歷史이야기- 석빙고	역사, 문학	1937-08-15	·
774	문일평	文一平	문일평	文一平	歷史이야기- 무렬왕릉	역사, 문학	1937-08-22	·
775	문일평	文一平	문일평	文一平	歷史이야기- 안압지	역사, 문학	1937-08-29	·
776	문일평	文一平	문일평	文一平	歷史이야기- 포석정	역사, 문학	1937-09-05	·
777	문일평	文一平	문일평	文一平	歷史이야기- 신라문화	역사, 문학	1937-09-12	·
778	문일평	文一平	문일평	文一平	歷史이야기- 신라의 살림살이	역사, 문학	1937-09-19	·
779	문일평	文一平	문일평	文一平	歷史이야기- 신라무사	역사, 문학	1937-09-26	·
780	문일평	文一平	문일평	文一平	歷史이야기- 화랑도	역사, 문학	1937-10-10	·
781	문일평	文一平	문일평	文一平	歷史이야기- 신라해상활동	역사, 문학	1937-10-31	·
782	문일평	文一平	문일평	文一平	歷史이야기- 진성여왕	역사, 문학	1937-11-07	·
783	문일평	文一平	문일평	文一平	歷史이야기- 후삼국	역사, 문학	1937-11-14	·
784	문일평	文一平	문일평	文一平	歷代朝鮮忠思想檢討- 實事求是學: 李朝文化史의	역사	1938-01-03	·

연번	자료저자명(한글)	자료저자명(한자)	본명(한글)	본명(한자)	기사제목	분류	날짜	비고
					別頁 實事求是派의 學風(上)			
785	문일평	文一平	문일평	文一平	歷代朝鮮忠思想檢討- 李朝文化史의 別頁 實事求是派의 學風(下)	역사	1938-01-05	·
786	문일평	文一平	문일평	文一平	歷史이야기- 윤관	역사, 문학	1938-01-30	·
787	문일평	文一平	문일평	文一平	歷史이야기- 최영	역사, 문학	1938-02-06	·
788	문일평	文一平	문일평	文一平	歷史이야기- 대각국사	역사, 문학	1938-02-13	·
789	문일평	文一平	문일평	文一平	歷史이야기- 최충	역사, 문학	1938-02-20	·
790	문일평	文一平	문일평	文一平	歷史이야기- 김부식	역사, 문학	1938-02-27	·
791	문일평	文一平	문일평	文一平	歷史이야기- 안유	역사, 문학	1938-03-06	·
792	문일평	文一平	문일평	文一平	歷史이야기- 정몽주	역사, 문학	1938-03-13	·
793	문일평	文一平	문일평	文一平	歷史이야기- 詩人 鄭知常	역사, 문학	1938-03-20	·
794	문일평	文一平	문일평	文一平	歷史이야기- 이규보	역사, 문학	1938-03-27	·
795	문일평	文一平	문일평	文一平	歷史이야기- 李寧	역사, 문학	1938-05-08	·
796	문일평	文一平	문일평	文一平	歷史이야기- 恭愍王	역사, 문학	1938-05-15	·
797	문일평	文一平	문일평	文一平	歷史이야기- 坦然	역사, 문학	1938-05-22	·
798	문일평	文一平	문일평	文一平	歷史이야기- 洪灌	역사, 문학	1938-05-29	·
799	문일평	文一平	문일평	文一平	歷史이야기- 韓脩	역사, 문학	1938-06-05	·
800	문일평	文一平	문일평	文一平	歷史이야기- 孝子 崔婁伯	역사, 문학	1938-06-12	·
801	문일평	文一平	문일평	文一平	歷史이야기- 孝子 金遷	역사, 문학	1938-06-19	·
802	문일평	文一平	문일평	文一平	歷史이야기- 大綿公 文益漸	역사, 문학	1938-06-26	·
803	문일평	文一平	문일평	文一平	歷史이야기- 勇士 文大	역사, 문학	1938-07-03	·
804	문일평	文一平	문일평	文一平	歷史이야기- 勇士 曹孝立	역사, 문학	1938-07-10	·
805	문일평	文一平	문일평	文一平	歷史이야기- 金 버린 兄弟	역사, 문학	1938-07-17	·
806	문일평	文一平	문일평	文一平	歷史이야기- 盜賊의 感化	역사, 문학	1938-07-24	·
807	문일평	文一平	문일평	文一平	歷史이야기- 청렴한 관리	역사, 문학	1938-07-31	·

연번	자료저자명(한글)	자료저자명(한자)	본명(한글)	본명(한자)	기사제목	분류	날짜	비고
808	문일평	文一平	문일평	文一平	歷史이야기- 겸손한 장수	역사, 문학	1938-08-07	·
809	문일평	文一平	문일평	文一平	歷史이야기- 잘나신 임금들	역사, 문학	1938-08-14	·
810	문일평	文一平	문일평	文一平	歷史이야기- 고려문화	역사, 문학	1938-08-21	·
811	문일평	文一平	문일평	文一平	歷史이야기- 고려대장경	역사, 문학	1938-08-28	·
812	문일평	文一平	문일평	文一平	歷史이야기- 묘청의 난리	역사, 문학	1938-10-02	·
813	문일평	文一平	문일평	文一平	歷史이야기- 이자겸의 난리	역사, 문학	1938-10-09	·
814	문일평	文一平	문일평	文一平	歷史이야기- 삼별초의 난리	역사, 문학	1938-10-16	·
815	문일평	文一平	문일평	文一平	歷史이야기- 최씨전권	역사, 문학	1938-10-23	·
816	문일평	文一平	문일평	文一平	歷史이야기- 고려의 삼대전쟁	역사, 문학	1938-10-30	·
817	문일평	文一平	문일평	文一平	歷史이야기- 국제결혼	역사, 문학	1938-11-06	·
818	문일평	文一平	문일평	文一平	歷史이야기- 고려서울	역사, 문학	1938-11-13	·
819	문일평	文一平	문일평	文一平	歷史이야기- 선죽교	역사, 문학	1938-11-27	·
820	문일평	文一平	문일평	文一平	歷史이야기- 공민왕릉	역사, 문학	1938-12-04	·
821	문일평	文一平	문일평	文一平	歷史이야기- 왕건태조릉	역사, 문학	1938-12-11	·
822	문일평	文一平	문일평	文一平	歷史이야기- 흥왕사터	역사, 문학	1938-12-18	·
823	문일평	文一平	문일평	文一平	歷史이야기- 자하동	역사, 문학	1938-12-25	·
824	문일평	文一平	문일평	文一平	義州開市와 그 變遷	역사	1939-01-01	·
825	문일평	文一平	문일평	文一平	歷史이야기- 경성	역사, 문학	1939-01-22	·
826	문일평	文一平	문일평	文一平	歷史이야기- 태종	역사, 문학	1939-01-29	·
827	문일평	文一平	문일평	文一平	歷史이야기- 세종대왕	역사, 문학	1939-02-05	·
828	문일평	文一平	문일평	文一平	歷史이야기- 정승 황히	역사, 문학	1939-02-12	·
829	문일평	文一平	문일평	文一平	歷史이야기- 음악가 박연	역사, 문학	1939-02-19	·
830	문일평	文一平	문일평	文一平	歷史이야기- 명장 최윤덕	역사, 문학	1939-02-26	·
831	문일평	文一平	문일평	文一平	歷史이야기- 명신 김종서	역사, 문학	1939-03-05	·

연번	자료저자명(한글)	자료저자명(한자)	본명(한글)	본명(한자)	기사제목	분류	날짜	비고
832	문일평	文一平	문일평	文一平	歷史이야기- 허쥬	역사, 문학	1939-03-12	·
833	문일평	文一平	문일평	文一平	歷史이야기- 화가 안경	역사, 문학	1939-03-19	·
834	문호암	文湖岩	문일평	文一平	正音小史	한글	1935-10-28	·
835	민병선	閔丙先	민병선	閔丙先	옛 어른의 사적- "뉘 말이나 다 옳다" 황정승의 도량	역사	1937-08-29	·
836	민병선	閔丙先	민병선	閔丙先	옛 어른의 사적- 과거보다 다리를 상한 충무공 리순신	역사	1937-09-05	·
837	민세학인	民世學人	안재홍	安在鴻	朝鮮新聞小史(1)	역사	1935-07-06	·
838	민세학인	民世學人	안재홍	安在鴻	朝鮮新聞小史(2)	역사	1935-07-07	·
839	민세학인	民世學人	안재홍	安在鴻	朝鮮新聞小史(3)	역사	1935-07-08	·
840	민세학인	民世學人	안재홍	安在鴻	朝鮮新聞小史(4)	역사	1935-07-09	·
841	민세학인	民世學人	안재홍	安在鴻	朝鮮新聞小史(5)	역사	1935-07-10	·
842	민세학인	民世學人	안재홍	安在鴻	朝鮮新聞小史(6)	역사	1935-07-11	·
843	민세학인	民世學人	안재홍	安在鴻	朝鮮新聞小史(7)	역사	1935-07-12	·
844	민세학인	民世學人	안재홍	安在鴻	朝鮮新聞小史(8)	역사	1935-07-13	·
845	민세학인	民世學人	안재홍	安在鴻	朝鮮新聞小史(9)	역사	1935-07-14	·
846	민세학인	民世學人	안재홍	安在鴻	朝鮮新聞小史(10)	역사	1935-07-16	·
847	민세학인	民世學人	안재홍	安在鴻	朝鮮新聞小史(11)	역사	1935-07-17	·
848	민세학인	民世學人	안재홍	安在鴻	朝鮮新聞小史(12)	역사	1935-07-20	·
849	민세학인	民世學人	안재홍	安在鴻	朝鮮新聞小史(13)	역사	1935-07-21	·
850	민세학인	民世學人	안재홍	安在鴻	朝鮮新聞小史(14)	역사	1935-07-23	·
851	민세학인	民世學人	안재홍	安在鴻	朝鮮新聞小史(15)	역사	1935-07-24	·
852	민세학인	民世學人	안재홍	安在鴻	朝鮮新聞小史(16)	역사	1935-07-25	·
853	민세학인	民世學人	안재홍	安在鴻	朝鮮新聞小史(17)	역사	1935-07-26	·
854	민세학인	民世學人	안재홍	安在鴻	舊韓末年 新聞人淪落記(上)	역사	1935-07-27	·
855	민세학인	民世學人	안재홍	安在鴻	舊韓末年 新聞人淪落記(下)	역사	1935-07-28	·
856	민촌	民村	이기영	李箕永	伽倻山記(1)	기행	1939-11-30	·
857	민촌	民村	이기영	李箕永	伽倻山記(2)	기행	1939-12-01	·
858	민촌	民村	이기영	李箕永	伽倻山記(3)	기행	1939-12-01	·
859	민촌	民村	이기영	李箕永	伽倻山記(4)	기행	1939-12-05	·
860	박노철	朴魯哲	박노철	朴魯哲	栗谷과 墨子의 思想(1) 『仁政論』과 『尙賢說』	철학	1930-07-03	·
861	박노철	朴魯哲	박노철	朴魯哲	栗谷과 墨子의 思想(2) 『仁政論』과 『尙賢說』	철학	1930-07-04	·
862	박노철	朴魯哲	박노철	朴魯哲	栗谷과 墨子의 思想(3) 『仁政論』과 『尙賢說』	철학	1930-07-05	·
863	박노철	朴魯哲	박노철	朴魯哲	栗谷과 墨子의 思想(4) 『仁政論』과 『尙賢說』	철학	1930-07-06	·
864	박노철	朴魯哲	박노철	朴魯哲	栗谷과 墨子의 思想(5) 『仁政論』과 『尙賢說』	철학	1930-07-08	·
865	박노철	朴魯哲	박노철	朴魯哲	栗谷과 墨子의 思想(6) 『仁政論』과 『尙賢說』	철학	1930-07-09	·
866	박노철	朴魯哲	박노철	朴魯哲	四郡位置簡考- 附眞番新說(1)	역사	1930-09-16	·
867	박노철	朴魯哲	박노철	朴魯哲	四郡位置簡考- 附眞番新說(2)	역사	1930-09-17	·
868	박노철	朴魯哲	박노철	朴魯哲	四郡位置簡考- 附眞番新說(3)	역사	1930-09-18	·
869	박노철	朴魯哲	박노철	朴魯哲	四郡位置簡考- 附眞番新說(4)	역사	1930-09-19	·
870	박노철	朴魯哲	박노철	朴魯哲	四郡位置簡考- 附眞番新說(4)*5회	역사	1930-09-20	연재횟수 오기

연번	자료저자명(한글)	자료저자명(한자)	본명(한글)	본명(한자)	기사제목	분류	날짜	비고
871	박노철	朴魯哲	박노철	朴魯哲	上古震域位置考(1) 濊貊種族分布表	역사	1930-11-20	·
872	박노철	朴魯哲	박노철	朴魯哲	上古震域位置考(2) 濊貊種族分布表	역사	1930-11-21	·
873	박노철	朴魯哲	박노철	朴魯哲	上古震域位置考(3) 濊貊種族分布表	역사	1930-11-22	·
874	박노철	朴魯哲	박노철	朴魯哲	上古震域位置考(4) 濊貊種族分布表	역사	1930-11-25	·
875	박노철	朴魯哲	박노철	朴魯哲	上古震域位置考(5) 濊貊種族分布表	역사	1930-11-26	·
876	박노철	朴魯哲	박노철	朴魯哲	上古震域位置考(6) 濊貊種族分布表	역사	1930-11-27	·
877	박노철	朴魯哲	박노철	朴魯哲	上古震域位置考(7) 濊貊種族分布表	역사	1930-11-28	·
878	박노철	朴魯哲	박노철	朴魯哲	上古震域位置考(8) 濊貊種族分布表	역사	1930-11-29	·
879	박노철	朴魯哲	박노철	朴魯哲	上古震域位置考(9) 濊貊種族分布表	역사	1930-11-30	·
880	박노철	朴魯哲	박노철	朴魯哲	上古震域位置考(10) 濊貊種族分布表	역사	1930-12-01	·
881	박노철	朴魯哲	박노철	朴魯哲	上古震域位置考(11) 濊貊種族分布表	역사	1930-12-02	·
882	박노철	朴魯哲	박노철	朴魯哲	上古震域位置考(12) 濊貊種族分布表	역사	1930-12-04	·
883	박노철	朴魯哲	박노철	朴魯哲	上古震域位置考(13) 濊貊種族分布表	역사	1930-12-06	·
884	박노철	朴魯哲	박노철	朴魯哲	上古震域位置考(14) 濊貊種族分布表	역사	1930-12-08	·
885	박노철	朴魯哲	박노철	朴魯哲	上古震域位置考(15) 濊貊種族分布表	역사	1930-12-10	·
886	박노철	朴魯哲	박노철	朴魯哲	上古震域位置考(完) 濊貊種族分布表	역사	1930-12-11	·
887	박노철	朴魯哲	박노철	朴魯哲	渤海遺蹟簡草(上)	역사, 기행	1930-12-26	·
888	박노철	朴魯哲	박노철	朴魯哲	渤海遺蹟簡草(中)	역사, 기행	1930-12-27	·
889	박노철	朴魯哲	박노철	朴魯哲	渤海遺蹟簡草(下)	역사, 기행	1930-12-28	·
890	박노철	朴魯哲	박노철	朴魯哲	古朝鮮疆域研究(2)	역사	1932-02-14	1회 없음
891	박노철	朴魯哲	박노철	朴魯哲	古朝鮮疆域研究(3)	역사	1932-02-16	·
892	박노철	朴魯哲	박노철	朴魯哲	古朝鮮疆域研究(4)	역사	1932-02-17	·
893	박노철	朴魯哲	박노철	朴魯哲	古朝鮮疆域研究(5)	역사	1932-02-18	·
894	박노철	朴魯哲	박노철	朴魯哲	古朝鮮疆域研究(6)	역사	1932-02-20	·
895	박노철	朴魯哲	박노철	朴魯哲	古朝鮮疆域研究(7)	역사	1932-02-21	·
896	박노철	朴魯哲	박노철	朴魯哲	古朝鮮疆域研究(8)	역사	1932-02-23	·
897	박노철	朴魯哲	박노철	朴魯哲	古朝鮮疆域研究(9)	역사	1932-02-24	·
898	박노철	朴魯哲	박노철	朴魯哲	古朝鮮疆域研究(10)	역사	1932-02-25	·
899	박노철	朴魯哲	박노철	朴魯哲	古朝鮮疆域研究(11)	역사	1932-02-26	·
900	박노철	朴魯哲	박노철	朴魯哲	古朝鮮疆域研究(12)	역사	1932-02-27	·
901	박노철	朴魯哲	박노철	朴魯哲	古朝鮮疆域研究(13)	역사	1932-02-28	·
902	박노철	朴魯哲	박노철	朴魯哲	古朝鮮疆域研究(14)	역사	1932-03-01	·
903	박노철	朴魯哲	박노철	朴魯哲	古朝鮮疆域研究(15)	역사	1932-03-02	·
904	박노철	朴魯哲	박노철	朴魯哲	古朝鮮疆域研究(16)	역사	1932-03-03	·
905	박노철	朴魯哲	박노철	朴魯哲	古朝鮮疆域研究(17)	역사	1932-03-04	·
906	박노철	朴魯哲	박노철	朴魯哲	古朝鮮疆域研究(18)	역사	1932-03-05	·
907	박명줄	朴明茁	박명줄	朴明茁	韓雉振詩의 『人性의 本質論』을 읽고(1)	철학	1930-12-20	·
908	박명줄	朴明茁	박명줄	朴明茁	韓雉振詩의 『人性의 本質論』을 읽고(2)	철학	1930-12-21	·
909	박명줄	朴明茁	박명줄	朴明茁	韓雉振詩의 『人性의 本質論』을 읽고(完)	철학	1930-12-23	·

연번	자료저자명(한글)	자료저자명(한자)	본명(한글)	본명(한자)	기사제목	분류	날짜	비고
910	박명줄	朴明茁	박명줄	朴明茁	人猿同祖說(上)- 某宗教家의 說教를 듯고	논설	1931-03-04	·
911	박명줄	朴明茁	박명줄	朴明茁	人猿同祖說(中)- 某宗教家의 說教를 듯고	논설	1931-03-05	·
912	박명줄	朴明茁	박명줄	朴明茁	人猿同祖說(下)- 某宗教家의 說教를 듯고	논설	1931-03-06	·
913	박병래	朴秉來	박병래	朴秉來	高麗陶瓷器小考(1)	민속	1936-01-26	·
914	박병래	朴秉來	박병래	朴秉來	高麗陶瓷器小考(2)	민속	1936-01-28	·
915	박병래	朴秉來	박병래	朴秉來	高麗陶瓷器小考(3)	민속	1936-01-29	·
916	박병래	朴秉來	박병래	朴秉來	高麗陶瓷器小考(4)	민속	1936-01-30	·
917	박병래	朴秉來	박병래	朴秉來	李朝陶瓷器小考- 그 由來, 品秩, 出土 等에 關하야(1)	민속	1936-07-26	·
918	박병래	朴秉來	박병래	朴秉來	李朝陶瓷器小考- 그 由來, 品秩, 出土 等에 關하야(2)	민속	1936-07-29	·
919	박병래	朴秉來	박병래	朴秉來	李朝陶瓷器小考- 그 由來, 品秩, 出土 等에 關하야(3)	민속	1936-07-31	·
920	박병래	朴秉來	박병래	朴秉來	李朝陶瓷器小考- 그 由來, 品秩, 出土 等에 關하야(4)	민속	1936-08-01	·
921	박병래	朴秉來	박병래	朴秉來	李朝陶瓷器小考- 그 由來, 品秩, 出土 等에 關하야(5)	민속	1936-08-02	·
922	박영희	朴英熙	박영희	朴英熙	一九二九年 藝術論戰의 歸結로 보아(1)- 新年의 우리 進路를 논함	문학	1930-01-01	·
923	박영희	朴英熙	박영희	朴英熙	一九二九年 藝術論戰의 歸結로 보아(2)- 新年의 우리 進路를 논함	문학	1930-01-02	·
924	박영희	朴英熙	박영희	朴英熙	一九二九年 藝術論戰의 歸結로 보아(3)- 新年의 우리 進路를 논함	문학	1930-01-03	·
925	박영희	朴英熙	박영희	朴英熙	一九二九年 藝術論戰의 歸結로 보아(4)- 新年의 우리 進路를 논함	문학	1930-01-04	·
926	박영희	朴英熙	박영희	朴英熙	一九二九年 藝術論戰의 歸結로 보아(5)- 新年의 우리 進路를 논함	문학	1930-01-05	·
927	박영희	朴英熙	박영희	朴英熙	一九二九年 藝術論戰의 歸結로 보아(7)- 新年의 우리 進路를 논함	문학	1930-01-06	6회 미확인
928	박영희	朴英熙	박영희	朴英熙	一九二九年 藝術論戰의 歸結로 보아(8)- 新年의 우리 進路를 논함	문학	1930-01-09	·
929	박영희	朴英熙	박영희	朴英熙	一九二九年 藝術論戰의 歸結로 보아(9)- 新年의 우리 進路를 논함	문학	1930-01-10	·
930	박영희	朴暎熙	박영희	朴暎熙	文字普及班消息- 莞島各處九個所에 經費는 本會에서 全擔	한글, 사업	1930-08-30	·
931	박영희	朴英熙	박영희	朴英熙	文化公議(4) 古典文化의 理解와 批判	논설	1937-06-10	·
932	박영희	朴英熙	박영희	朴英熙	書齋閑話- 녯知識과 새學問(1)	문학	1938-02-10	·
933	박영희	朴英熙	박영희	朴英熙	書齋閑話- 녯知識과 새學問(2)	문학	1938-02-11	·
934	박영희	朴英熙	박영희	朴英熙	書齋閑話- 녯知識과 새學問(3)	문학	1938-02-13	·
935	박영희	朴英熙	박영희	朴英熙	書齋閑話- 녯知識과 새學問(4)	문학	1938-02-15	·
936	박영희	朴英熙	박영희	朴英熙	書齋閑話- 녯知識과 새學問(5)	문학	1938-02-16	·
937	박영희	朴英熙	박영희	朴英熙	古典復興의 理論과 實際(1) 古典復興의 現代的 意義 深奧한 叡智의 攝取過程	논설	1938-06-04	·
938	박용태	朴龍泰	박용태	朴龍泰	萬里長城이 뉘 것이냐(1) 朝鮮史研究의 珍貴한 材料이며 東方古文化의 消長을 關鍵한 壁壘	역사	1932-12-09	·

연번	자료저자명(한글)	자료저자명(한자)	본명(한글)	본명(한자)	기사제목	분류	날짜	비고
939	박용태	朴龍泰	박용태	朴龍泰	萬里長城이 뉘 것이냐(2) 朝鮮史研究의 珍貴한 材料이며 東方古文化의 消長을 關鍵한 壁壘	역사	1932-12-10	·
940	박용태	朴龍泰	박용태	朴龍泰	萬里長城이 뉘 것이냐(3) 朝鮮史研究의 珍貴한 材料이며 東方古文化의 消長을 關鍵한 壁壘	역사	1932-12-11	·
941	박용태	朴龍泰	박용태	朴龍泰	萬里長城이 뉘 것이냐(4) 朝鮮史研究의 珍貴한 材料이며 東方古文化의 消長을 關鍵한 壁壘	역사	1932-12-13	·
942	박용태	朴龍泰	박용태	朴龍泰	萬里長城이 뉘 것이냐(5) 朝鮮史研究의 珍貴한 材料이며 東方古文化의 消長을 關鍵한 壁壘	역사	1932-12-14	·
943	박윤석	朴尹錫	박윤석	朴尹錫	李忠武公 故土參拜記(1) 競賣되려는 位土, 依持할 곳 업는 遺物, 동일은행에 저당된 그 위토는 멀지 안흔 장래에 팔리게 된다	역사, 사업	1931-05-20	·
944	박윤석	朴尹錫	박윤석	朴尹錫	李忠武公 故土參拜記(2) 一時債務淸帳後 再度融通이 禍根, 위토 이만여평과 대지 삼천여평 청천벽력의 채무리행명령서장	역사, 사업	1931-05-21	·
945	박윤석	朴尹錫	박윤석	朴尹錫	李忠武公 故土參拜記(3) 六尺寶劍精氣不滅 回憶깁흔 壬辰壯草, 내외국인사들 참배자 련락 부절 력사적 유훈은 날로 더욱 사모처	역사, 사업	1931-05-22	·
946	박윤석	朴尹錫	박윤석	朴尹錫	李忠武公 故土參拜記(完) 墓所抵當虛說 遺物保存策漠然, 위토문제의 해결방도가 업다고 십사대사손 리종옥씨와 문답	역사, 사업	1931-05-23	·
947	박윤원	朴潤元	박윤원	朴潤元	正音 淵源의 史的小考(1)	한글	1933-11-05	·
948	박윤원	朴潤元	박윤원	朴潤元	正音 淵源의 史的小考(2)	한글	1933-11-07	·
949	박윤원	朴潤元	박윤원	朴潤元	正音 淵源의 史的小考(3)	한글	1933-11-08	·
950	박윤원	朴潤元	박윤원	朴潤元	正音 淵源의 史的小考(4)	한글	1933-11-09	·
951	박윤원	朴潤元	박윤원	朴潤元	正音 淵源의 史的小考(5)	한글	1933-11-10	·
952	박윤원	朴潤元	박윤원	朴潤元	正音 淵源의 史的小考(6)	한글	1933-11-11	·
953	박윤원	朴潤元	박윤원	朴潤元	正音 淵源의 史的小考(7)	한글	1933-11-12	·
954	박윤원	朴潤元	박윤원	朴潤元	正音 淵源의 史的小考(8)	한글	1933-11-15	·
955	박윤원	朴潤元	박윤원	朴潤元	正音 淵源의 史的小考(9)	한글	1933-11-15	·
956	박윤원	朴潤元	박윤원	朴潤元	正音 淵源의 史的小考(10)	한글	1933-11-16	·
957	박일	朴日	박일	朴日	文字普及班消息- 文字普及은 連帶的 義務	한글, 사업	1930-08-29	·
958	박종홍	朴鍾鴻	박종홍	朴鍾鴻	『우리』와 우리哲學 建設의 길	철학	1935-07-09	·
959	박종홍	朴鍾鴻	박종홍	朴鍾鴻	우리의 現實과 哲學- 歷史的인 이 때의 限界狀況(1)	철학	1935-08-15	·
960	박종홍	朴鍾鴻	박종홍	朴鍾鴻	우리의 現實과 哲學- 歷史的인 이 때의 限界狀況(2)	철학	1935-08-16	·
961	박종홍	朴鍾鴻	박종홍	朴鍾鴻	우리의 現實과 哲學- 歷史的인 이 때의 限界狀況(3)	철학	1935-08-17	·
962	박종홍	朴鍾鴻	박종홍	朴鍾鴻	우리의 現實과 哲學- 歷史的인 이 때의 限界狀況(4)	철학	1935-08-18	·
963	박종홍	朴鍾鴻	박종홍	朴鍾鴻	우리의 現實과 哲學- 歷史的인 이 때의 限界狀況(5)	철학	1935-08-20	·
964	박종홍	朴鍾鴻	박종홍	朴鍾鴻	우리의 現實과 哲學- 歷史的인 이 때의 限界狀況(6)	철학	1935-08-22	·
965	박종홍	朴鍾鴻	박종홍	朴鍾鴻	우리의 現實과 哲學- 歷史的인 이 때의 限界狀況(7)	철학	1935-08-23	·
966	박종홍	朴鍾鴻	박종홍	朴鍾鴻	나의 관심사- 우리의 現實	기타	1936-08-27	·
967	박종홍	朴鍾鴻	박종홍	朴鍾鴻	文化公議(10) 學者·藝術家의 養成	논설	1937-06-17	·
968	박종홍	朴鍾鴻	박종홍	朴鍾鴻	古典復興의 理論과 實際(3) 歷史의 轉換과 古典復興 새로운 創造와 建設을 위하야	논설	1938-06-07	·
969	박종홍	朴鍾鴻	박종홍	朴鍾鴻	朝鮮學界總動員 夏期特別論文- 四七論의	철학	1940-08-06	·

연번	자료저자명 (한글)	자료저자명 (한자)	본명 (한글)	본명 (한자)	기사제목	분류	날짜	비고
					現代哲學的 展開에 關한 覺書			
970	박종화	朴鍾和	박종화	朴鍾和	時調는 어디로 가나?- 復興期에서 中興期로(1)	문학	1940-04-09	·
971	박종화	朴鍾和	박종화	朴鍾和	時調는 어디로 가나?- 復興期에서 中興期로(2)	문학	1940-04-10	·
972	박종화	朴鍾和	박종화	朴鍾和	時調는 어디로 가나?- 復興期에서 中興期로(3)	문학	1940-04-11	·
973	박치우	朴致祐	박치우	朴致祐	古文化 吟味의 現代的 意義에 對하야(1)	역사	1937-01-01	·
974	박치우	朴致祐	박치우	朴致祐	古文化 吟味의 現代的 意義에 對하야(2)	역사	1937-01-04	·
975	박치우	朴致祐	박치우	朴致祐	古典復興의 理論과 實際(7) 古典의 性格인 規範性 참된 傳承과 個性의 創造力	논설	1938-06-14	·
976	박치우	朴致祐	박치우	朴致祐	學界一年報告書- 朝鮮學의 獨舞臺(上)	논설	1939-12-15	·
977	박치우	朴致祐	박치우	朴致祐	學界一年報告書- 朝鮮學의 獨舞臺(下)	논설	1939-12-16	·
978	박태양	朴太陽	박태양	朴太陽	BOOK REVIEW(讀後感)『私的唯物論教程』- 社會史的發展의 異論	문학	1931-07-13	·
979	박화성	朴花城	박화성	朴花城	紀行文- 그립든 옛터를 차저 新羅古都의 慶州로(1)	기행	1934-02-08	·
980	박화성	朴花城	박화성	朴花城	紀行文- 그립든 옛터를 차저 新羅古都의 慶州로(2)	기행	1934-02-09	·
981	박화성	朴花城	박화성	朴花城	紀行文- 그립든 옛터를 차저 新羅古都의 慶州로(3)	기행	1934-02-10	·
982	박화성	朴花城	박화성	朴花城	紀行文- 그립든 옛터를 차저 新羅古都의 慶州로(4)	기행	1934-02-11	·
983	박화성	朴花城	박화성	朴花城	紀行文- 그립든 옛터를 차저 新羅古都의 慶州로(5)	기행	1934-02-13	·
984	박화성	朴花城	박화성	朴花城	紀行文- 그립든 옛터를 차저 新羅古都의 慶州로(6)	기행	1934-02-14	·
985	박화성	朴花城	박화성	朴花城	紀行文- 그립든 옛터를 차저 新羅古都의 慶州로(7)	기행	1934-02-15	·
986	박화성	朴花城	박화성	朴花城	紀行文- 그립든 옛터를 차저 新羅古都의 慶州로(8)	기행	1934-02-16	·
987	박화성	朴花城	박화성	朴花城	紀行文- 그립든 옛터를 차저 新羅古都의 慶州로(9)	기행	1934-02-17	·
988	박화성	朴花城	박화성	朴花城	紀行文- 그립든 옛터를 차저 新羅古都의 慶州로(10)	기행	1934-02-18	·
989	박화성	朴花城	박화성	朴花城	紀行文- 그립든옛터를차저 新羅古都의慶州로(11)	기행	1934-02-20	·
990	박화성	朴花城	박화성	朴花城	紀行文- 그립든 옛터를 차저 新羅古都의 慶州로(12)	기행	1934-02-21	·
991	박화성	朴花城	박화성	朴花城	紀行文- 그립든 옛터를 차저 新羅古都의 慶州로(13)	기행	1934-02-22	·
992	박화성	朴花城	박화성	朴花城	紀行文- 그립든 옛터를 차저 儒城溫泉에서 憧憬의 扶餘로(13)*14회	기행	1934-03-06	연재횟수 오기
993	박화성	朴花城	박화성	朴花城	紀行文- 그립든 옛터를 차저 儒城溫泉에서 憧憬의 扶餘로(14)*15회	기행	1934-03-07	연재횟수 오기
994	박화성	朴花城	박화성	朴花城	紀行文- 그립든 옛터를 차저 儒城溫泉에서 扶蘇山에 올나(15)*16회	기행	1934-03-08	연재횟수 오기
995	박화성	朴花城	박화성	朴花城	紀行文- 그립든 옛터를 차저 扶蘇山에 올라 古都를 바라며(16)*17회	기행	1934-03-09	연재횟수 오기
996	박화성	朴花城	박화성	朴花城	紀行文- 그립든 옛터를 차저 洛花岩 우에도 野菊은 피엿소(17)*18회	기행	1934-03-10	연재횟수 오기
997	박화성	朴花城	박화성	朴花城	紀行文- 그립든 옛터를 차저 洛花岩 우에도 野菊은 피엿소(12)*19회	기행	1934-03-11	연재횟수 오기
998	박화성	朴花城	박화성	朴花城	紀行文- 그립든 옛터를 차저 洛花岩! 洛花岩! 웨 말이 업느냐(13)*20회	기행	1934-03-13	연재횟수 오기
999	박화성	朴花城	박화성	朴花城	紀行文- 그립든 옛터를 차저 洛花岩! 洛花岩! 웨 말이 업느냐(14)*21회	기행	1934-03-14	연재횟수 오기

연번	자료저자명 (한글)	자료저자명 (한자)	본명 (한글)	본명 (한자)	기사제목	분류	날짜	비고
1000	박화성	朴花城	박화성	朴花城	紀行文- 그립든 옛터를 차저 永遠이 變함 업는 星座를 울어러(15)*22회	기행	1934-03-15	연재횟수 오기
1001	박화성	朴花城	박화성	朴花城	紀行文- 그립든 옛터를 차저 永遠이 變함 업는 星座를 울어러(16)*23회	기행	1934-03-16	연재횟수 오기
1002	박화성	朴花城	박화성	朴花城	紀行文- 그립든 옛터를 차저 半月 옛 城터 軍倉古址에는(17)*24회	기행	1934-03-17	연재횟수 오기
1003	박화성	朴花城	박화성	朴花城	紀行文- 그립든 옛터를 차저 皐蘭寺의 貴物 皐蘭草와 넝쿨(18)*25회	기행	1934-03-18	연재횟수 오기
1004	박화성	朴花城	박화성	朴花城	紀行文- 그립든 옛터를 차저 皐蘭寺의 貴物 皐蘭草와 넝쿨(19)*26회	기행	1934-03-20	연재횟수 오기
1005	박화성	朴花城	박화성	朴花城	紀行文- 그립든 옛터를 차저 釣龍台를 찻고 天政台를 바라고(20)*27회	기행	1934-03-21	연재횟수 오기
1006	박화성	朴花城	박화성	朴花城	紀行文- 그립든 옛터를 차저 釣龍台를 찻고 天政台를 바라고(21)*28회	기행	1934-03-23	연재횟수 오기
1007	박화성	朴花城	박화성	朴花城	紀行文- 그립든 옛터를 차저 陳列會觀과 平濟塔을 보고(22)*29회	기행	1934-03-24	연재횟수 오기
1008	박화성	朴花城	박화성	朴花城	紀行文- 그립든 옛터를 차저 陳列會觀과 平濟塔을 보고(23)*30회	기행	1934-03-25	연재횟수 오기
1009	박화성	朴花城	박화성	朴花城	紀行文- 그립든 옛터를 차저 九龍坪에 울니는 山有花의 노래(24)*31회	기행	1934-03-27	연재횟수 오기
1010	박화성	朴花城	박화성	朴花城	紀行文- 그립든 옛터를 차저 九龍坪에 울니는 山有花의 노래(25)*32회	기행	1934-03-28	연재횟수 오기
1011	박화성	朴花城	박화성	朴花城	紀行文- 그립든 옛터를 차저 생각만 밥부게 옛자최 더듬어(26)*33회	기행	1934-03-29	연재횟수 오기
1012	박화성	朴花城	박화성	朴花城	紀行文- 그립든 옛터를 차저 생각만 밥부게 옛자최 더듬어(27)*34회	기행	1934-03-30	연재횟수 오기
1013	박화성	朴花城	박화성	朴花城	紀行文- 그립든 옛터를 차저 扶餘의 八景과 그를 읊흔 노래(28)*35회	기행	1934-03-31	연재횟수 오기
1014	방종현	方鍾鉉	방종현	方鍾鉉	標準語査定會參觀記(上)	한글	1935-08-25	·
1015	방종현	方鍾鉉	방종현	方鍾鉉	標準語査定會參觀記(中)	한글	1935-08-28	·
1016	방종현	方鍾鉉	방종현	方鍾鉉	標準語査定會參觀記(下)	한글	1935-08-29	·
1017	방종현	方鍾鉉	방종현	方鍾鉉	正音發達史序論 訓蒙字會의 考證(1)	한글	1936-01-03	·
1018	방종현	方鍾鉉	방종현	方鍾鉉	正音發達史序論 訓蒙字會의 考證(2)	한글	1936-01-06	·
1019	방종현	方鍾鉉	방종현	方鍾鉉	正音發達史序論 訓蒙字會의 考證(3)	한글	1936-01-07	·
1020	방종현	方鍾鉉	방종현	方鍾鉉	正音發達史序論 訓蒙字會의 考證(4)	한글	1936-01-08	·
1021	방종현	方鍾鉉	방종현	方鍾鉉	古書解說- 朱子增損呂氏鄕約(1)	역사	1936-05-29	·
1022	방종현	方鍾鉉	방종현	方鍾鉉	古書解說- 朱子增損呂氏鄕約(2)	역사	1936-05-30	·
1023	방종현	方鍾鉉	방종현	方鍾鉉	古書解說- 朱子增損呂氏鄕約(3)	역사	1936-05-31	·
1024	방종현	方鍾鉉	방종현	方鍾鉉	古書解說- 朱子增損呂氏鄕約(4)	역사	1936-06-02	·
1025	방종현	方鍾鉉	방종현	方鍾鉉	古書解說- 朱子增損呂氏鄕約(5)	역사	1936-06-03	·
1026	방종현	方鍾鉉	방종현	方鍾鉉	古書解說(續)- 「農歌集成」(上)	역사	1936-06-16	·
1027	방종현	方鍾鉉	방종현	方鍾鉉	古書解說(續)- 「農歌集成」(中)	역사	1936-06-17	·
1028	방종현	方鍾鉉	방종현	方鍾鉉	古書解說(續)- 「農歌集成」(下)	역사	1936-06-18	·
1029	방종현	方鍾鉉	방종현	方鍾鉉	言語現實에 對한 片感(1) 모찌떡, 마메콩, 올아이 等의 말	한글	1936-06-25	·

연번	자료저자명(한글)	자료저자명(한자)	본명(한글)	본명(한자)	기사제목	분류	날짜	비고
1030	방종현	方鍾鉉	방종현	方鍾鉉	言語現實에 對한 片感(2) 시도기 等을 미루어서 시동까지	한글	1936-06-26	·
1031	방종현	方鍾鉉	방종현	方鍾鉉	言語現實에 對한 片感(3) 딸, 아들, 스데기, 떡 等의 語源	한글	1936-06-27	·
1032	방종현	方鍾鉉	방종현	方鍾鉉	한글의 名稱 그 由來와 變遷攷(上)	한글	1936-09-06	·
1033	방종현	方鍾鉉	방종현	方鍾鉉	한글의 名稱 그 由來와 變遷攷(下)	한글	1936-09-08	·
1034	방종현	方鍾鉉	방종현	方鍾鉉	古書에서 보는 言語變轉攷(1)	한글	1936-09-25	·
1035	방종현	方鍾鉉	방종현	方鍾鉉	古書에서 보는 言語變轉攷(2)	한글	1936-09-27	·
1036	방종현	方鍾鉉	방종현	方鍾鉉	古書에서 보는 言語變轉攷(3)	한글	1936-09-29	·
1037	방종현	方鍾鉉	방종현	方鍾鉉	古書에서 보는 言語變轉攷(4)	한글	1936-09-30	·
1038	방종현	方鍾鉉	방종현	方鍾鉉	訓民正音頒布記念을 압두고 正音反對派의 上疏文(1)	한글	1936-10-22	·
1039	방종현	方鍾鉉	방종현	方鍾鉉	訓民正音頒布記念을 압두고 正音反對派의 上疏文(2)	한글	1936-10-23	·
1040	방종현	方鍾鉉	방종현	方鍾鉉	訓民正音頒布記念을 압두고 正音反對派의 上疏文(3)	한글	1936-10-24	·
1041	방종현	方鍾鉉	방종현	方鍾鉉	訓民正音頒布記念을 압두고 正音反對派의 上疏文(4)	한글	1936-10-25	·
1042	방종현	方鍾鉉	방종현	方鍾鉉	訓民正音頒布記念을 압두고 正音反對派의 上疏文(5)	한글	1936-10-27	·
1043	방종현	方鍾鉉	방종현	方鍾鉉	訓民正音頒布記念을 압두고 正音反對派의 上疏文(6)	한글	1936-10-29	·
1044	방종현	方鍾鉉	방종현	方鍾鉉	訓民正音頒布記念을 압두고 正音反對派의 上疏文(7)	한글	1936-10-29	·
1045	방종현	方鍾鉉	방종현	方鍾鉉	訓民正音頒布記念을 압두고 正音反對派의 上疏文(7)*8회	한글	1936-10-30	연재횟수 오기
1046	방종현	方鍾鉉	방종현	方鍾鉉	俚諺에 對하야 旬五誌에 보인는 典故(1)	한글	1936-11-26	·
1047	방종현	方鍾鉉	방종현	方鍾鉉	俚諺에 對하야 旬五誌에 보인는 典故(2)	한글	1936-11-27	·
1048	방종현	方鍾鉉	방종현	方鍾鉉	俚諺에 對하야 旬五誌에 보인는 典故(3)	한글	1936-11-28	·
1049	방종현	方鍾鉉	방종현	方鍾鉉	古代俗謠研究와 時俗의 轉變考	문학	1937-01-01	·
1050	방종현	方鍾鉉	방종현	方鍾鉉	古語研究 八方風과 四方位(1)	한글	1937-02-26	·
1051	방종현	方鍾鉉	방종현	方鍾鉉	古語研究 八方風과 四方位(2)	한글	1937-02-27	·
1052	방종현	方鍾鉉	방종현	方鍾鉉	古語研究 八方風과 四方位(3)	한글	1937-02-28	·
1053	방종현	方鍾鉉	방종현	方鍾鉉	古書解 松江歌辭板本考(1)	문학	1937-06-26	·
1054	방종현	方鍾鉉	방종현	方鍾鉉	古書解 松江歌辭板本考(2)	문학	1937-06-27	·
1055	방종현	方鍾鉉	방종현	方鍾鉉	古書解 松江歌辭板本考(3)	문학	1937-06-29	·
1056	방종현	方鍾鉉	방종현	方鍾鉉	古書解 松江歌辭板本考(4)	문학	1937-06-30	·
1057	방종현	方鍾鉉	방종현	方鍾鉉	古書解 松江歌辭板本考(5)	문학	1937-07-01	·
1058	방종현	方鍾鉉	방종현	方鍾鉉	古書解 松江歌辭板本考(6)	문학	1937-07-02	·
1059	방종현	方鍾鉉	방종현	方鍾鉉	寂寞한 中의 큰 收穫『우리말본』과 『朝鮮詩歌史綱(上)	한글	1937-11-16	·
1060	방종현	方鍾鉉	방종현	方鍾鉉	寂寞한 中의 큰 收穫『우리말본』과 『朝鮮詩歌史綱(下)	한글	1937-11-17	·
1061	방종현	方鍾鉉	방종현	方鍾鉉	鄕土文化를 차저서- 第四班 濟州道行(1)	기행	1938-05-31	·

연번	자료저자명 (한글)	자료저자명 (한자)	본명 (한글)	본명 (한자)	기사제목	분류	날짜	비고
1062	방종현	方鍾鉉	방종현	方鍾鉉	鄕土文化를 차저서- 第四班 濟州道行(2)	기행	1938-06-01	·
1063	방종현	方鍾鉉	방종현	方鍾鉉	鄕土文化를 차저서- 第四班 濟州道行(3)	기행	1938-06-03	·
1064	방종현	方鍾鉉	방종현	方鍾鉉	鄕土文化를 차저서- 第四班 濟州道行(4)	기행	1938-06-04	·
1065	방종현	方鍾鉉	방종현	方鍾鉉	鄕土文化를 차저서- 第四班 濟州道行(5)	기행	1938-06-05	·
1066	방종현	方鍾鉉	방종현	方鍾鉉	鄕土文化를 차저서- 第四班 濟州道行(5)*6회	기행	1938-06-07	연재횟수 오기
1067	방종현	方鍾鉉	방종현	方鍾鉉	鄕土文化를 차저서- 第四班 濟州道行(6)*7회	기행	1938-06-08	연재횟수 오기
1068	방종현	方鍾鉉	방종현	方鍾鉉	新刊評 文世榮氏力著 朝鮮語辭典評	문학	1938-07-22	·
1069	방종현	方鍾鉉	방종현	方鍾鉉	鄕土文化를 차저서- 谷城行(1)	기행	1938-07-24	·
1070	방종현	方鍾鉉	방종현	方鍾鉉	鄕土文化를 차저서- 谷城行(2)	기행	1938-07-26	·
1071	방종현	方鍾鉉	방종현	方鍾鉉	鄕土文化를 차저서- 谷城行(3)	기행	1938-07-27	·
1072	방종현	方鍾鉉	방종현	方鍾鉉	鄕土文化를 차저서- 谷城行(4)	기행	1938-07-28	·
1073	방종현	方鍾鉉	방종현	方鍾鉉	鄕土文化를 차저서- 谷城行(5)	기행	1938-07-29	·
1074	방종현	方鍾鉉	방종현	方鍾鉉	鄕土文化를 차저서- 谷城行(6)	기행	1938-07-30	·
1075	방종현	方鍾鉉	방종현	方鍾鉉	鄕土文化를 차저서- 谷城行(6)	기행	1938-07-31	·
1076	방종현	方鍾鉉	방종현	方鍾鉉	鄕土文化를 차저서- 谷城行(8)	기행	1938-08-03	7회 미확인
1077	방종현	方鍾鉉	방종현	方鍾鉉	鄕土文化를 차저서- 谷城行(9)	기행	1938-08-04	·
1078	방종현	方鍾鉉	방종현	方鍾鉉	鄕土文化를 차저서- 谷城行(10)	기행	1938-08-05	·
1079	방종현	方鍾鉉	방종현	方鍾鉉	海印寺記- 그 境內史的의 片考(上)	기행	1938-10-16	·
1080	방종현	方鍾鉉	방종현	方鍾鉉	海印寺記- 그 境內史的의 片考(中)	기행	1938-10-19	·
1081	방종현	方鍾鉉	방종현	方鍾鉉	海印寺記- 그 境內史的의 片考(下)	기행	1938-10-20	·
1082	방종현	方鍾鉉	방종현	方鍾鉉	朝鮮語文學會 講演聽後感	한글	1938-10-26	·
1083	방종현	方鍾鉉	방종현	方鍾鉉	讀『朝鮮巫俗硏究』巫俗蒐集의 嚆矢本	문학	1939-02-02	·
1084	방종현	方鍾鉉	방종현	方鍾鉉	時調	문학	1939-04-16	·
1085	방종현	方鍾鉉	방종현	方鍾鉉	八道俗談스크랩(1)	한글	1939-05-13	·
1086	방종현	方鍾鉉	방종현	方鍾鉉	八道俗談스크랩(2)	한글	1939-05-14	·
1087	방종현	方鍾鉉	방종현	方鍾鉉	八道俗談스크랩(3)	한글	1939-05-16	·
1088	방종현	方鍾鉉	방종현	方鍾鉉	八道俗談스크랩(4)	한글	1939-05-17	·
1089	방종현	方鍾鉉	방종현	方鍾鉉	八道俗談스크랩(6)*5회	한글	1939-05-20	연재횟수 오기
1090	방종현	方鍾鉉	방종현	方鍾鉉	八道俗談스크랩(7)*6회	한글	1939-05-23	연재횟수 오기
1091	방종현	方鍾鉉	방종현	方鍾鉉	八道俗談스크랩(7)	한글	1939-05-25	·
1092	방종현	方鍾鉉	방종현	方鍾鉉	八道俗談스크랩(8)	한글	1939-05-28	·
1093	방종현	方鍾鉉	방종현	方鍾鉉	八道俗談스크랩	한글	1939-05-28	·
1094	방종현	方鍾鉉	방종현	方鍾鉉	八道俗談스크랩	한글	1939-06-04	·
1095	방종현	方鍾鉉	방종현	方鍾鉉	八道俗談스크랩	한글	1939-06-13	·
1096	방종현	方鍾鉉	방종현	方鍾鉉	八道俗談스크랩	한글	1939-06-14	·
1097	방종현	方鍾鉉	방종현	方鍾鉉	八道俗談스크랩	한글	1939-06-16	·
1098	방종현	方鍾鉉	방종현	方鍾鉉	八道俗談스크랩	한글	1939-06-21	·
1099	방종현	方鍾鉉	방종현	方鍾鉉	八道俗談스크랩	한글	1939-06-22	·
1100	방종현	方鍾鉉	방종현	方鍾鉉	八道俗談스크랩	한글	1939-06-23	·
1101	방종현	方鍾鉉	방종현	方鍾鉉	八道俗談스크랩	한글	1939-06-23	·
1102	방종현	方鍾鉉	방종현	方鍾鉉	八道俗談스크랩	한글	1939-06-25	·

연번	자료저자명 (한글)	자료저자명 (한자)	본명 (한글)	본명 (한자)	기사제목	분류	날짜	비고
1103	방종현	方鍾鉉	방종현	方鍾鉉	八道俗談스크랩	한글	1939-06-27	·
1104	방종현	方鍾鉉	방종현	方鍾鉉	八道俗談스크랩	한글	1939-06-28	·
1105	방종현	方鍾鉉	방종현	方鍾鉉	八道俗談스크랩	한글	1939-06-29	·
1106	방종현	方鍾鉉	방종현	方鍾鉉	八道俗談스크랩	한글	1939-07-01	·
1107	방종현	方鍾鉉	방종현	方鍾鉉	八道俗談스크랩	한글	1939-07-06	·
1108	방종현	方鍾鉉	방종현	方鍾鉉	八道俗談스크랩	한글	1939-07-07	·
1109	방종현	方鍾鉉	방종현	方鍾鉉	八道俗談스크랩	한글	1939-07-09	·
1110	방종현	方鍾鉉	방종현	方鍾鉉	八道俗談스크랩	한글	1939-07-11	·
1111	방종현	方鍾鉉	방종현	方鍾鉉	八道俗談스크랩	한글	1939-07-14	·
1112	방종현	方鍾鉉	방종현	方鍾鉉	八道俗談스크랩	한글	1939-07-16	·
1113	방종현	方鍾鉉	방종현	方鍾鉉	八道俗談스크랩	한글	1939-07-18	·
1114	방종현	方鍾鉉	방종현	方鍾鉉	八道俗談스크랩	한글	1939-07-25	·
1115	방종현	方鍾鉉	방종현	方鍾鉉	八道俗談스크랩	한글	1939-07-29	·
1116	방종현	方鍾鉉	방종현	方鍾鉉	八道俗談스크랩	한글	1939-08-02	·
1117	방종현	方鍾鉉	방종현	方鍾鉉	八道俗談스크랩	한글	1939-08-06	·
1118	방종현	方鍾鉉	방종현	方鍾鉉	八道俗談스크랩	한글	1939-08-08	·
1119	방종현	方鍾鉉	방종현	方鍾鉉	八道俗談스크랩	한글	1939-08-09	·
1120	방종현	方鍾鉉	방종현	方鍾鉉	八道俗談스크랩	한글	1939-08-11	·
1121	방종현	方鍾鉉	방종현	方鍾鉉	八道俗談스크랩	한글	1939-08-13	·
1122	방종현	方鍾鉉	방종현	方鍾鉉	八道俗談스크랩	한글	1939-08-15	·
1123	방종현	方鍾鉉	방종현	方鍾鉉	八道俗談스크랩	한글	1939-08-18	·
1124	방종현	方鍾鉉	방종현	方鍾鉉	八道俗談스크랩	한글	1939-08-19	·
1125	방종현	方鍾鉉	방종현	方鍾鉉	八道俗談스크랩	한글	1939-08-20	·
1126	방종현	方鍾鉉	방종현	方鍾鉉	八道俗談스크랩	한글	1939-08-22	·
1127	방종현	方鍾鉉	방종현	方鍾鉉	八道俗談스크랩	한글	1939-08-23	·
1128	방종현	方鍾鉉	방종현	方鍾鉉	八道俗談스크랩	한글	1939-08-25	·
1129	방종현	方鍾鉉	방종현	方鍾鉉	八道俗談스크랩	한글	1939-08-26	·
1130	방종현	方鍾鉉	방종현	方鍾鉉	八道俗談스크랩	한글	1939-08-30	·
1131	방종현	方鍾鉉	방종현	方鍾鉉	八道俗談스크랩	한글	1939-08-31	·
1132	방종현	方鍾鉉	방종현	方鍾鉉	八道俗談스크랩	한글	1939-09-02	·
1133	방종현	方鍾鉉	방종현	方鍾鉉	八道俗談스크랩	한글	1939-09-07	·
1134	방종현	方鍾鉉	방종현	方鍾鉉	八道俗談스크랩	한글	1939-09-08	·
1135	방종현	方鍾鉉	방종현	方鍾鉉	八道俗談스크랩	한글	1939-09-12	·
1136	방종현	方鍾鉉	방종현	方鍾鉉	八道俗談스크랩	한글	1939-09-14	·
1137	방종현	方鍾鉉	방종현	方鍾鉉	八道俗談스크랩	한글	1939-09-15	·
1138	방종현	方鍾鉉	방종현	方鍾鉉	八道俗談스크랩	한글	1939-09-19	·
1139	방종현	方鍾鉉	방종현	方鍾鉉	八道俗談스크랩	한글	1939-09-21	·
1140	방종현	方鍾鉉	방종현	方鍾鉉	八道俗談스크랩	한글	1939-09-22	·
1141	방종현	方鍾鉉	방종현	方鍾鉉	八道俗談스크랩	한글	1939-09-26	·
1142	방종현	方鍾鉉	방종현	方鍾鉉	八道俗談스크랩	한글	1939-09-27	·
1143	방종현	方鍾鉉	방종현	方鍾鉉	八道俗談스크랩	한글	1939-09-29	·

연번	자료저자명(한글)	자료저자명(한자)	본명(한글)	본명(한자)	기사제목	분류	날짜	비고
1144	방종현	方鍾鉉	방종현	方鍾鉉	八道俗談스크랩	한글	1939-09-30	·
1145	방종현	方鍾鉉	방종현	方鍾鉉	八道俗談스크랩	한글	1939-10-03	·
1146	방종현	方鍾鉉	방종현	方鍾鉉	八道俗談스크랩	한글	1939-10-04	·
1147	방종현	方鍾鉉	방종현	方鍾鉉	八道俗談스크랩	한글	1939-10-05	·
1148	방종현	方鍾鉉	방종현	方鍾鉉	八道俗談스크랩	한글	1939-10-06	·
1149	방종현	方鍾鉉	방종현	方鍾鉉	八道俗談스크랩	한글	1939-10-07	·
1150	방종현	方鍾鉉	방종현	方鍾鉉	八道俗談스크랩	한글	1939-10-10	·
1151	방종현	方鍾鉉	방종현	方鍾鉉	八道俗談스크랩	한글	1939-10-11	·
1152	방종현	方鍾鉉	방종현	方鍾鉉	八道俗談스크랩	한글	1939-10-13	·
1153	방종현	方鍾鉉	방종현	方鍾鉉	八道俗談스크랩	한글	1939-10-19	·
1154	방종현	方鍾鉉	방종현	方鍾鉉	八道俗談스크랩	한글	1939-10-25	·
1155	방종현	方鍾鉉	방종현	方鍾鉉	八道俗談스크랩	한글	1939-10-26	·
1156	방종현	方鍾鉉	방종현	方鍾鉉	八道俗談스크랩	한글	1939-10-27	·
1157	방종현	方鍾鉉	방종현	方鍾鉉	八道俗談스크랩	한글	1939-10-28	·
1158	방종현	方鍾鉉	방종현	方鍾鉉	八道俗談스크랩	한글	1939-11-01	·
1159	방종현	方鍾鉉	방종현	方鍾鉉	同福行(1) 赤碧勿染	기행	1939-11-14	·
1160	방종현	方鍾鉉	방종현	方鍾鉉	同福行(2) 瓮城塔洞	기행	1939-11-15	·
1161	방종현	方鍾鉉	방종현	方鍾鉉	同福行(3) 高麗石燈	기행	1939-11-16	·
1162	방종현	方鍾鉉	방종현	方鍾鉉	同福行(4) 俗謠收集	기행	1939-11-17	·
1163	방종현	方鍾鉉	방종현	方鍾鉉	同福行(5) 維摩, 龍門寺	기행	1939-11-18	·
1164	방종현	方鍾鉉	방종현	方鍾鉉	八道俗談스크랩	한글	1939-12-01	·
1165	방종현	方鍾鉉	방종현	方鍾鉉	八道俗談스크랩	한글	1939-12-02	·
1166	방종현	方鍾鉉	방종현	方鍾鉉	八道俗談스크랩	한글	1939-12-09	·
1167	방종현	方鍾鉉	방종현	方鍾鉉	城大朝鮮語文科 志望者 減少說	기타	1940-01-26	·
1168	방종현	方鍾鉉	방종현	方鍾鉉	原本訓民正音의 發見(1)	한글	1940-07-30	·
1169	방종현	方鍾鉉	방종현	方鍾鉉	原本訓民正音의 發見(2)	한글	1940-07-31	·
1170	방종현	方鍾鉉	방종현	方鍾鉉	原本訓民正音의 發見(3)	한글	1940-08-01	·
1171	방종현	方鍾鉉	방종현	方鍾鉉	原本訓民正音의 發見(4)	한글	1940-08-02	·
1172	방종현	方鍾鉉	방종현	方鍾鉉	原本訓民正音의 發見(完)	한글	1940-08-04	·
1173	배원필	裵元弼	배원필	裵元弼	近代國家의 形成과 唯物史觀的 見解(1)(明大法政科 裵元弼)	역사, 논설	1930-12-06	·
1174	배원필	裵元弼	배원필	裵元弼	近代國家의 形成과 唯物史觀的 見解(1)*2회 政科 裵元弼)	역사, 논설	1930-12-07	연재횟수 오기
1175	배원필	裵元弼	배원필	裵元弼	近代國家의 形成과 唯物史觀的 見解(3)(明大法政科 裵元弼)	역사, 논설	1930-12-08	·
1176	배원필	裵元弼	배원필	裵元弼	近代國家의 形成과 唯物史觀的 見解(3)*4회 政科 裵元弼)	역사, 논설	1930-12-09	연재횟수 오기
1177	배원필	裵元弼	배원필	裵元弼	近代國家의 形成과 唯物史觀的 見解(4)*5회 政科 裵元弼)	역사, 논설	1930-12-10	연재횟수 오기
1178	배원필	裵元弼	배원필	裵元弼	近代國家의 形成과 唯物史觀的 見解(5)*6회(明大法政科 裵元弼)	역사, 논설	1930-12-11	연재횟수 오기
1179	배원필	裵元弼	배원필	裵元弼	近代國家의 形成과 唯物史觀的 見解(6)*7회(明大法政科 裵元弼)	역사, 논설	1930-12-12	연재횟수 오기

연번	자료저자명(한글)	자료저자명(한자)	본명(한글)	본명(한자)	기사제목	분류	날짜	비고
1180	배원필	裵元弼	배원필	裵元弼	近代國家의 形成과 唯物史觀的 見解(7)*8회(明大法政科 裵元弼)	역사, 논설	1930-12-13	연재횟수 오기
1181	배원필	裵元弼	배원필	裵元弼	近代國家의 形成과 唯物史觀的 見解(8)*9회(明大法政科 裵元弼)	역사, 논설	1930-12-14	연재횟수 오기
1182	배원필	裵元弼	배원필	裵元弼	近代國家의 形成과 唯物史觀的 見解(9)*10회(明大法政科 裵元弼)	역사, 논설	1930-12-16	연재횟수 오기
1183	배원필	裵元弼	배원필	裵元弼	近代國家의 形成과 唯物史觀的 見解(10)*11회(明大法政科 裵元弼)	역사, 논설	1930-12-17	연재횟수 오기
1184	백건식, 이춘성, 최덕근	白建植, 李春性, 催德根	백건식, 이춘성, 최덕근	白建植, 李春性, 催德根	文字普及班消息-近洞에서까지 몰려와	한글, 사업	1930-08-28	·
1185	백남운	白南雲	백남운	白南雲	社會學의 成立由來와 任務(1)(夏期特別講座第七講)	논설	1930-08-20	·
1186	백남운	白南雲	백남운	白南雲	社會學의 成立由來와 任務(2)(夏期特別講座第七講)	논설	1930-08-21	·
1187	백남운	白南雲	백남운	白南雲	社會學의 成立由來와 任務(3)(夏期特別講座第七講)	논설	1930-08-22	·
1188	백남운	白南雲	백남운	白南雲	社會學의 成立由來와 任務(4)(夏期特別講座第七講)	논설	1930-08-23	·
1189	백남운	白南雲	백남운	白南雲	社會學의 成立由來와 任務(完)(夏期特別講座第七講)	논설	1930-08-24	·
1190	백목아	柏木兒	이원조	李源朝	고기도- 古典詩回顧	문학	1938-02-03	·
1191	백철	白鐵	백철	白鐵	民族性의 描寫	논설	1936-05-03	·
1192	벽초	碧初	홍명희	洪命憙	哭丹齋	기타	1936-02-28	·
1193	사공환	司空桓	사공환	司空桓	白頭山의 歷史的 考察- 史話와 傳說에서 보이는 그 全貌(1)	역사	1936-09-30	·
1194	사공환	司空桓	사공환	司空桓	白頭山의 歷史的 考察- 史話와 傳說에서 보이는 그 全貌(2)	역사	1936-10-01	·
1195	사공환	司空桓	사공환	司空桓	白頭山의 歷史的 考察- 史話와 傳說에서 보이는 그 全貌(3)	역사	1936-10-01	·
1196	사공환	司空桓	사공환	司空桓	白頭山의 歷史的 考察- 史話와 傳說에서 보이는 그 全貌(4)	역사	1936-10-04	·
1197	사공환	司空桓	사공환	司空桓	白頭山의 歷史的 考察- 史話와 傳說에서 보이는 그 全貌(5)	역사	1936-10-06	·
1198	사공환	司空桓	사공환	司空桓	白頭山의 歷史的 考察- 史話와 傳說에서 보이는 그 全貌(6)	역사	1936-10-08	·
1199	상수시	尙壽施	최재서	崔載瑞	고기도- 傳統과 創造	문학	1938-03-12	·
1200	서두수	徐斗銖	서두수	徐斗銖	朝鮮古典文學管見- 特히 『春香傳』을 圍繞하야(1)	문학	1938-11-22	·
1201	서두수	徐斗銖	서두수	徐斗銖	朝鮮古典文學管見- 特히 『春香傳』을 圍繞하야(2)	문학	1938-11-23	·
1202	서두수	徐斗銖	서두수	徐斗銖	朝鮮古典文學管見- 特히 『春香傳』을 圍繞하야(3)	문학	1938-11-25	·
1203	서두수	徐斗銖	서두수	徐斗銖	朝鮮古典文學管見- 特히 『春香傳』을 圍繞하야(4)	문학	1938-11-26	·
1204	서두수	徐斗銖	서두수	徐斗銖	朝鮮古典文學管見- 特히 『春香傳』을 圍繞하야(5)	문학	1938-11-27	·
1205	서두수	徐斗銖	서두수	徐斗銖	朝鮮古典文學管見- 特히 『春香傳』을 圍繞하야(6)	문학	1938-11-30	·
1206	서두수	徐斗銖	서두수	徐斗銖	朝鮮古典文學管見- 特히 『春香傳』을 圍繞하야(7)	문학	1938-12-02	·
1207	서두수	徐斗銖	서두수	徐斗銖	朝鮮古典文學管見- 特히 『春香傳』을 圍繞하야(8)	문학	1938-12-04	·
1208	서두수	徐斗銖	서두수	徐斗銖	朝鮮古典文學管見- 特히 『春香傳』을 圍繞하야(9)	문학	1938-12-06	·
1209	서두수	徐斗銖	서두수	徐斗銖	朝鮮古典文學管見- 特히 『春香傳』을 圍繞하야(10)	문학	1938-12-07	·
1210	서두수	徐斗銖	서두수	徐斗銖	朝鮮古典文學管見- 特히 『春香傳』을 圍繞하야(11)	문학	1938-12-08	·

연번	자료저자명(한글)	자료저자명(한자)	본명(한글)	본명(한자)	기사제목	분류	날짜	비고
1211	서두수	徐斗銖	서두수	徐斗銖	朝鮮古典文學管見- 特히 『春香傳』을 圍繞하야(12)	문학	1938-12-10	·
1212	서두수	徐斗銖	서두수	徐斗銖	朝鮮古典文學管見- 特히 『春香傳』을 圍繞하야(13)	문학	1938-12-13	·
1213	서두수	徐斗銖	서두수	徐斗銖	朝鮮古典文學管見- 特히 『春香傳』을 圍繞하야(14)	문학	1938-12-15	·
1214	서두수	徐斗銖	서두수	徐斗銖	朝鮮古典文學管見- 特히 『春香傳』을 圍繞하야(15)	문학	1938-12-16	·
1215	서원출	徐元出	서원출	徐元出	經濟的으로 본 李朝末葉史(1)	역사, 논설	1930-04-20	·
1216	서원출	徐元出	서원출	徐元出	經濟的으로 본 李朝末葉史(2)	역사, 논설	1930-04-22	·
1217	서원출	徐元出	서원출	徐元出	經濟的으로 본 李朝末葉史(3)	역사, 논설	1930-04-23	·
1218	서원출	徐元出	서원출	徐元出	經濟的으로 본 李朝末葉史(4)	역사, 논설	1930-04-24	·
1219	서원출	徐元出	서원출	徐元出	經濟的으로 본 李朝末葉史(5)	역사, 논설	1930-04-25	·
1220	서원출	徐元出	서원출	徐元出	經濟的으로 본 李朝末葉史(6)	역사, 논설	1930-04-30	·
1221	서원출	徐元出	서원출	徐元出	經濟的으로 본 李朝末葉史(7)	역사, 논설	1930-05-01	·
1222	서원출	徐元出	서원출	徐元出	經濟的으로 본 李朝末葉史(8)	역사, 논설	1930-05-01	·
1223	서원출	徐元出	서원출	徐元出	經濟的으로 본 李朝末葉史(9)	역사, 논설	1930-05-03	·
1224	서원출	徐元出	서원출	徐元出	經濟的으로 본 李朝末葉史(10)	역사, 논설	1930-05-04	·
1225	서원출	徐元出	서원출	徐元出	經濟的으로 본 李朝末葉史(11)	역사, 논설	1930-05-06	·
1226	서원출	徐元出	서원출	徐元出	經濟的으로 본 李朝末葉史(12)	역사, 논설	1930-05-07	·
1227	서원출	徐元出	서원출	徐元出	經濟的으로 본 李朝末葉史(13)	역사, 논설	1930-05-08	·
1228	서원출	徐元出	서원출	徐元出	經濟的으로 본 李朝末葉史(14)	역사, 논설	1930-05-09	·
1229	서원출	徐元出	서원출	徐元出	經濟的으로 본 李朝末葉史(15)	역사, 논설	1930-05-11	·
1230	서원출	徐元出	서원출	徐元出	經濟的으로 본 李朝末葉史(15)*16회	역사, 논설	1930-05-13	연재횟수 오기
1231	서원출	徐元出	서원출	徐元出	經濟的으로 본 李朝末葉史(完)	역사, 논설	1930-05-15	·
1232	서인식	徐寅植	서인식	徐寅植	文化의 構造를 論述함(1)	논설	1937-12-01	·
1233	서인식	徐寅植	서인식	徐寅植	文化의 構造를 論述함(2)	논설	1937-12-02	·
1234	서인식	徐寅植	서인식	徐寅植	文化의 構造를 論述함(3)	논설	1937-12-03	·
1235	서인식	徐寅植	서인식	徐寅植	文化의 構造를 論述함(4)	논설	1937-12-04	·
1236	서인식	徐寅植	서인식	徐寅植	文化의 構造를 論述함(5)	논설	1937-12-05	·
1237	서인식	徐寅植	서인식	徐寅植	文化의 構造를 論述함(6)	논설	1937-12-07	·
1238	서인식	徐寅植	서인식	徐寅植	至聖의 時代的 性格- 文化의 創造와 그 聯關性(1)	철학	1938-07-24	·

연번	자료저자명(한글)	자료저자명(한자)	본명(한글)	본명(한자)	기사제목	분류	날짜	비고
1239	서인식	徐寅植	서인식	徐寅植	至聖의 時代的 性格- 文化의 創造와 그 聯關性(2)	철학	1938-07-26	·
1240	서인식	徐寅植	서인식	徐寅植	至聖의 時代的 性格- 文化의 創造와 그 聯關性(3)	철학	1938-07-27	·
1241	서인식	徐寅植	서인식	徐寅植	至聖의 時代的 性格- 文化의 創造와 그 聯關性(4)	철학	1938-07-28	·
1242	서인식	徐寅植	서인식	徐寅植	至聖의 時代的 性格- 文化의 創造와 그 聯關性(5)	철학	1938-07-29	·
1243	서인식	徐寅植	서인식	徐寅植	至聖의 時代的 性格- 文化의 創造와 그 聯關性(6)	철학	1938-07-30	·
1244	서인식	徐寅植	서인식	徐寅植	傳統論- 傳統의 一般的 性格과 그 現代的 意義에 關하야(1)	논설	1938-10-22	·
1245	서인식	徐寅植	서인식	徐寅植	傳統論- 傳統의 一般的 性格과 그 現代的 意義에 關하야(2)	논설	1938-10-23	·
1246	서인식	徐寅植	서인식	徐寅植	傳統論- 傳統의 一般的 性格과 그 現代的 意義에 關하야(3)	논설	1938-10-25	·
1247	서인식	徐寅植	서인식	徐寅植	傳統論- 傳統의 一般的 性格과 그 現代的 意義에 關하야(4)	논설	1938-10-26	·
1248	서인식	徐寅植	서인식	徐寅植	傳統論- 傳統의 一般的 性格과 그 現代的 意義에 關하야(5)	논설	1938-10-27	·
1249	서인식	徐寅植	서인식	徐寅植	傳統論- 傳統의 一般的 性格과 그 現代的 意義에 關하야(6)	논설	1938-10-28	·
1250	서인식	徐寅植	서인식	徐寅植	傳統論- 傳統의 一般的 性格과 그 現代的 意義에 關하야(7)	논설	1938-10-29	·
1251	서인식	徐寅植	서인식	徐寅植	傳統論- 傳統의 一般的 性格과 그 現代的 意義에 關하야(8)	논설	1938-10-30	·
1252	서인식	徐寅植	서인식	徐寅植	文化人의 現代的 課題- 歷史科學에 잇서서의 一般性과 特殊性(1)	철학	1939-02-07	·
1253	서인식	徐寅植	서인식	徐寅植	文化人의 現代的 課題- 歷史科學에 잇서서의 一般性과 特殊性(2)	철학	1939-02-09	·
1254	서인식	徐寅植	서인식	徐寅植	文化人의 現代的 課題- 歷史科學에 잇서서의 一般性과 特殊性(3)	철학	1939-02-11	·
1255	서인식	徐寅植	서인식	徐寅植	文化人의 現代的 課題- 歷史科學에 잇서서의 一般性과 特殊性(4)	철학	1939-02-14	·
1256	서인식	徐寅植	서인식	徐寅植	現代의 世界史的 意義(1) 轉型期 文化의 諸相	철학	1939-04-06	·
1257	서인식	徐寅植	서인식	徐寅植	現代의 世界史的 意義(2) 歐羅巴主義의 破綻	철학	1939-04-08	·
1258	서인식	徐寅植	서인식	徐寅植	現代의 世界史的 意義(3) 東洋主義의 反省	철학	1939-04-09	·
1259	서인식	徐寅植	서인식	徐寅植	現代의 世界史的 意義(4) 選拔民族의 資格	철학	1939-04-11	·
1260	서인식	徐寅植	서인식	徐寅植	現代의 世界史的 意義(5) 時代를 이끌 新原理	철학	1939-04-12	·
1261	서인식	徐寅植	서인식	徐寅植	現代의 世界史的 意義(6) 歷史的 理性과 情熱	철학	1939-04-13	·
1262	서인식	徐寅植	서인식	徐寅植	現代의 世界史的 意義(7) 歷史的 理性과 情熱	철학	1939-04-14	·
1263	서인식	徐寅植	서인식	徐寅植	文化의 遺型과 段階(1) 民族性과 文化	철학	1939-06-18	·
1264	서인식	徐寅植	서인식	徐寅植	文化의 遺型과 段階(2) 個性과 普遍性	철학	1939-06-20	·
1265	서인식	徐寅植	서인식	徐寅植	文化의 遺型과 段階(3) 共同社會와 利益社會	철학	1939-06-21	·
1266	서인식	徐寅植	서인식	徐寅植	文化의 遺型과 段階(4) 異質性과 定着性	철학	1939-06-22	·
1267	서인식	徐寅植	서인식	徐寅植	現代와 迷信(1) 邪敎의 社會的 地盤	철학	1940-04-02	·
1268	서인식	徐寅植	서인식	徐寅植	現代와 迷信(2) 東洋社會의 特質	철학	1940-04-03	·
1269	서인식	徐寅植	서인식	徐寅植	現代와 迷信(3) 常識과 迷信의 韓系	철학	1940-04-05	·
1270	서인식	徐寅植	서인식	徐寅植	現代와 迷信(4) 信仰과 知識의 機能	철학	1940-04-06	·

연번	자료저자명(한글)	자료저자명(한자)	본명(한글)	본명(한자)	기사제목	분류	날짜	비고
1271	서인식	徐寅植	서인식	徐寅植	朝鮮學界總動員 夏期特別論文- 李朝儒學의 四七論	논설	1940-08-02	·
1272	서인식, 박치우, 김오성	徐寅植, 朴致祐, 金午星	서인식, 박치우, 김오성	徐寅植, 朴致祐, 金午星	評壇三人 鼎談會 文化問題縱橫觀(上) 文化成長의 土壤	철학	1940-03-15	·
1273	서인식, 박치우, 김오성	徐寅植, 朴致祐, 金午星	서인식, 박치우, 김오성	徐寅植, 朴致祐, 金午星	評壇三人 鼎談會 文化問題縱橫觀(中) 民族情緒와 傳統	철학	1940-03-16	·
1274	서인식, 박치우, 김오성	徐寅植, 朴致祐, 金午星	서인식, 박치우, 김오성	徐寅植, 朴致祐, 金午星	評壇三人 鼎談會 文化問題縱橫觀(下) 文化輸入의 態度	철학	1940-03-19	·
1275	서춘	徐椿	서춘	徐椿	南朝鮮遍歷紀行(1) 南原廣寒樓其他	기행	1936-08-04	·
1276	서춘	徐椿	서춘	徐椿	南朝鮮遍歷紀行(2) 智異山通路求禮	기행	1936-08-05	·
1277	서춘	徐椿	서춘	徐椿	南朝鮮遍歷紀行(3) 老姑壇의 避暑地	기행	1936-08-06	·
1278	서춘	徐椿	서춘	徐椿	南朝鮮遍歷紀行(4) 南道勝景蟾津江	기행	1936-08-07	·
1279	서춘	徐椿	서춘	徐椿	白頭山探險記(1)	기행	1936-08-23	·
1280	서춘	徐椿	서춘	徐椿	白頭山探險記(2)	기행	1936-08-24	·
1281	서춘	徐椿	서춘	徐椿	白頭山探險記(3)	기행	1936-08-25	·
1282	서춘	徐椿	서춘	徐椿	白頭山探險記(4)	기행	1936-08-26	·
1283	서춘	徐椿	서춘	徐椿	白頭山探險記(5)	기행	1936-08-27	·
1284	서춘	徐椿	서춘	徐椿	白頭山探險記(6)	기행	1936-08-28	·
1285	서춘	徐椿	서춘	徐椿	白頭山探險記(7)	기행	1936-08-29	·
1286	서춘	徐椿	서춘	徐椿	白頭山探險記(8)	기행	1936-08-30	·
1287	서춘	徐椿	서춘	徐椿	白頭山探險記(9)	기행	1936-08-31	·
1288	서춘	徐椿	서춘	徐椿	白頭山探險記(10)	기행	1936-09-01	·
1289	서춘	徐椿	서춘	徐椿	白頭山探險記(11)	기행	1936-09-02	·
1290	서춘	徐椿	서춘	徐椿	白頭山探險記(12)	기행	1936-09-03	·
1291	서춘	徐椿	서춘	徐椿	白頭山探險記(13)	기행	1936-09-04	·
1292	서춘	徐椿	서춘	徐椿	白頭山探險記(14)	기행	1936-09-05	·
1293	서춘	徐椿	서춘	徐椿	白頭山探險記(15)	기행	1936-09-06	·
1294	서춘	徐椿	서춘	徐椿	白頭山探險記(16)	기행	1936-09-07	·
1295	서춘	徐椿	서춘	徐椿	白頭山探險記(17)	기행	1936-09-08	·
1296	서춘	徐椿	서춘	徐椿	白頭山探險記(18)	기행	1936-09-09	·
1297	서춘	徐椿	서춘	徐椿	白頭山探險記(19)	기행	1936-09-10	·
1298	서춘	徐椿	서춘	徐椿	白頭山探險記(20)	기행	1936-09-11	·
1299	서춘	徐椿	서춘	徐椿	白頭山探險記(21)	기행	1936-09-12	·
1300	서춘	徐椿	서춘	徐椿	白頭山探險記(22)	기행	1936-09-13	·
1301	서춘	徐椿	서춘	徐椿	白頭山探險記(23)	기행	1936-09-14	·
1302	서춘	徐椿	서춘	徐椿	白頭山探險記(24)	기행	1936-09-15	·
1303	서춘	徐椿	서춘	徐椿	白頭山探險記(25)	기행	1936-09-16	·
1304	서춘	徐椿	서춘	徐椿	白頭山探險記(26)	기행	1936-09-17	·
1305	서춘	徐椿	서춘	徐椿	白頭山探險記(27)	기행	1936-09-18	·
1306	서춘	徐椿	서춘	徐椿	白頭山探險記(28)	기행	1936-09-19	·
1307	서춘	徐椿	서춘	徐椿	白頭山探險記(29)	기행	1936-09-20	·

연번	자료저자명 (한글)	자료저자명 (한자)	본명 (한글)	본명 (한자)	기사제목	분류	날짜	비고
1308	서춘	徐椿	서춘	徐椿	白頭山探險記(30)	기행	1936-09-21	·
1309	서춘	徐椿	서춘	徐椿	白頭山探險記(31)	기행	1936-09-22	·
1310	서춘	徐椿	서춘	徐椿	白頭山探險記(32)	기행	1936-09-23	·
1311	서춘	徐椿	서춘	徐椿	白頭山探險記(33)	기행	1936-09-24	·
1312	서춘	徐椿	서춘	徐椿	白頭山探險記(34)	기행	1936-09-26	·
1313	석경우	石耕牛	최재서	崔載瑞	고기도- 器械와 古典	문학	1938-01-27	·
1314	성낙서	成樂緖	성낙서	成樂緖	研究室을 차저서- 歷史의 박휘	기타	1932-12-24	·
1315	소헌	笑軒	·	·	史上의 현부인(1) 유천의 부인(1)	역사	1933-06-22	총9회
1316	소헌	笑軒	·	·	史上의 현부인(2) 유천의 부인(2)	역사	1933-06-23	·
1317	소헌	笑軒	·	·	史上의 현부인(3) 백세부인과 안귀손부인	역사	1933-06-24	·
1318	소헌	笑軒	·	·	史上의 현부인(4) 문학에 천재 란설헌 부인(1)	역사	1933-06-27	·
1319	소헌	笑軒	·	·	史上의 현부인(5) 문학에 천재 란설헌 부인(2)	역사	1933-06-28	·
1320	소헌	笑軒	·	·	史上의 현부인(6) 남편을 따른 윤승길 부인	역사	1933-07-03	·
1321	소헌	笑軒	·	·	史上의 현부인(7) 례절로 사는 조린의 부인	역사	1933-07-05	·
1322	소헌	笑軒	·	·	史上의 현부인(8) 사랑이 깁흔 강남득 모친	역사	1933-07-12	·
1323	소헌	笑軒	·	·	史上의 안해(1) 리현달의 부인	문학	1933-10-24	총9회
1324	소헌	笑軒	·	·	史上의 안해(2) 리재후의 부인	문학	1933-10-25	·
1325	소헌	笑軒	·	·	史上의 안해(3) 권씨 부인	문학	1933-10-26	·
1326	소헌	笑軒	·	·	史上의 안해(4) 구인후의 부인	문학	1933-10-27	·
1327	소헌	笑軒	·	·	史上의 안해(5) 림랑자	문학	1933-10-28	·
1328	소헌	笑軒	·	·	史上의 안해(6) 리씨	문학	1933-10-29	·
1329	소헌	笑軒	·	·	史上의 안해(7) 화순옹주	문학	1933-10-31	·
1330	소헌	笑軒	·	·	史上의 안해(8) 송씨	문학	1933-11-01	·
1331	소헌	笑軒	·	·	史上의 안해(9) 황씨	문학	1933-11-02	·
1332	손길상, 옥재수	孫桔湘, 玉在洙	손길상, 옥재수	孫桔湘, 玉在洙	文字普及班消息- 百四十名突破. 晋州郡晋州面平安洞	한글, 사업	1930-08-09	·
1333	손재형	孫在馨	손재형	孫在馨	祕史	역사	1939-07-15	·
1334	손진태	孫晋泰	손진태	孫晋泰	歷代朝鮮忠思想檢討- 솨마니즘: 우리의 原始宗教인 솨마니즘에 對하야(上)	역사	1938-01-03	·
1335	손진태	孫晋泰	손진태	孫晋泰	歷代朝鮮忠思想檢討- 솨마니즘: 우리의 原始宗教인 솨마니즘에 對하야(下)	역사	1938-01-05	·
1336	송병돈	宋秉敦	송병돈	宋秉敦	美展觀感(1)	미술	1934-06-02	·
1337	송병돈	宋秉敦	송병돈	宋秉敦	美展觀感(2)	미술	1934-06-03	·
1338	송병돈	宋秉敦	송병돈	宋秉敦	美展觀感(3)	미술	1934-06-05	·
1339	송병돈	宋秉敦	송병돈	宋秉敦	美展觀感(4)	미술	1934-06-07	·
1340	송석하	宋錫夏	송석하	宋錫夏	黃倡傳說戲化의 復活- 慶州의 今年秋夕行事(1)	민속	1934-10-23	·
1341	송석하	宋錫夏	송석하	宋錫夏	黃倡傳說戲化의 復活- 慶州의 今年秋夕行事(2)	민속	1934-10-24	·
1342	송석하	宋錫夏	송석하	宋錫夏	黃倡傳說戲化의 復活- 慶州의 今年秋夕行事(3)	민속	1934-10-25	·
1343	송석하	宋錫夏	송석하	宋錫夏	古文化의 再吟味 湮滅되어가는 古俗의 扶持者인 古代小說	문학	1937-01-04	·
1344	송석하	宋錫夏	송석하	宋錫夏	鳳山民俗舞踊考(1)	민속	1937-05-15	·
1345	송석하	宋錫夏	송석하	宋錫夏	鳳山民俗舞踊考(2)	민속	1937-05-16	·

연번	자료저자명(한글)	자료저자명(한자)	본명(한글)	본명(한자)	기사제목	분류	날짜	비고
1346	송석하	宋錫夏	송석하	宋錫夏	鳳山民俗舞踊考(3)	민속	1937-05-18	·
1347	송석하	宋錫夏	송석하	宋錫夏	鄕土演藝의 精粹와 그 民俗學的 考察(1)	민속	1938-04-21	·
1348	송석하	宋錫夏	송석하	宋錫夏	朝鮮의 鄕土藝術- 簡單한 史的梗概(2)	민속	1938-04-22	·
1349	송석하	宋錫夏	송석하	宋錫夏	朝鮮의 鄕土藝術- 簡單한 史的梗概(3)	민속	1938-04-23	·
1350	송석하	宋錫夏	송석하	宋錫夏	朝鮮의 鄕土藝術- 簡單한 史的梗概(4)	민속	1938-04-24	·
1351	송석하	宋錫夏	송석하	宋錫夏	朝鮮의 鄕土藝術- 簡單한 史的梗概(5)	민속	1938-04-28	·
1352	송석하	宋錫夏	송석하	宋錫夏	朝鮮의 鄕土藝術- 簡單한 史的梗概(6)	민속	1938-04-29	·
1353	송석하	宋錫夏	송석하	宋錫夏	湮滅에서 復活로 燦然히 빛난 民藝大會	민속	1938-05-07	·
1354	송석하	宋錫夏	송석하	宋錫夏	古典復興의 理論과 實際(8) 新文化輸入과 우리 民俗 湮滅과 學術資料를 擁護하자	논설	1938-06-15	·
1355	송석하	宋錫夏	송석하	宋錫夏	鄕土文化를 차저서- 長興篇(1)	기행	1938-07-07	·
1356	송석하	宋錫夏	송석하	宋錫夏	鄕土文化를 차저서- 長興篇(2)	기행	1938-07-08	·
1357	송석하	宋錫夏	송석하	宋錫夏	鄕土文化를 차저서- 長興篇(3)	기행	1938-07-09	·
1358	송석하	宋錫夏	송석하	宋錫夏	鄕土文化를 차저서- 長興篇(4)	기행	1938-07-10	·
1359	송석하	宋錫夏	송석하	宋錫夏	鄕土文化를 차저서- 長興篇(5)	기행	1938-07-12	·
1360	송석하	宋錫夏	송석하	宋錫夏	鄕土文化를 차저서- 長興篇(6)	기행	1938-07-13	·
1361	송석하	宋錫夏	송석하	宋錫夏	鄕土文化를 차저서-慈城·厚昌編(1)	기행	1938-11-02	·
1362	송석하	宋錫夏	송석하	宋錫夏	鄕土文化를 차저서-慈城·厚昌編(2)	기행	1938-11-03	·
1363	송석하	宋錫夏	송석하	宋錫夏	鄕土文化를 차저서-慈城·厚昌編(3)	기행	1938-11-05	·
1364	송석하	宋錫夏	송석하	宋錫夏	鄕土文化를 차저서-慈城·厚昌編(4)	기행	1938-11-08	·
1365	송석하	宋錫夏	송석하	宋錫夏	鄕土文化를 차저서- 慈城·厚昌編(4)*5회	기행	1938-11-09	연재횟수 오기
1366	송석하	宋錫夏	송석하	宋錫夏	鄕土文化를 차저서- 慈城·厚昌編(5)*6회	기행	1938-11-10	연재횟수 오기
1367	송석하	宋錫夏	송석하	宋錫夏	鄕土文化를 차저서- 慈城·厚昌編(6)*7회	기행	1938-11-13	연재횟수 오기
1368	송석하	宋錫夏	송석하	宋錫夏	鄕土藝術의 保存- 鳳山탈춤保存會 創立에 際하야	민속	1938-12-23	·
1369	송석하	宋錫夏	송석하	宋錫夏	珍書貴藏集: 書誌學上의 珍本인 高麗版法華經	역사	1939-02-18	·
1370	송영	宋影	송영	宋影	『朝鮮말文學』의 世界的 樹立(1)	문학	1936-01-12	·
1371	송영	宋影	송영	宋影	『朝鮮말文學』의 世界的 樹立(2)	문학	1936-01-16	·
1372	송영	宋影	송영	宋影	『朝鮮말文學』의 世界的 樹立(3)	문학	1936-01-17	·
1373	송영	宋影	송영	宋影	『朝鮮말文學』의 世界的 樹立(4)	문학	1936-01-19	·
1374	송영	宋影	송영	宋影	『朝鮮말文學』의 世界的 樹立(5)	문학	1936-01-21	·
1375	신구현	申龜鉉	신구현	申龜鉉	朝鮮閨秀文學考- 黃眞伊의 現代的 硏究(1)	문학	1938-09-03	·
1376	신구현	申龜鉉	신구현	申龜鉉	朝鮮閨秀文學考- 黃眞伊의 現代的 硏究(3)	문학	1938-09-06	2회 미확인
1377	신구현	申龜鉉	신구현	申龜鉉	朝鮮閨秀文學考- 黃眞伊의 現代的 硏究(4)	문학	1938-09-07	·
1378	신구현	申龜鉉	신구현	申龜鉉	朝鮮閨秀文學考- 黃眞伊의 現代的 硏究(5)	문학	1938-09-08	·
1379	신구현	申龜鉉	신구현	申龜鉉	朝鮮閨秀文學考- 黃眞伊의 現代的 硏究(6)	문학	1938-09-09	·
1380	신구현	申龜鉉	신구현	申龜鉉	朝鮮閨秀文學考- 黃眞伊의 現代的 硏究(7)	문학	1938-09-10	·
1381	신구현	申龜鉉	신구현	申龜鉉	朝鮮閨秀文學考- 黃眞伊의 現代的 硏究(8)	문학	1938-09-11	·
1382	신구현	申龜鉉	신구현	申龜鉉	朝鮮閨秀文學考- 黃眞伊의 現代的 硏究(9)	문학	1938-09-13	·
1383	신구현	申龜鉉	신구현	申龜鉉	朝鮮閨秀文學考- 黃眞伊의 現代的 硏究(10)	문학	1938-09-15	·
1384	신구현	申龜鉉	신구현	申龜鉉	朝鮮閨秀文學考- 黃眞伊의 現代的 硏究(11)	문학	1938-09-16	·
1385	신구현	申龜鉉	신구현	申龜鉉	朝鮮閨秀文學考- 黃眞伊의 現代的 硏究(12)	문학	1938-09-17	·

연번	자료저자명(한글)	자료저자명(한자)	본명(한글)	본명(한자)	기사제목	분류	날짜	비고
1386	신구현	申龜鉉	신구현	申龜鉉	朝鮮閨秀文學考- 黃眞伊의 現代的 研究(13)	문학	1938-09-18	·
1387	신구현	申龜鉉	신구현	申龜鉉	이야기책과 現代- 古典의 再認識과 그 消化(1)	논설	1940-05-28	·
1388	신구현	申龜鉉	신구현	申龜鉉	이야기책과 現代- 古典의 再認識과 그 消化(2)	논설	1940-05-29	·
1389	신구현	申龜鉉	신구현	申龜鉉	이야기책과 現代- 古典의 再認識과 그 消化(3)	논설	1940-05-31	·
1390	신구현	申龜鉉	신구현	申龜鉉	이야기책과 現代- 古典의 再認識과 그 消化(4)	논설	1940-06-01	·
1391	신구현	申龜鉉	신구현	申龜鉉	이야기책과 現代- 古典의 再認識과 그 消化(4)*5회	논설	1940-06-04	연재횟수 오기
1392	신구현	申龜鉉	신구현	申龜鉉	이야기책과 現代- 古典의 再認識과 그 消化(完)	논설	1940-06-05	·
1393	신남철	申南澈	신남철	申南澈	哲學의 一般化와 俗流化(1) 韓雉振氏의 夏期講座를 읽고	철학	1930-10-11	·
1394	신남철	申南澈	신남철	申南澈	哲學의 一般化와 俗流化(2) 韓雉振氏의 夏期講座를 읽고	철학	1930-10-12	·
1395	신남철	申南澈	신남철	申南澈	哲學의 一般化와 俗流化(3) 韓雉振氏의 夏期講座를 읽고	철학	1930-10-14	·
1396	신남철	申南澈	신남철	申南澈	哲學의 一般化와 俗流化(4) 韓雉振氏의 夏期講座를 읽고	철학	1930-10-15	·
1397	신남철	申南澈	신남철	申南澈	哲學의 一般化와 俗流化(5) 韓雉振氏의 夏期講座를 읽고	철학	1930-10-16	·
1398	신남철	申南澈	신남철	申南澈	哲學의 一般化와 俗流化(6) 韓雉振氏의 夏期講座를 읽고	철학	1930-10-17	·
1399	신남철	申南澈	신남철	申南澈	哲學의 一般化와 俗流化(7) 韓雉振氏의 夏期講座를 읽고	철학	1930-10-18	·
1400	신남철	申南澈	신남철	申南澈	哲學의 一般化와 俗流化(8) 韓雉振氏의 夏期講座를 읽고	철학	1930-10-19	·
1401	신남철	申南澈	신남철	申南澈	哲學의 一般化와 俗流化(9) 韓雉振氏의 夏期講座를 읽고	철학	1930-10-22	·
1402	신남철	申南澈	신남철	申南澈	哲學의 一般化와 俗流化(10) 韓雉振氏의 夏期講座를 읽고	철학	1930-10-23	·
1403	신남철	申南澈	신남철	申南澈	哲學의 一般化와 俗流化(11) 韓雉振氏의 夏期講座를 읽고	철학	1930-10-25	·
1404	신남철	申南澈	신남철	申南澈	文學과 思想性의 問題(1) 創作活動과 美意識	논설	1938-05-15	·
1405	신남철	申南澈	신남철	申南澈	文學과 思想性의 問題(2)『視覺업는 美』와 言語	논설	1938-05-17	·
1406	신남철	申南澈	신남철	申南澈	文學과 思想性의 問題(3) 作家의 感覺과 叡智?	논설	1938-05-18	·
1407	신남철	申南澈	신남철	申南澈	文學과 思想性의 問題(4) 作家와 世界觀에 對하야	논설	1938-05-19	·
1408	신남철	申南澈	신남철	申南澈	文學과 思想性의 問題(5) 作家와 世界觀에 對하야	논설	1938-05-20	·
1409	신남철	申南澈	신남철	申南澈	文學과 思想性의 問題(6) 作家와 倫理의 문제	논설	1938-05-21	·
1410	신석호	申奭鎬	신석호	申奭鎬	研究室을 차저서-自我를 알자	기타	1932-12-07	·
1411	신영우	申榮雨	신영우	申榮雨	朝鮮의 歷史大家 丹齋獄中會見記(1)	기타	1931-12-19	·
1412	신영우	申榮雨	신영우	申榮雨	朝鮮의 歷史大家 丹齋獄中會見記(2)	기타	1931-12-20	·
1413	신영우	申榮雨	신영우	申榮雨	朝鮮의 歷史大家 丹齋獄中會見記(3)	기타	1931-12-21	·
1414	신영우	申榮雨	신영우	申榮雨	朝鮮의 歷史大家 丹齋獄中會見記(4)	기타	1931-12-23	·
1415	신영우	申榮雨	신영우	申榮雨	朝鮮의 歷史大家 丹齋獄中會見記(5)	기타	1931-12-25	·
1416	신영우	申榮雨	신영우	申榮雨	朝鮮의 歷史大家 丹齋獄中會見記(6)	기타	1931-12-27	·
1417	신일성	辛一星	신일성	辛一星	現實 朝鮮의 再認識(1)	역사	1930-10-01	·
1418	신일성	辛一星	신일성	辛一星	現實 朝鮮의 再認識(2)	역사	1930-10-02	·

연번	자료저자명(한글)	자료저자명(한자)	본명(한글)	본명(한자)	기사제목	분류	날짜	비고
1419	신일성	辛一星	신일성	辛一星	現實 朝鮮의 再認識(5)	역사	1930-10-07	3, 4회 미확인
1420	신일성	辛一星	신일성	辛一星	現實 朝鮮의 再認識(6)	역사	1930-10-09	·
1421	신정언	申鼎言	신정언	申鼎言	朝鮮史上의 水亂(1)	역사	1934-07-25	·
1422	신정언	申鼎言	신정언	申鼎言	朝鮮史上의 水亂(2)	역사	1934-07-26	·
1423	신정언	申鼎言	신정언	申鼎言	朝鮮史上의 水亂(3)	역사	1934-07-27	·
1424	신정언	申鼎言	신정언	申鼎言	朝鮮史上의 水亂(4)	역사	1934-07-28	·
1425	신정언	申鼎言	신정언	申鼎言	朝鮮史上의 水亂(5)	역사	1934-07-29	·
1426	신채호	申采浩	신채호	申采浩	朝鮮史(1)	역사	1931-06-10	·
1427	신채호	申采浩	신채호	申采浩	朝鮮史(2)	역사	1931-06-11	·
1428	신채호	申采浩	신채호	申采浩	朝鮮史(3)	역사	1931-06-12	·
1429	신채호	申采浩	신채호	申采浩	朝鮮史(4)	역사	1931-06-13	·
1430	신채호	申采浩	신채호	申采浩	朝鮮史(5)	역사	1931-06-14	·
1431	신채호	申采浩	신채호	申采浩	朝鮮史(6)	역사	1931-06-16	·
1432	신채호	申采浩	신채호	申采浩	朝鮮史(8)	역사	1931-06-18	7회 미확인
1433	신채호	申采浩	신채호	申采浩	朝鮮史(9)	역사	1931-06-19	·
1434	신채호	申采浩	신채호	申采浩	朝鮮史(10)	역사	1931-06-20	·
1435	신채호	申采浩	신채호	申采浩	朝鮮史(11)	역사	1931-06-21	·
1436	신채호	申采浩	신채호	申采浩	朝鮮史(14)	역사	1931-06-25	12, 13회 미확인
1437	신채호	申采浩	신채호	申采浩	朝鮮史(14)*15회	역사	1931-06-26	연재횟수 오기
1438	신채호	申采浩	신채호	申采浩	朝鮮史(15)*16회	역사	1931-06-27	연재횟수 오기
1439	신채호	申采浩	신채호	申采浩	朝鮮史(16)*17회	역사	1931-06-28	연재횟수 오기
1440	신채호	申采浩	신채호	申采浩	朝鮮史(17)*18회	역사	1931-06-30	연재횟수 오기
1441	신채호	申采浩	신채호	申采浩	朝鮮史(19)	역사	1931-07-02	·
1442	신채호	申采浩	신채호	申采浩	朝鮮史(20)	역사	1931-07-03	·
1443	신채호	申采浩	신채호	申采浩	朝鮮史(20)*21회	역사	1931-07-04	연재횟수 오기
1444	신채호	申采浩	신채호	申采浩	朝鮮史(21)*22회	역사	1931-07-05	연재횟수 오기
1445	신채호	申采浩	신채호	申采浩	朝鮮史(22)*23회	역사	1931-07-07	연재횟수 오기
1446	신채호	申采浩	신채호	申采浩	朝鮮史(24)	역사	1931-07-08	·
1447	신채호	申采浩	신채호	申采浩	朝鮮史(25)	역사	1931-07-09	·
1448	신채호	申采浩	신채호	申采浩	朝鮮史(26)	역사	1931-07-10	·
1449	신채호	申采浩	신채호	申采浩	朝鮮史(27)	역사	1931-07-11	·
1450	신채호	申采浩	신채호	申采浩	朝鮮史(28)	역사	1931-07-12	·
1451	신채호	申采浩	신채호	申采浩	朝鮮史(29)	역사	1931-07-14	·
1452	신채호	申采浩	신채호	申采浩	朝鮮史(31)*30회	역사	1931-07-15	연재횟수 오기
1453	신채호	申采浩	신채호	申采浩	朝鮮史(32)*31회	역사	1931-07-16	연재횟수 오기
1454	신채호	申采浩	신채호	申采浩	朝鮮史(33)*32회	역사	1931-07-16	연재횟수 오기
1455	신채호	申采浩	신채호	申采浩	朝鮮史(34)*33회	역사	1931-07-18	연재횟수 오기
1456	신채호	申采浩	신채호	申采浩	朝鮮史(35)*34회	역사	1931-07-19	연재횟수 오기
1457	신채호	申采浩	신채호	申采浩	朝鮮史(36)*35회	역사	1931-07-21	연재횟수 오기
1458	신채호	申采浩	신채호	申采浩	朝鮮史(37)*36회	역사	1931-07-22	연재횟수 오기

연번	자료저자명 (한글)	자료저자명 (한자)	본명 (한글)	본명 (한자)	기사제목	분류	날짜	비고
1459	신채호	申采浩	신채호	申采浩	朝鮮史(38)*37회	역사	1931-07-23	연재횟수 오기
1460	신채호	申采浩	신채호	申采浩	朝鮮史(38)*38회	역사	1931-07-23	연재횟수 오기
1461	신채호	申采浩	신채호	申采浩	朝鮮史(39)*39회	역사	1931-07-24	연재횟수 오기
1462	신채호	申采浩	신채호	申采浩	朝鮮史(41)	역사	1931-07-26	40회 미확인
1463	신채호	申采浩	신채호	申采浩	朝鮮史(42)	역사	1931-07-28	·
1464	신채호	申采浩	신채호	申采浩	朝鮮史(44)	역사	1931-07-30	43회 미확인
1465	신채호	申采浩	신채호	申采浩	朝鮮史(45)	역사	1931-07-31	·
1466	신채호	申采浩	신채호	申采浩	朝鮮史(46)	역사	1931-08-01	·
1467	신채호	申采浩	신채호	申采浩	朝鮮史(47)	역사	1931-08-02	·
1468	신채호	申采浩	신채호	申采浩	朝鮮史(47)*48회	역사	1931-08-04	연재횟수 오기
1469	신채호	申采浩	신채호	申采浩	朝鮮史(48)	역사	1931-08-05	·
1470	신채호	申采浩	신채호	申采浩	朝鮮史(49)	역사	1931-08-06	·
1471	신채호	申采浩	신채호	申采浩	朝鮮史(50)	역사	1931-08-07	·
1472	신채호	申采浩	신채호	申采浩	朝鮮史(51)	역사	1931-08-08	·
1473	신채호	申采浩	신채호	申采浩	朝鮮史(52)	역사	1931-08-09	·
1474	신채호	申采浩	신채호	申采浩	朝鮮史(54)	역사	1931-08-12	53회 미확인
1475	신채호	申采浩	신채호	申采浩	朝鮮史(55)	역사	1931-08-13	·
1476	신채호	申采浩	신채호	申采浩	朝鮮史(56)	역사	1931-08-14	·
1477	신채호	申采浩	신채호	申采浩	朝鮮史(57)	역사	1931-08-15	·
1478	신채호	申采浩	신채호	申采浩	朝鮮史(58)	역사	1931-08-16	·
1479	신채호	申采浩	신채호	申采浩	朝鮮史(59)	역사	1931-08-18	·
1480	신채호	申采浩	신채호	申采浩	朝鮮史(60)	역사	1931-08-19	·
1481	신채호	申采浩	신채호	申采浩	朝鮮史(61)	역사	1931-08-20	·
1482	신채호	申采浩	신채호	申采浩	朝鮮史(62)	역사	1931-08-21	·
1483	신채호	申采浩	신채호	申采浩	朝鮮史(63)	역사	1931-08-22	·
1484	신채호	申采浩	신채호	申采浩	朝鮮史(64)	역사	1931-08-23	·
1485	신채호	申采浩	신채호	申采浩	朝鮮史(65)	역사	1931-08-25	·
1486	신채호	申采浩	신채호	申采浩	朝鮮史(66)	역사	1931-08-26	·
1487	신채호	申采浩	신채호	申采浩	朝鮮史(67)	역사	1931-08-27	·
1488	신채호	申采浩	신채호	申采浩	朝鮮史(68)	역사	1931-08-28	·
1489	신채호	申采浩	신채호	申采浩	朝鮮史(69)	역사	1931-08-29	·
1490	신채호	申采浩	신채호	申采浩	朝鮮史(70)	역사	1931-08-30	·
1491	신채호	申采浩	신채호	申采浩	朝鮮史(71)	역사	1931-09-01	·
1492	신채호	申采浩	신채호	申采浩	朝鮮史(72)	역사	1931-09-02	·
1493	신채호	申采浩	신채호	申采浩	朝鮮史(73)	역사	1931-09-03	·
1494	신채호	申采浩	신채호	申采浩	朝鮮史(74)	역사	1931-09-10	·
1495	신채호	申采浩	신채호	申采浩	朝鮮史(75)	역사	1931-09-11	·
1496	신채호	申采浩	신채호	申采浩	朝鮮史(76)	역사	1931-09-12	·
1497	신채호	申采浩	신채호	申采浩	朝鮮史(77)	역사	1931-09-13	·
1498	신채호	申采浩	신채호	申采浩	朝鮮史(78)	역사	1931-09-15	·
1499	신채호	申采浩	신채호	申采浩	朝鮮史(79)	역사	1931-09-16	·

연번	자료저자명(한글)	자료저자명(한자)	본명(한글)	본명(한자)	기사제목	분류	날짜	비고
1500	신채호	申采浩	신채호	申采浩	朝鮮史(80)	역사	1931-09-17	·
1501	신채호	申采浩	신채호	申采浩	朝鮮史(81)	역사	1931-09-18	·
1502	신채호	申采浩	신채호	申采浩	朝鮮史(82)	역사	1931-09-19	·
1503	신채호	申采浩	신채호	申采浩	朝鮮史(83)	역사	1931-09-20	·
1504	신채호	申采浩	신채호	申采浩	朝鮮史(84)	역사	1931-09-22	·
1505	신채호	申采浩	신채호	申采浩	朝鮮史(85)	역사	1931-09-24	·
1506	신채호	申采浩	신채호	申采浩	朝鮮史(86)	역사	1931-09-26	·
1507	신채호	申采浩	신채호	申采浩	朝鮮史(87)	역사	1931-09-27	·
1508	신채호	申采浩	신채호	申采浩	朝鮮史(88)	역사	1931-09-29	·
1509	신채호	申采浩	신채호	申采浩	朝鮮史(89)	역사	1931-09-30	·
1510	신채호	申采浩	신채호	申采浩	朝鮮上古文化史(1)	역사	1931-10-15	·
1511	신채호	申采浩	신채호	申采浩	朝鮮上古文化史(2)	역사	1931-10-16	·
1512	신채호	申采浩	신채호	申采浩	朝鮮上古文化史(3)	역사	1931-10-17	·
1513	신채호	申采浩	신채호	申采浩	朝鮮上古文化史(4)	역사	1931-10-18	·
1514	신채호	申采浩	신채호	申采浩	朝鮮上古文化史(6)	역사	1931-10-21	5회 미확인
1515	신채호	申采浩	신채호	申采浩	朝鮮上古文化史(8)	역사	1931-10-23	·
1516	신채호	申采浩	신채호	申采浩	朝鮮上古文化史(9)	역사	1931-10-24	·
1517	신채호	申采浩	신채호	申采浩	朝鮮上古文化史(10)	역사	1931-10-24	·
1518	신채호	申采浩	신채호	申采浩	朝鮮上古文化史(11)	역사	1931-10-27	·
1519	신채호	申采浩	신채호	申采浩	朝鮮上古文化史(11)*12회	역사	1931-10-28	연재횟수 오기
1520	신채호	申采浩	신채호	申采浩	朝鮮上古文化史(12)	역사	1931-10-29	·
1521	신채호	申采浩	신채호	申采浩	朝鮮上古文化史(13)	역사	1931-10-30	·
1522	신채호	申采浩	신채호	申采浩	朝鮮上古文化史(14)	역사	1931-10-31	·
1523	신채호	申采浩	신채호	申采浩	朝鮮上古文化史(15)	역사	1931-11-01	·
1524	신채호	申采浩	신채호	申采浩	朝鮮上古文化史(16)	역사	1931-11-02	·
1525	신채호	申采浩	신채호	申采浩	朝鮮上古文化史(18)	역사	1931-11-05	17회 미확인
1526	신채호	申采浩	신채호	申采浩	朝鮮上古文化史(19)	역사	1931-11-06	·
1527	신채호	申采浩	신채호	申采浩	朝鮮上古文化史(20)	역사	1931-11-07	·
1528	신채호	申采浩	신채호	申采浩	朝鮮上古文化史(21)	역사	1931-11-10	·
1529	신채호	申采浩	신채호	申采浩	朝鮮上古文化史(22)	역사	1931-11-11	·
1530	신채호	申采浩	신채호	申采浩	朝鮮上古文化史(24)*23회	역사	1931-11-12	연재횟수 오기
1531	신채호	申采浩	신채호	申采浩	朝鮮上古文化史(25)	역사	1931-11-13	·
1532	신채호	申采浩	신채호	申采浩	朝鮮上古文化史(26)	역사	1931-11-14	·
1533	신채호	申采浩	신채호	申采浩	朝鮮上古文化史(26)	역사	1931-11-15	·
1534	신채호	申采浩	신채호	申采浩	朝鮮上古文化史(27)	역사	1931-11-18	·
1535	신채호	申采浩	신채호	申采浩	朝鮮上古文化史(28)	역사	1931-11-19	·
1536	신채호	申采浩	신채호	申采浩	朝鮮上古文化史(29)	역사	1931-11-20	·
1537	신채호	申采浩	신채호	申采浩	朝鮮上古文化史(30)	역사	1931-11-21	·
1538	신채호	申采浩	신채호	申采浩	朝鮮上古文化史(31)	역사	1931-11-22	·
1539	신채호	申采浩	신채호	申采浩	朝鮮上古文化史(32)	역사	1931-11-25	·
1540	신채호	申采浩	신채호	申采浩	朝鮮上古文化史(33)	역사	1931-11-27	·

연번	자료저자명(한글)	자료저자명(한자)	본명(한글)	본명(한자)	기사제목	분류	날짜	비고
1541	신채호	申采浩	신채호	申采浩	朝鮮上古文化史(34)	역사	1931-11-28	·
1542	신채호	申采浩	신채호	申采浩	朝鮮上古文化史(35)	역사	1931-11-29	·
1543	신채호	申采浩	신채호	申采浩	朝鮮上古文化史(35)*36회	역사	1931-12-01	연재횟수 오기
1544	신채호	申采浩	신채호	申采浩	朝鮮上古文化史(35)*37회	역사	1931-12-02	연재횟수 오기
1545	신채호	申采浩	신채호	申采浩	朝鮮上古文化史(37)*38회	역사	1931-12-03	연재횟수 오기
1546	신채호	申采浩	신채호	申采浩	朝鮮上古文化史(38)	역사	1932-05-27	·
1547	신채호	申采浩	신채호	申采浩	朝鮮上古文化史(39)	역사	1932-05-28	·
1548	신채호	申采浩	신채호	申采浩	朝鮮上古文化史(40)	역사	1932-05-29	·
1549	신채호	申采浩	신채호	申采浩	朝鮮上古文化史(41)	역사	1932-05-31	·
1550	신태현	辛兌鉉	신태현	辛兌鉉	鄕歌의 新解釋(1)	문학	1939-09-03	·
1551	신태현	辛兌鉉	신태현	辛兌鉉	鄕歌의 新解釋(2)	문학	1939-09-05	·
1552	신태현	辛兌鉉	신태현	辛兌鉉	鄕歌의 新解釋(3)	문학	1939-09-07	·
1553	신태현	辛兌鉉	신태현	辛兌鉉	鄕歌의 新解釋(4)	문학	1939-09-08	·
1554	신태현	辛兌鉉	신태현	辛兌鉉	鄕歌의 新解釋(5)	문학	1939-09-09	·
1555	신태현	辛兌鉉	신태현	辛兌鉉	鄕歌의 新解釋(完)	문학	1939-09-10	·
1556	심상렬	沈相烈	심상렬	沈相烈	朝鮮長城踏查記	고적	1933-06-22	·
1557	심상렬	沈相烈	심상렬	沈相烈	朝鮮長城踏查記	고적	1933-06-23	·
1558	심상렬	沈相烈	심상렬	沈相烈	長城넘어 歡喜寺	고적	1933-06-24	·
1559	심형구	沈亨求	심형구	沈亨求	朝美展短評(上)	미술	1937-05-22	·
1560	안민세	安民世	안재홍	安在鴻	白頭山登陟記(1)- 明媚한 沃沮風景(1)	역사, 기행	1930-08-11	·
1561	안민세	安民世	안재홍	安在鴻	白頭山登陟記(2)- 明媚한 沃沮風景(2)	역사, 기행	1930-08-12	·
1562	안민세	安民世	안재홍	安在鴻	白頭山登陟記(3)- 明媚한 沃沮風景(3)	역사, 기행	1930-08-13	·
1563	안민세	安民世	안재홍	安在鴻	白頭山登陟記(4)- 明媚한 沃沮風景(4)	역사, 기행	1930-08-14	·
1564	안민세	安民世	안재홍	安在鴻	白頭山登陟記(5)- 車踰嶺을 넘어서	역사, 기행	1930-08-16	·
1565	안민세	安民世	안재홍	安在鴻	白頭山登陟記(6)- 豆滿江 기슭으로(上)	역사, 기행	1930-08-17	·
1566	안민세	安民世	안재홍	安在鴻	白頭山登陟記(7)- 豆滿江 기슭으로(中)	역사, 기행	1930-08-18	·
1567	안민세	安民世	안재홍	安在鴻	白頭山登陟記(8)- 紅湍靈祠 잠간들려	역사, 기행	1930-08-19	·
1568	안민세	安民世	안재홍	安在鴻	白頭山登陟記(9)- 天坪 건너는 나그내(1)	역사, 기행	1930-08-20	·
1569	안민세	安民世	안재홍	安在鴻	白頭山登陟記(10)- 天坪 건너는 나그내(2)	역사, 기행	1930-08-21	·
1570	안민세	安民世	안재홍	安在鴻	白頭山登陟記(11)- 天坪 건너는 나그내(3)	역사, 기행	1930-08-23	·
1571	안민세	安民世	안재홍	安在鴻	白頭山登陟記(12)- 無限悲壯한 高原의 밤	역사, 기행	1930-08-24	·
1572	안민세	安民世	안재홍	安在鴻	白頭山登陟記(13)- 無頭峯上無頭大觀(上)	역사,	1930-08-25	·

연번	자료저자명 (한글)	자료저자명 (한자)	본명 (한글)	본명 (한자)	기사제목	분류	날짜	비고
						기행		
1573	안민세	安民世	안재홍	安在鴻	白頭山登陟記(14)- 無頭峯上無頭大觀(下)	역사, 기행	1930-08-26	·
1574	안민세	安民世	안재홍	安在鴻	白頭山登陟記(15)- 定界碑邊山海悲(1)	역사, 기행	1930-08-27	·
1575	안민세	安民世	안재홍	安在鴻	白頭山登陟記(16)- 定界碑邊山海悲(2)	역사, 기행	1930-08-28	·
1576	안민세	安民世	안재홍	安在鴻	白頭山登陟記(17)- 定界碑邊山海悲(3)	역사, 기행	1930-08-29	·
1577	안민세	安民世	안재홍	安在鴻	白頭山登陟記(18)- 噫! 莊嚴한 白頭山(1). 通徹無碍의 神祕境	역사, 기행	1930-08-30	·
1578	안민세	安民世	안재홍	安在鴻	白頭山登陟記(19)- 噫! 莊嚴한 白頭山(2). 通徹無碍의 神祕境	역사, 기행	1930-08-31	·
1579	안민세	安民世	안재홍	安在鴻	白頭山登陟記(20)- 慈日惠風의 聖母愛(1) 瑞氣에 싸힌 天池의 밤	역사, 기행	1930-09-01	·
1580	안민세	安民世	안재홍	安在鴻	白頭山登陟記(21)- 慈日惠風의 聖母愛(2) 瑞氣에 싸힌 天池의 밤	역사, 기행	1930-09-02	·
1581	안민세	安民世	안재홍	安在鴻	白頭山登陟記(22)- 天池의 꿈 悠悠蕩蕩한 萬古夢(1)	역사, 기행	1930-09-03	·
1582	안민세	安民世	안재홍	安在鴻	白頭山登陟記(23)- 天池의 꿈 悠悠蕩蕩한 萬古夢(2)	역사, 기행	1930-09-04	·
1583	안민세	安民世	안재홍	安在鴻	白頭山登陟記(24)- 天池의 꿈 悠悠蕩蕩한 萬古夢(3)	역사, 기행	1930-09-05	·
1584	안민세	安民世	안재홍	安在鴻	白頭山登陟記(25)- 雄大한 單調·靈祥한 平凡. 一律空靜한 解脫境	역사, 기행	1930-09-06	·
1585	안민세	安民世	안재홍	安在鴻	白頭山登陟記(26)- 貞明纖麗한 三池美. 天女傳說의 산舞臺	역사, 기행	1930-09-07	·
1586	안민세	安民世	안재홍	安在鴻	白頭山登陟記(27)- 白頭正幹의 虛項嶺. 南本宮인 大天王堂	역사, 기행	1930-09-08	·
1587	안민세	安民世	안재홍	安在鴻	白頭山登陟記(28)- 憧憬되는 天坪世界	역사, 기행	1930-09-09	·
1588	안민세	安民世	안재홍	安在鴻	白頭山登陟記(29)- 邊境同胞의 生活相. 古風 그대로 木造建物	역사, 기행	1930-09-09	·
1589	안민세	安民世	안재홍	安在鴻	白頭山登陟記(30)- 桃花 안 뜬 맑은 물. 綠水重重의 鴨江上流	역사, 기행	1930-09-11	·
1590	안민세	安民世	안재홍	安在鴻	白頭山登陟記(31)- 鴨綠江에 떼를 타고. 震人成敗의 根幹地帶	역사, 기행	1930-09-12	·
1591	안민세	安民世	안재홍	安在鴻	白頭山登陟記(32)- 卒本高原넘기(1) 滿腔회포 무슨 회포	역사, 기행	1930-09-13	·
1592	안민세	安民世	안재홍	安在鴻	白頭山登陟記(33)- 卒本高原넘기(2) 비속의 虛川江. 달 아레 鷹德嶺	역사, 기행	1930-09-14	·
1593	안민세	安民世	안재홍	安在鴻	白頭山登陟記(34)- 原峙嶺 내려 北靑에. 金城湯府의 關北雄府	역사, 기행	1930-09-15	·
1594	안용준	安瑢濬	안용준	安瑢濬	文字普及班消息- 가마니 깔고 글 배는 그들	한글, 사업	1930-08-24	·
1595	안자산	安自山	안확	安廓	朝鮮古來歌曲의 內脉과 그 歌法(1)	문학	1930-01-22	·
1596	안자산	安自山	안확	安廓	朝鮮古來歌曲의 內脉과 그 歌法(2)	문학	1930-01-23	·

연번	자료저자명 (한글)	자료저자명 (한자)	본명 (한글)	본명 (한자)	기사제목	분류	날짜	비고
1597	안자산	安自山	안확	安廓	朝鮮古來歌曲의 內脈과 그 歌法(3)	문학	1930-01-24	·
1598	안자산	安自山	안확	安廓	朝鮮古來歌曲의 內脈과 그 歌法(4)	문학	1930-01-25	·
1599	안자산	安自山	안확	安廓	朝鮮古史의 逸史(1)	역사, 문학	1930-04-15	·
1600	안자산	安自山	안확	安廓	朝鮮古史의 逸史(2)	역사, 문학	1930-04-17	·
1601	안자산	安自山	안확	安廓	朝鮮古史의 逸史(3)	역사, 문학	1930-04-18	·
1602	안자산	安自山	안확	安廓	朝鮮古史의 逸史(4)	역사, 문학	1930-04-19	·
1603	안자산	安自山	안확	安廓	朝鮮古史의 逸史(5)	역사, 문학	1930-04-20	·
1604	안자산	安自山	안확	安廓	朝鮮古史의 逸史(6)	역사, 문학	1930-04-21	·
1605	안자산	安自山	안확	安廓	朝鮮古代의 軍艦(1)	역사	1930-05-10	·
1606	안자산	安自山	안확	安廓	朝鮮古代의 軍艦(2)	역사	1930-05-11	·
1607	안자산	安自山	안확	安廓	朝鮮古代의 軍艦(3)	역사	1930-05-12	·
1608	안자산	安自山	안확	安廓	朝鮮古代의 軍艦(3)*4회	역사	1930-05-14	연재횟수 오기
1609	안자산	安自山	안확	安廓	朝鮮古代의 軍艦(5)	역사	1930-05-15	·
1610	안자산	安自山	안확	安廓	檀君史의 材料(1)	역사	1930-06-22	·
1611	안자산	安自山	안확	安廓	檀君史의 材料(2)	역사	1930-06-24	·
1612	안자산	安自山	안확	安廓	檀君史의 材料(3)	역사	1930-06-26	·
1613	안자산	安自山	안확	安廓	檀君史의 材料(4)	역사	1930-06-27	·
1614	안자산	安自山	안확	安廓	檀君史의 材料(5)	역사	1930-06-28	·
1615	안자산	安自山	안확	安廓	檀君史의 材料(6)	역사	1930-06-29	·
1616	안자산	安自山	안확	安廓	檀君史의 材料(完)	역사	1930-07-01	·
1617	안자산	安自山	안확	安自山	朝鮮文學史(1)	문학	1930-10-01	·
1618	안자산	安自山	안확	安廓	文學史 第3章 三國時代의 文學(1)	문학, 역사	1931-01-10	·
1619	안자산	安自山	안확	安廓	文學史 第3章 三國時代의 文學(2)	문학, 역사	1931-01-11	·
1620	안자산	安自山	안확	安廓	文學史 第3章 三國時代의 文學(3)	문학, 역사	1931-01-14	·
1621	안자산	安自山	안확	安廓	文學史 第3章 三國時代의 文學(4)	문학, 역사	1931-01-15	·
1622	안자산	安自山	안확	安廓	文學史 第3章 三國時代의 文學(5)	문학, 역사	1931-01-16	·
1623	안자산	安自山	안확	安廓	文學史 第3章 三國時代의 文學(6)	문학, 역사	1931-01-17	·
1624	안자산	安自山	안확	安廓	文學史 第3章 三國時代의 文學(9)	문학, 역사	1931-01-18	·
1625	안자산	安自山	안확	安廓	時調의 體格風格(1)	문학	1931-04-12	·
1626	안자산	安自山	안확	安廓	時調의 體格風格(2)	문학	1931-04-14	·
1627	안자산	安自山	안확	安廓	時調의 體格風格(3)	문학	1931-04-17	·

연번	자료저자명(한글)	자료저자명(한자)	본명(한글)	본명(한자)	기사제목	분류	날짜	비고
1628	안자산	安自山	안확	安廓	時調의 體格風格(完)	문학	1931-04-19	·
1629	안자산	安自山	안확	安廓	時調의 旋律과 語套(上)	문학	1931-05-08	·
1630	안자산	安自山	안확	安廓	時調의 旋律과 語套(中)	문학	1931-05-09	·
1631	안자산	安自山	안확	安廓	時調의 旋律과 語套(下)	문학	1931-05-10	·
1632	안자산	安自山	안확	安廓	時調의 詞姿(1)	문학	1931-05-21	·
1633	안자산	安自山	안확	安廓	時調의 詞姿(2)	문학	1931-05-24	·
1634	안자산	安自山	안확	安廓	時調의 詞姿(3)	문학	1931-05-27	·
1635	안자산	安自山	안확	安廓	時調의 詞姿(3)*4회	문학	1931-05-29	연재횟수 오기
1636	안자산	安自山	안확	安廓	時調의 詞姿(4)*5회	문학	1931-05-30	연재횟수 오기
1637	안자산	安自山	안확	安廓	處容考에 對하야(1)	문학	1931-07-28	·
1638	안자산	安自山	안확	安廓	處容考에 對하야(2)	문학	1931-07-29	·
1639	안자산	安自山	안확	安廓	處容考에 對하야(3)	문학	1931-07-30	·
1640	안자산	安自山	안확	安廓	處容考에 對하야(4)	문학	1931-07-31	·
1641	안자산	安自山	안확	安廓	處容考에 對하야(5)	문학	1931-08-01	·
1642	안자산	安自山	안확	安廓	處容考에 對하야(完)	문학	1931-08-02	총6회
1643	안자산	安自山	안확	安廓	井邑詞解得의 參考(1)	문학	1939-07-11	·
1644	안자산	安自山	안확	安廓	井邑詞解得의 參考(2)	문학	1939-07-12	·
1645	안자산	安自山	안확	安廓	井邑詞解得의 參考(3)	문학	1939-07-14	·
1646	안자산	安自山	안확	安廓	井邑詞解得의 參考(4)	문학	1939-07-15	·
1647	안자산	安自山	안확	安廓	井邑詞解得의 參考(5)	문학	1939-07-16	·
1648	안자산	安自山	안확	安廓	井邑詞解得의 參考(6)	문학	1939-07-18	·
1649	안자산	安自山	안확	安廓	時調詩學(1) 固有한 文學形式	문학	1939-10-05	·
1650	안자산	安自山	안확	安廓	時調詩學(2) 時調의 語義와 起源	문학	1939-10-06	·
1651	안자산	安自山	안확	安廓	時調詩學(3) 唱曲과 歌曲의 區別	문학	1939-10-07	·
1652	안자산	安自山	안확	安廓	時調詩學(4) 數韻과 音樂의 關係	문학	1939-10-10	·
1653	안자산	安自山	안확	安廓	時調詩學(5) 數韻과 音樂의 關係	문학	1939-10-11	·
1654	안자산	安自山	안확	安廓	時調詩學(6) 詩歌史의 四時期	문학	1939-10-12	·
1655	안자산	安自山	안확	安廓	讀史餘錄 朝鮮武士小史(1)	역사	1940-01-18	·
1656	안자산	安自山	안확	安廓	讀史餘錄 朝鮮武士小史(2)	역사	1940-01-19	·
1657	안자산	安自山	안확	安廓	讀史餘錄 朝鮮武士小史(3)	역사	1940-01-20	·
1658	안자산	安自山	안확	安廓	讀史餘錄 朝鮮武士小史(4)	역사	1940-01-24	·
1659	안자산	安自山	안확	安廓	讀史餘錄 朝鮮武士小史(5)	역사	1940-01-25	·
1660	안자산	安自山	안확	安廓	讀史餘錄 朝鮮武士小史(6)	역사	1940-01-26	·
1661	안자산	安自山	안확	安廓	朝鮮美術史要(1)	미술	1940-05-11	·
1662	안자산	安自山	안확	安廓	朝鮮美術史要(2)	미술	1940-05-14	·
1663	안자산	安自山	안확	安廓	朝鮮美術史要(3)	미술	1940-05-15	·
1664	안자산	安自山	안확	安廓	朝鮮美術史要(4)	미술	1940-05-17	·
1665	안자산	安自山	안확	安廓	朝鮮美術史要(5)	미술	1940-05-18	·
1666	안자산	安自山	안확	安廓	朝鮮美術史要(6)	미술	1940-05-21	·
1667	안자산	安自山	안확	安廓	朝鮮美術史要(7)	미술	1940-05-22	·
1668	안자산	安自山	안확	安廓	朝鮮美術史要(8)	미술	1940-05-25	·

연번	자료저자명(한글)	자료저자명(한자)	본명(한글)	본명(한자)	기사제목	분류	날짜	비고
1669	안자산	安自山	안확	安廓	朝鮮美術史要(9)	미술	1940-05-28	·
1670	안자산	安自山	안확	安廓	朝鮮美術史要(10)	미술	1940-05-29	·
1671	안자산	安自山	안확	安廓	朝鮮美術史要(11)	미술	1940-06-01	·
1672	안자산	安自山	안확	安廓	朝鮮美術史要(12)	미술	1940-06-08	·
1673	안자산	安自山	안확	安廓	朝鮮美術史要(13)	미술	1940-06-11	·
1674	안재홍	安在鴻	안재홍	安在鴻	朝鮮上古史管見(2)*1회 社會進化의諸段階	역사, 논설	1930-01-29	연재횟수 오기
1675	안재홍	安在鴻	안재홍	安在鴻	朝鮮上古史管見(3)*2회 社會進化의諸段階	역사, 논설	1930-01-30	연재횟수 오기
1676	안재홍	安在鴻	안재홍	安在鴻	朝鮮上古史管見(3) 社會進化의 諸段階	역사, 논설	1930-01-31	·
1677	안재홍	安在鴻	안재홍	安在鴻	朝鮮上古史管見(4) 社會進化의 諸段階	역사, 논설	1930-02-01	·
1678	안재홍	安在鴻	안재홍	安在鴻	朝鮮上古史管見(5) 社會進化의 諸段階	역사, 논설	1930-02-02	·
1679	안재홍	安在鴻	안재홍	安在鴻	朝鮮上古史管見(5)*6회 社會進化의諸段階	역사, 논설	1930-02-03	연재횟수 오기
1680	안재홍	安在鴻	안재홍	安在鴻	朝鮮上古史管見(7) 社會進化의 諸段階	역사, 논설	1930-02-04	·
1681	안재홍	安在鴻	안재홍	安在鴻	朝鮮上古史管見(8) 社會進化의 諸段階	역사, 논설	1930-02-05	·
1682	안재홍	安在鴻	안재홍	安在鴻	朝鮮上古史管見(9) 社會進化의 諸段階	역사, 논설	1930-02-06	·
1683	안재홍	安在鴻	안재홍	安在鴻	朝鮮上古史管見(10) 社會進化의 諸段階	역사, 논설	1930-02-07	·
1684	안재홍	安在鴻	안재홍	安在鴻	朝鮮上古史管見(11) 社會進化의 諸段階	역사, 논설	1930-02-08	·
1685	안재홍	安在鴻	안재홍	安在鴻	朝鮮上古史管見(12) 社會進化의 諸段階	역사, 논설	1930-02-09	·
1686	안재홍	安在鴻	안재홍	安在鴻	朝鮮上古史管見(13) 社會進化의 諸段階	역사, 논설	1930-02-10	·
1687	안재홍	安在鴻	안재홍	安在鴻	朝鮮上古史管見(14) 社會進化의 諸段階	역사, 논설	1930-02-12	·
1688	안재홍	安在鴻	안재홍	安在鴻	朝鮮上古史管見(15) 社會進化의 諸段階	역사, 논설	1930-02-13	·
1689	안재홍	安在鴻	안재홍	安在鴻	朝鮮上古史管見(16) 社會進化의 諸段階	역사, 논설	1930-02-14	·
1690	안재홍	安在鴻	안재홍	安在鴻	朝鮮上古史管見(17) 朝鮮文化創成過程	역사, 논설	1930-02-15	·
1691	안재홍	安在鴻	안재홍	安在鴻	朝鮮上古史管見(18) 朝鮮文化創成過程	역사, 논설	1930-02-16	·
1692	안재홍	安在鴻	안재홍	安在鴻	朝鮮上古史管見(19) 朝鮮文化創成過程	역사, 논설	1930-02-18	·
1693	안재홍	安在鴻	안재홍	安在鴻	朝鮮上古史管見(20) 朝鮮文化創成過程	역사, 논설	1930-02-19	·
1694	안재홍	安在鴻	안재홍	安在鴻	朝鮮上古史管見(21) 朝鮮文化創成過程	역사,	1930-02-20	·

연번	자료저자명(한글)	자료저자명(한자)	본명(한글)	본명(한자)	기사제목	분류	날짜	비고
						논설		
1695	안재홍	安在鴻	안재홍	安在鴻	朝鮮上古史管見(22) 朝鮮文化創成過程	역사, 논설	1930-02-21	·
1696	안재홍	安在鴻	안재홍	安在鴻	朝鮮上古史管見(22)*23회 朝鮮文化創成過程	역사, 논설	1930-02-22	연재횟수 오기
1697	안재홍	安在鴻	안재홍	安在鴻	朝鮮上古史管見(23)*24회 朝鮮文化創成過程	역사, 논설	1930-02-24	연재횟수 오기
1698	안재홍	安在鴻	안재홍	安在鴻	朝鮮上古史管見(25) 朝鮮文化創成過程	역사, 논설	1930-02-25	·
1699	안재홍	安在鴻	안재홍	安在鴻	朝鮮上古史管見(26) 朝鮮文化創成過程	역사, 논설	1930-02-26	·
1700	안재홍	安在鴻	안재홍	安在鴻	最近朝鮮文學史序(上)	문학	1930-02-27	·
1701	안재홍	安在鴻	안재홍	安在鴻	最近朝鮮文學史序(下)	문학	1930-02-28	·
1702	안재홍	安在鴻	안재홍	安在鴻	朝鮮上古史管見(27) 特殊文化의 種種相	역사, 논설	1930-03-04	·
1703	안재홍	安在鴻	안재홍	安在鴻	朝鮮上古史管見(28) 特殊文化의 種種相	역사, 논설	1930-03-05	·
1704	안재홍	安在鴻	안재홍	安在鴻	朝鮮上古史管見(29) 特殊文化의 種種相	역사, 논설	1930-03-06	·
1705	안재홍	安在鴻	안재홍	安在鴻	朝鮮上古史管見(30) 特殊文化의 種種相	역사, 논설	1930-03-07	·
1706	안재홍	安在鴻	안재홍	安在鴻	朝鮮上古史管見(31) 特殊文化의 種種相	역사, 논설	1930-03-08	·
1707	안재홍	安在鴻	안재홍	安在鴻	朝鮮上古史管見(32) 特殊文化의 種種相	역사, 논설	1930-03-09	·
1708	안재홍	安在鴻	안재홍	安在鴻	朝鮮上古史管見(33) 特殊文化의 種種相	역사, 논설	1930-03-11	·
1709	안재홍	安在鴻	안재홍	安在鴻	朝鮮上古史管見(34) 特殊文化의 種種相	역사, 논설	1930-03-12	·
1710	안재홍	安在鴻	안재홍	安在鴻	朝鮮上古史管見(35) 特殊文化의 種種相	역사, 논설	1930-03-13	·
1711	안재홍	安在鴻	안재홍	安在鴻	朝鮮上古史管見(35)*36회 特殊文化의種種相	역사, 논설	1930-03-14	연재횟수 오기
1712	안재홍	安在鴻	안재홍	安在鴻	朝鮮上古史管見(38) 特殊文化의種種相	역사, 논설	1930-03-16	37회 미확인
1713	안재홍	安在鴻	안재홍	安在鴻	朝鮮上古史管見(39) 特殊文化의 種種相	역사, 논설	1930-03-17	·
1714	안재홍	安在鴻	안재홍	安在鴻	朝鮮上古史管見(40) 特殊文化의 種種相	역사, 논설	1930-03-18	·
1715	안재홍	安在鴻	안재홍	安在鴻	朝鮮上古史管見(41) 特殊文化의 種種相	역사, 논설	1930-03-19	·
1716	안재홍	安在鴻	안재홍	安在鴻	朝鮮上古史管見(42) 特殊文化의 種種相	역사, 논설	1930-03-20	·
1717	안재홍	安在鴻	안재홍	安在鴻	朝鮮上古史管見(43) 特殊文化의 種種相	역사, 논설	1930-03-21	·
1718	안재홍	安在鴻	안재홍	安在鴻	朝鮮上古史管見(43)*44회 特殊文化의種種相	역사, 논설	1930-03-22	연재횟수 오기

연번	자료저자명 (한글)	자료저자명 (한자)	본명 (한글)	본명 (한자)	기사제목	분류	날짜	비고
1719	안재홍	安在鴻	안재홍	安在鴻	朝鮮上古史管見(44)*45회 特殊文化의種種相	역사, 논설	1930-03-23	연재횟수 오기
1720	안재홍	安在鴻	안재홍	安在鴻	朝鮮上古史管見(46) 特殊文化의 種種相	역사, 논설	1930-03-25	·
1721	안재홍	安在鴻	안재홍	安在鴻	朝鮮上古史管見(47) 特殊文化의 種種相	역사, 논설	1930-03-26	·
1722	안재홍	安在鴻	안재홍	安在鴻	朝鮮上古史管見(49) 特殊文化의 種種相	역사, 논설	1930-03-28	48회 미확인
1723	안재홍	安在鴻	안재홍	安在鴻	朝鮮上古史管見(50) 特殊文化의 種種相	역사, 논설	1930-03-29	·
1724	안재홍	安在鴻	안재홍	安在鴻	朝鮮上古史管見(51) 特殊文化의 種種相	역사, 논설	1930-03-30	·
1725	안재홍	安在鴻	안재홍	安在鴻	朝鮮上古史管見(52) 特殊文化의 種種相	역사, 논설	1930-03-31	·
1726	안재홍	安在鴻	안재홍	安在鴻	朝鮮上古史管見(53) 特殊文化의 種種相	역사, 논설	1930-04-01	·
1727	안재홍	安在鴻	안재홍	安在鴻	朝鮮上古史管見(54) 特殊文化의 種種相	역사, 논설	1930-04-02	·
1728	안재홍	安在鴻	안재홍	安在鴻	朝鮮上古史管見(55) 特殊文化의 種種相	역사, 논설	1930-04-03	·
1729	안재홍	安在鴻	안재홍	安在鴻	朝鮮上古史管見(56) 特殊文化의 種種相	역사, 논설	1930-04-04	·
1730	안재홍	安在鴻	안재홍	安在鴻	朝鮮上古史管見(57) 特殊文化의 種種相	역사, 논설	1930-04-05	·
1731	안재홍	安在鴻	안재홍	安在鴻	朝鮮最近世史의 卷頭에 書함(1)	역사, 논설	1930-04-29	·
1732	안재홍	安在鴻	안재홍	安在鴻	朝鮮最近世史의 卷頭에 書함(2)	역사, 논설	1930-04-30	·
1733	안재홍	安在鴻	안재홍	安在鴻	朝鮮最近世史의 卷頭에 書함(3)	역사, 논설	1930-05-01	·
1734	안재홍	安在鴻	안재홍	安在鴻	忠武遺蹟(1)	기행	1934-09-11	·
1735	안재홍	安在鴻	안재홍	安在鴻	忠武遺蹟(2)	기행	1934-09-12	·
1736	안재홍	安在鴻	안재홍	安在鴻	忠武遺蹟(3)	기행	1934-09-13	·
1737	안재홍	安在鴻	안재홍	安在鴻	忠武遺蹟(4)	기행	1934-09-14	·
1738	안재홍	安在鴻	안재홍	安在鴻	忠武遺蹟(5)	기행	1934-09-15	·
1739	안재홍	安在鴻	안재홍	安在鴻	忠武遺蹟(6)	기행	1934-09-16	·
1740	안재홍	安在鴻	안재홍	安在鴻	忠武遺蹟(7)	기행	1934-09-18	·
1741	안재홍	安在鴻	안재홍	安在鴻	忠武遺蹟(8)	기행	1934-09-19	·
1742	안재홍	安在鴻	안재홍	安在鴻	忠武遺蹟(9)	기행	1934-09-20	·
1743	안재홍	安在鴻	안재홍	安在鴻	忠武遺蹟(10)	기행	1934-09-21	·
1744	안재홍	安在鴻	안재홍	安在鴻	忠武遺蹟(11)	기행	1934-09-22	·
1745	안재홍	安在鴻	안재홍	安在鴻	忠武遺蹟(12)	기행	1934-09-23	·
1746	안재홍	安在鴻	안재홍	安在鴻	忠武遺蹟(13)	기행	1934-09-26	·
1747	안재홍	安在鴻	안재홍	安在鴻	忠武遺蹟(14)	기행	1934-09-27	·
1748	안재홍	安在鴻	안재홍	安在鴻	忠武遺蹟(15)	기행	1934-09-28	·

연번	자료저자명(한글)	자료저자명(한자)	본명(한글)	본명(한자)	기사제목	분류	날짜	비고
1749	안재홍	安在鴻	안재홍	安在鴻	民世筆談(1)	논설	1935-05-04	·
1750	안재홍	安在鴻	안재홍	安在鴻	民世筆談(2)	논설	1935-05-05	·
1751	안재홍	安在鴻	안재홍	安在鴻	民世筆談(3)	논설	1935-05-07	·
1752	안재홍	安在鴻	안재홍	安在鴻	民世筆談(4)	논설	1935-05-08	·
1753	안재홍	安在鴻	안재홍	安在鴻	民世筆談(5)	논설	1935-05-09	·
1754	안재홍	安在鴻	안재홍	安在鴻	民世筆談(6)	논설	1935-05-10	·
1755	안재홍	安在鴻	안재홍	安在鴻	民世筆談(7)	논설	1935-05-11	·
1756	안재홍	安在鴻	안재홍	安在鴻	民世筆談(8)	논설	1935-05-12	·
1757	안재홍	安在鴻	안재홍	安在鴻	民世筆談(9)	논설	1935-05-14	·
1758	안재홍	安在鴻	안재홍	安在鴻	民世筆談(10)	논설	1935-05-15	·
1759	안재홍	安在鴻	안재홍	安在鴻	民世筆談(11)	논설	1935-05-16	·
1760	안재홍	安在鴻	안재홍	安在鴻	民世筆談(12)	논설	1935-05-17	·
1761	안재홍	安在鴻	안재홍	安在鴻	民世筆談(13)	논설	1935-05-18	·
1762	안재홍	安在鴻	안재홍	安在鴻	民世筆談(14)	논설	1935-05-19	·
1763	안재홍	安在鴻	안재홍	安在鴻	文化建設私議(1)	논설	1935-06-06	·
1764	안재홍	安在鴻	안재홍	安在鴻	文化建設私議(2)	논설	1935-06-07	·
1765	안재홍	安在鴻	안재홍	安在鴻	文化建設私議(3)	논설	1935-06-08	·
1766	안재홍	安在鴻	안재홍	安在鴻	文化建設私議(4)	논설	1935-06-09	·
1767	안재홍	安在鴻	안재홍	安在鴻	文化建設私議(5)	논설	1935-06-11	·
1768	안재홍	安在鴻	안재홍	安在鴻	文化建設私議(6)	논설	1935-06-12	·
1769	안재홍	安在鴻	안재홍	安在鴻	文化建設私議(7)	논설	1935-06-13	·
1770	안재홍	安在鴻	안재홍	安在鴻	文化工作의 新提唱- 世界的 調合文化의 攝取. 現下過程과 當面課題	논설	1935-07-06	·
1771	안재홍	安在鴻	안재홍	安在鴻	茶山先生의 大經綸- 朝鮮建設의 總計畫者, 지금도 後輩가 依賴할 朝鮮의 太陽, 人民富蘇國家自强, 平等互助를 理想, 西歐正統經濟學的政策과 가치, 임이 民主主義者의 이데올로기를 가저	논설	1935-07-16	·
1772	안재홍	安在鴻	안재홍	安在鴻	白岳星潭(1)	역사, 문학	1935-08-17	·
1773	안재홍	安在鴻	안재홍	安在鴻	白岳星潭(2)	역사, 문학	1935-08-18	·
1774	안재홍	安在鴻	안재홍	安在鴻	白岳星潭(3)	역사, 문학	1935-08-20	·
1775	안재홍	安在鴻	안재홍	安在鴻	白岳星潭(4)	역사, 문학	1935-08-22	·
1776	안재홍	安在鴻	안재홍	安在鴻	白岳星潭(5)	역사, 문학	1935-08-23	·
1777	안재홍	安在鴻	안재홍	安在鴻	白岳星潭(6)	역사, 문학	1935-08-24	·
1778	안재홍	安在鴻	안재홍	安在鴻	白岳星潭(7)	역사, 문학	1935-08-25	·
1779	안재홍	安在鴻	안재홍	安在鴻	夏天星象(1)	역사, 문학	1935-08-28	·
1780	안재홍	安在鴻	안재홍	安在鴻	夏天星象(2)	역사,	1935-08-29	·

연번	자료저자명(한글)	자료저자명(한자)	본명(한글)	본명(한자)	기사제목	분류	날짜	비고
						문학		
1781	안재홍	安在鴻	안재홍	安在鴻	夏天星象(3)	역사, 문학	1935-08-30	·
1782	안재홍	安在鴻	안재홍	安在鴻	夏天星象(4)	역사, 문학	1935-08-31	·
1783	안재홍	安在鴻	안재홍	安在鴻	夏天星象(5)	역사, 문학	1935-09-01	·
1784	안재홍	安在鴻	안재홍	安在鴻	夏天星象(6)	역사, 문학	1935-09-03	·
1785	안재홍	安在鴻	안재홍	安在鴻	夏天星象(7)	역사, 문학	1935-09-04	·
1786	안재홍	安在鴻	안재홍	安在鴻	夏天星象(8)	역사, 문학	1935-09-06	·
1787	안재홍	安在鴻	안재홍	安在鴻	夏天星象(8)*9회	역사, 문학	1935-09-07	연재횟수 오기
1788	안재홍	安在鴻	안재홍	安在鴻	夏天星象(10)	역사, 문학	1935-09-10	·
1789	안재홍	安在鴻	안재홍	安在鴻	賤待되는 朝鮮(1)	역사, 논설	1935-10-02	·
1790	안재홍	安在鴻	안재홍	安在鴻	賤待되는 朝鮮(2)	역사, 논설	1935-10-03	·
1791	안재홍	安在鴻	안재홍	安在鴻	賤待되는 朝鮮(3)	역사, 논설	1935-10-05	·
1792	안재홍	安在鴻	안재홍	安在鴻	賤待되는 朝鮮(4)	역사, 논설	1935-10-06	·
1793	안재홍	安在鴻	안재홍	安在鴻	民世漫評(1)	논설	1935-10-16	·
1794	안재홍	安在鴻	안재홍	安在鴻	民世漫評(2)	논설	1935-10-17	·
1795	안재홍	安在鴻	안재홍	安在鴻	民世漫評(3)	논설	1935-10-19	·
1796	안재홍	安在鴻	안재홍	安在鴻	民世漫評(4)	논설	1935-10-20	·
1797	안재홍	安在鴻	안재홍	安在鴻	民世漫評(5)	논설	1935-10-25	·
1798	안재홍	安在鴻	안재홍	安在鴻	檀君과 開天節- "弘益人間"의 新高調	역사	1935-10-29	·
1799	안재홍	安在鴻	안재홍	安在鴻	嗚呼·丹齋를 哭함	문학	1936-02-27	·
1800	안재홍	安在鴻	안재홍	安在鴻	時題小議(1) 朝鮮語辭典完成論	사업	1936-03-26	·
1801	안재홍	安在鴻	안재홍	安在鴻	時題小議(2) 朝鮮文化賞金論	사업	1936-03-27	·
1802	안재홍	安在鴻	안재홍	安在鴻	時題小議(3) 優良文獻刊行論	사업	1936-03-28	·
1803	안재홍	安在鴻	안재홍	安在鴻	時題小議(4) 地方學校廣設論	사업	1936-03-29	·
1804	안재홍	安在鴻	안재홍	安在鴻	時題小議(5) 文化的紀功塔論	사업	1936-03-31	·
1805	안함광	安含光	안종언	安鍾彦	農民文學問題에 對한 一考察(4)*1회	문학	1931-08-12	연재횟수 오기
1806	안함광	安含光	안종언	安鍾彦	農民文學問題에 對한 一考察(下)	문학	1931-08-13	·
1807	안함광	安含光	안종언	安鍾彦	朝鮮文學精神探險- 世界觀, 文學, 生活的 現實(1)	문학, 논설	1938-08-23	·
1808	안함광	安含光	안종언	安鍾彦	朝鮮文學精神探險- 世界觀, 文學, 生活的 現實(2)	문학, 논설	1938-08-24	·
1809	안함광	安含光	안종언	安鍾彦	朝鮮文學精神探險- 世界觀, 文學, 生活的 現實(3)	문학, 논설	1938-08-25	·

연번	자료저자명(한글)	자료저자명(한자)	본명(한글)	본명(한자)	기사제목	분류	날짜	비고
1810	안함광	安含光	안종언	安鍾彦	朝鮮文學精神探險- 世界觀, 文學, 生活的 現實(4)	문학, 논설	1938-08-27	·
1811	안함광	安含光	안종언	安鍾彦	朝鮮文學精神探險- 世界觀, 文學, 生活的 現實(5)	문학, 논설	1938-08-28	·
1812	안함광	安含光	안종언	安鍾彦	朝鮮文學精神探險- 世界觀, 文學, 生活的 現實(6)	문학, 논설	1938-08-30	·
1813	안함광	安含光	안종언	安鍾彦	朝鮮文學精神探險- 世界觀, 文學, 生活的 現實(7)	문학, 논설	1938-08-31	·
1814	안호상	安浩相	안호상	安浩相	自我擴大와 環境	논설	1938-07-01	·
1815	애류생	崖溜生	·	·	石儂先生과 歷史言語(1)	역사	1932-03-26	·
1816	애류생	崖溜生	·	·	石儂先生과 歷史言語(2)	역사	1932-03-27	·
1817	애류생	崖溜生	·	·	石儂先生과 歷史言語(3)	역사	1932-03-29	·
1818	애류생	崖溜生	·	·	石儂先生과 歷史言語(4)	역사	1932-03-30	·
1819	애류생	崖溜生	·	·	石儂先生과 歷史言語(5)	역사	1932-03-31	·
1820	애류생	崖溜生	·	·	石儂先生과 歷史言語(6)	역사	1932-04-01	·
1821	애류생	崖溜生	·	·	石儂先生과 歷史言語(7)	역사	1932-04-03	·
1822	애류생	崖溜生	·	·	石儂先生과 歷史言語(8)	역사	1932-04-05	·
1823	애류생	崖溜生	·	·	石儂先生과 歷史言語(9)	역사	1932-04-06	·
1824	양방환	梁昮煥	양방환	梁昮煥	神市辨- 學牕史話(上) 白山基點의 東方文化	문학	1930-03-01	·
1825	양방환	梁昮煥	양방환	梁昮煥	神市辨- 學牕史話(中) 白山基點의 東方文化	문학	1930-03-02	·
1826	양방환	梁昮煥	양방환	梁昮煥	神市辨- 學牕史話(下) 白山基點의 東方文化	문학	1930-03-04	·
1827	양주동	梁柱東	양주동	梁柱東	鄕歌의 解讀에 就하여 特히 願往生歌를 중심으로	문학	1936-01-01	·
1828	양주동	梁柱東	양주동	梁柱東	鄕歌의 解讀에 就하여 特히 願往生歌를 중심으로	문학	1936-01-03	·
1829	양주동	梁柱東	양주동	梁柱東	鄕歌의 解讀에 就하여 特히 願往生歌를 중심으로	문학	1936-01-06	·
1830	양주동	梁柱東	양주동	梁柱東	鄕歌의 解讀에 就하여 特히 願往生歌를 중심으로	문학	1936-01-08	·
1831	양주동	梁柱東	양주동	梁柱東	鄕歌의 解讀에 就하여 特히 願往生歌를 중심으로	문학	1936-01-09	·
1832	양주동	梁柱東	양주동	梁柱東	鄕歌의 解讀에 就하여 特히 願往生歌를 중심으로	문학	1936-01-11	·
1833	양주동	梁柱東	양주동	梁柱東	鄕歌의 解讀에 就하여 特히 願往生歌를 중심으로	문학	1936-01-12	·
1834	양주동	梁柱東	양주동	梁柱東	鄕歌의 解讀에 就하여 特히 願往生歌를 중심으로	문학	1936-01-15	·
1835	양주동	梁柱東	양주동	梁柱東	鄕歌의 解讀에 就하여 特히 願往生歌를 중심으로	문학	1936-01-16	·
1836	양주동	梁柱東	양주동	梁柱東	鄕歌의 解讀에 就하여 特히 願往生歌를 중심으로	문학	1936-01-17	·
1837	양주동	梁柱東	양주동	梁柱東	鄕歌의 解讀에 就하여 特히 願往生歌를 중심으로	문학	1936-01-19	·
1838	양주동	梁柱東	양주동	梁柱東	鄕歌의 解讀에 就하여 特히 願往生歌를 중심으로	문학	1936-01-21	·
1839	양주동	梁柱東	양주동	梁柱東	鄕歌의 解讀에 就하여 特히 願往生歌를 중심으로	문학	1936-01-22	·
1840	양주동	梁柱東	양주동	梁柱東	鄕歌의 解讀에 就하여 特히 願往生歌를 중심으로	문학	1936-01-23	·
1841	양주동	梁柱東	양주동	梁柱東	語源考證數題- 古語에 남은 現代的 意味(1)	한글	1936-09-11	·
1842	양주동	梁柱東	양주동	梁柱東	語源考證數題- 古語에 남은 現代的 意味(2)	한글	1936-09-12	·
1843	양주동	梁柱東	양주동	梁柱東	語源考證數題- 古語에 남은 現代的 意味(3)	한글	1936-09-13	·
1844	양주동	梁柱東	양주동	梁柱東	語源考證數題- 古語에 남은 現代的 意味(4)	한글	1936-09-15	·
1845	양주동	梁柱東	양주동	梁柱東	漢文學의 再吟味- 그 現代的 意義와 限界에 對하야(1)	문학	1937-01-05	·
1846	양주동	梁柱東	양주동	梁柱東	漢文學의 再吟味- 그 現代的 意義와 限界에 對하야(2)	문학	1937-01-07	·

연번	자료저자명(한글)	자료저자명(한자)	본명(한글)	본명(한자)	기사제목	분류	날짜	비고
1847	양주동	梁柱東	양주동	梁柱東	漢文學의 再吟味- 그 現代的 意義와 限界에 對하야(3)	문학	1937-01-08	·
1848	양주동	梁柱東	양주동	梁柱東	大陸文學과 朝鮮文學- 鄕歌와 國風古時 그 年代와 文學的 價値에 對하야(上)	문학	1939-01-01	·
1849	양주동	梁柱東	양주동	梁柱東	鄕歌와 國風古時 그 年代와 文學的 價値에 對하야(下)	문학	1939-01-08	·
1850	양주동	梁柱東	양주동	梁柱東	나의 硏究테-마: 麗謠·鄕歌의 注釋·其他- 上代語法史에의 一途程	문학	1939-03-17	·
1851	양주동	梁柱東	양주동	梁柱東	古文學의 一受難- 金台俊氏의 近著 麗謠註釋(1)	문학	1939-05-28	·
1852	양주동	梁柱東	양주동	梁柱東	古文學의 一受難- 金台俊氏의 近著 麗謠註釋(2)	문학	1939-05-30	·
1853	양주동	梁柱東	양주동	梁柱東	古文學의 一受難- 金台俊氏의 近著 麗謠註釋(3)	문학	1939-05-31	·
1854	양주동	梁柱東	양주동	梁柱東	古文學의 一受難- 金台俊氏의 近著 麗謠註釋(4)	문학	1939-06-02	·
1855	양주동	梁柱東	양주동	梁柱東	古文學의 一受難- 金台俊氏의 近著 麗謠註釋(5)	문학	1939-06-04	·
1856	양주동	梁柱東	양주동	梁柱東	『全』字 小辨- 井邑詞·後腔의 一問題(1)	문학	1939-07-29	·
1857	양주동	梁柱東	양주동	梁柱東	『全』字 小辨- 井邑詞·後腔의 一問題(2)	문학	1939-07-30	·
1858	양주동	梁柱東	양주동	梁柱東	『全』字 小辨- 井邑詞·後腔의 一問題(3)	문학	1939-08-02	·
1859	양주동	梁柱東	양주동	梁柱東	『全』字 小辨- 井邑詞·後腔의 一問題(4)	문학	1939-08-03	·
1860	양주동	梁柱東	양주동	梁柱東	『全』字 小辨- 井邑詞·後腔의 一問題(5)	문학	1939-08-06	·
1861	양주동	梁柱東	양주동	梁柱東	『全』字 小辨- 井邑詞·後腔의 一問題(6)	문학	1939-08-08	·
1862	양주동	梁柱東	양주동	梁柱東	古代詩歌의 美(1)	문학	1940-01-31	·
1863	양주동	梁柱東	양주동	梁柱東	古代詩歌의 美(2)	문학	1940-02-01	·
1864	양주동	梁柱東	양주동	梁柱東	古代詩歌의 美(3)	문학	1940-02-02	·
1865	양주동	梁柱東	양주동	梁柱東	古代詩歌의 美(4)	문학	1940-02-03	·
1866	양주동	梁柱東	양주동	梁柱東	古代詩歌의 美(5)	문학	1940-02-07	·
1867	양주동	梁柱東	양주동	梁柱東	朝鮮學界總動員夏期特別論文-『하늘』의原義(上)	논설	1940-07-28	·
1868	양주동	梁柱東	양주동	梁柱東	朝鮮學界總動員夏期特別論文-『하늘』의原義(中)	논설	1940-07-29	·
1869	양주동	梁柱東	양주동	梁柱東	朝鮮學界總動員夏期特別論文-『하늘』의原義(下)	논설	1940-07-30	·
1870	양흥환	梁興煥	양흥환	梁興煥	平壤浿水의 位置(1) 朝鮮地理史上의 未決訟案	역사	1930-07-01	·
1871	엄흥섭	嚴興燮	엄흥섭	嚴興燮	世界觀의 確立과 朝鮮的 特殊性의 把握	문학	1935-07-09	·
1872	엄흥섭	嚴興燮	엄흥섭	嚴興燮	作家의 基本任務와 朝鮮現實의 把握(上)	문학	1936-01-01	·
1873	엄흥섭	嚴興燮	엄흥섭	嚴興燮	作家의 基本任務와 朝鮮現實의 把握(下)	문학	1936-01-03	·
1874	염상섭	廉想涉	염상섭	廉想涉	『朝鮮語綴字法講座』 張志暎氏의 新著를 읽고(上)	한글	1930-11-01	·
1875	염상섭	廉想涉	염상섭	廉想涉	『朝鮮語綴字法講座』 張志暎氏의 新著를 읽고(中의1)	한글	1930-11-05	·
1876	염상섭	廉想涉	염상섭	廉想涉	『朝鮮語綴字法講座』 張志暎氏의 新著를 읽고(中의2)	한글	1930-11-06	·
1877	염상섭	廉想涉	염상섭	廉想涉	『朝鮮語綴字法講座』 張志暎氏의 新著를 읽고(下)	한글	1930-11-07	·
1878	오숙근	吳淑根	오숙근	吳淑根	양력에 쫏기어 자취를 숨기는 음력설풍습(1)	민속	1937-02-09	·
1879	오숙근	吳淑根	오숙근	吳淑根	양력에 쫏기어 자취를 숨기는 음력설풍습(2)	민속	1937-02-10	·
1880	오숙근	吳淑根	오숙근	吳淑根	인정의 기미를 말하는 모든 풍습- 음력설(3)	민속	1937-02-13	·
1881	오숙근	吳淑根	오숙근	吳淑根	인정의 기미를 말하는 모든 풍습- 음력설(4)	민속	1937-02-18	·
1882	오숙근	吳淑根	오숙근	吳淑根	인정의 기미를 말하는 모든 풍습- 정월보름(5)	민속	1937-02-20	·
1883	오숙근	吳淑根	오숙근	吳淑根	인정의 기미를 말하는 모든 풍습- 정월보름(6)	민속	1937-02-21	·

연번	자료저자명 (한글)	자료저자명 (한자)	본명 (한글)	본명 (한자)	기사제목	분류	날짜	비고
1884	오숙근	吳淑根	오숙근	吳淑根	인정의 기미를 말하는 모든 풍습- 정월보름(7)	민속	1937-02-22	·
1885	오숙근	吳淑根	오숙근	吳淑根	인정의 기미를 말하는 모든 풍습- 정월보름(8)	민속	1937-02-24	·
1886	오숙근	吳淑根	오숙근	吳淑根	인정의 기미를 말하는 모든 풍습- 정월보름(9)	민속	1937-02-26	·
1887	오숙근	吳淑根	오숙근	吳淑根	인정의 기미를 말하는 모든 풍습- 정월보름(10)	민속	1937-02-28	·
1888	오숙근	吳淑根	오숙근	吳淑根	인정의 기미를 말하는 모든 풍습- 정월보름(11)	민속	1937-03-02	·
1889	원택연	元澤淵	원택연	元澤淵	本社主催 妙香登陟記(1)	기행	1939-08-11	·
1890	원택연	元澤淵	원택연	元澤淵	本社主催 妙香登陟記(2)	기행	1939-08-12	·
1891	원택연	元澤淵	원택연	元澤淵	本社主催 妙香登陟記(3)	기행	1939-08-13	·
1892	원택연	元澤淵	원택연	元澤淵	本社主催 妙香登陟記(4)	기행	1939-08-15	·
1893	원택연	元澤淵	원택연	元澤淵	本社主催 妙香登陟記(5)	기행	1939-08-16	·
1894	원택연	元澤淵	원택연	元澤淵	本社主催 妙香登陟記(7)	기행	1939-08-18	6회 미확인
1895	원택연	元澤淵	원택연	元澤淵	本社主催 妙香登陟記(8)	기행	1939-08-19	·
1896	원택연	元澤淵	원택연	元澤淵	本社主催 妙香登陟記(9)	기행	1939-08-20	·
1897	원택연	元澤淵	원택연	元澤淵	本社主催 妙香登陟記(10)	기행	1939-08-22	·
1898	유경상	劉慶尙	유경상	劉慶尙	人格的 感化에 專力을 해. 特別히(偉?)人傳記와 常識을-紫橋엡윗靑年會文字普及班員	한글, 사업	1930-08-28	·
1899	유경상	劉慶商	유경상	劉慶商	第三回 文字普及班의 動向- 紫橋寒泉洞普及班	한글, 사업	1931-08-19	·
1900	유광렬	柳光烈	유광렬	柳光烈	間島의 史的考察- 高句麗, 渤海, 高麗, 李朝 以來 變遷(1)	역사	1931-01-01	·
1901	유광렬	柳光烈	유광렬	柳光烈	間島의 史的考察- 高句麗, 渤海, 高麗, 李朝 以來 變遷(2)	역사	1931-01-02	·
1902	유광렬	柳光烈	유광렬	柳光烈	間島의 史的考察- 高句麗, 渤海, 高麗, 李朝 以來 變遷(3)	역사	1931-01-03	·
1903	유광렬	柳光烈	유광렬	柳光烈	間島의 史的考察- 高句麗, 渤海, 高麗, 李朝 以來 變遷(4)	역사	1931-01-04	·
1904	유광렬	柳光烈	유광렬	柳光烈	間島의 史的考察- 高句麗, 渤海, 高麗, 李朝 以來 變遷(5)	역사	1931-01-05	·
1905	유광렬	柳光烈	유광렬	柳光烈	間島의 史的考察- 高句麗, 渤海, 高麗, 李朝 以來 變遷(6)	역사	1931-01-06	·
1906	유광렬	柳光烈	유광렬	柳光烈	間島의 史的考察- 高句麗, 渤海, 高麗, 李朝 以來 變遷(7)	역사	1931-01-07	·
1907	유광렬	柳光烈	유광렬	柳光烈	間島의 史的考察- 高句麗, 渤海, 高麗, 李朝 以來 變遷(8)	역사	1931-01-08	·
1908	유광렬	柳光烈	유광렬	柳光烈	間島의 史的考察- 高句麗, 渤海, 高麗, 李朝 以來 變遷(9)	역사	1931-01-09	·
1909	유광렬	柳光烈	유광렬	柳光烈	間島의 史的考察- 高句麗, 渤海, 高麗, 李朝 以來 變遷(10)	역사	1931-01-10	·
1910	유광렬	柳光烈	유광렬	柳光烈	間島의 史的考察- 高句麗, 渤海, 高麗, 李朝 以來 變遷(11)	역사	1931-01-11	·
1911	유광렬	柳光烈	유광렬	柳光烈	間島의 史的考察- 高句麗, 渤海, 高麗, 李朝 以來 變遷(12)	역사	1931-01-12	·
1912	유광렬	柳光烈	유광렬	柳光烈	間島의 史的考察- 高句麗, 渤海, 高麗, 李朝 以來 變遷(13)	역사	1931-01-13	·
1913	유광렬	柳光烈	유광렬	柳光烈	間島의 史的考察- 高句麗, 渤海, 高麗, 李朝 以來	역사	1931-01-14	·

연번	자료저자명(한글)	자료저자명(한자)	본명(한글)	본명(한자)	기사제목	분류	날짜	비고
					變遷(14)			
1914	유광렬	柳光烈	유광렬	柳光烈	間島의 史的考察- 高句麗, 渤海, 高麗, 李朝 以來 變遷(15)	역사	1931-01-15	·
1915	유광렬	柳光烈	유광렬	柳光烈	間島의 史的考察- 高句麗, 渤海, 高麗, 李朝 以來 變遷(16)	역사	1931-01-16	·
1916	유광렬	柳光烈	유광렬	柳光烈	間島의 史的考察- 高句麗, 渤海, 高麗, 李朝 以來 變遷(17)	역사	1931-01-17	·
1917	유광렬	柳光烈	유광렬	柳光烈	間島의 史的考察- 高句麗, 渤海, 高麗, 李朝 以來 變遷(18)	역사	1931-01-18	·
1918	유광렬	柳光烈	유광렬	柳光烈	間島의 史的考察- 高句麗, 渤海, 高麗, 李朝 以來 變遷(19)	역사	1931-01-20	·
1919	유광렬	柳光烈	유광렬	柳光烈	間島의 史的考察- 高句麗, 渤海, 高麗, 李朝 以來 變遷(20)	역사	1931-01-21	·
1920	유광렬	柳光烈	유광렬	柳光烈	間島의 史的考察- 高句麗, 渤海, 高麗, 李朝 以來 變遷(21)	역사	1931-01-22	·
1921	유광렬	柳光烈	유광렬	柳光烈	間島의 史的考察- 高句麗, 渤海, 高麗, 李朝 以來 變遷(22)	역사	1931-01-23	·
1922	유광렬	柳光烈	유광렬	柳光烈	間島의 史的考察- 高句麗, 渤海, 高麗, 李朝 以來 變遷(23)	역사	1931-01-24	·
1923	유광렬	柳光烈	유광렬	柳光烈	間島의 史的考察- 高句麗, 渤海, 高麗, 李朝 以來 變遷(24)	역사	1931-01-25	·
1924	유광렬	柳光烈	유광렬	柳光烈	間島의 史的考察- 高句麗, 渤海, 高麗, 李朝 以來 變遷(25)	역사	1931-01-26	·
1925	유광렬	柳光烈	유광렬	柳光烈	間島의 史的考察- 高句麗, 渤海, 高麗, 李朝 以來 變遷(29)*26회	역사	1931-01-27	연재횟수 오기
1926	유광렬	柳光烈	유광렬	柳光烈	間島의 史的考察- 高句麗, 渤海, 高麗, 李朝 以來 變遷(27)	역사	1931-01-28	·
1927	유광렬	柳光烈	유광렬	柳光烈	間島의 史的考察- 高句麗, 渤海, 高麗, 李朝 以來 變遷(28)	역사	1931-01-31	·
1928	유광렬	柳光烈	유광렬	柳光烈	間島의 史的考察- 高句麗, 渤海, 高麗, 李朝 以來 變遷(29)	역사	1931-02-02	·
1929	유광렬	柳光烈	유광렬	柳光烈	權慄의 戰蹟探訪(1) 日曜의 一日을 幸州山城에	기행	1931-07-02	·
1930	유광렬	柳光烈	유광렬	柳光烈	權慄의 戰蹟探訪(2) 日曜의 一日을 幸州山城에	기행	1931-07-03	·
1931	유광렬	柳光烈	유광렬	柳光烈	權慄의 戰蹟探訪(3) 日曜의 一日을 幸州山城에	기행	1931-07-04	·
1932	유광렬	柳光烈	유광렬	柳光烈	權慄의 戰蹟探訪(4) 日曜의 一日을 幸州山城에	기행	1931-07-05	·
1933	유광렬	柳光烈	유광렬	柳光烈	權慄의 戰蹟探訪(5) 日曜의 一日을 幸州山城에	기행	1931-07-07	·
1934	유백로	柳白鷺	유백로	柳白鷺	文字普及運動의 急務(1) 指導機關의 出現을 期함	한글, 사업	1931-02-22	·
1935	유백로	柳白鷺	유백로	柳白鷺	文字普及運動의 急務(2) 指導機關의 出現을 期함	한글, 사업	1931-02-24	·
1936	유백로	柳白鷺	유백로	柳白鷺	文字普及運動의 急務(3) 指導機關의 出現을 期함	한글, 사업	1931-02-25	·
1937	유백로	柳白鷺	유백로	柳白鷺	文字普及運動의 急務(4) 指導機關의 出現을 期함	한글, 사업	1931-02-28	·
1938	유백로	柳白鷺	유백로	柳白鷺	文字普及運動의 急務(5) 指導機關의 出現을 期함	한글, 사업	1931-03-01	·

연번	자료저자명(한글)	자료저자명(한자)	본명(한글)	본명(한자)	기사제목	분류	날짜	비고
1939	유백로	柳白鷺	유백로	柳白鷺	文字普及運動의 急務(完) 指導機關의 出現을 期함	한글, 사업	1931-03-03	·
1940	유자후	柳子厚	유자후	柳子厚	古典復興의 理論과 實際(6) 傳來文品의 稽考難典籍尊重의 觀念을 가져라	논설	1938-06-11	·
1941	유자후	柳子厚	유자후	柳子厚	史話- 朝鮮褓負商考(1)	역사	1940-07-06	·
1942	유자후	柳子厚	유자후	柳子厚	史話- 朝鮮褓負商考(2)	역사	1940-07-09	·
1943	유자후	柳子厚	유자후	柳子厚	史話- 朝鮮褓負商考(3)	역사	1940-07-10	·
1944	유자후	柳子厚	유자후	柳子厚	史話- 朝鮮褓負商考(3)*4회	역사	1940-07-12	연재횟수 오기
1945	유자후	柳子厚	유자후	柳子厚	史話- 朝鮮褓負商考(5)	역사	1940-07-13	석간
1946	유자후	柳子厚	유자후	柳子厚	史話- 朝鮮褓負商考(6)	역사	1940-07-13	조간
1947	유자후	柳子厚	유자후	柳子厚	史話- 朝鮮褓負商考(7)	역사	1940-07-16	·
1948	유자후	柳子厚	유자후	柳子厚	史話- 朝鮮褓負商考(8)	역사	1940-07-17	·
1949	유자후	柳子厚	유자후	柳子厚	史話- 朝鮮褓負商考(9)	역사	1940-07-19	·
1950	유자후	柳子厚	유자후	柳子厚	史話- 朝鮮褓負商考(10)	역사	1940-07-20	·
1951	유자후	柳子厚	유자후	柳子厚	史話- 朝鮮褓負商考(11)	역사	1940-07-23	·
1952	유자후	柳子厚	유자후	柳子厚	史話- 朝鮮褓負商考(12)	역사	1940-07-24	·
1953	유자후	柳子厚	유자후	柳子厚	史話- 朝鮮褓負商考(13)	역사	1940-07-26	·
1954	유자후	柳子厚	유자후	柳子厚	史話- 朝鮮褓負商考(14)	역사	1940-07-30	·
1955	유진오	兪鎭午	유진오	兪鎭午	研究室을 차저서- 剝製된 學問	기타	1932-11-26	·
1956	유창선	劉昌宣	유창선	劉昌宣	鄕歌와 呪術(上)	문학	1940-05-17	·
1957	유창선	劉昌宣	유창선	劉昌宣	鄕歌와 呪術(下)	문학	1940-05-18	·
1958	유창선	劉昌宣	유창선	劉昌宣	古詩와 古俗(上)	문학	1940-07-12	·
1959	유창선	劉昌宣	유창선	劉昌宣	古詩와 古俗(中)	문학	1940-07-13	·
1960	유창선	劉昌宣	유창선	劉昌宣	古詩와 古俗(下)	문학	1940-07-16	·
1961	유치진	柳致眞	유치진	柳致眞	朝鮮語의 整理와 人間에 對한 研究(1)	한글	1936-01-03	·
1962	유치진	柳致眞	유치진	柳致眞	朝鮮語의 整理와 人間에 對한 研究(2)	한글	1936-01-04	·
1963	유치진	柳致眞	유치진	柳致眞	朝鮮語의 整理와 人間에 對한 研究(3)	한글	1936-01-05	·
1964	유치진	柳致眞	유치진	柳致眞	文化公議(5) 新劇運動의 한 課題	논설	1937-06-11	·
1965	유치진	柳致眞	유치진	柳致眞	希臘의 古劇가튼 우리 假面舞蹈	민속	1938-05-07	·
1966	유한철	劉漢徹	유한철	劉漢徹	金子剛氏에게 釋明함(1) 全體醫學의 批判	한의학	1940-04-02	·
1967	유한철	劉漢徹	유한철	劉漢徹	金子剛氏에게 釋明함(2) 精神療法의 弊害	한의학	1940-04-03	·
1968	유한철	劉漢徹	유한철	劉漢徹	金子剛氏에게 釋明함(3) 誤解된 現代醫學	한의학	1940-04-05	·
1969	유한철	劉漢徹	유한철	劉漢徹	金子剛氏에게 釋明함(4) 外科手術의 難點	한의학	1940-04-06	·
1970	유한철	劉漢徹	유한철	劉漢徹	金子剛氏에게 釋明함(5) 手術學의 眞相	한의학	1940-04-09	·
1971	유한철	劉漢徹	유한철	劉漢徹	金子剛氏에게 釋明함(6) 手術學의 眞相	한의학	1940-04-10	·
1972	유한철	劉漢徹	유한철	劉漢徹	金子剛氏에게 釋明함(7) 熱과 局所治療	한의학	1940-04-11	·
1973	유한철	劉漢徹	유한철	劉漢徹	金子剛氏에게 釋明함(8) 現代醫學의 冒瀆	한의학	1940-04-12	·
1974	윤곤강	尹崑崗	윤곤강	尹崑崗	創造的 精神과 우리 詩歌의 當爲性(1)	문학	1936-01-31	·
1975	윤곤강	尹崑崗	윤곤강	尹崑崗	創造的 精神과 우리 詩歌의 當爲性(2)	문학	1936-02-01	·
1976	윤곤강	尹崑崗	윤곤강	尹崑崗	創造的 精神과 우리 詩歌의 當爲性(3)	문학	1936-02-02	·
1977	윤곤강	尹崑崗	윤곤강	尹崑崗	創造的 精神과 우리 詩歌의 當爲性(4)	문학	1936-02-04	·

연번	자료저자명(한글)	자료저자명(한자)	본명(한글)	본명(한자)	기사제목	분류	날짜	비고
1978	윤곤강	尹崑崗	윤곤강	尹崑崗	創造的 精神과 우리 詩歌의 當爲性(5)	문학	1936-02-05	·
1979	윤규섭	尹圭涉	윤규섭	尹圭涉	文學防衛論(1) 새로운 文學建設을 爲하야	문학	1937-07-22	·
1980	윤규섭	尹圭涉	윤규섭	尹圭涉	文學防衛論(2) 새로운 文學建設을 爲하야	문학	1937-07-23	·
1981	윤규섭	尹圭涉	윤규섭	尹圭涉	文學防衛論(3) 새로운 文學建設을 爲하야	문학	1937-07-24	·
1982	윤규섭	尹圭涉	윤규섭	尹圭涉	文學防衛論(4) 새로운 文學建設을 爲하야	문학	1937-07-25	·
1983	윤치호	尹致昊	윤치호	尹致昊	民俗藝術大會評語- 大衆生活과 娛樂 우리 民俗노래에 興겨워하는	민속	1938-04-28	·
1984	이갑기	李甲基	이갑기	李甲基	民族意識의 歷史性과 民族主義 文學(1)	문학	1933-01-15	총4회
1985	이갑기	李甲基	이갑기	李甲基	民族意識의 歷史性과 民族主義 文學(2)	문학	1933-01-17	·
1986	이갑기	李甲基	이갑기	李甲基	民族意識의 歷史性과 民族主義 文學(3)	문학	1933-01-21	·
1987	이갑기	李甲基	이갑기	李甲基	民族意識의 歷史性과 民族主義 文學(完)	문학	1933-01-24	·
1988	이갑기	李甲基	이갑기	李甲基	第十二回 朝鮮美展評(1)	미술	1933-05-24	·
1989	이갑기	李甲基	이갑기	李甲基	第十二回 朝鮮美展評(2)	미술	1933-05-25	·
1990	이갑기	李甲基	이갑기	李甲基	第十二回 朝鮮美展評(3)	미술	1933-05-26	·
1991	이갑기	李甲基	이갑기	李甲基	第十二回 朝鮮美展評(4)	미술	1933-05-27	·
1992	이광수	李光洙	이광수	李光洙	文化公議(2) 懈怠의 열매	논설	1937-06-08	·
1993	이규봉	李圭鳳	이규봉	李圭鳳	漢文易解의 方法(1)	문학	1937-10-31	·
1994	이규봉	李圭鳳	이규봉	李圭鳳	漢文易解의 方法(2)	문학	1937-11-02	·
1995	이규봉	李圭鳳	이규봉	李圭鳳	漢文易解의 方法(3)	문학	1937-11-03	·
1996	이규봉	李圭鳳	이규봉	李圭鳳	漢文易解의 方法(4)	문학	1937-11-05	·
1997	이규봉	李圭鳳	이규봉	李圭鳳	漢文易解의 方法(5)	문학	1937-11-06	·
1998	이규봉	李圭鳳	이규봉	李圭鳳	漢文易解의 方法(6)	문학	1937-11-07	·
1999	이규봉	李圭鳳	이규봉	李圭鳳	漢文易解의 方法(7)	문학	1937-11-09	·
2000	이규봉	李圭鳳	이규봉	李圭鳳	漢文易解의 方法(8)	문학	1937-11-10	·
2001	이규봉	李圭鳳	이규봉	李圭鳳	漢文易解의 方法(9)	문학	1937-11-11	·
2002	이극로	李克魯	이극로	李克魯	標準文法과 標準辭典	한글, 사업	1930-11-19	·
2003	이극로	李克魯	이극로	李克魯	朝鮮語文 整理運動의 今後	한글	1935-10-28	·
2004	이극로	李克魯	이극로	李克魯	한글記念四百九十週年 標準語發表에 際하야	한글	1936-11-01	·
2005	이극로	李克魯	이극로	李克魯	新刊評 李熙昇 近著 歷代朝鮮文學精華	문학	1938-05-05	·
2006	이극로	李克魯	이극로	李克魯	朝鮮學界總動員 夏期特別論文- 한글發達史	논설	1940-08-03	·
2007	이기영	李箕永	이기영	李箕永	文化公議(1) 文學靑年에게 주는 글	논설	1937-06-06	·
2008	이기영	李箕永	이기영	李箕永	歷史의 흐르는 方向 科學的 合理性의 把握과 實踐	철학	1938-07-09	·
2009	이병기	李秉岐	이병기	李秉岐	朝鮮語硏究의 現狀	한글, 사업	1930-11-19	·
2010	이병기	李秉岐	이병기	李秉岐	正音頒布와 그 文獻에 대하여	한글, 사업	1931-10-29	·
2011	이병기	李秉岐	이병기	李秉岐	時調의 起源과 그 形態(1)	문학	1935-01-01	·
2012	이병기	李秉岐	이병기	李秉岐	時調의 起源과 그 形態(2)	문학	1935-01-02	·
2013	이병기	李秉岐	이병기	李秉岐	時調의 起源과 그 形態(3)	문학	1935-01-10	이병기 검색
2014	이병기	李秉岐	이병기	李秉岐	時調의 起源과 그 形態(4)	문학	1935-01-12	·
2015	이병기	李秉岐	이병기	李秉岐	時調의 起源과 그 形態(5)	문학	1935-01-13	·

연번	자료저자명 (한글)	자료저자명 (한자)	본명 (한글)	본명 (한자)	기사제목	분류	날짜	비고
2016	이병기	李秉岐	이병기	李秉岐	古代歌詞의 叢林은 朝鮮文學의 發祥地	문학	1937-01-04	·
2017	이병기	李秉岐	이병기	李秉岐	綜合論文(2) "西洋精神과 東方情趣" 大自然에 歸依하는 東方人	논설	1938-08-03	·
2018	이병기	李秉岐	이병기	李秉岐	綜合論文(3) "西歐精神과 東方情趣" 大自然에 歸依하는 東方人	논설	1938-08-04	·
2019	이병기	李秉岐	이병기	李秉岐	大陸文學과 朝鮮文學- 漢詩絶句와 時調와의 關係	문학	1939-01-01	·
2020	이병기	李秉岐	이병기	李秉岐	珍書貴藏集: 四世紀半前의 活字本 우리語文研究의 鍵鑰-『金剛經三家解』에 대하야-	한글	1939-02-14	·
2021	이병기	李秉岐	이병기	李秉岐	朝鮮語時間(1) 당주 윤선생	한글	1939-04-23	·
2022	이병기	李秉岐	이병기	李秉岐	朝鮮語時間(2) 참새	한글	1939-04-30	·
2023	이병기	李秉岐	이병기	李秉岐	朝鮮語공부- 봄노래	한글	1939-05-07	·
2024	이병기	李秉岐	이병기	李秉岐	朝鮮語공부-景慕宮의 어릴 때- 恨中錄의 一節	한글	1939-05-14	·
2025	이병기	李秉岐	이병기	李秉岐	朝鮮語공부- 곡조문(哭鳥文)	한글	1939-05-21	·
2026	이병기	李秉岐	이병기	李秉岐	朝鮮語공부- 동요	한글	1939-05-28	·
2027	이병기	李秉岐	이병기	李秉岐	時調科(1) 韻律	문학	1939-05-30	·
2028	이병기	李秉岐	이병기	李秉岐	時調科(2) 形式內容	문학	1939-05-31	·
2029	이병기	李秉岐	이병기	李秉岐	時調科(3) 形式內容	문학	1939-06-02	·
2030	이병기	李秉岐	이병기	李秉岐	朝鮮語공부- 감고당(感古堂)	한글	1939-06-04	·
2031	이병기	李秉岐	이병기	李秉岐	時調科(4) 形式內容	문학	1939-06-06	·
2032	이병기	李秉岐	이병기	李秉岐	朝鮮語공부「의」와 「에」의 쓰이는 법	한글	1939-07-02	·
2033	이병기	李秉岐	이병기	李秉岐	朝鮮語공부- 속담(俗談)	한글	1939-07-09	·
2034	이병기	李秉岐	이병기	李秉岐	朝鮮語공부	한글	1939-07-16	·
2035	이병기	李秉岐	이병기	李秉岐	新羅史의 精華 花郎道	역사	1940-01-04	·
2036	이병도	李丙燾	이병도	李丙燾	朝鮮古代史上의 諸問題(1)	역사, 논설	1930-05-18	·
2037	이병도	李丙燾	이병도	李丙燾	朝鮮古代史上의 諸問題(2)	역사, 논설	1930-05-20	·
2038	이병도	李丙燾	이병도	李丙燾	朝鮮古代史上의 諸問題(3)	역사, 논설	1930-05-22	·
2039	이병도	李丙燾	이병도	李丙燾	朝鮮古代史上의 諸問題(4)	역사, 논설	1930-05-23	·
2040	이병도	李丙燾	이병도	李丙燾	朝鮮古代史上의 諸問題(5)	역사, 논설	1930-05-24	·
2041	이병도	李丙燾	이병도	李丙燾	朝鮮古代史上의 諸問題(6)	역사, 논설	1930-05-25	·
2042	이병도	李丙燾	이병도	李丙燾	朝鮮古代史上의 諸問題(7)	역사, 논설	1930-05-27	·
2043	이병도	李丙燾	이병도	李丙燾	朝鮮古代史上의 諸問題(8)	역사, 논설	1930-05-28	·
2044	이병도	李丙燾	이병도	李丙燾	朝鮮古代史上의 諸問題(9)	역사, 논설	1930-05-29	·
2045	이병도	李丙燾	이병도	李丙燾	朝鮮古代史上의 諸問題(10)	역사, 논설	1930-05-30	·
2046	이병도	李丙燾	이병도	李丙燾	朝鮮古代史上의 諸問題(11)	역사, 논설	1930-05-31	·

연번	자료저자명(한글)	자료저자명(한자)	본명(한글)	본명(한자)	기사제목	분류	날짜	비고
2047	이병도	李丙燾	이병도	李丙燾	朝鮮古代史上의 諸問題(12)	역사, 논설	1930-06-01	·
2048	이병도	李丙燾	이병도	李丙燾	朝鮮古代史上의 諸問題(13)	역사, 논설	1930-06-03	·
2049	이병도	李丙燾	이병도	李丙燾	朝鮮古代史上의 諸問題(完)	역사, 논설	1930-06-04	·
2050	이병도	李丙燾	이병도	李丙燾	國初의 建都問題(1)	역사, 논설	1930-06-05	·
2051	이병도	李丙燾	이병도	李丙燾	國初의 建都問題(2)	역사, 논설	1930-06-06	·
2052	이병도	李丙燾	이병도	李丙燾	國初의 建都問題(3)	역사, 논설	1930-06-07	·
2053	이병도	李丙燾	이병도	李丙燾	國初의 建都問題(4)	역사, 논설	1930-06-08	·
2054	이병도	李丙燾	이병도	李丙燾	國初의 建都問題(5)	역사, 논설	1930-06-11	·
2055	이병도	李丙燾	이병도	李丙燾	國初의 建都問題(6)	역사, 논설	1930-06-12	·
2056	이병도	李丙燾	이병도	李丙燾	國初의 建都問題(7)	역사, 논설	1930-06-13	·
2057	이병도	李丙燾	이병도	李丙燾	國初의 建都問題(8)	역사, 논설	1930-06-14	·
2058	이병도	李丙燾	이병도	李丙燾	國初의 建都問題(9)	역사, 논설	1930-06-15	·
2059	이병도	李丙燾	이병도	李丙燾	國初의 建都問題(10)	역사, 논설	1930-06-18	·
2060	이병도	李丙燾	이병도	李丙燾	國初의 建都問題(11)	역사, 논설	1930-06-19	·
2061	이병도	李丙燾	이병도	李丙燾	國初의 建都問題(12)	역사, 논설	1930-06-20	·
2062	이병도	李丙燾	이병도	李丙燾	國初의 建都問題(完)	역사, 논설	1930-06-21	·
2063	이병도	李丙燾	이병도	李丙燾	漢陽의 史的 考察(1) 特히 麗朝王室과의 關係	역사, 논설	1930-07-02	·
2064	이병도	李丙燾	이병도	李丙燾	漢陽의 史的 考察(2) 特히 麗朝王室과의 關係	역사, 논설	1930-07-03	·
2065	이병도	李丙燾	이병도	李丙燾	漢陽의 史的 考察(3) 特히 麗朝王室과의 關係	역사, 논설	1930-07-04	·
2066	이병도	李丙燾	이병도	李丙燾	漢陽의 史的 考察(4) 特히 麗朝王室과의 關係	역사, 논설	1930-07-05	·
2067	이병도	李丙燾	이병도	李丙燾	漢陽의 史的 考察(5) 特히 麗朝王室과의 關係	역사, 논설	1930-07-06	·
2068	이병도	李丙燾	이병도	李丙燾	漢陽의 史的 考察(6) 特히 麗朝王室과의 關係	역사, 논설	1930-07-08	·
2069	이병도	李丙燾	이병도	李丙燾	漢陽의 史的 考察(7) 特히 麗朝王室과의 關係	역사, 논설	1930-07-10	·
2070	이병도	李丙燾	이병도	李丙燾	漢陽의 史的 考察(完) 特히 麗朝王室과의 關係	역사,	1930-07-11	·

연번	자료저자명 (한글)	자료저자명 (한자)	본명 (한글)	본명 (한자)	기사제목	분류	날짜	비고
						논설		
2071	이병도	李丙燾	이병도	李丙燾	玄菟, 臨屯郡考(1)	역사, 논설	1930-10-12	·
2072	이병도	李丙燾	이병도	李丙燾	玄菟, 臨屯郡考(2)	역사, 논설	1930-10-14	·
2073	이병도	李丙燾	이병도	李丙燾	玄菟, 臨屯郡考(3)	역사, 논설	1930-10-15	·
2074	이병도	李丙燾	이병도	李丙燾	玄菟, 臨屯郡考(4)	역사, 논설	1930-10-16	·
2075	이병도	李丙燾	이병도	李丙燾	玄菟, 臨屯郡考(5)	역사, 논설	1930-10-17	·
2076	이병도	李丙燾	이병도	李丙燾	玄菟, 臨屯郡考(6)	역사, 논설	1930-10-18	·
2077	이병도	李丙燾	이병도	李丙燾	玄菟, 臨屯郡考(7)	역사, 논설	1930-10-22	·
2078	이병도	李丙燾	이병도	李丙燾	玄菟, 臨屯郡考(8)	역사, 논설	1930-10-23	·
2079	이병도	李丙燾	이병도	李丙燾	玄菟, 臨屯郡考(9)	역사, 논설	1930-10-24	·
2080	이병도	李丙燾	이병도	李丙燾	玄菟, 臨屯郡考(10)	역사, 논설	1930-10-25	·
2081	이병도	李丙燾	이병도	李丙燾	玄菟, 臨屯郡考(11)	역사, 논설	1930-10-26	·
2082	이병도	李丙燾	이병도	李丙燾	玄菟, 臨屯郡考(12)	역사, 논설	1930-10-27	·
2083	이병도	李丙燾	이병도	李丙燾	玄菟, 臨屯郡考(13)	역사, 논설	1930-10-30	·
2084	이병도	李丙燾	이병도	李丙燾	玄菟, 臨屯郡考(14)	역사, 논설	1930-10-31	·
2085	이병도	李丙燾	이병도	李丙燾	玄菟, 臨屯郡考(15)	역사, 논설	1930-11-01	·
2086	이병도	李丙燾	이병도	李丙燾	玄菟, 臨屯郡考(16)	역사, 논설	1930-11-02	·
2087	이병도	李丙燾	이병도	李丙燾	玄菟, 臨屯郡考(17)	역사, 논설	1930-11-05	·
2088	이병도	李丙燾	이병도	李丙燾	玄菟, 臨屯郡考(18)	역사, 논설	1930-11-06	·
2089	이병도	李丙燾	이병도	李丙燾	玄菟, 臨屯郡考(19)	역사, 논설	1930-11-06	·
2090	이병도	李丙燾	이병도	李丙燾	玄菟, 臨屯郡考(20)	역사, 논설	1930-11-08	·
2091	이병도	李丙燾	이병도	李丙燾	玄菟, 臨屯郡考(21)	역사, 논설	1930-11-09	·
2092	이병도	李丙燾	이병도	李丙燾	玄菟, 臨屯郡考(23)	역사, 논설	1930-11-12	22회 미확인
2093	이병도	李丙燾	이병도	李丙燾	玄菟, 臨屯郡考(24)	역사, 논설	1930-11-13	·

연번	자료저자명(한글)	자료저자명(한자)	본명(한글)	본명(한자)	기사제목	분류	날짜	비고
2094	이병도	李丙燾	이병도	李丙燾	玄菟, 臨屯郡考(25)	역사, 논설	1930-11-16	·
2095	이병도	李丙燾	이병도	李丙燾	玄菟, 臨屯郡考(完)	역사, 논설	1930-11-18	·
2096	이병도	李丙燾	이병도	李丙燾	高麗太祖의 地力信仰(1)	역사, 논설	1930-12-20	·
2097	이병도	李丙燾	이병도	李丙燾	高麗太祖의 地力信仰(2)	역사, 논설	1930-12-21	·
2098	이병도	李丙燾	이병도	李丙燾	高麗太祖의 地力信仰(3)	역사, 논설	1930-12-23	·
2099	이병도	李丙燾	이병도	李丙燾	高麗太祖의 地力信仰(4)	역사, 논설	1930-12-24	·
2100	이병도	李丙燾	이병도	李丙燾	高麗太祖의 地力信仰(5)	역사, 논설	1930-12-25	·
2101	이병도	李丙燾	이병도	李丙燾	高麗太祖의 地力信仰(6)	역사, 논설	1930-12-26	·
2102	이병도	李丙燾	이병도	李丙燾	高麗太祖의 地力信仰(7)	역사, 논설	1930-12-27	·
2103	이병도	李丙燾	이병도	李丙燾	高麗太祖의 地力信仰(8)	역사, 논설	1930-12-28	·
2104	이병도	李丙燾	이병도	李丙燾	高麗太祖의 地方信仰(續1)	역사	1931-01-15	·
2105	이병도	李丙燾	이병도	李丙燾	高麗太祖의 地方信仰(續2)	역사	1931-01-16	·
2106	이병도	李丙燾	이병도	李丙燾	高麗太祖의 地方信仰(續3)	역사	1931-01-17	·
2107	이병도	李丙燾	이병도	李丙燾	故文一平氏 遺著 湖岩史話集	문학	1939-07-28	·
2108	이병도	李丙燾	이병도	李丙燾	朝鮮學界總動員 夏期特別論文- 高麗三蘇의 再考察(上)	논설	1940-07-19	·
2109	이병도	李丙燾	이병도	李丙燾	朝鮮學界總動員 夏期特別論文- 高麗三蘇의 再考察(下)	논설	1940-07-20	·
2110	이병묵	李炳默	이병묵	李炳默	第三回 文字普及班의 動向- 漢江里文字普及班	한글, 사업	1931-08-20	·
2111	이상인	李相寅	이상인	李相寅	吏讀小巧(1)	한글	1939-06-25	·
2112	이상인	李相寅	이상인	李相寅	吏讀小巧(2)	한글	1939-06-27	·
2113	이상인	李相寅	이상인	李相寅	吏讀小巧(3)	한글	1939-06-28	·
2114	이상인	李相寅	이상인	李相寅	吏讀小巧(4)	한글	1939-06-29	·
2115	이상인	李相寅	이상인	李相寅	古典과 吏讀文學(1)	문학	1940-02-09	·
2116	이상인	李相寅	이상인	李相寅	古典과 吏讀文學(2)	문학	1940-02-10	·
2117	이상인	李相寅	이상인	李相寅	古典과 吏讀文學(3)	문학	1940-02-13	·
2118	이상춘	李常春	이상춘	李常春	鄕土文化를 차저서- 宣川行(1)	기행	1938-06-19	·
2119	이상춘	李常春	이상춘	李常春	鄕土文化를 차저서- 宣川行(2)	기행	1938-06-20	·
2120	이상춘	李常春	이상춘	李常春	鄕土文化를 차저서- 宣川行(3)	기행	1938-06-22	·
2121	이상춘	李常春	이상춘	李常春	鄕土文化를 차저서- 宣川行(4)	기행	1938-06-23	·
2122	이상춘	李常春	이상춘	李常春	鄕土文化를 차저서- 宣川行(5)	기행	1938-06-24	·
2123	이상춘	李常春	이상춘	李常春	鄕土文化를 차저서- 宣川行(6)	기행	1938-06-25	·
2124	이상춘	李常春	이상춘	李常春	鄕土文化를 차저서- 宣川行(7)	기행	1938-06-26	·

연번	자료저자명(한글)	자료저자명(한자)	본명(한글)	본명(한자)	기사제목	분류	날짜	비고
2125	이상춘	李常春	이상춘	李常春	鄕土文化를 차저서- 務安·木浦行(1)	기행	1938-09-30	·
2126	이상춘	李常春	이상춘	李常春	鄕土文化를 차저서- 務安·木浦行(3)	기행	1938-10-05	2회 미확인
2127	이상춘	李常春	이상춘	李常春	鄕土文化를 차저서- 務安·木浦行(4)	기행	1938-10-06	·
2128	이상호	李相昊	이상호	李相昊	金剛山特電(1) 「코쓰」조차 밧귄 斷髮令	기행	1933-07-19	총6회
2129	이상호	李相昊	이상호	李相昊	金剛山特電(2) 拷問惡刑은 絶對 不採用	기행	1933-07-20	·
2130	이상호	李相昊	이상호	李相昊	金剛山特電(3) 千古長恨! 九龍淵에 隱樓	기행	1933-07-21	·
2131	이상호	李相昊	이상호	李相昊	金剛山特電(4) 五萬物相身勢打令	기행	1933-07-22	·
2132	이상호	李相昊	이상호	李相昊	金剛山特電(5) 新羅臨終期의 大悲劇	기행	1933-07-23	·
2133	이상호	李相昊	이상호	李相昊	金剛山特電(6) 金剛靈域淨化를 討議	기행	1933-07-25	·
2134	이상호	李相昊	이상호	李相昊	乙支公詣墓行(1)	기행	1936-05-19	·
2135	이상호	李相昊	이상호	李相昊	乙支公詣墓行(2)	기행	1936-05-21	·
2136	이상호	李相昊	이상호	李相昊	乙支公詣墓行(3)	기행	1936-05-23	·
2137	이상호	李相昊	이상호	李相昊	乙支公詣墓行(4)	기행	1936-05-24	·
2138	이상호	李相昊	이상호	李相昊	白頭山行(1)	기행	1936-08-07	·
2139	이상호	李相昊	이상호	李相昊	白頭山行(2)	기행	1936-08-08	·
2140	이상호	李相昊	이상호	李相昊	白頭山行(3)	기행	1936-08-09	·
2141	이상호	李相昊	이상호	李相昊	白頭山行(4)	기행	1936-08-10	·
2142	이상호	李相昊	이상호	李相昊	白頭山行(5)	기행	1936-08-11	·
2143	이상호	李相昊	이상호	李相昊	白頭山行(6)	기행	1936-08-14	·
2144	이상호	李相昊	이상호	李相昊	白頭山行(7)	기행	1936-08-15	·
2145	이상호	李相昊	이상호	李相昊	白頭山行(8)	기행	1936-08-21	·
2146	이상호	李相昊	이상호	李相昊	白頭山行(9)	기행	1936-08-22	·
2147	이상호	李相昊	이상호	李相昊	白頭山行(10)	기행	1936-08-23	·
2148	이상호	李相昊	이상호	李相昊	白頭山行	기행	1936-08-27	·
2149	이상호	李相昊	이상호	李相昊	白頭山行	기행	1936-08-30	·
2150	이상호	李相昊	이상호	李相昊	白頭山行(15)	기행	1936-09-03	·
2151	이상호	李相昊	이상호	李相昊	白頭山行(16)	기행	1936-09-04	·
2152	이상호	李相昊	이상호	李相昊	白頭山行(17)	기행	1936-09-05	·
2153	이상호	李相昊	이상호	李相昊	白頭山行(18)	기행	1936-09-06	·
2154	이상호	李相昊	이상호	李相昊	白頭山行(19)	기행	1936-09-08	·
2155	이상호	李相昊	이상호	李相昊	白頭山行(20)	기행	1936-09-09	·
2156	이상호	李相昊	이상호	李相昊	白頭山行(21)	기행	1936-09-10	·
2157	이상호	李相昊	이상호	李相昊	白頭山行(22)	기행	1936-09-11	·
2158	이상호	李相昊	이상호	李相昊	白頭山行(23)	기행	1936-09-12	·
2159	이상호	李相昊	이상호	李相昊	白頭山行(24)	기행	1936-09-13	·
2160	이상호	李相昊	이상호	李相昊	白頭山行(25)	기행	1936-09-15	·
2161	이상호	李相昊	이상호	李相昊	白頭山行(26)	기행	1936-09-16	·
2162	이상호	李相昊	이상호	李相昊	白頭山行(27)	기행	1936-09-17	·
2163	이상호	李相昊	이상호	李相昊	白頭山行(28)	기행	1936-09-19	·
2164	이상호	李相昊	이상호	李相昊	白頭山行(29)	기행	1936-09-20	·
2165	이상호	李相昊	이상호	李相昊	白頭山行(30)	기행	1936-09-22	·

연번	자료저자명(한글)	자료저자명(한자)	본명(한글)	본명(한자)	기사제목	분류	날짜	비고
2166	이숭녕	李崇寧	이숭녕	李崇寧	朝鮮學界總動員 夏期特別論文- 音韻論의 課題(上)	논설	1940-08-08	·
2167	이숭녕	李崇寧	이숭녕	李崇寧	朝鮮學界總動員 夏期特別論文- 音韻論의 課題(下)	논설	1940-08-09	·
2168	이승규	李昇圭	이승규	李昇圭	鄕土文化를 차저서- 保寧行(1)	기행	1938-06-09	·
2169	이승규	李昇圭	이승규	李昇圭	鄕土文化를 차저서- 保寧行(2)	기행	1938-06-10	·
2170	이승규	李昇圭	이승규	李昇圭	鄕土文化를 차저서- 保寧行(3)	기행	1938-06-11	·
2171	이승규	李昇圭	이승규	李昇圭	鄕土文化를 차저서- 保寧行(4)	기행	1938-06-12	·
2172	이승규	李昇圭	이승규	李昇圭	鄕土文化를 차저서- 保寧行(5)	기행	1938-06-14	·
2173	이승규	李昇圭	이승규	李昇圭	鄕土文化를 차저서- 保寧行(6)	기행	1938-06-15	·
2174	이승규	李昇圭	이승규	李昇圭	鄕土文化를 차저서- 保寧行(7)	기행	1938-06-16	·
2175	이승규	李昇圭	이승규	李昇圭	鄕土文化를 차저서- 保寧行(8)	기행	1938-06-18	·
2176	이양하	李敭河	이양하	李敭河	朝鮮語의 修鍊과 朝鮮文學 將來	문학	1935-07-06	·
2177	이여성	李如星	이명건	李命鍵	敬虔한 食慾이 움적이는 걸궁이패의 繪畵的 要素	민속	1938-05-07	·
2178	이여성	李如星	이명건	李命鍵	古典復興의 理論과 實際(4) 古典研究와 書籍貧困 藏書家의 書籍公開를 要望	논설	1938-06-08	·
2179	이여성	李如星	이여성	李如星	朝鮮學界總動員 夏期特別論文- 李朝服飾의 社會的 構成	논설	1940-08-07	·
2180	이원식	李元植	이원식	李元植	文字普及班消息- 光明은 貧民村에서 우리는 여긔에 힘을 다 하자.	한글, 사업	1930-09-02	·
2181	이원조	李源朝	이원조	李源朝	慶州紀行(1)	기행	1935-03-29	·
2182	이원조	李源朝	이원조	李源朝	慶州紀行(2)	기행	1935-03-30	·
2183	이원조	李源朝	이원조	李源朝	慶州紀行(3)	기행	1935-04-03	·
2184	이원조	李源朝	이원조	李源朝	慶州紀行(4)	기행	1935-04-05	·
2185	이원조	李源朝	이원조	李源朝	慶州紀行(5)	기행	1935-04-06	·
2186	이원조	李源朝	이원조	李源朝	慶州紀行(6)	기행	1935-04-09	·
2187	이원조	李源朝	이원조	李源朝	朝鮮文學의 傳說과 風流	문학	1937-06-25	·
2188	이원조	李源朝	이원조	李源朝	文化時評(1) 古典研究의 現代的 心理	문학	1939-08-08	·
2189	이원조	李源朝	이원조	李源朝	文化時評(2) 現代文化와 時事性	문학	1939-08-09	·
2190	이원조	李源朝	이원조	李源朝	文化時評(3) 秩序에의 意慾	문학	1939-08-11	·
2191	이원조	李源朝	이원조	李源朝	文化時評(4) 技術主義의 偏重	문학	1939-08-12	·
2192	이윤재	李允宰	이윤재	李允宰	한글 마춤법 統一案 解說(1)	한글	1933-11-11	·
2193	이윤재	李允宰	이윤재	李允宰	한글 마춤법 統一案 解說(2)	한글	1933-11-12	·
2194	이윤재	李允宰	이윤재	李允宰	한글 마춤법 統一案 解說(3)	한글	1933-11-14	·
2195	이윤재	李允宰	이윤재	李允宰	한글 마춤법 統一案 解說(4)	한글	1933-11-15	·
2196	이윤재	李允宰	이윤재	李允宰	한글 마춤법 統一案 解說(5)	한글	1933-11-16	·
2197	이윤재	李允宰	이윤재	李允宰	한글 마춤법 統一案 解說(6)	한글	1933-11-17	·
2198	이윤재	李允宰	이윤재	李允宰	한글 마춤법 統一案 解說(7)	한글	1933-11-18	·
2199	이윤재	李允宰	이윤재	李允宰	한글 마춤법 統一案 解說(8)	한글	1933-11-19	·
2200	이윤재	李允宰	이윤재	李允宰	한글 마춤법 統一案 解說(9)	한글	1933-11-21	·
2201	이윤재	李允宰	이윤재	李允宰	한글 마춤법 統一案 解說(10)	한글	1933-11-22	·
2202	이윤재	李允宰	이윤재	李允宰	한글 마춤법 統一案 解說(11)	한글	1933-11-23	·
2203	이윤재	李允宰	이윤재	李允宰	한글 마춤법 統一案 解說(12)	한글	1933-11-25	·
2204	이윤재	李允宰	이윤재	李允宰	한글 마춤법 統一案 解說(13)	한글	1933-11-26	·

연번	자료저자명(한글)	자료저자명(한자)	본명(한글)	본명(한자)	기사제목	분류	날짜	비고
2205	이윤재	李允宰	이윤재	李允宰	한글 마춤법 統一案 解說(14)	한글	1933-11-28	·
2206	이윤재	李允宰	이윤재	李允宰	한글 마춤법 統一案 解說(15)	한글	1933-11-29	·
2207	이윤재	李允宰	이윤재	李允宰	한글 마춤법 統一案 解說(16)	한글	1933-11-30	·
2208	이윤재	李允宰	이윤재	李允宰	한글 마춤법 統一案 解說(17)	한글	1933-12-01	·
2209	이윤재	李允宰	이윤재	李允宰	한글 마춤법 統一案 解說(18)	한글	1933-12-02	·
2210	이윤재	李允宰	이윤재	李允宰	한글 마춤법 統一案 解說(19)	한글	1933-12-03	·
2211	이윤재	李允宰	이윤재	李允宰	한글 마춤법 統一案 解說(20)	한글	1933-12-05	·
2212	이윤재	李允宰	이윤재	李允宰	한글 마춤법 統一案 解說(21)	한글	1933-12-06	·
2213	이윤재	李允宰	이윤재	李允宰	한글 마춤법 統一案 解說(22)	한글	1933-12-07	·
2214	이윤재	李允宰	이윤재	李允宰	한글 마춤법 統一案 解說(23)	한글	1933-12-08	·
2215	이윤재	李允宰	이윤재	李允宰	한글 마춤법 統一案 解說(24)	한글	1933-12-09	·
2216	이윤재	李允宰	이윤재	李允宰	한글 마춤법 統一案 解說(25)	한글	1933-12-10	·
2217	이윤재	李允宰	이윤재	李允宰	한글 마춤법 統一案 解說(26)	한글	1933-12-12	·
2218	이윤재	李允宰	이윤재	李允宰	한글 마춤법 統一案 解說(27)	한글	1933-12-13	·
2219	이윤재	李允宰	이윤재	李允宰	한글 마춤법 統一案 解說(28)	한글	1933-12-14	·
2220	이윤재	李允宰	이윤재	李允宰	한글 마춤법 統一案 解說(29)	한글	1933-12-17	·
2221	이윤재	李允宰	이윤재	李允宰	한글 마춤법 統一案 解說(30)	한글	1933-12-19	·
2222	이윤재	李允宰	이윤재	李允宰	한글 마춤법 統一案 解說(31)	한글	1933-12-20	·
2223	이은상	李殷相	이은상	李殷相	詩人 蘆溪와 그의 時調- 朝鮮文學의 一研究(1)	문학	1930-01-01	·
2224	이은상	李殷相	이은상	李殷相	詩人 蘆溪와 그의 藝術(3)- 朝鮮文學의 一研究	문학	1930-01-04	2회 미확인
2225	이은상	李殷相	이은상	李殷相	詩人 蘆溪와 그의 藝術(4)- 朝鮮文學의 一研究	문학	1930-01-05	·
2226	이은상	李殷相	이은상	李殷相	詩人 蘆溪의 藝術(6)*5회- 朝鮮文學의 一研究	문학	1930-01-06	연재횟수 오기
2227	이은상	李殷相	이은상	李殷相	詩人 蘆溪의 藝術(6)- 朝鮮文學의 一研究	문학	1930-01-07	·
2228	이은상	李殷相	이은상	李殷相	詩人 蘆溪의 藝術(7)- 朝鮮文學의 一研究	문학	1930-01-09	·
2229	이은상	李殷相	이은상	李殷相	詩人 蘆溪의 藝術(8)- 朝鮮文學의 一研究	문학	1930-01-10	·
2230	이은상	李殷相	이은상	李殷相	詩人 蘆溪의 藝術(9)- 朝鮮文學의 一研究	문학	1930-01-11	·
2231	이은상	李殷相	이은상	李殷相	詩人 蘆溪의 藝術(10)- 朝鮮文學의 一研究	문학	1930-01-12	·
2232	이은상	李殷相	이은상	李殷相	詩人 蘆溪의 藝術(11)- 朝鮮文學의 一研究	문학	1930-01-14	·
2233	이은상	李殷相	이은상	李殷相	江都遊記(1)	기행	1935-10-25	·
2234	이은상	李殷相	이은상	李殷相	江都遊記(2)	기행	1935-10-26	·
2235	이은상	李殷相	이은상	李殷相	江都遊記(3)	기행	1935-10-27	·
2236	이은상	李殷相	이은상	李殷相	우리글 노래	한글	1935-10-28	·
2237	이은상	李殷相	이은상	李殷相	江都遊記(4)	기행	1935-10-29	·
2238	이은상	李殷相	이은상	李殷相	江都遊記(5)	기행	1935-10-30	·
2239	이은상	李殷相	이은상	李殷相	江都遊記(6)	기행	1935-11-01	·
2240	이은상	李殷相	이은상	李殷相	江都遊記(8)	기행	1935-11-03	·
2241	이은상	李殷相	이은상	李殷相	江都遊記(9)	기행	1935-11-05	·
2242	이은상	李殷相	이은상	李殷相	眞興王北省碑瞻禮記(1)	기행	1936-11-05	·
2243	이은상	李殷相	이은상	李殷相	眞興王北省碑瞻禮記(2)	기행	1936-11-06	·
2244	이은상	李殷相	이은상	李殷相	眞興王北省碑瞻禮記(3)	기행	1936-11-07	·
2245	이은상	李殷相	이은상	李殷相	眞興王北省碑瞻禮記(4)	기행	1936-11-08	·

연번	자료저자명(한글)	자료저자명(한자)	본명(한글)	본명(한자)	기사제목	분류	날짜	비고
2246	이은상	李殷相	이은상	李殷相	眞興王北省碑瞻禮記(5)	기행	1936-11-10	·
2247	이은상	李殷相	이은상	李殷相	眞興王北省碑瞻禮記(6)	기행	1936-11-12	·
2248	이은상	李殷相	이은상	李殷相	眞興王北省碑瞻禮記(7)	기행	1936-11-13	·
2249	이은상	李殷相	이은상	李殷相	眞興王北省碑瞻禮記(8)	기행	1936-11-14	·
2250	이은상	李殷相	이은상	李殷相	古文化의 再吟味 古時調研究의 意義- 그 現代的 聯關性에 對하야	문학	1937-01-01	·
2251	이은상	李殷相	이은상	李殷相	新刊評 朝鮮詩歌의 整理 讀"朝鮮詩歌史綱"	문학	1937-05-29	·
2252	이은상	李殷相	이은상	李殷相	漢拏山登攀記(1)	기행	1937-07-27	·
2253	이은상	李殷相	이은상	李殷相	漢拏山登攀記(2)	기행	1937-07-28	·
2254	이은상	李殷相	이은상	李殷相	漢拏山登攀記(3)	기행	1937-07-29	·
2255	이은상	李殷相	이은상	李殷相	漢拏山登攀記(4)	기행	1937-08-04	·
2256	이은상	李殷相	이은상	李殷相	漢拏山登攀記(5)	기행	1937-08-05	·
2257	이은상	李殷相	이은상	李殷相	漢拏山登攀記(6)	기행	1937-08-06	·
2258	이은상	李殷相	이은상	李殷相	漢拏山登攀記(7)	기행	1937-08-07	·
2259	이은상	李殷相	이은상	李殷相	漢拏山登攀記(8)	기행	1937-08-08	·
2260	이은상	李殷相	이은상	李殷相	漢拏山登攀記(9)	기행	1937-08-10	·
2261	이은상	李殷相	이은상	李殷相	漢拏山登攀記(10)	기행	1937-08-11	·
2262	이은상	李殷相	이은상	李殷相	漢拏山登攀記(11)	기행	1937-08-12	·
2263	이은상	李殷相	이은상	李殷相	漢拏山登攀記(12)	기행	1937-08-13	·
2264	이은상	李殷相	이은상	李殷相	漢拏山登攀記(13)	기행	1937-08-14	·
2265	이은상	李殷相	이은상	李殷相	漢拏山登攀記(14)	기행	1937-08-15	·
2266	이은상	李殷相	이은상	李殷相	漢拏山登攀記(15)	기행	1937-08-17	·
2267	이은상	李殷相	이은상	李殷相	漢拏山登攀記(16)	기행	1937-08-18	·
2268	이은상	李殷相	이은상	李殷相	漢拏山登攀記(17)	기행	1937-08-19	·
2269	이은상	李殷相	이은상	李殷相	漢拏山登攀記(18)	기행	1937-08-20	·
2270	이은상	李殷相	이은상	李殷相	漢拏山登攀記(19)	기행	1937-08-21	·
2271	이은상	李殷相	이은상	李殷相	漢拏山登攀記(20)	기행	1937-08-22	·
2272	이은상	李殷相	이은상	李殷相	漢拏山登攀記(22)*21회	기행	1937-08-24	연재횟수 오기
2273	이은상	李殷相	이은상	李殷相	漢拏山登攀記(23)*22회	기행	1937-08-25	연재횟수 오기
2274	이은상	李殷相	이은상	李殷相	漢拏山登攀記(24)*23회	기행	1937-08-26	연재횟수 오기
2275	이은상	李殷相	이은상	李殷相	漢拏山登攀記(25)*24회	기행	1937-08-27	연재횟수 오기
2276	이은상	李殷相	이은상	李殷相	漢拏山登攀記(26)*25회	기행	1937-08-27	연재횟수 오기
2277	이은상	李殷相	이은상	李殷相	漢拏山登攀記(26)	기행	1937-08-29	·
2278	이은상	李殷相	이은상	李殷相	漢拏山登攀記(27)	기행	1937-08-31	·
2279	이은상	李殷相	이은상	李殷相	漢拏山登攀記(29)*28회	기행	1937-09-01	연재횟수 오기
2280	이은상	李殷相	이은상	李殷相	漢拏山登攀記(30)*29회	기행	1937-09-02	연재횟수 오기
2281	이은상	李殷相	이은상	李殷相	漢拏山登攀記(30)	기행	1937-09-03	·
2282	이은상	李殷相	이은상	李殷相	漢拏山巡禮記登山篇(1)	기행	1937-09-05	·
2283	이은상	李殷相	이은상	李殷相	漢拏山巡禮記登山篇(2)	기행	1937-09-07	·
2284	이은상	李殷相	이은상	李殷相	漢拏山巡禮記 登山篇(3)	기행	1937-09-08	·
2285	이은상	李殷相	이은상	李殷相	漢拏山巡禮記 登山篇(4)	기행	1937-09-09	·

연번	자료저자명(한글)	자료저자명(한자)	본명(한글)	본명(한자)	기사제목	분류	날짜	비고
2286	이은상	李殷相	이은상	李殷相	漢拏山巡禮記 登山篇(4)*5회	기행	1937-09-10	연재횟수 오기
2287	이은상	李殷相	이은상	李殷相	漢拏山巡禮記 登山篇(5)*6회	기행	1937-09-11	연재횟수 오기
2288	이은상	李殷相	이은상	李殷相	漢拏山巡禮記 登山篇(6)*7회	기행	1937-09-12	연재횟수 오기
2289	이은상	李殷相	이은상	李殷相	漢拏山巡禮記 登山篇(8)	기행	1937-09-15	·
2290	이은상	李殷相	이은상	李殷相	漢拏山巡禮記 登山篇(9)	기행	1937-09-16	·
2291	이은상	李殷相	이은상	李殷相	漢拏山巡禮記 登山篇(10)	기행	1937-09-17	·
2292	이은상	李殷相	이은상	李殷相	漢拏山巡禮記 登山篇(11)	기행	1937-09-18	·
2293	이은상	李殷相	이은상	李殷相	漢拏山巡禮記 登山篇(12)	기행	1937-09-19	·
2294	이은상	李殷相	이은상	李殷相	漢拏山巡禮記 登山篇(12)	기행	1937-09-21	·
2295	이은상	李殷相	이은상	李殷相	漢拏山巡禮記 登山篇(15)*13회	기행	1937-09-23	연재횟수 오기
2296	이은상	李殷相	이은상	李殷相	歷代朝鮮忠思想檢討- 花郎道: 新羅文明의 母胎인 『花郎』諸道와 그 精神(上)	역사	1938-01-03	·
2297	이은상	李殷相	이은상	李殷相	歷代朝鮮忠思想檢討- 花郎道: 新羅文明의 母胎인 『花郎』諸道와 그 精神(下)	역사	1938-01-05	·
2298	이은상	李殷相	이은상	李殷相	獨學의 最高典型 花潭 徐敬德 小傳- 그의 遺蹟保存問題를 機會로(上)	역사	1938-01-20	·
2299	이은상	李殷相	이은상	李殷相	獨學의 最高典型 花潭 徐敬德 小傳- 그의 遺蹟保存問題를 機會로(下)	역사	1938-01-21	·
2300	이은상	李殷相	이은상	李殷相	行脚短信 無等山遊記(1)	기행	1938-03-15	·
2301	이은상	李殷相	이은상	李殷相	行脚短信 無等山遊記(2)	기행	1938-03-16	·
2302	이은상	李殷相	이은상	李殷相	行脚短信 無等山遊記(3)	기행	1938-03-17	·
2303	이은상	李殷相	이은상	李殷相	行脚短信 無等山遊記(4)	기행	1938-03-18	·
2304	이은상	李殷相	이은상	李殷相	行脚短信 無等山遊記(5)	기행	1938-03-19	·
2305	이은상	李殷相	이은상	李殷相	行脚短信 無等山遊記(6)	기행	1938-03-20	·
2306	이은상	李殷相	이은상	李殷相	行脚短信 無等山遊記(7)	기행	1938-03-23	·
2307	이은상	李殷相	이은상	李殷相	行脚短信 無等山遊記(9)*8회	기행	1938-03-24	연재횟수 오기
2308	이은상	李殷相	이은상	李殷相	行脚短信 無等山遊記(10)*11회	기행	1938-03-25	연재횟수 오기
2309	이은상	李殷相	이은상	李殷相	行脚短信 無等山遊記(10)	기행	1938-03-26	·
2310	이은상	李殷相	이은상	李殷相	鄕土文化를 차저서(11)	기행	1938-03-27	無等山遊記에서 이어짐
2311	이은상	李殷相	이은상	李殷相	鄕土文化를 차저서(12)	기행	1938-03-29	·
2312	이은상	李殷相	이은상	李殷相	鄕土文化를 차저서(13)	기행	1938-03-30	·
2313	이은상	李殷相	이은상	李殷相	鄕土文化를 차저서(14)	기행	1938-04-01	·
2314	이은상	李殷相	이은상	李殷相	鄕土文化를 차저서(16)	기행	1938-04-03	15회 미확인
2315	이은상	李殷相	이은상	李殷相	鄕土文化를 차저서(17)	기행	1938-04-05	·
2316	이은상	李殷相	이은상	李殷相	鄕土文化를 차저서(18)	기행	1938-04-06	·
2317	이은상	李殷相	이은상	李殷相	鄕土文化를 차저서(19)	기행	1938-04-07	·
2318	이은상	李殷相	이은상	李殷相	鄕土文化를 차저서(20)	기행	1938-04-08	·
2319	이은상	李殷相	이은상	李殷相	鄕土文化를 차저서(21)	기행	1938-04-09	·
2320	이은상	李殷相	이은상	李殷相	鄕土文化를 차저서(22)	기행	1938-04-10	·
2321	이은상	李殷相	이은상	李殷相	鄕土文化를 차저서(23)	기행	1938-04-12	·
2322	이은상	李殷相	이은상	李殷相	鄕土文化를 차저서(24)	기행	1938-04-13	·

연번	자료저자명(한글)	자료저자명(한자)	본명(한글)	본명(한자)	기사제목	분류	날짜	비고
2323	이은상	李殷相	이은상	李殷相	鄕土文化를 차저서(25)	기행	1938-04-14	·
2324	이은상	李殷相	이은상	李殷相	漆室公의 시조(1)	문학	1938-07-13	·
2325	이은상	李殷相	이은상	李殷相	漆室公의 시조(2)	문학	1938-07-14	·
2326	이은상	李殷相	이은상	李殷相	漆室公의 시조(3)	문학	1938-07-15	·
2327	이은상	李殷相	이은상	李殷相	漆室公의 시조(4)	문학	1938-07-16	·
2328	이은상	李殷相	이은상	李殷相	漆室公의 시조(5)	문학	1938-07-17	·
2329	이은상	李殷相	이은상	李殷相	智異山探險記(1)	기행	1938-07-30	·
2330	이은상	李殷相	이은상	李殷相	智異山探險記(2)	기행	1938-07-31	·
2331	이은상	李殷相	이은상	李殷相	智異山探險記(3)	기행	1938-08-02	·
2332	이은상	李殷相	이은상	李殷相	智異山探險記(4)	기행	1938-08-03	·
2333	이은상	李殷相	이은상	李殷相	智異山探險記(5)	기행	1938-08-04	·
2334	이은상	李殷相	이은상	李殷相	智異山探險記(6)	기행	1938-08-06	·
2335	이은상	李殷相	이은상	李殷相	智異山探險記(7)	기행	1938-08-07	·
2336	이은상	李殷相	이은상	李殷相	智異山探險記(8)	기행	1938-08-09	·
2337	이은상	李殷相	이은상	李殷相	智異山探險記(9)	기행	1938-08-11	·
2338	이은상	李殷相	이은상	李殷相	智異山探險記(10)	기행	1938-08-12	·
2339	이은상	李殷相	이은상	李殷相	智異山探險記(11)	기행	1938-08-13	·
2340	이은상	李殷相	이은상	李殷相	智異山探險記(12)	기행	1938-08-14	·
2341	이은상	李殷相	이은상	李殷相	智異山探險記(13)	기행	1938-08-16	·
2342	이은상	李殷相	이은상	李殷相	智異山探險記(14)	기행	1938-08-17	·
2343	이은상	李殷相	이은상	李殷相	智異山探險記(15)	기행	1938-08-18	·
2344	이은상	李殷相	이은상	李殷相	智異山探險記(16)	기행	1938-08-19	·
2345	이은상	李殷相	이은상	李殷相	智異山探險記(17)	기행	1938-08-20	·
2346	이은상	李殷相	이은상	李殷相	智異山探險記(18)	기행	1938-08-21	·
2347	이은상	李殷相	이은상	李殷相	智異山探險記(20)*19회	기행	1938-08-23	연재횟수 오기
2348	이은상	李殷相	이은상	李殷相	智異山探險記(20)	기행	1938-08-24	·
2349	이은상	李殷相	이은상	李殷相	智異山探險記(21)	기행	1938-08-25	·
2350	이은상	李殷相	이은상	李殷相	智異山探險記(22)	기행	1938-08-27	·
2351	이은상	李殷相	이은상	李殷相	智異山探險記(23)	기행	1938-08-28	·
2352	이은상	李殷相	이은상	李殷相	智異山探險記(24)	기행	1938-08-30	·
2353	이은상	李殷相	이은상	李殷相	智異山探險記(25)	기행	1938-08-31	·
2354	이은상	李殷相	이은상	李殷相	智異山探險記(26)	기행	1938-09-01	·
2355	이은상	李殷相	이은상	李殷相	智異山探險記(27)	기행	1938-09-02	·
2356	이은상	李殷相	이은상	李殷相	智異山探險記(28)	기행	1938-09-03	·
2357	이은상	李殷相	이은상	李殷相	智異山探險記(29)	기행	1938-09-04	·
2358	이은상	李殷相	이은상	李殷相	智異山探險記(30)	기행	1938-09-06	·
2359	이은상	李殷相	이은상	李殷相	智異山探險記(31)	기행	1938-09-07	·
2360	이은상	李殷相	이은상	李殷相	智異山探險記(32)	기행	1938-09-08	·
2361	이은상	李殷相	이은상	李殷相	智異山探險記(33)	기행	1938-09-09	·
2362	이은상	李殷相	이은상	李殷相	智異山探險記(35)*34회	기행	1938-09-10	연재횟수 오기
2363	이은상	李殷相	이은상	李殷相	智異山探險記(36)*35회	기행	1938-09-11	연재횟수 오기

연번	자료저자명(한글)	자료저자명(한자)	본명(한글)	본명(한자)	기사제목	분류	날짜	비고
2364	이은상	李殷相	이은상	李殷相	智異山探險記(37)*36회	기행	1938-09-13	연재횟수 오기
2365	이은상	李殷相	이은상	李殷相	智異山探險記(38)*37회	기행	1938-09-15	연재횟수 오기
2366	이은상	李殷相	이은상	李殷相	智異山探險記(39)*38회	기행	1938-09-16	연재횟수 오기
2367	이은상	李殷相	이은상	李殷相	智異山探險記(39)	기행	1938-09-17	·
2368	이은상	李殷相	이은상	李殷相	智異山探險記(40)	기행	1938-09-18	·
2369	이은상	李殷相	이은상	李殷相	智異山探險記(41)	기행	1938-09-20	·
2370	이은상	李殷相	이은상	李殷相	智異山探險記(42)	기행	1938-09-21	·
2371	이은상	李殷相	이은상	李殷相	智異山探險記(43)	기행	1938-09-22	·
2372	이은상	李殷相	이은상	李殷相	智異山探險記(44)	기행	1938-09-23	·
2373	이은상	李殷相	이은상	李殷相	智異山探險記(45)	기행	1938-09-24	·
2374	이을호	李乙浩	이을호	李乙浩	綜合醫學樹立의 前提- 漢方醫學復興論에 對하야(1)	한의학	1934-03-15	·
2375	이을호	李乙浩	이을호	李乙浩	綜合醫學樹立의 前提- 漢方醫學復興論에 對하야(2)	한의학	1934-03-16	·
2376	이을호	李乙浩	이을호	李乙浩	綜合醫學樹立의 前提- 漢方醫學復興論에 對하야(3)	한의학	1934-03-17	·
2377	이을호	李乙浩	이을호	李乙浩	綜合醫學樹立의 前提- 漢方醫學復興論에 對하야(4)	한의학	1934-03-18	·
2378	이을호	李乙浩	이을호	李乙浩	綜合醫學樹立의 前提- 漢方醫學復興論에 對하야(5)	한의학	1934-03-20	·
2379	이을호	李乙浩	이을호	李乙浩	綜合醫學樹立의 前提- 漢方醫學復興論에 對하야(6)	한의학	1934-03-21	·
2380	이을호	李乙浩	이을호	李乙浩	綜合醫學樹立의 前提- 漢方醫學復興論에 對하야(7)	한의학	1934-03-23	·
2381	이을호	李乙浩	이을호	李乙浩	綜合醫學樹立의 前提- 漢方醫學復興論에 對하야(8)	한의학	1934-03-24	·
2382	이을호	李乙浩	이을호	李乙浩	綜合醫學樹立의 前提- 漢方醫學復興論에 對하야(9)	한의학	1934-03-25	·
2383	이을호	李乙浩	이을호	李乙浩	綜合醫學樹立의 前提- 漢方醫學復興論에 對하야(10)	한의학	1934-03-27	·
2384	이을호	李乙浩	이을호	李乙浩	綜合醫學樹立의 前提- 漢方醫學復興論에 對하야(11)	한의학	1934-03-28	·
2385	이을호	李乙浩	이을호	李乙浩	綜合醫學樹立의 前提- 漢方醫學復興論에 對하야(12)	한의학	1934-03-29	·
2386	이을호	李乙浩	이을호	李乙浩	綜合醫學樹立의 前提- 漢方醫學復興論에 對하야(13)	한의학	1934-03-30	·
2387	이을호	李乙浩	이을호	李乙浩	綜合醫學樹立의 前提- 漢方醫學復興論에 對하야(14)	한의학	1934-03-31	·
2388	이을호	李乙浩	이을호	李乙浩	四象醫學批判- 그 理論과 實際에 關하야(1)	한의학	1936-04-21	·
2389	이을호	李乙浩	이을호	李乙浩	四象醫學批判- 그 理論과 實際에 關하야(2)	한의학	1936-04-23	·
2390	이을호	李乙浩	이을호	李乙浩	四象醫學批判- 그 理論과 實際에 關하야(3)	한의학	1936-04-24	·
2391	이을호	李乙浩	이을호	李乙浩	四象醫學批判- 그 理論과 實際에 關하야(4)	한의학	1936-04-25	·
2392	이을호	李乙浩	이을호	李乙浩	四象醫學批判- 그 理論과 實際에 關하야(5)	한의학	1936-04-26	·
2393	이을호	李乙浩	이을호	李乙浩	四象醫學批判- 그 理論과 實際에 關하야(6)	한의학	1936-04-27	·
2394	이을호	李乙浩	이을호	李乙浩	四象醫學批判- 그 理論과 實際에 關하야(7)	한의학	1936-04-29	·
2395	이을호	李乙浩	이을호	李乙浩	四象醫學批判- 그 理論과 實際에 關하야(8)	한의학	1936-05-01	·
2396	이을호	李乙浩	이을호	李乙浩	四象醫學批判(續)- 그 理論과 實際에 關하야(1)	한의학	1936-05-13	·
2397	이을호	李乙浩	이을호	李乙浩	四象醫學批判(續)- 그 理論과 實際에 關하야(2)	한의학	1936-05-14	·
2398	이을호	李乙浩	이을호	李乙浩	四象醫學批判(續)- 그 理論과 實際에 關하야(3)	한의학	1936-05-15	·
2399	이을호	李乙浩	이을호	李乙浩	四象醫學批判(續)- 그 理論과 實際에 關하야(4)	한의학	1936-05-23	·
2400	이을호	李乙浩	이을호	李乙浩	四象醫學批判(續)- 그 理論과 實際에 關하야(5)	한의학	1936-05-24	·

연번	자료저자명(한글)	자료저자명(한자)	본명(한글)	본명(한자)	기사제목	분류	날짜	비고
2401	이을호	李乙浩	이을호	李乙浩	四象醫學批判(續)- 그 理論과 實際에 關하야(6)	한의학	1936-05-26	·
2402	이을호	李乙浩	이을호	李乙浩	四象醫學批判(續)- 그 理論과 實際에 關하야(7)	한의학	1936-05-27	·
2403	이을호	李乙浩	이을호	李乙浩	四象醫學批判(續)- 그 理論과 實際에 關하야(3)	한의학	1936-05-29	·
2404	이응수	李應洙	이응수	李應洙	『金笠』 試硏究(1)	문학	1934-04-08	·
2405	이응수	李應洙	이응수	李應洙	『金笠』 試硏究(2)	문학	1934-04-10	·
2406	이응수	李應洙	이응수	李應洙	『金笠』 試硏究(3)	문학	1934-04-11	·
2407	이응수	李應洙	이응수	李應洙	『金笠』 試硏究(4)	문학	1934-04-12	·
2408	이응수	李應洙	이응수	李應洙	『金笠』 試硏究(5)	문학	1934-04-13	·
2409	이응수	李應洙	이응수	李應洙	『金笠』 試硏究(6)	문학	1934-04-14	·
2410	이응수	李應洙	이응수	李應洙	『金笠』 試硏究(7)	문학	1934-04-15	·
2411	이응수	李應洙	이응수	李應洙	『金笠』 試硏究(8)	문학	1934-04-17	·
2412	이응수	李應洙	이응수	李應洙	『金笠』 試硏究(9)	문학	1934-04-18	·
2413	이응수	李應洙	이응수	李應洙	『金笠』 試硏究(10)	문학	1934-04-19	·
2414	이응수	李應洙	이응수	李應洙	『金笠』 試硏究(11)	문학	1934-04-20	·
2415	이응수	李應洙	이응수	李應洙	『金笠』 試硏究(12)	문학	1934-04-21	·
2416	이응수	李應洙	이응수	李應洙	『金笠』 試硏究(13)	문학	1934-04-22	·
2417	이응수	李應洙	이응수	李應洙	『金笠』 試硏究(14)	문학	1934-04-24	·
2418	이응수	李應洙	이응수	李應洙	『金笠』 試硏究(15)	문학	1934-04-25	·
2419	이인석, 박풍직	李寅錫, 朴豊稷	이인석, 박풍직	李寅錫, 朴豊稷	文字普及班消息- 淸新한 林間敎授. 各地의 聯絡硏究를 희망	한글, 사업	1930-08-05	·
2420	이인영	李仁榮	이인영	李仁榮	珍書貴藏集: 淸國建設의 發祥地인 「奴爾哈赤」機密地圖 申忠一 著 『建州紀行圖記』解題	기타	1939-02-16	·
2421	이인영	李仁榮	이인영	李仁榮	나의 硏究테-마: 史料만 남어잇는 朝鮮史-特히 北方開拓에 置重하야-	역사	1939-03-18	·
2422	이종수	李鍾洙	이종수	李鍾洙	BOOK REVIEW 金台俊編 朝鮮歌謠集成古歌篇 第一集을 읽고(上)	문학	1934-02-16	·
2423	이종수	李鍾洙	이종수	李鍾洙	BOOK REVIEW 金台俊編 朝鮮歌謠集成古歌篇 第一集을 읽고(中)	문학	1934-02-17	·
2424	이종수	李鍾洙	이종수	李鍾洙	BOOK REVIEW 金台俊編 朝鮮歌謠集成古歌篇 第一集을 읽고(下)	문학	1934-02-18	·
2425	이종응	李鐘應	이종응	李鐘應	第三回 文字普及班의 動向- 아동의 自學熱과 우리의 책임감	한글, 사업	1931-08-15	·
2426	이천진	李天鎭	이천진	李天鎭	Book Review 白南雲氏 著 朝鮮社會經濟史(上)	문학	1933-11-30	·
2427	이청원	李淸源	이청원	李淸源	古典硏究의 方法論- 文化遺産에 對한 批判的 態度(1)	논설	1936-01-03	·
2428	이청원	李淸源	이청원	李淸源	古典硏究의 方法論- 文化遺産에 對한 批判的 態度(2)	논설	1936-01-06	·
2429	이청원	李淸源	이청원	李淸源	古典硏究의 方法論- 文化遺産에 對한 批判的 態度(3)	논설	1936-01-07	·
2430	이청원	李淸源	이청원	李淸源	時事少感- 두 가지 問題에 對하야(1)	논설	1936-02-15	·
2431	이청원	李淸源	이청원	李淸源	時事少感- 두 가지 問題에 對하야(2)	논설	1936-02-16	·
2432	이청원	李淸源	이청원	李淸源	時事少感- 두 가지 問題에 對하야(3)	논설	1936-02-19	·
2433	이청원	李淸源	이청원	李淸源	文化의 特殊性과 一般性- 그것의 成立過程에 對한	논설	1937-08-08	·

연번	자료저자명(한글)	자료저자명(한자)	본명(한글)	본명(한자)	기사제목	분류	날짜	비고
					一般性(1)			
2434	이청원	李淸源	이청원	李淸源	文化의 特殊性과 一般性- 그것의 成立過程에 對한 一般性(2)	논설	1937-08-10	·
2435	이태준	李泰俊	이태준	李泰俊	檀園과 吾園의 後裔로서 西洋畵보담 東洋畵·手工보담 氣魄	미술, 논설	1937-10-20	·
2436	이태준	李泰俊	이태준	李泰俊	綜合論文(4) "西歐精神과 東方情趣" 歎息하는 東方情趣	논설	1938-08-05	·
2437	이학돈	李鶴墩	이학돈	李鶴墩	智異山登陟記(1)	기행	1936-08-11	·
2438	이학돈	李鶴墩	이학돈	李鶴墩	智異山登陟記(2)	기행	1936-08-12	·
2439	이학돈	李鶴墩	이학돈	李鶴墩	智異山登陟記(3)	기행	1936-08-13	·
2440	이학돈	李鶴墩	이학돈	李鶴墩	智異山登陟記(4)	기행	1936-08-14	·
2441	이헌구	李軒求	이헌구	李軒求	文化時感(1) 貧困한 精神狀態	논설	1937-06-26	·
2442	이헌구	李軒求	이헌구	李軒求	文化時感(2) 出版界에 보내는 進言	논설	1937-06-27	·
2443	이헌구	李軒求	이헌구	李軒求	文化時感(3) 市井의 憂鬱과 衣裳哲學	논설	1937-06-29	·
2444	이헌구	李軒求	이헌구	李軒求	文化時感(4) 批評의 衰弱과 話題의 窮乏	논설	1937-06-30	·
2445	이헌구	李軒求	이헌구	李軒求	文化時感(5) 幸福의 代償과 苦難	논설	1937-07-01	·
2446	이헌구	李軒求	이헌구	李軒求	思想·生活에 對한 自省(1)	논설	1937-08-20	·
2447	이헌구	李軒求	이헌구	李軒求	思想·生活에 對한 自省(2)	논설	1937-08-21	·
2448	이헌구	李軒求	이헌구	李軒求	思想·生活에 對한 自省(3)	논설	1937-08-22	·
2449	이헌구	李軒求	이헌구	李軒求	우리文章軌範인『朝鮮文學讀本』	문학	1938-10-23	·
2450	이호	李灝	이호	李灝	漢字의 毒厄論(1) 文學上으로 考察	문학, 한글	1930-01-21	·
2451	이호	李灝	이호	李灝	漢字의 毒厄論(2) 文學上으로 考察	문학, 한글	1930-01-22	·
2452	이호	李灝	이호	李灝	漢字의 毒厄論(3) 文學上으로 考察	문학, 한글	1930-01-23	·
2453	이호	李灝	이호	李灝	漢字의 毒厄論(4) 文學上으로 考察	문학, 한글	1930-01-25	·
2454	이효석	李孝石	이효석	李孝石	綜合論文(1) "西歐精神과 東方情趣" 肉體文學의 傳統에 對하야(上)	논설	1938-07-31	·
2455	이효석	李孝石	이효석	李孝石	綜合論文(2) "西洋精神과 東方情趣" 肉體文學의 傳統에 對하야(下)	논설	1938-08-02	·
2456	이훈구	李勳求	이훈구	李勳求	滿洲問題와 朝鮮사람(1) 問題研究의 歷史的 重要性	역사	1932-01-01	·
2457	이훈구	李勳求	이훈구	李勳求	滿洲問題와 朝鮮사람(2) 問題研究의 歷史的 重要性	역사	1932-01-02	·
2458	이훈구	李勳求	이훈구	李勳求	滿洲問題와 朝鮮사람(3) 問題研究의 歷史的 重要性	역사	1932-01-03	·
2459	이훈구	李勳求	이훈구	李勳求	農政學上으로 본 茶山先生- 土地國有論과 勸農政策六科(上)	논설	1935-07-16	·
2460	이훈구	李勳求	이훈구	李勳求	農政學上으로 본 茶山先生- 土地國有論과 勸農政策六科(下)	논설	1935-07-17	·
2461	이훈구	李勳求	이훈구	李勳求	朝鮮人과 滿洲(1)	역사	1937-01-04	·
2462	이훈구	李勳求	이훈구	李勳求	朝鮮人과 滿洲(2)	역사	1937-01-05	·
2463	이훈구	李勳求	이훈구	李勳求	朝鮮人과 滿洲(3)	역사	1937-01-06	·
2464	이희승	李熙昇	이희승	李熙昇	研究室을 차저서- 제것을 蔑視	기타	1932-12-20	·
2465	이희승	李熙昇	이희승	李熙昇	龍飛御天歌의 解說(1)	한글	1935-01-03	·

연번	자료저자명(한글)	자료저자명(한자)	본명(한글)	본명(한자)	기사제목	분류	날짜	비고
2466	이희승	李熙昇	이희승	李熙昇	한글記念日의 由來	한글	1935-10-28	·
2467	이희승	李熙昇	이희승	李熙昇	各方言과 標準語 다시 서울말과 方言	한글	1936-11-01	·
2468	이희승	李熙昇	이희승	李熙昇	古代言語에서 새로어들 멧가지	한글	1937-01-01	·
2469	이희승	李熙昇	이희승	李熙昇	북레뷰- 崔鉉培氏著『우리말본』(上)	문학	1937-03-17	·
2470	이희승	李熙昇	이희승	李熙昇	북레뷰- 崔鉉培氏著『우리말본』(下)	문학	1937-03-18	·
2471	이희승	李熙昇	이희승	李熙昇	歷史的 遺産인 우리 民俗藝術	민속	1938-05-07	·
2472	이희승	李熙昇	이희승	李熙昇	新刊評- 漢詩入門書인 『詩海韻珠』讀後感	문학	1938-05-19	·
2473	이희승	李熙昇	이희승	李熙昇	古典復興의 理論과 實際(2) 古典文學에서 어든 感想 그 缺點과 長處에 關한 再認識	논설	1938-06-05	·
2474	이희승	李熙昇	이희승	李熙昇	大陸文學과 朝鮮文學- 戱曲春香傳과 元曲과의 對照	문학	1939-01-01	·
2475	이희승	李熙昇	이희승	李熙昇	歷史이야기- 이완이이대장(1)	역사, 문학	1939-08-06	·
2476	이희승	李熙昇	이희승	李熙昇	歷史이야기- 이완이이대장(2)	역사, 문학	1939-08-13	·
2477	이희승	李熙昇	이희승	李熙昇	歷史이야기- 이완이이대장(3)	역사, 문학	1939-08-27	·
2478	이희승	李熙昇	이희승	李熙昇	歷史이야기- 이완이이대장(4)	역사, 문학	1939-09-03	·
2479	이희승	李熙昇	이희승	李熙昇	漢詩作法槪論(1) 詩體(六義)의 變遷史	문학	1939-09-10	·
2480	이희승	李熙昇	이희승	李熙昇	漢詩作法槪論(2) 五言, 七言의 發展	문학	1939-09-12	·
2481	이희승	李熙昇	이희승	李熙昇	漢詩作法槪論(3) 古典消化와 獨唱	문학	1939-09-13	·
2482	이희승	李熙昇	이희승	李熙昇	歷史이야기- 이완이이대장(4)*5회	역사, 문학	1939-09-17	연재횟수 오기
2483	이희일	李羲一	이희일	李羲一	第三回 文字普及班의 動向- 慶北英陽普及班消息	한글, 사업	1931-08-07	·
2484	일기자	一記者	·	·	昔時馬韓의 王都 益山古蹟의 巡禮(1)	기행	1936-08-02	·
2485	일기자	一記者	·	·	昔時馬韓의 王都 益山古蹟의 巡禮(2)	기행	1936-08-03	·
2486	일기자	一記者	·	·	昔時馬韓의 王都 益山古蹟의 巡禮(3)	기행	1936-08-04	·
2487	일기자	一記者	·	·	昔時馬韓의 王都 益山古蹟의 巡禮(4)	기행	1936-08-05	·
2488	일기자	一記者	·	·	昔時馬韓의 王都 益山古蹟의 巡禮(5)	기행	1936-08-06	·
2489	일보학인	一步學人	·	·	朝鮮古典에서 차저온 일헛든 우리 文學의 吟味 舊小說에 나타난 時代性	문학	1935-01-01	·
2490	일보학인	一步學人	·	·	朝鮮古典에서 차저온 일헛든 우리 文學의 吟味 舊小說에 나타난 時代性	문학	1935-01-02	·
2491	임학	林鶴	임학	林鶴	第三回 文字普及班의 動向- 南漢山文字班	한글, 사업	1931-08-12	·
2492	임학수	林學洙	임학수	林學洙	西行日記- 三墓와 雙楹塚(1)	기행	1938-05-04	·
2493	임학수	林學洙	임학수	林學洙	西行日記- 三墓와 雙楹塚(2)	기행	1938-05-05	·
2494	임학수	林學洙	임학수	林學洙	西行日記- 三墓와 雙楹塚(3)	기행	1938-05-06	·
2495	임학수	林學洙	임학수	林學洙	西行日記- 三墓와 雙楹塚(4)	기행	1938-05-10	·
2496	임학수	林學洙	임학수	林學洙	八道風物詩 朴淵	문학	1938-07-23	·
2497	임화	林和	임인식	林仁植	新文學史(1)	문학	1939-09-02	·
2498	임화	林和	임인식	林仁植	新文學史(2)	문학	1939-09-03	·
2499	임화	林和	임인식	林仁植	新文學史(3)	문학	1939-09-07	·

연번	자료저자명 (한글)	자료저자명 (한자)	본명 (한글)	본명 (한자)	기사제목	분류	날짜	비고
2500	임화	林和	임인식	林仁植	新文學史(4)	문학	1939-09-08	·
2501	임화	林和	임인식	林仁植	新文學史(5)	문학	1939-09-09	·
2502	임화	林和	임인식	林仁植	新文學史(6)	문학	1939-09-14	·
2503	임화	林和	임인식	林仁植	新文學史(7)	문학	1939-09-15	·
2504	임화	林和	임인식	林仁植	新文學史(8)	문학	1939-09-16	·
2505	임화	林和	임인식	林仁植	新文學史(9)	문학	1939-09-19	·
2506	임화	林和	임인식	林仁植	新文學史(11)	문학	1939-09-21	10회 미확인
2507	임화	林和	임인식	林仁植	新文學史(12)	문학	1939-09-22	·
2508	임화	林和	임인식	林仁植	新文學史(13)	문학	1939-09-26	·
2509	임화	林和	임인식	林仁植	新文學史(14)	문학	1939-10-05	·
2510	임화	林和	임인식	林仁植	新文學史(15)	문학	1939-10-06	·
2511	임화	林和	임인식	林仁植	新文學史(16)	문학	1939-10-07	·
2512	임화	林和	임인식	林仁植	新文學史(17)	문학	1939-10-10	·
2513	임화	林和	임인식	林仁植	新文學史(18)	문학	1939-10-11	·
2514	임화	林和	임인식	林仁植	新文學史(19)	문학	1939-10-12	·
2515	임화	林和	임인식	林仁植	新文學史(20)	문학	1939-10-13	·
2516	임화	林和	임인식	林仁植	新文學史(21)	문학	1939-10-14	·
2517	임화	林和	임인식	林仁植	新文學史(22)	문학	1939-10-19	·
2518	임화	林和	임인식	林仁植	新文學史(23)	문학	1939-10-24	·
2519	임화	林和	임인식	林仁植	新文學史(24)	문학	1939-10-25	·
2520	임화	林和	임인식	林仁植	新文學史(25)	문학	1939-10-26	·
2521	임화	林和	임인식	林仁植	新文學史(26)	문학	1939-10-27	·
2522	임화	林和	임인식	林仁植	新文學史(27)	문학	1939-10-28	·
2523	임화	林和	임인식	林仁植	新文學史(28)	문학	1939-10-31	·
2524	임화	林和	임인식	林仁植	新文學史(29)	문학	1939-11-02	·
2525	임화	林和	임인식	林仁植	新文學史(30)	문학	1939-11-03	·
2526	임화	林和	임인식	林仁植	新文學史(31)	문학	1939-11-07	·
2527	임화	林和	임인식	林仁植	新文學史(32)	문학	1939-11-08	·
2528	임화	林和	임인식	林仁植	新文學史(33)	문학	1939-11-09	·
2529	임화	林和	임인식	林仁植	新文學史(34)	문학	1939-11-10	·
2530	임화	林和	임인식	林仁植	新文學史(35)	문학	1939-11-11	·
2531	임화	林和	임인식	林仁植	新文學史(36)	문학	1939-11-15	·
2532	임화	林和	임인식	林仁植	新文學史(37)	문학	1939-11-16	·
2533	임화	林和	임인식	林仁植	新文學史(38)	문학	1939-11-17	·
2534	임화	林和	임인식	林仁植	新文學史(39)	문학	1939-11-18	·
2535	임화	林和	임인식	林仁植	新文學史(40)	문학	1939-11-21	·
2536	임화	林和	임인식	林仁植	新文學史(41)	문학	1939-11-22	·
2537	임화	林和	임인식	林仁植	新文學史(42)	문학	1939-11-23	·
2538	임화	林和	임인식	林仁植	新文學史(43)	문학	1939-11-25	·
2539	임화	林和	임인식	林仁植	新文學史- 第2章 新文學의 胎生 (1)	문학	1939-12-05	·
2540	임화	林和	임인식	林仁植	新文學史- 第2章 新文學의 胎生 (2)	문학	1939-12-07	·

연번	자료저자명(한글)	자료저자명(한자)	본명(한글)	본명(한자)	기사제목	분류	날짜	비고
2541	임화	林和	임인식	林仁植	新文學史- 第2章 新文學의 胎生 (3)	문학	1939-12-08	·
2542	임화	林和	임인식	林仁植	新文學史- 第2章 新文學의 胎生 (4)	문학	1939-12-09	·
2543	임화	林和	임인식	林仁植	新文學史- 第2章 新文學의 胎生 (5)	문학	1939-12-12	·
2544	임화	林和	임인식	林仁植	新文學史- 第2章 新文學의 胎生 (6)	문학	1939-12-13	·
2545	임화	林和	임인식	林仁植	新文學史- 第2章 新文學의 胎生 (7)	문학	1939-12-16	·
2546	임화	林和	임인식	林仁植	新文學史- 第2章 新文學의 胎生 (8)	문학	1939-12-20	·
2547	임화	林和	임인식	林仁植	新文學史- 第2章 新文學의 胎生 (9)	문학	1939-12-21	·
2548	임화	林和	임인식	林仁植	新文學史- 第2章 新文學의 胎生 (10)	문학	1939-12-23	·
2549	임화	林和	임인식	林仁植	新文學史- 第2章 新文學의 胎生 (11)	문학	1939-12-27	·
2550	임화	林和	임인식	林仁植	續新文學史- 新小說의 擡頭(1)	문학	1940-02-02	·
2551	임화	林和	임인식	林仁植	續新文學史- 新小說의 擡頭(2)	문학	1940-02-03	·
2552	임화	林和	임인식	林仁植	續新文學史- 新小說의 擡頭(3)	문학	1940-02-06	·
2553	임화	林和	임인식	林仁植	續新文學史- 新小說의 擡頭(4)	문학	1940-02-07	·
2554	임화	林和	임인식	林仁植	續新文學史- 新小說의 擡頭(5)	문학	1940-02-08	·
2555	임화	林和	임인식	林仁植	續新文學史- 新小說의 擡頭(6)	문학	1940-02-09	·
2556	임화	林和	임인식	林仁植	續新文學史- 新小說의 擡頭(7)	문학	1940-02-10	·
2557	임화	林和	임인식	林仁植	續新文學史- 新小說의 擡頭(8)	문학	1940-02-14	·
2558	임화	林和	임인식	林仁植	續新文學史- 新小說의 擡頭(9)	문학	1940-02-15	·
2559	임화	林和	임인식	林仁植	續新文學史- 新小說의 擡頭(10)	문학	1940-02-16	·
2560	임화	林和	임인식	林仁植	續新文學史- 新小說의 擡頭(11)	문학	1940-02-17	·
2561	임화	林和	임인식	林仁植	續新文學史- 新小說의 擡頭(12)	문학	1940-02-20	·
2562	임화	林和	임인식	林仁植	續新文學史- 新小說의 擡頭(13)	문학	1940-02-22	·
2563	임화	林和	임인식	林仁植	續新文學史- 新小說의 擡頭(14)	문학	1940-02-23	·
2564	임화	林和	임인식	林仁植	續新文學史- 新小說의 擡頭(15)	문학	1940-02-24	·
2565	임화	林和	임인식	林仁植	續新文學史- 新小說의 擡頭(16)	문학	1940-02-27	·
2566	임화	林和	임인식	林仁植	續新文學史- 新小說의 擡頭(17)	문학	1940-02-29	·
2567	임화	林和	임인식	林仁植	續新文學史- 新小說의 擡頭(18)	문학	1940-03-01	·
2568	임화	林和	임인식	林仁植	續新文學史- 新小說의 擡頭(19)	문학	1940-03-02	·
2569	임화	林和	임인식	林仁植	續新文學史- 新小說의 擡頭(19)*20회	문학	1940-03-05	연재횟수 오기
2570	임화	林和	임인식	林仁植	續新文學史- 新小說의 擡頭(20)*21회	문학	1940-03-06	연재횟수 오기
2571	임화	林和	임인식	林仁植	續新文學史- 新小說의 擡頭(21)*22회	문학	1940-03-07	연재횟수 오기
2572	임화	林和	임인식	林仁植	續新文學史- 新小說의 擡頭(22)*23회	문학	1940-03-08	연재횟수 오기
2573	임화	林和	임인식	林仁植	續新文學史- 新小說의 擡頭(23)*24회	문학	1940-03-09	연재횟수 오기
2574	임화	林和	임인식	林仁植	續新文學史- 新小說의 擡頭(24)*25회	문학	1940-03-12	연재횟수 오기
2575	임화	林和	임인식	林仁植	續新文學史- 新小說의 擡頭(25)*26회	문학	1940-03-19	연재횟수 오기
2576	임화	林和	임인식	林仁植	續新文學史- 新小說의 擡頭(26)*27회	문학	1940-03-27	연재횟수 오기
2577	임화	林和	임인식	林仁植	續新文學史- 新小說의 擡頭(27)*28회	문학	1940-03-28	연재횟수 오기
2578	임화	林和	임인식	林仁植	續新文學史- 新小說의 擡頭(28)*29회	문학	1940-03-28	연재횟수 오기
2579	임화	林和	임인식	林仁植	續新文學史- 新小說의 擡頭(29)*30회	문학	1940-03-30	연재횟수 오기
2580	임화	林和	임인식	林仁植	續新文學史- 新小說의 擡頭(30)*31회	문학	1940-04-03	연재횟수 오기
2581	임화	林和	임인식	林仁植	續新文學史- 新小說의 擡頭(31)*32회	문학	1940-04-06	연재횟수 오기

연번	자료저자명 (한글)	자료저자명 (한자)	본명 (한글)	본명 (한자)	기사제목	분류	날짜	비고
2582	임화	林和	임인식	林仁植	續新文學史- 新小說의 擡頭(32)*33회	문학	1940-04-09	연재횟수 오기
2583	임화	林和	임인식	林仁植	續新文學史- 新小說의 擡頭(33)*34회	문학	1940-04-10	연재횟수 오기
2584	임화	林和	임인식	林仁植	續新文學史- 新小說의 擡頭(34)*35회	문학	1940-04-12	연재횟수 오기
2585	임화	林和	임인식	林仁植	續新文學史- 新小說의 擡頭(35)*36회	문학	1940-04-13	연재횟수 오기
2586	임화	林和	임인식	林仁植	續新文學史- 新小說의 擡頭(36)*37회	문학	1940-04-17	연재횟수 오기
2587	임화	林和	임인식	林仁植	續新文學史- 新小說의 擡頭(37)*38회	문학	1940-04-18	연재횟수 오기
2588	임화	林和	임인식	林仁植	續新文學史- 新小說의 擡頭(38)*39회	문학	1940-04-19	연재횟수 오기
2589	임화	林和	임인식	林仁植	續新文學史- 新小說의 擡頭(39)*40회	문학	1940-04-20	연재횟수 오기
2590	임화	林和	임인식	林仁植	續新文學史- 新小說의 擡頭(40)*41회	문학	1940-04-24	연재횟수 오기
2591	임화	林和	임인식	林仁植	續新文學史- 新小說의 擡頭(41)*42회	문학	1940-04-25	연재횟수 오기
2592	임화	林和	임인식	林仁植	續新文學史- 新小說의 擡頭(42)*43회	문학	1940-04-27	연재횟수 오기
2593	임화	林和	임인식	林仁植	續新文學史- 新小說의 擡頭(43)*44회	문학	1940-05-01	연재횟수 오기
2594	임화	林和	임인식	林仁植	續新文學史- 新小說의 擡頭(44)*45회	문학	1940-05-03	연재횟수 오기
2595	임화	林和	임인식	林仁植	續新文學史- 新小說의 擡頭(45)*46회	문학	1940-05-04	연재횟수 오기
2596	임화	林和	임인식	林仁植	續新文學史- 新小說의 擡頭(45)*47회	문학	1940-05-07	연재횟수 오기
2597	임화	林和	임인식	林仁植	續新文學史- 新小說의 擡頭(46)*48회	문학	1940-05-08	연재횟수 오기
2598	임화	林和	임인식	林仁植	續新文學史- 新小說의 擡頭(48)*49회	문학	1940-05-10	연재횟수 오기
2599	장기무	張基茂	장기무	張基茂	漢方醫學復興策(1)	한의학	1934-02-16	·
2600	장기무	張基茂	장기무	張基茂	漢方醫學復興策(2)	한의학	1934-02-18	·
2601	장기무	張基茂	장기무	張基茂	漢方醫學復興策(3)	한의학	1934-02-20	·
2602	장기무	張基茂	장기무	張基茂	漢方醫學 復興問題- 鄭槿陽氏提言에 答함(1)	한의학	1934-04-19	·
2603	장기무	張基茂	장기무	張基茂	漢方醫學 復興問題- 鄭槿陽氏提言에 答함(2)	한의학	1934-04-20	·
2604	장기무	張基茂	장기무	張基茂	漢方醫學 復興問題- 鄭槿陽氏提言에 答함(3)	한의학	1934-04-21	·
2605	장기무	張基茂	장기무	張基茂	漢方醫學 復興問題- 鄭槿陽氏提言에 答함(4)	한의학	1934-04-22	·
2606	장기무	張基茂	장기무	張基茂	漢方醫學 復興問題- 鄭槿陽氏提言에 答함(5)	한의학	1934-04-24	·
2607	장기무	張基茂	장기무	張基茂	漢方醫學 復興問題- 鄭槿陽氏提言에 答함(6)	한의학	1934-04-25	·
2608	장기무	張基茂	장기무	張基茂	漢方醫學 復興問題- 鄭槿陽氏提言에 答함(7)	한의학	1934-04-26	·
2609	장기무	張基茂	장기무	張基茂	漢方醫學 復興問題- 鄭槿陽氏提言에 答함(8)	한의학	1934-04-27	·
2610	장기무	張基茂	장기무	張基茂	漢方醫學 復興問題- 鄭槿陽氏提言에 答함(9)	한의학	1934-04-29	·
2611	장기무	張基茂	장기무	張基茂	漢方醫學 復興問題- 鄭槿陽氏提言에 答함(10)	한의학	1934-05-01	·
2612	장기무	張基茂	장기무	張基茂	漢方醫學 復興問題- 鄭槿陽氏提言에 答함(11)	한의학	1934-05-02	·
2613	장도빈	張道斌	장도빈	張道斌	朝鮮古事研究(1) 第一 檀君朝鮮時代篇	역사	1935-04-18	·
2614	장도빈	張道斌	장도빈	張道斌	朝鮮古事研究(2) 第一 檀君朝鮮時代篇	역사	1935-04-19	·
2615	장도빈	張道斌	장도빈	張道斌	朝鮮古事研究(3) 第一 檀君朝鮮時代篇	역사	1935-04-20	·
2616	장도빈	張道斌	장도빈	張道斌	朝鮮古事研究(4) 第一 檀君朝鮮時代篇	역사	1935-04-21	·
2617	장도빈	張道斌	장도빈	張道斌	朝鮮古事研究(5) 第一 檀君朝鮮時代篇	역사	1935-04-23	·
2618	장도빈	張道斌	장도빈	張道斌	朝鮮古事研究(7) 第一 檀君朝鮮時代篇	역사	1935-04-28	6회 미확인
2619	장도빈	張道斌	장도빈	張道斌	箕子朝鮮說의 虛構에 對하야(上)	역사	1935-10-10	·
2620	장도빈	張道斌	장도빈	張道斌	箕子朝鮮說의 虛構에 對하야(下)	역사	1935-10-12	·
2621	장백산인	長白山人	이광수	李光洙	一事一言- 檀君陵	사업	1934-01-11	·
2622	장성섭	張聖燮	장성섭	張聖燮	第三回 文字普及班의 動向- 國境普及班現狀	한글,	1931-08-06	·

연번	자료저자명(한글)	자료저자명(한자)	본명(한글)	본명(한자)	기사제목	분류	날짜	비고
						사업		
2623	장우성	張遇聖	장우성	張遇聖	東洋畫의 新階段(上)	미술	1939-10-05	·
2624	장우성	張遇聖	장우성	張遇聖	東洋畫의 新階段(下)	미술	1939-10-06	·
2625	장지영	張志暎	장지영	張志暎	철자법강좌를 두게 됨에 림하야	한글	1930-03-18	·
2626	장지영	張志暎	장지영	張志暎	한글 綴字法講座(1)	한글	1930-04-01	·
2627	장지영	張志暎	장지영	張志暎	한글 綴字法講座(2)	한글	1930-04-02	·
2628	장지영	張志暎	장지영	張志暎	한글 綴字法講座(3)	한글	1930-04-03	·
2629	장지영	張志暎	장지영	張志暎	한글 綴字法講座(4)	한글	1930-04-04	·
2630	장지영	張志暎	장지영	張志暎	한글 綴字法講座(5)	한글	1930-04-05	·
2631	장지영	張志暎	장지영	張志暎	한글 綴字法講座(6)	한글	1930-04-06	·
2632	장지영	張志暎	장지영	張志暎	한글 綴字法講座(7)	한글	1930-04-09	·
2633	장지영	張志暎	장지영	張志暎	한글 綴字法講座(8)	한글	1930-04-10	·
2634	장지영	張志暎	장지영	張志暎	한글 綴字法講座(9)	한글	1930-04-11	·
2635	장지영	張志暎	장지영	張志暎	한글 綴字法講座(10)	한글	1930-04-12	·
2636	장지영	張志暎	장지영	張志暎	한글 綴字法講座(11)	한글	1930-04-13	·
2637	장지영	張志暎	장지영	張志暎	한글 綴字法講座(12)	한글	1930-04-16	·
2638	장지영	張志暎	장지영	張志暎	한글 綴字法講座(13)	한글	1930-04-17	·
2639	장지영	張志暎	장지영	張志暎	한글 綴字法講座(14)	한글	1930-04-18	·
2640	장지영	張志暎	장지영	張志暎	한글 綴字法講座(15)	한글	1930-04-19	·
2641	장지영	張志暎	장지영	張志暎	한글 綴字法講座(16)	한글	1930-04-20	·
2642	장지영	張志暎	장지영	張志暎	한글 綴字法講座(18)	한글	1930-04-22	17회 미확인
2643	장지영	張志暎	장지영	張志暎	한글 綴字法講座(19)	한글	1930-04-23	·
2644	장지영	張志暎	장지영	張志暎	한글 綴字法講座(20)	한글	1930-04-25	·
2645	장지영	張志暎	장지영	張志暎	한글 綴字法講座(21)	한글	1930-04-26	·
2646	장지영	張志暎	장지영	張志暎	한글 綴字法講座(22)	한글	1930-04-27	·
2647	장지영	張志暎	장지영	張志暎	한글 綴字法講座(23)	한글	1930-04-28	·
2648	장지영	張志暎	장지영	張志暎	한글 綴字法講座(24)	한글	1930-05-01	·
2649	장지영	張志暎	장지영	張志暎	한글 綴字法講座(25)	한글	1930-05-02	·
2650	장지영	張志暎	장지영	張志暎	한글 綴字法講座(26)	한글	1930-05-03	·
2651	장지영	張志暎	장지영	張志暎	한글 綴字法講座(27)	한글	1930-05-04	·
2652	장지영	張志暎	장지영	張志暎	한글 綴字法講座(28)	한글	1930-05-06	·
2653	장지영	張志暎	장지영	張志暎	한글 綴字法講座(29)	한글	1930-05-07	·
2654	장지영	張志暎	장지영	張志暎	한글 綴字法講座(30)	한글	1930-05-09	·
2655	장지영	張志暎	장지영	張志暎	한글 綴字法講座(31)	한글	1930-05-10	·
2656	장지영	張志暎	장지영	張志暎	한글 綴字法講座(32)	한글	1930-05-11	·
2657	장지영	張志暎	장지영	張志暎	한글 綴字法講座(33)	한글	1930-05-13	·
2658	장지영	張志暎	장지영	張志暎	한글 綴字法講座(34)	한글	1930-05-14	·
2659	장지영	張志暎	장지영	張志暎	한글 綴字法講座(35)	한글	1930-05-15	·
2660	장지영	張志暎	장지영	張志暎	한글 綴字法講座(36)	한글	1930-05-20	·
2661	장지영	張志暎	장지영	張志暎	한글 綴字法講座(36)*37회	한글	1930-05-21	연재횟수 오기
2662	장지영	張志暎	장지영	張志暎	한글 綴字法講座(38)	한글	1930-05-22	·

연번	자료저자명(한글)	자료저자명(한자)	본명(한글)	본명(한자)	기사제목	분류	날짜	비고
2663	장지영	張志暎	장지영	張志暎	한글 綴字法講座(39)	한글	1930-05-23	·
2664	장지영	張志暎	장지영	張志暎	한글 綴字法講座(40)	한글	1930-05-24	·
2665	장지영	張志暎	장지영	張志暎	한글 綴字法講座(41)	한글	1930-05-25	·
2666	장지영	張志暎	장지영	張志暎	한글 綴字法講座(42)	한글	1930-05-27	·
2667	장지영	張志暎	장지영	張志暎	한글 綴字法講座(43)	한글	1930-05-29	·
2668	장지영	張志暎	장지영	張志暎	한글 綴字法講座(44)	한글	1930-05-30	·
2669	장지영	張志暎	장지영	張志暎	한글 綴字法講座(45)	한글	1930-05-31	·
2670	장지영	張志暎	장지영	張志暎	한글 綴字法講座(46)	한글	1930-06-01	·
2671	장지영	張志暎	장지영	張志暎	한글 綴字法講座(47)	한글	1930-06-03	·
2672	장지영	張志暎	장지영	張志暎	한글 綴字法講座(47)*48회	한글	1930-06-04	연재횟수 오기
2673	장지영	張志暎	장지영	張志暎	한글 綴字法講座(48)	한글	1930-06-05	·
2674	장지영	張志暎	장지영	張志暎	한글 綴字法講座(49)	한글	1930-06-10	·
2675	장지영	張志暎	장지영	張志暎	한글 綴字法講座(51)	한글	1930-06-11	·
2676	장지영	張志暎	장지영	張志暎	한글 綴字法講座(52)	한글	1930-06-12	·
2677	장지영	張志暎	장지영	張志暎	한글 綴字法講座(53)	한글	1930-06-13	·
2678	장지영	張志暎	장지영	張志暎	한글 綴字法講座(54)	한글	1930-06-15	·
2679	장지영	張志暎	장지영	張志暎	한글 綴字法講座(55)	한글	1930-06-17	·
2680	장지영	張志暎	장지영	張志暎	우라말에 섞인 漢語問題(1) 이를 어떻게 處理할까?	한글, 사업	1930-11-19	·
2681	장지영	張志暎	장지영	張志暎	우라말에 섞인 漢語問題(2) 이를 어떻게 處理할까?	한글, 사업	1930-11-20	·
2682	장지영	張志暎	장지영	張志暎	우라말에 섞인 漢語問題(3) 이를 어떻게 處理할까?	한글, 사업	1930-11-21	·
2683	장지영	張志暎	장지영	張志暎	우라말에 섞인 漢語問題(4) 이를 어떻게 處理할까?	한글, 사업	1930-11-23	·
2684	장지영	張志暎	장지영	張志暎	우라말에 섞인 漢語問題(5) 이를 어떻게 處理할까?	한글, 사업	1930-11-25	·
2685	장지영	張志暎	장지영	張志暎	한글兩大運動의 庚午一年間回顧(1)	한글, 사업	1931-01-01	·
2686	장지영	張志暎	장지영	張志暎	한글兩大運動의 庚午一年間回顧(2)	한글, 사업	1931-01-02	·
2687	장지영	張志暎	장지영	張志暎	한글質疑	한글	1931-01-11	·
2688	장지영	張志暎	장지영	張志暎	한글質疑	한글	1931-01-13	·
2689	장지영	張志暎	장지영	張志暎	한글質疑	한글	1931-01-22	·
2690	장지영	張志暎	장지영	張志暎	한글質疑	한글	1931-01-23	·
2691	장지영	張志暎	장지영	張志暎	한글質疑	한글	1931-01-24	·
2692	장지영	張志暎	장지영	張志暎	한글質疑	한글	1931-01-27	·
2693	장지영	張志暎	장지영	張志暎	한글質疑	한글	1931-01-28	·
2694	장지영	張志暎	장지영	張志暎	한글質疑	한글	1931-01-31	·
2695	장지영	張志暎	장지영	張志暎	한글質疑	한글	1931-02-01	·
2696	장지영	張志暎	장지영	張志暎	한글質疑	한글	1931-02-03	·
2697	장지영	張志暎	장지영	張志暎	한글質疑	한글	1931-02-05	·
2698	장지영	張志暎	장지영	張志暎	한글質疑	한글	1931-02-07	·

연번	자료저자명 (한글)	자료저자명 (한자)	본명 (한글)	본명 (한자)	기사제목	분류	날짜	비고
2699	장지영	張志暎	장지영	張志暎	한글質疑	한글	1931-02-08	·
2700	장지영	張志暎	장지영	張志暎	한글質疑	한글	1931-02-13	·
2701	장지영	張志暎	장지영	張志暎	한글質疑	한글	1931-02-14	·
2702	장지영	張志暎	장지영	張志暎	한글質疑	한글	1931-02-15	·
2703	장지영	張志暎	장지영	張志暎	한글質疑	한글	1931-02-16	·
2704	장지영	張志暎	장지영	張志暎	한글質疑	한글	1931-02-25	·
2705	장지영	張志暎	장지영	張志暎	한글質疑	한글	1931-02-26	·
2706	장지영	張志暎	장지영	張志暎	한글質疑	한글	1931-02-28	·
2707	장지영	張志暎	장지영	張志暎	한글質疑	한글	1931-03-06	·
2708	장지영	張志暎	장지영	張志暎	한글質疑	한글	1931-03-08	·
2709	장지영	張志暎	장지영	張志暎	한글質疑	한글	1931-03-10	·
2710	장지영	張志暎	장지영	張志暎	한글質疑	한글	1931-03-11	·
2711	장지영	張志暎	장지영	張志暎	한글質疑	한글	1931-03-14	·
2712	장지영	張志暎	장지영	張志暎	한글質疑	한글	1931-03-20	·
2713	장지영	張志暎	장지영	張志暎	한글質疑	한글	1931-03-21	·
2714	장지영	張志暎	장지영	張志暎	한글質疑	한글	1931-03-24	·
2715	장지영	張志暎	장지영	張志暎	한글質疑	한글	1931-03-25	·
2716	장지영	張志暎	장지영	張志暎	한글質疑	한글	1931-03-26	·
2717	장지영	張志暎	장지영	張志暎	한글質疑	한글	1931-03-27	·
2718	장지영	張志暎	장지영	張志暎	한글質疑	한글	1931-03-28	·
2719	장지영	張志暎	장지영	張志暎	한글質疑	한글	1931-03-30	·
2720	장지영	張志暎	장지영	張志暎	한글質疑	한글	1931-03-31	·
2721	장지영	張志暎	장지영	張志暎	한글質疑	한글	1931-04-02	·
2722	장지영	張志暎	장지영	張志暎	한글質疑	한글	1931-04-06	·
2723	장지영	張志暎	장지영	張志暎	한글質疑	한글	1931-04-07	·
2724	장지영	張志暎	장지영	張志暎	한글質疑	한글	1931-04-10	·
2725	장지영	張志暎	장지영	張志暎	한글質疑	한글	1931-04-11	·
2726	장지영	張志暎	장지영	張志暎	한글質疑	한글	1931-04-12	·
2727	장지영	張志暎	장지영	張志暎	한글質疑	한글	1931-04-14	·
2728	장지영	張志暎	장지영	張志暎	한글質疑	한글	1931-04-18	·
2729	장지영	張志暎	장지영	張志暎	한글質疑	한글	1931-04-19	·
2730	장지영	張志暎	장지영	張志暎	한글質疑	한글	1931-04-24	·
2731	장지영	張志暎	장지영	張志暎	한글質疑	한글	1931-04-25	·
2732	장지영	張志暎	장지영	張志暎	한글質疑	한글	1931-04-27	·
2733	장지영	張志暎	장지영	張志暎	한글質疑	한글	1931-04-28	·
2734	장지영	張志暎	장지영	張志暎	한글質疑	한글	1931-04-30	·
2735	장지영	張志暎	장지영	張志暎	한글質疑	한글	1931-05-01	·
2736	장지영	張志暎	장지영	張志暎	한글質疑	한글	1931-05-03	·
2737	장지영	張志暎	장지영	張志暎	한글質疑	한글	1931-05-04	·
2738	장지영	張志暎	장지영	張志暎	한글質疑	한글	1931-05-07	·
2739	장지영	張志暎	장지영	張志暎	한글質疑	한글	1931-05-08	·

연번	자료저자명(한글)	자료저자명(한자)	본명(한글)	본명(한자)	기사제목	분류	날짜	비고
2740	장지영	張志暎	장지영	張志暎	한글質疑	한글	1931-05-09	·
2741	장지영	張志暎	장지영	張志暎	한글質疑	한글	1931-05-13	·
2742	장지영	張志暎	장지영	張志暎	한글質疑	한글	1931-05-19	·
2743	장지영	張志暎	장지영	張志暎	한글質疑	한글	1931-05-20	·
2744	장지영	張志暎	장지영	張志暎	한글質疑	한글	1931-05-21	·
2745	장지영	張志暎	장지영	張志暎	한글質疑	한글	1931-05-22	·
2746	장지영	張志暎	장지영	張志暎	한글質疑	한글	1931-06-07	·
2747	장지영	張志暎	장지영	張志暎	한글質疑	한글	1931-06-09	·
2748	장지영	張志暎	장지영	張志暎	한글質疑	한글	1931-06-10	·
2749	장지영	張志暎	장지영	張志暎	한글質疑	한글	1931-06-11	·
2750	장지영	張志暎	장지영	張志暎	한글質疑	한글	1931-06-12	·
2751	장지영	張志暎	장지영	張志暎	한글質疑	한글	1931-06-13	·
2752	장지영	張志暎	장지영	張志暎	한글質疑	한글	1931-06-16	·
2753	장지영	張志暎	장지영	張志暎	한글質疑	한글	1931-06-17	·
2754	장지영	張志暎	장지영	張志暎	한글質疑	한글	1931-06-19	·
2755	장지영	張志暎	장지영	張志暎	한글質疑	한글	1931-06-21	·
2756	장지영	張志暎	장지영	張志暎	한글質疑	한글	1931-06-23	·
2757	장지영	張志暎	장지영	張志暎	한글質疑	한글	1931-06-24	·
2758	장지영	張志暎	장지영	張志暎	한글質疑	한글	1931-06-25	·
2759	장지영	張志暎	장지영	張志暎	한글質疑	한글	1931-06-26	·
2760	장지영	張志暎	장지영	張志暎	한글質疑	한글	1931-06-28	·
2761	장지영	張志暎	장지영	張志暎	한글質疑	한글	1931-07-01	·
2762	장지영	張志暎	장지영	張志暎	한글質疑	한글	1931-07-03	·
2763	장지영	張志暎	장지영	張志暎	한글質疑	한글	1931-07-05	·
2764	장지영	張志暎	장지영	張志暎	한글質疑	한글	1931-07-07	·
2765	장지영	張志暎	장지영	張志暎	한글質疑	한글	1931-07-08	·
2766	전몽수	田蒙秀	전몽수	田蒙秀	鄕歌解疑(1)	문학	1938-06-05	·
2767	전몽수	田蒙秀	전몽수	田蒙秀	鄕歌解疑(2)	문학	1938-06-07	·
2768	전몽수	田蒙秀	전몽수	田蒙秀	鄕歌解疑(3)	문학	1938-06-08	·
2769	전몽수	田蒙秀	전몽수	田蒙秀	鄕歌解疑(4)	문학	1938-06-09	·
2770	전몽수	田蒙秀	전몽수	田蒙秀	鄕歌解疑(4)*5회	문학	1938-06-11	연재횟수 오기
2771	전몽수	田蒙秀	전몽수	田蒙秀	鄕歌解疑(5)*6회	문학	1938-06-12	연재횟수 오기
2772	전몽수	田蒙秀	전몽수	田蒙秀	鄕歌解疑(6)*7회	문학	1938-06-14	연재횟수 오기
2773	전몽수	田蒙秀	전몽수	田蒙秀	鄕歌解疑(6)*8회	문학	1938-06-15	연재횟수 오기
2774	전몽수	田蒙秀	전몽수	田蒙秀	新羅王號考(1)	역사	1938-07-30	·
2775	전몽수	田蒙秀	전몽수	田蒙秀	新羅王號考(2)	역사	1938-07-31	·
2776	전몽수	田蒙秀	전몽수	田蒙秀	新羅王號考(3)	역사	1938-08-02	·
2777	전몽수	田蒙秀	전몽수	田蒙秀	新羅王號考(4)	역사	1938-08-03	·
2778	전몽수	田蒙秀	전몽수	田蒙秀	新羅王號考(5)	역사	1938-08-04	·
2779	전몽수	田蒙秀	전몽수	田蒙秀	新羅王號考(5)*6회	역사	1938-08-05	연재횟수 오기
2780	전몽수	田蒙秀	전몽수	田蒙秀	古語首題(1)	문학	1938-10-13	·

연번	자료저자명(한글)	자료저자명(한자)	본명(한글)	본명(한자)	기사제목	분류	날짜	비고
2781	전몽수	田蒙秀	전몽수	田蒙秀	古語首題(2)	문학	1938-10-20	·
2782	전몽수	田蒙秀	전몽수	田蒙秀	古語首題(3)	문학	1938-10-22	·
2783	전몽수	田蒙秀	전몽수	田蒙秀	古語首題(4)	한글	1938-10-23	·
2784	전몽수	田蒙秀	전몽수	田蒙秀	古語首題(5)	한글	1938-10-25	·
2785	전몽수	田蒙秀	전몽수	田蒙秀	古語新義攷- 親族語의 語源分析의 試論	문학	1939-03-22	·
2786	전몽수	田蒙秀	전몽수	田蒙秀	井邑詞釋注에 對한 若干의 疑問- 梁柱東氏의 古語學的 研究短評(1)	문학	1939-09-14	·
2787	전몽수	田蒙秀	전몽수	田蒙秀	井邑詞釋注에 對한 若干의 疑問- 梁柱東氏의 古語學的 研究短評(2)	문학	1939-09-15	·
2788	전몽수	田蒙秀	전몽수	田蒙秀	井邑詞釋注에 對한 若干의 疑問- 梁柱東氏의 古語學的 研究短評(3)	문학	1939-09-16	·
2789	전몽수	田蒙秀	전몽수	田蒙秀	井邑詞釋注에 對한 若干의 疑問- 梁柱東氏의 古語學的 研究短評(4)	문학	1939-09-19	·
2790	전몽수	田蒙秀	전몽수	田蒙秀	井邑詞釋注에 對한 若干의 疑問- 梁柱東氏의 古語學的 研究短評(5)	문학	1939-09-20	·
2791	전몽수	田蒙秀	전몽수	田蒙秀	井邑詞釋注에 對한 若干의 疑問- 梁柱東氏의 古語學的 研究短評(6)	문학	1939-09-21	·
2792	전몽수	田蒙秀	전몽수	田蒙秀	井邑詞釋注에 對한 若干의 疑問- 梁柱東氏의 古語學的 研究短評(7)	문학	1939-09-22	·
2793	전몽수	田蒙秀	전몽수	田蒙秀	古語의 魅力- 死語의 復活에 대한 若干의 參考(1)	한글	1939-12-02	·
2794	전몽수	田蒙秀	전몽수	田蒙秀	古語의 魅力- 死語의 復活에 대한 若干의 參考(2)	한글	1939-12-06	·
2795	전몽수	田蒙秀	전몽수	田蒙秀	古語의 魅力- 死語의 復活에 대한 若干의 參考(3)	한글	1939-12-07	·
2796	전몽수	田蒙秀	전몽수	田蒙秀	古語의 魅力- 死語의 復活에 대한 若干의 參考(4)	한글	1939-12-08	·
2797	전몽수	田蒙秀	전몽수	田蒙秀	古語의 魅力- 死語의 復活에 대한 若干의 參考(5)	한글	1939-12-09	·
2798	전몽수	田蒙秀	전몽수	田蒙秀	古語의 魅力- 死語의 復活에 대한 若干의 參考(完)	한글	1939-12-12	·
2799	전무길	全武吉	전무길	全武吉	今日隨想(1) 人間의 愚智	철학	1931-08-22	·
2800	전무길	全武吉	전무길	全武吉	今日隨想(2) 民族感情	철학	1931-08-23	·
2801	전무길	全武吉	전무길	全武吉	今日隨想(3) 開城의 再滅	철학	1931-08-25	·
2802	전무길	全武吉	전무길	全武吉	妙香山遊記(1)	기행	1936-05-26	·
2803	전무길	全武吉	전무길	全武吉	妙香山遊記(2)	기행	1936-05-27	·
2804	전무길	全武吉	전무길	全武吉	妙香山遊記(3)	기행	1936-05-28	·
2805	전무길	全武吉	전무길	全武吉	妙香山遊記(4)	기행	1936-05-29	·
2806	전무길	全武吉	전무길	全武吉	妙香山遊記(5)	기행	1936-05-30	·
2807	전유협	全裕協	전유협	全裕協	文字普及班消息- 開講初日에 百名	한글, 사업	1930-07-31	·
2808	전종철	田鍾徹	전종철	田鍾徹	文字普及班消息- 밤에는 壯年도	한글, 사업	1930-08-15	·
2809	정광현	鄭光鉉	정광현	鄭光鉉	喪祭에 對한 再吟味(1)	기타	1940-02-15	·
2810	정광현	鄭光鉉	정광현	鄭光鉉	喪祭에 對한 再吟味(2)	기타	1940-02-16	·
2811	정광현	鄭光鉉	정광현	鄭光鉉	喪祭에 對한 再吟味(3)	기타	1940-02-17	·
2812	정광현	鄭廣鉉	정광현	鄭廣鉉	研究(1) 盛夏土俗數題	민속	1940-07-26	·
2813	정광현	鄭光鉉	정광현	鄭光鉉	朝鮮學界總動員 夏期特別論文- 朝鮮法典考	논설	1940-07-31	·

연번	자료저자명 (한글)	자료저자명 (한자)	본명 (한글)	본명 (한자)	기사제목	분류	날짜	비고
2814	정근양	鄭槿陽	정근양	鄭槿陽	漢方醫學 復興問題에 對한 提言- 張基茂氏의 所論을 읽고(1)	한의학	1934-03-09	·
2815	정근양	鄭槿陽	정근양	鄭槿陽	漢方醫學 復興問題에 對한 提言- 張基茂氏의 所論을 읽고(2)	한의학	1934-03-10	·
2816	정근양	鄭槿陽	정근양	鄭槿陽	漢方醫學 復興問題에 對한 提言- 張基茂氏의 所論을 읽고(3)	한의학	1934-03-11	·
2817	정근양	鄭槿陽	정근양	鄭槿陽	漢方醫學 復興問題에 對한 提言- 張基茂氏의 所論을 읽고(4)	한의학	1934-03-13	·
2818	정근양	鄭槿陽	정근양	鄭槿陽	漢方醫學 復興問題에 對한 提言- 張基茂氏의 所論을 읽고(5)	한의학	1934-03-14	·
2819	정근양	鄭槿陽	정근양	鄭槿陽	趙憲泳氏의 漢醫學論을 評함(1)	한의학	1934-07-13	·
2820	정근양	鄭槿陽	정근양	鄭槿陽	趙憲泳氏의 漢醫學論을 評함(2)	한의학	1934-07-14	·
2821	정근양	鄭槿陽	정근양	鄭槿陽	趙憲泳氏의 漢醫學論을 評함(3)	한의학	1934-07-15	·
2822	정근양	鄭槿陽	정근양	鄭槿陽	趙憲泳氏의 漢醫學論을 評함(4)	한의학	1934-07-18	·
2823	정근양	鄭槿陽	정근양	鄭槿陽	趙憲泳氏의 漢醫學論을 評함(5)	한의학	1934-07-19	·
2824	정근양	鄭槿陽	정근양	鄭槿陽	趙憲泳氏의 漢醫學論을 評함(6)	한의학	1934-07-20	·
2825	정근양	鄭槿陽	정근양	鄭槿陽	趙憲泳氏의 漢醫學論을 評함(7)	한의학	1934-07-22	·
2826	정근양	鄭槿陽	정근양	鄭槿陽	趙憲泳氏의 漢醫學論을 評함(8)	한의학	1934-07-24	·
2827	정근양	鄭槿陽	정근양	鄭槿陽	趙憲泳氏의 漢醫學論을 評함(9)	한의학	1934-07-25	·
2828	정근양	鄭槿陽	정근양	鄭槿陽	趙憲泳氏의 漢醫學論을 評함(10)	한의학	1934-07-26	·
2829	정근양	鄭槿陽	정근양	鄭槿陽	趙憲泳氏의 漢醫學論을 評함(11)	한의학	1934-07-27	·
2830	정근양	鄭槿陽	정근양	鄭槿陽	趙憲泳氏의 漢醫學論을 評함(12)	한의학	1934-07-29	·
2831	정근양	鄭槿陽	정근양	鄭槿陽	趙憲泳氏의 漢醫學論을 評함(13)	한의학	1934-07-31	·
2832	정근양	鄭槿陽	정근양	鄭槿陽	趙憲泳氏의 漢醫學論을 評함(14)	한의학	1934-08-01	·
2833	정근양	鄭槿陽	정근양	鄭槿陽	趙憲泳氏의 漢醫學論을 評함(15)	한의학	1934-08-02	·
2834	정근양	鄭槿陽	정근양	鄭槿陽	趙憲泳氏의 漢醫學論을 評함(16)	한의학	1934-08-03	·
2835	정근양	鄭槿陽	정근양	鄭槿陽	趙憲泳氏의 漢醫學論을 評함(17)	한의학	1934-08-04	·
2836	정언학인	鼎言學人	·	·	甲戌一週甲間 國家興亡의 一瞥(1)	역사	1934-01-02	·
2837	정언학인	鼎言學人	·	·	甲戌一週甲間 國家興亡의 一瞥(2)	역사	1934-01-23	·
2838	정언학인	鼎言學人	·	·	甲戌一週甲間 國家興亡의 一瞥(3)	역사	1934-01-24	·
2839	정언학인	鼎言學人	·	·	甲戌一週甲間 國家興亡의 一瞥(4)	역사	1934-01-25	·
2840	정언학인	鼎言學人	·	·	甲戌一週甲間 國家興亡의 一瞥(5)	역사	1934-01-26	·
2841	정언학인	鼎言學人	·	·	甲戌一週甲間 國家興亡의 一瞥(6)	역사	1934-01-27	·
2842	정언학인	鼎言學人	·	·	甲戌一週甲間 國家興亡의 一瞥(7)	역사	1934-01-28	·
2843	정언학인	鼎言學人	·	·	甲戌一週甲間 國家興亡의 一瞥(8)	역사	1934-01-30	·
2844	정언학인	鼎言學人	·	·	甲戌一週甲間 國家興亡의 一瞥(9)	역사	1934-01-31	·
2845	정언학인	鼎言學人	·	·	구정풍속(1)	민속	1934-02-09	·
2846	정언학인	鼎言學人	·	·	구정풍속(2)	민속	1934-02-10	·
2847	정언학인	鼎言學人	·	·	구정풍속(3)	민속	1934-02-11	·
2848	정언학인	鼎言學人	·	·	구정풍속(4)	민속	1934-02-13	·
2849	정언학인	鼎言學人	·	·	구정풍속(5)	민속	1934-02-14	·
2850	정언학인	鼎言學人	·	·	구정풍속(6)	민속	1934-02-15	·

연번	자료저자명 (한글)	자료저자명 (한자)	본명 (한글)	본명 (한자)	기사제목	분류	날짜	비고
2851	정언학인	鼎言學人	·	·	구정풍속(7)	민속	1934-02-16	·
2852	정언학인	鼎言學人	·	·	구정풍속(8)	민속	1934-02-17	·
2853	정언학인	鼎言學人	·	·	西洋音樂 朝鮮輸入의 最初(1) 六百年前 오랜 記錄	음악	1934-04-03	·
2854	정언학인	鼎言學人	·	·	西洋音樂 朝鮮輸入의 最初(2) 六百年前 오랜 記錄	음악	1934-04-05	·
2855	정언학인	鼎言學人	·	·	西洋音樂 朝鮮輸入의 最初(3) 六百年前 오랜 記錄	음악	1934-04-06	·
2856	정언학인	鼎言學人	·	·	西洋音樂 朝鮮輸入의 最初(4) 六百年前 오랜 記錄	음악	1934-04-07	·
2857	정언학인	鼎言學人	·	·	西洋音樂 朝鮮輸入의 最初(5) 六百年前 오랜 記錄	음악	1934-04-08	·
2858	정언학인	鼎言學人	·	·	西洋音樂 朝鮮輸入의 最初(6) 六百年前 오랜 記錄	음악	1934-04-10	·
2859	정언학인	鼎言學人	·	·	西洋音樂 朝鮮輸入의 最初(7) 六百年前 오랜 記錄	음악	1934-04-11	·
2860	정언학인	鼎言學人	·	·	朝鮮弓道와 射風(1)	민속	1934-06-03	·
2861	정언학인	鼎言學人	·	·	朝鮮弓道와 射風(2)	민속	1934-06-05	·
2862	정언학인	鼎言學人	·	·	朝鮮弓道와 射風(3)	민속	1934-06-08	·
2863	정언학인	鼎言學人	·	·	朝鮮弓道와 射風(4)	민속	1934-06-09	·
2864	정언학인	鼎言學人	·	·	朝鮮弓道와 射風(5)	민속	1934-06-10	·
2865	정언학인	鼎言學人	·	·	朝鮮弓道와 射風(6)	민속	1934-06-12	·
2866	정언학인	鼎言學人	·	·	朝鮮弓道와 射風(7)	민속	1934-06-13	·
2867	정언학인	鼎言學人	·	·	朝鮮弓道와 射風(8)	민속	1934-06-14	·
2868	정언학인	鼎言學人	·	·	朝鮮弓道와 射風(9)	민속	1934-06-15	·
2869	정언학인	鼎言學人	·	·	朝鮮弓道와 射風(10)	민속	1934-06-17	·
2870	정언학인	鼎言學人	·	·	朝鮮弓道와 射風(11)	민속	1934-06-19	·
2871	정언학인	鼎言學人	·	·	朝鮮弓道와 射風(12)	민속	1934-06-20	·
2872	정언학인	鼎言學人	·	·	朝鮮弓道와 射風(13)	민속	1934-06-21	·
2873	정언학인	鼎言學人	·	·	朝鮮弓道와 射風(14)	민속	1934-06-22	·
2874	정언학인	鼎言學人	·	·	朝鮮弓道와 射風(15)	민속	1934-06-23	·
2875	정언학인	鼎言學人	·	·	朝鮮弓道와 射風(16)	민속	1934-06-24	·
2876	정언학인	鼎言學人	·	·	朝鮮弓道와 射風(17)	민속	1934-06-26	·
2877	정열모	鄭烈模	정열모	鄭烈模	이날에 간절히 늣기는 바	한글, 사업	1930-11-19	·
2878	정운수	鄭雲樹	정운수	鄭雲樹	第三回 文字普及班의 動向- 아동의 自學熱과 우리의 책임감	한글, 사업	1931-08-14	·
2879	정인보	鄭寅普	정인보	鄭寅普	關東海山錄(1)	기행	1933-08-03	·
2880	정인보	鄭寅普	정인보	鄭寅普	關東海山錄(2)	기행	1933-08-04	·
2881	정인보	鄭寅普	정인보	鄭寅普	關東海山錄(3)	기행	1933-08-05	·
2882	정인보	鄭寅普	정인보	鄭寅普	關東海山錄(4)	기행	1933-08-06	·
2883	정인보	鄭寅普	정인보	鄭寅普	關東海山錄(5)	기행	1933-08-08	·
2884	정인보	鄭寅普	정인보	鄭寅普	關東海山錄(6)	기행	1933-08-09	·
2885	정인보	鄭寅普	정인보	鄭寅普	關東海山錄(7)	기행	1933-08-10	·
2886	정인보	鄭寅普	정인보	鄭寅普	關東海山錄(8)	기행	1933-08-12	·
2887	정인보	鄭寅普	정인보	鄭寅普	關東海山錄(9)	기행	1933-08-13	·
2888	정인보	鄭寅普	정인보	鄭寅普	關東海山錄(10)	기행	1933-08-15	·
2889	정인보	鄭寅普	정인보	鄭寅普	關東海山錄(11)	기행	1933-08-16	·

연번	자료저자명(한글)	자료저자명(한자)	본명(한글)	본명(한자)	기사제목	분류	날짜	비고
2890	정인보	鄭寅普	정인보	鄭寅普	關東海山錄(12)	기행	1933-08-17	·
2891	정인보	鄭寅普	정인보	鄭寅普	關東海山錄(13)	기행	1933-08-18	·
2892	정인보	鄭寅普	정인보	鄭寅普	關東海山錄(14)	기행	1933-08-19	·
2893	정인보	鄭寅普	정인보	鄭寅普	關東海山錄(15)	기행	1933-08-20	·
2894	정인보	鄭寅普	정인보	鄭寅普	關東海山錄(16)	기행	1933-08-22	·
2895	정인보	鄭寅普	정인보	鄭寅普	關東海山錄(17)	기행	1933-08-23	·
2896	정인보	鄭寅普	정인보	鄭寅普	關東海山錄(18)	기행	1933-08-24	·
2897	정인보	鄭寅普	정인보	鄭寅普	關東海山錄(19)	기행	1933-08-25	·
2898	정인보	鄭寅普	정인보	鄭寅普	關東海山錄(20)	기행	1933-08-26	·
2899	정인보	鄭寅普	정인보	鄭寅普	關東海山錄(21)	기행	1933-08-27	·
2900	정인보	鄭寅普	정인보	鄭寅普	關東海山錄(22)	기행	1933-08-29	·
2901	정인보	鄭寅普	정인보	鄭寅普	關東海山錄(23)	기행	1933-08-30	·
2902	정인보	鄭寅普	정인보	鄭寅普	關東海山錄(24)	기행	1933-08-31	·
2903	정인보	鄭寅普	정인보	鄭寅普	關東海山錄(25)	기행	1933-09-01	·
2904	정인보	鄭寅普	정인보	鄭寅普	關東海山錄(26)	기행	1933-09-02	·
2905	정인보	鄭寅普	정인보	鄭寅普	關東海山錄(27)	기행	1933-09-03	·
2906	정인보	鄭寅普	정인보	鄭寅普	關東海山錄(28)	기행	1933-09-05	·
2907	정인보	鄭寅普	정인보	鄭寅普	關東海山錄(29)	기행	1933-09-06	·
2908	정인택	鄭人澤	정인택	鄭人澤	古典의 教養	문학	1940-05-17	·
2909	정현규	鄭賢奎	정현규	鄭賢奎	歷史科學方法論-『이데-』型에서 『觀念形態』에(1)	논설	1936-04-09	·
2910	정현규	鄭賢奎	정현규	鄭賢奎	歷史科學方法論-『이데-』型에서 『觀念形態』에(2)	논설	1936-04-10	·
2911	정현규	鄭賢奎	정현규	鄭賢奎	歷史科學方法論-『이데-』型에서 『觀念形態』에(3)	논설	1936-04-11	·
2912	정현규	鄭賢奎	정현규	鄭賢奎	歷史科學方法論-『이데-』型에서 『觀念形態』에(4)	논설	1936-04-12	·
2913	정현규	鄭賢奎	정현규	鄭賢奎	歷史科學方法論-『이데-』型에서 『觀念形態』에(5)	논설	1936-04-15	·
2914	정현규	鄭賢奎	정현규	鄭賢奎	歷史科學方法論-『이데-』型에서 『觀念形態』에(6)	논설	1936-04-16	·
2915	정현규	鄭賢奎	정현규	鄭賢奎	現代歷史哲學의 回顧와 展望(1)	철학	1937-01-30	·
2916	정현규	鄭賢奎	정현규	鄭賢奎	現代歷史哲學의 回顧와 展望(2)	철학	1937-01-31	·
2917	정현규	鄭賢奎	정현규	鄭賢奎	現代歷史哲學의 回顧와 展望(3)	철학	1937-02-02	·
2918	정현규	鄭賢奎	정현규	鄭賢奎	現代歷史哲學의 回顧와 展望(4)	철학	1937-02-03	·
2919	정현규	鄭賢奎	정현규	鄭賢奎	現代歷史哲學의 回顧와 展望(5)	철학	1937-02-04	·
2920	정현규	鄭賢奎	정현규	鄭賢奎	現代歷史哲學의 回顧와 展望(6)	철학	1937-02-05	·
2921	정현규	鄭賢奎	정현규	鄭賢奎	文化沒落說 批判(1)	논설	1937-04-13	·
2922	정현규	鄭賢奎	정현규	鄭賢奎	文化沒落說 批判(2)	논설	1937-04-14	·
2923	정현규	鄭賢奎	정현규	鄭賢奎	文化沒落說 批判(3)	논설	1937-04-15	·
2924	정현규	鄭賢奎	정현규	鄭賢奎	文化沒落說 批判(4)	논설	1937-04-16	·
2925	정현규	鄭賢奎	정현규	鄭賢奎	文化沒落說 批判(5)	논설	1937-04-17	·
2926	정현규	鄭賢奎	정현규	鄭賢奎	文化公議(11) 文化의 歷史的 性格	논설	1937-06-18	·
2927	정현규	鄭賢奎	정현규	鄭賢奎	文化公議(12) 學者의 奬學基金	논설	1937-06-19	·
2928	정홍교	丁洪教	정홍교	丁洪教	東西洋의 發明家를 차저서(33) 맨처음으로 甲鑑거북선 發明- 朝鮮篇(15) 李舜臣氏	역사, 사업	1931-04-26	·
2929	조윤제	趙潤濟	조윤제	趙潤濟	古朝鮮民族의 歌謠	문학	1933-05-04	·

연번	자료저자명(한글)	자료저자명(한자)	본명(한글)	본명(한자)	기사제목	분류	날짜	비고
2930	조윤제	趙潤濟	조윤제	趙潤濟	古代歌謠의 形式- 特히 『高麗歌詞』의 名稱에 對하야	문학	1939-07-01	·
2931	조헌영	趙憲泳	조헌영	趙憲泳	漢方醫學 復興問題- 東西醫學의 比較批判의 必要(1)	한의학	1934-05-03	·
2932	조헌영	趙憲泳	조헌영	趙憲泳	漢方醫學 復興問題- 東西醫學의 比較批判의 必要(2)	한의학	1934-05-04	·
2933	조헌영	趙憲泳	조헌영	趙憲泳	漢方醫學 復興問題- 東西醫學의 比較批判의 必要(3)	한의학	1934-05-05	·
2934	조헌영	趙憲泳	조헌영	趙憲泳	漢方醫學 復興問題- 東西醫學의 比較批判의 必要(4)	한의학	1934-05-06	·
2935	조헌영	趙憲泳	조헌영	趙憲泳	漢方醫學 復興問題- 東西醫學의 比較批判의 必要(5)	한의학	1934-05-08	·
2936	조헌영	趙憲泳	조헌영	趙憲泳	漢方醫學 復興問題- 東西醫學의 比較批判의 必要(6)	한의학	1934-05-09	·
2937	조헌영	趙憲泳	조헌영	趙憲泳	漢方醫學 復興問題- 東西醫學의 比較批判의 必要(7)	한의학	1934-05-10	·
2938	조헌영	趙憲泳	조헌영	趙憲泳	漢方醫學 復興問題- 東西醫學의 比較批判의 必要(8)	한의학	1934-05-11	·
2939	조헌영	趙憲泳	조헌영	趙憲泳	漢醫學- 陰陽說의 理論과 實際(1)	한의학	1934-05-30	·
2940	조헌영	趙憲泳	조헌영	趙憲泳	漢醫學- 陰陽說의 理論과 實際(2)	한의학	1934-05-31	·
2941	조헌영	趙憲泳	조헌영	趙憲泳	漢醫學- 陰陽說의 理論과 實際(3)	한의학	1934-06-01	·
2942	조헌영	趙憲泳	조헌영	趙憲泳	漢醫學- 陰陽說의 理論과 實際(5)	한의학	1934-06-03	4회 미확인
2943	조헌영	趙憲泳	조헌영	趙憲泳	漢醫學- 陰陽說의 理論과 實際(6)	한의학	1934-06-05	·
2944	조헌영	趙憲泳	조헌영	趙憲泳	漢醫學- 陰陽說의 理論과 實際(7)	한의학	1934-06-07	·
2945	조헌영	趙憲泳	조헌영	趙憲泳	漢醫學- 陰陽說의 理論과 實際(8)	한의학	1934-06-08	·
2946	조헌영	趙憲泳	조헌영	趙憲泳	漢醫學論에 對하야- 鄭槿陽氏의 評을 읽고(1)	한의학	1934-10-19	·
2947	조헌영	趙憲泳	조헌영	趙憲泳	漢醫學論에 對하야- 鄭槿陽氏의 評을 읽고(2)	한의학	1934-10-20	·
2948	조헌영	趙憲泳	조헌영	趙憲泳	漢醫學論에 對하야- 鄭槿陽氏의 評을 읽고(3)	한의학	1934-10-23	·
2949	조헌영	趙憲泳	조헌영	趙憲泳	漢醫學論에 對하야- 鄭槿陽氏의 評을 읽고(4)	한의학	1934-10-30	·
2950	조헌영	趙憲泳	조헌영	趙憲泳	漢醫學論에 對하야- 鄭槿陽氏의 評을 읽고(5)	한의학	1934-11-02	·
2951	조헌영	趙憲泳	조헌영	趙憲泳	漢醫學論에 對하야- 鄭槿陽氏의 評을 읽고(6)	한의학	1934-11-03	·
2952	조헌영	趙憲泳	조헌영	趙憲泳	漢醫學論에 對하야- 鄭槿陽氏의 評을 읽고(7)	한의학	1934-11-04	·
2953	조헌영	趙憲泳	조헌영	趙憲泳	漢醫學論에 對하야- 鄭槿陽氏의 評을 읽고(8)	한의학	1934-11-06	·
2954	조헌영	趙憲泳	조헌영	趙憲泳	漢醫學論에 對하야- 鄭槿陽氏의 評을 읽고(9)	한의학	1934-11-07	·
2955	조헌영	趙憲泳	조헌영	趙憲泳	漢醫學論에 對하야- 鄭槿陽氏의 評을 읽고(10)	한의학	1934-11-08	·
2956	조헌영	趙憲泳	조헌영	趙憲泳	漢醫學論에 對하야- 鄭槿陽氏의 評을 읽고(11)	한의학	1934-11-09	·
2957	조헌영	趙憲泳	조헌영	趙憲泳	漢醫學論에 對하야- 鄭槿陽氏의 評을 읽고(12)	한의학	1934-11-11	·
2958	조헌영	趙憲泳	조헌영	趙憲泳	漢醫學論에 對하야- 鄭槿陽氏의 評을 읽고(13)	한의학	1934-11-20	·
2959	조헌영	趙憲泳	조헌영	趙憲泳	漢醫學論에 對하야- 鄭槿陽氏의 評을 읽고(14)	한의학	1934-11-21	·
2960	조헌영	趙憲泳	조헌영	趙憲泳	漢醫學論에 對하야- 鄭槿陽氏의 評을 읽고(15)	한의학	1934-11-22	·
2961	조헌영	趙憲泳	조헌영	趙憲泳	漢醫學上으로 본 茶山醫學의 特色(上)	논설	1935-07-16	·
2962	조헌영	趙憲泳	조헌영	趙憲泳	漢醫學上으로 본 茶山醫學의 特色(下)	논설	1935-07-17	·
2963	조헌영	趙憲泳	조헌영	趙憲泳	東洋과 西洋의 對照- 묵은 問題의 새로운 吟味(1)	한의학	1936-10-11	·
2964	조헌영	趙憲泳	조헌영	趙憲泳	東洋과 西洋의 對照- 묵은 問題의 새로운 吟味(2)	한의학	1936-10-13	·

연번	자료저자명 (한글)	자료저자명 (한자)	본명 (한글)	본명 (한자)	기사제목	분류	날짜	비고
2965	조헌영	趙憲泳	조헌영	趙憲泳	東洋과 西洋의 對照- 묵은 問題의 새로운 吟味(3)	한의학	1936-10-15	·
2966	조헌영	趙憲泳	조헌영	趙憲泳	東洋과 西洋의 對照- 묵은 問題의 새로운 吟味(4)	한의학	1936-10-22	·
2967	차칠선	車七善	차칠선	車七善	文字普及班消息- 學用品을 無料分配	한글, 사업	1930-08-21	·
2968	창애	蒼厓	·	·	暮學館筆記(1) 兜率歌와 會蘇曲	문학	1936-12-04	·
2969	창애	蒼厓	·	·	暮學館筆記(2) 新羅의 官位(上)	문학	1936-12-05	·
2970	창애	蒼厓	·	·	暮學館筆記(3) 新羅의 官位(中)	문학	1936-12-06	·
2971	창애	蒼厓	·	·	暮學館筆記(4) 新羅의 官位(下)	문학	1936-12-08	·
2972	창애학인	蒼厓學人	·	·	暮學館筆記(1) 新羅의 建國	역사	1936-10-15	·
2973	창애학인	蒼厓學人	·	·	暮學館筆記(2) 新羅의 國號(上)	역사	1936-10-16	·
2974	창애학인	蒼厓學人	·	·	暮學館筆記(3) 新羅의 國號(下)	역사	1936-10-17	·
2975	창애학인	蒼厓學人	·	·	暮學館筆記(4) 新羅의 王號(上)	역사	1936-10-20	·
2976	창애학인	蒼厓學人	·	·	暮學館筆記(5) 新羅의 王號(下)	역사	1936-10-21	·
2977	창애학인	蒼厓學人	·	·	暮學館筆記(6) 新羅의 謚號	역사	1936-10-22	·
2978	창애학인	蒼厓學人	·	·	暮學館筆記(7) 朴赫居世와 閼英	역사	1936-10-23	·
2979	창애학인	蒼厓學人	·	·	暮學館筆記(8) 朴赫居世와 閼英	역사	1936-10-24	·
2980	창애학인	蒼厓學人	·	·	暮學館筆記(9) 昔脫解	역사	1936-10-25	·
2981	창애학인	蒼厓學人	·	·	暮學館筆記(10) 鷄林과 金閼智	역사	1936-10-27	·
2982	창애학인	蒼厓學人	·	·	暮學館筆記(11) 新羅의 三質	역사	1936-10-29	·
2983	천태산인	天台山人	김태준	金台俊	朝鮮文學의 歷史性(1)	문학	1934-10-27	·
2984	천태산인	天台山人	김태준	金台俊	朝鮮文學의 歷史性(2)	문학	1934-10-30	·
2985	천태산인	天台山人	김태준	金台俊	朝鮮文學의 歷史性(3)	문학	1934-10-31	·
2986	천태산인	天台山人	김태준	金台俊	朝鮮文學의 歷史性(4)	문학	1934-11-01	·
2987	천태산인	天台山人	김태준	金台俊	朝鮮文學의 歷史性(5)	문학	1934-11-02	·
2988	천태산인	天台山人	김태준	金台俊	朝鮮의 地理的 變遷(1)	역사, 논설	1935-06-02	총9회
2989	천태산인	天台山人	김태준	金台俊	朝鮮의 地理的 變遷(1)*2회	역사, 논설	1935-06-04	연재횟수 오기
2990	천태산인	天台山人	김태준	金台俊	朝鮮의 地理的 變遷(3)	역사, 논설	1935-06-05	·
2991	천태산인	天台山人	김태준	金台俊	朝鮮의 地理的 變遷(4)	역사, 논설	1935-06-06	·
2992	천태산인	天台山人	김태준	金台俊	朝鮮의 地理的 變遷(5)	역사, 논설	1935-06-08	·
2993	천태산인	天台山人	김태준	金台俊	民族起源에 關한 言語學者의 諸學說(朝鮮의 地理的 變遷의 續)(6)	역사, 논설	1935-06-11	·
2994	천태산인	天台山人	김태준	金台俊	民族起源에 關한 言語學者의 諸學說(朝鮮의 地理的 變遷의 續)(7)	역사, 논설	1935-06-13	·
2995	천태산인	天台山人	김태준	金台俊	民族起源에 關한 言語學者의 諸學說(朝鮮의 地理的 變遷의 續)(8)	역사, 논설	1935-06-14	·
2996	천태산인	天台山人	김태준	金台俊	民族起源에 關한 言語學者의 諸學說(朝鮮의 地理的 變遷의 續)(9)	역사, 논설	1935-06-15	·
2997	천태산인	天台山人	김태준	金台俊	朝鮮歷史의 進展過程(1)	역사	1935-06-16	총3회
2998	천태산인	天台山人	김태준	金台俊	朝鮮歷史의 進展過程(2)	역사	1935-06-18	·

연번	자료저자명 (한글)	자료저자명 (한자)	본명 (한글)	본명 (한자)	기사제목	분류	날짜	비고
2999	천태산인	天台山人	김태준	金台俊	朝鮮歷史의 進展過程(3)	역사	1935-06-19	·
3000	최근배	崔根培	최근배	崔根培	朝鮮美展評(1)	미술	1939-06-08	·
3001	최근배	崔根培	최근배	崔根培	朝鮮美展評(2)	미술	1939-06-08	·
3002	최근배	崔根培	최근배	崔根培	朝鮮美展評(3)	미술	1939-06-11	·
3003	최문진	崔文鎭	최문진	崔文鎭	朝鮮노래의 始祖 『兜率歌』의 解釋(1)	문학	1934-06-23	최문진 검색
3004	최문진	崔文鎭	최문진	崔文鎭	朝鮮노래의 始祖 『兜率歌』의 解釋(2)	문학	1934-06-24	·
3005	최문진	崔文鎭	최문진	崔文鎭	朝鮮노래의 始祖 『兜率歌』의 解釋(3)	문학	1934-06-26	·
3006	최문진	崔文鎭	최문진	崔文鎭	朝鮮노래의 始祖 『兜率歌』의 解釋(4)	문학	1934-06-27	·
3007	최문진	崔文鎭	최문진	崔文鎭	朝鮮노래의 始祖 『兜率歌』의 解釋(5)	문학	1934-06-28	·
3008	최문진	崔文鎭	최문진	崔文鎭	朝鮮노래의 始祖 『兜率歌』의 解釋(6)	문학	1934-06-29	·
3009	최문진	崔文鎭	최문진	崔文鎭	朝鮮노래의 始祖 『兜率歌』의 解釋(7)	문학	1934-06-30	·
3010	최문진	崔文鎭	최문진	崔文鎭	朝鮮노래의 始祖 『兜率歌』의 解釋(8)	문학	1934-07-01	·
3011	최문진	崔文鎭	최문진	崔文鎭	朝鮮노래의 始祖 『兜率歌』의 解釋(9)	문학	1934-07-02	·
3012	최문진	崔文鎭	최문진	崔文鎭	朝鮮노래의 始祖 『兜率歌』의 解釋(10)	문학	1934-07-03	·
3013	최용달	崔容達	최용달	崔容達	研究室을 차저서- 歷史性을 否認하는 歷史性 現實의 肯定的 理解와 否定的 考察	기타	1932-12-02	·
3014	최익한	崔益翰	최익한	崔益翰	鄭圃隱誕生六百週年紀念特輯 朝鮮儒教史에 잇서 鄭圃隱의 功績과 地位(1)	역사	1938-01-23	총4회
3015	최익한	崔益翰	최익한	崔益翰	鄭圃隱誕生六百週年紀念特輯 朝鮮儒教史에 잇서 鄭圃隱의 功績과 地位(2)	역사	1938-01-25	·
3016	최익한	崔益翰	최익한	崔益翰	鄭圃隱誕生六百週年紀念特輯 朝鮮儒教史에 잇서 鄭圃隱의 功績과 地位(3)	역사	1938-01-26	·
3017	최익한	崔益翰	최익한	崔益翰	鄭圃隱誕生六百週年紀念特輯 朝鮮儒教史에 잇서 鄭圃隱의 功績과 地位(4)	역사	1938-01-27	·
3018	최익한	崔益翰	최익한	崔益翰	麗末史話(1) 麗·李交替의 歷史的 意義	역사	1938-03-12	·
3019	최익한	崔益翰	최익한	崔益翰	麗末史話(2) 麗·李交替의 歷史的 意義	역사	1938-03-13	·
3020	최익한	崔益翰	최익한	崔益翰	麗末史話(3) 麗·李交替의 歷史的 意義	역사	1938-03-15	·
3021	최익한	崔益翰	최익한	崔益翰	麗末史話(4) 麗·李交替의 歷史的 意義	역사	1938-03-16	·
3022	최익한	崔益翰	최익한	崔益翰	麗末史話(5) 元耘谷의 祕傳 華海師全	역사	1938-03-17	·
3023	최익한	崔益翰	최익한	崔益翰	麗末史話(6) 元耘谷의 祕傳 華海師全	역사	1938-03-18	·
3024	최익한	崔益翰	최익한	崔益翰	麗末史話(7) 元耘谷의 祕傳 華海師全	역사	1938-03-19	·
3025	최익한	崔益翰	최익한	崔益翰	麗末史話(8) 元耘谷의 祕傳 華海師全	역사	1938-03-20	·
3026	최익한	崔益翰	최익한	崔益翰	麗末史話(9) 元耘谷의 祕傳 華海師全	역사	1938-03-25	·
3027	최익한	崔益翰	최익한	崔益翰	麗末史話(10) 元耘谷의 祕傳 華海師全	역사	1938-03-26	·
3028	최익한	崔益翰	최익한	崔益翰	鄕土文化를 차저서(40)- 第三班 蔚珍行	기행	1938-05-05	·
3029	최익한	崔益翰	최익한	崔益翰	鄕土文化를 차저서(41)- 第三班 蔚珍行	기행	1938-05-06	·
3030	최익한	崔益翰	최익한	崔益翰	鄕土文化를 차저서(42)- 第三班 蔚珍行	기행	1938-05-08	·
3031	최익한	崔益翰	최익한	崔益翰	鄕土文化를 차저서(43)- 第三班 蔚珍行	기행	1938-05-10	·
3032	최익한	崔益翰	최익한	崔益翰	鄕土文化를 차저서(44)- 第三班 蔚珍行	기행	1938-05-11	·
3033	최익한	崔益翰	최익한	崔益翰	鄕土文化를 차저서(45)- 第三班 蔚珍行	기행	1938-05-13	·
3034	최익한	崔益翰	최익한	崔益翰	鄕土文化를 차저서(46)- 第三班 蔚珍行	기행	1938-05-14	·
3035	최익한	崔益翰	최익한	崔益翰	鄕土文化를 차저서(47)- 第三班 蔚珍行	기행	1938-05-15	·

연번	자료저자명 (한글)	자료저자명 (한자)	본명 (한글)	본명 (한자)	기사제목	분류	날짜	비고
3036	최익한	崔益翰	최익한	崔益翰	鄕土文化를 차저서(48)- 第三班 蔚珍行	기행	1938-05-17	·
3037	최익한	崔益翰	최익한	崔益翰	鄕土文化를 차저서(49)- 第三班 三陟篇	기행	1938-05-18	·
3038	최익한	崔益翰	최익한	崔益翰	鄕土文化를 차저서(50)- 第三班 三陟篇	기행	1938-05-19	·
3039	최익한	崔益翰	최익한	崔益翰	鄕土文化를 차저서(51)- 第三班 三陟篇	기행	1938-05-20	·
3040	최익한	崔益翰	최익한	崔益翰	鄕土文化를 차저서(52)- 第三班 三陟篇	기행	1938-05-22	·
3041	최익한	崔益翰	최익한	崔益翰	鄕土文化를 차저서(53)- 第三班 三陟篇	기행	1938-05-24	·
3042	최익한	崔益翰	최익한	崔益翰	鄕土文化를 차저서(54)- 第三班 三陟篇	기행	1938-05-25	·
3043	최익한	崔益翰	최익한	崔益翰	鄕土文化를 차저서(55)- 第三班 三陟篇	기행	1938-05-26	·
3044	최익한	崔益翰	최익한	崔益翰	鄕土文化를 차저서(56)- 第三班 三陟篇	기행	1938-05-27	·
3045	최익한	崔益翰	최익한	崔益翰	鄕土文化를 차저서(57)- 第三班 三陟篇	기행	1938-05-28	·
3046	최익한	崔益翰	최익한	崔益翰	鄕土文化를 차저서(58)- 第三班 三陟篇	기행	1938-05-29	·
3047	최익한	崔益翰	최익한	崔益翰	鄕土文化를 차저서- 博川行(1)	기행	1938-07-14	·
3048	최익한	崔益翰	최익한	崔益翰	鄕土文化를 차저서- 博川行(2)	기행	1938-07-15	·
3049	최익한	崔益翰	최익한	崔益翰	鄕土文化를 차저서- 博川行(3)	기행	1938-07-17	·
3050	최익한	崔益翰	최익한	崔益翰	鄕土文化를 차저서- 博川行(4)	기행	1938-07-19	·
3051	최익한	崔益翰	최익한	崔益翰	鄕土文化를 차저서- 博川行(5)	기행	1938-07-20	·
3052	최익한	崔益翰	최익한	崔益翰	鄕土文化를 차저서- 博川行(6)	기행	1938-07-21	·
3053	최익한	崔益翰	최익한	崔益翰	鄕土文化를 차저서- 博川行(7)	기행	1938-07-22	·
3054	최익한	崔益翰	최익한	崔益翰	鄕土文化를 차저서- 博川行(8)	기행	1938-07-23	·
3055	최익한	崔益翰	최익한	崔益翰	求禮行(1)	기행	1938-11-26	·
3056	최익한	崔益翰	최익한	崔益翰	求禮行(2)	기행	1938-11-27	·
3057	최익한	崔益翰	최익한	崔益翰	求禮行(3)	기행	1938-11-29	·
3058	최익한	崔益翰	최익한	崔益翰	求禮行(4)	기행	1938-11-30	·
3059	최익한	崔益翰	최익한	崔益翰	求禮行(5)	기행	1938-12-02	·
3060	최익한	崔益翰	최익한	崔益翰	求禮行(6)	기행	1938-12-04	·
3061	최익한	崔益翰	최익한	崔益翰	求禮行(7)	기행	1938-12-06	·
3062	최재서	崔載瑞	최재서	崔載瑞	將來할 朝鮮文學은?(1)	문학	1934-11-21	·
3063	최재서	崔載瑞	최재서	崔載瑞	將來할 朝鮮文學은?(2)	문학	1934-11-22	·
3064	최재서	崔載瑞	최재서	崔載瑞	將來할 朝鮮文學은?(3)	문학	1934-11-23	·
3065	최재서	崔載瑞	최재서	崔載瑞	將來할 朝鮮文學은?(4)	문학	1934-11-25	·
3066	최재서	崔載瑞	최재서	崔載瑞	將來할 朝鮮文學은?(5)	문학	1934-11-27	·
3067	최재서	崔載瑞	최재서	崔載瑞	將來할 朝鮮文學은?(6)	문학	1934-11-28	·
3068	최재서	崔載瑞	최재서	崔載瑞	將來할 朝鮮文學은?(7)	문학	1934-11-29	·
3069	최재서	崔載瑞	최재서	崔載瑞	古典文學과 文學의 歷史性- 古典復興의 問題(1) 古典復興의 社會的 必然性	문학	1935-01-30	·
3070	최재서	崔載瑞	최재서	崔載瑞	古典文學과 文學의 歷史性- 古典復興의 問題(2) 復古趣味와 古典研究	문학	1935-01-31	·
3071	최재서	崔載瑞	최재서	崔載瑞	文化公議(3) 文化寄與者로서	논설	1937-06-09	·
3072	최재서	崔載瑞	최재서	崔載瑞	古典復興의 理論과 實際(5) 古典研究의 歷史性 傳統의 全體的 秩序를 위하야	논설	1938-06-10	·
3073	최재서	崔載瑞	최재서	崔載瑞	綜合論文(4) "西歐精神과 東方情趣" 휴-매니즘과 宗教(上)	논설	1938-08-06	·

연번	자료저자명(한글)	자료저자명(한자)	본명(한글)	본명(한자)	기사제목	분류	날짜	비고
3074	최재서	崔載瑞	최재서	崔載瑞	綜合論文(4) "西歐精神과 東方情趣" 휴-매니즘과 宗敎(下)	논설	1938-08-07	·
3075	최재서	崔載瑞	최재서	崔載瑞	文學史의 整理와 傳統	문학	1939-07-09	·
3076	최창규	崔昌圭	최창규	崔昌圭	金台俊 著, 朝鮮小說史	문학	1933-06-11	·
3077	최현배	崔鉉培	최현배	崔鉉培	朝鮮語法의 術語論(1)	한글	1934-09-27	·
3078	최현배	崔鉉培	최현배	崔鉉培	朝鮮語法의 術語論(2)	한글	1934-09-28	·
3079	최현배	崔鉉培	최현배	崔鉉培	朝鮮語法의 術語論(3)	한글	1934-09-29	·
3080	최현배	崔鉉培	최현배	崔鉉培	朝鮮語法의 術語論(4)	한글	1934-09-30	·
3081	최현배	崔鉉培	최현배	崔鉉培	朝鮮語法의 術語論(5)	한글	1934-10-02	·
3082	최현배	崔鉉培	최현배	崔鉉培	朝鮮語法의 術語論(6)	한글	1934-10-03	·
3083	최현배	崔鉉培	최현배	崔鉉培	朝鮮語法의 術語論(7)	한글	1934-10-04	·
3084	최현배	崔鉉培	최현배	崔鉉培	한글운동 그 本質과 發展(1)	한글	1935-02-22	·
3085	최현배	崔鉉培	최현배	崔鉉培	한글운동 그 本質과 發展(2)	한글	1935-02-23	·
3086	최현배	崔鉉培	최현배	崔鉉培	한글운동 그 本質과 發展(3)	한글	1935-02-24	·
3087	최현배	崔鉉培	최현배	崔鉉培	한글운동 그 本質과 發展(4)	한글	1935-02-26	·
3088	최현배	崔鉉培	최현배	崔鉉培	한글운동 그 本質과 發展(5)	한글	1935-02-27	·
3089	최현배	崔鉉培	최현배	崔鉉培	한글운동 그 本質과 發展(6)	한글	1935-02-28	·
3090	최현배	崔鉉培	최현배	崔鉉培	한글운동 그 本質과 發展(7)	한글	1935-03-01	·
3091	최현배	崔鉉培	최현배	崔鉉培	朝鮮語文의 統一策	한글	1935-07-08	·
3092	최현배	崔鉉培	최현배	崔鉉培	標準語査定과 朝鮮語의 特質(上)	한글	1936-11-01	·
3093	최현배	崔鉉培	최현배	崔鉉培	標準語査定과 朝鮮語의 特質(下)	한글	1936-11-03	·
3094	최현배	崔鉉培	최현배	崔鉉培	朝鮮語辭典完成論(1)	한글	1937-05-11	·
3095	최현배	崔鉉培	최현배	崔鉉培	朝鮮語辭典完成論(2)	한글	1937-05-12	·
3096	최현배	崔鉉培	최현배	崔鉉培	朝鮮語辭典完成論(3)	한글	1937-05-13	·
3097	최현배	崔鉉培	최현배	崔鉉培	朝鮮語辭典完成論(4)	한글	1937-05-14	·
3098	최현배	崔鉉培	최현배	崔鉉培	朝鮮語辭典完成論(5)	한글	1937-05-15	·
3099	최현배	崔鉉培	최현배	崔鉉培	朝鮮語辭典完成論(6)	한글	1937-05-16	·
3100	최현배	崔鉉培	최현배	崔鉉培	朝鮮語辭典完成論(7)	한글	1937-05-18	·
3101	최현배	崔鉉培	최현배	崔鉉培	文化公議(8) 조선어 표준말을 기르자	논설	1937-06-15	·
3102	퇴강생	退岡生	·	·	朝鮮 美術 展覽會 「四君子」 採擇에 對하여(1)	미술	1933-05-15	총2회
3103	퇴강생	退岡生	·	·	朝鮮 美術 展覽會 「四君子」 採擇에 對하여(2)	미술	1933-05-16	·
3104	하동민	河東民	하동민	河東民	民族運動의 諸問題(1)	논설	1931-08-25	·
3105	하동민	河東民	하동민	河東民	民族運動의 諸問題(2)	논설	1931-08-27	·
3106	한규호	韓奎浩	한규호	韓奎浩	第三回 文字普及班의 動向- 長湍高浪浦의 普及班	한글, 사업	1931-07-31	·
3107	한설야	韓雪野	한병도	韓秉道	歷史哲學에의 關心- 分析으로부터 綜合에(上)	철학	1937-10-14	·
3108	한설야	韓雪野	한병도	韓秉道	歷史哲學에의 關心- 分析으로부터 綜合에(中)	철학	1937-10-15	·
3109	한설야	韓雪野	한병도	韓秉道	歷史哲學에의 關心- 分析으로부터 綜合에(下)	철학	1937-10-16	·
3110	한식	韓植	한식	韓植	文化團體의 進路(1)	사업	1937-01-05	·
3111	한식	韓植	한식	韓植	文化團體의 進路(2)	사업	1937-01-07	·
3112	한식	韓植	한식	韓植	文化團體의 進路(3)	사업	1937-01-09	·

연번	자료저자명 (한글)	자료저자명 (한자)	본명 (한글)	본명 (한자)	기사제목	분류	날짜	비고
3113	한식	韓植	한식	韓植	文化團體의 進路(4)	사업	1937-01-10	·
3114	한식	韓植	한식	韓植	文化團體의 進路(5)	사업	1937-01-12	·
3115	한식	韓植	한식	韓植	文化의 民族性과 世界性(1)	논설	1937-05-01	·
3116	한식	韓植	한식	韓植	文化의 民族性과 世界性(2)	논설	1937-05-02	·
3117	한식	韓植	한식	韓植	文化의 民族性과 世界性(3)	논설	1937-05-04	·
3118	한식	韓植	한식	韓植	文化의 民族性과 世界性(4)	논설	1937-05-05	·
3119	한식	韓植	한식	韓植	文化의 民族性과 世界性(5)	논설	1937-05-06	·
3120	한식	韓植	한식	韓植	文化의 民族性과 世界性(6)	논설	1937-05-07	·
3121	한식	韓植	한식	韓植	文學의 大衆化와 言語問題- 論議의 現實的基盤을 닥기 爲하야(1)	논설	1937-07-02	·
3122	한식	韓植	한식	韓植	文學의 大衆化와 言語問題- 論議의 現實的基盤을 닥기 爲하야(2)	논설	1937-07-03	·
3123	한식	韓植	한식	韓植	文學의 大衆化와 言語問題- 論議의 現實的基盤을 닥기 爲하야(3)	논설	1937-07-04	·
3124	한식	韓植	한식	韓植	文學의 大衆化와 言語問題- 論議의 現實的基盤을 닥기 爲하야(4)	논설	1937-07-06	·
3125	한식	韓植	한식	韓植	文學의 大衆化와 言語問題- 論議의 現實的基盤을 닥기 爲하야(5)	논설	1937-07-07	·
3126	한식	韓植	한식	韓植	文學上 歷史的 題材- 그 待望되는 理由와 意義의 解明(1)	문학	1937-08-29	·
3127	한식	韓植	한식	韓植	文學上 歷史的 題材- 그 待望되는 理由와 意義의 解明(2)	문학	1937-08-31	·
3128	한식	韓植	한식	韓植	文學上 歷史的 題材- 그 待望되는 理由와 意義의 解明(3)	문학	1937-09-01	·
3129	한식	韓植	한식	韓植	文學上 歷史的 題材- 그 待望되는 理由와 意義의 解明(4)	문학	1937-09-02	·
3130	한식	韓植	한식	韓植	文學上 歷史的 題材- 그 待望되는 理由와 意義의 解明(5)	문학	1937-09-03	·
3131	한식	韓植	한식	韓植	文學上 歷史的 題材- 그 待望되는 理由와 意義의 解明(6)	문학	1937-09-04	·
3132	한식	韓植	한식	韓植	傳統의 形成課程- 創作方法으로써 본 個性論-(1)	문학	1939-03-31	·
3133	한식	韓植	한식	韓植	傳統의 形成課程- 創作方法으로써 본 個性論-(2)	문학	1939-04-02	석간
3134	한식	韓植	한식	韓植	傳統의 形成課程- 創作方法으로써 본 個性論-(3)	문학	1939-04-02	조간
3135	한식	韓植	한식	韓植	傳統의 形成課程- 創作方法으로써 본 個性論-(4)	문학	1939-04-05	·
3136	한장경	韓長庚	한장경	韓長庚	朝鮮의 土地制度와 農民生活의 歷史的 考察(1)	역사, 논설	1933-01-13	총28회
3137	한장경	韓長庚	한장경	韓長庚	朝鮮의 土地制度와 農民生活의 歷史的 考察(2)	역사, 논설	1933-01-14	·
3138	한장경	韓長庚	한장경	韓長庚	朝鮮의 土地制度와 農民生活의 歷史的 考察(3)	역사, 논설	1933-01-15	·
3139	한장경	韓長庚	한장경	韓長庚	朝鮮의 土地制度와 農民生活의 歷史的 考察(4)	역사, 논설	1933-01-17	·
3140	한장경	韓長庚	한장경	韓長庚	朝鮮의 土地制度와 農民生活의 歷史的 考察(5)	역사, 논설	1933-01-18	·
3141	한장경	韓長庚	한장경	韓長庚	朝鮮의 土地制度와 農民生活의 歷史的 考察(6)	역사,	1933-01-19	·

연번	자료저자명 (한글)	자료저자명 (한자)	본명 (한글)	본명 (한자)	기사제목	분류	날짜	비고
						논설		
3142	한장경	韓長庚	한장경	韓長庚	朝鮮의 土地制度와 農民生活의 歷史的 考察(7)	역사, 논설	1933-01-20	·
3143	한장경	韓長庚	한장경	韓長庚	朝鮮의 土地制度와 農民生活의 歷史的 考察(8)	역사, 논설	1933-01-21	·
3144	한장경	韓長庚	한장경	韓長庚	朝鮮의 土地制度와 農民生活의 歷史的 考察(10)	역사, 논설	1933-01-24	9회 미확인
3145	한장경	韓長庚	한장경	韓長庚	朝鮮의 土地制度와 農民生活의 歷史的 考察(11)	역사, 논설	1933-01-25	·
3146	한장경	韓長庚	한장경	韓長庚	朝鮮의 土地制度와 農民生活의 歷史的 考察(14)	역사, 논설	1933-01-28	12, 13회 미확인
3147	한장경	韓長庚	한장경	韓長庚	朝鮮의 土地制度와 農民生活의 歷史的 考察(15)	역사, 논설	1933-01-29	·
3148	한장경	韓長庚	한장경	韓長庚	朝鮮의 土地制度와 農民生活의 歷史的 考察(16)	역사, 논설	1933-01-31	·
3149	한장경	韓長庚	한장경	韓長庚	朝鮮의 土地制度와 農民生活의 歷史的 考察(17)	역사, 논설	1933-02-01	·
3150	한장경	韓長庚	한장경	韓長庚	朝鮮의 土地制度와 農民生活의 歷史的 考察(18)	역사, 논설	1933-02-02	·
3151	한장경	韓長庚	한장경	韓長庚	朝鮮의 土地制度와 農民生活의 歷史的 考察(19)	역사, 논설	1933-02-03	·
3152	한장경	韓長庚	한장경	韓長庚	朝鮮의 土地制度와 農民生活의 歷史的 考察(21)	역사, 논설	1933-02-05	20회 미확인
3153	한장경	韓長庚	한장경	韓長庚	朝鮮의 土地制度와 農民生活의 歷史的 考察(22)	역사, 논설	1933-02-07	·
3154	한장경	韓長庚	한장경	韓長庚	朝鮮의 土地制度와 農民生活의 歷史的 考察(23)	역사, 논설	1933-02-08	·
3155	한장경	韓長庚	한장경	韓長庚	朝鮮의 土地制度와 農民生活의 歷史的 考察(24)	역사, 논설	1933-02-09	·
3156	한장경	韓長庚	한장경	韓長庚	朝鮮의 土地制度와 農民生活의 歷史的 考察(25)	역사, 논설	1933-02-10	·
3157	한장경	韓長庚	한장경	韓長庚	朝鮮의 土地制度와 農民生活의 歷史的 考察(27)	역사, 논설	1933-02-14	26회 미확인
3158	한장경	韓長庚	한장경	韓長庚	朝鮮의 土地制度와 農民生活의 歷史的 考察(28)	역사, 논설	1933-02-15	·
3159	한충혁	韓忠爀	한충혁	韓忠爀	間島의 史的考證- 在來로부터 朝鮮과 因緣 깁다(1)	역사	1936-03-29	·
3160	한충혁	韓忠爀	한충혁	韓忠爀	間島의 史的考證- 在來로부터 朝鮮과 因緣 깁다(2)	역사	1936-03-31	·
3161	한충혁	韓忠爀	한충혁	韓忠爀	間島의 史的考證- 在來로부터 朝鮮과 因緣 깁다(3)	역사	1936-04-01	·
3162	한충혁	韓忠爀	한충혁	韓忠爀	間島의 史的考證- 在來로부터 朝鮮과 因緣 깁다(4)	역사	1936-04-02	·
3163	한충혁	韓忠爀	한충혁	韓忠爀	間島의 史的考證- 在來로부터 朝鮮과 因緣 깁다(5)	역사	1936-04-03	·
3164	한치진	韓雉振	한치진	韓雉振	人性의 本質論(1)	철학	1930-11-30	·
3165	한치진	韓雉振	한치진	韓雉振	人性의 本質論(2)	철학	1930-12-01	·
3166	한치진	韓雉振	한치진	韓雉振	人性의 本質論(3)	철학	1930-12-02	·
3167	한치진	韓雉振	한치진	韓雉振	人性의 本質論(4)	철학	1930-12-03	·
3168	한치진	韓雉振	한치진	韓雉振	人性의 本質論(5)	철학	1930-12-04	·

연번	자료저자명 (한글)	자료저자명 (한자)	본명 (한글)	본명 (한자)	기사제목	분류	날짜	비고
3169	한치진	韓稚振	한치진	韓稚振	人性의 本質論(6)	철학	1930-12-05	·
3170	한치진	韓稚振	한치진	韓稚振	人性의 本質論(7)	철학	1930-12-06	·
3171	한치진	韓稚振	한치진	韓稚振	人性의 本質論(8)	철학	1930-12-07	·
3172	한치진	韓稚振	한치진	韓稚振	人性의 本質論(9)	철학	1930-12-08	·
3173	한치진	韓稚振	한치진	韓稚振	人性의 本質論(10)	철학	1930-12-10	·
3174	한치진	韓稚振	한치진	韓稚振	우리의 活路(1)	철학	1931-08-02	·
3175	한치진	韓稚振	한치진	韓稚振	우리의 活路(2)	철학	1931-08-04	·
3176	한치진	韓稚振	한치진	韓稚振	우리의 活路(3)	철학	1931-08-05	·
3177	한치진	韓稚振	한치진	韓稚振	우리의 活路(4)	철학	1931-08-06	·
3178	한치진	韓稚振	한치진	韓稚振	우리의 活路(5)	철학	1931-08-07	·
3179	한치진	韓稚振	한치진	韓稚振	우리의 活路(6)	철학	1931-08-08	·
3180	한치진	韓稚振	한치진	韓稚振	우리의 活路(完)	철학	1931-08-09	·
3181	함대훈	咸大勳	함대훈	咸大勳	『朝鮮民俗』을 讀함	문학	1933-02-02	·
3182	함대훈	咸大勳	함대훈	咸大勳	金素雲氏編著 朝鮮口傳民謠集(朝鮮文) 第一書房版	문학	1933-02-17	·
3183	함대훈	咸大勳	함대훈	咸大勳	『朝鮮語漢文讀本』의 改正과 漢文課程 廢止에 對하야(上)	한글	1937-09-07	·
3184	함대훈	咸大勳	함대훈	咸大勳	『朝鮮語漢文讀本』의 改正과 漢文課程 廢止에 對하야(中)	한글	1937-09-08	·
3185	함대훈	咸大勳	함대훈	咸大勳	『朝鮮語漢文讀本』의 改正과 漢文課程 廢止에 對하야(下)	한글	1937-09-09	·
3186	함화진	咸和鎭	함화진	咸和鎭	世界에 자랑할 朝鮮雅樂	음악	1935-07-06	·
3187	함화진	咸和鎭	함화진	咸和鎭	雅樂의 妙味	음악	1937-01-01	·
3188	현민	玄民	유진오	兪鎭午	文化公議(6) 文化擔當者의 使命	논설	1937-06-12	·
3189	호암	湖岩	문일평	文一平	史外遺聞/史外異聞- 耶蘇新敎傳來	역사, 문학	1933-10-13	·
3190	호암	湖岩	문일평	文一平	史外遺聞/史外異聞-『竹枯一考』	역사, 문학	1933-10-14	·
3191	호암	湖岩	문일평	文一平	史外遺聞/史外異聞- 淵蓋蘇文	역사, 문학	1933-10-15	·
3192	호암	湖岩	문일평	文一平	史外遺聞/史外異聞- 新羅의 東京	역사, 문학	1933-10-19	·
3193	호암	湖岩	문일평	文一平	史外遺聞/史外異聞- 新文體의 起源	역사, 문학	1933-10-20	·
3194	호암	湖岩	문일평	文一平	史外遺聞/史外異聞- 再嫁禁法	역사, 문학	1933-10-22	·
3195	호암	湖岩	문일평	文一平	史外遺聞/史外異聞- 留學生의 嚆矢	역사, 문학	1933-10-24	·
3196	호암	湖岩	문일평	文一平	史外遺聞/史外異聞- 西洋文物의 採用	역사, 문학	1933-10-25	·
3197	호암	湖岩	문일평	文一平	史外遺聞/史外異聞- 白衣禁令의 始	역사, 문학	1933-10-26	·
3198	호암	湖岩	문일평	文一平	史外遺聞/史外異聞- 三國京中의 戶口	역사, 문학	1933-10-27	·
3199	호암	湖岩	문일평	文一平	史外遺聞/史外異聞- 女子結髮의 變遷	역사, 문학	1933-10-28	·

연번	자료저자명(한글)	자료저자명(한자)	본명(한글)	본명(한자)	기사제목	분류	날짜	비고
3200	호암	湖岩	문일평	文一平	史外遺聞/史外異聞- 女裝變遷의 一端	역사, 문학	1933-10-29	·
3201	호암	湖岩	문일평	文一平	史外遺聞/史外異聞- 王號와 帝號	역사, 문학	1933-11-01	·
3202	호암	湖岩	문일평	文一平	史外遺聞/史外異聞- 年號의 始	역사, 문학	1933-11-03	·
3203	호암	湖岩	문일평	文一平	史外遺聞/史外異聞- 五言漢詩의 最古	역사, 문학	1933-11-07	·
3204	호암	湖岩	문일평	文一平	史外遺聞/史外異聞- 申砬慘敗의 一因	역사, 문학	1933-12-07	·
3205	호암	湖岩	문일평	文一平	史外遺聞/史外異聞- 龜船	역사, 문학	1933-12-08	·
3206	호암	湖岩	문일평	文一平	史外遺聞/史外異聞- 廣開土王의 御寶	역사, 문학	1933-12-09	·
3207	호암	湖岩	문일평	文一平	史外遺聞/史外異聞- 朝鮮使臣投黃金	역사, 문학	1933-12-13	·
3208	호암	湖岩	문일평	文一平	史外遺聞/史外異聞- 退溪의 先見	역사, 문학	1933-12-14	·
3209	호암	湖岩	문일평	文一平	史外遺聞/史外異聞- 太極國旗의 由來	역사, 문학	1933-12-15	·
3210	호암	湖岩	문일평	文一平	史外遺聞/史外異聞- 景福宮火災辨	역사, 문학	1933-12-16	·
3211	호암	湖岩	문일평	文一平	史外遺聞/史外異聞- 經綸家梁誠之	역사, 문학	1933-12-20	·
3212	호암	湖岩	문일평	文一平	史外遺聞/史外異聞- 光海主의 國際眼	역사, 문학	1933-12-21	·
3213	호암	湖岩	문일평	文一平	史外遺聞/史外異聞- 姜秋琴의 遺稿	역사, 문학	1934-01-10	·
3214	호암	湖岩	문일평	文一平	史外遺聞/史外異聞- 黃遵憲과 德尼	역사, 문학	1934-01-11	·
3215	호암	湖岩	문일평	文一平	史外遺聞/史外異聞- 外國語의 史料	역사, 문학	1934-01-12	·
3216	호암	湖岩	문일평	文一平	史外遺聞/史外異聞- 史家의 四長	역사, 문학	1934-01-13	·
3217	호암	湖岩	문일평	文一平	史外遺聞/史外異聞- 金玉均의 逸話	역사, 문학	1934-01-14	·
3218	호암	湖岩	문일평	文一平	史外遺聞/史外異聞- 伊藤과 併合	역사, 문학	1934-01-16	·
3219	호암	湖岩	문일평	文一平	史外遺聞/史外異聞- 朝鮮史三百種	역사, 문학	1934-01-17	·
3220	호암	湖岩	문일평	文一平	史外遺聞/史外異聞- 高宗의 潛行	역사, 문학	1934-01-19	·
3221	호암	湖岩	문일평	文一平	史外遺聞/史外異聞- 漢陽移都	역사, 문학	1934-01-20	·
3222	호암	湖岩	문일평	文一平	史外遺聞/史外異聞- 年代錯誤	역사, 문학	1934-01-21	·

연번	자료저자명 (한글)	자료저자명 (한자)	본명 (한글)	본명 (한자)	기사제목	분류	날짜	비고
3223	호암	湖岩	문일평	文一平	史外遺聞/史外異聞- 俄人越境	역사, 문학	1934-01-23	·
3224	호암	湖岩	문일평	文一平	史外遺聞/史外異聞- 高麗磁器	역사, 문학	1934-01-25	·
3225	호암	湖岩	문일평	文一平	史外遺聞/史外異聞- 乙未政變의 片話	역사, 문학	1934-01-26	·
3226	호암	湖岩	문일평	文一平	史外遺聞/史外異聞- 米國人의 金貫子	역사, 문학	1934-01-27	·
3227	호암	湖岩	문일평	文一平	史外遺聞/史外異聞- 露國의 要望	역사, 문학	1934-01-30	·
3228	호암	湖岩	문일평	文一平	史外遺聞/史外異聞- 甲申政變의 祕計	역사, 문학	1934-01-31	·
3229	호암	湖岩	문일평	文一平	史外遺聞/史外異聞- 十二大官視察團	역사, 문학	1934-02-01	·
3230	호암	湖岩	문일평	文一平	史外遺聞/史外異聞- 十大隊면 足하다	역사, 문학	1934-02-02	·
3231	호암	湖岩	문일평	文一平	史外遺聞/史外異聞- 名著의 失笑할 一例	역사, 문학	1934-02-03	·
3232	호암	湖岩	문일평	文一平	史外遺聞/史外異聞- 朴公使와 米艦	역사, 문학	1934-02-04	·
3233	호암	湖岩	문일평	文一平	史外遺聞/史外異聞- 僧李東仁	역사, 문학	1934-02-06	·
3234	호암	湖岩	문일평	文一平	史外遺聞/史外異聞- 朝鮮使節의 厚待	역사, 문학	1934-02-07	·
3235	호암	湖岩	문일평	文一平	史外遺聞/史外異聞- 國書奉呈式	역사, 문학	1934-02-08	·
3236	호암	湖岩	문일평	文一平	史外遺聞/史外異聞- 機務衙門始設	역사, 문학	1934-02-09	·
3237	호암	湖岩	문일평	文一平	史外遺聞/史外異聞- 承政院一期	역사, 문학	1934-02-10	·
3238	호암	湖岩	문일평	文一平	史外遺聞/史外異聞- 英船의 通商을 要請	역사, 문학	1934-02-11	·
3239	호암	湖岩	문일평	文一平	史外遺聞/史外異聞- 英船과 年代	역사, 문학	1934-02-13	·
3240	호암	湖岩	문일평	文一平	史外遺聞/史外異聞- 李恒老	역사, 문학	1934-02-14	·
3241	호암	湖岩	문일평	文一平	史外遺聞/史外異聞- 揶揄? 應變?	역사, 문학	1934-02-15	·
3242	호암	湖岩	문일평	文一平	史外遺聞/史外異聞- 失晨의 鷄	역사, 문학	1934-02-16	·
3243	호암	湖岩	문일평	文一平	史外遺聞/史外異聞- 一種仕宦熱?	역사, 문학	1934-02-17	·
3244	호암	湖岩	문일평	文一平	史外遺聞/史外異聞- 神事의 辯明	역사, 문학	1934-02-18	·
3245	호암	湖岩	문일평	文一平	史外遺聞/史外異聞- 娼女同宿法禁	역사, 문학	1934-02-20	·
3246	호암	湖岩	문일평	文一平	史外遺聞/史外異聞- 朝鮮과 拿翁	역사,	1934-02-21	·

연번	자료저자명(한글)	자료저자명(한자)	본명(한글)	본명(한자)	기사제목	분류	날짜	비고
						문학		
3247	호암	湖岩	문일평	文一平	史外遺聞/史外異聞- 駐外使臣俸額	역사, 문학	1934-02-22	·
3248	호암	湖岩	문일평	文一平	史外遺聞/史外異聞- 使臣出洋之始	역사, 문학	1934-02-23	·
3249	호암	湖岩	문일평	文一平	史外遺聞/史外異聞- 朝鮮과 獨皇子	역사, 문학	1934-02-24	·
3250	호암	湖岩	문일평	文一平	史外遺聞/史外異聞- 外交와 人物	역사, 문학	1934-02-27	·
3251	호암	湖岩	문일평	文一平	史外遺聞/史外異聞- 禮義之邦	역사, 문학	1934-02-28	·
3252	호암	湖岩	문일평	文一平	史外遺聞/史外異聞- 新文化의 輸入	역사, 문학	1934-03-01	·
3253	호암	湖岩	문일평	文一平	史外遺聞/史外異聞- 明成后御眞	역사, 문학	1934-03-02	·
3254	호암	湖岩	문일평	文一平	史外遺聞/史外異聞- 通商駐使問題	역사, 문학	1934-03-04	·
3255	호암	湖岩	문일평	文一平	史外遺聞/史外異聞- 斷髮令	역사, 문학	1934-03-06	·
3256	호암	湖岩	문일평	文一平	史外遺聞/史外異聞- 慶會樓祕密	역사, 문학	1934-03-07	·
3257	호암	湖岩	문일평	文一平	史外遺聞/史外異聞- 驢騣藥食	역사, 문학	1934-03-08	·
3258	호암	湖岩	문일평	文一平	史外遺聞/史外異聞- 朝鮮最初公使	역사, 문학	1934-03-09	·
3259	호암	湖岩	문일평	文一平	史外遺聞/史外異聞- 俺本朝鮮人	역사, 문학	1934-03-10	·
3260	호암	湖岩	문일평	文一平	史外遺聞/史外異聞- 金常明	역사, 문학	1934-03-11	·
3261	호암	湖岩	문일평	文一平	史外遺聞/史外異聞- 三政亂	역사, 문학	1934-03-13	·
3262	호암	湖岩	문일평	文一平	史外遺聞/史外異聞- 翊原好在耶	역사, 문학	1934-03-14	·
3263	호암	湖岩	문일평	文一平	史外遺聞/史外異聞- 最初의 外人顧問	역사, 문학	1934-03-15	·
3264	호암	湖岩	문일평	文一平	史外遺聞/史外異聞- 米公使의 艶話	역사, 문학	1934-03-16	·
3265	호암	湖岩	문일평	文一平	史外遺聞/史外異聞- 巨文島	역사, 문학	1934-03-17	·
3266	호암	湖岩	문일평	文一平	史外遺聞/史外異聞- 事大主義利弊	역사, 문학	1934-03-18	·
3267	호암	湖岩	문일평	文一平	史外遺聞/史外異聞- 羅閤의 巧慧	역사, 문학	1934-03-20	·
3268	호암	湖岩	문일평	文一平	史外遺聞/史外異聞- 改革派의 年齡	역사, 문학	1934-03-21	·
3269	호암	湖岩	문일평	文一平	史外遺聞/史外異聞- 德尼의 人物	역사, 문학	1934-03-23	·

연번	자료저자명 (한글)	자료저자명 (한자)	본명 (한글)	본명 (한자)	기사제목	분류	날짜	비고
3270	호암	湖岩	문일평	文一平	史外遺聞/史外異聞- 最初의『호텔』	역사, 문학	1934-03-24	·
3271	호암	湖岩	문일평	文一平	史外遺聞/史外異聞- 最初信使一行	역사, 문학	1934-03-25	·
3272	호암	湖岩	문일평	文一平	史外遺聞/史外異聞- 種痘法	역사, 문학	1934-03-27	·
3273	호암	湖岩	문일평	文一平	史外遺聞/史外異聞- 外人이 본 朝鮮	역사, 문학	1934-03-28	·
3274	호암	湖岩	문일평	文一平	史外遺聞/史外異聞- 聽而不聞	역사, 문학	1934-03-29	·
3275	호암	湖岩	문일평	文一平	史外遺聞/史外異聞- 雲養과 古愚	역사, 문학	1934-03-30	·
3276	호암	湖岩	문일평	文一平	史外遺聞/史外異聞- 瓛齋 朴珪壽	역사, 문학	1934-03-31	·
3277	호암	湖岩	문일평	文一平	史外遺聞/史外異聞- 新思想의 由來	역사, 문학	1934-04-01	·
3278	호암	湖岩	문일평	文一平	史外遺聞/史外異聞- 民會의 嚆矢	역사, 문학	1934-04-03	·
3279	호암	湖岩	문일평	文一平	史外遺聞/史外異聞- 亡命의 苦況	역사, 문학	1934-04-05	·
3280	호암	湖岩	문일평	文一平	史外遺聞/史外異聞- 漢江의 自然美	역사, 문학	1934-04-06	·
3281	호암	湖岩	문일평	文一平	史外遺聞/史外異聞- 閔后의 御貌	역사, 문학	1934-04-07	·
3282	호암	湖岩	문일평	文一平	史外遺聞/史外異聞- 趙公使의 插畵	역사, 문학	1934-04-08	·
3283	호암	湖岩	문일평	文一平	史外遺聞/史外異聞- 來歷 오랜 公園	역사, 문학	1934-04-10	·
3284	호암	湖岩	문일평	文一平	史外遺聞/史外異聞- 死刑廢止論	역사, 문학	1934-04-11	·
3285	호암	湖岩	문일평	文一平	史外遺聞/史外異聞- 朝鮮最初鑛師	역사, 문학	1934-04-12	·
3286	호암	湖岩	문일평	文一平	史外遺聞/史外異聞- 建陽과 光武	역사, 문학	1934-04-13	·
3287	호암	湖岩	문일평	文一平	史外遺聞/史外異聞- 時計에 祓災	역사, 문학	1934-04-14	·
3288	호암	湖岩	문일평	文一平	史外遺聞/史外異聞- 妖巫의 一面	역사, 문학	1934-04-15	·
3289	호암	湖岩	문일평	文一平	史外遺聞/史外異聞- 迷信이 나흔 一笑話	역사, 문학	1934-04-17	·
3290	호암	湖岩	문일평	文一平	史外遺聞/史外異聞- 咄咄自歎	역사, 문학	1934-04-18	·
3291	호암	湖岩	문일평	文一平	史外遺聞/史外異聞- 藥食과 松膏餠	역사, 문학	1934-04-19	·
3292	호암	湖岩	문일평	文一平	史外遺聞/史外異聞- 暖爐會	역사, 문학	1934-04-20	·
3293	호암	湖岩	문일평	文一平	史外遺聞/史外異聞- 딸레의 教會史	역사,	1934-04-21	·

연번	자료저자명 (한글)	자료저자명 (한자)	본명 (한글)	본명 (한자)	기사제목	분류	날짜	비고
						문학		
3294	호암	湖岩	문일평	文一平	史外遺聞/史外異聞- 하멜의 漂流記	역사, 문학	1934-04-22	·
3295	호암	湖岩	문일평	文一平	史外遺聞/史外異聞-『朝鮮小史』	역사, 문학	1934-04-24	·
3296	호암	湖岩	문일평	文一平	史外遺聞/史外異聞- 馬建常	역사, 문학	1934-04-25	·
3297	호암	湖岩	문일평	文一平	史外遺聞/史外異聞- 꼿과 人品	역사, 문학	1934-04-26	·
3298	호암	湖岩	문일평	文一平	朝鮮의 至寶 阮堂先生(1)	역사	1934-06-28	·
3299	호암	湖岩	문일평	文一平	朝鮮의 至寶 阮堂先生(2)	역사	1934-06-29	·
3300	호암	湖岩	문일평	文一平	朝鮮의 至寶 阮堂先生(3)	역사	1934-06-30	·
3301	호암	湖岩	문일평	文一平	朝鮮의 至寶 阮堂先生(4)	역사	1934-07-01	·
3302	호암	湖岩	문일평	文一平	對米關係五十年史(1) 交涉의 起源과 變遷	역사	1934-07-15	·
3303	호암	湖岩	문일평	文一平	對米關係五十年史(2) 交涉의 起源과 變遷	역사	1934-07-17	·
3304	호암	湖岩	문일평	文一平	對米關係五十年史(3) 交涉의 起源과 變遷	역사	1934-07-18	·
3305	호암	湖岩	문일평	文一平	對米關係五十年史(4) 交涉의 起源과 變遷	역사	1934-07-19	·
3306	호암	湖岩	문일평	文一平	對米關係五十年史(5) 交涉의 起源과 變遷	역사	1934-07-20	·
3307	호암	湖岩	문일평	文一平	對米關係五十年史(6) 交涉의 起源과 變遷	역사	1934-07-21	·
3308	호암	湖岩	문일평	文一平	對米關係五十年史(7) 交涉의 起源과 變遷	역사	1934-07-22	·
3309	호암	湖岩	문일평	文一平	對米關係五十年史(8) 交涉의 起源과 變遷	역사	1934-07-24	·
3310	호암	湖岩	문일평	文一平	對米關係五十年史(9) 交涉의 起源과 變遷	역사	1934-07-25	·
3311	호암	湖岩	문일평	文一平	對米關係五十年史(10) 交涉의 起源과 變遷	역사	1934-07-26	·
3312	호암	湖岩	문일평	文一平	對米關係五十年史(11) 交涉의 起源과 變遷	역사	1934-07-27	·
3313	호암	湖岩	문일평	文一平	對米關係五十年史(12) 交涉의 起源과 變遷	역사	1934-07-28	·
3314	호암	湖岩	문일평	文一平	對米關係五十年史(13) 交涉의 起源과 變遷	역사	1934-08-02	·
3315	호암	湖岩	문일평	文一平	對米關係五十年史(14) 交涉의 起源과 變遷	역사	1934-08-03	·
3316	호암	湖岩	문일평	文一平	對米關係五十年史(15) 修好直前의 情勢	역사	1934-08-04	·
3317	호암	湖岩	문일평	文一平	對米關係五十年史(17) 修好直前의 情勢	역사	1934-08-07	16회 미확인
3318	호암	湖岩	문일평	文一平	對米關係五十年史(18) 修好直前의 情勢	역사	1934-08-08	·
3319	호암	湖岩	문일평	文一平	對米關係五十年史(19) 修好直前의 情勢	역사	1934-08-09	·
3320	호암	湖岩	문일평	文一平	對米關係五十年史(20) 修好直前의 情勢	역사	1934-08-10	·
3321	호암	湖岩	문일평	文一平	對米關係五十年史(21) 修好直前의 情勢	역사	1934-08-11	·
3322	호암	湖岩	문일평	文一平	對米關係五十年史(22) 修好前의 米國態度	역사	1934-08-12	·
3323	호암	湖岩	문일평	文一平	對米關係五十年史(24) 修好前의 米國態度	역사	1934-08-15	23회 미확인
3324	호암	湖岩	문일평	文一平	對米關係五十年史(25) 修好前의 米國態度	역사	1934-08-16	·
3325	호암	湖岩	문일평	文一平	對米關係五十年史(26) 修好前의 米國態度	역사	1934-08-17	·
3326	호암	湖岩	문일평	文一平	對米關係五十年史(27) 修好前의 米國態度	역사	1934-08-18	·
3327	호암	湖岩	문일평	文一平	對米關係五十年史(28) 修好前의 米國態度	역사	1934-08-19	·
3328	호암	湖岩	문일평	文一平	對米關係五十年史(30) 修好前의 米國態度	역사	1934-08-21	29회 미확인
3329	호암	湖岩	문일평	文一平	對米關係五十年史(31) 修好前의 米國態度	역사	1934-08-22	·
3330	호암	湖岩	문일평	文一平	對米關係五十年史(32) 修好前의 米國態度	역사	1934-08-23	·

연번	자료저자명(한글)	자료저자명(한자)	본명(한글)	본명(한자)	기사제목	분류	날짜	비고
3331	호암	湖岩	문일평	文一平	對米關係五十年史(33) 正式談判과 條約成立	역사	1934-08-24	·
3332	호암	湖岩	문일평	文一平	對米關係五十年史(34) 正式談判과 條約成立	역사	1934-08-25	·
3333	호암	湖岩	문일평	文一平	對米關係五十年史(35) 正式談判과 條約成立	역사	1934-08-26	·
3334	호암	湖岩	문일평	文一平	對米關係五十年史(36) 正式談判과 條約成立	역사	1934-08-29	·
3335	호암	湖岩	문일평	文一平	對米關係五十年史(37) 正式談判과 條約成立	역사	1934-08-30	·
3336	호암	湖岩	문일평	文一平	對米關係五十年史(38) 條約에 對한 論評과 影響	역사	1934-08-31	·
3337	호암	湖岩	문일평	文一平	對米關係五十年史(39) 美公使來駐와 初期外交	역사	1934-09-01	·
3338	호암	湖岩	문일평	文一平	對米關係五十年史(40) 美公使來駐와 初期外交	역사	1934-09-02	·
3339	호암	湖岩	문일평	文一平	對米關係五十年史(41) 美公使來駐와 初期外交	역사	1934-09-04	·
3340	호암	湖岩	문일평	文一平	對米關係五十年史(42) 美公使來駐와 初期外交	역사	1934-09-05	·
3341	호암	湖岩	문일평	文一平	對米關係五十年史(43) 美公使來駐와 初期外交	역사	1934-09-06	·
3342	호암	湖岩	문일평	文一平	對米關係五十年史(44) 美公使來駐와 初期外交	역사	1934-09-07	·
3343	호암	湖岩	문일평	文一平	對米關係五十年史(45) 報聘使節과 兩國親善	역사	1934-09-08	·
3344	호암	湖岩	문일평	文一平	對米關係五十年史(46) 報聘使節과 兩國親善	역사	1934-09-09	·
3345	호암	湖岩	문일평	文一平	對米關係五十年史(47) 報聘使節과 兩國親善	역사	1934-09-11	·
3346	호암	湖岩	문일평	文一平	對米關係五十年史(48) 報聘使節과 兩國親善	역사	1934-09-12	·
3347	호암	湖岩	문일평	文一平	對米關係五十年史(49) 報聘使節과 兩國親善	역사	1934-09-13	·
3348	호암	湖岩	문일평	文一平	對米關係五十年史(50) 報聘使節과 兩國親善	역사	1934-09-14	·
3349	호암	湖岩	문일평	文一平	對米關係五十年史(51) 報聘使節과 兩國親善	역사	1934-09-15	·
3350	호암	湖岩	문일평	文一平	對米關係五十年史(52) 報聘使節과 兩國親善	역사	1934-09-16	·
3351	호암	湖岩	문일평	文一平	對米關係五十年史(53) 報聘使節과 兩國親善	역사	1934-09-18	·
3352	호암	湖岩	문일평	文一平	對米關係五十年史(54) 米國初期의 對韓政策	역사	1934-09-19	·
3353	호암	湖岩	문일평	文一平	對米關係五十年史(55) 米國初期의 對韓政策	역사	1934-09-20	·
3354	호암	湖岩	문일평	文一平	對米關係五十年史(56) 米國初期의 對韓政策	역사	1934-09-21	·
3355	호암	湖岩	문일평	文一平	對米關係五十年史(57) 米國初期의 對韓政策	역사	1934-09-22	·
3356	호암	湖岩	문일평	文一平	對米關係五十年史(58) 米國初期의 對韓政策	역사	1934-09-23	·
3357	호암	湖岩	문일평	文一平	對米關係五十年史(59) 米國初期의 對韓政策	역사	1934-09-26	·
3358	호암	湖岩	문일평	文一平	對米關係五十年史(60) 米國初期의 對韓政策	역사	1934-09-27	·
3359	호암	湖岩	문일평	文一平	對米關係五十年史(61) 米國初期의 對韓政策	역사	1934-09-28	·
3360	호암	湖岩	문일평	文一平	對米關係五十年史(62) 米國初期의 對韓政策	역사	1934-09-29	·
3361	호암	湖岩	문일평	文一平	對米關係五十年史(63) 米國初期의 對韓政策	역사	1934-09-30	·
3362	호암	湖岩	문일평	文一平	對米關係五十年史(64) 米國初期의 對韓政策	역사	1934-10-03	·
3363	호암	湖岩	문일평	文一平	對米關係五十年史(65) 駐米最初朝鮮公使	역사	1934-10-04	·
3364	호암	湖岩	문일평	文一平	對米關係五十年史(66) 駐米最初朝鮮公使	역사	1934-10-05	·
3365	호암	湖岩	문일평	文一平	對米關係五十年史(67) 駐米最初朝鮮公使	역사	1934-10-06	·
3366	호암	湖岩	문일평	文一平	對米關係五十年史(68) 駐米最初朝鮮公使	역사	1934-10-07	·
3367	호암	湖岩	문일평	文一平	對米關係五十年史(69) 駐米最初朝鮮公使	역사	1934-10-09	·
3368	호암	湖岩	문일평	文一平	對米關係五十年史(70) 駐米最初朝鮮公使	역사	1934-10-11	·
3369	호암	湖岩	문일평	文一平	對米關係五十年史(71) 駐米最初朝鮮公使	역사	1934-10-12	·
3370	호암	湖岩	문일평	文一平	對米關係五十年史(72) 駐米最初朝鮮公使	역사	1934-10-13	·
3371	호암	湖岩	문일평	文一平	對米關係五十年史(73) 駐米最初朝鮮公使	역사	1934-10-16	·

연번	자료저자명(한글)	자료저자명(한자)	본명(한글)	본명(한자)	기사제목	분류	날짜	비고
3372	호암	湖岩	문일평	文一平	對米關係五十年史(74) 駐米最初朝鮮公使	역사	1934-10-17	·
3373	호암	湖岩	문일평	文一平	對米關係五十年史(75) 駐米最初朝鮮公使	역사	1934-10-21	·
3374	호암	湖岩	문일평	文一平	對米關係五十年史(76) 駐米最初朝鮮公使	역사	1934-10-23	·
3375	호암	湖岩	문일평	文一平	對米關係五十年史(77) 駐米最初朝鮮公使	역사	1934-10-25	·
3376	호암	湖岩	문일평	文一平	對米關係五十年史(78) 駐米最初朝鮮公使	역사	1934-10-26	·
3377	호암	湖岩	문일평	文一平	對米關係五十年史(79) 駐米最初朝鮮公使	역사	1934-10-27	·
3378	호암	湖岩	문일평	文一平	對米關係五十年史(80) 駐米署理公使時代	역사	1934-10-30	·
3379	호암	湖岩	문일평	文一平	對米關係五十年史(81) 駐米署理公使時代	역사	1934-10-31	·
3380	호암	湖岩	문일평	文一平	對米關係五十年史(81?) 駐米署理公使時代	역사	1934-11-02	·
3381	호암	湖岩	문일평	文一平	對米關係五十年史(82?) 駐米署理公使時代	역사	1934-11-08	·
3382	호암	湖岩	문일평	文一平	對米關係五十年史(82) 駐米署理公使時代	역사	1934-11-11	·
3383	호암	湖岩	문일평	文一平	對米關係五十年史(83) 多事한 施逸公使時代	역사	1934-11-14	·
3384	호암	湖岩	문일평	文一平	對米關係五十年史(84) 多事한 施逸公使時代	역사	1934-11-16	·
3385	호암	湖岩	문일평	文一平	對米關係五十年史(85) 多事한 施逸公使時代	역사	1934-11-17	·
3386	호암	湖岩	문일평	文一平	對米關係五十年史(86) 多事한 施逸公使時代	역사	1934-11-18	·
3387	호암	湖岩	문일평	文一平	對米關係五十年史(87) 多事한 施逸公使時代	역사	1934-11-20	·
3388	호암	湖岩	문일평	文一平	對米關係五十年史(88) 多事한 施逸公使時代	역사	1934-11-21	·
3389	호암	湖岩	문일평	文一平	對米關係五十年史(89) 多事한 施逸公使時代	역사	1934-11-25	·
3390	호암	湖岩	문일평	文一平	對米關係五十年史(90) 多事한 施逸公使時代	역사	1934-11-29	·
3391	호암	湖岩	문일평	文一平	對米關係五十年史(91) 「알렌」公使로 「모간」公使	역사	1934-11-30	·
3392	호암	湖岩	문일평	文一平	對米關係五十年史(92) 「알렌」公使로 「모간」公使	역사	1934-12-01	·
3393	호암	湖岩	문일평	文一平	對米關係五十年史(93) 「알렌」公使로 「모간」公使	역사	1934-12-04	·
3394	호암	湖岩	문일평	文一平	對米關係五十年史(94) 「알렌」公使로 「모간」公使	역사	1934-12-06	·
3395	호암	湖岩	문일평	文一平	對米關係五十年史(95) 「알렌」公使로 「모간」公使	역사	1934-12-07	·
3396	호암	湖岩	문일평	文一平	對米關係五十年史(96) 「알렌」公使로 「모간」公使	역사	1934-12-09	·
3397	호암	湖岩	문일평	文一平	對米關係五十年史(97) 「알렌」公使로 「모간」公使	역사	1934-12-11	·
3398	호암	湖岩	문일평	文一平	對米關係五十年史(98) 「알렌」公使로 「모간」公使	역사	1934-12-12	·
3399	호암	湖岩	문일평	文一平	對米關係五十年史(99) 「알렌」公使로 「모간」公使	역사	1934-12-13	·
3400	호암	湖岩	문일평	文一平	對米關係五十年史(100) 「알렌」公使로 「모간」公使	역사	1934-12-16	·
3401	호암	湖岩	문일평	文一平	對米關係五十年史(101) 「알렌」公使로 「모간」公使	역사	1934-12-18	·
3402	호암	湖岩	문일평	文一平	史上에 나타난 藝術家의 群像(1)	역사, 문학	1935-01-29	·
3403	호암	湖岩	문일평	文一平	史上에 나타난 藝術家의 群像(2)	역사, 문학	1935-01-30	·
3404	호암	湖岩	문일평	文一平	史上에 나타난 藝術家의 群像(3)	역사, 문학	1935-01-31	·
3405	호암	湖岩	문일평	文一平	史上에 나타난 藝術家의 群像(4)	역사, 문학	1935-02-01	·
3406	호암	湖岩	문일평	文一平	史上에 나타난 藝術家의 群像(5)	역사, 문학	1935-02-02	·
3407	호암	湖岩	문일평	文一平	史上에 나타난 藝術家의 群像(6)	역사, 문학	1935-02-03	·
3408	호암	湖岩	문일평	文一平	史上에 나타난 藝術家의 群像(7)	역사,	1935-02-05	·

연번	자료저자명(한글)	자료저자명(한자)	본명(한글)	본명(한자)	기사제목	분류	날짜	비고
						문학		
3409	호암	湖岩	문일평	文一平	史上에 나타난 藝術家의 群像(8)	역사, 문학	1935-02-06	·
3410	호암	湖岩	문일평	文一平	史上에 나타난 藝術家의 群像(8)	역사, 문학	1935-02-22	·
3411	호암	湖岩	문일평	文一平	史上에 나타난 藝術家의 群像(9)	역사, 문학	1935-02-23	·
3412	호암	湖岩	문일평	文一平	史上에 나타난 藝術家의 群像(10)	역사, 문학	1935-02-24	·
3413	호암	湖岩	문일평	文一平	史上에 나타난 藝術家의 群像(12)	역사, 문학	1935-02-26	11회 미확인
3414	호암	湖岩	문일평	文一平	史上에 나타난 藝術家의 群像(13)	역사, 문학	1935-02-27	·
3415	호암	湖岩	문일평	文一平	史上에 나타난 藝術家의 群像(15)	역사, 문학	1935-02-28	14회 미확인
3416	호암	湖岩	문일평	文一平	史上에 나타난 藝術家의 群像	역사, 문학	1935-03-01	·
3417	호암	湖岩	문일평	文一平	史上에 나타난 藝術家의 群像	역사, 문학	1935-03-03	·
3418	호암	湖岩	문일평	文一平	史上에 나타난 藝術家의 群像	역사, 문학	1935-03-05	·
3419	호암	湖岩	문일평	文一平	史上에 나타난 藝術家의 群像	역사, 문학	1935-03-06	·
3420	호암	湖岩	문일평	文一平	史上에 나타난 藝術家의 群像	역사, 문학	1935-03-07	·
3421	호암	湖岩	문일평	文一平	史上에 나타난 藝術家의 群像	역사, 문학	1935-03-08	·
3422	호암	湖岩	문일평	文一平	史上에 나타난 藝術家의 群像	역사, 문학	1935-03-09	·
3423	호암	湖岩	문일평	文一平	史上에 나타난 藝術家의 群像	역사, 문학	1935-03-10	·
3424	호암	湖岩	문일평	文一平	史上에 나타난 藝術家의 群像	역사, 문학	1935-03-12	·
3425	호암	湖岩	문일평	文一平	史上에 나타난 藝術家의 群像	역사, 문학	1935-03-16	·
3426	호암	湖岩	문일평	文一平	史上에 나타난 藝術家의 群像	역사, 문학	1935-03-19	·
3427	호암	湖岩	문일평	文一平	史上에 나타난 藝術家의 群像	역사, 문학	1935-03-23	·
3428	호암	湖岩	문일평	文一平	史上에 나타난 藝術家의 群像	역사, 문학	1935-03-24	·
3429	호암	湖岩	문일평	文一平	史上에 나타난 藝術家의 群像	역사, 문학	1935-03-26	·
3430	호암	湖岩	문일평	文一平	史上에 나타난 藝術家의 群像	역사, 문학	1935-03-27	·
3431	호암	湖岩	문일평	文一平	史上에 나타난 藝術家의 群像	역사, 문학	1935-03-30	·

연번	자료저자명(한글)	자료저자명(한자)	본명(한글)	본명(한자)	기사제목	분류	날짜	비고
3432	호암	湖岩	문일평	文一平	史上에 나타난 藝術家의 群像	역사, 문학	1935-04-02	·
3433	호암	湖岩	문일평	文一平	史上에 나타난 藝術家의 群像	역사, 문학	1935-04-03	·
3434	호암	湖岩	문일평	文一平	史上에 나타난 藝術家의 群像	역사, 문학	1935-04-05	·
3435	호암	湖岩	문일평	文一平	史上에 나타난 藝術家의 群像	역사, 문학	1935-04-06	·
3436	호암	湖岩	문일평	文一平	史上에 나타난 藝術家의 群像	역사, 문학	1935-04-07	·
3437	호암	湖岩	문일평	文一平	史上에 나타난 藝術家의 群像	역사, 문학	1935-04-09	·
3438	호암	湖岩	문일평	文一平	史上에 나타난 藝術家의 群像	역사, 문학	1935-04-11	·
3439	호암	湖岩	문일평	文一平	史上에 나타난 藝術家의 群像	역사, 문학	1935-04-12	·
3440	호암	湖岩	문일평	文一平	史上에 나타난 藝術家의 群像	역사, 문학	1935-04-13	·
3441	호암	湖岩	문일평	文一平	史上에 나타난 藝術家의 群像	역사, 문학	1935-04-14	·
3442	호암	湖岩	문일평	文一平	史上에 나타난 藝術家의 群像	역사, 문학	1935-04-16	·
3443	호암	湖岩	문일평	文一平	史上에 나타난 藝術家의 群像	역사, 문학	1935-04-17	·
3444	호암	湖岩	문일평	文一平	史上에 나타난 藝術家의 群像	역사, 문학	1935-04-18	·
3445	호암	湖岩	문일평	文一平	史上에 나타난 藝術家의 群像	역사, 문학	1935-04-19	·
3446	호암	湖岩	문일평	文一平	史上에 나타난 藝術家의 群像	역사, 문학	1935-04-20	·
3447	호암	湖岩	문일평	文一平	史上에 나타난 藝術家의 群像	역사, 문학	1935-04-21	·
3448	호암	湖岩	문일평	文一平	史上에 나타난 藝術家의 群像	역사, 문학	1935-04-23	·
3449	호암	湖岩	문일평	文一平	史上에 나타난 藝術家의 群像	역사, 문학	1935-04-24	·
3450	호암	湖岩	문일평	文一平	史上에 나타난 藝術家의 群像	역사, 문학	1935-04-25	·
3451	호암	湖岩	문일평	文一平	史上에 나타난 藝術家의 群像	역사, 문학	1935-04-26	·
3452	호암	湖岩	문일평	文一平	史上에 나타난 藝術家의 群像	역사, 문학	1935-04-27	·
3453	호암	湖岩	문일평	文一平	京城古蹟小巡禮(1) 崇禮門 扁額	기행	1935-05-09	·
3454	호암	湖岩	문일평	文一平	京城古蹟小巡禮(2) 弘化門의 美	기행	1935-05-11	·
3455	호암	湖岩	문일평	文一平	京城古蹟小巡禮(3) 塔洞公員	기행	1935-05-12	·
3456	호암	湖岩	문일평	文一平	京城古蹟小巡禮(5) 五大宮闕	기행	1935-05-14	4회 미확인

연번	자료저자명(한글)	자료저자명(한자)	본명(한글)	본명(한자)	기사제목	분류	날짜	비고
3457	호암	湖岩	문일평	文一平	京城古蹟小巡禮(6) 放送局과 朝鮮호텔	기행	1935-05-15	·
3458	호암	湖岩	문일평	文一平	京城古蹟小巡禮(7) 淨業院	기행	1935-05-16	·
3459	호암	湖岩	문일평	文一平	京城古蹟小巡禮(8) 舟橋와 龍鳳亭	기행	1935-05-17	·
3460	호암	湖岩	문일평	文一平	京城古蹟小巡禮(9) 六臣墓	기행	1935-05-18	·
3461	호암	湖岩	문일평	文一平	京城古蹟小巡禮(10) 洗劍亭	기행	1935-05-19	·
3462	호암	湖岩	문일평	文一平	月曜閑話 民俗과 娛樂	민속	1935-06-10	·
3463	호암	湖岩	문일평	文一平	月曜閑談 우리 歷代의 苑池	역사	1935-06-17	·
3464	호암	湖岩	문일평	文一平	史外異聞 朴淵과 砲術	역사	1935-06-27	·
3465	호암	湖岩	문일평	文一平	史外異聞 米人漂着	역사	1935-06-28	·
3466	호암	湖岩	문일평	文一平	史外異聞 羅禪征伐	역사	1935-06-29	·
3467	호암	湖岩	문일평	文一平	史外異聞 黑水激戰	역사	1935-07-02	·
3468	호암	湖岩	문일평	文一平	古建物巡禮(1) 由緖깁흔 本社基址	기행	1935-07-06	·
3469	호암	湖岩	문일평	文一平	古建物巡禮(2) 最近史의 舞臺 慶運宮	기행	1935-07-11	·
3470	호암	湖岩	문일평	文一平	古建物巡禮(3) 永久히 消失된 慶喜宮	기행	1935-07-12	·
3471	호암	湖岩	문일평	文一平	古建物巡禮(4) 六個最古建物과 昌德宮	기행	1935-07-13	·
3472	호암	湖岩	문일평	文一平	古建物巡禮(5) 公衆의 遊園인 昌慶宮	기행	1935-07-14	·
3473	호암	湖岩	문일평	文一平	古建物巡禮(6) 七廟合祀의 毓祥宮	기행	1935-07-18	·
3474	호암	湖岩	문일평	文一平	古建物巡禮(7) 神威森嚴한 宗廟	기행	1935-07-19	·
3475	호암	湖岩	문일평	文一平	古建物巡禮(8) 風化의 源이든 文廟	기행	1935-07-20	·
3476	호암	湖岩	문일평	文一平	古建物巡禮(9) 最古最大한 東關羽廟	기행	1935-07-21	·
3477	호암	湖岩	문일평	文一平	薯童謠와 薯童話	문학	1935-07-22	·
3478	호암	湖岩	문일평	文一平	古建物巡禮(10) 封建時代象徵 普信閣	기행	1935-07-23	·
3479	호암	湖岩	문일평	文一平	古建物巡禮(11) 五營中에 獨存한 禁衛營	기행	1935-07-24	·
3480	호암	湖岩	문일평	文一平	古建物巡禮(12) 甲申政變 發端한 郵政局	기행	1935-07-25	·
3481	호암	湖岩	문일평	文一平	古建物巡禮(14) 世道洪國榮의 舊舍廊	기행	1935-07-31	·
3482	호암	湖岩	문일평	文一平	古建物巡禮(15) 有名한 報恩緞골 唐城君邸	기행	1935-08-01	·
3483	호암	湖岩	문일평	文一平	古建物巡禮(16) 風雲劇을 비저낸 太僕司	기행	1935-08-02	·
3484	호암	湖岩	문일평	文一平	古建物巡禮(17) 里門大臣舊邸 泰和館	기행	1935-08-03	·
3485	호암	湖岩	문일평	文一平	古建物巡禮(18) 文官試驗場所 春塘臺	기행	1935-08-04	·
3486	호암	湖岩	문일평	文一平	史의 都 江華	기행	1935-09-11	·
3487	호암	湖岩	문일평	文一平	詩의 都 江華	기행	1935-09-12	·
3488	호암	湖岩	문일평	文一平	詩의 都 江華	기행	1935-09-14	·
3489	호암	湖岩	문일평	文一平	近郊山岳史話(1) 仁王山	역사, 문학	1935-09-18	·
3490	호암	湖岩	문일평	文一平	近郊山岳史話(2) 仁王山	역사, 문학	1935-09-19	·
3491	호암	湖岩	문일평	文一平	近郊山岳史話(3) 仁王山	역사, 문학	1935-09-21	·
3492	호암	湖岩	문일평	文一平	近郊山岳史話(4) 仁王山	역사, 문학	1935-09-22	·
3493	호암	湖岩	문일평	文一平	近郊山岳史話(5) 仁王山	역사, 문학	1935-09-24	·

연번	자료저자명(한글)	자료저자명(한자)	본명(한글)	본명(한자)	기사제목	분류	날짜	비고
3494	호암	湖岩	문일평	文一平	近郊山岳史話(7) 北岳山	역사, 문학	1935-09-26	6회 미확인
3495	호암	湖岩	문일평	文一平	近郊山岳史話(8) 北岳山	역사, 문학	1935-09-27	·
3496	호암	湖岩	문일평	文一平	近郊山岳史話(9) 北岳山	역사, 문학	1935-10-01	·
3497	호암	湖岩	문일평	文一平	近郊山岳史話(10) 北岳山	역사, 문학	1935-10-02	·
3498	호암	湖岩	문일평	文一平	近郊山岳史話(11) 北岳山	역사, 문학	1935-10-04	·
3499	호암	湖岩	문일평	文一平	近郊山岳史話(12) 北岳山	역사, 문학	1935-10-05	·
3500	호암	湖岩	문일평	文一平	近郊山岳史話(13) 北岳山	역사, 문학	1935-10-06	·
3501	호암	湖岩	문일평	文一平	近郊山岳史話(14) 北岳山	역사, 문학	1935-10-08	·
3502	호암	湖岩	문일평	文一平	近郊山岳史話(15) 北岳山	역사, 문학	1935-10-10	·
3503	호암	湖岩	문일평	文一平	近郊山岳史話(16) 終南山	역사, 문학	1935-10-11	·
3504	호암	湖岩	문일평	文一平	近郊山岳史話(17) 終南山	역사, 문학	1935-10-12	·
3505	호암	湖岩	문일평	文一平	近郊山岳史話(18) 終南山	역사, 문학	1935-10-13	·
3506	호암	湖岩	문일평	文一平	近郊山岳史話(18)*19회 終南山	역사, 문학	1935-10-15	또 18회
3507	호암	湖岩	문일평	文一平	近郊山岳史話(19)*20회 終南山	역사, 문학	1935-10-17	·
3508	호암	湖岩	문일평	文一平	近郊山岳史話(20)*21회 終南山	역사, 문학	1935-10-19	·
3509	호암	湖岩	문일평	文一平	近郊山岳史話(21)*22회 終南山	역사, 문학	1935-10-20	·
3510	호암	湖岩	문일평	文一平	近郊山岳史話(22)*23회 駱駝山	역사, 문학	1935-10-22	·
3511	호암	湖岩	문일평	文一平	近郊山岳史話(23)*24회 駱駝山	역사, 문학	1935-10-24	·
3512	호암	湖岩	문일평	文一平	近郊山岳史話(24)*25회 駱駝山	역사, 문학	1935-10-26	·
3513	호암	湖岩	문일평	文一平	近郊山岳史話(25)*26회 駱駝山	역사, 문학	1935-10-29	·
3514	호암	湖岩	문일평	文一平	近郊山岳史話(26)*27회 駱駝山	역사, 문학	1935-10-30	·
3515	호암	湖岩	문일평	文一平	近郊山岳史話(27)*28회 駱駝山	역사, 문학	1935-10-31	·
3516	호암	湖岩	문일평	文一平	近郊山岳史話 仁旺山	역사, 문학	1935-11-03	·
3517	호암	湖岩	문일평	文一平	舊居遺話(1)	역사,	1935-11-22	·

연번	자료저자명(한글)	자료저자명(한자)	본명(한글)	본명(한자)	기사제목	분류	날짜	비고
						문학		
3518	호암	湖岩	문일평	文一平	舊居遺話(3)	역사, 문학	1935-11-27	2회 미확인
3519	호암	湖岩	문일평	文一平	舊居遺話(4)	역사, 문학	1935-11-28	·
3520	호암	湖岩	문일평	文一平	舊居遺話(6)	역사, 문학	1935-12-01	5회 미확인
3521	호암	湖岩	문일평	文一平	舊居遺話(7)	역사, 문학	1935-12-03	·
3522	호암	湖岩	문일평	文一平	舊居遺話(8)	역사, 문학	1935-12-04	·
3523	호암	湖岩	문일평	文一平	舊居遺話(9)	역사, 문학	1935-12-06	·
3524	호암	湖岩	문일평	文一平	舊居遺話(10)	역사, 문학	1935-12-08	·
3525	호암	湖岩	문일평	文一平	우리 文化的 發掘	논설	1936-08-08	·
3526	호암	湖岩	문일평	文一平	世界文化와 聯結	논설	1936-08-12	·
3527	호암	湖岩	문일평	文一平	天主教의 殉教者	역사, 종교	1936-08-15	·
3528	호암	湖岩	문일평	文一平	近郊聖地六臣	역사, 기행	1936-08-28	·
3529	호암	湖岩	문일평	文一平	文廟從祀의 是非	역사	1936-08-29	·
3530	호암	湖岩	문일평	文一平	故事拾綴(1) 慧超의 大旅行	역사, 문학	1936-09-11	·
3531	호암	湖岩	문일평	文一平	故事拾綴(2) 新羅僧의 唐「竺」者	역사, 문학	1936-09-12	·
3532	호암	湖岩	문일평	文一平	故事拾綴(3) 文化의 傳播者	역사, 문학	1936-09-13	·
3533	호암	湖岩	문일평	文一平	故事拾綴(4) 東西人文의 接觸	역사, 문학	1936-09-16	·
3534	호암	湖岩	문일평	文一平	故事拾綴(5) 逸本再現과 三傳	역사, 문학	1936-09-17	·
3535	호암	湖岩	문일평	文一平	故事拾綴(6) 往五天竺國傳	역사, 문학	1936-09-20	·
3536	호암	湖岩	문일평	文一平	故事拾綴(7) 五印度의 情勢	역사, 문학	1936-09-22	·
3537	호암	湖岩	문일평	文一平	故事拾綴(8) 西域의 奇風異俗	역사, 문학	1936-09-23	·
3538	호암	湖岩	문일평	文一平	故事拾綴(9) 西域國情의 一瞥	역사, 문학	1936-09-25	·
3539	호암	湖岩	문일평	文一平	故事拾綴(10) 慧超遊記의 結論	역사, 문학	1936-09-27	·
3540	호암	湖岩	문일평	文一平	담배考(1) 담배문화	민속	1936-11-19	·
3541	호암	湖岩	문일평	文一平	담배考(2) 담배의 전래	민속	1936-11-20	·
3542	호암	湖岩	문일평	文一平	담배考(3) 담배명칭	민속	1936-11-21	·
3543	호암	湖岩	문일평	文一平	담배考(4) 담배일화	민속	1936-11-22	·

연번	자료저자명(한글)	자료저자명(한자)	본명(한글)	본명(한자)	기사제목	분류	날짜	비고
3544	호암	湖岩	문일평	文一平	담배考(5) 담배무역	민속	1936-11-25	·
3545	호암	湖岩	문일평	文一平	담배考(6) 담배예절	민속	1936-11-26	·
3546	호암	湖岩	문일평	文一平	담배考(7) 담배문예	민속	1936-11-27	·
3547	호암	湖岩	문일평	文一平	담배考(8) 담배의 학설	민속	1936-11-28	·
3548	호암	湖岩	문일평	文一平	담배考(9) 담배공예	민속	1936-11-29	·
3549	호암	湖岩	문일평	文一平	담배考(10) 담배專賣議	민속	1936-12-01	·
3550	호암	湖岩	문일평	文一平	茶故事(1)	민속	1936-12-06	·
3551	호암	湖岩	문일평	文一平	茶故事(2)	민속	1936-12-08	·
3552	호암	湖岩	문일평	文一平	茶故事(3)	민속	1936-12-09	·
3553	호암	湖岩	문일평	文一平	茶故事(4)	민속	1936-12-10	·
3554	호암	湖岩	문일평	文一平	茶故事(5)	민속	1936-12-11	·
3555	호암	湖岩	문일평	文一平	茶故事(6)	민속	1936-12-12	·
3556	호암	湖岩	문일평	文一平	茶故事(7)	민속	1936-12-13	·
3557	호암	湖岩	문일평	文一平	茶故事(8)	민속	1936-12-15	·
3558	호암	湖岩	문일평	文一平	茶故事(9)	민속	1936-12-16	·
3559	호암	湖岩	문일평	文一平	茶故事(10)	민속	1936-12-17	·
3560	호암	湖岩	문일평	文一平	茶故事(11)	민속	1936-12-18	·
3561	호암	湖岩	문일평	文一平	茶故事(12)	민속	1936-12-19	·
3562	호암	湖岩	문일평	文一平	茶故事(13)	민속	1936-12-20	·
3563	호암	湖岩	문일평	文一平	茶故事(14)	민속	1936-12-22	·
3564	호암	湖岩	문일평	文一平	茶故事(18)	민속	1936-12-25	15~17회 미확인
3565	호암	湖岩	문일평	文一平	茶故事(19)	민속	1936-12-27	·
3566	호암	湖岩	문일평	文一平	茶故事(20)	민속	1936-12-27	·
3567	호암	湖岩	문일평	文一平	茶故事補遺(上)	민속	1937-01-15	·
3568	호암	湖岩	문일평	文一平	茶故事補遺(中)	민속	1937-01-16	·
3569	호암	湖岩	문일평	文一平	茶故事補遺(下)	민속	1937-01-17	·
3570	호암	湖岩	문일평	文一平	栗谷先生小傳(1)	역사	1937-02-25	·
3571	호암	湖岩	문일평	文一平	栗谷先生小傳(3)*2회	역사	1937-02-26	연재횟수 오기
3572	호암	湖岩	문일평	文一平	栗谷先生小傳(3)	역사	1937-02-27	·
3573	호암	湖岩	문일평	文一平	栗谷先生小傳(4)	역사	1937-02-28	·
3574	호암	湖岩	문일평	文一平	栗谷先生小傳(5)	역사	1937-03-02	·
3575	호암	湖岩	문일평	文一平	栗谷先生小傳(6)	역사	1937-03-04	·
3576	호암	湖岩	문일평	文一平	栗谷先生小傳(7)	역사	1937-03-05	·
3577	호암	湖岩	문일평	文一平	栗谷先生小傳(8)	역사	1937-03-07	·
3578	호암	湖岩	문일평	文一平	栗谷先生小傳(9)	역사	1937-03-09	·
3579	호암	湖岩	문일평	文一平	栗谷先生小傳(10)	역사	1937-03-11	·
3580	호암	湖岩	문일평	文一平	近代名僧小列傳(1)	역사	1937-07-24	·
3581	호암	湖岩	문일평	文一平	近代名僧小列傳(2)	역사	1937-07-25	·
3582	호암	湖岩	문일평	文一平	近代名僧小列傳(3)	역사	1937-07-27	·
3583	호암	湖岩	문일평	文一平	近代名僧小列傳(4)	역사	1937-07-28	·

연번	자료저자명 (한글)	자료저자명 (한자)	본명 (한글)	본명 (한자)	기사제목	분류	날짜	비고
3584	호암	湖岩	문일평	文一平	近代名僧小列傳(5)	역사	1937-07-29	·
3585	호암	湖岩	문일평	文一平	近代名僧小列傳(6)	역사	1937-07-30	·
3586	호암	湖岩	문일평	文一平	近代名僧小列傳(10)*7회	역사	1937-07-31	연재횟수 오기
3587	호암	湖岩	문일평	文一平	近代名僧小列傳(11)*8회	역사	1937-08-01	연재횟수 오기
3588	호암	湖岩	문일평	文一平	近代名僧小列傳(9)	역사	1937-08-03	·
3589	호암	湖岩	문일평	文一平	近代名僧小列傳(10)	역사	1937-08-04	·
3590	호암	湖岩	문일평	文一平	近代名僧小列傳(11)	역사	1937-08-05	·
3591	호암	湖岩	문일평	文一平	戰爭文學- 薩水役과 詩	문학	1937-08-27	·
3592	호암	湖岩	문일평	文一平	戰爭文學- 安市戰과 詩	문학	1937-08-28	·
3593	호암	湖岩	문일평	文一平	戰爭文學- 陽山戰과 歌	문학	1937-08-29	·
3594	호암	湖岩	문일평	文一平	戰爭文學- 黃山戰과 劇詩	문학	1937-09-01	·
3595	호암	湖岩	문일평	文一平	戰爭文學- 阿旦戰과 小說	문학	1937-09-02	·
3596	호암	湖岩	문일평	文一平	戰爭文學- 扶餘陷城과 詩	문학	1937-09-03	·
3597	호암	湖岩	문일평	文一平	戰爭文學- 蛇水戰과 詩	문학	1937-09-04	·
3598	호암	湖岩	문일평	文一平	戰爭文學- 平壤戰과 詩	문학	1937-09-05	·
3599	호암	湖岩	문일평	文一平	戰爭文學- 句麗沒落과 詩	문학	1937-09-07	·
3600	호암	湖岩	문일평	文一平	戰爭文學- 熊津戰과 詩	문학	1937-09-08	·
3601	호암	湖岩	문일평	文一平	戰爭文學- 羅唐交戰과 詩	문학	1937-09-09	·
3602	호암	湖岩	문일평	文一平	戰爭文學- 渤海戰과 詩	문학	1937-09-10	·
3603	호암	湖岩	문일평	文一平	戰爭文學- 羅都陷落과 詩	문학	1937-09-11	·
3604	호암	湖岩	문일평	文一平	戰爭文學- 後百濟討滅과 詩	문학	1937-09-12	·
3605	호암	湖岩	문일평	文一平	戰爭文學- 契丹兩役과 詩	문학	1937-09-15	·
3606	호암	湖岩	문일평	文一平	戰爭文學- 女眞征伐과 詩	문학	1937-09-16	·
3607	호암	湖岩	문일평	文一平	戰爭文學- 武臣亂과 詩	문학	1937-09-17	·
3608	호암	湖岩	문일평	文一平	戰爭文學- 蒙古兵亂과 詩	문학	1937-09-18	·
3609	호암	湖岩	문일평	文一平	戰爭文學- 三別抄亂과 詩	문학	1937-09-19	·
3610	호암	湖岩	문일평	文一平	戰爭文學- 紅賊討滅과 詩	문학	1937-09-21	·
3611	호암	湖岩	문일평	文一平	戰爭文學- 補遺	문학	1937-09-23	·
3612	호암	湖岩	문일평	文一平	歷史이야기- 신라가 망함	역사, 문학	1937-11-21	·
3613	호암	湖岩	문일평	文一平	李朝畵家誌(1)	역사, 문학	1937-11-25	·
3614	호암	湖岩	문일평	文一平	李朝畵家誌(2)	역사, 문학	1937-11-27	·
3615	호암	湖岩	문일평	文一平	李朝畵家誌(3)	역사, 문학	1937-11-28	·
3616	호암	湖岩	문일평	文一平	歷史이야기- 왕건태조	역사, 문학	1937-11-28	·
3617	호암	湖岩	문일평	文一平	李朝畵家誌(4)	역사, 문학	1937-11-29	·
3618	호암	湖岩	문일평	文一平	李朝畵家誌(4)*5회	역사, 문학	1937-12-01	연재횟수 오기

연번	자료저자명(한글)	자료저자명(한자)	본명(한글)	본명(한자)	기사제목	분류	날짜	비고
3619	호암	湖岩	문일평	文一平	李朝畵家誌(5)*6회	역사, 문학	1937-12-02	연재횟수 오기
3620	호암	湖岩	문일평	文一平	李朝畵家誌(7)	역사, 문학	1937-12-03	·
3621	호암	湖岩	문일평	文一平	李朝畵家誌(8)	역사, 문학	1937-12-04	·
3622	호암	湖岩	문일평	文一平	李朝畵家誌(9)	역사, 문학	1937-12-05	·
3623	호암	湖岩	문일평	文一平	李朝畵家誌(10)	역사, 문학	1937-12-07	·
3624	호암	湖岩	문일평	文一平	李朝畵家誌(11)	역사, 문학	1937-12-09	·
3625	호암	湖岩	문일평	文一平	李朝畵家誌(12)	역사, 문학	1937-12-10	·
3626	호암	湖岩	문일평	文一平	文化的 發掘(1) 國際巨商林尙沃	역사, 문학	1938-02-26	·
3627	호암	湖岩	문일평	文一平	文化的 發掘(2) 大商略家林尙沃	역사, 문학	1938-02-27	·
3628	호암	湖岩	문일평	文一平	文化的 發掘(3) 巨人林尙沃略歷	역사, 문학	1938-03-01	·
3629	호암	湖岩	문일평	文一平	文化的 發掘(4) 林尙沃逸話傳說	역사, 문학	1938-03-02	·
3630	호암	湖岩	문일평	文一平	文化的 發掘(5) 林尙沃史的評家	역사, 문학	1938-03-03	·
3631	호암	湖岩	문일평	文一平	文化的 發掘(6) 詩人의 林尙沃	역사, 문학	1938-03-04	·
3632	호암	湖岩	문일평	文一平	文化的 發掘(7) 異人의 林尙沃	역사, 문학	1938-03-05	·
3633	호암	湖岩	문일평	文一平	文化的 發掘(7)*8회 文化聖道古山子	역사, 문학	1938-03-06	연재횟수 오기
3634	호암	湖岩	문일평	文一平	文化的 發掘(8)*9회 古山子姓名由來	역사, 문학	1938-03-08	연재횟수 오기
3635	호암	湖岩	문일평	文一平	文化的 發掘(9)*10회 學藝史上古山子	역사, 문학	1938-03-09	연재횟수 오기
3636	호암	湖岩	문일평	文一平	文化的 發掘(10)*11회 金簡과 金屬活字	역사, 문학	1938-03-10	연재횟수 오기
3637	호암	湖岩	문일평	文一平	文化的 發掘(11)*12회 金簡과 金屬活字	역사, 문학	1938-03-11	연재횟수 오기
3638	호암	湖岩	문일평	文一平	文化的 發掘(12)*13회 歸化和蘭人朴燕	역사, 문학	1938-03-12	연재횟수 오기
3639	호암	湖岩	문일평	文一平	文化的發掘(13)*14회 夏米爾와漂流記	역사, 문학	1938-03-13	연재횟수 오기
3640	호암	湖岩	문일평	文一平	文化的發掘(14)*15회 歐洲에紹介된朝鮮	역사, 문학	1938-03-15	연재횟수 오기
3641	호암	湖岩	문일평	文一平	文化的發掘(15)*16회 羅禪征伐과砲手	역사, 문학	1938-03-16	연재횟수 오기
3642	호암	湖岩	문일평	文一平	文化的發掘(16)*17회 明國登第者金濤	역사,	1938-03-17	연재횟수 오기

연번	자료저자명(한글)	자료저자명(한자)	본명(한글)	본명(한자)	기사제목	분류	날짜	비고
						문학		
3643	호암	湖岩	문일평	文一平	文化的發掘(17)*18회 最後留學僧無學	역사, 문학	1938-03-18	연재횟수 오기
3644	호암	湖岩	문일평	文一平	文化的發掘(18)*19회 僧獨步와僧東仁	역사, 문학	1938-03-19	연재횟수 오기
3645	호암	湖岩	문일평	文一平	文化的發掘(19)*20회 歸化明人과文化	역사, 문학	1938-03-20	연재횟수 오기
3646	호암	湖岩	문일평	文一平	文化的發掘(20)*21회 最初鑛師皮於瑞	역사, 문학	1938-03-24	연재횟수 오기
3647	호암	湖岩	문일평	文一平	永書漫筆(1)	문학	1938-06-29	·
3648	호암	湖岩	문일평	文一平	永書漫筆(2)	문학	1938-06-30	·
3649	호암	湖岩	문일평	文一平	永書漫筆(3)	문학	1938-07-01	·
3650	호암	湖岩	문일평	文一平	永書漫筆(4)	문학	1938-07-02	·
3651	호암	湖岩	문일평	文一平	永書漫筆(6)	문학	1938-07-03	5회 미확인
3652	호암	湖岩	문일평	文一平	永書漫筆(7)	문학	1938-07-05	·
3653	호암	湖岩	문일평	文一平	永書漫筆(9)	문학	1938-07-07	8회 미확인
3654	호암	湖岩	문일평	文一平	永書漫筆(10)	문학	1938-07-08	·
3655	호암	湖岩	문일평	文一平	永書漫筆(11)	문학	1938-07-09	·
3656	호암	湖岩	문일평	文一平	永書漫筆(12)	문학	1938-07-10	·
3657	호암	湖岩	문일평	文一平	永書漫筆(13)	문학	1938-07-12	·
3658	호암	湖岩	문일평	文一平	永書漫筆(14)	문학	1938-07-13	·
3659	호암	湖岩	문일평	文一平	永書漫筆(15)	문학	1938-07-14	·
3660	호암	湖岩	문일평	文一平	永書漫筆(16)	문학	1938-07-15	·
3661	호암	湖岩	문일평	文一平	永書漫筆(17)	문학	1938-07-16	·
3662	호암	湖岩	문일평	文一平	永書漫筆(18)	문학	1938-07-17	·
3663	호암	湖岩	문일평	文一平	永書漫筆(19)	문학	1938-07-19	·
3664	호암	湖岩	문일평	文一平	永書漫筆(20)	문학	1938-07-20	·
3665	호암	湖岩	문일평	文一平	永書漫筆(21)	문학	1938-07-22	·
3666	호암	湖岩	문일평	文一平	大覺國師傳(1)	역사	1938-09-28	·
3667	호암	湖岩	문일평	文一平	大覺國師傳(2)	역사	1938-09-29	·
3668	호암	湖岩	문일평	文一平	大覺國師傳(3)	역사	1938-09-30	·
3669	호암	湖岩	문일평	文一平	大覺國師傳(5)	역사	1938-10-05	4회 미확인
3670	호암	湖岩	문일평	文一平	大覺國師傳(6)	역사	1938-10-06	·
3671	호암	湖岩	문일평	文一平	大覺國師傳(7)	역사	1938-10-07	·
3672	호암	湖岩	문일평	文一平	大覺國師傳(8)	역사	1938-10-11	·
3673	호암	湖岩	문일평	文一平	大覺國師傳(9)	역사	1938-10-13	·
3674	호암	湖岩	문일평	文一平	大覺國師傳(10)	역사	1938-10-16	4회 미확인
3675	호암	湖岩	문일평	文一平	大覺國師傳(11)	역사	1938-10-19	·
3676	호암	湖岩	문일평	文一平	大覺國師傳(12)	역사	1938-10-22	·
3677	호암	湖岩	문일평	文一平	大覺國師傳(13)	역사	1938-10-23	·
3678	호암	湖岩	문일평	文一平	大覺國師傳(14)	역사	1938-10-25	·
3679	호암	湖岩	문일평	文一平	大覺國師傳(15)	역사	1938-10-26	·

연번	자료저자명(한글)	자료저자명(한자)	본명(한글)	본명(한자)	기사제목	분류	날짜	비고
3680	호암	湖岩	문일평	文一平	大覺國師傳(16)	역사	1938-10-27	·
3681	호암	湖岩	문일평	文一平	大覺國師傳(17)	역사	1938-10-29	·
3682	호암	湖岩	문일평	文一平	興味橫溢한 申鼎言野談集	문학	1938-11-04	·
3683	호암	湖岩	문일평	文一平	晩秋登陟(1) 逍遙散	기행	1938-11-10	·
3684	호암	湖岩	문일평	文一平	晩秋登陟(2) 逍遙散	기행	1938-11-10	·
3685	호암	湖岩	문일평	文一平	晩秋登陟(3) 善竹橋	기행	1938-11-13	·
3686	호암	湖岩	문일평	文一平	晩秋登陟(4) 滿月堂	기행	1938-11-15	·
3687	호암	湖岩	문일평	文一平	晩秋登陟(5) 天壽院	기행	1938-11-17	·
3688	호암	湖岩	문일평	文一平	晩秋登陟(6) 紫霞洞	기행	1938-11-18	·
3689	호암	湖岩	문일평	文一平	晩秋登陟(7) 恭愍王陵	기행	1938-11-20	·
3690	호암	湖岩	문일평	文一平	晩秋登陟(8) 齊國公主陵	기행	1938-11-22	·
3691	호암	湖岩	문일평	文一平	晩秋登陟(9) 朴淵瀑	기행	1938-11-23	·
3692	호암	湖岩	문일평	文一平	晩秋登陟(10) 高麗磁器	기행	1938-11-25	·
3693	호암	湖岩	문일평	文一平	善德女王小傳(1)	문학	1938-12-16	·
3694	호암	湖岩	문일평	文一平	善德女王小傳(2)	문학	1938-12-17	·
3695	호암	湖岩	문일평	文一平	善德女王小傳(3)	문학	1938-12-18	·
3696	호암	湖岩	문일평	文一平	善德女王小傳(4)	문학	1938-12-20	·
3697	호암	湖岩	문일평	文一平	善德女王小傳(5)	문학	1938-12-22	·
3698	호암	湖岩	문일평	文一平	善德女王小傳(6)	문학	1938-12-23	·
3699	호암	湖岩	문일평	文一平	己卯年을 通해 본 政治家(1) 高麗太祖	역사	1939-01-07	·
3700	호암	湖岩	문일평	文一平	己卯年을 通해 본 政治家(2) 高麗太祖	역사	1939-01-08	·
3701	호암	湖岩	문일평	文一平	己卯年을 通해 본 政治家(3) 高麗太祖	역사	1939-01-10	·
3702	호암	湖岩	문일평	文一平	己卯年을 通해 본 政治家(4) 大權臣崔忠獻	역사	1939-01-11	·
3703	호암	湖岩	문일평	文一平	東明聖王傳(1)	역사	1939-02-19	·
3704	호암	湖岩	문일평	文一平	東明聖王傳(2)	역사	1939-02-21	·
3705	호암	湖岩	문일평	文一平	東明聖王傳(3)	역사	1939-02-22	·
3706	호암	湖岩	문일평	文一平	東明聖王傳(4)	역사	1939-02-23	·
3707	호암	湖岩	문일평	文一平	東明聖王傳(5)	역사	1939-02-24	·
3708	호암	湖岩	문일평	文一平	東明聖王傳(6)	역사	1939-02-25	·
3709	호암	湖岩	문일평	文一平	書窓閑話 訥齋集讀後感(上)	역사, 문학	1939-03-08	·
3710	호암	湖岩	문일평	文一平	書窓閑話 訥齋集讀後感(中)	역사, 문학	1939-03-10	·
3711	호암	湖岩	문일평	文一平	書窓閑話 訥齋集讀後感(下)	역사, 문학	1939-03-11	·
3712	호암생	湖岩生	문일평	文一平	政治史上에 미친 家族主義의 影響(1) 春秋의 公憤私怨. 愛孃慘死가 奮起의 一因	역사	1930-06-05	·
3713	호암생	湖岩生	문일평	文一平	政治史上에 미친 家族主義의 影響(2) 羅濟間의 宿怨, 問題發端은 聖王慘殺	역사	1930-06-06	·
3714	호암생	湖岩生	문일평	文一平	政治史上에 미친 家族主義의 影響(3) 麗濟間의 世仇는 故國原의 戰死때문	역사	1930-06-10	·
3715	호암생	湖岩生	문일평	文一平	政治史上에 미친 家族主義의 影響(4) 淵氏의 骨肉相殘과 男生과 浮土의 葛藤	역사	1930-06-12	·

연번	자료저자명 (한글)	자료저자명 (한자)	본명 (한글)	본명 (한자)	기사제목	분류	날짜	비고
3716	호암생	湖岩生	문일평	文一平	政治史上에 미친 家族主義의 影響(5) 後百濟의 滅亡은 甄萱父子 反目때문	역사	1930-06-13	·
3717	호암생	湖岩生	문일평	文一平	政治史上에 미친 家族主義의 影響(6) 後百濟의 滅亡은 甄萱父子 反目때문(承前)	역사	1930-06-14	·
3718	호암생	湖岩生	문일평	文一平	政治史上에 미친 家族主義의 影響(7) 麗朝와 李朝初期에 發生한 相續紛爭	역사	1930-06-17	·
3719	호암생	湖岩生	문일평	文一平	政治史上에 미친 家族主義의 流弊(完) 儒敎國宮廷의 奇現象	역사	1930-06-25	·
3720	홍기문	洪起文	홍기문	洪起文	混亂中의 綴字法 그 整理의 一案(1)	한글	1933-01-30	·
3721	홍기문	洪起文	홍기문	洪起文	混亂中의 綴字法 그 整理의 一案(2)	한글	1933-01-31	·
3722	홍기문	洪起文	홍기문	洪起文	混亂中의 綴字法 그 整理의 一案(3)	한글	1933-02-01	·
3723	홍기문	洪起文	홍기문	洪起文	混亂中의 綴字法 그 整理의 一案(4)	한글	1933-02-02	·
3724	홍기문	洪起文	홍기문	洪起文	混亂中의 綴字法 그 整理의 一案(5)	한글	1933-02-03	·
3725	홍기문	洪起文	홍기문	洪起文	混亂中의 綴字法 그 整理의 一案(6)	한글	1933-02-07	·
3726	홍기문	洪起文	홍기문	洪起文	混亂中의 綴字法 그 整理의 一案(7)	한글	1933-02-08	·
3727	홍기문	洪起文	홍기문	洪起文	混亂中의 綴字法 그 整理의 一案(8)	한글	1933-02-09	·
3728	홍기문	洪起文	홍기문	洪起文	混亂中의 綴字法 그 整理의 一案(9)	한글	1933-02-10	·
3729	홍기문	洪起文	홍기문	洪起文	混亂中의 綴字法 그 整理의 一案(11)	한글	1933-02-14	10회 미확인
3730	홍기문	洪起文	홍기문	洪起文	混亂中의 綴字法 그 整理의 一案(12)	한글	1933-02-16	·
3731	홍기문	洪起文	홍기문	洪起文	混亂中의 綴字法 그 整理의 一案(13)	한글	1933-02-19	·
3732	홍기문	洪起文	홍기문	洪起文	混亂中의 綴字法 그 整理의 一案(14)	한글	1933-02-20	·
3733	홍기문	洪起文	홍기문	洪起文	混亂中의 綴字法 그 整理의 一案(15)	한글	1933-02-21	·
3734	홍기문	洪起文	홍기문	洪起文	混亂中의 綴字法 그 整理의 一案(16)	한글	1933-02-22	·
3735	홍기문	洪起文	홍기문	洪起文	混亂中의 綴字法 그 整理의 一案(17)	한글	1933-02-23	·
3736	홍기문	洪起文	홍기문	洪起文	混亂中의 綴字法 그 整理의 一案(18)	한글	1933-02-25	·
3737	홍기문	洪起文	홍기문	洪起文	混亂中의 綴字法 그 整理의 一案(19)	한글	1933-02-26	·
3738	홍기문	洪起文	홍기문	洪起文	混亂中의 綴字法 그 整理의 一案(20)	한글	1933-02-28	·
3739	홍기문	洪起文	홍기문	洪起文	混亂中의 綴字法 그 整理의 一案(21)	한글	1933-03-01	·
3740	홍기문	洪起文	홍기문	洪起文	混亂中의 綴字法 그 整理의 一案(22)	한글	1933-03-02	·
3741	홍기문	洪起文	홍기문	洪起文	各說紛紜한 訓民正音起源(1)	한글	1933-07-07	·
3742	홍기문	洪起文	홍기문	洪起文	各說紛紜한 訓民正音起源(2)	한글	1933-07-08	·
3743	홍기문	洪起文	홍기문	洪起文	各說紛紜한 訓民正音起源(3)	한글	1933-07-13	·
3744	홍기문	洪起文	홍기문	洪起文	各說紛紜한 訓民正音起源(4)	한글	1933-07-15	·
3745	홍기문	洪起文	홍기문	洪起文	各說紛紜한 訓民正音起源(5)	한글	1933-07-19	·
3746	홍기문	洪起文	홍기문	洪起文	各說紛紜한 訓民正音起源(6)	한글	1933-07-20	·
3747	홍기문	洪起文	홍기문	洪起文	比較言語研究(1) 各國語中의『重語』세이쓰氏의 研究한 八項의 用法	한글	1933-09-28	총5회
3748	홍기문	洪起文	홍기문	洪起文	比較言語研究(2) 세이쓰氏의 用法과 同異比較	한글	1933-09-29	·
3749	홍기문	洪起文	홍기문	洪起文	比較言語研究(3) 母音調와 子音調 連續의 調和를 爲한 聲音交化	한글	1933-10-01	·
3750	홍기문	洪起文	홍기문	洪起文	比較言語研究(4) 東方言語의 奇現象 聲音의 轉換으로 語意를 轉換	한글	1933-10-03	·
3751	홍기문	洪起文	홍기문	洪起文	比較言語研究(完) 우리말 子音轉 말은『애해』다르고	한글	1933-10-04	·

연번	자료저자명 (한글)	자료저자명 (한자)	본명 (한글)	본명 (한자)	기사제목	분류	날짜	비고
					『에헤』 다르다			
3752	홍기문	洪起文	홍기문	洪起文	語源의 考證-數詞의 諸形態研究(1) 蒙古語와 土耳其語의 數詞	한글	1934-04-08	총9회
3753	홍기문	洪起文	홍기문	洪起文	語源의 考證-數詞의 諸形態研究(2) 通古斯語系諸言의 數詞	한글	1934-04-10	·
3754	홍기문	洪起文	홍기문	洪起文	語源의 考證-數詞의 諸形態研究(3) 通古斯語系數詞의 比較表	한글	1934-04-11	·
3755	홍기문	洪起文	홍기문	洪起文	語源의 考證-數詞의 諸形態研究(4) 日本語와 아이누語의 數詞	한글	1934-04-12	·
3756	홍기문	洪起文	홍기문	洪起文	語源의 考證-數詞의 諸形態研究(5) 馬來語와 中國語의 數詞	한글	1934-04-13	·
3757	홍기문	洪起文	홍기문	洪起文	語源의 考證-數詞의 諸形態研究(6) 朝鮮語의 數詞는 어떤가	한글	1934-04-14	·
3758	홍기문	洪起文	홍기문	洪起文	語源의 考證-數詞의 諸形態研究(7) 現行의 數詞와 古代의 數詞	한글	1934-04-15	·
3759	홍기문	洪起文	홍기문	洪起文	語源의 考證-數詞의 諸形態研究(8) 朝鮮語와 다른 言語의 比較	한글	1934-04-17	·
3760	홍기문	洪起文	홍기문	洪起文	語源의 考證-數詞의 諸形態研究(9) 어떤 數詞型에 屬할까?	한글	1934-04-18	·
3761	홍기문	洪起文	홍기문	洪起文	語源考證(續) 親族名稱의 研究(1) 아버지, 어머니, 어버이	한글	1934-05-27	총14회
3762	홍기문	洪起文	홍기문	洪起文	語源考證(續) 親族名稱의 研究(2) 아버지, 어머니, 어버이	한글	1934-05-29	·
3763	홍기문	洪起文	홍기문	洪起文	語源考證(續) 親族名稱의 研究(3) 남편, 아내, 마누라, 마마	한글	1934-05-30	·
3764	홍기문	洪起文	홍기문	洪起文	語源考證(續) 親族名稱의 研究(4) 남편, 아내, 마누라, 마마	한글	1934-05-31	·
3765	홍기문	洪起文	홍기문	洪起文	語源考證(續) 親族名稱의 研究(5) 언니, 아우, 오래비, 누이	한글	1934-06-01	·
3766	홍기문	洪起文	홍기문	洪起文	語源考證(續) 親族名稱의 研究(6) 언니, 아우, 오래비, 누이	한글	1934-06-02	·
3767	홍기문	洪起文	홍기문	洪起文	語源考證(續) 親族名稱의 研究(7) 언니, 아우, 오래비, 누이	한글	1934-06-03	·
3768	홍기문	洪起文	홍기문	洪起文	語源考證(續) 親族名稱의 研究(8) 아들, 딸, 며느리, 사위	한글	1934-06-05	·
3769	홍기문	洪起文	홍기문	洪起文	語源考證(續) 親族名稱의 研究(8)*9회 할아버지, 할머니, 손자	한글	1934-06-07	연재횟수 오기
3770	홍기문	洪起文	홍기문	洪起文	語源考證(續) 親族名稱의 研究(9)*10회 아주버니, 아주머니, 조카	한글	1934-06-08	연재횟수 오기
3771	홍기문	洪起文	홍기문	洪起文	語源考證(續) 親族名稱의 研究(10)*11회 외삼촌, 이모, 고모	한글	1934-06-09	연재횟수 오기
3772	홍기문	洪起文	홍기문	洪起文	語源考證(續) 親族名稱의 研究(11)*12회 외삼촌, 이모, 고모	한글	1934-06-12	연재횟수 오기
3773	홍기문	洪起文	홍기문	洪起文	語源考證(續) 親族名稱의 研究(12)*13회 형제수, 시숙, 동서	한글	1934-06-14	연재횟수 오기
3774	홍기문	洪起文	홍기문	洪起文	語源考證(續) 親族名稱의 研究(13)*14회 촌수, 어붓, 수양, 사돈	한글	1934-06-15	연재횟수 오기

연번	자료저자명(한글)	자료저자명(한자)	본명(한글)	본명(한자)	기사제목	분류	날짜	비고
3775	홍기문	洪起文	홍기문	洪起文	朝鮮語研究의 本領(1) 言語科學과 認識錯誤의 校正	한글	1934-10-05	총10회
3776	홍기문	洪起文	홍기문	洪起文	朝鮮語研究의 本領(2) 外來語의 淸算과 新語의 創作	한글	1934-10-07	·
3777	홍기문	洪起文	홍기문	洪起文	朝鮮語研究의 本領(3) 法則至上과 言語純化의 夢想	한글	1934-10-09	·
3778	홍기문	洪起文	홍기문	洪起文	朝鮮語研究의 本領(4) 牽强附會의『舶來』法則模倣	한글	1934-10-11	·
3779	홍기문	洪起文	홍기문	洪起文	朝鮮語研究의 本領(5) 우리들 言語學徒의 取할바 態度	한글	1934-10-12	·
3780	홍기문	洪起文	홍기문	洪起文	朝鮮語研究의 本領(6) 言語學에 對한 基礎知識이 必要	한글	1934-10-13	·
3781	홍기문	洪起文	홍기문	洪起文	朝鮮語研究의 本領(7) 言語의 變革과 그 法則의 順應	한글	1934-10-16	·
3782	홍기문	洪起文	홍기문	洪起文	朝鮮語研究의 本領(9)*8회 現下綴字問題에 對한 論究	한글	1934-10-17	연재횟수 오기
3783	홍기문	洪起文	홍기문	洪起文	朝鮮語研究의 本領(10)*9회 綴字統一과 그 依據할 바 基準	한글	1934-10-19	연재횟수 오기
3784	홍기문	洪起文	홍기문	洪起文	朝鮮語研究의 本領(11)*10회 某研究家가 自矜하든『익기설』	한글	1934-10-20	연재횟수 오기
3785	홍기문	洪起文	홍기문	洪起文	朝鮮文學의 兩義(1) 朝鮮語文學과 朝鮮文學人	문학	1934-10-28	총5회
3786	홍기문	洪起文	홍기문	洪起文	朝鮮文學의 兩義(2) 歐米民族文學과 朝鮮文學	문학	1934-10-30	·
3787	홍기문	洪起文	홍기문	洪起文	朝鮮文學의 兩義(3) 民族文學에 對한 疑問點	문학	1934-11-01	·
3788	홍기문	洪起文	홍기문	洪起文	朝鮮文學의 兩義(4) 中國, 印度文學과 그 古文	문학	1934-11-03	·
3789	홍기문	洪起文	홍기문	洪起文	朝鮮文學의 兩義(5) 朝鮮의 漢文學은 곳 兩班文學	문학	1934-11-06	·
3790	홍기문	洪起文	홍기문	洪起文	標準語制定에 對하야(1) 그 制定의 出發點과 三個의 項目	한글	1935-01-15	총8회
3791	홍기문	洪起文	홍기문	洪起文	標準語制定에 對하야(2) 各方語의 對立과 標準語의 制定	한글	1935-01-16	·
3792	홍기문	洪起文	홍기문	洪起文	標準語制定에 對하야(3) 各階級語와 標準語의 制定	한글	1935-01-17	·
3793	홍기문	洪起文	홍기문	洪起文	標準語制定에 對하야(4) 어떠케 實際上 效用을 保障할까	한글	1935-01-18	·
3794	홍기문	洪起文	홍기문	洪起文	標準語制定에 對하야(5) 어느 程度로 그 效用이 發揮될까	한글	1935-01-19	·
3795	홍기문	洪起文	홍기문	洪起文	標準語制定에 對하야(7) 言語統一問題의 提起와 그 解決難	한글	1935-01-22	6회 미확인
3796	홍기문	洪起文	홍기문	洪起文	標準語制定에 對하야(8) 標準語의 輕率한 制定을 反對	한글	1935-01-23	·
3797	홍기문	洪起文	홍기문	洪起文	歷史와 言語의 關係(1) 한 殘物로서의 言語와 그 貢獻	한글	1935-02-01	총8회
3798	홍기문	洪起文	홍기문	洪起文	歷史와 言語의 關係(2) 語源究明의 必要와 그 困難點	한글	1935-02-02	·
3799	홍기문	洪起文	홍기문	洪起文	歷史와 言語의 關係(3) 語源究明의 必要와 그 困難點	한글	1935-02-03	·
3800	홍기문	洪起文	홍기문	洪起文	歷史와 言語의 關係(4) 申丹齋의 語源考證을 檢討함	한글	1935-02-05	·
3801	홍기문	洪起文	홍기문	洪起文	歷史와 言語의 關係(6)*5회 崔南善氏의 語源考證을 檢討함	한글	1935-02-06	연재횟수 오기
3802	홍기문	洪起文	홍기문	洪起文	歷史와 言語의 關係(7)*6회 ■■■氏의 語源考證을	한글	1935-02-07	연재횟수 오기

연번	자료저자명 (한글)	자료저자명 (한자)	본명 (한글)	본명 (한자)	기사제목	분류	날짜	비고
					檢討함			
3803	홍기문	洪起文	홍기문	洪起文	歷史와 言語의 關係(7) 白南雲氏의 語源考證을 檢討함	한글	1935-02-08	·
3804	홍기문	洪起文	홍기문	洪起文	歷史와 言語의 關係(9)*8회 歷史研究方法上 그들의 錯覺	한글	1935-02-09	연재횟수 오기
3805	홍기문	洪起文	홍기문	洪起文	歷史學의 研究(1) 그의 黨派性과 方法論	역사	1935-03-19	총11회
3806	홍기문	洪起文	홍기문	洪起文	歷史學의 研究(2) 精神史觀과 唯物史觀	역사	1935-03-20	·
3807	홍기문	洪起文	홍기문	洪起文	歷史學의 研究(3) 두 가지의 認識的 錯誤	역사	1935-03-21	·
3808	홍기문	洪起文	홍기문	洪起文	歷史學의 研究(4) 技術的 方法論에 對해	역사	1935-03-24	·
3809	홍기문	洪起文	홍기문	洪起文	歷史學의 研究(6) 歷史的 資料의 分類法	역사	1935-03-27	5회 미확인
3810	홍기문	洪起文	홍기문	洪起文	歷史學의 研究(7) 史料各項에 對한 分析	역사	1935-03-28	·
3811	홍기문	洪起文	홍기문	洪起文	歷史學의 研究(8) 史料各項에 對한 分析	역사	1935-03-29	·
3812	홍기문	洪起文	홍기문	洪起文	歷史學의 研究(9) 史料各項에 對한 分析	역사	1935-03-31	·
3813	홍기문	洪起文	홍기문	洪起文	歷史學의 研究(10) 補助科學과 從屬科學	역사	1935-04-03	·
3814	홍기문	洪起文	홍기문	洪起文	歷史學의 研究(11) 分析과 綜合의 研究	역사	1935-04-05	·
3815	홍기문	洪起文	홍기문	洪起文	漢字의 研究(1) 朝鮮史上 그 地位	한글	1935-08-30	총9회
3816	홍기문	洪起文	홍기문	洪起文	漢字의 研究(2) 反動的 復古思想	한글	1935-08-31	·
3817	홍기문	洪起文	홍기문	洪起文	漢字의 研究(3) 無謀한 歷史家들	한글	1935-09-03	·
3818	홍기문	洪起文	홍기문	洪起文	漢字의 研究(4) 無謀한 歷史家들	한글	1935-09-04	·
3819	홍기문	洪起文	홍기문	洪起文	漢字의 研究(5) 六書에 對한 說明	한글	1935-09-06	·
3820	홍기문	洪起文	홍기문	洪起文	漢字의 研究(6) 字音의 研究方法	한글	1935-09-08	·
3821	홍기문	洪起文	홍기문	洪起文	漢字의 研究(7) 字音의 研究方法	한글	1935-09-12	·
3822	홍기문	洪起文	홍기문	洪起文	漢字의 研究(8) 字音의 研究方法	한글	1935-09-14	·
3823	홍기문	洪起文	홍기문	洪起文	漢字의 研究(9) 字音의 研究方法	한글	1935-09-15	·
3824	홍기문	洪起文	홍기문	洪起文	現下 朝鮮語의 重要論題엔 『ㅎ』音에 對한 小論(1)	한글	1935-10-23	·
3825	홍기문	洪起文	홍기문	洪起文	現下 朝鮮語의 重要論題엔 『ㅎ』音에 對한 小論(2)	한글	1935-10-24	·
3826	홍기문	洪起文	홍기문	洪起文	現下 朝鮮語의 重要論題엔 『ㅎ』音에 對한 小論(3)	한글	1935-10-26	·
3827	홍기문	洪起文	홍기문	洪起文	現下 朝鮮語의 重要論題엔 『ㅎ』音에 對한 小論(4)	한글	1935-10-27	·
3828	홍기문	洪起文	홍기문	洪起文	現下 朝鮮語의 重要論題엔 『ㅎ』音에 對한 小論(5)	한글	1935-10-29	·
3829	홍기문	洪起文	홍기문	洪起文	現下 朝鮮語의 重要論題엔 『ㅎ』音에 對한 小論(6)	한글	1935-10-30	·
3830	홍기문	洪起文	홍기문	洪起文	現下 朝鮮語의 重要論題엔 『ㅎ』音에 對한 小論(7)	한글	1935-10-31	·
3831	홍기문	洪起文	홍기문	洪起文	現下 朝鮮語의 重要論題엔 『ㅎ』音에 對한 小論(8)	한글	1935-11-01	·
3832	홍기문	洪起文	홍기문	洪起文	正音字整理의 새提唱 그 具體案에 對한 私見을 述함(1)	한글	1936-01-29	·
3833	홍기문	洪起文	홍기문	洪起文	正音字整理의 새提唱 그 具體案에 對한 私見을 述함(2)	한글	1936-01-30	·
3834	홍기문	洪起文	홍기문	洪起文	正音字整理의 새提唱 그 具體案에 對한 私見을 述함(3)	한글	1936-01-31	·
3835	홍기문	洪起文	홍기문	洪起文	正音字整理의 새提唱 그 具體案에 對한 私見을 述함(4)	한글	1936-02-01	·
3836	홍기문	洪起文	홍기문	洪起文	正音字整理의 새提唱 그 具體案에 對한 私見을 述함(5)	한글	1936-02-02	·
3837	홍기문	洪起文	홍기문	洪起文	正音字整理의 새提唱 그 具體案에 對한 私見을	한글	1936-02-04	·

연번	자료저자명(한글)	자료저자명(한자)	본명(한글)	본명(한자)	기사제목	분류	날짜	비고
					述함(6)			
3838	홍기문	洪起文	홍기문	洪起文	正音字整理의 새提唱 그 具體案에 對한 私見을 述함(7)	한글	1936-02-05	·
3839	홍기문	洪起文	홍기문	洪起文	正音字整理의 새提唱 그 具體案에 對한 私見을 述함(8)	한글	1936-02-06	·
3840	홍기문	洪起文	홍기문	洪起文	朝鮮歷史學의 先驅者인 申丹齋學說의 批判(1)	역사	1936-02-29	·
3841	홍기문	洪起文	홍기문	洪起文	朝鮮歷史學의 先驅者인 申丹齋學說의 批判(2)	역사	1936-03-01	·
3842	홍기문	洪起文	홍기문	洪起文	朝鮮歷史學의 先驅者인 申丹齋學說의 批判(3)	역사	1936-03-03	·
3843	홍기문	洪起文	홍기문	洪起文	朝鮮歷史學의 先驅者인 申丹齋學說의 批判(4)	역사	1936-03-04	·
3844	홍기문	洪起文	홍기문	洪起文	朝鮮歷史學의 先驅者인 申丹齋學說의 批判(5)	역사	1936-03-05	·
3845	홍기문	洪起文	홍기문	洪起文	朝鮮歷史學의 先驅者인 申丹齋學說의 批判(6)	역사	1936-03-06	·
3846	홍기문	洪起文	홍기문	洪起文	朝鮮歷史學의 先驅者인 申丹齋學說의 批判(7)	역사	1936-03-07	·
3847	홍기문	洪起文	홍기문	洪起文	朝鮮歷史學의 先驅者인 申丹齋學說의 批判(8)	역사	1936-03-08	·
3848	홍기문	洪起文	홍기문	洪起文	朴燕岩의 藝術과 史上 그의 生誕二百週年記念(1)	역사	1937-07-27	총6회
3849	홍기문	洪起文	홍기문	洪起文	朴燕岩의 藝術과 史上 그의 生誕二百週年記念(2)	역사	1937-07-28	·
3850	홍기문	洪起文	홍기문	洪起文	朴燕岩의 藝術과 史上 그의 生誕二百週年記念(3)	역사	1937-07-29	·
3851	홍기문	洪起文	홍기문	洪起文	朴燕岩의 藝術과 史上 그의 生誕二百週年記念(4)	역사	1937-07-30	·
3852	홍기문	洪起文	홍기문	洪起文	朴燕岩의 藝術과 史上 그의 生誕二百週年記念(5)	역사	1937-07-31	·
3853	홍기문	洪起文	홍기문	洪起文	朴燕岩의 藝術과 史上 그의 生誕二百週年記念(6)	역사	1937-08-01	·
3854	홍기문	洪起文	홍기문	洪起文	並書와 雙書- 訓民正音의 正當한 解釋(1)	한글	1937-08-29	총6회
3855	홍기문	洪起文	홍기문	洪起文	並書와 雙書- 訓民正音의 正當한 解釋(2)	한글	1937-08-31	·
3856	홍기문	洪起文	홍기문	洪起文	並書와 雙書- 訓民正音의 正當한 解釋(3)	한글	1937-09-01	·
3857	홍기문	洪起文	홍기문	洪起文	並書와 雙書- 訓民正音의 正當한 解釋(4)	한글	1937-09-02	·
3858	홍기문	洪起文	홍기문	洪起文	並書와 雙書- 訓民正音의 正當한 解釋(5)	한글	1937-09-03	·
3859	홍기문	洪起文	홍기문	洪起文	並書와 雙書- 訓民正音의 正當한 解釋(6)	한글	1937-09-04	·
3860	홍기문	洪起文	홍기문	洪起文	한 사람의 言語學徒로서 文壇人에 向한 提議(1)	한글	1937-09-18	총6회
3861	홍기문	洪起文	홍기문	洪起文	한 사람의 言語學徒로서 文壇人에 向한 提議(2)	한글	1937-09-19	·
3862	홍기문	洪起文	홍기문	洪起文	한 사람의 言語學徒로서 文壇人에 向한 提議(3)	한글	1937-09-21	·
3863	홍기문	洪起文	홍기문	洪起文	한 사람의 言語學徒로서 文壇人에 向한 提議(4)	한글	1937-09-23	·
3864	홍기문	洪起文	홍기문	洪起文	한 사람의 言語學徒로서 文壇人에 向한 提議(5)	한글	1937-09-25	·
3865	홍기문	洪起文	홍기문	洪起文	한 사람의 言語學徒로서 文壇人에 向한 提議(6)	한글	1937-09-26	·
3866	홍기문	洪起文	홍기문	洪起文	等韵學의 研究(1) 朝鮮漢字音과 京津音	한글	1937-10-26	·
3867	홍기문	洪起文	홍기문	洪起文	等韵學의 研究(2) 古韻, 今韻, 北韻의 區別	한글	1937-10-27	·
3868	홍기문	洪起文	홍기문	洪起文	等韵學의 研究(3) 水溫의 三十六字母	한글	1937-10-28	·
3869	홍기문	洪起文	홍기문	洪起文	等韵學의 研究(4) 水溫의 三十六字母	한글	1937-10-29	·
3870	홍기문	洪起文	홍기문	洪起文	等韵學의 研究(5) 水溫의 三十六字母	한글	1937-10-30	·
3871	홍기문	洪起文	홍기문	洪起文	麗末의 兩班階級生成과 鄭圃隱의 活動	역사	1938-01-23	·
3872	홍기문	洪起文	홍기문	洪起文	新刊評 金允經氏의 勞作 朝鮮文學及語學史	문학	1938-01-27	·
3873	홍기문	洪起文	홍기문	洪起文	朝鮮學의 本質과 現狀	논설	1940-08-05	·
3874	홍명희	洪命憙	홍명희	洪命憙	歷代朝鮮忠思想檢討- 兩班思想: 李朝政治制度와 兩班思想의 全貌(上)	역사	1938-01-03	·
3875	홍명희	洪命憙	홍명희	洪命憙	歷代朝鮮忠思想檢討- 兩班思想: 李朝政治制度와	역사	1938-01-05	·

연번	자료저자명(한글)	자료저자명(한자)	본명(한글)	본명(한자)	기사제목	분류	날짜	비고
					兩班思想의 全貌(下)			
3876	홍명희	洪命憙	홍명희	洪命憙	民俗藝術大會評語- 民衆生活의 呼吸과 民俗藝術價値 文化遺産의 傳承을 爲하야	민속	1938-04-28	·
3877	홍명희, 유진오	洪命憙, 兪鎭午	홍명희, 유진오	洪命憙, 兪鎭午	文學對話篇(上) 朝鮮文學의 傳統과 古典	문학	1937-07-16	·
3878	홍명희, 유진오	洪命憙, 兪鎭午	홍명희, 유진오	洪命憙, 兪鎭午	文學對話篇(中) 朝鮮文學의 傳統과 古典	문학	1937-07-17	·
3879	홍명희, 유진오	洪命憙, 兪鎭午	홍명희, 유진오	洪命憙, 兪鎭午	文學對話篇(下) 新進의 今昔과 文學 水準	문학	1937-07-18	·
3880	홍벽초	洪碧初	홍명희	洪命憙	大陸文學과 朝鮮文學- 諺文小說과 明淸小說의 關係	문학	1939-01-01	·
3881	홍벽초	洪碧初	홍명희	洪命憙	古文一平先生一週忌記念論文- 湖岩의 遺著에 對하야	논설	1940-04-16	·
3882	홍순혁	洪淳赫	홍순혁	洪淳赫	讀史漫錄- 朝鮮學에 關한 歐文著書의 日本에 미친 影響『日譯本을 中心으로 하야』(1)	논설	1934-02-01	·
3883	홍순혁	洪淳赫	홍순혁	洪淳赫	讀史漫錄- 朝鮮學에 關한 歐文著書의 日本에 미친 影響『日譯本을 中心으로 하야』(2)	논설	1934-02-02	·
3884	홍순혁	洪淳赫	홍순혁	洪淳赫	讀史漫錄- 朝鮮學에 關한 歐文著書의 日本에 미친 影響『日譯本을 中心으로 하야』(3)	논설	1934-02-03	·
3885	홍순혁	洪淳赫	홍순혁	洪淳赫	讀史漫錄- 朝鮮學에關한歐文著書의日本에미친影響『日譯本을中心으로하야』(完)	논설	1934-02-04	·
3886	홍순혁	洪淳赫	홍순혁	洪淳赫	讀史漫錄의補遺	논설	1934-02-09	·
3887	홍종인	洪鍾仁	홍종인	洪鍾仁	古平壤을 차저- 考古學的 趣味의 散策記(1)	기행	1935-11-13	·
3888	홍종인	洪鍾仁	홍종인	洪鍾仁	古平壤을 차저- 考古學的 趣味의 散策記(2)	기행	1935-11-14	·
3889	홍종인	洪鍾仁	홍종인	洪鍾仁	古平壤을 차저- 考古學的 趣味의 散策記(3)	기행	1935-11-15	·
3890	홍종인	洪鍾仁	홍종인	洪鍾仁	古平壤을 차저- 考古學的 趣味의 散策記(4)	기행	1935-11-16	·
3891	홍종인	洪鍾仁	홍종인	洪鍾仁	古平壤을 차저- 考古學的 趣味의 散策記(5)	기행	1935-11-19	·
3892	홍종인	洪鍾仁	홍종인	洪鍾仁	古平壤을 차저- 考古學的 趣味의 散策記(6)	기행	1935-11-21	·
3893	홍종인	洪鍾仁	홍종인	洪鍾仁	古平壤을 차저- 考古學的 趣味의 散策記(7)	기행	1935-11-23	·
3894	홍종인	洪鍾仁	홍종인	洪鍾仁	古平壤을 차저- 考古學的 趣味의 散策記(8)	기행	1935-11-26	·
3895	홍종인	洪鍾仁	홍종인	洪鍾仁	古朝鮮의 새認識 大高句麗의 雄飛, 民族發展의 大幹根 東方대국의 建設 隋唐과 比肩튼 强大한 國威를 愼憶하면서	역사	1937-01-03	·
3896	홍종인	洪鍾仁	홍종인	洪鍾仁	"朝鮮말과 西村氏"-『보리와 兵丁』의 譯著를 읽고	한글	1939-07-22	·
3897	황의돈	黃義敦	황의돈	黃義敦	鄕土文化를 차저서(26)- 第二班 義州篇	기행	1938-04-15	·
3898	황의돈	黃義敦	황의돈	黃義敦	鄕土文化를 차저서(27)- 第二班 義州篇	기행	1938-04-16	·
3899	황의돈	黃義敦	황의돈	黃義敦	鄕土文化를 차저서(28)- 第二班 義州篇	기행	1938-04-17	·
3900	황의돈	黃義敦	황의돈	黃義敦	鄕土文化를 차저서(29)- 第二班 義州篇	기행	1938-04-19	·
3901	황의돈	黃義敦	황의돈	黃義敦	鄕土文化를 차저서(30)- 第二班 義州篇	기행	1938-04-20	·
3902	황의돈	黃義敦	황의돈	黃義敦	鄕土文化를 차저서(31)- 第二班 義州篇	기행	1938-04-21	·
3903	황의돈	黃義敦	황의돈	黃義敦	鄕土文化를 차저서(32)- 第二班 義州篇	기행	1938-04-22	·
3904	황의돈	黃義敦	황의돈	黃義敦	鄕土文化를 차저서(33)- 第二班 義州篇	기행	1938-04-23	·
3905	황의돈	黃義敦	황의돈	黃義敦	鄕土文化를 차저서(34)- 第二班 義州篇	기행	1938-04-24	·
3906	황의돈	黃義敦	황의돈	黃義敦	鄕土文化를 차저서(35)- 第二班 義州篇	기행	1938-04-28	·

연번	자료저자명(한글)	자료저자명(한자)	본명(한글)	본명(한자)	기사제목	분류	날짜	비고
3907	황의돈	黃義敦	황의돈	黃義敦	鄕土文化를 차저서(36)- 第二班 義州篇	기행	1938-04-29	·
3908	황의돈	黃義敦	황의돈	黃義敦	鄕土文化를 차저서(38)- 第二班 義州篇	기행	1938-05-03	37회 미확인·
3909	황의돈	黃義敦	황의돈	黃義敦	鄕土文化를 차저서(39)- 第二班 義州篇	기행	1938-05-04	·
3910	황의돈	黃義敦	황의돈	黃義敦	鄕土文化를 차저서- 咸平行(1)	기행	1938-06-29	·
3911	황의돈	黃義敦	황의돈	黃義敦	鄕土文化를 차저서- 咸平行(2)	기행	1938-06-30	·
3912	황의돈	黃義敦	황의돈	黃義敦	鄕土文化를 차저서- 咸平行(3)	기행	1938-07-02	·
3913	황의돈	黃義敦	황의돈	黃義敦	鄕土文化를 차저서- 咸平行(4)	기행	1938-07-03	·
3914	황의돈	黃義敦	황의돈	黃義敦	鄕土文化를 차저서- 咸平行(5)	기행	1938-07-05	·
3915	황의돈	黃義敦	황의돈	黃義敦	珍書貴藏集: 歷代興亡의 一篇詩史- 昭明正確한 「帝王韻紀」	역사	1939-02-17	·
3916	황의돈	黃義敦	황의돈	黃義敦	史學餘玫- 高麗王氏의 末路(1)	역사	1939-05-07	·
3917	황의돈	黃義敦	황의돈	黃義敦	歷史이야기- 가난과 싸워 훌늉해진 徐孤靑	역사, 문학	1939-05-07	·
3918	황의돈	黃義敦	황의돈	黃義敦	史學餘玫- 高麗王氏의 末路(2)	역사	1939-05-09	·
3919	황의돈	黃義敦	황의돈	黃義敦	史學餘玫- 高麗王氏의 末路(3)	역사	1939-05-10	·
3920	황의돈	黃義敦	황의돈	黃義敦	歷史이야기- 글씨를 가장 잘쓰신 阮堂 金正喜	역사, 문학	1939-05-14	·
3921	황의돈	黃義敦	황의돈	黃義敦	歷史이야기- 천하 명필이라고 하는 石峯 韓濩	역사, 문학	1939-05-21	·
3922	황의돈	黃義敦	황의돈	黃義敦	歷史이야기- 孤雲 崔致遠	역사, 문학	1939-05-28	·
3923	황의돈	黃義敦	황의돈	黃義敦	歷史이야기- 五山 車天輅	역사, 문학	1939-06-04	·
3924	황의돈	黃義敦	황의돈	黃義敦	動安居士集(上)	역사	1939-06-09	·
3925	황의돈	黃義敦	황의돈	黃義敦	歷史이야기- 조선시계의 내력	역사, 문학	1939-06-11	·
3926	황의돈	黃義敦	황의돈	黃義敦	動安居士集(中)	역사	1939-06-13	·
3927	황의돈	黃義敦	황의돈	黃義敦	動安居士集(下)	역사	1939-06-14	·
3928	황의돈	黃義敦	황의돈	黃義敦	歷史이야기- 영국이 지나를 처드러간 阿片戰爭	역사, 문학	1939-06-11	·
3929	황의돈	黃義敦	황의돈	黃義敦	歷史이야기- 제일 오래고도 훌륭한 江西古墳의 그림	역사, 문학	1939-06-25	·
3930	황의돈	黃義敦	황의돈	黃義敦	歷史이야기- 書聖 金生	역사, 문학	1939-07-02	·
3931	황의돈	黃義敦	황의돈	黃義敦	歷史이야기- 그림으로 유명한 崔七七	역사, 문학	1939-07-09	·
3932	황의돈	黃義敦	황의돈	黃義敦	歷史이야기- 寶姬와 文姬	역사, 문학	1939-07-23	·
3933	황의돈	黃義敦	황의돈	黃義敦	歷史이야기- 슬픈 예기가 숨은 奉德寺鍾	역사, 문학	1939-07-30	·
3934	황의돈	黃義敦	황의돈	黃義敦	歷史이야기- 역사 우에 빗나는 三大女詩人	역사, 문학	1939-08-20	·
3935	황의돈	黃義敦	황의돈	黃義敦	歷史이야기- 글 잘 짓고 글 잘 쓰는 李彦瑱	역사, 문학	1939-09-22	·
3936	황의돈	黃義敦	황의돈	黃義敦	新秋學術講座- 上古史硏究의 根本史料(1)	논설	1939-09-27	·

연번	자료저자명 (한글)	자료저자명 (한자)	본명 (한글)	본명 (한자)	기사제목	분류	날짜	비고
3937	황의돈	黃義敦	황의돈	黃義敦	新秋學術講座- 上古史硏究의 根本史料(2)	논설	1939-09-29	·
3938	황의돈	黃義敦	황의돈	黃義敦	歷史이야기- 지나의 큰 학자 王守仁(上)	역사, 문학	1939-10-01	·
3939	황의돈	黃義敦	황의돈	黃義敦	新秋學術講座- 上古史硏究의 根本史料(3)	논설	1939-10-03	·
3940	황의돈	黃義敦	황의돈	黃義敦	新秋學術講座- 上古史硏究의 根本史料(4)	논설	1939-10-04	·
3941	황의돈	黃義敦	황의돈	黃義敦	歷史이야기- 지나의 큰 학자 왕수인(下)	역사, 문학	1939-10-08	·
3942	황의돈	黃義敦	황의돈	黃義敦	歷史이야기- 高麗의 名將 姜邯贊(上)	역사, 문학	1939-10-15	·
3943	황의돈	黃義敦	황의돈	黃義敦	歷史이야기- 高麗의 名將 姜邯贊(下)	역사, 문학	1939-10-29	·
3944	황의돈	黃義敦	황의돈	黃義敦	歷史이야기- 朝鮮의 樂聖인 蘭溪 朴堧(上)	역사, 문학	1939-11-05	·
3945	황의돈	黃義敦	황의돈	黃義敦	歷史이야기- 朝鮮의 樂聖인 蘭溪 朴堧(下)	역사, 문학	1939-11-12	·
3946	황의돈	黃義敦	황의돈	黃義敦	朝鮮姓氏의 起源 및 發達(上)	역사	1939-11-14	·
3947	황의돈	黃義敦	황의돈	黃義敦	朝鮮姓氏의 起源 및 發達(中)	역사	1939-11-15	·
3948	황의돈	黃義敦	황의돈	黃義敦	朝鮮姓氏의 起源 및 發達(下)	역사	1939-11-16	·
3949	황의돈	黃義敦	황의돈	黃義敦	歷史이야기- 호랑이 때려 잡은 力士 河敬復	역사, 문학	1939-11-19	·
3950	황의돈	黃義敦	황의돈	黃義敦	歷史이야기- 大金皇帝라 自稱하던 李澄玉	역사, 문학	1939-11-26	·
3951	황의돈	黃義敦	황의돈	黃義敦	歷史이야기- 尹孝孫	역사, 문학	1939-12-03	·
3952	황의돈	黃義敦	황의돈	黃義敦	歷史이야기- 五歲神童으로 유명한 金時習	역사, 문학	1939-12-10	·
3953	황의돈	黃義敦	황의돈	黃義敦	歷史이야기- 학자요 정치가인 趙靜庵	역사, 문학	1939-12-17	·
3954	황의돈	黃義敦	황의돈	黃義敦	歷史이야기- 일생을 의로 사른 鄭光弼	역사, 문학	1939-12-24	·
3955	황의돈	黃義敦	황의돈	黃義敦	李朝의 恥辱 黨爭의 禍(1)	역사	1940-01-05	·
3956	황의돈	黃義敦	황의돈	黃義敦	歷史이야기- 支那의 大詩人 李白	역사, 문학	1940-01-07	·
3957	황의돈	黃義敦	황의돈	黃義敦	李朝의 恥辱 黨爭의 禍(2)	역사	1940-01-09	·
3958	황의돈	黃義敦	황의돈	黃義敦	李朝의 恥辱 黨爭의 禍(3)	역사	1940-01-10	·
3959	황의돈	黃義敦	황의돈	黃義敦	李朝의 恥辱 黨爭의 禍(4)	역사	1940-01-11	·
3960	황의돈	黃義敦	황의돈	黃義敦	歷史이야기- 의를 위하여 죽은 方正學	역사, 문학	1940-01-14	·
3961	황의돈	黃義敦	황의돈	黃義敦	歷史이야기- 한평생 고생으로 지낸 詩人 杜甫	역사, 문학	1940-01-21	·
3962	황의돈	黃義敦	황의돈	黃義敦	歷史이야기- 알 속에서 나오신 東明聖王	역사, 문학	1940-01-28	·
3963	황의돈	黃義敦	황의돈	黃義敦	庚辰史話(1)	역사, 문학	1940-01-30	·
3964	황의돈	黃義敦	황의돈	黃義敦	庚辰史話(2)	역사, 문학	1940-01-31	·

연번	자료저자명 (한글)	자료저자명 (한자)	본명 (한글)	본명 (한자)	기사제목	분류	날짜	비고
3965	황의돈	黃義敦	황의돈	黃義敦	庚辰史話(3)	역사, 문학	1940-02-01	·
3966	황의돈	黃義敦	황의돈	黃義敦	庚辰史話(4)	역사, 문학	1940-02-02	·
3967	황의돈	黃義敦	황의돈	黃義敦	庚辰史話(5)	역사, 문학	1940-02-03	·
3968	황의돈	黃義敦	황의돈	黃義敦	歷史이야기- 지나의 대표적 영웅 諸葛亮	역사, 문학	1940-02-04	·
3969	황의돈	黃義敦	황의돈	黃義敦	庚辰史話(6)	역사, 문학	1940-02-06	·
3970	황의돈	黃義敦	황의돈	黃義敦	立春- 일년 중 가장 경사로운 만복 차저오는 날	민속	1940-02-06	·
3971	황의돈	黃義敦	황의돈	黃義敦	庚辰史話(完)	역사, 문학	1940-02-07	·
3972	황의돈	黃義敦	황의돈	黃義敦	歷史이야기- 高句麗의 名相 乙巴素	역사, 문학	1940-02-11	·
3973	황의돈	黃義敦	황의돈	黃義敦	歷史이야기- 소타고 다니든 孟政丞	역사, 문학	1940-02-18	·
3974	황의돈	黃義敦	황의돈	黃義敦	歷史이야기- 漢陽에 도읍한 李太祖	역사, 문학	1940-02-25	·
3975	황의돈	黃義敦	황의돈	黃義敦	歷史이야기- 즘생가지 애끼든 尹淮	역사, 문학	1940-03-03	·
3976	황의돈	黃義敦	황의돈	黃義敦	歷史이야기- 가장 불행한 어린 임금 端宗大王	역사, 문학	1940-03-10	·
3977	황의돈	黃義敦	황의돈	黃義敦	歷史이야기- 극진히 충성을 다한 死六臣	역사, 문학	1940-03-17	·
3978	황의돈	黃義敦	황의돈	黃義敦	歷史이야기- 학자요 정치가인 梁誠之	역사, 문학	1940-03-24	·
3979	황의돈	黃義敦	황의돈	黃義敦	歷史이야기- 용기와 힘이 뛰어난 南怡將軍	역사, 문학	1940-03-31	·
3980	황의돈	黃義敦	황의돈	黃義敦	歷史이야기- 옛날 朝鮮에도 蹴球가 잇섯소	역사, 문학	1940-04-21	·
3981	황의돈	黃義敦	황의돈	黃義敦	歷史이야기- 키 크고 잘난 許琮大臣	역사, 문학	1940-04-28	·
3982	황의돈	黃義敦	황의돈	黃義敦	歷史이야기- 힘센학者 朴松堂	역사, 문학	1940-05-05	·
3983	황의돈	黃義敦	황의돈	黃義敦	歷史이야기- 朝鮮에 固有한 씨름	역사, 문학	1940-05-12	·
3984	황의돈	黃義敦	황의돈	黃義敦	歷史이야기- 學界의 雙璧 金安國 兄弟	역사, 문학	1940-05-19	·
3985	황의돈	黃義敦	황의돈	黃義敦	歷史이야기- 靖國功臣 朴元宗	역사, 문학	1940-06-02	·
3986	황의돈	黃義敦	황의돈	黃義敦	歷史이야기- 六鎭의 開拓	역사, 문학	1940-06-09	·
3987	황의돈	黃義敦	황의돈	黃義敦	歷史이야기- 서울의 來歷	역사, 문학	1940-06-16	·
3988	황의돈	黃義敦	황의돈	黃義敦	歷史이야기- 平壤의 沿革	역사, 문학	1940-06-30	·

연번	자료저자명(한글)	자료저자명(한자)	본명(한글)	본명(한자)	기사제목	분류	날짜	비고
3989	황의돈	黃義敦	황의돈	黃義敦	歷史이야기- 新羅 옛 서울 慶州	역사, 문학	1940-07-14	·
3990	황의돈	黃義敦	황의돈	黃義敦	歷史이야기- 百濟 옛 서울 扶餘의 來歷	역사, 문학	1940-07-21	·
3991	황의돈	黃義敦	황의돈	黃義敦	歷史이야기- 新羅의 寶物 聖德鍾	역사, 문학	1940-07-28	·
3992	황의돈	黃義敦	황의돈	黃義敦	歷史이야기- 江西古墳의 壁畵	역사, 문학	1940-08-04	·
3993	황의돈	黃義敦	황의돈	黃義敦	女眞文化- 西北朝鮮에 散在한 그 遺蹟(上)	역사	1940-08-06	·
3994	황의돈	黃義敦	황의돈	黃義敦	女眞文化- 西北朝鮮에 散在한 그 遺蹟(中)	역사	1940-08-07	·
3995	황의돈	黃義敦	황의돈	黃義敦	女眞文化- 西北朝鮮에 散在한 그 遺蹟(下)	역사	1940-08-08	·
3996	황의돈	黃義敦	황의돈	黃義敦	歷史이야기- 세계의 보물 고려자기	역사, 문학	1940-08-10	·
3997	K기자	K記者	·	·	朝鮮學의 外人部隊(3) 元漢慶 博士篇 사라저가는 資料 朝鮮古船舶의 硏究	기타	1939-04-12	·
3998	O기자	O記者	·	·	朝鮮學의 外人部隊(1) 지멜만 博士篇 上 考古學者의 꿈을 담은 豆滿江岸의 古文化	기타	1939-04-09	·
3999	O기자	O記者	·	·	朝鮮學의 外人部隊(2) 지멜만 博士篇 下 學的情熱을 키질하는 極東의 希臘·新羅	기타	1939-04-11	·
4000	사설	社說	·	·	『하와이』의 朝鮮文庫- 必成을 期할 事業이다.	사업	1931-07-14	·
4001	사설	社說	·	·	甲申政變의 回顧	역사	1933-12-04	·
4002	사설	社說	·	·	改正教育令과 朝鮮語科	한글	1938-03-05	·
4003	사설	社說	·	·	古蹟保存의 要義	고적, 사업	1935-06-04	·
4004	사설	社說	·	·	古蹟保存의 要諦	고적	1934-05-04	·
4005	사설	社說	·	·	古蹟愛護의 意義	고적, 논설	1938-09-11	·
4006	사설	社說	·	·	官公吏及公職者의 朝鮮語 使用 禁止	한글	1937-03-01	·
4007	사설	社說	·	·	檀君과 檀君史- 學徒로서의 가질 態度	역사	1930-07-05	·
4008	사설	社說	·	·	檀君과 朝鮮史的 價値- 開天節에 臨한 一論點	역사	1930-11-23	·
4009	사설	社說	·	·	檀君陵聖蹟保存- 歷史的 文化의 核心	사업	1933-12-18	·
4010	사설	社說	·	·	檀君史와 民族的 見地-開天節의 一感想	역사	1931-11-13	·
4011	사설	社說	·	·	檀君神殿奉贊會	역사	1931-11-26	·
4012	사설	社說	·	·	冬閑期와 文字普及	한글, 사업	1930-11-22	·
4013	사설	社說	·	·	文盲退治와 當局	한글, 사업	1933-07-23	·
4014	사설	社說	·	·	文普戰士의 出陣- 半萬名學生에게 呈함	한글, 사업	1934-07-21	·
4015	사설	社說	·	·	文世榮氏의 朝鮮語辭典, 朝鮮學界에 貢獻多大	한글, 사업	1938-07-13	·
4016	사설	社說	·	·	文字普及班員을 보냄	한글, 사업	1930-07-16	·
4017	사설	社說	·	·	文字普及班員의 苦心	한글, 사업	1931-08-16	·

연번	자료저자명 (한글)	자료저자명 (한자)	본명 (한글)	본명 (한자)	기사제목	분류	날짜	비고
4018	사설	社說	·	·	文字普及班員의 苦心- 그 功勞를 感謝함	한글, 사업	1934-09-11	·
4019	사설	社說	·	·	文字普及班員의 活動- 그 誠熱을 感謝할 뿐	한글, 사업	1934-08-28	·
4020	사설	社說	·	·	文字普及班의 消息을 들음	한글, 사업	1930-08-23	·
4021	사설	社說	·	·	文字普及運動	한글, 사업	1934-06-10	·
4022	사설	社說	·	·	文字普及運動에 對하야	한글, 사업	1936-12-25	·
4023	사설	社說	·	·	文字보급의 新宣場- 各地響應巨大	한글, 사업	1931-01-31	·
4024	사설	社說	·	·	文獻이 缺乏한 朝鮮- 朝鮮圖書館에 要望	사업	1933-12-25	·
4025	사설	社說	·	·	文化愛와 公德	사업	1934-10-14	·
4026	사설	社說	·	·	文化運動의 孤城을 固守하자	사업, 논설	1936-11-23	·
4027	사설	社說	·	·	文化의 深化- 더욱 進擊한 態度가 必要	논설	1939-04-21	·
4028	사설	社說	·	·	文化資料의 蒐集과 利用	논설	1939-03-01	·
4029	사설	社說	·	·	美術의 進步와 發展	미술, 논설	1938-06-06	·
4030	사설	社說	·	·	美術朝鮮의 成長	미술	1939-05-31	·
4031	사설	社說	·	·	發岐되는 朝鮮文庫- 篤志家의 後援이 必要	사업	1931-07-19	·
4032	사설	社說	·	·	白頭山探險團을 보냄	기행	1936-08-07	·
4033	사설	社說	·	·	本社文化賞制- 本社의 文化事業上 一貢獻	사업, 논설	1939-04-22	·
4034	사설	社說	·	·	빗나거라 『한글날』 골고로 퍼저라 이 빗	한글, 사업	1931-10-29	·
4035	사설	社說	·	·	史料蒐集의 必要	역사	1934-10-29	·
4036	사설	社說	·	·	庶民文化	민속	1930-07-28	·
4037	사설	社說	·	·	逝世百年의 茶山先生 『百世可俟』의 匡扶와 熱誠	역사	1935-07-16	·
4038	사설	社說	·	·	城大朝鮮文學講座의 存續- 擔任責任이 重且大	논설	1939-02-09	·
4039	사설	社說	·	·	歷史教育의 要諦	역사, 사업	1934-01-29	·
4040	사설	社說	·	·	偉人의 기념	사업	1933-12-26	·
4041	사설	社說	·	·	幼稚한 自負心-『꾸란』氏 朝鮮觀	기타	1930-07-25	·
4042	사설	社說	·	·	栗谷先生의 本領	역사	1937-02-07	·
4043	사설	社說	·	·	乙支公墓所保修에 對하야	사업, 논설	1936-05-21	·
4044	사설	社說	·	·	李忠武公과 遺蹟保存- 今後努力이 緊切	역사, 사업	1931-06-15	·
4045	사설	社說	·	·	李忠武公遺蹟保存會- 有終의 美를 期함	역사, 사업	1931-05-25	·
4046	사설	社說	·	·	李忠武公의 位土와 墓地- 共公的 保全의 要	역사, 사업	1931-05-20	·
4047	사설	社說	·	·	傳說의 朝鮮	논설	1934-01-15	·

연번	자료저자명(한글)	자료저자명(한자)	본명(한글)	본명(한자)	기사제목	분류	날짜	비고
4048	사설	社說	·	·	丁茶山의 偉績	역사, 논설	1934-09-10	·
4049	사설	社說	·	·	第三回 歸鄕學生文字普及班- 學界支持를 求함	한글, 사업	1931-06-19	·
4050	사설	社說	·	·	第三回 文字普及班을 보냄	한글, 사업	1931-07-18	·
4051	사설	社說	·	·	第二回文字普及班成績	한글, 사업	1930-10-29	·
4052	사설	社說	·	·	朝鮮文庫와 寄贈圖書	사업	1931-08-13	·
4053	사설	社說	·	·	朝鮮文化와 朝鮮語	한글	1937-11-11	·
4054	사설	社說	·	·	朝鮮文化의 科學的 硏究	논설	1934-05-10	·
4055	사설	社說	·	·	朝鮮文化의 硏究	논설	1934-04-09	·
4056	사설	社說	·	·	朝鮮美展	미술, 논설	1940-06-01	·
4057	사설	社說	·	·	朝鮮語 敎科書 刷新의 吟味	한글	1933-01-13	·
4058	사설	社說	·	·	朝鮮語隨意科問題	한글, 논설	1938-10-03	·
4059	사설	社說	·	·	朝鮮語의 地位와 生命	한글	1934-03-27	·
4060	사설	社說	·	·	朝鮮語漢文科 廢止, 事實이면 斷然 不可	한글	1937-08-31	·
4061	사설	社說	·	·	朝鮮語漢文敎科書 改正整理의 必要	한글	1930-02-28	·
4062	사설	社說	·	·	朝鮮硏究의 衝動- 縱橫으로 뒤지는 新舊朝鮮	역사	1931-06-13	·
4063	사설	社說	·	·	朝鮮人과 外語癖	한글	1930-05-26	·
4064	사설	社說	·	·	賤待밧는 朝鮮語	한글	1936-02-17	·
4065	사설	社說	·	·	天主敎傳來百五十週年	역사, 종교	1935-10-03	·
4066	사설	社說	·	·	標準語査定의 意義- 査定委員第二議會에 際하야	한글, 사업	1935-08-05	·
4067	사설	社說	·	·	學界의 金字塔- 朝鮮史編修會의 朝鮮史 完成	역사, 사업	1938-07-11	·
4068	사설	社說	·	·	學究的 勞力의 不足	역사, 학회	1930-09-15	·
4069	사설	社說	·	·	한글 『愛用運動』을 提唱함	한글, 사업	1933-01-07	·
4070	사설	社說	·	·	한글날	한글	1933-10-29	·
4071	사설	社說	·	·	한글날을 마저서	한글, 사업	1930-11-19	·
4072	사설	社說	·	·	한글頒布記念日에 際하야	한글	1935-10-28	·
4073	사설	社說	·	·	한글運動의 劃期的 收穫	한글, 논설	1936-08-04	·
4074	사설	社說	·	·	한글投票反對	한글	1930-02-15	·
4075	사설	社說	·	·	한글標準語 發表- 語文統一運動의 一步前進	한글, 논설	1936-10-28	·
4076	사설	社說	·	·	한글標準語統一問題- 速히 決定이 必要	한글, 사업	1935-01-06	·
4077	사설	社說	·	·	漢字制限과 語音標記	한글	1931-01-26	·

연번	자료저자명(한글)	자료저자명(한자)	본명(한글)	본명(한자)	기사제목	분류	날짜	비고
4078	사설	社說	·	·	鄕土文化의 保存	사업	1938-04-27	·
4079	사설	社說	·	·	鄕土文化調査의 意義	사업	1938-03-06	·
4080	사설	社說	·	·	現代에 빗나는 朝鮮의 偉人- 李舜臣三百八十六週甲	역사, 논설	1930-04-07	·
4081	·	·	·	·	"우리말"을 精選할 標準語査定委員會 열심한 다수 위원들이 모이어 昨夜부터 溫陽서 개최	한글	1935-01-04	·
4082	·	·	·	·	"朝鮮語聲音學" 硏究 英京學界에서 賞讃- 金善琪氏의 빗나는 碩士學位論文	기타	1937-09-26	·
4083	·	·	·	·	"綜合的朝鮮文華"의 硏究所設置計畫- 中樞院改革 等으로 經費捻出	기타	1936-05-07	·
4084	·	·	·	·	1년간 새로히 생긴 일(其2) 新綴字法採用 朝鮮語讀本改正	한글	1931-01-04	·
4085	·	·	·	·	江西地方紹介版- 歷史燦然한 古蹟 名聲 노픈 名勝地	기행	1936-11-12	·
4086	·	·	·	·	劫火에 燒失되엿든 高句麗時代殿門跡 二千年前文化를 想像케 하는 大規模의 敷石과 礎石 等 發掘	고적	1935-03-19	·
4087	·	·	·	·	慶北 金泉에서 한글硏究會 組織. 지난달 이십구일에	한글, 사업	1930-08-03	·
4088	·	·	·	·	經濟朝鮮의 立體的 探究 後進에게 들려주는 硏學의 五訓 朝鮮社會經濟史 著者 白南雲氏	기타	1937-01-01	·
4089	·	·	·	·	考古學界珍貴한 資料 女眞族遺物發見 咸北茂山邑에서	기타	1937-10-24	·
4090	·	·	·	·	考古學上 重要한 南方式 "돌멘" 發見 平南中和大同兩郡下各地에서 古跡保護指令申請	고적	1935-07-28	13회 미확인
4091	·	·	·	·	考古學上의 重寶 高句麗 古墳 發掘 大同郡下大聖山麓一帶에 亘해 九月上旬부터 着手	고적	1936-08-03	·
4092	·	·	·	·	高句麗建築物의 無數한 礎石發見 平南道廳新築基地로 決定된 平壤萬壽臺工事場에서	고적	1937-08-05	·
4093	·	·	·	·	고구려궁지로 간주되는 청암리 토성 발굴 조사	고적	1938-07-14	·
4094	·	·	·	·	高句麗文化의 精華 珍品逸種, 續續出土 平壤府下石岩里古墳서 發掘 考古學界의 初有한 玉石墓	고적	1934-10-12	·
4095	·	·	·	·	高句麗時代 珍器를 發掘	역사, 고적	1931-04-15	·
4096	·	·	·	·	高句麗時代의 八重塔을 發見 평양박물관원 긴급출장 陽德東陽面서 發掘	고적	1933-02-24	·
4097	·	·	·	·	古代史에 側光 던지는 新史料- 千年前의 佛像發見 廣州郡校內里藥水台의 珍品	고적	1939-06-04	·
4098	·	·	·	·	古代朝鮮關係資料 百點特別陳列 今日부터 博物館데	고적	1938-11-02	·
4099	·	·	·	·	高麗時代의 「세발다리솟」이 露出 江東郡 鳳儀里에서 基地工事를 하다가	고적	1932-07-02	·
4100	·	·	·	·	古文化의 遺型 高句麗壁畵模寫, 古墳型을 德壽宮美術館에 公開	고적	1939-04-02	·
4101	·	·	·	·	古墳에서 發掘되는 燦然한 古代文化- 五色玲瓏한 四神圖가 나와	고적	1931-11-08	·

연번	자료저자명(한글)	자료저자명(한자)	본명(한글)	본명(한자)	기사제목	분류	날짜	비고
4102	·	·	·	·	古跡-石棺, 鏃, 石槍 等 鳳山郡 銀波에서 發見	고적	1935-04-03	·
4103	·	·	·	·	古典舞踊大會- 死藏된 우리 文化遺産 豪勢를 大衆에 이바지	민속, 사업	1938-05-02	·
4104	·	·	·	·	古典의 雅趣充溢한 朝鮮舞踊의 精髓拔萃, 斯界의 一流名手는 總登場, 意義 기픈 古典舞踊 今夜府民館에서	민속, 사업	1938-05-02	·
4105	·	·	·	·	敎皇大使 歡迎會로 開幕된 傳敎百五十年記念式 六千信徒의 祝賀提燈行列 "카톨릭"萬世로 始終	사업, 종교	1935-10-05	·
4106	·	·	·	·	今年의 特色은 新進의 輩出. 일반적으로 성적이 조타. 朝鮮美展入選發表	미술, 사업	1930-05-16	·
4107	·	·	·	·	今日! 古蹟愛好日 全朝鮮學校兒童을 通하야 古蹟地出動淨化作業	사업	1937-09-11	·
4108	·	·	·	·	今日! 第三八七回 李舜臣 誕日 음력으로 삼월 팔일날. 묵은 人物에 새 光彩	역사, 사업	1931-04-25	·
4109	·	·	·	·	今日開天節- 檀君降誕四三八八年 城大한 祭典執行	역사	1931-11-13	·
4110	·	·	·	·	金海文化運動略史- 甲辰開化爾來三十有年餘年間	역사, 사업	1936-08-06	·
4111	·	·	·	·	樂浪古墳磚槨서 이번엔 銅鏡, 指環, 구슬, 土器 등 發掘	고적	1937-04-22	·
4112	·	·	·	·	樂浪時代의 古物들을 發掘. 큰스타치會社 공사중. 今後는 當局에서 發掘	고적	1930-12-14	·
4113	·	·	·	·	來賓千數百에 達하야 堂內에 感激 橫溢. 本社文字普及班入賞者授賞及慰安會	한글, 사업	1930-11-22	·
4114	·	·	·	·	農民을 中心삼아 한글講習會 開催	한글, 사업	1931-08-15	·
4115	·	·	·	·	茶山先生年譜(上)	논설	1935-07-16	·
4116	·	·	·	·	茶山先生年譜(中)	논설	1935-07-18	·
4117	·	·	·	·	茶山先生年譜(下)	논설	1935-07-19	·
4118	·	·	·	·	茶山先生著書總目	논설	1935-07-16	·
4119	·	·	·	·	茶山全集- 各界有志發起로 十六日 出版記念會 開催	사업	1938-12-14	·
4120	·	·	·	·	檀君陵前에 敬虔, 追慕의 祭典	사업	1934-11-11	·
4121	·	·	·	·	壇君陵前에 敬虔, 追慕의 祭典 陰十月三日江東邑에서 열린 近年初有의 盛儀	사업	1934-11-12	·
4122	·	·	·	·	壇君祭盛大히 擧行- 期成會 열고 檀君陵修築 決議	사업	1934-11-10	·
4123	·	·	·	·	대가야국 흥망의 "꿈의 자취" 왕릉군을 발굴 고고학계에 명랑한 화제	기타	1939-06-15	·
4124	·	·	·	·	大同郡柴足面서 古墳壁畵를 發見 色彩까지 鮮明한 蓮花唐草로 高句麗時代의 王妃陵?	고적	1935-06-09	·
4125	·	·	·	·	大同門- 新裝될 浿城名物	고적	1937-04-20	·
4126	·	·	·	·	對岸輯安縣城은 高句麗王宮址 千五百年前 遺物이 豊富, 關野博士現地로 出場	고적	1935-06-19	·
4127	·	·	·	·	德壽宮의 지나간 半生(1)	역사	1933-05-16	·
4128	·	·	·	·	德壽宮의 지나간 半生(2)	역사	1933-05-18	·
4129	·	·	·	·	德壽宮의 지나간 半生(3)	역사	1933-05-20	·
4130	·	·	·	·	德壽宮의 지나간 半生(4)	역사	1933-05-21	·

연번	자료저자명 (한글)	자료저자명 (한자)	본명 (한글)	본명 (한자)	기사제목	분류	날짜	비고
4131	·	·	·	·	德壽宮의 지나간 半生(5)	역사	1933-05-22	·
4132	·	·	·	·	德壽宮의 지나간 半生(6)	역사	1933-05-23	·
4133	·	·	·	·	德壽宮의 지나간 半生(7)	역사	1933-05-24	·
4134	·	·	·	·	東洋音樂의 精髓 雅樂의 一般化에 四十年 貢獻한 咸和鎭氏	기타	1938-03-23	·
4135	·	·	·	·	鷺梁津의 六臣墓 古蹟地로 指定	고적	1935-09-01	·
4136	·	·	·	·	馬의 族譜와 種屬과 傳說-李太祖의 馬祖祭 도련포의 용마이야기	문학	1930-01-02	·
4137	·	·	·	·	萬里長城에 匹敵할 高麗時代의 長城	역사	1930-08-10	·
4138	·	·	·	·	明朗! 가을이 研究室에 文明의 "자장歌"를 엿듣는다(1) 城大大學院 朴鍾鴻氏	기타	1933-09-17	·
4139	·	·	·	·	明朗! 가을이 研究室에 文明의 "자장歌"를 엿듣는다(2) 世專醫學室 李錫申博士	기타	1933-09-19	·
4140	·	·	·	·	明朗! 가을이 研究室에 文明의 "자장歌"를 엿듣는다(3) 延專商科研究室 白南雲敎授	기타	1933-09-22	·
4141	·	·	·	·	明朗! 가을이 研究室에 文明의 "자장歌"를 엿듣는다(4) 獨逸哲學博士 安浩相氏	기타	1933-09-26	·
4142	·	·	·	·	묵은朝鮮의 새香氣(1)- 弓術篇 A: "大弓"後裔의 面目 朝鮮武術의 精華, 朝鮮의 全盛期는 宣祖當代, 物換星移·壯老年 스포츠로	민속	1938-01-01	·
4143	·	·	·	·	묵은朝鮮의 새香氣(10)- 民俗篇 B: 野趣滿滿한 中에도 無垢淳朴한 情緖! -有名한 鳳山假面舞와 京畿道山台舞- 世界民俗學界로 널리 宣揚	민속	1938-01-12	·
4144	·	·	·	·	묵은朝鮮의 새香氣(11)- 古美術篇 A: "烈과 力의 發散으로 된 三國時代의 古藝術" 無窮無盡한 녯것의 새맛을 探究하는 우리 古美術研究의 高裕燮氏	미술	1938-01-13	·
4145	·	·	·	·	묵은朝鮮의 새香氣(12)- 古美術篇 B: 纖細, 玲瓏, 魅惑的인 麗代의 工藝藝術品, 三國時代 以來 "外的"에서 "內的"으로 發展, 研究자의 稀少는 三嘆不而	미술	1938-01-14	·
4146	·	·	·	·	묵은朝鮮의 새香氣(13)- 小說篇 A: 朝鮮色의 集大成 雄篇 "林巨正傳" 異彩, 字字句句 묵은 朝鮮의 生活史로 繡飾, 碧初 洪命憙氏의 鏤骨談	문학	1938-01-15	·
4147	·	·	·	·	묵은朝鮮의 새香氣(2)- 弓術篇 B: 六弓手의 百發百中에 台覽 "德國親王" 敬歎 -三十九年前 御前試射를 하든 光景- "近世名弓" 成翁의 回舊談	민속	1938-01-01	·
4148	·	·	·	·	묵은朝鮮의 새香氣(3)- 雅樂篇 A: 東洋音樂의 最大偉業 世宗朝때에 中興! 凋落危機에 憤氣한 李王職雅樂部員들의 功績, 世襲四代·樂師長咸和鎭氏	음악	1938-01-04	·
4149	·	·	·	·	묵은朝鮮의 새香氣(4)- 雅樂篇 B: 音感의 幽玄境! 心授 以外에 傳授方法은 失敗 "洋樂普遍曲"의 成績은 疑問	음악	1938-01-05	·
4150	·	·	·	·	묵은朝鮮의 새香氣(5)- 歌舞篇 A: 蔑視밧든 朝鮮歌舞 大衆藝術의 境域에, 階級的으로 賤待바드며 偉大足跡남겨노흔 韓成俊翁六十平生苦難記	음악	1938-01-06	·

연번	자료저자명(한글)	자료저자명(한자)	본명(한글)	본명(한자)	기사제목	분류	날짜	비고
4151	·	·	·	·	묵은朝鮮의 새香氣(6)- 歌舞篇 B: 國唱朴氏와 意氣投合 斯道에 精進大成! 發憤忘食 衰退하는 朝鮮歌舞界를 爲하야 晩年에는 老軀끌고 陳頭에!	음악	1938-01-07	·
4152	·	·	·	·	묵은朝鮮의 새香氣(7)- 畵壇篇 A: 燦然한 古朝鮮文化를 彩管을 通해 再映 "庾信斬馬之圖" 外 執筆精進二個年 畵壇의 彗星, 李如星氏의 苦心	미술	1938-01-08	·
4153	·	·	·	·	묵은朝鮮의 새香氣(8)- 畵壇篇 B: 出典과 考證이 업고는 一線一點도 觸筆難 最初의 作品이 高麗武士의 "擊球之圖" 二年間完成作品이 十二幅	미술	1938-01-09	·
4154	·	·	·	·	묵은朝鮮의 새香氣(9)- 民俗篇 A: 新羅以來의 古俗 民俗舞踊의 雅趣! -崔致遠先生의 鄕樂雜詠에도 記錄- 十年一日, 宋錫夏氏의 硏究	민속	1938-01-11	·
4155	·	·	·	·	文字普及班 文盲의 救護者 授賞式과 音樂會 민족적 대사업에 참예한 학생 十二日夜公會堂	한글, 사업	1931-12-11	·
4156	·	·	·	·	文字普及班消息 4건	한글, 사업	1930-09-05	·
4157	·	·	·	·	文字普及班消息(京城實業 張南奎)	한글, 사업	1930-09-11	·
4158	·	·	·	·	文字普及班消息(儆信 李恭魯)	한글, 사업	1930-09-07	·
4159	·	·	·	·	文字普及班消息(金承澤, 中東 李翁)	한글, 사업	1930-09-12	·
4160	·	·	·	·	文字普及班消息(朴夏潤, 孫鎔舟)	한글, 사업	1930-09-16	·
4161	·	·	·	·	文字普及班消息(培材高普 具然昌)	한글, 사업	1930-09-23	·
4162	·	·	·	·	文字普及班消息(養正 柳達永/ 柳寅哲)	한글, 사업	1930-09-24	·
4163	·	·	·	·	文字普及班消息(殷熙榮, 金貞玉)	한글, 사업	1930-09-14	·
4164	·	·	·	·	文字普及班消息(韓永稷)	한글, 사업	1930-10-01	·
4165	·	·	·	·	文字普及班消息(協實 金永昌)	한글, 사업	1930-09-18	·
4166	·	·	·	·	文字普及班消息- 九九法과 綴字法도 가르켜(世專 李範雨), 經費는 班員들이 負擔(高敞高普 盧煥允)	한글, 사업	1930-09-03	·
4167	·	·	·	·	文字普及班消息- 新浦文字普及班은 百七八十名의 多數	한글, 사업	1930-08-31	·
4168	·	·	·	·	文字普及班申請逕至 한글原本十萬部增刷 第三回班員活動開始	한글, 사업	1931-07-17	·
4169	·	·	·	·	文字普及班에 授賞(本社社長[安在鴻]의 訓辭大要- 諸君合作을 希望)	한글, 사업	1931-12-14	·
4170	·	·	·	·	文字普及運動과 各地響應	한글, 사업	1931-01-31	·
4171	·	·	·	·	文字普及을 이러케 햇스면(1)	한글, 사업	1934-06-14	·
4172	·	·	·	·	文字普及을 이러케 햇스면(10)	한글, 사업	1934-06-24	·

연번	자료저자명(한글)	자료저자명(한자)	본명(한글)	본명(한자)	기사제목	분류	날짜	비고
4173	·	·	·	·	文字普及을 이러케 햇스면(11)	한글, 사업	1934-06-26	·
4174	·	·	·	·	文字普及을 이러케 햇스면(12)	한글, 사업	1934-06-27	·
4175	·	·	·	·	文字普及을 이러케 햇스면(13)	한글, 사업	1934-06-28	·
4176	·	·	·	·	文字普及을 이러케 햇스면(14)	한글, 사업	1934-06-29	·
4177	·	·	·	·	文字普及을 이러케 햇스면(15)	한글, 사업	1934-06-30	·
4178	·	·	·	·	文字普及을 이러케 햇스면(2)	한글, 사업	1934-06-15	·
4179	·	·	·	·	文字普及을 이러케 햇스면(3)	한글, 사업	1934-06-16	·
4180	·	·	·	·	文字普及을 이러케 햇스면(4)	한글, 사업	1934-06-17	·
4181	·	·	·	·	文字普及을 이러케 햇스면(5)	한글, 사업	1934-06-19	·
4182	·	·	·	·	文字普及을 이러케 햇스면(6)	한글, 사업	1934-06-20	·
4183	·	·	·	·	文字普及을 이러케 햇스면(7)	한글, 사업	1934-06-21	·
4184	·	·	·	·	文字普及을 이러케 햇스면(8)	한글, 사업	1934-06-22	·
4185	·	·	·	·	文字普及을 이러케 햇스면(9)	한글, 사업	1934-06-23	·
4186	·	·	·	·	文字普及의 烽火, 全朝鮮的으로 準備	한글, 사업	1931-02-15	·
4187	·	·	·	·	文化普及史上破天荒의 記錄, 男女學生界超弩級隊挺身總出의 偉容!! - 文化戰線三千里 義勇出陣半萬名, 昏衢의 秉燭이요 闇街의 光明이 될 我社文字普及班總磨勘	한글, 사업	1934-06-27	·
4188	·	·	·	·	文化事業의 根本策인 文盲退治와 한글運動에 二大歌謠懸賞募集(文字普及歌, 한글紀念歌)	한글, 사업	1930-12-07	·
4189	·	·	·	·	文化遺産을 再吟味 鄕土藝術을 살리자! 民俗學會主催로 黃海道 鳳山"탈춤"을 紹介 朝鮮鄕土民謠大會를 開催	민속, 사업	1937-05-09	·
4190	·	·	·	·	民族文化의 炬火! 文字普及의 새 軍號/歷史의 車輪을 끄는 原動力 靑年學徒들의 動員에 잇다	한글, 사업	1934-06-15	·
4191	·	·	·	·	民族의 守護神 乙支將軍의 墓所 廢墟로부터 救하자!	사업	1936-05-20	·
4192	·	·	·	·	民族的 至誠의 結晶 忠武公祠宇 落成- 위인을 사모하는 민족적 긔념, 來六月六日에 紀念式 擧行	사업	1932-05-26	·
4193	·	·	·	·	博物館에 再現될 高句麗文化精粹, 實物大江西古墳을 館內에 模說, 木槨磚槨 等을 移置	고적	1935-04-11	·
4194	·	·	·	·	박물관- 옛어른이 남겨둔 여러 가지 보배, 세계에서 제일 먼저 만든 신라 때의 유리 그릇	고적	1937-04-18	·
4195	·	·	·	·	朴勝彬씨 朝鮮語學 出版紀念 盛況	한글	1935-07-19	·

연번	자료저자명 (한글)	자료저자명 (한자)	본명 (한글)	본명 (한자)	기사제목	분류	날짜	비고
4196	·	·	·	·	朴勝彬氏의 朝鮮語學 出版紀念開催	한글	1935-07-16	·
4197	·	·	·	·	朴淵과 叢石亭 保存令에 依하야 새로 指定	고적	1937-05-12	·
4198	·	·	·	·	盤石우에 선 朝鮮語- 百餘名士 會堂席上 標準語 査定 發表	한글, 사업	1936-10-29	·
4199	·	·	·	·	百餘人士會合 偉績을 追慕 近來 稀有의 盛況을 보인 丁茶山先生記念會	사업	1935-07-17	·
4200	·	·	·	·	百濟全盛時代의 遺物·寺地發見	고적	1936-10-14	·
4201	·	·	·	·	본사신춘사업- 아는 것이 힘, 배워야 산다 / 동계문자보급반 개설, 서당선생강습개설, 『朝鮮農村』 발행, 소책자간행	한글, 사업	1931-01-03	·
4202	·	·	·	·	本社主催 文字普及班 活動成績 九百班員奉仕的勞力! 萬五百人文字解得. 全解者만 八千五百五十五人. 前回보다 一躍 三倍好成績	한글, 사업	1930-10-29	·
4203	·	·	·	·	本社主催 一九三四年 文字普及運動總決算	한글, 사업	1934-09-08	·
4204	·	·	·	·	本社主催歸鄕學生文字普及班	한글, 사업	1930-07-13	·
4205	·	·	·	·	佛敎界事業篇: 八萬藏經한글化	한글, 사업, 종교	1935-01-01	·
4206	·	·	·	·	佛敎女子靑年會서 文字普及班 開催	한글, 사업, 종교	1930-07-26	·
4207	·	·	·	·	不朽의 文華를 찻는 樂浪古墳의 發掘 明年度에도 繼續補助	고적	1935-10-28	·
4208	·	·	·	·	빛나는 한글날 六回째 紀念(最初는 一九二七年) 確定된 十月卄八一	한글, 사업	1932-01-01	·
4209	·	·	·	·	史料展覽會場과 殉敎聖劇의 盛況	사업	1935-10-04	·
4210	·	·	·	·	四月一日부터 한글철자법강좌개강. 朝鮮日報學藝部	한글	1930-03-18	·
4211	·	·	·	·	史蹟燦然한 開城 保勝機關을 組織 五萬圓財團結成方針	고적	1936-09-27	·
4212	·	·	·	·	서울말 標準으로 語彙總數八千餘, 菊版百卄頁에 알알이 백인 조선어표준말모음	한글, 사업	1936-10-29	·
4213	·	·	·	·	世界的으로 發揮되는 朝鮮의 古典舞踊	민속	1938-01-06	·
4214	·	·	·	·	續續 發見되는 高句麗 文化의 精華, 古墳三基와 出土珍品이 多數, 平壤府外栗里에서	고적	1933-05-12	·
4215	·	·	·	·	續現하는 朝鮮의 文化, 壁書丹靑艶麗한 高句麗古墳發見 平男順川郡下에서	고적	1933-05-04	·
4216	·	·	·	·	鎖國鐵扉의 爆破彈 甲申政變五十年 半世紀前今月今日 "開化朝鮮" 烎烽火	역사	1934-12-04	·
4217	·	·	·	·	受難의 國寶 八萬大藏經 頹落한 海印寺保管倉庫 經板, 經本 多數盜難	기타	1937-12-24	·
4218	·	·	·	·	數年以來 猛烈한 文字普及運動實績	한글, 사업	1932-01-01	·
4219	·	·	·	·	新敎傳來五十年記念 그들이 본 半世紀朝鮮(1)	역사	1934-07-03	·
4220	·	·	·	·	新敎傳來五十年記念 그들이 본 半世紀朝鮮(2)	역사	1934-07-04	·

연번	자료저자명(한글)	자료저자명(한자)	본명(한글)	본명(한자)	기사제목	분류	날짜	비고
4221	·	·	·	·	新敎傳來五十年記念 그들이 본 半世紀朝鮮(3)	역사	1934-07-05	·
4222	·	·	·	·	新敎傳來五十年記念 그들이 본 半世紀朝鮮(4)	역사	1934-07-06	·
4223	·	·	·	·	新敎傳來五十年記念 그들이 본 半世紀朝鮮(5)	역사	1934-07-07	·
4224	·	·	·	·	新敎傳來五十年記念 그들이 본 半世紀朝鮮(6)	역사	1934-07-08	·
4225	·	·	·	·	新羅美術의 精華 純金腕輪을 또 發掘, 從來로 보지 못한 龍의 彫刻, 古美術研究上珍寶	고적	1933-05-03	·
4226	·	·	·	·	新羅眞興王代 古碑石發見- 咸州郡下에서 發掘	고적	1931-06-14	·
4227	·	·	·	·	新文學樹立에 對한 諸家의 願見(崔載瑞, 金珖燮, 李石薰, 李軒求, 李泰俊)	문학	1935-07-06	·
4228	·	·	·	·	新蒼을 맛는 朝鮮樂三大眞影: 朝鮮聲樂研究會, 朝鮮正樂傳習所, 朝鮮音樂舞踊研究會	음악	1938-01-06	·
4229	·	·	·	·	新春의 溫陽서 標準語査定會 朝鮮語學會 主催로	한글, 사업	1934-12-30	·
4230	·	·	·	·	新春畵壇의 喜消息 朝鮮美術院創設	미술	1936-02-05	·
4231	·	·	·	·	新興益山의 躍進相- 名勝古蹟	고적	1937-08-01	·
4232	·	·	·	·	實物古蹟保存會 第二回指定名勝 今回決定만 百五十八件	고적, 사업	1935-10-27	·
4233	·	·	·	·	心血傾注! 九年間 朝鮮語辭典 獨力 完成, 蒐集語彙十萬語 學界에 朗報 文世榮氏의 力作	한글, 사업	1938-07-12	·
4234	·	·	·	·	十年積功의 金字塔 朝鮮語學會의 辭典編纂事業 結實의 가을도 드디어 迫頭	한글, 사업	1940-01-03	·
4235	·	·	·	·	雅樂守護四十年 "樂卽禮"의 精神은 언제나 다시 사느냐고 嗟嘆하는 老顔에 感慨無量 李王職 雅樂師長 咸和鎭氏	기타	1937-01-01	·
4236	·	·	·	·	安東- 名勝古蹟	고적	1937-09-22	·
4237	·	·	·	·	楊口에서 한글講習 大盛況을 일워 본보지국 후원	한글, 사업	1930-01-08	·
4238	·	·	·	·	黎明期의 回想錄(1)	역사	1939-06-16	·
4239	·	·	·	·	黎明期의 回想錄(2)	역사	1939-06-17	·
4240	·	·	·	·	黎明期의 回想錄(3)	역사	1939-06-18	·
4241	·	·	·	·	黎明期의 回想錄(4)	역사	1939-06-20	·
4242	·	·	·	·	黎明期의 回想錄(5)	역사	1939-06-21	·
4243	·	·	·	·	黎明期의 回想錄(6)	역사	1939-06-22	·
4244	·	·	·	·	黎明期의 回想錄(7)	역사	1939-06-23	·
4245	·	·	·	·	黎明期의 回想錄(8)	역사	1939-06-24	·
4246	·	·	·	·	歷史的 聖地巡禮 白頭山 探險計畫	기행	1936-07-28	·
4247	·	·	·	·	歷史的으로 본 白頭山	역사	1936-07-31	·
4248	·	·	·	·	歷史的으로 본 鐵原의 沿革, 名勝古蹟	고적	1937-04-25	·
4249	·	·	·	·	歷史的으로 燦然한 朝鮮名畵展覽. 총독부 경복궁 안에서 5월 9일부터 3일간	미술, 사업	1931-04-26	·
4250	·	·	·	·	禮山地方- 古蹟과 名僧	고적	1933-10-17	·
4251	·	·	·	·	옛 어른의 남기신 자최 李忠武公 筆跡	역사	1936-01-05	·
4252	·	·	·	·	오늘밤 基靑회관서 丁茶山 기념 강연	역사, 사업	1934-09-09	·

연번	자료저자명(한글)	자료저자명(한자)	본명(한글)	본명(한자)	기사제목	분류	날짜	비고
4253	·	·	·	·	五千信徒會合裡에 歷史的 豪華版 開幕 天主教朝鮮傳來百五十週年間 初有의 一大會合	사업, 종교	1935-10-04	·
4254	·	·	·	·	妖僧妙淸의 籠城 等 高句麗城址續發 考古學上 重要한 資料 뿐으로 平壤博物館서 大活躍	고적	1936-06-21	·
4255	·	·	·	·	牛車二百餘臺로 磚槨墳을 梨專, 實物 그대로 萬人 압헤 展覽될 高句麗文化 最高峰	고적	1935-06-27	·
4256	·	·	·	·	우리 土俗研究의 處女地를 開拓 年中携帶 備忘錄과 鉛筆 民俗學의 權威 孫晉泰氏	기타	1937-01-01	·
4257	·	·	·	·	우리말 소리 世界的 振出- 萬國音聲學會에 朝鮮語音을 提出	한글, 사업	1935-09-24	·
4258	·	·	·	·	우리文化縮圖 한글展覽會, 한글날 보전교사에서 朝鮮語學會 主催로	한글, 사업	1934-10-23	·
4259	·	·	·	·	우리學界의 새文獻 朝鮮食物名集 近二千種의 朝鮮産에 朝鮮名을 차저서 博物學會에서 上梓	기타	1936-11-11	·
4260	·	·	·	·	優雅한 古美術 漆器 樂浪藝術의 再現	민속	1940-01-06	·
4261	·	·	·	·	六日이 李忠武公의 第三八六回 誕日. 륙일 즉 음력 삼월 팔일날 追憶되는 公의 史籍	사업	1930-04-07	·
4262	·	·	·	·	李王家美術館 來六月五日부터 開扉 朝鮮古美術만 陳列 國寶, 逸品 等 千餘點!	미술	1938-06-01	·
4263	·	·	·	·	李忠武公 誕辰 393회 陰三月八日 統營忠烈祠서 城大히 擧行	사업	1937-04-21	·
4264	·	·	·	·	李忠武公遺蹟保存會 有志誠金遝至 今日同事務所收入金	역사, 사업	1931-06-03	·
4265	·	·	·	·	李忠武公遺蹟保存會聲明書 / 충무공묘소와 위토문제로 유지제씨가 모혀 충무공유적보존회를 조직하얏다함은 긔보한바이어니와 동회에서는 다음과 가튼 성명서를 발표하얏다	역사, 사업	1931-05-28	·
4266	·	·	·	·	仁川紹介版- 名勝과 古蹟	고적	1934-10-28	·
4267	·	·	·	·	資本文明에 信號 鐵道開通三十週年史(1)	역사	1930-11-14	·
4268	·	·	·	·	資本文明에 信號 鐵道開通三十週年史(2)	역사	1930-11-15	·
4269	·	·	·	·	資本文明에 信號 鐵道開通三十週年史(3)	역사	1930-11-16	·
4270	·	·	·	·	資本文明에 信號 鐵道開通三十週年史(4)	역사	1930-11-18	·
4271	·	·	·	·	資本文明에 信號 鐵道開通三十週年史(5)	역사	1930-11-19	·
4272	·	·	·	·	資本文明에 信號 鐵道開通三十週年史(6)	역사	1930-11-21	·
4273	·	·	·	·	資本文明에 信號 鐵道開通三十週年史(7)	역사	1930-11-22	·
4274	·	·	·	·	資本文明에 信號 鐵道開通三十週年史(8)	역사	1930-11-23	·
4275	·	·	·	·	資本文明에 信號 鐵道開通三十週年史(9)	역사	1930-11-24	·
4276	·	·	·	·	資本文明에 信號 鐵道開通三十週年史(10)	역사	1930-11-26	·
4277	·	·	·	·	資本文明에 信號 鐵道開通三十週年史(11)	역사	1930-11-28	·
4278	·	·	·	·	資本文明에 信號 鐵道開通三十週年史(12)	역사	1930-11-29	·
4279	·	·	·	·	資本文明에 信號 鐵道開通三十週年史(13)	역사	1930-12-02	·
4280	·	·	·	·	資本文明에 信號 鐵道開通三十週年史(14)	역사	1930-12-03	·
4281	·	·	·	·	資本文明에 信號 鐵道開通三十週年史(15)	역사	1930-12-04	·
4282	·	·	·	·	在奉各團體聯合主催 "한글날" 記念式	한글, 사업	1935-10-27	·

연번	자료저자명(한글)	자료저자명(한자)	본명(한글)	본명(한자)	기사제목	분류	날짜	비고
4283	·	·	·	·	丁茶山紀念講演會 今十七日夜에	사업	1935-07-18	·
4284	·	·	·	·	丁茶山先生 逝世百年記念日	사업	1935-07-15	·
4285	·	·	·	·	井邑紹介版-名勝古蹟	고적	1936-05-20	·
4286	·	·	·	·	第三回 文字普及班의 動向	한글, 사업	1931-08-21	인명찾기
4287	·	·	·	·	第三回 文字普及班의 動向	한글, 사업	1931-08-22	인명찾기
4288	·	·	·	·	第三回 文字普及班의 動向	한글, 사업	1931-08-23	인명찾기
4289	·	·	·	·	第三回 文字普及班의 動向	한글, 사업	1931-08-25	인명찾기
4290	·	·	·	·	第三回 文字普及班의 動向	한글, 사업	1931-08-26	인명찾기
4291	·	·	·	·	第三回 文字普及班의 動向	한글, 사업	1931-08-27	인명찾기
4292	·	·	·	·	第三回 文字普及班의 動向	한글, 사업	1931-08-29	인명찾기
4293	·	·	·	·	第三回 文字普及班의 動向	한글, 사업	1931-08-30	인명찾기
4294	·	·	·	·	第三回 文字普及班의 動向	한글, 사업	1931-09-01	인명찾기
4295	·	·	·	·	第三回 文字普及班의 動向	한글, 사업	1931-09-02	인명찾기
4296	·	·	·	·	第三回 文字普及班의 動向	한글, 사업	1931-09-03	인명찾기
4297	·	·	·	·	第三回 文字普及班의 動向	한글, 사업	1931-09-04	인명찾기
4298	·	·	·	·	第三回 文字普及班의 動向	한글, 사업	1931-09-08	인명찾기
4299	·	·	·	·	第三回 文字普及班의 動向	한글, 사업	1931-09-11	인명찾기
4300	·	·	·	·	第三回 文字普及班의 動向	한글, 사업	1931-09-12	인명찾기
4301	·	·	·	·	第三回 文字普及班의 動向	한글, 사업	1931-09-13	인명찾기
4302	·	·	·	·	第三回 文字普及班의 動向	한글, 사업	1931-09-15	인명찾기
4303	·	·	·	·	第三回 文字普及班의 動向	한글, 사업	1931-09-19	인명찾기
4304	·	·	·	·	第三回歸鄕男女學生文字普及班	한글, 사업	1931-06-27	·
4305	·	·	·	·	朝鮮固有의 競技인 씨름의 歷史的 由來	민속	1940-04-30	·
4306	·	·	·	·	朝鮮文庫에 寄贈圖書遝至(1)	사업	1931-08-11	·
4307	·	·	·	·	朝鮮文化史上의 巨業「丁茶山全書」完成	사업	1938-10-28	·
4308	·	·	·	·	朝鮮文化研究의 열쇠 八萬卷古書籍公開- 研究室과 附屬圖書室도 兼備하도록 總督府圖書館의	기타	1939-02-07	·

연번	자료저자명(한글)	자료저자명(한자)	본명(한글)	본명(한자)	기사제목	분류	날짜	비고
					擴張計畫			
4309	·	·	·	·	朝鮮佛刹의 王座 大本山 "通度寺" 歷史爀爀, 事業도 가지가지	기행	1936-11-27	·
4310	·	·	·	·	朝鮮史講義- 刻苦慘憺의 著述, 果然萬目의 焦点, 안질과 싸우며 이십년간 심혈경주, 투옥 전에 탈고한 문헌 본지에 게재, 철창 중의 신채호 소식	기타	1931-06-10	·
4311	·	·	·	·	朝鮮耶蘇新教五十年史話(1)	역사	1934-02-08	·
4312	·	·	·	·	朝鮮耶蘇新教五十年史話(2)	역사	1934-02-10	·
4313	·	·	·	·	朝鮮耶蘇新教五十年史話(4)	역사	1934-02-14	3회 미확인
4314	·	·	·	·	朝鮮耶蘇新教五十年史話(5)	역사	1934-02-15	·
4315	·	·	·	·	조선어 표준말 모음(1)	한글	1936-11-01	·
4316	·	·	·	·	조선어 표준말 모음(10)	한글	1936-11-13	·
4317	·	·	·	·	조선어 표준말 모음(11)	한글	1936-11-14	·
4318	·	·	·	·	조선어 표준말 모음(12)	한글	1936-11-15	·
4319	·	·	·	·	조선어 표준말 모음(13)	한글	1936-11-17	·
4320	·	·	·	·	조선어 표준말 모음(14)	한글	1936-11-18	·
4321	·	·	·	·	조선어 표준말 모음(15)	한글	1936-11-20	·
4322	·	·	·	·	조선어 표준말 모음(16)	한글	1936-11-21	·
4323	·	·	·	·	조선어 표준말 모음(17)	한글	1936-11-22	·
4324	·	·	·	·	조선어 표준말 모음(18)	한글	1936-11-25	·
4325	·	·	·	·	조선어 표준말 모음(19)	한글	1936-11-26	·
4326	·	·	·	·	조선어 표준말 모음(2)	한글	1936-11-03	·
4327	·	·	·	·	조선어 표준말 모음(20)	한글	1936-11-27	·
4328	·	·	·	·	조선어 표준말 모음(21)	한글	1936-11-28	·
4329	·	·	·	·	조선어 표준말 모음(22)	한글	1936-11-29	·
4330	·	·	·	·	조선어 표준말 모음(23)	한글	1936-12-01	·
4331	·	·	·	·	조선어 표준말 모음(24)	한글	1936-12-02	·
4332	·	·	·	·	조선어 표준말 모음(25)	한글	1936-12-03	·
4333	·	·	·	·	조선어 표준말 모음(26)	한글	1936-12-04	·
4334	·	·	·	·	조선어 표준말 모음(27)	한글	1936-12-05	·
4335	·	·	·	·	조선어 표준말 모음(28)	한글	1936-12-06	·
4336	·	·	·	·	조선어 표준말 모음(29)	한글	1936-12-08	·
4337	·	·	·	·	조선어 표준말 모음(3)	한글	1936-11-05	·
4338	·	·	·	·	조선어 표준말 모음(30)	한글	1936-12-09	·
4339	·	·	·	·	조선어 표준말 모음(31)	한글	1936-12-10	·
4340	·	·	·	·	조선어 표준말 모음(32)	한글	1936-12-11	·
4341	·	·	·	·	조선어 표준말 모음(33)	한글	1936-12-12	·
4342	·	·	·	·	조선어 표준말 모음(34)	한글	1936-12-13	·
4343	·	·	·	·	조선어 표준말 모음(35)	한글	1936-12-15	·
4344	·	·	·	·	조선어 표준말 모음(36)	한글	1936-12-16	·
4345	·	·	·	·	조선어 표준말 모음(37)	한글	1936-12-17	·
4346	·	·	·	·	조선어 표준말 모음(38)	한글	1936-12-18	·

연번	자료저자명(한글)	자료저자명(한자)	본명(한글)	본명(한자)	기사제목	분류	날짜	비고
4347	·	·	·	·	조선어 표준말 모음(39)	한글	1936-12-19	·
4348	·	·	·	·	조선어 표준말 모음(4)	한글	1936-11-06	·
4349	·	·	·	·	조선어 표준말 모음(40)	한글	1936-12-20	·
4350	·	·	·	·	조선어 표준말 모음(41)	한글	1936-12-22	·
4351	·	·	·	·	조선어 표준말 모음(42)	한글	1936-12-23	·
4352	·	·	·	·	조선어 표준말 모음(43)	한글	1936-12-24	·
4353	·	·	·	·	조선어 표준말 모음(44)	한글	1936-12-25	·
4354	·	·	·	·	조선어 표준말 모음(5)	한글	1936-11-07	·
4355	·	·	·	·	조선어 표준말 모음(6)	한글	1936-11-08	·
4356	·	·	·	·	조선어 표준말 모음(7)	한글	1936-11-10	·
4357	·	·	·	·	조선어 표준말 모음(8)	한글	1936-11-11	·
4358	·	·	·	·	조선어 표준말 모음(9)	한글	1936-11-12	·
4359	·	·	·	·	朝鮮語講習	한글, 사업	1933-05-13	·
4360	·	·	·	·	朝鮮語講習會	한글, 사업	1933-10-17	·
4361	·	·	·	·	朝鮮語講習會	한글, 사업	1934-05-03	·
4362	·	·	·	·	朝鮮語講習會	한글, 사업	1934-09-28	·
4363	·	·	·	·	朝鮮語科 除外 確定, 必須科目에는 包含치 안을 方針	한글	1940-07-27	·
4364	·	·	·	·	朝鮮語教科書刷新 文士 等 名作插入 조선문사 열 세 사람의 글을 실려 諺文은 新綴字法으로	한글	1933-01-12	·
4365	·	·	·	·	朝鮮語技術問題座談會	한글, 사업	1938-01-04	·
4366	·	·	·	·	朝鮮語文의 指南針 "표준말모음" 發刊	한글, 사업	1937-07-14	·
4367	·	·	·	·	朝鮮語辭典 今日 出版許可	한글, 사업	1939-03-13	·
4368	·	·	·	·	朝鮮語辭典 完成	한글, 사업	1937-05-02	·
4369	·	·	·	·	朝鮮語辭典編纂에 在外靑年이 聲援	한글	1937-05-26	·
4370	·	·	·	·	朝鮮語研究會, 朝鮮語學會와 別個 結成	한글, 사업	1932-01-01	·
4371	·	·	·	·	朝鮮語綴字改正案 朝鮮總督府學務局原案(1)	한글	1930-02-08	·
4372	·	·	·	·	朝鮮語綴字改正案 朝鮮總督府學務局原案(2)	한글	1930-02-10	·
4373	·	·	·	·	朝鮮語綴字改正案 朝鮮總督府學務局原案(3)	한글	1930-02-12	·
4374	·	·	·	·	朝鮮語綴字法統一 斯界權威最後會合	한글, 사업	1933-07-26	·
4375	·	·	·	·	朝鮮語標準語査定會 經過, 修正委員에 一任	한글, 사업	1935-01-08	·
4376	·	·	·	·	朝鮮語標準語集을 單行本으로 發刊 朝鮮語學會에서 準備	한글, 사업	1936-11-20	·
4377	·	·	·	·	朝鮮語學講演	한글,	1933-01-14	·

연번	자료저자명(한글)	자료저자명(한자)	본명(한글)	본명(한자)	기사제목	분류	날짜	비고
						사업		
4378	·	·	·	·	朝鮮語學講演	한글, 사업	1935-06-08	·
4379	·	·	·	·	朝鮮語學講演會	한글, 사업	1932-12-10	·
4380	·	·	·	·	朝鮮語學研究 講習會	한글, 사업	1934-04-22	·
4381	·	·	·	·	朝鮮語學研究會 朝鮮語學 講演	한글, 사업	1935-05-01	·
4382	·	·	·	·	朝鮮語學研究會서 公開狀對策討議, 朝鮮語學會에 對하야	한글, 사업	1935-02-27	·
4383	·	·	·	·	朝鮮語學會 講習	한글, 사업	1934-11-10	·
4384	·	·	·	·	朝鮮語學會 發表- 外來語表記法抄(1)	한글	1940-06-12	·
4385	·	·	·	·	朝鮮語學會 發表- 外來語表記法抄(2)	한글	1940-06-14	·
4386	·	·	·	·	朝鮮語學會 發表- 外來語表記法抄(3)	한글	1940-06-15	·
4387	·	·	·	·	朝鮮語學會 定期總會 開催	한글, 사업	1932-01-03	·
4388	·	·	·	·	朝鮮語學會 定期總會 開催	한글, 사업	1934-04-23	·
4389	·	·	·	·	朝鮮語學會 提案- 外來語表記法抄(4)	한글	1940-06-18	·
4390	·	·	·	·	朝鮮語學會 提案- 外來語表記法抄(5)	한글	1940-06-19	·
4391	·	·	·	·	朝鮮語學會 提案- 外來語表記法抄(完)	한글	1940-06-22	·
4392	·	·	·	·	朝鮮語學會 提案- 朝鮮音羅軍字表記法(1)	한글	1940-06-25	·
4393	·	·	·	·	朝鮮語學會 提案- 朝鮮音羅軍字表記法(2)	한글	1940-06-26	·
4394	·	·	·	·	朝鮮語學會 提案- 朝鮮音羅軍字表記法(3)	한글	1940-06-28	·
4395	·	·	·	·	朝鮮語學會 提案- 朝鮮音萬國旗號表示(1)	한글	1940-06-29	·
4396	·	·	·	·	朝鮮語學會 提案- 朝鮮音萬國旗號表示(2)	한글	1940-07-02	·
4397	·	·	·	·	朝鮮語學會 提案- 朝鮮音萬國旗號表示(3)	한글	1940-07-03	·
4398	·	·	·	·	朝鮮語學會 提案- 朝鮮音萬國旗號表示(4)	한글	1940-07-05	·
4399	·	·	·	·	朝鮮語學會에서 重要公開狀 發表, 朝鮮語研究會側에 對하야- 한글, 正音 兩派 衝突	한글, 사업	1935-02-24	·
4400	·	·	·	·	朝鮮語學會의 靑年月例會	한글, 사업	1935-05-11	·
4401	·	·	·	·	朝鮮語學會의 劃期的 大事業- 三年間 苦心結晶의 標準朝鮮語完成	한글, 사업	1936-10-28	·
4402	·	·	·	·	朝鮮語學會創立	한글, 사업	1931-12-14	·
4403	·	·	·	·	朝鮮語學會篇: 民族文化의 金字塔 朝鮮語辭典出版, 七年間에 十萬語彙를 蒐集	한글, 사업	1935-01-01	·
4404	·	·	·	·	朝鮮語漢文讀本 中 漢文過程을 今後 廢止, 國語式 中等漢文讀本만 持續, 新學期부터 一齊實施	한글	1937-08-31	·
4405	·	·	·	·	朝鮮의 新光明은 千五百萬文盲退治로	한글, 사업	1930-07-14	·
4406	·	·	·	·	朝鮮特産品展覽會紀念 全朝鮮鄕土演藝大會	사업	1938-04-25	·

연번	자료저자명 (한글)	자료저자명 (한자)	본명 (한글)	본명 (한자)	기사제목	분류	날짜	비고
4407	·	·	·	·	朝鮮八大名勝甲戌年頭辭	고적	1934-01-01	·
4408	·	·	·	·	朝鮮學界의 至寶 丁茶山 記念講演 九月八日基靑會觀에서	역사, 사업	1934-09-04	·
4409	·	·	·	·	朝鮮學의 外人部隊(4) 朝鮮學의 開拓者 할버-트氏 上 言語比較가 일러주는 南北民族移動史	기타	1939-04-13	·
4410	·	·	·	·	朝鮮學의 外人部隊(5) 朝鮮學의 開拓者 할버-트氏 下 極東에 分布되여잇는 朝鮮語의 同族語	기타	1939-04-14	·
4411	·	·	·	·	朝鮮學의 外人部隊(6) 朝鮮樂壇의 先驅者 엑칼트氏 處女地·朝鮮에 招聘되어 王室洋樂隊를 創設·指導	기타	1939-04-15	·
4412	·	·	·	·	朝鮮學의 外人部隊(7) 韓末宗敎史의 硏究家 "피숀"氏鎖國의 禁令下·戰慄하는 "開化" 前夜의 精神史	기타	1939-04-18	·
4413	·	·	·	·	地方人士의 한글讚(1)	한글, 사업	1930-11-20	·
4414	·	·	·	·	地方人士의 한글讚(2)	한글, 사업	1930-11-21	·
4415	·	·	·	·	地下의 낡은 歷史를 파내서 새로 자랑 江西 高句麗 古墳 壁畫를 撮影 龍岡各古塚도 撮影	고적	1936-11-21	·
4416	·	·	·	·	眞興王「北狩碑」와 利原郡民의 護碑熱- 박물관 안에 빼앗기려고 巨金모아 碑閣建築」	기타	1931-03-28	·
4417	·	·	·	·	千四百餘高句麗古墳 大大的 發掘 計畫, 新羅古墳도 함께 明年度부터 着手, 宣揚될 朝鮮의 古代文化	고적, 사업	1935-01-17	·
4418	·	·	·	·	天主敎朝鮮傳來 百五十年懷古記(1)	역사, 종교	1935-09-30	·
4419	·	·	·	·	綴字法과 文法 整理運動卄餘年 朝鮮語學會의 燦然한 活動 科學的 體系樹立中	한글, 사업	1932-01-01	·
4420	·	·	·	·	初創의 學問 巡禮記: 珍藏貴籍을 골라가며 樹立道程에 잇는 板本學, 三十年 하로가튼 黃義敦氏	기타	1938-03-19	·
4421	·	·	·	·	初創의 學問 巡禮記: 矍鑠! 七旬邵齡으로 十年積功의 印譜學 葦滄 吳世昌 先生을 차저	기타	1938-03-18	·
4422	·	·	·	·	總督府保存 中의 王家系譜讓受 리왕가게보 그린 목판을 李王職 交涉으로 讓渡	기타	1931-07-02	·
4423	·	·	·	·	最後的 決定이 될 한글綴字法 討議	한글, 사업	1932-12-30	·
4424	·	·	·	·	忠武公祠에 拜禮 本社主催 漢拏山探險團 一行 明朝七時에 京城着	기행	1937-08-01	·
4425	·	·	·	·	八百年前石幢을 發掘 開城博物館에 保藏키로 考古學上에 一大福音	고적	1935-08-31	·
4426	·	·	·	·	膨脹京城街頭變遷記(1)	기행	1936-08-04	·
4427	·	·	·	·	膨脹京城街頭變遷記(2)	기행	1936-08-05	·
4428	·	·	·	·	膨脹京城街頭變遷記(3)	기행	1936-08-06	·
4429	·	·	·	·	膨脹京城街頭變遷記(4)	기행	1936-08-08	·
4430	·	·	·	·	膨脹京城街頭變遷記(5)	기행	1936-08-11	·
4431	·	·	·	·	膨脹京城街頭變遷記(5)	기행	1936-08-26	6회임
4432	·	·	·	·	膨脹京城街頭變遷記(6)	기행	1936-08-30	7회임

연번	자료저자명 (한글)	자료저자명 (한자)	본명 (한글)	본명 (한자)	기사제목	분류	날짜	비고
4433	·	·	·	·	圃隱先生略譜	역사	1938-01-23	·
4434	·	·	·	·	標準語查定 着着審議進行	한글, 사업	1935-08-07	·
4435	·	·	·	·	夏期歸鄉學生들과 各地文字普及運動	한글, 사업	1931-08-02	·
4436	·	·	·	·	夏期歸鄉學生들과 各地文字普及運動	한글, 사업	1931-08-04	·
4437	·	·	·	·	夏期休暇의 奉仕事業-第三回歸鄉男女學生文字普及班 / 아는 것이 힘·배워야 산다 / 班員募集規定	한글, 사업	1931-07-17	·
4438	·	·	·	·	夏期休暇의 奉仕事業-第三回歸鄉男女學生文字普及班 / 아는 것이 힘·배워야 산다 / 班員募集規定	한글, 사업	1931-07-18	·
4439	·	·	·	·	夏期休暇의 奉仕事業-第三回歸鄉男女學生文字普及班 / 아는 것이 힘·배워야 산다 / 班員募集規定	한글, 사업	1931-07-19	·
4440	·	·	·	·	한글 統一運動에 對한 反對, 事實公開狀. 朝鮮語學會의 發表 內容	한글, 사업	1935-02-26	·
4441	·	·	·	·	한글, 조선근세사강습회 /期日: 2월 23일 하오 7시부터, 處所: 시내 연지동 蓮池敎會 전도실, 申請處所: 연지동 儆新學校 陳錫五씨에게, 강사: 權悳奎, 李秉岐, 李瑄根, 張志暎, 회비: 삼십전, 주최: 蓮洞청년면려회교육부, 후원: 조선일보사문화부	한글, 역사, 사업	1931-02-22	·
4442	·	·	·	·	한글, 조선근세사강습회 /期日: 2월 23일 하오 7시부터, 處所: 시내 연지동 蓮池敎會 전도실, 申請處所: 연지동 儆新學校 陳錫五씨에게, 강사: 權悳奎, 李秉岐, 張志暎, 회비: 삼십전, 주최: 蓮洞청년면려회교육부, 후원: 조선일보사문화부	한글, 역사, 사업	1931-02-18	·
4443	·	·	·	·	한글「文化」의 重寶 三百年前經板完本 六百七十六板, 二千七百餘面 全州安心寺서 發見	한글	1931-07-08	·
4444	·	·	·	·	한글강좌 質疑解答(1)	한글	1930-07-17	·
4445	·	·	·	·	한글강좌 質疑解答(2)	한글	1930-07-18	·
4446	·	·	·	·	한글강좌 質疑解答(3)	한글	1930-07-20	·
4447	·	·	·	·	한글과 近世史, 一週間 繼續講演 련동 면려청년회 주최로, 本社 文化部 後援	한글, 역사, 사업	1931-02-19	·
4448	·	·	·	·	한글급간이계산법강좌 / 시일: 7월 6, 7, 8 3일간 每夜 8시 반/ 강사: 한글 담임: 張志暎씨, 간이계산법: 白南奎, 입장: 무료, 강의교재인쇄물대: 30전, 주최: 중앙기독교청년회농촌부, 후원: 조선일보학예부	한글, 사업	1931-06-30	·
4449	·	·	·	·	한글紀念祝賀 朝鮮語研究會 主催	한글, 사업	1930-11-19	·
4450	·	·	·	·	한글記念會 盛大히 擧行	한글, 사업	1934-10-30	·
4451	·	·	·	·	한글날485	한글, 사업	1931-10-29	·
4452	·	·	·	·	한글날484 한글반포 사백여든넷재 돐을 맞으면서	한글, 사업	1930-11-19	·

연번	자료저자명 (한글)	자료저자명 (한자)	본명 (한글)	본명 (한자)	기사제목	분류	날짜	비고
4453	·	·	·	·	한글날에 發表될 맞춤法統一案 內容, 朝鮮語學會의 苦心決定한 것, 우리 文化上의 金字塔	한글, 사업	1933-10-25	·
4454	·	·	·	·	한글날에 追慕되는 周時經先生. 世宗大王 이후의 이 한 분뿐. 한줄에 꾀인 듯한 그의 연구	한글, 사업	1930-11-19	·
4455	·	·	·	·	한글날-朝鮮語學會서 陽十月二十九日을 二十八日로 陽曆換算改正	한글, 사업	1934-09-30	·
4456	·	·	·	·	한글普及班 開設. 김포에서	한글, 사업	1930-08-03	·
4457	·	·	·	·	한글普及의 具體策- 各方面 諸氏의 意見(李允宰, 崔鉉培, 金億, 朴勝彬, 李秉岐, 洪秉璇, 鄭烈模, 張志暎, 申明均	한글	1932-01-02	·
4458	·	·	·	·	한글四百八十週年 頒布祝賀擧行. 십구일 밤 명월관에서 朝鮮語硏究會主催	한글, 사업	1930-11-18	·
4459	·	·	·	·	한글原本配布 七萬部를 突破 文盲打破의 灼熱된 要求로 文字普及班員遝至	한글, 사업	1931-07-19	·
4460	·	·	·	·	한글綴字法是非에 對한 聲明書	한글	1934-07-11	·
4461	·	·	·	·	한글標準決定次 斯界權威一堂會合- 朝鮮語綴字委員總會	한글, 사업	1932-12-24	·
4462	·	·	·	·	한글標準語査定에는 으뜸되는 殊勳者 朝鮮語辭典編纂에 血汗勞心 朝鮮語學會 李克魯氏	기타	1937-01-01	·
4463	·	·	·	·	閑山島 制勝堂 重建을 計畫 리충무공의 개선을 긔념한 곳 期成會 組織하고 活動	사업	1932-03-18	·
4464	·	·	·	·	漢字制限과 局外語音調査- 위원 삼십구명을 선정 朝鮮語學會 硏究 鎭海	한글, 사업	1931-01-26	·
4465	·	·	·	·	鄕歌硏究에 革命兒! 小倉學說을 全面的으로 粉碎 學界注視의 그의 業績 鄕歌硏究家 梁柱東氏	기타	1937-01-01	·
4466	·	·	·	·	絢爛! 地下의 文化, 考古學上 收穫 丸都城과 平壤地方遺蹟	고적	1937-01-03	·